中国语言资源集

河南

口头文化卷

辛永芬 王新宇 段亚广 ◎ 主编

中国社会科学出版社

审图号：豫 S（2023）003 号

图书在版编目（CIP）数据

中国语言资源集. 河南. 口头文化卷 / 辛永芬，王新宇，段亚广主编. —北京：中国社会科学出版社，2023.7
ISBN 978-7-5227-2225-2

Ⅰ.①中… Ⅱ.①辛… ②王… ③段… Ⅲ.①北方方言–方言研究–河南 Ⅳ.①H17

中国国家版本馆 CIP 数据核字（2023）第 128628 号

出 版 人	赵剑英
责任编辑	宫京蕾　郭如玥
责任校对	韩天炜
责任印制	郝美娜

出　　版	中国社会科学出版社
社　　址	北京鼓楼西大街甲 158 号
邮　　编	100720
网　　址	http://www.csspw.cn
发 行 部	010-84083685
门 市 部	010-84029450
经　　销	新华书店及其他书店

印刷装订	北京君升印刷有限公司
版　　次	2023 年 7 月第 1 版
印　　次	2023 年 7 月第 1 次印刷

开　　本	787×1092　1/16
印　　张	31
插　　页	4
字　　数	668 千字
定　　价	198.00 元

凡购买中国社会科学出版社图书，如有质量问题请与本社营销中心联系调换
电话：010-84083683
版权所有　侵权必究

中国语言资源保护工程

中国语言资源集·河南 组委会

主 任

宋争辉

执行主任

尹洪斌 吕 冰

成 员
（按姓名音序排列）

丰晓光 韩 冰 李伟民
唐 磊 薛盈莲 张 楠

教育部语言文字信息管理司
河南省教育厅　指导

中国语言资源保护研究中心　统筹

中国语言资源保护工程

中国语言资源集·河南 编委会

主 任
韩 冰 李伟民

主 编
辛永芬 王新宇 段亚广

副主编
申少帅 鲁 冰 郭向敏

编 委
（按姓名音序排列）

段亚广 郭向敏 李会转 鲁 冰
罗家坤 申少帅 沈恒娟 孙志波
王 静 王 昕 王新宇 辛永芬
叶祖贵 尹百利 尤晓娟 庄会彬

中国语言资源保护工程
河南方言调查点分布图

总　　序

教育部、国家语言文字工作委员会于 2015 年 5 月发布《教育部 国家语委关于启动中国语言资源保护工程的通知》（教语信司〔2015〕2 号），启动中国语言资源保护工程（以下简称"语保工程"），在全国范围开展以语言资源调查、保存、展示和开发利用等为核心的各项工作。

在教育部、国家语委统一领导下，经各地行政主管部门、专业机构、专家学者和社会各界人士共同努力，至 2019 年底，语保工程超额完成总体规划的调查任务。调查范围涵盖包括港澳台在内的全国所有省份、123 个语种及其主要方言。汇聚语言和方言原始语料文件数据 1000 多万条，其中音视频数据各 500 多万条，总物理容量达 100TB，建成世界上最大规模的语言资源库和展示平台。

语保工程所获得的第一手原始语料具有原创性、抢救性、可比性和唯一性，是无价之宝，亟待开展科学系统的整理加工和开发应用，使之发挥应有的重要作用。编写《中国语言资源集（分省）》（以下简称"资源集"）是其中的一项重要工作。

早在 2016 年，教育部语言文字信息管理司（以下简称"语信司"）就委托中国语言资源保护研究中心（以下简称"语保中心"）编写了《中国语言资源集（分省）编写出版规范（试行）》。2017 年 1 月，语信司印发《关于推进中国语言资源集编写的通知》（教语信司函〔2017〕6 号），要求"各地按照工程总体要求和本地区进展情况，在资金筹措、成果设计等方面早设计、早谋划、早实施，积极推进分省资源集编写出版工作"。"努力在第一个'百年'到来之际，打造标志性的精品成果"。2018 年 5 月，又印发了《关于启动中国语言资源集（分省）编写出版试点工作的通知》（教语信司函〔2018〕27 号），部署在北京、上海、山西等地率先开展资源集编写出版试点工作，并明确"中国语言资源集（分省）编写出版工作将于 2019 年在全国范围内全面铺开"。2019 年 3 月，教育部办公厅印发《关于部署中国语言资源保护工程 2019 年度汉语方言调查及中国语言资源集编制工作的通知》（教语信厅函〔2019〕2 号），要求"在试点基础上，在全国范围内开展资源集编制工作"。

为科学有效开展资源集编写工作，语信司和语保中心通过试点、工作会、研讨会等形式，广泛收集意见建议，不断完善工作方案和编写规范。语信司于 2019 年 7 月印发了修订后的《中国语言资源集（分省）实施方案》和《中国语言资源集（分省）编写出版规范》（教语信司函〔2019〕30 号）。按规定，资源集收入本地区所有调查点的全部字词句语料，并列表对照排列。该方案和规范既对全国作出统一要求，保证了一致性和可比性，也兼顾各地具体情况，保持了一定的灵活性。

各省（区、市）语言文字管理部门高度重视本地区资源集的编写出版工作，在组织领导、管理监督和经费保障等方面做了大量工作，给予大力支持。各位主编认真负责，严格要求，专家团队团结合作，协同作战，保证了资源集的高水准和高质量。我们有信心期待《中国语言资源集》将成为继《中国语言文化典藏》《中国濒危语言志》之后语保工程的又一重大标志性成果。

语保工程最重要的成果就是语言资源数据。各省（区、市）的语言资源按照国家统一规划规范汇集出版，这在我国历史上尚属首次。而资源集所收调查点数之多，材料之全面丰富，编排之统一规范，在全世界范围内亦未见出其右者。从历史的眼光来看，本系列资源集的出版无疑具有重大意义和宝贵价值。我本人作为语保工程首席专家，在此谨向多年来奋战在语保工作战线上的各位领导和专家学者致以崇高的敬意！

曹志耘

2020 年 10 月 5 日

序

河南地处中原，是华夏文化的发祥重地，也是历代文化的交融中心。

河南人口过亿，河南话是中国 1/14 人口所使用的语言，多为中原官话，分布在 104 个市县和 1 个市辖区，方言学界将其再分为郑开片、兖菏片、洛嵩片、关中片、南鲁片、漯项片、商阜片和信蚌片 8 个片区。黄河以北、京广线以西 18 个市县的河南话别有特点，属于与山西话相近的晋方言区，方言学界称之为邯新片内的获济小片。

今日之河南话是历史上河南话的延续。4000 多年前的大夏王朝，自鲧、禹以来都城皆在今河南境内，那时的河南话就应是王朝的"国语"。殷商时代的甲骨文，是迄今为止发现的中国最早的文字，是盘庚迁殷至纣王 270 年间王室占卜记事的"档案"，也是对当时用作"国语"的河南话的记录。周秦汉唐宋，中国的政治中心转到长安、洛阳、开封一带，历史上以洛阳、开封为中心的河南话曾被称为"雅言""通语""正音""河洛音""汴洛音""中州音""中原雅音"等，在相当长的历史时期担当着"国语"的角色，并在此基础上产生了大量的书面文献，包括形成中华文化、惠润至今的华夏经典。《论语·述而第七》中说："子所雅言，《诗》《书》、执礼，皆雅言也。"南北朝时期的大儒颜之推，在《颜氏家训·音辞篇》中说："共以帝王都邑，参校方俗，考核古今，为之折衷。摧而量之，独金陵与洛下耳。"宋代陆游在《老学庵笔记·卷六》中也说："中原惟洛阳得天地之中，语音最正。"

河南话因其历史上在政治、文化、语言等领域的权威地位，对周边汉语方言和民族语言也都产生过较大影响。特别是历史上数次衣冠南渡，因动乱而发生大规模人口南迁，如西晋末年，晋元帝渡江定都建康（今江苏南京）；唐代"安史之乱"后，中原士庶避乱南徙；北宋末年，宋高宗渡江建都临安（今浙江杭州）。历史上的移民、迁徙，是南方方言形成的主因，且许多南方方言的形成都深受河南话影响，比如客家方言、闽南方言、赣方言、南京话、杭州话等。一些南方方言随着华人远去南洋的船帆也流播海外，把"河洛话"的影响带至世界。近世的河南，也因灾荒等原因不断向四邻移民，带来方言外溢，如皖南、江苏的河南方言岛，陇海沿线的河南方言带，新疆许多区域流行的河南话。从历史上的衣冠南渡到百年来的陇海西行、新疆建设，河南话早就流布四方。许多人的家族谱系上，都称河南为"老家"，河南话也就是很多中国人、中华人的

"老家话"。

河南话在中华文明史、汉语发展史上的独特地位，可与之鼎足者不多。历史上汉语音韵、词汇、训诂的研究，虽不能说就是关于河南话的研究，但都会涉及河南话的研究。相对而言，现代方言学兴起以后，对现代河南话的研究则非常之不够。最早研究河南话的文献，是1935年以河南通志馆的名义发表于《河南教育月刊》的《河南方言调查》。1956年，国家高教部、教育部启动全国汉语方言普查，开封师范学院（河南大学前身）中文系的张启焕、陈天福、程仪三位先生承担了河南省的方言普查，共调查方言点123个，成果集中体现在三位先生1993年出版的《河南方言研究》一书中。

2000年前，对河南话研究贡献最大的是曾任中国社会科学院语言研究所副所长、《方言》杂志主编的贺巍先生，他的《获嘉方言研究》《洛阳方言研究》《洛阳方言词典》是这方面的代表作，丁声树、卢甲文、崔灿、周庆生、李宇明、郭熙、王森、赵清治、刘冬冰等也发表过有影响的论文。2000年之后，河南话研究的队伍开始壮大，辛永芬、陈卫恒、段亚广、庄会彬、李学军、赵祎缺、孙红举、史艳锋、支建刚、胡伟、陈鹏飞、牛顺心、叶祖贵、张慧丽、王东、王自万、司罗红、鲁冰、陈晓姣等发表了不少成果，发现了不少有价值的语言现象乃至语言规律，还出版了多部专著，如辛永芬《浚县方言语法研究》、段亚广《中原官话音韵研究》、陈鹏飞《林州方言志》《豫北晋语语音演变研究》、王东《河南罗山方言研究》、李学军《河南内黄方言研究》、叶祖贵《固始方言研究》、张慧丽《官话方言变韵研究》等。

2008年，教育部、国家语委启动"中国语言资源有声数据库建设"。2015年，在此基础上又启动"中国语言资源保护工程"。这项国家重大工程，一期建设周期历经五年，参与的高校和科研机构350多家，组建专家团队1000多个，投入专业技术人员4500多名，语言发音人9000多名，完成1712个调查点（包括港澳台在内的全国所有省区市）、123个语种及其主要方言的调查，得到原始音视频语料文件1000多万条，总物理容量达100TB，是迄今为止世界上规模最大的语言资源保护项目。河南省积极参与，2016年开始启动，除完成语保工程布局的25个方言点和1个少数民族方言点的调查之外，还完成了省财政自筹经费支持的8个方言点的调查工作，筹建了河南方言有声资源数据平台。这是用现代语言调查技术对河南境内的语言进行的最为全面的调查，《中国语言资源集·河南》展示的就是这一调查的标志性成果。

《中国语言资源集·河南》共分为四卷，包括《语音卷》《词汇卷》《语法卷》《口头文化卷》。《语音卷》包括33个点的语音系统、各种音变和1000个字的字音对照表。《词汇卷》包括33个点的1200个词汇对照表。《语法卷》包括33个点的50个语法例句对照表。《口头文化卷》包括33个点的歌谣、故事和自选条目等内容。河南资源集的编写体例和编写规范，遵循的是《中国语言资源集》的统一规划和标准，全国的语言资源依照同一标准汇集，百川入海，蔚为大观。

作为《中国语言资源集·河南》未出版时的读者，我异常兴奋。原因之一，我也是"中国语言资源有声数据库建设"和"中国语言资源保护工程"的参与者，当年的许多设想今日成为现实，自然兴奋。同时也在思考中国语保的后续进程，反思这一工作的许多缺憾，虽然有人说"缺憾有时也是一种美"。原因之二，书中记录的是我的父母语，其中还有我家乡泌阳方言点的情况，边读边做语感校验，有时会心一笑，有时凝眉而思，有时觉得很神奇，相隔千里竟然会有如此相似的民谣儿歌，哪是"底本"？谁是"祖师"？原因之三，诱发我思考河南话的研究价值。方言研究中，南方方言是热点，无论是为推广普通话来研究方言，还是为寻求特殊的语言现象、语言规律来研究方言，南方方言当然最有价值。然而河南话离普通话的距离太近，无论是为推广普通话还是为寻求普通话之外的特殊语言现象、语言规律，河南话似乎都没有"太大意义"。但若换个思路，河南话的研究价值或会飙升。

其一，历史研究。河南话史不仅可以共时构拟，可以参照"外溢方言"构拟，而且因其"历史国语"的地位，有较多文献可以辅助构拟，具有独特优势。河南话及其方言史研究，对于历史上音韵、文字、训诂乃至中国语言学史的研究，对于中华文化、中华文明的研究，也有非凡意义。

其二，外溢方言研究。皖南、江苏等地的河南方言岛、陇海沿线的河南方言带及新疆的河南方言块，这些外溢方言的现状及其历史研究，可以加深对语言演变规律的认识，也可以丰富移民史、移民文化的研究。当然，如果延伸历史眼光，把这些研究与受河南话影响的一些南方方言研究集合起来，不仅可以更全面地发挥河南话的历史作用，而且也可能对方言史的研究有所裨益。

其三，河南是农业大省，早在七八千年前的裴李岗文化时期，这里就产生了农业、畜牧业和制陶等手工业。现在每年产粮1300亿斤，可为全国每人每年奉上千斤口粮。方言所保存的文化层面主要是农牧文化。河南话蕴含着传统农业的语言文化，蕴含着传统农民的生产方式和生活方式，着力探究河南话关于传统农业的蕴含，可为即将失去的传统农业社会保留其语言文化存照。同时，探讨语言生活与乡村振兴的关系，更有未来学价值，观察乡村振兴对当下语言生活的影响，探讨语言对乡村振兴的襄助，努力为一个亿人大省、千亿斤粮仓的振兴发展做出语言学的贡献。

刷新传统的方言观就马上认识到，河南话文化底蕴深厚，现实意义重大，值得花气力进行调查研究。《中国语言资源集·河南》为河南话研究做出了里程碑式的贡献。语音、词汇、语法研究是方言研究的基础，内部划分和外部归属是方言研究的必修课，但是，就河南话而言，在有了一定基础、做了一些必修课之后，更应研究其历史作用和现实作为，特别是研究在河南人生活中的作用、在河南发展中的可能作为。河南的语言学人、身处省外的河南籍语言学人，都应为河南话的研究做些贡献，因为它是河南话。方言学界、语言学界、相关学界也要关注河南话的研究，因为：

河南话是中华瑰宝！

李宇明

2022 年 6 月 3 日

序于北京惧闲聊斋

口头文化卷目录

概述 · 1
 一 河南省概况 · 1
 二 河南省汉语方言的分区 · 2
 三 河南境内中原官话和晋语的分界 · 4
 四 河南方言的语音、词汇、语法特点 · 4
 五 本卷内容和编排方式 · 9
 六 凡例 · 9
安阳 · 12
 一 歌谣 · 12
 二 故事 · 14
 三 自选条目 · 20
林州 · 24
 一 歌谣 · 24
 二 故事 · 26
 三 自选条目 · 34
鹤壁 · 45
 一 歌谣 · 45
 二 故事 · 47
 三 自选条目 · 56
新乡 · 59
 一 歌谣 · 59
 二 故事 · 60
 三 自选条目 · 68
济源 · 76
 一 歌谣 · 76
 二 故事 · 80
 三 自选条目 · 99
沁阳 · 103
 一 歌谣 · 103
 二 故事 · 106

温县
- 三 自选条目 ... 114
- 一 歌谣 ... 123
- 二 故事 ... 125
- 三 自选条目 ... 130

范县
- 一 歌谣 ... 135
- 二 故事 ... 137
- 三 自选条目 ... 147

郑州
- 一 歌谣 ... 154
- 二 故事 ... 157
- 三 自选条目 ... 160

开封
- 一 歌谣 ... 166
- 二 故事 ... 169
- 三 自选条目 ... 177

濮阳
- 一 歌谣 ... 179
- 二 故事 ... 181
- 三 自选条目 ... 186

浚县
- 一 歌谣 ... 189
- 二 故事 ... 192
- 三 自选条目 ... 197

长垣
- 一 歌谣 ... 202
- 二 故事 ... 206
- 三 自选条目 ... 209

兰考
- 一 歌谣 ... 211
- 二 故事 ... 213
- 三 自选条目 ... 216

洛阳
- 一 歌谣 ... 222
- 二 故事 ... 226
- 三 自选条目 ... 239

洛宁 ··· 248
    一　歌谣 ··· 248
    二　故事 ··· 252
    三　自选条目 ··· 261
三门峡 ··· 265
    一　歌谣 ··· 265
    二　故事 ··· 266
    三　自选条目 ··· 269
灵宝 ··· 277
    一　歌谣 ··· 277
    二　故事 ··· 280
    三　自选条目 ··· 283
商丘 ··· 285
    一　歌谣 ··· 285
    二　故事 ··· 288
    三　自选条目 ··· 292
永城 ··· 303
    一　歌谣 ··· 303
    二　故事 ··· 305
    三　自选条目 ··· 308
郸城 ··· 309
    一　歌谣 ··· 309
    二　故事 ··· 311
    三　自选条目 ··· 320
漯河 ··· 323
    一　歌谣 ··· 323
    二　故事 ··· 327
    三　自选条目 ··· 330
许昌 ··· 334
    一　歌谣 ··· 334
    二　故事 ··· 336
    三　自选条目 ··· 339
周口 ··· 345
    一　歌谣 ··· 345
    二　故事 ··· 348
    三　自选条目 ··· 351
驻马店 ··· 354
    一　歌谣 ··· 354

　　　　二　故事 ·· 355
　　　　三　自选条目 ·· 362
长葛 ··· 364
　　　　一　歌谣 ·· 364
　　　　二　故事 ·· 366
　　　　三　自选条目 ·· 369
泌阳 ··· 373
　　　　一　歌谣 ·· 373
　　　　二　故事 ·· 375
　　　　三　自选条目 ·· 379
南阳 ··· 381
　　　　一　歌谣 ·· 381
　　　　二　故事 ·· 384
　　　　三　自选条目 ·· 389
鲁山 ··· 393
　　　　一　歌谣 ·· 393
　　　　二　故事 ·· 395
　　　　三　自选条目 ·· 407
邓州 ··· 410
　　　　一　歌谣 ·· 410
　　　　二　故事 ·· 412
　　　　三　自选条目 ·· 420
西峡 ··· 424
　　　　一　歌谣 ·· 424
　　　　二　故事 ·· 427
　　　　三　自选条目 ·· 430
信阳 ··· 437
　　　　一　歌谣 ·· 437
　　　　二　故事 ·· 438
　　　　三　自选条目 ·· 449
固始 ··· 452
　　　　一　歌谣 ·· 452
　　　　二　故事 ·· 453
　　　　三　自选条目 ·· 462
参考文献 ·· 465
附录　方言调查和发音人信息表 ··················· 467
后记 ·· 481

概　述

一　河南省概况

河南省，简称"豫"，古称中原、中州、豫州，因历史上省境大部分位于黄河以南，故名河南。河南地处华北平原南部的黄河中下游地区，地理坐标为东经110°21′~116°39′，北纬31°23′~36°22′，东西直线距离约580千米，南北直线距离约550千米，东连山东、安徽，西邻陕西，北与河北、山西相接，南临湖北，总面积为16.7万平方千米。河南地势西高东低，北、西、南三面由太行山、伏牛山、桐柏山、大别山沿省界呈半环形分布；中、东部为黄淮海冲积平原；西南部为南阳盆地。河南地跨长江、淮河、黄河、海河四大水系，流域内大小河流有1500多条，其中黄河横贯中部，境内干流711千米，流域面积3.62万平方千米，约占全省面积的1/5。河南是全国重要的综合交通枢纽和人流、物流、信息流中心，素有"九州腹地、十省通衢"之称。

河南是中华民族与华夏文明的发源地，至迟在50万年前就有人类在这里生息和繁衍。七八千年前的裴李岗文化时期，这里就产生了农业、畜牧业和制陶等手工业；到了4000多年前的龙山文化中晚期，中原进入了石、铜器并用时代，产生了私有制和阶级的萌芽，夏朝就是在中原地区建立的。从夏朝至宋朝，河南作为国家的政治、经济、文化中心长达3000多年，先后有20多个朝代建都或迁都河南，诞生了洛阳、开封、安阳、郑州、商丘、南阳、濮阳、许昌等古都。是中国建都朝代最多、建都历史最长、古都数量最多的省份。河南自古就有"天下名人，中州过半"之说。

春秋战国时期，河南境内小国林立。秦始皇灭六国、统一中国之后，分天下为36郡，河南占了8个。西汉时期，河南境内有梁国和淮阳国，又分河南、南阳、陈留、河内、河东、颍川等11郡。东汉、三国承袭不变。西晋分设司州和豫州，两州之下又设郡21个。自晋至隋，郡或增或减，或分或合，变化不大。唐朝分天下为十道，在河南境内设河南道。五代因袭唐代旧制未变。北宋定都汴梁（今开封），在河南境内设开封、河南、颍昌、淮宁四府，郑、孟、汝、滑、蔡五州，属京西北路；又设应天府、卫、浚、怀三州，属京西路；拱、亳二州属淮南东路；相、磁二州属河北路；隆德府属河东路；陕、虢二州属陕西路；唐、邓二州属京西南路；光州属淮西南路。金灭北宋后迁都汴梁，改名为南京（开封府），在河南境内设河北、河东、京兆三路，路下设府和州。元朝创行省制，以汴梁等五路、旧德等三府置河南江北行中书省管辖。明朝初年改河南江北行中书省为河南承宣布政司，下辖7府、12州、82县，嘉靖年间升归德为府，共领8府、12州、96县。清朝因袭不变。民国和中华人民共和国成立后，河南一直设省。1949年8月，黄河以北地区成立平原省，省会驻新乡市，河南省保留黄河以南地区。1952年11月，撤销平原省，其行政区域大部分并入河南省。1954年10月，河南省会驻地从开封市迁驻郑州市。截至2020年4月，全省18个省辖市（53个市辖区）、21个县级市、83个县，共157个县级区划。

河南省境内文物古迹众多，有记载着祖先在中原大地繁衍生息的裴李岗文化遗址、仰韶文化遗址、龙山文化遗址、二里头文化遗址；有"人祖"伏羲太昊陵、黄帝故里和轩辕丘；有最古老的天文台周公测景台；有历史上最早的关隘函谷关、最早的佛教寺院白马寺；有"天下第一名刹"嵩山少林寺和闻名中外的大相国寺，等等。洛阳、开封、商丘、安阳、南阳、郑州、浚县、濮阳是全国历史文化名城。

2021年5月，第七次全国人口普查结果公布，截至2020年11月1日零时河南省常住人口99365519人。河南省56个民族成分齐全，少数民族分布呈大分散、小聚居的显著特征。2020年，全省少数民族人口约154万。其中，占比较高的少数民族有回族、蒙古族、满族[①]。

二 河南省汉语方言的分区

河南省境内的汉语方言分属于中原官话和晋语两个大方言区。

（一）中原官话

中原官话分布极广，以中原地区黄河流域为核心，南北拓展，东西绵延，从东海之滨的连云港到新疆维吾尔自治区的喀什，横跨江苏、安徽、山东、河南、河北、山西、陕西、四川、甘肃、宁夏、青海、新疆等12个省区，共计有397个县市[②]。中原官话内部又分为14个片区，河南境内的中原官话分属于其中的8个片区，即郑开片、兖菏片、洛嵩片、关中片、南鲁片、漯项片、商阜片、信蚌片，包括104个市县和1个市辖区[③]。

郑开片22：郑州市、开封市（原开封县划归为开封市祥符区）、内黄县、濮

[①] 河南省的地理、历史、行政区划以及人口概况主要参考了河南省人民政府门户网站上的材料：http://www.henan.gov.cn/，最后浏览时间为2021年10月20日。

[②] 据《中国语言地图集》（2012）第二版，中原官话共计397个县市。段亚广《中原官话音韵研究》（2012）进行了相关核实，中原官话共计394个县市。2012年之后，河南行政区划做了一些调整，本资源集的划分按照新行政区划进行，数据方面可能会有出入。

[③] 方言片区各市县的归属按照河南省最新行政区划进行划分。最新区划中，原开封县、陕县、郾城县、睢县分别划归为开封市祥符区、三门峡市陕州区、漯河市郾城区、商丘市睢阳区。各个市辖区不单独列出，但漯河市郾城区与漯河市其他辖区分属于南鲁片和漯项片两个片区，故漯河市郾城区单独在南鲁片中列出。

阳市、清丰县、南乐县、浚县、滑县、长垣县、延津县[①]、封丘县、原阳县、荥阳市、新密市、新郑市、鄢陵县、中牟县、兰考县、民权县、杞县、通许县、尉氏县

兖菏片2：台前县、范县

洛嵩片15：洛阳市、嵩县、登封市、巩义市、偃师市、孟州市、孟津县、伊川县、新安县、宜阳县、渑池县、洛宁县、义马市、栾川县、卢氏县

关中片2：灵宝市、三门峡市（原陕县划归为三门峡市陕州区）

南鲁片28：南阳市、鲁山县、长葛市、许昌市、许昌县、平顶山市、舞钢市、襄城县、郏县、禹州市、汝州市、汝阳县、宝丰县、叶县、舞阳县、临颍县、漯河市郾城区（原郾城县）、方城县、南召县、西峡县、淅川县、内乡县、镇平县、社旗县、泌阳县、唐河县、邓州市、新野县

漯项片16：漯河市、项城市、扶沟县、西华县、周口市、淮阳县、商水县、西平县、遂平县、上蔡县、汝南县、驻马店市、确山县、正阳县、平舆县、新蔡县

商阜片10：商丘市（原睢县划归为商丘市睢阳区）、太康县、宁陵县、柘城县、虞城县、鹿邑县、夏邑县、永城市、郸城县、沈丘县

信蚌片10：信阳市、桐柏县、息县、淮滨县、罗山县、潢川县、光山县、新县、商城县、固始县

（二）晋语

晋语指"山西及其毗连地区有入声的方言"（李荣1985），主要分布在山西省中北部地区、内蒙古自治区中西部地区、陕西省北部地区、河南省黄河以北大部分地区、河北省西部地区等，共计有175个市县。晋语内部又分为8个片区，河南境内的晋语属于晋语邯新片获济小片（《中国语言地图集》2012），主要分布在黄河以北地区，共有18个市县[②]。具体分布点如下：

邯新片获济小片18：安阳市、安阳县、林州市、汤阴县、鹤壁市、淇县、新乡市、新乡县、获嘉县、辉县市、卫辉市、焦作市、温县、沁阳市、博爱县、武陟县、修武县、济源市

[①]《中国语言地图集》(2012)第二版中，延津县被划归为豫北晋语，但据我们这些年的实地调查发现，延津县除了西部靠近新乡的少部分地区保留有入声以外，大部分地区属于中原官话，故本资源集把延津县归入中原官话。

[②] 孟州方言保留了入声调，相对应的入声韵已经消失，属于晋语到中原官话的过渡地带，贺巍（1985）和《中国语言地图集》第一版（1987）把孟州方言归入中原官话"洛徐片"，贺巍（2005）和《中国语言地图集》第二版（2012）归入"洛嵩片"。《河南方言研究》（张启焕1993）把孟州方言归入"洛阳片"。史艳锋（2008）认为，孟州方言保留了独立的入声调，其语音表现与焦作市的其他县市比较接近，应该归入晋语邯新片中的获济小片。本资源集将孟州方言归入洛嵩片。

三 河南境内中原官话和晋语的分界

河南境内的中原官话在黄河以北地区与晋语相邻接，二者的分界线差不多与现在的京广铁路线平行，京广铁路线以西主要是晋语分布区，京广铁路线以东主要为中原官话分布区，临近铁路两边的地区是两种方言的过渡区。豫北地区的这种方言分布格局及其形成过程与历史上的黄河河道变迁和明代人口迁徙有紧密的联系（裴泽仁 1988）。据历史记载，黄河早期在河南境内的流向是自西南向东北方向流出，由于地质的变化和黄河的频繁泛滥才形成了现在的流向。历史上，黄河曾决溢 1500 多次，大的改道有 26 次（陈泓、李海洁 2006），每次改道都是把黄河下游的河道向东南方向迁徙，这就使得向东北方向流动的黄河故道逐渐退缩，留下一条宽带状的黄河淤积平原。也就是说，古黄河流经豫北地区，其河道将豫北一分为二，东西两边的人员流动和交往受到一定阻隔，这种阻隔一直延续到黄河改道东流才结束。另外，据史料及各地县志记载，元末明初的战乱造成豫北地区的人口锐减，所以明建朝以来，政府制定了移民政策，组织过多次大规模的人口迁移工作，即从山西向豫北、豫东等其他地区移民，民间广泛流传的"要问我家哪里来，山西洪洞大槐树"就是明代移民的历史写照。由于地理相邻相近，豫北西部地区来自山西的移民明显多于东部地区，形成了目前豫北地区中原官话与晋语东西两分的格局。

四 河南方言的语音、词汇、语法特点

（一）河南方言的语音特点

（1）古全浊声母都已清化。清化的规律分两种，属于关中片的灵宝市、三门峡市今读塞音、塞擦音的字"无论平仄都读送气"，其他方言都是"平声送气、仄声不送气"。

（2）古精知庄章四组声母的分合分为四种类型。第一种是开封型，特点是古知庄章合一，读为翘舌的[tʂ tʂʰ ʂ ʐ]，与精组[ts tsʰ s]形成对立。这种类型主要分布在郑开片、兖菏片、南鲁片和商阜片，覆盖面比较大。第二种是洛阳型，特点是古知二庄开口、止开三章组与精组字合流，读[ts tsʰ s]；古知二庄合口、知三章（止摄除外）读[tʂ tʂʰ ʂ ʐ]。这种类型主要分布在洛嵩片，在郑开片、南鲁片和商阜片的个别点也有分布。第三种是上蔡型（段亚广 2012），特点是古精知庄章四类声母合一，都读平舌[ts tsʰ s]。这种类型主要分布在漯项片、信蚌片的大部分方言点，郑开片也有个别方言属于这种类型。第四种是新乡型，特点是古精知庄章四组声母读音基本合一，有的方言以[ts tsʰ s]为主，有时也读[tʂ tʂʰ ʂ ʐ]，有的方言以[tʂ tʂʰ ʂ ʐ]为主，有时也读[ts tsʰ s]，二者可以自由变读。这种类型主要分布在豫北晋语区。

（3）尖团音的分混分两种类型，一种是分尖团，即古精组细音字没有发生腭化，还读[ts tsʰ s]，古见组的细音字（喉牙音二等字）发生了腭化，变读为[tɕ tɕʰ ɕ]，

尖团音有区别，比如"精[tsiəŋ] ≠ 经[tɕiəŋ]、清[tsʰiəŋ] ≠ 轻[tɕʰiəŋ]、西[si] ≠ 稀[ɕi]、聚[tsy] ≠ 句[tɕy]"等，这种类型主要分布在郑开片、洛嵩片、南鲁片、商阜片的大部分地区，晋语的个别点，如林州的东南部有些地区也分尖团（支建刚 2020）。另一种是不分尖团，即古精组细音字和古见组的细音字都发生了腭化，都变读为[tɕ tɕʰ ɕ]，如"精[tɕiəŋ] = 经[tɕiəŋ]、清[tɕʰiəŋ] = 轻[tɕʰiəŋ]、西[ɕi] = 稀[ɕi]、聚[tɕy] = 句[tɕy]"。漯项片、信蚌片、关中片属于不分尖团的方言区。

（4）古微母字的读音分两种，一种读[v]，一种读零声母。读[v]母的主要分布在晋语邯新片获济小片、洛嵩片、关中片，信蚌片也有零星分布。其他方言读零声母。

（5）影疑母开口字除关中片、信蚌片读[ŋ]声母以外，其他大部分地区都读舌根浊擦音[ɣ]，如"袄、熬、安、案、牛、硬"等，区别是有些方言摩擦轻微一些，有的方言摩擦明显一些。

（6）除了信蚌片一些方言[n][l]不分以外，其他方言都作区分。

（7）果摄合口一等见系字大部分仍保持合口读音，如"戈、科、课、颗、禾、和、棵"等。

（8）遇摄合口三等知系字韵母读作[ʅ]/[ʵ]，如"猪、住、出、除、书、输"等，主要分布在郑开片、洛嵩片、南鲁片和豫北晋语区。

（9）古蟹止摄合口三等非组字，中原官话除信蚌片以外的大部分地区都可以与[i]相拼（老派），如"飞、费、废、肥、肺、匪"等，晋语区没有这个特点。

（10）止摄开口日母字，如"儿、二、耳、而、尔、饵"等有三种读音，一种读自成音节的舌尖后边音[l̩]或[lə]，主要分布在豫北晋语、郑开片、南鲁片，漯项片、商阜片也有零星分布。一种读平舌的[ɯ]，主要分布在洛嵩片、南鲁片的部分地区，属于晋豫的焦作、济源、温县、武陟、修武等地"儿"单独不读[ɯ]，但儿化韵收[ɯ]尾。一种读卷舌元音[ər]，中原官话漯项片、商阜片、信蚌片、郑开片等都有分布。

（11）鼻尾韵演变分四种类型。第一种是分四组，前鼻音两组，后鼻音两组，相互不混，也没有鼻化现象，主要分布在郑开片、洛嵩片、南鲁片、漯项片、商阜片。第二种表现为四种鼻尾韵保持对立，但鼻尾韵开始弱化，使得其前面的元音带上了鼻化色彩，洛嵩片、关中片、商阜片都有分布，豫北晋语区鼻化更为明显，发生鼻化的主要是前鼻韵尾。第三种是前后鼻韵尾相混，或者前鼻韵尾与阴声韵部分合流。如林州方言和洛宁方言，咸山摄韵母读成了单元音[a]，与阴声韵合流。深臻摄韵母，林州方言与曾梗摄合流，读成后鼻韵尾型韵母，洛宁方言读成[i]尾韵。信蚌片有些方言曾梗摄合流，都读成前鼻韵尾。第四种是前鼻韵尾完全消失，无论是咸山摄还是深臻摄都变读为[i]，属于n>i型，主要分布在长垣及周边地区。

（12）古入声韵的演变分两种类型，中原官话区的入声韵全部舒化，有的与其他阴声韵合流，有的演变为独立的韵类。比如德陌麦三韵合并为一韵，读成[ɛ]/[ei]

等韵，药铎觉三韵合并为一韵，读成歌戈韵。晋语区入声韵，古清声母入声字和次浊声母入声字还读入声韵，入声韵都收喉塞尾[ʔ]，古全浊声母入声字读单字音时基本已经舒化，没有入声韵，但有些字在词汇中还保留入声韵。豫北晋语的入声韵系统大部分都趋向了简化，合并为两套或三套。

（13）河南方言的声调类型分为三种：三调型、四调型和五调型。三调型方言很少，洛嵩片的渑池和洛宁属于三调型，特点是平声不分阴阳，浊上归去、去声不分阴阳，古入声字归入平声。四调型与普通话一样，平分阴阳，浊上归去、去声不分阴阳，古清声母和次浊声母入声字归阴平，全浊声母入声字归阳平。渑池、洛宁、孟州方言以外的中原官话都属于四调型。五调型是阴平、阳平、上声、去声和入声，豫北晋语区方言和孟州方言属于五调型。

（二）河南方言的词汇特点

（1）河南中北部的中原官话和晋语都有丰富的圪头词、分音词等。圪头词如"圪针、圪节儿、圪巴儿、圪应、圪糙、圪渣、圪蹬、圪歪、圪垯、圪蔫、圪档、圪喽、圪丁、圪绫、圪搅、圪料、圪答、圪星、圪洼、圪吱、圪嘣、圪蹴"等，其中"圪"因地区不同，发音有一些差异，入声区多读[kəʔ]，中原官话区多读[kɛ]。分音词如"不啦（拨）、胡啦（划）、骨碌（辊）、出溜（促）、出律、滴溜（吊）、骨轮（滚）、扑撩（飘）、扑棱（蓬）、吱唠（叫）、骨涌（拱）、圪老（角）、圪棱（梗）、曲连（蜷）、克朗（腔）、克髅（壳）"等，这些分音词的发音也因地而异，但其内部一致性很高。河南境内方言里的这些圪头词、分音词与山西方言有很多共同之处，但在丰富性和使用频率方面，东部的中原官话与西部的中原官话、晋语相比显得要弱一些。这与豫北晋语与山西晋语的地缘相接以及语言接触有关，也与明代的历史移民有较大关系，即从山西移民而来的人比较集中于河南西部和北部靠近山西的地区。

（2）合音词是整个河南话一个很显著的特点，正如侯宝林先生在《戏剧与方言》里所描绘的那样，河南话表达方面最"省事"。这种"省事"很多时候是合音造成的。河南境内的中原官话和晋语有许多常用词汇都用合音形式，如代词"俺（我、我们）、恁（你、你们）、咱、[人家]、啥、咋（怎么）、镇（这么）、恁（那么）"；方位词"[里头]、[外头]、[底下]、[地上]、[顶上]、[身上]、[起来]、[出来]"；数量组合"[一个]、[两个]、[三个]、[四个]、[五个]、[六个]、[七个]、[八个]、[九个]、[十个]、[几个]"；其他词"[没有]、[不要]、[知道]、[多少]、[清早]、[时候]"等。尽管合音词合音后的音值各地稍有不同，但其合音类型、合音趋势非常一致。

（3）在河南境内的中原官话和晋语中，合音还经常发生在地名词中，变韵与基本韵的对应关系与动词、形容词变韵相同，也称地名变韵，主要发生在第一个音节以姓氏命名的地名词。如"李[D]村、王[D]村、高[D]村、孙[D]庄、贺[D]庄、黄[D]庄、井[D]庄、尹[D]庄、段[D]庄、孙[D]寨、堵[D]寨、梁[D]寨、邹[D]寨、孟[D]寨、楚[D]寨、麦[D]寨、路[D]寨、殷[D]寨、党[D]寨、陈[D]营、仝[D]集、韩[D]屯、肖[D]堤、张[D]

铺、韦ᴰ城、周ᴰ湾、回ᴰ湾"等等，有时候也发生在非首音节的位置，如"雁李ᴰ、花王ᴰ、新吴ᴰ、菜吴ᴰ、西吴ᴰ庄、黄亿ᴰ庄、双楼王ᴰ、扁担王ᴰ、水牛赵ᴰ、龙王庙ᴰ"等等。地名变韵在河南方言的结合面和适用范围都很广。

（4）河南方言里还有一些典型的区域特色词。如：

中行，可以（通行于河南大部分地区）　管行，可以（通行于豫东地区）
甜淡　花风流，行为不端　得/得劲舒服、满意　瓢不好，软弱　沉重
眼气/眼热嫉妒　燎气馋　腥气腥　勤勤勤快　小气抠门儿　光棍凶、厉害
仔细俭省，节俭　枯缩皱巴，不平整　圪意心里不舒服，厌恶，讨厌
寻找对象　喷聊天，说大话　哕呕吐　拌扔掉　谝炫耀　推=骗、欺骗　搭抓、逮
撵追
唪=/噘骂　跍蹲蹲下　地奔儿/地走步行　猜枚划拳　拾掇收拾　喝汤吃晚饭
胳老肢儿腋窝儿　卜老盖儿膝盖　茅厕/后茅厕所　灶火/灶火屋厨房
就窝儿随即，趁机　没成色没能力、没本事　说瞎话说假话

（三）河南方言的语法特点

语法方面，河南境内的中原官话和晋语，特别是河南中北部地区的方言最显著的特点是有成系统的音变现象，除了上述词汇方面所举出的代词合音、方位词合音、数量词合音、地名词合音以外，还存在与语法意义相关的系统音变现象，如儿音变、Z音变、D音变等。儿音变主要用来表示小称。除了焦作的几个县市、洛嵩片和南鲁片的部分方言使用平舌儿化[ɯ]以外，其他的中原官话和晋语都使用卷舌儿化，且这种用于名词的小称形式还扩展到了形容词短语的层面。形容词短语小称的语法意义是把形容词短语所表示的数量或程度量往小里说。这种特殊语法音变现象，表现出了汉语中词法规则向句法方面渗透的个性特征。

（1）Z变音

Z变音就是汉语方言中通过词根音节的语音变化来表示普通话中"子"尾词意义的一种音变现象，又称"Z变韵母"（贺巍1965）、"子变韵母"（侯精一1985）、"u化韵"（周庆生1987）、"Z化韵"（卢甲文1992）、"子变韵"（王福堂1999）等，它本质上是一种词根音节与后缀音节在语流中产生的合音现象。Z变音所涉及的县市共有60多个，集中分布在河南北部和中部、山西南部和东南部地区。河南境内的Z变音北起林州、汤阴南部，南到尉氏北部、西北部，东到杞县、通许西部，西到荥阳西部，这之间呈连续分布。从地理分布、类型特点以及人口变迁等方面看，Z变音是中原地区自源性的音变现象。从语音演变、历史文献以及方言事实等方面看，Z变音是汉语史上表小称义的名词词缀"子""儿"或"子+儿"等与其词根语素进一步融合的结果，是词缀语义虚化或语法强化的一种语音表现。目前，汉语方言共时层面的Z变音已失去小称义，只表示泛称或统称，它与后起的其他小称形式，比如儿化小称、重叠小称、圪头词等形成了新的语义对立。Z音变虽然是一种构词方面的合音现象，但在共时平面上已成为一种形态化的构词手段，这种合音音变的形成过程及其演变规律从河南及其周边地区的地理分布状况

看得更为清楚。

（2）D 变音

D 变音是句法方面的音变现象，也是从合音而来的，与词法方面的儿音变、Z 变音不太相同，它们是动词、形容词等与其后面语法虚成分的合音，可以表达体意义、格意义、程度义、祈使义等，是语法成分虚化之后的一种语音弱化表现。D 变音在河南的分布范围也很广，北起内黄县，东到山东东明界，南到漯河郾城区、西到荥阳。更为特别的是，这种语音弱化的进程在河南北部和中部地区的十多个县市达到了极致，即零形式。从共时分布看，河南境内中原官话和晋语的 D 音变经历了四个阶段的变化，而且不同阶段的语音弱化形式在河南境内方言的共时平面都保留着，甚至一些过渡阶段的形式也有分布，可以说是语法化中语音弱化过程的活化石。

（3）重叠

河南境内中原官话和晋语表示语法意义的重叠形式也很丰富，特别是形容词的重叠有一些较为特殊的表现。如双音节形容词的重叠和单音节形容词加缀重叠多采用"ABB"或"AXX"式，这种三音节的重叠式是整个河南方言最常见也是使用频率最高的一种形式，且重叠式在语音形式上有固定的韵律模式。以焦作为核心的晋语区，如焦作、温县、博爱、武陟、修武、沁阳、济源等地方言中有一种独具特色的重叠形式，即形容词重叠再加缀的"老 AA""老 AA 老 AA""老 ABAB"形式，颇具地方特色，是河南境内的中原官话和山西、陕西、内蒙古、河北等其他晋语区没有的重叠形式。

（4）介词

河南境内中原官话和晋语的介词系统相对来说一致性也比较高。比如表示处所的介词大致分两类，一类是[t]声母，一类是[k]声母。表示处置的介词与处所介词有一定关联，一般也以[t]声母和[k]声母作为区分，其使用区域也与处所介词的区域大致相同。表示起点和经由的介词非常丰富，可以分为四类，第一类是"从、打、打从、搭"，主要分布在中原官话区，晋语区也有使用；第二类是"押/[ɕia]/[ɕa]、压、牙、捱、挨[ɕiɛ]/[ɕɛ]、依[i⁼]"，中原官话和晋语都使用；第三类是"改⁼、搁、给⁼、起"，是由表示存在的动词和表趋向的动词演变而来的；第四类是"沿住/着、顺住/着"，是专门表示经由的双音节介词，中原官话和晋语方言都用。引进受事的介词主要有"给""连""盖⁼""搁""弄 ᴅ"等，其来源与普通话"把""将"有所不同，主要与给予义、连接义、处所义相关。表示被动的介词一般使用"叫"，与普通话不同的是，"叫"在南鲁片方言中还可以作处置标记。

（5）句法格式

河南境内中原官话和晋语在疑问句系统方面的表现一致性也很高，即都没有与普通话对应的"吗"字是非问，反复问的类型是"VP 没有"和"VP 不 VP"呈互补分布，后者带宾语的类型是"VO 不 V"。河南境内中原官话和晋语的能性补语结构有两种类型，一种是"VC 了/V 不 C"，一种是"能 VC/V 不 C"，有些方言点二者并存。本地区方言大多数点都有一种代词复指型处置式，记作"（A/B）+V^D+复制性代词+X"，一般表示位移处置或结果处置。

河南中原官话和晋语中还有一种非常特殊的"有"字句，其主体结构为"V（x）有（NP）"，如"俺存（嘞/哩）有钱儿""墙上挂（嘞/哩）有画儿""报纸俺订（嘞/哩）有""俺买（嘞/哩）有"等，主要表示动作实现且动作结果或结果状态的存在，"V（嘞/哩）有 NP"语义上是三种表述的套合，即"VNP""V（嘞/哩）有"和"有 NP"的套合，句法上是一种特殊的兼语结构，源于汉语史共享宾语的连谓结构。这种结构在其他方言中也有分布，结构形式丰富多彩。据考察，方言中丰富多彩的"V（x）有 NP"是对汉语史同类结构不同阶段的继承和发展。

五　本卷内容和编排方式

本卷为河南方言口头文化卷，包括 33 个点的歌谣、规定故事、其他故事、自选条目等。

本卷的编排先以调查点为序，每个点再根据"歌谣、故事、自选条目"及《中国语言资源调查手册·汉语方言》"陆·口头文化"的内容逐条罗列，每条包括方言、音标、意译、发音人、采录时间和地点等内容。

调查点具体排序如下：
晋语
邯新片获济小片：安阳、林州、鹤壁、新乡、济源、沁阳、温县
中原官话
兖菏片：范县
郑开片：郑州、开封、濮阳、浚县、长垣、兰考
洛嵩片：洛阳、洛宁
关中片：三门峡、灵宝
商阜片：商丘、永城、郸城
漯项片：漯河、许昌、周口、驻马店、长葛、泌阳
南鲁片：南阳、鲁山、邓州、西峡
信蚌片：信阳、固始

六　凡例

本书的记音方式同语音卷、词汇卷、语法卷，以教育部语言文字信息管理司、中国语言资源保护研究中心《中国语言资源调查手册·汉语方言》（商务印书馆，2015 年）为规范。涉及本卷的内容主要有：

（1）本卷国际音标一律使用 IpaPanNew 字体，其中送气符号一律采用上标 h，调值采用阿拉伯数字上标，轻声使用 0 上标。零声母不标注，直接书写音节。句

子音标除标点符号以外，直接连写，方言句子与相应的国际音标转写分上下两行。考虑到汉字与音标字距不同，全书不根据内容分行，都采用一行汉字一行国际音标的方式。意译部分按照中文排版格式编排。发音人、调查时间和地点另起一行，放在括号（）内。歌谣、故事和自选条目的排序一律与《中国语言资源调查手册·汉语方言》中的序号保持一致。如安阳方言歌谣0001拉锯歌：

拉锯扯锯，姥姥家门儿上有台戏。叫闺女，请女婿，
la^{44}tɕy^{31}tsʰɛ^{43}tɕy^{31},lao^{43}lao^{0}tɕia mẽr^{52}laŋ^{31}iəu^{43}tʰai^{52}ɕi^{31}.tɕiao^{31}kuẽ^{44}ŋi^{43},tɕʰiəŋ^{52}ny^{43}ɕy^{31},
小外甥儿也要去，一巴掌把他打回去。
ɕiao^{43}uai^{31}səŋ^{44}ər^{0}iɛ^{43}iao^{0}tɕʰy^{31},iɛʔ^{0}pa^{44}tsaŋ^{31}pa^{0}tʰa^{44}ta^{43}xuei^{52}tɕʰy^{31}.

意译：拉锯扯锯，姥姥家门口有台戏。叫女儿，请女婿。小外孙也要去，一巴掌把他打回去。

（发音人：王建洲　2018.08.13 安阳）

（2）同音符号"="一律采用上标。如：开封方言歌谣0003"咬一口，空壳$^{=}$喽$^{=}$"，兰考方言0003"花吉$^{=}$弹$^{=}$儿"。

（3）一般情况下，意义比较虚的字词，如本字未明，采用同音字书写，同音字尽可能统一字形，但有明显语音差异的，不同方言点可以采用不同字形。如相当于普通话"了$_1$""了$_2$"的，不同方言点有不同的写法，如"了""啦""唠""啊""唉""喽"等。相当于普通话"的""地""得"等的成分，有"的""嘞""哩"等写法。

（4）不同方言语义相同且来源于同一个本字，但因各地读音不同，尽量兼顾读音特点。如相当于普通话动词后的"着"，各地方言有"的""着""住""嘞"等写法，但同一个方言有时候读音也不相同，尽量统一用字。如安阳方言歌谣0008板凳歌：

小板凳儿摞摞，里头坐着哥哥；（原来写作"的"）
ɕiao^{52}pã^{43}təŋ^{31}ər^{0}luə^{31}luə^{0},lə^{43}ləu^{0}tsuə^{31}tɛ^{0}kə^{43}kə^{0},
哥哥出来买菜，里头坐着奶奶；
kə^{43}kə^{0}tsʰuɛʔ^{3}lai^{52}mai^{43}tsʰai^{31},lə^{43}ləu^{0}tsuə^{31}tsə^{0}nai^{43}nai^{0};

（5）本字未明，又实在没有合适的同音字使用，或用同音字容易产生误解的，使用"□"代替。如表示处所义的介词，有的方言读音与"给"同，写成"给$^{=}$"容易造成误解，就用"□""给$^{=}$"代替。

（6）河南北部和中部地区有成系统的语法变音现象，比如儿音变、Z变音、D变音等。儿音变汉字直接在词根音节后书写成"儿"，国际音标按照儿音变的规律标写。如"小孩儿""桌儿"等。Z变音相当于普通话中的"子"尾词，但原词缀语素是什么学界还存在争议，因此本卷同语音、词汇、语法卷一样，都使用学界普遍认可的上标Z来表示。D变音是动词与其后的虚成分的合音，虚成分不止一个，其意义相当于普通话的"了""着""到""得"等成分，本书统一采用上标D表示。

（7）合音词外加"[ ]"表示其后面国际音标标注的读音是[ ]号中汉字的合音，如浚县方言"[一个]yə^{24}""[起来]tɕʰiai^{55}""[出来]tʂʰuai^{24}"等。如合音词中有本字未明的使用"□"代替。如浚县方言"[今□]个 tɕiɛ^{24}kɤ^{0}""[明□]个 mɛ^{42}kɤ^{0}"等。

（8）地方戏曲部分，因唱腔的声调与单字音存在很多不一致的地方，所以唱词的国际音标转写不标声调。

安　阳

一　歌谣

0001 拉锯歌

拉锯扯锯，姥姥家门儿上有台戏。叫闺女，请女婿，

la⁴⁴tɕy³¹tsʰʅɛ⁰tɕy³¹,lao⁴³lao tɕia⁰mɛ̃r⁴³laŋ³¹iəu⁴³tʰai⁵²ɕi.tɕiao³¹kuɛ̃⁴⁴n̩i⁴³,tɕʰiəŋ⁵²n̩y⁴³ɕy³¹,

小外甥儿也要去，一巴掌把他打回去。

ɕiao⁴³uai³¹səŋ⁴⁴ər⁰iɛ⁰iao⁴³tɕʰy³¹,iɛʔ³pa⁴¹tsaŋ⁰pa⁴¹tʰa⁴⁴ta⁰xuei⁵²tɕʰy³¹.

意译：拉锯扯锯，姥姥家门口有台戏。叫女儿，请女婿。小外孙也要去，一巴掌
　　　把他打回去。

（发音人：王建洲　2018.08.13 安阳）

0002 小猫偷桃

小猫儿，上树偷桃儿，听见鸡哩狗咬，

ɕiao⁴³mao⁵²ər⁰,saŋ¹³su³¹tʰəu⁴⁴tʰao⁰ər⁰,tʰiəŋ⁴⁴tɕiã³¹tɕi⁴⁴li⁰kəu⁵²iao⁴³,

下来就跑，发枝儿绊倒。

ɕia³¹lai⁰tɕiəu³¹pʰao⁴³,fa⁴⁴tsʅ⁴⁴ər⁰pã³¹tao⁴³.

意译：小猫上树偷桃，听见街里狗咬，下来就跑，一下绊倒。

（发音人：王建洲　2018.08.13 安阳）

0003 翻饼歌

翻饼调饼，芝麻油儿擀油饼。

fa⁴⁴piəŋ⁴³tiao³¹piəŋ⁴³,tsʅ⁴⁴ma⁰iəu⁵²ər⁰kã⁴³iəu⁵²piəŋ⁴³.

你一块儿，我一块儿，咱俩人做[一个]好买卖儿。

n̩i⁴³iɛʔ³kʰuɐr³¹,uə⁴³iɛʔ³kʰuɐr³¹,tsã⁰lia⁴³zə̃⁰tsuɛʔ⁰yə⁰xao⁴⁴mai⁵²mɛr³¹.

意译：翻饼调（转）饼，芝麻油擀油饼。你一块儿，我一块儿，咱们做个好买卖。

（发音人：王建洲　2018.08.13 安阳）

0004 小菠菜

小菠菜儿，就地儿黄。

ɕiao⁴³puə⁴⁴tsʰɐr³¹,tɕiəu¹³tiər³¹xuaŋ⁵².

割罢麦子打罢场，谁家闺女不瞧娘。

kɤʔ³pa³¹mɛʔ⁰tɛ⁰ta⁴³pa³¹tsʰaŋ⁵²,sei⁵²tɕia⁰kuei⁴⁴n̩i⁰pɤʔ³tɕʰiao⁵²n̩iaŋ⁵².

瞧娘不是瞧娘嘞，是给她娘要羊嘞。
tɕʰiao⁵²ȵiaŋ⁵²pɤʔ³zɛʔ⁰tɕʰiao⁵²ȵiaŋ⁵²ɛ⁰,sɿ³¹kei⁴³tʰa⁴³ȵiaŋ⁵²iao⁵²iaŋ⁵²ɛ⁰.

意译：小菠菜，叶子黄。收过麦子晒过场，谁家女儿不看望妈妈。看望妈妈不是真的看望妈妈，是向妈妈要羊呢。

（发音人：王建洲　2018.08.13 安阳）

0005 小包儿（小包袱）

小包儿，四角儿叠，里边儿包的大花鞋。谁做嘞，娘做嘞。
ɕiao⁴³pao⁴⁴ər⁰,sɿ³¹tɕyər⁴⁴tiɛ⁵²,li⁴³piɛr⁴⁴pao⁴⁴tɤ⁰ta⁴⁴xua⁵²ɕiɛ⁵².sei⁴²tsuɤʔ³lɤ⁰,ȵiaŋ⁵²tsuɤʔ³lɤ⁰.

见谁亲，见娘亲。买[一个]烧饼给娘分。
tɕiã³¹sei⁵²tɕʰiɛ̃⁴⁴,tɕiã³¹ȵiaŋ⁵²tɕʰiɛ̃⁴⁴.mai⁴³yɤ⁰sao⁴⁴piəŋ⁴³kei⁴³ȵiaŋ⁴²fɤ̃⁴⁴.

意译：小包袱，四角叠，里面包着大花鞋。谁做的，妈妈做的。见谁亲，见妈妈亲。买个烧饼给妈妈分。

（发音人：王建洲　2018.08.13 安阳）

0006 小茶碗

小茶碗儿，里外光，里面儿盛哩挂面汤。
ɕiao⁴³tsʰa⁵²vər⁴³,li⁴³vai³¹kuaŋ⁴⁴,li³¹miɛr⁴⁴tsʰəŋ⁵²li⁰kua¹³miã³¹tʰaŋ⁴⁴.

多加油，少加姜，葱儿芫荽漂顶上。
tuə⁴⁴tɕia⁴⁴iəu⁵²,sao⁴³tɕia⁴⁴tɕiaŋ⁴⁴,tsʰuŋ⁴⁴ər⁰iã³¹zuei⁰pʰiao⁴⁴tiəŋ⁴³zaŋ³¹.

小孩儿喝唠香又香。
ɕiao⁴³xɤr⁵²xɤ⁴⁴lao⁰ɕiaŋ⁴⁴iəu³¹ɕiaŋ⁴⁴.

意译：小茶碗儿，里外光，里面盛的是挂面汤。多加油，少加姜，葱花香菜漂在上面。小孩子喝了香又香。

（发音人：王建洲　2018.08.13 安阳）

0007 小香炉

小香炉儿，四方方，又磕头儿又烧香。
ɕiao⁴³ɕiaŋ⁴⁴lu⁵²ər⁰,sɿ³¹faŋ⁴⁴faŋ⁴⁴,iəu³¹kʰɤʔ³tʰəu⁵²ər⁰iəu³¹sao⁴⁴ɕiaŋ⁴⁴.

烧香磕头儿为啥嘞，都想过上那好时光。
sao⁴⁴ɕiaŋ⁴⁴kʰɤʔ³tʰəu⁵²ər⁰vei³¹sa⁴⁴lɤ⁰,təu³¹ɕiaŋ³¹kuɤ⁴⁴laŋ⁰na³¹xao⁴³sɿ⁵²kuaŋ⁴⁴.

意译：小香炉，四方方，（人们）又磕头又烧香。为什么要烧香磕头？都想过上好日子。

（发音人：王建洲　2018.08.13 安阳）

0008 板凳歌

小板凳儿摞摞，里头坐的哥哥；
ɕiao⁵²pã⁴³təŋ³¹ər⁰luɤ³¹luə⁰,lə⁴³ləu⁰tsuɤ³¹tɤ⁰kɤ⁴³kɤ⁰;

哥哥出来买菜，里头坐着奶奶；
kɤ⁴³kɤ⁰tsʰuɤʔ³lai⁵²mai⁴³tsʰai³¹,lə³¹ləu⁰tsuɤ³¹tsɤ⁰nai⁴³nai⁰;

奶奶出来烧香儿，里头坐着姑娘儿；
nai⁴³nai⁰tsʰuɐʔ³lai⁵²sao⁴⁴ɕiaŋ⁴⁴ər⁰,lə⁴³ləu⁰tsuə³¹tsə⁰ku⁴⁴n̩iaŋ⁵²ər⁰;
姑娘出来磕头儿，里头坐着孙猴儿；
ku⁴⁴n̩iaŋ⁵²tsʰuɐʔ³lai⁵²kʰɐʔ³tʰəu⁵²ər⁰,lə⁴³ləu⁰tsuə³¹tsuə⁰suẽ⁴⁴xəu⁵²ər⁰;
孙猴出来蹦蹦，里头坐着臭虫；
suẽ⁴⁴xəu⁵²tsʰuɐʔ³lai⁵²pəŋ³¹pəŋ⁰,lə⁴³ləu⁰tsuə³¹tsuə⁰tsʰəu³¹tsʰuŋ⁵²;
臭虫出来爬爬，里头种着南瓜；
tsʰəu³¹tsʰuŋ⁵²tsʰuɐʔ³lai⁵²pʰa⁵²pʰa⁰,lə⁴³ləu⁰tsuŋ³¹tsuə⁰nã⁵²kua⁴⁴;
南瓜不结籽儿，打死你个鳖子儿。
nã⁵²kua⁴⁴pɐʔ³tɕiɛʔ³tsɿ⁴³ər⁰,ta⁴³sɛʔ³n̩i⁴³kə⁰piɛ⁴⁴tsɿ⁴³ər⁰.

意译：小板凳摞起来，里头坐着哥哥；哥哥出来买菜，里头坐着奶奶；奶奶出来烧香，里头坐着姑娘；姑娘出来磕头，里头坐着孙猴；孙猴出来蹦蹦，里头坐着臭虫；臭虫出来爬爬，里头种着南瓜；南瓜不结籽儿，打死你个坏蛋。

（发音人：王建洲　2018.08.13 安阳）

二　故事

0021 牛郎织女

讲[一个]故事，叫牛郎跟织女。
tɕiaŋ⁴³ yə⁴⁴ku⁵¹sɿ³¹,tɕiao³¹n̩iəu⁰laŋ⁵²kẽ⁴⁴tsɛʔ³n̩y⁴³.
古时候儿，有[一个]小伙子，他爹娘都去世了，
ku⁴³su⁵²uer³¹,iəu⁴³ yə³¹ɕiao⁵²xuə⁴³tɛ⁰,tʰa⁴³tiɛ⁴⁴n̩iaŋ⁴⁴təu⁰tɕʰy¹³sɿ³¹ɛ⁰,
家里就丢他一个人，孤苦伶仃哩呀。
tɕia⁴⁴li⁰tɕiəu³¹tiəu⁴⁴tʰa⁴⁴iɛʔ³kə⁰zẽ⁰,ku⁴⁴kʰu⁴³liəŋ⁵²tiəŋ⁴⁴li⁰ia⁰.
家里还有一头老牛，这相依为命啊，
tɕia⁴⁴li⁰xai⁵²iəu⁴³iɛʔ³tʰəu⁵²lao⁴³n̩iəu⁰,tsə⁰ɕiaŋ⁴⁴i³¹vei³¹miəŋ³¹a⁰,
村儿里人哩就叫他叫牛郎。
tsʰuẽr⁴⁴li⁴³zẽ⁵²li⁰tɕiəu¹³tɕiao³¹tʰa⁴³tɕiao³¹n̩iəu⁵²laŋ⁵².
平时牛郎就靠着[这个]老牛啊犁地为生哩。
pʰiəŋ⁵²sɿ⁵²n̩iəu⁵²laŋ⁵²tɕiəu¹³kʰao⁰tsə³¹tsuə⁰lao⁴³n̩iəu⁵²a⁰li⁵¹ti³¹vei⁵¹səŋ⁴⁴i⁰.
[这个]老牛啊，实际上是天上那金牛星，
tsuə³¹lao⁴³n̩iəu⁵²a⁰,sɛʔ³tɕi⁵¹saŋ³¹sɿ³¹tʰiã⁴⁴naŋ³¹na³¹tɕiẽ⁴⁴n̩iəu⁵²ɕiəŋ⁴⁴,
它待见牛郎的善良、勤劳，
tʰa⁴³tai¹³tɕiã³¹n̩ieu⁵²laŋ⁵²li⁰sã³¹liaŋ⁵²,tɕʰĩ⁵²lao⁰,
所以，它想着帮牛郎成[一个]家。
suə⁴³i⁰,tʰa⁴³ɕiaŋ⁴³tsə⁰paŋ⁴⁴n̩iəu⁵²laŋ⁵²tsʰəŋ⁵²yə⁰tɕia⁴⁴.

有一天哪，[这个]金牛星得了[一个]信儿，
iəu⁴³ iɛʔ³ tʰiã⁴⁴ na⁰, tsuə³¹ tɕiɛ⁴⁴ ɳiəu⁵² ɕiəŋ⁵² tɛʔ³ lə⁰ yə⁰ ɕiɐr³¹,
说这天上的七仙女儿，
suɛʔ³ tsə⁵² tʰiã⁴⁴ saŋ⁰ ə⁰ tɕʰiɛʔ³ ɕiã⁴⁴ ɳy⁴³ ər⁰,
要在村东边儿山脚子[底下][那个]湖里游泳哩。
iao¹³ tai³¹ tsʰuẽ⁴⁴ tuŋ⁴⁴ piɐr⁴⁴ sã⁴⁴ tɕyɛʔ³ tɛ⁰ tiɛ⁴³ nuə⁰ xu⁵² i⁰ iəu⁵² yuŋ⁴³ ɛ⁰.
它就托了[一个]梦给牛郎，
tʰa⁴³ tɕiəu³¹ tʰuɛʔ³ lao⁰ yə⁰ məŋ⁴⁴ kei⁰ ɳiəu⁵² laŋ⁵²,
说："你清早起来，你到[那个]湖边儿哩，
suɛʔ³:"ɳi⁴³ tɕʰiəŋ⁴⁴ tsao⁴³ tɕʰi⁴³ ai⁰, ɳi⁴³ tao³¹ nuə⁰ xu⁰ piɐr⁵² li⁰,
拿走那七仙女儿里头一件衣裳，
na⁵² tsəu⁴³ na⁰ tɕʰiɛʔ³ ɕiã⁴⁴ ɳy⁴³ ər⁰ li⁰ ləu⁰ iɛʔ³ tɕiɐr³¹·⁴⁴ i⁰ iaŋ⁰."
头也[不应]回啊，就往家跑。"
tʰəu⁵² iɛ⁰ piəŋ³¹ xuei⁵² ia⁰, tɕiəu⁵² uaŋ⁴³ tɕia⁴⁴ pʰao⁴³."
你就能得[一个]不错哩媳妇子。"
ɳi⁴³ tɕiəu³¹ nəŋ⁵³ tɛʔ³ yə⁴⁴ pɐʔ³ tsʰuə³¹ lə⁰ ɕiɛʔ³ u³¹ tɛ⁰."
这清早起来，牛郎有点儿搁意，
tsə³¹ tɕʰiəŋ⁴⁴ tsao⁴³ tɕʰi⁴³ ai⁰, ɳiəu⁵² laŋ⁵² iəu⁴³ tiɐr⁰ kɐʔ³ i⁰,
就迷迷糊糊哩就来到[那个]村东头儿了。
tɕiəu³¹ mi⁵² mi⁰ xu⁴⁴ xu⁰ i⁰ tɕiəu⁵² lai⁵² ao⁰ nuə⁰ tsʰuẽ⁴⁴ tuŋ⁴⁴ tʰəu⁵² ər⁰ lɛ⁰.
一瞧，还真瞧见那[七个]仙女儿在那湖里耍水哩，
iɛʔ³ tɕʰiao⁵², xai⁵² tsẽ⁴⁴ tɕʰiao⁵² tɕiɛŋ³¹ na⁰ tɕʰiɛ⁴⁴ ɕiã⁴⁴ ɳy⁴³ ər³¹ tai⁰ na⁰ xu⁰ lə⁴³ ləu⁰ sua⁵² suei⁴³ li⁰,
牛郎拿开一件衣裳立马地还往家跑了。
ɳiəu⁵² laŋ⁵² na⁰ kʰai⁴⁴ iɛʔ³ tɕiɐr³¹·⁴⁴ i⁰ iaŋ⁰ liɛʔ³ ma⁴³ li⁰ xai⁰ uaŋ⁴³ tɕia⁴⁴ pʰao⁴³ ɛ⁰.
叫拿走衣裳[这个]仙女儿哩她叫织女，
tɕiao⁰ na⁵² tsəu⁴³·⁴⁴ i⁰ iaŋ⁰ tsuə⁰ ɕiã⁴⁴³ ɳy⁴³ ər⁰ li⁰ tʰa⁴³ tɕiao⁰ tsəʔ³ ɳy⁴³,
这当天后晌价儿啊，[这个]织女来到牛郎家门口儿，
tsə³¹ taŋ⁴⁴ tʰiã⁴⁴ xu⁵² aŋ⁰ tɕiɐr⁰ a⁰, tsuə¹³ tsəʔ³ ɳy⁴³ lai⁵² ao⁰ ɳiəu⁵² laŋ⁰ tɕia⁰ mẽ⁵² kʰəu⁴³ ər⁰,
轻轻哩敲开牛郎家家门儿了，
tɕʰiəŋ⁴⁴ tɕʰiəŋ⁰ li⁰ tɕʰiao⁰ kʰai⁰ ɳiəu⁵² laŋ⁰ tɕia⁰ tɕia⁴⁴ mẽr⁵² lɛ⁰,
俩人成了两口子了，这一眨么眼儿三年过去了，
lia⁴³ zẽ⁵² tsʰəŋ⁵² lə⁰ liaŋ⁵² kʰəu⁴³ tɛ⁰ lə⁰, tsə⁰ iɛʔ³ tsa⁰ mə⁰ iɐr⁴³ sã⁴⁴ ɳiã⁵² kuə¹³ tɕʰy³¹ ɛ⁰,
牛郎跟织女生了一男一女俩孩子，小日子儿过哩啊可好哩。
ɳiəu⁵² laŋ⁵² kẽ⁴⁴ tsəʔ³ ɳy⁴³ səŋ⁴⁴ lə⁰ iɛʔ³ nã⁵² iɛʔ³ ɳy⁴³ lia⁴³ xai⁵² tɛ⁰, ɕiao⁴³ zʅ³¹ tsər⁴³ kuə⁰ li⁰ ia⁰ kʰɐʔ³ xao⁴³ i⁰.
光⁼，[这个]织女私自下凡[这个]事儿，叫玉皇大帝知道了。
kuaŋ³¹, tsuə³¹ tsəʔ³ ɳy⁴³ sʅ³¹ tsʅ³¹ ɕia³¹ fã⁵² tsuə³¹ sʅ³¹ ər⁰, tɕiao⁰ y³¹ xuaŋ⁵² ta³¹ ti³¹ tsʅ⁴⁴ tao³¹ lɛ⁰.

有天啊，这天上是又打雷又打忽闪，
iəu⁴³tʰiã⁴⁴a⁰,tsə³¹tʰiã⁴⁴saŋ⁰sʅ⁰iəu³¹ta⁴³luei⁵²iəu³¹ta⁴³xuɛʔ³zã⁰,
刮着那大风，还下哩大雨，齐谷͞堆儿哩，织女找不着了。
kuɐʔ³tə⁰na⁰ta³¹fəŋ⁴⁴,xai⁵²ɕia⁴³li⁰ta⁴⁴y⁰,tɕʰi⁴³kuɛʔ³tuer⁴⁴li⁰,tsɛʔ³n̩y⁴³tsao⁴³pɐʔ³tsuə⁵²lɛ⁰.
这俩孩子啊哭哩闹哩找妈哩，
tsə³¹lia⁴³xai⁵²tɛ⁰ia⁰kʰuɐʔ³li⁰nao⁰i⁰tsao⁴³ma⁴⁴li⁰,
牛郎都不知道该咋价的了。
ȵiəu⁵²laŋ⁵²təu⁴⁴pɐʔ³tsʅ³¹tao³¹kai⁴⁴tsa⁴³tɕia⁰tə⁰lɛ⁰.
[这个]金牛星忽然地就说了话儿了，
tsuə¹³tɕiẽ⁴⁴ȵiəu⁵²ɕiəŋ⁴⁴xuɛʔ³zã⁴³ti⁰tɕiəu³¹suɛʔ³lə⁰xua³¹lɛ⁰,
说："你把我头上角拿下来，变成俩大筐子，
suɛʔ³:"ȵi⁴³pa⁵²uə⁴³tʰəu⁵²saŋ³¹tɕyɛʔ³na⁵²ɕia³¹lai⁵²,piã³¹tsʰəŋ⁵²lia⁴³ta³¹kʰuaŋ⁴⁴tɛ⁰,
哎，挑开这俩孩子哩，你就往天宫去找织女。"
ai⁰,tʰiao⁴⁴kʰai⁵²tsə³¹lia⁴³xai⁵²tɛ⁰li⁰,ȵi⁰tɕiəu⁰uaŋ⁴³tʰiã⁴⁴kuŋ⁴⁴tɕʰy³¹tsao⁴³tsɛʔ³n̩y⁴³."
正说的哩，牛郎一瞧，那俩牛角真掉上[地下]了，
tsəŋ⁴³suɛʔ³tə⁰li⁰,ȵiəu⁵²laŋ⁴³iɛʔ³tɕʰiao⁵²,na⁰lia⁴³ȵiəu⁵²tɕyɛʔ³tsẽ⁴⁴tiao⁵²aŋ³¹tiə³¹lɛ⁰,
还真变成俩大筐子了。
xai⁵²tsẽ⁴⁴piã³¹tsʰəŋ⁵²lia⁴³ta³¹kʰuaŋ⁴⁴tɛ⁰lɛ⁰.
牛郎把这俩孩子呀，往筐子里头一搁，挑开了，
ȵiəu⁵²laŋ⁴³pa⁴³tsə³¹lia⁴³xai⁵²tɛ⁰ia⁰,uaŋ¹³kʰuaŋ⁴⁴tɛ⁰li⁰ləu⁰iɛʔ³kɐʔ³,tʰiao⁴⁴kʰai⁴⁴ɛ⁰.
就觉得[这个]筐子呀，跟那长了翅膀一样儿哩，
tɕiəu³¹tɕyɛʔ³tə⁰tsuə³¹kʰuaŋ⁴⁴tɛ⁰ia⁰,kẽ⁴⁴na⁰tsaŋ⁴³ə⁰tsʰʅ³¹paŋ⁴³iɛʔ³iã⁰li⁰,
呼呼了往天上飞开了。
xu⁴⁴xu⁴⁴lə⁰uaŋ⁴³tʰiã⁴⁴saŋ³¹fei⁴⁴kʰai⁴⁴ɛ⁰.
眼儿瞧的就追上织女了，叫王母娘娘瞧见了。
iɐr⁴³tɕʰiao⁵²tə⁰tɕiəu³¹tsuei⁴⁴saŋ³¹tsɛʔ³n̩y⁴³ə⁰,tɕiao⁰uaŋ⁴³mu⁰ȵiaŋ⁵²ȵiaŋ⁰tɕʰiao⁵²tɕiã³¹lɛ⁰,
王母娘娘拔开头上金簪子，
uaŋ⁴³mu⁰ȵiaŋ⁵²ȵiaŋ⁰pa⁰kʰai⁰tʰəu⁰aŋ⁵²tɕiẽ⁴⁴tsã⁴⁴tɛ⁰,
往牛郎跟织女那当间儿一划，
uaŋ⁴³ȵiəu⁵²laŋ⁰kẽ⁰tsɛʔ³n̩y⁰na⁰taŋ⁴⁴tɕiɐr⁰iɛʔ³xua³¹,
变成一条啊宽的哩长的哩[一个]天河了，
piã³¹tsʰəŋ⁵²iɛʔ³tʰiao⁵²a⁰kʰuã⁴⁴tə⁰li⁰tsʰaŋ⁵²tə⁰li⁰yə⁰tʰiã⁴⁴xɤ⁵²lɛ⁰,
把两口子哎隔开了。
pa¹³liaŋ⁵²kʰəu⁴³tɛ⁰ai⁰kɐʔ³kʰai⁰ɛ⁰.
这麻衣雀子哩，非常同情牛郎跟织女[这个]事儿，
tsə³¹ma⁵²⁻⁴³i⁰tɕʰiao³¹tɛ⁰lə⁰,fei⁴⁴tsʰaŋ⁵²tʰuŋ⁵²tɕʰiəŋ⁵²ȵiəu⁵²laŋ⁵²kẽ⁴⁴tsɛʔ³n̩y⁴³tsuə¹³sʅ³¹ər⁰,

就年年七月七呀，
tɕiəu³¹niã⁵²niã⁵²tɕʰieʔ³yɛʔ³tɕʰieʔ³ia⁰,
这[一个]衔着[一个]，组成了[一个]长长哩鹊桥，
tsə³¹yə⁴⁴ɕiã⁵²tə⁰yə⁴⁴,tsu⁴³tsʰəŋ⁰ɛ⁰yə³¹tsʰaŋ⁵²tsʰaŋ⁵²li⁰tɕʰyɛ⁴³tɕʰiao⁵²,
叫俩人见面儿。故事就到这儿了，完了。
tɕiao³¹lia⁴³zẽ⁵²tɕiã³¹mieɻ³¹.ku⁵¹sʅ⁰tɕiəu⁵¹tao⁵¹tsəɻ⁰lə⁰,uã⁵²lɛ⁰.

意译：讲一个故事，叫牛郎和织女。古时候，有一个小伙子，他爹娘都去世了，家里就剩下他一个人，孤苦伶仃的。家里还有一头老牛，他们相依为命。村里人就叫他牛郎。平时牛郎就靠着老牛犁地为生。老牛实际上是天上的金牛星，它喜欢牛郎的善良、勤劳，所以它想帮牛郎成个家。有一天，金牛星得到一个消息，说天上的七仙女要在村东边儿山脚底下那个湖里游泳。它就托了一个梦给牛郎说：你清早起来到那个湖边拿走那七个仙女衣裳里头的一件，头也不要回就往家里跑，你就能得一个不错的媳妇。这天清早起来牛郎就迷迷糊糊来到村东头了。还真看见七个仙女在湖里头嬉水。牛郎拿着一件衣裳马上往家里跑了。被拿走衣裳的这个仙女叫织女。后来，织女来到牛郎家门口，轻轻地敲开牛郎家门，俩人成了两口子了。一眨眼，三年过去了，牛郎和织女生了一男一女两个孩子，小日子过得很幸福。织女私自下凡的事让玉皇大帝知道了。有一天，这天上又打雷又闪电，刮着大风，还下着大雨。突然找不着织女了。这俩孩子哭闹着要找妈妈。牛郎不知道该怎么办。老牛忽然说话了，他说："你把我头上角拿下来变成俩大筐，你挑着这俩孩子，往天宫去找织女吧。"正说着呢，牛郎一看，那俩牛角真的掉在地上变成俩大筐了。牛郎把俩孩子往筐里头一放，挑起来就跑，就觉得像长了翅膀一样，呼呼地往天上飞。眼看马上就追上织女了，被王母娘娘看见了。王母娘娘拔下头上的金簪，在牛郎和织女中间一划，出现了一条又宽又长的天河，把两口子隔开了。喜鹊非常同情牛郎和织女的遭遇，就在每年七月初七这一天，这只衔住那只的尾巴，搭成了一个长长的鹊桥，让两人通过鹊桥见面。

（发音人：王建洲　2018.08.13 安阳）

0022 铁狮口街的来历

给大家说一个故事啊，铁狮口街的来历。
kei⁴⁴ta³¹tɕia⁴⁴suɛʔ³ieʔ³kə⁰ku¹³sʅ⁰aʔ⁰,tʰieʔ⁴⁴sʅ⁴⁴kʰəu⁵²tɕieɻ⁴⁴lə⁰lai⁵²li⁰.
说在这古彰德府啊，也就现在安阳市，
suɛʔ³tsai¹³tsə³¹ku⁴³tsaŋ⁴⁴tɛʔ³fu⁴³aʔ⁰,iɛ⁴³tɕiəu³¹ɕiã³¹tsai ã⁵¹iaŋ⁵²sʅ³¹,
有一条南北走向那街，在这街北头哩，有[一个]庙，
iəu⁴³ieʔ³tʰiao⁵²nã⁵²pɛʔ³tsəu⁴³ɕiaŋ⁵¹na⁰tɕieɻ⁴⁴,tsai⁵¹tsə³¹tɕieɻ⁴⁴pɛʔ³tʰəu⁵²li⁰,iəu⁴³yə³¹miao³¹,
庙门口有俩大石头狮子。
miao³¹mẽ⁵²kʰəu⁴³iəu⁴³lia⁴³ta³¹sɛʔ³tʰəu⁵²sʅ⁴⁴tɛ⁰.

正对的庙往南走，没有多远儿，
tsəŋ³¹tuei³¹tə⁰miao¹³uaŋ⁴³nã⁵²tsəu⁴³,mɛʔ³iəu⁰tuə⁵²yɐr⁴³,
有[一个]油铺子，榨油哩，掌柜姓王。
iəu⁴⁴yə⁰iəu⁵²pʰu³¹tɛ⁰,tsa⁰iəu⁰i⁰,tsaŋ⁴³kuei⁰ɕiəŋ³¹vaŋ⁵².
有一天，哎，掌柜觉得怪奇怪，
iəu⁴³iɛʔ³tʰiã⁴⁴,ai⁰,tsaŋ⁴³kuei³¹tɕyɛʔ³tɛʔ⁰kuai³¹tɕʰi⁵²kuai³¹,
说夜儿个后响价=儿这才榨了两缸油，
suɛʔ³iər⁴⁴kə⁰xu³¹aŋ⁰tɕiɐr⁰tsə³¹tsʰai⁵²tsa⁰lɛ⁰liaŋ⁴³kaŋ⁰iəu⁵²,
这咋没了?问伙计，伙计也不知道。
tsə³¹tsa⁰mɛʔ³lɛ⁰?vẽ³¹xuə⁴³tɕi⁰,xuə⁴³tɕi⁰iə⁴³pɛʔ³tsɿ⁴³tao⁰.
哎掌柜怪奇怪，这连着好几天都是，
ai⁰tsaŋ⁴³kuei⁰kuai³¹tɕʰi⁵²kuai³¹,tsə³¹liã⁵²tsə⁰xao⁵²tɕi⁰tʰiã⁴⁴təu⁴³sɛʔ⁰,
哎一到后响价=儿有两缸油，清早起来就没了。
ai⁰iɛʔ³tao⁰xu³¹aŋ⁰tɕiɐr⁰iəu⁴³liaŋ⁴³kaŋ⁴⁴iəu⁵²,tɕʰiəŋ⁴⁴tao⁰tɕʰi⁰ai⁰tɕiəu³¹mɛʔ³lɛ⁰.
这掌柜啊想好主意了。
tsə³¹tsaŋ⁴³kuei³¹ia⁰ɕiaŋ⁴³xao⁰tsu⁰i⁰ɛ⁰.
他到后响价=儿啊，他藏到那黑旮旯里。
tʰa⁴³tao⁰xu³¹aŋ⁰tɕiɐr⁰aʔ⁰,tʰa⁴³tsʰaŋ⁵²ao⁰na⁰xɛʔ³kɛʔ³lao⁰li⁰.
月亮地儿里，瞧见俩狮子呀，
yɛʔ³liaŋ⁰tiər¹³li⁰,tɕʰiao⁵²tɕiã³¹lia⁴³sɿ⁰tɛ⁰ia⁰,
从那墙上墙上跳过来了，跑到[那个]缸那儿，
tsʰuŋ⁵²na⁰tɕʰiaŋ⁰aŋ⁰tɕʰiaŋ⁵²aŋ⁰tʰiao³¹kuə⁰lai⁰lɛ⁰,pʰao⁴³ao³¹nuə⁰kaŋ⁴⁴nɐr³¹,
一头栽上里头啊，咕咚咕咚咕咚哎喝了[一个]饱，
iɛʔ³tʰəu⁵²tsai⁴⁴aŋ⁰lə⁴³ləu⁰aʔ⁰,kuɛʔ³tuŋ⁴⁴kuɛʔ³tuŋ⁴⁴kuɛʔ³tuŋ⁴⁴ai⁰xɛʔ³lao⁰yə⁴⁴pao⁴³,
又跳墙了走了。这王掌柜不跟的去瞧瞧，
iəu³¹tʰiao³¹tɕʰiaŋ⁵²əʔ⁰tsəu⁴³ɛ⁰.tsə³¹vaŋ⁵²tsaŋ⁴³kuei³¹²pɛʔ³kə̃⁴⁴tə⁰tɕʰy³¹tɕʰiao⁵²tɕʰiao⁰,
一走走到[那个]庙门口儿哩，
iɛʔ³tsəu⁴³tsəu⁰ao³¹nuə⁰miao¹³mẽ⁵²kʰəu⁴³ər⁰li⁰,
这俩石狮子一边儿[一个]，蹲到那儿了，不动眼儿了。
tsə³¹lia⁴³sɛʔ³sɿ⁴⁴tɛ⁰iɛʔ³piɐr⁴⁴yə⁰,tuɛʔ³tao⁰nɐr³¹lɛ⁰,pɛʔ³tuŋ⁰iɐr⁴³lɛ⁰.
这天明啊，这掌柜跟这伙计，
tsə⁰tʰiã⁴⁴mieŋ⁵²aʔ⁰,tsə³¹tsaŋ⁴³kuei³¹kə̃⁴⁴tsə³¹xuə⁴³tɕi⁰,
厮跟的去跟庙里找和尚去了，
sɿ³¹kə̃⁴⁴tə⁰tɕʰy³¹kə̃⁰miao³¹li⁰tsao⁰xuɛʔ³saŋ³¹tɕʰy⁴³lɛ⁰.
说："恁的这石狮子偷俺哩油啊。"这和尚一听着了急了：
suɛʔ³:"nẽ⁴³tə⁰tsə³¹sɛʔ³sɿ⁴⁴tɛ⁰tʰəu⁴⁴ã⁴³li⁰iəu⁵²aʔ⁰."tsə³¹xuə⁵²aŋ³¹iɛʔ³tʰiəŋ⁴⁴tsao⁵²lə⁰tɕi⁵²ɛ⁰:

"我这石狮子这在这儿蹲着不动儿，它能偷恁那油？"
"uə⁴³tsə³sɛʔ³sʅ⁴⁴tɛ³tsai³¹tsər⁰tuɛ⁴⁴tə⁰pɐʔ⁰tuŋ³¹ər⁰,tʰa⁴⁴nəŋ⁵²tʰəu⁴⁴nẽ⁴³na³iəu⁵²?"
这王掌柜啊，慢慢斯悠哩说呀，
tsə³¹vaŋ⁵²tsaŋ⁴³kuei³¹ia⁰,mã³¹mã³¹sʅ³iəu³li³suɛʔ³ia⁰,
说："就你的石狮子偷了我的油了。"和尚说："不信"，
suɛʔ³:"tɕiəu³¹n̩i⁴³ə³sɛʔ³sʅ⁴⁴tɛ³tʰəu⁴⁴ɛ⁰uə⁴³ə⁰iəu⁵²ə⁰."xuə⁵²saŋ³¹suɛʔ³:"pɐʔ³ɕiẽ³¹",
王掌柜说："那你这咱砸开这石狮子肚子咱瞧瞧。"
vaŋ⁵²tsaŋ⁴³kuei³¹suɛʔ³:"na³n̩i⁴³tsə³¹tsã⁵²tsa⁵²kʰai³¹tsə³¹sɛʔ³sʅ⁴⁴tɛ³tu³¹tɛ³tsã⁵²tɕʰiao⁵²tɕʰiao⁰."
这和尚说："你要砸开要没有油哩？"
tsə³¹xuə⁵²saŋ³¹suɛʔ³:"n̩i⁴³iao³tsa⁵²kʰai⁴⁴iao³mɛʔ³iəu⁴³iəu⁵²·⁰?"
王掌柜说："没有油，我赔你俩石狮子。要有了油哩？"
vaŋ⁵²tsaŋ⁴³kuei³¹suɛʔ³:"mɛʔ³iəu⁴³iəu⁰,uə⁴³pʰei⁵²n̩i³lia⁴³sɛʔ³sʅ⁴⁴tɛ⁰.iao³¹iəu⁴³ao⁰iəu⁵²·⁰?"
和尚说："有了油，有了油随你哩便儿。"
xuə⁵²saŋ³¹suɛʔ³:"iəu⁴³ao⁰iəu⁴³,iəu⁴⁴ao⁰iəu⁴³suei³¹n̩i³i³piɚ³¹."
这伙计呀，抢开那大锤，
tsə³¹xuə⁴³tɕi⁰ia⁰,luẽ⁵²kʰai⁴⁴na³¹taʔ³¹tsʰuei⁵²,
把[这个]石狮子[这个]肚子呀，好给它章开了，
pa¹³tsuə³¹sɛʔ³sʅ⁴⁴tɛ⁰tsuə³¹tu³¹tɛ³ia⁰,ao⁰kɛʔ³tʰa⁴³tsaŋ⁴⁴kʰai⁴⁴ɛ⁰,
那油啊，哗啦啦油哎，流了一地。
na³¹iəu⁵²ia⁰,xua⁴⁴la⁴⁴la⁰iəu⁵²ai⁰,liəu⁵²ɛ³iɛʔ³ti³¹.
[这个]和尚一惊，那没有啥话说了。
tsuə³¹xuə⁵²zaŋ³¹iɛʔ³tɕiəŋ⁴⁴,na⁰mɛʔ³iəu⁰sa³¹xua³¹suɛʔ³lɛ⁰.
那光[那些]烧香拜佛的人，信男信女，[那些]都不愿意了呀。
nei³¹kuaŋ³¹niə⁴³sao⁴⁴ɕiaŋ⁴⁴pai³¹fə⁵²na⁰zẽ⁵²,ɕiẽ⁵²nã⁵²ɕiẽ⁵²n̩y⁴³,niə⁴³təu⁰pɐʔ³yã³¹·i³¹·⁰lɛ⁰ia⁰.
你把这俩狮子给砸了，这能中？
n̩i⁴³pa⁴³tsə³¹lia⁴³sʅ³tɛ⁰kei⁴³tsa³lɛ⁰,tsə³¹nəŋ⁵²tsuŋ⁴⁴?
这这油坊哩王掌柜没了法儿了，
tsə³¹tsə³¹iəu⁵²faŋ³¹li³vaŋ⁵²tsaŋ⁴³kuei³¹mɛʔ³lə⁰fɐr⁴⁴lɛ⁰,
他只好又买了俩铁狮子，搁了[那个]庙门口哩。
tʰa⁴³tsɛʔ³xao³¹iəu³¹mai⁴³ɛ⁰lia⁴³tʰiɛ⁴⁴sʅ⁴⁴tɛ⁰,kɛʔ³lə⁰nuə⁵²miao³¹mẽ⁵²kʰəu⁴³li⁰.
光这俩铁狮子哩，是张着嘴儿哩，这从此以后哩，
kuaŋ¹³tsə³¹lia⁴³tʰiɛ⁴⁴sʅ⁴⁴tɛ⁰lə⁰,sʅ³¹tsaŋ⁴⁴tsə⁰tsuer⁴³lə⁰,tsə³¹tsʰuŋ⁵²tsʰʅ⁴³·i³¹·⁴³xəu⁰lə⁰,
这人哪就把这道街叫作铁狮子口街。
tsə³¹zẽ⁵²na⁰tɕiəu⁰pa¹³tsə³¹tao³¹tɕiɛ⁴⁴tɕiao³¹tsuɛʔ³tʰiɛ⁴⁴sʅ⁴⁴tɛ⁰kʰəu⁴³tɕiɛ⁴⁴.
故事就到这儿，完了。
ku¹³sʅ³¹tɕiəu³¹tao³¹tsər³¹,uã⁵²lɛ⁰.

意译：我给大家讲一个故事——铁狮口街的来历。在古彰德府，也就是现在的安阳市，有一条南北走向的街。在这街北头有一个庙，庙门口有俩大石头狮子。正对着庙门往南走，没有多远，有一个卖油铺，掌柜姓王。有一天，掌柜觉得很奇怪，昨天下午才榨了两缸油，怎么没了？问伙计，伙计也不知道。连着好几天都是这样，下午还有的两缸油，清早起来就没了。这掌柜想了个好主意。到晚上，他藏在暗处，看见俩狮子从墙上跳过来，跑到缸旁边，一下子咕咚咕咚喝了个饱，又跳墙走了。这王掌柜跟着去看看，一走走到那个庙门口，这俩石狮子一边儿一个，蹲着不动。等到天亮，掌柜和伙计一起去庙里找和尚去了，说："你的石狮子偷喝我家的油啊。"和尚一听着急了："我这石狮子在这儿蹲着不动，它能偷喝你的油？"王掌柜慢条斯理地说："就是你的石狮子偷喝我的油了。"和尚说："不信"，王掌柜说："那你就砸开这石狮子肚子看看。"和尚说："你砸开如果没有油怎么办？"王掌柜说："如果没有油，我赔你俩石狮；如果有油怎么办？"和尚说："有油的话随你发落。"伙计抢开大锤，把石狮子的肚子砸开了，那油哗啦啦流了一地。和尚一惊，没有话说了。那些烧香拜佛的信男信女们都不愿意了。油坊王掌柜只好又买了俩铁狮子，放在了庙门口。这俩铁狮子是张着嘴的。从此以后，人们就把这道街叫作铁狮口街了。

（发音人：王建洲　2018.08.13 安阳）

三　自选条目

0031 方言版《假如生活欺骗了你》
假如生活欺央了你了，
tɕia⁴³zu⁵²səŋ⁴⁴xuɤ⁵²tɕʰi⁴⁴iaŋ⁴⁴ɛ⁰ȵiɛ⁴³⁰，
[不应]吭声儿，[不应]鸣叫，[不应]圪蹽，
piəŋ³¹kʰəŋ⁴⁴səŋ⁴⁴ər⁰,piəŋ³¹u⁴⁴tɕiao³¹,piəŋ³¹kɤʔ³liao³¹，
[不应]瘾哩儿八症儿哩，[不应]哭丧着[那个]脸，
piəŋ³¹i³¹li⁰ər⁰pɤʔ³tsəŋ⁴⁴ər⁰li⁰,piəŋ³¹kʰuɤ³saŋ⁴⁴tsə⁰nuɤ³¹liã⁴³，
你就跑到那漫天地里，圪蹴到那儿了，
ȵi⁴³tɕiəu³¹pʰao⁴³tao³¹na⁰mã³¹tʰiã⁴⁴ti³¹li⁰,kɤʔ³tɕiəu³¹tao⁰ner³¹lɛ⁰，
就跟那肉骨蛹也哩，一骨蛹，一骨蛹，
tɕiəu³¹kẽ⁴⁴na⁰zəu³¹kuɤʔ³luŋ⁴³iɛ⁰li⁰,iɛʔ³kuɤʔ³yŋ⁴³,iɛʔ³kuɤʔ³yŋ⁴³，
一骨蛹，一骨蛹，一直骨蛹，
iɛʔ³kuɤʔ³yŋ⁴³,iɛʔ³kuɤʔ³yŋ⁴³,iɛʔ³tsɛʔ³kuɤʔ³yŋ⁴³，
早晚你得变成那好瞧哩——扑棱蛾子。
tsao⁵²vã³¹ȵi⁴³tɛʔ³piã³¹tsʰəŋ⁵²na⁰xao⁴³tɕʰiao⁵²ɛ⁰——pʰɤʔ³ləŋ⁰ə⁵²tɕ⁰.
意译：假如生活欺骗了你，不要吭声，不要吵闹，不要急躁，不要呆若木鸡，不

要哭丧着脸，你找一个地方，蹲着，就像蛹一样，慢慢蠕动，蠕动着慢慢等待，早晚你会变成一只漂亮的飞蛾。

（发音人：王建洲 2018.08.13 安阳）

0032 歇后语
大寺（文峰塔）尖儿上放炮——你响（想）嘞不低。
ta³¹sʅ⁴⁴tɕieɻ⁴⁴laŋ⁰faŋ¹³pʰao³¹——n̻i⁴³ɕiaŋ⁴³ɛ⁰pɐʔti⁴⁴.
意译：文峰塔尖上放鞭炮——想（响）得不低。

（发音人：王建洲 2018.08.13 安阳）

0033 歇后语
蒜臼子改棺材——挨一辈子捣了，又成（盛）人儿了。
suã³¹tɕiəu⁴³tɛ⁰kai⁴³kuã⁴⁴tsʰai⁵²——ai¹ɕiɛʔ³pei⁰tɛ⁰tao⁴³ɛ⁰,iəu³¹tsʰəŋ⁵²zɚ⁵²lɛ⁰.
意译：蒜臼改棺材——挨了一辈子捣，又成（盛）人了。

（发音人：王建洲 2018.08.13 安阳）

0034 歇后语
屎壳郎掉到井里了——你恶囊到底了。
sʅ⁴³kʰə⁰laŋ⁵²tiao³¹ao⁰tɕiəŋ⁴³li⁰lɛ⁰——n̻i⁴³ɐʔ³naŋ⁰tao³¹ti⁴³ɛ⁰.
意译：屎壳郎掉到井里——脏到底。

（发音人：王建洲 2018.08.13 安阳）

0035 歇后语
纳底子不用锥子——针（真）中。
nɐʔ³ti⁴³tɛ⁰pɐʔ³yŋ³¹tsuei⁴⁴tɛ³——tsẽ⁴⁴tsuŋ⁴⁴.
意译：纳鞋底不用锥子——针（真）中。

（发音人：王建洲 2018.08.13 安阳）

0036 歇后语
骨朵子打臭虫——你使哩劲儿大了。
kuɐʔ³tuə⁰tɛ⁰ta⁴³tsʰəu³¹tsʰuŋ⁵²——n̻i⁴³sʅ⁴³i⁰tɕieɻ³¹ta³¹lɛ⁰.
意译：拳头打臭虫——用劲太大。

（发音人：王建洲 2018.08.13 安阳）

0037 歇后语
庙里头菩萨不说话——白长了一张嘴。
miao³¹lə⁴³ləu⁰pʰu⁵²sa⁰pɐʔ³suɛʔ³xua³¹——pai⁵²tsaŋ⁴³lɛ⁰iɛʔ³tsaŋ⁴⁴tsuei⁴³.
意译：庙里的菩萨不说话——白长了一张嘴。

（发音人：王建洲 2018.08.13 安阳）

0038 谚语
水足唠禾苗儿壮，奶足唠娃娃胖。
suei⁴³tɕyɛʔ³lao⁰xə⁵²miao⁵²əɻ⁰tsuaŋ³¹,nai⁵²tɕyɛʔ³lao⁰va⁵²va⁰pʰaŋ³¹.
意译：水分充足禾苗壮，奶水充足娃娃胖。

（发音人：王建洲 2018.08.13 安阳）

0039 谚语

这懒羊啊，它连自己身上毛儿都嫌沉。

tsə³¹lã⁴³iaŋ⁵²a⁰,tʰa⁴³liã⁵²tsʅ³¹tɕi⁰sẽ⁴⁴saŋ³¹mao⁵²ər⁰təu⁴⁴ɕiã⁵²tsʰẽ⁵².

意译：懒羊连自己身上的毛都嫌太重（喻人太过懒惰）。

（发音人：王建洲　2018.08.13 安阳）

0040 顺口溜

彰德府老三样，锡膏、皮渣、粉浆饭。

tsaŋ⁴⁴tɛʔ³fu⁴³lao⁴⁴sã⁴⁴iaŋ³¹,ɕieʔ³kao⁴⁴, pʰi⁴¹tsa⁴⁴, fə⁴³tɕiaŋ⁴⁴fã³¹.

走土随土，走乡随乡，走到彭城学捏缸。

tsəu⁴³tʰu⁴³suei⁵²tʰu⁴³,tsəu⁴³ɕiaŋ⁴⁴suei⁴⁴ɕiaŋ⁴⁴,tsəu⁴³ao³¹pʰəŋ⁵²tsʰəŋ⁵²ɕyə⁵²n̩ie⁴⁴kaŋ⁴⁴.

意译：彰德府老三样，锡膏、皮渣、粉浆饭。入乡随俗，走到彭城学做缸。

（发音人：王建洲　2018.08.13 安阳）

0041 谚语

睡觉咬牙，虫在肚里爬。

sei¹³tɕiao³¹iao⁴³ia⁵²,tsʰuŋ⁵²tsai³¹tu³¹·⁰pʰa⁴².

千补万补，不如饭补。

tɕʰiã⁴⁴pu⁴³vã³¹pu⁴³,peʔ³zu⁵²fã³¹pu⁴³.

意译：睡觉时咬牙，（一定是）蛔虫在肚里爬。千补万补，不如饭补（身体）。

（发音人：王建洲　2018.08.13 安阳）

0042 谚语

可□稀唠长草，可□密唠容易倒。

kʰɐʔ³tɛʔ³ɕi⁴⁴ao⁰tsaŋ⁵²tsʰao⁴³,kʰɐʔ³tɛʔ³mieʔ³lao⁰zuŋ⁵²·³¹i⁴¹tao⁴³.

不稀不密，合理才好。

peʔ³ɕi⁴⁴peʔ³mieʔ³,xə⁵²li⁴³tsʰai⁴⁴xao⁴³.

意译：（种地）苗太稀会长草，苗太密容易倒。不稀不密，合理才好。

（发音人：王建洲　2018.08.13 安阳）

0043 谚语

从南京到北京，买家没有卖家精。

tsʰuŋ⁵²nã⁵²tɕiəŋ⁴⁴tao³¹peʔ³tɕiəŋ⁴⁴,mai⁴³tɕia⁴⁴mɐʔ³iəu⁴³mai³¹tɕia⁴⁴tɕiəŋ⁴⁴.

意译：从南京到北京，买家没有卖家聪明。

（发音人：王建洲　2018.08.13 安阳）

0044 谚语

兔子要能拉车儿，谁还买骡子马嘞。

tʰu³¹tɛ⁰iao³¹nəŋ⁵²la⁴⁴tsʰɛr⁴⁴,sei⁵²xai⁵²mai⁴³luo⁵²tɛ⁰ma⁴³lɛ⁰.

意译：如果兔子能拉车，谁还会买骡子和马呢？

（发音人：王建洲　2018.08.13 安阳）

0045 谚语

黄鼠狼子啊，不嫌小鸡儿瘦。

xuaŋ⁵²u⁰laŋ⁵²tɛ⁰ia⁰,pɐʔ³ɕiã⁴³ɕiao⁴³tɕier⁴⁴səu³¹.

意译：黄鼠狼不嫌小鸡瘦。

（发音人：王建洲　2018.08.13 安阳）

0046 谚语

猪是猪羊是羊，猪毛长不上那羊身上。

tsu⁴⁴sɛʔ³tsu⁴⁴iaŋ⁵²sɛʔ³iaŋ⁴²,tsu⁴⁴mao⁵²tsaŋ⁴³pɐʔ³laŋ³¹na⁰iaŋ⁵²sẽ⁴⁴saŋ³¹.

意译：猪是猪羊是羊，猪毛长不到羊身上。

（发音人：王建洲　2018.08.13 安阳）

林 州

一 歌谣

0001 铃儿歌
铃儿铃儿黑˭嘟嘟，啥时候儿走到王家庄。
liər⁴²liər⁴² xiʔ³laŋ⁰laŋ⁰,ʂẓ³³ ʂuər tsəu⁵⁴ taɔ³¹ vaŋ⁴² tɕieʔ⁰tʂuaŋ³¹.
王家庄有[一个]王大娘，会扒缸。
vaŋ⁴² tɕieʔ⁰tʂuaŋ³¹ iəu⁵⁴ iʔ³¹ vaŋ⁴² tɔ³¹ ȵiaŋ⁴²,xuei³³ peʔ³kaŋ³¹.
意译：铃儿响叮当，啥时候走到王家庄。王家庄有一个王大娘，会补缸。

（发音人：杨双枝 2017.02.08 林州）

0002 黑女儿
黑女儿黑，会打铁。挣开钱儿给她爹。
xiʔ³ȵyər⁵⁴ xiʔ³,xuei³³ tɔ⁵⁴ tʰiɛʔ³.tʂəŋ³¹ kai⁰tsʰiər⁴² kei⁵⁴ tʰa³¹tiɛ³¹.
她爹穿嘞牛皮拐，她娘穿嘞高跟儿鞋。
tʰa³¹tiɛ³¹ tʂʰua³¹lɤ⁰ ȵiəu⁴² pʰi⁴²kuai⁵⁴,tʰa³¹ȵiaŋ⁴² tʂʰua³¹lɤ⁰ kaɔ³¹kər³¹ɕiɛ⁴².
走一走，跌一跌，还是俺黑女儿会打铁。
tsəu⁵⁴iʔ³tsəu⁵⁴,tiɛʔ³iʔ³tiɛʔ³,xai⁴² ʂẓʔ³ ɣa⁵⁴xiʔ³ȵyər⁵⁴ xuei³³tɔ⁵⁴tʰiɛʔ³.
意译：黑姑娘虽然长得黑，但她会打铁，给她爹挣点钱。她爹穿着黑皮鞋，她娘穿着高跟鞋。走路的时候，跌了一跌，还是俺的女儿会打铁。

（发音人：杨双枝 2017.02.08 林州）

0003 小胖孩儿
小胖孩儿，上庙堂儿。翻[一个]跟头拾[一个]钱儿。
siaɔ⁵⁴ pʰaŋ³³ xɐr⁴²,ʂaŋ³³ miaɔ³³ tʰɐr⁴²,fa⁴²ɣɤ³¹kəŋ³¹ təu⁴² ʂẓ³¹ɣɤ³¹tsʰiɐr⁴².
买亩地儿，盖间房儿。娶[一个][媳妇]儿引[一个]孩儿。
mai⁵⁴mu⁵⁴tiɐr³³,kai³³tɕia³¹fɐr⁴²,tsʰy⁴²ɣɤ³³siəu³³vər⁰iəŋ³³ɣɤ³¹xɐr⁴².
意译：小胖孩，上庙堂。翻个跟头捡到钱。买亩地，盖间房。娶个妻子，生一个孩子。

（发音人：杨双枝 2017.02.08 林州）

0004 催眠歌
哦，哦，孩子睡，孩子睡了掐谷穗。
ɣaɔ³³,ɣaɔ³³,xai⁴²ʔẓ⁰ʂuei³³,xai⁴²ʔẓ⁰ʂuei laɔ⁰tɕʰiɛʔ³kuʔ³suei⁰.

掐开谷穗擀毡子，擀开毡子卧孩子。
tɕʰiɤʔ³kai³¹kuʔ³suei³³kaˤ⁴tʂaˤ¹ləʔ⁰,kaˤ¹kai³¹tʂaˤ¹ləʔ⁰uɤˤ³xaiˤ¹əʔ⁰.
卧嘞孩子白胖，黑胖，隔墙撂给和尚。
uɤ³³lɤ⁰xaiˤ²əʔ⁰paiˤ²pʰaŋ³³,xi³pʰaŋ³³,kɤʔ³tsʰiaŋˤ²liaɜ³³kiʔ³xɤˤ²ʂaŋ³³.
和尚念经，念给先生。先生算卦，算给老鸹。
xɤˤ²ʂaŋ³³ȵiaˤ¹tɕiəŋ³¹,ȵia³³kiʔ³siaˤ¹³ʂɤŋˤ¹. siaˤ¹ʂɤŋˤ¹suaˤ³³kɔˤ¹,suaˤ¹kiʔ³laoˤ¹xɔ⁰.
老鸹凫水，凫给小鬼。小鬼推车，一步一跌。
laoˤ⁴xɔ⁰xuˤ²sueiˤ⁴,xuˤ²kiʔ³siaoˤ⁴kueiˤ¹. siaoˤ¹kueiˤ¹tʰuei³¹tʂʰɤˤ¹,iʔ³puˤ³³iʔ³tiɛʔ³.
推着他爹，他爹□场，□给他娘。
tʰuei³¹tʂʔ⁰tʰa³¹tiɛˤ¹,tʰa³¹tiɛ³¹zaŋˤ³tʂʰaŋˤ⁴,zaŋˤ²kiʔ³tʰa³¹ȵiaŋˤ².

意译：哦，哦，孩子睡，孩子睡了掐谷穗。掐来谷穗做个毡子，做了毡子睡着孩子。睡着的孩子白胖，黑胖，隔墙撂给和尚。和尚念经，念给先生。先生算卦，算给老鸹。老鸹凫水，凫给小鬼。小鬼推车，一步一跌，推着（孩子）他爹。他爹扬场，扬给他娘。

（发音人：杨双枝 2017.02.08 林州）

0005 明奶奶

明奶奶，上锅台。锅台倒了，奶奶跑了。
miəŋˤ²nai⁵⁴nai⁰,ʂaŋ³³kuɤ³¹tʰaiˤ².kuɤ³¹tʰaiˤ²taoˤ⁴lɤ⁰,naiˤ⁴nai⁰pʰaoˤ⁴lɤ⁰.

意译：明奶奶（月亮）的光照在锅台上。锅台倒了，奶奶跑了。

（发音人：杨双枝 2017.02.08 林州）

0006 小白菜

小白菜儿，地儿黄，俺去山西找干娘。
siaoˤ⁴paiˤ²tsʰɤr³³,tiər³³xuaŋˤ²,yaˤ⁴tɕʰy³³ʂaˤ¹si³¹tsaoˤ⁴ka³¹ȵiaŋˤ².
干娘撕给二尺布，回来缝[一个]衩衩裤。
ka³¹ȵiaŋˤ²sɿ³¹kiʔ³l̩ˤ³³tʂʰʔˤ³puˤ³³,xueiˤ²aiˤ¹fəŋˤ²yɤ⁰tʂʰɔ³¹tʂʰɔ⁰kʰuˤ³³.
爹穿穿，娘穿穿，气哩黑妹儿一骨碌。
tiɛ³¹tʂʰua³¹tʂʰua⁰,ȵiaŋˤ²tʂʰua³¹tʂʰua⁰,tɕʰiˤ¹liˤ¹xiʔ³mərˤ³³iʔ³kuʔ³lyaˤ⁰.

意译：小白菜儿，叶子黄，我去山西找干娘。干娘撕了二尺布，回来缝[一个]短裤。爹穿穿，娘穿穿，气得黑妹儿滑一跤。

（发音人：张鸣声 2017.02.09 林州）

0007 拍扁豆

拍，拍，拍扁豆，俺去南山薅小豆。
pʰiɤʔ³,pʰiɤʔ³,pʰiɤʔ³piaˤ⁴təuˤ¹,yaˤ⁴tɕʰy³³naˤ²ʂaˤ¹caxˤ¹siaoˤ⁴təuˤ³³.
薅薅拔拔，按锅[里边]炸炸，
xaɔ³¹xaɔ³¹pɔˤ²pɔˤ¹,naˤ³kuɤ³¹liaˤ⁰tsɔˤ²tsɔˤ²,
豆角皮喂了驴，豆角把儿喂小燕儿，
təu³³tɕiɤʔ³pʰiˤ¹veiˤ¹laoˤ⁰lyˤ²,təuˤ¹tɕiɤʔ³pərˤ³³veiˤ³siaoˤ⁴iərˤ³³,

咕噜咕咚[一个]小蛋儿。
kuʔ³ly³¹kuʔ³tuəŋ⁰yɤ³³siaɔ⁵⁴tɚ³³.

意译：拍拍拍扁豆，我去南山薅小豆。薅薅拔拔，按进锅里炸炸，豆角皮喂了驴，豆角把儿喂小燕儿，小燕儿下了个小蛋儿。

（发音人：赵长生 2016.11.23 林州）

二 故事

0021 牛郎织女

我给大家讲一个故事。
uɤ⁵⁴kiʔ³tɔ³³tɕiɔ³¹tɕiaŋ⁵⁴iʔ³kɤ⁰ku³³ʂʅ³³.

其实这个故事哩，是一个古老哩传说。
tɕʰi⁴²ʂʅʔ³tʂei³³kɤ⁰ku³³ʂʅ³³liʔ³,ʂʅ³³iʔ³kɤ⁰ku⁵⁴laɔ⁵⁴liʔ³tʂʰua⁴²suɛʔ³.

故事哩名字哩就叫《牛郎和织女》。
ku³³ʂʅ⁰li⁰miən⁴²tsʅ⁰li⁰tsiəu¹³tɕiaɔ⁰niəu⁴²laŋ⁴²xɤ⁴²tʂʅʔ³ny⁰.

在古时候儿，有一个小伙子，父母都去世了。
tsai³³ku⁵⁴ʂʅ⁴²xuər⁰,iəu⁵⁴iʔ³kɤ⁰siaɔ⁵⁴xuɤ⁵⁴tsʅ⁰,fu⁴²mu⁵⁴təu³¹tɕʰy³³ʂʅ³³lɤ⁰.

孤苦伶仃哩，身边儿哩只有他和一头老牛。
ku³¹kʰu⁵⁴liəŋ⁴²tiəŋ³¹liʔ³,ʂən³¹piɚ³¹liʔ³tʂʅʔ³iəu⁵⁴tʰa⁴²xuɤ⁴²iʔ³tʰəu⁵⁴laɔ⁵⁴niəu⁴².

所以人们都叫他牛郎。
ʂuɤ⁵⁴·⁰iʔ³zən⁴²mən⁰təu³¹tɕiaɔ¹³tʰa³¹niəu⁴²laŋ⁴².

牛郎就靠[这一]头牛耕地为生，
niəu⁴²laŋ⁴²tsiəu³³kʰaɔ³³tʂei³¹tʰuɤ⁴²niəu⁴²kəŋ³¹ti⁴²vei⁴²ʂən³¹,

和老牛相依为命。
xuɤ⁴²laɔ⁵⁴niəu⁴²siaŋ³¹·⁵⁴i⁰vei⁴²miəŋ³³.

[这一]头牛哩，其实是天顶儿叫金牛星。
tʂei³¹tʰəu⁰niəu⁴²li⁰,tɕʰi⁴²ʂʅʔ³ʂʅ¹³tʰian³¹tɚ⁵⁴tɕiaɔ¹³tɕiəŋ³¹niəu⁴²siəŋ³¹.

[这个]老牛哩，瞧着[这个]牛郎勤劳善良，
tʂuɤ³¹laɔ⁵⁴niəu⁴²li⁰,tsʰiaɔ⁴²tʂɤ³³tʂuɤ³¹niəu⁴²laŋ⁴²tɕʰiəŋ⁴²laɔ⁴²ʂa³³liaŋ⁰,

就想帮他成个家。
tsiəu¹³siaŋ⁵⁴paŋ³¹tʰa³¹tʂʰəŋ⁴²kɤ⁰tɕia³¹.

有一天，[这一]个金牛星得知[这个]天顶儿这个，
iəu⁵⁴iʔ³tʰian³¹,tʂei³¹kɤ⁰tɕiəŋ³¹niəu⁴²siəŋ³¹təʔ³tʂʅ³³tʂuɤ⁰tʰian³¹tɚ⁵⁴tʂɤ¹³kɤ⁰,

七个仙女们要来[这个]村儿[这个]湖里头洗澡。
tsʰiʔ³kɤ⁰sia³¹ny⁵⁴mən⁰iaɔ³³lai⁴²tʂuɤ³³tsʰuər³¹tʂuɤ³³xu³¹·⁵⁴li⁰təu⁵¹si⁵⁴tsaɔ⁵⁴.

哎，它心生一计，就把[这个]事儿托梦说给牛郎。
ai⁰,tʰa³¹siəŋ³¹ʂəŋ³¹iʔ³tɕi³³,tsiəu³³pɔ⁵⁴tʂuɤ³ʂɚ³³tʰuɤʔ³məŋ³³ʂuɛʔ³kiʔ⁰niəu⁴²laŋ⁴².

告诉他说："仙女们要来洗澡。
kɑɔ³³su⁰tʰa³¹ʂuɐʔ³:"siɑ³¹n̠y⁵⁴məŋ⁰iɑɔ³³lai⁴²si³¹tsɑɔ⁵⁴.
你可，到时候儿了［不是］儿拿了它其中哩一件儿衣裳你就跑。
n̠i⁵⁴kʰɤ⁵⁴,tɑɔ³³ʂʅ⁵⁴xuər⁴²lɔ⁰pər⁰nɔ³¹lɤ³¹tʰa³¹tɕʰi³³tʂuəŋ³³liʔ⁰tɕiɛr³³·³¹i³¹iaŋ⁰n̠i⁵⁴tsiəu³³pʰɑɔ⁵⁴.
不要回头，然后，这个仙女就会跟从你去。
pəʔ³iɑɔ³³xuei⁴²tʰəu⁴²,zɐ⁴²xəu⁴²,tʂɤ³¹kɤ⁰siɑ³¹n̠y⁵⁴tsiəu³³xuei⁵⁴kəŋ³¹suəŋ⁴²n̠i⁵⁴tɕʰy³³.
你就可以得到一位美丽的仙女。"
n̠i⁵⁴tsiəu³³kʰɤ⁵⁴·⁰iʔ³tɐʔ³tɑɔ³³iʔ³vei³³mei⁵⁴liʔ³¹tɤ⁰siɑ³¹n̠y⁵⁴."
［这一］个牛郎，半信半疑哩。
tʂei³¹kɤ⁰n̠iəu⁴²laŋ⁴²,pɑ³³siəŋ³³pɑ³³·⁴²i⁰li⁰,
又觉得这是一件好事儿，不妨试一试。
iəu³³tɕyɐʔ³tɤʔ³tʂɤ³¹ʂʅ¹³iʔ³tɕia⁵⁴xɑɔ³³ʂər³³,pəʔ³faŋ⁰ʂʅ³³·⁰i⁰ʂʅ³³.
所以说第二天，他就到［那个］湖里头看了看。
suɤ⁵⁴·⁰i³³ʂuɐʔ³ti⁵¹lʅ³³tʰia³¹,tʰa³¹tsiəu³³tɑɔ³³nuɤ³¹xu⁵⁴liəu³³kʰa³³lɤ⁰kʰa⁰.
朦胧之中，看见［这一］个仙女们在那儿洗澡。
məŋ⁴²luəŋ⁴²tʂʅ³¹tʂuəŋ³¹,kʰa³³tɕia³³tʂei³¹kɤ⁰siɑ³¹n̠y⁵⁴məŋ⁰tsai³³nɐr³¹si⁵⁴tsɑɔ⁵⁴.
所以说他就从［那个］树上拿了一件儿粉红衣裳，
suɤ⁵⁴·⁰i³³ʂuɐʔ³tʰa³³tsiəu³³tsʰuəŋ⁴²nuɤ³¹su³³ʂaŋ³³nɔ⁴²lɤ⁰iʔ³tɕiɛr³³faŋ⁵⁴xuəŋ⁴²·³¹i³¹zaŋ³³,
赶紧就跑，不回头，在家里等了好消息。
ka⁵⁴tɕiəŋ⁵⁴tsiəu³³pʰɑɔ⁵⁴,pəʔ³xuei⁴²tʰəu⁴²,tsai³³tɕiɔ³¹li⁰təŋ⁵⁴lɤ⁰xɑɔ⁵⁴siɑɔ³¹·si³¹.
瞧瞧［这个］老牛说［这个］到底是真的哩假的。
tsʰiɑɔ⁴²tsʰiɑɔ⁰tʂɤ⁰lɑɔ⁵⁴n̠iəu⁴²ʂuɐʔ³tʂɤ⁰tɑɔ³³ti⁰ʂʅ³³tʂəŋ³¹tɤ⁰liʔ³tɕiɔ⁵⁴tɤ⁰.
等到［这个］半夜，就是有人敲门儿哩。
təŋ⁵⁴tɑɔ³³tʂuɤ⁰paʔ³³iɛ³³,tsiəu³³ʂʅ¹³iəu⁵⁴zəŋ⁴²tɕʰiɑɔ⁴²mər⁴²li⁰.
牛郎赶忙去跑着开开门儿。
n̠iəu⁴²laŋ⁴²ka⁵⁴maŋ⁴²tɕʰy³³pʰɔ⁵⁴tʂuɤ⁰kʰai³¹kʰai⁰mər⁴².
哎，一瞧，就是一个非常漂亮的仙女来找他。
ai⁰,iʔ³tsʰiɑɔ⁴²,tsiəu³³ʂʅ³³iʔ³kɤ⁰fei³¹tʂʰaŋ⁴²pʰiɑɔ⁵⁴liaŋ⁰tɤ⁰siɑ³¹n̠y⁵⁴lai³¹tʂɑɔ⁵⁴tʰa³¹.
所以说，他们就从此成立了一个美好哩家庭。
ʂuɤ⁵⁴·⁰i³³ʂuɐʔ³,tʰa³¹məŋ⁰tsiəu³³tsʰuəŋ³³tsʰʅ³¹tʂʰəŋ⁴²liʔ³lɤ⁰iʔ³kɤ⁰mei³³xɑɔ⁵⁴liʔ³¹tɕiɔ³¹tʰiəŋ³¹.
一转眼，［这个］三年过去了，
iʔ³tʂuaʔ³ia⁵⁴,tʂuɤ⁰sa³¹n̠ia⁴²kuɤ³³tɕʰy³³lɤ⁰,
在［这一］三年里头，他们生了一男一女，一双儿女，
tsai³³tʂei³¹sa³¹n̠ia⁴²li⁵⁴tʰəu⁴²,tʰa³¹məŋ⁰ʂəŋ³¹lɤ⁰iʔ³na⁴²·iʔ³n̠y⁵⁴,iʔ³ʂuaŋ³¹·⁴²n̠y⁵⁴,
这个两个孩子，生活过哩也很幸福，也很甜蜜。
tʂɤ³¹kɤ⁰liaŋ⁰kɤ⁰xai⁴²tsʅ⁰,ʂəŋ³¹xuɤ⁴²kuɤ³³·⁰liʔ⁰iɛ⁵⁴xəŋ⁵⁴siəŋ³³faʔ³,iɛ⁵⁴xəŋ⁵⁴tʰia⁴²mi⁰.

可是[这个]突然有一天，狂风大作，[这一] [一个]天公降雨。
kʰɤ⁵⁴ʂʅ⁰tʂuɤ³¹tʰuʔ³zɑ⁵⁴iəu³¹iʔ³tʰia³¹,kʰuaŋ⁴²fəŋ³¹tɔ⁰tsueʔ³,tʂei³¹yɤ³¹tʰia³³kuəŋ³¹tɕiaŋ³³y⁵⁴.
树林摇摆，乌烟瘴气，不知道[这个]发生了啥事儿。
ʂu³³liəŋ⁴²iaɔ⁴²pai⁵⁴,u³¹ia³¹tʂaŋ³³tɕʰi³³,pəʔ³tʂʅ⁰taɔ⁰tʂuɤ³¹feʔ³ʂəŋ³¹lɤ⁰ʂɔ³³ʂɚ³³.
原来是[这一]个玉皇大帝，知道[这个]七仙女儿下凡，
ya⁴²lai⁰ʂʅ⁰tʂei³¹kɤ⁰y³³xuaŋ⁴²tɔ³³ti³³,tʂʅ³¹taɔ⁰tʂuɤ³¹tsʰiʔ³sia³¹n̡yɚ⁵⁴ɕiɔ³³fa⁴²,
就派了[这个]天兵天将，把[这个]七仙女儿来弄走了。
tsiəu³³pʰai³³lɤ⁰tʂuɤ⁴²tʰia³¹piəŋ³¹tʰia³¹tsiaŋ³³,pɔ³³tʂuɤ⁰tsʰiʔ³sia³¹n̡yɚ⁵⁴lai⁰nuəŋ³³tsəu⁵⁴lɤ⁰.
[这个]牛郎，给[这个]孩都回家一看，
tʂuɤ³¹n̡iəu⁴²laŋ⁴²,kiʔ³tʂuɤ⁴²xai⁴²təu³¹xuei⁴²tɕiɔ³¹iʔ³kʰa³³,
就不见[这个]七仙女儿哪儿了。
tsiəu³³pəʔ³tɕia³³tʂuɤ⁴²tsʰiʔ³sia³¹n̡yɚ³¹nɚ⁵⁴lɤ⁰.
小孩儿都喊哩要要娘，[这一]个牛郎哩，
siaɔ⁵⁴xɚ⁰təu⁰xa⁴¹liɔ⁰iaɔ⁰n̡iaŋ⁰,tʂei⁰kɤ⁰n̡iəu⁴²laŋ⁴²li⁰,
也找不到自己哩媳妇儿，也非常着急。
iɛ⁵⁴tʂaɔ³¹pəʔ³taɔ³³tsʅ³³tɕi³¹li³¹si⁴²fuɚ⁰,iɛ⁵⁴fei³¹tʂʰaŋ⁴²tʂaɔ⁴²tɕi⁴².
在[这个]时候儿哩，[这个]老牛就开口说话了。
tsai³³tʂuɤ⁰ʂʅ⁴²xuɚ⁰li⁰,tʂuɤ³¹laɔ⁰n̡iəu⁰tsiəu³³kʰai³¹kʰəu⁰ʂueʔ³xɤ³³lɤ⁰.
就把[这个]玉皇大帝派来天兵天将，
tsiəu³³pɔ⁵⁴tʂuɤ³¹y³³xuaŋ⁴²tɔ³³ti³³pʰai³³lai⁰tʰia³¹piəŋ³¹tʰia³¹tsiaŋ³³,
把[这个]仙女弄走了[这个]事儿就说给他。
pɔ⁵⁴tʂuɤ³¹sia³¹n̡y⁵⁴nuəŋ³³tsəu⁵⁴lɤ⁰tʂuɤ³¹ʂɚ³³tsiəu³³ʂueʔ³kiʔ³tʰa³¹.
[这个]牛郎一听，[这个]咋办，孩都哭哩要娘。
tʂuɤ⁴²n̡iəu⁴²laŋ⁴²iʔ³tʰiəŋ³¹,tʂuɤ⁴²tsɔ⁵⁴pa³³,xai⁰təu⁰kʰuʔ³li⁰iaɔ³³n̡iaŋ⁴².
牛郎[这个]急哩，[这个]去哪儿找[这个]媳妇儿，非常着急。
n̡iəu⁴²laŋ⁴²tʂuɤ⁰tɕiʔ³li⁰,tʂuɤ⁴²tɕʰy⁵⁴nɚ⁰tʂaɔ⁰tʂuɤ⁵⁴si⁰fuɚ⁰,fei³¹tʂʰaŋ⁴²tʂaɔ¹³tɕi⁴².
[这个]咋办哩，[这一]个金牛星就给他出了主意。
tʂuɤ⁰tsɔ⁰pa⁰li⁰,tʂei⁰kɤ⁰tɕiəŋ³¹n̡iəu⁰siaŋ⁰tsiəu⁰kiʔ³tʰa³¹tʂʰuʔ³lɤ⁰tʂu⁵⁴i⁰.
说哩："你拔了我头顶儿[这一]俩角。
ʂueʔ³li⁰:"n̡i⁵⁴pɔ⁴²lɤ⁰uɤ⁵⁴tʰəu⁰tɚ⁵⁴tʂei⁰tʂei⁰liɔ⁵⁴tɕyɐʔ³.
[这一]俩角哩，可以变成箩筐，
tʂei³¹liɔ⁵⁴tɕyɐʔ³li⁰,kʰɤ⁵⁴i³³pia³³tʂʰəŋ⁰luɤ⁰kʰuaŋ³¹,
你挑上你那一双儿女，赶紧去追赶[这个]织女。"
n̡i⁵⁴tʰiao³¹ʂaŋ³³n̡i⁰na⁰iʔ³ʂuaŋ⁰l̩⁰n̡y⁵⁴,ka⁵⁴tɕiəŋ⁵⁴tɕʰy³³tsuei⁰ka⁵⁴tʂuɤ⁰tʂʅʔ³n̡y⁵⁴."
哎，[这个]牛郎一听有道理，赶紧就拔，
ai⁰,tʂuɤ⁴²n̡iəu⁴²laŋ⁴²iʔ³tʰiəŋ³¹iəu⁵⁴taɔ³³li⁰,ka⁵⁴tɕiəŋ⁵⁴tsiəu³¹pɔ⁰,

还没有等他伸手去拔哩，
xai⁴²mi∫³iəu⁰tən⁵⁴tʰa³¹ʂən³¹ʂəu⁵⁴tɕʰy³³pɔ⁴²li⁰,
[这一]个[这个]金牛星哩[这个]两只角哩，
tʂei³¹kɤ⁰tʂuɤ³¹tɕiəŋ⁴²ȵiəu⁴²siəŋ³¹lɤ⁰tʂuɤ³¹liaŋ⁵⁴tʂʅ³¹tɕiɐ∫³li⁰,
可掉上地上成了立即成了两个箩筐。
kʰɤ∫³tiaɔ³³aŋ⁰ti³³aŋ⁰tʂʰə⁴²lɤ⁰li∫³tsʅ∫⁰tʂʰən⁴²lɤ⁰liaŋ⁵⁴kɤ⁰luɤ⁴²kʰuaŋ³¹.
所以说哩，牛郎赶紧就挑着[这个]一双儿女，
ʂuɤ⁵⁴·⁰ʂuɐ∫³li⁰,ȵiəu laŋ⁴²ka⁵⁴tɕiəŋ⁰tsiəu³¹tʰiaɔ³¹tʂʅ∫⁰tʂuɤ³¹i∫³ʂuan³¹ʅ̩⁴²ȵy⁵⁴,
飞上天宫，去找[这一]个织女。
fei³¹ʂaŋ³³tʰia⁰kuən³¹,tɕʰy³³tʂaɔ⁵⁴tʂei³³kɤ⁰tʂʅ∫³ȵy⁵⁴.
飞呀飞呀，眼看就追上[这个]七仙女儿了。
fei³¹ia⁰fei³¹ia⁰,ia⁵⁴kʰa³³tsiəu³³tʂuei³³ʂaŋ³³tʂuɤ³¹tsʰʅ∫³sia³¹ȵɚ⁰lɤ⁰.
他[这个]王母娘娘看见了，
tʰa³¹tʂuɤ³¹vaŋ⁴²mu⁰ȵiaŋ⁴²ȵiaŋ⁰kʰa³³tɕia³³lɤ⁰,
从头顶儿拔了[一个]金钗，往他俩人中间一扔，
tsʰuəŋ⁴²tʰəu⁵⁴tər⁴²pɔ⁴²lɤ⁰yɤ³¹tɕiəŋ³¹tʂʰai³¹,vaŋ⁵⁴tʰa³¹liɔ⁵⁴əŋ⁰tʂuəŋ³¹tɕia³¹i∫³zəŋ³¹,
霎时间，形成了一个波涛汹涌哩天河。
ʂɔ³³ʂʅ⁴²tɕia⁰,ɕiəŋ⁴²tʂʰən⁴²lɤ⁰i∫³kɤ⁰puɤ³¹tʰaɔ³¹ɕyəŋ³¹yəŋ⁵⁴li⁰tʰia³¹xɤ⁴².
[这一]个牛郎和织女只得，就是隔河相望，
tʂei³¹kɤ⁰ȵiəu⁴²laŋ⁴²xuɤ⁴²tʂʅ∫³ȵy⁵⁴tʂʅ∫³tɤ∫³,tsiəu³³ʂʅ⁰kɤ∫³xɤ⁴²siaŋ³¹vaŋ³³,
天各一方，从此不得相见。
tʰia³¹kɤ∫³i∫³faŋ³¹,tsʰuəŋ⁴²tsʰʅ⁵⁴pə∫³tɤ∫³siaŋ³¹tɕia³³.
[这一]个他们哩爱情故事儿，感动了[这个]喜鹊。
tʂei³¹kɤ⁰tʰa³¹mən⁰li⁰ɣai³³tsʰiəŋ⁴²ku³³ʂər³³,ka⁵⁴tuəŋ⁰lɤ⁰tʂuɤ³¹ɕi⁵⁴tsʰye∫³.
同时哩[这个]喜鹊哩也非常同情[这个]牛郎织女。
tʰuəŋ⁴²ʂʅ⁰li⁰,tʂuɤ³¹ɕi⁵⁴tsʰye∫³li⁰iɛ⁵⁴fei³¹tʂʰaŋ⁴²tʰuəŋ⁴²tsʰʰiəŋ³¹tʂuɤ⁰ȵiəu⁴²laŋ⁴²tʂʅ∫³ȵy⁵⁴.
所以说，每年到[这个]农历七月七，
ʂuɤ⁵⁴·⁰ʂuɐ∫³,mei³³ȵia⁴²taɔ³³tʂuɤ⁰nuəŋ⁴²li∫³tsʰʅ∫³ye∫³tsʰʅ∫³,
[这个]成千上万只哩[这个]喜鹊，
tʂuɤ³¹tʂʰən⁴²tsʰʰia³¹ʂaŋ³³va⁴³tʂʅ³¹li⁰tʂuɤ³¹ɕi⁵⁴tsʰye∫³,
就来[这行]给他搭成[这个]鹊桥。
tsiəu³³lai⁴²tʂaŋ³³ki∫³tʰa³¹tɤ∫³tʂʰən⁴²tʂuɤ⁰tsʰye∫³tɕʰiaɔ⁴².
叫牛郎和织女七月七[这一]一天，来见一次面儿。
tɕiaɔ¹³ȵiəu⁴²laŋ⁴²xuɤ⁴²tʂʅ∫³ȵy⁵⁴tsʰʅ∫³ye∫³tsʰʅ∫³tʂei³¹i∫³tʰia³¹,lai⁴²tɕia³³i∫³tsʰʅ∫³miɐr³³.
所以说，[这个]就是人们传说哩，牛郎织女哩爱情故事。
ʂuɤ⁵⁴·⁰ʂuɐ∫³,tʂuɤ³¹tsiəu³³ʂʅ³¹zən⁴²mən⁰tʂʰua⁴²ʂuɐ∫³li⁰,ȵiəu⁴²laŋ⁴²tʂʅ∫³ȵy⁵⁴li⁰ɣai³³tsʰiəŋ⁴²ku³³ʂʅ³³.

意译：我给大家讲一个故事。其实这个故事是一个古老的传说，名字就叫《牛郎和织女》。在古时候，有一个小伙子，父母都去世了。他孤苦伶仃的，身边只有一头老牛。所以人们都叫他牛郎。牛郎就靠老牛耕地为生，和老牛相依为命。这头牛其实是天上的金牛星。老牛认为牛郎勤劳善良，就想帮他成个家。有一天，金牛星得知天上的仙女们要来村儿湖里洗澡。它心生一计，就把这件事儿托梦给牛郎。告诉他，仙女们要来洗澡，到时候拿走其中的一件衣裳就跑。不要回头，然后仙女就会跟你回家。你就可以得到一位美丽的仙女。牛郎半信半疑，又觉得这是一件好事儿。就觉得第二天不妨试一试。他就到湖那儿看了看。朦胧之中看见仙女们在那儿洗澡。他就从树上拿了一件儿粉红色的衣服赶紧就跑，不回头，在家里等好消息。看看老牛说的是真的还是假的。等到半夜，果然有人敲门，牛郎赶忙去开门，确实有一位非常漂亮的仙女来找他。他们就成立了一个美好的家庭。一转眼，三年过去了，他们生了一双儿女。生活过得也很幸福、很甜蜜。突然有一天，狂风大作，天公降雨。树林摇摆，乌烟瘴气，不知道发生了什么事儿。原来是玉皇大帝知道了七仙女儿下凡的事儿啦，就派遣天兵天将，抓走了七仙女。牛郎和孩子回家一看，织女已经不知所踪。小孩儿哭着找妈妈，牛郎也找不到自己的妻子。这个时候，老牛开口说话了。告诉牛郎玉皇大帝派遣天兵抓走了织女。牛郎一听，咋办呢？孩子们都哭着要妈妈。牛郎不知去哪儿找织女。老牛就给牛郎出了一个主意。告诉他：你拔了我头顶这俩牛角。这俩角可以变成箩筐，你挑上一双儿女，赶紧去追赶织女。牛郎一听有道理，还没有等他伸手去拔，老牛的两只角掉到地上，变成了两个箩筐。牛郎就赶紧挑着一双儿女，飞上天宫，去找织女。飞呀飞呀，眼看就追上织女了。王母娘娘看见了。从头顶拔下一支金钗。在他俩人中间一扔，变成了一个波涛汹涌的天河。牛郎和织女只能隔河相望，天各一方，从此不得相见。他们的爱情故事，感动了喜鹊。喜鹊也非常同情牛郎织女。每年到农历七月七，成千上万只喜鹊，搭成一座鹊桥。让牛郎和织女在七月七这一天见一次面。这就是人们传说的牛郎织女的爱情故事。

（发音人：张鸣声　2017.02.09 林州）

0022 龙头山的传说

今天我给大家讲[一个]故事儿，

tɕiəŋ³¹tʰia³¹ uɤ⁵⁴kiʔɔ³ tɕi³³ tɕiaŋ⁵⁴ɤ³¹ ku³³ʂər³³,

这[一个]故事哩名儿哩就叫龙头山哩传说。

tʂɤ³³iɤ³¹ku³³ʂ̩³³lɤ⁰ miər⁴²lɤ⁰ tsiəu⁴² tɕiaŋ³¹ luəŋ⁴² tʰəu⁴² ʂa³¹lɤ⁰ tʂʰua⁴²ʂuəʔ³.

龙头山哩它实际上是把[这个]咱林县城那，

luəŋ⁴²tʰəu⁴²ʂa³¹li⁰tʰɔ³¹ʂʅ⁰tɕi³ʂaŋ³³ ʂʅ⁰pɔ⁵⁴ tʂuɤ⁰ tsa⁴² liəŋ⁴²ɕia³³ tʂʰəŋ⁴²na⁰,

[这个]看北邦位置哩。

tʂuɤ³¹kʰa³³ pɐʔ³ paŋ⁰ vei³³ʈʂʅʔ⁰lɤ⁰.

要从[这个]林县哩东南门户，往[这个]林县城走，
iaɔ³³tsʰuaŋ⁴²tsuɤ¹³liəŋ⁴²ɕia⁰lɤ⁰tuəŋ³³na⁴²məŋ⁴²xu³³,vaŋ⁵⁴tsuɤ¹³liəŋ⁴²ɕia³³tʂʰəŋ⁴²tsəu⁵⁴,
远远哩[不是]儿就能看到一座弯弯曲曲，
ya⁵⁴ya⁰li⁰pər⁰tsiəu³³nəŋ⁴²kʰa³³taɔ³³iʔ³tsuɤ³³vaˀvaˀtɕyʔ³tɕʰyʔ⁰,
像一条巨龙卧在那里的一架山，
siaŋ³³iʔ³tʰiaɔ⁴²tɕy³³luəŋ⁴²uɤ³³tsai³³nɔ³¹li⁰tɤ⁰iʔ³tɕiɔ³³sa³¹,
这架山哩起名儿就叫龙头山。
tʂei³¹tɕiɔ³³sa³¹li⁰tɕʰi⁵⁴miər⁰tsiəu³³tɕiaɔ³³luəŋ⁴²tʰəu⁴²sa³¹.
龙头山咋个儿来哎来哩？
luəŋ⁴²tʰəu⁴²sa³¹tsɔ⁵⁴kər³³lai⁴²ai⁰lai⁴²li⁰?
咱还是听[人家]上岁儿哩老人说一说嘞吧，
tsa⁴²xa⁴²ʂɿʔ³tʰiəŋ³¹n̠ie⁴²ʂaŋ³³suər³³li⁰laɔ⁵⁴zəŋ⁴²ʂueʔ³iˀʂueʔ³lɤ⁰pa⁰,
一代一代往下传哩，相传在[这个]很古很古哩时候儿，
iʔ³tai³³iʔ³tai³³vaŋ⁵⁴ɕiɔ³³tʂʰua⁴²li⁰,siaŋ³¹tʂʰua⁴²tsai³³tʂuɤ³³xəŋ⁵⁴ku⁵⁴xəŋ⁵⁴ku³³lɤ⁰ʂɿ⁴²xuər⁰,
东海龙王家的子孙，
tuəŋ³¹xai⁵⁴lyəŋ⁴²vaŋ⁰tɕiɔ³¹lɤ⁰tsɿ⁵⁴suəŋ³¹,
有一条公龙，一条母龙，巡游至此。
iəu⁵⁴iʔ³tʰiaɔ⁴²kuəŋ³¹lyəŋ⁴²,iʔ³tʰiaɔ⁴²mu⁵⁴lyəŋ⁴²,ɕyəŋ⁴²iəu³¹tʂɿ³³tsʰɿ⁵⁴.
咱[这个]林县哩，是十年九旱，百不收。
tsa⁴²tʂuɤ³¹liəŋ⁴²ɕia³³li⁰,ʂɿ¹³ʂɿʔ³nia⁴²tɕiəu⁵⁴xa³³,peʔ³puʔ³ʂəu³¹.
天气很旱，正好[人家]这公龙跟母龙巡游上这儿都了，
tʰia³¹tɕʰi⁵⁴xəŋ⁵⁴xa³³,tʂəŋ³³xaɔ³³n̠ie⁴²tʂɤ³³kuəŋ³¹lyəŋ⁴²kəŋ³¹mu⁵⁴lyəŋ⁴²ɕyəŋ⁴²iəu⁰aŋ³³tʂər³³təu³¹lɤ⁰,
年份大旱，
n̠ia⁴²fəŋ³³tɔ³³xa³³,
公龙跟母龙哩，他都，都不能腾云驾雾了，
kuəŋ³¹lyəŋ⁴²kəŋ³¹mu⁵⁴lyəŋ⁴²li⁰,tʰɔ³¹təu,təu⁰puʔ³nəŋ⁴²tʰəŋ⁴²yəŋ⁴²tɕiɔ³³u³³lɤ⁰,
就卧上那儿都了。
tsiəu³³uɤ³³aŋ³¹nər³¹təu⁰lɤ⁰.
在离[这个]公龙和母龙卧那[这个]地丈⁼儿不远哩，
tsai³³li³³tʂuɤ³¹kuəŋ³¹lyəŋ⁴²xɤ⁴²mu⁵⁴lyəŋ⁴²uɤ³³nɔ⁰tʂuɤ³¹ti³³tʂər³³puʔ³ya⁵⁴lɤ⁰,
就是咱[这个]林县城[那个]南城门，
tsiəu³³ʂɿ³³tsa⁴²tʂuɤ³¹liəŋ⁴²ɕia³³tʂʰəŋ⁴²nɔ⁰na⁴²tʂʰəŋ⁴²məŋ⁴²,
南城门外头哩有[一个]大池，
na⁴²tʂʰəŋ⁴²məŋ⁴²vai³³təu⁰li⁰,iəu⁵⁴yɤ³¹tɔ³³tʂʰɿ⁴²,
大池[里头][这个]水哩，是从塔儿上来哩，
tɔ³³tʂʰɿ⁴²liəu⁵⁴tʂuɤ³¹suei⁵⁴li⁰,ʂɿ¹³tsʰuəŋ⁴²tʰər⁰ʂaŋ³³lai⁴²li⁰,

塔儿上[这个]水流上[这个]大池里头,
tʰɚ⁴²ʂaŋ³³tʂuɤ³¹ʂuei⁵⁴liəu⁴²aŋ⁰tʂuɤ³¹tɔ¹³tʂʰʅ⁵⁴təu⁰,
后来了就供[这个]全咱林县[这个]人都该吃水哩。
xəu³³lai⁴²lɤ⁰tsiəu³³kuaŋ³³tʂuɤ³³tsʰya⁴²tsa⁰liəŋ³³ɕia³³tʂuɤ¹³zəŋ⁴²təu⁰kai⁰tʂʰʅ⁰ʂuei⁵⁴li⁰.
[这个]周边儿的[这个]人都在[这上]儿吃水哩,
tʂuɤ³¹tʂəu³¹piɚ³¹tɤ⁰tʂuɤ³¹zəŋ⁴²təu⁰tsai³³tʂaŋ³¹ɚ⁰tʂʰʅ⁰ʂuei⁵⁴li⁰,
这两条龙卧上这儿都了,
tʂei³¹liaŋ⁵⁴tʰiao⁴²lyəŋ⁴²uɤ³³aŋ³³tʂɚ⁰təu⁰lɤ⁰,
它每天黑来家儿他要去[这个]池里头吃水哩,
tʰa⁵⁴mei⁵⁴tʰia³¹xiʔ⁰lai⁰tɕiɚ³³tʰa⁵⁴iao¹³tɕʰy³³tʂuɤ³¹tʂʰʅ⁴²li⁰təu⁰tʂʰʅ⁰ʂuei⁵⁴li⁰,
去[这个]池里头喝水哩,
tɕʰy³³tʂuɤ³¹tʂʰʅ⁴²li⁰təu⁰xɤʔ⁰ʂuei⁵⁴li⁰,
慢慢儿慢慢儿喝了[这个]水哩就快没了,快没了。
ma³³mɚr⁰ma³³mɚr⁰xɤʔ⁰lɤ⁰tʂuɤ³¹ʂuei⁵⁴li⁰tsiəu³³kʰuai³³muʔ⁰lɤ⁰, kʰuai³³muʔ⁰lɤ⁰.
[这个]老百姓都说了[这个]是咋个了?
tʂuɤ³¹lao⁵⁴pɤʔ⁰siəŋ³³təu⁰ʂuɤʔ⁰lɤ⁰,tʂuɤ³¹ʂʅ³³tsɔ⁵⁴kɤ⁰lɤ⁰?
咱这池水也或不见咱都吃,[这个]池水也都少了?
tsa⁴²tʂɤ⁰tʂʰʅ⁰ʂuei⁵⁴iɤ⁵⁴xuɤʔ⁰puʔ⁰tɕia³³tsa⁴²təu⁰tʂʰʅ⁰,tʂuɤ¹³tʂʰʅ⁴²ʂuei⁵⁴iɛ⁵⁴təu⁰ʂao⁵⁴lɤ⁰?
说哩那咋是不是哪儿[这个]池漏了?
ʂuɤʔ⁰li⁰nɔ³¹tsa⁵⁴ʂʅʔ⁰puʔ⁰ʂʅʔ⁰nɚr⁵⁴tʂuɤ¹³tʂʰʅ⁴²ləu³³lɤ⁰?
后来通过长时间哩观察就发现,
xəu³³lai⁴²tʰuəŋ³¹kuɤ⁰tʂʰaŋ⁴²ʂʅ⁴²tɕia³¹lɤ⁰kua³¹tsʰɤʔ⁰tsiəu³³fɤʔ⁰ɕia³³,
哎[这个]咱都[这个]山一直往前移哩,一直往前移哩,
ai³³,tʂuɤ³³tsa⁰təu⁰tʂuɤ³¹ʂa¹ʔ³tʂʔ⁰vaŋ⁵⁴tsʰia⁴²⁴²li⁰,iʔ³ʂʅʔ⁰vaŋ⁵⁴tsʰia⁴²⁴²li,
原来[这个]是两条活龙在[这傍]卧哩。
ya⁴²lai⁰tʂuɤ¹³ʂʅʔ⁰liaŋ⁵⁴tʰiao⁴²xuɤ⁰lyəŋ⁴²tsai⁰tʂaŋ³³uɤ³³li⁰.
它每天黑来家儿它要去喝水,
tʰa³¹mei⁵⁴tʰia³¹xiʔ⁰lai⁰tɕiɚ³¹tʰa³¹iao¹³tɕʰy³³xɤʔ⁰ʂuei⁵⁴,
喝水哩[这个]人都说来:"那咱也得想一个[这个]啥法儿哩呀,是不是儿?
xɤʔ⁰ʂuei⁵⁴li⁰tʂuɤ³¹zəŋ⁴²təu⁰ʂuɤʔ⁰lai⁰:"nɔ³³tsa⁴²iɤ⁰tɤʔ⁰siaŋ⁵⁴iɤ³¹tʂuɤ³¹ʂɔ³³fɚr⁰li⁰iɔ³,ʂʅʔ⁰pɚr⁰?
以后哩他都把咱[这个]水来都喝完了,
i⁵⁴xəu³³lɤ⁰tʰɔ³¹təu⁰pɔ⁵⁴tsa⁴²tʂuɤ³³ʂuei⁵⁴lai⁰təu⁰xɤʔ⁰va⁴²lɤ⁰,
咱没啥了喝了,[这个]咋中中了吧?"
tsa⁴²miʔ³ʂɔ³³lɤ⁰xɤʔ⁰lɤ⁰,tʂuɤ³³tsɔ⁵⁴tʂuəŋ³¹tʂuəŋ³¹lɤ⁰pɔ⁰?"
哎[这个]人都说了:"那咱想[一个]法儿吧,想[一个]啥法儿哩?"
ai⁰tʂuɤ¹³zəŋ⁴²təu⁰ʂaɤʔ⁰lɤ⁰:"na³³tsa⁴²siaŋ⁴²iɤ³¹fɚr⁰pa,siaŋ⁵⁴iɤ³¹ʂɔ³³fɚr³¹li⁰?"

说来："咱找［人家］［这个］人仙人瞧瞧吧。"
ʂuʔ²³lai⁰: "tsa⁴²tʂao⁵⁴n̩iɤ¹³tʂuɤ³¹zəŋ⁴²sia³¹zəŋ⁴²tsʰiao⁴²tɕʰiao⁰poʔ⁰."
找［人家］［这个］神仙来瞧瞧，把［这一］两条龙来咱制着他。
tʂao⁵⁴n̩iɤ⁴²tʂuɤ¹³ʂəŋ⁴²sia³¹lai⁴²tsʰiao⁴²tsʰiao⁴²,poʔ³tsei³¹liaŋ⁵⁴tʰiao⁴²lyəŋ⁴²lai⁴²tsa³³tʂɻ³³tʂɤ³³tʰa³¹."
就找了［人家］［一个］这神仙，［人家］来这儿都瞧了瞧，
tsiəu³³tʂao⁵⁴lɤ⁰n̩iɤ⁴²yɤ³¹tʂɻ¹³ʂəŋ⁴²sia³¹,n̩iɤ⁴²lai⁴²tʂər³¹təu⁴²tsʰiao⁴²lɤ⁰tsʰiao⁴²,
［人家］说来："要想整着［这个］公龙和母龙，
n̩iɤ⁴²ʂuʔ²³lai⁰:"iao³³siaŋ⁵⁴tʂəŋ⁵⁴tʂɤ⁰tʂuɤ¹³kuəŋ³¹lyəŋ⁴²xɤ⁴²mu⁵⁴lyəŋ⁴²,
不叫［这个］林县［这个］大旱了，咱就得搁［这上］都修［一个］塔。"
puʔ³tɕiao³³tʂuɤ¹³liəŋ⁴²ɕia³¹tʂuɤ³¹to³³xa³³lɤ⁴²,tsa⁴²tsiəu³³tɐʔ⁰kɐʔ³tʂaŋ⁴²təu⁰siəu³¹yɤ³¹tʰɐʔ³."
说了修［一个］塔，修几层塔哩？
ʂuʔ³lɤ⁰siəu³¹yɤ³¹tʰɐʔ³,siəu³¹tɕi⁵⁴tsʰəŋ⁴²tʰɐʔ²³li⁰?
说了："修［一个］这七层塔。"于是［这个］大家就起来，
ʂuʔ³lɤ⁰:"siəu³¹yɤ³¹tʂɻ¹³tɕʰiʔ³tsʰəŋ⁴²tʰɐʔ³."y³³ʂɻ³³tʂuɤ⁰to³³tɕia³¹tsiəu³³tɕʰi⁵⁴lai⁰,
有哩出钱儿，有哩出力，有哩出粮，就开始建塔。
iəu⁵⁴lɤ⁰tsʰuʔ³tsʰier⁴²,iəu⁵⁴lɤ⁰tsʰuʔ³liʔ³,iəu⁵⁴lɤ⁰tsʰuʔ³liaŋ⁴²,tsiəu³³kʰai⁵¹ʂɻ¹³tɕia³³tʰɐʔ³.
等［这个］塔一开一直建建好了，果然［这个］天降大雨呀，
təŋ⁵⁴tʂuɤ³¹tʰɐʔ³iʔ³kʰai³¹iʔ³tʂɻ²³tɕia⁴²tɕia⁴²xao⁵⁴lɤ⁰,kuɤ⁵⁴zɑ⁴²tʂuɤ³¹tʰia³¹tsiaŋ³³to³³y⁵⁴ia⁰,
降了七天七夜哩这个大雨，这天公龙有了生力了，
tsiaŋ³³lɤ⁰tɕʰiʔ³tʰia³¹tɕʰiʔ³iɛ³³lɤ⁰tʂuɤ³¹to³³y⁵⁴,tsei³¹tʰia³¹kuəŋ³¹lyəŋ⁴²iəu⁵⁴lɤ⁰ʂəŋ³¹liʔ³lɤ⁰,
开始就腾云驾雾了能飞开了。
kʰai³¹ʂɻ³¹tsiəu³³tʰəŋ⁴²yəŋ⁴²tɕiɑ³³u³³lɤ⁰nəŋ⁴²fei³¹kʰai³¹lɤ⁰.
可是［这个］母龙哩，它被这塔压了它飞不了。
kʰɐʔ³ʂɻ⁰tʂuɤ³¹mu⁵⁴lyəŋ⁴²li⁰,tʰa³¹pei³¹tʂɤ³¹tʰɐʔ³ia³¹lɤ⁰tʰa³¹fei³¹puʔ³liao⁰.
这公龙在天顶儿盘旋盘旋，盘旋了三天三夜，
tʂɤ³¹kuəŋ³¹lyəŋ⁴²tsai³³tʰia³¹tər⁵⁴pʰa⁴²ɕya⁴²pʰa⁴²ɕya⁴²,pʰa⁴²ɕya⁴²lɤ⁰sa³¹tʰia³¹sa³¹iɛ³³,
在这儿都呼唤［人家］这母龙，
tsai³¹tʂər³¹təu³¹xu³¹xua⁴²n̩iɤ³¹tʂɻ³¹mu⁵⁴lyəŋ⁴²,
想着说叫［这个］母龙跟它相跟走哩。
siaŋ⁵⁴tʂɤ³¹ʂuʔ²³tɕiao³³tʂuɤ³¹mu⁵⁴lyəŋ⁴²kəŋ³¹tʰa³¹siaŋ³¹kəŋ³¹tsou⁵⁴li⁰.
可是哩［这个］母龙哩被这塔压着以后，再也飞不起来了。
kʰɐʔ³ʂɻ⁰li⁰tʂuɤ³¹mu⁵⁴lyəŋ⁴²li⁰pei³³tʂɤ³¹tʰɐʔ³iaʔ³tʂɤ⁰⁵⁴i³³xəu³³,tsai³³iɛ⁵⁴fei³¹puʔ³tɕʰi⁵⁴lai⁴²lɤ⁰.
就在［这个］塔下边儿哀号了三天三夜呀，非常哩可怜。
tsiəu³³tsai³¹tʂuɤ³¹tʰɐʔ³ɕia³³pier³¹ai⁴²xao⁴²lɤ⁰sa³¹tʰia³¹sa³¹iɛ³¹ia⁰,fei³¹tʂʰaŋ⁴²li⁰kʰɤ⁵⁴lia⁴².
［这个］母龙从此以后没有走了。
tʂuɤ¹³mu⁵⁴lyəŋ⁴²tsʰuəŋ³¹tsʰɻ⁵⁴·⁵⁴i⁵⁴xəu³¹mə²³iəu⁰tsou⁵⁴lɤ⁰.

公龙等不上母龙了，就开始自己回东海了。
kuəŋ³¹lyəŋ⁴²tən⁵⁴puʔ³ʂaŋ³³mu⁵⁴lyəŋ⁴²lɤ⁰,tsiəu³³kʰai³¹ʂʅ³¹tsʅ³³tɕi⁵⁴xuei⁴²tuəŋ³¹xai⁵⁴lɤ⁰.
[这个]母龙经过[这个]千秋万代哩这种[这个]变化，
tʂuɤ¹³mu⁵⁴lyəŋ⁴²tɕiəŋ³¹kuɤ³¹tʂuɤ¹³tsʰia³¹tsiəu³³va³¹tai⁴²li³¹tʂei³¹tʂuəŋ⁵⁴tʂuɤ³¹pia³³xɔ⁰,
就变成一架真山了，[这个]就是龙头山哩传说。
tsiəu⁵⁴pia³³tʂʰəŋ⁴²iʔ³tʂuɤ¹³tʂəŋ³¹ʂa³¹lɤ⁰,tʂuɤ³¹tsiəu³³ʂʅʔ³lyəŋ⁴²tʰəu⁴²ʂa³¹li³¹tʂʰua⁴²ʂuɐʔ³.

意译：今天我给大家讲一个故事。故事的名字叫"龙头山的传说"。龙头山实际上在林县城北边。出了林县，远远就能看到弯弯曲曲像一条巨龙卧在那里的一座山。这座山的名字就叫龙头山。我听老年人说，相传在古时候，东海龙王家的子孙，有一条公龙，一条母龙，巡游至此。那时候，林县十年九旱，什么庄稼也长不成。这公龙跟母龙巡游到这里时正逢大旱年份，公龙和母龙都不能腾云驾雾了，只好卧在那里。离它们卧的地方不远就是林县南城门。南城门外头有一个大池塘，池塘里的水是从塔上流下来的，后来就供全林县的人饮水。林县周边的人也都饮用这个池塘里的水。这两条龙每天晚上要去这个池塘里喝水，慢慢儿把池塘里的水快喝干了。老百姓们很奇怪，我们没有用多少啊？这个池塘里的水怎么越来越少了？后来发现是两条龙每天晚上都来喝水。百姓们怕水被喝光了，就找了个神仙来制伏这两条龙。神仙说要想制伏公龙和母龙，就得修一个七层塔。于是大家就行动起来，有的人出钱，有的人出力，有的人出粮，开始建塔，等塔建好，果然天降大雨，下了七天七夜。公龙有了生命力，就腾云驾雾飞起来了。可是母龙被塔压住了，它飞不了。公龙在天上盘旋了三天三夜，一直呼唤这条母龙，想让母龙跟它一起飞走。可是这条母龙被这塔压着以后，飞不走了。公龙等不上母龙，就自己飞回东海了。这条母龙经过千秋万代的变化，就变成一座真山了，这个就是龙头山的传说。

（发音人：杨双枝　2017.02.08 林州）

三　自选条目

0031 顺口溜《夸山人》

俺今儿走进[这个]山人儿家，俺今儿把恁[这个]山人儿来夸一夸。
ɣa⁵⁴tɕiər³¹tsəu⁵⁴tsiəŋ³³tʂuɤ³¹ʂa³¹zər³¹tɕia³¹,ɣa⁵⁴tɕiər³¹pɔ⁵⁴nəŋ³¹tʂuɤ³¹ʂa³¹zər³¹lai⁴²kʰɔ³¹iʔ³kʰɔ³¹.

你家有棵摇钱树，你家还有那风摆柳。
ȵi⁵⁴tɕiɔ³¹iəu⁵⁴kʰɤ³¹iaɔ⁴²tsʰia⁴²ʂu³³,ȵi⁵⁴tɕiɔ³¹xa⁴²iəu⁵⁴nɔ⁰fəŋ³¹pai³¹liəu⁵⁴.

你家有棵儿牡丹花，你家还有那顶梁柱。
ȵi⁵⁴tɕiɔ³¹iəu⁵⁴kʰuɐr³¹mu⁵⁴ta³¹xɔ³¹,ȵi⁵⁴tɕiɔ³¹xa⁴²iəu⁵⁴na⁰tiəŋ⁵⁴liaŋ⁴²tʂu³³.

你家还有那活菩萨。
ȵi⁵⁴tɕiɔ³¹xa⁴²iəu⁵⁴na⁰xuɤ⁴²pʰu⁴²sɔ⁰.

俺家谁是[那个]摇钱树？俺家谁是那个风摆柳？
ɣa⁵⁴tɕiɔ³¹ʂei⁴²ʂʅ³³nuɣ⁰iaɔ⁰tsʰia⁴²ʂu⁰?ɣa⁵⁴tɕiɔ³¹ʂei⁴²ʂʅ³³na⁰fəŋ³¹pai¹³liəu⁵⁴?

俺家谁是那牡丹花？俺家谁是那顶梁柱？
ɣa⁵⁴tɕiɔ³¹ʂei⁴²ʂʅ³³na⁰maɔ⁵⁴tʰa⁴²xɣ³¹?ɣa⁵⁴tɕiɔ³¹ʂei⁴²ʂʅ³³na⁰tiəŋ⁵⁴liaŋ⁴²tʂu³³?

俺家谁是那活菩萨？
ɣa⁵⁴tɕiɔ³¹ʂei⁴²ʂʅ³³na⁰xuɣ⁴²pʰu⁴²sɔ⁰?

你丈夫就是那摇钱树，儿媳妇儿就是那风摆柳。
n̻i⁵⁴tʂaŋ³³fu⁰tsiəu³³ʂʅ³³na⁰iaɔ⁴²tsʰia⁴²ʂu³³,ʅ⁰si?³fuɣ⁴²tsiəu³³ʂʅ³³na⁰fəŋ³¹pai¹³liəu⁵⁴.

闺女就是那牡丹花，孩子就是那顶梁柱。
kuʔ⁰n̻yʔ³tsiəu³³ʂʅ³³na⁰maɔ⁴²tʰa⁴²xɣ³¹,xai⁴²tsʅ⁰tsiəu³³ʂʅ³³na⁰tiəŋ⁵⁴liaŋ⁴²tʂu³³.

你老人家就是那活菩萨。
n̻i⁵⁴laɔ⁵⁴zəŋ⁴²tɕiɔ³¹tsiəu³³ʂʅ³³na⁰xuɣ⁴²pʰu⁴²sɔ⁰.

意译：俺今天走进这个山里人家。俺今天把您这个人儿来夸一夸。你家有棵摇钱树，你家还有那风摆柳。你家有棵儿牡丹花，你家还有那顶梁柱。你家还有那活菩萨。俺家谁是那个摇钱树？俺家谁是那个风摆柳？俺家谁是那牡丹花？俺家谁是那顶梁柱?俺家谁是那活菩萨?你丈夫就是那摇钱树，儿媳妇儿就是那风摆柳。闺女就是那牡丹花，孩子就是那顶梁柱。你老人家就是那活菩萨。

（发音人：杨双枝　2017.02.08 林州）

0032 笑话《三两米做稠饭》

给大家讲[一个]笑话昂，[那个]还是在知识青年下乡[那一]一年，
kəʔ³tɔ⁰tɕiɔ⁰tɕiaŋ⁵⁴iɣ³¹siaɔ³³xuɣ⁰aŋ⁰,nuɣ⁰xai³³ʂʅ⁰tsai³³tʂʅ³¹ʂʅ⁴²tsʰiəŋ³¹n̻ia⁰ɕiɔ³³ɕiaŋ³¹nei⁰iʔ⁰n̻ia⁴²,

俺都这剧团也属于这意识形态单位，
ɣa⁵⁴təu⁰tʂɣ⁰tɕy¹³tʰua⁴²iɣ⁵⁴ʂuʔ³y⁰tʂʅ⁰iʔ³ʂʅ³ɕiəŋ⁴²tʰai³¹ta³¹uei³³,

也叫去接受贫下中农再教育，
iɣ⁵⁴tɕiaɔ³³tɕʰy³³tsiʔ³ʂəu⁰pʰiəŋ⁴²ɕiɔ⁰tʂuaŋ³¹nuəŋ⁰tsai³³tɕiaɔ³¹yʔ³,

剧团就分了六个组，一组十个人下到了农村儿去锻炼。
tɕy³³tʰua⁰tsiəu⁰fən³¹lɣ⁰liəu⁰ɣ⁰tsu⁰,iʔ³tsu⁵⁴ʂʅ⁰kɣ⁰zəŋ⁰ɕiɔ⁰taɔ⁰lɣ⁰nuəŋ⁰tsʰuɣ³¹tɕʰy³³tua³¹lia⁰.

到[这个]农村儿[这个]男哩女哩都得轮流去做饭哩，
taɔ³³tʂɣ¹³nuəŋ⁴²tsʰuɣ³¹tʂɣ¹³na⁰li⁵⁴n̻y⁰li⁰təu⁰təʔ³luəŋ⁴²liəu⁴²tɕʰy³³tsuʔ³fa³³li⁰,

有这男哩他就不会做饭，闹了很多笑话儿。
iəu⁵⁴tʂɣ⁰na⁰li⁰tʰa³¹tsiəu³³puʔ³xuei³³tsuʔ³fa⁴³,naɔ³³lɣ⁰xəŋ⁵⁴tuɣ³¹siaɔ³³xuɣ³³.

比如说有一次[那个]组长安排说：
pi⁵⁴zu³¹ʂuɣ³¹iəu⁰iʔ³tsʰʅ³³nuɣ⁰tsu⁰tʂaŋ⁵⁴ŋa³¹pʰai⁴²ʂuɣ⁰:

"老王，今儿哩该你做饭了唔，俺都上工哩，你在家做饭。"
"laɔ⁵⁴uaŋ⁴²,tɕiəɣ³¹li⁰kai³¹n̻i⁰tsuʔ³fa⁰lɣ⁰aŋ⁰,ɣa⁰təu³¹ʂaŋ⁰kuəŋ³¹li⁰,n̻i⁰tsai⁰tɕiɔ³¹tsuʔ³fa³³."

老王说了:"做啥饭?"组长说来:"稠饭。"
lao⁵⁴ uaŋ⁴² ʂueʔ³lɤ⁰:"tsuʔ³ ʂɔ³³ faʔ³³"tsu⁵⁴ tʂaŋ⁵⁴ ʂueʔ³ lai⁰:"tʂʰəu⁴² faʔ³³."

说:"[那个],[那个]得多少米?""三两。"
ʂueʔ³:"nuɤ³¹,nuɤ³¹ tɤ⁰ tuɤ⁵⁴ ʂao⁰ mi⁵⁴?""sa³¹ liaŋ⁵⁴."

老王说:"[那个]三两米就够了?"
lao⁵⁴ uaŋ⁴² ʂueʔ³:"nuɤ³¹ sa³¹ liaŋ⁵⁴ mi⁵⁴ tsiəu⁰ kəu³³ lɤ⁰?"

[这个]组长说了:"三两米还不够啊?"
tʂuɤ³¹ tsu⁵⁴ tʂaŋ⁵⁴ ʂueʔ³ lai⁰:"sa³¹ liaŋ⁵⁴ mi⁵⁴ xai⁰ puʔ³ kəu³³ ia⁰?"

哎,大家就都走了,上工了,老王在家里做饭哩。
ai⁰,tɔ³³ tɕiɔ³¹ tsiəu⁵⁴ təu⁰ tsəu⁵⁴ lɤ⁰,ʂaŋ³³ kuaŋ³¹ lɤ⁰,lao⁵⁴ uaŋ⁴² tsai³³ tɕiɔ³¹ li⁰ tsuʔ³ faʔ³³ li⁰.

他总怕弄哩多咾,或者是弄哩少咾,
tʰɔ³¹ tsuəŋ⁵⁴ pɔ⁰ nuəŋ³³ li⁰ tuɤ⁵⁴ lao⁰,xuɤ³³ tʂɤ⁵⁴ ʂʅ³³ nuəŋ³³ li⁰ ʂao⁵⁴ lao⁰,

还专门上秤制了制,三两米就下上那锅[里头]了。
xai⁴² tʂua³¹ məŋ⁴² ʂaŋ³³ tʂʰəŋ³³ tʂʅ³³ lɤ⁰ tʂʅ⁰,sa³¹ liaŋ⁵⁴ mi⁵⁴ tsiəu³³ ɕiaŋ⁰ na³¹ kuɤ³¹ liəu⁵⁴ lɤ⁰.

得提前[一个]钟头儿就下上[这个]锅[里头]了,
təʔ³ tʰi⁴² tsia⁴² yɤ³ tʂuəŋ³³ tʰər⁴² tsiəu³³ ɕiaŋ⁰ tʂuɤ³¹ kuɤ³¹ liəu⁵⁴ lɤ⁰,

结果,[这个]一捞一捞咋儿劲儿都不会成咾稠饭,[这个]咋儿哩?
tsieʔ³ kuɤ⁵⁴,tʂuɤ³¹ iʔ³ lao⁰ iʔ³ lao⁰ tsuer⁰ tɕiər⁰ təu³¹ puʔ³ xuei⁰ tʂʰəŋ⁴² lao⁰ tʂʰəu⁴² faʔ³³,tʂuɤ³¹ tʂuer⁵⁴ li⁰?

该人家下工[那个]人都[回来]了:"老王,饭做好了没有?"
kai³¹ zəŋ⁴² tɕiɔ³¹ ɕiɔ³³ kuaŋ³¹ nuɤ³¹ zəŋ⁰ təu³¹ xuai⁰ lɤ⁰:"lao⁵⁴ uaŋ⁴²,faʔ³³ tsuɤʔ³ xao⁵⁴ lɤ⁰ məʔ³ iəu⁵⁴?"

老王说来:"咿呀,我就一直做不成[这个]稠饭,[这个]咋儿哩?"
lao⁵⁴ uaŋ⁴² ʂueʔ³ lai⁰:"iʔ³ iɔ⁰,uɤ⁵⁴ tsiəu⁵⁴ iʔ³ tʂʅ³ tsuʔ³ puʔ³ tʂʰəŋ⁴² tʂuɤ³¹ tʂʰəu⁴² faʔ³³,tʂuɤ³¹ tʂuer⁵⁴ li⁰?"

"你下了多儿米?""我下了三两米呀。"
"ɲi⁵⁴ ɕiɔ³³ lɤ⁰ tuər⁵⁴ mi⁵⁴?""uɤ⁵⁴ ɕiɔ⁵⁴ lɤ⁰ sa³¹ liaŋ⁵⁴ mi⁵⁴ ia⁰."

"啊?你一共下了三两米?"
"a¹³ ʔɲi⁵⁴ iʔ³ kuəŋ³³ ɕiɔ³³ lɤ⁰ sa³¹ liaŋ⁵⁴ mi⁵⁴?"

"[这个]你不是说过叫下三两米?"
"tʂuɤ³¹ ɲi⁵⁴ puʔ³ ʂʅ³ ʂueʔ³ kuɤ⁰ tɕiao⁰ ɕiɔ³³ sa³¹ liaŋ⁵⁴ mi⁵⁴?"

"哎呀,我是说给你叫你[一个]人三两米。"
"ai³¹ ia⁰,uɤ⁵⁴ ʂʅʔ³ ʂueʔ³ kəʔ³ ɲi⁵⁴ tɕiao³³ ɲi⁵⁴ yɤ⁰ zəŋ⁴² sa³¹ liaŋ⁵⁴ mi⁵⁴."

哎呀,大家都下工回来都饥哩不中,
ai³¹ ia⁰,tɔ³³ tɕiɔ³¹ təu³¹ ɕiɔ³³ kuaŋ³¹ xuei⁵⁴ lai⁴² təu³¹ tɕi³¹ li⁰ puʔ³ tʂuəŋ³¹,

结果喝了顿米汤。
tsieʔ³ kuɤ⁵⁴ xɤ³¹ lɤ⁰ tuəŋ³³ mi⁵⁴ tʰaŋ³¹.

意译:给大家讲一个笑话。那还是在知识青年下乡那一年,俺剧团也要到农村去
接受贫下中农再教育。剧团就分了六个组,一组十个人下到农村儿去锻炼。

到农村后，团里男的和女的都得轮流去做饭。有个男的不会做饭，闹了很多笑话儿。比如说有一次组长安排说："老王，今天该你做饭了，俺都上工去，你在家做饭。"老王说："做啥饭？"组长说："米饭"。老王又说："得多少米？"组长说："三两"。老王说："三两米就够了？"组长说："三两米还不够啊？"大家就都去上工了。老王在家里做饭，他总怕把米弄多了或者是弄少了，还专门用秤称了称，三两米就下到锅里了。提前一个钟头儿就下到锅里了，结果，怎么都做不成米饭，这是咋回事啊？等大家都下工回来了，组长问："老王，饭做好了没有？"老王说："哎呀，我就一直做不成米饭，怎么回事啊？"组长说："你下了多少米？"他说："我下了三两米。"组长说："啊？你一共下了三两米？"他说："你不是说过叫下三两米？"组长说："哎呀，我是说按人头算，每个人需要三两米。"哎呀，大家下工回来都饿得很，结果喝了顿米汤。

（发音人：张鸣声　2017.02.09 林州）

0033 笑话《出省证和出生证》

嗯，再给你说个这笔话儿啊。

əŋ⁰,tsai³³kə?³ɲi⁵⁴ʂuə?³kɤ³³tʂɤ³³siaʊ³³xuɐɻ³³a⁰.

以前这俺都剧团去这山西演戏，当时[这个]不开放，

i⁵⁴tsʰia⁴²ya⁵⁴tʂɤ³¹tɕy³¹tʰua⁴²tɕʰy³¹ʂa⁵⁴si ia³³ɕi³¹,taŋ³¹ʂʅ⁴²tʂuɤ³¹pu?³kʰai³¹faŋ³³,

[这个]去哪儿都还得政府开[这个]出省证哩。

tʂuɤ³¹tɕʰy³³nɐɻ⁵⁴təu³¹xa⁴²tə?³tʂəŋ³³fu⁵⁴kʰai³¹tʂuɤ³¹tʂʰu?³ʂəŋ⁵⁴tʂəŋ³³li⁰.

剧团正走哩正走哩，[人家][这个]交警拦着车了，

tɕy³³tʰua⁴²tʂəŋ³³tsəu⁵⁴li³¹tʂəŋ³³tsəu⁵⁴li⁰,ɲiɻ³¹tʂuɤ³¹tɕiaʊ³³tɕiəŋ³³la⁵⁴tʂɤ³¹tsʰɤ³¹lɤ⁰,

要出省证哩，当时就没有开过，这都做了难了，

iaʊ³³tʂʰu?³ʂəŋ⁵⁴tʂəŋ³³li⁰,taŋ³¹ʂʅ⁴²tsiəu³³mə?³iəu⁵⁴kʰai³¹kuɤ³³, tʂɤ³¹təu³³tsuə?³lɤ⁰na⁴²lɤ⁰,

[这个][这个]咋办哩？后来有[一个]女哩说来："我有我有。"

tʂuɤ³¹tʂuɤ³¹tsɔ⁵⁴pa³³li?³xəu³³lai⁵⁴iəu⁵⁴iɤ³¹ny⁵⁴li³ʂuə?³lai³¹:"uɤ⁵⁴iəu⁵⁴uɤ⁵⁴iəu⁵⁴."

说："你有啥来？""哎，我在布绸装哩。"

ʂuɤ³¹:"ɲi⁵⁴iəu⁵⁴ʂɔ³³lai?⁰""ai⁰,uɤ⁵⁴tsai³³pu³³tʂʰəu³¹tsuaŋ³¹li⁰."

她能掏个来半年儿出生证，计划生育[那个]出生证。

tʰɔ³¹nəŋ⁴²tʰɔ³¹kɤ⁰lai⁴²pa³³ɲiɐɻ⁴²tʂʰu?³ʂəŋ³³tʂəŋ³³,tɕi³³xɔ³³ʂəŋ³¹y?³nuɤ³¹tʂʰu?³ʂəŋ³¹tʂəŋ³³.

[人家]要出省证哩她拿了个出生证，大家闹了趟笑话儿。

ɲiɻ⁴²iaʊ³³tsʰu?³ʂəŋ⁵⁴tʂəŋ³³li⁰tʰɔ³¹nɔ⁴²lɤ³¹kɤ⁰tʂʰu?³ʂəŋ³¹tʂəŋ³³,tɔ³³tɕiɔ³¹naɔ³¹lɤ⁰tʰaŋ³³siaʊ³³xuɐɻ³³.

意译：再给你说个笑话。以前俺剧团去山西演戏，当时不开放，去哪儿都还得政府开"出省证"。剧团正走着呢，被交警拦车了，要查看"出省证"。当时就没有开过"出省证"，这可为难了，怎么办呢？后来有个女的说"我有我有，在衣裳口袋里"。她掏出来个"出生证"，就是计划生育的那种"出生

证"。要"出省证",她却拿出了个"出生证",就闹了个大笑话。

（发音人：张鸣声　2017.02.09　林州）

0034 笑话《五星牌》

下头给你们说[一个][这个]笑话儿。
ɕiɔ³³tʰəu⁰kəʔ³ni⁵⁴əŋ⁰ʂueʔ³iɤ³¹tʂuɤ³¹siaɔ³³xuɚ³³.
就是因为文化低,[这一]价儿理解能力差,
tsiəu³³ʂɿ³¹iəŋ³¹uei⁴²uəŋ⁴²xɔ³³ti³¹,tʂei³¹tɕiɚ⁵⁴li³¹tsie⁵⁴nəŋ⁴²li³¹tʂʰɿ³¹,
有了就不认那字儿,给你说[一个][这个]笑话儿昂。
iəu⁵⁴lɤ⁰tsiəu³³puʔ³zəŋ³³na³³tsər³³,kəʔ³ni⁵⁴ʂueʔ³iɤ³³tʂuɤ³¹siaɔ³³xuɚ³³aŋ⁰.
有一回俺都赶场,
iəu⁵⁴iʔ³xuei⁴²ɣa⁵⁴təu³¹ka⁵⁴tʂʰaŋ⁵⁴,
往河间走那路上有[一个][这个]"五里碑",写了[那个]牌儿。
vaŋ⁵⁴xɤ⁴²tɕia³¹tsəu⁵⁴na⁰lu³³ʂaŋ³³iəu⁵⁴iɤ³¹tʂuɤ³¹"u⁵⁴li⁵⁴pei³¹",ɕiɛ⁵⁴laɔ⁰nuɤ³¹pʰɚ⁴².
有个人他,他不是很很识字儿,
iəu⁵⁴kɤ⁰zəŋ⁴²tʰa³¹,tʰa³¹puʔ³ʂɿ³³xəŋ⁵⁴xəŋ⁵⁴ʂɿʔ³tsər³³,
走到那儿了,一瞧[人家]这牌儿,[人家]本来是写个"五里碑",
tsəu⁵⁴taɔ³³nɚr³³lɤ⁰,iʔ³tɕʰiaɔ⁴²niɤ³¹tʂɤ³¹pʰɚ⁴²,niɤ³¹pəŋ⁵⁴laiʂɿ³ɕiɛ⁵⁴ɤ⁰"u⁵⁴li⁵⁴pei³¹",
他说了："吆,到五星牌儿了。"[这个]又[一个]笑话儿。
tʰɔ³¹ʂueʔ³laiʔ⁰:"iaɔ³³,taɔ¹³u⁵⁴ɕiəŋ³¹pʰɚ⁴²lɤ⁰."tʂuɤ³¹iəu³³iɤ³³siaɔ³³xuɚ³³.
还有[一个]笑话儿唔,也是[这个]文化低,[这个]造成了,
xa⁴²iəu⁵⁴yɤ³³siaɔ³³xuɚ³³aŋ⁰,iɛ⁵⁴ʂɿ³¹tʂuɤ³¹uəŋ⁴²xɔ³³ti³¹,tʂuɤ³¹tsaɔ³³tʂʰəŋ⁴²lɤ⁰,
有点儿解释毛主席了有[一个][这个]语录解释不清。
iəu⁵⁴tiɚr⁵⁴tsiɛ⁵⁴ʂɿ³³maɔ⁴²tʂu⁵⁴si⁴²lɤ⁰iəu⁵⁴iɤ³¹tʂuɤ³¹y³¹luʔ³tsiɛ⁵⁴ʂɿʔ³puʔ³tsʰiəŋ³¹.
毛主席语录有[一个][这个]"深挖洞,广积粮,不称霸",
maɔ⁴²tʂu⁵⁴si⁴²y³¹luʔ³iəu⁵⁴iɤ³¹tʂuɤ³¹"ʂəŋ³¹uɔ⁵⁴tuəŋ³³,kuaŋ³¹tsɿʔ³liaŋ⁴²,puʔ³tsʰəŋ³¹pɔ³³",
你瞧[人家]咋式解释来：
ni⁵⁴tsʰiaɔ⁴²niɤ³¹tsɔ³³ʂɿ³¹tsiɛ⁵⁴ʂɿʔ³lai⁴²:
"[这个]深挖洞呀就是把[这个]洞挖哩深开些儿,
"tʂuɤ³¹ʂəŋ³¹uɔ⁵⁴tuəŋ³³ia tsiəu³³ʂɿʔ³pɔ³¹tʂuɤ³¹tuəŋ³³uɔ⁵⁴li³¹tsʰəŋ³¹kʰai³¹siɚ³¹,
[这个]广积粮[那个]就是你得脱咾衣裳干你得光脊梁哩,
tʂuɤ³¹kuaŋ⁵⁴tsɿʔ³liaŋ⁴²nuɤ³¹tsiəu³³ʂɿ³¹niʔ⁵⁴təʔ³tʰuɤ⁵⁴laɔ⁰i³¹ʂaŋ⁵⁴kani⁵⁴təʔ³kuaŋ⁵⁴tsɿʔ³liaŋ⁴²li⁰,
[这个]不称霸就是你耙地休耙咾可□深咾,
tʂuɤ³¹puʔ³tsʰəŋ³¹pɔ³³tsiəu³³ʂɿʔ³niʔ³pɔ³³ti³³xəu⁵⁴pɔ³³laɔ⁰kʰəʔ³tiɛʔ³tsʰəŋ³¹laɔ⁰,
休叫耙开脸儿咾。"大家就都笑了。
xəu⁴²tɕiaɔ³³pɔ³³¹kʰai³¹liɚ⁵⁴laɔ⁰."tɔ³³tɕiɔ³³tsiəu³³təu³¹siaɔ³³lɤ⁰.

意译：下面给你们讲个笑话儿。就是因为文化低,理解能力差,有的字儿不认识,
　　　给你们说一个这方面的笑话儿。有一回俺们（剧团）赶场演出,走到一个

路边有一个牌子,上面写着"五里碑"。有个人他不是很识字儿,走到那儿了,一瞧这牌儿上写着"五里碑",他说:"吆,到五星牌儿了"。还有一个笑话儿也是由于文化低造成的。就是毛主席的一个语录解释不清,毛主席语录里有个"深挖洞,广积粮,不称霸",那时有人解释为:深挖洞呀就是把这个洞挖深些,广积粮就是你得脱衣裳光着脊梁,不称霸就是不要把耙撑裂了。大家就都笑了。

(发音人:张鸣声　2017.02.09　林州)

0035 笑话《"剧终"和"剧毒"》

再说[一个][这个]笑话儿,
tsai³³ ʂuɤ³¹ yɤ³¹ tʂuɤ³¹ siaɔ³³ xuɐr³³,
嗯,也还是这文化低,[这一]个解释不清。
əŋ⁰,iɛ³³ xa⁴² sɿ³¹ tʂɤ³¹ uəŋ⁴² xɔ³³ ti³¹,tʂei³¹ kɤ³³ tsie⁵⁴ ʂɿʔ³ puʔ³ tsʰiəŋ³¹.
嗯,以前不是[这个],有[这个],有种叫六六六粉,
əŋ⁰,i⁵⁴ tsʰia³³ puʔ³ ʂɿʔ³ tʂuɤ³¹,iəu⁵⁴ tʂuɤ³¹,iəu⁵⁴ tʂuəŋ⁵⁴ tɕiaɔ³³ liəu⁵⁴ liəu⁵⁴ liəu⁵⁴ fəŋ⁵⁴,
嗯[那个]顶儿写哩"剧毒",
əŋ⁰,nuɤ³¹ tər⁵⁴ siɛ³³ li⁰ "tɕy³³ tu⁴²".
[这个]说:"[这个]啥叫作剧毒?为啥写这剧毒?"
tʂuɤ³¹ ʂuɐʔ³:"tʂuɤ³¹ ʂɔ³³ tɕiaɔ³³ tsuɐʔ⁰ tɕy³³ tu⁴²?vei³³ ʂɔ³³ siɛ³³ tʂɤ³¹ tɕy³³ tu⁴²?"
哎,有[一个]老汉儿[人家]都解释哩:"[这个]剧毒啊就是没毒。"
ai³³,iəu⁵⁴ ir⁵⁴ laɔ⁵⁴ ər³¹ ȵir⁴² təu³¹ tsiɛ⁵⁴ ʂɿ³ li⁰:"tʂuɤ³¹ tɕy³³ tu⁴² a³³ tsiəu³³ ʂɿ⁰ məʔ³ tu⁴²."
都笑哩:"恁咋式说[这个]剧毒就是没毒?"
təu³¹ siaɔ³³ li⁰:"əŋ⁵⁴ tsɔ⁵⁴ ʂɿ³ ʂuɐʔ³ tʂuɤ³¹ tɕy³³ tu⁴² tsiəu³³ ʂɿ⁰ məʔ³ tu⁴²?"
"[人家]哩就像咱演戏[哩样]哩,咱快演完了,
"ȵiər³¹ li³³ tsiəu³³ siaŋ³³ tsa⁴² ia³³ ɕi³³ liaŋ³³ li⁰,tsa⁴² kʰuai³³ ia⁵⁴ ua⁴² lɤ⁰,
"到[那个]最后咋不是写哩剧终了,
"taɔ³³ nuɤ³¹ tsuei³³ xəu⁰ laɔ⁰ puʔ³ ʂɿ³ siɛ⁵⁴ li⁰ tɕy³³ tʂuəŋ³¹ lɤ⁰,
"所以说,我就理解说剧毒就是没毒。"
"ʂuɤ⁵⁴·⁰ i³ ʂuɐʔ³,uɤ⁵⁴ tsiəu³³ li⁵⁴ tsiɛ⁵⁴ ʂuɐʔ³ tɕy³³ tu⁴² tsiəu³³ ʂɿ⁰ məʔ³ tu⁴²."

意译:再说一个笑话,也是由于文化低,解释不清事。以前有个农药叫六六六粉,袋子上写着"剧毒",有人问:"为啥写这个'剧毒'呢?"有一个老汉儿就这样解释:"这个'剧毒'呀就是没毒。"大家都笑道:"你怎么说'剧毒'就是没毒?"老汉儿说:"就像演戏那样,快演完的时候,最后不是都写着'剧终'吗?所以说我就理解'剧毒'就是没毒。"

(发音人:张鸣声　2017.02.09　林州)

0036 笑话《"你爹"和"你爷"》

再说[一个][这个]笑话儿唔。有一回俺都在乡下演戏哩,
tsai³³ ʂuɐʔ³ yɤ³¹ tʂuɤ³¹ siaɔ³³ xuɐr³³ əŋ⁰.iəu⁵⁴ iʔ³ xuei⁴² ŋa⁵⁴ təu³³ tsai³¹ ɕiaŋ³¹ ɕia³³ i³³ ɕi³³ li⁰,

嗯有[一个][这个]炊事员，瞧见有[一个]演儿姓王，
əŋ⁰iəu⁵⁴iɤ³¹tʂuɤ³¹tʂʰuei⁵¹ʂʅya⁴²,tsʰiao⁴²tɕiəu¹ɤ¹ia¹ɿsiəŋ³³vaŋ⁴²,
他说来："王二六王二六。"他为啥叫他王二六哩？
tʰɔ³¹ʂuəʔ³lai⁴²:"vaŋ⁴²ɿliəu³³vaŋ⁴²ɿliəu³³."tʰɔ³¹vei⁵⁵ʂɔ³³tɕiao³³tʰɔ³¹vaŋ⁴²ɿliəu³³li?
[这个]二加六不就是八呀，实际上就是王八，
tʂɤ³¹ɿtɕio³¹liəu³³pəʔtsiəu³³ʂʅpəʔ³ia³,ʂʅʔ³tɕi³ʂaŋ³³tsiəu³³ʂʅvaŋ⁴²pəʔ³,
就[这个]意思，骂他哩。
tsiəu³³tʂuɤ³¹i¹³ʂʅ⁰,mɔ³³tʰɔ³¹li⁰.
[这个]王二六说来："我叫王二六你叫啥哩？"
tʂuɤ³¹vaŋ⁴²ɿliəu³³ʂuəʔ³lai:"uɤ⁵⁴tɕiao³³vaŋ⁴²ɿliəu³³ni⁵⁴tɕiao³³ʂɔ³³li?"
[这个]炊事员说来："我叫你爹。"
tʂuɤ³¹tʂʰuei⁵¹ʂʅya⁴²ʂuəʔ³lai:"uɤ⁵⁴tɕiao³³ni⁵⁴tiɛ³¹."
[这个]老王说来："我倒叫你爷。"
tʂuɤ³¹lao⁵⁴vaŋ⁴²ʂuəʔ³lai:"uɤ⁵⁴tao³³tɕiao³³ni⁵⁴iɛ⁵⁴."
咿呀，圆圈儿[这个]人听着笑哩都肚子疼。
i¹³ia⁰,ya⁴²tɕʰyɐɤ³¹tʂuɤ³¹zəŋ⁴²tʰiəŋ³³tʂɿ³siao³³li⁰təu³¹tu³³əʔ³tʰəŋ⁴².
他俩都还颠倒不开[这个]"爹"字儿。
tʰɔ³¹lio⁵⁴təu³¹xa⁴²tia³¹tao⁵⁴puʔ³kʰai³¹tʂuɤ³¹"tiɛ³¹"tsər³³.
最后他癔症过来了，说："我是说我[这个]名儿叫你爹。"
tsuei³³xəu³³tʰɔ³¹i³³tʂəŋ³³kuɤ³³lai⁴²lɤ⁰,ʂuəʔ³:"uɤ⁵⁴ʂʅ¹³ʂuəʔ³uɤ⁵⁴tʂuɤ¹³miər⁴²tɕiao³³ni⁵⁴tiɛ³¹."
[那个]块人说来："我是说我[这个]名儿就叫你爷。"
nuɤ³¹kʰuai⁰zəŋ⁴²ʂuəʔ³lai⁴²:"uɤ⁵⁴ʂʅ³ʂuəʔ³uɤ⁵⁴tʂuɤ³¹miər⁴²tɕiao³³ni⁵⁴iɛ⁴²."
反正咋式都是说不清。
fa⁵⁴tʂəŋ³³tʂɔ⁴²ʂʅ⁰təu³¹ʂʅ⁰ʂuəʔ³puʔ³tsʰiəŋ³¹.
意译：再说一个笑话。有一回我们在乡下演戏，有一个炊事员，瞧见有一个人姓王，叫王二六。为啥叫他王二六呢？二加六也就是八，实际上就是王八，这是骂他呢！王二六说："我叫王二六，你叫啥名字？"这个炊事员说："我叫你爹。"老王说"我叫你爷"。周围人听着笑得肚疼。他俩说来说去都离不开个"爹"字。反正怎么都说不清。

（发音人：张鸣声　2017.02.09　林州）

0037 歇后语

戴了竹帽打伞——多此一举。
tai³³lə⁰tʂuʔ³mao³³tɔ⁵⁴sa⁵⁴——tuɤ³¹tsʰɿ⁵⁴iʔ³tɕy⁵⁴.
意译：戴着竹帽子打伞——多此一举。

（发音人：张鸣声　2017.02.09　林州）

0038 歇后语

六个指头挠痒——多划那一道儿。
liəu³³ɤ⁰tʂʅʔ³tʰəu⁰nao⁴²iaŋ⁵⁴——tuɤ³¹xɔ⁴²na⁰iʔ³tuər³³.

意译：六个指头挠痒——多划那一道儿。

（发音人：张鸣声　2017.02.09 林州）

0039 歇后语

鼻子里头插葱——那装相（象）哩。

piʔ³ləʔ⁰li⁵⁴tʰəu⁰tʂʰɐʔ³tsʰuəŋ³¹——na⁰tʂuaŋ³¹siaŋ³³liʔ⁰.

意译：鼻子里面插葱——装相（象）。

（发音人：张鸣声　2017.02.09 林州）

0040 歇后语

瞎子点灯——白搭蜡。

ɕiɐʔ³ləʔ⁰tia⁵⁴təŋ³¹——pai⁴²tɐʔ³lɐʔ³.

意译：瞎子点灯——白费。

（发音人：张鸣声　2017.02.09 林州）

0041 快板书《林州山水好风光》

我给大家介绍介绍我们林州的这个山水风光。

uɤ⁵⁴kei³³tɔ³tɕiɔ³tɕiɛ³³ʂaɔ³tɕiɛ³³ʂaɔ³uɤ⁵⁴məŋ³¹liəŋ³³tʂəu³¹tɤ⁰tʂɿ³¹kɤ⁰ʂa³¹ʂuei⁵⁴fəŋ³¹kuaŋ³¹.

林州好是好河山，又有[这个]平地是又有川。

liəŋ⁴²tʂəu³¹xaɔ⁵⁴ʂɿ³¹xaɔ⁵⁴xɤ³¹ʂa³¹,iəu⁴²tʂəu¹³pʰiəŋ⁴²ti³³ʂɿ⁰iəu⁵⁴tʂʰua³¹.

太行山腰[这个]系彩带，红旗大渠[这个]美名传。

tʰai³¹xaŋ⁴²ʂa³¹iaɔ³¹tʂɤ⁰tɕi³³tsʰai⁴²tai⁰,xuəŋ⁴²tɕʰi⁴²tɔ³³tɕʰy⁴²tʂɤ¹³mei⁵⁴miəŋ⁴²tʂʰua⁴².

自然景观它更迷人，雄浑壮美说不完。

tsɿ³³zɐ³¹tɕiəŋ⁵⁴kua³¹tʰa³¹kəŋ³³mi⁴²zən⁴²,ɕyəŋ³¹xuəŋ⁴²tʂuaŋ³³mei⁵⁴ʂuɐʔ³puʔ³va⁴².

说不完是道不完，挑上它几处儿咱就谈一谈。

ʂuɐʔ³puʔ³va⁴²ʂɿ³³taɔ³³puʔ³va⁴²,tʰiaɔ³¹aŋ³¹tʰa³¹tɕi⁰tʂʰuər⁰tsa³¹tsiəu³³tʰa⁴²iʔ³tʰa⁴².

五一十一你放长假，带上[这个]家人就来游览，是来游览。

u⁵⁴iʔ³ʂɿ³¹iʔ³n̩i³¹faŋ⁵⁴tʂʰaŋ³¹tɕiɐ³¹,tai³³ʂaŋ³³tʂɤ¹³tɕia³¹zən⁴²tsiəu³³lai⁴²iəu⁵⁴la⁰,ʂɿ⁰lai⁴²iəu⁴²la⁵⁴.

举世闻名那红旗渠，动工兴建在[这个]六〇年。

tɕy⁵⁴ʂɿ³¹vən³¹miəŋ⁴²na³¹xuəŋ⁴²tɕʰi⁴²tɕʰy⁴²,tuəŋ³³kuəŋ³¹ɕiəŋ³¹tɕia³¹tsai³¹tʂɤ⁰liəu⁰liəŋ⁴²n̩ia⁴².

当时[那个]条件儿可真艰苦，自然灾害它真磨展﹦。

taŋ³¹ʂɿ³¹nuɤ⁰tʰiaɔ⁴²tɕiər³³kʰɤ³³tʂəŋ³¹tɕia³¹kʰu⁵⁴,tsɿ³³zɐ⁵⁴tsai³¹xai³¹tʰa³¹tʂəŋ³¹mɤ⁴²tsa⁵⁴.

靠着一双[这个]老膙子手，

kʰaɔ³³tʂəɤ⁰iʔ³ʂuaŋ³¹tʂɤ³¹laɔ⁵⁴tɕiaŋ⁵⁴əʔ⁰ʂəu⁵⁴,

靠着这铁锤就和钢钎。

kʰaɔ³³tʂəɤ⁰tʂɤ³¹tʰiɛ⁵⁴tʂʰuei³¹tsiəu⁰xuɤ⁴²kaŋ³¹tsʰia³¹.

见沟就把这渡槽架，见岭就把[这个]涵洞钻。

tɕia³³kəu³³tsiəu³³pɔ⁵⁴tʂɤ³¹tu³³tsʰaɔ⁴²tɕia³³,tɕia³³liəŋ⁵⁴tsiəu³³pɔ⁵⁴tʂɤ³¹xa⁴²tuəŋ³³tsua³¹.

艰苦奋斗[这个]十年整，修成[这个]大渠是长又宽。

tɕia³¹kʰu⁵⁴fəŋ³³təu³³tʂɤ³¹ʂɿʔ³n̩ia³¹tʂəŋ⁵⁴,siəu³¹tʂʰəŋ⁴²tʂɤ³¹tɔ³tɕʰy⁵⁴ʂɿ³¹tʂʰaŋ⁴²iəu⁴²kʰua³¹.

咽喉工程[这个]青年洞，凌空除险是美名传。
ia³¹xəu⁴²kuaŋ³¹tʂʰəŋ⁴²tsuɤ³¹tsʰiəŋ³¹ȵia⁴²tuəŋ³¹,liəŋ⁵¹kʰuəŋ³¹tʂʰu⁴²ɕia⁵⁴ʂʅ⁰mei⁴²miəŋ⁴²tʂua⁴².
洞下有一处[这个]天桥段，东向ˉ[这个]景区有一线天。
tuəŋ³³ɕiɔ⁵⁴iəu³¹iʔ³tʂʰu³¹tʂuɤ³¹tʰia³¹tɕʰiaɔ⁵⁴tua³³,tuəŋ³³ɕiaŋ³¹tʂuɤ³¹tɕiəŋ⁵⁴tɕʰy³¹iəu⁵⁴iʔ³ɕia³¹tʰia³¹.
沿渠都是[这个]好风光，[那一]顺渠漂流还能坐船。
ia⁴²tɕʰy³¹təu³¹ʂʅʔ³tʂuɤ³¹xaɔ³³fəŋ³¹kuaŋ³¹,nɪʔ³¹ʂuəŋ³³tɕʰy⁴²pʰiaɔ³¹liəu⁴²xai⁴²nəŋ⁴²tsuɤ³³tsʰua⁴².
中央领导[这个]题词多，总书记也曾经就来参观。
tʂuəŋ³¹iaŋ³¹liəŋ³¹taɔ³¹tʂuɤ³¹tʰi⁴²tsʰʅ³¹tuɤ³¹,tsuəŋ⁵⁴ʂu³¹tɕi⁵⁴iɛ³³tsʰəŋ³¹tɕiəŋ³¹tsiəu³³lai⁴²tsʰa³¹kua³¹.
红旗渠精神他真可贵，
xuəŋ⁴²tɕʰi⁴²tɕʰy⁰tɕiəŋ³¹ʂəŋ³¹tʰɔ³¹tʂəŋ³¹kʰɤ⁵⁴kuei³³,
[这个]代代相传就传万年是传万年。
tʂuɤ³¹tai³³tai³¹siaŋ³¹tʂʰua³³tsiəu³³tʂʰua⁴²va⁴²ȵia⁴²⁰ʂʅ³¹tʂʰua⁴²va³³ȵia³³.
转过[这个]太行[这个]大隧洞，
tʂua⁵⁴kuɤ³³tʂuɤ³¹tʰai³³xaŋ⁴²tʂuɤ³¹tɔ³³suei³³tuəŋ³³,
一头就扎进了[这个]太行山。
iʔ³tʰəu⁴²tsiəu³³tʂɐʔ³tsiəŋ³³lɤ⁰tʂuɤ³¹tʰai³³xaŋ⁴²ʂa³¹.
百里画廊[这个]雄风长，排壁交错可真壮观。
peʔ³li⁵⁴xɔ³³laŋ⁴²tʂuɤ³¹ɕyəŋ⁴²fəŋ³¹tʂaŋ⁵⁴,pʰai³¹piʔ³tɕiaɔ³¹tsʰuɤ³³kʰɤ⁵⁴tʂəŋ³¹tʂuaŋ³³kua³¹.
有奇峰有山峦，有瀑布是有清泉。
iəu⁵⁴tɕʰi⁴²fəŋ³¹iəu⁵⁴ʂa³¹lua⁴²,iəu⁵⁴pʰuʔ³pu³³ʂʅ⁰iəu⁵⁴tsʰiəŋ³¹tɕʰya⁴².
低有涧深有潭，小溪流水是清炎ˉ炎ˉ，
ti³¹iəu⁵⁴tɕia³³tʂʰəŋ³¹iəu⁵⁴tʰa⁴²,siaɔ³¹si³¹liəu⁴²suei⁵⁴ʂʅʔ³tsʰiəŋ³¹ia⁴²ia⁰,
石壁直立就像刀削，雄风突起就冲云天。
ʂʅʔ³piʔ³tʂʅʔ³liʔ³tsiəu³³siaŋ³³taɔ³¹syɛ³¹,ɕyəŋ⁴²fəŋ³¹tʰuʔ³tɕʰi⁵⁴tsiəu³³tʂʰuəŋ³¹yəŋ⁴²tʰia³¹.
[这个]来是[这个]地质博物馆，[这个]地质地貌可真齐全。
tʂuɤ³¹lai⁰ʂʅʔ³tʂuɤ³¹ti³³tʂʅʔ³peʔ³u³³kua⁵⁴,tʂuɤ³¹ti³³tʂʅʔ³ti³³maɔ³³kʰɐʔ³tʂəŋ³¹tɕʰi⁴²tsʰya⁴².
[这个]桃花洞，三九严寒[这个]桃花艳。
tʂuɤ³¹tʰaɔ⁴²xɔ³¹tuəŋ³³,sa³¹tɕiəu⁴²ia⁴²xa⁴²tʂuɤ³¹tʰaɔ⁴²xɔ³¹ia³³.
嗨，冰冰背，盛夏结冰[这个]透心寒。
xai⁰,piəŋ³¹piəŋ³¹pei³³,ʂəŋ³³ɕiɔ³³tɕiʔ³piəŋ³¹tʂuɤ³¹tʰəu³³siəŋ³¹xa⁴².
农家小院儿在这画中隐，石门石床就石栏杆。
nuəŋ⁴²tɕiɔ³¹siaɔ⁵⁴yɤ³³tsai³³tʂɤ³¹xɔ³³tʂuəŋ³¹iən⁵⁴,ʂʅʔ³mən⁴²ʂʅʔ³tʂʰuaŋ⁴²tsiəu³³ʂʅʔ³la⁴²ka³¹.
[这个]朝生云晚吐烟，层层哩树重重哩山。
tʂuɤ³¹tʂaɔ³¹ʂəŋ³¹yəŋ⁴²va⁵⁴tʰu⁵⁴ia³¹,tsʰəŋ⁴²tsʰəŋ⁴²li³¹ʂu³¹tʂʰuəŋ⁴²tʂʰuəŋ⁴²li⁰ʂa³¹.
上[这个]古迹就数不尽，还有[这个]珍珠就倒卷帘。
ʂaŋ¹³tʂuɤ³¹ku⁵⁴tɕi³¹tsiəu³³ʂu³³puʔ³tɕiəŋ³¹,xa⁴²iəu⁵⁴tʂuɤ³¹tʂəŋ³¹tʂu³¹tsiəu³³taɔ⁵⁴tɕya⁵⁴lia⁴².
春观花夏赏景，秋霜染红了半边天。
tʂʰuəŋ³¹kua³¹xɔ³¹ɕiɔ³³ʂaŋ⁵⁴tɕiəŋ⁵⁴,tsʰiəu³¹ʂuaŋ³¹za⁴²xuəŋ⁴²lɤ³¹pa³³pia³¹tʰia³¹.

岩洞并着与天齐，叫人都不愿意就转回还。
ia⁴²tuaŋ³³piəŋ³³tʂuɤ⁰⁵⁴y⁵⁴tʰia³¹tsʅ⁴²,tɕiao³³zəŋ⁴²təu⁰puʔ³ya³³·⁰i³³tsiəu³³tʂua⁵⁴xuei⁴²xua⁴².

你写生，我作诗，拍成[这个]电视就更美观。
ni⁵⁴siɛ⁵⁴ʂəŋ³¹,uɤ⁵⁴tsuɤʔ³ʂʅ³¹,pʰɛʔ³tʂʰəŋ³³tʂuɤ³³tia³³ʂʅ³³tsiəu³³kəŋ³³mei⁵⁴kua³¹.

[这个]太行小屋要住几日，
tʂuɤ³¹tʰai³³xaŋ⁴²siao⁵⁴u³¹cao³³tʂu⁵⁴tɕi³³zʅ³³,

忘却[这个]烦恼就如神仙，是如神仙。
vaŋ³³tɕʰyɛʔ³tʂuɤ³¹fa³³nao⁵⁴tsiəu³³zu³³ʂəŋ³³sia³¹,ʂʅ¹³zu⁴²ʂəŋ⁴²sia³¹.

意译：我给大家介绍一下我们林州的山水风光。林州有着好河山，又有平地又有川。太行山腰系彩带，红旗大渠美名传。自然景观更迷人，雄浑壮美说不完。说不完是道不完，挑上几处咱谈一谈。五一、十一你放长假，带上家人就来游览。举世闻名的是红旗渠，动工兴建在六〇年。当时条件真艰苦，自然灾害它真艰难。靠的是一双老茧子手，靠的是铁锤和钢钎。见沟就把渡槽架，见岭就把涵洞钻。艰苦奋斗十年整，修成大渠长又宽。重要工程是"青年洞"，凌空除险美名传。洞下有一处天桥段，东面有景区"一线天"。沿渠都是好风光，那顺渠漂流还能坐船。中央领导题词多，总书记也曾经来参观。红旗渠精神真可贵，代代相传就传万年。转过太行大隧洞，一下子就进了太行山。"百里画廊"雄风长，排壁交错可真壮观。有奇峰有山峦，有瀑布还有清泉。低有洞深有潭，小溪流水是清澈的，石壁直立就像刀削，雄风突起就冲云天。这里还有地质博物馆，地质地貌可真齐全。"桃花洞"三九严寒桃花开得艳，"冰冰背"盛夏结冰透心寒。农家小院儿在这画中藏，石门石床还有石栏杆。朝生云晚吐烟，层层树重重山。古迹多得数不尽，还有珍珠倒卷帘。春观花夏赏景，秋霜染红了半边天。岩洞并着与天齐，让人都流恋忘返。你写生，我作诗，拍成电视就更美观。太行小屋要住几日，忘却烦恼赛神仙。

（发音人：赵长生　2016.11.23 林州）

0042 四股弦《刘秀招亲·王莽贼他领人紧追不放》

王莽贼他领人紧追不放，刘秀我千辛万苦走南阳。
uaŋ maŋ tsei tʰa liəŋ zən tɕin tʂuei pəʔ faŋ,liəu siəu uɤ tsʰian siən uan kʰu tsəu nan iaŋ.

方才老伯来指点哪，马家寨不远在眼前。
faŋ tsʰai lao pai lai tʂʅ tian na,ma tɕia tʂai pəʔ yan tsai ian tsʰian.

强打精神往前闯，进此花园暂躲藏。
tɕʰiaŋ ta tsiəŋ ʂən uaŋ tsʰian tʂʰuaŋ,tsiən tsʰʅ xua yan tsan tuɤ tsʰaŋ.

（内喊）冬梅带路来，哎呀，哎呀呀，那厢有人来了，这便如何是好啊。
tuəŋ mei tai lu lai,ai ia,ai ia ia,na siaŋ iəu zən lai liao,tʂɤ pian zu xɤ ʂʅ xao a.

（唱）和风吹绿柳笑花枝倩影，净水潭碧波幻月月盛情。
xɤ fəŋ tsʰuei ly liəu siao xua tʂʅ tsʰian iəŋ,tɕiəŋ ʂuei tʰan pi puɤ xua yɛ yɛ ʂəŋ tsʰiəŋ.

看假山拔地起亭亭玉立，处处春醉人心迷住佳人。
kʰan tɕia ʂan pa ti tɕʰi tʰiəŋ tʰiəŋ y li,tʂʰu tʂʰu tʂʰuən tsuei zən siən mi tʂu tɕia zən.
今日里在绣楼习文又学针线，今日里消愁闷步入花亭。
tɕiən ʐ̩ li tsai siəu ləu si uən iəu ɕye tʂən ɕian,tɕiən ʐ̩ li siau tʂʰəu mən pu ʐu xua tʰiəŋ.
你看那百花放春芳争艳，花卉中蜂来蝶去舞春风。
n̻i kʰan na pai xua faŋ tʂʰuən faŋ tʂəŋ ian,xua xuei tʂuəŋ fəŋ lai tiɛ tɕʰy u tʂʰuən fəŋ.
鱼戏水鸟争鸣早春意境，但愿得春常在天地留情。
y ɕi ʂuei n̻iao tʂəŋ miəŋ tsao tʂʰuən i tɕiəŋ,tan yan tɤ tʂʰuən tʂʰaŋ tsai tʰian ti liəu tsʰʰiəŋ.
你看那绿柳轻舞鸟语阵阵，你瞧那鱼儿戏水可喜可亲。
n̻i kʰan na ly liəu tɕʰiəŋ u n̻iao y tʂən tʂən,n̻i tsʰiao na y ər ɕi ʂuei kʰɤ ɕi kʰɤ tsʰiən.
并蒂莲池中开争芳吐艳，
piəŋ ti lian tʂʰʅ tʂuəŋ kʰai tʂəŋ faŋ tʰu ian,
看不完的百花盛开观不尽的春。
kʰan pəʔ uan ti pai xua ʂəŋ kʰai kuan pəʔ tɕiən ti tʂʰuən.
若不是表少爷叨扰一场，岂不是辜负了大好春光。
zuɤ pəʔ ʂʅ piao ʂao iɛ tao zao i tsʰaŋ,tɕʰi pu ʂʅ ku fu liao ta xao tʂʰuən kuaŋ.
难得今日里花园观赏，饱尝这春意浓百花朝阳。
nan tɤ tɕiən ʐ̩ li xua yan kuan ʂaŋ,pao tʂʰaŋ tʂɤ tʂʰuən i nuəŋ pai xua tʂʰao iaŋ.
今日里花园中尽情游逛，消忧愁解烦闷舒我心肠。
tɕiən ʐ̩ li xua yan tʂuəŋ tɕiən tsʰʰiəŋ iəu kuaŋ,siau iəu tʂʰəu tɕiɛ fan mən ʂu uɤ siən tʂʰaŋ.
叫冬梅咱还是绣楼回转，习文章莫辜负大好时光。
tɕiao tuəŋ mei tsan xai ʂʅ siəu ləu xuei tʂuan,si uən tʂaŋ muɤ ku fu ta xao ʂʅ kuaŋ.

意译：（刘秀唱）王莽贼他领人紧追不放，刘秀我千辛万苦走南阳。方才老伯来指点哪，马家寨不远在眼前。强打精神往前闯，进此花园暂躲藏。（马艳娥内喊）冬梅带路来，哎呀。（刘秀白）哎呀呀，那厢有人来了，这便如何是好啊。（马艳娥唱）和风吹绿柳笑花枝倩影，净水潭碧波幻月月盛情。看假山拔地起亭亭玉立，处处春醉人心迷住佳人。今日里在绣楼习文又学针线，今日里消愁闷步入花亭。你看那百花开群芳争艳，花卉中蜂来蝶去舞春风。鱼戏水鸟争鸣早春意境，但愿得春常在天地留情。你看那绿柳轻舞鸟语阵阵，你瞧那鱼儿戏水可喜可亲。并蒂莲池中开争芳吐艳，看不完的百花盛开观不尽的春。若不是表少爷叨扰一场，岂不是辜负了大好春光。难得今日里花园观赏，饱尝这春意浓百花朝阳。今日里花园中尽情游逛，消忧愁解烦闷舒我心肠。叫冬梅咱还是绣楼回转，习文章莫负大好时光。

（发音人：张鸣声等　2017.02.09　林州）

鹤 壁

一 歌谣

0001 小白鸡儿
小白鸡儿，卧白窝。
ɕiɑɔ⁵⁵pai⁵³tɕiər³³,uɤ⁵⁵pai⁵³uɤ⁰.
跟爹睡，爹打我。
kəʔ³tiɛ³³sei³¹,tiɛ³³tɑ⁵³uɤ⁰.
跟娘睡，娘拧我。
kəʔ³n̠iaŋ⁵³sei⁰,n̠iaŋ⁵³n̠iaŋ⁵³uɤ⁰.
独个儿睡，猫咬我。
tu⁵³kuɐr⁰sei³¹,mɑɔ⁵³iɑɔ⁵³uɤ⁰.
咯噔儿咯噔儿气死我。
kɤ³³tər⁰kɤ³³tər⁰tɕʰi³¹ʂʅ⁰uɤ⁰.
意译：小白鸡，卧白窝。和爹睡，爹打我。和娘睡，娘拧我。自己睡，猫咬我。咯噔儿咯噔儿气死我。

（发音人：姚贵群 2017.08.06 鹤壁）

0002 小花狗儿
小花狗儿，汪汪咬。
ɕiɑɔ⁵³xua³³kuɐr⁵³,vaŋ³³vaŋ³³iɑɔ⁵⁵.
谁来了，他姥姥。
sei⁵³lai⁵³lə⁰,tʰɑ⁰lɑɔ⁵⁵lɑɔ⁰.
扐的啥，干软枣。
kʰuai⁵⁵lɛ⁰sɑ⁵³,kã³³zuã⁵⁵tsɑɔ⁰.
吃[一个]吧，可价硬。
tsʰəʔ³yɤ⁵³pa⁰,kʰɤ³³tɕiɛ⁰iəŋ³¹.
煮煮吧，可价浓。
tsu⁵³tsu⁰pa⁰,kʰɤ³³tɕiɛ⁰nuəŋ³¹.
气得小外甥儿满地蹦。
tɕʰi³¹lɛ⁰ɕiɑɔ⁵⁵vai³¹sər⁰mã⁵⁵ti³¹pəŋ³¹.

意译：小花狗儿，汪汪咬。谁来了，他姥姥。拿的啥，干软枣。吃一个，很硬。煮一煮，又很碎。气得小外孙满地蹦。

（发音人：姚贵群　2017.08.06 鹤壁）

0003 曲儿曲儿变驴驹儿

曲儿曲儿变驴驹儿，

tɕʰyər⁵⁵tɕʰyər⁰piã³¹ly⁵³tɕyər⁰,

驴驹儿长大，小妮儿出嫁。

ly⁵³tɕyər⁰tsaŋ⁵⁵ta³¹,ɕiaɔ⁵³n̠iər³³tsʰuəʔtɕia³¹.

出嫁上哪儿，老鸹树柯杈儿。

tsʰuəʔ³tɕia³¹laŋ⁰nɐr⁵³,laɔ⁵⁵ua⁰su⁰kʰɤ⁵³tsʰɐr⁵³.

柯杈上有[一个]火炭儿，

kʰɤ³³tsʰɐr⁰laŋ⁰iəu⁵⁵yɤ⁰xuɤ⁵³tʰɜr⁰,

烧着她姥姥的脚尖儿。

saɔ³³tsuɤ⁰tʰa⁰caɔ⁵⁵laɔ⁰lɤ⁰tɕyɛʔtɕiɜr³³.

意译：曲儿曲儿变驴驹，驴驹长大，女孩出嫁。出嫁到哪儿，乌鸦栖息的树枝上。树枝上有一个火炭，烧着了姥姥的脚尖。

（发音人：姚贵群　2017.08.06 鹤壁）

0004 小板凳儿撂撂

小板凳儿撂撂，里头坐着哥哥，

ɕiaɔ⁵³pã⁵⁵tər⁰luɤ³¹luɤ⁰,li⁵⁵tʀu⁰tsuɤ³¹tsɤ⁰kɤ³³kɤ⁰.

哥哥出来挑水，里头坐着小鬼。

kɤ³³kɤ⁰tsʰuəʔ³lai⁰tʰiaɔ³³suei⁵⁵,li⁵⁵tʀu⁰tsuɤ³¹tsɤ⁰ɕiaɔ⁵³kuei⁵⁵.

小鬼出来买菜，里头坐着奶奶，

ɕiaɔ⁵³kuei⁵⁵tsʰuəʔ³lai⁰mai⁵⁵tsʰai³¹,li⁵⁵tʀu⁰tsuɤ³¹tsɤ⁰nai⁵⁵nai⁰.

奶奶出来烧香，里头坐着姑娘。

nai⁵⁵nai⁰tsʰuəʔ³lai⁰saɔ³³ɕaŋ³³,li⁵⁵tʀu⁰tsuɤ³¹tsɤ⁰ku³³n̠iaŋ⁰.

姑娘出来磕头，里头坐着牤牛。

ku³³n̠iaŋ⁰tsʰuəʔ³lai⁰kʰɤʔ³tʰʀu⁵³,li⁵⁵tʀu⁰tsuɤ³¹tsɤ⁰maŋ⁵³ɤʀu⁵³.

牤牛抵破它了头，抵破头，没绛子。

maŋ⁵³ɤʀu⁵³ti⁵⁵pʰuɤ³¹tʰa³³lə⁰tʰʀu⁵³,ti⁵⁵pʰuɤ³¹tʰʀu⁵³,məʔ³tʰaɔ³¹tɛ⁰.

戴上他爷爷的破帽子。

tai³¹laŋ⁰tʰa³³iɛ⁵³lə⁰pʰuɤ³¹maɔ³¹tɛ⁰.

意译：小板凳儿撂撂，里面坐着哥哥，哥哥出来挑水，里面坐着小鬼。小鬼出来买菜，里面坐着奶奶，奶奶出来烧香，里面坐着姑娘。姑娘出来磕头，里面坐着蜗牛。蜗牛抵破它的头，抵破头，没棉花。戴上他爷爷的破帽子。

（发音人：姚贵群　2017.08.06 鹤壁）

0005 小老鼠上灯台

小老鼠儿，上灯台，偷油吃，下不来。

ɕiɔ⁵³lɑɔ⁵⁵suɚ⁰,saŋ³¹təŋ³³tʰai⁵³,tʰɤu³³iɤu⁵³tsʰəʔ³,ɕia³¹pəʔ³lai⁵³.

叫小妮儿，扭猫儿来，叽扭叽扭他下来。

tɕiɑɔ³¹ɕiɔ⁵⁵niɚ⁰,niɤu³³muɚ⁵³lai⁵³,tɕi³³niɤu³³tɕi³³niɤu³³tʰa³³ɕia³¹lai⁰.

意译：小老鼠儿，上灯台，偷油吃，下不来。叫小妮儿，带猫儿来，叽扭叽扭他下来。

（发音人：姚贵群　2017.08.06 鹤壁）

0006 花公鸡

花公鸡，上草垛，他娘不给他寻老婆。

xuɔ³³kuaŋ³³tɕi⁰,saŋ³¹tsʰaɔ⁵⁵tuɤ³¹,tʰa³³niaŋ⁵³pəʔ³kəʔ³tʰa³³ɕieŋ⁵³lɑɔ⁵⁵pʰuɤ⁰.

一寻寻了一院子，好的儿都跑了，

iəʔ³ɕieŋ⁵³ɕieŋ⁵³lə⁰iəʔ³yã³¹tsɿ⁰,xaɔ⁵³tɚ⁰tɤu⁰pʰaɔ⁵⁵lə⁰,

剩下一个瘸老婆。

səŋ³¹ɕia³¹iəʔ³kə⁰tɕʰyɤ⁵³lɑɔ⁵⁵pʰuɤ⁰.

叫她扫地不扫地，拿开笤帚一溜屁。

tɕiɑɔ³¹tʰa³³saɔ⁵⁵ti³¹pəʔ³saɔ⁵⁵ti³¹,na⁵³kʰai⁰tʰiaɔ⁵³tsuɤ⁰iəʔ³liɤu³¹pʰi³¹.

叫她刷锅不刷锅，她到锅里洗脖角。（辫子）

tɕiɑɔ³¹tʰa³³suɐʔ³kuɤ³³pəʔ³suɐʔ³kuɤ³³,tʰa³³taɔ³³kuɤ³³lə⁰ɕi⁵⁵puɤ⁵³tɕyɐʔ³.

叫她刷缸不刷缸，他到缸里打不朗。（打滚）

tɕiɑɔ³¹tʰa³³suɐʔ³kaŋ³³pəʔ³suɐʔ³kaŋ³³,tʰa³³taɔ³³kaŋ³³lə⁰ta⁵⁵pəʔ³laŋ⁰.

叫她刷盆儿不刷盆儿，她屙了盆儿里一摊泥儿。

tɕiɑɔ³¹tʰa³³suɐʔ³pʰəɚ³pəʔ³suɐʔ³pʰəɚ³,tʰa³³ɤ³³lə⁰pʰəɚ⁵³lə⁰iəʔ³tʰã³³niəɚ⁰.

意译：花公鸡，上草垛，他娘不给他娶老婆。一娶娶了一院子，好的都跑了，剩下一个瘸老婆。叫她扫地不扫地，拿着笤帚一溜屁。叫她刷锅不刷锅，她到锅里洗辫子。叫她刷缸不刷缸，他到缸里打个滚。叫她刷盆儿不刷盆儿，她屙到盆儿里一摊泥儿。

（发音人：姚贵群　2017.08.06 鹤壁）

二　故事

0021 牛郎织女的故事

大家好，今天呢，今儿呢，

ta³¹tɕia⁰xaɔ⁵⁵,tɕieŋ³³tʰiã³³lə⁰,tɕiəɚ³³lə⁰,

我给咱大家讲一段儿牛郎织女的故事儿。

uɤ⁵⁵kəʔ³tsã⁵³ta³¹tɕia⁰tɕiaŋ⁵⁵iəʔ³tuɚ⁰niɤu⁵³laŋ⁵³tsɿ³³ny⁵⁵lə⁰ku³¹səɚ⁰.

很久以前呀，有[一个]小孩儿，他家里养了一只老牛。
xəŋ⁵³tɕiɣu⁵⁵i⁵⁵tɕʰiã⁵³ia⁰,iɣuuəʔ⁵ɕiɑo⁵⁵xɚʔ,tʰatɕia³³lə⁰iaŋ⁵⁵lə⁰iəʔ³tsʅ³³lɑo⁵⁵ɣɣu⁵³.

他天天一直陪伴着老牛为生。
tʰa³³tʰiã³³tʰiã³³iəʔ³təʔpʰei⁵³pã³¹tə⁰lɑo⁵⁵ɣɣu⁵³vei³¹səŋ³³.

于是大家呢，就叫他牛郎。
y⁵³sʅ³¹ta³¹tɕia³³lə⁰,tɕiɣu³¹tɕiɑo³¹tʰa³³ɣɣu⁵³laŋ⁵³.

这，[这个]老牛呢，它看到这个小孩儿呢，很勤勤，
tsɚ³¹,tsuɣ⁵³lɑo⁵⁵ɣɣu⁵³lə⁰,tʰa³³kʰã³¹tɑo³¹tsuɣ⁵³ɕiɑo⁵⁵xɚʔ⁵³lə⁰,xəŋ⁵⁵tɕʰiəŋ⁵³tɕʰiəŋ⁰.

[这么]勤勤这，我要给他找一个媳妇儿。
tsəŋ⁵³tɕʰiŋ⁵³tɕʰiŋ⁰tsə⁰,uɣ⁵⁵iɑo³¹kəʔ³tʰa³³tsɑo⁵⁵iəʔ³kɣ⁰ɕi⁵³fər⁰.

虽然说[这个]老牛它在家是牛，
suei³³zã⁵³sueʔ³tsuɣ⁵³lɑo⁵⁵ɣɣu⁵³tʰa³³tai³¹tɕia³¹sʅ³¹ɣɣu⁵³,

但是它不是一般的牛。他是天上的金牛星。
tã³¹sʅ³¹tʰa³³pəʔ³sʅ³¹iəʔ³pã³¹lə⁰ɣɣu⁵³.tʰa³³sʅ³¹tʰiã³³laŋ⁵³lə⁰tɕiŋ³³ɣɣu⁵³ɕiŋ³³.

这一天夜里，[这个]金牛星呢就给牛郎呢托了一个梦。
tsə³¹iəʔ³tʰiã³³ie⁵³lə⁰,tsuɣ⁵³tɕiŋ³³ɣɣu⁵³ɕiŋ³³lə⁰tɕiɣu⁵³kəʔ³ɣɣu⁵³laŋ⁵³tʰueʔ⁵lə⁰iəʔ³kə³¹məŋ³¹.

这明儿上午，你到村东边儿那山脚儿下[那个]湖那儿，河里，
tsə³¹miəŋ³¹ər⁰saŋ⁵⁵u⁰,ɳ̻i⁵⁵tɑo³¹tsʰuən³³tuəŋ³³piər⁰na³¹sã³³tɕyər⁰ɕia⁵³nuɣ⁵³xu⁵³nər⁰,xə⁵³lə⁰,

你去那瞧着，河里有七个仙女在那洗澡呢，
ɳ̻i⁵⁵tɕʰy³¹nərˀtɕʰiɑo⁵³tsuɣ⁰,xɣ⁵³lə⁰iɣu⁵⁵tɕʰiəʔ³kə⁰ɕiã³³ɳ̻y⁵⁵tai³¹nər⁰ɕi⁵³tsɑo⁵⁵lə⁰.

你到那儿以后，你清数，从南往北，
ɳ̻i⁵⁵tɑo³¹nər⁰i⁵⁵xɣu³¹,ɳ̻i⁵⁵tɕʰiəŋ³³su⁵⁵,tsʰuən⁵³nã⁵³vaŋ⁵⁵peʔ³,

你数到第七件衣裳，你拿住衣裳你就跑，你头甭回。
ɳ̻i⁵³su⁵⁵tɑo³¹ti³¹tɕiəʔ³tɕiã³¹i³³saŋ⁰,ɳ̻i⁵⁵na⁵⁵tsuɣ⁵⁵i⁰saŋ⁰,ɳ̻i⁵⁵tɕiɣu³¹pʰɑo⁵⁵,ɳ̻i⁵⁵tʰɣu⁵³piəŋ⁵³xuei⁵³.

到时候儿你能寻[一个]好媳妇儿，鹤壁集说了就说好[媳妇]子。
tɑo³¹sʅ³¹uər⁰ɳ̻i⁵⁵nəŋ³¹ɕiŋ⁰uɣ⁵³xɑo⁵³ɕi⁵³fər⁰.xɣ⁵³pei³¹tɕi⁵³sueʔ³lə⁰tɕiɣu³¹sueʔ⁵xɑo⁵⁵ɕiɣu³¹tɚ³.

到第儿清早家儿来，起来早点儿吃了饭，
tɑo³¹ti³¹iər⁰tɕʰiəŋ³³tsɑo⁰tɕiɐr⁰lai⁰,tɕʰi⁵³lai⁰tsɑo⁵⁵tiər⁰tsʰəʔ³lɑo⁰fã³¹,

一股劲儿等到上午，
iəʔ³ku⁰tɕiər⁰təŋ⁵⁵tɑo³¹saŋ⁵⁵u⁰.

果然瞧见有七个仙女在这河里边洗澡了。
kuɣ⁵⁵zã⁰tɕʰiɑo⁵³tɕiã³¹iɣu⁵⁵tɕʰiəʔ³kə⁰ɕiã³³ɳ̻y⁵⁵tai³¹tsə⁰xɣ⁵³li⁰piər⁰ɕi⁵⁵tsɑo⁰lə⁰.

这几个仙女呢，因为她一直在天上生活，
tsɚ⁰tɕi⁵⁵kə⁰ɕiã³³ɳ̻y⁰lə⁰,iəŋ³³vei³¹tʰa⁰iəʔ³təʔ⁵tai³¹tʰiã³³saŋ³³səŋ³³xuɣ⁵³,

她不知道人间的快乐，
tʰa³³pəʔ³tsʅ³³tɑo³¹zən⁵³tɕiã³³lə⁰kʰuai³¹ləʔ³.

在那河里边儿呀狠的拿那水呀你泼我，我泼你，耍儿得可热闹。
tai³¹ nɑ⁰ xɤ⁵³ li⁰ piər⁰ iɑ⁰ xən⁰ tə⁰ nɑ⁵³ nɑ⁰ suei⁵⁵ iɑ⁰ ɲi⁰ pʰɤʔ³ uɤ⁰, uɤ⁰ pʰɤʔ³ ɲi⁰.suer⁵⁵ lə⁰ kʰɤʔ³ zɛʔ³ nɑɔ⁰.
这时候儿[这个]牛郎呢，
tsɤ³³ ʂʅ⁵³ uər⁰ tsuɤ⁵³ ɣɤu⁵³ lɑŋ⁵³ lə⁰,
他就从南到北他就数第七件儿衣裳，
tʰɑ³³ tɕiɤu³¹ tsʰuəŋ⁵³ nã⁵³ tɑɔ³¹ peʔ³ tʰɑ³³ tɕiɤu⁵⁵ su⁵⁵ ti³¹ tɕʰiəʔ³ tɕiɘr⁰ i⁰·³³ sɑŋ⁰,
他一瞧住第七件衣裳，他到那儿以后，
tʰɑ³³ iəʔ³ tɕʰiɑɔ⁵³ tsuɤ⁰ ti³¹ tɕʰiəʔ³ tɕiɘr⁰ i⁰·³³ sɑŋ⁰, tʰɑ³³ tɑɔ³¹ nər⁰ i⁵⁵ xɤu³¹,
他抓住[这个]第七件[这个]衣裳，抓开起来就跑了，
tʰɑ³³ tsuɑ³³ tsuɤ⁰ tsuɤ⁵³ ti³¹ tɕʰiəʔ³ tɕiɘr⁰ tsuɤ⁵³ i⁰·³³ sɑŋ.tsuɑ³³ kʰai⁰ tɕʰi⁵⁵ lai⁰ tɕiɤu³¹ pʰɑɔ⁵⁵ lə⁰,
头也不回就跑上家了。
tʰɤu⁵³ iɛ⁰ pəʔ³ xuei⁵³ tɕiɤu³¹ pʰɑɔ⁵⁵ lɑŋ⁰ tɕiɑ³³ lə⁰.
这七个仙女呢，一瞧着有个人儿把衣裳都搂走了，
tsɤ⁰ tɕʰiəʔ³ kə⁰ ɕiã³³ ɲy⁵⁵ lə⁰, iəʔ³ tɕʰiɑɔ⁵³ tsuɤ⁰ iɤu⁰ uɤ⁰ zər⁰ pɑ⁵³·³³ i⁰ sɑŋ tɤu³³ lɤu⁵³ zɤu⁵⁵ lɑ⁰,
没有搂走的仙女呢，穿上衣裳就赶紧回上天上，
məʔ³ iɤu⁰ lɤu⁵³ tsɤu⁵⁵ lə⁰ ɕiã³³ ɲy⁵⁵ lə⁰, tsʰuɑ⁰ lɑŋ⁰ i³ sɑŋ tɕiɤu⁰ kã⁵³ tɕiɘŋ⁵⁵ xuei⁰ lɑŋ⁵³ tʰiã³³ lɑŋ⁰.
谁也不顾谁，往天上飞走了。光剩下这个七仙女，
sei⁵³ iɛ⁰ pəʔ³ ku⁵¹ sei⁵³, vɑŋ⁵³ tʰiã³³ lɑŋ⁰ fei⁰ tsɤu⁵⁵ lɑ⁰. kuɑŋ³³ səŋ³¹ ɕiɑ³¹ tsə³¹ kə⁰ tɕʰiəʔ³ ɕiã³³ ɲy⁵⁵,
谁知道这个七仙女就是以后的织女星。
sei⁵³ tʂʅ³³ tɑɔ³¹ tsə³¹ kə⁰ tɕʰiəʔ³ ɕiã³³ ɲy⁵⁵ tɕiɤu⁰ ʂʅ³¹·⁵⁵ i³¹ xɤu³¹ lə⁰ tʂəʔ³ ny⁵⁵ ɕiŋ³³.
[这个]七仙女她没有穿上衣裳啊，
tsuɤ⁰ tɕʰiəʔ³ ɕiã³³ ɲy⁵⁵ tʰɑ³³ məʔ³ iɤu⁰ tsʰuɑ̃⁰ lɑŋ⁰·³³ i³ sɑŋ⁰ ɑ⁰.
所以就等到天黑儿，她找到牛郎家，
suɤ⁵⁵·⁰ i³ tɕiɤu³¹ təŋ⁵⁵ tɑɔ³¹ tʰiã³³ xər⁰, tʰɑ³³ tsɑɔ⁵⁵ tɑɔ³¹ ɣɤu⁵³ lɑŋ⁵³ tɕiɑ³³,
于是她敲开了牛郎他的门儿，
y⁵³ ʂʅ³¹ tʰɑ³³ tɕʰiɑɔ⁰ kʰai⁰ lɑ⁰ ɣɤu⁵³ lɑŋ⁵³ tʰɑ⁵³ lə⁰ mər⁰.
他两个就做起了恩爱夫妻。
tʰɑ³³ liɑŋ⁵⁵ kɤ³¹ tɕiɤu³¹ tsuɤ³¹ tɕʰi⁰ lə⁰ əŋ³³ ɣai⁵¹ fu⁰ tɕʰi³³.
一晃呢，这三年过去，
iəʔ³ xuɑŋ⁵⁵ lə⁰, tsəʔ³ sã³³ ɲiã⁵³ kuɤ³¹ tɕʰy³¹,
在这三年当中呢，这牛郎呢跟织女呢，
tai³¹ tsɤ⁰ sã³³ ɲiã⁵³ tɑŋ³³ tsuəŋ³³ lə⁰, tsɤ³¹ ɣɤu⁵³ lɑŋ⁵³ lə⁰ kɤ³¹ tsəʔ³ ny⁵⁵ lə⁰,
他俩人是相互体贴，恩爱有加，
tʰɑ³³ liɑ⁵⁵ zəŋ⁵³ ʂʅ³¹ ɕiɑŋ³³ xu³¹ tʰi⁵⁵ tʰiɛ³³, əŋ⁰ ɣai⁵¹ iɤu⁵⁵ tɕiɑ³³,
又生了两个孩儿，一男一女。
iɤu³¹ səŋ³³ lɑ⁰ liɑŋ⁵⁵ kɤ³¹ xər⁵³, iəʔ³ nã⁵³ iəʔ³ ny⁵⁵.

嗯，有一天，忽然间，天上刮起大风，又响起了忽雷，
əŋ⁰,iɤu⁵⁵iə?³tʰiã³³,xuə?³zã⁵³tɕiã³³,tʰiã³³saŋ³³kua³³tɕʰi⁵⁵ta³³fəŋ³³,iɤu³¹ɕiaŋ⁵³tɕʰi⁵⁵la⁰xuə?³luei⁰.
一看，这天上的天兵天将个个张牙舞爪，
iə?³kʰã³¹,tsɤ³¹tʰiã³³laŋ⁰lə⁰tʰiã³³piəŋ³³tʰiã³³tɕiaŋ³³kɤ³¹kɤ³¹tsaŋ³³ia⁵³u⁵³tsaɔ⁵⁵.
就说织女，你犯了天规了，今天拿你上去，
tɕiɤu³¹suə?³tsə?³n̠y⁵⁵,n̠i⁵⁵fã³¹la⁰tʰiã³³kuei³³la⁰,tɕiəŋ³³tʰiã³³na⁵³n̠i⁵⁵saŋ³¹tɕʰy⁰,
我们奉玉帝的圣旨，今天把你捉拿上天。
uɤ⁵⁵mən⁰fəŋ³¹y³¹ti⁵³lə⁰səŋ³¹tsɿ⁵⁵,tɕiəŋ³³tʰiã³³pa⁵³n̠i⁵⁵tsuə?³na⁵³saŋ³¹tʰiã³³.
织女呢，七仙女呢，死活不去。
tsə?³n̠y⁵⁵lə⁰,tɕʰiə?³ɕiã³³n̠y⁵⁵lə⁰,sɿ⁵⁵xuɤ⁵³pə?³tɕʰy³¹.
这时候儿天神，天兵天将一怒，
tsɤ³¹sɿ³¹uəɹ⁰tʰiã³³səŋ⁵³,tʰiã³³piəŋ³³tʰiã³³tɕiaŋ³³iə?³nu³¹,
一把忽雷可把织女给抓走了。
iə?³pa⁵⁵xuə?³luei⁰ka³³pa⁵⁵tsə?³n̠y⁵⁵ka³³tsua³³zɤu⁵⁵la⁰.
抓走了，这时候这牛郎这金牛星呢，
tsua³³zɤu⁵⁵la⁰,tsɤ³¹sɿ⁵³uəɹ⁰tsɤ³¹n̠iɤu⁵⁵laŋ³³tsɤ³¹tɕiəŋ³³n̠iɤu⁵³ɕiəŋ³³lə⁰,
就赶紧开始说话儿了，就说牛郎，牛郎啊，
tɕiɤu³¹kã⁵³tɕiəŋ⁵⁵kʰai³³sɿ⁵⁵suə?³xuəɹ⁰la⁰.tɕiɤu³¹suə?³ɣɤu⁵³laŋ⁵³,ɣɤu⁵³laŋ⁵³a⁰,
我不是普通的牛，我是天上的金牛星，
uɤ⁵⁵pə?³sɿ³¹pʰu⁵⁵tʰuəŋ³³lə⁰ɣɤu⁵³,uɤ⁵⁵sɿ³¹tʰiã³³laŋ⁰lə⁰tɕiəŋ³³n̠iɤu⁵³ɕiəŋ³³.
说你把我这两个牛角，你把它摘下来，
suə?³n̠i⁵³pa⁵⁵uɤ⁵⁵tsə³¹liaŋ⁵⁵kə?³n̠iɤu⁵³tɕyə?³,n̠i⁵³pa⁵⁵tʰa³³tsə?³ɕia³¹lai⁰,
当成两个筐，
taŋ³³tsʰəŋ⁵³liaŋ⁵⁵kə?³kʰuaŋ³³,
你担着这个金童，再担着玉女，你去追她来。
n̠i tã⁵³tə⁰tsɤ³¹kə?³tɕiəŋ³³tʰuəŋ⁵³,tai tã⁵³tə⁰y³¹n̠y⁵⁵,n̠i⁵⁵tɕʰy³¹tsuei³³tʰa³³lɛ⁰.
你赶快追，我比他们天兵天将走得快。
n̠i⁵⁵kã⁵⁵kʰuai³¹tsuei³¹,uɤ⁵³pi⁵⁵tʰa³³mən⁰tʰiã³³piəŋ³³tʰiã³³tɕiaŋ³¹tsɤu⁰lə⁰kʰuai³¹.
于是呢，[这个]老牛的牛角呢，自然就掉了，
y⁵³sɿ³¹lə⁰,tsuɤ⁵³laɔ⁵⁵n̠iɤu⁵³lə⁰ɣɤu⁵³tɕyə⁰lə⁰,tsɿ³¹zã⁵³tɕiɤu³¹tiaɔ³¹la⁰,
立马儿变成两个筐，变成两个筐。
li³³məɹ⁰piã³¹tsʰəŋ⁵³liaŋ⁵⁵kə?³kʰuaŋ³³,piã³¹tsʰəŋ⁵³liaŋ⁵⁵kə?³kʰuaŋ³³.
这牛郎呢，担开他的孩子，[这个]头儿坐着金童，[那个]头儿，
tsɤ³¹ɣɤu⁵³laŋ³³lə⁰,tã³³kʰai³¹tʰa³³lə⁰xai⁵³tɕɿ⁰.tsuɤ³¹tʰuəɹ⁵³tsuɤ³¹tə⁰tɕiəŋ³³tʰuəŋ⁵³,nuɤ³³tʰuəɹ⁵³,
[那个]筐里面坐着玉女，上天了。眼看就追上了，
nuɤ³³kʰuaŋ³³li⁵⁵miəɹ⁰tsuɤ³¹tə⁰y³¹n̠y⁵⁵,saŋ³¹tʰiã³³la⁰.iã⁵⁵kʰã³¹tɕiɤu³¹tsuei³³saŋ³¹la⁰,

突然间王母娘娘拿起来头上的金钗,
tʰuəʔ³zã⁵³tɕiã³³vaŋ⁵³mu⁵⁵ȵiaŋ³¹ȵiaŋ⁰na⁵³tɕʰi⁵⁵lai⁰tʰɤu⁵³laŋ³¹lə⁰tɕiŋ³³tsʰai³³,
往当间儿这天上一划,划了一条银河。
vaŋ⁵⁵taŋ³³tɕiɚ⁰tsɤ³¹tʰiã³³laŋ⁰iəʔ³xua³¹,xua³¹lə⁰iəʔ³tʰiao⁵³iəŋ⁵³xɤ⁵³.
这牛郎追不上了,这天下这八鸟儿,
tsəʔ³ȵiɤu⁵³laŋ⁵³tsuei³³pəʔ³saŋ³¹la⁰,tsəʔ³tʰiã⁵³ɕia³¹tsəʔ³pɐʔ³ȵyɔr⁰,
不管是啥鸟儿,不管是凤凰啊,还是喜鹊儿啊,
pəʔ³kuã⁵⁵sʅ³¹sa⁵³ȵyɔr⁰,pəʔ³kuã⁵⁵sʅ³¹fəŋ³¹xuaŋ⁰a⁰,xã⁵³sʅ³¹ɕi⁵⁵tɕʰyɚr⁰a⁰,
还是最不打实的小虫儿麻雀啊,
xã⁵³sʅ³¹tsuei³¹pəʔ³ta⁵⁵sʅ⁵³lə⁰ɕiao⁵⁵tsʰuɚr⁰ma⁵³tɕʰyɤ³¹a⁰,
这都知道了。于是上天呢,就给织女呢搭了一条桥。
tsɤ³¹tɤu³³tsʅ³³tao⁵³lə⁰.y⁵³sʅ³¹saŋ³¹tʰiã³³lə⁰,tɕiɤu⁰kəʔ³tsəʔ³ȵy⁵⁵lə⁰tɐʔ³lə⁰iəʔ³tʰiao⁵³tɕʰiao⁵³.
这一天看是七月七,让那个牛郎呢继续追赶他。
tsəʔ³iəʔ³tʰiã³³kʰã³¹sʅ³¹tɕʰiəʔ³yɐʔ³tɕʰiəʔ³,zaŋ³¹na³¹kɐʔ³ȵiɤu⁵³laŋ⁰lə⁰tɕi⁵¹ɕy³¹tsuei³³kã⁵⁵tʰa³³.
七月七,就是牛郎织女的日子。
tɕʰiəʔ³yɐʔ³tɕʰiəʔ³,tɕiɤu³¹sʅ³¹ȵiɤu⁵³laŋ⁵³tsəʔ³ȵy⁵⁵lə⁰zʅ³¹tɘ⁰.
你看每到七月七这一天,天下的鸟儿,都不飞了,都在家。
ȵi⁵⁵kʰã³¹mei⁵⁵tao³¹tɕʰiəʔ³yɐʔ³tɕʰiəʔ³tsəʔ³iəʔ³tʰiã³³,tʰiã³¹ɕia³¹lə⁰ȵyɔr⁰,tɤu³³pəʔ³fei³³la⁰,tɤu³³tai³¹tɕia³³.
你到七月初八这一天,你发现这鸟儿,不管是啥鸟儿,
ȵi⁵⁵tao³¹tɕʰiəʔ³yɐʔ³tsʰu³³pɐʔ³tsəʔ³iəʔ³tʰiã³³,ȵi⁵⁵fa³³ɕiã³¹tsəʔ³ȵyɔr⁰,pəʔ³kuã⁵⁵sʅ³¹sa⁵³ȵyɔr⁰,
它头上都少一片儿。这传说,这就是牛郎和织女,
tʰa³³tʰɤu⁵³laŋ⁰tɤu³³sao⁵⁵iəʔ³pʰiɚr⁰.tsəʔ³tsʰuã⁵³suɛ⁰,tsəʔ³tɕiɤu³¹sʅ³¹ȵiɤu⁵³laŋ⁵³xɤ⁵³tsəʔ³ȵy³,
他们两个人踩着它的头来相会,
tʰa³³mən⁰liaŋ⁵³kɤ³¹zən⁵³tsʰai⁵⁵tə⁰tʰa³³lə⁰tʰɤu⁵³lai⁵³ɕiaŋ³³xuei³¹,
于是今儿个七月七,
y⁵³sʅ³¹tɕiɚr⁰kɐʔ³tɕʰiəʔ³yɐʔ³tɕʰiəʔ³,
七月七也叫牛郎织女节,也叫夫妻节。
tɕʰiəʔ³yɐʔ³tɕʰiəʔ³iɛ⁵⁵tɕiao³¹ȵiɤu⁵³laŋ⁵³tsəʔ³ȵy⁵⁵tɕiɛ⁰,iɛ⁵⁵tɕiao³¹fu³³tɕʰi³³tɕiɛ⁰.

意译:大家好,今天我给大家讲一段牛郎织女的故事。很久以前,有一个小孩儿,他家里养了一只老牛。他每天都陪伴着老牛。以至大家呢,就叫他牛郎。这个老牛看到牛郎很勤快,就想给他找一个媳妇儿。虽然这个老牛它在家是牛,但是它不是一般的牛。他是天上的金牛星。这一天夜里,金牛星给牛郎托了一个梦:明天上午,到村东边那山脚儿的河里,去那瞧着,河里有七个仙女在那儿洗澡呢,你到那儿以后,从南往北,你数到第七件衣裳,你拿住衣裳就跑,头别回。到时候儿你能娶一个好媳妇儿,鹤壁集说了就说好"媳妇子"。到第二天清早,吃饭之后,一直等到上午,果然看见有七个仙女在河里边洗澡。这几个仙女呢,因为一直在天上生活,不知道人间

的快乐,在那河里边儿不停地你泼我,我泼你,玩得很开心。这时候儿,牛郎就从南到北数第七件衣裳,他一瞧见第七件衣裳,他到那儿以后,抓起来就跑了,头也不回就跑回家了。七个仙女呢,看见有个人把衣裳都拿走了,没有被拿走衣裳的仙女呢,穿上衣裳就赶紧回天上了,谁也不顾谁,往天上飞走了。只剩下七仙女,这个七仙女就是以后的织女星。这个七仙女她没有穿上衣裳,所以就等到天黑。她找到牛郎家,敲开了牛郎家的门儿,他两个就成了恩爱夫妻。一晃呢,这三年过去了,在这三年当中,牛郎织女呢他们两人相互体贴,恩爱有加,又生了两个孩子,一男一女。有一天,忽然间,天上刮起大风,又想起了雷声,一看,天上的天兵天将个个张牙舞爪,说:"织女,你犯了天规了,今天拿你上去。我们奉玉帝的圣旨,今天把你捉拿上天。"织女呢,怎么也不肯去。这时候儿天神,天兵天将一怒,一把惊雷便把织女抓走了。这时候金牛星开始说话了:"牛郎啊,我不是普通的牛,我是天上的金牛星,你把我这两个牛角摘下来,当成两个筐,你担着金童,再担着玉女,你去追她。你赶快追,我比他们天兵天将走得快。"于是呢,这个老牛的牛角自然就掉了,立即变成两个筐。牛郎担着他的孩子,这头儿坐着金童,那头儿坐着玉女,上天了。眼看就追上了,突然间王母娘娘拿起头上的金钗,在中间的天上一划,划了一条银河。牛郎追不上了,天下这八种鸟儿,不管是什么鸟儿,不管是凤凰啊,还是喜鹊啊,还是最不起眼的小麻雀啊,都知道了。于是上天就给织女搭了一座桥。这一天正好是七月七,让牛郎继续追赶织女。七月七,就是牛郎织女的日子。你看每到七月七这一天,天下的鸟儿,都不飞了,都在家。你到七月初八这一天,你发现这鸟儿,不管是什么鸟,它头上都少一片儿。传说,这是因为牛郎和织女他们两个人踩着它的头来相会,于是七月七也叫牛郎织女节,也叫夫妻节。

(发音人:姚贵群 2017.08.04 鹤壁)

0022 观灯台的故事

大家好,今天我给大家讲一段观灯台的故事。
ta³¹tɕia⁰xɑɔ⁵⁵,tɕiəŋ³³tʰiã³³uɤ⁵⁵kei³³ta³¹tɕiatɕiaŋ⁵⁵iəʔ⁰tuã³¹kuã³³təŋ³³tʰai⁵³təku³¹sər⁰.
[这个]故事是一个真实的故事,发生在鹤壁集北边儿,
tsuɤ³¹ku³¹sər⁰sɿ³¹iəʔ⁰kə⁰tsəŋ³³sɿ⁵³li⁰ku³¹sər⁰,feʔ⁰səŋ³³tsai⁵³xəʔ⁰piə⁵³tɕi⁰pəʔ⁰piər³³,
八里地一个邢家李寨的一个村庄。
pəʔ⁰li⁵⁵ti³¹iəʔ⁰kə⁰ɕiəŋ⁵³tɕia⁰li⁵⁵tsai³¹li⁰iəʔ⁰kə⁰tsʰuəŋ³³tsuaŋ³³.
它北边现在还有这个台,叫观灯台。
tʰa⁵⁵peʔ⁰piã³³ɕiã³¹tsai⁵³xai⁵³iɤu⁵⁵tsɤ³¹kə⁰tʰai⁵³,tɕiɑɔ³¹kuã³³təŋ³³tʰai⁵³.
在明朝的时候儿,邢家李寨住着这几户袁姓人家儿,
tsai³¹miəŋ⁵³tsʰɑɔ⁵³li⁰sɿ⁵³xuər⁰,ɕiəŋ⁵³tɕia⁰li⁵⁵tsai³¹tsu⁰tsuɤ⁵³tsɤ⁰tɕi⁵⁵xu³¹yã⁵³ɕiəŋ³¹zən⁵³tɕiər⁰,

请了个教书先生，叫袁老先生。
tɕʰiəŋ⁵⁵lə⁰kə⁰tɕiɑɔ³³su³³ɕiã³³səŋ⁰,tɕiɑɔ³¹yã⁵³lɑɔ⁵⁵ɕiã³³səŋ⁰.
那时候儿认字识字的人不多呀，
nɑ³¹sɿ⁵³xuər⁰zəŋ³¹tsər⁵⁵siəʔ³tsər³¹li³¹zən⁵³pəʔ³tuɤ³³iɑ⁰,
这个袁老先生哩，乐善好施，接济穷人，
tsɤ⁵⁵kə⁰yã⁵³lɑɔ⁵⁵ɕiã³³səŋ⁰li³,luɐʔ³sã³¹xɑɔ³¹sɿ⁵⁵,tɕiɛʔ³tɕiʔ³tɕʰyəŋ⁵³zən⁵³,
不管谁家有个事儿他都帮忙。
pəʔ³kuã⁵⁵sei⁵³tɕiɑ⁰iɤu⁵⁵ə⁰sər³¹tʰɑ⁵⁵tɤu⁰paŋ³³maŋ⁵³.
特别是谁家出现矛盾了，打架生气儿了，
tʰɤ³¹pieʔ³sɿ³¹sei⁵³tɕiɑ⁰tsʰuɑʔ³ɕiã³¹mɑɔ⁵³tuən⁰lə⁰,tɑ⁵⁵tɕiɑ³¹səŋ³³tɕʰiər³¹lə⁰,
代啥文书呀，都叫他去。当他办了好事儿以后，
tai³¹sɑ³¹vən⁵³su³³iɑ⁰,tɤu⁰tɕiɑɔ³¹tʰɑ⁵⁵tɕʰy³¹.taŋ³³tʰɑ⁵⁵pã³¹lə⁰xɑɔ⁵⁵sər³¹iəʔ³xɤu³¹,
他把这个事儿给人家办成以后，天就很黑了。
tʰɑ⁵⁵pɑ³¹tsɤ⁵⁵kə⁰sər³¹kei³³zən⁵³tɕiɑ⁰pã³¹tsʰəŋ³³i³¹xɤu⁰,tʰiã³³tɕiɤu³¹xən⁵⁵xɛʔ³lə⁰.
有一天，人家办罢事儿，天黑了，他就回家了。
iɤu⁵⁵iəʔ³tʰiã³³,zən⁵³tɕiɑ⁰pã³¹pɑ³¹sər³¹,tʰiã³³xɛʔ³lə⁰,tʰɑ⁵⁵tɕiɤu³¹xuei⁵³tɕiɑ³³lə⁰.
回家以后，他娘开始也不注意，
xuei⁵³tɕiɑ³³⁵⁵i³¹xɤu³¹,tʰɑ⁵⁵ȵiaŋ⁵³kʰai³³sɿ⁵⁵iɛ⁵⁵pəʔ³tsu³¹i³¹,
后来一注意，到他孩子那前边儿，
xɤu³¹lai⁵³iəʔ³tsu³¹i³¹,tɑɔ³¹tʰɑ⁵⁵xai³¹tsɿ⁰nɑ³¹tɕʰiã⁵³piɛr³³,
真有亮着灯笼给他引路。
tsən³³iɤu⁵⁵liaŋ³¹tsuɤ⁰təŋ³³lɤu⁰kei³³tʰɑ⁵⁵iəŋ⁵⁵lu³¹.
久而久之，他娘知道，说他孩子在外边儿办了好事儿了。
tɕiɤu⁵⁵ər⁵⁵tɕiɤu⁵⁵tsɿ³,tʰɑ⁵⁵ȵiaŋ⁵³tsɿ³³tɑɔ³¹,suɐʔ³tʰɑ⁵³tɛ³¹tai³¹uai³¹piɛr³¹pã³¹lə⁰xɑɔ⁵⁵sər³¹lə⁰.
要是没有好事儿，前边有两个灯能给他指路？
iɑɔ³¹sɿ³¹məʔ³iɤu⁵⁵xɑɔ⁵⁵sər³¹,tɕʰiã³¹piã³¹iɤu⁵⁵liaŋ³¹kə⁰təŋ³³nəŋ⁵³kei³³tʰɑ⁵⁵tsɿ⁵⁵lu³¹?
他孩子疑心，想说，
tʰɑ⁵⁵xai³¹tɛ³¹i³⁰i⁵³ɕiən³³,ɕiaŋ⁵⁵suɐʔ³,
呀，这每逢到给人家办罢事儿的时候儿，
iɑ⁰,tsɤ³¹mei⁵⁵fəŋ⁵³tɑɔ³¹kei³³zən⁵³tɕiɑ⁰pã³¹pɑ³¹sər³¹li⁰sɿ⁵³xuɤ⁰,
这前边儿就是俩灯笼在前面给我指的路呀！
tsɤ³¹tɕʰiã⁵³piɛr³¹tɕiɤu³¹sɿ³¹lia⁵⁵təŋ³³lɤu⁰tai³¹tɕʰiã⁵³miã³¹kei³³uɤ⁵⁵tsɿ⁵⁵li⁰lu³¹iɑ⁰,
他也感到很好奇，他给他娘说了。
tʰɑ⁵⁵iɛ⁵⁵kã⁵⁵tɑɔ³¹xən³¹xɑɔ³¹tɕʰi⁵³,tʰɑ⁵⁵kei³³tʰɑ⁵⁵ȵiaŋ⁵³suɐʔ³lə⁰.
他娘说，我也瞧见了。
tʰɑ⁵⁵ȵiaŋ⁵³suɐʔ³,uɤ⁵⁵iɛ⁵⁵tɕʰiɑɔ⁵³tɕiã³¹lə⁰.

说，孩子，你今儿办了好事儿了。
suɐʔ³,xai⁵³tɛ⁰,n̩i⁵⁵tɕiər³³pã³¹lə⁰xaɔ⁵⁵sər³¹lə⁰.
他说，不差，两家儿打架生气了，
tʰa⁵⁵suɐʔ³,pəʔ³tsʰa³¹,liaŋ³³tɕiɐr³³ta⁵⁵tɕia³¹səŋ³³tɕʰi³¹lə⁰,
我给他写的文书给他调解好了，
uɤ⁵⁵kei³³tʰa⁵⁵ɕiɛ⁵⁵li⁰vəŋ⁵³su⁰kei³³tʰa⁵⁵tʰiaɔ⁵⁵tɕiɛ⁰xaɔ⁵⁵lə⁰,
以后不叫他打架生气了，啊。
i⁵⁵xɤu³¹pəʔ³tɕiaɔ³¹tʰa⁵⁵ta⁵⁵tɕia³¹səŋ³³tɕʰi³¹lə⁰,a⁰.
后来，有一天，突然间，
xɤu³¹lai⁰,iɤu⁵⁵iəʔ³tʰiã³³,tʰu³³zã⁵⁵tɕiã³³,
他娘，去接他孩子的时候，两盏灯不见了。
tʰa⁵⁵n̩iaŋ⁵³,tɕʰy³¹tɕieʔ³tʰa⁵⁵xai⁵³tɛ⁰li⁰sɻ̍⁵³xɤu⁰,liaŋ⁵⁵tsã⁵⁵təŋ³³pəʔ³tɕiã³¹lə⁰.
他孩子回来的时候儿，也瞧不见这两盏灯了。
tʰa⁵⁵xai⁵³tɛ⁰xuei⁵³lai⁰li⁰sɻ̍⁵⁵xuɐr⁰,iɛ⁵⁵tɕʰiaɔ⁵⁵pəʔ³tɕiã⁵⁵tsɤ³¹liaŋ⁵⁵tsã⁵⁵təŋ³³lə⁰.
他娘就问他，说，孩子呀，你今儿在外边儿办啥事儿了？
tʰa⁵⁵n̩iaŋ⁵³tɕiɤu⁰vən³¹tʰa⁵⁵,suɐʔ³,xai⁵³tɛ⁰ia³¹,n̩i⁵⁵tɕiər³³tai³³vai³¹piɐr⁰pã⁵³sa⁵³sər³¹lə⁰.
她孩子说，张家跟李家，他两家儿因为孩子的事儿离婚了。
tʰa⁵⁵xai⁵³tɛ⁰suɐʔ³,tsaŋ³³tɕia⁵⁵kei⁵⁵li⁵⁵tɕia⁰,tʰa⁵⁵liaŋ³³tɕiɐr³³iəŋ³³vei⁰xai⁵³tɛ⁰li⁰sər³¹li⁵⁵xuən³³lə⁰.
男女双方都不相让，
nã⁵³n̩y⁵⁵suaŋ³³faŋ³³tɤu³³pəʔ³ɕiaŋ³¹zaŋ³¹,
这男方哩非得把女方休了不中，
tsɤ³¹nã⁵³faŋ³³li⁰fei³³tɛʔ³pa³¹n̩y⁵⁵faŋ³³ɕiɤu³³lə⁰pəʔ³tsuəŋ⁰,
女方痛哭流涕，男方哩死活不要[这个]媳妇儿了，
n̩y⁵⁵faŋ³³tʰuəŋ³¹kʰuəʔ³liɤu⁵³tʰi³¹,nã⁵³faŋ³³li⁵⁵xuɤ⁵³pəʔ³iaɔ⁵⁵tsuɤ³¹ɕi⁵³fər⁰lə⁰,
于是我就帮他写了份儿休书，
y³³sɻ̍³¹uɤ⁵⁵tɕiɤu⁰paŋ³³tʰa⁵⁵ɕiɛ⁵⁵lə⁰fər³¹ɕiɤu⁰su³³,
把[这个]妇女休了，把他媳妇儿休了。
pa³¹tsɤ³¹fu⁵⁵n̩y⁵⁵ɕiɤu³³lə⁰,pa³¹tʰa⁵⁵ɕi⁵⁵fuər⁰ɕiɤu³³lə⁰.
他娘说，孩子呀，你赶紧去把那份儿休书要过来，
tʰa⁵⁵n̩iaŋ⁵³suɐʔ³,xai⁵³tɛ⁰ia³¹,n̩i⁵⁵kã⁵⁵tɕiəŋ⁵⁵tɕʰy³¹pa³¹na⁰fər³¹ɕiɤu³³su³³iaɔ³¹kuɤ³¹lai⁰,
这是亏心哩事儿，咱不能干！
tsɤ³¹sɻ̍³¹kʰuei³³ɕiəŋ³³li⁰sər³¹,tsã⁵³pəʔ³nəŋ⁰kã³¹!
啥事儿都能干，就[这个]事不能干。
sa⁵³sər³¹tɤu³³nəŋ³¹kã³¹,tɕiɤu³¹tsɤ³¹sər³¹pəʔ³nəŋ⁰kã³¹.
于是，他孩子哩，到那一家去，
y³³sɻ̍³¹,tʰa⁵⁵xai⁵³li⁰,taɔ³¹na⁰iəʔ³tɕia³³tɕʰy³¹,

说今天那个休书哩我写错俩字儿，你叫我改改。
suɤʔ³tɕiəŋ³³tʰiã³³na³¹kə⁰ɕiɤu³³su³³liɤ⁵⁵ɕie⁵⁵tsʰɤ⁵⁵lia⁵⁵tsər³¹,ni⁵⁵tɕiɑɔ³¹ɤ⁵⁵kai⁵⁵kai⁵⁵.

他那一家把那个休书一拿拿出来，
tʰa⁵⁵na³¹iəʔ³tɕia³³pa³¹na³¹kə⁰ɕiɤu³³suʔ³³iəʔ³na⁵³na⁵³tsʰuəʔ³lai⁰,

他就把这个休书撕了，然后回家了。
tʰa⁵⁵tɕiɤu³¹pa³¹tsɤ³¹kə⁰ɕiɤu³³suʔ³³sɿ³³lə⁰.zɑ⁵⁵xɤu³¹xuei⁵³tɕia³³lə⁰.

回家以后，他前边儿两盏灯又亮了。
xuei⁵³tɕia³³.i⁵⁵xɤu³¹,tʰa⁵⁵tɕʰiã⁵³piɜr⁰liaŋ⁵⁵tsã⁵⁵təŋ³³iɤu³¹liaŋ³¹lə⁰.

他娘以后一瞧见，这两盏灯，
tʰa⁵⁵ȵiaŋ⁵³.i⁵⁵xɤu³¹iəʔtɕʰiɑɔ⁵³tɕiã³¹,tsɤ³¹liaŋ⁵⁵tsã⁵⁵təŋ³³,

哦，孩子把[这个]休书撕了，感到很高兴。
ɑɔ³³,xai⁵³tɛ⁰pa³¹tsuɤ³¹ɕiɤu³³suʔ³³sɿ³³lə⁰,kã⁵³tɑɔ³³xəŋ⁵⁵kɑɔ⁵³ɕiəŋ³¹.

以后哩，[这个]台就叫观灯台。
i⁵⁵xɤu³¹li⁰,tsuɤ³¹tʰai⁵³tɕiɤu³¹tɕiɑɔ³¹kuã³³təŋ³³tʰai⁵³.

意译：大家好，今天我给大家讲一段观灯台的故事。这个故事是一个真实的故事，发生在鹤壁集北边，八里地一个叫邢家李寨的村庄。村庄北边现在还保存有这个观灯台。在明朝的时候，邢家李寨住了几户袁姓人家，请了个教书先生，叫袁老先生。那时候儿不识字的人多，这个袁老先生呢，乐善好施，接济穷人，哪家儿有事了他都主动帮忙。特别是哪两家闹矛盾了，打架斗殴了，代写文书之类的事都找他。办完事后，事情结束了，天就很晚了。有一天，事情办完后，天黑了，他就回家。他的母亲开始也没注意到，后来注意了，在他孩子的前面，亮着两盏灯笼给他引路。久而久之，他母亲看到灯笼就知道儿子在外面做了好事儿了。不做好事儿的话，前面怎会有神奇的灯照明？他孩子也奇怪，每逢替人家办完事儿后，前面就是有两个灯笼在引路。他感到很奇怪，给他母亲说了此事儿。他娘说我也看见了，说："孩子，你今天肯定做了好事了。"他说："不错，有两家打架闹矛盾，我给他们进行了调解，以后就不再生气了。"后来有一天，突然间，她母亲接他孩子的时候发现前面没有灯笼了。他孩子回来的时候，也看不到这两盏灯了。他母亲就问他："孩子呀，你今天在外面做什么事了？"她孩子说："张家和李家，他两家因为孩子的事儿离婚了。男女双方都不相让，男方非得把女方休了，女方痛哭流涕，男方去意已决，坚决离婚，于是我就帮他写了份休书，把他媳妇休了。"他娘说："孩子呀，赶紧去把休书要回来，做这事儿于心不安，咱不能干！什么事儿都能做，这事做不得。"于是，他孩子，到了那一家，说今天的休书写错了俩字，让我改改。那一家把休书拿出来，他把这份休书撕了。然后回家了。回家的时候，他前面又亮起了两盏灯。母亲看到，两盏灯亮了，明白了孩子把休书撕了，感到高兴。以后这个台大家就叫观灯台。

（发音人：姚贵群　2017.08.04　鹤壁）

三　自选条目

0031《王封姚刚》

三六九打呀朝日，为啊王登啊殿。
san liɤu tɕiɤu ta ia tsʰɑo ʐʅ,uei a uaŋ təŋ a tian.
二爱呀卿上啊殿来，同拿本升啊。
ər ai ia tɕʰiəŋ saŋ a tian lai,tʰuəŋ na pəŋ səŋ a.
二爱呀卿上殿来，同拿本奏。
ər ai ia tɕʰiəŋ saŋ tian lai,tʰuəŋ na pəŋ tsɤu.
王不过知哪家奸，哪家为忠，啊。
uaŋ pu kuɤ tsʅ na tɕia tɕian,na tɕia uei tsuəŋ,ua.
有心准下姚刚儿本，西宫苑现有为王，
iɤu ɕiəŋ tsuəŋ ɕia yao kaŋ ər pəŋ,ɕi kuəŋ yan ɕian iɤu uei uaŋ,
爱妃梓啊童，啊。
ai fei tsʅ a tʰuəŋ,ua.
再说准下太师的本，南寝宫也有为王，
tsai suəʔ tsuəŋ ɕia tʰai sʅ ti pəŋ,nan tɕʰiŋ kuəŋ iəʔ iɤu uei uaŋ,
姚皇啊兄啊。
yao xuaŋ a ɕyəŋ ua.
王坐江山，多亏皇兄保。
uaŋ tsuɤ tɕiaŋ san,tuɤ kʰuei xuaŋ ɕyəŋ pao.
才保定为王我，驾坐洛阳。
tsʰai pao tiəŋ uei uaŋ uɤ,tɕia tsuɤ luɤ iaŋ.
常言说大恩不报非君子，
tsʰaŋ yan suəʔ ta əŋ pu pao fei tɕyəŋ tsʅ,
忘恩那负义小儿童啊。
uaŋ əŋ na fu i ɕiao ər tʰuəŋ ua.
罢罢罢，王准下姚刚儿本，
pa pa pa,uaŋ tsuəŋ ɕia yao kaŋ ər pəŋ,
姚刚儿上殿来，王把你封啊。
yao kaŋ ər saŋ tian lai,uaŋ pa n̺i fəŋ a.

意译：三六九上朝日，为王登殿。二爱卿上殿来，同拿本升。二爱卿上殿来，同拿本奏。王知哪家奸，哪家为忠。想准下姚刚奏本，西宫苑有为王，爱妃梓童。准下太师奏本，南寝宫也有，姚皇兄。王坐江山多亏皇兄，才保定为王，坐稳江山。常言说大恩不报非君子，忘恩负义为小人。准下姚刚奏本，姚刚上殿来，王把你封。

（发音人：姬有良　2018.08.06 鹤壁）

0032《马武打朝》

汉光啊武十二岁走南阳，
xan kuaŋ a u səʔ l̩ suei tsɤu nan iaŋ,
有大刀苏献追赶为王。
iɤu ta tao su ɕian tsuei kan uei uaŋ.
行走在南阳为王迷路，
ɕiəŋ tsɤu tsai nan iaŋ uei uaŋ mi lu,
遇见了一个石人站在路旁，
y tɕian liao iəʔ kə səʔ zəŋ tsan tsai lu pʰaŋ,
连问三声不言语。
lian uən san səŋ pu ian y.
在马上努恼我汉山王，
tsai ma saŋ nu nao uɤ xan san uaŋ,
宝剑一举头落地。
pao tɕian iəʔ tɕy tʰɤu lao ti.
露出来朱砂字两行，
lɤu tsʰu lai tsu sa tsɿ liaŋ xaŋ,
一条路通到枣阳县，
iəʔ tʰiao lu tʰuəŋ tao tsao iaŋ ɕian,
一条路通到了鬼神啊庄。
iəʔ tʰiao lu tʰuəŋ tao liao kuei səŋ a tsuaŋ.
枣阳县访来名叫马武，
tsao iaŋ ɕian faŋ lai miŋ tɕiao ma u,
鬼神庄又访来姚子匡。
kuei səŋ tsuaŋ iɤu faŋ lai iao tsɿ kʰuaŋ.
众家皇兄访到一处，
tsuəŋ tɕia xuaŋ ɕyəŋ faŋ tao i tsʰu,
扶保起为王我坐洛阳。
fu pao tɕʰi uei uaŋ uɤ tsuɤ luo iaŋ.
下车辇打坐金殿上，
ɕia tɕy nian ta tsuɤ tɕiəŋ tian saŋ,
观见了爱妃跑得慌。
kuan tɕian liao ai fei pʰao ti xuaŋ.

意译：汉光武十二岁走南阳，有大刀苏献追赶为王。行走在南阳为王迷路，遇见了一个石人站在路旁。连问三声不言语，在马上努恼我汉山王。宝剑一举头落地，露出来两行朱砂字。一条路通到枣阳县，一条路通到鬼神庄。枣阳县访来名叫马武，鬼神庄又访来姚子匡。众家皇兄访到一处，扶保起为王我坐洛阳。下车辇打坐金殿上，观见了爱妃跑得慌。

（发音人：姬有良　2018.08.06 鹤壁）

新 乡

一 歌谣

0001 吃罢饭（一）

吃罢饭，没事儿干，拿着气枪去打雁，一打打到理发店。

tsʰəʔ³⁴pa²¹fɛ²¹,məʔ³⁴ʂər²¹kɛ̃²¹,na⁵²tʂɔ tɕʰi²¹tɕʰiaŋ²⁴tɕʰy²¹ta⁵⁵iɛ̃²¹,iəʔ³⁴ta⁵⁵tao²¹li⁵⁵fa²⁴tiɛ̃²¹.

理发店哩技术高，剃头不用剃头刀。

li⁵⁵fa²⁴tiɛ̃²¹li²¹tɕi²¹suəʔ⁵kao²⁴,tʰi⁵²tʰou²¹pəʔ³⁴yəŋ²¹tʰi⁵²tʰou⁵²tao²⁴.

一根儿一根儿往下薅，薅了一头电灯泡。

iəʔ³⁴kər²⁴iəʔ³⁴kər²⁴vaŋ⁵⁵ɕia²⁴xao²⁴,xao²⁴lə⁰iəʔ³⁴tʰou⁵²tiɛ̃²¹təŋ²⁴pʰao²⁴.

电灯泡是明又亮，自由结婚找对象。

tiɛ̃²¹təŋ²⁴pʰao²⁴sɿ²¹miəŋ⁵²iou¹³liaŋ²¹,tsɿ²¹iou⁵²tɕiɛʔ³⁴xuən²⁴tsao⁵⁵tuei¹³ɕiaŋ²¹.

找个对象不称心，提个意见就离婚。

tsao⁵⁵kɤ⁰tuei¹³ɕiaŋ²¹pəʔ³⁴tsʰən²¹ɕiən²⁴,tʰi⁵²kɤ⁰·¹³tɕiɛ̃²¹tou²¹li⁵²xuən²⁴.

意译：吃过饭，没事干，拿着气枪去打雁。一打打到理发店。理发店的技术高，剃头不用剃头刀。一根儿一根儿往下薅，薅成一个大光头。大光头明又亮，自由结婚找对象。找个对象不称心，闹了矛盾就离婚。

（发音人：朱命乐　2016.12.15 新乡）

0002 吃罢饭（二）

吃罢饭，没事儿干，跳到河里摸鳖蛋。

tsʰəʔ³⁴pa²¹fɛ²¹,mei⁵²ʂər²¹kɛ̃²¹,tʰiao²¹tao⁵²xɤ⁵²li⁰muɤ²⁴piə²⁴tɛ̃²¹.

一天摸一斗，十天摸一石。

iəʔ³⁴tʰiɛ̃²⁴muɤ²⁴iəʔ³⁴tou⁵⁵,səʔ³⁴tʰiɛ̃²⁴muɤ²⁴iəʔ³⁴tɛ̃²¹.

打一天没去摸，小鳖儿叽抓叽抓乱叫唤。

ta⁵⁵iəʔ³⁴tʰiɛ̃²⁴mei⁵²tɕʰy²¹muɤ²⁴,ɕiao⁵⁵piər²⁴tɕi²⁴tsua⁰tɕi²⁴tsua⁰luɛ̃²⁴tɕiao²¹xuɛ̃⁰.

意译：吃过饭，没事干，跳到河里摸鳖蛋。一天摸一斗，十天摸一石。隔了一天没去摸，小鳖叽里哇啦乱叫唤。

（发音人：朱命乐　2016.09.25 新乡）

0003 小巴狗

小巴狗儿，上南山，偷大米，捞捞饭。

ɕiao⁵⁵pa⁰kor⁵⁵,saŋ²¹nɛ̃⁵²sɛ̃²⁴,tʰou²⁴ta²¹mi⁵⁵,lao⁵²lao⁵²fɛ²¹.

他爹吃，他娘看，气得巴狗儿一头汗。
tʰɐʔ³⁴tiə²⁴tsʰəʔ⁰,tʰɐʔ³⁴n̠iaŋ⁵²kʰɛ̃²¹,tɕʰi¹³tə⁰pa²⁴koɤ⁵⁵iəʔ³⁴tʰou⁵²xɛ̃²¹.

巴狗儿巴狗儿你休气，锅底待˭个老母鸡。
pa²⁴koɤ⁵⁵pa²⁴koɤ⁵⁵n̠i²¹xou²⁴tɕʰi⁵⁵,kuɤ²¹ti⁵⁵tai²¹kɤ⁰lao⁵⁵mu⁵²tɕi²¹.

这头儿咬一口，那头儿冒大气。
tsə²¹tʰoɤ⁵²iaɔ⁵⁵iəʔ³⁴kʰou²¹,na²¹tʰoɤ⁵²maɔ²¹ta¹³tɕʰi²¹.

意译：小巴狗，上南山，偷大米，做米（干）饭。他爹吃，他娘看，气得巴狗儿一头汗。巴狗儿巴狗儿你不要气，锅底有个老母鸡。这头儿咬一口，那头儿冒着气。

（发音人：朱命乐　2016.09.25 新乡）

0004 板凳歌

板凳板凳摞摞，里头待˭个大哥。
pɛ̃⁵⁵təŋ²¹pɛ̃⁵⁵təŋ²¹luɤ²¹luɤ²¹,li⁵⁵tʰou²¹tai²¹kɤ⁰ta²¹kɤ⁰.

大哥出来买菜，里头待˭个奶奶。
ta²¹kɤ²⁴tsʰuəʔ³⁴lai⁵²mai⁵⁵tsʰai⁵²,li⁵⁵tʰou²¹tai²¹kɤ⁰nai⁵⁵nai⁰.

奶奶出来烧香，里头待˭个姑娘。
nai⁵⁵nai⁰tsʰuəʔ³⁴lai⁵²saɔ²⁴ɕiaŋ⁰,li⁵⁵tʰou²¹tai²¹kɤ⁰ku²⁴n̠iaŋ⁰.

姑娘出来磕头，里头待˭个孙猴。
ku²⁴n̠iaŋ⁰tsʰuəʔ³⁴lai⁵²kʰə²⁴tʰou⁵²,li⁵⁵tʰou²¹tai²¹kɤ⁰suən²⁴xou⁵².

孙猴出来蹦蹦，里头待˭个臭虫。
suən²⁴xou⁵²tsʰuəʔ³⁴lai⁵²pəŋ²¹pəŋ⁰,li⁵⁵tʰou²¹tai²¹kɤ⁰tsʰou²¹tsʰuəŋ⁰.

臭虫出来爬爬，里头待˭个娃娃。
tsʰou²¹tsʰuəŋ⁰tsʰuəʔ³⁴lai⁵²pʰa⁵²pʰa⁰,li⁵⁵tʰou⁵²tai²¹kɤ⁰ua²¹ua⁰.

意译：板凳板凳摞起来，里头有个大哥。大哥出来买菜，里头有个奶奶。奶奶出来烧香，里头有个姑娘。姑娘出来磕头，里头有个孙猴。孙猴出来蹦蹦，里头有个臭虫。臭虫出来爬爬，里头有个娃娃。

（发音人：朱命乐　2016.09.25 新乡）

二　故事

0021 牛郎织女

可早哩时候啊，庄里边儿有个孩ᶻ，
kʰɐʔ³⁴tsaɔ⁵⁵li⁰sʅ⁵²xou²¹ia⁰,tsuaŋ²⁴li⁵⁵piɐ²⁴iou kɤ⁰ɕix⁵²,

他爹娘死哩早，家就剩他[一个]人了。
tʰa²¹tiə²⁴n̠iaŋ⁵²sʅ⁵⁵li⁰tsaɔ⁵⁵,tɕia²⁴tou²¹səŋ²¹tʰa²¹ɣɤ²⁴zən⁵²lɤ⁰.

还有一个老牛，所以说人们儿都叫他牛郎。
xai⁵²iou⁵⁵iəʔ³⁴kɤ⁰lao⁵⁵you⁵²,suɤ⁵⁵i⁰suəʔ³⁴zən⁵²mɤ̃⁰tou²¹tɕiaɔ⁵²tʰa²¹n̠iou⁵²laŋ⁵².

牛郎哩靠老牛耕地养家，和老牛哩就成了他哩依靠。
ȵiou⁵²laŋ⁵²li⁰kʰɑɔ²¹lɑɔ⁵²ɣou⁵²kəŋ²⁴ti²¹tɕia⁵⁵,xɤ²⁴lɑɔ⁵²ɣou⁵²li⁰tou⁵²tsʰəŋ⁵²lɤ²¹tʰa²¹li⁰i⁰kʰɑɔ²¹.

老牛其实是天上哩金牛星哩投胎转世。
lɑɔ⁵⁵ɣou⁵²tɕʰi⁵²sʅ²¹sʅ²¹tʰiɛ̃⁵⁵saŋ²¹li⁰tɕiən²⁴ȵiou⁵²ɕiəŋ²⁴li⁰tʰou⁵²tʰai²⁴tsuɛ̃⁵⁵sʅ²¹.

老牛，老牛很喜欢牛郎哩诚实和善良，
lɑɔ⁵⁵ɣou⁵²,lɑɔ⁵⁵ɣou⁵²xən⁵⁵ɕi⁵⁵xuɛ̃³⁴ȵiou⁵²laŋ⁵²li⁰tsʰəŋ⁵²sʅ²¹xɤ²⁴sɛ̃²⁴liaŋ⁵²,

总想给他说个媳妇儿，成个家。
tsuəŋ⁵²siaŋ⁵⁵kei²¹tʰa²¹suɤʔ³⁴kɤ⁰ɕiəʔ³⁴fuər²¹,tsʰəŋ⁵²kɤ⁰tɕia²⁴.

有一天，金牛星得到一个信儿，
iou⁵⁵iəʔ³⁴tʰiɛ̃²⁴,tɕiən²⁴ȵiou⁵²ɕiəŋ²tɤʔ²¹tɑɔ²¹iəʔ³⁴kɤ⁰ɕiɤ̃r²¹,

说是天上的仙女儿要下凡，要到村外头那湖里边儿洗澡。
suɤʔ³⁴sə⁰tʰiɛ̃²⁴saŋ²¹li⁰ɕiɛ̃²⁴ȵyər⁵⁵iɑɔ¹³ɕia²¹fɛ̃⁵²,iɑɔ¹³tɑɔ²¹tsʰuən²⁴vai²¹tʰou⁰na⁰xu⁵²li⁰piɛ̃²⁴ɕi⁵²tsɑɔ⁵⁵.

于是给牛郎托了个梦，叫他第个[清晌][起来]跑到湖边儿，
y¹³sʅ²¹kɤʔ³⁴ȵiou⁵²laŋ⁵²tʰuɤʔ³⁴kɤ⁰məŋ²¹,tɕiɑɔ²¹tʰa²¹ti⁰kɤ⁰tɕʰiaŋ⁵⁵tɕʰiai⁵⁵pʰɑɔ⁵⁵tɑɔ²¹xu⁵²piər²⁴,

趁仙女儿们洗澡哩时候，拿个衣裳就往家跑，
tsʰən²¹ɕiɛ̃²⁴ȵyər⁵⁵mən⁰ɕi⁵⁵tsɑɔ⁵⁵li⁰sʅ⁵⁵xou⁵,na²¹kɤʔ¹²saŋ²⁴tou⁰uaŋ²⁴tɕia⁵⁵pʰɑɔ⁵⁵,

到黑咯家ᶻ儿，[这个]仙女儿就会去家找他，当他哩媳妇。
tɑɔ²¹xɤʔ¹²lɑɔ⁵tɕiər²⁴,tsuɤ⁵ɕiɛ̃²⁴ȵyər⁵⁵tou²⁴xuei²¹tɕʰy²¹tɕia²⁴tsɑɔ⁵⁵tʰa²¹,taŋ²⁴tʰa²¹li⁰ɕiəʔ³⁴fu⁰.

第个[清晌][起来]家ᶻ儿，牛郎早早哩，
ti¹³kɤ⁰tɕiaŋ²¹tɕiai⁵⁵tɕiər⁰,ȵiou⁵²laŋ⁵²tsɑɔ⁵⁵tsɑɔ⁵⁵li⁰,

就跑到村外边儿那湖边儿，偷偷儿一瞧，
tɕiu²¹pʰɑɔ⁵⁵tɑɔ²¹tsʰuən²⁴vai²¹piɛ̃²⁴na⁰xu⁵²piər²⁴,tʰou²⁴tʰor⁰iəʔ³⁴tɕʰiɑɔ⁵²,

就是有[七个]仙女儿搁那儿西湖里头洗澡哩，
tou²⁴sʅ²¹iou⁵⁵tɕʰiɤ⁵⁵ɕiɛ̃²⁴ȵyər⁵⁵kɤ²⁴nər²⁴ɕi⁵xu⁵²li⁰tʰou⁰ɕi⁵²tsɑɔ⁵⁵li⁰,

他挑了一件儿粉红色哩衣裳，往家拿到家里头了。
tʰa²¹tʰiɑɔ²⁴lɤ⁰iəʔ³⁴tɕiər²¹fən⁵⁵xuəŋ²⁴sɤʔ³⁴li⁰i⁰saŋ⁵,vaŋ⁵⁵tɕia²⁴na⁵²tɑɔ²¹tɕia⁵²li⁰tʰou⁰lɤ⁵.

叫他拿走衣裳[那个]仙女儿哩，叫织女儿。
tɕiɑɔ²¹tʰa²¹na²¹tsou¹saŋ⁵nuɤ⁵ɕiɛ̃²⁴ȵyər⁵⁵li⁰,tɕiɑɔ²¹tsəʔ³⁴ȵyər⁵⁵.

到了半夜，织女儿哩就偷偷哩跑到他家，
tɑɔ²¹lɤ⁰pɛ̃¹³iə²¹,tsəʔ⁵ȵyər⁵⁵li⁰tou²⁴tʰou⁰tʰou⁰li⁰pʰɑɔ⁵⁵tɑɔ²¹tʰa²¹tɕia²⁴,

把他哩门儿敲开，从此俩人就成了小两口儿。
pa¹³tʰa²¹li⁰mər⁵tɕʰiɑɔ²⁴kʰai²¹,tsʰuəŋ⁵²tsʰʅ⁵⁵lia⁵zən²⁴tou⁰tsʰəŋ⁵²lɤ⁰ɕiɑɔ⁵⁵liaŋ⁵²kʰor⁵⁵.

一转眼三年过去了，
iəʔ³⁴tsuɛ̃⁵²iɛ̃⁵sɛ̃²⁴ȵiɛ̃⁵²kuɤ¹³tɕʰy²¹lɤ⁰,

牛郎和织女儿生了一个孩ᶻ和一个妞儿，
ȵiou⁵²laŋ⁵²xɤ⁵²tsəʔ³⁴ȵyər⁵⁵səŋ²⁴lɤ⁰iəʔ³⁴kɤ⁰xiɤ⁵²xɤ⁴²iəʔ³⁴kɤ⁰ȵior²⁴,

小四口人生活过哩可得劲儿。天有不测风云，
ɕiɔ⁵⁵sʅ²¹kʰou²¹zən⁵⁵səŋ²⁴xuɤ⁴²kuɤ²¹liˑkʰɐʔ²⁴təʔ⁰tɕiãr⁰.tʰiɛ̃²⁴iou⁵⁵pɐʔ²⁴tsʰɐ²⁴fəŋ²⁴yən⁵².
仙女儿偷偷下凡那事儿叫玉皇大帝［知道］了。
ɕiɛ̃²⁴n̻yər⁵⁵tʰou²⁴tʰouˑɕia⁵²fɛ̃⁵²na˙sər²¹tɕiaɔ¹³y²¹xuan⁵²ta¹³ti²¹tsaɔ²⁴lɤ⁰.
有一天，突然忽隆闪电，刮着大风下着大雨，
iou⁵⁵iəʔ³⁴tʰiɛ̃²⁴,tʰuəʔ²⁴zɛ̃⁵⁵xuəʔ²⁰luəŋ⁵⁵sɛ̃⁵⁵tiɛ̃⁵²,kuɐʔ²⁴tsɤ²¹taˑfəŋ⁵²ɕia²¹tsɤ²¹taˑy⁵⁵,
一眨眼，织女儿没影了。俩孩ᶻ哭着要寻他娘。
iəʔ³⁴tsa⁵²iɛ̃⁵⁵,tsəʔ³⁴n̻yər⁵⁵məʔ³⁴iəŋ⁵²lɤ⁰.liaˑxiɤ⁵²kʰu²⁴tsɤˑciaɔ¹³ɕiən⁵²tʰa²¹n̻iaŋ⁵².
把牛郎急哩没法儿办，这时候老牛张嘴说话了：
pa²¹n̻iou⁵²laŋ⁵²tɕi⁴²liˑməʔ³⁴fer²⁴pɛ̃²¹,tsɤ²¹sʅ²¹xou⁰laɔ⁵²ɣou⁵⁵tsaŋ²⁴tsuei⁵⁵suɐʔ³⁴xua²¹lɤ⁰：
"［不应］急，你把我这俩角取掉，变成俩篓头，
"piəŋ²¹tɕiˑ,n̻i⁵⁵pa¹³uɤ⁵⁵tsɤ²¹liaˑtɕyɐ³⁴tɕʰy⁵⁵tiaɔ²¹,piɛ̃²¹tsʰəŋ⁵²liaˑluɤ⁵²tʰou⁰,
把俩孩ᶻ装到里头，就能飞到天上去找恁媳妇儿。"
pa¹³liaˑxiɤˑtsuaŋˑtaɔ²¹liˑtʰou⁰,touˑnəŋˑfeiˑtaɔˑtʰiɛ̃ˑsaŋ²¹tɕʰyˑtsaɔ⁵⁵nənˑɕiəʔ³⁴fuər²¹."
正当牛郎癔症哩时候，啪嗒，牛那俩角掉地上了，
tsəŋ²¹taŋ²⁴n̻iou⁵²laŋ⁵²iˑtsəŋ⁰liˑsʅˑxou⁰,pʰaʔ³⁴taˑ,n̻iou⁵²naˑliaˑtɕyɐʔ³⁴tiaɔˑtiˑsaŋˑlɤ⁰,
变成俩篓头，牛郎赶快把俩孩ᶻ装到篓头里头，
piɛ̃²¹tsʰən⁵²liaˑluɤˑtʰou⁰,n̻iou⁵²laŋˑkɛ̃⁵⁵kʰuaiˑpa¹³liaˑxiɤ⁵²tsuaŋˑtaɔ²¹luɤ⁵²tʰou⁰liˑtʰou⁰,
用扁担挑着篓头就往门外走。
yəŋ²¹piɛ̃⁵⁵tɛ̃²¹tʰiaɔ²⁴tsɤˑluɤ⁵²tʰou⁰touˑvaŋ⁵⁵mən⁵²vaiˑtsou⁵⁵.
这时候刮来一阵风，俩篓头都跟长了翅膀一样，
tsɤ²¹sʅ⁵²xou⁰kuaˑlai⁵²iəʔ³⁴tsən²⁴fəŋ²⁴,lia⁵²luɤˑtʰou⁰touˑkənˑtsaŋ⁵⁵lɤˑtsʰʅˑpaŋ⁰iəʔ³⁴iaŋ²¹,
驾着云就往天上飞了。
tɕia²¹tsɤ⁰yən⁵²touˑvaŋ⁵⁵tʰiɛ̃²⁴saŋ²¹feiˑlɤ⁰.
飞了可长时间，眼看就快撵上织女儿了，
fei²⁴lɤ⁰kʰɐʔ³⁴tsʰaŋ⁵²sʅˑtɕiɛ̃ˑ,iɛ⁵⁵kʰɛ̃ˑtou²⁴kʰuai²¹n̻iɛ⁵⁵saŋ²¹tsəʔ³⁴n̻yər⁰lɤ⁰,
这时候儿叫王母娘娘［知道］了，
tsɤ²¹sʅ⁵²xou⁰tɕiaɔˑvaŋ⁵⁵muˑn̻iaŋˑn̻iaŋˑtsaɔ²⁴lɤ⁰,
她从头上薅掉一个金钗，给他俩当中一划拉，
tʰa²¹tsʰuəʔ²¹tʰou⁰saŋ²¹xaɔˑtiaɔ²¹iəʔ³⁴kɤˑtɕiən²⁴tsʰai²¹,kəʔ³⁴tʰaˑliaˑtaŋˑtsuaŋˑiəʔ³⁴xuəʔˑla⁰,
立马出现一个又宽又长哩天河，
liəʔ³⁴ma⁵⁵tsʰuəʔ²¹ɕiɛ̃²¹iəʔ³⁴kəʔˑiouˑkʰuɛ̃²⁴iouˑtsʰaŋ⁵²liˑtʰiɛ̃²⁴xɤ⁵²,
把小两口儿从此隔开了。
pa¹³ɕiaɔ⁵²liaŋˑkʰor⁵⁵tsʰuaŋˑtsʰʅ⁵⁵kəʔ³⁴kʰaiˑlɤ⁰.
麻喜鹊哩，可怜他小两口儿，每年到七月七哩时候，
ma¹³ɕi⁵²tɕʰyɐʔ³⁴liˑ⁰,kʰɤˑliɛ⁵²tʰa²¹ɕiaɔˑliaŋ⁵²kʰor⁵⁵,mei⁵⁵n̻iɛ̃ˑtaɔ²¹tsʰiəʔ³⁴yɐʔ²⁴tsʰiəʔ³⁴liˑsʅˑxou⁰,

成群结队哩飞到天河上，[一个]衔着[一个]哩尾巴，
tsʰəŋ⁵²tɕʰyəŋ⁵²tɕieʔ³⁴tuei²¹li⁰fei²⁴tɑo²¹tʰiɛ̃²⁴xɤ⁵³sɑŋ²¹,yɤ²⁴ɕiɛ̃⁵²tsɤʔ⁰yɤ²⁴li⁰i⁰·⁵⁵pɑ⁰,
搭成了一个可长可长哩鹊桥。
tɛʔ³⁴tsʰəŋ⁵²lɤ⁰ieʔ³⁴kɤ⁰kʰɐʔ³⁴tsʰɑŋ⁵²kʰɐʔ³⁴tsʰɑŋ⁵²li⁰tɕʰyɐʔ³⁴tɕʰiɑo⁵².
从那儿以后，就让他们小两口儿来这儿相会。
tsʰuəŋ⁵²nɐr²⁴·⁵⁵i²⁴xou²¹,tou²⁴zɑŋ²⁴tʰa²⁴mən⁰ɕiɑo²⁴liɑŋ²⁴kʰor⁰lai⁵²tsɐr²⁴siɑŋ²⁴xuei²¹.

意译：从前，村里有个孩儿，他爹娘死得早，家里就剩他一个人，还有一条老牛，所以人们都叫他牛郎。牛郎靠老牛耕地养家，老牛成了他的依靠。老牛其实是天上的金牛星投胎转世。老牛很喜欢牛郎的诚实和善良，总想给他说个媳妇，让他成个家。有一天，金牛星得到一个信儿，说是天上的仙女儿要下凡到村外湖里边洗澡。于是给牛郎托了个梦。叫他第二天清早起来到湖边儿，趁仙女儿们洗澡的时候，拿一件衣裳回家。到了夜晚，这个仙女儿就会当他的媳妇。第二天清早，牛郎早早地就跑到村外湖边，真的有七个仙女在那里洗澡。他挑了一件粉红色的衣裳拿回家里。这件衣服的主人名叫织女。到了半夜，织女就偷偷跑到他家，从此两人结为夫妻。一转眼三年过去了，牛郎和织女生了一个男孩和一个闺女，生活非常幸福。天有不测风云，织女偷偷下凡的事让玉皇大帝知道了。有一天，突然电闪雷鸣，刮着大风下着大雨，一眨眼，织女不见了。两个孩子哭着找妈妈，牛郎十分着急。这时候老牛张嘴说话了：别急，你把我的牛角取掉，变成两个箩筐，把俩孩子装在里头，就能飞到天上去找你的妻子。正当牛郎发愣的时候，啪嗒，老牛的角掉地上了，变成两个箩筐。牛郎赶快把孩子装到箩筐里，用扁担挑着箩筐就往门外走，这时候刮来一阵风，俩箩筐就像长了翅膀一样，驾着云就往天上飞了。飞了很长时间，眼看快追上织女了，这时候让王母娘娘知道了，她从头上拔下一个金钗，在二人当中一划，马上出现一条又宽又长的天河，把小两口从此隔开了。喜鹊可怜他们，每年到七月初七的时候，成群结队飞到天河上，一个衔着另一个的尾巴，搭成了一个很长的鹊桥，二人得以相会。

（发音人：贺占坤 2016.12.15 新乡）

0022 胡乡长遇鬼记

我给大家讲个故事，这个故事叫胡乡长遇鬼记。
uɤ⁵⁵kei⁵²ta²¹tɕia²¹tɕiɑŋ⁵⁵kɤ⁰ku¹³sɿ²¹,tsɤ⁰kɤ⁰ku⁵¹sɿ²¹tɕiɑo²¹xu⁵²ɕiɑŋ²⁴tsɑŋ⁵⁵y⁰kuei⁵⁵tɕi²¹.
咋遇着鬼了？大家听我慢慢儿说。
tsa⁵⁵y²¹tsuɤ⁰kuei⁵⁵lɤ⁰ʔta²¹tɕia²¹tʰiəŋ²⁴uɤ⁵⁵mɛ̃²¹mɐr⁰suɤ²⁴.
□俺那个乡[里头]有个胡乡长，
kai²¹ɣɛ̃²⁴na²¹kɤ⁰ɕiɑŋ²⁴liou⁵²iou⁵⁵kɤ⁰xu²¹ɕiɑŋ²⁴tsɑŋ⁵⁵,
他可好喝酒，就是光好白喝别谁的酒。
tʰa²⁴kʰɐʔ³⁴xɑo²¹ɤ²⁴tɕiou⁵⁵,tou²⁴sɤʔ³⁴kuaŋ²⁴xɑo²¹pai⁵⁵ɤ²⁴piɛ⁵²sei²¹ti⁰tɕiou⁵⁵.

不管谁家有个婚丧嫁娶、红白喜事儿，
pəʔ³⁴kuɛ̃⁵⁵seiʔ⁵²tɕia²⁴iou²⁴kɤ˙xuən²⁴saŋ²⁴tɕia²¹tɕʰy⁵⁵,xuəŋ⁵²pai⁵²ɕi˙⁵⁵səɻ²¹,
还是开业庆典，反正只要有酒摊儿，
xai⁵²sʅ˙kʰai²¹iəʔ²⁴tɕʰiəŋ²¹tiɛ̃⁵⁵,fɛ̃⁵⁵tsəŋ⁰tsəʔ³⁴iaʔ²¹iou²¹tɕiou⁵⁵tʰɚ²⁴,
叫他一[知道]，那是不请自到。
tɕiao²¹tʰa²¹iəʔ³⁴tsao²⁴,na²¹səʔ³⁴pəʔ³⁴tɕʰiəŋ⁵⁵tsʅ²¹tao²¹.
他到哪儿是铁公鸡一毛不拔，
tʰa²¹tao²¹nɐɻ⁵⁵sʅ²¹tʰiɛʔ³⁴kuəŋ²⁴tɕi²⁴iəʔ³⁴mao²⁴pəʔ³⁴pa⁵²,
白吃白喝，猛吃猛喝，
pai⁵²tsʰəʔ³⁴pai²⁴xɤʔ²⁴,məŋ⁵⁵tsʰəʔ³⁴məŋ⁵⁵xɤʔ²⁴,
老百姓都看不起他哩道德品质，
lao⁵⁵pɐʔ³⁴ɕiəŋ²¹tou²⁴kʰɛ̃²¹pəʔ³⁴tɕʰi⁵⁵tʰa²¹li˙tao²¹tɤʔ³⁴pʰiən⁵⁵tsəʔ³⁴,
都给他起个外号叫他"胡吃喝"，
tou²⁴kəʔ³⁴tʰa²¹tɕʰi⁵⁵kɤ²¹uai²¹xao²¹tɕiao²¹tʰa²¹"xu⁵²tsʰəʔ³⁴xɤʔ²⁴",
说他白吃白喝，不得好死，
sɐʔ³⁴tʰa²¹pai⁵²tsʰəʔ³⁴pai⁵²xɤʔ²⁴,pəʔ³⁴tɤ⁵²xao⁵²sʅ⁵⁵,
早晚得叫小鬼儿把魂儿给他勾去。
tsao⁵⁵uɛ̃²¹tɐʔ³⁴tɕiao²¹ɕiao⁵²kuɐɻ⁵⁵pa¹³xuɐɻ⁵²kei⁵²tʰa²¹kou²⁴tɕʰy²¹.
这个话传到胡乡长耳朵里，他的心也发虚，
tsɤ²¹kɤ˙⁰xua²¹tsʰuɛ̃⁵²tao²¹xu⁵²ɕiaŋ²⁴tsaŋ⁵⁵l̩⁵²tuɤ˙li˙⁰,tʰa²¹tɤ˙⁰ɕiən²⁴iə⁵⁵faʔ²⁴ɕy²⁴,
但是他嘴硬，他脖子一梗说："我就是要喝哩，
tɛ̃¹³sʅ²¹tʰa²¹tsuei⁵⁵ɣəŋ²¹,tʰa²¹puɤ⁵²tsʅ⁰iəʔ³⁴kəŋ⁰suɐʔ³⁴:"uɤ⁵⁵tou²⁴sʅ²¹iaʔ²¹xɐʔ³⁴li⁰,
就是到了阴间阎王爷也得请我喝一壶。"
tou²⁴sʅ²¹tao²¹lɤ⁰iən²⁴tɕiɛ̃²⁴iɛ̃²⁴uaŋ⁰iə⁵²iə˙⁰pəʔ³⁴tɕʰiəŋ⁵⁵uɤ⁵⁵xɐʔ³⁴iəʔ³⁴xu⁵²."
那不是这一天，乡北头儿有一家饭馆儿开张，
na²¹pəʔ³⁴sʅ²¹tsɤ²¹iəʔ²¹tʰiɛ̃²⁴,ɕiaŋ²⁴pɐʔ³⁴tʰouɤ⁵²iou²¹iəʔ³⁴tɕia²⁴fɛ̃⁵⁵kuɐɻ²⁴kʰai²⁴tsaŋ²⁴,
叫他[知道]了，他到傍黑的时候就领了[几个]人儿就去了。
tɕiao²¹tʰa²¹tsao²¹lɤ⁰,tʰa²¹tao²¹paŋ⁵⁵xɤʔ³⁴lɤ˙⁰sʅ⁵²xou²⁴tou²¹liəŋ⁵⁵lɤ˙⁰tɕiɤ²¹zəɻ⁵²tou²⁴tɕʰy²⁴lɤ⁰.
饭馆儿老板一看乡长来了，
fɛ̃²¹kuɐɻ⁵⁵lao⁵²pɐʔ³⁴iəʔ³⁴kʰɛ̃²¹ɕiaŋ²⁴tsaŋ⁵⁵lai⁵²lɤ⁰,
虽说没有请他，也不敢得罪，
suei²⁴suɐʔ³⁴məʔ³⁴iou⁰tɕʰiəŋ⁵⁵tʰa²¹,iə⁵⁵pəʔ³⁴kɛ̃²⁴tɐʔ³⁴tsuei²¹,
就赶快往里让，然后摆酒上菜。
tou²⁴kɛ̃⁵⁵kʰuai²¹uaŋ⁵²li²¹zaŋ²¹,zɛ̃⁵⁵xou²¹pai⁵²tɕiou⁵⁵saŋ¹³tsʰai²¹.
胡乡长[几个]人儿哩也不客气，
xu⁵²ɕiaŋ²⁴tsaŋ⁵⁵tɕiɤ⁵²zəɻ⁵²li˙⁰iə⁵⁵pəʔ³⁴kʰɐʔ³⁴tɕʰi²¹,

往那儿一坐就猛吃猛喝[起来]了。
uaŋ⁵⁵ nɚ²¹ iəʔ³⁴ tsuɤ²¹ tou²⁴ məŋ⁵⁵ tsʰəʔ³⁴ məŋ⁵⁵ xɤʔ³⁴ tɕʰiai⁵² lɤ⁰.

不多大会儿，一箱白酒干了半箱。
pəʔ³⁴ tuɤ⁵² ta²¹ xuər²¹, iəʔ³⁴ ɕiaŋ⁵⁵ pai²¹ tɕiou⁵⁵ kɛ̃²¹ lɤ⁰ pɛ̃²¹ ɕiaŋ²⁴.

正准备继续喝哩，胡乡长啊他觉得肚里不得劲儿，
tsəŋ²¹ tsuən⁵⁵ pei²¹ tɕi¹³ ɕy²¹ xɤʔ³⁴ li⁰, xu⁵² ɕiaŋ⁵⁵ tsaŋ⁰ aʔ tʰa²¹ tɕyɤʔ³⁴ tɤ⁰ tu²¹ li⁰ pəʔ³⁴ tɤʔ³⁴ tɕiɚ²¹,

咋回事儿？当紧厕哩。哎呀，他憋也憋不住，
tsa⁵² xuei⁵² sɚ²¹ ʔtaŋ²¹ tɕiən⁵⁵ ɣɤ²⁴ li⁰. ai⁰ ia⁰, tʰa²¹ piɛʔ³⁴ iɤ⁵² piɛʔ³⁴ pəʔ³⁴ tsu²¹,

他就站[起来]给大家说："恁慢慢儿喝啊，我去方便方便。"
tʰa²¹ tou²⁴ tsɛ̃⁵⁵ tɕʰiai⁵⁵ kəʔ³⁴ ta²¹ tɕia²⁴ suɤ⁵⁵: "nən⁵⁵ mɛ̃²¹ mɚʔ xɤʔ³⁴ a⁰, uɤ⁵⁵ tɕʰy²¹ faŋ²¹ piɛ²¹ faŋ²⁴ piɛ̃²¹."

嘴里说着就站起来，摇摇晃晃出了店门儿。
tsuei⁵⁵ li⁰ suɤʔ³⁴ tsu⁰ tou²⁴ tsɛ̃²¹ tɕʰi⁵⁵ lai⁰, iao⁵² iao⁵² xuaŋ²¹ xuaŋ²¹ tsʰuəʔ³⁴ lɤ⁰ tiɛ̃²¹ mɚ⁵².

他搁店哩前头转了一圈儿，
tʰa²¹ kɤ²⁴ tiɛ̃²¹ li⁰ tɕʰiɛ̃⁵² tʰou⁰ tsuɛ̃²¹ lɤ⁰ iəʔ³⁴ tɕʰyɚ²⁴,

没有找着公共厕所，他就转到店那后头，
məʔ³⁴ iou⁰ tsao⁵⁵ tsuɤ⁰ kuəŋ²⁴ kuəŋ²¹ tsʰəʔ³⁴ suɤ⁵⁵, tʰa²¹ tou²⁴ tsuɛ̃²¹ tao²¹ tiɛ̃²¹ na⁰ xou²¹ tʰou⁰,

店那后头是黑压压哩一片儿小树林儿，咋叫小树林儿哩？
tiɛ̃²¹ na⁰ xou²¹ tʰou⁰ sɿ²¹ xəʔ²¹ ia²¹ ia²¹ li⁰ iəʔ³⁴ piɚ²¹ ɕiao⁵⁵ su²¹ liɚ̃⁵², tsa⁵⁵ tɕiao²¹ ɕiao⁵⁵ su²¹ liɚ̃⁵² li⁰?

这不是长了一丈多高哩小树苗，一眼望不到边儿，
tsɤ²¹ pəʔ⁰ sɿ²¹ tsaŋ⁵⁵ lɤ⁰ iəʔ³⁴ tsaŋ²¹ tuɤ²⁴ kao⁵² li⁰ ɕiao⁵⁵ su²¹ miao⁵², iəʔ³⁴ iɛ̃⁵⁵ uaŋ²¹ pəʔ³⁴ tao²¹ piɚ²⁴,

小风儿一吹哩，那树叶儿还哗哗哗哗响。
ɕiao⁵⁵ fɚ̃ iəʔ³⁴ tsʰuei²⁴ li⁰, na²¹ su²¹ iɚ²⁴ xai⁵² xua²⁴ xua²⁴ xua²⁴ ɕiaŋ⁵⁵.

这胡乡长啥也不顾，一头钻到树林儿里头，
tsɤ²¹ xu⁵² ɕiaŋ²⁴ tsaŋ⁵⁵ sa²¹ iɤ⁵⁵ pəʔ³⁴ ku²¹, iəʔ³⁴ tʰou⁵² tsuɛ̃²⁴ tao²¹ su²¹ liɚ̃⁵² li⁵² tʰou⁰,

他找了个地方，解开束腰带ᶻ，
tʰa²¹ tsao⁵⁵ lɤ⁰ kɤ²¹ ti²¹ faŋ⁰, tɕiɤ⁵⁵ kʰai²⁴ tsʰuəʔ³⁴ iao²⁴ taiɚ²¹,

往那儿一骨=堆=，就开始放内急了。
uaŋ⁵⁵ nɚ iəʔ³⁴ kʰuəʔ³⁴ tsʰuei²⁴, tou²⁴ kʰai⁵² sɿ faŋ²¹ nei²¹ tɕiəʔ³⁴ lɤ⁰.

一会儿了他抬头一瞧，
iəʔ³⁴ xuər²¹ lɤ⁰ tʰa²¹ tʰai⁵² tʰou⁰ iəʔ³⁴ tɕʰiao⁵²,

发现前头有个新哩墓骨堆儿，
fɤʔ³⁴ ɕiɛ̃²¹ tɕʰiɛ̃⁵² tʰou⁰ iou⁵⁵ kɤ²¹ ɕiən⁵⁵ li⁰ mu²¹ kuəʔ³⁴ tuɚ²⁴,

他心里觉得呀，晦气，
tʰa²¹ ɕiən²⁴ li⁰ tɕyɤʔ³⁴ tɤʔ ia⁰, xuei⁵² tɕʰi²¹,

就慌里忽张哩站[起来]把裤一系，就想往外走，
tou²⁴ xuaŋ²⁴ li⁰ xu⁰ tsaŋ²⁴ li⁰ tsɛ̃²¹ tɕʰiai⁵² paʔ¹³ kʰu²¹ iəʔ³⁴ tɕi²¹, tou²¹ ɕiaŋ⁵⁵ uaŋ⁵⁵ uai²¹ tsou⁵⁵,

可是走了两走没有走动，
kʰɤʔ³⁴səʔ³⁴tsou⁵⁵lɤ⁰liaŋ⁵²tsou⁵⁵mə³⁴iou⁰tsou⁵⁵tuəŋ²¹,
他觉哩后头有人拽住他，
tʰa²¹tɕyɐʔ³⁴li⁰xou²¹tʰou⁰iou⁵⁵zən⁵²tsuai²¹tsu⁰tʰa²¹,
紧接着有[几个]主儿给他头上脸上，
tɕiən⁵⁵tɕiɛ²⁴tsɤ⁰iou⁵²tɕiɤ⁰tsuər⁵²kəʔ³⁴tʰa²¹tʰou⁵²saŋ²¹liɛ̃⁵⁵saŋ²¹,
哗啦哗啦哩乱抓乱挠。
xua²⁴la²¹xua²⁴la⁰li⁰luɛ̃²¹tsua²⁴luɛ²¹nɔ⁵².
这胡乡长一想[起来]平常老百姓对他哩咒骂，
tsɤ²¹xu⁵²ɕiaŋ²⁴tsaŋ⁵⁵iəʔ³⁴ɕiaŋ⁵⁵tɕʰiai⁵²pʰiəŋ⁵²tsʰaŋ⁵²lɔ⁵⁵pɐʔ³⁴ɕiəŋ²¹tuei²¹tʰa²¹li⁰tsou²¹ma²¹,
就想着莫非真正遇着鬼了么？叫鬼缠住了么？
tsou²¹ɕiaŋ⁵⁵tsuɤ⁰muɤ²¹fei²⁴tsən²⁴tsəŋ²¹y⁰tsuɤ⁰kuei⁵⁵lɤ⁰mɤ⁰?tɕiɔ⁰kuei²¹tsʰɛ̃⁵²tsu²¹lɤ⁰mɤ⁰?
越想他越害怕，越想他心里越怵，
yɐʔ³⁴ɕiaŋ⁵⁵tʰa²¹yɐʔ³⁴xai¹³pʰa²¹,yɐʔ³⁴ɕiaŋ⁵⁵tʰa²¹ɕiən²⁴li⁰yɐʔ³⁴tsʰu²¹,
越想他身上哩鸡皮疙瘩呀出哩越多。
yɐʔ³⁴ɕiaŋ⁵⁵tʰa²¹sən²⁴saŋ²¹li⁰tɕi⁰pʰi⁰kəʔ²¹ta⁰ia⁰tsʰuəʔ³⁴li⁰yɐʔ³⁴tuɤ²⁴.
哎呦，想着想着他这两个腿呀就开始打哆嗦，
ai²⁴iɔ⁰,ɕiaŋ⁵⁵tsuɤ⁰ɕiaŋ⁵⁵tsuɤ⁰tʰa²¹tsɤ²¹liaŋ⁵⁵kɤ⁰tʰuei⁰ia⁰tou⁰kʰai²⁴sʅ²¹ta⁵⁵tuɤʔ³⁴suɐʔ⁰,
圪颤开了。他嘴里头也念念叨叨哩：
kəʔ³⁴tsɛ̃²¹kʰai²⁴lɤ⁰.tʰa²¹tsuei⁵²li⁵⁵tʰou⁰iə⁰ȵiɛ̃²¹ȵiɛ²¹tɔ²⁴tɔ⁰li⁰:
"阎王爷饶命啊，阎王爷饶命啊，
"iɛ̃⁵²uaŋ²¹iɛ⁵²zɔ²⁴miəŋ²¹a⁰,iɛ̃⁵²uaŋ²¹iɛ⁵²zɔ²⁴miəŋ²¹a⁰,
我再也不敢白吃喝了，我再也不敢白吃喝了。"
uɤ⁵⁵tsai²¹iə⁵⁵pəʔ³⁴kɛ̃⁵⁵pai⁵²tsʰəʔ³⁴xɐʔ²¹lɤ⁰,uɤ⁵⁵tsai²¹iə⁵⁵pəʔ³⁴kɛ̃⁵⁵pai⁵²tsʰəʔ³⁴xɐʔ³⁴lɤ⁰".
再说饭馆儿里头那[几个]人儿，还等着乡长回来继续喝哩，
tsai²¹suɐʔ³⁴fɛ̃²¹kuər⁵⁵li¹⁵²tʰou⁰na²¹tɕiɤ⁵⁵zər⁰,xai²¹təŋ²¹tsɤ⁵⁵ɕiaŋ²¹tsaŋ⁵⁵xuei⁵²lai⁰tɕi²¹ɕy⁰xɐʔ³⁴li⁰,
忽听窗外头传来胡吃喝那瘆人哩叫喊声，
xu⁵⁵tʰiəŋ²¹tsʰuaŋ²¹uai²¹tʰou⁰tsʰuɛ̃⁵²lai⁰xu⁰tsʰəʔ³⁴xɐʔ³⁴na²¹sən²¹zən⁵²li⁰tɕiɔ²¹xɛ̃⁵⁵səŋ²⁴,
哎呀，大家伙儿都有点儿害怕，还是饭馆儿老板他哩胆儿大，
ai⁰ia⁰,ta²¹tɕia²⁴xuɐr²⁴tou⁰iou⁰tiər⁰xai⁰pʰa²¹,xai²¹sʅ²¹fɛ̃²¹kuər⁵⁵lɔ⁵²pɛ̃³⁴tʰa²¹li⁰tɐr⁵⁵ta²¹,
他一个手拿个木棍儿，那[一个]手拿个手电筒，
tʰa²¹iə⁰³⁴kɤ⁰sou⁵⁵na⁰kɤ²¹məʔ³⁴kuər⁰,na²¹yɤ⁰sou⁰na⁵²²¹sou⁰tiɛ̃²¹tʰuəŋ⁵⁵,
就往店门口就冲了出去。
tou⁰uaŋ⁰tiɛ̃²¹mən⁵²kʰou⁰tou²⁴tsʰuaŋ²⁴lɤ⁰tsʰuəʔ³⁴tɕʰy²¹.
后头哩人屁股后头都跟[出来]了。
xou²¹tʰou⁵²li⁰zən⁵²pʰi²¹ku⁰xou²¹tʰou⁰tou²⁴kən²⁴tsʰuai⁰lɤ⁰.

大家伙儿哩顺着声音来到了小树林儿里，
ta²¹tɕia⁵⁵xuɚr⁵⁵lɤ⁰suən²¹tsɤ²⁴səŋ²⁴lai²¹tao²¹lɤ⁰ɕiao⁵⁵su²¹liər⁵²li⁰,
一看胡乡长浑身搁那儿圪颤着，嘴里还搁那儿念叨住：
iə?³⁴kʰɛ̃²¹xu⁵⁵ɕiaŋ⁵⁵tsaŋ²¹xuən⁵⁵sən²⁴kɤ²⁴nər²¹kə?²¹tsʅ²¹tsuɤ⁰,tsuei⁵⁵li⁰xai⁵²kɤ²⁴nər²¹n̠iɛ̃²¹tao²¹tsu⁰:
"阎王爷饶命啊，我再也不敢白吃喝了，
"iɛ̃⁵²uaŋ⁰iə⁵²zao⁵²miəŋ²¹a⁰,uɤ⁵⁵tsai²¹iə⁵⁵pə?³⁴kɛ̃²¹pai⁵²tsʰɤ?²⁴xɤ?³⁴lɤ⁰,
阎王爷饶命啊，我再也不敢白吃喝了。"
iɛ̃⁵²uaŋ⁰iə⁵²zao⁵²miəŋ²¹a⁰,uɤ⁵⁵tsai²¹iə⁵⁵pə?³⁴kɛ̃⁵⁵pai⁵²tsʰɤ?²⁴xɤ?³⁴lɤ⁰."
这饭馆儿老板就伸手抓着胡乡长哩衣裳，
tsɤ²¹fɛ̃²¹kuɐr⁵⁵lao⁵²pɛ̃⁵⁵tsou²¹tsʰən²⁴sou⁵⁵tsua²¹tsɤ⁵⁵xu⁵⁵ɕiaŋ⁵⁵tsaŋ²¹li⁰i⁰·²⁴saŋ⁰,
拽了两拽没拽动，
tsuai²¹lɤ⁰liaŋ⁵⁵tsuai²¹mə?³⁴tsuai²¹tuəŋ²¹,
那饭馆儿老板拿手电筒一照，不由得笑[起来]了，咋了？
na²¹fɛ̃²¹kuɐr⁵⁵lao⁵²pɛ̃⁵⁵na⁵²sou⁵⁵tiɛ̃²¹tʰuəŋ⁵⁵iə?³⁴tsao²¹,pə?³⁴iou⁵⁵li⁰ɕiao²¹tɕʰiai⁵²lɤ⁰,tsa⁵⁵lɤ⁰?
由于他慌张呀，他束腰了时候，
iəu⁵²y²¹tʰa²¹xuaŋ²⁴tsaŋ⁵⁵ia⁰,tʰa²¹tsʰuə?³⁴iao²⁴lɤ⁰sʅ⁵²xou⁰,
束裤哩时候把一根儿小树束到了腰上了。
tsʰuə?³⁴kʰu²¹li⁰sʅ⁵²xou⁰pa¹³iə?³⁴kər²⁴ɕiao⁵⁵su²¹tsʰuə?³⁴tao²¹lɤ⁰iao²⁴saŋ⁵⁵lɤ⁰.

意译：乡里有个胡乡长，他喜欢喝酒，光喜欢白喝别人的酒。不管谁家有个婚丧嫁娶、红白喜事，还是开业庆典，反正只要有酒桌，他一定不请自到。他到哪儿都是铁公鸡一毛不拔，白吃白喝，猛吃猛喝，老百姓都看不起他，给他起个外号叫"胡吃喝"，说他白吃白喝，不得好死，早晚得叫小鬼儿把魂儿勾去。这个话传到胡乡长耳朵里，他的心也发虚，但是他嘴硬，脖子一梗说："我就是要喝哩，就是到了阴间，阎王爷也得请我喝一壶。"这一天，乡里有一家饭馆开张，被他知道了。到傍晚的时候领了几个人就去了。饭馆老板一看乡长来了，虽说没有请他，也不敢得罪，就赶快往里让，然后摆酒上菜。胡乡长等人也不客气，往那儿一坐就猛吃猛喝起来了。没多大一会儿，一箱白酒喝光了半箱。正准备继续喝呢，胡乡长觉得肚子不舒服，想上厕所。他就站起来给大家说："你们慢慢儿喝啊，我去方便方便。"嘴里说着就站起来，摇摇晃晃出了店门儿。他没有找到公共厕所，就在饭馆后面找了个小树林，风一吹，树叶儿哗哗哗哗响。胡乡长啥也不顾，一头钻到树林里头开始上厕所。一会儿他抬头一瞧，发现有个新的坟堆，他心里觉得晦气，慌忙站起来系上裤子就想往外走，可是怎么走都走不动。他觉得后头有人拽着他，紧接着什么东西在他头上脸上哗啦哗啦地乱抓乱挠。胡乡长一想起来平常老百姓对他的咒骂，就想莫非真的遇到鬼了吗？被鬼缠住了吗？越想他越害怕，越想他心里越怵，越想他身上的鸡皮疙瘩越多。想着想着他两条腿就开始打哆嗦。他嘴里头也念念叨叨：

"阎王爷饶命呀，我再也不敢白吃喝了，阎王爷饶命呀，我再也不敢白吃喝了。"再说饭馆里头那几个人还等着乡长回来喝酒呢，忽听窗外传来胡吃喝那瘆人的叫喊声，大家伙儿都有点儿害怕。还是饭馆老板胆子大，他一手拿个木棍，另一手拿个手电筒就冲了出去，其他人也都跟出来了。大家伙儿顺着声音来到了小树林里，一看胡乡长浑身颤抖着，嘴里还念叨着："阎王爷饶命呀，我再也不敢白吃喝了，阎王爷饶命呀，我再也不敢白吃喝了。"这饭馆老板就伸手抓着胡乡长的衣裳，拽了两拽没拽动，拿着手电筒一照，不由得笑起来了，怎么回事呢？原来胡乡长由于慌张，束腰的时候把腰带系到小树上了。

（发音人：朱命乐　2016.12.15 新乡）

三　自选条目

0031 口彩

哎，大爷，好长时候不见唔，去妞那儿了？

ai²⁴,taʔ²¹ iɤ⁵²,xaɔ⁵⁵ tsʰaŋ⁵² ʂʅ⁵² xou pə⁰ tɕiɛ²¹aŋ⁰,tɕʰy²¹ȵiou²⁴ nɐr²¹ lɤ⁰?

你看你哩身体还[这么]结实唔！

ȵi⁵⁵ kʰɛ̃²¹ȵi⁵⁵ li⁰ sən²⁴ tʰi⁵⁵ xai⁵² tsən²¹ tɕiɛʔ²³⁴ sə⁰ ʂʔ³aŋ⁰!

意译：哎，大爷，好久不见啊，去闺女那儿了？你的身体还这么结实啊！

（发音人：朱命乐　2016.09.25 新乡）

0032 口彩

咦，[这个]孩儿长多排场。

i²⁴,tsuɤ²¹xɐr⁵² tsaŋ⁵² tuɤ⁵⁵ pʰai⁵²tsʰaŋ⁰.

你看看，真是跟他爹一样，四排大脸哩。

ȵi⁵⁵ kʰɛ̃²¹kʰɛ̃⁰,tsən²⁴ ʂʅ²¹kən²⁴ tʰa²⁴ tiə²⁴·²⁴ i²¹aŋ⁰,ʂʅ²¹pʰai⁵² ta²¹liɛ̃⁵⁵ lai⁰.

意译：咦，这孩子长得多体面。你看看，真是跟他爹一样，脸长得真气派。

（发音人：朱命乐　2016.09.25 新乡）

0033 俏皮话

恁都瞧瞧啊，[这个]人儿长哩，

nən⁵⁵ tou²⁴ tɕʰiaɔ⁵² tɕʰiaɔ⁰aŋ⁰,tsuɤ²⁴ zɐr⁵² tsaŋ⁵⁵li⁰,

大眼双眼皮儿，小嘴儿疙瘩鼻ᶻ，

ta²¹iɛ̃⁵⁵ suaŋ iɛ̃⁵⁵ pʰiər⁰,ɕiaɔ⁵² tsuər⁵⁵ kə⁰ tɐʔ³⁴ piou⁵²,

双脊梁骨四个屁股锤儿。

suaŋ²⁴ tɕiəʔ³⁴ ȵiaŋ⁵² ku⁰ʂʅ⁰ kə²¹pʰi²¹ku⁰tsʰuər⁵².

意译：你们都看看，这个人长得，大眼睛双眼皮，小嘴巴大鼻子，两个脊椎骨四个屁股蛋儿。

（发音人：朱命乐　2016.09.25 新乡）

0034 歇后语

七[里营]哩平车——没档儿（没挡儿）。

tɕʰiəʔ³⁴liəŋ⁵²li⁰piəŋ⁵²tsʰə²⁴——məʔ³⁴tɐ̃r⁵⁵.

意译：七里营的平车——没挡儿。

（发音人：潘小郑　2016.12.21 新乡）

0035 歇后语

麻糖揣怀里——油你（油腻）。

ma⁵²tʰaŋ⁰tsʰuai²⁴xuai⁵²li⁰——iou⁵²n̩i²¹.

意译：油条揣在怀里——油你（油腻）。

（发音人：潘小郑　2016.12.21 新乡）

0036 歇后语

石磙上点灯——照场。

səʔ³⁴kuən⁵⁵saŋ²¹tiɛ̃⁵⁵təŋ²⁴——tsɑɔ²⁴tsʰaŋ⁵².

意译：石滚上点灯——照场（照常）。

（发音人：潘小郑　2016.12.21 新乡）

0037 歇后语

囗囗打尿盆儿——干净利落。

ɕiəʔ³⁴tu²¹ta⁵⁵niɑɔ²¹pʰər⁵²——kɛ̃²⁴tɕiəŋ²¹li²¹luɤ⁰.

意译：光着身子打尿盆——干净利落。

（发音人：潘小郑　2016.12.21 新乡）

0038 歇后语

席ᶻ铺在地上——高不了多少。

ɕiou⁵²pʰu²⁴tsai²¹ti²¹saŋ⁰——kɑɔ²⁴pəʔ³⁴liɑɔ⁵⁵tuɤ²⁴sɑɔ⁰.

意译：席子铺在地上——高不了多少。

（发音人：潘小郑　2016.12.21 新乡）

0039 相声《方言与普通话》

甲（普通话）：咱们日常的工作和生活当中说好普通话非常的重要。

乙（方言）：呀，我寻你半天你这货搁这儿喷哩。

ia⁴⁴,uɤ⁵⁵ɕiən⁵²n̩i⁰pɛ̃²¹tʰiɛ²⁴,n̩i⁵⁵tsɤ²¹xuɤ²¹kɤ²¹tsər²¹pʰən⁴⁴li⁰.

甲（普）：什么喷哩呀！请讲普通话。

乙（方）：我说哩就是普通话。

uɤ⁵²suəʔ³⁴li⁰tɕiou²¹səʔ³⁴pʰu⁵⁵tʰuəŋ²⁴xua²¹.

甲（普）：哦，您这叫普通话呀？

乙（方）：普普通通，再普通不过了。

pʰu⁵⁵pʰu⁵⁵tʰuəŋ²⁴tʰuəŋ²⁴,tsai²¹pʰu⁵⁵tʰuəŋ²⁴pəʔ³⁴kuɤ²¹lɤ⁰.

甲（普）：切切，您到底知道什么叫普通话？

乙（方）：普通话普通话，普普通通百姓话。

pʰu⁵⁵tʰəŋ²⁴xua²¹ pʰu⁵⁵tʰuəŋ²⁴xua²¹,pʰu⁵⁵pʰu⁵⁵tʰuəŋ²⁴tʰuəŋ²⁴pai²⁴ɕiəŋ²¹xua²¹.

甲（普）：那叫地方话。

乙（方）：对，地气话。

tuei²¹,ti¹³tɕʰi²¹xua²¹.

甲（普）：还地皮话儿呢。

乙（方）：哎，这口晚儿弄啥不都兴接地气吗？

ai⁴⁴,tsɤ²¹iaŋ⁵²uɐr⁰nəŋ¹³sa²¹pu²¹tou²⁴ɕiəŋ²⁴tɕiə²⁴ti¹³tɕʰi²¹ma⁰?

那我说哩够接地气了。

na²¹uɤ⁵⁵suɤ²¹li⁰kou²¹tɕiə²⁴ti¹³tɕʰi²¹lɤ⁰.

甲（普）：哎呀，这叫方言。

乙（方）：啥，房檐儿？

sa²⁴,faŋ⁵²iɐr⁵²?

甲（普）：还屋顶儿呢。这就是乡音。

乙（方）：乡音乡音，听住都亲。

ɕiaŋ²⁴iən²⁴ɕiaŋ²⁴iən²⁴,tʰiəŋ²⁴tsu²⁴tou²⁴tɕʰiən²⁴.

甲（普）：乡音再亲呀，说好普通话非常的重要。

乙（方）：那不中，改不了了，改不了了。说这话都几十年了。

na²¹pəʔ³⁴tsuəŋ²⁴,kai⁵⁵pəʔ³⁴liao⁵⁵lɤ⁰,kai⁵⁵pəʔ³⁴liao⁵⁵lɤ⁰.suɐʔ³⁴tsɤ²¹xua²⁴tou²⁴tɕi⁵⁵sɿ⁵²niẽ²⁴lɤ⁰.

啊，不是有这么一句话嘛，叫"江山易改，乡音难移"。

a⁴⁴,pəʔ³⁴səʔ²⁴iou²⁴tsɤ²⁴mɤ⁰iə²⁴tɕy²⁴xua²⁴ma⁰,tɕiao²⁴"tɕiaŋ²⁴sẽ²⁴i²¹kai⁵⁵,ɕiaŋ²⁴iən²⁴nẽ⁵²i⁵²".

甲（普）：啊！那叫"江山易改，本性难移"。

乙（方）：唉，都差不多，都差不多。我说你这货也别谝了啊，

ai²¹,tou⁵²tsʰa²⁴pəʔ³⁴tuɤ²⁴,tou⁵²tsʰa²⁴pəʔ³⁴tuɤ²⁴.uɤ⁵⁵suɤ²¹ni⁵²tsɤ¹³xuɤ²¹ iɤ⁵⁵pai⁵²pʰiɤ⁵⁵lɤ⁰a²⁴,

混了几年这说话哩味道都变了。

xuən²¹lɤ⁰tɕi⁵²niẽ⁵²tsɤ²¹suɐʔ³⁴xua²⁴lɤ⁰vei²⁴tao²⁴tou²⁴piẽ²¹lɤ⁰.

那普通话谁不会说呀？那俺也会说呀。

na²¹pʰu⁵⁵tʰuəŋ²⁴xua²⁴sei⁵²pəʔ³⁴xuei²¹suɤ²⁴ia⁰?na²¹ɣẽ⁵⁵iə⁵²xuei²¹suɤ²⁴ia⁰.

甲（普）：哦，你也会？

乙（方）：昂。

ɣaŋ⁴⁴.

甲（普）：来一个。

乙（方）：（阴阳怪气地）你听住。北京，俺还去北京耍过哩。咋咋咋样？咋样？

ɲi⁵⁵tʰiaŋ²⁴tsu²¹.pei²⁴tɕiəŋ⁴⁴,ɣẽ⁵²xai⁵²tɕʰy²⁴pei²⁴tɕiəŋ⁴⁴ sua²⁴kuɤ²¹li⁰.tsa⁵⁵tsa⁵⁵tsa⁵⁵iaŋ²¹?tsa²¹iaŋ²¹?

甲（普）：嗨，行了行了行了啊。您还是说您那普普通通的话吧。

乙（方）：嗯，我给您说昂，俺俩是打小口巴口一块儿长大哩。

ən⁰,uɤ⁵⁵kəʔ³⁴nən⁵⁵sueʔ³⁴aŋ⁰,ɣɛ̃⁵⁵lia⁵⁵sʅ²¹ta⁵²ɕiao⁵⁵ɕiəʔ³⁴paʔtu²⁴iəʔ³⁴kʰueɹ²¹tsaŋ⁵⁵ta²¹li⁰².

甲（普）：哼，那叫发小。

乙（方）：一毬样啊。你看他[这一]会儿是人五人六哩，

iəʔ³⁴tɕʰiou²¹iaŋ²¹aŋ⁰.ɲi⁵⁵kʰɛ̃²¹tʰa²⁴tsei²¹xuəɹ⁵¹zən⁵²u⁵⁵zən⁵²liou²¹li⁰,

那小时候口巴个脚，口巴个脊梁，哎吸溜个鼻ᶻ。

na²¹ɕiao⁵⁵sʅ⁵²xou⁰ɕiəʔ³⁴paʔkɤ²¹tɕyɤ²⁴,ɕiəʔ³⁴paʔkɤ²¹tɕiəʔ³⁴ɲiaŋ⁵²,ai⁰ɕi²⁴liouʔkɤ²¹piou⁵².

甲（普）：行了，谁呀？

乙（方）：咋样？这几年搁外面儿混哩不穰吧？

tsa⁵⁵iaŋ²¹?tsɤ²¹tɕi⁵⁵ɲiɛ̃⁵²kɤ⁰uai²¹mieɹ⁰xuən²¹li⁰pəʔ³⁴zaŋ⁵²pa⁰?

甲（普）：哦，一般般，就是混口饭吃，啊。

乙（方）：耶耶耶耶耶，你听听，还混口饭吃吧，

iə⁰iə⁰iə⁰iə⁰iə⁰,ɲi⁵⁵tʰiəŋ²⁴tʰiəŋ²⁴,xai⁵²xuən²¹kʰou⁵⁵fɛ²¹tsʰʅ²⁴pa⁰,

别怕昂，不管你借钱。抠儿货！

pai⁵²pʰa²¹aŋ⁰,pəʔ³⁴kuan⁵²ɲi⁵⁵tɕiəʔ²¹tɕʰiɛ̃⁵².kʰouɹ²⁴xuɤ²¹.

甲（普）：谁呀你？你别光说那过去的事儿了。

乙（方）：哎，我还就喜欢那小时候，

ai⁴⁴,uɤ⁵⁵xai⁵²tɕiou²¹ɕi⁵²xuɛ̃na²¹ɕiao⁵⁵sʅ⁵²xou⁰.

哎，那口巴个脚儿，口巴个脊梁，

ai²⁴,na²¹ɕiəʔ³⁴paʔkɤ²¹tɕyeɹ²⁴,ɕiəʔ³⁴paʔkɤ²¹tɕiəʔ³ɲiaŋ⁵²,

谷堆那儿弹那个琉璃球，吹那个琉璃咯嘣儿，

kuəʔ³⁴tuei⁰neɹ²¹tʰɛ̃⁵²na²¹kɤ⁰liou⁵²li⁰tɕʰiou⁵²,tsʰuei⁰na²¹kɤ⁰liou⁵²li⁰kəʔ⁰pɹ̃²¹,

不登儿不登儿不登儿，咦。

pəʔ³⁴teɹ²⁴pəʔ³⁴teɹ²⁴pəʔ³⁴teɹ²⁴,i⁵².

甲（普）：您还别说，那时候还真省布料，

乙（方）：嗯。

ən⁰

甲（普）：一个裤头儿一个夏天。

乙（方）：哎。

ai²⁴.

甲（普）：人晒得跟黑蛋儿似的。不过那时候呀玩儿得还真开心。

乙（方）：没错儿。那[清晌][起来]啃个馍，喝碗糊涂，炒个萝卜丝ᶻ，

məʔ³⁴tsʰueɹ²¹,na²¹tɕʰiaŋ⁵²tɕiai⁵²kʰən²⁴kɤ⁰muɤ⁴²,xɤʔ⁰uɛ̃⁵⁵xu⁴²tu⁰,tsʰao⁵⁵kɤ⁰luɤ⁵²pɹ⁰sʅou⁰,

那有时啃个馍那吃住就是香哩。

na²⁴iou⁵⁵sʅ⁵²kʰən⁵⁵kɤ²¹muɤ⁵²na²¹tsʰʅ²⁴tsu⁰tou²¹səʔ³⁴ɕiaŋ²⁴li⁰.

甲（普）：嗯，就是，那时候吃什么都是香的。

乙（方）：这个吃罢黑了饭，

tsɤ²¹kɤ²¹tsʰʅ²⁴paʔ⁰xəʔ³⁴lɑɔ⁰fẽ²¹,

甲（普）：嗯，

乙（方）：藏老蒙儿。

tsʰaŋ⁵²lɑɔ⁰mə̃r²⁴.

甲（普）：那叫捉迷藏。

乙（方）：唉，都差不多。

ai²¹,tou⁵²tsʰa²⁴pəʔ³⁴tuɤ²⁴.

我给恁说啊，你你这货小时候也够孬哩呀。

uɤ⁵⁵kəʔ³⁴nən⁵²suɤ²⁴a⁰,ȵi⁵⁵ȵi⁵⁵tsɤ²¹xuɤ²¹ɕiɑɔ⁰ʂʅ²¹xou⁰ei²⁵kou²¹nɑɔ²⁴li⁰ia⁰.

甲（普）：哼，你也不咋着。嗨，我也变味儿了。

乙（方）：哎，你还记得不记得？

ai²⁴,ȵi⁵⁵xai⁵²tɕi²¹tɤ⁰pəʔ³⁴tɕi²¹tɤ⁰?

甲（普）：嗯，你别说那个。哼哼，我看你呀，哎，你让大家看看，那时候，你小时候，聪明着呢。

乙（方）：那是。

na²⁴sʅ²¹.

甲（普）：让大家看看，昂，聪明绝顶啊。（指乙的头）

乙（方）：这就是。

tsɤ²¹tɕiou¹³sʅ²¹.

甲（普）：那时候您学什么像什么。

乙（方）：哎，这用口晚儿哩话说叫模仿秀。

ai²⁴,tsɤ²¹yəŋ²¹iaŋ⁵²uɐr⁰li²¹xua²¹suɤ²⁴tɕiɑɔ²¹muɤ⁵²faŋ⁵⁵ɕiou²¹.

甲（普）：行了，别美了啊。哎，不过那时候儿您学那个卖小鸡儿哩吆喝。

乙（方）：啊。

a²⁴.

甲（普）：学得挺好的。

乙（方）：那是。

na¹³sʅ²¹.

甲（普）：今儿在这儿给大家学学？

乙（方）：哎，学学？

ai²⁴,ɕyə⁵²ɕyə⁵²?

甲（普）：学学。

乙（方）：那中，中中中中，啊，今儿个献丑了啊。我都学学啊。（清嗓子）

na²¹tsuəŋ²⁴,tsuəŋ²⁴tsuəŋ²⁴tsuəŋ²⁴,a²⁴,tɕiər²⁴kɤ²¹ɕiẽ²¹tsʰou⁵⁵lɤ⁰a⁰.uɤ⁵²tou²⁴ɕyə⁵²ɕyə⁵²a⁰.

甲（普）：哦，喳着了啊。

乙（方）：这叫润润嗓，切切切。

tsɤ²¹tɕiaɔ²¹yən²¹yən²¹saŋ⁵⁵,tɕʰi²¹tɕʰi²¹tɕʰi²¹.

甲（普）：你真把自己当歌唱家了你。

乙（方）：那歌儿唱家他也学不来。

na²¹kər²⁴tsʰaŋ²¹tɕia²⁴tʰa²⁴iə⁵²ɕyə⁵²pəʔ³⁴lai⁵².

甲（普）：行了，啊，真把自己当盘儿菜了。你快来吧来吧来吧。

乙（方）：好好好好，那我就给大家伙儿学学啊。

xaɔ⁵⁵xaɔ⁵⁵xaɔ⁵⁵xaɔ⁵⁵,na²¹uɤ⁵⁵tɕiou²¹kei⁵⁵ta²¹ia²⁴xuɐr⁵²ɕyə⁵²ɕyə⁵²a⁰.

嗯，那小时候啊，搁那大院儿里头，那夏天哪，

ən⁰,na²⁴ɕiaɔ⁵⁵sɿ⁵²xou²a⁰,kɤ²⁴na²¹ta¹³yɐr²¹li⁵⁵tʰou⁰,na²¹ɕia²¹tʰiẽ²⁴na⁰,

挑挑儿卖小鸡儿哩，吆喝起来是这样哩：卖小鸡儿了——。

tʰiaɔ²⁴tʰiɔr²¹mai²¹ɕiaɔ⁵⁵tɕiər²⁴li⁰,iaɔ²⁴xuɤ³⁴tɕʰi⁵⁵lai⁵²səʔ³⁴tsɤ²¹iaŋ²¹li⁰:mai⁵⁵ɕiaɔ⁵²tɕiər²⁴lɤ⁰——

甲（普）：嘿，还真是这味儿，咳咳。

乙（方）：那时候家里有那个茶缸、洗脸盆、水桶坏咾，

na²¹sɿ⁵²xou²tɕia²⁴li²iou⁵⁵na²¹kɤ²tsʰa⁵²kaŋ²⁴,ɕi¹³liẽ⁵⁵pʰən⁵²,suei⁵⁵tʰuəŋ⁵⁵xuai²¹laɔ⁰,

哎，修这东西哩喊起来是这样哩：

ai⁰,ɕiou²⁴tsɤ²¹tuəŋ²⁴ɕi⁰li²xẽ⁵⁵tɕʰi⁵²lai⁵sɿ²¹tsɤ²¹iaŋ²¹li⁰:

焊茶缸焊瓷盆儿焊洗脸盆儿焊桶吧——

xẽ²¹tsʰa²kaŋ²⁴xẽ²¹tsʰɿ⁵²pər⁵²xẽ²¹ɕi⁵²ɕi²liẽ⁵⁵pʰər⁵²xẽ²¹tʰuəŋ⁵⁵pa⁰——

甲（普）：对对对。

乙（方）：那专门儿修这哩是[这样]喊哩：哦锔露锅吧——

na²¹tsuẽ²⁴mər⁵²ɕiou²⁴tsɤ²¹li²sɿ²¹tɕiaŋ²¹xẽ⁵⁵li⁰:aɔ⁵⁵kuəʔ²lu⁰kuɤ²⁴pa⁰——

甲（普）：行，那时候就是拿一烙铁，往那火上烧热了，再用焊锡焊上去。

乙（方）：对。这冬天卖菜啊：谁要萝卜！谁要白菜！白菜萝卜！

tuei²¹,tsɤ²¹tuəŋ²⁴tʰiẽ²⁴mai²¹tsʰai²¹a⁰:sei⁵²iaɔ²⁴luɤ⁵²pɤ⁰!sei⁵²iaɔ²⁴pai⁵²tsʰai²¹!pai⁵²tsʰai⁵²luɤ⁵²pɤ⁰!

甲（普）：通俗易懂啊。

乙（方）：这个剃头哩，

tsɤ²¹kɤ²¹tʰi²¹tʰou⁵²li⁰,

甲（普）：嗯。

乙（方）：服务上门儿：理发——理发——

fu⁵²u²¹saŋ²¹mər⁵²:li⁵⁵fɐʔ³⁴——li⁵⁵fɐʔ³⁴——

甲（普）：哦，理发的。

乙（方）：这个收废品哩，

tsɤ²¹kɤ²¹sou²⁴fei²pʰiən⁵⁵li⁰,

甲（普）：啊。

乙（方）：嗯，收破烂哩，

ən⁰,sou²⁴pʰuɤ¹³lɤ²¹li⁰,

甲（普）：哦，收破烂哩。唉。

乙（方）：哎，

ai²⁴,

甲（普）：嗯。

乙（方）：你记得不记得有一回，

ɲi⁵⁵tɕi²¹tɤ pəʔ³⁴tɕi²¹tɤ iou⁵²iəʔ³⁴xuei⁵²,

甲（普）：啊。

乙（方）：你，啊，人家中午大人，晌午吃罢饭想歇一会儿哩，

ɲi⁵⁵,a⁰,zən⁵²tɕia⁰tsuaŋ²⁴ u⁰ta²¹zən⁵²,saŋ⁵²u¹³tsʰəʔ³⁴pa⁰fɛ²¹ɕiaŋ⁵⁵ɕia²⁴iəʔ³⁴xuər²¹li⁰,

哎，你搁院儿里喊上了：焊茶缸焊瓷盆儿！焊洗脸盆儿焊桶了！

ai²⁴,ɲi⁵²kɤ²⁴yer²¹li⁰xɛ⁵⁵saŋ²¹lɤ⁰:xɛ̃²¹tsʰa⁵²kaŋ²⁴xɛ̃⁵²pər⁵²!xɛ̃²¹ɕi⁵⁵liɛ̃⁵⁵pʰər⁵²xɛ̃²¹tʰuŋ⁵⁵lɤ⁰!

甲（普）：唉，对。

乙（方）：你这一喊不要紧，这院儿里啊，

ɲi⁵⁵tsɤ²¹i²⁴xɛ⁵⁵pəʔ³⁴iao²¹tɕiən⁵⁵,tsɤ²¹yer²¹li⁵⁵a⁰,

老头老太太都跑出来了，

lao⁵⁵tʰou⁵²lao²¹tʰai⁰tai⁰tou²¹pʰao⁵⁵tsʰu²⁴lai⁵²lɤ⁰,

一看是你这货搁这儿喊哩，掂着家伙就要揍你。

iəʔ³⁴kʰɛ̃²¹sʐ̩²¹ɲi⁵⁵tsɤ¹³xuɤ²¹kɤ²⁴tsər²¹xɛ̃⁵⁵li⁰,tiɛ²⁴tsɤ⁰tɕia²⁴xuɤ⁰tɕiou¹³iao²¹tsou⁰ɲi⁰.

甲（普）：我呀，赶快跑吧。

乙（方）：这张大爷这一喊你可站住了，

tsɤ²¹tsaŋ²⁴ta²¹iə²¹i²⁴xɛ⁵⁵ɲi⁵⁵kʰəʔ³⁴tsɛ̃²¹tsu⁰lɤ⁰,

甲（普）：哦，那张大爷那时候喊得还真客气，

乙（方）：你这孩儿呀，下回你再这样，我口死你我。

ɲi⁵⁵tsɤ²¹xer⁵²ia⁰,ɕia²¹xuei⁵²ɲi⁵⁵tsai⁵²tsɤ²¹iaŋ⁰,uɤ⁵⁵ ⁵⁵sʐ̩⁵²ɲi⁰ uɤ⁰.

甲（普）：谁呀你。（二人下场）

意译：

甲（普通话）：咱们日常的工作和生活中说好普通话非常的重要。

乙（方言）：我找你半天你怎么在这里聊天？

甲（普）：请讲普通话。

乙（方）：我说的就是普通话。普普通通百姓话。

甲（普）：你这是地方话，是方言。

乙（方）：说了几十年了，改不了了。我说你这家伙也真是的，回来几年说话的味道都变了。普通话我也会说啊。

甲（普）：那你来一个。

乙（方）：（阴阳怪气地）北京，我去北京玩过。怎么样？

甲（普）：算了，你还是说你的地方话吧。

乙（方）：咱俩是从小一块儿长大的，别看你现在很光鲜，小时候天天赤着脚，光着背，流着鼻涕。怎么样？这几年混得不错吧？

甲（普）：一般般，也就是混口饭吃。

乙（方）：瞧你那样，别怕，我不问你借钱。我最喜欢小时候，天天光着背光着脚，玩着玻璃球等玩具。一条短裤就能过一个夏天。

甲（普）：你别说那时候真省布料。人虽然晒黑了，但是很开心。

乙（方）：对啊。早上起来吃个馒头，就着萝卜丝，喝碗稀饭，真香啊。

甲（普）：那时候吃什么都香。

乙（方）：还有吃过晚饭，捉迷藏。说起来你这家伙小时候也挺坏的。

甲（普）：别提了，你小时候也很聪明啊。让大家看看，聪明绝顶（指乙的脑袋）。记得你小时候学什么像什么。

乙（方）：那是，用今天的话说叫模仿秀。

甲（普）：那你今天在这里给大家学学吧。

乙（方）：那好，那我就学学。小时候在大院里头，挑着担子卖小鸡的都是这样吆喝：卖小鸡了——

甲（普）：还真是这味儿。

乙（方）：那时候家里有茶缸、洗脸盆、水桶坏了，修理师傅喊起来是这样的：焊茶缸焊瓷盆儿焊洗脸盆儿焊桶吧——

甲（普）：对对对。

乙（方）：还有专业补锅的：补锅啦——

甲（普）：对。那时候就是拿一个烙铁，在火上烧热了，再用焊锡焊上去。

乙（方）：冬天卖菜的这样吆喝：谁要萝卜，谁要白菜，白菜萝卜——

甲（普）：通俗易懂啊。

乙（方）：还有理发的、收废品的等等。你记不记得有一次，大人们吃过午饭在睡午觉，你在院子里大喊：焊茶缸焊瓷盆儿焊洗脸盆儿焊桶吧——你这一喊不要紧，老头老太太们都跑出来了，一看是你这家伙在喊，就要揍你。

甲（普）：我赶快跑吧。

乙（方）：结果张大爷一喊你就站住了。

甲（普）：说明张大爷挺客气。

乙（方）：张大爷说：你这个调皮孩子，下次再这样，看我怎么收拾你——

甲（普）：谁呀你。（二人下场）

（发音人：贾林 潘小郑 2016.12.21 新乡）

济　源

一　歌谣

0001 催眠歌

哦，哦，熬瞌睡，奶奶去地掐谷穗。

ɣɔ⁴⁴,ɣɔ⁴⁴,ɣɔ²⁴kʰɐʔ²ʂei²⁴,nɛ⁵²nɛ⁰tɕʰyəʔ²ti²⁴tɕʰiɐʔ²kuəʔ²ʂʅei²⁴.

掐一篮儿，捣半升，够你娘们儿吃一冬。

tɕʰiɐʔ²iəʔ²lø³¹,tɔ⁵²pãn²⁴ʂəŋ⁴⁴,kou²⁴n̠iãŋ³¹mɤʏ⁰tʂʰəʔ²iəʔ²tuŋ⁴⁴.

咚咚咚咚咚咚咚。

tuŋ⁴⁴tuŋ⁴⁴tuŋ⁴⁴tuŋ⁴⁴tuŋ⁴⁴tuŋ⁴⁴tuŋ⁴⁴.

意译：哦，哦，哄瞌睡，奶奶去地掐谷穗，掐一篮儿，捣半升，够你娘俩儿吃一冬，咚咚咚咚咚咚咚。

（发音人：姚兰　2017.09.11 济源）

0002 拉锯歌

捞捞锯，扯扯锯，婆婆家大槐树。

lɔ⁴⁴lɔ⁴⁴tɕy²⁴,tʂʰɤ⁵²tʂʰɤ⁵²tɕy²⁴,pʰɔ³¹pʰɔ³¹tɕia⁴⁴,ta²⁴xuɛ³¹ʂʅ²⁴.

大舅打，小舅拉，打那屁股稀不□。

ta²⁴tɕiou²⁴ta⁵²,ɕiɔ⁵²tɕiou²⁴la⁴⁴,ta⁵²naʰpʰi⁰kuɕi⁴⁴pəʔ²tʂʰa⁴⁴.

意译：拉拉锯，扯扯锯，姥姥家大槐树，大舅打，小舅拉，打得屁股都烂了。

（发音人：姚兰　2017.09.11 济源）

0003 夜哭郎

天皇皇地皇皇，我家有[一个]夜哭郎，

tʰiã⁴⁴xuãŋ³¹xuãŋ³¹²ti²⁴xuãŋ³¹xuãŋ³¹²,uɤ⁵²tɕia⁴⁴iou⁵²iɤ⁴⁴iɛ²⁴kʰulãŋ³¹²,

行人过来念三遍儿，一觉睡到大天亮。

ɕiəŋ³¹zə̃n⁰kuɤ²⁴lɛ³¹n̠iãn²⁴sãn⁴⁴piø²⁴,iəʔ²tɕiɔ²⁴ʂei²⁴tɔ²⁴taʰtʰiãn⁴⁴liãŋ²⁴.

意译：天皇皇地皇皇，我家有一个夜里爱哭的小孩儿，行人过来念三遍儿，一觉睡到大天亮。

（发音人：姚兰　2017.09.11 济源）

0004 王成歌
肚疼肚疼，叫王成，王成拿[一个]刀儿，割你那屎包儿。
tu²⁴tʰən³¹tu²⁴tʰən³¹,tɕiɔ²⁴uɑ̃ŋ³¹tʂʰən³¹,uɑ̃ŋ³¹tʂʰən³¹na³¹iɤ⁴⁴tø⁴⁴,kɐʔ²ni⁵²na⁰sʅ⁵²pø⁴⁴.
意译：肚疼肚疼，叫王成，王成拿一把刀，割你的屎包。

（发音人：姚兰 2017.09.11 济源）

0005 蜗牛犁地歌
逛⁼逛⁼牛儿犁地来，晌午回来吃屁来。
kuɑ̃ŋ²⁴kuɑ̃ŋ²⁴ɣɤ³¹²li³¹ti²⁴lɛ³¹,sɑ̃ŋ⁵²u⁰xuei³¹lɛ³¹tʂʰəʔ²pʰi²⁴lɛ³¹.
意译：蜗牛蜗牛去犁地，中午回来吃屁。

（发音人：姚兰 2017.09.11 济源）

0006 小老鼠
小老鼠儿，上灯台，偷油喝，下不来。
ɕiɔ¹³lɔ⁵²tʂʰuɤ⁴⁴,sɑ̃ŋ²⁴təŋ⁴⁴tʰɛ³¹,tʰou⁴⁴iou²²xɐʔ²³,ɕia²⁴pəʔ²lɛ³¹.
叫妞妞，抱猫来，哧溜哧溜爬下来。
tɕiɔ²⁴ȵiou⁴⁴ȵiou⁴⁴,pɔ⁴⁴mɔ⁴¹lɛ³¹,tʂʰəʔ²liou⁰tʂʰəʔ²liou⁰pʰa³¹ɕia²⁴lɛ³¹.
意译：小老鼠，上灯台；偷喝油，下不来；叫妞妞，抱猫来；哧溜哧溜爬下来。

（发音人：姚兰 2017.09.11 济源）

0007 颠倒歌
东西路南北走，出门儿遇着人咬狗。
tuŋ⁴⁴ɕi⁰lu²⁴nɑ̃n³¹pəʔ²tsou⁵²,tʂʰuəʔ²məŋ³¹y²⁴tʂɤ⁰ʐə̃n³¹iɔ¹³kou⁵².
拾[起来]狗去砍⁼砖，布袋驮驴一溜窜。
sʅ³¹tɕʰiɛ⁰kou⁵²tɕʰy²⁴kʰɑ̃n⁵²tʂuɑ̃n⁴⁴,pu⁴⁴tɛ⁰tʰuɤ³¹ly³¹iəʔ²liou²⁴tʂʰuɑ̃n⁴⁴.
布袋跌到汪泥坑，一股尘灰冒上天。
pu²⁴tɛ⁰tiɛʔ²tɔ²⁴uɑ̃ŋ³¹ȵi³¹kʰəŋ³¹,iəʔ²ku⁰tʂʰə̃n³¹xuei⁴⁴mɔ²⁴sɑ̃ŋ²⁴tʰiɑ̃n⁴⁴.
意译：东西路南北走，出门儿遇着人咬狗，拾起狗去砸砖，布袋驮驴一溜窜，布袋掉到泥坑里，一股灰尘冒上天。

（发音人：李小玲 2017.09.11 济源）

0008 盘脚盘
盘脚儿盘，盘三年，三年满，回家转。
pʰɑ̃n³¹tɕiɔ⁴⁴pʰɑ̃n³¹²,pʰɑ̃n³¹sɑ̃n⁴⁴ȵiɑ̃n³¹²,sɑ̃n⁴⁴ȵiɑ̃n³¹mɑ̃n⁵²,xuei³¹tɕia⁴⁴tʂuɑ̃n⁵².
意译：盘脚盘（意为盘膝而坐），盘三年，三年满，回家转。

（发音人：姚兰 2017.09.11 济源）

0009 麻乙雀（喜鹊）
麻乙雀儿，尾巴长，娶了媳妇忘了娘。
ma³¹i⁵²tɕʰyø⁴⁴,i⁵²pa⁴⁴tʂʰɑ̃ŋ³¹,tɕʰy⁵²lɤ⁰ɕiəʔ²fu⁰uɑ̃ŋ²⁴lɤ⁰ȵiɑ̃ŋ³¹.
把娘送那疙瘩坡儿，回来给老婆子暖被窝儿。

paˉ⁵²niãŋ³¹ ʂuŋ¹³naˀkəʔ²tɐʔ²pʰuø⁴⁴,xuei³¹lɛˀkəʔ²lɔ⁵²pʰɔu³¹nuãn⁵²pei²⁴uø⁴⁴.

暖热了，[人家]不说，暖不热，踢一脚。

nuãn⁵²zɐʔ²lɔ⁰,zaˉ³¹pəʔ²suɐʔ²,nuãn⁵²pəʔ²zɐʔ²,tʰiəʔ²iəʔ²tɕiɐʔ².

意译：花喜鹊，尾巴长；娶了媳妇忘了娘；把娘送到疙瘩坡；回来给老婆暖被窝；
暖热了，人家不说；暖不热，踢一脚。

（发音人：李小玲　2017.09.11 济源）

0010 种芝麻

摇篓摇，种芝麻，种到河沿儿没尾巴。

iɔ³¹lou⁰iɔ³¹,tʂuŋ²⁴tʂˉ⁴⁴ma,tʂuŋ²⁴tɔ⁵²xɤ³¹iø⁰məʔ²iˉ⁵²pa⁴⁴.

尾巴哪儿了？小孩们拿去耍了。

iˉ⁵²pa⁴⁴næ⁵²lɤ⁰ʔɕiɔ³¹xeˉ⁴⁴mə̃nˉ⁴⁴naˉ¹³tɕy²⁴ʂua⁰lɤ⁰.

意译：摇篓摇，种芝麻，种到河沿儿没尾巴。尾巴哪儿去了？小孩子们拿去玩了。

（发音人：李小玲　2017.09.11 济源）

0011 祭灶歌

二十三儿，祭罢灶，小孩们儿，拍手笑。

lə²⁴ʂəʔ²sø⁴⁴,tɕiˉ²⁴paˉ tsɔ²⁴,ɕiɔ⁵²xã̃n³¹mən⁰,pʰɐʔ²ʂou⁵²ɕiɔ²⁴.

穿新衣，戴花帽，五子登科真热闹。

tʂʰuãn⁴⁴ɕiə̃n⁴⁴⁺⁴⁴iˉ⁴⁴,tɛ²⁴xua⁴⁴mɔ²⁴,u¹³tsˉ⁵²təŋ⁴⁴kʰuɤ⁴⁴tʂə̃n⁴⁴zɐʔ²nɔ²⁴.

有那骑着马，有那坐着轿，

iou⁵²na⁰tɕʰiˉ³¹tʂɤ ma⁵²,iou⁵²na tsuɤ²⁴tʂɤ⁰tɕiɔ²⁴,

新女婿骑着马，新媳妇儿坐着轿，

ɕiə̃n²⁴n̠y⁵²ɕy²⁴tɕʰiˉ³¹tʂɤˉ ma⁵²,ɕiə̃n⁴⁴ɕiəʔ²fuy²⁴tsuɤ²⁴tʂɤ⁰tɕiɔ²⁴,

五子登科真热闹，乒乒啪啪两响炮，

u¹³tsˉ⁵²təŋ⁴⁴kʰuɤ⁴⁴tʂə̃n⁴⁴zɐʔ²nɔ²⁴,pʰiəŋ⁴⁴pʰiəŋ⁴⁴pʰa⁴⁴pʰa⁴⁴liãn¹³ɕiãŋ⁵²pʰɔ²⁴,

一街两行看热闹。

iəʔ²tɕie⁴⁴liãn⁵²xãŋ²⁴kʰãn²⁴zɤ²⁴nɔ².

意译：（腊月）二十三，祭灶过后，小孩子们拍手笑。穿着新衣，戴着花帽子，五
子登科真热闹。有人骑着马，有人坐着轿，新女婿骑着马，新媳妇坐着轿，
五子登科真热闹，乒乒啪啪两响炮，一个街道两边儿都是看热闹的。

（发音人：李道繁　2017.09.11 济源）

0012 挑人歌

野鸡翎，砍大刀，你家小姐叫我挑。

ie⁵²tɕiəʔ²liəŋ³¹,kʰãn⁵²taˉ²⁴tɔ⁴⁴,n̠iˉ⁵²tɕia⁴⁴ɕiɔˉ¹³tɕie⁵²tɕiɔ²⁴uɤ⁰tʰiɔ⁴⁴.

你挑谁？我挑末后尾儿[那一个]小毛贼。

n̠iˉ⁵²tʰiɔ⁴⁴sei³¹ʔuɤ⁵²tʰiɔ⁴⁴məʔ²xou²⁴iø⁰niɤ⁵²ɕiɔ⁵²mɔˉ³¹tsei³¹.

意译：野鸡翎，砍大刀，你家小姐让我挑。你挑谁？我挑最后那个小家伙。

（发音人：李道繁　2017.09.11 济源）

0013 小白鸡

小白鸡儿，跳窝窝，跟娘睡，娘打我，

ɕiɔ⁵²pɛ³¹tɕiɤ⁴⁴,tʰiɔ²⁴uɤ⁴⁴uɤ⁰,kə̃n⁴⁴niɑŋ⁵²sei²⁴,niɑŋ²⁴ta¹³uɤ⁵²,

跟爹睡，爹掐我，独个儿睡，猫咬我，

kə̃n⁴⁴tiɛ⁴⁴sei²⁴,tiɛ⁴⁴tɕʰiɐʔ²³uɤ⁵²,tuəʔ²³kø⁰sei²⁴,mɔ³¹iɔ¹³uɤ⁵²,

钻那门旮旯儿，呜呜气死我。

tsuɑ̃n⁴⁴na⁰mə̃n³¹kəʔ⁴⁴lø⁰,u⁴⁴u⁴⁴tɕʰi²⁴sɿ⁴⁴uɤ⁵².

意译：小白鸡儿，跳窝窝，跟娘睡，娘打我，跟爹睡，爹掐我，自己睡，猫咬我，
钻在门角落，呜呜气死我。

（发音人：李道繁 2017.09.11 济源）

0014 拍豆角

拍豆角儿，上南坡儿，南坡南，好收田。

pʰɐʔ²tou²⁴tɕiø⁴⁴,ʂɑ̃n²⁴nɑ̃n³¹pʰø⁴⁴,nɑ̃n³¹pʰø⁴⁴nɑ̃n³¹,xɔ⁵²sou⁴⁴tʰiɑ̃n³¹.

一亩地，打两担，粗箩儿箩，细箩儿段，

iəʔ²mu⁵²ti²⁴,ta¹³liɑ̃ŋ⁵²tɑ̃n²⁴,tsʰu⁴⁴luø³¹luɤ³¹²,ɕi²⁴lø²⁴tɑ̃n²⁴,

段那圪星搌捞饭，搌那捞饭稀腾腾，

tɑ̃n²⁴na⁰kəʔ²ɕiəŋ⁰tʂʰuɛ⁵²lɔ³¹fɑ̃n²⁴,tʂʰuɛ⁵²na⁰lɔ³¹fɑ̃n²⁴ɕi⁴⁴tʰəŋ³¹tʰəŋ⁰,

拿地哄长工，长工噘短工儿听，

na¹³ti²⁴xuŋ⁵²tʂʰɑ̃ŋ³¹kuŋ⁰,tʂʰɑ̃ŋ³¹kuŋ⁴⁴tɕyɛ³¹tuɑ̃n⁵²kuɤ⁴⁴tʰiəŋ⁴⁴,

这个庄稼做不成，去他大那登⁼。

tʂɤ⁴⁴kɤ⁰tʂuɑ̃ŋ⁴⁴tɕia³¹tsou⁰pəʔ²tʂʰəŋ⁵²,tɕʰy²⁴tʰa³¹ta¹³na⁰təŋ⁴⁴.

意译：拍豆角儿，上南坡，南坡南，好收田。一亩地，打两担，粗箩儿箩，细箩
儿筛，筛得很细做捞饭。做的捞饭太稀，拿到地里哄长工，长工不高兴，
把这事儿说给短工听。这个活儿没法干，去他娘的。

（发音人：李道繁 2017.09.11 济源）

0015 人之初

人之初，性本善，老鼠咬住师傅蛋。

zə̃n³¹tʂɿ³¹tsʰu²⁴,ɕiəŋ²⁴pə̃n¹³ʂɑ̃n²⁴,lɔ⁵²tʂʰuəʔ²³iɔ⁵²tʂu²⁴sɿ⁴⁴fu tɑ̃n²⁴.

师傅哭，师娘看，看看你教书上算不上算。

sɿ⁴⁴fu⁰kʰuəʔ²,sɿ⁴⁴niɑ̃ŋ³¹kʰɑ̃n⁰,kʰɑ̃n⁴⁴kʰɑ̃n³¹ni²tɕiɔ⁴⁴ʂɿ⁴⁴ʂɑ̃n²⁴suɑ̃n²⁴pəʔ²³ʂɑ̃n²⁴suɑ̃n²⁴.

意译：人之初，性本善，老鼠咬住师傅了。师傅哭，师娘看，（师娘说）看看你教
书不合算吧。

（发音人：李道繁 2017.09.11 济源）

0016 红太阳

红太阳，下大雨，老汉儿生[一个]秃闺女。

xuŋ³¹tʰɛ²⁴iɑ̃ŋ³¹,ɕia²⁴ta²⁴y⁵²,lɔ⁵²xɔ²ʂə̃n⁴⁴iɤ⁰tʰuəʔ²kun⁴⁴ny⁰.

小老汉儿才三天，他爷生孩ᶻ他放鞭。

ɕio¹³lɔ⁵²xø²⁴tsʰɛ⁵²sãn⁴⁴tʰiãn⁴⁴,tʰɐʔiɛ³¹səŋ⁴⁴xiou³¹tʰɐʔfãŋ²⁴piãn⁴⁴.

意译：晴天下大雨（喻事情稀奇），老头子生个秃闺女，小孙子才三天，他爷得孩子他放鞭炮。

（发音人：李道繁　2017.09.11 济源）

二　故事

0021 牛郎织女

今个我给大家讲[一个]故事啊，

tɕi⁴⁴kɤ⁰uɤ⁵²kəʔta²⁴tɕia⁴⁴tɕiãŋ⁵²iɤ⁴⁴ku²⁴ʂʅ²⁴a⁰,

不[知道][这个]这故事你们听过没有。

pəʔ²tʂʅɔ⁴⁴tɕiɤ⁴⁴tʂɤ⁴⁴ku²⁴ʂʅ²⁴nĩ⁵²mãn⁰tʰiəŋ⁴⁴kuɤ²⁴məʔ²iou⁰.

[这个]这故事那名儿叫牛郎织女。

tɕiɤ⁴⁴tʂɤ⁴⁴ku²⁴ʂʅ²⁴na⁰mĩɤ³¹²tɕiɔ²⁴ȵiou³¹lãŋ⁰tʂəʔ²n̩y⁵².

说从前呀有[一个]孩ᶻ，有[一个]孩ᶻ唤牛郎，

ʂuɐʔtsʰuŋ³¹tɕʰiãn³¹ia⁴⁴iou⁴⁴xiou³¹,iou⁴⁴xiou³¹xuãn²⁴ȵiou³¹lãŋ³¹,

牛郎哩可苦哩啊，可可怜，

ȵiou³¹lãŋ⁰li⁰kʰɐʔkʰu⁵²li⁰ia⁰,kʰɐʔkʰɤ⁵²liãn³¹,

他从小哩他爹妈都死那早，都剩他家都他[一个]人。

tʰɐʔtsʰuŋ³¹ɕiɔ⁵²li⁰tʰɐʔtiɛ⁴⁴ma⁴⁴tou⁴⁴sʅ⁵²na⁰tsɔ⁵²,tou²⁴ʂəŋ²⁴tʰɐʔtɕia⁴⁴tou²⁴tʰɐʔiɤ⁴⁴zə̃n³¹.

[一个]人哩成天哎偏偏他家哩有[一个]老牛，

iɤ⁴⁴zə̃n³¹li⁰tʂʰəŋ³¹tʰiãn⁴⁴ɛ⁴⁴pʰiãn⁴⁴pʰiãn⁰tʰɐʔtɕia⁴⁴li⁰iou⁵²iɤ⁴⁴lɔ⁵²ȵiou³¹²,

老牛成天给他□做伴儿，老牛哩哎成天，

lɔ⁵²ȵiou³¹tʂʰəŋ³¹tʰiãn⁴⁴kəʔtʰɐʔliatsuɐʔpø²⁴,lɔ⁵²ȵiou³¹li⁰ɛ²⁴tʂʰəŋ³¹tʰiãn⁴⁴,

半天牛郎心□有点儿苦有点儿累有点儿啥，

pãn²⁴tʰiãn⁴⁴ȵiou³¹lãŋ⁰ɕiən⁴⁴mãn⁵²iou⁰tiø⁰kʰu⁵²iou⁰tiø⁰luei²⁴iou⁰tiø⁰ʂa²⁴,

他都要给老牛□说哩，

tʰɐʔtou³¹iɔ²⁴kəʔlɔ⁵²ȵiou³¹liã⁰ʂuɐʔli⁰,

天天他把老牛都当成亲人了，

tʰiãn⁴⁴tʰiãn⁰tʰɐʔpa²⁴lɔ⁵²ȵiou³¹tou²⁴tãŋ²⁴tʂʰəŋ³¹tɕʰiən⁴⁴zə̃n³¹lɤ⁰,

见心□是烦气也好高兴也好，啥都给老牛□说，

tɕiãn²⁴ɕiən⁴⁴mãn⁵²sʅfãn⁴⁴tɕʰi⁴iɤ¹³xɔ⁵²kɔ⁴⁴ɕiən²⁴iɤ¹³xɔ⁵²,ʂɔ⁴⁴toukəʔlɔ⁵²ȵiou³¹liaʂuɐʔ²,

老牛哩心□想着说，娘哎，这孩儿这好，

lɔ⁵²ȵiou³¹li⁰ɕiən⁴⁴mãn⁵²ɕiãŋ⁵²tʂɤ⁰ʂuɐʔ²,ȵia³¹ɛ⁰,tʂɤ⁴⁴xø³¹tsei²⁴xɔ⁵²,

我多咱我能给孩ᶻ说[一个]媳妇□你看看那多好。
uɤ⁵²tuɤ⁵²tsān⁰uɤ³¹nəŋ⁰kəʔ²xiou³¹ṣuəʔ²iɤ⁴⁴ɕiəʔ²fu⁰tṣəʔ⁰ni⁵²kʰān²⁴kʰān⁰tuɤ¹³xɔ⁵².
它都心□搁那儿想，
tʰɐʔ²tou²⁴ɕiɘ̃n⁴⁴mān⁰kɐʔ²na⁰ɕiāŋ⁵²,
说我啥时候我得一定给牛郎给他说[一个]媳妇，
ṣuəʔ²uɤ⁵²ṣa²⁴ṣʅ³¹xou⁰uɤ⁵²təʔ²iə²²tiəŋ²⁴kəʔ²n̠iou³¹lãŋ²¹kəʔ²tʰɐʔ²ṣuəʔ²iɤ⁴⁴ɕiəʔ²fu⁰,
叫他赶紧成亲。嗯有一天了，[这个]这牛郎黑来瞌睡了。
tɕiɔ²⁴tʰɐʔ²kān³¹n̠i⁰tṣʰən³¹tɕʰiɘ̃n⁴⁴.õn⁰iou⁰iə²²tʰiān⁴⁴lɤ⁰,tɕiɤ⁴⁴tṣɤ⁰n̠iou³¹lãŋ⁰xəʔ²lɘ⁰kʰɐʔ²sei²⁴lɤ⁰.
瞌睡了他做[一个]梦，
kʰɐʔ²sei²⁴lɤ⁰tʰɐʔ²tsou²⁴iɤ⁴⁴məŋ²⁴,
梦里□咋□意这好像是说第二天咾，
məŋ²⁴li⁵²mān⁰tsa⁵²tɕiəʔ²·iʔ²⁴tṣɤ⁰xɔ⁵²ɕiāŋ²⁴ṣʅ²⁴ṣuəʔ²ti²⁴lɘ²⁴tʰiān⁴⁴lɔ⁰,
他们家那河河□有好[几个]仙女仙女们搁那儿洗澡哩，
tʰɐʔ²mə̃n⁰tɕia⁴⁴na⁰xɤ³¹xɤ³¹mān⁰iou⁵²xɔ⁰tɕiɤ⁰ɕiān⁰n̠y⁰ɕiān⁰n̠y⁰mə̃n⁰kɐʔ²nø⁰ɕi⁵²tsɔ¹³li⁰,
说你早些儿去咾，
ṣuəʔ²n̠i⁵²tsɔ⁵²ɕiø⁰tɕʰy²⁴lɔ⁰,
那点儿□树圪枝上挂[一个]红衣裳，都是粉红色哩，
na²⁴tiø⁰kɤ⁰ṣʅ⁰kəʔ²tsiɤ⁰ṣāŋ⁰kua²⁴iɤ⁰xuŋ³¹·ṣāŋ⁰,tou²⁴·ṣʅ⁰fən⁰xuŋ³¹səʔ²li⁰,
你到时候儿你给它拿走，拿走咾你可不敢回头啊，
n̠i⁵²tɔ²⁴ṣʅ⁰xəɤ⁰n̠i⁰kəʔ²tʰɐʔ²na¹³tsou⁵²,na³¹tsou⁵²lɔ⁰n̠i⁰kʰɐʔ²pə⁰kān⁵²xuei¹³tʰou³¹·a⁰,
你可往家走时候儿你可直住往家走，
n̠i⁵²kʰɐʔ²uãŋ⁵²tɕia⁴⁴tsou⁵²·ṣʅ³¹xuɤ⁰n̠i⁵²kʰɐʔ²tṣʅ³¹tṣu⁰uãŋ⁵²tɕia⁴⁴tsou⁵²,
你要是一回头，你可想要啥啥都没有了。
n̠i⁵²iɔ²⁴·ṣʅ⁰iəʔ²xuei¹³tʰou³¹,n̠i⁵²kʰɐʔ²ɕiāŋ⁵²iɔ²⁴ṣa²⁴ṣɔ²⁴tou⁰məʔ²iou⁵²lɤ⁰.
哎这牛郎都醒来了，醒来了一直搁那儿想，
ɛ⁴⁴tṣɤ²⁴n̠iou³¹lãŋ⁰tou⁰ɕiəŋ⁵²lɛ³¹lɤ⁰,ɕiəŋ⁵²lɛ³¹lɤ⁰iəʔ²·ṣʅ⁰kəʔ²nø⁰ɕiāŋ⁵²,
说:"到底是，我这是做梦哩呀？我这是真哩？"
ṣuəʔ²:"tɔ²⁴li⁰·ṣʅ²⁴,uɤ⁰tṣɤ²⁴·ṣʅ⁰tsou⁰məŋ²⁴li⁰ia⁰?uɤ⁰tṣɤ²⁴·ṣʅ⁰tṣə̃n⁴⁴li⁰?"
哎，后来他说:"干脆，那我[起来][一个]早，叫我去看看吧。"
ɛ⁴⁴,xou²⁴lɛ⁰tʰɐʔ²ṣuəʔ²:"kān⁴⁴tsʰuei⁰na⁰uɤ⁵²tɕʰiɛ⁰iɤ⁴⁴tsɔ⁰,tɕiɔ⁰uɤ⁵²tɕʰy²⁴kʰān²⁴kʰān⁰pa⁰."
他都[那样]早上他起来了，
tʰɐʔ²tou²⁴næ⁰tsɔ⁵²ṣāŋ²⁴tʰa⁵²tɕʰi⁵²lɛ³¹lɤ⁰,
起来了，他都[那样]儿走，走，走到河边儿了，哎，到河边儿了，
tɕʰi⁵²lɛ³¹lɤ⁰,tʰɐʔ²tou²⁴n̠iæ⁴⁴tsou⁰,tsou⁵²,tsou⁵²tɔ⁰xɤ³¹piø⁴⁴lɤ⁰,ɛ⁴⁴,tɔ⁰xɤ³¹piø⁴⁴lɤ⁰,
整个儿听着河里□有叽叽喳喳，有笑哩，有说哩。
tṣəŋ⁵²kø⁰tʰiəŋ⁴⁴tṣɤ⁰xɤ³¹li⁵²mān⁰iou⁵²tɕi⁴⁴tɕi⁰tṣa⁴⁴tṣa⁰,iou⁰ɕiɔ⁵²li⁰,iou⁵²ṣuəʔ²li⁰.

听着都是那，跟那小闺女儿们儿搁那儿说话儿哩也，

tʰiən⁴⁴tʂɤ⁰tou⁵¹ʂʅ⁰na⁰,kə̃n⁴⁴na⁰ɕiɔ⁵²kuei⁵¹n̩yɤ⁰mɤ̃⁰kɤʔ⁰na⁵ʂuɤʔ⁰xua²⁴li⁰iɛ⁵²,

跟那笑声啥，

kə̃n⁴⁴na⁰ɕiɔ²⁴ʂəŋ⁴⁴ʂa²⁴,

哎，他整个儿看着那河边儿那树枝儿上挂[一个]那红衣裳，

ɛ⁴⁴,tʰɐʔ²tʂəŋ⁵²kɤ²⁴kʰãn⁴tsɤ⁰na⁰xɤ³¹piø⁰na²⁴ʂu⁰tʂɤ⁴⁴ʂãŋ⁰kua²⁴iɤ⁴⁴na⁰xuŋ⁵²·⁴⁴i⁰ʂãŋ⁰,

粉红哩，他拿住它都走，拿住往那怀里口一揣，

fə̃n⁵²xuŋ³¹li⁰,tʰɐʔ²na³¹tʂu⁰tʰɐ⁰tou⁰tsou⁰,na³¹tʂu²⁴uɑŋ⁵²na⁰xuɛ³¹li⁰mãn⁰iəʔ²tʂʰuɛ⁴⁴,

他赶紧一圪卷，他都往家走，

tʰɐʔ²kãn⁵²ɲ̩iə̃n⁰iəʔ²kuəʔ²tɕyãn⁵²,tʰa⁵²tou²⁴uɑŋ⁵²tɕia⁴⁴tsou⁵²,

他心口想着说："我可不回头，

tʰɐʔ²ɕiə̃n⁴⁴mãn⁵²ɕiãŋ⁵²tʂɤ⁰ʂuɤʔ⁰:"uɤ⁵²kʰɐʔ²pəʔ⁰xuei³¹tʰou³¹,

万一我想要啥我都没有了。"他赶紧往家跑，

vãn²⁴li⁰uɤ⁵²ɕiãŋ⁵²iɔ⁵²ʂɔ⁰uɤ⁰tou⁰məʔ⁰iou²⁴lɤ⁰."tʰɐʔ²kãn⁵²tɕiə̃n⁰uɑŋ⁵²tɕia⁴⁴pʰɔ⁵²,

跑到家，赶紧把那衣裳往家一放，哎，他心口想住说：

pʰɔ⁵²tɔ²⁴tɕia⁴,kãn⁵²ɲ̩iə̃n⁰paʔ⁰na⁴i⁵ʂãŋ⁰uɑŋ⁵²tɕia⁴⁴iəʔ²fɑŋ²⁴,ɛ⁴⁴,tʰɐʔ²ɕiə̃n⁴⁴mãn⁵²ɕiãŋ⁵²tʂu⁰ʂuɤʔ⁰:

"我看看今个有没有我想要那东西，有没有好事儿发生？"

"uɤ⁵²kʰãn²⁴kʰãn⁰tɕi⁴kɤ⁰iou⁵²məʔ⁰iou⁴uɤ⁵²ɕiãŋ⁵²iɔ²⁴na⁰tuŋ⁰ɕi⁰,iou⁴məʔ⁰iou⁴xɔ⁵²²⁴ʂʅ⁰faʔ⁰ʂə̃n⁴⁴?"

哎，不大一会儿了，这河边儿哩这[几个]仙女们洗了澡了，

ɛ⁴⁴,pəʔ²taʔ⁰iəʔ²xuɤ²⁴lɤ⁰,tʂɤ²⁴xɤ³¹piø⁴⁴li⁰tʂɤ²⁴tɕiɤ⁵²ɕiãn⁴⁴n̩y⁰mə̃n⁰ɕi¹³lɔ⁰tsɔ⁵²lɤ⁰,

洗了澡了[人家]要回哩呀，要上天哩呀，赶紧穿衣裳，

ɕi⁵²lɔ⁵²tsɔ⁵²lɤ⁰zɐ³¹iɔ²⁴xuei³¹li⁰ia⁰,iɔ²⁴ʂãŋ²⁴tʰiãn⁴⁴li⁰ia⁴,kãn⁵²ɲ̩iə̃n⁰tʂʰuãn⁴⁴·⁴⁴i⁰ʂãŋ⁰,

哎，偏偏有[一个]仙女哩她咋式她都寻不着她那衣裳了，

ɛ⁴⁴,pʰiãn⁴⁴pʰiãn⁰iou⁴iɤ⁴⁴ɕiãn⁴⁴n̩y⁰liʔ⁰tʰa⁵²tsa⁵²ʂʅ²⁴tʰa⁰tou⁰ɕiə̃n³¹pəʔ²tʂɤ³¹tʰɐʔ²na⁴·⁴⁴i⁰ʂãŋ⁰lɤ⁰,

哎呀，她到处儿那搁那儿："你见我那衣裳来没有你见我那，"

ɛ⁴⁴ia⁰,tʰɐʔ²tɔ⁰tʂʰuɤ⁰kɤʔ⁰nø⁰:"ɲ̩i⁵²tɕiãn²⁴uɤ⁰na⁴i⁵ʂãŋ⁰lɛ⁰məʔ⁰iou⁴ɲ̩i⁵²tɕiãn²⁴uɤ⁵²na⁰,"

她搁那儿问问[那一个]问问[这一个]，

tʰɐʔ²kɤʔ⁰nø⁰və̃n⁴və̃n⁰ɲ̩iɤ⁴və̃n⁰və̃n⁰tɕiɤ⁴⁴,

后来了，那[几个]仙女说："我们都没有见。

xou²⁴lɛ⁰lɤ⁰,na⁰tɕiɤ⁵²ɕiãn⁴⁴n̩y⁵²ʂuɤʔ⁰:"uɤ⁴mə̃n⁰tou⁴⁴məʔ⁰iou⁰tɕiãn²⁴.

我们可要走哩昂，撇你[一个]人了，

uɤ⁵²mə̃n⁰kʰɐʔ²iɔ⁵²tsou⁴⁴li⁰ãŋ⁰,pʰiɐʔ⁰ɲ̩i⁴iɤ⁴⁴zə̃n³¹lɤ⁰,

我们先走呀，我们先上天呀。

uɤ⁵²mə̃n⁰ɕiãn⁴⁴tsou⁰ia⁰,uɤ⁵²mə̃n⁰ɕiãn⁴⁴ʂãŋ²⁴tʰiãn⁴⁴ia⁴.

你要是寻着衣裳咾你赶紧回。"

ɲ̩i⁵²iɔ²⁴ʂʅ⁰ɕiə̃n³¹tʂɤ⁰·⁴⁴i⁰ʂãŋ⁰lɔ⁰ɲ̩i⁵²kãn⁵²ɲ̩iə̃n⁰xuei³¹."

后来[人家]们走时候儿，
xou²⁴lɛ⁰ẓã³¹mõn⁰tsou⁵²ʂəʔ²xuɤ²⁴，
[人家]们搁那儿半天上，[人家]们搁那儿叫住□：
ẓã³¹mõn⁰kɤʔ²nø⁰pãn²⁴tʰiãn⁴⁴ʂãŋ⁰,ẓã³¹mõn⁰kɤʔ²nø⁰⁴⁴tɕiɔ²⁴tṣu⁰tia⁰：
"织女，织女，我们先走呀昂，你可赶紧回来昂。"
"tṣəʔ²ȵy⁵²,tṣəʔ²ȵy⁵²,uɤ⁵²mõn⁰ɕiãn⁴⁴tsou⁵²ia⁰ãŋ⁰,ȵi⁵²kʰɤʔ²kãn⁵²ȵiõn⁰xuei³¹lɛ⁰ãŋ⁰."
哎才知道说，哦，[这一个]这闺女□□了叫仙女（发音人口误，应为"织女"）。
ɛ⁰tsʰɛ³¹tṣɻ⁴⁴tɔ²⁴suɛʔ²,ɔ⁰,tɕiɤ²tṣɻ³¹kuei⁰ȵy⁵²vãn²⁴iõn⁰lɤ⁰tɕiɔ²⁴ɕiãn⁴⁴ȵy⁵².
哎，后来了，这仙女哩，骨⁼缩那点儿个不敢动，
ɛ⁴⁴,xou²⁴lɛ⁰lɤ⁰,tṣɻ³¹ɕiãn⁴⁴ȵy⁵²li⁰,kuɤʔ²suɛʔ²na⁰tiø⁰kɤ⁰pəʔ²kãn⁵²tuŋ²⁴，
想住说："这大白天没看我解⁼肚肚没有穿衣裳，
ɕiãn⁵²tṣu⁰suɛʔ²："tṣɻ²⁴ta²⁴pɛ³¹tʰiãn⁴⁴məʔ²kʰãn⁴⁴uɤ⁵²ɕiəʔ²tu⁵²tu⁰məʔ²iou⁰tṣʰuãn⁴⁴'i⁰ʂãŋ⁰,
万一过来个人看着咋这咋怎丢人来。"
vãn²⁴li⁰kuɤ²⁴lɛ³¹kɤ⁰ẓõn³¹kʰãn²⁴tṣɻ³¹lɔ⁰tṣɤ³¹tsa⁰nõn²⁴tiou⁴⁴ẓõn³¹lɛ⁰."
她心□说："等住等到天黑咾我再我再走。"
tʰɤʔ²ɕiõn⁴⁴mãn⁰suɛʔ²："təŋ⁵²tṣu⁰təŋ⁵²tɔ²⁴tʰiãn⁴⁴xəʔ²lɔ⁰uɤ⁵²tsɛ²⁴uɤ⁵²tsɛ²⁴tsou⁵²."
哎，她当时，她心□可也想来，
ɛ⁴⁴,tʰɤʔ²tãŋ⁴⁴sɻ³¹,tʰɤʔ²ɕiõn⁴⁴mãn⁰kʰɤʔ²iɛ¹³ɕiãn⁵²lɛ⁰,
她说："诶呀，搁天上过[这么]些年了，可烦人，
tʰɤʔ²suɛʔ⁴⁴："ei⁰ia⁰,kɤʔ²tʰiãn⁴⁴ʂãŋ⁰kuɤ²⁴tsei²ɕiɛ⁴⁴ȵiãn³¹lɤ⁰,kʰɤʔ²fãn³¹ẓõn³¹,
我都[那样]儿去下凡吧，都[那样]儿去民间看看，
uɤ⁵²tou²⁴ȵiæ⁰tɕʰy²⁴ɕia⁰fãn³¹pa⁰,tou²⁴ȵiæ⁰tɕʰy²⁴mi³¹tɕiãn⁴⁴kʰãn²⁴kʰãn⁰,
过过这老百姓这日子儿，看看啥样儿。"
kuɤ²⁴kuɤ⁰tṣɻ⁰lɔ⁵²pɛʔ²ɕiəŋ²⁴tṣɻ²⁴ẓɻ²⁴tsiɤ⁰,kʰãn⁰kʰãn⁰ʂa²⁴iæ̃²⁴."
结果，她搁那儿等到半夜黑来了，
tɕiɛʔ²kuɤ⁵²,tʰɤʔ²kɤʔ²nø²⁴təŋ⁵²tɔ²⁴pãn²⁴iɛ²⁴xəʔ²lɛ³¹lɤ⁰,
唉，这这村里面老静静呀，也没有[一个]人，
ɛ²⁴,tṣɻ²⁴tṣɻ²⁴tɕʰyõn⁴⁴li⁰mãn⁰lɔ⁵²tɕiəŋ²⁴tɕiəŋ⁰ia⁰,iɛ⁵²məʔ²iou⁰iɤ⁴⁴ẓõn³¹,
反正是□□儿，也没人看着吧，我都[那样]儿解⁼肚儿肚儿她走，
fãn⁵²tṣəŋ²⁴sɻ²⁴tṣãn²⁴fø⁰,iɛ⁵²məʔ²ẓõn³¹kʰãn²⁴tṣɤ⁰pa⁰,uɤ⁵²tou²⁴ȵiãn⁰ɕiəʔ²tuɤ⁰tuɤ⁰tʰɤʔ²tsou⁰,
圪圪摸摸摸住□，哎，她到，跑到牛郎家了，
kəʔ²kəʔ²mɛʔ²mɛʔ²mɤʔ²tṣu⁰tia⁰,ɛ⁴⁴,tʰɤʔ²tɔ⁰,pʰɔ⁵²tɔ²⁴ȵiou⁰lãŋ⁰tɕia⁰lɤ⁰,
她一开门，一敲门，哎，牛郎把门开开了，
tʰɤʔ²iəʔ²kʰɛ⁴⁴mõn³¹,iəʔ²tɕʰiɔ⁴⁴mõn³¹,ɛ⁴⁴,ȵiou⁰lãŋ⁰pa¹³mən³¹kʰɛ⁴⁴kʰɛ⁴⁴lɤ⁰,
一看整个是[一个]仙女回来了，
iəʔ²kʰãn⁰tṣəŋ⁵²kɤ²⁴sɻ²⁴iɤ⁴⁴ɕiãn⁴⁴ȵy⁵²xuei³¹lɛ⁰lɤ⁰,

哎呀，牛郎高兴那不得了呀，老牛也高兴哩呀，
ɛ²⁴ia⁰,ȵiou³¹lɑ̃ŋ⁵²kɔ⁵¹ɕiəŋ²⁴na⁰pə‿²tɤ⁰liɔ⁵²ia⁰,lɔ⁵ȵiou⁰iɤ⁵²kɔ⁴⁴ɕiəŋ²⁴li⁰ia⁰,

哎呀，知道说："我给他说媳妇了。这下儿他都，日子儿都过好了。
ɛ⁴⁴ia⁰,tʂ˞⁴⁴tɔ⁵²ʂuɐʔ²:"uɤ⁵²kəʔ²tʰɐʔ²ʂuɐ²ɕiəŋ⁵²fu⁰lɤ⁰.tʂ˞⁴⁴ɕiæ⁵²tʰɐʔ²tou²⁴,ẓəʔ²tʂɿ⁵²tou²⁴kuɤ²⁴xɔ⁵²lɤ⁰.

这[这往]后儿这孩ᶻ就不恁苦了。"
tʂ˞²⁴tʂɑ̃⁴⁴xuɤ²⁴tʂ˞²⁴xiɔu³¹tou²⁴pəʔ²nən²⁴kʰu⁵²lɤ⁰."

哎，从此以后这牛郎织女俩口一团儿，
ɛ⁴⁴,tsʰuŋ³¹tsʰɿ⁵²:⁵²i⁰xou²⁴tʂ˞²⁴ȵiou³¹lɑ̃ŋ⁵²tʂəʔ²ȵy⁵²lia²⁴kɛ⁰iəʔ²tʰuø³¹,

过那小日子儿呀可痛快呀可高兴。
kuɤ²⁴na⁰ɕiɔ⁵²ẓəʔ²tsiɤ⁵²ia²⁴kʰɐʔ²tʰuŋ²⁴kʰuɐ²⁴ia²⁴kʰɐʔ²kɔ⁵²ɕiəŋ²⁴.

哎，这，这样那好日子儿他俩已经一下儿过了三年，
ɛ⁴⁴,tʂ˞²⁴,tʂ˞⁵²iɑ̃ŋ⁵²na⁰xɔ⁵²ẓəʔ²tsiɤ⁵²tʰɐʔ²lia²⁴i⁰:⁵²tɕiəŋ⁰iəʔ²ɕiæ²⁴kuɤ²⁴lɤ⁰sɑ̃n⁴⁴ȵiɑ̃n³¹,

三年当中，织女一下儿给他生一孩ᶻ生一闺女，
sɑ̃n⁴⁴ȵiɑ̃n³¹tɑ̃ŋ⁴⁴tʂuŋ⁰,tʂəʔ²ȵy⁵²iəʔ²ɕiæ²⁴kəʔ²tʰɐʔ²ʂən⁴⁴iɤ⁴⁴xai³¹ʂən⁴⁴iɤ⁴⁴kuən²⁴ȵy⁰,

诶呀更高兴了。成天都是白天牛郎去地干活儿，
ei⁴⁴ia⁰kən²⁴kɔ⁵²ɕiəŋ²⁴lɤ⁰.tʂʰən³¹tʰiɑ̃n⁴⁴tou²⁴ʂəʔ²pɛ³¹tʰiɑ̃n⁴⁴ȵiou³¹lɑ̃ŋ⁵²tɕyəʔ²ti²⁴kɑ̃n²⁴xuø³¹,

犁地，拾柴火，哎，放牛，
li³¹ti²⁴,ʂʅ³¹tʂʰɛ³¹xuɤ⁰,ɛ⁴⁴,fɑ̃ŋ²⁴ȵiou³¹,

哎，织女哩，天天搁家，给他做饭给他洗衣裳，
ɛ⁴⁴,tʂəʔ²ȵy⁵²li⁰,tʰiɑ̃n⁴⁴tʰiɑ̃n⁰kɐʔ²tɕia⁴⁴,kəʔ²tʰɐʔ²tsou²⁴fɑ̃n²⁴,kəʔ²tʰɐʔ²ɕi⁵²:⁴⁴ʂɑ̃ŋ⁰,

养活孩ᶻ，照顾孩ᶻ，哎呀，家弄那干干净净，
iɑ̃ŋ⁵²xuɤ⁰xiou³¹,tʂɔ²⁴ku⁰xiou³¹,ɛ⁰ia⁰,tɕia⁴⁴nuŋ⁰na⁰kɑ̃n⁴⁴kɑ̃n⁰tɕiəŋ²⁴tɕiəŋ⁰,

牛郎也可高兴哩。突然有一天了，
ȵiou³¹lɑ̃ŋ⁰iɤ⁵²kʰɐʔ²kɔ⁵²ɕiəŋ²⁴li⁰.tʰuəʔ²zɑ̃n²⁴iou⁵²iəʔ²tʰiɑ̃n⁴⁴lɤ⁰,

诶呀，这天上那玉皇大帝不[知道]咋知道了，
ei⁴⁴ia⁰,tʂ˞²⁴tʰiɑ̃n⁴⁴ʂɑ̃ŋ²⁴na⁰y⁵²xuɑ̃ŋ³¹ta⁴⁴ti²⁴pəʔ²tsɔ²⁴tsa⁵²tʂʅ⁴⁴tɔ²⁴lɤ⁰.

织女咋不吭气儿独个儿下凡了？
tʂəʔ²ȵy⁵²tsa⁵²pəʔ²kʰəŋ⁴⁴tɕʰiɤ²⁴tuə²⁴kø⁰ɕia²⁴fɑ̃n³¹lɤ⁰?

诶呀，发脾气儿说："赶快叫她给我回来。"
ei²⁴ia⁰,fɐʔ²pʰi³¹tɕʰiɤ³¹ʂuɐʔ²:"kɑ̃n⁵²kʰuɐ²⁴tɕiɔ²⁴tʰɐʔ²kəʔ²uɤ⁵²xuei³¹lɛ³¹."

突然狂风大作呀，咦，刮老大大那风呀，呼呼响，
tʰuəʔ²zɑ̃n⁵²kʰuɑ̃ŋ³¹fəŋ⁴⁴ta²⁴tsuɐʔ²ia⁰,i²⁴,kuɐʔ²lɔ⁵²ta²⁴ta⁰na⁰fəŋ⁴⁴ia⁰,xu²⁴xu⁰ɕiɑ̃ŋ⁵²,

嗯，天上哩，又是打雷，又是下雨，又是闪电，
ən⁰,tʰiɑ̃n⁴⁴ʂɑ̃ŋ²⁴li⁰,iou²⁴ʂəʔ²ta⁵²luei³¹,iou²⁴ʂəʔ²ɕia²⁴y⁵²,iou²⁴ʂəʔ²ʂɑ̃n⁵²tiɑ̃n²⁴,

诶呀，织女不见了，一下儿她走了，上天了，
ei²⁴ia⁰,tʂəʔ²ȵy⁵²pəʔ²tɕiɑ̃n²⁴lɤ⁰,iəʔ²ɕiæ⁰tʰɐʔ²tsou⁵²lɤ⁰,ʂɑ̃ŋ²⁴tʰiɑ̃n⁴⁴lɤ⁰,

这牛郎哩，去地干活儿回来了，

tʂɤ²⁴ȵiou³¹lãŋ⁰li⁰,tɕʰyəʔ²ti²⁴kãn⁵²xuɤ⁰xuei⁵²lɤ⁰lɤ⁰,

进家了咋一看，织女织女，哎，咋不听答应？

tɕiõŋ²⁴tɕia⁴⁴lɤ⁰tsa⁵²iəʔ²kʰãn²⁴,tʂəʔ²ȵy⁵²tʂəʔ²ȵy⁵²,ɛ⁴⁴,tsa⁵²pəʔ²tʰiəŋ⁴⁴təʔ²iəŋ²⁴?

他这房前屋后到处寻，

tʰɐʔ²tʂɤ²⁴fãŋ³¹tɕʰiãn⁴⁴u⁴⁴xou²⁴tɔ²⁴tʂʰu⁵²ɕiõŋ³¹,

去外先叫，哎，喊，到处寻不着织女了。

tɕʰy²⁴uɛ⁵²ɕiãn⁰tɕiɔ²⁴,ɛ²⁴,xãn⁵²,tɔ²⁴tʂʰu²⁴ɕiõŋ³¹pəʔ²tʂɤ⁰tʂəʔ²ȵy⁵²lɤ⁰.

这个时候哩，孩儿哩也搁那儿哭住叫"妈，妈"，没有人答应。

tʂɤ²⁴kɤ⁰ʂʅ³¹xou²⁴li⁰,xɤ³¹li⁰iɤ⁵²kɐʔ²nɤ⁰kʰu²⁴tɕiɔ²⁴"ma⁴⁴,ma⁴⁴",məʔ⁰iou²⁴zən³¹təʔ²iəŋ²⁴.

诶呀，这牛郎说："这咋弄哩？砰了，这织女肯定走了。"

ei²⁴ia⁰,tʂɤ⁴⁴ȵiou³¹lãŋ⁰ʂuɐʔ²:"tʂɤ⁵²tsa⁵²nuŋ²⁴liʔ²pʰəŋ⁴⁴lɤ⁰,tʂɤ⁵²tʂəʔ²ȵy⁵²kʰən⁵²tiəŋ²⁴tsou⁵²lɤ⁰."

这时候老牛，哎，说话儿了，诶哟，把牛郎吓一跳，

tʂɤ⁴⁴ʂʅ³¹xou²⁴lɔ⁵²ȵiou²⁴,ɛ⁰,ʂuɐʔ²xuæ²⁴lɤ⁰,ei³¹iɔ⁰,pa²⁴ȵiou³¹lãŋ⁰ɕiaʔ²iəʔ²tʰiɔ²⁴,

这娘姨，老牛咋会说话儿？

tʂɤ²⁴ȵia³¹·⁰i⁰,lɔ⁵²ȵiou³¹tsa²⁴xuei⁵²ʂuɐʔ²xuæ²⁴?

老牛说来："牛郎，你快点儿把我头上，

lɔ⁵²ȵiou³¹ʂuɐʔ²lɛ⁰:"ȵiou³¹lãŋ³¹²,ȵi⁵²kʰuɛ²⁴tiɤ²⁴pa²⁴uɤ⁵²tʰou³¹ʂãŋ²⁴,

把我那□□上那圪抵赶紧给我取下来，

pa²⁴uɤ⁵²na⁰təʔ²nãŋ⁰ʂãŋ²⁴na⁰kɐʔ²ti⁵²kãn²⁴ȵiən⁰kəʔ²uɤ⁵²tɕʰy⁵²ɕia²⁴lɛ⁰,

担住那俩孩ᶻ，你赶紧快儿上天去寻织女吧。"

tãn⁴⁴tʂu²⁴na⁰lia⁵²xiou³¹,ȵi⁵²kãn¹³tɕiən⁰kuɐ²⁴ʂãŋ²⁴tʰiãn⁴⁴tɕʰy²⁴ɕiõŋ³¹tʂəʔ²ȵy⁵²pa⁰."

娘哎，牛郎正搁那儿吃惊哩，想这，娘哎，

ȵiãŋ³¹·⁰ɛ⁰,ȵiou³¹lãŋ⁰tʂəŋ²⁴kɐʔ²nɤ⁰tʂʰəʔ²tɕiəŋ⁴⁴li⁰,ɕiãŋ⁵²tʂɤ³¹,ȵiãŋ³¹·⁰ɛ⁰,

这多咱我这老牛，这，这咋会说话儿了？

tʂɤ²⁴tuɤ⁵²tsãn²⁴uɤ⁵²tʂɤ²⁴lɔ⁵²ȵiou²⁴,tʂɤ²⁴,tʂɤ²⁴tsa⁵²xuei²⁴ʂuɐʔ²xuæ²⁴lɤ⁰?

它咋[这么]吓人来？正想，正搁那儿说中间，

tʰɐʔ²tsa⁵²tʂei²⁴ɕia²⁴zən³¹lɛʔ²tʂəŋ²⁴ɕiãŋ⁵²,tʂəŋ²⁴kɐʔ²nɤ⁰ʂuɐʔ²,tʂuŋ⁴⁴tɕiãn⁴⁴,

娘哎，那俩牛圪抵啪嗒跌[地下]了，

ȵiãŋ³¹·⁰ɛ⁰,na²⁴lia⁵²ȵiou²⁴kɐʔ²ti⁵²pəʔ²tʰa²⁴tiɐʔ²tia⁴⁴lɤ⁰,

一跌[地下]，好都变成筐了，

iəʔ²tiɐʔ²tia⁴⁴,xɔ²⁴tou⁴⁴piãn²⁴tʂʰəŋ³¹kʰuãŋ⁴⁴lɤ⁰,

一变成筐，哎呀，牛郎啥也顾不上了，

iəʔ²piãn²⁴tʂʰəŋ³¹kʰuãŋ⁴⁴,ɛ⁴⁴ia⁰,ȵiou³¹lãŋ⁰ʂɔ²⁴iɛ⁵²ku²⁴pəʔ²ʂãŋ²⁴lɤ⁰,

娘姨，赶紧把这孩ᶻ来，[一个]筐里□放[一个]孩ᶻ，

ȵiãŋ³¹·⁰i⁰,kãn⁵²tɕiən⁰pa²⁴tʂɤ²⁴xiou³¹lɛ⁰,iɤ⁴⁴kʰuãŋ⁴⁴li⁵²mãn⁰fãŋ²⁴iɤ⁴⁴xiou³¹,

担住都跑，正往外头跑哩，

tãn⁴⁴tʂʅ⁰tou²⁴pʰɔ⁵²,tʂəŋ²⁴uãŋ⁵²ue²⁴tʰou⁰pʰɔ⁵²li⁰,

娘咦，听着耳朵边儿起，那风呼呼呼呼响着□，

ɲiãŋ³¹i⁰,tʰiəŋ⁴⁴tʂɤ⁰lə⁵²tuɤ⁰piø⁴⁴tɕʰi⁰,na⁰fəŋ⁴⁴xu²⁴xu²⁴xu²⁴ɕiãŋ⁵²tʂɤ⁰tia⁰,

他心□想，这娘咦，我咋跑[这么]快来？

tʰɐʔ²ɕiɔ̃n⁴⁴mãn⁵²ɕiãŋ⁵²,tʂɤ²⁴ɲiãŋ³¹i⁰,uɤ⁵²tsa⁵²pʰɔ⁵²tʂei²⁴kʰue²⁴le⁰?

我咋给飞哩一样儿？给那长翅膀了一样，呼呼一直往天上飞。

uɤ⁵²tsa⁵²kəʔ²fei⁴⁴li⁰iæ̃²⁴ʔkəʔ²na⁰tʂãŋ⁵²tsʅ²⁴pãŋ⁰lɤ⁰iãŋ²⁴,xu²⁴xu²⁴iəʔ²tʂʅ⁰uãŋ⁵²tʰiãn⁴⁴ʂãŋ²⁴fei⁴⁴.

眼看着，娘咦，前头织女□那儿往前头跑，

iãn⁵²kʰãn²⁴tʂɤ⁰,ɲiãŋ³¹i⁰,tɕʰiãn³¹tʰou⁰tʂəʔ²ɲy⁰kɐʔ²nø⁰uãŋ⁵²tɕʰiãn³¹tʰou⁰pʰɔ⁵²,

他在后头说："我瞅着织女了。"

tʰɐʔ²kɛ³¹xou²⁴tʰou⁰sueʔ²:"uɤ⁵²tʂʰou⁵²tʂɤ³¹tʂəʔ²ɲy⁰lɤ⁰."

在后头撵，"织女！织女！"搁那儿叫住□。

kɛ²⁴xou²⁴tʰou⁰ɲiãn⁵²,"tʂəʔ²ɲy⁵²!tʂəʔ²ɲy⁵²!"kɐʔ²nø³¹tɕiɔ²⁴tʂʅ⁰tia⁰.

孩儿哩也搁那儿哭住，也搁那儿叫住"妈，妈"，

xø³¹li⁰iɤ⁵²kɐʔ²nø²⁴kʰueʔ²tʂʅ⁰,iɛ⁵²kɐʔ²nø²⁴tɕiɔ²⁴tʂʅ⁰"ma⁴⁴,ma⁴⁴",

马上眼看着都要都要拽住哩，俩人都要撵上哩，

ma⁵²ʂãŋ²⁴iãn⁵²kʰãn²⁴tʂɤ⁰tou²⁴iɔ²⁴tou²⁴iɔ²⁴tʂue²⁴tʂʅ⁰li⁰,lia⁵²zẽn³¹tou³¹iɔ²⁴ɲiãn⁵²ʂãŋ²⁴li⁰,

王母娘娘在边儿起瞅着了，

uãŋ³¹mu⁰ɲiãŋ³¹ɲiãŋ⁰kɛ²⁴piø⁴⁴tɕʰi⁰tʂʰou⁵²tʂɤ⁰lɤ⁰,

说："这不能，敢叫他俩再撵上，

sueʔ²:"tʂɤ²⁴pəʔ²nəŋ³¹,kãn⁵²tɕiɔ²⁴tʰɐʔ²lia⁵²tsɛ²⁴ɲiãn⁵²ʂãŋ²⁴,

他俩又是在一团儿哭哭啼啼，这会中？"

tʰɐʔ²lia⁵²iou²⁴səʔ²kɛ²⁴iəʔ²tʰuø²⁴kʰuəʔ²kʰuəʔ²⁰tʰi³¹tʰi⁰,tʂɤ³¹xuei²⁴tʂuŋ⁴⁴?"

干脆，她□□□后头拔一下儿，

kãn⁴⁴tsuei²⁴,tʰɐʔ²kɛ²tə²nãŋ²xou²⁴tʰou⁰pa³¹iəʔ²ɕiæ⁰,

好把头发上别那银簪，她好把一取取下来，

xɔ²⁴pa⁵²tʰou³¹fɐʔ²ʂãŋ²⁴piɛ³¹na⁰iĩn⁵²tsãn⁴⁴,tʰɐʔ²xɔ²⁴pa⁵²iəʔ²tɕʰy⁵²tɕʰy⁵²ɕia²⁴lɛ⁰,

搁他俩那正中间，擦一下ᶻ，画一道儿，

kɐʔ²tʰɐʔ²lia⁵²na⁰tʂəŋ²⁴tʂuŋ⁴⁴tɕiãn⁴⁴,tsʰa⁴⁴iəʔ²ɕiɔ²⁴,xua²⁴iəʔ²tø²⁴,

一画一道儿了，娘咦，咋变成一条河了，

iəʔ²xua²⁴iəʔ²tø²⁴lɤ⁰,ɲiãŋ³¹i⁰,tsa⁵²piãn²⁴tʂʰəŋ³¹iəʔ²tʰiɔ³¹xɤ³¹lɤ⁰,

老大大老宽宽一条河呀，

lɔ⁵²ta²⁴ta⁰lɔ⁵²kʰuãn⁴⁴kʰuãn⁰iəʔ²tʰiɔ³¹xɤ³¹ia⁰,

河里□那，哎呀，浪哩老大大，波浪翻滚呀，咿呀，

xɤ³¹li⁵²mãn⁰na⁰,ɛ⁴⁴ia⁰,lãŋ²⁴li⁰lɔ⁵²ta²⁴ta⁰,puɤ⁴⁴lãŋ²⁴fãn⁴⁴kuẽn⁵²ia⁰,i⁴⁴ia⁰,

吓住牛郎在这半个不敢过了，过不去了。

ɕia²⁴tʂʅ⁰ɲiou³¹lãŋ³¹tsɛ²⁴tʂɤ³¹pãn²⁴kɤ⁰pəʔ²kãn⁵²kuɤ²⁴lɤ⁰,kuɤ⁵²pəʔ²tɕʰy²⁴lɤ⁰.

织女在那[半个]哭住,叫住:"牛郎!牛郎!"
tʂəʔ²n̠y⁵²tsɛ²⁴na⁰pɑ̃ŋ²⁴kʰuəʔ²tsʮ,tɕiɔ³tʂʮ:"n̠iou³¹lɑ̃ŋ³¹!n̠iou³¹lɑ̃ŋ³¹!"
诶呀,这半个哩,牛郎哩搁那儿叫住:"织女!织女!"
ei⁴⁴iɑ⁰,tʂɤ³¹pɑ̃ŋ²⁴kɤ⁰li⁰,n̠iou³¹lɑ̃ŋ³¹li⁰kəʔ²nø⁵²tɕiɔ³tʂʮ:"tʂəʔ²n̠y⁵²!tʂəʔ²n̠y⁵²²!"
咋式他俩都没法儿呀,没法儿过去河呀。
tsa⁵²ʂʮ²⁴tʰɐʔ²lia⁵²tou²⁴məʔ²fæ⁴⁴iɑ⁰,məʔ²fæ⁴⁴kuɤ²⁴tɕʰy²⁴xɤ³¹iɑ⁰.
最后俩人都是,[那一个]在那边儿哭,[这一个]在这边儿哭,
tsuei²⁴xou²⁴lia⁵²zə̃n³¹tou³¹ʂʮ,n̠iɤ⁴⁴kɛ²⁴na⁰piø⁴⁴kʰuəʔ²,tɕiɤ⁴⁴kɛ²⁴tʂɤ⁰piø⁴⁴kʰuəʔ²,
孩儿哩在这边儿哭,最后没法儿了,王母娘娘说:
xø³¹li⁰tsɛ²⁴tʂɤ³¹piø⁴⁴kʰuəʔ²,tsuei²⁴xou²⁴məʔ²fæ⁴⁴lɤ⁰,uɑ̃ŋ³¹mu⁰n̠iɑ̃ŋ³¹n̠iɑ̃ŋ⁰ʂuəʔ²:
"干脆是那吧,看你俩怪可先,怪可怜,
"kɑ̃n⁴⁴tsʰuei²⁴ʂəʔ²na⁴⁴pa⁰,kʰɑ̃n²⁴n̠i¹³lia⁵²kuɛ²⁴kʰɤ⁵²ɕiɑ̃n⁰,kuɛ²⁴kʰɤ⁵²liɑ̃n³¹,
你俩也[这么]恩爱,干脆以后,给你俩每年那,
n̠i⁵²lia⁵²iɤ⁵²tʂei²⁴ɣə̃n⁴⁴ɣɛ²⁴,kɑ̃n⁴⁴tsʰuei⁰i⁰xou²⁴,kəʔ²n̠i⁵²lia⁵²mə̃n⁵²n̠iɑ̃n³¹na⁰,
阴历七月七,你俩见一次面儿算了。"
iə̃n⁴⁴liəʔ²tɕʰiəʔ²yɐʔ²tɕʰiəʔ²,n̠i¹³lia⁵²tɕiɑ̃n²⁴iəʔ²tsʰʮ²⁴miø²⁴suɑ̃n²⁴lɤ⁰."
哎,一说话,从此以后呀,
ɛ⁰,iəʔ²fɤʔ²xua²⁴,tsʰuŋ³¹tsʰʮ⁵²i⁵²xou²⁴iɑ⁰,
每年见到那阴历七月,七月初七咾,
mə̃n⁵²n̠iɑ̃n³¹tɕiɑ̃n²⁴tɔ²⁴na⁰iə̃n⁴⁴liəʔ²tɕʰiəʔ²yɐʔ²,tɕʰiəʔ²yɐʔ²tʂʰu⁴⁴tɕʰiəʔ²lɔ⁰,
哎,牛郎担住俩孩ᶻ,哎,
ɛ⁴⁴,n̠iou³¹lɑ̃ŋ³¹tɑ̃n²⁴tʂʮ²⁴lia⁵²xiɔu³¹,ɛ⁰,
去给上天上,去给织女俩会面儿了。
tɕʰy²⁴kəʔ²ʂɑ̃ŋ²⁴tʰiɑ̃n⁴⁴ʂɑ̃ŋ²⁴,tɕʰy²⁴kəʔ²tʂəʔ²n̠y⁵²lia⁰xuei²⁴miø²⁴lɤ⁰.
会面时候儿,那还是过不去河呀,
xuei²⁴miø²⁴ʂʮ³¹xuɤ²⁴,na⁰xæ³¹ʂʮ⁰kuɤ²⁴pəʔ²tɕʰy²⁴xɤ³¹iɑ⁰,
那咋办?哎呀,一下儿感动了喜鹊了,你不[知道]多少喜鹊呀,
na²⁴tsa⁵²pɑ̃n²⁴?ɛ⁴⁴iɑ⁰,iəʔ²ɕiæ⁴⁴kɑ̃n²⁴tuŋ⁰lɤ⁰ɕi⁵²tɕʰyɐʔ²lɤ⁰,n̠i⁰pəʔ²tʂɔ⁰tuɤ²⁴ʂɔ⁵²ɕi⁵²tɕʰyɐʔ²iɑ⁰,
成千上万飞着口给他俩搭了一座桥,
tʂʰə̃n³¹tɕʰiɑ̃n⁴⁴ʂɑ̃ŋ²⁴vɑ̃n⁴⁴fei⁴⁴tʂɤ⁰tia⁰kəʔ²tʰɐʔ²lia⁵²tɐʔ²lɤ⁰iəʔ²tsuɤ²⁴tɕʰiɔ³¹,
哎,他俩就搁那桥上见面儿了,俩人诶呀,抱头痛哭呀,
ɛ⁴⁴,tʰɐʔ²lia⁵²tou²⁴kəʔ²na⁰tɕʰiɔ³¹ʂɑ̃ŋ²⁴tɕiɑ̃n²⁴miø²⁴lɤ⁰,lia⁵²zə̃n³¹ei⁴⁴iɑ⁰,pɔ⁰tʰou²⁴tʰuŋ²⁴kʰuəʔ²iɑ⁰,
俩人又说说悄悄话儿,诶呀,真是,
lia⁵²zə̃n³¹iou⁰ʂuəʔ²ʂuəʔ²tɕʰiɔ⁴⁴tɕʰiɔ⁰xuæ²⁴,ei⁴⁴iɑ⁰,tʂə̃n⁴⁴ʂʮ⁰,
最后,嗯,民间哩,想着说,诶呀,每年到那七月初七咾,
tsuei²⁴xou²⁴,ə̃n⁰,mi⁰tɕiɑ̃n⁴⁴li⁰,ɕiɑ̃n⁵²tʂɤ⁰ʂuəʔ²,ei⁴⁴iɑ⁰,mə̃n⁵²n̠iɑ̃n³¹tɔ²⁴na⁰tɕʰiəʔ²yɐʔ²tʂʰu⁴⁴tɕʰiəʔ²lɔ⁰,

赶紧钻那葡萄那[底下]起，
kãn³¹ ȵiɛ̃n⁰ tsuan⁴⁴ naʰpʰu³¹ tʰɔ⁰ na⁰ tia⁵² tɕʰi⁰,
葡萄架[底下]起，哎，听牛郎给织女□说话儿哩。
pʰu³¹tʰɔ⁰tɕia²⁴ tia⁵² tɕʰi⁰,ɛ⁰,tʰiəŋ⁴⁴ȵiou³¹lãŋ⁰kəʔ²tʂəʔ²ȵy⁵²tia⁰ʂuɐʔ²xuæ²⁴li⁰.
哎，听着牛郎给织女□说说吃擦吃擦，
ɛ⁴⁴,tʰiəŋ⁴⁴tʂɤ²⁴ȵiou³¹lãŋ⁰kəʔ²tʂəʔ²ȵy²⁴tia⁰ʂuɐʔ²ʂuɐʔ²kəʔ²tsʰɐʔ²kəʔ²tsʰɐʔ²⁰,
说说哭哭，
ʂuɐʔ²ʂuɐʔ²kʰuɐʔ²kʰuɐʔ²,
感觉天上那雨点儿呀是那泪，滴下来都能跌到脸上，
kãn⁵²tɕyɐʔ²tʰiãn⁴⁴ʂãŋ²⁴na⁰y¹³tiø⁵²ia⁰ʂəʔ²na⁰luei²⁴,tiɐʔ²ɕia²⁴lɛ⁰tou²⁴nəŋ³¹tiɐʔ²tɔ²⁴liãn⁵²ʂãŋ²⁴,
哎，实际上哩，是咱们民间呀，是有情人，
ɛ⁴⁴,ʂəʔ²tɕi²⁴ʂãŋ²⁴li⁰,ʂəʔ²tsæ³¹mən⁰mi³¹tɕiãn⁴⁴ia⁰,ʂəʔ²iou⁵²tɕʰiəŋ³¹ʐən³¹,
也都是男男女女谈恋爱哩一样儿，
iɤ⁵²tou⁵²ʂəʔ²nãn³¹nãn³¹ȵy⁰ȵy⁵²tʰãn³¹liãn²⁴ɣɛ²⁴li⁰iæ²⁴,
哎，[人家]们都是在一团儿有说有笑哩，在一团儿谈情说爱。
ɛ⁴⁴,za³¹mən⁰tou²⁴ʂʅ²⁴tsɛ²⁴iəʔ²tʰuɤ³¹iou⁵²ʂuɐʔ²iou⁵²ɕiɔ²⁴li⁰,tsɛ²⁴iəʔ²tʰuɤ²⁴tʰãn³¹tɕʰiəŋ³¹ʂuɐʔ²ɣɛ²⁴.
哎，从此以后，[这一个]，这[这一个]这故事呀都流传下来了，
ɛ⁰,tsʰuŋ³¹tsʰʅ⁵²i⁵²xou²⁴,tɕiɤ⁴⁴,tʂɤ⁴⁴tɕiɤ³¹tʂɤ²⁴ku⁵²ʂʅ²⁴ia⁰tou⁰liou³¹tʂʰuãn³¹ɕia²⁴lɛ³¹lɤ⁰,
[这一个]这故事实际上可都是这昂，
tɕiɤ⁴⁴tʂɤ²⁴ku²⁴ʂʅ²⁴ʂəʔ²tɕi²⁴ʂãŋ⁰kʰɐʔ²tou²⁴ʂəʔ²tʂɤ²⁴ãŋ⁰,
我也不[知道]你们听住啥样儿昂，
uɤ¹³iɤ⁵²pəʔ²tʂɔ²⁴ȵi⁵²mən⁰tʰiəŋ⁴⁴tʂʅ²⁴ʂa²⁴iæ²⁴ãŋ⁰,
反正这都是我们这点儿那[这一个]这故事，牛郎织女，
fãn⁵²tʂəŋ²⁴tʂɤ²⁴tou⁰ʂʅ²⁴uɤ⁰mən⁰tʂɤ²⁴tiø⁰na⁰tɕiɤ⁴⁴tʂɤ²⁴ku²⁴,ȵiou³¹lãŋ⁰tʂəʔ²ȵy⁵².
那都这了昂，说了了。
na²⁴tou²⁴tʂɤ⁴⁴lɤ⁰ãŋ⁰,ʂuɐʔ²liɔ⁵²lɤ⁰.

意译：今天我给大家讲一个故事，不知道这故事你们听过没有？这故事叫牛郎织女。从前有一个孩子叫牛郎，牛郎的生活很苦，很可怜，他爹妈都死得早，家里就剩他一个人。他家有一头老牛天天和他做伴儿，牛郎心里面有点儿啥事都要说给老牛听，他把老牛当成亲人了。老牛心里想：这孩子这么好，我能帮他找一个媳妇就好了，叫他赶紧成亲。有一天，牛郎晚上睡着了，做了一个梦，梦里面好像是老牛告诉他，第二天他家附近那条河里有好几个仙女要在那儿洗澡，河边树枝上挂一件红衣裳，让他到时候去把衣服拿走，不要回头一直往家里走，一回头就什么都没有了。牛郎突然就醒了，心想：到底我这是做梦呀。还是真有其事啊？干脆我明天起个早，去看看吧。第二天，他早早就起来了，走到河边，就听到河里面叽叽喳喳，有人说有人笑的。听着都是女孩子们在说话呢。他看到河边树枝上挂一件红衣裳，他

拿起就走。他跑到家,赶紧把衣裳往家一放,他心想我看看今天有没有好事儿发生。不一会儿,河里的几个仙女们洗完澡了,要回天上,就赶紧穿衣裳,但是有个仙女找不着她那件衣裳了,她问大家,都说没见。其他几个仙女说:"织女织女我们先走了,我们先回天上,你要是找到衣裳你也赶紧回。你可赶紧回来哦。"原来这个仙女就是织女,织女没有衣服,缩在河边不敢动,心里说等到了晚上我再找衣服。她当时心里面也想,去民间看看,过过这老百姓的日子。等到天黑了她跑到牛郎家,一敲门,牛郎把门开开了,一看真是个仙女来了,牛郎高兴得不得了,老牛也高兴地想:我给牛郎找了个媳妇,这下子他的日子就好过了。从此以后,这牛郎织女的小日子过得可快乐了。过了三年,织女给牛郎生了一个儿子和一个闺女。白天牛郎去地里干活儿、犁地、拾柴火、放牛,织女天天在家给他做饭、洗衣裳、照顾孩子,把家收拾得干干净净。突然有一天,玉皇大帝知道织女下凡的事情了,发脾气说:赶快叫她给我回来!突然狂风大作,天上又是打雷又是下雨又是闪电,织女不见了,回天上了。牛郎去地里干活儿回来了,进家一看,织女不见了,孩儿们在哭喊妈妈,也没有人答应。牛郎说这怎么办呢?这时候老牛说话了,把牛郎吓了一跳。老牛说:牛郎,你快点把我头上的角取下来,担住两个孩子赶紧上天去寻找织女吧。这时那俩牛角突然就掉下来了,都变成筐子了,牛郎啥也顾不上了,赶紧把孩子一个筐里面放一个,担住就开始跑,听着耳朵边那风呼呼响着,他像长翅膀一样,呼呼一直往天上飞,眼看着就要追上织女了,孩子们也哭喊着妈妈。王母娘娘看见了,她拔下了头发上的银簪,在牛郎和织女中间画一道儿,就成了一条天河,河里面浪很大,波浪翻滚,牛郎过不去了。织女在河那边哭叫牛郎,牛郎在河这边叫织女,他俩都没法过河。最后王母娘娘说,看你俩怪可怜,也这么恩爱,以后你俩每年阴历七月七见一次面算了。从此以后,每年到阴历七月七那天,牛郎担着俩孩子上天和织女会面,可还是过不去河怎么办呢?他们两个的事情感动了喜鹊,成千上万的喜鹊飞来给他俩搭了一座桥,他俩就在鹊桥上见面。俩人抱头痛哭,说说悄悄话。民间传说每年到七月初七,有人钻葡萄架底下可以听见牛郎和织女说话儿。有时感觉天上的雨点儿像是二人的眼泪。其实这就是一对有情人在谈情说爱。从此以后这故事就流传下来了,这就是我们这里的故事——《牛郎和织女》。

(发音人:姚兰 2017.09.11 济源)

0022 女娲补天

今个我给大家讲[一个]故事,叫女娲补天。

tɕi⁵²kɤ⁰uɤ⁵²kəʔ²ta²⁴tɕia⁴⁴tɕiaŋ⁵²iɤ²⁴ku⁰sʅ⁰,tɕi⁰ny⁵²ua⁴⁴pu⁰tʰiãn⁴⁴.

[这个]故事发生在济源那邵原镇上,昂。

tɕiɤ⁴⁴ku²⁴sʅ⁰faʔ²ʂəŋ⁴⁴tsɛ⁰tɕi⁵²yãn³¹na⁰sɔ²⁴yãn³¹tʂõn²⁴ʂãŋ⁰,ãŋ⁰.

这很久以前呀，从前么，
tʂɤ²⁴xɤ̃n¹³tɕiou⁵²i⁵²tɕʰiãn²⁴ia⁰,tsʰuŋ³¹tɕʰiãn³¹mɤ⁰,
这天上啥就没有天没有地，浑浊一潭。
tʂɤ²⁴tʰiãn⁴⁴ʂɑ̃ŋ²⁴ʂa²⁴tsou²⁴mə?²iou⁰tʰiãn⁴⁴mə?²iou⁰ti²⁴,xuɤ̃n³¹tʂuə?²iə?²tʰãn³¹.
自从盘古开天地以后，
tsʅ²⁴tsʰuŋ³¹pʰãn³¹ku⁰kʰɛ⁴⁴tʰiãn⁴⁴ti²⁴ʅ⁵²xou²⁴,
不知啥时间这个这西天儿边儿塌了一个洞，
pə?²tʂʅ⁰ʂa²⁴sʅ³¹tɕiãn⁴⁴,tʂɤ²⁴kɤ⁰tʂɤ²⁴ɕi⁴⁴tʰiãn⁴⁴piø⁴⁴tʰɐ?²lɤ⁰iə?²kɤ⁰tuŋ²⁴,
哎呀，天上那水呀，哗哗流呀，
ei⁴⁴ia⁰,tʰiãn⁴⁴ʂɑ̃ŋ²⁴na⁰ʂuei²⁴ia⁰,xua²⁴xua²⁴liou³¹ia⁰,
把[地下]那人畜都淹死多少儿，这没办法。
pa⁵²tia⁴⁴na²⁴zɤ̃n³¹ɕyə?²tou⁴⁴iãn²⁴sʅ¹³tuɤ¹³sø⁰,tʂɤ²⁴mə?²pãn²⁴fɐ?².
这时候哩，有[一个]有[一个]小闺女，唤女娲，她家住在哪儿里？
tʂɤ²⁴sʅ³¹xou²⁴li⁰,iou²⁴iɤ⁴⁴iou²⁴iɤ⁴⁴ɕiɔ⁵²kuɤ̃n⁴⁴ny⁰,xuãn²⁴ny⁴⁴ua⁴⁴,tʰɐ?²tɕia⁴⁴tʂʅ⁴⁴kɛ⁰næ⁵²li⁰?
就再大那水都淹不住那老高高那山上，
tsou²⁴tsɛ²⁴ta²⁴na⁰ʂuei⁵²tou⁴⁴iãn⁴⁴pə?²tʂʅ⁰na¹lɔ⁵²kɔ⁴⁴kɔ⁰na⁰sãn⁴⁴ʂɑ̃ŋ²⁴,
那山垭口里边，山崖洞里边儿哩。
na⁰sãn⁴⁴ia³¹kʰou⁵²li⁰piø⁰,sãn⁴⁴ia³¹tuŋ⁰li⁰piø⁰li⁰.
她哩心里很善良，她说这这这这把人都淹死[这么]些，
tʰɐ?²li⁰ɕiɤ̃n⁴⁴li⁰xɤ̃n⁵²ʂãn²⁴liɑ̃ŋ⁰,tʰɐ?²suɐ?²tʂɤ²⁴tʂɤ²⁴tʂɤ²⁴tʂɤ²⁴pa²⁴zɤ̃n³¹tou⁴⁴iãn⁴⁴sʅ⁵²tsei²⁴ɕiɛ⁵²,
咋式能补住天哩？这办法都寻办法了，
tsa⁵²sʅ²⁴nəŋ³¹pu⁵²tʂʅ²⁴tʰiãn⁴⁴li⁰?tʂɤ²⁴pãn²⁴fɐ?²tou⁴⁴ɕiɤ̃n³¹pãn²⁴fɐ?²lɤ⁰,
这然后她就想办法，找办法，到处儿跑呀，
tʂɤ²⁴tʰɐ?²zãn⁰xou²⁴tsou⁰ɕiɑ̃ŋ⁰pãn²⁴fɐ?²,tʂɔ⁰pãn²⁴fɐ?²,tɔ²⁴tʂʰuɤ²⁴pʰɔ⁵²ia⁰,
找不来办法。这跑，跑累了，她睡瞌睡了。
tʂɔ⁵²pə?⁰lɛ³¹pãn²⁴fɐ?².tʂɤ²⁴pʰɔ⁵²,pʰɔ⁵²luei¹lɤ⁰,tʰɐ?²sei²⁴kʰɐ?²sei²⁴lɤ⁰.
瞌睡了做[一个]梦，她梦着[一个][一个]神仙呀，
kʰɐ?²sei²⁴lɤ⁰tsou⁰iɤ⁴⁴mɤ̃n²⁴,tʰɐ?²məŋ²⁴tʂɤ³¹iɤ⁴⁴iɤ⁴⁴ʂɤ̃n⁴⁴ɕiãn⁴⁴ia⁰,
告她说："哎呀，这山上[这么]大那水，把人都淹死[这么]些，
kɔ²⁴tʰɐ?²suɐ?²:"ɛ⁴⁴ia⁰,tʂɤ²⁴sãn²⁴ʂɑ̃ŋ²⁴tsei⁰ta²⁴na⁰ʂuei⁵²,pa²⁴zɤ̃n³¹tou²⁴iãn⁴⁴sʅ⁵²tsei²⁴ɕiɛ⁰,
补天要想补天呀，都是昆仑山那山顶上有五彩石，
pu⁵²tʰiãn⁴⁴iɔ²⁴ɕiɑ̃ŋ⁵²pu⁵²tʰiãn⁴⁴ia⁰,tou²⁴sə?²kʰuɤ̃n⁴⁴luɤ̃n⁴⁴sãn⁴⁴na⁰sãn⁴⁴tiɤ̃ŋ⁵²ʂɑ̃ŋ²⁴,iou⁰u¹³tsʰɛ⁵²sʅ³¹,
把它炼成那岩浆，只有那才能补住天哩。"
pa²⁴tʰɐ?⁰liãn²⁴tʂʰəŋ³¹na⁰iãn³¹tɕiɑ̃ŋ⁴⁴,tʂɔ⁰iou⁵²na⁴⁴tsʰɛ³¹nəŋ³¹pu⁵²tʂʅ²⁴tʰiãn⁴⁴li⁰."
这她醒来了，她说："那我去昆仑山寻寻。"
tʂɤ²⁴tʰɐ?²ɕiɤ̃ŋ⁵²lɛ³¹lɤ⁰,tʰɐ?²suɐ?²:"na⁴⁴uɤ⁵²tɕʰy²⁴kʰuɤ̃n⁴⁴luɤ̃n⁴⁴sãn⁴⁴ɕiɤ̃n³¹ɕiɤ̃n⁰."

不[知道]跑过多远，
pəʔ²tʂːɔ⁴⁴pʰɔ⁵²kuɤ²⁴tuɤ¹³yãn⁵²,
跑过多山，翻过多岭，过过多江河呀
pʰɔ⁵²kuɤ²⁴tuɤ¹³sãn⁴⁴,fãn⁴⁴kuɤ²⁴tuɤ¹³liəŋ⁵²,kuɤ²⁴kuɤ²⁴tuɤ¹³tɕiãŋ⁴⁴xɤ³¹iaº,
这后来了，到那儿山上，脸上哪都挂那稀拍˚烂，
tʂɤ²⁴xou²⁴lɛ³¹lɤº,tɔ²⁴nø⁵²sãn⁴⁴ʂãŋ²⁴,liãn⁵²ʂãŋnaºtou²⁴kuaºnaºɕi⁴⁴pʰaˊlãn²⁴,
手脚都挂那不像样儿呀。正搁这时候儿哩，
sou⁵²tɕiɐʔ²tou²⁴kua²⁴naºpəʔ²ɕiãŋiæ²⁴iaº.tʂəŋ²⁴kɐʔ²tʂɤ²⁴sɻ³¹xuɤ²⁴lɛº,
忽嚓一下ᶻ搁那山里边儿蹿出大老虎。
xuɐʔ²tsʰa³¹iəʔ²ɕiɔu²⁴kɐʔ²naˊsãn⁴⁴liˊpiɐº tʂʰuãn⁴⁴tʂʰuɐʔ²ta²⁴lɔ³¹xuº.
老虎到那儿好都还没得吭气儿到那儿好尔˚住她了。
lɔ³¹xuºtɔ²⁴nø⁵²xɔ²⁴touˊxɛ³¹məʔ²tɛ³¹kʰəŋ⁴⁴tɕʰiɤ˳ˊtɔ²⁴nø⁵²xɔ²⁴lə⁵²tʂʅ²⁴tʰɐʔ²lɤº.
咬住她那脊子说要吃她哩。
iɔ⁵²tʂʅ²⁴tʰɐʔ²naˊpuɤ³¹tsɻº ʂuɐʔ²iɔ²⁴tsʰəʔ²tʰɐʔ²liº.
她说："你[不要]慌哩，老虎你[不要]慌吃我哩，
tʰɐʔ²ʂuɐʔ²:"n̩i⁵²pɔːˊxuãŋ⁴⁴liº,lɔˊxuˊn̩i⁵²pɔːˊxuãŋ⁴⁴tsʰəʔ²uɤ⁵²liº,
□□儿你没看民间那大水，天上那大水塌了呀，
tsɛˊfø³¹n̩iˊməʔ²kʰãn⁴⁴miãn³¹tɕiãn⁴⁴naˊta²⁴ʂuei⁵²,tʰiãn⁴⁴ʂãŋ²⁴naˊta²⁴ʂueiˊtʰɐʔ²lɤºiaº,
把那人都淹死了，我□□儿正是去寻那东西补天哩呀，
pa²⁴naˊzən⁴⁴touˊiãn⁴⁴sɻºlɤº,uɤ⁵²tsɛˊfø³¹tʂəŋ²⁴sɻ²⁴tɕʰy²⁴ɕiən³¹naˊtuŋ⁴⁴ɕiˊpu⁵²tʰiãn⁴⁴liºiaº,
救人哩呀，你叫我把天补住了，人都救咾，
tɕiou²⁴zən³¹liˊiaº,n̩i⁵²tɕiɔˊuɤ⁵²pa²⁴tʰiãn⁴⁴puˊtʂɤ²⁴lɤº,zən³¹touˊtɕiou²⁴lɔº,
你再把我吃咾，中不中？"
n̩i⁵²tsɛ²⁴pa¹³uɤ⁵²tʂʰəʔ²lɔº,tʂuŋ⁴⁴pəʔºtʂuŋ⁴⁴?"
这老虎一听，说："这是做好事儿哩呀。"
tʂɤ²⁴lɔ³¹xuˊiəʔ²tʰiəŋ⁴⁴,ʂuɐʔ²:"tʂɤ²⁴sɻˊtʂuɐʔ²xɔ⁵²sɻ²⁴liˊiaº."
说："那中。"老虎把她放了。
ʂuɐʔ²:"naºtʂuŋ⁴⁴."lɔ¹³xuˊpa¹³tʰɐʔ²fãŋ²⁴lɤº,
这她都继续搁那往那往心往昆仑山上走，
tʂɤ²⁴tʰɐʔ²tou²⁴tɕiˊɕy²⁴kɐʔ²naˊuãŋºnaˊuãŋ⁵²ɕiənˊuãŋ⁵²kʰuãŋ⁴⁴luən³¹sãn⁴⁴ʂãŋˊtsou⁵²,
哎，走到，正走哩，又是又听着一阵狂风呀，呼呼呼。
ɛ²⁴,tsou⁵²tɔˊ,tʂəŋ²⁴tsou⁵²liº,iouˊʂəʔ²iou²⁴tʰiãn⁴⁴tʂɤ³¹iəʔ²tʂən²⁴kʰuãŋ³¹fəŋ⁴⁴iaº,xu²⁴xu²⁴xu²⁴,
谁知道过来大狮子，
ʂei³¹⁴⁴tʂʅˊtɔºkuɤ²⁴lɛ³¹taºsɻ⁴⁴tsɻº,
大狮子呀，一下儿扑住好都抓住她那头发了，要吃她哩，
ta²⁴sɻ⁴⁴tsɻºiaº,iəʔ²ɕiæ²⁴pʰuɐʔ²tʂʅˊxɔ²⁴toutʂuaˊtʂʅ²⁴tʰɐʔ²naˊtʰou³¹fa²⁴lɤº,iɔ²⁴tsʰəʔ²tʰɐʔ²liº,

她说："狮子你[不要]吃我哩，我□□儿去补天呀，
tʰɐʔ²ʂuɐʔ²:"sɿ⁴⁴tsɿ⁰ɲi⁵²pɔ⁵tʂʰəʔ²uɤ⁵li⁰,uɤ⁵²tsɛ²⁴fø⁵²tɕʰy²⁴pu⁵²tʰiãn⁴⁴·ia⁰,
没看天漏成啥了，把人都淹死了，我去补天呀。"
məʔ²kʰãn²⁴tʰiãn⁴⁴lou²⁴tsʰəŋ³¹ʂɔ²⁴lɤ⁰,pa²⁴ʐə̃n³¹tou⁴⁴iãn⁵sɿ⁴⁴lɤ⁰,uɤ⁵²tɕʰy²⁴pu⁵²tʰiãn⁴⁴·ia⁰."
正搁这时候儿哩，给它讲情哩，
tʂəŋ²⁴kɐʔ²tsɤ²⁴sɿ³¹xəɤ²⁴li⁰,kəʔ²tʰɐʔ²tɕiãŋ⁵²tɕʰiəŋ³¹li⁰,
大老虎谁[知道]搁后跟哩，大老虎到那儿就就尔˝住它狮子，
ta²⁴lɔ³¹xu⁰ʂei³¹tsɔ²⁴kɐʔ²xou²⁴kə̃n⁴⁴li⁰,ta²⁴lɔ³¹xu²⁴tɔ⁵nø⁵²tɕiou²⁴tɕiou²⁴lə⁵²tsʅ²⁴tʰɐʔ²sɿ⁴⁴tsɿ⁰,
说："你不要搁那儿，这人是我先瞅着，
ʂuɐʔ²:"ɲi⁵²pəʔ²iɔ²⁴kɐʔ²nø⁵²,tsɤ²⁴ʐə̃n³¹sə⁵²uɤ⁵²ɕiãn⁴⁴tʂʰou⁵²tʂɤ³¹,
我要吃咾我还先吃哩，不叫你吃哩，
uɤ⁵²iɔ²⁴tʂʰəʔ²lɔ⁰uɤ⁵²xɛ³¹ɕiãn⁴⁴tʂʰəʔ²li⁰,pəʔ²tɕiɔ²⁴ɲi⁵²tʂʰəʔ²li⁰,
在补，□□儿补天救人哩。"
tsɛ²⁴pu⁵²,tsɛ²⁴fø⁵²pu⁵²tʰiãn²⁴tɕiou²⁴ʐə̃n³¹li⁰."
这说这中间，老虎跟狮子俩打斗开了。
tʂɤ²⁴suɐʔ²tʂɤ⁰tʂuŋ⁴⁴tɕiãn⁴⁴,lɔ³¹xu⁰kəʔ²sɿ⁴⁴tsɿ⁰lia⁵ta²⁴tou⁵kʰɛ⁴⁴lɤ⁰.
这老虎力气大么，把那个狮子一下儿打跑了，
tʂɤ²⁴lɔ³¹xu⁰li⁰tɕʰi²⁴ta²⁴mɤ⁰,pa²⁴na²⁴kɤ⁰sɿ⁴⁴tsɿ⁰iəʔ²ɕiæ²⁴ta²⁴pʰɔ⁵²lɤ⁰,
然后老虎跟住她，就继续往前走。
ʐãn⁵³xou²⁴lɔ³¹xu⁰kə̃n⁴⁴tʂʅ⁰tʰɐʔ²,tsou⁵tɕi²⁴ɕy²⁴uãŋ¹³tɕʰiãn³¹tsou⁵².
最后终于到那昆仑山上了，
tsuei²⁴xou²⁴tʂuŋ⁴⁴y³¹tɔ²⁴na²⁴kʰuə̃n⁴⁴luə̃n³¹sãn⁴⁴ʂãŋ⁰lɤ⁰,
这到山顶呀，一看那五彩石呀，可多可多哩呀。
tʂɤ²⁴tɔ²⁴sãn⁴⁴tiəŋ⁵²·ia⁰,iəʔ²kʰãn²⁴na⁰u¹³tsʰɛ⁵²ʂɿ³¹·ia⁰,kʰɐʔ²tuɤ⁴⁴kʰɐʔ²tuɤ⁴⁴li⁰·ia⁰.
这女娲就开始，哎呀，把那都要弄到一团儿，
tʂɤ²⁴ɲy⁰ua²⁴tou⁵kʰɛ⁴⁴sɿ⁵²,ai⁰·ia⁰,pa²⁴na²⁴tou⁵iɔ²⁴nəŋ²⁴tɔ²⁴iəʔ²tʰuø³¹,
集中到一团儿，用大火开始烧炼，
tɕiəʔ²tʂuŋ⁴⁴tɔ²⁴iəʔ²tʰuø³¹,yuŋ²⁴ta²⁴xuɤ⁵²kʰɛ⁴⁴sɿ⁵²ʂɔ⁴⁴liãn²⁴,
一股劲儿烧了九九八十一天，
iəʔ²ku⁵²tɕiɤ²⁴sɿ⁴⁴lɤ⁰tɕiou²⁴tɕiou⁵²pɐʔ²ʂɿ²⁴iəʔ²tʰiãn⁴⁴,
烧那岩浆呀，可多可多哩呀。
ʂɔ⁴⁴na²⁴iãn³¹tɕiãŋ⁴⁴·ia⁰,kʰɐʔ²tuɤ⁴⁴kʰɐʔ²tuɤ⁴⁴li⁰·ia⁰.
这然后她就拿住一疙瘩堆堆山，一疙瘩堆住山了，
tʂɤ²⁴ʐãn⁵²xou²⁴tʰɐʔ²tsou²⁴na³¹tʂʅ⁰iəʔ²kəʔ⁰tɐʔ⁰tuei⁴⁴tuei⁴⁴sãn,iəʔ²kəʔ⁰tɐʔ⁰tuei⁴⁴tʂʅ⁰sãn⁴⁴lɤ⁰,
天上那窟窿都慢慢都堵住了。
tʰiãn⁴⁴ʂãŋ²⁴na⁰kʰuəʔ²luŋ⁰tou²⁴mãn²⁴mãn⁰tou²⁴tu⁵²tʂʅ²⁴lɤ⁰.

堵住了，她说，[地下]还剩一点儿岩浆，堵住了，
tu⁵²tʂʅ²⁴lɤ⁰,tʰɐʔ²ʂueʔ²,tiɑ⁴⁴xɛ³¹ʂəŋ²⁴iəʔ²tiɵ⁵²iæ̃³¹tɕiɑ̃ŋ⁴⁴,tu⁵²tʂʅ²⁴lɤ⁰,
老虎她说："那样吧，老虎，我承诺你那事儿我非做到不中，
lɔ³¹xu⁰tʰɐʔ²ʂueʔ²:"nɑ⁴⁴iɑ̃ŋ²⁴pɑ⁰,lɔ³¹xu⁰,uɤ⁵²tʂʰəŋ³¹nueʔ²n̠i⁵²nɑ⁰sʅʅ²⁴,uɤ⁵²fi⁰tsueʔ²tɔ²⁴pəʔ²tʂuŋ⁴⁴,
这天补住了，人救了，你再把我吃了算了。"
tsʅ²⁴tʰiæ̃⁴⁴pu⁵²tʂʅ²⁴lɤ⁰,zə̃n³¹tɕiou²⁴lɤ⁰,n̠i⁵²tsɛ²⁴pɑ⁰uɤ⁵²tʂʰəʔ²lɔ⁰suæ̃n²⁴lɤ⁰."
老虎说："你救人了，你做好事了，为民造福来，
lɔ³¹xu⁰ʂueʔ²:"n̠i⁵²tɕiou²⁴zə̃n³¹lɤ⁰,n̠i⁵²tsueʔ²xɔ⁵²sʅ²⁴lɤ⁰,uei²⁴miæ̃n³¹tsɔ²⁴fəʔ²lɛ⁰,
我可不吃你了，不能吃你了。那式吧，还剩这些儿岩浆，
uɤ⁵²kʰɐʔ²pəʔ²tʂʰəʔ²n̠i⁵²lɤ⁰,pəʔ²nəŋ³¹tʂʰəʔ²n̠i⁵²lɤ⁰.nə̃n⁴⁴sʅ²⁴pɑ⁰,xɛ³¹ʂəŋ²⁴tʂei²⁴ɕiɵ⁵²iɑ̃³¹tɕiɑ̃ŋ⁴⁴,
咱把天再把一下儿糊[顶上]起，不是糊将厚点儿了不是那？
tsɑ̃n³¹pɑ⁰tʰiæ̃⁴⁴tsɛ²⁴pɑ⁰iəʔ²ɕiæ²⁴xu⁰tʰiæ̃⁵²tɕʰi⁰,pəʔ²ʂəʔ²xu⁰tɕiɑ̃ŋ⁴⁴xou²⁴tiɵ⁵²lɔ⁰pəʔ²ʂəʔ²nɑ²⁴?
不是结实些儿？老百姓不是能安安生生过日子？"
pəʔ²ʂəʔ²tɕieʔ²sʅ⁰ɕiɵ⁰?lɔ⁵²peʔ²ɕiəŋ⁰pəʔ²ʂəʔ²nəŋ⁰ɑ̃n⁰ɑ̃n⁰səŋ⁴⁴səŋ⁰kuɤ²⁴zəʔ⁰tsʅ⁰?"
哎，她说中，然后她托起这东西，又是去补呀。
ɛ⁴⁴,tʰɐʔ²ʂueʔ²tʂuŋ⁴⁴,zɑ̃n⁵²xou²⁴tʰɐʔ²tʰueʔ²tɕʰi⁵²tʂɤ²⁴tuŋ⁴⁴ɕi⁰,iou²⁴ʂəʔ²tɕʰy²⁴pu⁵²iɑ⁰.
正在这时候来，哎呀，一阵大风呀，
tʂəŋ²⁴tsɛ²⁴tʂɤ²⁴sʅ³¹xou²⁴lɛ⁰,ɛ⁴⁴iɑ⁰,iəʔ²tʂə̃n²⁴tɑ²⁴fəŋ⁴⁴iɑ⁰,
一下儿把这岩浆，一下儿给她吹跑了。
iəʔ²ɕiæ²⁴pɑ⁰tʂɤ²⁴iɑ̃³¹tɕiɑ̃ŋ⁴⁴,iəʔ²ɕiæ²⁴kəʔ²tʰɐʔ²tʂʰuei⁴⁴pʰɔ⁵²lɤ⁰.
老虎说："走，你坐我那背上，叫我给咱推住，
lɔ³¹xu⁰ʂueʔ²:"tsou⁵²,n̠i⁵²tsuɤ²⁴uɤ⁵²nɑ⁰pei²⁴ʂɑ̃ŋ²⁴,tɕiɔ²⁴uɤ⁵²kəʔ²tsæ³¹tʰuei⁴⁴tsʅ⁰,
叫我背住你走。"老虎就背住，背住这这女娲，
tɕiɔ²⁴uɤ⁵²pei⁴⁴tʂʅ⁰n̠i⁵²tsou⁵²."lɔ³¹xu⁰tou⁰pei⁵²tʂʅ⁰,pei⁴⁴tʂʅ⁰tʂɤ²⁴tʂɤ²⁴n̠y⁵²uɑ⁴⁴,
一股劲儿飞呀，飞过山，飞过岭，不[知道]过多江河呀，
iəʔ²ku⁵²tɕiɤ²⁴fi⁴⁴iɑ⁰,fi⁰kuɤ²⁴sæ̃n⁴⁴,fi⁰kuɤ²⁴liəŋ⁵²,pəʔ²tsɔ⁰kuɤ²⁴tuɤ⁰tɕiɑ̃ŋ⁴⁴xɤ²⁴iɑ⁰,
撑住那风，风太大了，没有撑上。
n̠iæ̃n⁵²tʂʅ⁰nɑ⁰fəŋ⁴⁴,fəŋ⁴⁴tʰɛ²⁴tɑ²⁴lɤ⁰,məʔ⁰iou⁰n̠iæ̃n⁵²ʂɑ̃ŋ²⁴.
哎到那边儿正追哩，慢慢儿风变小了，
ɛ⁴⁴,tɔ²⁴nɑ⁰piɵ⁴⁴tʂəŋ²⁴tʂuei⁰li⁰,mæ̃n⁰mɵ⁰fəŋ⁴⁴piæ̃n²⁴ɕiɔ⁵²lɤ⁰,
岩浆慢慢儿落下来了，一落下了这停了。
iæ̃³¹tɕiɑ̃ŋ⁴⁴mæ̃n²⁴mɵ⁰lueʔ²ɕiɑ²⁴lɛ³¹lɤ⁰,iəʔ²lueʔ²ɕiɑ⁰lɤ⁰,tʂɤ²⁴tʰiəŋ³¹lɤ⁰.
就现在就在我们这儿，这邵原镇这边儿起哩，
tsou²⁴ɕiæ̃n²⁴tsɛ²⁴tsou⁰kɛ²⁴uɤ⁵²mə̃n²⁴tʂɵ⁰,tʂɤ²⁴ʂɔ⁰yæ̃n³¹tʂə̃n²⁴tʂɤ²⁴piɵ⁴⁴tɕʰi⁰li⁰,
就落给那山上，至现在这这这旅游那人去，
tsou²⁴lueʔ²kəʔ²nɑ⁰sæ̃n⁴⁴ʂɑ̃ŋ²⁴,tʂʅ²⁴ɕiæ̃n²⁴tsɛ²⁴tʂɤ²⁴tʂɤ²⁴tʂɤ²⁴tʂɤ²⁴ly⁵²iou⁰nɑ⁰zə̃n³¹tɕʰy²⁴,

这这都叫去看看那五彩石哩。
tʂɤ²⁴tʂɤ²⁴tɕou⁵²tiɔ²⁴tɕʰy²⁴kʰãn²⁴kʰãn⁰na⁰u¹³tʂʰɛ⁵²ʂʅ³¹li⁰.
[这个]故事就到这点儿，讲完了，我那故事讲完了。
tɕiɤ⁴⁴ku²⁴ʂʅ²⁴tou²⁴tə⁰tʂə²tiø⁰,tɕiãŋ⁵²uãn³¹lɤ⁰,uɤ⁵²na⁰ku²⁴ʂʅ²⁴tɕiãŋ⁵²uãn³¹lɤ⁰.

意译：今天我给大家讲一个女娲补天的故事。故事发生在济源的邵原镇上。很久很久以前，没有天也没有地，到处都是一片混沌。后来盘古开天地以后，不知什么时候，西边的天上塌了一个洞，天上的水哗哗地往下流，淹死了很多人类和动物。有一个小姑娘，名叫女娲，她住在一个很高很高的山洞里。她心地善良，看到淹死了这么多人，就想着怎么能把天补住。她为了补天到处奔波，后来就睡着了。她做了一个梦，梦到一个神仙告诉她，要把昆仑山顶上的五彩石炼成岩浆，才能补住天。女娲醒了以后就去昆仑山寻找五彩石，翻过了很多山，跨过了很多条河，身上都破破烂烂的。突然，山里面蹿出一只大老虎，要吃她。女娲说："老虎你不要吃我，你看天上的水淹死了很多人，我要找东西补天救人呢。等我把天补住了，你再吃我行不行？"老虎一听，觉得女娲在做好事，就把她放了。女娲继续往前走，谁知道又过来一只大狮子。大狮子一下抓住她的头发，也要吃她。这时候老虎跑过来，把狮子赶走了。老虎跟着女娲继续往前走，最后终于到了昆仑山上，发现了许多五彩石。女娲用火烧了九九八十一天，炼出了许多岩浆，一块块把天补好了，最后还剩了一点岩浆。女娲对老虎说："好了，天补好了，你可以吃我了。"老虎说："你做了好事，为民造福，我不能吃你。咱们一起把这点岩浆再糊到天上吧。"女娲同意了，正当二人继续补天的时候，突然来了一阵大风，把剩下的岩浆吹走了。老虎对女娲说："来，你坐在我的背上，我背着你去找。"老虎背着女娲翻山越岭去寻找，但是风太大了没有追上。后来风变小了，岩浆落下来，掉在我们济源邵原镇的山上，所以现在旅游的人们都去看那五彩石呢。这就是女娲补天的故事。

（发音人：李小玲　2017.09.13 济源）

0023 狼外婆

今个我给你们讲[一个]故事啊。
tɕi⁵²kɤ⁰uɤ⁵²kə²n̥i²mən⁰tɕiãŋ²⁴iɤ⁴⁴ku²⁴ʂʅ²⁴a⁰.
嗯，故事，实际上都是哄小孩们儿哩。
əŋ⁰,ku²⁴ʂʅ²⁴,ʂə²tɕi²ʂãŋ⁰tou⁵²ʂə²xuŋ⁵²ɕiɔ⁵²xãn³¹mɤɣ⁰li⁰.
小孩儿们见行弄了都哭那跟啥一样儿，哄哩哄不下。
ɕiɔ⁵²xãn³¹mən⁰tɕiãn²⁴xãŋ³¹nuŋ²⁴lɔ⁰tou⁵²kʰuɤ²⁴na⁰kə²sɔ²⁴iə²iæ²⁴,xuŋ⁵²li⁰xuŋ⁵²pə²ɕia²⁴.
嗯，叫他睡哩他不睡，他不瞌睡。
əŋ⁰,tɕiɔ²⁴tʰɐ²sei²⁴li⁰tʰɐ²pə²sei²⁴,tʰɐ²pə²kʰɐ²sei²⁴.
哎，我们都有[一个]狼外婆，用[这个]这故事，
ɛ⁰,uɤ⁵²mən⁰tou²⁴iou⁵²iɤ⁴⁴lãŋ³¹uɛ²puɤ⁰,yŋ²⁴tɕiɤ⁴⁴tʂɤ²⁴ku²⁴ʂʅ,

讲了都是用狼狼吓他。
tɕiɑŋ⁵²lɔ⁰tou²⁴səʔ²yŋ²⁴lɑ̃ŋ³¹lɑ̃ŋ²⁴ɕia²⁴tʰɐʔ⁰.
哎，所以说[这个]这故事那名儿叫"狼外婆"。
ɛ⁴⁴,ʂuɤ¹³⋅⁵²iʔ⁵²ʂueʔ²tɕix⁴⁴tʂɤ²⁴ku²⁴sl̩⁰na⁴⁴miɤ³¹tɕiɔ²⁴"lɑ̃ŋ³¹uɛ²⁴puɤ⁰".
说有[一个]人是吧，有一家，他家有仨闺女，
ʂueʔ²iou⁵²iɤ⁴⁴zə̃n³¹səʔ²pa⁰,iou⁵²iəʔ²tɕia⁴⁴,tʰɐʔ²tɕia⁴⁴iou⁵²sa⁴⁴kuei⁴⁴n̩y⁰,
大闺女唤[一个]铛，二闺女唤[一个]铫儿，三闺女唤[一个]不翻鳌儿。
ta²⁴kuei⁴⁴n̩y⁰xuɑ̃n²⁴iɤ⁰tsʰə̃n⁵²,lə²⁴kuei⁴⁴n̩y⁰xuɑ̃n²⁴iɤ⁰tiø³¹,sɑ̃n⁴⁴kuei⁴⁴n̩y⁰xuɑ̃n²⁴iɤ⁰pəʔ²fɑ̃n⁴⁴ɣø²⁴.
说有一天了，她妈去她婆婆家呀，
ʂueʔ²iou⁵²iəʔ²tʰiɑ̃n⁴⁴lɤ⁰,tʰɐʔ²ma⁴⁴tɕʰyəʔ²tʰɐʔ²pʰɔ³¹pʰɔ⁰tɕia⁴⁴ia⁰,
她交代她这三闺女，
tʰɐʔ²tɕiɔ⁴⁴tɛ²⁴tʰɐʔ²tʂɤ²⁴sa⁴⁴kuei⁴⁴n̩y⁰,
她说："我去婆婆家呀，万一我要是回来迟了，
tʰɐʔ²ʂueʔ²:"uɤ⁵²tɕʰy²⁴pʰɔ³¹pʰɔ⁰tɕia⁴⁴ia⁰,vɑ̃n²⁴li⁰uɤ⁵²iɔ²⁴səʔ²xuei³¹lɛ⁰tʂʰɻ̍³¹lɔ⁰,
不管谁叫门儿你们可不敢开呀。"
pəʔ²kuɑ̃n⁵²sei³¹tɕiɔ²⁴mə̃ɤ³¹n̩i⁰mə̃n⁰kʰɐʔ²pəʔ²kɑ̃n⁵²kʰɛ⁴⁴ia⁰."
嗯，仨闺女说："中。那，那你走吧。"
əŋ⁰,sa⁴⁴kuei⁴⁴n̩y⁰ʂueʔ²:"tʂuŋ⁴⁴.na⁰,na⁰n̩i⁵²tsou⁵²pa⁰."
哎，这她妈就走了，扢[一个]篮儿，去她婆婆家了。
ɛ⁴⁴,tʂɤ²⁴tʰɐʔ²ma⁴⁴tou²⁴tsou⁵²lɤ⁰,kʰuɛ⁵²iɤ⁴⁴lø⁰,tɕʰyəʔ²tʰɐʔ²pʰɔ³¹pʰɔ⁰tɕia⁴⁴lɤ⁰.
走到半[路上]了碰着[一个]大灰狼。
tsou⁵²tɔ²⁴pɑ̃n²⁴luɑ̃ŋ²⁴lɤ⁰,pʰəŋ²⁴tʂɤ⁰iɤ⁴⁴ta²⁴xuei⁴⁴lɑ̃ŋ³¹.
大灰狼哩，它装那跟人一样儿，
ta²⁴xuei⁴⁴lɑ̃ŋ³¹li⁰,tʰɐʔ²tʂuɑ̃n⁴⁴na⁰kəʔ²zə̃n³¹i⁰iæ⁰,
它穿[一个]衣裳，扢[一个]篮儿，头上围[一个]那纱巾，
tʰɐʔ²tʂʰuɑ̃n⁴⁴iɤ⁰⋅⁴⁴ʂɑ̃ŋ⁰,kʰuɛ⁵²iɤ⁰lø⁰,tʰou³¹ʂɑ̃ŋ⁰uei³¹iɤ⁰na⁰sa⁴⁴tɕiə̃n⁰.
嗯，它实际上哩，它是见她妈了，它搁那儿问她说：
əŋ⁰,tʰɐʔ²ʂʔ²tɕi⁰ʂɑ̃ŋ⁰li⁰,tʰɐʔ²ʂʔ²tɕiɑ̃n²⁴tʰɐʔ²ma⁴⁴lɤ⁰,tʰɐʔ²kɐʔ²nø⁰və̃n²⁴tʰɐʔ²ʂueʔ²:
"你家是哪儿哩？你家住在哪儿哩，你家都是谁？"它把问问，
"n̩i⁵²tɕia⁴⁴səʔ²næ⁵²li⁰?n̩i⁵²tɕia⁴⁴tʂu̩⁴⁴kɛ⁴⁴næ⁴⁴li⁰,n̩i⁵²tɕia⁴⁴tou⁴⁴səʔ²sei³¹?"tʰɐʔ²pa²⁴və̃n²⁴və̃n⁰,
问问了，[这个]这她妈哩把啥都告给它说了，老实人么，
və̃n²⁴və̃n⁰lɤ⁰,tɕiɤ⁴⁴tʂɤ²⁴tʰɐʔ²ma⁴⁴li⁰,pa⁵²ʂɔ²⁴tou⁴⁴kɔ²⁴kəʔ²tʰɐʔ²ʂueʔ²lɤ⁰,lɔ⁵²ʂʔ³¹zə̃n³¹mɤ⁰,
她给它一说，
tʰɐʔ²kəʔ²tʰɐʔ²iəʔ²ʂueʔ²,
[这个]这大灰狼咔嚓咔嚓它把她一下儿吃了。
tɕiɤ⁴⁴tʂɤ²⁴ta²⁴xuei⁴⁴lɑ̃ŋ³¹kʰəʔ²tsʰa⁰kʰəʔ²tsʰa⁰tʰɐʔ²pa²⁴tʰɐʔ²iəʔ²ɕiæ²⁴tʂʰəʔ²lɤ⁰.

一吃了它装住她妈那样儿，嗯，它去她家了。
iə ʔ²tʂʰə ʔ⁰lɤ⁰tʰɐʔ²tʂuaŋ⁴⁴tʂʯ⁰tʰɐʔ²ma⁴⁴na⁰iæ̃²⁴,əŋ⁰,tʰɐʔ²tɕy²⁴tʰɐʔ²tɕia⁴⁴lɤ⁰.
到她家了，它搁那儿叫门，叫门了它搁那儿叫：
tɔ²⁴tʰɐʔ²tɕia⁴⁴lɤ⁰,tʰɐʔ²kɐʔ²nø⁰tɕiɔ²⁴mə̃n³¹,tɕiɔ²⁴mə̃n³¹lɤ⁰tʰɐʔ²kɐʔ²nø⁰tɕiɔ²⁴:
"铛、铫儿、不翻鏊儿，快儿来给老娘开门来儿。"
"tʂʰə̃n⁵²,tiø²⁴,pə ʔ²fã̄n⁴⁴ɣø²⁴,kuø²⁴lɛ³¹kə ʔ²lɔ⁵²ȵiaŋ³¹kʰɛ⁴⁴mə̃n³¹lø⁰."
哎，里口这仨闺女都听着了，说："不敢开门，
ɛ⁴⁴,li⁵²mã̄n⁰tʂɤ²⁴sa⁴⁴kuei⁴⁴ȵy⁰tou⁴⁴tʰiaŋ⁴⁴tʂɤ³¹lɤ⁰,ʂuɐʔ²:"pə ʔ²kã̄n⁵²kʰɛ⁴⁴mə̃n³¹,
咱们先问问他，看看是不是我妈来。"
tʂã̄n³¹mə̃n⁰ɕiã̄n⁴⁴və̃n²⁴və̃n⁰tʰɐʔ²,kʰã̄n²⁴kʰã̄n⁰ʂə ʔ²pə ʔ²ʂə ʔ²uɤ⁵²ma⁴⁴lɛ⁰."
问他说："嗯，娘，娘，你要是我妈咾，
və̃n²⁴tɐʔ²ʂuɐʔ²:"ə̃n⁰,ȵiã̄n³¹,ȵiã̄n³¹,ȵi⁵²iɔ²⁴ʂə ʔ²uɤ⁵²ma⁴⁴lɔ⁰,
你把手出进来，你叫我们儿摸摸。"
ȵi⁵²pa²⁴ʂou⁵²tʂʰʯ⁴⁴tɕiə̃n²⁴lɛ³¹,ȵi⁵²tɕiɔ²⁴uɤ⁵²mə̃ɣ⁰mɐʔ²mɐʔ⁰."
后来[这个]这大灰狼，
xou²⁴lɛ³¹tɕiɤ⁴⁴tʂɤ²⁴ta²⁴xuei⁴⁴lã̄ŋ³¹,
它把它那手搁那门缝里口出进了，
tʰɐʔ²pa⁵²tʰɐʔ²na⁰ʂou⁰kɐʔ²na⁰mə̃n³¹fəŋ³¹li⁵²mã̄n⁰tʂʰʯ⁴⁴tɕiə̃n²⁴lɤ⁰,
出进来了，[这个]这大闺女一摸，说来：
tʂʰʯ⁴⁴tɕiə̃n²⁴lɛ³¹lɤ⁰,tɕiɤ⁴⁴tʂɤ²⁴ta²⁴kuei⁴⁴ȵy⁰iə ʔ²mɐʔ²,ʂuɐʔ²lɛ⁰:
"那我妈那手上老光光，就没有毛儿呀，
"na⁴⁴uɤ⁵²ma⁴⁴na⁰ʂou⁵²ʂãŋ⁵²lɔ⁰kuã̄ŋ⁴⁴kuã̄ŋ⁰,tou²⁴mə ʔ²iou⁰mə³¹ia⁰,
你那手上咋有毛儿？"
ȵi⁵²na⁰ʂou⁵²ʂãŋ²⁴tʂa¹³iou⁵²mø³¹?"
它说："那我是在你婆儿婆儿家干活儿使来。"
tʰɐʔ²ʂuɐʔ²:"na⁰uɤ⁵²ʂə ʔ²kɐ²⁴ȵi⁵²pʰø³¹pʰø⁰tɕia⁴⁴kã̄n²⁴xuø³¹sʯ⁵²lɛ⁰."
它说："那你赶紧开开门儿快儿叫妈进吧，
tʰɐʔ²ʂuɐʔ²:"na⁰ȵi⁵²kã̄n²⁴ȵiə̃n⁴⁴kʰɛ⁴⁴kʰɛ⁴⁴mə̃ɣ³¹kʰuø²⁴tɕiɔ²⁴ma⁴⁴tɕiə̃n²⁴pa⁰,
没看都天都黑了。"
mə ʔ²kʰã̄n²⁴tou⁰tʰiã̄n⁴⁴tou²⁴xə ʔ²lɤ⁰."
这仨闺女哎把门开开，叫大灰狼进了。
tʂɤ²⁴sa⁴⁴kuã̄n⁴⁴ȵyɛ⁰pa²⁴mə̃n³¹kʰɛ⁴⁴kʰɛ⁴⁴,tɕiɔ²⁴ta²⁴xuei⁴⁴lã̄ŋ³¹tɕiə̃n²⁴lɤ⁰.
进来了，黑来瞌睡哩，瞌睡哩，
tɕiə̃n²⁴lɛ³¹lɤ⁰,xə ʔ²lɛ⁰kʰə ʔ²sei²⁴li⁰,kʰə ʔ⁰sei²⁴li⁰,
她，[这个]大闺女半夜黑来她突然醒来了，
tʰɐʔ²,tɕiɤ⁰ta²⁴kuei⁴⁴ȵy⁰pã̄n²⁴iɛ⁰xə ʔ²lɛ⁰tʰɐʔ²tʰuɔʔ²zã̄n⁵²ɕiəŋ⁵²lɛ³¹lɤ⁰,

她听着有人搁那儿嘎巴嘎巴，它搁那儿咬东西吃哩，
tʰɐʔ²tʰiəŋ⁴⁴tʂɤ⁰iou⁵²zə̃n³¹kɐʔ²nø⁵²kəʔ²paˀkəʔ²paˀ,tʰɐʔ²kɐʔ²nø⁵²iɔ⁵²tuŋ⁴⁴ɕi⁰tʂʰəʔ²liˀ⁰,
她搁那儿一瞅，像是她妈来，她说：
tʰɐʔ²kɐʔ²nø⁵²iəʔ²tʂʰou⁵²,ɕiãŋ²⁴ʂəʔ²tʰɐʔ²ma⁴⁴lɛˀ⁰,tʰɐʔ²ʂuɐʔ²:
"娘，娘，你搁那儿吃啥哩？"它说："我搁这儿吃炒豆儿哩。"
"n̠iãŋ³¹,n̠iãŋ³¹,n̠i⁵²kɐʔ²nø⁵²tʂʰəʔ²ʂɔ²⁴liˀ?"tʰɐʔ²ʂuɐʔ²:"uɤ⁵²kɐʔ²tʂø²⁴tʂʰəʔ²tʂʰɔ⁵²tɤ²⁴liˀ⁰."
嘎嘣嘎嘣搁那儿响，她说：
kəʔ²pəŋ⁴⁴kəʔ²pəŋ⁴⁴kɐʔ²nø⁵²ɕiãŋ⁵²,tʰɐʔ²ʂuɐʔ²:
"那娘，娘，我也肚饥了，你叫我也吃点儿吧。"
"na⁰n̠iãŋ³¹,n̠iãŋ³¹,uɤ⁵²iɤ⁵²tu²⁴tɕi⁴⁴lɤ⁰,n̠i⁵²tɕiɔ²⁴uɤ⁵²iɤ⁵²tʂʰəʔ²tiø⁵²paˀ⁰."
它说："你不敢吃，小孩儿们儿，招呼儿把牙给你顶坏咾。"
tʰɐʔ²ʂuɐʔ²:"n̠i⁵²pəʔ²kãn⁵²tʂʰəʔ²,ɕiɔ⁵²xãn³¹mɐ̃ɤ⁰,tʂɔ⁴⁴xuɤ⁴⁴pa²⁴ia³¹kəʔ²n̠itiə̃ŋ⁵²xuɛ²⁴lɔˀ⁰."
哎，不大一会儿，它把大闺女一下儿咬死它把她吃了。
ɛ⁴⁴,pəʔ²ta²⁴iəʔ²xuɤ²⁴,tʰɐʔ²pa²⁴ta²⁴kueiˀ⁴⁴n̠y⁰iəʔ²ɕiæ²⁴ɔ⁵²sɻ̩ˀtʰɐʔ²pa²⁴tʰɐʔ²tʂʰəʔ²lɤ⁰.
吃了，不大会儿听着它呼呼它又搁那儿喝哩。
tʂʰəʔ²lɤ⁰,pəʔ²ta²⁴xuɤ⁴⁴tʰiəŋ⁴⁴tʂɤ⁰tʰɐʔ²xu²⁴xu²⁴tʰɐʔ²iou²⁴kɐʔ²nø⁵²xɐʔ²liˀ.
哎，二闺女醒来了，二闺女醒了说：
ɛ⁴⁴,lə²⁴kueiˀ⁴⁴n̠y⁰ɕiəŋ⁵²lɛ³¹lɤ⁰,lə²⁴kueiˀ⁴⁴n̠y⁰ɕiəŋ⁵²lɤˀʂuɐʔ²:
"娘，娘，你搁那儿喝啥哩？"
"n̠iãŋ³¹,n̠iãŋ³¹,n̠i⁵²kɐʔ²nø⁵²xɐʔ²ʂɔ²⁴liˀ?"
它说："我搁这儿喝水哩，老渴渴。"
tʰɐʔ²ʂuɐʔ²:"uɤ⁵²kɐʔ²tʂø⁵²xɐʔ²ʂueiˀliˀ⁰,lɔ⁵²kʰɐʔ²kʰɐʔ⁰."
她说："娘，娘，那我也老渴渴，你叫我也喝点儿水吧。"
tʰɐʔ²ʂuɐʔ²:"n̠iãŋ³¹,n̠iãŋ³¹,na⁰uɤ⁵²iɤ⁵²lɔ⁵²kʰɐʔ²kʰɐʔ⁰,n̠i⁵²tɕiɔ²⁴uɤ⁵²iɤ⁵²xɐʔ²tiø⁵²ʂuei⁵²paˀ⁰."
它说："小孩儿们儿不敢喝，你要喝这是冷水，
tʰɐʔ²ʂuɐʔ²:"ɕiɔ⁵²xãn³¹mən⁰pəʔ²kãn⁵²xɐʔ²,n̠i⁵²iɔ⁵²xɐʔ²tʂɤ²⁴ʂəʔ²ləŋ³¹ʂuei⁵²,
这会喝喝了你那肚疼，你，你都要拉稀哩。"
tʂɤ²⁴xueiˀxɐʔ²xɐʔ⁰lɔ⁵²n̠i⁵²na⁰tu²⁴tʰə̃ŋ³¹,n̠i⁵²,n̠i⁵²tou²⁴iɔ⁵²la⁴⁴ɕi⁴⁴liˀ⁰."
最后它把[这个]这二闺女也给她吃了。
tʂuei²⁴xou²⁴tʰɐʔ²pa²⁴tɕiɤ⁴⁴tʂɤ²⁴lə²⁴kueiˀ⁴⁴n̠y⁰iɤ⁵²kəʔ²tʰɐʔ²tʂʰəʔ²lɤ⁰.
吃了了，光撒一个小闺女了。
tʂʰəʔ²²liɔ⁵²lɤ⁰,kuãŋ³¹²pʰiɐʔ²iɤ⁴⁴ɕiɔ⁵²kueiˀ⁴⁴n̠y⁰lɤ⁰.
它不大一会儿，那它也不管说听着啥不听着啥了，
tʰɐʔ²pəʔ²ta²⁴iəʔ²xuɤ²⁴,na⁰tʰɐʔ²iɤ⁵²pəʔ²kuãn⁵²ʂuɐʔ²tʰiəŋ⁴⁴tʂɤ⁰ʂɔ²⁴pəʔ²tʰiəŋ⁴⁴tʂɤ⁰ʂɔ²⁴lɤ⁰,
它把小闺女也给她吃了。一吃，它都搁那儿。
tʰɐʔ²pa⁵²ɕiɔ⁵²kueiˀ⁴⁴n̠y⁰iɤ⁵²kəʔ²tʰɐʔ²tʂʰəʔ²lɤ⁰.iəʔ²tʂʰəʔ²,tʰɐʔ²tou²⁴kɐʔ²nø⁴⁴.

哎，这这都是给小孩儿们儿吓唬他哩。
ɛ⁴⁴,tʂɤ²⁴tʂɤ²⁴touʔ⁵²kəʔ²ɕio⁵²xãn³¹mõɤ⁰,ɕia²⁴xuʔtʰɐʔ²liʔ⁰.
见说哪[一个]小孩儿们儿一哭，
tɕiãn²⁴ʂuɐʔ²naʔ⁵²iɤ⁴⁴ɕio⁵²xãn³¹mõɤʔiəʔ⁰kʰuɐʔ²,
说："大灰狼来了昂，快儿，咬你哩，
ʂuɐʔ²:"ta²⁴xuei⁴⁴lãŋ³¹leʔlɤʔãŋ⁰,kʰuɐ²⁴,ioʔn̥iʔ⁰liʔ⁰,
快儿，给你，招呼儿把你吃了，呼呼喝你那喝你那血哩，
kʰuɐ²⁴,kəʔ²n̥iʔ,tʂɔ⁴⁴xuɤ⁴⁴paʔ²⁴n̥iʔ⁵²tʂʰəʔ²loʔ,xuʔxuɤɐʔ²n̥iʔ⁵²naʔxɐʔ²n̥iʔ⁵²naʔɕiɐʔ²liʔ⁰,
哎，快儿瞌睡。"哎，都上这式，慢慢儿慢慢儿，
ɛʔ⁰,kʰuɐ²⁴kʰɐʔ²sei²⁴."ɛ³¹,touʔʂãn²⁴tʂeiʔ⁵²ʂʅʔ⁰,mãnʔmø⁰mãn²⁴mø⁰,
成天，小孩儿们儿不大一会儿瞌睡了。他吓唬他，嗯。
tʂʰəŋ²⁴tʰiãn⁴⁴,ɕio⁵²xãn³¹mõɤʔpəʔ⁰taʔiəʔ⁰xuɤ²⁴kʰɐʔ²seiʔlɤʔ.tʰɐʔ²ɕia²⁴xuʔtʰɐʔ²,əŋ⁰.
都是这故事，都是我们儿这点儿那故事。讲完了昂。
touʔ⁵²ʂəʔ²tʂɤ⁴⁴kuʔ⁵ʂʅʔ⁰,touʔ⁵²ʂəʔ²uɤʔmõɤʔtʂɤ²⁴tiø⁰naʔku²⁴ʂʅʔ.tɕiãn⁵²uãn³¹lɤʔ⁰ãŋ³¹.

意译：今天我给大家讲一个哄小孩的故事。在我们这里，如果小孩子不睡觉，我们就用这个狼外婆的故事哄他。说有一户人家，家里有三个女儿。大女儿叫铛，二女儿叫铫，三女儿叫不翻鏊（注：铛、铫和不翻鏊都是济源本地人做饭的厨具）。有一天妈妈要去外婆家，她告诉三个女儿："如果我回来晚了，不管谁叫门，你们千万不要开。"三个女儿说："好的。"妈妈去外婆家的路上，看见一个大灰狼。大灰狼像人一样，穿着衣服挎着篮子，头上围着纱巾。大灰狼问妈妈："你家住哪里？你家里都有谁？"妈妈很老实，全告诉了大灰狼，大灰狼就把妈妈吃了。然后大灰狼装扮成妈妈的样子，回到家开始喊门。三个女儿听见了说："不能开门，我们先问问是不是妈妈回来了。"于是对门外说："你如果是我妈妈，你把手伸进来让我们摸摸。"大灰狼就把手从门缝里伸进去了。大女儿一摸，说："我妈妈手上很光滑，你的手上怎么有毛？"大灰狼说："那是在你外婆家干活，累的啦。赶快把门开开让妈妈进来吧，天都要黑了。"三个闺女把门打开，让大灰狼进来了。到了晚上睡觉的时候，大闺女突然醒了，她听见妈妈在吃东西，她就问："妈你在吃什么呢？"大灰狼说："我在吃炒豆子呢。"大女儿说："我也饿了，你让我也吃点儿吧。"大灰狼说："你不能吃，会把你的牙硌坏的。"然后大灰狼就把大女儿吃了。过了一会儿，二女儿也醒了，她听见妈妈在吃东西，就问："妈妈你在喝什么呢？"大灰狼说："我在喝水呢。"二女儿说："我也渴了，你让我也喝点水吧。"大灰狼说："小孩子不敢喝冷水，会肚子疼的。"然后大灰狼把二女儿也吃了。最后，大灰狼把小女儿也吃了。这个故事就是吓唬小孩子的，如果小孩子不睡觉，我们就说："大灰狼来啦，咬你呢。快睡吧！"这样的话，小孩子们一会儿就睡了。这就是狼外婆的故事。

（发音人：姚兰 2017.09.13 济源）

三 自选条目

0031 歇后语
机枪打不透——铁案。
tɕi⁴⁴tɕʰiã⁴⁴ta⁵²pəʔ²tʰou²⁴——tʰiɛ⁵²ãn²⁴.
意译：机枪打不透——铁案。

（发音人：姚兰 2017.09.11 济源）

0032 歇后语
搬梯ᶻ上不去——高装（高庄）。
pãn⁴⁴tʰi:əu⁴⁴ʂãŋ²⁴pəʔ²tɕy²⁴——kɔ⁴⁴tʂuã⁴⁴.
意译：搬梯子上不去——高装（高庄）。（编者注：高庄是济源地名。）

（发音人：姚兰 2017.09.11 济源）

0033 歇后语
半夜驴叫唤——聒路（郭路）。
pãn²⁴iɛ²⁴ly³¹tɕiɔ²⁴xuãn⁰——kuɐʔ²lu²⁴.
意译：半夜驴叫唤——聒路（郭路）。（编者注：郭路是济源地名。）

（发音人：姚兰 2017.09.11 济源）

0034 歇后语
大冬天解扣儿——冻妈（乳）头（东码头）。
ta²⁴tuŋ⁴⁴tʰiãn⁴⁴tɕiɛ⁵²kʰəɣ²⁴——tuŋ⁴⁴ma⁵²tʰou⁰.
意译：大冬天解扣儿——冻妈（乳）头（东码头）。（编者注：东码头是济源地名。）

（发音人：姚兰 2017.09.11 济源）

0035 歇后语
囗囗上摆麻囗——泥河头。
təʔ²nãŋ⁰ʂãŋ²⁴pɛ⁵²ma³¹u²⁴——n̠i³¹xɤʔ²tʰou⁰.
意译：头上摆麻口——泥河头。（编者注：泥河头是济源地名。）

（发音人：姚兰 2017.09.11 济源）

0036 歇后语
囗囗上顶蒜臼——钢头（岗头）。
təʔ²nãŋ⁰ʂãŋ²⁴tiəŋ⁵²ʂuãn²⁴tɕiou⁰——kãŋ⁴⁴tʰou⁰.
意译：头上顶蒜臼——钢头（岗头）。（编者注：岗头是济源地名。）

（发音人：姚兰 2017.09.11 济源）

0037 歇后语
见面不掏礼——白见（白涧）。
tɕiãn²⁴miø²⁴pəʔ²tʰɔ⁴⁴li⁵²——pɛ³¹tɕiãn²⁴.
意译：见面不掏礼——白见（白涧）。（编者注：白涧是济源地名。）

（发音人：姚兰 2017.09.11 济源）

0038 歇后语

杀猪不杀羊——留羊（刘杨）。

saʔ²tʂʅ⁴⁴pəʔ²saʔ²iã ŋ³¹——liou³¹iã ŋ⁵².

意译：杀猪不杀羊——留羊（刘杨）。（编者注：刘杨是济源地名。）

（发音人：姚兰　2017.09.11 济源）

0039 歇后语

拿弓没带箭——不射（北社）。

na³¹kuŋ⁴⁴məʔ²tɛ²⁴tɕiã n²⁴——pəʔ²ʂɤ²⁴.

意译：拿弓没带箭——不射（北社）。（编者注：北社是济源地名。）

（发音人：姚兰　2017.09.11 济源）

0040 歇后语

走过不设意——张逡（张村）。

tsou⁵²kuɤ²⁴pəʔ²ʂəʔ²i²⁴——tʂã ŋ⁴⁴tsʰuən⁴⁴.

意译：走过没在意——张逡（张村）。（编者注：张村是济源地名。）

（发音人：姚兰　2017.09.11 济源）

0041 歇后语

五黄六月穿小袄——寒裙（韩村）。

u⁵²xuã ŋ³¹luəʔ²yɤʔ²tsʰuã n⁴⁴ɕiɔ¹³ɔ⁵²——xã n³¹tɕʰyn³¹.

意译：五黄六月穿棉袄——寒裙（韩村）。（编者注：韩村是济源地名。）

（发音人：姚兰　2017.09.11 济源）

0042 歇后语

胳膊不打弯儿——罩裙（赵村）。

kəʔ²pʰɤ²⁴pəʔ²ta⁵²uø⁴⁴——tsɔ²⁴tɕʰyn⁴⁴.

意译：胳膊不打弯——罩裙（赵村）。（编者注：赵村是济源地名。）

（发音人：姚兰　2017.09.11 济源）

0043 歇后语

老母猪枕门槛儿——垫头（店头）。

lɔ¹³mu⁵²tʂʅ⁴⁴tʂən²⁴mən³¹tɕʰiø²⁴——tiã n²⁴tʰou⁰.

意译：老母猪枕门槛儿——垫头（店头）。（编者注：店头是济源地名。）

（发音人：姚兰　2017.09.11 济源）

0044 歇后语

拨浪鼓没把儿——难摇（南窑）。

pəʔ²lã ŋ⁵²ku⁴⁴məʔ²pæ²⁴——nã n³¹iɔ⁵².

意译：拨浪鼓没把——难摇（南窑）。（编者注：南窑是济源地名。）

（发音人：姚兰　2017.09.11 济源）

0045 歇后语

两石头夹一只鳖——挤鼋（济源）。

lia⁵²ʂəʔ²tʰou⁰tɕiaʔ²iəʔ²piɛ²⁴——tɕi⁵²yã n³¹.

意译：两个石头夹一只鳖——挤鳖（济源）。

（发音人：姚兰　2017.09.11 济源）

0046 顺口溜《不长眼》
不打勤不打懒，专打人不长眼。
pəʔ²taꜜ⁵²tɕʰiə̃n³¹²pəʔ²ta¹³lãn⁵²,tsuãn⁴⁴ta z̃ən³¹²pəʔ²tʂãŋ¹³iãn⁵².
意译：不打勤快的，不打懒惰的，专打没眼色的人。

（发音人：王慧芳　2017.09.17 济源）

0047 谚语
不听老人言，吃亏在眼前。
pəʔ²tʰiəŋ⁴⁴lɔ⁵²zə̃n³¹iãn³¹,tsʰəʔ²kʰuei⁴⁴kɛ²⁴iãn⁵²ɕʰiãn³¹.
意译：不听老人的话，马上就吃亏。

（发音人：王慧芳　2017.12.17 济源）

0048 顺口溜《到济源》
到济源，不登王屋非好汉。
tɔ²⁴tɕi⁵²yãn³¹,pəʔ²təŋ⁴⁴uãŋ³¹u⁴⁴fei⁴⁴xɔ⁵²xãn²⁴.
意译：到济源，不登王屋山不是好汉。

（发音人：王慧芳　2017.12.17 济源）

0049 歇后语
下街皮鞋——真皮。
ɕia²⁴tɕiɛ⁴⁴pʰi³¹ɕiɛ³¹²——tʂə̃n⁴⁴pʰi³¹².
意译：下街皮鞋——真（调）皮。（编者注：下街是济源地名。）

（发音人：王慧芳　2017.12.17 济源）

0050 歇后语
做肉丸儿那关键——挤圆（济源）。
tsuɤ²⁴zou²⁴uø³¹nɐʔ⁰kuãn⁴⁴tɕiãn²⁴——tɕi⁵²yãn³¹².
意译：做肉丸子的关键——挤圆（济源）。

（发音人：王慧芳　2017.12.17 济源）

0051 歇后语
门旮旯后棍儿——窝里横。
mə̃n³¹kəʔ²lɔ⁴⁴xou²⁴kuŋ²⁴——uɤ⁴⁴li⁰xəŋ²⁴.
意译：门后的棍子——在屋里是横的（喻对家人凶狠）。

（发音人：王慧芳　2017.12.17 济源）

0052 顺口溜
给你脸不要脸，不要脸就好好儿打你那脸。
kəʔ²n̩i⁵²liãn⁵²pəʔ²iɔ²⁴liãn⁵²,pəʔ²iɔ²⁴liãn tou²⁴xɔ⁵²xø⁵²ta⁵²n̩i⁰ nɐʔ⁰liãn⁵².
意译：给脸不要脸，不要脸就打你的脸。

（发音人：王慧芳　2017.12.17 济源）

0053 谚语

冬至日吃扁食，不吃扁食冻耳朵。

tuŋ⁴⁴tsʅ²⁴ʐʅ²⁴tsʰəʔ²piãn⁵²sʅ³¹²,pəʔ²tsʰəʔ²piãn⁵²sʅ³¹²tuŋ²⁴l̩ə⁵²tuɤ⁴⁴.

意译：冬至吃饺子，不吃饺子冻耳朵。

（发音人：王慧芳　2017.12.17 济源）

0054 歇后语

孙子扮鬼——吓爷（下冶）。

suõn⁴⁴tsʅ⁰pãn²⁴kuei⁵²——ɕia²⁴iɛ³¹².

意译：孙子装鬼——吓爷（下冶）。（编者注：下冶是济源地名。）

（发音人：王慧芳　2017.12.17 济源）

0055 顺口溜《金豆银豆》

金豆银豆，搁把儿石榴，

tɕiãn⁴⁴tou²⁴iən³¹tou²⁴,kɐʔ²pæ⁴⁴ʂəʔ²³liou²⁴,

石榴开花儿，一搦一把儿，逮住。

ʂəʔ²³liou²⁴kʰɛ⁴⁴xuæ⁴⁴,iəʔ²³nuɐʔ²iəʔ²pæ⁵²,tɛ⁵²tʂʅ²⁴.

意译：金豆银豆，放一个石榴，石榴开花，一抓一把，抓住。

（发音人：王慧芳　2017.12.17 济源）

沁 阳

一　歌谣

0001 小白鸡

小白鸡ᶻ，卧茶⁼砣⁼，没娘孩儿，真难过。

ɕiɔ⁵²pai³¹tɕi:ou⁴⁴,uɤ¹³tsʰa³¹tʰuɤ¹³,mə↊²niaŋ³¹xɚ³¹²,tsẽ⁴⁴nã³¹kuɤ¹³.

背着箩头拾柴火，一下ᶻ拾到晌午错。

pei⁴⁴tsɤ⁰luɤ³¹tʰou⁰sɿ³¹tsʰai³¹xuɤ⁰,iə↊²ɕiæ³¹sɿ³¹tɔ¹³saŋ⁵²u⁰tsʰuɤ¹³.

白馍逮不着，黑馍裂半个。

pai³¹muɤ³¹tai⁵²pə↊²tsɤ⁰,xə↊²muɤ¹³liɛ⁵²paŋ¹³kɤ³¹.

东面儿狼叫唤，西面儿鬼吆喝，背着箩头回家吧。

tuaŋ⁴⁴mi³¹laŋ³¹tɕiɔ¹³xuã⁰,ɕi⁴⁴mi¹³kuei⁵²⁴⁴xɤ⁰,pei⁴⁴tsɤ⁰luɤ³¹tʰou⁰xuei³¹tɕia⁴⁴pa⁰.

意译：小白鸡儿，卧柴垛。没娘的孩子真难过。背着箩筐拾柴火，一下子拾到下午。
　　　白馍吃不到，黑馍有半个。东边儿狼叫唤，西边儿鬼吆喝，背着箩筐回家吧。

（发音人：牛二囤　2018.07.27沁阳）

0002 小麻雀

小宿宿，毛洞⁼洞⁼，骑毛驴，瞧外公。

ɕiɔ⁵²ɕyə↊²ɕyə↊⁰,mɔ³¹tuəŋ¹³tuəŋ⁰,tɕʰi³¹mɔ¹³ly³¹,tɕʰiɔ³¹uai¹³kuəŋ⁴⁴.

给外公拿啥？糖烧饼。

kə↊²uai¹³kuəŋ⁴⁴na³¹sa¹³↊tʰaŋ³¹sɔ⁴⁴piəŋ⁵².

咬一嘴，甜生生，还是俺那小外甥。

iɔ⁵²iə↊²tsuei⁵²,tʰiã³¹səŋ¹³səŋ⁰,xã³¹sə↊²ɣã⁵²na⁰ɕiɔ⁵²uai¹³səŋ⁰.

意译：小麻雀，毛绒绒。骑毛驴，瞧外公。给外公拿啥，糖烧饼。咬一嘴，甜生
　　　生，还是俺的小外孙（亲）。

（发音人：牛二囤　2018.07.27沁阳）

0003 皂角板儿

皂角板儿，呼啦啦。爹织布，娘纺花。

tsɔ¹³tɕiʌ↊²pɚ⁵²,xuə↊²lua⁴⁴lua⁰.tiɛ⁴⁴tsə↊²pu¹³,niaŋ³¹faŋ⁵²xua⁴⁴.

挣[一个]钱儿，买甜瓜，吃不完，送婆家。

tsəŋ¹³iɤ⁴⁴tɕʰiɚ³¹,mai⁵²tʰiã³¹kua⁰,tsʰə↊²pə↊²uã³¹,suəŋ¹³pʰuɤ³¹tɕia⁴⁴,

婆家狗厉害，咬着脚孤拐。
pʰuɤ³¹tɕia⁴⁴kou⁵²li¹³xai⁰,iɔ⁵²tsɤ⁰tɕiAʔ²kuˉ¹³kuai⁰.

娘那屄，运气低，再不来你家送东西。
n̠iaŋ³¹na⁰piˉ⁴⁴,yē¹³tɕʰi⁰ti⁴⁴,tsai¹³pəʔ²lai³¹n̠i⁵²tɕia⁴⁴suəŋ¹³tuəŋ⁴⁴ɕi⁰.

意译：皂角荚，呼啦啦。爹织布，娘纺花。挣点儿钱，买甜瓜。吃不完，送婆家。婆家的狗厉害，咬着脚脖子。他妈的，运气真不好，再不来你家送东西。

（发音人：牛二囤　2018.07.27 沁阳）

0004 小老鼠

小老鼠，上灯台。偷油喝，下不来。
ɕiɔ¹³lɔˉ⁵²tsʰuəʔ²,saŋ⁴⁴təŋ⁴⁴tʰai³¹.tʰou⁴⁴iou⁵²xAʔ²,ɕia³¹pəʔ²lai³¹.

叫小妮，搭ˉ猫来。叽扭儿，跑了。
tɕiɔ¹³ɕiɔ⁵²n̠iˉ⁴⁴,tɕʰia⁴⁴mɔˉ³¹lai³¹,tɕiəʔ²n̠iər¹³,pʰɔˉ⁵²lɤ⁰.

意译：小老鼠，上灯台。偷油喝，下不来。叫小妮，抱猫来。叽扭儿一声，跑走了。

（发音人：牛二囤　2018.07.27 沁阳）

0005 月婆婆

月婆婆，亮堂堂，开开后门洗衣裳。
yɛʔ²pʰuɤ³¹pʰuɤˉ,lian¹³tʰaŋ⁵²tʰaŋˉ,kʰai⁴⁴kʰai⁰xou¹³mẽ³¹ɕiˉ⁵²,⁴⁴saŋ⁰.

洗得光，浆得白，小女婿不成材。
ɕi⁵²ti⁰kuaŋ⁴⁴,tɕiaŋ¹³ti⁰pai³¹,ɕiɔˉ¹³n̠y⁵²ɕy¹³pəʔ²tsʰəŋ³¹tsʰai³¹,

又丢色儿，又摸牌，半夜三更不回来。
iou¹³tiou⁴⁴sɛr⁴⁴,iou¹³mAʔ²pʰai³¹,pā¹iɛˉ¹sā⁴⁴kəŋ⁴⁴pəʔ²xuei¹³lai³¹.

好易巴他回来了，烧饼麻糖扌氐一篮儿。
xɔˉ⁵²,⁰i¹pa⁴⁴xaˉ⁵²xuei³¹lai³¹lɤˉ⁰,sɔˉ⁴⁴pieŋ⁵²maˉ³¹tʰaŋ¹³kʰuai⁵²iəʔ²lɛr³¹.

意译：月亮亮堂堂，开开后门洗衣裳。洗得光，浆得白，小女婿不成才。喜欢赌博打牌，半夜三更不回来。好容易盼他回来了，烧饼麻糖拿了一篮子。

（发音人：牛二囤　2018.07.27 沁阳）

0006 小白菜

小白菜，一圪兜水儿，娘杀鸡ᶻ来俺拽腿儿。
ɕiɔ⁵²paiˉ³¹tsʰai³¹²,iəʔ²kəʔ²tou⁰suər⁵²,n̠iaŋ³¹sAʔ⁴⁴tɕi:ou⁴⁴lai⁰ɣã⁵²tsuai¹³tʰuər⁵².

娘，娘，给点儿肉吃吧？
n̠iaŋ³¹,n̠iaŋ³¹,kəʔ²tiɛr⁵²zou¹³tsʰəˉ²pa⁰?

[这么]大闺女ᶻ[这么]为嘴，打折胳膊打折腿。
tsei¹³ta¹³kuei⁴⁴n̠y:oŋ⁵²tsei¹³uei¹³tsuei⁵²,taˉ²sɤ³¹kəʔ²pAʔ²taˉ²sɤ³¹tʰuei⁵².

意译：小白菜，水灵灵的。娘杀鸡时我帮忙拽着腿儿。娘，娘，给点儿肉吃吧？（娘说）这么大的闺女就知道要吃的，打折（你的）胳膊打折（你的）腿。

（发音人：牛二囤　2018.07.27 沁阳）

0007 真葫芦真

真葫芦真，野葫芦野，[这么]大闺女 ᶻ 还不嫁。

tsẽ⁴⁴xuəʔ²lu⁰tsẽ⁴⁴,iaʳ³¹xuəʔ²luʳia³¹,tsei¹³ta³¹kuẽ⁴⁴ȵyːoŋ⁵²xã³¹pəʔ²tɕia¹³.

几儿嫁？腊八儿嫁。谁抬轿？麻核桃。

tɕi⁵²tɕia¹³.ʔlʌʔ²pæ⁴⁴tɕia¹³.sei³¹tʰai⁴⁴tɕiɔ¹³.ʔma³¹xəʔ²tʰɔ¹³.

谁打鼓？麻老五。谁吹咪咪哒？淘气 ᶻ 他爷儿仨。

sei³¹ta³¹ku⁰.ʔma¹³lɔ⁵²u⁵².sei³¹tsʰuei⁴⁴mi⁴⁴mi⁴⁴ta⁰.ʔtʰɔ³¹tɕʰiou¹³tʰɐʔ²iɛr³¹sa⁴⁴.

意译：真葫芦真，牙葫芦牙，这么大的姑娘还不嫁？什么时候出嫁？腊八出嫁。
谁抬轿？麻核桃。谁打鼓？麻老五。谁吹唢呐？叫"淘气"的爷儿三个。

（发音人：牛二团　2018.07.27沁阳）

0008 愚公歌

有[一个]老头叫愚公，门口有山路不通。

iou⁵²iɤ⁴⁴lɔ⁵²tʰou⁴⁴tɕiɔ¹³ɣ³¹kuaŋ⁴⁴,mẽn³¹kʰou⁴⁴iou⁵²sã⁴⁴lu¹³pəʔ²tʰuəŋ⁴⁴.

磨锄头，编笤头，想要移山老轴＝轴＝。

muɤ³¹tsʰu³¹tʰou⁰,piã⁴⁴luɤ³¹tʰou⁰,ɕiaŋ⁵²iɔ¹³.ʔi³¹sã⁴⁴lɔ⁵²tsou¹³tsou⁰.

街迈＝人笑嘻嘻，都说愚公吹牛逼。

tɕiɛ⁴⁴mæ³¹zẽ³¹ɕiɔ¹³ɕi⁵²,ɕi⁰,tou³¹suɛʔ²ɣ³¹kuaŋ⁴⁴tsʰuei⁴⁴ȵiou³¹pi⁴⁴.

老汉儿听到不生气，慢慢给他们讲道理。

lɔ⁵²xɛr¹³tʰiəŋ⁴⁴tɔʔ²pəʔ²səŋ⁴⁴tɕʰi¹³,mã⁴⁴mã⁰kəʔ²xa⁵²mẽ⁴⁴tɕiaŋ⁵²tɔ¹³li⁰.

看那山高它不增，每天都要挖小坑。

kʰã¹³na⁰sã⁴⁴kɔ⁴⁴xa⁵²pəʔ³²tsəŋ⁴⁴,mẽ⁵²tʰiã⁴⁴tou³¹iɔ⁴⁴ua⁴⁴ɕiɔ⁵²kʰəŋ⁴⁴.

只要代代往下传，总有一辈能弄完。

tsəʔ²iɔ¹³tai⁴⁴tai⁰uaŋ⁵²ɕia¹³tsʰuã³¹,tsuəŋ⁵²iou⁵²iəʔ²pei¹³nəŋ³¹nuəŋ¹³uã³¹.

意译：有个老头叫愚公，门口有山路不通。磨锄头，编笤筐，想要把山给移走。
街坊都笑话愚公吹牛。愚公听到也不生气，跟他们说，山虽然高，只要每
天都挖，代代都挖，总能把山给移走。

（发音人：韩电厂　2018.07.27沁阳）

0009 摘棉花

小河流水哗啦啦，我和妈妈摘棉花。

ɕiɔ⁵²xɤ³¹liou³¹suei⁵²xua⁴⁴la⁴⁴la⁰,uɤ⁵²xɤ³¹ma⁴⁴ma⁴⁴tsʌʔ²miã³¹xua⁴⁴.

妈妈摘了三斤半，我才揪了一小把。

ma⁴⁴ma⁰tsʌʔ²lɤ⁰sã⁴⁴tɕiẽ⁴⁴pã¹³,uɤ⁵²tsʰai⁴⁴tɕiou⁴⁴lɤ⁰iəʔ²ɕiɔ³¹pa⁵².

从小我们爱劳动，十人见了九人夸。

tsʰuəŋ³¹ɕiɔ⁵²uɤ⁵²mẽ⁰ɣai¹³lɔ³¹tuəŋ¹³,səʔ²zẽ³¹tɕia¹³lɤ⁴tɕiou⁴⁴zẽ³¹kʰua⁴⁴.

意译：小河流水哗啦啦，我和妈妈摘棉花。妈妈摘了三斤半，我才摘了一小把。
从小我们爱劳动，十人见了九人夸。

（发音人：韩电厂　2018.07.27沁阳）

0010 颠倒歌

大明月亮黑咕咚咚，树梢不动刮大风。

ta¹³miəŋ³¹yɛʔ²liaŋ¹³xɤʔ²kuəʔ²tuəŋ¹³tuəŋ,suɹ¹³sɔ⁴⁴pəʔ²tuəŋ¹³kuʌʔ²ta¹³fəŋ⁴⁴.

南北路东西走，出门儿碰见人咬狗。

nã³¹pei⁴⁴lu³¹tuəŋ⁴⁴ɕi⁴⁴tsou⁵²,tsʰuəʔ²mər⁰pʰəŋ¹³tɕiã¹³zẽ³¹iɔ⁵²kou⁵².

拿着狗扔砖头，砖头咬着狗指头。

na³¹tsɤ⁰kou⁵²zəŋ¹³tsuã⁴⁴tʰou⁰,tsuã¹³tʰou⁰iɔ⁵²tsɤ⁰kou⁵²təʔ²tʰou⁰.

意译：大明月亮黑咚咚的，树梢不动刮大风。南北路东西走向，出门儿碰见人咬狗。拿着狗扔向砖头，砖头咬着狗的指头。

（发音人：李治才　2018.07.27 沁阳）

0011 棺材歌

棺材铺儿掌柜真正巧，做那棺材就是好。

kuã⁴⁴tsʰai³¹puər¹³tsaŋ⁵²kuei¹³tsẽ⁵²tsəŋ¹³tɕʰiɔ⁵²,tsou¹³na⁰kuã⁴⁴tsʰai³¹tsou¹³səʔ²xɔ⁵².

一头儿大一头儿小，装着死人跑不了。

iəʔ²tʰər¹³ta¹³iəʔ²tʰər¹³ɕiɔ⁵²,tsuaŋ⁴⁴tsɤ⁰sɿ¹³zẽ³¹pʰɔ⁵²pəʔ²liɔ⁵².

意译：棺材铺儿的老板真手巧，做的棺材就是好。一头儿大一头儿小，死人装进去就跑不了。

（发音人：李治才　2018.07.27 沁阳）

二　故事

0021 牛郎织女

今儿个给大家讲[一个]故事，

tɕi⁵²kɤ⁰kəʔ²ta¹³tɕia⁴⁴tɕiaŋ⁵²iɤ¹³ku¹³sɿ¹³,

故事那名儿叫作牛郎织女的故事。

ku¹³sɿ¹³na⁰miẽr¹³tɕiɔ¹³tsuɤ⁰ȵiou¹³laŋ³¹təʔ²ny¹³tɤ⁰ku¹³sɿ¹³.

老早以前啊，有[一个]小噶ʳ儿，小年轻，他没妈没大，就他独个儿，

lɔ¹³tsɔ⁵²i⁵²tɕʰiã³¹a⁰,iou¹³iɤ⁴⁴ɕiɔ⁵²kæ⁴⁴,ɕiɔ⁵²ȵiã¹³tɕʰiẽ⁴⁴,xa¹³məʔ²ma⁴⁴məʔ²ta³¹,tsou¹³xa¹³tuəʔ²kər⁰,

跟一头老牛生活在一起，所以大家都叫他牛郎。

kəʔ²iəʔ²tʰou³¹lɔ⁵²ȵiou³¹səŋ⁴⁴xuɤ³¹tsai¹³iəʔ²tɕʰi³¹²,suɤ³¹i¹³ta¹³tɕia⁴⁴tou¹³tɕiɔ¹³tʰɐ¹³ȵiou³¹laŋ³¹.

牛郎哩，自从死了爹娘以后，很穷，娶不出来媳妇ᶻ。

ȵiou³¹laŋ³¹li¹³,tsɿ¹³tsʰuŋ¹³sɿ⁵²lɤ⁰tie⁴⁴ȵiaŋ³¹·⁵²xou¹³,xɛ⁵²tɕʰyəŋ³¹²,tɕʰy⁵²pəʔ²tsʰuəŋ³¹lai³¹ɕiəʔ²fɔː¹³.

有一天啊，老牛告诉他说："牛郎，你想要媳妇ᶻ吗？"

iou⁵²iəʔ²tʰiã⁴⁴ia⁰,lɔ⁵²ȵiou¹³kɔ¹³su¹³tʰɐ¹³suɛ²³:"ȵiou¹³laŋ³¹,ni⁵²ɕiaŋ⁵²iɔ¹³ɕiəʔ²fɔː¹³ma⁰?"

这个老牛哩是天上的金牛星下凡了，牛郎不知道。

tsɤ³¹kɤ¹³lɔ⁵²ȵiou³¹li¹³sɿ¹³tʰiã⁴⁴saŋ¹³na⁰tɕiẽ⁴⁴ȵiou³¹ɕiəŋ⁴⁴ɕia¹³fã³¹lɤ⁰,ȵiou¹³laŋ¹³pəʔ²tsɿ⁵²tɔ¹³,

牛郎说："我[这么]穷，谁给我媳妇ᶻ哩。"

ȵiou³¹laŋ¹³sueʔ²:"uɤ¹³tsei¹³tɕʰyəŋ³¹²,sei³¹kəʔ²uɤ¹³ɕiəʔ²fɔ:¹³li⁰."

老牛说："明天七仙女要下凡来洗澡哩，

lɔ⁵²ȵiou³¹sueʔ²³:"miəŋ³¹tʰiã⁴⁴tɕʰiəʔ²ɕiã⁴⁴ȵy¹³ɕia⁵²fã³¹lai³¹ɕi¹³tsɔ⁵²li⁰,

就在咱们村边儿那湖面哩，

tsou¹³tsai¹³tsã³¹mẽ⁴⁴tsʰuẽ⁴⁴piɛr⁴⁴na⁰xu³¹mã¹³li⁰,

你到岸边儿寻着一件儿粉红色衣裳，你拿着就走，

ȵi⁵²tɔ¹³ɣã¹³piɛr⁴⁴ɕiẽ³¹tsɤ⁰iəʔ²tɕiɛr¹³fẽ⁵²xuəŋ³¹sɤʔ²i⁴⁴saŋ⁰,ȵi⁵²na³¹tsɤ⁰tsou¹³tsou⁵²,

谁追上你那就是你媳妇了。"

sei³¹tsuei⁴⁴saŋ¹³ȵi⁵²na¹³tsou¹³səʔ²ȵi¹³ɕiəʔ²fɔ¹³lɤ⁰."

第二天果然看到有七仙女在洗澡，

ti¹³lə¹³tʰiã⁴⁴kuɤ³¹zã⁵²kʰã¹³tɔ¹³iou¹³tɕʰiəʔ²ɕiã⁴⁴ȵy⁵²tsai¹³ɕi¹³tsɔ⁵²,

牛郎就按照老牛的说法，

ȵiou³¹laŋ³¹tsou¹³ɣã¹³tsɔ¹³lɔ⁵²ȵiou¹³na⁰sueʔ²fʌʔ⁰,

抱起那件儿粉红色衣裳就往家跑。

pɔ⁴⁴tɕʰi⁵²na¹³tɕiɛr¹³fẽ⁵²xuəŋ³¹sɤʔ²i⁴⁴saŋ¹³tsou¹³uaŋ⁵²tɕia⁴⁴pʰɔ⁵².

这时候儿七仙女那最小那老小撵上来了，

tsɤ¹³sɿ⁰xer¹³tɕʰiəʔ²ɕiã⁴⁴ȵy¹³tsuei¹³ɕiɔ⁵²na¹³lɔ¹³ɕiɔ⁵²ȵiã⁵²saŋ¹³lai¹³lɤ⁰,

他们俩就成家了。成家以后，男耕女织。

tʰɐʔ²mẽ⁰lia⁵²tɕiou¹³tsʰəŋ³¹tɕia⁴⁴lɤ⁰.tsʰəŋ³¹tɕia⁴⁴i⁵²xou¹³,nã¹³kəŋ⁴⁴ȵy⁵²tsəʔ²³.

牛郎去地种地收割，织女在家纺花织布，

ȵiou³¹laŋ¹³tɕʰy³¹ti¹³tsuəŋ¹³ti¹³sou⁴⁴kʌʔ²³,tsəʔ²ȵy⁵²tsai¹³tɕia⁴⁴faŋ⁵²xua⁴⁴tsəʔ²pu¹³,

做饭带孩子，大家都叫她织女。

tsuʌʔ²fã¹³tai¹³xai³¹tsɿ⁰,ta¹³tɕia⁴⁴tou¹³tɕiɔ¹³tʰɐʔ²tsəʔ²ȵy⁵².

牛郎织女就这样生活了三年，

ȵiou³¹laŋ¹³tsəʔ²ȵy⁵²tɕiou¹³tsɤ¹³iaŋ¹³səŋ⁴⁴xuɤ³¹lɤ⁰sã⁴⁴ȵiã³¹²,

生了[一个]小ᶻ[一个]女ᶻ，家庭很幸福。

səŋ⁴⁴lɤ⁰iɤ⁴⁴ɕiɔ:⁵²iɤ⁴⁴ȵy:oŋ⁵²,tɕia⁴⁴tʰiəŋ⁵²xẽ⁵²ɕiəŋ¹³fu⁰.

织女下凡私自跟牛郎结婚那事让玉皇大帝知道了，

tsəʔ²ȵy⁵²ɕia¹³fã³¹⁴⁴tsɿ¹³kəʔ²ȵiou¹³laŋ¹³tɕiɛʔ²xuẽ⁴⁴na¹³sɿ¹³zaŋ¹³y¹³xuaŋ³¹ta¹³ti¹³tsɿ⁴⁴tɔ¹³lɤ⁰,

非常生气，派天兵天将来这儿抓织女。

fei⁴⁴tsʰaŋ³¹səŋ⁴⁴tɕʰi¹³,pʰai¹³tʰiã⁴⁴piəŋ¹³tʰiã⁴⁴tɕiaŋ¹³lai¹³tsər¹³tsua⁴⁴tsəʔ²ȵy⁵².

提前哩，老牛已经知道这件儿事了，告诉牛郎说：

tʰi³¹tɕiã³¹li⁰,lɔ⁵²ȵiou¹⁵²tɕiəŋ¹³tsɿ⁵²tɔ¹³tsɤ¹³tɕiɛr¹³sɿ¹³lɤ⁰,kɔ¹³su¹³ȵiou³¹laŋ³¹sueʔ²³:

"我死之后，把我那皮剥下来，贴在墙上，

"uɤ¹³sɿ⁵²tsɿ⁵²xou¹³,pa¹³uɤ⁵²na⁰pʰi³¹pʌʔ²ɕia¹³lai¹³,tʰiɛ⁴⁴tsai¹³tɕʰiaŋ³¹saŋ¹³,

遇到紧急情况会帮你忙哩。"
y¹³tɔ¹³tɕiẽ⁵²tɕiəʔ²tɕʰiəŋ³¹kʰuaŋ⁴³xuei¹³paŋ⁴⁴n̩i⁵²maŋ³¹li⁰."

这时候天兵天将抓着织女向天宫飞去，
tsɤ¹³sʅ¹³xou¹³tʰiã⁴⁴piəŋ⁴⁴tʰiã⁴⁴tɕiaŋ¹³tsua¹³tsɤ⁰tsəʔ²n̩y⁵²ɕiaŋ¹³tʰiã⁴⁴kuəŋ⁴⁴fei⁴⁴tɕʰy¹³,

正好牛郎从地里回来，他想起老牛说那话，
tsəŋ¹³xɔ⁵²n̩iou¹³laŋ¹³tsʰuəŋ¹³ti¹³li¹³xuei³¹lai¹³,tʰɐʔ²ɕiaŋ¹³tɕʰi⁰lɔ⁵²n̩iou³¹suɐʔ²na⁰xua¹³,

披上牛皮就飞，担上两个孩子，
pʰei⁴⁴saŋ¹³n̩iou³¹pʰi³¹tɕiou¹³fei¹³,tã⁴⁴saŋ¹³liaŋ⁵²kɤ⁰xai¹³tsʅ⁰,

披上牛皮就向天上飞去，尽快追上织女呀。
pʰei⁴⁴saŋ¹³n̩iou³¹pʰi³¹tɕiou¹³ɕiaŋ¹³tʰiã⁴⁴saŋ¹³fei⁴⁴tɕʰy¹³,tɕiẽ⁵²kʰuai¹³tsuei⁴⁴saŋ¹³tsəʔ²n̩y⁵²ia⁰.

王母娘娘拔[起来]拔出来头上那金簪，
uaŋ³¹mu⁰n̩iaŋ³¹n̩iaŋ¹³pa³¹tɕʰiai⁵²pa³¹tsʰuəʔ²lai³¹tʰou³¹saŋ¹³na⁰tɕiẽ⁴⁴tsã⁴⁴,

在牛郎织女跟前哧啦一声画了一道儿，
tsai¹³n̩iou³¹laŋ¹³tsəʔ²n̩y⁵²kẽ⁴⁴ɕiã⁴⁴tsʅ⁴⁴la⁰iəʔ²səŋ⁴⁴xua¹³lɤ⁰iəʔ²tɚ¹³,

形成一个天河，把俩人隔开了。
ɕiəŋ³¹tsʰəŋ³¹iəʔ²kɤ¹³tʰiã⁴⁴xɤ³¹,pa⁵²lia³¹zẽ³¹kʌʔ²kʰai⁴⁴lɤ⁰.

地上那麻衣雀儿、小宿宿们哩，
ti¹³saŋ¹³na⁰ma³¹yɛ¹³tɕʰiɚ¹³,ɕiɔ⁵²ɕyəʔ²ɕyəʔ⁰mẽ⁴⁴li⁰,

被牛郎织女那故事感动了，
pei¹³n̩iou³¹laŋ¹³tsəʔ²n̩y⁵²na⁰ku¹³sʅ¹³kã⁵²tuəŋ¹³lɤ⁰,

纷纷都飞上天上，在银河两岸架起了鹊桥，
fẽ⁴⁴fẽ⁰tou⁰fei¹³saŋ¹³tʰiã⁴⁴saŋ¹³,tsai¹³iẽ³¹xɤ³¹liaŋ⁵²γã¹³tɕia¹³tɕʰi¹³lɤ⁰tɕʰyɛʔ²tɕʰiɔ³¹,

让牛郎织女在鹊桥上相会。
zaŋ¹³n̩iou³¹laŋ¹³tsəʔ²n̩y⁵²tsai¹³tɕʰyɛʔ²tɕʰiɔ³¹saŋ¹³ɕiaŋ⁴⁴xuei¹³.

每逢七月七这一天，
mẽ⁵²fəŋ³¹tɕʰiəʔ²yɛʔ²tɕʰi⁴⁴tsɤ¹³iəʔ²tʰiã⁴⁴,

咱们河南省怀庆府或多或少要都下点儿雨哩，
tsã³¹mẽ⁰xɤ³¹nã³¹səŋ⁵²xuai¹³tɕʰiəŋ⁰fu⁵²xuʌʔ²tuɤ⁴⁴xuʌʔ²sɔ⁵²iɔ¹³tou⁴⁴ɕia¹³tiɚ⁵²y⁵²li⁰,

那是牛郎织女的眼泪。
na³¹sʅ¹³n̩iou³¹laŋ¹³tsəʔ²n̩y⁵²tɤ⁰iã¹³luei¹³.

这一天哩，麻衣雀ᶻ、小须须哩都很少见，
tsɤ¹³iəʔ²tʰiã⁴⁴li⁰,ma³¹yɛ¹³tɕʰiɔ¹³,ɕiɔ⁵²ɕyəʔ²ɕyəʔ¹li⁰tou¹³xẽ¹³sɔ⁵²tɕiã¹³,

都去哪儿了？都上天上去搭桥去了。
tou⁴⁴tɕʰy¹³næ⁵²lɤ⁰ʔtou¹³saŋ¹³tʰiã⁴⁴saŋ¹³tɕʰy¹³tʌʔ²tɕʰiɔ³¹tɕʰy¹³lɤ⁰.

牛郎织女的故事讲完了。
n̩iou³¹laŋ¹³tsəʔ²n̩y⁵²tɤ⁰ku¹³sʅ⁰tɕiaŋ⁰uã³¹lɤ⁰.

意译：今天给大家讲一个故事，故事的名字叫牛郎织女。很久以前，有个小伙子，他父母双亡，就自己一个人。跟一头老牛生活在一起，所以大家都叫他牛郎。牛郎自从爹娘死了以后，很穷，娶不起媳妇。有一天，老牛跟他说：牛郎，你想要媳妇吗？牛郎不知道老牛是天上的金牛星下凡。牛郎说："我这么穷，谁给我媳妇呢？"老牛说："明天七仙女要下凡来洗澡，就在咱们村边儿的湖里，你到岸边找到一件粉红色衣裳拿走，追上你的人就是你媳妇。第二天果然看到有七个仙女在洗澡，牛郎就按照老牛的话，拿了件粉红色衣裳回家了。最小的那个仙女撵来了，他俩成了家。成家以后，男耕女织。牛郎种地，织女织布、做饭、带孩子，大家都叫她织女。三年间，牛郎织女生了一儿一女，家庭很幸福。织女私自下凡的事让玉皇大帝知道了。他非常生气，派天兵天将来抓织女。老牛提前知道了这事儿。它对牛郎说："我死之后，把我的皮剥下来挂在墙上，遇到紧急情况它会帮你的忙。"天兵天将抓着织女向天宫飞去时，牛郎正好从地里回来，他想起老牛的话，披上牛皮，担上两个孩子，就向天上飞去。想尽快追上织女，王母娘娘拔下金簪，在牛郎织女中间画了一道，形成一道天河，把俩人隔开了。地上的小鸟们被牛郎织女的故事感动了，都飞上天，在银河两岸架起了鹊桥，让牛郎织女在鹊桥上相会。每逢七月七这一天，咱们怀庆府这里或多或少都会下点儿雨，据说那是牛郎织女的眼泪。这一天，人间很少见小鸟儿，都去哪儿了？都上天上搭桥去了。牛郎织女的故事讲完了。

（发音人：都屏君　2018.07.27沁阳）

0022 晁谨的故事

我现在给大家说一说，

uɤ⁵²ɕiã¹³tsai¹³kə.ʔ²ta¹³tɕia⁴⁴suɛʔ²ei²iəʔ²suɛʔ²,

俺们沁阳有一个台湾知县晁谨，

ɣæ⁵²mẽ⁰tɕʰiẽ¹³iaŋ³¹,iou⁵²iəʔ²kɤ⁰tʰai¹³uã⁴⁴tsŋ⁵²ɕiã¹³tsʰɔ³¹tɕiẽ⁵²,

关于举掌止风的故事，也叫"强风怕日落"。

kuã⁴⁴y³¹tɕy¹³tsaŋ⁵²tsŋ⁵²fəŋ⁴⁴ti⁰ku¹³sŋ⁰,iɤ¹³tɕiɔ¹³"tɕʰiaŋ³¹fəŋ⁴⁴pʰa¹³zə.ʔ²luɤ¹³".

晁谨是清朝晚期在台湾当了知县，

tsʰɔ³¹tɕiẽ⁵²sŋ¹³tɕʰiŋ⁴⁴tsʰɔ³¹vã⁵²tɕʰi⁴⁴tsai¹³tʰai¹³uã⁴⁴taŋ⁰lɤ⁰tsŋ⁴⁴ɕiã¹³,

他小时候很聪明，学习也很好。

tʰəʔ²ɕiɔ⁵²sŋ³¹xou¹³xẽ⁵²tsʰuaŋ⁴⁴miən³¹,ɕyɤ³¹ɕiəʔ²iɤ¹³xẽ¹³xɔ⁵².

有一回放学了，一天刮了一天大风，天风就不停。

iou⁵²iəʔ²xuei³¹faŋ¹³ɕiɤ³¹lɤ⁰,iəʔ²tʰiã⁴⁴kuʌʔ²lɤ⁰iəʔ²tʰiã⁴⁴ta¹³fəŋ⁴⁴,tʰiã⁴⁴fəŋ⁴⁴tsou¹³pə.ʔ²tʰiən³¹.

到□黑儿时候儿，他给他同学说：

tɔ¹³uei⁴⁴xɤ⁰sŋ¹³xɤ⁰,xa⁵²kə.ʔ²xa⁵²na⁰tuəŋ³¹ɕiɤ³¹suɛʔ²:

"我能叫风停，你们信不信？"同学说："真的？"

"uɤ⁵²nəŋ¹³tɕiɔ⁰fəŋ⁴⁴tʰiəŋ³¹,ni⁵²mẽ⁰ɕiẽ¹³pə.ʔ²ɕiẽ¹³?"tʰuəŋ¹³ɕiɤ³¹suɛʔ²:"tsẽ⁴⁴tɤ⁰?"

他说："我试试看，我举我举手说叫它停就停了。"
tʰɐʔ²sueʔ²:"uɤ⁵²sɿ¹³sɿ¹³kʰã¹³,uɤ⁵²tɕy¹³uɤ⁵²tɕy⁵²sou⁵²sueʔ²tɕio¹³xa¹³tʰiəŋ¹³tɕiou¹³tʰiəŋ³¹lɤ."

晁谨就把他那右手举过头顶，
tsʰɔ³¹tɕiē⁵²tɕiou¹³pa¹³xa⁵²na⁰iou¹³sou¹³tɕy⁵²kuɤ¹³tʰou¹³tiəŋ⁵²,

指着苍天，说："强风怕日落,
tsɿ⁵²tsɤ⁰tsʰaŋ⁴⁴tʰiã⁴⁴,sueʔ²:"tɕʰiaŋ⁴⁴fəŋ⁴⁴pʰa¹³zəʔ²luɤ¹³,

雨停把雨下，迎来大丰收。"
y⁵²tʰiəŋ³¹pa⁵²y¹³ɕia¹³,iəŋ³¹lai¹³ta¹³fəŋ⁴⁴sou⁴⁴."

谁知道说过以后，果然黑来那风就停了,
sei³¹tsɿ⁴⁴to¹³sueʔ²kuɤ¹³·⁵²xou¹³,kuɤ¹³zã⁵²xəʔ²lai¹³na⁰fəŋ⁴⁴tsou¹³tʰiəŋ³¹lɤ⁰,

老百姓由此也获得了丰收。
lɔ⁵²peʔ²ɕiəŋ¹³iou¹³tsʰɿ⁵²iɤ⁵²xuAʔ²tɤ³¹lɤ⁰fəŋ⁴⁴sou⁴⁴.

老百姓就把这个故事传下了。
lɔ⁵²peʔ²ɕiəŋ¹³tɕiou¹³pa¹³tsɤ⁵²kɤ¹³ku¹³sɿ¹³tsʰuã⁴⁴ɕia¹³lɤ⁰.

传说在沁阳，凡是刮了一天或三天大风哩，
tsʰuã³¹sueʔ²tsai¹³tɕʰiē¹³iaŋ³¹,fã¹³sɿ¹³kuAʔ²lɤ⁰iəʔ²tʰiã⁴⁴xuAʔ²sã⁴⁴tʰiã⁴⁴ta¹³fəŋ⁴⁴li⁰,

到太阳落山的时候，风就停了，
tɔ¹³tʰai¹³iaŋ¹³luAʔ²sã⁴⁴ti⁰sɿ³¹xou¹³,fəŋ⁴⁴tsou¹³tʰiəŋ³¹lɤ⁰,

这就叫做"强风怕日落"。
tsɤ³¹tɕiou¹³tɕiɔ¹³tsuAʔ²"tɕʰiaŋ³¹fəŋ⁴⁴pʰa¹³zəʔ²luɤ¹³".

意译：我给大家讲个沁阳本地的故事，关于一个台湾知县晁谨举掌止风的故事，也叫"强风怕日落"。沁阳人晁谨在清朝晚期到台湾当了知县，他小时候很聪明，学习也很好。有一回放学了，刮了一天大风，风一直不停歇。到傍晚的时候，他告诉同学们："我能叫风停，你们信不信？"同学们说："真的？"他说："我试试看，我举手让它停，它就停了。"晁谨就把他的右手举过头顶，指着苍天，说："强风怕日落，风停把雨下，迎来大丰收。"说过以后，到了晚上，风果然就停了，老百姓也获得了丰收。老百姓们就把这个故事传扬开来。传说在沁阳，如果风一直刮，到太阳落山的时候，风就会停了，这就叫作"强风怕日落"。

（发音人：杨久茹　2018.07.27沁阳）

0023 何堂的故事

何堂是怀庆府最大的一个清官，
xɤ³¹tʰaŋ³¹sɿ¹³xuai³¹tɕʰiəŋ¹³fu⁵²tsuei¹³ta¹³ti⁰iəʔ²kɤ⁰tɕʰiəŋ⁴⁴kuã⁰,

他是兵部尚书，他在沁阳办了好多好事。
tʰɐʔ²sɿ¹³piəŋ⁴⁴pu⁴⁴saŋ¹³su⁴⁴,tʰɐʔ²tai¹³tɕʰiē¹³iaŋ³¹pã¹³liɔ⁰xɔ⁵²tuɤ⁴⁴xɔ⁵²sɿ¹³.

有一天啊，这朝廷里有一个大臣叫高恭，
iou⁵²iəʔ²tʰiã⁴⁴ia⁰,tsɤ¹³tsʰɔ¹³tʰieŋ¹³li⁰iou¹³iɤ⁴⁴ta¹³tsʰẽ³¹tɕiɔ¹³kɔ⁴⁴kuəŋ⁰,

高恭比他大二十五岁，来访何堂了，
kɔ⁴⁴kuaŋ⁴⁴pi³¹tʰɐʔ²ta¹³lə¹³səʔ²u⁵²suei¹³,lai³¹faŋ⁵²xɤ³¹tʰaŋ³¹lɤ⁰,
都[知道]何堂那文采很好，他来访了。
tou⁴⁴tsɿɔ⁴⁴xɤ³¹tʰaŋ³¹na⁰ vẽ³¹tsʰai⁵²xẽ¹³xɔ⁵²,tʰɐʔ²lai³¹faŋ⁵²lɤ⁰.
有一天他俩见面儿了，见面儿以后经过一番交谈，
iou⁵²iəʔ²tʰiã⁴⁴tʰɐʔ²lia⁵²tɕia¹³miɛr¹³lɤ⁰,tɕiã⁴⁴miɛr¹³i⁰xou¹³tɕiəŋ⁴⁴kuɤ¹³iəʔ²fã⁴⁴tɕiɔ⁴⁴tʰã³¹,
一见如故，结成忘年之交。
iəʔ²tɕiã¹³zuəʔ²ku¹³,tɕiɛʔ²tsʰəŋ¹³vaŋ¹³ȵiã³¹tsɿ⁵²tɕiɔ⁴⁴.
这有一天信步在大街走哩，
tsɤ¹³iou⁵²iəʔ²tʰiã⁴⁴,ɕiẽ¹³pu¹³tsai¹³ta¹³tɕiɛ⁴⁴tsou⁵²li⁰,
看到有一家儿人在给老母亲做寿哩，
kʰã¹³tɔ¹³iou¹³iəʔ²tɕiær⁴⁴zẽ³¹tsai¹³kəʔ²lɔ¹³mu⁵²tsʰiẽ⁴⁴tsou¹³sou¹³li⁰,
做寿哩，他们写那对儿还没贴哩，
tsou¹³sou¹³li⁰,tʰɐʔ²mẽ⁰ɕie⁵²næ⁰tuər¹³xæ³¹məʔ²tʰiɛʔ²li⁰,
他两个走到，说："你这对儿不好，叫我给你写副对儿。"
tʰɐʔ²liaŋ¹³kɤ⁰tsou⁵²tɔ¹³,suɛʔ²:"ȵi¹³tsɤ¹³tuər¹³pəʔ²xɔ⁵²,tɕiɔ¹³uɤ⁵²kəʔ²ȵi⁰ɕie⁵²fu¹³tuər¹³."
他说："我们两个合写。"高恭说了：
xa⁵²suɛʔ²:"uɤ⁵²mẽ⁰liaŋ⁵²kɤ⁰xɤ³¹ɕie⁵²."kɔ⁴⁴kuaŋ⁴⁴suɛʔ²lɤ⁰:
"我写上半句你写下半句。"他为了试验何堂的文采，
"uɤ⁵²ɕie⁵²saŋ¹³pã¹³tɕy¹³ȵi⁵²ɕie⁵²sa¹³pã¹³tɕy¹³."tʰɐʔ²uei⁴²liɔ⁵²sɿ¹³iã¹³xɤ³¹tʰaŋ³¹ti⁰vẽ³¹tsʰai⁵²,
他写了，提笔写了"八十老母不算人"，他写了上句。
tʰɐʔ²ɕie⁵²lɤ⁰,tʰi³¹piəʔ²ɕie⁵²lɔ⁰"pʌʔ²səʔ²lɔ⁵²mu⁵²pəʔ²suã¹³zẽ³¹",tʰɐʔ²ɕie⁵²lɔ⁰saŋ¹³tɕy¹³.
何堂："哟，他是考验我哩。"
xɤ³¹tʰaŋ³¹:"iɔ¹³xa⁵²səʔ²kʰɔ⁵²iã⁰uɤ⁵²li⁰."
拿笔写："就像上方一位神，生个孩儿会做贼，
na³¹piəʔ²ɕie⁵²:"tɕiou¹³ɕiaŋ¹³saŋ¹³faŋ¹³iəʔ²uei¹³sẽ¹³,səŋ⁴⁴kɤ⁰xai³¹lə³¹²xuei¹³tsou¹³tsei³¹,
偷下蟠桃敬母亲"。这是写哩相当好。
tʰou⁴⁴ɕia¹³pʰã⁴⁴tʰɔ³¹tɕiəŋ¹³mu⁵²tɕʰiẽ⁴⁴".tsɤ⁴⁴sɿ¹³ɕie⁵²li⁰ɕiaŋ⁵²taŋ⁴⁴xɔ⁵².
这又往前走，又隔一天哩，
tsɤ⁴⁴iou¹³uaŋ⁵²tɕʰiã¹³tsou¹³,iou¹³kʌʔ²iəʔ²tʰiã⁴⁴li⁰,
又去看，一家在那儿出殡哩，办丧事儿哩，
iou¹³tɕʰy¹³kʰã¹³,iəʔ²tɕia⁴⁴tsai¹³nɛr¹³tsʰuəʔ²piɛ¹³li⁰,pã¹³saŋ⁴⁴sər¹³li⁰,
大红门又高又大，家里有钱，又大，也是在那儿贴白纸哩。
ta¹³xuŋ³¹mẽ³¹iou¹³kɔ⁴⁴iou¹³ta¹³,tɕia¹³li⁰iou¹³tɕʰiã³¹,iou¹³ta¹³,iɛ⁵²sɿʔ²tsai¹³nɛr⁵²tʰiɛʔ²pai¹³tsɿ⁵²li⁰.
这高恭说："咱们再给人家写副对儿，就是你写，
tsɤ⁰kɔ⁴⁴kuaŋ⁴⁴suɛʔ²:"tsã³¹mẽ⁰tsai¹³kəʔ²zẽ³¹tɕia⁴⁴ɕie⁵²fu¹³tuər¹³,tsou¹³səʔ²ȵi⁵²ɕie⁵²,

我写上联儿你写下联儿。"何堂说:"可以。"这去了。
uɤ⁵²ɕiɛ⁵²saŋ¹³lyɛr⁴⁴n̩i⁵²ɕiɛ⁵²ɕia¹³lyɛr⁴⁴."xɤ³¹tʰaŋ³¹suɛʔ²:"kʰɤ⁵²:⁰i¹³."tsɤ⁰tɕʰy¹³lɤ⁰.
高恭拿着笔一写:"门大好出丧,门高好出央⁼。"
ko⁴⁴kuaŋ⁴⁴na³¹tsɤ¹³piəʔiəʔ²ɕiɛ⁵²:"mẽ¹³ta¹³xɔ¹³tsʰuəʔ²saŋ,mẽ³¹kɔ⁴⁴xɔ⁵²tsʰuəʔ²iaŋ⁴⁴."
这他写上句。何堂一看:"又难为我。"
tsɤ⁰xa⁵²ɕiɛ⁵²saŋ¹³tɕy¹³.xɤ³¹tʰaŋ³¹iəʔ²kʰã¹³:"iou¹³nã³¹uei¹³uɤ⁵²."
说:"千年出一个,万年出一双。"
suɛʔ²:"tɕʰiã⁴⁴n̩iã¹³tsʰuəʔ²iəʔ²kɤ⁰,vã³¹n̩iã³¹tsʰuəʔ²iəʔ²suaŋ⁴⁴."
他们把这这对儿写成了。这是他跟高恭。
xa⁵²mẽ⁰pa¹³tsɤ¹³tsɤ¹³tuɛr¹³ɕiɛ⁵²tsʰəŋ¹³lɤ⁰.tsɤ⁴⁴səʔ²xa⁵²kẽ⁴⁴kɔ⁴⁴kuaŋ⁴⁴.
这有一次,何堂退休以后,就是告老还乡以后,
tsɤ¹³iou⁵²iəʔ²tsʰɿ¹³,xɤ³¹tʰaŋ³¹tʰuei¹³ɕiou⁴⁴:⁵²xou¹³,tsou¹³səʔ²kɔ¹³lɔ⁵²xuã³¹ɕiaŋ⁴⁴:⁵²xou¹³,
在咱们沁阳南边儿那头干河,头道河,闲步走哩,
tsai¹³tsæ³¹mẽ⁰tɕʰiẽ¹³iaŋ³¹nã³¹piɛr⁴⁴næ¹³tʰou³¹xɤ³¹,tʰou³¹tɔ¹³xɤ³¹,ɕiã³¹pu¹³tsou⁵²li⁰,
那桥呀很高,从南从城南乡有个卖棒槌哩,
na⁰tɕʰiɔ³¹ia⁰xẽ⁵²kɔ⁴⁴,tɕʰyəŋ³¹nã³¹tɕʰyəŋ³¹tsʰəŋ³¹nã¹³ɕiaŋ⁴⁴iou⁵²kɤ¹³mai¹³paŋ¹³tsʰuei¹³li⁰,
就是洗衣房过去捶衣裳那棒槌。
tsou¹³səʔ²ɕi¹³:⁵²⁴⁴faŋ³¹kuɤ¹³tɕʰy¹³tsʰuei³¹:¹³saŋ⁰na⁰paŋ¹³tsʰuei³¹.
推一车,推不上[这一个]坡儿。
tʰuei⁴⁴iəʔ²tsʰɿɛ⁴⁴,tʰuei¹³pəʔ²saŋ¹³tɕiɤ¹³pʰuɛr⁴⁴.
他见周围无人家儿,何堂在那儿,何老先儿在那儿转哩,
xa⁵²tɕiã¹³tsou⁴⁴uei³¹vəʔ²zẽ³¹tɕiæ⁰,xɤ³¹tʰaŋ³¹tsai¹³nɛr¹³,xɤ³¹lɔ⁵²ɕiɛr⁴⁴tsai¹³nɛr¹³tsuã¹³li⁰,
他说:"老先生给咱们加把手拿车儿来推上?"
xa⁵²suɛʔ²:"lɔ⁵²ɕiã⁴⁴səŋ⁰kəʔ²tsæ³¹mẽ⁰tɕia⁴⁴pa¹³sou⁵²na¹³tsʰɤr⁴⁴lai³¹tʰuei⁴⁴saŋ¹³?"
这何堂说:"中,给你推推。"
tsɤ⁰xɤ³¹tʰaŋ³¹suɛʔ²:"tsuaŋ⁴⁴,kəʔ²n̩i⁵²tʰuei⁴⁴tʰuei⁴⁴."
一推到坡儿顶了:"哎你先[不要]走,我给你说说,
iəʔ²tʰuei⁴⁴tɔ¹³pɛr⁴⁴tiəŋ¹³lɤ⁰:"ai¹³n̩i¹³ɕiã⁴⁴pɔ¹³tsou¹³,uɤ⁴⁴kəʔ²n̩i¹³suɛʔ²suɛʔ⁰,
我长[这么]大就没人问我叫过老大哥,
uɤ⁵²tsaŋ¹³tsei¹³ta¹³tsou¹³məʔ²zẽ³¹vẽ¹³uɤ⁵²tɕiɔ¹³kuɤ⁰lɔ⁵²ta¹³kɤ¹³,
都是叫大爷哩还,你问我叫老大哥,你是哪里?"
tʰou⁴⁴səʔ²tɕiɔ¹³ta¹³iɛ³¹li¹³xæ⁰,n̩i¹³vẽ¹³uɤ¹³tɕiɔ¹³lɔ⁵²ta¹³kɤ⁵²,n̩i¹³səʔ²næ⁵²li⁰?"
他说:"我是南乡那儿了。"
xa⁵²suɛʔ²:"uɤ⁵²səʔ²nã³¹ɕiaŋ⁴⁴nɛr⁵²lɤ⁰."
他说:"你这你这棒槌是买来呀是自己干来?"
xa⁵²suɛʔ²:"n̩i¹³tsɤ¹³²n̩i⁵²tsɤ¹³paŋ¹³tsʰuei³¹səʔ²mai⁵²lai¹³ia⁰səʔ²tsɿ¹³tɕi⁵²kã¹³lai⁰?"

"我自己洗来。"他说:"哪一天你给我冲一车棒槌。"
"uɤ⁵²tsʅ¹³tɕi⁵²ɕi¹³lai."xa⁵²sueʔ²:"na⁵²iəʔ²tʰiã⁴⁴ni¹³kəʔ²uɤ⁵²tsʰuəŋ¹³iəʔ²tsʰɤ⁴⁴paŋ¹³tsʰuei³¹."
说:"你这棒槌卖多少钱儿?假如说现在五块十块哩,
sueʔ²:"ni⁵²tsʅ³¹paŋ¹³tsʰuei¹³mai¹³tuɤ¹³sɔ¹³tɕʰiɚ³¹?tɕia⁵²zu⁵²sueʔ²ɕiã¹³tsai⁵²u⁵²kʰuai¹³səʔ²kʰuai¹³li⁰,
到那一天我给你十五块钱儿[一个],你给我送一车。"
tɔ¹³næ⁴⁴iəʔ²tʰiã⁴⁴uɤ⁵²kəʔ²ni¹³səʔ²u⁵²kʰuai¹³tɕʰiɚ³¹iɤ⁴⁴,ni⁵²kəʔ²uɤ⁵²suəŋ¹³iəʔ²tsʰɤ⁴⁴."
"中。"他说:"眼那八月二十几儿,你给我送一车棒槌,
"tsuəŋ⁴⁴."xa⁵²sueʔ²:"iã⁵²næ¹³pʌʔ²yɤʔ²lə¹³səʔ²tɕiɚ³¹,ni⁵²kəʔ²uɤ⁵²suəŋ¹³iəʔ²tsʰɤ⁴⁴paŋ¹³tsʰuei³¹,
我家是怀庆府这何街,姓何,我那我叫何堂,
uɤ⁵²tɕia⁴⁴səʔ²xuai³¹tɕʰiəŋ¹³fu⁵²tsʅ⁴⁴tsɤ³¹tɕie⁴⁴,ɕiəŋ¹³xɤ³¹,uɤ⁵²na⁰uɤ⁵²tɕiɔ¹³xɤ³¹tʰaŋ³¹,
你给我送去就妥了。"那一天正好是何老先儿生日,
ni⁵²kəʔ²uɤ⁵²suəŋ¹³tɕʰy¹³tsou¹³tʰuɤ⁵²lɤ⁰."næ⁴⁴iəʔ²tʰiã⁴⁴tsəŋ¹³xɔ⁵²səʔ²³¹lɔ¹³ɕieɚ⁴⁴səŋ¹³zəʔ²,
大小官员都去给他拜寿了。
ta¹³ɕiɔ⁵²kuã⁴⁴yã¹³tou⁴⁴tɕʰy¹³kəʔ²xa⁵²pai¹³sou¹³lɤ⁰.
席,客人都到齐了,老不开座,这就他问他,
ɕi³¹,kʰʌʔ²zẽ³¹tou¹³tɔ¹³tɕʰi³¹lɤ¹³,lɔ¹³pəʔ²kʰai⁴⁴tsuɤ¹³,tsɤ¹³tsou¹³xa⁵²vẽ¹³tʰɐʔ²,
说:"大人,客人都到齐了,你为啥老不开座?"
sueʔ²:"ta¹³zẽ³¹,kʰʌʔ²zẽ³¹tou¹³tɔ¹³tɕʰi³¹lɤ⁰,ni¹³uei¹³saʔ²lɔ¹³pəʔ²kʰai⁴⁴tsuɤ¹³?"
"我还有[一个]兄弟没来哩。"他说还有[一个]兄弟没来。
"uɤ⁵²xæ¹³iou¹³iɤ⁴⁴ɕyəŋ⁴⁴tiʔ²məʔ²lai³¹li⁰."xa⁵²sueʔ²xæ³¹iou¹³iɤ⁴⁴ɕyəŋ⁴⁴tiʔ²məʔ²lai³¹.
他说:"那兄弟啥时候儿来?""马上就到了。"
xa⁵²sueʔ²:"na¹³ɕyəŋ⁴⁴tiʔ²sa¹³sʅ³¹xueɚ³¹lai³¹?""ma⁵²saŋ¹³tsou¹³tɔ¹³lɤ⁰."
到那儿一点左右,日头错,就是晌午错了,
tɔ¹³neɚ⁵²iəʔ²tiã⁵²tsuɤ⁵²iou¹³,zəʔ²tʰou¹³tsʰuɤ¹³,tsou¹³sʅ⁰saŋ⁵²u¹³tsʰuɤ¹³lɤ⁰,
来了,[一个]卖棒槌来了。到那儿说:"何堂在这儿住?"
lai³¹liɔ⁰,yɤ⁴⁴mai¹³paŋ¹³tsʰuei³¹lai¹³lɤ⁰.tɔ¹³neɚ⁵²sueʔ²:"xɤ³¹tʰaŋ³¹tsai¹³tseɚ⁰tsu¹³?"
"哎呀,那就在这儿,就在这儿,你咋会敢提他那名儿哩?"
"ei⁴⁴ia⁰,na¹³tsou¹³tsai¹³tseɚ¹³,tsou¹³tsai¹³tseɚ¹³,ni⁵²tsa⁵²kã⁵²xuei¹³tʰi³¹xa⁵²næ⁰miəɚ³¹li⁰?"
"那是俺哥哩。"这个一报,开座。随时开座。
"næ¹³səʔ²yæ⁵²kɤ⁵²li⁰."tsɤ¹³kɤ¹³iəʔ²pɔ¹³,kʰai⁴⁴tsuɤ¹³.suei³¹sʅ¹³kʰai⁴⁴tsuɤ¹³.
这一开开座,吃罢以后了,都给他拜谢哩。
tsɤ¹³iəʔ²kʰai⁴⁴kʰai⁴⁴tsuɤ¹³,tsʰəʔ²pa¹³⁵²xou¹³lɤ⁰,tou³¹kəʔ²xa⁵²pai¹³ɕie¹³li⁰.
"来来来来,我有[一个]兄弟,没有啥本事,就会卖棒槌,
"lai³¹lai³¹lai³¹lai³¹,uɤ⁵²iou¹³iɤ⁴⁴ɕyəŋ⁴⁴tiʔ²,məʔ²iou¹³saʔ²pẽ⁵²sʅ¹³,tsou¹³xuei¹³mai¹³paŋ¹³tsʰuei³¹
给,[一个]人送给你们[一个]棒槌,
kei⁴⁴,iɤ⁴⁴zẽ³¹suaŋ¹³kəʔ²ni⁵²mẽ⁰iɤ⁰paŋ¹³tsʰuei³¹,

拿回家叫你们这太太们洗衣裳用，随便儿给钱儿。"
na³¹ xuei³¹ tɕia⁴⁴ tɕiɔ¹³ ɲi⁵² mẽ tsɤ¹³ tʰai¹³ tʰai mẽ ɕi¹ i⁴⁴ saŋ¹³ yəŋ¹³,suei³¹ piɐr¹³ kəʔ² tɕʰiɐr³¹."
那他卖那钱儿比他平常卖那高多哩。
næ⁰ xa⁵² mai¹³ næ⁰ tɕʰiɐr³¹ pi⁵² tʰɤʔ² pʰiəŋ³¹ tsʰaŋ³¹ mai na⁰ kɔ⁴⁴ tuɤ⁴⁴ li⁰.
这就是何堂这故事啊。完了。
tsɤ¹³ tsou¹³ səʔ² xɤ³¹ tʰaŋ³¹ tsɤ⁰ ku¹³ sʅ¹³.uã³¹ lɤ⁰.

意译：何堂是怀庆府最大的一个清官，他是兵部尚书，他在沁阳办了好多好事。朝廷里有一个大臣叫高恭，高恭比何堂大二十五岁。他知道何堂文采很好，有一天来拜访何堂。二人一见如故，结成忘年之交。有一天，两人信步在大街上走，看到有一户人家在给老母亲做寿，做寿的对联还没贴。他们走到跟前说："我们两个人合作，为你们写一副对联。"高恭故意对何堂说："我写上半句，你写下半句。"其实他为了看看何堂的文采。高恭提笔写道："八十老母不算人"。何堂心想："哟，他是考验我呢。"于是拿笔写道："就像上方一位神，生个孩子会做贼，偷下蟠桃敬母亲"。写得真好啊。又一天，二人又看到一家在办丧事。这家大红门又高又大，家里也有钱，正在贴丧事的对联。高恭说："咱们再给人家写副对联，我写上联你写下联"。何堂说："可以。"高恭拿着笔写道："门大好出丧，门高好出殃"。何堂一看，知道又在难为自己，就写道："千年出一个，万年出一双"。何堂告老还乡以后，他在河边散步，河上的桥很高，城南有个卖棒槌的，推着车子推不上去。他看到何堂在那儿转悠，就说："老大哥给我帮帮忙，把车子推上坡吧？"何堂帮他推了车子，看他可怜，想帮帮他。于是对他说："你是哪里人？"他说："我是南乡的。"何堂说："从来没人叫过我老大哥，你也算是我的兄弟了。八月二十日，你给我送一车棒槌，我家在怀庆府何街，我姓何，叫何堂，你给我送去就行了。"原来那一天正好是何老先生的生日，大小官员都去给他拜寿了。客人都到齐了，就是不开席。人们问他："大人，客人都到齐了，啥时候开席呢？"何堂回答："我有一个兄弟还没来。"到了中午一点左右，来了一个卖棒槌的，到门口说："何堂在这儿住吗？"仆人回答："哎呀，就在这儿，他是你什么人？"来人说："他是俺哥。"于是大家终于开始吃饭。吃过饭以后，何堂说："我这个兄弟，没有啥本事，就会卖棒槌，现在给每个人送一个棒槌，拿回家叫你们的太太们洗衣服用，你们随便给钱就行了。"卖棒槌的得到的钱比平时还多。这就是何堂的故事。

（发音人：李治才 2018.07.27 沁阳）

三 自选条目

0031 怀梆《刘全进瓜·有刘全出门来泪下掉》
有刘全出门来泪下掉，奉劝世人听分晓。
iou liou tɕʰyã tsʰuəʔ mẽ lai luei ɕia tiɔ,fəŋ tɕʰyã sʅ zẽ tʰiəŋ fẽ ɕiɔ.

劝世人都不要爱财宝，财宝本是杀人刀。
tɕʰyã sʅ zẽ tou pə iɔ ɣai tsʰai pɔ⁵²,tsʰai pɔ pẽ sʅ sAʔ zẽ tɔ.
君爱财行无道，臣子们爱财动枪刀。
tɕyẽ ɣai tsʰai ɕiəŋ uəʔ tɔ,tsʰẽ tsʅ mẽ ɣai tsʰai tuəŋ tɕʰiəŋ tɔ.
父爱财子不孝，弟兄们爱财失同胞。
fu ɣai tsʰai tsʅ pə ɕiɔ,ti ɕyəŋ mẽ ɣai tsʰai sʅ tʰuəŋ pɔ.
亲亲们爱财都不来往，朋友们为了财失了故交。
tɕʰiẽ tɕʰiẽ mẽ ɣai tsʰai tou pə lai uəŋ,pʰəŋ iou mẽ uei liɔ tsʰai səʔ liɔ ku tɕiɔ.
我刘全若不把那财宝爱，李善人怎能够命赴阴曹。
uɤ liou tɕʰyã zuɤ pəʔ pa na tsʰai pɔ ɣai,li sã zẽ tsẽ nəŋ kou miəŋ fu iẽ tsʰɔ.
善人死，命丧了，怎不叫刘全我心内焦。
sã zẽ sʅ,miəŋ saŋ liɔ,tsẽ pəʔ tɕiɔ liou tɕʰyã uɤ ɕiẽ nuei tɕiɔ.
手拉定儿和女阳关大道。
sou la tiəŋ lə xɤ n̠y iaŋ kuã ta tɔ.
意译：有刘全出门来泪下掉，奉劝世人听分晓。劝世人都不要爱财宝，财宝本是杀人刀。君爱财行无道，臣子们爱财动枪刀。父爱财子不孝，弟兄们爱财失同胞。亲戚们爱财都不来往，朋友们为了财失了故交。我刘全若不把那财宝爱，李善人怎能够命赴阴曹。善人死，命丧了，怎不叫刘全我心内焦。手拉定儿和女阳关大道。

（发音人：孙国成　2018.07.27 沁阳）

0032 怀梆《南阳关·一听说城下面我的韩伯父到》

一听说城下面我的韩伯，城下面我的韩伯父到，
iəʔ tʰiəŋ suɛ tsʰəŋ ɕia miã uɤ tɤ xã pɛʔ,tsʰəŋ ɕia miã uɤ tɤ xã pɛʔ fu tɔ,
一听说城下面我的韩伯父到，伍云昭，伍云昭在城楼把手招。
iəʔ tʰiəŋ suɛʔ² tsʰəŋ ɕia miã uɤ tɤ xã pɛʔ fu tɔ,u yẽ tsɔ,u yẽ tsɔ tsai tsʰəŋ lou pa sou tsɔ.
我一问安来二问好，问伯父，问伯父伯母你们可安牢，
uɤ iəʔ uẽ ɣã lai lə uẽ xɔ,uẽ pɛʔ fu,uẽ pɛʔ fu pɛʔ mu n̠i mẽ kʰɤ ã lɔ,
再问你再问你全家乐逍遥。
tsai vẽ n̠i tsai vẽ n̠i tɕʰyã tɕia luɤ ɕiɔ iɔ.
想当年在午门把马跑，你与，你与我父恁是故交，
ɕiaŋ taŋ n̠iã tsai u mẽ pa ma pʰɔ,n̠i y,n̠i y uɤ fu nẽ səʔ ku tɕiɔ,
保国时无由你们交好，恁啊恁在那那金香炉里把香烧。
pɔ kuɤ sʅ u iou n̠i mẽ tɕiɔ xɔ,nẽ ia nẽ tsai na na tɕiẽ ɕiaŋ lu li pa ɕiaŋ sɔ.
儿的南阳关一不欠粮二不欠草，我的韩伯父儿的老年高，
lə tɤ nã iaŋ kuã iəʔ pəʔ tɕʰiã liaŋ lə pəʔ tɕʰiã tsʰɔ,uɤ tɤ xã pɛʔ fu lə tɤ lɔ n̠iã kɔ,
我问你，我问你带兵将你往哪里去征剿？
uɤ uẽ n̠i,uɤ uẽ n̠i tai piəŋ tɕiaŋ n̠i uaŋ na li tɕʰy tsəŋ tsʰɔ?

意译：一听说城下面是我的韩伯，我的韩伯父到城下面，云昭在城楼把手招。我一问安来二问好，问伯父伯母你们可安康，再问你全家幸福。想当年在午门把马跑，你与我父你们俩是故交，保国时你们更交好，你们俩在金香炉里把香烧。儿的南阳关一不欠粮二不欠草，我的韩伯父你的年龄那么大了，我问你带兵将往哪里去征剿？

（发音人：孙国成　2018.07.27 沁阳）

0033 怀梆《火烧尧王庙·有为王在宫院用目睁》

有为王在宫院抬头看，用目睁，

iou uei uaŋ tsai kuaŋ yã tʰai tʰou kʰã,yəŋ məʔ tsəŋ,

又只见杜太师，杜爱卿，带定校尉杀进皇宫，

iou tsəʔ tɕiã tu tʰai sɿ,tu ɣai tɕʰiəŋ,tai tiəŋ ɕiɔ uei SAʔ tɕiẽ xuaŋ kuŋ,

手持钢刀要我性命。耳听得钢刀响，

sou tsʰɿ kaŋ tɔ iɔ uɤ ɕiəŋ miəŋ.ləʔ tʰiəŋ tɤ kaŋ tɔ ɕiaŋ,

嗤嗤愣愣，愣愣愣愣，嗤嗤愣愣愣，

tsʰɿ tsʰɿ ləŋ ləŋ,ləŋ ləŋ ləŋ ləŋ,tsʰɿ tsʰɿ ləŋ ləŋ ləŋ,

嗤嗤嗤嗤愣愣响连声，

tsʰɿ tsʰɿ tsʰɿ tsʰɿ ləŋ ləŋ ɕiaŋ liã səŋ,

吓得王胆又颤我这心又惊，眼又黑我那头又蒙，

ɕia tɤ uaŋ tã iou tsã uɤ tsɿ ɕiẽ iou tɕiəŋ,iã iou xei uɤ na tʰou iou məŋ,

三魂七魄雾木愣愣愣愣，愣愣半虚空，

sã xuẽ tɕʰiəʔ pʰAʔ u məʔ ləŋ ləŋ ləŋ ləŋ,ləŋ ləŋ pã ɕy kʰuaŋ,

王在那望乡台上打能能，

uaŋ tsai na uaŋ ɕiaŋ tʰai saŋ ta nəŋ nəŋ,

那战战那战战兢兢掉我的魂灵。

na tsã tsã na tsã tsã tɕiəŋ tɕiəŋ tiɔ uɤ tɤ xuẽ liəŋ.

意译：为王在宫苑抬头看，用目睁，又只见杜太师，杜爱卿，带定校尉杀进皇宫，手持钢刀要我性命。耳听得钢刀响，嗤嗤愣愣愣，嗤嗤嗤嗤愣愣响连声，吓得王胆又颤我心又惊，眼又黑我头又蒙，三魂七魄半虚空，王在那望乡台上战战兢兢吓掉我的魂灵。

（发音人：孙国成　2018.07.27 沁阳）

0034 谜语

三间屋，两来门，有做君，有做臣，

sã⁴⁴ tɕiã⁴⁴ uəŋ⁴⁴,liaŋ⁵² lai³¹ mẽ³¹,iou⁵² tsou¹³ tɕyẽ⁴⁴,iou⁵² tsou¹³ tsʰẽ³¹,

有做公婆ᶻ儿媳妇ᶻ，有做和尚老道士。

iou⁵² tsou¹³ kuaŋ⁴⁴ pʰuɔːɜ¹ ləɜ¹ ɕiəʔ fɔː¹³,iou⁵² tsou¹³ xɤ saŋ¹³ lɔ⁵² tɔ¹³ sɿ⁰.

意译：三间屋，两来门，有人做君王，有人做臣子，有人做公婆有人做儿媳妇，

有人做和尚有人做老道士。（谜底：唱戏）

（发音人：牛二囤　2018.07.27 沁阳）

0035 谜语

一根红线儿，扯到河沿儿，不开花儿，就结瓜儿。

iəʔ²kəŋ⁴⁴xuəŋ³¹ɕier¹³,tsʰɤɛ⁵²tɔ¹³xɤ³¹ier¹³,pəʔ²kʰai⁴⁴xuæ⁴⁴,tsou¹³tɕiɛʔ²kuæ⁴⁴.

意译：一根红线，扯到河沿，不开花，就结果。（谜底：红薯）

（发音人：牛二囤　2018.07.27 沁阳）

0036 歇后语

驴吃干草——咬都是圪节儿。

ly³¹tsʰəʔ²kã³¹tsʰɔ⁵²——iɔ⁵²tou⁵²səʔ²kəʔ²tɕier³¹².

意译：驴吃干草——咬下去都是草节子。

（发音人：牛二囤　2018.07.27 沁阳）

0037 歇后语

花骨橄儿筛锣——没音。

xua⁴⁴kuəʔ²tɕyer³¹sai⁴⁴luɤ³¹——məʔ²iẽ⁴⁴.

意译：棉花絮敲锣——没有声音。

（发音人：牛二囤　2018.07.27 沁阳）

0038 歇后语

拄着拐棍儿逛窑子——老弄家儿。

tsu⁵²tsɤ⁰kuai⁵²kuər¹³kuaŋ¹³iɔ³¹tsʅ⁰——lɔ⁵²nuəŋ¹³tɕiæ⁴⁴.

意译：拄着拐棍儿逛窑子——是老练的玩家。

（发音人：牛二囤　2018.07.27 沁阳）

0039 谜语

远看是座庙，近看没神道，

yã⁵²kʰã¹³sʅ¹³tsuɤ¹³miɔ¹³,tɕiẽ¹³kʰã¹³məʔ²sẽ³¹tɔ¹³,

脚踏两块儿板儿，手扒莲花儿落。

tɕiʌʔ²tʰa⁴⁴liaŋ⁵²kʰuer¹³per⁵²,sou⁵²pa¹³liã³¹xua⁴⁴lɔ¹³.

意译：远看是座庙，近看没有神仙也没有道士，（一个人）脚踩着两块板儿，手里拿着像莲花落一样的东西。（谜底：织布机）

（发音人：韩电厂　2018.07.27 沁阳）

0040 谜语

是山不高，是雪不消，是路不远，且走不到。

səʔ²sã⁴⁴pəʔ²kɔ⁴⁴,səʔ²ɕyɛʔ²pəʔ²ɕiɔ⁴⁴,səʔ²lu pəʔ²yã⁵²,tɕʰieʔ²tsou⁵²pəʔ²tɔ¹³.

意译：是山看着不高，是雪永远不融化，是路不远，而且走不到头。（谜底：图画）

（发音人：韩电厂　2018.07.27 沁阳）

0041 谚语

三星星搴船报，搴上船报就祭灶。

sã⁴⁴ɕiəŋ⁴⁴ɕiəŋ⁰ȵiã⁵²tsʰua⁵²pɔ⁵²,ȵiã⁵²saŋ¹³tsʰuã³¹pɔ¹³tɕiou¹³tɕi¹³tsɔ¹³.

意译：当猎户星座追上昴星团的时候，就该祭灶（过年）了。

（发音人：杨寿远　2018.07.27 沁阳）

0042 谚语

要想不冷，朝芽扑棱。

iɔ¹³ ɕiaŋ⁵² pəʔ²ləŋ⁵²,tsɔ⁴⁴ia³¹ pʰəʔ²ləŋ⁰.

意译：要想天气暖和起来，得等到小草露头。

（发音人：杨寿远　2018.07.27 沁阳）

0043 谚语

蜻蜓低飞蛇过道，大雨马上就来到。

tɕʰiəŋ⁴⁴tiəŋ⁴⁴ti:⁴⁴fei⁴⁴sʅɛ³¹kuɤ¹³tɔ⁵²,ta¹³y⁵²ma⁵²saŋ¹³tɕiou¹³lai³¹tɔ¹³.

意译：（如果）蜻蜓飞得很低，蛇在大路上爬过，说明大雨马上就要下了。

（发音人：杨寿远　2018.07.27 沁阳）

0044 谚语

隔犁沟下雨。

kʌʔ²li³¹kou⁴⁴ɕia¹³y⁵².

意译：隔着一条犁地沟，那边下雨（这边晴天）。

（发音人：杨寿远　2018.07.27 沁阳）

0045 谚语

人老一辈，麦黄一时。

zẽ³¹lɔ⁵²iəʔ²pei¹³,mɛʔ²xuaŋ³¹iəʔ²sʅ³¹.

意译：人老得很快，麦熟得也很快。

（发音人：杨寿远　2018.07.27 沁阳）

0046 谚语

天黄有雨，人黄有病。

tʰiã⁴⁴xuaŋ³¹iou¹³y⁵²,zẽ³¹xuaŋ³¹iou⁵²piəŋ¹³.

意译：天的颜色发黄的时候是要下雨了，人的皮肤黄了是有病的征兆。

（发音人：杨寿远　2018.07.27 沁阳）

0047 谚语

春打六九头。

tsʰuẽ⁴⁴ta⁵²liou¹³tɕiou⁵²tʰou³¹.

意译：立春往往是在六九的前一天。

（发音人：杨寿远　2018.07.27 沁阳）

0048 谚语

打春冻断筋。

ta⁵²tsʰuẽ⁴⁴tuəŋ¹³tuã¹³tɕiɛ⁴⁴.

意译：立春的时候天还很冷。

（发音人：杨寿远　2018.07.27 沁阳）

0049 谚语

马不吃夜草不肥，人不发横财不富。

ma^{52}pə^{2}ts^{h}ə^{2}iɛ^{13}ts^{h}ɔ^{52}pə^{2}fei^{31},zē^{31}pə^{2}fA^{2}xəŋ^{13}ts^{h}ai^{31}pə^{2}fu^{13}.

意译：马夜里不吃草就不会长肥，人不发点横财就不会富有。

（发音人：杨寿远 2018.07.27 沁阳）

0050 俏皮话

茅厕有火，被窝有风。

mɔ^{31}sʅ^{13}iou^{13}xuɤ^{52},pei^{13}uɤ^{44}iou^{52}fəŋ^{44}.

意译：茅厕有火（进厕所就要脱衣），被窝钻风（进被窝就要盖好）。

（发音人：杨寿远 2018.07.27 沁阳）

0051 谚语

乌云夹太阳，猛雨两三场。

u^{44}yē^{31}tɕiA^{2}t^{h}ai^{13}iaŋ^{31},məŋ^{31}y^{52}liaŋ^{52}sā^{44}ts^{h}aŋ^{31}.

意译：太阳钻在乌云里，一定会有几场暴雨。

（发音人：杨寿远 2018.07.27 沁阳）

0052 谚语

强风怕日落，日落怕虫聒。

tɕ^{h}iaŋ^{31}fəŋ^{44}p^{h}a^{13}zə^{2}luA^{2},zə^{2}luA^{2}p^{h}a^{13}ts^{h}uəŋ^{31}kuA^{2}.

意译：再大的风到傍晚就停了，最迟夜虫鸣叫的时候一定会停。

（发音人：杨寿远 2018.07.27 沁阳）

0054 怀梆《辕门斩子·不提起过往事却倒还好》

不提起过往事却倒还好，提起来过往事我的心如火烧。

pə? t^{h}i tɕi kuɤ uaŋ sʅ tɕ^{h}yɛ? tɔ xuā xɔ,t^{h}i tɕi lai kuɤ uaŋ sʅ uɤ tɤ ɕiɛ zu xuɤ sɔ.

俺杨家赤胆忠心把国保，世世代代抗北辽。

yæ iaŋ tɕia ts^{h}ʅ tā tsuəŋ ɕiē pa kuɤ pɔ,sʅ sʅ tai tai k^{h}aŋ pei liɔ.

我的父碰死在苏武庙，我的娘我的娘年高迈依然效劳；

uɤ ti fu p^{h}əŋ sʅ tsai su u miɔ,uɤ tɤ niaŋ uɤ tɤ niaŋ niā kɔ mai i zā ɕiɔ lɔ;

我大哥替宋王将命丢掉，我二哥短剑下血染征袍，

uɤ ta kɤ t^{h}i suəŋ uaŋ tɕiaŋ miəŋ tiou tiɔ,uɤ lə kɤ tuā tɕiā ɕiɛ ɕiɛ zā tsəŋ p^{h}ɔ,

我三哥被马踏尸骨难找，我四哥失落辽邦无下稍，

uɤ sā kɤ pei ma t^{h}a sʅ ku nā tsɔ,uɤ sʅ kɤ sə? luɤ liɔ paŋ u ɕia sɔ,

我五哥五台山削发修道，我七弟被潘宏箭射芭蕉，

uɤ u kɤ u t^{h}ai sā ɕyɛ? fA? ɕiou tɔ,uɤ tɕiə? ti pei p^{h}ā xuəŋ tɕiā sɤ pa tɕiɔ,

俺杨家为保国全都死了，你说俺哪一个没有功劳，

yæ iaŋ tɕia uei pɔ kuɤ tɕ^{h}yā tou sʅ liɔ,ni suɛ? yā na i kɤ mə? iou kuəŋ lɔ,

至如今才封我三关招讨，

tsʅ zu tɕiē ts^{h}ai fəŋ uɤ sā kuā tsɔ t^{h}ɔ,

八千岁，这这是俺杨家的血血染征袍。
pa tɕʰiã suei,tsʏ tsʏ sʅ yã iaŋ tɕia ti ɕie ɕie zã tsəŋ pʰɔ.

意译：不提起过往事却倒还好，提起来过往事我的心如火烧。俺杨家赤胆忠心把国保，世世代代抗北辽。我父亲碰死在苏武庙，我的母亲年高迈依然效劳；我大哥替宋王将命丢掉，我二哥短剑下血染征袍，我三哥被马踏尸骨难找，我四哥失落辽邦没有音讯，我五哥五台山削发修道，我七弟被潘宏箭射芭蕉，俺杨家为保国全都死了，你说我家哪一个没有功劳，至如今才封我三关招讨，八千岁，这这是俺杨家的血染征袍。

（发音人：孙国成　2018.07.27 沁阳）

0055 怀梆《老少换·劝娘子你不要心酸痛》

劝娘子你不要心酸痛，
tɕʰyã ɲiaŋ tsʅ ɲi pəʔ iɔ ɕiē suā tʰuəŋ,
嫁给我保管你保管你今后再不受穷。
tɕia kəʔ uʏ pɔ kuā ɲi pɔ kuā ɲi tɕiē xou tsai pəʔ sou tɕʰyəŋ.
好田地咱有十几顷，靠河傍湾常年青；
xɔ tʰiā ti tsā iou sʅ tɕi tɕʰiəŋ,kʰɔ xʏ paŋ uā tsʰaŋ ɲiā tɕʰiəŋ;
长工短工仅咱用，吃喝穿戴全现成；
tɕʰaŋ kuəŋ tuā kuəŋ tɕiē tsā yəŋ,tsəʔ xʌʔ tsʰā tai tɕʰyā ɕiā tsʰəŋ;
想穿光的买绸缎，想吃香的买荤腥。
ɕiaŋ tsʰuā kuaŋ tʏ mai tsʰou tuā,ɕiaŋ tsʰəʔ ɕiaŋ ti mai xuē ɕiəŋ.
夏天咱家不怕热，高楼大厦过堂风；
ɕia tʰiā tsā tɕia pəʔ pʰa zʏ,kɔ lou ta sa kuʏ tʰaŋ fəŋ;
冬天咱家不怕冷，咱有暖炕热烘烘。
tuəŋ tʰiā tsā tɕia pəʔ pʰa ləŋ,tsā iou nuā kʰaŋ zɛʔ xuəŋ xuəŋ.
你坐在家里不用动，要啥只管吭一声。
ɲi tsuʏ tsai tɕia li pu yuəŋ tuəŋ,iɔ sa tsəʔ kuā kʰəŋ iəʔ səŋ.
出门串亲赶个会，单套轿车让你乘。
tsʰuəʔ məŋ tsʰuā tɕʰiē kā kʏ xuei,tā tʰɔ tɕiɔ tsʰɛ zaŋ ɲi səŋ.
里里外外我交给你，你是我家的二祖宗二祖宗。
li li uai uai uʏ tɕiɔ kei ɲi,ɲi sʅ uʏ tɕia ti lə tsu tsuəŋ lə tsu tsuəŋ.

意译：劝娘子你不要心酸痛，嫁给我保管你今后再不受穷。好田地咱有十几顷，靠近河边常年青；长工短工随便用，吃喝穿戴全现成；想穿好的买绸缎，想吃香的买荤腥。夏天咱家不怕热，高楼大厦过堂风；冬天咱家不怕冷，咱有暖炕热烘烘。你坐在家里不用动，要啥只管吭一声。出门串亲赶个会，单套轿车让你乘。里里外外我交给你，你是我家的二祖宗。

（发音人：孙国成　2018.07.27 沁阳）

0056 怀梆《麒麟山·把一杆大旗竖当空》

把一杆大旗竖当大旗竖当空，把一杆大旗竖当空，

pa iəʔ kã ta tɕʰi suɤ taŋ ta tɕʰi suɤ taŋ kʰuəŋ,pa iəʔ kã ta tɕʰi suɤ taŋ kʰuəŋ,

上挂着一对九莲灯，帅字旗风摆动，

saŋ kua tsuɤ iəʔ tuei tɕiou liã təŋ,suai tsɿ tɕʰi fəŋ pai tuəŋ,

上写着唐王爷亲口封，亲封我鲁国公在朝中，

saŋ ɕie tsuɤ tʰaŋ uaŋ iɛ tɕʰiẽ kʰou fəŋ,tɕʰiẽ fəŋ uɤ lu kuɛʔ kuaŋ tsai tsʰɔ tsuəŋ,

带人马我去把贼征，此一去此一去我要把赖王贼征，

tai zẽ ma uɤ tɕʰy pa tsei tsəŋ,tsʰɿ iəʔ tɕʰy tsʰɿ iəʔ tɕʰy uɤ io pa lai uaŋ tsei tsəŋ,

马到要成功。

ma tɔ io tsʰəŋ kuəŋ.

意译：把一杆大旗竖当空，上挂着一对九莲灯，帅字旗，风摆动，上写着唐王爷亲口封，亲封我鲁国公在朝中，带人马我去把贼征，此一去我要把赖王贼征，马到要成功。

（发音人：孙国成　2018.07.27 沁阳）

0057 歇后语

这个人是石英钟——他不打点。

tsɛ¹³kɤ⁰zẽ⁵²səʔ³¹sɿ⁴⁴iəŋ⁴⁴tsuəŋ⁴⁴——tʰa⁵²pəʔ⁵²ta⁵²tiã⁵².

意译：这个人是石英钟——他不打点（比喻为人处世没有计划）。

（发音人：李治才　2018.07.27 沁阳）

0058 顺口溜《日头出来一点红》

日头出来一点儿红，吹吹打打出了营，

zəʔ²tʰou¹³tsʰuəʔ²lai³¹iəʔ²tiɛr⁵²xuəŋ³¹,tsʰuei⁴⁴tsʰuei⁴⁴ta¹³ta⁵²tsʰuəʔ²liɔ⁵²iəŋ³¹,

不怕曹营兵百万，只怕孔明祭东风。

pəʔ²pʰa¹³tsʰɔ³¹iəŋ³¹piəŋ⁴⁴pɛʔ²vã¹³,tsəʔ²pʰa¹³kʰuəŋ⁵²miən³¹tɕi¹³tuəŋ⁴⁴fəŋ⁴⁴.

意译：日头出来一点儿红，吹吹打打出了营，不怕曹营兵百万，只怕孔明祭东风。

（发音人：李治才　2018.07.27 沁阳）

0059 顺口溜《天上云多月不明》

天上云多月不明，地上人多心不平，

tʰiã⁴⁴saŋ¹³yẽ³¹tuɤ⁴⁴yɛʔ²pəʔ²miəŋ³¹,ti¹³saŋ¹³zẽ⁴⁴tuɤ⁴⁴ɕiẽ⁴⁴pəʔ²pʰiəŋ³¹,

山上花多开不遍，河里鱼多水不清。

sã⁴⁴saŋ¹³xua⁴⁴tuɤ⁴⁴kʰai⁴⁴pəʔ²piã¹³,xɤ³¹li⁵²y³¹tuɤ⁴⁴suei⁵²pəʔ²tɕʰiəŋ⁴⁴.

意译：天上云多月不明，地上人多心不平，山上花多开不尽，河里鱼多水不清。

（发音人：李治才　2018.07.27 沁阳）

0060 谚语

人老弯腰控脊，树老皮厚叶儿稀。

zẽ³¹lɔ⁵²uã⁴⁴io⁴⁴kʰuəŋ¹³tɕi⁴⁴,su¹³lɔ⁵²pʰi³¹xou¹³iɛr⁴⁴ɕi⁴⁴,

牛老捶打不走，兔老一蹿一痴=。
ɤou¹³lɔ⁵²tsʰuei³¹ta⁵²pəʔ²tsou⁵²,tʰu¹³lɔ⁵²iəʔ²tsʰuã⁴⁴iəʔ²tsʰɿ⁴⁴.

意译：人老了就会弯腰驼背，树老了就会皮厚叶儿稀。牛老了捶打着也不走，兔子老了蹿一下就停。

（发音人：李治才　2018.07.27 沁阳）

温 县

一 歌谣

0001 数鸭子

门前大桥下，游过一群鸭。

mẽ¹³tɕʰie³¹ta²¹tɕʰiɔ³¹ɕia²¹³,iou²¹kuɤ²¹iəʔ³tɕʰyẽ³¹ia⁴⁴.

快来快来数一数，二四六七八。

kʰuɛ²¹lɛ³¹kʰuɛ³¹lɛ³¹fu⁵³iəʔ³fu⁵³,lə³¹sɿ³¹liou²¹tɕʰiə³pʌʔ³.

咕嘎咕嘎真呀真多呀！真数不清到底多少鸭！

ku⁴⁴ka²¹³ku⁴⁴ka²¹³tʂẽ⁴⁴ia⁰tʂẽ⁴⁴tuɤ⁴⁴iaʔ³!tʂẽ⁴⁴fu⁵³pəʔ³tɕʰiəŋ⁴⁴tɔ²¹³ti⁵³tuɤ²¹³ʂɔ⁵³ia⁴⁴!

赶鸭老汉儿胡子白花花，

kæn⁵³ia⁴⁴lɔ⁵³xəɤ²¹³xu³¹tsɿ³¹pɛ³¹xua⁴⁴xua⁰,

唱呀唱着家乡戏，还会说笑话儿。

tʂʰã²¹ia⁰tʂʰã²¹tʂɤ⁰tɕia⁴⁴ɕiã⁴⁴ɕiʔ²¹,xæ³¹xuei²¹³fəʔ³ɕiɔ¹³xuæ²¹.

小孩儿小孩儿赶紧上学去，不要考个鸭蛋抱回家。

ɕiɔ⁵³xəɤ³¹ɕiɔ⁵³xəɤ³¹kæn¹³tɕĩ⁰ʂã¹³ɕyɛ³¹tɕʰy²¹³,pəʔ³iɔ²¹³kʰɔ²¹³kɤ⁰ia⁴⁴tæn²¹³pu⁴⁴xuei²¹³tɕia⁴⁴.

意译：门前大桥下，游过一群鸭。快来快来数一数，二四六七八。咕嘎咕嘎真呀真多呀，数不清到底多少鸭！放鸭的老人家，一脸白胡子，唱着家乡戏，还会说笑话，小朋友赶紧去上学，不要考个零分。

（发音人：张峰 2017.10.28 温县）

0002 打虎歌

一二三四五，上山打老虎。

iəʔ³lə³¹sæn²¹³sɿ¹³u⁵,ʂã¹³ʂæn⁴⁴ta⁵³lɔ⁵³xu⁰.

老虎没打着，打着块小松鼠。

lɔ⁵³xu⁰məʔ³ta⁵³tʂɤ³¹,ta⁵³tʂəʔ³kʰuɛ²¹³ɕiɔ⁵³ʂuŋ⁴⁴ʂu⁵³.

松鼠有几只？快来数一数，

ʂuŋ⁴⁴ʂu⁵³iou¹³tɕi⁵³tʂɿ⁴⁴ʔkʰuɛ¹³lɛ³¹fu⁵³iəʔ³fu⁵³,

一二三四五，还是一二三四五。

iəʔ³lə¹³sæn²¹³sɿ¹³u⁵³,xæ³¹ʂəʔ³iəʔ³lə¹³sæn²¹³sɿ¹³u⁵³.

意译：一二三四五，上山打老虎,没打到老虎,打到一只小松鼠,有几只松鼠,赶
紧来数数。一二三四五，还是一二三四五。

（发音人：张峰　2017.10.28温县）

0003 挑人歌

冰激凌，砍大刀，恁家人们让俺挑。

piəŋ⁴⁴tɕiəʔ³liəŋ³¹,kʰæn⁵³taˀ²¹³tɔ⁴⁴,nẽ⁵³tɕia zẽ³¹mẽ⁰zã¹³ɣæ⁵³tʰiɔ⁴⁴.

挑吧，你挑谁？我挑狗蛋。

tʰiɔ⁴⁴pʌʔ⁰,ni⁵³tʰiɔ⁴⁴sei³¹,ʔuɤ⁵³tʰiɔ⁴⁴kou⁵³tæn²¹³.

意译：冰激凌，砍大刀，你家人们叫我挑，挑吧，你挑谁？我挑狗蛋。

（发音人：张峰　2017.10.28温县）

0004 口音歌

吃馍馍不熟，喝水水不开，

tʂʰəʔ³muɤ³¹muɤ³¹pəʔ³fu³¹,xʌʔ³fei⁵³fei⁵³pəʔ³kʰɛ⁴⁴,

吃个苹果老酸酸，要啥没啥。

tʂʰəʔ³kɤ⁰pʰiəŋ³¹kuɤ⁵³lɔ⁵³suæn⁴⁴suæn,iɔ²¹³ʂa²¹³məʔ³ʂa²¹³.

意译：(温县方言把"熟"说成"伏"，"水"说成"匪"，故常以此歌调侃)吃馍
馍不熟，喝水水不开，吃个苹果太酸，要啥没啥。

（发音人：张峰　2017.10.28温县）

0005 小老鼠

小老鼠，上灯台，偷吃油，下不来，

ɕiɔ¹³lɔ⁵³tʂʰuəʔ³,ʂã²¹təŋ⁴⁴tʰɛ³¹,tʰou⁴⁴tʂʰəʔ³iou³¹,ɕia¹³pəʔ³lɛ³¹,

喵喵喵，猫来了，叽里咕噜滚下来。

miɔ⁴⁴miɔ⁴⁴miɔ⁴⁴,mɔ⁴⁴lɛ³¹lɤ⁰,tɕi⁴⁴li⁴⁴ku⁴⁴lu⁴⁴kuẽ⁵³ɕia²¹lɛ³¹.

意译：小老鼠，上灯台，偷吃油，下不来，喵喵喵，猫来了，叽里咕噜滚下来。

（发音人：张峰　2017.10.28温县）

0006 小红孩儿

小红孩儿，上煤火台儿，偷杂面，卷骨=卷儿。

ɕiɔ⁵³xuŋ³¹xəɻ³¹,ʂã²¹mẽ³¹xuɤ⁰tʰəɻ³¹,tʰou⁴⁴tsa⁴⁴mie²¹³,tɕye⁵³kuəʔ³tɕyəɻ³¹.

意译：小红孩子，上灶台儿。偷杂面，卷个卷儿。

（发音人：张峰　2017.10.28温县）

0007 咯咯鸡

咯咯鸡儿，上门堆儿，门堆儿滑，扳你牙，

kəʔ³kəʔ³tɕiəɯ⁴⁴,ʂã²¹³mẽ³¹tuəɯ⁴⁴,mẽ³¹tuəɯ⁴⁴xua³¹,pæn⁵³ni⁰ia³¹,

门堆儿高，扳你腰。

mẽ³¹tuəɯ⁴⁴kɔ⁴⁴,pæn⁵³ni⁰iɔ⁴⁴.

意译：小鸡上门堆儿（类似于门前的台阶），门堆儿滑，跌你牙，门堆儿高，跌你腰。

（发音人：张峰　2017.10.28温县）

0008 点豆歌

金豆儿，银豆儿，搁把儿一溜儿。隔墙撂瓦儿，一搦一把儿。

tɕĩ⁴⁴təɯ²¹³,ĩ³¹təɯ²¹³,kʌʔ³pæ⁵³iəʔ³liəɯ²¹³.kʌʔ³tɕʰiã³¹liɔ¹³uæ⁵³,iəʔ³nuʌʔ³iəʔ³pæ⁵³.

意译：金豆儿银豆儿，排成一排。隔墙扔瓦片儿，一抓一把。

（发音人：张峰　2017.10.28 温县）

0009 骑马歌

骑马马，圪墩墩，哪[跟前]来那小亲亲？哪哩？城哩。

tɕʰi³¹ma⁵³ma⁰,kəʔ³tuẽ⁵³tuẽ⁴⁴,næ⁵³kæn⁴⁴le³¹næ⁵³ɕiɔ⁵³tɕʰi⁴⁴tɕʰĩʔ?næ⁵³liʔ?tʂʰəŋ³¹ li⁰.

意译：骑着马，墩一墩，哪里来的亲戚？哪里的？城里的。

（发音人：张峰　2017.10.28 温县）

二　故事

0021 牛郎织女

今个我来给大家讲一个故事，叫牛郎织女。

tɕi⁴⁴kɤ⁰uɤ⁵³lɛ³¹kəʔ³ta²¹tɕia⁴⁴tɕiã⁵³iəʔ³kɤ⁰ku¹³sʅ²¹,tɕiɔ²¹ȵiou²¹lã⁵³tsəʔ³ȵy⁵³.

在很早以前，有一个小伙子，树≡（发音人口误）父母双亡。

tsɛ²¹xẽ⁵³tsɔ⁵³·⁵³tɕʰie³¹,iou⁵³iəʔ³kɤ⁰ɕiɔ⁵³xuɤ⁰tʂʅ⁰,su²¹,fu²¹mu⁵³fã⁴⁴uã³¹,

他家就剩下了一条老牛，

tʰa⁵³tɕia⁴⁴tɕiou²¹səŋ¹³ɕia²¹lɤ⁰iəʔ³tʰiɔ⁵³lɔ⁵³ȵiou³¹,

他和老牛相依为命，所以大家叫他牛郎。

tʰa⁵³xɤ³¹lɔ⁵³ȵiou³¹ɕiã⁵³·⁴⁴i⁰uei²¹miəŋ²¹,suɤ⁵³i²¹ta⁴⁴tɕiɔ²¹tʰa⁵³ȵiou¹ã⁵³.

这条老牛实际是天上的金牛星下凡，

tsɤ²¹tʰiɔ³¹lɔ⁵³ȵiou³¹sʅ³¹tɕi²¹sʅ⁵³tʰie⁴⁴sã²¹tɤ⁰tɕiẽ⁴⁴ȵiou³¹ɕiəŋ⁴⁴ɕia²¹fæn³¹,

它每天看牛郎很勤劳很善良，

tʰa⁵³mẽ⁵³tʰie⁴⁴kʰæn²¹ȵiou¹ã⁵³xẽ⁵³tɕʰiẽ³¹lɔ⁵³xẽ⁵³sæn²¹liã³¹,

日长日久，它就想给牛郎成一门儿亲事。

ʐʅ²¹tʂʰã³¹ʐʅ²¹tɕiou²¹,tʰa⁵³tɕiou²¹ɕiã⁵³kəʔ³ȵiou³¹lã⁵³tsʰəŋ³¹iəʔ³məŋ²¹tɕʰiẽ⁴⁴sʅ²¹.

因为它是神仙，所以它知道好些天上的事。

iẽ⁴⁴uei²¹tʰa⁵³ʂəʔ³sã³¹ɕie⁰,suɤ⁵³·⁰tʰa⁵³tsʅ⁴⁴tɔ²¹xɔ⁵³ɕie⁰tʰie⁴⁴sã²¹ti⁰sʅ²¹.

有一天，它托梦给牛郎托了个梦。

iou⁵³iəʔ³tʰie⁴⁴,tʰa⁵³tʰuʌʔ³məŋ²¹kei⁴⁴ȵiou¹ã⁵³tʰuʌʔ³lɤ⁰kɤ⁰məŋ²¹.

在梦里，它向牛郎说：

tsɛ²¹məŋ²¹li²¹,tʰa⁵³ɕiã⁵³ȵiou³¹lã⁵³suɛʔ³:

"你们村东边儿有条小湖，有个小湖，

"ȵi⁵³mẽ⁰tsʰuẽ⁴⁴tuŋ⁴⁴pie⁴⁴iou⁵³tʰiɔ³¹ɕiɔ⁵³xu³¹,iou⁵³kɤ⁰ɕiɔ⁵³xu³¹,

湖里头有仙女在洗澡，
xu³¹li⁰tʰou⁰iou⁵³ɕie⁴⁴n̠y⁵³tsɤ²¹ɕi¹³tʂɔ⁵³,
你到那时候儿去把洗澡那仙女那衣裳拿走一件儿，
n̠i⁵³tɔ²¹na⁵ʂɿ³¹xəɯ⁰tɕʰy²¹pa¹³ɕi¹³tʂɔ⁵³na⁰ɕie⁴⁴n̠y⁵³na⁰i⁴⁴sã⁰na³¹tsou⁵³iəʔ³tɕiər²¹,
她就会成为你的妻子。"牛郎半信半疑，
tʰa⁵³tɕiou²¹xuei²¹tsʰəŋ³¹uei²¹n̠i⁵³tɤ⁰tɕʰi⁴⁴tsŋ⁰."n̠iou³¹lã¹³pæn²¹ɕiẽ²¹pæn²¹˙³¹i²¹,
做了个梦他还不很认真，半信半疑地想，
tsuʌʔ³lɤ⁰kɤ⁰məŋ²¹tʰa⁵³xæ³¹pəʔ⁰xɤ⁵³zẽ⁴⁴tsẽ⁴⁴,pæn²¹ɕiẽ²¹pæn²¹˙³¹ti⁰ɕiã⁵³,
所以第二个也不由自主地到了湖边儿。
ʂɤ⁵³˙⁰i²¹ti²¹lə²¹kɤ⁰iɤ⁵³pəʔ³iou³¹tsŋ²¹tsu⁰ti⁰tɔ²¹lɤ⁰xu³¹piər⁴⁴.
在湖边儿很远的地方，
tɛ²¹xu³¹piər⁴⁴xẽ¹³ye⁵³tɤ⁰ti²¹faŋ⁰,
就听见真是有仙女说话戏水的声音。
tsou²¹tʰiəŋ⁴⁴tɕie²¹tsẽ⁴⁴sŋ²¹iou⁵³ɕie⁴⁴n̠y⁵³suɤʔ²¹xua²¹ɕi²¹suei⁵³ti⁰səŋ⁴⁴iəŋ⁴⁴.
这时候他拿起树上一件儿粉红色的衣服，
tsɤ²¹sŋ³¹xou²¹tʰa⁵³na³¹tɕʰi⁰ʂu²¹sã²¹iəʔ³tɕiər²¹fẽ⁵³xuŋ³¹sɤʔ²¹ti⁰˙i⁴⁴fu⁰,
转头就往家照直跑去。
tʂuæn⁵³tʰou³¹tsou²¹uã⁵³tɕia⁴⁴tʂɔ²¹tsŋ³¹pʰɔ⁵³tɕʰy²¹.
哎，凑巧，这件儿衣裳是谁来，正是织女的衣裳。
ɛ⁰,tsʰou²¹tɕʰiɔ⁵³,tʂɤ²¹tɕiər²¹˙⁴⁴sã⁰ʂəʔ³sei³¹lɛ⁰,tʂəŋ²¹sŋ²¹tʂəʔ³n̠y⁵³tɤ⁰˙⁴⁴sã⁰.
到了夜里，织女就敲开了牛郎家的门。
tɔ²¹lɤ⁰ie²¹li⁰,tʂəʔ³n̠y⁵³tɕiou²¹tɕʰiɔ⁴⁴kʰɛ⁴⁴lɤ⁰n̠iou³¹lã¹³tɕia⁴⁴ti⁰mẽ³¹.
这以后，他们就成了恩爱的一对儿夫妻。
tsɤ²¹˙⁵³i²¹xou²¹,tʰa⁵³mẽ⁰tɕiou²¹tsʰəŋ³¹lɤ⁰yẽ⁴⁴yɛ²¹tɤ⁰iəʔ³tuəɯ²¹fu⁴⁴tɕʰi⁴⁴.
转眼间三年时间过去了，
tʂuæn⁵³ie⁴⁴tɕie⁴⁴sæn⁴⁴n̠ie³¹sŋ²¹tɕie⁴⁴kuɤ¹³tɕʰy²¹lɤ⁰,
他们生了一双活泼可爱的一双儿女。
tʰa⁵³mẽ⁰səŋ⁴⁴lɤ⁰iəʔ³suã⁴⁴xuɤ³¹pʌʔ³kʰɤ⁵³yɛ²¹tɤ⁰iəʔ³suã⁴⁴lə³¹n̠y⁵³.
生活很是美满幸福。
ʂəŋ⁴⁴xuɤ³¹xẽ⁵³sŋ²¹mẽ⁵³mæn⁵³ɕiəŋ⁰fu⁰.
时间不长，被天上的玉皇大帝知道了这件儿事，
sŋ³¹tɕie⁴⁴pəʔ³tʂʰã³¹,pei²¹tʰie⁴⁴sã²¹tɤ⁰y²¹xuã³¹ta²¹ti²¹tsŋ⁴⁴tɔ²¹lɤ⁰tʂɤ²¹tɕiɯ²¹sŋ²¹,
玉皇大帝很是愤怒，有一天雷鸣闪电，下大雨刮大风，
y²¹xuã³¹ta²¹ti²¹xẽ⁵³sŋ²¹fẽ⁴⁴nuŋ²¹,iou⁵³iəʔ³tʰie⁴⁴luei²¹miəŋ³¹sæn⁵³tie²¹,ɕia²¹ta²¹y⁵³kuʌʔ³ta²¹fəŋ⁴⁴.
一阵大风把织女裹走了。
iəʔ³tʂẽ²¹ta²¹fəŋ⁴⁴pa¹³tʂəʔ³n̠y⁵³kuɤ⁵³tsou⁵³lɤ⁰.

牛郎眼看着没有办法，所以很是难过。
ȵiou³¹laŋ¹³ie⁵³kʰæn²¹tsɤ⁰məʔ³iou⁰pæn²¹fʌʔ³,suɤ⁵³i⁰xẽ⁵³ʂəʔ³næn³¹kuɤ²¹.
这时候老牛说话了："不要难过，小伙子，
tsɤ²¹ʂʅ³¹xou²¹lɔ⁵³ȵiou³¹ʂueʔ³xua²¹lɤ²¹:"pəʔ³iɔ²¹næn³¹kuɤ²¹,ɕiɔ¹³xuɤ⁵³tsʅ⁰,
你把我头上的角摘下来，它可以变成两只箩筐，
ȵi⁵³pa¹³uɤ⁵³tʰou⁰³¹sã²¹titɕiʌʔ³tʂɐʔ³ɕia²¹lɛ⁰,tʰa⁵³kʰɤ¹³ⁱpie²¹tʂʰəŋ³¹liã⁵³tʂʅ⁴⁴luɤ³¹kʰuã⁴⁴,
你可以担着这两只箩筐，去追你的媳妇儿织女。"
ȵi⁵³kʰɤ⁵³ⁱtæn³¹tsəʔ⁰tʂɤ²¹liã⁵³tʂʅ⁴⁴luɤ³¹kʰuã⁴⁴,tɕʰy²¹tʂuei⁴⁴ȵi⁰tiⁱ⁰ɕiəʔ³fuu²¹tʂəʔ³ȵy⁵³."
说话间，两只角老牛的两只角自然脱落在地上，
feʔ³xua²¹tɕie⁴⁴,liã⁵³tʂʅ⁴⁴tɕyʌʔ³lɔ⁵³ȵiou⁰tiⁱliã⁵³tʂʅ⁴⁴tɕyʌʔ³tsʅ²¹zæn⁵³tʰuʌʔ³luʌʔ⁰tsɛ²¹ti²¹ʂã⁰,
霎间变为两只箩筐，牛郎操起扁担，
sa²¹tɕie⁴⁴pie¹³uei²¹liã⁵³tʂʅ⁴⁴luɤ³¹kʰuã⁴⁴,ȵiou³¹lã⁵³tsʰɔ³¹tɕʰi⁵³pie⁵³tæn²¹,
担起儿女直奔门外走去，刚一出门，
tæn⁴⁴tɕʰi⁵³lə³¹ȵy⁵³tʂəʔ³pẽ⁴⁴mẽ³¹uɛ²¹tsou⁵³tɕʰy²¹,kã⁴⁴iəʔ³tsʰuəʔ³mẽ³¹,
哎呀，那箩筐呀，像长了翅膀一样，
ɛ⁴⁴ⁱia⁰,naⁿ⁰luɤ³¹kʰuã⁴⁴ⁱia⁰,ɕiã³¹tʂɐ⁵³lɤ⁰tsʰʅ²¹pã⁰iəʔ³iã²¹,
往上自然飞腾起来，直向织女飞去。
uã⁵³ʂã²¹tsʅ²¹zæn⁵³fei⁴⁴tʰəŋ³¹tɕʰi⁵³lɛ⁰,tʂəʔ³ɕiã³¹tʂəʔ³ȵy⁵³feiⁱ⁴⁴tɕʰy²¹.
这时候被天上的王母娘娘看见了，
tʂɤ²¹ʂʅ³¹xou²¹peiⁱ²¹tʰie⁴⁴sã²¹tɤ⁰uã³¹muⁿ⁰ȵiã³¹ȵiã⁴⁴kʰæn²¹tɕieⁱ²¹lɤ⁰,
她拔掉头上的银簪，顺手一划，划出了一条天河，
tʰa⁵³pa³¹tiɔ²¹tʰou⁰³¹sã²¹tiⁱiẽ³¹tsæn⁴⁴,fẽ²¹sou⁵³iəʔ³xua²¹,xua²¹tʂʰuəʔ³lɤⁱ⁰iəʔ³tʰiɔ³¹tʰie⁴⁴xɤ³¹,
当时汹涌蓬勃的河水把牛郎和织女分隔在两边，
tã⁴⁴ʂʅ³¹ɕyŋ⁴⁴yŋ⁵³pʰəŋ³¹puɤ³¹tiⁱ⁰xɤ³¹ʂuei⁵³pa¹³ȵiou³¹lã⁵³ɤ³¹tsəʔ³ȵy⁵³fẽ⁴⁴kʌʔ³tsɛ²¹liã⁵³pie⁴⁴,
这件儿事被喜鹊知道了，很多喜鹊，
tʂɤ²¹tɕiuⁱ²¹ʂʅ²¹peiⁱ²¹ɕi⁵³tɕʰyʌʔ³tsʅ⁴⁴tɔ²¹lɤ⁰,xẽ²¹tuɤ⁴⁴ɕi⁵³tɕʰyʌʔ³,
每年七月七自动成千上万组织起来，
mẽ⁵³ȵie³¹tɕʰiəʔ³yɐʔ³tɕʰiəʔ³tsʅ¹³tuŋ²¹tsʰəŋ³¹tɕʰie⁴⁴sã⁴⁴uæn²¹tsu⁵³tʂəʔ³tɕʰi⁵³lɛ⁰,
在天河上架起了一道鹊桥，
tsɛ²¹tʰie⁴⁴xɤ³¹sã⁴⁴tɕiaⁱ²¹tɕʰi⁵³lɤⁱ⁰iəʔ³tɔ²¹tɕʰyɐʔ³tɕʰiɔ³¹,
让牛郎和织女在鹊桥上相会。
zã²¹ȵiou³¹lã³¹xɤ³¹tsəʔ³ȵy⁵³tsɛ²¹tɕʰyɐʔ³tɕʰiɔ³¹sã²¹ɕiã⁴⁴xuei²¹.
这就是牛郎织女的故事。
tsɤ²¹tɕiou¹³ʂʅ³¹ȵiou³¹lã³¹tsəʔ³ȵy⁵³tɤ⁰ku¹³ʂʅ²¹.

意译：今天我来给大家讲一个故事，叫牛郎织女。在很早以前，有一个小伙子，父母双亡。他家就剩下了一条老牛，他和老牛相依为命。所以大家叫他牛郎。这条老牛实际是天上的金牛星下凡。它每天看牛郎很勤劳很善良，天

长日久，它就想给牛郎说成一门儿亲事。因为它是神仙，所以它知道好些天上的事。有一天它托梦给牛郎，在梦里它向牛郎说："你们村东边儿有个小湖，湖里头有仙女在洗澡，到时候你去把仙女们的衣裳拿走一件，她就会成为你的妻子。"牛郎半信半疑，第二天他不由自主地到了湖边儿。很远就听见有仙女说话和戏水的声音，这时候他拿起树上一件粉红色的衣服，转头就往家里跑去。这件衣裳正是织女的衣裳。到了夜里，织女就敲开了牛郎家的门。这以后，他们就成了一对恩爱的夫妻。转眼间三年时间过去了，他们生了一双活泼可爱的儿女，生活很是美满幸福。时间不长，天上的玉皇大帝知道了这件事，很是愤怒。有一天雷鸣电闪，一阵大风把织女裹走了。牛郎眼看着没有办法，所以很难过。这时候老牛说话了："不要难过，小伙子，你把我头上的角摘下来，它可以变成两只箩筐，你可以担着这两只箩筐，去追你的媳妇。"说话间，老牛的两只角脱落在地上变为两只箩筐，牛郎操起扁担，担起儿女直奔门外走去，刚一出门，那箩筐像长了翅膀一样飞腾起来，直向织女飞去。这时候被天上的王母娘娘看见了，她拔掉头上的银簪，顺手一划，划出了一条天河，汹涌的河水把牛郎和织女分隔在两边。这件事被喜鹊知道了，每年七月初七，成千上万的喜鹊组织起来，在天河上架起了一道鹊桥，让牛郎和织女在鹊桥上相会。这就是牛郎织女的故事。

（发音人：张庚申　2017.10.28温县）

0022 墓连冢

在俺温县县城里有个可大可大那土谷堆，
tsɛ²¹ɣæ⁵³uẽ⁴⁴ɕie²¹ɕie²¹tʂʰəŋ³¹li⁵³iou⁰kɤ²¹kʰʌ²¹ta²¹kʰʌʔ²¹ta⁰nä⁰tʰu⁵³kuəʔ³tuei⁴⁴,
高就有那三五丈高，长就有那二三十丈长。
kɔ⁴⁴tsou²¹iou⁰na⁰sæn⁵³u⁵³tʂã²¹kɔ⁰,tʂʰã²¹tsou²¹iou⁰na⁰lə²¹sæn⁴⁴səʔ²¹tʂã²¹tʂʰã³¹.
俺当地人都把这大土谷堆叫啥哩，叫墓连冢。
ɣæ⁵³tã⁴⁴ti²¹zẽ³¹tou⁴⁴paʔ¹³tʂɤ²¹ta²¹tʰu⁴⁴kuəʔ²tuei²¹tɕiɔ²¹ʂa²¹li⁰,tɕiɔ²¹məʔ²lie³¹tʂuŋ⁵³.
这个墓连冢哩，是殷纣王时候儿，苏护，
tʂɤ²¹kɤ²¹məʔ²lie³¹tʂuŋ³¹liʔ⁰,ʂʅ²¹iẽ⁴⁴tsou⁰uã³¹sʅ³¹xɤɯ⁰,su⁴⁴xu²¹,
冀州侯苏护手下的两员大将的墓。
tɕi²¹tʂou⁴⁴xou³¹su⁰xu²¹sou⁰ɕia⁰tɤ⁰liã⁵³ye⁰ta⁰tɕiã⁰ti⁰mu²¹.
一个是哼将，一个是哈将。
iəʔ³kɤ²¹sʅ²¹xəŋ⁴⁴tɕiã⁰,iəʔ²kɤ²¹sʅ²¹xa⁴⁴tɕiã²¹.
那据说他在打仗时候儿，那哼将敢哼一声，
na²¹tɕy²¹fəʔ²tʰa⁰tsɛ²¹ta⁵³tʂã²¹sʅ³¹xɤɯ²¹,na²¹xəŋ⁴⁴tɕiã²¹kæn⁵³xəŋ⁴⁴iəʔ³səŋ⁴⁴,
诶呀，那嘴鼻ᶻ里头吐出那白色雾气，
ei⁴⁴iä⁰,na⁰tsuei⁵³piːou³¹liʔ⁵³tʰou⁰tʰu⁰tʂʰuəʔ³naʔ⁰peʔ³¹sɛʔ²¹tɕʰi²¹³,
能使对方千军万马人仰马翻，甚至死哩死伤哩伤。
nəŋ³¹sʅ⁵³tuei⁴⁴fã⁴⁴tɕʰie⁴⁴tɕyẽ⁴⁴uæn²¹ma⁵³zẽ³¹iã³¹ma⁵³fæn⁴⁴,sẽ²¹tʂʅ²¹sʅ⁵³liʔ⁵³sã⁴⁴liʔ⁰sã⁴⁴.

哈将哩，敢哈一声，嘴里头鼻 z 里头喷出很多火团，
xa⁴⁴tɕiã²¹li⁰,kæn⁵³xa⁴⁴iɔʔ⁵sən⁴⁴,tsuei⁵³li⁵tʰou⁴⁴pi:ou⁵³li⁵tʰou⁵pʰẽ⁴⁴tʂuə²ʔxẽ⁵³tuɤ⁴⁴xuɤ⁵³tʰuæn³¹,
使对方千军万马人仰马翻，死哩死伤哩伤。
ʂɿ⁵³tuei²¹fā⁴⁴tɕʰie⁴⁴tɕyẽ⁴⁴uæn²¹ma⁵³zẽ⁵¹iã⁴ma⁵fæn⁴⁴,ʂɿ⁵³li⁵⁵ʂɿ⁵⁵sã⁴⁴li⁵sã⁴⁴.
所以的，苏护也靠这两员大将打了很多胜仗。
ʂuɤ⁵³i⁵ti⁵⁰,su⁴⁴xu²¹iɛ⁵³kʰɔ²¹tʂ²¹liã⁵³ye³¹ta²¹tɕiã²¹ta⁵³lɤ⁰xẽ⁵³tuɤ⁴⁴sən²¹tʂã²¹³.
给谁□打谁都败，那殷纣王当时哩，
kə²ʔ³sei³¹lia⁵³sei³¹tou¹³pɛ²¹³,na²¹iẽ⁴⁴tʂou²¹uã⁵³tã⁴⁴ʂɿ³¹li⁰,
也是看中了苏护的才能和他手下的两员大将。
iẽ⁵³ʂɿ²¹kʰæn²¹tʂuŋ⁴⁴lɔ⁰ʂu⁴⁴xu²¹tɤ³¹tsʰɛ⁵³nəŋ³¹xɤ³¹tʰa⁵³sou⁵ɕia⁵¹ti⁵liã⁵³ye³¹ta²¹tɕiã²¹.
为了牢牢地掌握好苏护和更长地稳定自己的江山，
uei²¹lɤ⁰lɔ³¹lɔ⁰ti⁰tʂã⁵³uʌʔ³xɔ⁵³ʂu⁴⁴xu²¹xɤ³¹kən²¹tsʰã³¹ti⁰uẽ⁵³tiəŋ²¹tsɿ²¹tɕi⁵ti⁵tɕiã⁴⁴sæn⁴⁴,
那殷纣王就想把苏护那闺女娶走，
na²¹iẽ⁴⁴tʂou²¹uã³¹tɕiou²¹ɕiã⁵³pa¹³ʂu⁴⁴xu²¹na⁰kuei⁴⁴ȵyŋ⁵³tɕʰy⁵³tsou⁰,
殷纣王把苏护闺女想娶走哩，就能稳固自己江山，
iẽ⁴⁴tʂou²¹uã⁵pa⁵ʂu⁵xu⁵kuei⁵ȵyŋ⁵ɕiã⁵³tɕʰy⁵tsou⁵li⁵,tsou⁵nəŋ⁵uẽ⁵ku⁵tsɿ⁵tɕi⁵tɕiã⁴⁴sæn⁴⁴,
殷纣王江山铁桶一般，那就是稳固了。
iẽ⁴⁴tʂou⁵uã²¹tɕiã⁴⁴sæn⁴⁴tʰieʔ⁵tʰuŋ⁵iəʔ³pæn⁴⁴,na²¹tou⁵ʂɿ⁵uẽ⁵³ku⁵lɤ⁰.
苏护把自己女儿送往朝歌儿的路上，
ʂu⁴⁴xu²¹pa¹³tsɿ⁵tɕi⁵³ȵy⁵lə³¹suŋ⁵uã⁵³tsʰɔ³¹kɯ⁴⁴ti⁵lu²¹sã²¹,
被那个九尾狐狸知道了，那九尾狐狸精哩把苏妲己吃了。
pei²¹na⁵kɤ⁰tɕiou⁵³uei⁵³xu³¹li⁵tʂ⁵tɔ⁵lɤ⁰,na⁵tɕiou⁵³uei⁵³xu³¹li⁵tɕiəŋ⁴⁴li⁰pa¹³ʂu⁵ta⁵tɕi⁴⁴tʂʰəʔ⁵lɤ⁰.
殷纣王（编者注：应是"苏护"，发音人口误。）那闺女叫啥哩，叫苏妲己，
iẽ⁴⁴tsou²¹uã³¹na²¹kuei⁴⁴ȵyŋ⁵³tɕiɔ²¹sa⁵³li⁰,tɕiɔ²¹ʂu⁵ta¹³tɕi⁴⁴,
她把她吃了，吃了以后，又变成苏妲己的模样，
tʰa⁵³pa¹³tʰa⁵³tʂʰəʔ³lɤ⁰,tʂʰəʔ³lɤ⁰i⁵xou⁰,iou⁵piæn²¹tʂʰən³¹ʂu⁴⁴ta¹³tɕi⁴⁴tɤ⁰mʌʔ³iã²¹,
去到殷纣王身边，坏他的江山，这个苏妲己实际，
tɕʰy²¹tɔ²¹iẽ⁵tsou²¹uã³¹sẽ⁴⁴pie⁴⁴,xuɛ²¹tʰa⁵ti⁰tɕiã⁴⁴sæn⁴⁴,tʂɤ⁵kɤ²¹ʂu⁵ta¹³tɕi⁴⁴ʂɿ³¹tɕi²¹,
电视上演那个苏妲己哩，那都不是她本人，
tie²¹ʂɿ²¹ʂã⁵ie⁵na⁵kɤ⁵su⁵ta⁵tɕi⁵li⁰,na⁵tou⁵pəʔ⁵ʂəʔ³tʰa⁵³pẽ⁵³zẽ³¹,
那就是狐狸精所变来。
na²¹tou⁵ʂəʔ⁵xu³¹li⁵tɕiəŋ⁴⁴ʂuɤ⁵³pie²¹lɛ⁰.
那苏妲己温柔善良，她就不是那个人，是不是？
na²¹ʂu⁴⁴ta⁵tɕi⁴⁴uẽ⁵zou⁵sæn⁵liã³¹,tʰa⁵³tɕiou²¹pəʔ³ʂɿ²¹na⁵kɤ²¹zẽ³¹,ʂəʔ³pəʔ³səʔ³?
哼哈大将死后，苏护为了，
xəŋ⁴⁴xa⁴⁴ta²¹tɕiã²¹ʂɿ⁵³xou²¹,ʂu⁴⁴xu²¹uei²¹lɤ⁰,

好像说这两员大将看做是好像自己家人一样，
xɔ⁵³ɕiã²¹feʔ³tsɤ²¹liã⁵³ye²¹ta²¹tɕiã⁰kʰæn²¹tsuʌʔ³ʂəʔ³xɔ⁵³ɕiã²¹tsɿ²¹tɕi⁰tɕia⁴⁴zẽ³¹iəʔ³iã²¹，
就把他葬在自己家的坟地，苏家坟地了。
tsou²¹pa¹³tʰa⁵³tʂã²¹tsɛ²¹tsɿ²¹tɕi²¹tɕia²¹na⁰fẽ³¹ti³¹，su²¹tɕia⁴⁴fẽ³¹ti²¹lɤ⁰.
现在苏家那坟地哩，这两个墓连家哩，
ɕie²¹tɛ²¹su²¹tɕia⁴⁴na²¹fẽ³¹ti³¹li⁰，tʂɤ²¹liã⁵³kɤ²¹məʔ³lie³¹tʂuŋ⁵³li⁰，
两座大墓相连，实际是墓连家，
liã⁵³tʂuɤ²¹ta²¹mu²¹ɕiã⁴⁴lie³¹，sɿ³¹tɕi²¹sɿ²¹mu²¹lie³¹tʂuŋ⁵³，
在自己坟地哩，苏护像对待自己家人一样把他厚葬了。
tsɛ²¹tsɿ²¹tɕi⁵³fẽ³¹ti²¹li⁰，su⁴⁴xu²¹ɕiã²¹tuei²¹tɛ²¹tsɿ²¹tɕi²¹tɕia⁴⁴zẽ²¹iəʔ³iã²¹pa¹³tʰa⁵³xou²¹tʂã²¹lɤ⁰.
现在温县把它叫成啥哩，叫成苏园。
ɕie²¹tsɛ²¹uẽ⁴⁴ɕie²¹pa¹³tʰa⁵³tɕiɔ²¹tʂʰəŋ³¹ʂa²¹li⁰，tɕiɔ²¹tʂʰəŋ³¹su⁴⁴ye²¹³.

意译：我们温县县城有一个很大的土堆，有三五丈高，二三十丈长，我们本地人把这个大土堆叫墓连冢。这是殷纣王时期冀州侯苏护手下两员大将——哼哈二将的坟墓。据说当时两位大将非常勇猛，哼将哼一声，鼻子里呼出很多白气，哈将哈一声，嘴里头能喷出很多火团，能使对方千军万马人仰马翻。苏护依靠这两员大将打了很多胜仗。殷纣王非常赏识苏护的才能和他手下的两员大将。为了更好地稳定自己的江山，殷纣王想娶苏护的女儿苏妲己为妻。苏护在把女儿送往朝歌的路上，被九尾狐狸知道了。九尾狐狸就把苏妲己吃了，又变成苏妲己的模样，目的是去破坏殷纣王的江山。我们说苏妲己是坏人，其实那时候已经是妖精变的，真正的苏妲己温柔善良。哼哈大将死了之后，苏护就把他们葬在自己家的坟地，两个大墓相连，也就是墓连冢。我们温县人把他叫作苏园。

（发音人：张庚申　2017.10.28 温县）

三　自选条目

0031 顺口溜《吃面条》

我那捞面条，美吃美吃[这么]美吃，
uɤ⁵³na⁰lɔ³¹mie²¹tʰiɔ³¹，mẽ²¹tʂʰəʔ³mẽ⁵³tʂʰəʔ³tʂei²¹mẽ⁵³tʂʰəʔ³，
在吃饭那时候儿我情不自禁，扑喽扑喽，
tsɛ²¹tʂʰəʔ³fæn²¹na⁰sɿ³¹xɤɯ²¹uɤ⁵³tɕʰiəŋ³¹pəʔ³tsɿ²¹tɕiẽ²¹，pʰəʔ³lou⁰pʰəʔ³lou⁰，
在光滑的洋瓷碗上，扑喽，扑喽。
tsɛ²¹kuã⁴⁴xua³¹tɤ⁰iã²¹tsʰʰ⁰uæn⁵³ʂã²¹，pʰəʔ³lou⁴⁴，pʰəʔ³lou⁴⁴.

意译：我的捞面条真好吃，吃饭时我情不自禁地发出扑喽扑喽的声音，端着光滑的洋瓷碗，扑喽扑喽（吃得真香）。

（发音人：张峰　2017.10.28 温县）

0032 俏皮话
有一种不服叫"咋式"。
iou⁵³iə?³tʂuŋ⁵³ pə?³fə?³tɕiɔ²¹"tsa⁵³ʂɻ⁰".
意译：有一种不服叫"怎么着"？

（发音人：张峰 2017.10.28 温县）

0033 俏皮话
有一种可以叫"中，中"。
iou⁵³iə?³tʂuŋ⁵³kʰɤ¹³⋅⁵³i¹tɕiɔ²¹"tʂuŋ⁴⁴,tʂuŋ⁴⁴".
意译：有一种同意叫"中，中"。

（发音人：张峰 2017.10.28 温县）

0034 俏皮话
有一种距离叫"够不着"。
iou⁵³iə?³tʂuŋ⁵³tɕy²¹li³¹tɕiɔ²¹"kou²¹pə?³tʂɤ³¹".
意译：有一种距离叫"够不到"。

（发音人：张峰 2017.10.28 温县）

0035 俏皮话
有一种空荡叫"没任啥ᶻ"。
iou⁵³iə?³tʂuŋ⁵³kʰuŋ⁴⁴tã²¹tɕiɔ²¹"mə?³z̃ẽ?³ʂæ⁴⁴".
意译：有一种空荡叫"啥也没有"。

（发音人：张峰 2017.10.28 温县）

0036 俏皮话
有一种杯具叫"茶缸儿"。
iou⁵³iə?³tʂuŋ⁵³pei⁴⁴tɕy²¹tɕiɔ²¹"tʂʰa³¹kæn⁴⁴".
意译：有一种茶具叫"茶缸"。

（发音人：张峰 2017.10.28 温县）

0037 俏皮话
有一种土块儿叫"土坷垃"。
iou⁵³iə?³tʂuŋ⁵³tʰu⁵³kʰuəɤ²¹tɕiɔ²¹"tʰu⁵³kʰə?³la⁰".
意译：有一种土块儿叫"土块"。

（发音人：张峰 2017.10.28 温县）

0038 俏皮话
有一种游戏叫"藏老蒙"。
iou⁵³iə?³tʂuŋ⁵³iou³¹ɕi²¹tɕiɔ²¹"tsʰã³¹lɔ⁵³məŋ⁴⁴".
有一种聪明叫"能哩不清"。
iou⁵³iə?³tʂuŋ⁵³tsʰuŋ⁴⁴miəŋ³¹tɕiɔ²¹"nəŋ³¹li⁰pə?³tɕʰiəŋ⁴⁴".
意译：有一种游戏叫"捉迷藏"。有一种聪明叫"特别能"。

（发音人：张峰 2017.10.28 温县）

0039 俏皮话

有一种笨蛋叫"信球货",

iou⁵³iə↗³tʂuŋ⁵³pẽ¹³tæn²¹tɕiɔ²¹"ɕĩ¹³tɕʰiou³¹xuɤ²¹".

有一种漂亮叫"可排场"。

iou⁵³iə↗³tʂuŋ⁵³pʰiɔ²¹liã⁰tɕiɔ¹³"kʰʌ↗³pʰɛ³¹tʂʰã²¹".

意译：有一种笨蛋叫"傻瓜"，有一种漂亮叫"很好看"。

（发音人：张峰　2017.10.28 温县）

0040 俏皮话

有一种成功叫"弄哩不穰",

iou⁵³iə↗³tʂuŋ⁵³tʂʰəŋ³¹kuŋ⁴⁴tɕiɔ²¹"nuŋ²¹li⁰pə↗³zã³¹".

有一种失败叫"可去球了"。

iou⁵³iə↗³tʂuŋ⁵³ʂə↗³pɛ²¹³tɕiɔ¹³"kʰʌ↗³tɕʰy¹³tɕʰiou³¹lɤ⁰".

意译：有一种成功叫"干得不错"，有一种失败叫"没戏了"。

（发音人：张峰　2017.10.28 温县）

0041 俏皮话

有一种赶时髦叫"烧包"。

iou⁵³iə↗³tʂuŋ⁵³kæn⁵³ʂʅ³¹mɤ³¹tɕiɔ²¹"sɔ⁴⁴pɤ⁴⁴".

意译：有一种赶时髦叫"炫耀"。

（发音人：张峰　2017.10.28 温县）

0042 俏皮话

早上是"[清晌][起来]"。上午是"饭时"。下午是"[后晌]",

tsɔ⁵³ʂã²¹ʂə↗³tɕʰiã²¹tɕʰiɛ⁵³.ʂã²¹u⁰ʂə↗³fæn²¹ʂʅ⁵³.ɕia²¹u⁰ʂə↗³xu:ã²¹³.

傍晚是"[后晌][黑儿]"。晚上是"黑来"。

pã²¹uæn⁵³ʂə↗³xu:ã²¹xəu⁴⁴.uæn⁵³ʂã²¹ʂə↗³xə↗³lɛ⁰.

意译：早上是"清早起来"，上午是"饭时"。下午是"后晌"，傍晚是"后晌黑"。晚上是"夜里"。

（发音人：张峰　2017.10.28 温县）

0043 怀梆《辕门斩子·不提起过往事却倒还好》

不提起过往事却倒还好，提起来过往事我的心如火烧，

pə↗ tʰi tɕʰi kuɤ uã sʅ tɕʰye tɔ xuæn xɔ,tʰi tɕʰi lɛ kuɤ uã sʅ uɤ ti ɕĩ zu xuɤ sɔ,

俺杨家赤胆忠心把国保，世世代代抗北辽，

yæ iã tɕia tʂʰʅ tæn tʂuŋ ɕĩ pa kuɤ pɔ,sʅ sʅ tɛ tɛ kʰã pei liɔ,

我的父碰死在苏武庙，我的娘，我的娘年高迈依然效劳，

uɤ ti fu pʰəŋ sʅ tsɛ su u miɔ,uɤ ti niã,uɤ ti niã niɛ kɔ mɛ i zæn ɕiɔ lɔ,

我大哥替宋王将命丢掉，我二哥短剑下血染征袍，

uɤ ta kɤ tʰi suŋ uã tɕia miəŋ tiou tiɔ,uɤ lə kɤ tuæn tɕiɛ ɕia ɕiɛ↗ zæn tʂəŋ pʰɔ,

我三哥被马踏尸骨难找，我四哥失落辽邦无下遭，
uɤ sæn kɤ pei ma tʰa sɿ ku næn tʂɔ,uɤ si kɤ sɤʔ luʌʔ liɔ pɑ̃ uəʔ ɕia tsɔ,
我五哥五台山削发修道，我七弟被潘宏箭射芭蕉，
uɤ u kɤ u tʰɛ sæn ɕyɤʔ fa ɕiou tɔ,uɤ tɕʰiəʔ ti pei pʰæn xuŋ tɕie ʂʅ pa tɕiɔ,
俺杨家为保国全都死掉，俺一家都有功劳，
ɣæ iɑ̃ tɕia uei pɔ kuɤ tɕʰye tou sɿ tiɔ,ɣæ iəʔ tɕia tou iou kuŋ lɔ,
自如今才封我三关招讨，这，这是俺杨家血，血染征袍。
tsɿ zu tɕĩ tsʰɛ fəŋ uɤ sæn kuæn tʂɔ tʰɔ,tsɤ,tsɤ ʂɿ ɣæ iɑ̃ tɕia ɕie,ɕie zæn tʂəŋ pʰɔ.

意译：不提起往事还好，提起往事我心如火烧，我们杨家赤胆忠心保国家，世世代代抗北辽，我父亲碰死在苏武庙，我母亲年高迈依然效劳，我大哥替宋王送了命，我二哥死于短剑之下，我三哥被马踏尸骨难找，我四哥失落辽邦下落不明，我五哥五台山出家，我七弟被潘宏用箭射中，俺杨家为保国全都死掉，我们家都有功劳，到现在才封我三关招讨，这是我们杨家的血染征袍。

（发音人：原树武　2017.08.09 温县）

0045 太极表演

预备式，起势，金刚捣碓，拦擦衣，六封四闭，单鞭，
y²¹pei⁰sɤ²³,tɕʰi⁵³sɿ²¹,tɕiẽ⁴⁴kɑ̃⁴⁴tɔ⁵³tuei²¹,læn²¹tsʰʌʔ³i⁴⁴,luɔʔ¹fəŋ⁴⁴sɿ²¹pi²¹,tæn⁴⁴pie⁴⁴,
金刚捣碓，白鹅亮翅，斜行，搂膝上三步，斜行，
tɕiẽ⁴⁴kɑ̃⁴⁴tɔ⁵³tuei²¹,pɛ⁴⁴ɣɤ⁴⁴liɑ̃²¹tsʰʅ²¹,ɕie³¹ɕiəŋ²¹,lou³¹ɕiəʔ³ʂɑ̃⁴⁴sæn⁴⁴pu²¹,ɕie³¹ɕiəŋ²¹,
搂膝上三步，掩手肱拳，金刚捣碓，撇身拳，
lou³¹ɕiəʔ³ʂɑ̃⁴⁴sæn⁴⁴pu²¹,ie⁵³ʂou⁵³xuŋ³¹tɕʰye⁴⁴,tɕiẽ⁴⁴kɑ̃⁴⁴tɔ⁵³tuei²¹,pʰiɛ⁵³ʂẽ⁴⁴tɕʰye³¹,
青龙出水，双推手，肘底看拳，倒卷肱，
tɕʰiəŋ⁴⁴lyŋ³¹tʂʰuəʔ³ʂuei⁵³,ʂuɑ̃⁴⁴tʰuei⁴⁴ʂou⁵³,tʂou¹³ti⁵³kʰæn²¹tɕʰye³¹,tɔ²¹tɕye⁵³xuŋ³¹,
白鹅亮翅，斜行，闪通背，掩手锤，六封四闭，单鞭，
pɛ³¹ɣɤ⁴⁴liɑ̃²¹tsʰʅ²¹,ɕie³¹ɕiəŋ⁰,ʂæn⁵³tʰuŋ⁴⁴pei⁰,ie⁵³ʂou⁵³tsʰuei⁵³,liou²¹fəŋ⁴⁴sɿ²¹pi²¹,tæn⁴⁴pie⁴⁴,
云手，高探马，右擦脚，左擦脚，左蹬跟，上三步，
yẽ²¹ʂou⁵³,kɔ⁴⁴tʰæn⁴⁴ma⁵³,iou²¹tsʰʌʔ³tɕiʌʔ³,tsuɤ⁵³tsʰʌʔ³tɕiʌʔ³,tsuɤ²¹təŋ⁴⁴kẽ⁴⁴,ʂɑ̃²¹sæn⁵³pu²¹,
神仙一把抓，踢二起，护心拳，旋风脚，右蹬跟，
ʂẽ³¹ɕie⁴⁴iəʔ³pa⁵³tʂua⁴⁴,tʰiəʔ³lə¹tɕʰi⁵³,xu²¹ɕiẽ⁴⁴tɕʰye³¹,ɕyɛ³¹fəŋ²¹tɕiʌʔ³,iou²¹təŋ⁴⁴kẽ⁴⁴,
掩手肱拳，小秦打，抱头推山，六封四闭，单鞭，
ie⁵³ʂou⁵³xuŋ³¹tɕʰye³¹,ɕiɔ³¹tɕʰie⁴⁴ta⁵³,pɔ⁴⁴tʰou³¹tʰuei⁴⁴sæn⁴⁴,liou²¹fəŋ⁴⁴sɿ²¹pi²¹,tæn⁴⁴pie⁴⁴,
前招，后招，野马分鬃，六封四闭，单鞭，玉女穿梭，
tɕʰie³¹tʂɔ⁴⁴,xou²¹tʂɔ⁴⁴,ie⁵³ma⁵³fẽ⁴⁴tsuŋ⁰,liou²¹fəŋ⁴⁴sɿ²¹pi²¹,tæn⁴⁴pie⁴⁴,y²¹ny⁵³tsʰuæn⁴⁴suɤ⁴⁴,
拦擦衣，六封四闭，单鞭，云手，摆脚，跌岔，
læn³¹tsʰʌʔ³i⁴⁴,liou²¹fəŋ⁴⁴sɿ²¹pi²¹,tæn⁴⁴pie⁴⁴,yẽ³¹ʂou⁵³,pɛ⁵³tɕiʌʔ³,tiɛʔ³tsʰa²¹,

金鸡独立，倒卷肱，白鹅亮翅，斜行，搂膝，闪通背，

tɕiẽ⁴⁴tɕi⁴⁴tuəʔ³liəŋ³,tɔ²¹tɕye⁵³xuŋ³¹,pɛ³¹ɣɤ³¹liã²¹tsʰ²¹,ɕie³¹ɕiəŋ²¹,lou³¹ɕi⁴⁴,ʂæn⁵³tʰuŋ⁴⁴pei⁵³,

掩手肱拳，六封四闭，单鞭，云手，高探马，十字儿脚，

ie⁵³ʂou⁵³xuŋ³¹tɕʰye³¹,liou²¹fəŋ⁴⁴sʅ²¹pi²¹,tæn⁴⁴pie⁴⁴,yẽ³ʂou⁵³,kɔ⁴⁴tʰæn²¹ma⁵³,ʂʅʔ²tsɿɯ²¹tɕiʌʔ³,

指裆锤，猿猴看果，六封四闭，单鞭，铺地基，

tsʅ⁵³tã⁴⁴tʂʰuei³¹,ye³¹xou⁴⁴kʰæn²¹kuɤ⁵³,liou²¹fəŋ⁴⁴sʅ²¹pi²¹,tæn⁴⁴pie⁴⁴,pʰu⁴⁴ti²¹tɕi⁴⁴,

上步七星，下步跨虎，转身，双摆莲，当头炮。

ʂã³¹pu⁴⁴tɕʰiəʔ³ɕiəŋ⁴⁴,ɕia²¹pu²¹kʰua⁵³xu⁵³,tʂuæn⁵³ʂẽ⁴⁴,fã⁴⁴pɛ⁴⁴lie³¹,tã⁴⁴tʰou³¹pʰɔ²¹.

意译：预备式，起势，金刚捣碓，拦擦衣，六封四闭，单鞭，金刚捣碓，白鹅亮翅，搂膝上三步，斜行，搂膝上三步，掩手肱拳，金刚捣碓，撇身拳，青龙出水，双推手，肘底看拳，倒卷肱，白鹅亮翅，斜行，闪通背，掩手锤，六封四闭，单鞭，云手，高探马，右撤脚，左撤脚，左蹬跟，上三步，神仙一把抓，踢二起，护心拳，旋风脚，右蹬跟，掩手肱拳，小秦打，抱头推山，六封四闭，单鞭，前招，后招，野马分鬃，六封四闭，单鞭，玉女穿梭，拦擦衣，六封四闭，单鞭，云手，摆脚，跌岔，金鸡独立，倒卷肱，白鹅亮翅，斜行，搂膝，闪通背，掩手肱拳，六封四闭，单鞭，云手，高探马，十字儿脚，指裆锤，猿猴看果，六封四闭，单鞭，铺地基，上步七星，下步跨虎，转身，双摆莲，当头炮。

（发音人：王长江 李文权 2017.08.09 温县）

范 县

一　歌谣

0001 中秋歌

八月十五，东头的孩儿，西头的孩儿，喝完汤，都来玩儿，

pa²⁴ yə³¹ ʂʅ⁴² u⁵⁵,tuŋ²⁴ tʰəu⁴² li⁰xɛr⁴²,si²⁴ tʰəu⁴² li⁰xɛr⁴²,xə²⁴ uã⁴² tʰaŋ²⁴,təu³¹ lai⁴² uɛr⁴²,

恁不来，俺走哩，今天八月十五哩，

nei⁴² pu²⁴ lɛ⁴²,ã⁵⁵ tsəu⁵⁵ li⁰,tɕien²⁴ tʰiã⁴² pa³¹ yə²⁴ ʂʅ⁵⁵ u⁰ li⁰,

吃鸡蛋，喝关面，咕噜咕噜喝八碗。

tʂʰʅ²⁴ tɕi³¹ tã⁰,xə²⁴ kuã³¹ miã⁰,ku²⁴ lu⁰ku²⁴ lu⁰xə²⁴ pa²⁴ uã⁵⁵.

意译：（今天是）中秋节，东头的小孩子，西头的小孩子，吃过晚饭，都来玩儿，你
　　　们不来，我就走啦，今天八月十五呢，吃鸡蛋，吃挂面，咕噜咕噜吃八碗。

（发音人：顾生荣　2019.08.14 范县）

0002 挑人歌

野鸡翎，扛大刀，恁大营里尽俺挑，挑谁吧？挑二孬。

iɤ⁵⁵ tɕi²⁴ lien⁴²,kʰaŋ⁴² ta³¹ tao²⁴,nei⁴² ta³¹ iəŋ⁰ li⁰tɕien⁵⁵ ã⁵⁵ tʰiao²⁴,tʰiao²⁴ ʂei⁴² pa⁰?tʰiao²⁴ l̩³¹ nao²⁴.

意译：野鸡翎，扛大刀，你们在大营里尽管挑，挑谁呢？挑二孬吧。

（发音人：顾生荣　2019.08.14 范县）

0003 小赖毛

小赖毛儿，上滑县，走到半路哩断盘缠。

siɔ⁵⁵ lɛ³¹ mɚ⁴²,ʂaŋ³¹ xua⁴² ɕiã³¹³,tsəu⁵⁵ tao³¹ mã³¹ lu⁴² li⁰tuã³¹ pʰã⁴² tʂʰã⁰.

卖公鸡，会打鸣儿，卖孩子，忒可怜，

mɛ³¹ kuŋ²⁴ tɕi⁰,xuei³¹ ta⁵⁵ miə̃r⁴²,mɛ³¹ xɛ²⁴ tsʅ⁰,tʰuei²⁴ kʰɤ⁵⁵ liã⁴²,

卖老婆子不值钱儿。

mɛ³¹ lɔ⁵⁵ pʰuə⁴² tsʅ⁰ pu³¹ tʂʅ⁴² tɕʰiɛr⁴².

意译：小赖毛儿，上滑县，走到半路没有盘缠了。卖公鸡，会打鸣儿。卖孩子，
　　　太可怜。卖老婆子不值钱儿。

（发音人：顾生荣　2019.08.14 范县）

0004 二月二

二月二，敲瓢叉，十个老鼠九个瞎，

l̩³¹yə²⁴l̩⁰,tɕʰiɔ²⁴pʰiɔ⁴²tʂʰa²⁴,ʂʅ⁰kə⁰lɔ⁵⁵fu⁰tɕiəu⁵⁵kə⁰ɕia²⁴,

剩下一个不瞎的，跑到东边儿财主家。

ʂəŋ³¹ɕia⁰·²⁴i⁰kə⁰pu³¹ɕia²⁴ti⁰,pʰɔ⁵⁵tɔ⁰tuŋ²⁴pier²⁴tʂʰɛ⁴²tʂu⁰tɕia²⁴.

意译：二月二，要敲瓢啊盆啊（驱赶鼠蚁），十个老鼠九个瞎，剩下一只不瞎的，跑到东边儿财主家。

（发音人：顾生荣　2019.08.14 范县）

0005 菠菜叶

菠菜叶儿，溜地黄，三生四岁死了娘。

pɤ²⁴tʂʰɛ³¹ier²⁴,liəu²⁴ti³¹xuaŋ²⁴,sã²⁴ʂəŋ²⁴sʅ²⁴suei³¹sʅ⁵⁵liɔ⁰ɲiaŋ⁴².

跟着爹爹还好过，就怕爹爹娶后娘，

ken²⁴tʂə⁰tie²⁴tie⁰xɛ⁴²xɔ⁵⁵kuə⁰,tɕiəu²⁴pʰa³¹tie²⁴tie⁰tsʰy⁵⁵xəu³¹ɲiaŋ⁴²,

后娘娶了三年整，生了个弟弟叫梦郎，

xəu²⁴ɲiaŋ⁴²tsʰy⁵⁵liɔ⁰sã²⁴ɲiã⁵⁵tʂəŋ⁰,ʂəŋ⁰lə⁰kə⁰ti⁰ti⁰tɕiɔ⁰məŋ³¹laŋ⁴²,

每天到了吃饭时，梦郎吃稠我喝汤，

mei⁵⁵tʰiã²⁴tɔ³¹liɔ⁰tʂʰʅ²⁴fã⁴²sʅ⁴²,məŋ³¹laŋ⁴²tʂʰʅ⁴²tʂʰəu⁴²uə⁵⁵xə²⁴tʰaŋ²⁴,

端起碗来泪汪汪，拿起筷子想亲娘。

tuã²⁴tɕʰi⁰uã⁵⁵lɛ⁰lei³¹uaŋ²⁴uaŋ⁰,na⁴²tɕʰi⁰kʰue³¹tsʅ⁰siaŋ⁰tsʰien²⁴ɲiaŋ⁴².

意译：菠菜叶儿，遍地黄，三四岁就死了娘。跟着爹爹还好过，就怕爹爹娶后娘，后娘娶了三年整，生个弟弟叫梦郎，每天到了吃饭时，梦郎吃稠饭我喝汤，端起碗来泪汪汪，拿起筷子想亲娘。

（发音人：顾生荣　2019.08.14 范县）

0006 小槐树

小槐树，槐又槐，槐树底下搭凉台，

siɔ⁵⁵xuɛ⁴²ʂu³¹³,xuɛ⁴²iəu⁰xuɛ⁴²,xuɛ⁴²ʂu⁰ti³¹ɕia²⁴ta⁰liaŋ⁴²tʰɛ⁴²,

人家的闺女都来了，俺的闺女还不来，

zən⁴²tɕia⁰ti⁰kuen⁰n̩y⁰təu⁰lɛ⁰lə⁰,ã⁵⁵li⁰kuen²⁴n̩y⁵⁵xɛ⁴²pu⁰lɛ⁴²,

说着说着来到了，娘接包袱爹抱孩，

ʂuə²⁴tʂə⁰ʂuə⁰tʂuə⁰lɛ⁴²tɔ⁰lə⁰,ɲiaŋ⁰tɕie⁰pɔ⁴²fu⁰tie²⁴pɔ³¹xɛ⁴²,

嫂子看见扭一扭，

sɔ⁵⁵tsʅ⁰kʰã³¹tɕiã⁰ɲiəu⁵⁵i⁰ɲiəu⁵⁵·³¹,

嫂子嫂子你别扭，不吃饭来俺就走。

sɔ⁵⁵tsʅ⁰sɔ⁵⁵tsʅ⁰ɲi⁵⁵pe⁴²ɲiəu⁵⁵,pu³¹tʂʰʅ²⁴fã⁴²lɛ⁰ã⁵⁵tɕiəu³¹tsəu⁵⁵.

意译：小槐树，槐又槐，槐树底下搭凉台，人家的闺女都来了，俺的闺女还不来，说着说着来到了，娘接包袱爹抱孩子，嫂子看见扭一扭（不高兴），嫂子嫂子你别扭，俺不吃饭就走。

（发音人：顾生荣　2019.08.14 范县）

二 故事

0021 牛郎织女

从前有一个孤儿，名叫牛郎，
tsʰuŋ⁴²tsʰiã⁴²iəu⁵⁵i³¹kə⁰ku²⁴l̩⁴²,miəŋ⁴²tɕio³¹ȵiəu⁴²laŋ⁴²,

自幼死了父母，与哥哥嫂子一起生活。
tsɿ²⁴iəu³¹sɿ⁵⁵lio⁰fu³¹mu⁰,y²⁴kə⁴²kə⁰so⁵⁵tsɿ⁰i³¹tɕʰi⁰ʂəŋ²⁴xuə⁴².

嫂子对他很不好，每天叫他进山去放牛。
so⁵⁵tsɿ⁰tuei³¹tʰa²⁴xen⁵⁵pu⁰xɔ⁵⁵,mei⁵⁵tʰiã²⁴tɕiɔ³¹tʰa²⁴tsien³¹ʂã²⁴tɕʰy⁴²faŋ³¹ȵiəu⁴².

一天，牛郎到山里放牛，
i²⁴tʰiã²⁴,ȵiəu⁴²laŋ⁴²tɔ³¹ʂã²⁴li⁰faŋ³¹ȵiəu⁴²,

忽然发现路旁卧着一头病牛，奄奄一息，将要死亡。
xu²⁴zã⁵⁵fa²⁴ɕiã³¹lu³¹pʰaŋ⁴²uə³¹tʂuə⁰i²⁴tʰəu³¹piəŋ³¹ȵiəu⁴²,iã²⁴iã²⁴i²⁴si²⁴,tsiaŋ²⁴iɔ³¹sɿ⁵⁵uaŋ⁴².

牛郎可怜，把它带到了家中，精心护养。
ȵiəu⁴²laŋ⁴²kʰə⁵⁵liã⁴²,pa²⁴tʰa²⁴tɛ³¹tɔ³¹lə⁰tɕia²⁴tʂuŋ²⁴,tsiəŋ²⁴sien²⁴xu³¹iaŋ⁵⁵.

老牛很快变得膘肥体壮。
lɔ⁵⁵ȵiəu⁵⁵xen⁵⁵kʰuɛ³¹piã⁴²tə⁰piɔ²⁴fi⁴²tʰi⁵⁵tʂuaŋ³¹³.

据说这头老牛是天上下界的牛金星，
tɕy³¹ʂuə²⁴tʂə³¹tʰəu⁴²lɔ⁵⁵ȵiəu³¹sɿ³¹tʰiã³¹ʂaŋ³¹ɕia²⁴tɕiɛ³¹ti⁰ȵiəu⁴²tɕien²⁴siəŋ²⁴,

因犯了天条被打下受罪的，是一头神牛。
ien²⁴fã³¹lio⁰tʰiã²⁴tʰiɔ³¹pei⁰ta⁵⁵ɕia³¹ʂəu²⁴tsei³¹ti⁰,sɿ³¹i²⁴tʰəu⁴²ʂen⁴²ȵiəu⁴².

一天，牛郎去喂养这头牛，
i²⁴tʰiã²⁴,ȵiəu⁴²laŋ⁴²tɕʰy³¹uei³¹iaŋ⁵⁵tʂə³¹tʰəu⁴²ȵiəu⁴²,

这头牛突然张嘴说话，
tʂə³¹tʰəu⁴²ȵiəu⁴²tu²⁴zã⁵⁵tʂaŋ²⁴tsuei⁵⁵ʂuə²⁴xua³¹,

说："牛郎，今天有仙女到山西水里去洗澡，
ʂuə²⁴:"ȵiəu⁴²laŋ⁴²,tɕien²⁴tʰiã²⁴iəu⁵⁵siã²⁴ny⁵⁵tɔ³¹ʂã²⁴si²⁴ʂuei⁵⁵li⁰tɕʰy²⁴si²⁴tsɔ⁵⁵,

你要捡一件儿粉红色的衣裙把它带回家中，
ȵi⁵⁵iɔ⁵⁵tɕiã⁵⁵·³¹i²⁴tɕier³¹³fen⁵⁵xuŋ⁴²ʂɛ⁵⁵ti⁰i²⁴tɕʰyen⁴²pa²⁴tʰa⁰tɛ³¹xuei⁴²tɕia²⁴tʂuŋ²⁴,

会有仙女追到你家中，与你结为夫妻。"
xuei³¹iəu⁵⁵siã²⁴ny⁵⁵tsuei²⁴tɔ³¹ȵi⁵⁵tɕia²⁴tʂuŋ²⁴,y⁴²ȵi⁵⁵tɕiɛ²⁴uei²⁴fu²⁴tsʰi²⁴."

还说："等我死后，你要把我的皮剥下来，
xɛ⁴²ʂuə²⁴:"təŋ²⁴uə⁵⁵sɿ⁵⁵xəu³¹³,ȵi⁵⁵iɔ⁵⁵pa²⁴uə⁵⁵ti⁰pʰi⁴²puə³¹ɕia²⁴lɛ⁴²,

在关键的时候你是有用的。"
tsɛ³¹kuã²⁴tɕiã³¹ti⁰sɿ⁴²xəu³¹,ȵi⁵⁵sɿ³¹iəu⁵⁵yŋ³¹ti⁰."

牛郎按照老牛的话，果然取回了衣服，
ȵiəu⁴²laŋ⁴²ã³¹tsɔ³¹lɔ⁵⁵ȵiəu⁰tiˑxua³¹,kuɑ⁵⁵zã⁵⁵tsʰy⁵⁵xuei⁰liɔ⁰iˑ³¹fu⁰,

有一个仙女追到家中，这个仙女就是织女。
iəu⁵⁵iˑ³¹kə⁰siã²⁴ȵy⁵⁵tʂuei²⁴tɔ⁰tɕia²⁴tʂuŋ²⁴,tʂə³¹kə⁰siã²⁴ȵy⁵⁵tsiəu²⁴ʂɻ̩³¹tʂɻ̩²⁴ȵy⁵⁵.

她因早听说牛郎勤快善良，
tʰa⁴²ien²⁴tsɔ⁵⁵tʰiəŋ²⁴ʂuə²⁴ȵiəu⁴²laŋ⁴²tɕʰien²⁴kʰuɛ³¹ʂã³¹liaŋ⁴²,

于是便和牛郎结为了夫妻。
y²⁴ʂɻ̩⁰piã³¹xə⁴²ȵiəu⁴²laŋ⁴²tɕie²⁴uei³¹liɔ⁰fu²⁴tsʰi²⁴.

一年之后，二人生了一条，生了两个龙凤胎，一男一女。
i²⁴ȵiã⁴²tʂɻ̩³¹xəu³¹³,l̩²⁴zən⁴²ʂəŋ²⁴liɔ⁰iˑ³¹tʰiɔ⁴²,ʂəŋ²⁴liɔ⁰liaŋ⁵⁵kə⁰luŋ⁴²fəŋ⁴²tʰɛ²⁴,iˑ³¹nã⁴²ˑ³¹iˑ³¹ȵy⁵⁵.

再说，王母娘娘知道织女下界以后，
tsɛ³¹ʂuə²⁴,uaŋ⁴²mu²⁴ȵiaŋ⁴²ȵiaŋ⁴²tʂɻ̩⁰tɔ⁰tʂɻ̩²⁴ȵy⁵⁵ɕia²⁴tɕie³¹·⁵⁵iˑ³¹xəu³¹³,

和凡人结为了夫妻，恼羞成怒，
xuə⁴²fã⁴²zən⁴²tɕie²⁴uei³¹liɔ⁰fu³¹tsʰi²⁴,nɔ⁵⁵siəu²⁴tʂʰəŋ⁴²nuŋ³¹³,

派天兵天将下界来抓织女，牛郎一看，
pʰɛ³¹tʰiã²⁴piəŋ²⁴tʰiã²⁴tsiaŋ³¹³ɕia³¹tɕie⁴²lɛ⁴²tʂua²⁴tʂɻ̩²⁴ȵy⁵⁵,ȵiəu⁴²laŋ⁴²iˑ³¹kʰã³¹³,

自己的妻子被一些凶神恶豪抓上了天空，
tsɻ̩³¹tɕi⁵⁵ti⁰tsʰi²⁴tsɻ̩⁰pei iˑ³¹·³¹siɛ²⁴ɕyŋ²⁴ʂen⁴²ɤ²⁴xɔ²⁴tʂua⁴²ʂaŋ³¹liɔ⁰tʰiã⁵⁵kʰuŋ²⁴,

于是急中生智，就想到了老牛的话。
y²⁴ʂɻ̩³¹tɕi⁴²tʂuŋ²⁴ʂən²⁴tʂɻ̩³¹³,tsiəu³¹siaŋ⁵⁵tɔ³¹liɔ⁰lɔ⁵⁵ȵiəu⁴²tiˑxua³¹³.

马上披上牛皮，
ma⁵⁵ʂaŋ³¹pʰi³¹ʂaŋ³¹ȵiəu⁴²pʰi⁴²,

用个担子两个筐担住自己的一男一女，啊，追上了天空。
yŋ³¹kə⁰tã·tsɻ̩⁰liaŋ·kə⁰kʰuaŋ²⁴tã·tsu·tsɻ̩·tɕi·ti⁰·²⁴nã⁴²·iˑ³¹ȵy⁵⁵,a⁰,tʂuei²⁴ʂaŋ³¹liɔ⁰tʰiã²⁴kʰuŋ²⁴.

眼看织，眼看牛郎就要追上织女。
iã⁵⁵kʰã³¹tʂɻ̩·,iã⁵⁵kʰã³¹ȵiəu⁴²laŋ⁴²tsiəu·iɔ·tʂuei·ʂaŋ³¹tʂɻ̩²⁴ȵy⁵⁵.

此时，王母娘娘取下头上的银簪在他们二人之间，
tsʰɻ̩⁴²ʂɻ̩²⁴,uaŋ⁴²mu²⁴ȵiaŋ⁴²ȵiaŋ⁴²tʂʰy·ɕia³¹·tʰəu⁰ʂaŋ³¹tiˑien⁴²tʂã²⁴,tsɛ³¹tʰa·men·l̩·³¹zen⁴²tʂɻ̩³¹tɕiã²⁴,

划了两道痕迹，霎时间，
xuə³¹liɔ⁰liaŋ⁵⁵tɔ³¹xen·tɕi²⁴,ʂua³¹ʂɻ̩·⁴²tɕiã⁰,

两条波涛汹涌的河流隔住了牛郎和织女，
liaŋ⁵⁵tʰiɔ⁴²pʰuə³¹tʰɔ²⁴ɕyŋ²⁴yŋ⁵⁵tiˑxə⁴²liəu⁴²kei²⁴tʂu³¹liɔ⁰ȵiəu⁴²laŋ⁴²xuə⁴²tʂɻ̩²⁵ȵy⁵⁵,

这就是传说中的银河，或天河。
tʂɤ²⁴tsiəu³¹ʂɻ̩³¹tʂʰuã⁴²ʂuə²⁴tʂuŋ²⁴tiˑien⁴²xə⁴²,xuə³¹tʰiã²⁴xə⁴².

喜鹊啊，是一种善良的鸟儿啊，
ɕi⁵⁵tsʰyə³¹a⁰,ʂɻ̩·³¹iˑ³¹tʂuŋ⁵⁵ʂã³¹liaŋ⁴²tiˑniɔ⁵⁵a⁰,

对牛郎和织女的爱情所感动。
tuei³¹ n̠iəu⁴² laŋ⁴² xə⁰ tʂʅ²⁴ n̠y⁵⁵ ti⁰ ye⁰ tsʰiəŋ⁰ ʂuə⁵⁵ kã⁵⁵ tuŋ³¹.
于是，它们把联系，他们把就连起来，
y²⁴ ʂʅ³¹, tʰa²⁴ men⁰ pa²⁴ liã⁴² ɕi⁰, tʰa²⁴ men⁰ pa²⁴ tsiəu⁰ liã⁴² tɕʰi¹ lɛ⁴²,
成群结队的，啊，前面衔着后面儿的，
tʂʰəŋ⁴² tɕʰyen²⁴ tɕie²⁴ tuei⁰ ti⁰, a⁰, tsʰiã⁴² miã⁴² ɕiã⁴² tʂuə⁰ xəu³¹ miɛr⁰ ti⁰,
啊，后面儿衔前面儿的尾巴，搭成了一条鹊桥。
a⁰, xəu³¹ miɛr⁰ ɕiã⁴² tʂuə⁰ tsʰiã⁴² miɛr⁰ ti⁰ uei⁵⁵ pa⁰, ta²⁴ tʂʰəŋ⁴² liɔ⁰²⁴ tʰiɔ⁴² tsʰy⁴² tɕʰiɔ⁴².
每年的七月七日，啊，叫牛郎和织女相会，
mei⁵⁵ n̠iã⁴² ti⁰ tsʰi²⁴ yə²⁴ tsʰi²⁴ ʐʅ³¹³, a⁰, tɕiɔ³¹ ɣəu⁴² laŋ⁴² xuə⁴² tʂʅ²⁴ n̠y⁵⁵ siaŋ²⁴ xuei³¹,
这就是我们传说中的七七雀，七七喜鹊相聚，
tʂə³¹ tsiəu²⁴ ʂʅ⁰⁵⁵ men⁰ tʂʰuã⁴² ʂuə²⁴ tʂuŋ⁰ ti⁰ tsʰʰi²⁴ tsʰi²⁴ tsʰyə⁰, tsʰi²⁴ tsʰi²⁴ ɕi⁵⁵ tsʰyə³¹ siaŋ²⁴ tɕy³¹,
啊，也就是我们常说的牛郎织女的故事。
a⁰, iɛ⁵⁵ tsiəu³¹ ʂʅ³¹ uə⁵⁵ men⁰ tʂʰaŋ⁴² ʂuə²⁴ ti⁰ n̠iəu⁴² laŋ⁴² tʂʅ²⁴ n̠y⁵⁵ ti ku³¹ ʂʅ³¹.

意译：从前有一个孤儿，名叫牛郎，自幼死了父母，与哥哥嫂子一起生活。嫂子对他很不好，每天叫他进山去放牛。一天，牛郎到山里放牛。忽然发现路旁卧着一头病牛，奄奄一息，将要死亡。牛郎可怜，把它带到了家中，精心护养。老牛很快变得膘肥体壮。据说这头老牛是天上下界的金牛星，是因犯了天条被打下凡间受罪的一头神牛。一天，牛郎去喂养这头牛，这头牛突然张嘴说话，说："牛郎，今天有仙女到山西边水里去洗澡，你要捡一件粉红色的衣裙把它带回家中，会有仙女追到你家中，与你结为夫妻。"还说："等我死后，你要把我的皮剥下来，在关键的时候有用。"牛郎按照老牛的话果然取回了衣服，有一个仙女追到家中。这个仙女就是织女。她因早听说牛郎勤快善良，于是便和牛郎结为夫妻。一年之后，二人生了一男一女两个孩子。再说，王母娘娘知道织女下界和凡人结为了夫妻，恼羞成怒，派天兵天将下界来抓织女。牛郎一看自己的妻子被一群凶神恶煞抓上了天空，于是急中生智，就想到了老牛的话。马上披上牛皮，用个担子挑着自己的两个孩子追上了天空。眼看牛郎就要追上织女，此时，王母娘娘取下头上的银簪在他们二人之间，划了两道痕迹，霎时间波涛汹涌的河流隔住了牛郎和织女，这就是传说中的银河，或者叫作天河。喜鹊是一种善良的鸟儿，被牛郎和织女的爱情所感动。于是，它们就连起来，成群结队的，后面衔着前面的尾巴，搭成了一条鹊桥。在每年的七月七日，叫牛郎和织女相会，这就是我们传说中的七七鹊桥相会，也就是我们常说的牛郎织女的故事。

（发音人：刘训江　2019.08.14 范县）

0022 郑板桥画扇助贫
今天，我给大家讲一个郑板桥画扇儿助贫的故事儿。
tɕien²⁴ tʰiã²⁴, uə⁵⁵ kei⁴² ta³¹ tɕia²⁴ tɕiaŋ⁵⁵˙³¹ i⁰ kə⁰ tʂəŋ³¹ pã⁵⁵ tɕʰiɔ⁴² xua²⁴ ʂɛr³¹ tsu³¹ pʰien⁴² ti ku²⁴ ʂər³¹³.

一天，郑板桥微服于集市视察实情。
i³¹tʰiã²⁴,tʂəŋ³¹pã⁵⁵tɕʰiɔ³¹uei²⁴fu³¹y³¹tsi³¹ʂɻ³¹ʂɻ³¹tʂʰa⁴²ʂɻ⁴²tsʰiəŋ⁴².

忽然看到有一个老妇人，
xu⁵⁵zã⁵⁵kʰã³¹tɔ³¹iəu⁵⁵i³¹kə³¹lɔ⁵⁵fu³¹zen⁴²,

守着一堆无人问津的扇子，在那里高声叫卖。
ʂəu⁵⁵tʂuə⁰·³¹i³¹tʂuei²⁴u³¹ʐen⁴²uen³¹tsien²⁴ti⁰ʂã³¹tsɻ⁰,tsɛ³¹na³¹li⁰kɔ³¹ʂəŋ²⁴tɕiɔ²⁴mɛ³¹.

郑板桥心想，眼下已是深秋，老妇人缘何卖扇儿啊？
tʂəŋ³¹pã⁵⁵tɕʰiɔ³¹sien³¹siaŋ³¹,iã⁵⁵ɕia³¹i⁵⁵ʂɻ³¹tʂʰen²⁴tsʰiəu²⁴,lɔ⁵⁵fu³¹ʐen⁴²zã⁴²xə²⁴mɛ²⁴ʂer³¹a⁰?

不由得上前询问，
pu²⁴iəu⁴²ti⁰ʂaŋ³¹tsʰiã⁴²suen⁴²uen³¹,

当他得知老妇人家中贫寒，丈夫有病，
taŋ²⁴tʰa³¹tei⁴²tʂɻ²⁴lɔ⁵⁵fu³¹zen⁴²tɕia²⁴tʂuŋ²⁴pien³¹xã⁴²,tʂaŋ³¹fu³¹iəu⁵⁵piəŋ³¹,

无奈之下把夏天卖剩下的扇子翻出来，
u⁴²nẽ³¹tʂɻ³¹ɕia³¹pa²⁴ɕia³¹tʰiã²⁴mɛ³¹ʂəŋ³¹ɕia³¹ti⁰ʂã³¹tsɻ⁰fa²⁴tʂʰu²⁴lɛ⁴²,

在集市上换几个钱，好给丈夫看病。
tsɛ³¹tsi⁴²ʂɻ³¹ʂaŋ³¹xuã³¹tɕi⁵⁵kə⁰tsʰiã⁴²,xɔ²⁴tɕi⁴²tʂaŋ³¹fu⁰kʰã²⁴piəŋ³¹.

郑板桥了解情况以后，
tʂəŋ³¹pã⁵⁵tɕʰiɔ⁴²liɔ⁴²tɕiɛ⁵⁵tsʰiəŋ³¹kʰuaŋ³¹·⁵⁵xəu³¹,

深为老妇人家中的贫寒与不幸同情。
tʂʰen²⁴uei³¹lɔ⁵⁵fu³¹zen⁴²tɕia²⁴tʂuŋ²⁴ti⁰pien⁴²xã⁴²y⁰pu³¹ɕiəŋ³¹tʰuŋ⁴²tsʰiəŋ⁴².

他看到扇面儿上洁净无瑕，
tʰa³¹kʰã²⁴tɔ³¹ʂã³¹mier³¹ʂaŋ⁰tɕiɛ⁵⁵tɕiəŋ³¹u²⁴ɕia⁴²,

于是，就取出了笔墨，在扇面儿上给她画了起来。
y²⁴ʂɻ³¹,tsiəu³¹tsʰy⁵⁵tʂʰu²⁴liɔ⁰pei²⁴mei²⁴,tsɛ²⁴ʂã³¹mier³¹ʂaŋ⁰kei⁴²tʰa³¹xua³¹liɔ⁰tɕʰi⁵⁵lɛ⁰.

霎时间，摇曳翠竹、吐香幽兰、傲霜秋菊、
ʂua³¹·⁴²ʂɻ³¹tɕiã⁰,iɔ³¹i³¹tsʰuei³¹tʂu³¹,tʰu⁵⁵siaŋ³¹iəu³¹lã³¹,ɔ³¹ʂuaŋ²⁴tsʰiəu²⁴tɕy²⁴,

落雪冬梅、吃亏是福、难得糊涂……占于扇面儿，
luə³¹suə³¹tuŋ²⁴mei³¹,tʂʰɻ³¹kʰuei³¹ʂɻ³¹fu⁴²,nã²⁴tei³¹xu³¹tʰu⁰……tʂã³¹y⁰ʂã²⁴mier³¹,

再配以诗文款式，相得益彰，珠联璧合，
tsɛ³¹pʰei³¹·⁵⁵i³¹ʂɻ³¹uen³¹kʰuã³¹ʂɻ³¹,siaŋ³¹te³¹i³¹tʂaŋ²⁴,tʂu²⁴liã⁴²pi³¹xə³¹,

扇面充满了高雅脱俗。
ʂã²⁴mier³¹tʂʰuŋ²⁴mã⁵⁵liɔ⁰kɔ³¹ia⁵⁵tʰuə³¹sy⁴².

扇子很快以数倍的价格被人们抢购一空。
ʂã³¹tsɻ⁰xen⁵⁵kʰuɛ⁵⁵i³¹ʂu³¹pei³¹ti⁰tɕia³¹kə⁰pei²⁴ʐen⁴²men⁰tsʰiaŋ⁵⁵kəu³¹·²⁴i³¹kʰuŋ²⁴.

解了老妇人的燃眉之急。
tɕiɛi⁵⁵liɔ⁰lɔ⁵⁵fu³¹ʐen⁴²ti⁰zã⁵⁵mei⁴²tʂɻ³¹tɕi⁴².

意译：今天，我给大家讲一个郑板桥画扇助贫的故事。一天，郑板桥在集市微服

视察民情。忽然看到有一个老妇人,守着一堆无人问津的扇子,在那里高声叫卖。郑板桥心想,眼下已是深秋,老妇人为何卖扇子啊?不由得上前询问。他了解到,老妇人家中贫寒,丈夫有病,无奈之下把夏天卖剩下的扇子翻出来,在集市上换几个钱来给丈夫看病。郑板桥了解情况以后,深深同情老妇人家中的贫寒与不幸。他看到扇面儿上洁净无瑕,于是就取出了笔墨,在扇面儿上给她画了起来。霎时间,摇曳翠竹,吐香幽兰,傲霜秋菊,落雪冬梅,吃亏是福,难得糊涂……占满了扇面儿,再配上诗文款式,相得益彰,珠联璧合,扇面充满了高雅脱俗的画面和诗文。扇子很快以数倍的价格被人们一抢而空,解了老妇人的燃眉之急。

(发音人:刘训江 2019.08.11 范县)

0023 郑板桥教民养蟹

大家知道,郑板桥先生在我们范县做了五年的县令,
ta³¹ tɕia²⁴ tʂɿ³¹ tɔ⁰,tʂəŋ³¹ pã⁴² tɕʰiɔ³¹ siã⁵⁵ ʂəŋ²⁴ tsɛ⁰ uə⁰ men⁰ fã³¹ ɕiã³¹ tsuə²⁴ liɔ⁰ u⁰ ȵiã⁴² ti⁰ ɕiã⁵⁵ liəŋ³¹,
留下很多故事儿。
liəu⁴² ɕia³¹ xen⁴² tuə³¹ ku⁵¹ ʂər³¹.
今天我给大家讲一个因势利导,教民养蟹的故事儿。
tɕien²⁴ tʰiã²⁴ uə⁵⁵ kei³¹ ta³¹ tɕia³¹ tɕiaŋ²⁴ i⁵⁵ kə³¹ ien²⁴ ʂɿ³¹ li³¹ tɔ⁵⁵,tɕiɔ³¹ mien⁴² iaŋ⁵⁵ ɕiɛ³¹ ti⁰ ku³¹ ʂər³¹.
一年,范县阴雨连绵,连月不开,
i²⁴ ȵiã⁴²,fã³¹ ɕiã³¹ ien²⁴ y⁵⁵ liã⁴² miã⁴²,liã⁴² yə²⁴ pu⁰ kʰɛ²⁴,
形成了内涝,在田间滋生了很多螃蟹,
ɕiəŋ⁴² tʂʰəŋ⁰ liɔ⁰ nei⁰ lɔ³¹,tsɛ³¹ tʰiã⁴² tɕiã³¹ tsɿ²⁴ ʂəŋ²⁴ liɔ⁰ xen⁵⁵ tuə²⁴ pʰaŋ⁴² ɕiɛi⁰,
当时范县人初见螃蟹,
taŋ²⁴ ʂɿ⁴² fã³¹ ɕiã³¹ ʐen⁴² tʂʰu²⁴ tɕiã³¹ pʰaŋ⁴² ɕiɛi⁰,
一看它四脚八叉,很不吉利,视为不祥之物。
i³¹ kʰã³¹ tʰa²⁴ sɿ³¹ tɕyə⁰ pa²⁴ tʂʰa²⁴,xen⁵⁵ pu⁰ tɕi³¹ li³¹,ʂɿ³¹ uei³¹ pu⁰ siaŋ³¹ tʂɿ³¹ u²⁴.
于是,在田地里就互相抛掷,你扔到我地里,我扔到你地里。
y²⁴ ʂɿ³¹,tsɛ³¹ tʰiã⁴² ti³¹ li³¹ tsiəu³¹ xu³¹ siaŋ³¹ pʰɔ²⁴ tʂɿ⁰,ȵi³¹ ʐəŋ²⁴ tɔ⁰ uə⁵⁵ ti³¹ li⁰,uə⁵⁵ ʐəŋ²⁴ tɔ⁰ ȵi⁵⁵ ti³¹ li⁰.
因此引起百姓之间的械斗打架,
ien²⁴ tsʰɿ⁵⁵ ien⁵⁵ tɕʰi⁰ pei²⁴ siəŋ³¹ tʂɿ³¹ tɕiã²⁴ ti⁰ tɕiɛi²⁴ təu³¹ ta⁵⁵ tɕia³¹,
纷纷到郑板桥这里来打官司。
fen³¹ fen⁰ tɔ³¹ tʂəŋ³¹ pã⁵⁵ tɕʰiɔ⁴² tʂə³¹ li⁰ lɛ⁴² ta⁵⁵ kuã²⁴ sɿ³¹.
郑板桥召集这些械斗百姓到县衙来做客,
tʂəŋ³¹ pã⁵⁵ tɕʰiɔ³¹ tʂɔ⁴² tsi⁴² tʂə³¹ siɛ⁴² tɕiɛi²⁴ təu³¹ pei⁵⁵ siəŋ⁵⁵ tɔ³¹ ɕiã³¹ ia⁴² lɛ⁴² tsuə²⁴ kʰə³¹,
他吩咐他的厨师按他家乡兴化的习俗蒸煮螃蟹。
tʰa³¹ fen²⁴ fu³¹ tʰa³¹ ti⁰ tʂʰu⁴² ʂɿ²⁴ ã³¹ tʰa²⁴ tɕia³¹ ɕiaŋ²⁴ ɕiəŋ³¹ xua⁴² ti⁰ si³¹ sy⁴² tʂəŋ²⁴ tʂu⁵⁵ pʰaŋ⁴² ɕiɛi⁰.
在宴席上,郑板桥首先拿起筷子食用螃蟹,
tsɛ³¹ iã³¹ si⁴² ʂaŋ³¹,tʂəŋ³¹ pã⁵⁵ tɕʰiɔ³¹ ʂəu³¹ siã²⁴ na³¹ tɕʰi⁵⁵ kʰuɛ³¹ tsɿ⁰ ʂɿ⁴² yuŋ³¹ pʰaŋ⁴² ɕiɛi⁰,

下面的人也纷纷效法，皆呼味美。
ɕia³¹ miã⁰ ti⁰ zen⁴² ie⁵⁵ fen³¹ fen³¹ ɕiɔ²⁴ fa²⁴,tɕiei²⁴ xu²⁴ uei³¹ mei⁵⁵.
郑板桥因势诱导，号召范县百姓：
tʂəŋ³¹ pã⁵⁵ tɕʰiɔ⁴² ien²⁴ ʂʅ³¹ iəu³¹ tɔ⁵⁵,xɔ³¹ tʂɔ⁵⁵ fã²⁴ ɕiã³¹ pei²⁴ siəŋ⁵⁵:
"你们可以在坑塘、低洼、沼泽地区饲养螃蟹啊！"
"n̩i³¹ men⁰ kʰə⁴² i⁰ tsɛ³¹ kʰəŋ²⁴ tʰaŋ⁴², ti²⁴ ua²⁴, tʂɔ³¹ tsɛ⁴² ti³¹ tɕʰy⁵⁵ sʅ³¹ iaŋ⁵⁵ pʰaŋ⁴² ɕiɛi⁰ ia⁰!"
因螃蟹而引起的械斗和官司不但被化解，
ien²⁴ pʰaŋ⁴² ɕiɛi²⁴ l̩⁰ ien⁵⁵ tɕʰi³¹ ti⁰ tɕiɛi³¹ təu⁵⁵ xuɤ⁴² kuã²⁴ sʅ⁵⁵ pu²⁴ tã³¹ pei³¹ xua³¹ tɕiɛi⁵⁵,
反而为范县人民找到了一条发家致富的门路，
fã⁴² ər⁰ uei³¹ fã³¹ ɕiã³¹ zen⁴² mien³¹ tʂɔ⁵⁵ tɔ⁵¹ liɔ⁰ i³¹ tʰiɔ⁵⁵ fa²⁴ tɕia³¹ tʂʅ⁵⁵ fu⁵¹ ti⁰ men⁴² lu³¹,
充分地彰显出郑板桥做官造福于民的智慧。
tʂʰuŋ²⁴ fen³¹ ti⁰ tʂaŋ²⁴ ɕiã³¹ tʂʰu⁵¹ tʂəŋ³¹ pã⁵⁵ tɕʰiɔ⁴² tsuɔ²⁴ kuã²⁴ tsɔ⁵¹ fu⁴² y²⁴ mien³¹ ti⁰ tʂʅ⁵⁵ xuei³¹.

意译：大家知道郑板桥先生在范县做了五年的县令，留下很多故事。今天我给大家讲一个因势利导、教民养蟹的故事。有一年，范县阴雨连绵，形成了内涝，在田间滋生了很多螃蟹。当时范县人初见螃蟹，一看它四脚八叉，很不吉利，视为不祥之物。于是在田地里就互相抛掷，你把螃蟹扔到我的地里，我把螃蟹扔到你的地里。因此引起百姓之间的械斗，百姓们纷纷到郑板桥这里来打官司。郑板桥召集这些械斗百姓到县衙来做客。他吩咐他的厨师按他家乡兴化的习俗蒸煮螃蟹。在宴席上，郑板桥首先拿起筷子吃螃蟹，下面的人也纷纷效法，都称赞好吃。郑板桥因势诱导，号召范县百姓："你们可以在坑塘、低洼、沼泽地区饲养螃蟹啊！"因螃蟹而引起的械斗和官司不但被化解，反而为范县人民找到了一条发家致富的门路，充分地彰显出郑板桥做官造福于民的智慧。

（发音人：刘训江　2019.08.11 范县）

0024 郑板桥巧点鸳鸯谱

下面我再给大家讲一个郑板桥的故事。
ɕia²⁴ miã⁰ uə⁵⁵ tsɛ³¹ kei²⁴ ta³¹ tɕia²⁴ tɕiaŋ⁵⁵·³¹ kə⁰ tʂəŋ³¹ pã⁵⁵ tɕʰiɔ⁴² ti⁰ ku³¹ ʂʅ³¹.
一天，有人捆扭着一个英俊的小和尚
i³¹ tʰiã²⁴,iəu⁵⁵ zen⁴² kʰuen⁴² n̩iəu⁵⁵ tsuə⁰·³¹ kə⁰ iəŋ²⁴ tsuen³¹ ti⁰ siɔ⁵⁵ xuɤ⁴² ʂaŋ⁰
和一个貌美的小尼姑，送到了县衙，
xuɤ⁴²·³¹ i³¹ kə⁰ mɔ⁵⁵ mei⁵⁵ ti⁰ siɔ⁵⁵ n̩i⁴² ku⁵⁵,suŋ³¹ tɔ⁵¹ liɔ⁰ ɕiã³¹ ia⁴²,
告他二人僧尼通奸伤风败俗之罪。
kɔ³¹ tʰa³¹ l̩³¹ zen⁴² səŋ²⁴ n̩i³¹ tʰuŋ²⁴ tɕiã²⁴ ʂaŋ²⁴ fəŋ²⁴ pɛ⁴² sy⁴² tʂʅ³¹ tsuei³¹.
郑板桥见和尚和尼姑悲悲切切，泪流满面，
tʂəŋ³¹ pã⁵⁵ tɕʰiɔ⁴² tɕiã⁴² xuɤ⁴² ʂaŋ⁰ xuɤ⁴² n̩i²⁴ ku⁰ pei²⁴ pei⁰ tsʰiɛ²⁴ tsʰiɛ²⁴,lei³¹ liəu⁴² mã⁵⁵ miã³¹,
心想二人必定有难言的苦衷。
sien²⁴ siaŋ⁵⁵·³¹ zen⁴² pi³¹ tiəŋ³¹ iəu⁵⁵ nã⁴² iã⁴² ti⁰ kʰu⁵⁵ tʂuŋ²⁴.

于是和颜悦色地询问事情的来龙去脉。
y²⁴ sʐ̩³¹ xuə⁴² iã⁴² yə³¹ ʂei⁴² ti⁰ suen³¹ uen³¹ sʐ̩³¹ tsʰiəŋ⁴² ti⁰ lɛ⁴² luŋ⁴² tɕʰy³¹ mɛ²⁴.
当他得知和尚和尼姑是同乡，
taŋ²⁴ tʰa⁴² tɛ³¹ tʂʐ̩⁴² xuə⁴² ʂaŋ⁴² xuə⁴² n̩i⁴² ku⁰ sʐ̩³¹ tʰuŋ⁴² ɕiaŋ²⁴,
而且是青梅竹马的恋人，
l³¹ tsʰiɛ⁴² sʐ̩³¹ tsʰiəŋ²⁴ mei⁴² tʂu⁴² ma⁵⁵ ti⁰ luã³¹ zen⁴²,
因家庭的干涉不能如愿以偿结为夫妻，
ien²⁴ tɕia⁴² tʰiəŋ⁴² ti⁰ kã²⁴ ʂɛ⁴² pu⁴² nəŋ⁴² zu⁴² yã¹·⁵⁵ ʂaŋ⁴² tɕiɛ²⁴ uei⁴² fu⁴² tsʰi³¹,
一恼之下双双出家，虽投入了空门，
i²⁴ nɔ⁵⁵ tʂʐ̩³¹ ɕia³¹ ʂuaŋ⁴² ʂuaŋ⁴² tʂʰu²⁴ tɕia⁴², suei²⁴ tʰəu⁴² zu⁴² liɔ⁵⁵ kʰuŋ²⁴ men⁴²,
但情丝难消，常常夜间约会，不幸被好事者儿捉住，
tã³¹ tsʰiəŋ⁴² sʐ̩²⁴ nã⁴² siɔ²⁴, tʂʰaŋ⁴² tʂʰaŋ⁴² iɛ³¹ tɕiã²⁴ yə²⁴ xuei³¹, pu⁴² siəŋ³¹ pei xɔ³¹ sʐ̩³¹ tʂɚr⁵⁵ tʂuə²⁴ tʂu³¹,
说他们玷污了佛门净地，送到了县衙。
ʂuə²⁴ tʰa³¹ men¹ tʂã²⁴ u⁴² liɔ⁵⁵ fu⁴² men⁴² tsiəŋ²⁴ ti³¹, suŋ³¹ tɔ⁰ liɔ⁵⁵ ɕiã³¹ ia⁴².
郑板桥了解情况以后，
tʂəŋ³¹ pã⁵⁵ tɕʰiɔ⁴² liɔ⁴² tɕiɛ⁵⁵ tsʰiəŋ⁴² kʰuaŋ³¹·⁵⁵ i³¹ xəu³¹³,
深为和尚和尼姑的不幸同情。
tʂʰen²⁴ uei³¹ xuə⁴² ʂaŋ⁴² xuə⁴² n̩i⁴² ku⁰ ti⁰ pu³¹ siəŋ³¹ tʰuŋ⁴² tsʰiəŋ⁴².
他决定顺天理，遂人愿，
tʰa³¹ tɕyə²⁴ tiəŋ⁰ ʂuen³¹ tʰiã⁴² li⁵⁵, suei³¹ zen⁴² yã³¹,
越俎代庖处理这起风流恋情。他判道：
yə³¹ tsu⁴² tɛ³¹ pɔ²⁴ tʂʰu⁴² li⁵⁵ tʂə³¹ tɕʰi⁴² fəŋ²⁴ liəu⁴² luã³¹ tsʰiəŋ⁴². tʰa³¹ pʰã³¹ tɔ⁰:
"僧尼苟合，情有可原，判其还俗，结为夫妻。"
"səŋ²⁴ n̩i⁴² kəu⁵⁵ xə⁴², tsʰiəŋ⁴² iəu⁴² kʰə⁵⁵ yã⁴², pʰã³¹ tɕʰi⁴² xuã⁴² sy⁴², tɕiɛ²⁴ uei⁴² fu²⁴ tsʰi³¹."
并当堂使二人拜堂成亲，令有情人终成眷属。
piəŋ³¹ taŋ⁴² tʰaŋ⁴² sʐ̩⁵⁵ l³¹ zen⁴² pɛ³¹ tʰaŋ⁴² tʂʰəŋ⁴² tsʰien⁴², liəŋ³¹ iəu⁵⁵ tsʰiəŋ⁴² zen⁴² tʂuŋ²⁴ tsʰəŋ⁴² tɕyã³¹ ʂu³¹.
他还幽默地赋了一首诗：
tʰa³¹ xɛ⁴² iəu⁴² muə³¹ ti⁰ fu⁴² liɔ³¹·⁵⁵ i³¹ ʂəu⁵⁵ sʐ̩²⁴:
"一半儿葫芦一半儿瓢，合来一处好成桃，
"i³¹ pɛr³¹ xu⁴² lu⁰ i³¹ pɛr³¹ pʰiɔ⁴², xə⁴² lɛ⁴² i³¹ tʂʰu⁴² xɔ³¹ tʂʰəŋ⁵⁵ tʰɔ⁴²,
是谁勾却风流案，记取当堂郑板桥。"
sʐ̩³¹ ʂei⁴² kəu²⁴ tɕʰyə⁴² fəŋ³¹ liəu⁴² yã³¹, tɕi³¹ tsʰy⁵⁵ taŋ²⁴ tʰaŋ⁴² tʂəŋ⁴² pã⁵⁵ tɕʰiɔ⁴²."

意译：下面我再给大家讲一个郑板桥的故事。一天，有人捆着一个英俊的小和尚和一个貌美的小尼姑，来到了县衙，告他二人僧尼通奸伤风败俗之罪。郑板桥见和尚和尼姑悲悲切切，泪流满面，心想二人一定有难言的苦衷。于是和颜悦色地询问事情的来龙去脉。他得知和尚和尼姑是同乡，而且是青梅竹马的恋人，因家庭的干涉不能如愿以偿结为夫妻，一恼之下双双出家。

虽然他们投入了空门，但情字难消，常常夜间约会。不幸被好事的人捉住，说他们玷污了佛门净地，给送到了县衙。郑板桥了解情况以后，深深同情和尚和尼姑的不幸。他决定顺天理，遂人愿，就判道："僧尼苟合，情有可原，判其还俗，结为夫妻。"并当堂使二人拜堂成亲，令有情人终成眷属。他还幽默地赋了一首诗："一半儿葫芦一半儿瓢，合来一处好成桃，是谁勾却风流案，记取当堂郑板桥。"

（发音人：刘训江　2019.08.11 范县）

0025 郑板桥杖打学董

下面儿我给大家再讲一个郑板桥杖打学董的故事。

ɕia²⁴mieɹ⁰uə⁵⁵kei²⁴ta³¹tɕia²⁴tse²⁴tɕiaŋ³¹i⁰kə⁰tṣəŋ²⁴pã⁵⁵tɕʰiɔ⁴²tṣaŋ³¹ta²⁴ɕyə⁰tuŋ⁵⁵ti⁰ku³¹ṣʅ³¹.

学董也就是相当于现在的校长啊。一年，到了年底，

ɕyə⁴²tuŋ⁵⁵ie⁰tsiəu³¹ʂʅ³¹siaŋ³¹taŋ²⁴y⁴²ɕiã³¹tse³¹ti⁰ɕiɔ⁵⁵tṣaŋ⁰a.i²⁴,nĩã⁴²,tɔ³¹liɔ⁰nĩã⁴²ti⁵⁵,

有一个教书先生和一个学董到郑板桥这里来打官司。

iəu⁵⁵⋅³¹i⁰kə⁰tɕiɔ²⁴ʂu²⁴siã³¹ʂəŋ⁰xuɤ⁴²i⁰kə⁰ɕyə⁴²tuŋ⁵⁵tɔ⁰tṣəŋ³¹pã⁵⁵tɕʰiɔ⁴²tṣə³¹li⁰lɛ⁴²ta²⁴kuã²⁴sʅ⁰.

这个先生哭诉，他说："我辛辛苦苦教了一年学，

tṣə³¹kə⁰siã²⁴ʂəŋ⁰kʰu³¹ʂu³¹,tʰa³¹ʂuə⁰:"uə⁵⁵sien²⁴sien⁰kʰu⁵⁵kʰu⁰tɕiɔ²⁴liɔ⁰i³¹nĩã⁴²ɕyə⁴²,

当时学董言明每一年给我八吊钱，

taŋ²⁴ʂʅ³¹ɕyə⁴²tuŋ⁵⁵iã⁴²mieŋ⁴²mei⁰i⁰nĩã⁴²⋅²⁴kei⁰uə²⁴pa²⁴tiɔ⁵⁵tsʰiã⁴²,

这到了年底，学董他分文不给。"

tṣə³¹tɔ⁰liɔ⁰nĩã⁴²ti⁵⁵,ɕyə⁴²tuŋ⁵⁵tʰa⁰fə̃²⁴uen⁴²pu⁰tɕi⁵⁵."

学董说："这个先生他无才，他误人子弟，我理当扣除啊！"

ɕyə⁴²tuŋ⁵⁵ʂuə²⁴:"tṣə⁰kə⁰siã²⁴ʂəŋ⁰tʰa⁰u⁰tsʰɛ⁴²,tʰa⁰u⁰zen⁰tsʅ⁵⁵⋅³¹,uə⁰li³¹taŋ²⁴kʰəu²⁴tṣʰu⁴²a⁰!"

郑板桥说："今天，咱就当场考考先生，

tṣəŋ³¹pã⁵⁵tɕʰiɔ⁴²ʂuə⁰:"tɕien⁰tʰiã⁴²,tsã⁴²tsiəu⁰taŋ²⁴tsʰaŋ⁵⁵kʰɔ⁵⁵kʰɔ⁰siã³¹ʂəŋ⁰,

看是不是真的无才。"

kʰã³¹ʂʅ³¹pu⁰ʂʅ³¹tṣen²⁴ti⁰u⁴²tsʰɛ⁴²."

郑板桥指着大堂上挂着的一盏灯笼说道：

tṣəŋ³¹pã⁵⁵tɕʰiɔ⁴²tṣʅ⁵⁵tṣuə⁰ta³¹tʰaŋ⁴²ʂaŋ³¹kua³¹tṣuə⁰ti⁰⋅²tṣã⁵⁵təŋ⁰ləu⁴²ʂuə²⁴tɔ³¹:

"今天，我就以灯笼为题，出一个上联儿，

"tɕien²⁴tʰiã²⁴,uə⁵⁵tsiəu³¹i⁰təŋ²⁴ləu⁴²uei⁵¹tʰi⁴²,tṣʰu²⁴⋅³¹i⁰kə³¹ʂaŋ³¹lieɹ⁴²,

先生你对下联。你对得出，学俸分文不少。

siã²⁴ʂəŋ⁰ɲi⁵⁵tuei³¹ɕia³¹liã⁴²⋅ɲi⁵⁵tuei³¹tei⁰tsʰu²⁴,ɕyə⁴²fəŋ³¹fen²⁴uen⁴²pu³¹ʂɔ⁵⁵.

你对不出，学俸一钱不给。"

ɲi⁵⁵tuei³¹pu⁰tṣʰu⁰,ɕyə⁴²fəŋ³¹i⁻²⁴tsʰiã⁴²pu⁰tɕi⁵⁵."

郑板桥看着灯笼吟道："四面灯，单层纸，

tṣəŋ³¹pã⁵⁵tɕʰiɔ⁴²kʰã³¹tsuə⁰təŋ²⁴ləu⁴²ien⁴²tɔ³¹:"sʅ³¹miã⁴²təŋ²⁴,tã²⁴tsʰəŋ⁴²tsʅ⁵⁵,

辉辉煌煌，照遍东西南北。"说："先生，你对下联儿。"
xuei⁵⁵xuei⁵⁵xuaŋ⁴²xuaŋ⁴²,tʂɔ⁵⁵piã³¹tuŋ²⁴si⁵⁵nã⁵⁵pei⁵⁵."ʂuə²⁴:"siã²⁴ʂəŋ⁰,n̩i⁵⁵tuei³¹ɕia³¹liɛr⁴²."
先生略加思考，对曰：
siã²⁴ʂəŋ⁰luə²⁴tɕia²⁴sɿ³¹kʰɔ⁵⁵,tuei³¹yə²⁴:
"一年学儿，八吊钱，辛辛苦苦，历尽春夏秋冬。"
"i⁵⁵n̩iã⁴²ɕyɤr⁴²,pa²⁴tiɔ⁵⁵tsʰiã⁴²,sien²⁴sien⁵⁵kʰu⁵⁵kʰu⁵⁵,li²⁴tɕien³¹tʂʰuen²⁴ɕia³¹tsʰiəu²⁴tuŋ²⁴."
郑板桥一听，大吃一惊。心想，先生对得如此之快，
tʂəŋ³¹pã⁵⁵tɕʰiɔ³¹i³¹tʰiəŋ⁴²,ta³¹tʂʰɿ²⁴i³¹tɕieŋ⁵⁵.sien²⁴siaŋ⁵⁵,siã²⁴ʂəŋ⁰tuei⁵⁵ti⁰zu³¹tsʰɿ³¹tʂɿ³¹kʰuɛ³¹,
而且这对子是天衣无缝，像这样有才的先生，
l³¹tsʰie⁴²tʂə³¹tuei⁵⁵tsɿ⁰ʂɿ³¹tʰiã²⁴i²⁴u⁵⁵fəŋ⁴²,siaŋ³¹tʂə²⁴iaŋ⁵⁵iəu⁵⁵tsʰʰɛ⁴²ti⁰siã²⁴ʂəŋ⁰,
他教一个小小蒙童焉能误人子弟呀，定是学董无赖。
tʰa³¹tɕiɔ²⁴i³¹kə⁰siɔ⁴²siɔ⁵⁵məŋ⁵⁵tʰuŋ²⁴iã²⁴nəŋ⁴²u³¹zen⁵⁵tsɿ⁵⁵ti³¹ia⁰,tiəŋ³¹ʂɿ³¹ɕyə⁵⁵tuŋ⁵⁵u⁴²lɛ³¹.
于是将学董杖打了二十大板赶出县衙，
y²⁴ʂɿ³¹tsiaŋ²⁴ɕyə⁴²tuŋ⁵⁵tʂaŋ³¹ta⁵⁵liɔ⁰l³¹ʂɿ⁴²ta⁵⁵pã⁵⁵kã⁵⁵tʂʰu²⁴ɕiã²⁴ia⁴²,
学俸断给了先生。
ɕyə⁴²fəŋ³¹tuã³¹tɕi⁵⁵liɔ⁰ɕiã²⁴ʂəŋ⁰.

意译：下面我给大家再讲一个郑板桥杖打学董的故事。学董相当于现在的校长。有一年到了年底，有一个教书先生和一个学董到郑板桥这里来打官司。这个先生哭诉："我辛辛苦苦教了一年学，当时学董说好了每一年给我八吊钱，这到了年底，学董他分文不给我。"学董说："这个先生他无才，他误人子弟，我理当扣除啊！"郑板桥说："今天，咱就当场考考先生。看是不是真的无才。"郑板桥指着大堂上挂着的一盏灯笼说道："今天，我就以灯笼为题，出一个上联，先生你对下联。你对得出，年薪分文不少。你对不出，年薪一文不给。"郑板桥看着灯笼吟道："四面灯，单层纸，辉辉煌煌，照遍东西南北。"说："先生，你对下联。"先生略加思考，对曰："一年学儿，八吊钱，辛辛苦苦，历尽春夏秋冬"。郑板桥一听，大吃一惊。心想，先生对得如此之快，而且这对子是天衣无缝，像这样有才的先生，他教一个小小蒙童岂能误人子弟呀，定是学董无赖。于是将学董杖打了二十大板赶出县衙，年薪判给了先生。

（发音人：刘训江　2019.08.11范县）

0026 郑板桥吟诗送贼
现在我再给大家讲一个，郑板桥吟诗送小偷儿的故事儿。
ɕiã²⁴tsɛ³¹uə⁵⁵tsɛ³¹kei⁵⁵ta⁴²tɕia⁵⁵tɕiaŋ⁵⁵i³¹kə⁰,tʂəŋ³¹pã⁵⁵tɕʰiɔ⁵⁵ien⁴²ʂɿ²⁴suŋ³¹siɔ⁵⁵tʰəur²⁴ti⁰ku³¹ʂər³¹.
在一个夜深风高的晚上，郑板桥正欲蒙胧入睡，
tsɛ³¹i³¹kə⁰iɛ⁵⁵tʂʰen²⁴fəŋ²⁴kɔ²⁴ti⁰uã⁵⁵ʂaŋ³¹,tʂəŋ³¹pã⁵⁵tɕʰiɔ⁴²tʂəŋ³¹mən⁴²luŋ⁴²zu³¹ʂuei³¹,
透过微弱的月光儿，忽然看到有一个黑影潜入房中。
tʰəu³¹kuə³¹uei⁵⁵zuə³¹ti⁰yə²⁴kuãr²⁴,xu³¹zã⁵⁵kʰã⁴²tɔ⁵⁵iəu⁵⁵i³¹kə⁰xei⁵⁵ɕiã⁵⁵tsʰu³¹fã⁴²tʂuŋ²⁴.

这是入室盗贼，正欲喊人捉拿，
tʂʅ²⁴ ʂʅ³¹ zu²⁴ ʂʅ³¹ tɔ³¹ tsei⁴²,tʂəŋ³¹ y⁴² xã⁴² ʐen⁴² tsuə²⁴ na⁴²,
但转念一想，凡偷盗者皆贫苦之人，
tã³¹ tʂuã⁵⁵ ɳiã³¹·²⁴ i³¹ siaŋ⁵⁵,fã⁴² tʰəu²⁴ tɔ³¹ tʂə⁵⁵ tɕiɛi²⁴ pʰien⁴² kʰu⁴² tʂʅ³¹ ʐen⁴²,
因生活所迫，才铤而走险，
ien²⁴ ʂəŋ²⁴ xuə⁴² suə⁵⁵ pʰɛ²⁴,tsʰɛ⁴² tʰiəŋ⁴² l³¹ tsəu⁴² ɕiã⁵⁵,
并非那十恶不赦的坏人，把他赶走也就是了。
piəŋ³¹ fi²⁴ na³¹ ʂʅ⁴² ɣə³¹ pu²⁴ ʂə²⁴ ti xuɛ³¹ ʐen⁴²,pa³¹ tʰa³¹ kã⁴² tsəu⁵⁵ iɛ³¹ tsiəu³¹ ʂʅ³¹ liɔ⁰.
于是郑板桥吟道：
y²⁴ ʂʅ³¹ tʂəŋ³¹ pã⁵⁵ tɕʰiɔ⁴² ien⁴² tɔ³¹:
"大风起兮月黄昏，有劳君子到寒门。"
"ta³¹ fəŋ²⁴ tɕʰi⁴² ɕi⁰ yə²⁴ xuaŋ⁴² xuen⁰,iəu⁵⁵ lɔ³¹ tɕyen²⁴ tsʅ⁰ tɔ³¹ xã⁴² men⁴²."
小偷儿一听，啊，知道主人还没有睡着，
siɔ⁵⁵ tʰəur²⁴·³¹ i³¹ tʰiəŋ²⁴,a³¹,tʂʅ³¹ tɔ³¹ tʂu⁵⁵ ʐen⁴² xɛ³¹ mei³¹ iəu⁰ ʂei³¹ tʂuə⁴²,
马上躲进角落，等待时机。
ma⁵⁵ ʂaŋ³¹ tuə⁵⁵ tɕien³¹ tɕyə²⁴ luə⁰,təŋ³¹ tɛ³¹ ʂʅ⁴² tɕi²⁴.
郑板桥一看小偷儿还不离去，接着吟道：
tʂəŋ³¹ pã⁵⁵ tɕʰiɔ⁴²·³¹ i³¹ kʰã³¹ siɔ⁵⁵ tʰəur²⁴ xɛ³¹ pu li⁴² tɕʰy³¹,tsiɛ³¹ tsuə⁰ ien²⁴ tɔ³¹:
"胸中诗书有千卷，柜中金银无分文。"
"ɕyŋ²⁴ tʂuŋ²⁴ ʂʅ²⁴ ʂu²⁴ iəu⁵⁵ tsʰiã²⁴ tɕyã³¹,kuei⁴² tʂuŋ²⁴ tɕien²⁴ ien⁴² u⁴² fen²⁴ uen⁴²."
小偷儿一想，啊，知道这是主人，啊，是一个穷读书的，
siɔ⁵⁵ tʰəur²⁴·³¹ i³¹ siaŋ⁵⁵,a⁰,tʂʅ²⁴ tɔ³¹ tʂə³¹ ʂʅ³¹ tʂu⁵⁵ ʐen⁴²,a³¹,ʂʅ³¹ i³¹ kə³¹ tɕʰyŋ⁴² tu⁴² ʂu²⁴ ti⁰,
偷不了什么值钱的东西，准备翻墙逃走，
tʰəu²⁴ pu³¹ liɔ⁵⁵ ʂen⁴² muə⁰ tʂʅ⁴² tsʰiã⁴² ti tuŋ²⁴ si⁰,tʂuen³¹ pei³¹ fã²⁴ tsʰiaŋ⁴² tʰɔ⁴² tsəu⁰,
不料脚下一踢，踢响了东西，引起看家犬的狂叫。
pu³¹ liɔ³¹ tɕyə²⁴ ɕia³¹ i³¹ tʰi³¹·²⁴,tʰi³¹ ɕiaŋ⁵⁵ liɔ tuŋ²⁴ si⁰,ien³¹ tɕʰi⁵⁵ kʰã²⁴ tɕia²⁴ tɕʰyã³¹ ti kʰuaŋ⁴² tɕiɔ³¹.
郑板桥接着吟道：
tʂəŋ³¹ pã⁵⁵ tɕʰiɔ⁴² tsiɛ³¹ tsuə⁰ ien⁴² tɔ³¹:
"出门儿休惊黄尾犬，翻墙莫破兰花盆。"
"tʂʰu²⁴ mər³¹ siəu²⁴ tɕiəŋ²⁴ xuaŋ⁴² uei⁴² tɕʰyã⁵⁵,fã²⁴ tsʰiaŋ⁴² muə³¹ pʰuə³¹ lã⁴² xua²⁴ pʰen⁴²."
小偷儿一听，觉得自己的一举一动，
siɔ⁵⁵ təur²⁴·³¹ i³¹ tʰiəŋ²⁴,tɕyə²⁴ tei tsʅ³¹ tɕi⁵⁵·⁰·²⁴ tɕy⁵⁵·³¹ i³¹ tuŋ³¹,
好像都在别人的监视之中，于是慌忙逃离了现场。
xɔ⁵⁵ siaŋ³¹ təu²⁴ tsɛ⁴² piɛ⁴² ʐen⁴² ti tɕia²⁴ ʂʅ³¹ tʂuŋ²⁴,y²⁴ ʂʅ³¹ xuaŋ²⁴ maŋ⁴² tʰɔ⁴² li³¹ liɔ ɕia³¹ tʂʰaŋ⁵⁵.
郑板桥又吟道：
tʂəŋ³¹ pã⁵⁵ tɕʰiɔ⁴² iəu³¹ ien⁴² tɔ³¹:

"天黑不及披衣送,竖起雄心重做人。"
"tʰiã²⁴xei²⁴pu²⁴tɕi⁴²pʰi²⁴·²⁴i⁰suŋ³¹,ʂu²tɕʰi⁵⁵çyŋ⁴²sien²⁴tsʰuŋ⁴²tsuə³¹ʐen⁴²."
这个故事,就是在范县广为流传的,
tʂə³¹kə³¹ku⁴²ʂɿ³¹,tsiəu³¹ʂɿ³¹tsɛ³¹fã³¹ɕian³¹kuaŋ⁵⁵uei²⁴liəu⁴²tʂʰuã⁴²ti⁰,
郑板桥吟诗送小偷儿的故事儿。
tʂəŋ³¹pã⁵⁵tɕʰio⁴²ien⁴²ʂɿ²⁴suŋ³¹sio⁵⁵tʰəur²⁴ti⁰ku³¹ʂər³¹.

意译:现在我再给大家讲一个郑板桥吟诗送小偷的故事。在一个夜深风高的晚上,郑板桥正欲蒙眬入睡,透过微弱的月光,忽然看到有一个黑影潜入房中,很可能是盗贼,他正准备喊人捉拿,但转念一想,凡偷盗的人大多贫苦,因生活所迫才铤而走险,并非十恶不赦的坏人,把他赶走也就是了。于是郑板桥吟道:"大风起兮月黄昏,有劳君子到寒门。"小偷一听,知道主人还没有睡着,马上躲进角落,等待时机。郑板桥一看小偷还不离去,接着吟道:"胸中诗书有千卷,柜中金银无分文。"小偷一听,是一个穷读书的,知道偷不了什么值钱的东西,正准备翻墙逃走,不料脚下一踢,踢响了东西,引起看家狗的狂叫。郑板桥接着吟道:"出门休惊黄尾犬,翻墙莫破兰花盆。"小偷一听,觉得自己的一举一动,好像都在别人的监视之中,于是慌忙逃离了现场。郑板桥又吟道:"天黑不及披衣送,竖起雄心重做人。"这个故事,就是在范县广为流传的郑板桥吟诗送小偷儿的故事儿。

(发音人:刘训江　2019.08.11　范县)

三　自选条目

0031 谚语
有病光想说,有疮光想摸。
iəu⁵⁵piəŋ³¹kuaŋ⁵⁵siaŋ⁵⁵ʂuə²⁴,iəu⁵⁵tʂʰuaŋ²⁴kuaŋ²⁴siaŋ⁵⁵muə²⁴.
意译:有病光想说,有疮光想摸。

(发音人:顾生荣　2019.08.14　范县)

0032 谚语
一个篱笆三个桩,一个好汉三个帮。
i²⁴kə⁰li⁴²pa⁰sã²⁴kə⁰tʂuaŋ²⁴,i²⁴kə⁰xɔ⁵⁵xã³¹sã²⁴kə⁰paŋ²⁴.
意译:一个篱笆三个桩,一个好汉三个帮。

(发音人:顾生荣　2019.08.14　范县)

0033 歇后语
石头蛋子腌咸菜——一盐(言)难进(尽)。
ʂɿ⁴²tʰəu⁰tã³¹tsɿ⁰iã²⁴ɕiã⁴²tsʰɛ³¹³——i²⁴iã⁴²nã⁴²tɕien³¹.
意译:石头腌咸菜——一盐(言)难进(尽)。

(发音人:顾生荣　2019.08.14　范县)

0034 歇后语
枣核子锯板儿——没几锯儿（句）。
tʂɔ⁴²xu⁴²tsʅ⁰tɕy³¹pɚ⁵⁵——mei⁴²tɕi⁵⁵tɕyər³¹³.
意译：用枣核锯木板——拉不了几锯（句）。

（发音人：顾生荣 2019.08.14 范县）

0035 歇后语
六个手指头扎痒痒儿——多一道子。
liəu³¹kə⁰ʂəu⁵⁵tsʅ²⁴tʰəu⁰kʰuɛ⁴²iaŋ²⁴iaŋ⁰——tuɔ²⁴·²⁴i³¹tɔ³¹tsʅ⁰.
意译：六个手指头挠痒——多一道。

（发音人：顾生荣 2019.08.14 范县）

0036 歇后语
羊肉包子打狗——有去无回。
iaŋ⁴²zəu²⁴pɔ²⁴tsʅ⁰ta⁴²kəu⁵⁵——iəu⁵⁵tɕʰy³¹u²⁴xuei³¹.
意译：羊肉包子打狗——有去无回。

（发音人：顾生荣 2019.08.14 范县）

0037 歇后语
屎壳郎垫桌子腿儿——硬撑。
ʂʅ⁵⁵kə⁰laŋ²⁴tiã³¹tʂuɔ²⁴tsʅ⁰tʰuɚ⁵⁵——iəŋ³¹tʂʰəŋ²⁴.
意译：屎壳郎垫桌子腿儿——硬撑。

（发音人：顾生荣 2019.08.14 范县）

0038 歇后语
门后头挂葫芦儿——留种。
mei⁴²xəu³¹tʰəu⁰kua³¹xu⁴²luɚ⁰——liəu⁴²tʂuŋ⁵⁵.
意译：门后头挂葫芦儿——留种。

（发音人：顾生荣 2019.08.14 范县）

0039 歇后语
年五更里吃扁食儿——没外人儿。
n̩iã⁴²u⁵⁵kəŋ⁰li³¹tʂʰʅ²⁴piã⁵⁵ʂɚ⁴²——mei²⁴uɛ³¹zɚ⁴².
意译：年三十里吃饺子——没外人。

（发音人：顾生荣 2019.08.14 范县）

0040 歇后语
盘子里浸猛子——不知深浅。
pʰã⁴²tsʅ⁰li³¹tsʰien²⁴məŋ⁵⁵tsʅ⁰——pu³¹tʂʅ²⁴tʂʰen²⁴tsʰiã⁵⁵.
意译：盘子里扎猛子——不知深浅。

（发音人：顾生荣 2019.08.14 范县）

0041 歇后语
炊黍疙瘩戴个帽儿——充人样。
tʂʰuei²⁴fu⁰kə²⁴ta⁰tɛ³¹kɤ⁰mər³¹³——tʂʰuŋ²⁴zɛn⁴²iaŋ³¹.
意译：炊帚疙瘩戴个帽儿——充人样。

（发音人：顾生荣　2019.08.14 范县）

0042 歇后语
老牛掉井内——有劲使不上。
lɔ⁵⁵ȵiəu⁴²tiɔ³¹tsiəŋ⁵⁵nei³¹³——iəu⁵⁵tɕien³¹ʂɿ⁵⁵pu⁰ʂaŋ³¹³.
意译：老牛掉井内——有劲使不上。

（发音人：顾生荣　2019.08.14 范县）

0043 歇后语
小米儿掺花椒——麻饭（烦）。
ɕiɔ⁴²mier⁵⁵tʂʰã²⁴xua²⁴tɕiɔ²⁴——ma²⁴fã⁰.
意译：小米儿掺花椒——麻饭（烦）。

（发音人：顾生荣　2019.08.14 范县）

0044 歇后语
秤钩子挂豆腐——没儿法提。
tʂʰəŋ³¹kəu²⁴tsɿ⁰kua²⁴təu³¹fu⁰——mər²⁴fa⁰tʰi⁴².
意译：秤钩挂豆腐——没法提。

（发音人：顾生荣　2019.08.14 范县）

0045 歇后语
碗碴子剃头儿——嗷嗷叫。
uã⁵⁵tʂʰa²⁴tsɿ⁰tʰi³¹tʰəur⁴²——ɔ²⁴ɔ²⁴tɕiɔ³¹³.
意译：用碗碴剃头——嗷嗷叫（形容很痛）。

（发音人：顾生荣　2019.08.14 范县）

0046 歇后语
随旺奶奶抱金瓜——没个孩子球儿。
suei⁴²uaŋ⁰nɛ⁵⁵nɛ⁰pɔ³¹tɕien²⁴kua²⁴——mei²⁴kə⁰xɤ⁴²tsɿ⁰tɕʰiəur⁵⁵.
意译：随旺奶奶抱金瓜——没个孩子。

（发音人：顾生荣　2019.08.14 范县）

0047 歇后语
隔着窗户棂子吹喇叭——响声在外。
kei²⁴tʂə⁰tʂʰuaŋ²⁴xu⁰liəŋ³¹tsɿ⁰tʂʰuei⁴²la⁵⁵pa⁰——ɕiaŋ⁵⁵ʂəŋ²⁴tsɛ²⁴uɛ³¹³.
意译：隔着窗户吹喇叭——响声在外。

（发音人：顾生荣　2019.08.14 范县）

0048 歇后语
面条子点灯——饭（犯）不着。
miã³¹tʰiɔ⁴²tsɿ⁰tiã⁵⁵təŋ²⁴——fã³¹pu⁰tʂuə⁴².

意译：用面条点灯——饭（犯）不着。

（发音人：顾生荣 2019.08.14 范县）

0049 歇后语
剃头的挑子——一头独热。
tʰi³¹ tʰəu⁴² ti⁰ tʰiɔ²⁴ tsʅ⁰——i²⁴ tʰəu⁴² tu⁰ zʅ²⁴.
意译：剃头的挑子——一头热。

（发音人：顾生荣 2019.08.14 范县）

0050 歇后语
瞎子点灯——白费一只蜡。
ɕia²⁴ tsʅ⁰ tiã⁵⁵ təŋ²⁴——pei⁴² fei³¹ i³¹ tsʅ²⁴ la²⁴.
意译：瞎子点灯——白费蜡。

（发音人：顾生荣 2019.08.14 范县）

0051 歇后语
穿着盾子作揖——露两手儿。
tʂʰuã²⁴ tʂuə⁰ tuen³¹ tsʅ⁰ tsuə³¹ i²⁴——ləu³¹ liaŋ⁴² ʂəur⁰.
意译：穿着背心作揖——露两手。

（发音人：顾生荣 2019.08.14 范县）

0052 歇后语
老鼠掀门帘儿——露一小手儿。
lɔ⁵⁵ fu⁰ ɕiã²⁴ men⁴² lier⁴²——ləu³¹ i²⁴ siɔ⁴² ʂor⁵⁵.
意译：老鼠掀门帘儿——露一小手儿。

（发音人：顾生荣 2019.08.14 范县）

0053 歇后语
光着腚束腰——多一道子。
kuaŋ²⁴ tʂuə⁰ tiəŋ³¹ tʂʰu²⁴ iɔ²⁴——tuə²⁴ i³¹ tɔ³¹ tsʅ⁰.
意译：光屁股束腰带——多此一举。

（发音人：顾生荣 2019.08.14 范县）

0054 四平调《石磨的婚事·婚事好像水葫芦》
婚事好像水葫芦，按下这头儿起那头儿，
xuen ʂʅ xɔ siaŋ ʂuei xu lu,yã ɕia tʂə tʰəur tɕʰi na tʰəur,
本想与石家把亲就，未想到水米见面一锅粥，一锅粥，
pen siaŋ y ʂʅ tɕia pa tsʰien tsiəu,uei siaŋ tɔ ʂuei mi tɕiã miã i kuə tʂəu,i kuə tʂəu,
石磨他，石磨他有钱心变坏，背信弃义把旧情丢，
ʂʅ muə tʰa,ʂʅ muə tʰa iəu tsʰiã sien piã xuɛ,pei sien tɕʰi i pa tɕiəu tsʰiəŋ tiəu,
溜至濮上找他二舅，磕头跪门把人求。
liəu tsʅ pʰu ʂaŋ tʂɔ tʰa ər tɕiəu,kʰə tʰəu kuei men pa zen tɕʰiəu.
意译：婚事好像水葫芦，按下这头儿起那头儿，本想与石家把亲成，没想到水米

见面一锅粥，石磨他有钱心变坏，背信弃义旧情丢，溜至濮上找他二舅，磕头跪门把人求。

（发音人：常兆功 2019.08.16 范县）

0055 四平调《王宝钏·老爹爹且息怒容儿言讲》
老爹爹且息怒啊容儿言讲，有一笔前朝的古人细听端详，
lɔ tie tie tsʰiɛ si nu a zuŋ ər iã tɕiaŋ,iəu i pei tsʰiã tṣʰɔ ti ku zən si tʰiəŋ tuã siaŋ,
昔日里有一个女孟姜，自幼结发范喜良，
si ẓ li iəu i kə ny məŋ tɕiaŋ,tẓ iəu tɕie fa fã ɕi liaŋ,
男儿汉攻读女织纺，夫和妻贤度时光，
nã ər xã kuŋ tu ny tṣ faŋ,fu xə tsʰi ɕiã tu ṣ kuaŋ,
秦始皇为把匈奴抗，男儿汉为修长城到边疆，
tsʰien ṣ xuaŋ uei pa ɕyŋ nu kʰaŋ,nã ər xã uei siəu tṣʰaŋ tṣʰəŋ tɔ piã tɕiaŋ,
范郎一去无音讯，孟姜女日想夜盼痛断肠，
fã laŋ i tsʰy u ien ɕyen,məŋ tɕiaŋ ny ẓ siaŋ iɛ pʰã tʰuŋ tuã tṣʰaŋ,
无奈何带着寒衣三关上，谁料想哭倒长城音讯渺茫，
u nɛ xə tɛ tṣə xã i sã kuã ṣaŋ,ṣuei liɔ siaŋ kʰu tɔ tṣʰaŋ tṣʰəŋ ien ɕyen miɔ maŋ,
面对白骨泪眼望，滴血认夫设灵堂，
miã tuei pɛ ku lei iã uaŋ,ti ɕyɛ zən fu ṣə lieŋ tʰaŋ,
忠贞不渝谁能比，生生死死为范郎，
tṣuŋ tṣen pu y ṣuei nəŋ pi,ṣəŋ ṣəŋ ṣ ṣ uei fã laŋ,
千古佳话人景仰，美名流传日月长。
tsʰiã ku tɕia xua zən tɕiəŋ iaŋ,mei miəŋ liəu tṣʰuã ẓ yɛ tṣʰaŋ.

意译：老爹爹且息怒容儿言讲，有一个前朝故事细听端详，昔日里有一个孟姜女，自幼和范喜良结为夫妻，男读书女织纺，夫和妻贤度时光，秦始皇为把匈奴抗，男儿汉为修长城到边疆，范郎一去无音讯，孟姜女日想夜盼痛断肠，无奈何带着寒衣去寻找丈夫，谁料想哭倒长城音讯渺茫，面对白骨泪眼望，滴血认夫设灵堂，忠贞不渝谁能比，生生死死为范郎，千古佳话人景仰，美名流传日月长。

（发音人：荆慧 2019.08.14 范县）

0056 四平调《王宝钏·只说是枯木难吐芽》
只说是枯木难吐芽，不料想春来枝叶全，
tṣ ṣuə ṣ kʰu mu nã tʰu ia,pu liɔ siaŋ tṣʰuen lɛ tṣ iɛ tsʰyã,
来在殿阶用目看，又只见薛郎夫头戴王帽，
lɛ tsɛ tiã tɕiɛ yŋ mu kʰã,iəu tṣ tɕiã ɕyɛ laŋ fu tʰəu tɛ uaŋ mɔ,
身穿龙袍，腰系玉带，足蹬朝靴，
ṣen tsʰuã luŋ pʰɔ,iɔ ɕi y tɛ,tsu təŋ tṣʰɔ ɕyɛ,

端端张张张张端端端端张张驾坐在金銮,
tuã tuã tʂaŋ tʂaŋ tʂaŋ tʂaŋ tuã tuã tuã tuã tʂaŋ tʂaŋ tɕia tsuə tsɛ tsien luã,
宝钏我虽受苦中苦,如今也算甜上甜,
pɔ tʂʰuã uə suei ʂəu kʰu tʂuŋ kʰu,ʐu tɕien iɛ suã tʰiã ʂaŋ tʰiã,
大摇大摆上金殿,参王驾来问王安,
ta iɔ ta pɛ ʂaŋ tsien tiã,tsã uaŋ tɕia lɛ uen uaŋ ɣã,
再辞王驾下金殿,后宫换衣戴凤冠。
tsɛ tsʰʅ uaŋ tɕia ɕia tsien tiã,xəu kuŋ xuã i tɛ fəŋ kuã.

意译: 只说是枯木难吐芽,不料想吹来枝叶全,来在殿阶用目看,又只见薛郎夫头戴王帽,身穿龙袍,腰系玉带,足蹬朝靴,端端正正坐在金銮上,宝钏我虽受苦中苦,如今也算甜上甜,大摇大摆上金殿,参王驾来问王安,再辞王驾下金殿,后宫换衣戴凤冠。

（发音人：晏聪聪 2019.08.14 范县）

0057 四平调《王宝钏·后宫院里把衣换》
后宫院里把衣换,娘娘千岁声声传,
xəu kuŋ yã li pa i xuã,niaŋ niaŋ tsʰiã suei ʂəŋ ʂəŋ tʂʰuã,
来长安尽穿这绫罗缎,咱西凉多得是羊毛擀成毡,
lɛ tʂaŋ yã tɕien tʂʰuã tʂə lieŋ luə tuã,tsã si liaŋ tuə ti ʂʅ iaŋ mɔ kã tʂʰəŋ tʂã,
佳肴美味吃不惯,牛羊山禽我爱餐,
tɕia iɔ mei uei tʂʰʅ pu kuã,niəu iaŋ ʂã tsʰien uə ɣɛ tsʰã,
来在殿阶睁凤眼,挥战裙,
lɛ tsɛ tiã tɕiɛ tʂəŋ fəŋ iã,xuei tʂã tɕʰyen,
我看那长长短短,扑扑闪闪真难观,
uə kʰã na tʂʰaŋ tʂʰaŋ tuã tuã,pʰu pʰu ʂã ʂã tʂen nã kuã,
看那厢戴凤冠系罗裙,露出两只小金莲,
kʰã na siaŋ tɛ fəŋ kuã ɕi luə tɕʰyen,ləu tʂʰu liaŋ tʂʅ siɔ tsien liã,
尖尖站稳立不端,哪像俺这大木锨,
tsiã tsiã tʂã uen li pu tuã,na siaŋ yã tʂə ta mu ɕiã,
跨马提枪能交战,拉弓射箭只等闲,
kʰua ma tʰi tsʰiaŋ nəŋ tɕiɔ tʂã,la kuŋ ʂə tsiã tʂʅ təŋ siã,
俺真替她把心担,扭扭捏捏多做难,活活笑坏俺代战仙,
yã tsen tʰi tʰa pa sien tã,niəu niəu nie nie tuə tsuə nã,xuə xuə siɔ xuɛ yã tɛ tʂã siã,
仔细想想心盘算,莫非她就是王宝钏。
tsʅ si siaŋ siaŋ sien pʰã suã,muə fei tʰa tsiəu ʂʅ uaŋ pɔ tʂʰuã.

意译: 后宫院里把衣换,娘娘千岁声声传,来长安尽穿这绫罗缎,咱西凉多得是羊毛做成毡,佳肴美味吃不惯,牛羊山禽我爱吃,来在殿阶睁凤眼,挥战裙,我看那长长短短,扑扑闪闪真难看,看那边（有人）戴凤冠系罗裙,

露出两只小金莲,尖尖站稳立不端,哪像俺这大脚,跨马提枪能交战,拉弓射箭只等闲,我真替她担心,扭扭捏捏多为难,活活笑坏我代战,仔细想想心盘算,莫非她就是王宝钏。

(发音人:刘帆 2019.08.14范县)

郑 州

一 歌谣

0001 剪花四季歌
剪花四季歌
tsian⁴⁴xua²⁴sʅ²⁴tɕi³¹kɤ²⁴,
一把剪尖头儿尖，百样儿故事都能剪，
i²⁴pa⁰tsian⁴⁴tsian²⁴tʰour⁵³tsian²⁴,pE²⁴iɔr³¹ku³¹sʅ³¹tou²⁴nəŋ⁵³tsian⁴⁴,
上剪天下剪鲜，开花容易剪花难，
ʂaŋ³¹tsian⁴⁴tʰian²⁴ɕia³¹tsian⁴⁴sian²⁴,kʰai²⁴xua²⁴zuəŋ⁵³·⁰i⁴⁴tsian²⁴xua²⁴nan⁵³,
春剪牡丹福禄叶，夏剪荷花并蒂莲，
tʂʰuən²⁴tsian⁴⁴mu⁴⁴tan³¹fu⁵³lu³¹iE⁵³,ɕia³¹tsian⁴⁴xɤ⁵³xua²⁴piəŋ³¹tʰi³¹lian⁵³,
秋天菊花听天艳，冬天梅花透骨寒，
tsʰiou²⁴tʰian³¹tɕy²⁴xua³¹tʰiəŋ⁴⁴tʰian²⁴ian⁵³,tuəŋ²⁴tʰian⁴⁴mei⁵³xua³¹tʰou³¹ku³¹xan⁵³,
一年四季剪百花，年年季季都平安。
i²⁴n̻ian⁵³sʅ²⁴tɕi³¹tsian⁴⁴pE²⁴xua²⁴,n̻ian⁵³n̻ian³¹tɕi⁰tɕi⁰tou⁴⁴pʰiəŋ⁵³ɣan²⁴.
意译：剪花四季歌，一把剪尖头儿尖，百样儿故事都能剪，上剪天下剪鲜，开花容易剪花难，春剪牡丹福禄叶，夏剪荷花并蒂莲，秋天菊花听天艳，冬天梅花透骨寒，一年四季剪百花，年年季季都平安。

（发音人：连德林 2019.07.10.郑州）

0002 小包袱儿
小包袱儿
siau⁴⁴pau²⁴fur³¹,
小包袱儿圆又圆，夹着包袱走河南，
siau⁴⁴pau²⁴fur³¹ɣan⁵³iou³¹ɣan⁵³,tɕia³¹tʂuɤ⁰pau²⁴fu⁰tsou⁴⁴xɤ⁵³nan⁵³,
河南妞好打扮，黑单裤蓝布衫，手里拿的芭蕉扇，
xɤ⁵³nan⁵³n̻iou²⁴xau³¹ta⁴⁴pan³¹,xE²⁴tan²⁴kʰu³¹lan⁵³pu³¹ʂan⁰,ʂou⁴⁴lE⁵³na⁵³lE⁰pa²⁴tsiau³¹ʂan³¹,
走一走扇一扇，看不见东看不见西，
tsou⁴⁴·⁰tsou⁴⁴ʂan²⁴·⁰ʂan²⁴,kʰan⁴⁴pu³¹tɕian²⁴tuəŋ²⁴kʰan⁴⁴pu³¹tɕian³¹si²⁴,

只见小燕儿往前飞，
tʂʅ⁴⁴tɕian³¹siau⁴⁴iɐr³¹uaŋ²⁴tsʰian⁵³fei²⁴,
小燕儿小燕儿等等我，咱俩路上比公婆，
siau⁴⁴iɐr³¹siau⁴⁴iɐr³¹təŋ⁴⁴təŋ⁰uɣ⁴⁴,tsan³¹lia⁴⁴lu³¹ʂaŋ⁰pi⁴⁴kuaŋ²⁴pʰuɣ⁵³,
你的公婆显好点儿，我的公婆打死我，
ȵi⁴⁴tɤ⁰kuaŋ²⁴pʰuɣ⁵³ɕian⁴⁴xau⁴⁴tiɐr⁰,uɣ⁴⁴lɛ⁰kuaŋ²⁴pʰuɣ⁵³ta⁴⁴sʅ³¹uɣ⁰,
不怨爹不怨娘，净怨媒人不在行，
pu⁵³yan³¹tiɛ²⁴pu⁵³yan³¹ȵian⁵³,tsiəŋ³¹yan³¹mei⁵³zən³¹pu⁵³tsai²⁴xaŋ⁵³,
蒸馍肉菜她吃啦，叫她喉咙眼儿里长个大疗=疮。
tʂəŋ²⁴muɣ⁵³zou²⁴tsʰai⁵³tʰa⁴⁴tʂʰʅ²⁴la⁰,tɕiau⁵³tʰa⁴⁴xu⁵³luəŋ⁵³iɐr⁴⁴li⁰tʂaŋ⁴⁴kɤ⁴⁴ta⁵³tiəŋ⁵³tʂʰuaŋ³¹.
意译：小包袱儿，小包袱儿圆又圆，夹着包袱走河南，河南女孩儿好打扮，黑色单裤蓝衬衫手里拿的芭蕉扇，走一走扇一扇，看不见东看不见西，只见小燕儿往前飞，小燕儿小燕儿等等我，咱俩路上比公婆，你的公婆人比较好，我的公婆打死我，不怨爹不怨娘，只怨媒人不专业，蒸馍肉菜她吃啦，叫她喉咙眼儿里长个大疮。

（发音人：连德林　2019.07.10 郑州）

0003 月奶奶

月奶奶明晃晃，开开门儿洗衣裳，
ye²⁴nai⁴⁴nai²⁴miəŋ⁵³xuaŋ³¹xuaŋ²⁴,kʰai²⁴kʰai²⁴mər⁵³si⁴⁴i²⁴ʂaŋ³¹,
洗得白浆得光，打发哥哥上学堂，
si⁴⁴lɛ⁰pɛ⁵³tsiaŋ²⁴lɛ⁰kuaŋ²⁴,ta⁴⁴fa³¹kɤ⁴⁴kɤ⁰ʂaŋ³¹ɕyɤ⁵³tʰaŋ⁵³,
上学堂学文章，去赶考登榜上，
ʂaŋ³¹ɕyɤ⁵³tʰaŋ⁵³ɕyɤ⁵³uən⁵³tʂaŋ³¹,tɕʰy³¹kan⁵³kʰau⁴⁴təŋ²⁴paŋ⁴⁴ʂaŋ⁰,
小红旗儿插门上，你看排场不排场。
siau⁴⁴xuaŋ⁵³tɕʰiɐr⁵³tʂʰa²⁴mən⁵³ʂaŋ³¹,ȵi⁴⁴kʰan³¹pʰai⁴⁴tʂʰaŋ³¹pu²⁴pʰai⁵³tʂʰaŋ³¹.
意译：月亮明晃晃，开开门儿洗衣裳，洗得白浆得光，打发哥哥上学堂，上学堂学文章，去赶考登榜上，小红旗儿插门上，你看厉害不厉害。

（发音人：连德林　2019.07.10 郑州）

0004 十对花

十对花。
ʂʅ⁵³tuei³¹xua²⁴
我说一，谁对一，什么开花在水里？
uə⁴⁴ʂuə³¹·²⁴i⁰,ʂei⁵³tuei³¹·²⁴i⁰,ʂən³¹mə⁰kʰai²⁴xua²⁴tsai³¹ʂuei⁴⁴li⁰?
你说一，我对一，莲蓬开花儿在水里。
ȵi⁴⁴ʂuə³¹·²⁴i⁰,uə⁴⁴tuei³¹·²⁴i⁰,lian⁵³pʰəŋ⁰kʰai²⁴xuɐr²⁴tsai³¹ʂuei⁴⁴li⁰.
我说二，谁对二，什么开花挑亭子儿？
uə⁴⁴ʂuə²⁴·ər³¹,ʂei⁵³tuei³¹ər³¹,ʂən³¹mə⁰kʰai²⁴xua²⁴tʰiau⁴⁴tʰiəŋ⁵³tsər⁰?

你说二，我对二，韭菜开花挑亭子。
ȵi⁴⁴ʂuə²⁴ər³¹,uə⁴⁴tuei³¹ər³¹,tɕiou⁴⁴tsʰai²⁴kʰai²⁴xua²⁴tʰiau³¹tʰiəŋ⁵³tsʅ⁰.
我说三，谁对三，什么开花儿一头儿尖？
uə⁴⁴ʂuə²⁴san²⁴,ʂei⁵³tuei³¹san²⁴,ʂən³¹mə⁰kʰai²⁴xuɐr²⁴i²⁴tʰour⁵³tsian²⁴?
你说三，我对三，辣椒开花儿一头儿尖。
ȵi⁴⁴ʂuə³¹san²⁴,uə⁴⁴tuei³¹san²⁴,la²⁴tsiau⁴⁴kʰai²⁴xuɐr²⁴i²⁴·²⁴tʰour⁵³tsian²⁴.
我说四，谁对四，什么开花儿一身刺？
uə⁴⁴ʂuə²⁴sʅ³¹,ʂei⁵³tuei³¹sʅ³¹,ʂən³¹mə⁰kʰai²⁴xuɐr²⁴·²⁴i²⁴ʂən²⁴tsʰʅ³¹?
你说四，我对四，黄瓜开花儿一身刺。
ȵi⁴⁴ʂuə³¹sʅ³¹,uə⁴⁴tuei³¹sʅ³¹,xuaŋ⁵³kua³¹kʰai²⁴xuɐr²⁴·²⁴i²⁴ʂən²⁴tsʰʅ³¹.
我说五，谁对五，什么开花儿过端午？
uə⁴⁴ʂuə²⁴u⁴⁴,ʂei⁵³tuei³¹u⁴⁴,ʂən³¹mə⁰kʰai²⁴xuɐr²⁴kuə³¹tuan²⁴u⁰?
你说五，我对五，石榴开花儿过端午。
ȵi⁴⁴ʂuə³¹u⁴⁴,uə⁴⁴tuei³¹u⁴⁴,ʂʅ⁵³liou³¹kʰai²⁴xuɐr²⁴kuə³¹tuan²⁴u⁰.
我说六，谁对六，什么开花儿爬墙头？
uə⁴⁴ʂuə²⁴liou³¹,ʂei⁵³tuei³¹liou³¹,ʂən⁵³mə⁰kʰai²⁴xuɐr²⁴pʰa⁵³tsʰiaŋ³¹tʰou⁵³?
你说六，我对六，梅豆开花儿爬墙头。
ȵi⁴⁴ʂuə³¹liou³¹,uə⁴⁴tuei³¹liou³¹,mei⁵³tou³¹kʰai²⁴xuɐr²⁴pʰa⁵³tsʰiaŋ³¹tʰou⁵³.
我说七，谁对七，什么开花儿半夜里？
uə⁴⁴ʂuə³¹tsʰi²⁴,ʂei⁵³tuei³¹tsʰi²⁴,ʂən⁵³mə⁰kʰai²⁴xuɐr²⁴pan²⁴iᴇ³¹li⁰?
你说七，我对七，金针开花儿半夜里。
ȵi⁴⁴ʂuə³¹tsʰi²⁴,uə⁴⁴tuei³¹tsʰi²⁴,tɕiən²⁴tʂəŋ³¹kʰai²⁴xuɐr²⁴pan²⁴iᴇ³¹li⁰.
我说八，谁对八，什么开花儿不在家？
uə⁴⁴ʂuə³¹pa²⁴,ʂei⁵³tuei³¹pa²⁴,ʂən³¹mə³¹kʰai²⁴xuɐr²⁴pu⁵³tsai³¹tɕia²⁴?
你说八，我对八，蒺藜开花儿不在家。
ȵi⁴⁴ʂuə³¹pa²⁴,uə⁴⁴tuei³¹pa²⁴,tsi⁵³li³¹kʰai²⁴xuɐr²⁴pu⁵³tsai³¹tɕia²⁴.
我说九，谁对九，什么开花儿做好酒？
uə⁴⁴ʂuə²⁴tɕiou⁴⁴,ʂei⁵³tuei³¹tɕiou⁴⁴,ʂən³¹mə⁰kʰai²⁴xuɐr²⁴tsuə³¹xau⁵³tsiou⁴⁴?
你说九，我对九，高粱开花儿做好酒。
ȵi⁴⁴ʂuə²⁴tɕiou⁴⁴,uə⁴⁴tuei³¹tɕiou⁴⁴,kau²⁴liaŋ⁴⁴kʰai²⁴xuɐr²⁴tsuo³¹xau⁵³tsiou⁴⁴.
我说十，谁对十，什么开花儿挑白旗？
uə⁴⁴ʂuə²⁴ʂʅ⁵³,ʂei⁵³tuei³¹ʂʅ⁵³,ʂən³¹mə⁰kʰai²⁴xuɐr²⁴tʰiau⁴⁴pᴇ⁰tɕʰi⁵³?
你说十，我对十，荞麦开花儿挑白旗。
ȵi⁴⁴ʂuə²⁴ʂʅ⁵³,uə⁴⁴tuei³¹ʂʅ⁵³,tɕʰiau²⁴mᴇ¹⁰kʰai²⁴xuɐr²⁴tʰiau⁴⁴pᴇ⁰tɕʰi⁵³.

意译：我说一，谁对一，什么开花在水里？你说一，我对一，莲蓬开花儿在水里。
我说二，谁对二，什么开花挑亭子儿？你说二，我对二，韭菜开花挑亭子

（形容韭菜花开花的形状）。我说三，谁对三，什么开花儿一头尖？你说三，我对三，辣椒开花儿一头尖。我说四，谁对四，什么开花儿一身刺？你说四，我对四，黄瓜开花儿一身刺。我说五，谁对五，什么开花儿过端午？你说五，我对五，石榴开花儿过端午。我说六，谁对六，什么开花儿爬墙头？你说六，我对六，梅豆开花儿爬墙头。我说七，谁对七，什么开花儿半夜里？你说七，我对七，金针开花儿半夜里。我说八，谁对八，什么开花儿不在家？你说八，我对八，蒺藜开花儿不在家。我说九，谁对九，什么开花儿做好酒？你说九，我对九，高粱开花儿做好酒。我说十，谁对十，什么开花儿挑白旗？你说十，我对十，荞麦开花儿挑白旗。

（发音人：连德林　2019.07.10 郑州）

二　故事

0021 牛郎和织女

大家好我叫郭爱生，来自郑州市二七区，
ta^{31}tɕia^{24}xau^0 uɤ^{44}tɕiau^{31}kuɤ^{31}ai^{31}ʂən^{53},lai^{53}tsɿ^{31}tʂəŋ^{31}tʂou^{24}ʂɿ^{31}ər^{31}tɕhi^{24}tɕhy^{24},
我今天为大家讲一个神话故事，
uɤ^{44}tɕiən^{24}thian^{31}uei^{31}ta^{31}tɕia^{24}tɕiaŋ^{53}i^{31}kɤ^{0}ʂən^{53}xua^{24}ku^{31}ʂɿ^0,
它的名字是牛郎和织女。
tha^{44}tɤ^{0}miəŋ^{53}tsɿ^{0}ʂɿ^{31}niou^{53}laŋ^{53}xɤ^{24}tʂɿ^{24}ny^{44}.
古时候有一个人，父母都去世了，
ku^{44}ʂɿ^{53}xou^{0}iou$^{44·53}$i^{31}kɤ^{0}zən^{53},fu^{31}mu^{44}tou^{44}tɕhy^{24}ʂɿ^{24}la^0,
孤苦伶仃无依无靠，
ku^{24}khu^{44}liəŋ^{53}tiəŋ^{24}u$^{53·24}$i^{53}u^{53}khau^{31},
家中有一头老牛为伴，以老牛耕田为生，
tɕia^{24}tʂuaŋ^{24}iou$^{44·24}$i^{31}thou^{53}lau^{44}niou^{53}uei^{24}pan^{31},i^{31}lau^{44}niou^{53}kəŋ^{24}thian^{53}uei^{31}ʂən^{24},
老牛是天上下凡的金牛星。
lau^{44}niou^{53}ʂɿ^{0}thian^{24}ʂaŋ^{0}ɕia^{31}fan^{53}tɤ^{0}tɕiən^{24}niou^{53}ɕiəŋ^{24}.
老牛为了促成牛郎成家，为他娶一个爱人。
lau^{44}niou^{53}uei^{31}la^{0}tshu^{31}tʂhəŋ^{53}niou^{53}laŋ^{53}tʂhəŋ^{24}tɕia^{24},uei^{31}tha^{44}tɕhy$^{44·53}$i^{31}kɤ^{0}ai^{31}zən^{53}.
老牛知道天上七仙女要下凡来到人间洗澡，
lau^{44}niou^{53}tsɿ^{53}tau^{31}thian^{24}ʂaŋ^{31}tɕhi^{24}ɕian^{24}ny^{44}iau^{24}ɕia^{31}fan^{53}lai^{53}tau^{0}zən^{24}tɕian$^{24·53}$ɕi^{53}tsau^{44},
老牛托梦给牛郎。
lau^{44}niou^{53}thuɤ^{44}məŋ^{31}kei^{44}niou^{53}laŋ^{53}.
第二天一早，牛郎来到村东头儿湖边，
ti^{24}ər^{31}thian$^{24·24}$i^{44}tsau^{44},niou^{53}laŋ^{53}lai^{53}tau^{0}tshuən^{24}tuəŋ^{24}thour^{53}xu^{53}pian^{24},

朦胧中看到，七仙女儿在湖中戏水。
məŋ⁵³luəŋ⁵³tʂuəŋ²⁴kʰan²⁴tau³¹,tɕʰi²⁴ɕian⁵³ȵyər⁴⁴tsai³¹xu⁵³tʂuəŋ²⁴ɕi³¹ʂuei⁴⁴.
牛郎从树上取下一件粉红色衣裳，
ȵiou⁵³laŋ⁵³tsʰuəŋ⁵³ʂu³¹ʂaŋ⁰tɕʰy⁴⁴ɕia⁰·⁵³tɕian³¹fən⁴⁴xuaŋ⁵³sɤ²⁴·²⁴i⁰ʂaŋ⁰,
头也不回地跑回家，
tʰou⁵³iɛ⁰pu²⁴xuei⁵³tɤ⁰pʰau⁴⁴xuei⁵³tɕia²⁴,
织女儿上岸以后发现衣裳不见，
tʂʅ²⁴ȵyər⁴⁴ʂaŋ²⁴yan³¹·⁴⁴xou³¹²⁴fa³¹·²⁴ɕian⁵³·²⁴i⁰ʂaŋ⁴⁴pu³¹tɕian³¹,
急忙追至牛郎家中，
tɕi⁵³maŋ⁵³tʂuei²⁴tʂʅ²⁴ȵiou⁵³laŋ⁵³tɕia²⁴tʂuəŋ²⁴,
二人成为恩爱夫妻。
ər³¹zən⁵³tʂʰəŋ⁵³uei⁵³yən²⁴ai³¹fu²⁴tɕʰi²⁴.
一晃三年过去，二人生有一儿一女两个孩子，
i²⁴xuaŋ⁴⁴san²⁴nian⁵³kuə⁰tɕʰy³¹,ər³¹zən⁵³ʂəŋ²⁴·²⁴iou⁴⁴·²⁴i⁵³·²⁴ər²⁴·²⁴i⁴⁴ȵy⁴⁴liaŋ⁴⁴kɤ⁰xai⁵³tsʅ⁰,
夫妻恩爱日子过得非常美好。
fu²⁴tɕʰi²⁴yən²⁴ai²⁴zʅ²⁴tsʅ⁰kuə³¹tɤ⁰fei²⁴tʂʰaŋ⁵³mei⁵³xau⁴⁴.
天上玉皇大帝知道织女儿私自下凡，
tʰian²⁴ʂaŋ⁰y³¹xuaŋ⁵³ta²⁴ti³¹tʂʅ⁵³tau⁵³tʂʅ²⁴ȵyər⁴⁴sʅ²⁴tsʅ³¹ɕia³¹fan⁵³,
为了惩罚织女儿，
uei³¹lɤ⁰tʂʰəŋ⁵³fa⁵³tʂʅ²⁴ȵyər⁴⁴,
玉皇大帝动用天兵天将来到人间，
y³¹xuaŋ⁵³ta²⁴·³¹ti⁵³tuəŋ²⁴yəŋ³¹tʰian²⁴piəŋ²⁴tʰian²⁴tɕiaŋ³¹lai⁵³tau³¹zən⁵³tɕian²⁴,
追织女儿要把她逮上天宫，
tʂuei²⁴tʂʅ²⁴ȵyər⁴⁴iau³¹pa⁰tʰa⁴⁴tai⁴⁴ʂaŋ⁰tʰian²⁴kuəŋ²⁴,
玉皇大帝雷鸣电闪，造成了很大的洪水。
y³¹xuaŋ⁵³ta²⁴·³¹ti⁵³luei⁵³miəŋ⁵³tian³¹ʂan⁴⁴,tsau³¹tʂʰəŋ⁵³la⁰xən⁴⁴ta³¹tɤ⁰xuəŋ⁵³ʂuei⁴⁴.
织女儿不见了，孩子们哭着找妈妈，牛郎急着找爱人，
tʂʅ²⁴ȵyər⁴⁴pu³¹tɕian³¹la⁰,xai³¹tsʅ⁰mən⁵³kʰu²⁴tʂə⁰tʂau³¹ma¹ma⁰,ȵiou⁵³laŋ⁵³tɕi³¹tʂɤ⁰tʂau⁴⁴ai³¹zən³¹,
在这种情况下，老牛给牛郎说，
tsai³¹tʂʅ³¹tʂuəŋ⁴⁴tɕʰiəŋ⁵³kʰuaŋ⁵³ɕia²⁴,lau⁴⁴ȵiou⁵³kei⁵³ȵiou⁵³laŋ⁵³ʂɤ²⁴,
你把我头上的角取下来，变成一对儿笔筐，
ȵi⁴⁴pa⁰uɤ⁴⁴tʰou⁵³ʂaŋ⁰lɛ⁰tɕiau²⁴tɕʰy³¹ɕiɛ³¹lai⁰,pian³¹tʂʰəŋ⁰·⁵³i⁰tuər³¹luɤ⁵³kʰuaŋ²⁴,
装上孩子你可以上天宫找织女儿。
tʂuaŋ²⁴ʂaŋ⁰xai⁵³tsʅ⁰ȵi¹·⁴⁴kʰɤ⁵³·⁰i⁴⁴ʂaŋ⁰tʰian²⁴kuəŋ²⁴tsau⁴⁴tʂʅ²⁴ȵyər⁴⁴.
正说话间，
tʂəŋ³¹ʂuɤ²⁴xua³¹tɕian²⁴,

老牛头上的角掉在地上变成了两个箩筐，
lau⁴⁴ȵiou⁵³tʰou⁵³ʂaŋ⁰tɤ⁰tɕiau²⁴tiau⁰tsai³¹ti⁰ʂaŋ⁰pian³¹tʂʰəŋ³¹lɤ⁰liaŋ⁴⁴kɤ⁰luɤ⁵³kʰuaŋ²⁴,
牛郎将两个孩子分别置于筐中，
ȵiou⁵³laŋ⁵³tɕiaŋ²⁴liaŋ⁴⁴kɤ⁰xai⁵³tsɿ⁰fən²⁴piE⁵³tʂɿ²⁴y⁰kʰuaŋ²⁴tʂuaŋ²⁴,
用扁担担着箩筐，
yəŋ³¹pian⁴⁴tan³¹tan²⁴tʂɤ⁰luɤ⁵³kʰuaŋ²⁴,
腾云驾雾飞向天宫去找织女儿。
tʰəŋ⁵³yən⁵³tɕia²⁴u³¹fei²⁴ɕiaŋ³¹tʰian²⁴kuəŋ²⁴tɕʰy³¹tʂau³¹tʂɿ²⁴ȵyər⁴⁴.
在将要找到织女儿的情况下，
tsai³¹tɕiaŋ²⁴iau³¹tʂau⁴⁴tau⁰tʂɿ²⁴ȵyər⁰tɤ⁰tɕʰiəŋ⁵³kʰuaŋ²⁴ɕia³¹,
天上王母娘娘从头上拔出一支金钗，
tʰian²⁴ʂaŋ⁰uaŋ⁵³mu⁴⁴ȵiaŋ⁵³ȵiaŋ⁰tsʰuəŋ⁵³tʰou⁵³ʂaŋ⁰pa⁵³tʂʰu²⁴·²⁴tʂɿ⁰tɕiən²⁴tʂʰai²⁴,
随手一划变成一道天河，
suei⁵³ʂou⁴⁴·⁵³i³¹xua³¹pian³¹tʂʰəŋ⁵³·⁵³i⁰tau³¹tʰian²⁴xɤ⁵³,
将织女儿和牛郎分开,谁也看不到谁非常痛苦。
tɕiaŋ²⁴tʂɿ²⁴ȵyər⁴⁴xɤ⁵³ȵiou⁵³laŋ⁵³fən⁰kʰai²⁴,ʂei¹E⁰kʰan³¹pu⁵³tau⁰ʂei⁵³fei²⁴tʂʰaŋ⁵³tʰuəŋ³¹kʰu⁴⁴.
喜鹊知道后为使他二人见面儿，
ɕi⁴⁴tɕʰyE³¹tʂɿ⁵³tau²⁴xou³¹uei²⁴ʂɿ³¹tʰa⁴⁴·³¹ər⁰ʐən⁵³tɕian²⁴miɐr³¹,
七月初七成千上万只喜鹊来到天河，
tɕʰi²⁴yE⁰tʂʰu²⁴tɕʰi²⁴tʂʰəŋ⁵³tɕʰian²⁴ʂaŋ²⁴uan³¹tʂɿ²⁴ɕi⁰tɕʰyE³¹lai⁵³tau⁰tʰian²⁴xɤ⁵³,
用嘴衔着前一只喜鹊的尾巴,搭起了一座天桥，
yəŋ³¹tsuei⁴⁴ɕian⁰tʂɤ⁰tɕʰian⁵³·⁰i²⁴·⁴⁴tʂɿ⁰ɕi⁰tɕʰyE³¹lE⁰uei⁴⁴·⁰pa,ta²⁴tɕʰi⁴⁴lɤ⁰·⁵³i³¹tsuɤ³¹tʰian²⁴tɕʰiau⁵³,
以后就是每年七月初七，
i⁴⁴xou³¹tɕiou⁰ʂɿ⁰mei⁴⁴ȵian⁵³tɕʰi²⁴yE⁴⁴tʂʰu²⁴tɕʰi²⁴,
牛郎和织女可以在天桥上相会。
ȵiou⁵³laŋ⁵³xɤ³¹tʂɿ²⁴ȵy⁴⁴kʰɤ⁴⁴·³¹i³¹tsai³¹tʰian²⁴tɕʰiau⁵³ʂaŋ⁰ɕiaŋ²⁴xuei³¹.
这就是美好的民间故事《牛郎和织女》。
tʂɿ⁰²⁴tɕiou³¹ʂɿ⁰mei⁴⁴xau³¹tɤ⁰miən⁵³tɕian²⁴ku³¹ʂɿ⁰ȵiou⁵³laŋ⁵³xɤ³¹tʂɿ²⁴ȵy⁴⁴.
我的故事讲完啦！谢谢大家。
uɤ⁴⁴·tɤ⁰ku³¹ʂɿ⁰tɕiaŋ³¹uan⁴⁴la³¹! ɕiE³¹ɕiE⁰ta³¹tɕia²⁴.

意译：这是一个关于牛郎织女的中国传统神话故事。古时候有一个人，父母都去世了，孤苦伶仃无依无靠，家中有一头老牛为伴，以老牛耕田为生，老牛是天上下凡的金牛星。老牛为了促成牛郎成家，为他娶一个爱人。老牛知道天上七仙女要下凡来到人间洗澡，老牛托梦给牛郎。第二天一早，牛郎来到村东头儿湖边，朦胧中看到，七仙女儿在湖中戏水，牛郎从树上取下一件粉红色衣裳，头也不回地跑回家。织女儿上岸以后发现衣裳不见，急忙追至牛郎家中，二人成为恩爱夫妻。一晃三年过去，二

人生有一儿一女两个孩子，夫妻恩爱日子过得非常美好。天上玉皇大帝知道织女儿私自下凡，为了惩罚织女儿，玉皇大帝动用天兵天将来到人间，追织女儿要把她逮上天宫，玉皇大帝雷鸣电闪，造成了很大的洪水。织女儿不见了，孩子们哭着找妈妈，牛郎急着找爱人，在这种情况下，老牛给牛郎说，你把我头上的角取下来，变成一对儿箩筐，装上孩子你可以上天宫找织女儿。正说话间老牛头上的角掉在地上变成了两个箩筐，牛郎将两个孩子分别置于筐中，用扁担担着箩筐，腾云驾雾飞向天宫去找织女儿。在将要找到织女儿的情况下，天上王母娘娘从头上拔出一支金钗，随手一划变成一道天河，将织女儿和牛郎分开，谁也看不到谁非常痛苦。喜鹊知道后为使他二人见面儿，七月初七成千上万只喜鹊来到天河，用嘴衔着前一只喜鹊的尾巴，搭起了一座天桥。以后就是每年七月初七，牛郎和织女就可以在天桥上相会了。

（发音人：郭爱生　2019.07.07 郑州）

三　自选条目

0031 谚语

燕子低飞蛇过道，大雨不久就来到。

ian³¹ tsʅ⁰ ti²⁴ fei²⁴ ʂʅə⁵³ kuɤ²⁴ tau³¹, ta³¹ y⁴⁴ pu²⁴ tɕiou⁴⁴ tsiou³¹ lai⁵³ tau³¹.

意译：燕子低飞蛇过道路，大雨不久就会来到。

（发音人：连德林　2019.07.10 郑州）

0032 谚语

九九艳阳天，人勤牛更欢。

tɕiou⁵³ tɕiou⁴⁴ ian³¹ iaŋ⁵³ tʰian²⁴, zən⁵³ tɕʰiən⁵³ ȵiou⁵³ kəŋ³¹ xuan²⁴.

意译：九月九日艳阳天，人勤牛更欢。

（发音人：连德林　2019.07.10 郑州）

0033 谚语

早看东南，晚看西北。

tsau⁴⁴ kʰan³¹ tuəŋ²⁴ nan⁵³, uaŋ⁴⁴ kʰan³¹ si²⁴ pei²⁴.

意译：早看东南，晚看西北。

（发音人：连德林　2019.07.10 郑州）

0034 谚语

春打六九头，遍地走耕牛。

tʂʰuən²⁴ ta⁴⁴ liou³¹ tɕiou⁴⁴ tʰou⁵³, pian²⁴ ti³¹ tsəu⁴⁴ kəŋ²⁴ ȵiou⁵³.

意译：春打六九头，遍地走耕牛。

（发音人：连德林　2019.07.10 郑州）

0035 谚语

春雾晴夏雾热，秋雾连阴冬雾雪。

tʂʰuən²⁴ u³¹ tsʰiəŋ⁵³ ɕia²⁴ u³¹ ʐʅə²⁴,tsʰiou²⁴ u³¹ lian⁵³ iən³¹ tuəŋ²⁴ u³¹ syE²⁴.

意译：春雾晴夏雾热，秋雾连阴冬雾雪。

（发音人：连德林　2019.07.10 郑州）

0036 谚语

开门风闭门住，闭门不住刮倒树。

kʰai²⁴ mən⁵³ fəŋ²⁴ pi³¹ mən⁵³ tʂu³¹,pi³¹ mən⁵³ pu⁵³ tʂu³¹ kua²⁴ tau⁴⁴ ʂu³¹.

意译：开门风闭门住，闭门不住刮倒树。

（发音人：连德林　2019.07.10 郑州）

0037 谚语

天河南北，小孩儿不给娘睡，

tʰian²⁴ xɤ⁰ nan⁵³ pei³¹,siau⁴⁴ xɐr⁵³ pu²⁴ kei²⁴ ȵiaŋ⁵³ ʂei³¹,

天河东西，该穿冬衣。

tʰian²⁴ xɤ⁰ tuəŋ²⁴ si³¹,kai²⁴ tʂʰuan³¹ tuəŋ²⁴ i³¹.

意译：天河南北，小孩儿不给娘睡，天河东西，该穿冬衣。

（发音人：连德林　2019.07.10 郑州）

0038 谚语

八月十五云遮月，正月十五雪打灯。

pa²⁴ yE³¹ ʂʅ⁵³ u⁴⁴ yən⁵³ tʂʅə³¹ yE²⁴,tʂəŋ²⁴ yE³¹ ʂʅ⁵³ u⁴⁴ syE²⁴ ta⁴⁴ təŋ²⁴.

意译：八月十五云遮月，正月十五雪打灯。

（发音人：连德林　2019.07.10 郑州）

0039 谚语

麦盖三床被，头枕白馍睡。

mE²⁴ kai³¹ san²⁴ tʂʰuaŋ⁵³ pei³¹,tʰou²⁴ tʂən⁵³ pE⁴⁴ muɤ⁵³ ʂuei³¹.

意译：麦盖三床被，头枕白馍睡。

（发音人：连德林　2019.07.10 郑州）

0040 谚语

水老鸹叫三声，不下雨便刮风。

ʂuei⁴⁴ lau⁵³ kua⁰ tɕiau³¹ san²⁴ ʂəŋ²⁴,pu⁵³ ɕia³¹ y⁴⁴ pian³¹ kua²⁴ fəŋ²⁴.

意译：水老鸹叫三声，不下雨便刮风。

（发音人：连德林　2019.07.10 郑州）

0041 谚语

庄稼百巧，粪是无价宝。

tʂuaŋ²⁴ tɕia³¹ pE²⁴ tɕʰiau⁴⁴,fən³¹ ʂʅ⁰ u⁵³ tɕia³¹ pau⁴⁴.

意译：庄稼百巧，粪是无价宝。

（发音人：连德林　2019.07.10 郑州）

0042 谚语
种地不上粪，等于瞎胡混。
tʂuəŋ²⁴ ti³¹ pu⁵³ ʂaŋ²⁴ fən³¹,təŋ⁴⁴ y³¹ ɕia²⁴ xu⁵³ xuən³¹
意译：种地不上粪，等于瞎胡混。

（发音人：连德林　2019.07.10 郑州）

0043 谚语
扫帚响，粪堆长，卫生积肥两相当。
sau³¹ tʂou⁰ ɕiaŋ⁴⁴,fən³¹ tuei²⁴ tʂaŋ²⁴,uei⁵³ ʂən²⁴ tsi²⁴ fei⁵³ liaŋ⁴⁴ siaŋ³¹ taŋ²⁴.
意译：扫帚响，粪堆长，卫生积肥两相当。

0044 谚语
干出谷子湿出花，蒙蒙雨儿里出芝麻。
kan²⁴ tʂu⁵³ ku²⁴ tsɿ⁰ ʂɿ²⁴ tʂʰu²⁴ xua²⁴,məŋ²⁴ məŋ²⁴ yər⁴¹ li tʂʰu²⁴ tʂɿ²⁴ ma⁰.
意译：干出谷子湿出花，蒙蒙雨儿里出芝麻。

0045 豫剧《花木兰》（选段）
刘大哥讲话理太偏，
liou ta kə tɕiaŋ xua li tʰai pʰian,
谁说女子享清闲。
ʂei ʂuə ȵy tsɿ ɕiaŋ tsʰiəŋ ɕian.
男子打仗到边关，
nan tsɿ ta tʂaŋ tau pian kuan,
女子纺织在家园。
ȵy tsɿ faŋ tsɿ tsai tɕia yan.
白天去种地，
pɛ tʰian tɕʰy tʂuəŋ ti,
夜晚来纺棉，
iɛ uan lai faŋ mian,
不分昼夜辛勤把活儿干，
pu fən tʂou iɛ ɕiən tɕʰiən pa xuər kan,
将士们才能有这吃和穿，
tɕiaŋ ʂɿ mən tsʰai nəŋ iou tʂə tʂʰɿ xə tsʰuan,
恁要不相信呐，
nən iau pu ɕiaŋ ɕiən na,
请往咱身上看。
tɕʰiəŋ uaŋ tsan ʂən ʂaŋ kʰan.
咱们的鞋和袜，
tsan mən tə ɕiɛ xə ua,

还有衣和衫,

xan iou i xə ʂan,

千针万线可都是她们裣呐。

tɕʰian tʂən uan ɕian tou ʂʅ tʰa mən lian na.

有许多女英雄,

iou ɕy tuə ȵy iəŋ ɕyəŋ,

也把功劳建,

iɛ pa kuəŋ lau tɕian,

为国杀敌是代代出英贤,

uei kuə ʂa ti ʂʅ tai tai tʂʰu iəŋ ɕian,

这女子们哪一点儿不如儿男。

tʂə ȵy tsʅ mən na i tiɚ pu zu ɚ nan.

意译：刘大哥讲话理太偏，谁说女子享清闲。男子打仗在边关，女子纺织在家园。白天去种地，夜晚来纺棉，不分昼夜辛勤把活儿干，将士们才能有这吃和穿，怎要不相信呐，请往咱身上看。咱们的鞋和袜，还有衣和衫，千针万线可都是她们裣呐。有许多女英雄，也把功劳建，为国杀敌是代代出英贤，这女子们哪一点儿不如儿男。（这是豫剧的经典唱段，传唱广泛）

（发音人：连晓爽　2019.07.10 郑州）

0046 豫剧《朝阳沟》（选段）

亲家母你坐下，咱们说说知心话。

tɕʰiən tɕia mu ȵi tsuə ɕia, tsan mən ʂuə ʂuə tsʅ ɕiən xua.

亲家母咱都坐下，咱们随便儿拉一拉。

tɕʰiən tɕia mu tsan tou tsuə ɕia, tsan mən suei piɚ la i la.

老嫂子你到俺家，尝尝俺山沟里大西瓜。

lau sau sʅ ȵi tau ɣan tɕia, tʂʰaŋ tʂʰaŋ ɣan ʂan kou li ta ɕi kua.

自从银环离开家，知道你心里常牵挂。

tsʅ tsʰuəŋ iən xuan li kʰai tɕia, tsʅ tau ȵi ɕiən li tʂʰaŋ tɕʰian kua.

出门儿没有带被子，失急慌忙地离开家。

tʂʰu mɚ mei iou tai pei tsʅ, ʂʅ tɕi xuaŋ maŋ ti li kʰai tɕia.

你到家里看一看，铺的什么盖的什么。

ȵi tau tɕia li kʰan i kʰan, pʰu ti ʂən muə kai ti ʂən muə.

做了一床新铺盖，新里新面儿新棉花。

tsu lə i tʂʰuaŋ ɕiən pʰu kai, ɕiən li ɕiən miɚ ɕiən mian xua.

在家没有种过地，她一次锄头也没有拿。

tsai tɕia mei iou tʂuəŋ kuə ti, tʰa i tsʰʅ tʂʰu tʰou iɛ mei iou na.

家里地里都能干，十人见了九人夸。

tɕia li ti li tou nəŋ kan, ʂʅ zən tɕian lə tɕiou zən kʰua.

又肯下力有文化，不愁当一个哪啥?啥?啥——
iou kʰən ɕia li iou uən xua,pu tʂʰou taŋ na kə ʂa,ʂa,ʂa——
当一个农业科学家，对，当一个农业科学家。
taŋ i kə nuəŋ iE kʰə ɕyE tɕia,tuei,taŋ i kə nuəŋ iE kʰə ɕyE tɕia.
针线活她不会，端碗还嫌手腕儿麻。
tʂən ɕian xuɚ tʰa pu xuei,tuan uan xai ɕian ʂou uɚ ma.
吃穿不用她粘手，现有巧真儿俺娘儿俩。
tʂʰɿ tʂʰuan pu yəŋ tʰa tʂan ʂou,ɕian iou tɕʰiau tʂɚ ɣan ȵior lia.
老嫂子你放心吧，婆婆不会难为她。
lau sau tsɿ ȵi faŋ ɕiən pa,pʰuə pʰuə pu xuei nan uei tʰa.
在家生来好喝水，一天三遍她不离茶。
tsai tɕia ʂəŋ lai xau xə ʂuei,i tʰian san pian tʰa pu li tʂʰa.
一天到晚有开水，茶瓶暖壶有俩仨。
i tʰian tau uan iou kʰai ʂuei,tʂʰa pʰiəŋ nuan xu iou lia sa.
婆婆是个忠厚人，姑嫂亲得像一个妈。
pʰuə pʰuə ʂɿ kə tʂuəŋ xou zən,ku sau tɕʰiən ti ɕiaŋ i kə ma.
女婿是个好社员，她的公公，
ȵy ɕy ʂɿ kə xau ʂɤ yan,tʰa ti kuəŋ kuəŋ,
公公种地是个老行家。
kuəŋ kuəŋ tʂuəŋ ti ʂɿ kə lau xaŋ tɕia.
虽说吵过两句嘴，怨我的水平态度差。
suei ʂuə tʂʰau kuə liaŋ tɕy tsuei,yan uə ti ʂuei pʰiəŋ tʰai tu tʂʰa.
狗皮袜子没反正，谁家舌头不磨牙，
kəu pʰi ua tsɿ mei fan tʂəŋ,ʂei tɕia ʂə tʰəu pu muə ia,
一家人不说两家话，
i tɕia zən pu ʂuə liaŋ tɕia xua,
俺的娘，俺的娘待我像亲妈，像亲妈。
ɣan ti niaŋ,ɣan ti niaŋ tai uə ɕiaŋ tɕʰiən ma,ɕiaŋ tɕʰiən ma.

意译：亲家母你坐下，咱们说说知心话。亲家母咱都坐下，咱们随便儿拉一拉。老嫂子你到俺家，尝尝俺山沟里大西瓜。自从银环离开家，知道你心里常牵挂。出门儿没有带被子，她失急慌忙离开家。你到家里看一看，铺的什么盖的什么。做了一套新铺盖，新里新面儿新棉花。在家没有种过地，她一次锄把也没有拿。家里地里都能干，十人见了九人夸。又肯下力有文化，不愁当一个哪啥？啥？啥——当一个农业科学家，对，当一个农业科学家。针线活她不会，端碗还嫌手腕儿麻。吃穿不用她粘手，现有巧真儿俺娘儿俩，老嫂子你放心吧，婆婆不会难为她。在家生来好喝水，一天三遍她不离茶。一天到晚有开水,茶瓶暖壶有俩仨。婆婆是个忠厚人,姑嫂亲得像一个妈。女婿是个好社员,她的公公,她公公种地是个老行家。虽说吵过两句嘴,怨我的水平态度差。一家人不说两家话,俺的娘待我像亲妈。(这是豫剧的经典唱段,传唱广泛。)

(发音人:连晓爽　2019.07.10 郑州)

开 封

一 歌谣

0001 板凳板凳摞摞

板凳板凳摞摞，里面坐个大哥。
pan⁴⁴təŋ⁰pan⁴⁴təŋ⁰luo³¹luo⁰,li⁴⁴mian⁰tsuo³¹kə⁰ta³¹kɤ⁴⁴.
大哥出来买菜，里面坐个奶奶。
ta³¹kɤ⁴⁴tʂʰu²⁴lai⁰mai⁴⁴tsʰai³¹,li⁴⁴mian⁰tsuo³¹kə⁰nai⁵³nai⁰.
奶奶出来烧香，里面坐个姑娘。
nai⁵³nai⁰tʂʰu²⁴lai⁰ʂɔɔ²⁴ɕiaŋ²⁴,li⁴⁴mian⁰tsuo³¹kə⁰ku²⁴ȵiaŋ⁰.
姑娘出来磕头，里面坐个小猴儿。
ku²⁴ȵiaŋ⁰tʂʰu²⁴lai⁰kʰɤ²⁴tʰou⁵³,li⁴⁴mian⁰tsuo³¹kə⁰ɕiɔɔ⁴⁴xour⁵³.
小猴儿出来蹦蹦，里面坐个豆虫。
ɕiɔɔ⁴⁴xour⁵³tʂʰu²⁴lai⁰pəŋ³¹pəŋ⁰,li⁴⁴mian⁰tsuo³¹kə⁰tou³¹tʂʰuəŋ⁰.
豆虫出来爬爬，里面坐个青蛙。
tou³¹tʂʰuəŋ⁰tʂʰu²⁴lai⁰pʰa⁵³pʰa⁰,li⁴⁴mian⁰tsuo³¹kə⁰tɕʰiəŋ²⁴ua²⁴.
青蛙呱呱呱……
tɕʰiəŋ²⁴ua²⁴kua²⁴kua²⁴kua²⁴……

大意：小板凳，摞一起，里面坐个大哥哥。大哥出来买菜，里面坐个奶奶。奶奶出来烧香，里面坐个姑娘。姑娘出来磕头，里面坐个小猴。小猴出来蹦蹦，里面坐个豆虫。豆虫出来爬爬，里面坐个青蛙。青蛙呱呱呱……

（发音人：别青霞　2016.08.08 开封）

0002 月奶奶，明晃晃

月奶奶，明晃晃，打开后门儿洗衣裳。
ye²⁴nai⁵³nai⁰,miəŋ²⁴xuaŋ⁵³xuaŋ⁰,ta²⁴kʰai³¹xou⁵³mər⁴⁴·²⁴ɕi²⁴i⁰ʂaŋ⁰.
洗得白，洗得光，打发哥哥上学堂。
ɕi⁴⁴lɛ⁰pɛ⁵³,ɕi⁴⁴lɛ⁰kuaŋ²⁴,ta³¹fa⁴⁴kɤ⁰kə⁰ʂaŋ³¹ɕyɛ⁵³tʰaŋ⁵³.
读四书，念文章，旗杆儿立到咱门上，
tu⁵³sʅ³¹ʂu²⁴,ȵian³¹uən⁵³tsaŋ²⁴,tɕʰi⁵³kər⁴⁴li²⁴tɔɔ⁰tsan⁵³mən⁵³ʂaŋ⁰,

你说排场不排场。

ȵi⁴⁴ʂuo²⁴pʰai⁵³tʂʰaŋ³¹pu²⁴pʰai⁵³tʂʰaŋ⁰.

意译：天上的月亮又大又圆，推开后门去洗衣服。衣服洗得干干净净，哥哥穿上去上学。读四书，念文章，考功名，耀祖宗，你看这事多光荣！

（发音人：别青霞 2016.08.08 开封）

0003 罗罗筛筛

罗罗筛筛，甜甜是个乖乖。

luo⁵³luo⁰ʂai²⁴ʂai⁰,tʰian⁵³tʰian⁰ʂʅ³¹kə⁰kuai²⁴kuai⁰.

张大罗李秀才，争俺嘞面钱不送来。

tʂaŋ²⁴tɑ³¹luo⁵³li⁴⁴ɕiou³¹tsʰai⁰,tʂəŋ²⁴an⁴⁴lei⁰mian³¹tɕʰian⁰pu⁴⁴suəŋ³¹lai.

争一百又一百，气嘞甜甜打呼歇=。

tʂəŋ²⁴·⁴⁴i¹⁴pɛ²⁴iou³¹pɛ²⁴,tɕʰi³¹lei⁰tʰian⁵³tʰian⁰tɑ⁴⁴xu²⁴ɕiɛ⁰.

甜甜甜甜你别气，锅里烧个肉卜唧=。

tʰian⁵³tʰian⁰tʰian⁵³tʰian⁰ȵi⁴⁴piɛ⁵³tɕʰi³¹,kuo²⁴li⁰ʂɔo²⁴kə⁰ʐou³¹pu⁵³tɕi⁰.

咬一口，空壳=喽=，咬一口空壳=喽=，

iɔo⁴⁴·²⁴i⁴kʰou⁰,kʰuəŋ²⁴kʰɤ⁵³lou⁰,iɔo⁴⁴·²⁴i⁴kʰou⁰,kʰuəŋ²⁴kʰɤ⁵³lou⁰,

气嘞甜甜打拨浪，拨浪拨浪拨浪……

tɕʰi³¹lei⁰tʰian⁵³tʰian⁰tɑ⁴⁴pu²⁴lou⁰,pu²⁴lou⁰pu²⁴lou⁰pu²⁴lou⁰……

意译：又罗又筛，甜甜（假托人名）是个小乖乖。张大罗、李秀才，欠我们的面钱还不送过来。欠了一百又一百，气得甜甜直叹气。小乖乖你莫生气，锅里留有好吃的。咬一口，是空的，咬一口，是空的。气得甜甜直摇头，摇啊摇啊摇啊摇……

（发音人：叶欣 2016.08.08 开封）

0004 小老鼠上灯台

小老鼠，上灯台，偷油吃，下不来。

ɕiɔo⁴⁴lɔor⁴⁴ʂu⁴⁴,ʂaŋ³¹təŋ²⁴tʰai⁵³,tʰou²⁴iou⁵³tʂʰʅ²⁴,ɕia³¹pu²⁴lai⁵³.

叫小妮儿，抱猫来，哧溜儿，下来。

tɕiɔo³¹ɕiɔo⁴⁴niər²⁴,pɔo³¹mɔo⁵³lai⁵³,tsʅ²⁴ȵiour²⁴,ɕia³¹lai⁵³.

意译：小老鼠上灯台，偷油吃下不来。让小女孩儿把猫抱过来，一溜烟，小老鼠就下来了。

（发音人：叶欣 2016.08.08 开封）

0005 小喜鹊尾巴长

小喜鹊，尾巴长，

ɕiɔo⁴⁴ɕi⁴⁴tɕʰyɛ³¹,i⁴⁴pa¹tʂʰaŋ⁵³,

娶了媳妇不要娘。

tɕʰy⁵³lə⁰ɕi⁵³fu⁰pu⁵³iɔo⁰ȵiaŋ⁵³.

把娘背到雪窝里，
pa³¹ɲiaŋ⁵³pei²⁴tɔo⁰ɕyɛ⁴⁴uo²⁴li⁴⁴,
把媳妇抱到热炕上。
pa³¹ɕi⁵³fu⁰pɔo³¹tɔo⁰ʐɤ²⁴kʰaŋ³¹ʂaŋ⁰.
烙油饼，蘸白糖，
luo³¹iou⁵³piəŋ⁴⁴,tʂan³¹pɛ⁵³tʰaŋ⁵³,
媳妇媳妇你先尝。
ɕi⁵³fu⁰ɕi⁵³fu⁰ɲi⁴⁴ɕian²⁴tʂʰaŋ⁵³.
我去雪窝背咱娘，
uo⁴⁴tɕʰy³¹ɕyɛ⁴⁴uo²⁴pei²⁴tsan⁵³ɲiaŋ⁵³,
一摸冻得冰冰凉，
i⁴⁴muo²⁴tuəŋ³¹tʂ⁰piəŋ²⁴piəŋ²⁴liaŋ⁵³,
落个不孝无义郎。
luo³¹kə⁰pu⁵³ɕiɔo³¹u⁵³·³¹laŋ⁵³.
小喜鹊，尾巴长，
ɕiɔo⁴⁴ɕi⁴⁴tɕʰyɛ³¹,i⁴⁴pa⁰tʂʰaŋ⁵³,
浪子回头金银郎。
laŋ³¹tsɿ⁴⁴xuei⁵³tʰou⁵³tɕin²⁴in⁵³laŋ⁵³.
娘要睡，媳妇拿被我铺床；
ɲiaŋ⁵³iɔo²⁴ʂuei³¹,ɕi⁵³fu⁰na⁵³pei³¹uo⁴⁴pʰu²⁴tʂʰuaŋ⁵³;
娘要饿，媳妇拿馍我端汤；
ɲiaŋ⁵³iɔo²⁴ɤ³¹,ɕi⁵³fu⁰na⁵³muo⁵³uo⁴⁴tuan²⁴tʰaŋ²⁴;
娘要闷，媳妇拉车我推上，
ɲiaŋ⁵³iɔo²⁴mən³¹,ɕi⁵³fu⁰la²⁴tʂɤ²⁴uo⁴⁴tʰuei²⁴ʂaŋ³¹²,
欢欢喜喜去看唱。
xuan²⁴xuan²⁴ɕi⁴⁴ɕi⁴⁴tɕʰy²⁴kʰan²⁴tʂʰaŋ³¹².
买糖糕，蘸白糖，
mai⁴⁴tʰaŋ⁵³kɔo²⁴,tʂan³¹pɛ⁵³tʰaŋ⁵³,
娘啊娘啊你先尝，
ɲiaŋ⁵³a⁰ɲiaŋ⁵³a⁰ɲi⁴⁴ɕian²⁴tʂʰaŋ⁵³,
落个孝顺好儿郎。
luo³¹kə⁰ɕiɔo³¹ʂuən⁰xɔo⁴⁴ər⁵³laŋ⁵³.
小喜鹊，尾巴长，
ɕiɔo⁴⁴ɕi⁴⁴tɕʰyɛ³¹,i⁴⁴pa⁰tʂʰaŋ⁵³,
娘的话儿记心上。
ɲiaŋ⁵³tɤ⁰xua³¹⁰ər³¹tɕi³¹ɕiən²⁴ʂaŋ³¹².

生儿育女不容易，
ʂəŋ²⁴ ər⁵³⁻³¹ y³¹ ɲy⁴⁴ pu²⁴ zuaŋ⁵³⁻³¹² i³¹,
好好学那孝顺郎。
xɔɔ⁵³ xɔɔ⁰ ɕyɛ⁵³ na³¹ ɕiɔɔ³¹ ʂuən⁰ laŋ⁵³.
人生都有老和少，
zən⁵³ ʂəŋ²⁴ tou²⁴ iou⁴⁴ lɔɔ⁴⁴ xɤ⁵³ ʂɔɔ³¹²,
不要学那无义郎。
pu⁴⁴ iɔɔ³¹ ɕyɛ⁵³ na³¹ u⁵³⁻³¹ i⁵³ laŋ⁵³
忤逆不孝人人恨，
u⁵³⁻³¹ i⁴⁴ pu³¹ ɕiɔɔ³¹ zən⁵³ zən⁵³ xən³¹²,
谁不爱那孝顺人。
ʂei⁵³ pu⁴⁴ ai³¹ na³¹ ɕiɔɔ³¹ ʂuən⁰ zən⁵³.

意译：小喜鹊，尾巴长，娶了媳妇不要娘。把娘背到雪窝里，把媳妇抱到热炕上。烙油饼，蘸白糖，媳妇媳妇你先尝。我去雪窝背咱娘，一摸冻得冰冰凉，落个不孝无义郎。小喜鹊，尾巴长，浪子回头金银郎。娘要睡，媳妇拿被我铺床；娘要饿，媳妇拿馍我端汤；娘要闷，媳妇拉车我推上，欢欢喜喜去看唱。买糖糕，蘸白糖，娘啊娘啊你先尝，落个孝顺好儿郎。小喜鹊，尾巴长，娘的话儿记心上。生儿育女不容易，好好学那孝顺郎。人生都有老和少，不要学那无义郎。无义不孝人人恨，谁不爱那孝顺人。

（发音人：叶欣　2016.08.08 开封）

二　故事

0021 牛郎和织女
这个古时候啊，有一个小伙儿，
tʂɤ³¹ kə⁰ ku⁴⁴ ʂʅ⁵³ xou³¹⁻⁰ a, iou⁴⁴⁻⁵³ i³¹ kɤ³¹ ɕiɔɔ⁴⁴ xuor⁴⁴,
这个小伙儿父母亲都去世了，
tʂɤ³¹ kə⁰ ɕiɔɔ⁴⁴ xuor⁴⁴ fu³¹ mu⁴⁴ tɕʰin²⁴ tou²⁴ tɕʰy²⁴ ʂʅ³¹ lə⁰,
就孤苦伶仃他一个人儿。
tɕiou³¹ ku²⁴ kʰu⁴⁴ liəŋ⁵³ tiəŋ²⁴ tʰa²⁴⁻⁴⁴ i kɤ³¹ zər⁵³.
他家有一头牛，这个牛嘞也就伴着他生活，
tʰa²⁴ tɕia²⁴ iou⁴⁴⁻³¹ i³¹ tʰou⁴⁴ ɲiou⁵³, tʂɤ³¹ kə⁰ ɲiou⁵³ lei⁴⁴ iɛ³¹ tɕiou³¹ pan³¹ tʂu²⁴ tʰa⁴⁴ ʂəŋ²⁴ xuo⁵³,
所以大家都叫他牛郎。
ʂuo⁴⁴⁻⁴⁴ i³¹ ta³¹ tɕia²⁴ tou⁵³ tɕiɔɔ³¹ tʰa⁴⁴ ɲiou⁵³ laŋ⁵³.
哦这个牛郎啊，靠这个牛来耕地为生，
ə⁰ tʂɤ³¹ kə⁰ ɲiou⁵³ laŋ⁵³ ŋa⁰, kʰɔɔ³¹ tʂɤ³¹ kə⁰ ɲiou⁵³ lai⁵³ kəŋ²⁴ ti³¹ uei³¹ ʂəŋ²⁴,

所以两个人都是朝夕相伴。
ʂuo⁴⁴i⁴⁴liaŋ⁴⁴kɤ³¹zən³¹tou²⁴ʂʅ³¹tʂɔɔ²⁴ɕi²⁴ɕiaŋ²⁴pan³¹².
其实啊，这个牛可不是一般嘞牛，
tɕʰi⁵³ʂʅ⁵³a⁰,tʂɤ³¹kə³¹ȵiou⁵³kʰɤ²⁴pu⁴⁴ʂʅ³¹·²⁴pan²⁴lei¹ȵiou⁵³,
它是天上那个金牛星下来嘞。
tʰa⁴⁴ʂʅ³¹tʰian²⁴ʂaŋ³¹nɤ³¹kətɕin²⁴ȵiou⁵³ɕiəŋ²⁴ɕia³¹lai¹lei⁰.
那它为啥下到这儿嘞，
na³¹tʰa⁴⁴uei³¹ʂa⁵³ɕia³¹tɔɔ⁰tʂɻ³¹lei⁰,
那它因为啊，它看着这个牛郎很可怜，
na³¹tʰa²⁴iəŋ²⁴uei³¹a⁰,tʰa⁴⁴kʰan³¹tʂu·tʂɤ³¹kɤ⁰ȵiou⁵³laŋ³¹xən⁵³kʰɤ⁴⁴lian⁰,
同时这个孩子嘞也非常善良，
tʰuəŋ⁵³ʂʅ⁵³tʂɤ³¹kə⁰xai⁵³tsʅ⁰lei¹iɛ⁵³fei²⁴tʂʰaŋ⁵³ʂan³¹liaŋ⁵³,
光想给他找个媳妇儿，找个找个妻子，它来办好事儿嘞。
kuaŋ²⁴ɕiaŋ⁴⁴kei⁴⁴tʰa²⁴tsɔɔ⁴⁴kɤ³¹ɕi⁵³fər⁰,tsɔɔ⁴⁴kɤ⁰tsɔɔ⁴⁴kɤ⁰tɕʰi²⁴tsʅ⁴⁴,tʰa²⁴lai⁵³pan³¹xɔɔ⁴⁴ʂɻ³¹lei⁰.
这一天呐，这个金牛星听说，
tʂɤ³¹·⁴⁴tʰian²⁴na⁰,tʂɤ³¹kətɕiən²⁴ȵiou⁵³ɕiəŋ²⁴tʰiəŋ³¹ʂuo²⁴,
这个天上啊，有七个仙女儿，
tʂɤ³¹kə⁰tʰian²⁴ʂaŋ³¹a⁰,iou⁴⁴tɕʰi¹kɤ⁰ɕian²⁴ȵyər⁴⁴,
要下来到他村边儿那湖里头洗澡儿，
iɔɔ³¹ɕia³¹lai⁵³tɔɔ³¹tʰa⁴⁴tsʰuan²⁴piɐr⁰na¹xu⁵³li³¹·⁴⁴tʰou⁰ɕi·⁴⁴tsɔɔr⁴⁴,
他就把这个事儿啊托个梦托给了牛郎了。
tʰa⁴⁴tɕiou³¹pa²⁴tʂɤ³¹kə⁰ʂər³¹a¹tʰuo⁰kə⁰məŋ³¹tʰuo⁰kei¹lə⁰ȵiou⁵³laŋ⁵³lə⁰.
这个说，今个早晨，这个梦是这样嘞啊，
tʂɤ³¹kə⁰ʂuo²⁴,tɕi²⁴kə⁰tsɔɔ⁴tʂʰən⁴,tʂɤ³¹kə⁰məŋ³¹ʂʅ⁴tʂɤ³¹iaŋ³¹lei⁰a⁰,
他说早晨，有七个仙女儿到咱湖边儿来洗澡儿，
tʰa⁴⁴ʂuɛ⁰tsɔɔ⁴⁴tʂʰən⁵³,iou⁴⁴tɕʰi¹kɤ⁰ɕian²⁴ȵyər⁴⁴tɔɔ⁰tsan¹xu⁵³piɐr²⁴lai·⁵³ɕi·⁴⁴tsɔɔr⁴⁴,
你就到那儿找一个美女仙女儿，你把她嘞衣裳摘下来，
ȵi⁴⁴tou³¹tɔɔ⁰nʌr¹tsɔɔ⁴⁴·⁴⁴i¹kə⁰mei¹ȵy³¹ɕian²⁴ȵyər⁴⁴,ȵi¹pa²⁴tʰa⁴⁴lei·¹i⁰·²⁴ʂaŋ⁰tʂɛ²⁴ɕiɛ³¹lai⁰,
你摘下来你就往家跑。这个牛郎，
ȵi⁴⁴tʂɛ²⁴ɕiɛ³¹laiȵi¹tou⁰uaŋ¹tɕia⁰pʰɔɔ⁰.tʂɤ³¹kə⁰ȵiou⁵³laŋ⁵³,
得到了这个梦以后，他早起就是去了，
tɛ⁵³tɔɔ³¹lə⁰tʂɤ³¹kə⁰məŋ³¹·⁴⁴xou⁰,tʰa²⁴tsɔɔ⁴⁴tɕʰi¹tɕiou³¹ʂʅ³¹tɕʰy³¹lə⁰,
一看就是有人给那儿洗澡儿嘞，他把那个树杈儿上啊，
i⁴⁴kʰan³¹tɕiou³¹ʂʅ⁴iou⁰zən¹kei⁰nʌr¹ɕi·tsɔɔr¹lei⁰,tʰa¹pa¹na⁰kə⁰ʂu⁴ʈʂʰʌr³¹ʂaŋ⁰a⁰,
有一个仙女儿嘞粉红色这个衣裳摘下来，
iou⁴⁴·¹⁴kɤ⁰ɕian²⁴ȵyər⁴⁴lei⁰fən¹xuaŋ⁰sɛ⁴tʂɤ³¹kə⁰i⁰·²⁴ʂaŋtʂɛ²⁴ɕiɛ³¹lai⁰,
然后他跑回家啦。
zan⁵³xou³¹tʰa²⁴pʰɔɔ⁴⁴xuei¹tɕia²⁴la⁰.

这个粉红色穿粉红色这个仙女儿啊,
tʂɤ³¹kə⁰fən⁴⁴xuaŋ⁵³sɛ⁵³tʂʰuan²⁴fən⁴⁴xuaŋ⁵³sɛ⁵³tʂɤ³¹kə⁰ɕian²⁴n̠yər⁴⁴a⁰,
她叫织女,这天晚上嘞,
tʰa⁴⁴tɕiɔo³¹tʂʅ²⁴n̠y⁴⁴,tʂɤ³¹tʰian²⁴øuan⁴⁴ʂaŋ³¹lei⁰,
她就悄悄儿嘞来到牛郎他家,
tʰa²⁴tɕiou³¹tɕʰiɔo³¹tɕʰiɔor²⁴lei⁰lai⁵³tɔo³¹n̠iou⁵³liaŋ⁵³tʰa⁴⁴tɕia²⁴,
这俩人都算成为夫妻啦。
tʂɤ³¹lia⁴⁴zən⁵³tou²⁴suan³¹tʂʰəŋ⁵³uei⁵³fu²⁴tɕʰi²⁴la⁰.
俩人恩恩爱爱,过嘞可好,
lia⁴⁴zən⁵³ən²⁴ən²⁴ai³¹ai³¹,kuo³¹lei⁰kʰɤ²⁴xɔo⁴⁴,
三年在一块儿,生俩孩ᶻ,一男一女。
san²⁴n̠ian⁵³tsai³¹˙⁴⁴i³¹kʰuɐr³¹,ʂəŋ²⁴lia⁵³xiɔo⁵³˙²⁴,i³¹nan⁵³˙²⁴n̠y⁴⁴.
可是这事儿来,被玉皇大帝知道了。
kʰɤ⁴⁴ʂʅ³¹tʂɤ³¹ʂər³¹lai⁰,pei³¹y³¹xuaŋ⁵³ta²⁴˙³¹ti²⁴tʂɿ²⁴tɔo³¹lə⁰.
这三年这个织女上哪儿了,后来听说她都下凡间了,
tʂɤ³¹san²⁴n̠ian⁵³tʂɤ³¹kə⁰tʂʅ²⁴n̠y⁴⁴ʂaŋ³¹nᴀr⁴⁴lə⁰,xou³¹lai⁵³tʰiəŋ²⁴ʂuo⁰tʰa⁴⁴tou³¹ɕia³¹fan⁵³tɕian²⁴lə⁰,
玉皇大帝大怒,于是这一天呐,下起了大雨,刮起了狂风,
y³¹xuaŋ⁵³ta²⁴˙³¹ti²⁴ta²⁴nu⁰,y³¹ʂʅ⁵³tʂɤ³¹i³¹˙⁴⁴tʰian²⁴na⁰,ɕia³¹tɕʰi⁴⁴lə⁰ta³¹y⁴⁴,kua²⁴tɕʰi⁴⁴lə⁰kʰuaŋ⁵³fəŋ²⁴,
一下子把这个织女给她召回去了,
i⁴⁴ɕia⁵³tsɿ⁰pa³¹tʂɤ³¹kə⁰tʂʅ⁴⁴n̠y⁴⁴kei³¹tʰa²⁴tʂɔo²⁴xuei⁵³tɕʰy³¹lə⁰,
召到天宫了,她这一走不当紧呐,
tʂɔo²⁴tɔo⁰tʰian²⁴kuəŋ²⁴lə⁰,tʰa⁴⁴tʂɤ³¹˙²⁴i³¹tsou⁴⁴pu²⁴taŋ²⁴tɕin⁴⁴na⁰,
这牛郎找他媳妇儿也找不着,
tʂɤ³¹n̠iou⁵³laŋ⁵³tʂɔo³¹tʰa⁴⁴˙⁵³fər³¹iɛ⁴⁴tʂɔo⁴⁴pu²⁴tʂuo⁵³,
这俩孩子找他妈嘞都找不着,在屋里大哭。
tʂɤ³¹lia⁴⁴xai⁵³tsɿ⁰tʂɔo⁴⁴tʰa²⁴ma²⁴lei⁰tou³¹tsɔo⁴⁴pu²⁴tsuo⁵³,tsai³¹u²⁴li³¹ta³¹˙⁴⁴kʰu²⁴.
这个金牛星知道了,说牛郎别难过别难过,[没有]事儿啊
tʂɤ³¹kə⁰tɕiən²⁴n̠iou⁵³ɕiəŋ²⁴tʂɿ²⁴tɔo⁵³lə⁰,ʂuo²⁴n̠iou⁵³laŋ⁵³pai³¹nan⁴⁴kuo³¹pai⁵³nan⁵³kuo³¹²,mou⁵³ʂər³¹a⁰,
我这俩牛角你给它取下来,当做两个筐,
uo⁴⁴tʂɤ³¹lia⁴⁴n̠iou⁵³tɕyo²⁴n̠i⁴⁴kei²⁴tʰa⁴⁴tɕʰy²⁴ɕiɛ³¹lai⁵³,taŋ²⁴tsuo³¹liaŋ⁴⁴kɤ³¹kʰuaŋ²⁴,
孩子坐到这里头,恁都能去找织女了。
xai⁵³tsɿ⁰tsuo⁰tɔo³¹tʂɤ³¹li³¹tʰou⁰,nən⁵³tou²⁴nəŋ³¹tɕʰy³¹tʂɔo⁴⁴tʂʅ²⁴n̠y⁴⁴lə⁰.
正说着嘞,这个金牛星嘞俩牛角啊都掉地下啦,
tʂəŋ³¹ʂuo⁰tsuo⁰lei⁰,tʂɤ³¹kə³¹tɕin²⁴n̠iou²⁴ɕiəŋ²⁴lei⁰lia⁴⁴n̠iou⁵³tɕyo²⁴a⁰tou⁵³tiɔo³¹˙³¹ti³¹ɕiɛ⁰la⁰,
都变成俩筐啦。这牛郎可听话,
tou²⁴pian³¹tʂʰəŋ⁵³lia⁴⁴kʰuaŋ²⁴la⁰.tʂɤ³¹n̠iou⁵³laŋ⁵³kʰɤ⁴⁴tʰiəŋ²⁴xua³¹²,

拿个扁担一担，这俩筐啊它真是神筐，
na⁵³kə⁰pian⁴⁴tan³¹·⁴⁴i⁴⁴tan²⁴,tʂɤ³¹lia⁴⁴kʰuaŋ⁰a⁰tʰa⁰tʂən³¹ʂʅ³¹ʂən⁴⁴kʰuaŋ²⁴,

一担起来好像筐上生风，呜，他们都上天空上了，
i⁴⁴tan²⁴tɕʰi⁴⁴lai⁵³xɔɔ³¹ɕiaŋ⁵³kʰuaŋ⁴⁴ʂaŋ³¹ʂən⁴⁴fəŋ²⁴,u⁰,tʰa⁴⁴mən tou²⁴ʂaŋ³¹tʰian²⁴kʰuəŋ²⁴ʂaŋ⁵³lə⁰,

去追织女了。这个时候啊，王母娘娘看见了，
tɕʰy³¹tʂuei²⁴tʂʅ²⁴n̠y⁴⁴lə⁰.tʂɤ³¹kə⁰ʂʅ⁵³xou⁴a⁰,uaŋ⁵³mu⁴⁴n̠iaŋ⁵³n̠iaŋ⁰kʰan³¹tɕian⁰lə⁰,

看见牛郎担着俩孩ᶻ来追织女嘞，
kʰan³¹tɕian⁰n̠iou⁵³laŋ⁵³tan⁴⁴tʂu²⁴lia⁴⁴xiɔɔ⁵³lai³¹tʂuei²⁴tʂʅ²⁴n̠y⁴⁴lei⁰,

她当然不叫追了，她拿住金钗在空中一划，
tʰa⁴⁴taŋ³¹ʐan⁴⁴pu²⁴tɕiɔɔ³¹tʂuei⁵³lə⁰,tʰa⁴⁴na⁵³tʂu³¹tɕiən²⁴tʂʰai⁴⁴tsai³¹kʰuaŋ²⁴tʂuəŋ²⁴i³¹·⁴⁴xua³¹²,

这一划不当紧，划出一条非常宽的河，
tʂɤ³¹·⁴⁴i³¹xua³¹pu²⁴taŋ²⁴tɕiən⁴⁴,xua³¹tʂʰu²⁴·²⁴tʰiɔɔ⁵³fei²⁴tʂʰaŋ⁵³kʰuan²⁴tə⁰xɤ⁵³,

大浪起来了，风也起来了，这牛郎根本过不去啊，
ta³¹laŋ³¹tɕʰi⁵³lai⁵³lə⁰,fəŋ²⁴iɛ²⁴tɕʰi⁴⁴lai⁵³lə⁰,tʂɤ³¹n̠iou⁵³laŋ⁵³kən²⁴pən⁴⁴kuo³¹pu²⁴tɕʰy³¹·⁰,

这可[没有]法ᶻ办了，正作难嘞，
tʂɤ³¹kʰɤ⁴⁴mou⁵³fɔɔ²⁴pan³¹·⁰,tʂəŋ³¹tsuo²⁴nan⁵³lei⁰,

这个天下有好人有好事儿啊，这个喜鹊知道了，
tʂɤ³¹kə⁰tʰian²⁴ɕia³¹·iou⁴⁴xɔɔ⁴⁴ʐən⁵³·iou⁴⁴xɔɔ⁵³ʂɚ³¹·a⁰,tʂɤ³¹kə⁰ɕi⁴⁴tɕʰyɛ³¹tʂʅ²⁴tɔɔ³¹lə⁰,

这成千上万嘞喜鹊啊，它咬着它嘞尾巴，
tʂɤ³¹tʂʰəŋ⁵³tɕʰian²⁴ʂaŋ³¹uan³¹lei⁰ɕi⁴⁴tɕʰyɛ³¹·a⁰,tʰa⁴⁴iɔɔ⁴⁴tʂɤ⁰tʰa⁴⁴lei⁰uei⁴⁴pa⁰,

它咬着它嘞尾巴，搭起了一座非常长嘞鹊桥，
tʰa⁴⁴iɔɔ⁴⁴tʂɤ⁰tʰa⁴⁴lei⁰uei⁴⁴pa⁰,ta²⁴tɕʰi⁴⁴lə⁰i³¹tsuo⁴⁴fei²⁴tʂʰaŋ⁵³tʂʰaŋ⁵³lei⁰tɕʰyɛ³¹tɕʰiɔɔ⁵³,

让牛郎去会织女，所以在中国农历嘞七月七号啊，
ʐaŋ³¹n̠iou⁵³laŋ⁵³tɕʰy³¹xuei³¹·²⁴tʂʅ²⁴n̠y⁴⁴,suo⁴⁴i³¹·⁴⁴tsai³¹tʂuəŋ²⁴kuo⁵³nuəŋ⁵³li³¹lei⁰tɕʰi²⁴yɛ²⁴tɕʰi²⁴xɔɔ³¹·⁰,

都说是，牛郎织女相会，都有喜鹊搭嘞桥。
tou²⁴suo³¹²ʂʅ³¹,n̠iou⁵³laŋ⁵³tʂʅ²⁴n̠y ɕiaŋ⁴⁴xuei³¹²,tou⁴⁴·iou⁴⁴ɕi⁴⁴tɕʰyɛ³¹ta²⁴lei⁰tɕʰiɔɔ⁵³.

这个故事嘞大致梗概就是这样，
tʂɤ³¹kɤ⁰ku³¹ʂʅ⁴⁴lei⁰ta³¹tʂʅ²⁴kəŋ³¹kai³¹tɕiou³¹ʂʅ³¹tʂɤ³¹iaŋ³¹²,

唉，这就叫牛郎和织女的故事。
ai⁰,tʂɤ³¹tɕiou³¹tɕiɔɔ⁰n̠iou laŋ⁵³xɤ⁵³tʂʅ²⁴n̠y⁴⁴tə⁰ku³¹ʂʅ³¹².

意译：古时候有一个小伙儿，这个小伙儿父母亲都去世了，就剩他孤苦伶仃的一个人。他家有一头牛，伴他生活，所以大家都叫他牛郎。牛郎靠这头牛来耕地为生，所以两个人朝夕相伴。其实这个牛可不是一般的牛，它是天上的金牛星下来的。那它为什么下到这里呢，因为它觉得这个牛郎很可怜，同时也非常善良，就想给他找个媳妇儿，它来办好事儿了。这一天，金牛星听说天上有七个仙女儿要下来到他村边那湖里洗澡儿，他就把这个事儿托个梦托给了牛郎。这个梦是这样的，今天早晨，有七个仙女儿到咱湖边

来洗澡儿，你到那里找一个仙女的衣裳摘下来，摘下来之后你就往家跑。牛郎得到了这个梦以后，他早上起来就去了，看见就是有人在那儿洗澡，他把树杈儿上的一个仙女的粉红色衣服摘下来，然后他就跑回家了。这个穿粉红色衣裳的仙女叫织女，这天晚上，她就悄悄地来到牛郎家，这两个人就算成为夫妻了。两个人恩恩爱爱，过得很好，在一起三年，生了两个孩子，一男一女。可是这件事被玉皇大帝知道了，问这三年织女去哪儿了，后来听说她下凡间了，玉皇大帝大怒，于是这一天，下起了大雨，刮起了狂风，一下子把织女召回天宫。牛郎找他媳妇儿也找不着，两个孩子找他妈妈也找不着，在屋里大哭。金牛星知道了，安慰牛郎别难过，他说他的牛角取下来，当作两个筐，孩子坐里头，他们就能去找织女了，正说着，金牛星的两个牛角掉地上了，变成了两个筐，牛郎拿着扁担一担，这两个筐可真是神筐，一担起来好像筐上生风，呜，他们飞上天空了，去追织女了。这个时候，王母娘娘看见了，看见牛郎担着两个孩子来追织女，她当然不叫追，于是拿金钗在空中一划，划出一条非常宽的河，大浪起来了，风也起来了，牛郎根本过不去，正作难，俗话说天下好人有好报，喜鹊知道了，这成千上万的喜鹊，它咬着它的尾巴，它咬着它的尾巴，搭起了一座非常长的鹊桥，让牛郎去会织女，所以在中国农历七月七日这一天，都说是喜鹊搭桥，让牛郎织女相会。这个故事大致梗概就是这样，这就叫牛郎和织女的故事。

（发音人：李中华　2016.08.08 开封）

0022 鲤鱼焙面
慈禧太后与鲤鱼焙面
tsʰɿ⁵³ ɕi⁴⁴ tʰai³¹ xou³¹⁻⁵³ y⁵³ li⁴⁴ y⁵³ pei²⁴ mian³¹²
这个汴梁城的稀罕事儿多，我要不说恁不[知道]。
tsɤ³¹ kə⁰ pian³¹ liaŋ⁵³ tsʰəŋ⁵³ tə⁰ ɕi²⁴ xan⁵³ ʂər³¹ tuo⁰,uo⁴⁴ iɔ³¹ pu⁵³ ʂuo²⁴ nən⁴⁴ pu⁴⁴ tʂɿ²⁴.
要想知道咋回事儿，听我跟恁喷喷空儿。
iɔ³¹ ɕiaŋ⁴⁴ tsɿ⁵³ tɔɔ⁰ tsa⁴⁴ xuei⁵³ ʂər³¹²,tʰiəŋ⁰ uo⁴⁴ kən⁰ nən⁴⁴ pʰən²⁴ pʰən⁰ kʰuɑ̃²⁴.
我今天给大家讲讲这个鲤鱼焙面嘞由来。
uo⁴⁴ tɕiən²⁴ tʰian⁰ kei³¹ ta³¹ tɕia⁰ tɕiaŋ⁰ tɕiaŋ⁰ tʂɿ³¹ kə⁰ li⁴⁴ y⁵³ pei²⁴ mian³¹ lei⁰ iou⁰ lai⁵³.
这个故事主要是要讲给大家，
tʂɿ³¹ kə⁰ ku³¹⁰ ʂɿ⁰ tsu⁴⁴ iɔ³¹ ʂɿ³¹ iɔ³¹ tɕiaŋ⁴⁴ kei²⁴ ta³¹ tɕia⁰,
开封这个名菜鲤鱼焙面是咋来嘞，
kʰai²⁴ fəŋ⁰ tʂɿ³¹ kə⁰ miəŋ⁵³ tsʰai⁴⁴ li⁴⁴ y⁵³ pei²⁴ mian⁵³ ʂɿ³¹ tsa⁴⁴ lai⁵³ lei⁰,
谁给它起嘞名，是啥时候起嘞名，我给恁讲讲这个事儿。
ʂei⁵³ kei²⁴ tʰa⁴⁴ tɕi⁴⁴ lɛ⁰ miə̃⁵³,ʂɿ³¹ ʂa⁵³ ʂɿ⁰ xou⁰ tɕi⁴⁴ lɛ⁰ miə̃⁵³,uo⁴⁴ kei²⁴ nən⁴⁴ tɕiaŋ⁴⁴ tʂɿ³¹ kə⁰ ʂər³¹.
这个事儿咱说到那个清朝晚期慈禧太后啊，
tʂɿ³¹ kə⁰ ʂər³¹ tsan⁵³ ʂuo²⁴ tɔɔ⁰ na⁴⁴ kə⁰ tɕʰiəŋ²⁴ tʂʰɔɔ⁵³ uan⁴⁴ tɕʰi²⁴ tsʰɿ⁵³ ɕi⁴⁴ tʰai²⁴ xou³¹ a⁰,

八国联军侵入到北京了，
pa²⁴kuo²⁴lian⁵³tɕyən²⁴tɕʰiən²⁴zu̩²⁴tɔo²⁴pei²⁴tɕiəŋ²⁴lə⁰，
慈禧太后跟光绪皇帝一下ᶻ逃到西安了，
tsʰɿ⁵³ɕi⁴⁴tʰai³¹xou³¹kən²⁴kuaŋ²⁴ɕy²⁴xuaŋ⁵³ti³¹⁴⁴i⁰ɕiɔo³¹tʰɔo⁴⁴tɔo⁰ɕi²⁴an⁰lə⁰，
后来签订了《辛丑条约》以后啊，
xou³¹lai⁵³tɕʰian²⁴tiəŋ³¹lə⁰ɕiən²⁴tʂʰəu⁴⁴tʰiɔo²⁴⁴⁴i⁰xou³¹⁰a⁰，
慈禧太后才得以能返回北京。
tsʰɿ⁵³ɕi⁴⁴tʰai³¹xou³¹tsʰai⁵³te²⁴⁴²⁴i⁰nəŋ⁵³fan⁴⁴xuei⁵³pei²⁴tɕiəŋ²⁴．
在返回北京嘞路上必经开封。
tsai³¹fan⁴⁴xuei⁵³pei²⁴tɕiəŋ²⁴lei⁰lu³¹ʂaŋ⁰pi⁵³tɕiəŋ²⁴kʰai²⁴fəŋ⁰．
开封当时是省府啊，所以她必经这里。
kʰai²⁴fəŋ⁰taŋ²⁴ʂɿ⁵³ʂɿ³¹ʂəŋ⁴⁴fu⁴⁴a⁰，suo⁵³⁰i⁴⁴tʰa⁵³pi⁵³tɕiəŋ²⁴tʂɤ³¹li⁴⁴．
在这儿呢，她在这儿一待，因为开封好吃好喝好玩儿，
tsai³¹tʂər³¹lei⁰，tʰa⁴⁴tsai³¹tʂər³¹i²⁴tai²⁴，iən⁵³uei⁴⁴kʰai²⁴fəŋ⁰xɔo⁴⁴tʂʰɿ⁴⁴xɔo²⁴xɤ⁴⁴xɔo⁵³uɐr⁵³，
她一待就是一个月零两天。
tʰa⁴⁴⁴⁴i⁴⁴tai²⁴tɕiou³¹ʂɿ⁰⁴⁴kə⁰ye²⁴liəŋ⁵³liaŋ⁴⁴tʰian²⁴．
这个时候啊，正好是十月初十她在开封，
tʂɤ³¹kə⁰ʂɿ⁵³xou⁰a⁰，tʂəŋ³¹xɔo⁴⁴ʂɿ³¹ʂɿ⁵³ye⁰tʂʰu²⁴⁵³tʰa⁴⁴tsai³¹kʰai²⁴fəŋ⁰，
这一天也正好是她嘞生日。这可叫文武百官作难了。
tʂɤ³¹⁴⁴i⁴⁴tʰian²⁴iɛ⁴⁴tʂəŋ³¹xɔo⁴⁴ʂɿ³¹tʰa⁴⁴lei⁰ʂəŋ²⁴zɿ⁰．tʂɛ⁵³kʰɤ⁰tɕiɔo³¹⁴⁴uən⁵³⁴⁴u⁴⁴pɛ²⁴kuan²⁴tsuo²⁴nan⁵³lə⁰．
开封嘞巡抚叫松寿，他说，咦，
kʰai²⁴fəŋ⁰lei⁰ɕyən⁵³fu⁴⁴tɕiɔo³¹suaŋ²⁴ʂou³¹²，tʰa⁴⁴suo²⁴，i⁵³，
这老佛爷□开封过生日嘞，这咋伺候她好嘞？
tʂɤ³¹lɔo⁴⁴fu⁵³iɛ⁰kei⁴⁴kʰai²⁴fəŋ⁰kuo³¹ʂəŋ²⁴zɿ²⁴lei⁰，tʂɤ³¹tsa⁴⁴tsʰɿ³¹xou⁰tʰa⁴⁴xɔo⁴⁴lei⁰？
平常吃点儿饭中，这生日嘞，
pʰiəŋ⁵³tʂʰaŋ³¹tʂʰɿ²⁴tiɐr²⁴fan³¹tʂuaŋ²⁴，tʂɤ³¹ʂəŋ²⁴zɿ²⁴lei⁰，
这个寿面光这寿面咋上嘞？
tʂɤ³¹kə⁰ʂou²⁴mian³¹kuaŋ²⁴tʂɤ³¹ʂou²⁴mian³¹tsa⁴⁴ʂaŋ³¹lei⁰？
后来他就召集那个文武幕僚啊，
xou³¹lai⁵³tʰa⁴⁴tɕiou³¹tʂɔo⁰tɕi³¹na⁴⁴kə⁰uən⁵³⁴⁴u⁴⁴mu³¹liɔo⁵³⁰a⁰，
还有这个开封嘞所有名厨搁⁼一块儿开个会，
xai⁵³iou⁰tʂɤ³¹kə⁰kʰai²⁴fəŋ⁰lei⁰suo⁴⁴iou²⁴miəŋ⁵³tʂʰu⁵³kɤ²⁴⁴⁴i⁴⁴kʰuɐr³¹kʰai²⁴kə⁰xuei³¹²，
说咱今儿个说说啊，老佛爷这个生日，
ʂuo²⁴tsan⁵³tɕiər²⁴kə⁰ʂuo²⁴ʂuo⁰a⁰，lɔo⁴⁴fu⁵³iɛ⁰tʂɤ³¹kə⁰ʂəŋ²⁴zɿ²⁴，
这个寿面得给她侍候好。
tʂɤ³¹kə⁰ʂou³¹mian³¹tɛ²⁴kei²⁴tʰa⁴⁴tsʰɿ³¹xou⁰xɔo⁴⁴．

弄不好了，咱一堆儿人可能都得免官儿，
nəŋ³¹ pu² xɔo⁴⁴ lɔo⁰,tsan⁵³ i⁴⁴ tsuər²⁴ zən⁵³ kʰɤ⁴⁴ nəŋ⁵³ tou²⁴ tɛ²⁴ mian⁴⁴ kuɐr²⁴,
都得回家去种地，所以这个事儿非常重要。
tou²⁴ tɛ²⁴ xuei⁵³ tɕia²⁴ tɕʰy³¹ tʂuəŋ⁵³ ti³¹²,suo⁴⁴ i³¹ tʂɤ³¹ kə⁰ ʂər³¹ fei²⁴ tʂʰaŋ⁵³ tʂuəŋ³¹ iɔo³¹².
要弄好了，咱可能，咱还能升官嘞。
iɔo³¹ nəŋ³¹ xɔo⁴⁴ lɔo⁰,tsan⁵³ kʰɤ⁴⁴ nəŋ⁵³,tsan⁵³ xai⁵³ nəŋ⁵³ ʂəŋ²⁴ kuɐr²⁴ lei⁰.
这个松寿一说寿筵，他们的幕僚一块儿搁=那商量，
tʂɤ³¹ kə⁰ suəŋ²⁴ ʂou³¹ i⁴⁴ ʂuo²⁴ ʂou³¹ ian³¹²,tʰa⁴⁴ mən³¹ tə⁰ mu³¹ lɔo⁵³ i⁴⁴ kʰuɐr³¹ kɤ⁴⁴ nʌr³¹ ʂaŋ²⁴ liaŋ⁰,
最后嘞结果是，用两个菜合一块儿。
tsuei³¹ xou³¹ lei⁰ tɕie²⁴ kuo⁴⁴ ʂɿ³¹²,yəŋ³¹ liaŋ⁴⁴ kə⁰ tsʰai³¹ xɤ⁵³ i⁴⁴ kʰuɐr⁰.
当时大宋传下来两个名菜，
taŋ²⁴ ʂɿ⁵³ ta²⁴ suəŋ³¹ tʂʰuan⁵³ ɕia³¹ lai⁵³ liaŋ⁴⁴ kə⁰ miəŋ⁵³ tsʰai³¹²,
一个叫软熘鲤鱼，一个叫焙面，
i⁴⁴ kə⁰ tɕiɔo³¹ ʐuan⁴⁴ liou³¹ li⁴⁴ y⁵³,i⁴⁴ kə⁰ tɕiɔo³¹ pei²⁴ mian³¹²,
这两个菜合到一块儿，给她当作寿面上去。
tʂɤ³¹ liaŋ⁴⁴ kə⁰ tsʰai³¹ xɤ⁵³ tɔo³¹ i⁴⁴ kʰuɐr⁰,kei⁴⁴ tʰa⁴⁴ taŋ²⁴ tsuo²⁴ ʂou²⁴ mian³¹ ʂaŋ³¹² tɕʰy⁰.
这寿面上可不是一碗捞面条儿啊，
tʂɤ³¹ ʂou²⁴ mian³¹ ʂaŋ³¹ kʰɤ²⁴ pu⁴⁴ ʂɿ³¹² i⁴⁴ uan⁴⁴ lɔo⁵³ mian³¹ tʰiɔor⁵³ a⁰,
打个鸡蛋，那上去没啥意思啦，
ta⁴⁴ kə⁰ tɕi²⁴ tan³¹,na³¹ ʂaŋ³¹ tɕʰy⁰ mei³¹ ʂa³¹ i³¹ sɿ⁰ la⁰,
慈禧太后会不高兴嘞。所以他想了这个绝招。
tsʰɿ⁵³ ɕi⁴⁴ tʰai²⁴ xou³¹ xuei³¹ pu²⁴ kɔo²⁴ ɕiəŋ³¹ lei⁰.suo⁴⁴·⁰ tʰa⁴⁴ ɕiaŋ⁴⁴ lə⁰ tʂɤ³¹ kə⁰ tɕye⁵³ tʂɔo²⁴.
这一天，十月初十，这个慈禧太后生日。
tʂɤ³¹ i⁴⁴ tʰian²⁴,ʂɿ⁵³ yɛ⁰ tʂʰu²⁴ ʂɿ⁵³,tʂɤ³¹ kə⁰ tsʰɿ⁵³ ɕi⁴⁴ tʰai²⁴ xou³¹ ʂəŋ²⁴ ʐɿ²⁴.
然后先上了一百〇八道菜，
ʐan⁴⁴ xou³¹ ɕian²⁴ ʂaŋ³¹ lə⁰ i⁴⁴ pɛ²⁴ liəŋ⁵³ pa⁵³ tɔo³¹ tsʰai³¹²,
然后酒过三巡，这个松寿说，上寿面，
ʐan⁴⁴ xou³¹ tɕiou⁴⁴ kuo⁴⁴ san³¹ ɕyən³¹,tʂɤ³¹ kə⁰ suəŋ³¹ ʂou³¹ ʂuo³¹,ʂaŋ³¹ ʂou⁴⁴ mian³¹²,
然后这些小姐们端着寿面就端给慈禧太后了。
ʐan⁴⁴ xou³¹ tʂɤ³¹ ɕiɛ⁰ ɕiɔo⁴⁴ tɕiɛ²⁴ mən⁰ tuan²⁴ tʂə⁰ ʂou³¹ mian³¹ tɕiou³¹ tuan²⁴ kei⁴⁴ tsʰɿ⁵³ ɕi⁴⁴ tʰai²⁴ xou³¹ lə⁰.
慈禧太后一看，呀，这是啥？老佛爷，这是寿面。
tsʰɿ⁵³ ɕi⁴⁴ tʰai²⁴ xou³¹ i⁴⁴ kʰan³¹,iɛ⁴⁴,tʂɤ³¹ ʂɿ²⁴ ʂa?lɔo⁴⁴ fu⁵³·⁰,tʂɤ³¹ ʂɿ³¹ ʂou²⁴ mian³¹².
寿面？她一看，呀，底下是鲤鱼，顶儿上是焙面，
ʂou⁴⁴ mian³¹²?tʰa⁴⁴·⁴⁴ kʰan³¹,iɛ⁴⁴,ti⁴⁴ ɕia³¹ li⁴⁴·⁵³ y⁵³,tiə̃r⁴⁴ ʂaŋ⁰·³¹ ʂɿ pei²⁴ mian³¹²,
鲤鱼有鲤鱼跳龙门，也是吉祥的话。
li⁴⁴·⁵³ y⁴⁴ iou⁴⁴ li⁴⁴·⁵³ y⁴⁴ tʰiɔo³¹ luəŋ⁵³ mən⁵³,iɛ⁴⁴ ʂɿ³¹ tɕi⁵³ ɕiaŋ⁵³ lɛ⁰ xua³¹².

焙面是炸嘞黄焦酥脆，也象征着黄袍加身，
pei²⁴mian³¹ ʂʅ²⁴tsa⁰lei⁵³xuaŋ³¹tɕiɔɔ²⁴su⁰tsʰuei³¹²,iɛ⁴⁴ɕiaŋ³¹tʂən²⁴tʂə⁰xuaŋ⁵³pʰɔɔ⁵³tɕia²⁴ʂən²⁴,
所以寓意非常好。慈禧太后又一尝，可好吃，
suo⁴⁴i⁰y²⁴ʅ³¹fei²⁴tʂaŋ⁵³xɔɔ⁴⁴.tsʰʅ⁵³ɕi⁰tʰai²⁴xou⁰iou²⁴i⁰tʂʰaŋ⁵³,kʰɤ²⁴xɔɔ⁴⁴tʂʰʅ²⁴,
说，咦，恁这个鲤……恁这个寿面做嘞好啊，
ʂuo²⁴,i⁵³,nən⁴⁴tʂɤ³¹kə⁰li⁴⁴……nən⁴⁴tʂɤ³¹kə⁰ʂou²⁴mian³¹tsuo⁰lei⁰xɔɔ⁴⁴a⁰,
这，你这个寿面有啥名[没有]啊，这个菜？
tʂɤ³¹,ɲi⁴⁴tʂɤ³¹kə⁰ʂou²⁴mian⁰iou⁰ʂa³¹miə̃r⁰mou⁰a⁰,tʂɤ³¹kə⁰tsʰai³¹²?
松寿说，还没有嘞。[没有]嘞？那咋，那……没有名啊？
suəŋ³¹ʂou²⁴ʂuo²⁴,xai⁵³mei²⁴iou⁴⁴lɛ⁰.mou⁰lei⁰?na³¹tsa⁴⁴,na³¹……mei²⁴iou⁰miə̃r⁵³a⁰?
这个松寿赶快跪到那儿说，那老佛爷给赐个名儿吧！
tʂɤ³¹kə⁰suəŋ³¹ʂou⁰kan⁴⁴kuai³¹tɔɔ⁰nʌr³¹ʂuo²⁴,na³¹lɔɔ⁴⁴fu⁰iɛ⁰kei²⁴tsʰʅ³¹kə⁰miə̃r⁵³pa⁰!
老佛爷一高兴说，那下有鲤鱼，上有焙面，
lɔɔ⁴⁴fu⁵³iɛ⁰i⁰kɔɔ²⁴ɕiŋ³¹ʂuo²⁴,na³¹ɕia⁰iou⁴⁴li⁴⁴y⁵³,ʂaŋ³¹iou⁴⁴pei²⁴mian³¹²,
就叫鲤鱼焙面吧！
tɕiou²⁴tɕiɔɔ³¹li⁴⁴y⁵³pei²⁴mian³¹pa⁰!
从此，开封城就有了一道享誉全国的名菜，
tsʰuəŋ⁵³tsʰʅ⁴⁴,kʰai³¹fəŋ⁰tʂʰəŋ⁵³tɕiou³¹iou⁴⁴lə⁰i⁰tɔɔ³¹ɕiaŋ⁴⁴y³¹tɕʰyan⁵³kuo²⁴tə⁰miəŋ⁵³tsʰai³¹²,
名字叫鲤鱼焙面。
miəŋ⁵³tsʅ³¹tɕiɔɔ³¹li⁴⁴y⁵³pei²⁴mian³¹².

意译：开封城有许多稀罕事儿，我不说你们真还不知道。要想知道具体情况，听我给你们聊一聊。我今天给大家讲一讲鲤鱼焙面的由来。这个故事主要讲开封名菜鲤鱼焙面，谁给它命名的，什么时候得名的，我给大家讲一讲。这个故事讲到清朝晚期的慈禧太后，八国联军入侵北京时，慈禧太后和光绪皇帝逃到西安去了。签订《辛丑条约》以后，慈禧才能够返回北京。返回北京的途中必经开封。开封当时是河南省府所在地，所以他必经这里。在这儿呢，因为开封有好吃的、好喝的和好玩的，她在这儿一待就是一月零两天。在开封的时候正好是十月初十，这一天是她的生日，这可难为住了文武官员。开封的巡抚叫松寿，他想：老佛爷在开封过生日，这该如何伺候她呢？平常吃点家常饭，过生日时至少要上一道不同寻常的寿面吧？后来他就召集文武幕僚，还有开封的所有名厨在一块儿研究，今天咱们商量一下，老佛爷过生日，要把生日寿面做出特色，要把这件事做好，否则咱们可都要被免官儿，都得回家去种地，所以这个事儿非常重要。要办好了，咱还可能升官呢。松寿说罢，幕僚们便在一块儿商量，最后的结果是，用两个菜合一块。当时大宋传下来两个名菜，一个叫软熘鲤鱼，一个叫焙面，意译：这两个菜合到一块，给她当作寿面上。这寿面上可不是一碗捞面条儿，打个鸡蛋，那就过于简单，慈禧太后会不高兴。所以他想了这个

绝招。这一天，十月初十，慈禧太后生日。先上了一百〇八道菜，酒过三巡，松寿说，上寿面。小姐们端着寿面就送给慈禧太后了。慈禧太后一看，呀，这是啥？老佛爷，这是寿面。寿面？她一看，呀，底下是鲤鱼，上面是焙面，鲤鱼有鲤鱼跳龙门之意，也是讨个吉祥。焙面炸得黄焦酥脆，也象征着黄袍加身，所以寓意非常好。慈禧太后一尝，非常好吃，这个寿面做得好，这道菜叫什么名字？松寿说，还没有呢。没有，怎么没有名？松寿赶快跪到那儿说，那老佛爷给赐个名儿吧！老佛爷一高兴说，那下有鲤鱼，上有焙面，就叫鲤鱼焙面吧！从此，开封城就有了一道享誉全国的名菜，名字叫鲤鱼焙面。

（发音人：李中华　2016.08.08 开封）

三　自选条目

0031 歇后语
老鼠拉木锨——大头儿给⁼后头嘞。
lɔo⁵³ʂu⁰la²⁴mu²⁴ɕian⁴⁴——ta³¹tʰouɹ⁵³kei⁴⁴xou³¹tʰou⁰lei⁰.
意译：老鼠拉木锨——大头儿在后面呢。

（发音人：苏雨洪　2017.08.07 开封）

0032 歇后语
漫地烤火——一面儿热。
man²⁴ti³¹kʰɔo⁴⁴xuo⁴⁴——i⁵³mieɹ³¹zɛ²⁴.
意译：漫地烤火——一面儿热。

（发音人：苏雨洪　2016.08.08 开封）

0033 歇后语
朱仙镇的灶爷——家家有。
tʂu²⁴ɕian²⁴tʂən³¹tə⁰tsɔo³¹iɛ⁵³——tɕia²⁴tɕia²⁴iou⁴⁴.
意译：朱仙镇的灶爷——家家有。

（发音人：苏雨洪　2016.08.08 开封）

0038 京剧《红灯记·穷人的孩子早当家》
提篮小卖，哎，拾煤渣，
tʰi lan ɕiɔo mai ,ai,ʂ mei tʂa,
担水劈柴，哎，也靠他。
tan ʂuei pʰi tʂʰai ,ai,iɛ kʰɔo tʰa.
里里外外，一把手。
li li uai uai,i pa ʂou.
穷人的孩子，早当家，啊。
tɕʰyəŋ zən tə xai tsɿ,tsɔo taŋ tɕia ,a.

栽什么树苗，结什么果。
tsai ʂən mə ʂu miɔo,tɕiɛ ʂən mə kuo.
撒什么种子，开什么花，啊。
sa ʂən mə tʂuəŋ tsʅ,kʰai ʂən mə xua,a.

大意：提篮小卖拾煤渣，担水劈柴也靠他，里里外外都是一把好手，穷人的孩子早当家。栽什么样的树苗结什么样的果实，撒什么样的种子开什么样的花。

（发音人：李中华　2016.08.07 开封）

濮 阳

一 歌谣

0001 月婆婆
月婆婆，卖馍馍，卖不了，挑着担子往家跑。
yɛ³¹ pʰuə⁴² pʰuə⁰,mai³¹ muə⁴² muə⁰,mai³¹ pu⁰ liau⁵⁵,tʰiau⁴⁴ tʂuə⁰ tan³¹ tsɿ⁰ uaŋ⁵⁵ tɕia³¹ pʰau⁵⁵.
门槛=子绊倒了，一窝子小狗抢了了。
mən⁴² tɕʰian³¹ tsɿ⁰ pan³¹ tau⁵¹ lə⁰,i³¹ uə⁴⁴ tsɿ⁰ ɕiau⁵⁵ kəu⁵⁵ tɕʰian⁴² liau⁵⁵ lə⁰.
意译：月婆婆，卖馒头，卖不完，就回家。被门槛儿绊倒了，馒头被小狗抢跑了。

（发音人：王连聚 2018.08.18 濮阳）

0002 买棉花
老大娘你好眼花，买斤棉哪搭半搭。
lau⁵⁵ ta¹³ ɲian⁴² ni⁵⁵ xau³¹ ian⁵⁵ xua³⁵,mai⁵⁵ tɕiən³¹ mian³⁵ na⁰ ta³⁵ pan³¹ ta³⁵,
冬做棉，夏做单，二八月里棉袄联。
tuəŋ³⁵ tsu³¹ mian⁴²,ɕia³¹ tsu³¹ ta³⁵,ər³¹ pa³⁵ yɛ⁵¹ li⁰ mian⁴² au⁵⁵ lian³⁵.
意译：老大娘眼花了，买一斤棉花还得搭点东西。冬天做棉的，夏天做单的，二八月里做棉袄。

（发音人：王连聚 2018.08.18 濮阳）

0003 普法歌
打一包=，人人夸，听俺表表婚姻法。
ta⁵⁵·i⁰ pau³⁵ zən⁴² zən⁴² kua³⁵,tʰiəŋ⁵⁵ ɣan⁴² piao⁴² piao⁵⁵ xuən³⁵ iən³⁵ fa³⁵.
婚姻法，国家级，民政股儿去登记。
xuən³⁵ iən³⁵ fa³⁵,kuə⁴² tɕia³⁵ tɕi⁴²,miən⁴² tʃiəŋ³¹ ku⁵⁵ ər⁰ tɕʰy³¹ təŋ³⁵ tɕi³¹.
一人花上两毛钱儿的手续费，
i³⁵ zən⁴² xua⁵⁵ ʃiaŋ³¹ liaŋ⁵⁵ mau⁴² tɕʰian⁴² na⁰ ʃiəu⁵⁵ ɕy³¹ fi³¹,
还省酒，还省肉，还省九个大馒头。
xan⁴² ʂən³¹ tsiəu⁵⁵,xan⁴² ʂən³¹ zəu³¹,xan⁴² ʂən³¹ tɕiəu⁵⁵ kə⁰ ta³¹ man⁴² tʰəu⁰.
意译：打一包，人人夸，听俺说说婚姻法。婚姻法，国家级，到民政局去登记。
一人花上两毛钱儿的手续费，还省酒，还省肉，还省九个大馒头。

（发音人：王连聚 2018.08.18 濮阳）

0004 催眠歌

嗷，嗷，瞌睡吧，老猫来了我打它。

au³⁵,au³⁵,kʰə³⁵ʂei³¹pa⁰,lau⁵⁵mau³⁵lai⁴²lauuə⁴²ta⁵⁵tʰa³⁵.

意译：宝宝睡觉吧，老猫来了我打它。

（发音人：张焕竹　2018.10.22　濮阳）

0005 小老鼠

小老鼠儿，上灯台，偷油吃，下不来。

ɕiau⁴²lau⁵⁵ʃyər⁰,ʃiaŋ³¹təŋ³⁵tʰai⁴²,tʰəu³⁵iəu⁴²tʃʰi³⁵,ɕia³¹pu⁰lai⁴²,

小妞儿来，拿猫儿来，吱扭，跑了。

siau⁵⁵n̠iər³⁵lai⁴²,na⁴²maur⁴²lai⁰,tsʅ³⁵n̠iəu⁰,pʰau⁵⁵lə⁰.

意译：小老鼠，上灯台；偷油吃，下不来。小姑娘拿猫来，吱扭，跑了。

（发音人：王连聚　2018.08.18　濮阳）

0006 板凳歌

板凳儿板凳儿摞摞，里头坐个大哥。

pan⁵⁵tʰuə̃r³¹pan⁵⁵tʰuə̃r³¹luə³¹luə⁰,li⁵⁵tʰəu⁰tsuə³¹kə⁰ta³¹kə³⁵.

大哥出来摆菜，里头坐个奶奶。

ta³¹kə³⁵tʃʰy³⁵lai⁴²paiʰ⁵⁵tsʰai³¹,li⁵⁵tʰəu⁰tsuə³¹kə⁰nai⁵⁵nai⁰.

奶奶出来烧香，里头坐个姑娘。

nai⁵⁵nai⁰tʃʰy³⁵lai⁴²ʃiau⁴²ɕiaŋ³⁵,li⁵⁵tʰəu⁰tsuə³¹kə⁰ku³⁵n̠iaŋ⁴².

姑娘出来磕头，里头坐个孙猴。

ku³⁵n̠iaŋ⁴²tʃʰy³⁵lai⁴²kʰə³⁵tʰəu⁴²,li⁵⁵tʰəu⁰tsuə³¹kə⁰suən³⁵xəu⁴².

孙猴儿出来作揖儿，里头坐个小鸡儿。

suən³⁵xəur⁴²tʃʰy³⁵lai⁴²tsuə⁴²iər³⁵,li⁵⁵tʰəu⁰tsuə³¹kə⁰siau⁵⁵tɕiər³⁵.

小鸡儿出来媞蛋儿，里头坐个小燕儿。

siau⁵⁵tɕiər³⁵tʃʰy³⁵lai⁴²fan¹³tɐr³¹,li⁵⁵tʰəu⁰tsuə³¹kə⁰siau⁵⁵iɐr³¹.

小燕儿出来喳喳儿，里头坐个蚂蚱。

siau⁵⁵iɐr³¹tʃʰy³⁵lai⁴²tʂa³⁵tʂar³⁵,li⁵⁵tʰəu⁰tsuə³¹kə⁰ma³⁵tʂa⁰.

蚂蚱出来蹦蹦，里头坐个臭虫。

ma³⁵tʂa⁰tʃʰy³⁵lai⁴²pəŋ³¹pəŋ⁰,li⁵⁵tʰəu⁰tsuə³¹kə⁰tʃʰiəu¹³tʂʰuəŋ⁴².

臭虫出来爬爬，里头坐了个南瓜。

tʃʰiəu¹³tʂʰuəŋ⁴²tʃʰy³⁵lai⁴²pʰa⁴²pʰa⁰,li⁵⁵tʰəu⁰tsuə³¹kə⁰nan⁴²kua³⁵.

南瓜出来流水儿，一流流了个小鬼儿。

nan⁴²kua³⁵tʂʰu³⁵lai⁴²liəu⁴²ʂuər⁵⁵,i³⁵liəu⁴²liəu⁴²lə⁰kə³¹siau⁴²kuər⁵⁵.

小鬼儿打灯笼，□吼□吼□吼。

siau⁴²kuər⁵⁵ta⁵⁵təŋ³⁵ləu⁴²,zɤu³⁵xəu⁰zɤu³⁵xəu⁰zɤu³⁵xəu⁰.

意译：板凳儿排排坐，里头坐个大哥。大哥出来摆菜，里头坐个奶奶。奶奶出来烧香，里头坐个姑娘。姑娘出来磕头，里头坐个孙猴。孙猴出来作揖儿，里头坐个小鸡儿。小鸡儿出来下蛋，里头坐个小燕子。小燕子出来喳喳，里头坐个蚂蚱。蚂蚱出来蹦蹦，里头坐个臭虫。臭虫出来爬爬，里头坐了个南瓜。南瓜出来流水儿，一流流了个小鬼儿。小鬼儿打灯笼，吆喝吆喝吆喝。

（发音人：王连聚　2018.08.18 濮阳）

二　故事

0021 牛郎和织女

下边儿我给大家讲一个古老的传说故事儿，
ɕia³¹ piɚ³⁵ uə⁵⁵ kei⁵⁵ ta³¹ tɕia³⁵ tɕiaŋ⁵⁵·³¹ kə³¹ ku⁴² lau⁵⁵ ti⁰ tʂʰuan⁴² ʂuə⁵⁵ ku³¹ ʂɚ⁰,

就是牛郎织女。
tɕiou³¹·⁰ ʂɿ⁰ ɲiou⁴² laŋ⁴² tʂɿ³⁵ ny⁵⁵.

说了是很早以前有个村庄啊，住着一个小伙子，
ʂuə³⁵ lə⁰ ʂɿ³¹ xən⁴² tsau⁵⁵·⁵⁵ tsʰian⁴²·⁵⁵ iou kə⁰ tsʰuan³⁵ tʂuaŋ³⁵·⁰ a⁰,tʂu³¹ tʂuə⁰·³¹ i⁰ kə⁰ siau⁴² xuə⁴² tsɿ⁰,

他爹他娘都死了，光落一个老黄牛给他耕地为伴儿，
tʰa⁵⁵ tie⁵⁵ tʰa⁵⁵ ɲian⁴² tou³⁵ sɿ³⁵ lə⁰,kuaŋ³⁵ luə⁰·³¹ i⁰ kə⁰ lau³⁵ xuaŋ³⁵ ɲiou⁴² kei⁵⁵ tʰa⁵⁵ kəŋ³⁵·³¹ ti⁰ uei¹³ pɚ³¹,

所以人称他叫个牛郎。
ʂuə⁴²·⁵⁵ i⁵⁵ ʐən⁴² tʂʰəŋ³⁵ tʰa⁵⁵ tɕiau³¹ kə⁰ ɲiou⁴² laŋ⁴².

这个老黄牛嘞，实际就是天上的金牛星下凡。
tʂə³¹ kə⁰ lau⁴² xuaŋ⁴² ɲiou⁴² le⁰·⁴² ʃi³¹ tɕi³¹ tɕiou⁵⁵·³¹ ʂɿ⁰ tʰian³⁵ ʂaŋ³⁵ ti⁰ tsiən³⁵ ɲiou⁴² siəŋ³⁵ ɕia¹³ fan³¹.

它看到这一个牛郎非常勤劳，同情他，
tʰa⁵⁵ kʰan¹³ tau³¹ tʂə³¹·³⁵ kə⁰ ɲiou⁴² laŋ⁴² fei³⁵ tʂʰaŋ⁴² tɕʰiən⁴² lau⁴²,tʰuəŋ³⁵ tɕʰiəŋ⁴² tʰa⁵⁵,

光想给他找个伴儿，找个媳妇。
kuaŋ³⁵ siaŋ⁵⁵ kei⁴² tʰa⁵⁵ tʂau⁵⁵ kə⁰ pɚ³¹,tʂau⁵⁵ kə⁰ si⁴² fu³¹.

这一天，这个老黄牛给牛郎托了一个梦。
tʂə³¹·³⁵ i⁰ tʰian³⁵,tʂə³¹ kə⁰ lau⁵⁵ xuaŋ⁴² ɲiou⁴² kei⁵⁵ ɲiou⁴² laŋ⁴² tʰuə³⁵ lə⁰·³⁵ i⁰ kə⁰ məŋ³¹.

给他说了啥："就是在咱村南庄山脚儿下有个湖，
kei⁵⁵ tʰa⁵⁵ ʂuə³⁵ lə⁰ ʃia³¹:"tɕiou¹³·³¹ tsai¹³ tsan⁴² tsʰuən³⁵ nan⁴² tʂuaŋ³⁵ ʂan³⁵ tɕyɛʳ³⁵ ɕia³¹·⁵⁵ iou kə⁰ xu⁴²,

里边儿有一些织女在里边儿戏水嘞，
li³¹ piɚ³⁵ iou⁵⁵ i⁵⁵ siɛ³⁵·³⁵ tʂɿ³⁵ ny⁵⁵ tsai³⁵ li³¹ piɚ³⁵ ɕi³¹ ʂuei⁵⁵ lɛ⁰,

树上挂哩那些衣服，你拿来一件儿到家，
ʂu¹³ ʂaŋ³¹ kua⁴² li⁰ na³¹·³⁵ siɛ³⁵ i⁵⁵ fu⁴²,ɲi⁵⁵ na⁴² lai⁴² i⁵⁵ tɕiɚ³¹ tau³¹ tɕia³⁵,

都可以给你，成了你媳妇了。"
tou³⁵ kʰə⁴²·⁵⁵ i⁰ kei⁴² ɲi⁵⁵,tʂʰəŋ⁴² lə⁰ ɲi⁵⁵ si³⁵ fu³¹ lə⁰."

这个牛郎半信半疑了，说："这是真哩啊假哩啊？"
tṣə³¹kə⁰ȵiou⁴²laŋ³¹pan³¹siən³¹pan¹³i⁴²lə⁰,ṣuə³⁵:"tṣə³¹ṣʅ³¹tṣən³⁵li⁰ia⁰tɕia⁵⁵li⁰a⁰?"
他到第二天起嘞非常嘞早，
tʰa⁵⁵tau³¹ti¹³ər³¹tʰian³⁵tɕʰi⁵⁵lɛ⁰fei³¹tṣʰaŋ⁴²lɛ⁰tsau⁵⁵,
天刚蒙蒙亮，雾气腾腾哩，
tʰian³⁵kaŋ³⁵məŋ⁴²məŋ⁰liaŋ³¹,u¹³tɕʰi³¹tʰəŋ⁴²tʰəŋ⁰li⁰,
就是到，半信半疑嘞到山脚儿下一看，
tɕiou¹³ṣʅ³¹tau³¹,pan¹³siən³¹pan¹³⁴²lɛ⁰tau³¹ṣan³⁵tɕyər⁵⁵ɕia³¹⁴²i³¹kʰan³¹,
呀，就是啊，这一个，很多那仙女儿在那里戏水嘞，
ia⁵⁵,tɕiou¹³ṣʅ³¹a⁰,tṣə³¹⁻³⁵kə⁰,xən⁵⁵tuə³¹na³¹sian⁵⁵ȵyər³¹tsai³¹na³¹li⁰ɕi³¹ṣuei⁵⁵lɛ⁰,
看到树上挂了一些粉红色儿哩一个衣服，
kʰan¹³tau³¹ṣu¹³ṣaŋ³¹kua⁴²lə⁰i³⁵siɛ³⁵fən⁵⁵xuəŋ⁴²sɛr⁵⁵⁻⁰⁻³⁵li³⁵i⁰kə³⁵i⁰fu⁴²,
他随手哎，就拿着回家，跑了。
tʰa⁵⁵suei⁴²ṣou⁵⁵ai⁰,tou³¹na⁴²tṣuə⁰xuei⁴²tɕia³⁵,pʰau⁵⁵lə⁰.
到晚上以后，实际这一件儿衣服就是一个织女，
tau⁵⁵uan⁵⁵ṣaŋ³¹⁻⁵⁵xou³¹,ʃi³¹tɕi³¹tṣə³¹⁻¹³i³⁵tɕiɛr¹³i⁰fu³¹tɕiou¹³ṣʅ³¹i⁰kə³⁵tṣʅ³⁵ȵy⁵⁵,
晚上以后，这个织女偷偷地到了他家，
uan⁵⁵ṣaŋ³¹⁻⁵⁵xou³¹,tṣə³¹kə⁰tṣʅ³⁵ȵy⁵⁵tʰou³⁵tʰou⁰tə⁰tau³¹lə⁰tʰa⁵⁵tɕia³⁵,
跟他成为了夫妻。事过三年以后嘞，
kei⁴²tʰa⁵⁵tṣʰəŋ⁴²uei³¹lə⁰fu³⁵tɕʰi³⁵.ṣʅ¹³kuə⁰san³⁵ȵian⁴²⁻⁵⁵xou³¹lɛ⁰,
这个牛郎织女他们两个生下了一男一女两个孩子。
tṣə³¹kə⁰ȵiou⁴²laŋ³¹tṣʅ³⁵ȵy⁵⁵tʰa⁵⁵mən⁰liaŋ⁵⁵kə³⁵ṣəŋ³⁵ɕia³¹liau⁰⁻³⁵i⁰nan⁴²⁻³⁵i⁰ȵy⁵⁵liaŋ⁵⁵kə³¹xai³¹tsʅ⁰.
时光过哩非常嘞幸福。
ṣʅ⁴²kuaŋ³⁵kuə³¹li⁰fei³⁵tṣʰaŋ⁴²lɛ⁰siəŋ⁴²fu³⁵.
这天长日久了，这个玉皇大帝知道了，
tṣə³¹tʰian³⁵tʃʰaŋ⁴²ʐʅ³¹tɕiou⁵⁵lə⁰,tʃiɛ³¹kə⁰y¹³xuaŋ⁴²ta¹³⁻³¹tṣʅ³⁵tau³¹lə⁰,
那还得了？是不是？这一天，他施行法器，刮风大雨，
na³¹xan⁴²tə⁰liau⁰?ṣʅ³¹pu³¹?tṣə³¹i³¹tʰian³⁵,tʰa³¹⁻³⁵ɕiəŋ⁴²fa³¹tɕʰi³¹,kua³⁵fəŋ³⁵ta³¹y⁵⁵,
龙卷风将这个织女哩，刮到了天上去了。
luəŋ⁴²tɕyan⁵⁵fəŋ³¹tsiaŋ³⁵tṣə³¹kə⁰tṣʅ³⁵ȵy⁵⁵lɛ⁰,kua³¹tau³¹lə⁰tʰian³⁵ṣaŋ³¹tʃʰy³¹lə⁰.
这个时候嘞，两个孩子哭着叫着找他爹找他娘，
tṣə³¹kə⁰ṣʅ⁴²xou³¹lɛ⁰,liaŋ⁵⁵kə³¹xai⁴²tsʅ³¹kʰu³¹tsuə⁰tɕiau³¹tsuə⁰tṣau⁵⁵tʰa³¹tiɛ³¹tṣau⁵⁵tʰa³¹ȵiaŋ⁴²,
急嘞牛郎嘞，也挠耳扯腮了没办法，
tɕi⁴²lɛ⁰tṣə³¹kə⁰ȵiou⁴²laŋ⁴²lɛ⁰,iɛ⁵⁵nau⁴²ər³¹tṣʰɛ⁵⁵sai³⁵lə⁰mei⁴²pan³¹fa³⁵,
可是在这个时候啊，这个老黄牛说话了：
kʰə⁵⁵ṣʅ³¹tsai³¹tṣə³¹ṣʅ³¹xou⁵⁵a⁰,tṣə³¹kə⁰lau⁵⁵xuaŋ⁴²ȵiou⁵⁵ṣuə³⁵xua³¹lə⁰:

"你把我头上的这两个牛角摘下来,
"ɲi⁵⁵pa⁵⁵uə⁵⁵tʰou⁴²ʂaŋ³¹tə⁰tʂə⁰liaŋ⁵⁵kə⁰ɲiou⁴²tɕiau⁵⁵tʂai³⁵ɕia¹³lai⁴²,
可能变成两个箩筐,
kʰə⁵⁵nəŋ⁴²pian¹³tʃʰiəŋ³¹liaŋ⁵⁵kə⁰luə⁴²kʰuaŋ³⁵,
你可以担着他去撵仙女儿去。"
ɲi⁵⁵kʰə⁴²i²¹tan³⁵tʂuə⁰tʰa⁵⁵tɕʰy³¹ɲian⁵⁵sian³⁵ɲyər⁵⁵tɕʰy³¹."
说话不及了,这两个牛,牛角掉在了地上,
ʂuə³⁵xua³¹pu³¹tɕi⁴²lə⁰,tʂə⁰liaŋ⁵⁵kə⁰ɲiou⁴²,ɲiou⁴²tɕyɤ³⁵tiau¹³tʂai⁵⁵lə⁰ti¹³ʂaŋ³¹,
变成了两个箩筐,
pian¹³tʂʰəŋ⁴²lə⁰liaŋ⁵⁵kə⁰luə⁴²kʰuaŋ³⁵,
一头一个小孩儿,叫牛郎拿了个扁担担着,
i³¹tʰou⁴²·³¹i⁵⁵kə⁰siau⁵⁵xɚ⁴²,tɕiau⁵⁵ɲiou⁴²laŋ⁴²na⁵⁵lə⁰kə⁰pian⁵⁵tan³¹tan³⁵tʂuə⁰,
这时候,好像一阵旋风,把他旋到了天上,
tʂə⁰ʂʅ³¹xou⁵⁵,xau⁵⁵siaŋ⁵⁵i³¹tʃiən³¹syan⁴²fəŋ³⁵,pa⁵⁵tʰa⁵⁵syan⁴²tau³¹lə⁰tʰian³⁵ʂaŋ³¹,
飞啊飞啊,飞嘞非常嘞快,
fei³⁵ia⁰fei³⁵ia⁵,fei³⁵lɛ⁰fei³⁵tʂʰaŋ⁴²lɛ⁰kʰuai³¹,
眼看着就要撵上这个织女了,
ian⁵⁵kʰan³¹tʂuə⁰tɕiou¹³iau³¹ɲian⁵⁵ʂaŋ³¹tʂə⁰kə⁰tʂʅ³⁵ɲy⁵⁵lə⁰,
但在这个时候,王母娘娘一看,她拿出了头上的簪子,
tan¹³tsai³¹tʂə³¹kə⁰ʂʅ⁴²xou³¹,uaŋ⁴²mu⁰ɲiaŋ⁴²ɲiaŋ⁰·³¹i³¹kʰan³¹,tʰa⁵⁵na⁴²tʂʰu³⁵lə⁰tʰou⁴²ʂaŋ³¹ti⁰tsan³⁵tsʅ⁰,
从他们当中划出了很宽很宽一条银河,
tsʰuəŋ⁴²tʰa⁵⁵mən⁰taŋ³⁵tʂuəŋ³⁵xua³¹tʂʰu³⁵lə⁰xən⁵⁵kʰuan³⁵xən⁵⁵kʰuan³⁵i³¹·³¹tʰiau⁴²iən⁴²xɤ⁴²,
把他们两个分成了对岸一个,一人一个,不能见面儿了。
pa⁵⁵tʰa⁵⁵mən⁰liaŋ⁵⁵kə⁰fən³⁵tʂʰəŋ⁴²lə⁰tuei¹³ɣan³¹·³⁵kə³¹,i³⁵zən⁴²·³⁵i⁰kə⁰,pu¹³nəŋ⁴²tɕian¹³miɚ³¹lə⁰.
但是,喜鹊儿看到这,光想帮助牛郎织女,
tan¹³ʂʅ³¹,ɕi⁵⁵tɕʰyɛɚ³¹kʰan¹³tau³¹tʂə⁰,kuaŋ³⁵siaŋ⁵⁵paŋ³⁵tʂu⁰ɲiou⁴²laŋ³⁵tʂʅ³⁵ɲy⁵⁵,
每年的七月七嘞,都前边儿燕子,
mei⁵⁵ɲian⁴²tə⁰tɕʰi³⁵yɛ³¹tɕʰi³⁵lɛ⁰,tou³⁵tsʰian⁵⁵piɚ³⁵ian³¹tsʅ⁰,
后边儿燕子咬着前边儿燕子尾巴,
xou³¹piɚ³⁵ian³¹tsʅ⁰iau⁵⁵tʂuə⁰tsʰian⁴²piɚ³⁵ian³¹tsʅ⁰uei⁵⁵pa⁰,
就一个接一个地搭成了一条鹊桥,
tɕiou³¹·³⁵i⁵⁵kə⁰tsie³⁵·i⁵⁵kə⁰ti¹³ta³⁵tʂʰəŋ⁴²lə⁰·³¹tʰiau³¹tɕʰyɤ¹³tɕʰiau³¹,
这样嘞,他们牛郎织女,每年的七月七,
tʂə³¹iaŋ³¹lə⁰,tʰa⁵⁵mən⁰ɲiou⁴²laŋ⁴²tʂʅ³⁵ɲy⁵⁵,mei⁵⁵ɲian⁴²tə⁰tɕʰi³⁵yɛ³¹tɕʰi³⁵,
都可以通过这一条银鹊桥去见面儿啊。
tou³⁵kʰə⁵⁵·⁰i⁵⁵tʰuəŋ³⁵kuə³¹tʂə³¹·³⁵i⁵⁵tʰiau⁴²iən⁴²tɕʰyɤ¹³tɕʰiau⁴²tɕʰy³¹tɕian¹³miɚ³¹a⁰.

他们的时光就可以恢复,
tʰa⁵⁵mən⁰tə⁰.ʂʅ⁴²kuaŋ³⁵tɕiou³¹kʰə⁵⁵xuei³⁵fu³⁵,
这所以说这就是个七月七的来历。好了。
tʂə³¹suə⁴²˙⁵⁵ʂuə³⁵tsiɛ³¹tɕiou¹³ʂʅ³¹kə⁰tɕʰi³⁵yɛ⁵¹tɕʰi³⁵tə⁰lai⁴²li³¹.xau⁵⁵lɛ⁰.

意译：下面我给大家讲一个古老的传说，名字叫牛郎织女。说的是很早以前有个村庄，住着一个小伙子，他爹他娘都死了，只剩一个老黄牛与他耕地相伴。所以人们称他牛郎。这个老黄牛实际是天上的金牛星下凡。它看牛郎非常勤劳，同情他，就想给他找个媳妇。一天，老黄牛给牛郎托了一个梦。告诉他："村子南边山脚下有个湖，有一些仙女在里边戏水，你把树上挂的衣服拿一件回家，有个仙女就会成为你的妻子。"牛郎半信半疑，第二天他起得很早，天刚蒙蒙亮，雾气腾腾，他半信半疑到山脚下一看，确实有很多仙女在那里戏水，牛郎看到树上挂了一件粉红色的衣服，他随手拿着就跑回家了。这件衣服其实就是织女的衣服。到了晚上，织女偷偷地到了他家，和他结为夫妻。三年以后，牛郎织女生下了一男一女两个孩子，生活很幸福。天长日久，玉皇大帝知道了，那还得了？这一天，他施法，又是刮风又是下雨，龙卷风把织女刮到天上去了。这个时候，两个孩子哭着找妈妈，牛郎急得抓耳挠腮，这时老黄牛说话了："你把我头上的两个牛角摘下来，它们可以变成两个箩筐，你可以担着孩子去找织女。"这时牛角掉在了地上，变成了两个箩筐，一头放一个小孩儿。牛郎拿一个扁担担着，好像有一阵旋风，把他旋到了天上，飞啊飞啊飞啊，飞得非常快，眼看就要撵上织女了。这时，王母娘娘一看，她拿下头上的簪子，从他们当中划出了一条很宽的银河，把他们两个分隔两岸，不能见面了。但是喜鹊知道了这件事，想帮助牛郎织女，每年的七月初七，鸟儿们前后衔着尾巴，一个接一个地搭成了鹊桥。这样，牛郎织女每年七月七都可以在鹊桥上相会。这就是七月七的来历。好了。

（发音人：王连聚 2018.08.18 濮阳）

0022 御井的来历

下边儿我给咱大家讲一个,
ɕia³¹piər¹³uə⁵⁵kei⁵⁵tsan⁴²ta³¹tɕia³⁵tɕiaŋ⁵⁵˙⁰kə³¹,
俺那濮阳城里有一个古迹，它嘞名儿叫"御井"。
ɣan⁵⁵na³¹pʰu³⁵iaŋ⁴²tʂʰəŋ⁴²li⁵⁵˙³¹kə⁰ku⁵¹tɕi³⁵,tʰa⁵⁵li⁰miẽr⁴²tɕiau⁵¹"y³¹tɕiəŋ⁵⁵".
说[起来]御井，那不是谁爱称"御"都"御"嘞。
ʃuə³⁵tɕʰiɛ⁴²y³¹tɕiəŋ⁵⁵,na³⁵pu³¹ʂʅ³¹ʂei⁵¹ɣai³¹tʂʰəŋ³⁵"y³¹"təu³⁵"y³¹"lɛ⁰.
所谓"御"就代表皇帝的意思。
ʂuə⁵⁵uei³¹"y³¹"tɕiəu¹³tai³¹piau⁵⁵xuaŋ⁴²ti⁵¹˙tɛ⁰˙³¹sʅ⁰.
所以，才有一个故事儿来证明它是一个御井。
ʂuə⁴²˙⁰i⁵¹,tsʰai⁴²˙³¹iəu⁵⁵˙³¹kə⁰ku³¹ʂər¹³lai⁴²tʂəŋ³¹miəŋ⁴²tʰa⁵⁵ʂʅ³¹˙³¹kə⁰y³¹tɕiəŋ⁵⁵.

在当时大宋朝嘞时候，
tsai³¹taŋ³⁵ʂʅ⁴²ta³¹suəŋ³¹tʂʰau⁴²lɛ⁰ʂʅ⁴²xəu³¹,
咱们都知道，那濮阳城里就有名儿了。
tsan⁴²mən⁰təu³⁵tsʅ⁴²tau³¹,na⁰pʰu³⁵iaŋ⁴²tʃʰiəŋ⁴²li⁰tɕiəu³¹iəu⁵⁵mĩə̃⁴²lə⁰.
咱都听，看过《三国演义》，三英战吕布，
tsan⁴²təu³⁵tʰiəŋ⁴⁴,kʰan³¹kuə⁰san³⁵kuə³⁵ian⁵⁵i³¹,san³⁵iəŋ³⁵tʂan³¹ly⁵⁵pu³¹,
那就是在濮阳那个时候，
na¹³tɕiəu³¹ʂʅ³¹tsai³¹pʰu³⁵iaŋ⁴²nɛ³¹kə⁰ʂʅ⁴²xəu³¹,
大战濮阳嘞时候，发生了一个故事，
ta¹³tʂan³¹pʰu³⁵iaŋ⁴²lɛ⁰ʂʅ⁴²xəu³¹,fa⁴²ʂəŋ³⁵lə⁰i⁵⁵·³¹kə⁰ku³¹ʂʅ¹³,
那大宋朝，这个故事儿嘞也是发生在大宋朝，
nɛ⁴⁴ta¹³suəŋ³¹tʂʰau⁴²,tʂɛ³¹kə⁰ku³¹ʂər⁰lɛ⁰iɛ⁵⁵·³¹ʂʅ³¹fa⁴²ʂəŋ³⁵tsai³¹ta¹³suəŋ³¹tʂʰau⁴²,
赵匡胤做皇帝嘞时候。
tʂau³¹kʰuaŋ³⁵iən³¹tsuə³¹xuaŋ⁴²ti⁴²lɛ⁰ʂʅ⁴²xəu³¹.
啊，那个时候，有老寇准在弄这招安，
a⁰,nɛ³¹kə⁰ʂʅ⁴²xəu³¹,iəu⁵⁵lau⁵⁵kʰəu³¹tʂuən⁵⁵tsai³¹nuəŋ³¹tʂə⁰tʂau⁴²an⁰,
他是个丞相是不是？老寇准，也是个忠良。
tʰa⁵⁵ʂʅ³¹kə⁰tʂʰəŋ⁴²ɕiaŋ³¹ʂʅ³¹pu⁰ʂʅ³¹?lau⁵⁵kʰəu³¹tʂuən⁵⁵,iɛ⁵⁵ʂʅ³¹kə⁰tʂuəŋ³⁵liaŋ⁴².
啊，这个老寇准嘞，在皇上那儿领到一道圣旨。
a⁰,tʂɛ³¹kə⁰lau⁵⁵kʰəu³¹tʂuən⁵⁵lə⁰,tsai³¹xuaŋ⁴²ʂaŋ³¹nər³¹liəŋ⁵⁵tau¹·³¹tau³¹ʂəŋ³¹tsʅ⁵⁵.
干啥嘞？就是到濮阳，唵，到濮阳城里干啥嘞？
kan¹³ʂa³¹lɛ⁰?tɕiəu³¹ʂʅ³¹tau⁰pʰu³⁵iaŋ⁴²,an⁰,tau³¹pʰu³⁵iaŋ⁴²tʃʰiəŋ⁴²li⁰kan¹³ʂa³¹lɛ⁰?
就是那个时候，那北辽，唵，也就是北鞑，
tɕiəu¹³ʂʅ³¹nɛ³¹kə⁰ʂʅ⁴²xəu³¹,na³¹pei⁵⁵liau⁴²,an⁰,iɛ⁵⁵tɕiəu¹³ʂʅ³¹pei⁵⁵ta⁴²,
那个时候经常嘞侵犯咱中原。
na³¹kə⁰ʂʅ³¹xəu³¹tɕiəŋ³⁵tʂʰaŋ⁴²lɛ⁰tɕʰiən³⁵fan⁵⁵tsan⁴²tʂuəŋ³⁵yan⁴².
叫他拿这个圣旨，与北辽一些官员，进行协商。
tɕiau³¹tʰa⁵⁵na⁴²tʂɛ³¹kə⁰ʂəŋ³¹tsʅ⁵⁵,y⁴²pei⁵⁵liau⁴²·³⁵iɛ³¹kuan⁵⁵yan⁴²,tɕiən¹³ɕiəŋ⁴²ɕiɛ⁴²ʂaŋ³⁵.
唵，咱能不能和好不打仗啊，是不是？
an⁰,tsan⁴²nəŋ⁴²pu⁰nəŋ⁴²xuə⁴²xau⁵⁵pu¹³ta⁵⁵tʂaŋ³¹a⁰,ʂʅ³¹pu⁰ʂʅ³¹?
把这事情叫老寇准去办一下儿。
pa¹³tʂɛ³¹ʂʅ³¹tɕʰiəŋ⁴²tɕiau⁰lau⁵⁵kʰəu³¹tʂuən⁵⁵tɕʰy¹³pan³¹·⁰ɕier³¹.
在什么地方办嘞，也就是在濮阳城里这一块儿。
tsai³¹ʂʅ⁴²mə⁰ti³¹faŋ³⁵pan³¹lɛ⁰,iɛ⁵⁵tɕiəu³¹ʂʅ³¹tsai³¹pʰu³⁵iaŋ⁴²tʃʰiəŋ⁴²li⁰tʂə¹³·³¹i³¹kʰuer³¹.
这个御井这儿为起点，开始协商协调，
tʂɛ³¹kə⁰y³¹tɕiəŋ⁵⁵tʂər³¹uei³¹tɕʰi⁵⁵tian⁵⁵,kʰai³⁵ʂʅ⁰ɕiɛ⁴²ʂaŋ³⁵ɕiɛ⁴²tʰiau⁴²,

嗯，把这个事情，费了老长时间，
ən⁰,pa⁴²tsə³¹kə⁰ʂɿ¹³tɕʰiəŋ⁴²,fei³¹lə⁰lau⁵⁵tʃʰiaŋ⁴²ʂɿ⁴²tɕian³⁵,

啊，结果经过多次嘞协商，签订了一个条约。
a⁰,tsiɛ³⁵kuə⁵⁵tɕiəŋ³⁵kuə³¹tuə³⁵tsɿ¹³lɛ⁰ɕiɛ⁴²ʂaŋ³⁵,tɕʰian³⁵tiəŋ³¹lau⁰·³¹kə⁰tʰiau⁰yə⁴⁴.

这就是啥，北辽，是不是？在三百年以内不侵略中原。
tsɤ³¹tɕiəu³¹ʂɿ⁰sa³¹,pei³¹liau⁴²,ʂɿ³¹pu³¹ʂɿ³¹?tsai³¹san³⁵pɛ³⁵n̠ian⁴²·⁵⁵nei³¹pu³¹tɕʰiən⁴²luə³¹tsuəŋ³⁵yan⁴².

哎，就签下了一个很好的一个协调嘞条约。
ai⁰,təu³¹tɕʰian³⁵ɕia³¹lɛ⁰i³¹kə⁰xən³¹xau⁵⁵li⁰·³¹kə⁰ɕiɛ⁴²tʰiau⁴²lɛ⁰tʰiau⁰yə³⁵.

这个时候，老寇准把这一个，一项协议拿到皇帝那儿，
tsə³¹kə⁰ʂɿ⁴²xəu³¹,lau⁵⁵kʰəu³¹tsuən⁵⁵pa³¹tsə³¹i⁰kə⁰,i³¹ɕiaŋ³¹ɕiɛ⁴²·³¹na⁴²tau³¹xuaŋ⁴²ti³¹nɚ³¹,

唉⁼，皇帝看了非常高兴，这样，说实情，
an⁰,xuaŋ⁴²·³¹ti³¹kʰan³¹lau⁰fei³⁵tʂʰaŋ⁴²kau⁴²ɕiəŋ³¹,tsɤ¹³iaŋ³¹,ʃyɛ³⁵ʃi⁴²tɕʰiŋ³¹,

老寇准又在中原立下了一条大嘞功劳。
lau⁵⁵kʰəu³¹tsuən⁵⁵iəu¹³tsai³¹tsuəŋ³⁵yan⁴²li³¹ɕia³¹lau i⁰·³⁵tʰiau³¹ta³¹lɛ⁰kuəŋ³⁵lau⁴².

所以说，皇帝封这个御井为御井。
ʂuə⁴²·⁰i³¹ʂuə³⁵,xuaŋ⁴²ti³¹fəŋ³⁵tsə³¹kə⁰y³¹tɕiəŋ⁵⁵uei³¹y³¹tɕiəŋ⁵⁵.

这就是这个御，御井的来历。
tsɤ¹³tɕiəu³¹ʂɿ³¹tsə³¹kə⁰y³¹,y³¹tɕiəŋ⁵⁵lə⁰lai⁴²li³¹.

意译：下边我给大家讲一个故事，濮阳城里有一个古迹，名叫"御井"。所谓"御"就代表皇帝的意思。在大宋朝的时候，濮阳城就很有名气了。我们都看过《三国演义》，其中三英战吕布就发生在濮阳。在大宋朝赵匡胤做皇帝的时候，寇准是个丞相，也是个忠良。那个时候北辽经常侵犯咱中原，皇帝让寇准拿着圣旨，到濮阳与北辽一些官员进行谈判。这个事情就发生在濮阳城现在御井附近这个地点。寇准经过多次协商，签订了一个条约。条约中有一条就是在三百年以内北辽不侵略中原。皇帝看了非常高兴，说寇准在中原立下大的功劳。所以皇帝封这个地方为御井。这就是御井的来历。

（发音人：王连聚　2018.08.18 濮阳）

三　自选条目

0031 谚语

东虹呼噜西虹雨，南虹出来卖儿女。
tuəŋ³⁵tsiaŋ³¹xu³⁵lu⁰ɕi³⁵tsiaŋ³¹y⁵⁵,nan³¹tsiaŋ³¹tʂʰu³⁵lai⁴²mai³¹ɚ⁴²n̠y⁰.

意译：东边出彩虹光打雷，西边出彩虹下雨，南边出彩虹出来卖儿女（喻大灾年）。

（发音人：王连聚　2018.08.18 濮阳）

0032 谚语

燕子低飞蛇过道，狂风大雨要来到。

ian³¹tsʅ⁰ti³⁵fei³⁵ʂɛ⁴²kuə¹³tau³¹,kʰuaŋ⁴²fəŋ³⁵ta³¹y⁵⁵iau¹³lai⁴²tau³¹.

意译：燕子低飞蛇过大路，狂风大雨要来到。

（发音人：王连聚　2018.08.18 濮阳）

0033 谚语

云朝南，雨连连，下满澶。

yən⁴²tʃʰiau⁴²nan⁴²,y⁵⁵lian⁴²lian⁴²,ɕia³¹man⁵⁵tʂʰan⁴².

意译：云往南跑会下大雨，把澶湖都下满了。

（发音人：王连聚　2018.08.18 濮阳）

0034 谜语

下边儿我给大家说个谜语儿，打四个地名。

ɕia³¹piɚ³⁵uə⁵⁵kei⁴²ta³¹tɕia³⁵ʂuɛ³⁵kə⁰mi⁴²yɚ⁰,ta⁵⁵sʅ³¹kə⁰ti³¹miəŋ⁴².

雾气腾腾刮北风，这是云南；

u³¹tɕʰi⁰tʰəŋ⁵⁵tʰəŋ⁵⁵kua³⁵pei³⁵fəŋ³⁵,tʂə³¹sʅ³¹yən⁴²nan⁴²;

蝎子掉到海当中，这叫蛰江（浙江）；

ɕie³⁵tsʅ⁰tiau³¹tau⁵⁵xai⁵⁵taŋ³¹tʂuəŋ³⁵,tsiɛ¹³tɕiau³¹tʂɛ³⁵tɕiaŋ³⁵;

十两银子买碗饭，这是贵粥（贵州）；

ʂʅ⁴²liaŋ⁵⁵iən⁴²tsʅ⁰mai⁴²uan⁵⁵fan³¹,tʂə³¹sʅ³¹kuei³¹tʂəu³⁵;

一只靴子四下里蹬，这叫四穿（四川）。

i³⁵tsʅ³⁵ɕye³⁵tsʅ⁰sʅ³¹ɕia³¹li⁰təŋ³⁵,tsiɛ¹³tɕiau³¹sʅ³¹tʂʰuan³⁵.

意译：下边我给大家说个谜语，打四个地名。雾气腾腾刮北风，这是指云南；蝎子掉到海当中，这是指蛰江（浙江）；十两银子买碗饭，这是指贵粥（贵州）；一只靴子四下里蹬，这是指四穿（四川）。

（发音人：王连聚　2018.08.18 濮阳）

0035 顺口溜《秃媳妇》

说了个小孩儿本事无，他一心要寻好媳妇。

ʂuə³⁵lə⁰kə³¹siau⁵⁵xɚ⁴²pən⁵⁵sʅ³¹u³⁵,tʰa⁴²·³⁵i⁵⁵siən³⁵iau¹³siən⁴²xau³¹si⁴²fu⁰.

这一次上了媒人的当，他一下子寻了个电光秃儿。

tʂɛ³¹i³⁵tsʰʅ³¹ʂaŋ³¹liau⁴²mei⁴²ʐən³¹ti⁰taŋ³¹,tʰa⁴²·³⁵i³¹ɕia³¹tsʅ³¹siən⁴²lə⁰kə³¹tian³¹kuaŋ³⁵tʰuɚ⁰.

拜罢天地入洞房，小女婿儿看见就要哭：

pai³¹pa⁰tʰian³⁵ti³¹ʐu³⁵tuəŋŋ¹³faŋ⁴²,siau⁵⁵ny⁵⁵ɕyɚ³¹kʰan¹³tɕian³¹tɕiəu¹³iau³¹kʰu³⁵:

"哼，俺那祖爷爷，俺那祖奶奶，

"xən³¹,ɣan⁵⁵na⁰tsu⁵⁵iɛ⁵⁵iɛ⁰,ɣan⁵⁵na⁰tsu⁵⁵nai⁵⁵nai⁰,

俺咋着受了天大的罪，给一个小秃儿配了夫。"

ɣan⁵⁵tsa¹³tsuə⁰səu³¹lə⁰tʰian³⁵ta³¹·tə⁰tsuei³¹,kei⁵⁵·³⁵i⁰kə⁰siau⁵⁵tʰuɚ³⁵pʰei³¹liau⁰fu⁰."

小秃妮儿听了一声高高地拜，叫一声：
siau⁵⁵ tʰu³⁵ ɲiər³⁵ tʰiəŋ³⁵ liau i⁰˙³⁵ ʂəŋ³⁵ kau kau ti pai³¹,tɕiau i³⁵ ʂəŋ³⁵:
"奴家哩小丈夫，你寻俺奴家奴有福。"
"nu⁴² tɕia³⁵ li⁰ siau⁵⁵ tʂaŋ³¹ fu³⁵,ɲi⁵⁵ siən⁴² ɣan⁵⁵ nu tɕia nu⁴² iəu³⁵ fu³⁵."
"你有臭豆腐！"
"ɲi⁴² iəu⁵⁵ tʃʰiəu¹³ təu³¹ fu⁰,"
"这第一福，不用你给俺买花儿戴吧。"
"tʂɛ³¹ ti³¹ i³⁵ fu³⁵,pu¹³ yəŋ³¹ ɲi⁴² kei⁵⁵ ɣan⁵⁵ mai⁵⁵ xua³⁵ tai³¹ pa⁰."
"你没头发你戴哪儿啊？"
"ɲi⁵⁵ mei⁴² tʰəu⁴² fa³¹ ɲi⁵⁵ tai³¹ nar⁵⁵ a⁰?"
"这第二福，不用你给俺买刮头篦子和木梳。"
"tʂɛ³¹ ti¹³ ər³¹ fu³⁵,pu¹³ yəŋ³¹ ɲi⁵⁵ kei⁵⁵ ɣan⁴² mai⁵⁵ kua³⁵ tʰəu⁴² pi³¹ tsɿ⁰ xɤ⁴² mu³⁵ ʂu³⁵."
"你没头发，你梳啥？"
"ɲi⁵⁵ mu⁰ tʰəu⁴² fa³¹,ɲi⁵⁵ ʂu³⁵ ʃia³¹?"
"这第三福，咱俩过上三年整，领个状元把书读。
"tʂɛ³¹ ti³¹ san³⁵ fu³⁵,tsa⁴² lia⁵⁵ kuə³¹ ʂaŋ³⁵ san³⁵ ɲian⁴² tʂəŋ⁵⁵,liəŋ⁵⁵ kə tʂuaŋ³¹ yan⁴² pa⁵⁵ ʂu³⁵ tu⁴².
你成状元祖爷爷，俺成状元祖奶奶，
ɲi⁵⁵ tʃʰiəŋ⁴² tʂuaŋ³¹ yan⁴² tsu⁵⁵ iɛ⁴² iɛ⁰,ɣan⁵⁵ tʃʰiəŋ⁴² tʂuaŋ³¹ yan⁴² tsu⁵⁵ nai⁵⁵ nai⁰,
看你还嫌俺秃不秃。"
kʰan³¹ ɲi⁵⁵ xan⁴² ɕian⁴² ɣan⁵⁵ tʰu³⁵ pu⁰ tʰu³⁵."
相公听了叫了声：
siaŋ³¹ kuaŋ³⁵ tʰiəŋ³⁵ liau tɕiau³¹ liau⁰ ʂəŋ³⁵:
"小秃妮儿，你来后从脚尖儿秃到脚后跟儿，
"siau⁵⁵ tʰu³⁵ ɲiər³⁵,ɲi⁵⁵ lai⁴² xəu³¹ tsʰuaŋ⁴² tɕyɤ³⁵ tɕiɘr³⁵ tʰu³⁵ tau³¹ tɕyɤ³⁵ xəu³¹ kãr³⁵,
我再也不嫌你秃了。"
uə⁵⁵ tsai³¹ iɛ⁵⁵ pu³¹ ɕian⁴² ɲi⁵⁵ tʰu³⁵ lə⁰."

意译：有个小伙子没本事，他还想要找好媳妇。这一次上了媒人的当，他一下找了个秃媳妇。拜完天地入洞房，小女婿看见就要哭："俺那个祖爷爷祖奶奶，俺怎么这么倒霉，娶了个秃媳妇。"新媳妇听了叫一声："丈夫啊，你找到我算是你有福。""你有臭豆腐！""首先，你不用给我买花儿戴。""你没头发你戴哪儿？""其次，你不用给我买梳子。""你没头发，你梳啥？""第三，咱俩结婚以后，生下的后代好好念书，变成状元郎，咱俩是状元的爹娘，你再也不会嫌我秃。"新女婿赶忙叫了声："好媳妇，今后不管你有多秃，我再也不嫌弃了。"

（发音人：王连聚 2018.08.18 濮阳）

浚　县

一　歌谣

0001 板凳歌

板凳板凳摞摞，里头坐个大哥。

pan⁵⁵təŋ⁰pan⁵⁵təŋ⁰luɤ²¹luɤ⁰,li⁵⁵tʰou⁰tsuɤ²¹kɤ⁰ta²¹kɤ⁰.

大哥出来买菜，里头坐个奶奶。

ta²¹kɤ⁰tʂʰʯ²⁴lai⁰mai⁵⁵tsʰai²¹³,li⁵⁵tʰou⁰tsuɤ²¹kɤ⁰nai⁵⁵nai⁰.

奶奶出来烧香，里头坐个姑娘。

nai⁵⁵nai⁰tʂʰʯ²⁴lai⁰ʂau²⁴ɕiaŋ²⁴,li⁵⁵tʰou⁰tsuɤ²¹kɤ⁰ku²⁴ȵiaŋ⁰.

姑娘出来磕头，里头坐个松猴。

ku²⁴ȵiaŋ⁰tʂʰʯ²⁴lai⁰kʰɤ²⁴tʰou⁴²,li⁵⁵tʰou⁰tsuɤ²¹kɤ⁰ɕyəŋ²⁴xou⁴².

松猴出来蹦蹦，里头坐个臭虫。

ɕyəŋ²⁴xou⁴²tʂʰʯ²⁴lai⁰pəŋ²¹pəŋ⁰,li⁵⁵tʰou⁰tsuɤ²¹kɤ⁰tʂʰou²¹tʂʰuəŋ⁰.

臭虫出来爬爬，里头坐个蛤蟆。

tʂʰou²¹tʂʰuəŋ⁰tʂʰʯ²⁴lai⁰pʰa⁴²pʰa⁰,li⁵⁵tʰou⁰tsuɤ²¹kɤ⁰xɛ⁴²ma⁰.

蛤蟆出来凫水，里头坐个老鬼。

xɛ⁴²ma⁰tʂʰʯ²⁴lai⁰fu²¹ʂuei⁵⁵,li⁵⁵tʰou⁰tsuɤ²¹kɤ⁰lau²⁴kuei⁵⁵.

老鬼出来推车，一下ᶻ推[出来]个老鳖。

lau²⁴kuei⁵⁵tʂʰʯ²⁴lai⁰tʰuei²¹tʂʰə²⁴,i¹ɕiæu²⁴tʰuei⁰tʂʰuai⁰kɤ⁰lau⁵⁵piɛ²⁴.

老鳖骨碌骨碌一跌，骨碌骨碌一跌。

lau⁵⁵piɛ²⁴ku⁰lu⁰ku⁰lu⁰i¹tiɛ²⁴,ku⁰lu⁰ku²⁴lu⁰i¹tiɛ²⁴.

意译：板凳板凳摞摞，里头坐个大哥。大哥出来买菜，里头坐个奶奶。奶奶出来烧香，里头坐个姑娘。姑娘出来磕头，里头坐个松猴。松猴出来蹦蹦，里头坐个臭虫。臭虫出来爬爬，里头坐个蛤蟆。蛤蟆出来凫水，里头坐个老鬼。老鬼出来推车，一下推出来个老鳖。老鳖骨碌骨碌一跌，骨碌骨碌一跌。

（发音人：李志华　2017.08.02 浚县）

0002 筛打罗

筛打罗，罗打地，姥姥门口唱大戏。

ʂai²⁴ta⁵⁵luɤ⁴²,luɤ⁴²ta⁵⁵ti²¹³,lau⁵⁵lau⁰mən⁴²kʰou⁵⁵tsʰaŋ²¹ta²⁴ɕi²¹³.

接闺女，叫女婿，小外甥儿，也要去。

tɕiɛ²⁴kuei²⁴n̩y⁰,tɕiau²¹n̩y⁵⁵ɕy⁰,ɕiau⁵⁵uai⁵⁵sər²⁴,iɛ⁵⁵iau²¹tɕʰy²¹³.

一巴掌，打回去，嘟嘟嘟，煞了戏。

i²⁴pa²⁴tʂaŋ⁵⁵,ta⁵⁵xuei⁴²tɕʰy⁰,tu²⁴tu²⁴tu²⁴,sa²¹liau⁵⁵ɕi²¹³.

意译：筛打罗，罗打地，姥姥门口唱大戏。接闺女，叫女婿，小外甥儿，也要去。
一巴掌，打回去，嘟嘟嘟，散了戏。

（发音人：李志华　2017.08.02 浚县）

0003 立秋歌

立了秋，挂锄钩，磨磨镰刀地里搂。

li²⁴liau⁵⁵tɕʰiou²⁴,kua²¹tʂʰu⁴²kou²⁴,muɤ⁴²muɤ⁰lian⁴²tau²¹ti²¹li⁰lou²⁴.

割黑蒿，割黄蒿，割成大捆往家挑。

kɤ²⁴xɛ²⁴xau²⁴,kɤ²⁴xuaŋ⁴²xau²⁴,kɤ²⁴tʂʰən⁴²ta²¹kʰuan⁵⁵uaŋ⁵⁵tɕia²⁴tʰiau²⁴.

挑到家，铡刀铡，用水浇，用土压。

tʰiau²⁴tau²¹tɕia²⁴,tʂa⁴²tau²⁴tʂa⁴²,yoŋ²¹ʂuei⁵⁵tɕiau²⁴,yoŋ²¹tʰu⁵⁵ia²⁴.

半月闷个白不叉，这样积肥真不差。

pan²¹yɛ²⁴mən²⁴kɤ⁰pɛ⁴²pu²⁴tʂʰa²⁴,tʂʅ⁴²iaŋ⁰tɕi²⁴fei⁴²tʂən²⁴pu⁰tʂʰa²⁴.

意译：立了秋，挂锄钩。磨磨镰刀地里搂，割黑蒿，割黄蒿，割成大捆往家挑。挑到家，铡刀铡。用水浇，用土压，半月闷个白不叉。这样积肥真不差。

（发音人：李志华　2017.08.02 浚县）

0004 扯巾巾

扯，扯，扯巾巾，腰里掖那花手巾。

tʂʰə⁵⁵,tʂʰə⁵⁵,tʂʰə⁵⁵tɕiən²⁴tɕiən⁰,iau²⁴li²⁴iɛ⁰nə⁰xua²⁴ʂou⁵⁵tɕiən⁰.

手巾掉了，不要了。弄啥嘞，裹脚嘞。

ʂou⁵⁵tɕiən⁰tiau²¹la⁰,pu²⁴iau²¹la⁰.nuaŋ²¹sa⁵⁵lɛ⁰,kuɤ⁵⁵tɕyɤ²⁴lɛ⁰.

脚，脚，怪臭嘞，街里有个卖肉嘞。

tɕyɤ²⁴,tɕyɤ²⁴,kuai²¹tʂʰou²¹³lɛ⁰,tɕiɛ²⁴li⁰iou⁵⁵kɤ⁰mai²¹zou²¹³lɛ⁰.

肉，肉，怪香呀，当街有个卖姜嘞。

zou²¹³,zou²¹³,kuai²¹ɕiaŋ²⁴ia⁰,taŋ²⁴tɕiɛ²⁴iou⁵⁵kɤ⁰mai²¹tɕiaŋ²⁴lɛ⁰.

姜，姜，怪辣呀，当街有个买花嘞。

tɕiaŋ²⁴,tɕiaŋ²⁴,kuai²¹la²⁴ia⁰,taŋ²⁴tɕiɛ²⁴iou⁵⁵kɤ⁰mai²¹xua²⁴lɛ⁰.

花，花，怪白嘞，当街有个卖鞋嘞。

xua²⁴,xua²⁴,kuai²¹pɛ⁴²lɛ⁰,taŋ²⁴tɕiɛ²⁴iou⁵⁵kɤ⁰mai²¹ɕiɛ⁴²lɛ⁰.

鞋，鞋，怪小嘞，当街有个卖枣嘞。

ɕiɛ⁴²,ɕiɛ⁴²,kuai²¹ɕiau⁵⁵lɛ⁰,taŋ²⁴tɕiɛ²⁴iou⁵⁵kɤ⁰mai²¹tsau⁵⁵lɛ⁰.

枣，枣，怪甜嘞，当街有个卖盐嘞。

tsau⁵⁵,tsau⁵⁵,kuai²¹tʰian⁴²lɛ⁰,taŋ²⁴tɕiɛ²⁴iou⁵⁵kɤ⁰mai²¹ian⁴²lɛ⁰.

盐，盐，怪咸嘞，河里有个撑船嘞。鮈儿呼！鮈儿呼！
ian⁴²,ian⁴²,kuai²¹ɕian⁴²lɛ⁰,xɤ⁴²li⁰iou⁵⁵kɤ⁰tʂʰəŋ²⁴tʂuan⁴²lɛ⁰.xər⁵⁵xu⁰! xər⁵⁵xu⁰!

意译：扯，扯，扯巾巾，腰里掖个花手巾。手巾掉了，不要了。干啥呢，裹脚呢。
　　　脚，脚，怪臭的，街上有个卖肉的。肉，肉，怪香的，街上有个卖姜的。
　　　花，花，怪白的，街上有个卖鞋的。鞋，鞋，怪小的，街上有个卖枣的。
　　　枣，枣，怪甜的，街上有个卖盐的。盐，盐，怪咸的，河里有个撑船的。
　　　鮈儿呼！鮈儿呼！

（发音人：李志华　2017.08.02 浚县）

0005 蚂蚁雀ᶻ

蚂蚁雀ᶻ，尾巴长，娶了媳妇儿忘了娘。
ma⁵⁵˙itɕʰiæu²¹³,i⁵⁵pa⁰tʂʰaŋ⁴²,tɕʰy⁵⁵lɤ⁰ɕi⁰fər⁰uan⁰lɤ⁰n̪iaŋ⁴².

把娘推到漫地里，媳妇儿背到炕头上。
pa⁵⁵n̪iaŋ⁴²tʰuei²⁴tau⁰man²¹ti²¹li⁰,ɕi⁴²fər⁰pei²⁴tau⁰kʰaŋ²¹tʰou⁰ʂaŋ⁰.

老娘喝的剩汤饭，媳妇儿烙饼配麻糖⁼。
lau²⁴n̪iaŋ⁴²xɤ²⁴tɤ⁰ʂəŋ²¹tʰaŋ²⁴fan⁰,ɕi⁴²fər⁰luɤ⁰piəŋ⁵⁵pʰei²¹ma²¹tʰaŋ⁰.

媳妇儿说话像唱戏，老娘说话臭狗屁。
ɕi⁴²fər⁰ʂuɤ²⁴xua²¹³ɕiaŋ²¹tsʰaŋ⁴²ɕi²¹,lau²⁴n̪iaŋ⁴²ʂuɤ²⁴xua²¹³tʂʰou²¹kou⁴²pʰi²¹³.

意译：喜鹊，尾巴长，娶了媳妇儿忘了娘。把娘推到漫地里，媳妇儿背到炕头上。
　　　老娘喝的剩汤饭，媳妇儿烙饼配油条。媳妇儿说话像唱戏，老娘说话臭狗屁。

（发音人：李志华　2017.08.02 浚县）

0006 编花篮

小板凳儿，腿儿短，爷爷坐上编花篮。
ɕiau⁵⁵pan⁵⁵tər²¹³,tʰuei⁵⁵ər⁰tuan⁵⁵,iɛ⁴²iɛ⁰tsuɤ²¹ʂaŋ⁰pian²⁴xua²⁴lan⁴².

新柳条，白闪闪，又细又长又绵软。
ɕiən²⁴liou⁵⁵tʰiau⁰,pɛ⁴²ʂan⁵⁵ʂan⁰,iou²¹ɕi⁰iou²¹tʂʰaŋ⁴²iou²¹mian⁴²ʐuan⁰.

左一编，右一编，编个花篮真好看。
tsuɤ⁵⁵˙⁴²i²¹pian²⁴,iou²¹˙⁴²i²¹pian²⁴,pian²⁴kɤ⁰xua²¹lan⁴²tʂən²⁴xau⁵⁵kʰan²¹³.

我一个，妹一个，剩下一个送哥哥。
uɤ⁵⁵˙⁴²i²¹kɤ²¹³,mei²¹˙⁴²i²¹kɤ⁰,ʂəŋ²¹ɕia²¹˙⁴²i²¹kɤ²¹³suen²¹kɤ⁵⁵kɤ⁰.

意译：小板凳儿，腿儿短，爷爷坐上编花篮。新柳条，白闪闪，又细又长又绵软。
　　　左一编，右一编，编个花篮真好看。我一个，妹一个，剩下一个送哥哥。

（发音人：李志华　2017.08.02 浚县）

0007 红圪档ᶻ

红圪档ᶻ，插辘辘，谁来了？他姑父。
xueŋ⁴²kɛ⁴²tæŋ²¹³,tʂʰa²⁴lu²⁴lu⁰,ʂei⁴²lai⁰la⁰?tʰa²¹ku²⁴fu⁰.

带嘞啥？眵么糊。拿嘞啥，假豆腐。
tai²¹lɛ⁰ʂa⁵⁵?tʂʰʅ²⁴muɤ⁰xu²⁴.na⁴²lɛ⁰ʂa⁵⁵,tɕia⁵⁵tou²¹fu⁰.

穿嘞啥？破裆裤，后头露 ᴰ 那大屁股。
tʂʰuan²⁴lɛ⁰ʂa⁵⁵?pʰuɤ²¹taŋ²⁴kʰu⁰,xou²¹tʰou²¹lo²¹na²¹ta²¹pʰi²¹ku⁰.
前门儿上，后门儿关，这个亲戚不体面。
tɕʰian⁴²mər⁴²ʂaŋ²¹³,xou²¹mər⁴²kuan²⁴,tʂʅ⁴²kɤ⁰tɕʰiən²⁴tɕʰi⁰pu²⁴tʰi⁵⁵mian⁰.

意译：红秸秆，插辘辘，谁来了？他姑父。带的啥？眼屎糊。拿的啥，假豆腐。穿的啥，破裆裤，后头露着大屁股。前门儿上，后门儿关，这个亲戚不体面。

（发音人：李志华　2017.08.02 浚县）

0008 寺下头

寺下头，山南头，骑不起马骑墙头，
sʅ²¹ɕia²¹tʰou⁰,ʂan²⁴nan⁴²tʰou⁰,tɕʰi⁴²pu²¹tɕʰi⁵⁵ma⁵⁵tɕʰi⁴²tɕʰiaŋ⁴²tʰou⁴².
嗑不起瓜子儿吃黑豆。
kʰɤ²¹pu²⁴tɕʰi⁵⁵kua²⁴tsər⁵⁵tʂʅ²⁴xɛ⁴²tou⁰.
枕不起枕头枕砖头，
tʂən²¹pu²⁴tɕʰi⁵⁵tʂən²¹tʰou⁰tʂən²¹tʂuan²⁴tʰou⁰,
盖不起楼房盖土房。
kai²¹pu²⁴tɕʰi⁵⁵lou⁴²faŋ⁴²kai²¹tʰu⁵⁵faŋ⁴².
挂不起灯笼挂萝头。
kua²¹pu²⁴tɕʰi⁵⁵təŋ²⁴lou⁰kua²¹luɤ²¹tʰou⁰.
戴不起银簪 ᶻ 戴木簪 ᶻ，
tai²¹pu²⁴tɕʰi⁵⁵iən⁴²tsæ²⁴tai²¹mu²⁴tsæ²⁴,
唱不起大戏唱木偶。
tʂʰaŋ²¹pu²⁴tɕʰi⁵⁵ta²¹ɕi²¹³tsʰaŋ²¹mu²⁴ɤou⁴².

意译：寺下头（村名），山南头（村名），骑不起马骑墙头，嗑不起瓜子儿吃黑豆。枕不起枕头枕砖头，盖不起楼房盖土房。挂不起灯笼挂萝头。戴不起银簪戴木簪，唱不起大戏唱木偶。

（发音人：李志华　2017.08.02 浚县）

二　故事

0021 牛郎和织女

我叫辛永忠，家是浚县东大街嘞。
uɤ⁵⁵tɕiau⁴²ɕiən²⁴yəŋ⁵⁵tʂuŋ²⁴,tɕia⁵⁵ʂʅ²¹³ɕyən²¹ɕian⁴²tuəŋ²⁴ta²¹tɕiɛ²⁴lɛ⁰.
下面我给大家讲一个故事：牛郎和织女。
ɕia²¹mian⁰uɤ⁵⁵kei⁵⁵ta⁴²tɕia⁴²tɕiaŋ⁴²i⁰kɤ⁰ku⁵⁵ʂʅ²¹³:niou²¹laŋ⁰xɤ⁴²tʂʅ⁴²ny⁰.
古时候，有一个小孩儿，他爹娘死嘞早。
ku⁵⁵ʂʅ⁴²xou²¹³,iou⁴²i⁰kɤ⁰ɕiau²¹xor⁴²,tʰa⁵⁵tiɛ⁰niaŋ⁴²sʅ⁵⁵lɛ⁰tsau⁵⁵.

家里只有一头老牛，他就跟 ᴰ老牛□一□儿过嘞。
tɕia²⁴li²¹tsʅ²⁴iou⁵⁵i⁰tʰou²¹lau²⁴ɲiou⁴²,tʰa⁵⁵tɕiou²¹kɛ²⁴lau²⁴ɲiou⁴²kai²¹³i²⁴tʰuɤr²¹kuɤ²¹lɛ⁰.
村里嘞人就给他叫牛郎。
tsʰuən²¹li⁰lɛ⁰zən⁴²tɕiou²¹kei⁵⁵tʰa⁵⁵tɕiau²¹³ɲiou⁴²laŋ⁰.
牛郎非常勤勤，心眼儿也好。
ɲiou⁴²laŋ⁴²fei²⁴tʂʰaŋ⁴²tɕʰiən²¹tɕʰiən⁰,ɕiən²⁴ior²¹iɛ⁵⁵xau⁵⁵.
他成[天□]带着老牛下地干活儿，
tʰa⁵⁵tʂʰəŋ⁴²tʰiæ²⁴tai²¹tʂɤ⁰lau²⁴ɲiou²¹tɕia²⁴ti²¹³kan²¹xuɤr⁴²,
老牛也很喜欢牛郎。
lau²⁴ɲiou⁴²iɛ⁵⁵xən⁵⁵ɕi⁵⁵xuan²¹ɲiou²¹laŋ⁰.
老牛其实就是天上那金牛星。有一天呢，
lau²⁴ɲiou²¹tɕʰi²⁴sʅ⁵⁵tɕiou²¹sʅ²¹tʰian²⁴ʂaŋ²¹na²¹tɕian²⁴ɲiou²⁴ɕiəŋ²⁴.iou²¹i²⁴tʰian²⁴nɛ⁰,
老牛知道天上的仙女儿要到村东边儿嘞湖里洗澡，
lau²⁴ɲiou²¹tʂʅ²⁴tau²¹³tʰian²⁴ʂaŋ²¹tə⁰ɕian²⁴ɲyr²¹iau²¹tau²¹³tsʰuən²⁴tuəŋ²⁴pior²¹lɛ⁰xu²¹li⁰ɕi⁴²tsau⁵⁵,
就托梦给牛郎，叫牛郎第二[清早]到湖边儿去，
tɕiou²¹³tʰuɤ²¹məŋ²¹³kei⁵⁵ɲiou²¹laŋ⁴²,tɕiau²¹³ɲiou²¹laŋ⁰ti²⁴ər²¹tɕʰiæn²⁴tau²¹³xu⁴²pior²¹tɕʰy²¹³,
拿走一件粉红色嘞衣裳。这个被拿走衣裳的仙女儿，
na⁴²tsou⁵⁵·⁴²tɕian²¹³fən⁵⁵xuəŋ⁴²sɛ²¹lɛ⁰i⁰·²⁴ʂaŋ⁰.tʂə⁴²kɤ²¹pei²¹³na⁴²tsou⁵⁵·²⁴ʂaŋ⁵⁵tɤ⁰ɕian²⁴ɲyər⁵⁵,
到后꞊黑就会去找牛郎，成为牛郎的老婆 ᶻ。
tau²¹³xo²¹xɛ²⁴tou²¹xuei²¹³tɕʰy²¹tʂau⁵⁵ɲiou²¹laŋ⁴²,tʂʰəŋ⁴²uei²¹³ɲiou²¹laŋ⁰lɛ⁰lau²⁴pʰuau⁴².
第二[清早]，牛郎醒来，
ti²⁴ər²¹tɕʰiæn²⁴,ɲiou⁴²laŋ⁰ɕiəŋ⁵⁵lai⁴²,
糊糊悠悠嘞就到了村东边儿嘞湖里、湖边儿。
xu⁴²xu²¹iou²⁴iou²⁴lɛ⁰tɕiou²¹tau²¹³la⁰tsʰuən²⁴tuəŋ²⁴pior²¹lɛ⁰xu⁴²li⁰,xu⁴²pior²⁴.
他果然看到几个仙女儿在湖里洗澡，
tʰa⁵⁵kuɤ⁴²zan⁵⁵kʰan²¹tau²¹tɕi²¹kɤ⁰ɕian²⁴ɲyr⁵⁵tsai²¹³xu⁴²li⁰ɕi⁴²tsau⁵⁵,
就偷偷儿嘞拿走一件粉红的衣裳，赶紧跑到家了。
tɕiou²¹tʰou²⁴tʰər²¹lɛ⁰na⁴²tsou⁵⁵·⁴²tɕian²¹³fən⁵⁵xuəŋ²¹tɤ⁰i⁰·²⁴ʂaŋ⁰,kan⁴²tɕiən²¹pʰau⁵⁵tau²¹³tɕia²⁴la⁰.
到那后꞊黑嘞，那个被拿走衣裳的仙女儿就找到牛郎，
tau²¹nə²¹xo²¹xɛ²⁴lɛ⁰,nə²¹kɤ⁰pei²¹³na⁴²tsou⁵⁵·²⁴ʂaŋ⁵⁵tɤ⁰ɕian²⁴ɲyər⁵⁵tɕiou²¹³tʂau²¹tau²¹³ɲiou²¹laŋ⁴²,
和牛郎拜堂成家了。
xɤ⁴²ɲiou⁴²laŋ⁰pai²¹tʰaŋ⁴²tʂʰəŋ⁴²tɕia²⁴la⁰.
牛郎和织女结婚后，成[天□]带着老牛下地干活儿，
ɲiou⁴²laŋ²¹xɤ⁴²tʂʅ²⁴ɲy²¹tɕiɛ²⁴xuən²⁴xou²¹³,tʂʰəŋ⁴²tʰiæ²¹tai²¹tʂɤ⁰lau²⁴ɲiou²¹tɕia²⁴ti²¹³kan²¹xuɤr⁴²,
织女在家纺花织布，他们过得非常幸福。
tʂʅ²⁴ɲy⁵⁵tsai²¹tɕia⁴²faŋ²⁴xua⁵⁵tʂʅ²⁴pu²¹³,tʰa²¹mən⁰kuɤ²¹tə⁰fei²⁴tʂʰaŋ⁴²ɕiəŋ²¹fu⁴².

一转眼嘞，三年过去了。
i²⁴tʂuan⁴²ian⁵⁵nɛ⁰,san²⁴ȵian⁴²kuɤ²¹tɕʰy⁰la⁰.
织女给ᴅ牛郎生ᴅ俩小孩ᶻ，一个妮ᶻ，一个小ᶻ。
tʂʅ²⁴ȵy⁵⁵kɛ²⁴ȵiou⁴²laŋ⁰ʂo²⁴liaŋ⁵⁵au²⁴xɛau⁴²,i²⁴kɤ⁰ȵi:au²⁴,i⁴²kɤ⁰ɕiæu⁵⁵.
这件事儿嘞，被天上玉皇大帝知道了。
tʂʅ⁴²tɕian²¹³ʂʅr²¹³lɛ⁰,pei²¹³tʰian²⁴ʂaŋ⁰y⁰xuaŋ²⁴ta²¹³ti⁴²tʂʅ²¹³tau²¹³la⁰.
玉皇大帝非常生气，就派天兵天将下凡，
y²¹xuaŋ⁰ta²⁴ti²¹³fei²⁴tʂʰaŋ⁴²ʂəŋ²⁴tɕʰi²¹³,tɕiou²¹pʰai²¹³tʰian²⁴piəŋ²⁴tʰian²⁴tɕiaŋ²¹³ɕia²¹fan⁴²,
来捉织女回天宫受罚。
lai⁴²tʂuɤ²⁴tʂʅ²⁴ȵy⁵⁵xuei⁴²tʰian²⁴kuəŋ²⁴ʂou²¹fa⁴².
这天，天上电闪雷鸣，又刮风又下大雨，
tʂʅ⁴²tʰian²⁴,tʰian²⁴ʂaŋ⁰tian²¹ʂan⁵⁵lei⁴²miəŋ⁴²,iou²¹kua⁰fəŋ²⁴iou²¹ɕia²¹ta²¹y⁵⁵,
天兵就把织女捉走了。
tʰian²⁴piəŋ²⁴tɕiou⁰pa²¹tʂʅ²⁴ȵy⁵⁵tʂuɤ²⁴tsou⁵⁵la⁰.
牛郎从地里回来，就见俩小孩ᶻ口家哭嘞要娘。
ȵiou⁴²laŋ⁰tsʰuəŋ⁴²ti²¹li⁰xuei⁴²lai⁰,tɕiou²⁴tɕian²¹³lia⁰au²⁴xɛau⁰kai²¹tɕia²⁴kʰu²⁴lɛ⁰iau²¹ȵiaŋ⁴².
唉，找不到织女，他急嘞没法儿。
ɛ⁰,tʂau⁵⁵pu⁴²tau²¹³tʂʅ²⁴ȵy⁵⁵,tʰa⁵⁵tɕi⁰lɛ⁰mei⁴²fɚ²⁴.
这时候嘞，老牛开口说话了。
tʂʅ⁴²ʂʅ⁴²xou²¹³lɛ⁰,lau²⁴ȵiou⁴²kʰai²⁴kʰou⁵⁵ʂuə⁰xua²¹³la⁰.
他说："牛郎，织女本是天上的仙女，
tʰa⁵⁵ʂuə²⁴:"ȵiou⁴²laŋ⁰,tʂʅ²⁴ȵy⁵⁵pən⁵⁵ʂʅ²¹³tʰian²⁴ʂaŋ⁰tɤ⁰ɕian²⁴ȵy⁵⁵,
她私自下凡和你结婚，被玉皇大帝知道了，
tʰa⁵⁵ʂʅ²⁴tsʅ²¹³ɕia²¹fan⁴²xɤ⁴²ȵi⁰tɕiɛ⁰xuən²⁴,pei²¹³y²¹xuaŋ⁰ta²⁴ti²¹³tʂʅ⁴²tau²¹³la⁰,
就派天兵天将搁她捉走了。
tɕiou²¹pʰai²¹³tʰian²⁴piəŋ²⁴tʰian²⁴tɕiaŋ²¹³kɤ²⁴tʰa⁵⁵tʂuɤ²⁴tsou⁵⁵la⁰,
你赶快取下我嘞牛角，变成两个箩筐ᶻ，
ȵi⁵⁵kan⁴²kʰuai²¹³tɕʰy⁵⁵ɕia⁰uɤ⁵⁵lɛ⁰ȵiou²⁴tɕyɤ²⁴,pian²¹tʂʰəŋ⁰liaŋ⁵⁵kɤ⁰luɤ⁴²kʰuæŋ²⁴,
装上俩小孩ᶻ，披上我嘞牛皮，
tʂuaŋ²⁴ʂaŋ⁰lia⁵⁵au⁰xɛau⁴²,pʰi²⁴ʂaŋ⁰uɤ⁵⁵lɛ⁰ȵiou⁰pʰi⁴²,
到天上去追织女吧。"
tau²¹³tʰian²⁴ʂaŋ⁰tɕʰy²¹³tsuei²⁴tʂʅ²⁴ȵy⁵⁵pa⁰."
说话间嘞，老牛就不见了，
ʂuə²⁴xua²¹³tɕian²⁴nɛ⁰,lau²⁴ȵiou⁴²tɕiou²¹³pu⁴²tɕian²¹³la⁰,
地上留下一张牛皮和两个牛角。
ti²¹ʂaŋ⁰liou⁰ɕia⁰·⁴²i⁰tʂaŋ²⁴ȵiou⁴²pʰi⁰xɤ⁴²liaŋ⁵⁵kɤ⁰ȵiou⁴²tɕyɤ²⁴.

两个牛角嘞，转眼间就变成了两个大箩筐。
liaŋ⁵⁵kɤ⁰ȵiou²⁴tɕyɤ²⁴lɛ⁰,tsuan²¹ian⁵⁵tɕian²⁴tɕiou²¹pian²¹tʂən⁴²la⁰liaŋ⁵⁵kɤ⁰ta²¹luɤ⁴²kʰuan²⁴.

牛郎嘞，顾不嘞想恁些了，
ȵiou⁴²laŋ⁴²lɛ⁰,ku²¹pu⁰lɛ⁰ɕiaŋ⁵⁵nən²¹ɕiɛ²⁴la⁰,

就把俩小孩ᶻ装到箩筐里头，
tɕiou²⁴pa²¹³lia⁵⁵au²⁴xɛau⁴²tʂuaŋ²⁴tau⁰luɤ⁴²kʰuan⁰li⁵⁵tʰou⁰,

用扁担挑着，披上牛皮就飞到天上去了。
yəŋ²¹³pian⁵⁵tan²¹tʰiau²⁴tʂɤ⁰,pʰi⁵⁵ʂaŋ⁰ȵiou⁴²pʰi⁴²tɕiou²¹³fei²⁴tau²¹tʰian²⁴ʂaŋ⁰tɕʰy²¹³la⁰.

他朝着织女被抓走地方，追啊追，
tʰa⁵⁵tʂʰau⁵⁵tʂɤ⁰tʂʅ²⁴ȵy⁵⁵pei²¹³tʂua²⁴tsou⁵⁵ti⁰faŋ²⁴,tʂuei²⁴a⁰tʂuei²⁴,

眼看就要追上了，王母娘娘瞧见了，
ian⁵⁵kʰan²¹³tɕiou⁰iau²¹³tʂuei²⁴ʂaŋ⁰la⁰,uaŋ²¹mu⁴²ȵiaŋ⁴²ȵiaŋ⁰tɕʰiau⁴²tɕian²¹³na⁰,

从头上拔下一根金簪ᶻ，在织女身后一划，
tsuəŋ⁴²tʰou⁰ʂaŋ⁰pa²⁴ɕia⁰i⁰kən²⁴tɕiən⁰tsæ⁰,tsai²¹³tʂʅ²⁴ȵy⁵⁵ʂən⁰xou⁰i⁰xua²¹³,

出现一条天河，把牛郎和织女隔开了。
tʂʰu²⁴ɕian²¹³i²⁴tʰiau⁴²tʰian²⁴xɤ⁴²,pa²¹³ȵiou⁴²laŋ⁰xɤ⁴²tʂʅ²⁴ȵy⁵⁵kɛ²⁴kʰai²⁴la⁰.

牛郎和小孩ᶻ在河这边哭，织女在河那边哭。
ȵiou⁴²laŋ⁰xɤ⁴²au⁰xɛu⁴²tsai²¹³xɤ⁴²tʂə⁴²pian²⁴kʰu²⁴,tʂʅ²⁴ȵy⁵⁵tsai²¹³xɤ⁴²na²¹pian²⁴kʰu²⁴.

这事儿看ᴰ被路过嘞喜鹊瞧见了，
tʂə⁴²ʂər²¹³kʰæ²¹³pei²¹lu²⁴kuɤ²¹lɛ⁰ɕi⁵⁵tɕʰyɛ⁰tɕʰiau⁴²tɕian²¹³na⁰,

喜鹊很同情牛郎和织女，
ɕi⁵⁵tɕʰyɛ⁰xən⁵⁵tʰuəŋ⁴²tɕʰiəŋ⁴²ȵiou⁴²laŋ⁰xɤ⁴²tʂʅ²⁴ȵy⁵⁵,

就叫来成千上万只的喜鹊，
tɕiou²¹³tɕiau²¹lai⁰tʂʰəŋ⁴²tɕʰian²⁴ʂaŋ²⁴uan²¹³tʂʅ²⁴tɤ⁰ɕi⁵⁵tɕʰyɛ⁰,

一只咬着另一只的尾巴，
i²⁴tʂʅ²⁴iau⁵⁵tʂɤ⁰liəŋ²¹³i²⁴tʂʅ²⁴tɤ⁰i⁰pa⁰,

搭成一件、一座长长的鹊桥，
ta²⁴tʂʰəŋ⁰i²⁴tɕian²¹³,i⁴²tsuɤ²¹³tʂʰaŋ²⁴tʂʰaŋ⁰tɤ⁰tɕʰyɛ²⁴tɕʰiau⁴²,

叫牛郎和织女在桥上见面。
tɕiau²¹³ȵiou⁴²laŋ⁰xɤ⁴²tʂʅ²⁴ȵy⁵⁵tsai²¹³tɕʰiau⁴²ʂaŋ⁰tɕian²⁴mian²¹³.

喜鹊嘞事儿叫王母娘娘[知道]了，
ɕi⁵⁵tɕʰyɛ⁰lɛ⁰ʂər²¹³tɕiau²¹³uaŋ⁰mu⁴²ȵiaŋ⁴²ȵiaŋ⁰tʂo²⁴la⁰,

王母娘娘也很感动，就允许每年的七月七，
uaŋ⁴²mu⁴²ȵiaŋ⁴²ȵiaŋ⁰iɛ⁵⁵xən⁵⁵kan⁵⁵tuəŋ²¹³,tɕiou²¹³yəŋ⁴²ɕy⁵⁵mei⁵⁵nian⁴²tɤ⁰tɕʰi²⁴yɛ⁰tɕʰi²⁴,

叫牛郎和织女在鹊桥上见一面。
tɕiau²¹³ȵiou⁴²laŋ⁰xɤ⁴²tʂʅ²⁴ȵy⁵⁵tsai²¹³tɕʰyɛ²⁴tɕʰiau⁴²ʂaŋ⁰tɕian²¹³·⁴²mian²¹³.

这就是七月七牛郎会织女的故事。

tʂɚ⁴²tɕiou²⁴ʂʅ²¹³tɕʰi⁰yɛ⁰tɕʰi⁰ȵiou⁴²laŋ⁰xuei²¹³tʂʅ⁴²ȵyti⁰ku²⁴ʂʅ²¹³.

故事到这儿讲完了，谢谢大家！

ku²⁴ʂʅ²¹³tau²¹tʂɔr⁵⁵tɕiaŋ⁵⁵uan⁴²na⁰,ɕiɛ²¹ɕiɛ⁰ta²¹tɕia²⁴!

意译：我叫辛永忠，家是浚县东大街的。下面，我给大家讲一个故事：牛郎和织女。古时候，有一个小孩儿，他爹娘死得早，家里只有一头老牛，他就跟老牛在一块儿生活呢，村里的人就给他叫牛郎。牛郎非常勤劳，心眼儿也好，他每天带着老牛下地干活儿，老牛也很喜欢牛郎。老牛其实就是天上的金牛星。有一天呢，老牛知道天上的仙女要到村东边儿的湖里洗澡，就托梦给牛郎，叫牛郎第二天清早到湖边儿去，拿走一件粉红色的衣裳。这个被拿走衣裳的仙女到晚上就会去找牛郎，成为牛郎的老婆。第二天清早，牛郎醒来迷迷糊糊地就到了村东边儿的湖里、湖边儿，他果然看到几个仙女在湖里洗澡，就偷偷儿地拿走一件粉红的衣裳，赶紧跑到家了。到那晚上呢，那个被拿走衣裳的仙女儿就找到牛郎，和牛郎拜堂成家了。牛郎和织女结婚后，每天带着老牛下地干活儿，织女在家纺花织布，他们过得非常幸福。一转眼三年过去了，织女给牛郎生了两个孩子，一个女儿，一个儿子。这件事儿被天上玉皇大帝知道了，玉皇大帝非常生气，就派天兵天将下凡来捉织女回天宫受罚。这天，天上电闪雷鸣，又刮风又下大雨，天兵就把织女捉走了。牛郎从地里回来，就看到两个小孩子在家哭着要娘呢。找不到织女，牛郎急得没办法。这时候呢，老牛开口说话了，他说："牛郎，织女本是天上的仙女，她私自下凡和你结婚，被玉皇大帝知道了，就派天兵天将把她捉走了，你赶快取下我的牛角，变成两个箩筐，装上两个孩子，披上我的牛皮，到天上去追织女吧。"说话间，老牛就不见了，地上留下一个牛皮和两个牛角。两个牛角转眼间就变成了两个大箩筐。牛郎顾不得想那么多了，就把两个小孩子装到箩筐里头，用扁担挑着，披上牛皮，就飞到天上去了。他朝着织女被抓走的地方追啊追，眼看就要追上了，王母娘娘看见了，从头上拔下一根金簪子，在织女身后一划，出现一条天河，把牛郎和织女隔开了。牛郎和孩子在河这边哭，织女在河那边哭。这事儿刚好被路过的喜鹊看见了，喜鹊很同情牛郎和织女，就叫来成千上万只的喜鹊，一只咬着另一只的尾巴，搭成一座长长的鹊桥，叫牛郎和织女在桥上见面。喜鹊的事儿，被王母娘娘知道了，王母娘娘也很感动，就允许每年的七月七，叫牛郎和织女在鹊桥上见一面。这就是七月七牛郎会织女的故事。故事到这儿讲完了，谢谢大家！

（发音人：辛永忠　2017.08.02 浚县）

三 自选条目

0031 大平调《铡美案·奉府堂上用目观》

奉府堂上用目观，上下打量凤一番。
fəŋ fu tʰaŋ ʂaŋ yəŋ mu kuan,ʂaŋ ɕia ta liaŋ fəŋ i pʰan.
美翠朱冠头上戴，身穿一身龙凤衫。
mei tsʰuei tʂu kuan tʰou ʂaŋ tai,ʂən tʂʰuan i ʂən luəŋ fəŋ ʂan.
她好比三春牡丹鲜又艳，俺好比雪里梅花耐霜寒。
tʰa xau pi san tʂʰuən mu tan sian iou ian,yan xau pi ɕyɛ li mei xua nai ʂuaŋ xan.
她享清福深宫院，俺跋山涉水受饥寒。
tʰa ɕiaŋ tɕʰiəŋ fu ʂən kuəŋ yan,yan pa ʂan ʂʅə ʂuei ʂou tɕi xan.
她富贵俺贫贱，怪不到强盗为她变心肝。
tʰa fu kuei yan pʰiən tɕian,kuai pu tau tɕʰiaŋ tau uei tʰa pian siən kan.
不言不语一旁站，她那里问一声我应她一言。
pu ian pu y i pʰaŋ tʂan,tʰa na li uən i ʂəŋ uɤ iəŋ tʰa i ian.

意译：凤府堂上用目观，上下打量凤一番。美翠朱冠头上戴，身穿一身龙凤衫。她好比三春牡丹鲜又艳，我好比雪里梅花耐霜寒。她享清福深宫院，我跋山涉水受饥寒。她富贵我贫贱，怪不得强盗为她变心肝。不言不语一旁站，她那里问一声我应她一言。

（发音人：王贵珍 2017.07.29 浚县）

0032 大平调《铡美案·均州湖广遭旱荒》

均州湖广遭旱荒，只旱得井里无水草无有秧。
tɕyən tʂou xu kuaŋ tsau xan xuaŋ,tʂʅ xan tɛ tɕiəŋ li u ʂuei tsau u iou ʐaŋ.
二公婆饿死在草堂上，无有银钱殡埋葬。
ər kuəŋ pʰuɤ ɣɤ sʅ tsai tsʰau tʰaŋ ʂaŋ ,u iou iən tsʰian piən mai tsaŋ.
头上青丝剪两绺，大街换来席两张。
tʰou ʂaŋ tɕʰiəŋ sʅ tɕian liaŋ liou,ta tɕiɛ xuan lai si liaŋ tʂaŋ.
罗裙包纱把亲葬，撮土为炉草做香。
luɤ tɕʰyən pau ʂa pa tɕʰiən tsaŋ,tsʰuɤ tʰu uei lu tsʰau tsuɤ ɕiaŋ.
二公婆柩搬到草堂上，东邻西舍论短长。
ər kuəŋ pʰuɤ tɕiou pan tau tsʰau tʰaŋ ʂaŋ,tuəŋ liən si ʂʅə luəŋ tuan tʂʰaŋ.
落榜举子对俺讲，我夫君得中状元郎。
luɤ paŋ tɕy tsʅ tuei yan tɕiaŋ,uɤ fu tɕyən tɛ tʂuəŋ tʂuan yuan laŋ.
携儿带女来探望，沿路乞讨来到汴梁。
ɕiɛ ər tai ɲy lai tʰan uaŋ ,ian lu tɕʰi tʰau lai tau pian liaŋ.

谁料他结发情义全都忘，他得了富贵忘糟糠。
ṣuei liau tʰa tɕie fa tɕʰiəŋ i tsʰyan tou uaŋ,tʰa te liau fu kuei uaŋ tsau kʰaŋ.
不认俺母子还算罢，他一足将俺踢门旁。
pu zən ɣan mu tsʅ xai suan pa,tʰa i tɕy tɕiaŋ ɣan tʰi men pʰaŋ.
差韩琪来扮贼党，中途劫杀俺母子亡。
tṣʰai xan tɕʰi lai pan tsei taŋ,tṣuəŋ tʰu tɕie ṣa ɣan mu tsʅ uaŋ.
我哭得韩琪心慈软，韩琪拔刀丧黄梁。
uɤ kʰu te xan tɕʰi siən tsʰʅ zuan,xan tɕʰi pa tau saŋ xuaŋ liaŋ.
告他得官不祭祖，相爷啊，告他得官不祭祖，荣华富贵不还乡。
kau tʰa te kuan pu tɕi tsu,siaŋ iɛ a,kau tʰa te kuan pu tɕi tsu,zuəŋ xua fu kuei pu xuan ɕiaŋ.
欺天子，瞒皇上，后婚男儿招东床。
tɕʰi tʰian tsʅ,man xuaŋ ṣaŋ,xou xuən nan ər tsau tuəŋ tṣʰuaŋ.
明晃晃钢刀往上亮，包相爷与俺报冤枉。
miəŋ xuaŋ xuaŋ kaŋ tau uaŋ ṣaŋ liaŋ,pau siaŋ iɛ y ɣan pau yuan uaŋ.

意译：均州湖广遭旱荒，只旱得井里无水草无有秧。二公婆饿死在草堂上，无有银钱殡埋葬。头上青丝剪两绺，大街换来席两张。罗裙包纱把亲葬，撮土为炉草做香。二公婆柩搬到草堂上，东邻西舍论短长。落榜举子对俺讲，我夫君得中状元郎。携儿带女来探望，沿路乞讨来到汴梁。谁料他结发情义全都忘，他得了富贵忘糟糠。不认俺母子还算罢，他一足将俺踢门旁。差韩琪来扮贼党，中途劫杀俺母子亡。我哭得韩琪心慈软，韩琪拔刀丧黄梁。告他得官不祭祖，相爷啊，告他得官不祭祖，荣华富贵不还乡。欺天子，瞒皇上，后婚男儿招东床。明晃晃钢刀往上亮，包相爷与俺报冤枉。

（发音人：王贵珍　2017.07.29 浚县）

0038 谚语

种地不上粪，等于瞎胡混。
tṣuəŋ^{21}ti^{213} pu^{42} ṣaŋ^{21} fən^{213},təŋ^{55} y^0 ɕia^{24} xu^{42} xuən^{42}.
施肥不浇水，庄稼噘着嘴。
ṣʅ^{55} fei^{42} pu^{24} tɕiau^{24} ṣuei^{55},tṣuaŋ^{24} tɕia^{24} tɕyɛ^{24} tṣɤ^{55} tsuei^{55}.
意译：种地不上粪，等于瞎胡混。施肥不浇水，庄稼噘着嘴（不高兴）。

（发音人：李志华　2017.08.02 浚县）

0039 谚语

立夏麦挑齐，小满麦穗儿齐，
li^{24} ɕia^{213} mɛ^{24} tʰiau^{55} tɕʰi^{42},ɕiau^{55} man^{21} mɛ^{24} suər^{213} tɕʰi^{42},
小麦小满十日中，十日不中看芒种，
ɕiau^{55} mɛ^{24} ɕiau^{55} man^{21} ṣʅ^{42} zʅ^{21} tṣuəŋ^{24},ṣʅ^{42} zʅ^{21} pu^{24} tṣuaŋ^{24} kʰan^{21} maŋ^{42} tṣuəŋ^{213},

芒种不中一场空。
maŋ⁴² tʂuaŋ²¹³ pu²⁴ tʂuaŋ²⁴·²⁴ i²⁴ tʂʰaŋ⁵⁵ kʰuaŋ²⁴.

意译：立夏麦挑齐，小满麦穗齐。小麦小满十日中。十日不中看芒种，芒种不中一场空。

（发音人：李志华　2017.08.02 浚县）

0040 谚语

一九二九出不来手，三九四九凌上走，
i²⁴ tɕiou⁵⁵ ər²¹ tɕiou⁵⁵ tʂʰʅ²⁴ pu⁰ lai⁵⁵ ʂou⁵⁵, san²⁴ tɕiou⁵⁵ sʅ²¹ tɕiou⁵⁵ liəŋ⁴² ʂaŋ⁰ tsou⁵⁵.

五九六九沿河看柳，七九八九耕牛遍地走。
u⁵⁵ tɕiou⁵⁵ liou²¹ tɕiou⁵⁵ ian⁴² xɤ⁴² kʰan²¹ liou⁵⁵, tɕʰi²⁴ tɕiou⁵⁵ pa²⁴ tɕiou⁵⁵ kəŋ²⁴ ȵiou⁴² pian²¹ ti²¹ tsou⁵⁵.

九九八十一，老人墙根儿立。
tɕiou⁵⁵ tɕiou⁵⁵ pa²⁴ sʅ⁴²·²⁴ i⁵⁵, lau⁵⁵ zən⁴² tɕʰiaŋ⁵⁵ kər²⁴ li²⁴.

虽然身上不冷了，但是肚里饥。
suei²⁴ zan⁵⁵ ʂən²⁴ ʂaŋ⁰ pu²⁴ ləŋ⁵⁵ la⁰, tan²⁴ sʅ²¹ tu²¹ li⁰ tɕi²⁴.

意译：一九二九出不来手，三九四九凌上走，五九六九沿河看柳，七九八九耕牛遍地走。九九八十一，老人墙根儿立。虽然身上不冷了，但是肚里饥。

（发音人：李志华　2017.08.02 浚县）

0041 谚语

云往东，一场空。云往西，披蓑衣。
yən⁴² uaŋ⁵⁵ tuəŋ²⁴, i²⁴ tʂʰaŋ⁵⁵ kʰuaŋ²⁴. yən⁴² uaŋ⁵⁵ ɕi²⁴, pʰei²⁴ suɤ²⁴·²⁴.

云往南，下不完。云往北，雨霏霏。
yən⁴² uaŋ⁵⁵ nan⁴², ɕia²¹ pu²⁴ uan⁴². yən⁴² uaŋ⁵⁵ pei²⁴, y⁵⁵ fei⁰ fei²⁴.

意译：云往东，一场空。云往西，披蓑衣。云往南，下不完。云往北，雨霏霏。

（发音人：李志华　2017.08.02 浚县）

0042 歇后语

歪嘴儿吹喇叭——斜气。
uai²⁴ tsuər⁵⁵ tʂʰuei²⁴ la⁵⁵ pa⁰——ɕie⁴² tɕʰi²¹³.

意译：歪嘴儿吹喇叭——斜气。

（发音人：李志华　2017.08.02 浚县）

0043 歇后语

鸡蛋壳喽⁼儿里发面——[没有]开头儿。
tɕi²⁴ tan⁰ kʰɛ⁴² lour²¹ li⁰ fa²⁴ mian²¹³——mau²⁴ kʰai²⁴ tʰər⁰.

意译：鸡蛋壳儿里发面——没什么开头儿。

（发音人：李志华　2017.08.02 浚县）

0044 歇后语

冒鼓⁼头底下的人儿——熟人儿。
mau²¹ ku²⁴ tʰou⁴² ti⁵⁵ ɕie⁰ tə⁰ zər⁴²——ʂu⁴² zər⁴².

意译：蒸馍锅盖底下的人——熟人儿（认识的人）。

（发音人：李志华 2017.08.02 浚县）

0045 歇后语

头上长疮，脚底下流脓——坏透了。

tʰou⁴²ʂaŋ⁰tʂaŋ⁵⁵tsʰuaŋ²⁴,tɕyɤ²⁴ti⁵⁵ɕia⁰liou⁴²nuəŋ⁴²——xuai²¹tʰou²¹³la⁰.

意译：头上长疮，脚底下流脓——坏透了。

（发音人：李志华 2017.08.02 浚县）

0046 歇后语

头上戴袜ᶻ——比别人多出个拐ᶻ。

tʰou⁴²ʂaŋ⁰tai²¹uæu²⁴——pi⁵⁵piɛ⁴²zən⁰tuɤ²⁴kɤ⁰kuɛau⁵⁵.

意译：头上戴袜子——比别人多出个拐子（比别人多事儿）。

（发音人：李志华 2017.08.02 浚县）

0047 歇后语

杨纪屯的咕咕——[没有]词（瓷）儿。

iaŋ⁴²tɕi²¹tʰuən⁴²tɤ⁰ku²⁴ku²⁴——mau²⁴tsʅ⁴².

意译：杨纪屯的咕咕（民间泥土工艺品）——没有（瓷）词儿。

（发音人：李志华 2017.08.02 浚县）

0048 歇后语

后茅ᶻ的石头——又臭又硬。

xou²¹mæu⁴²tɤ⁰ʂʅ⁴¹tʰou⁰——iou²¹tʂʰou²¹iou²⁴iəŋ²¹³.

意译：茅厕里的石头——又臭又硬。

（发音人：李志华 2017.08.02 浚县）

0049 歇后语

一毛钱买十[一个]孙悟空——贱猴儿。

i²⁴mau⁵⁵tɕʰian⁴²mai⁵⁵ʂʅ⁴²iɛ²⁴suən²⁴u⁰kʰuəŋ⁵⁵——tɕian²¹xər⁴².

意译：一毛钱买十一个孙悟空——贱猴儿。

（发音人：李志华 2017.08.02 浚县）

0050 歇后语

憨小ᶻ拾柴火——啥（傻）也不啥（傻）。

xan²⁴ɕiæu⁵⁵ʂʅ⁴²tʂʰai⁴²xuɤ⁰——ʂa⁰iɛ⁰puʂa⁰.

意译：傻子拾柴火——啥（傻）也不啥（傻）。

（发音人：李志华 2017.08.02 浚县）

0051 歇后语

老头儿嘞袜ᶻ——翁ᴅ那儿了。

lau⁵⁵tʰər⁴²lɛ⁰uæu²⁴——uo²⁴nər⁰la⁰.

意译：老头儿的袜子——堆在那里了。

（发音人：李志华 2017.08.02 浚县）

0052 歇后语

魏老运说鼓——气往下行。

uei²¹ lau⁵⁵ yən²¹³ ʂʅə²⁴ku⁵⁵——tɕʰi²¹ uaŋ⁵⁵ ɕia²¹ ɕiəŋ⁴².

意译：魏老运（浚县有名的艺人）说鼓——气往下行。

（发音人：李志华　2017.08.02 浚县）

0053 歇后语

蛤蟆支桌ᶻ腿儿——够呛。

xɛ⁴² mə⁰ tʂʅ²⁴ tʂuau²⁴ tʰuər⁵⁵——kou²⁴ tɕʰiaŋ²¹³.

意译：蛤蟆支桌子腿儿——撑不起来（够呛）。

（发音人：李志华　2017.08.02 浚县）

0054 歇后语

卖梨膏糖嘞盖楼——不是一天两天熬嘞。

mai²¹ li⁴² kau²⁴ tʰaŋ⁴² lɛ⁰ kai²¹ lou⁴²——pu⁴² ʂʅ²¹⁻²⁴ i tʰian²⁴ liaŋ⁵⁵ tʰian²⁴ ɣau⁴² lɛ⁰.

意译：卖梨膏糖的盖楼——不是一天两天熬的（慢慢积累的）。

（发音人：李志华　2017.08.02 浚县）

长 垣

一 歌谣

0001 小白孩儿

小白孩儿，上坑沿儿。
siau⁴⁴pɛ⁵²xɛr⁵²,ʂaŋ³¹kʰən²⁴iɛr⁵².
洗白手儿，扎花鞋儿。
si⁴⁴pɛ⁵²ʂour⁴⁴,tʂa²⁴xua²⁴ɕiɛr⁵².
扎来花鞋儿，搁哪上？
tʂa²⁴lai⁰xua²⁴ɕiɛr⁵²,kə²⁴na⁴⁴ʂaŋ⁰?
搁板儿上，叫盗走，狗撵上。
kə²⁴pɛr⁴⁴ʂaŋ²¹³,tɕiau²⁴tau²¹³tsou⁴⁴,kou⁴⁴ɲiai⁴⁴ʂaŋ⁰.
气嘞白孩儿哭一场。
tɕʰi²¹lɛ⁰pɛ⁵²xɛr⁵²kʰu²⁴i˙tʂʰaŋ⁰.
白孩儿，白孩儿，你别哭。
pɛ⁵²xɛr⁵²,pɛ⁵²xɛr⁵²,ɲi⁴⁴pɛ⁵²kʰu²⁴.
我给你买个皮老虎，
uə⁴⁴kei²⁴ɲi⁴⁴mai⁴⁴kə⁰pʰi⁵²lau⁵²xu⁰,
白天跟 ᴰ 你玩儿，
pɛ⁵²tʰiai²⁴kɛ²⁴ɲi⁴⁴uer⁵²,
黑介=吓马虎。
xɛ²⁴tɕiɛ⁰ɕia³¹ma⁴⁴xu⁰.
马虎马虎马虎马虎马虎。
ma⁴⁴xu⁰ma⁴⁴xu⁰ma⁴⁴xu⁰ma⁴⁴xu⁰ma⁴⁴xu⁰.

意译： 小白孩儿上到水坑边儿。洗白手，扎花鞋。扎的花鞋放在哪儿？放在板子上，被盗走了，狗追上来了。气得白孩儿哭了一场。白孩儿白孩儿你别哭，我给你买个皮老虎，白天跟你玩儿，晚上用它吓马虎，马虎马虎马虎马虎马虎。

（发音人：李恒印 2017.7.14 长垣）

0002 门搭吊儿

门搭吊儿，哗啦啦。
mei⁵²ta²¹tiɔr²¹³,xua²⁴la⁰la⁰.
谁来了？二姑娘。
ʂei⁵²lai⁵²lə⁰?ər²¹ku²⁴n̩iaŋ⁵².
做啥饭？杀鸡儿吧。
tsu²⁴ʂa²¹fai²¹³?ʂa²⁴tɕier²⁴pa⁰.
鸡儿说："我嘞皮儿薄，杀我不胜杀恁嘞鹅。"
tɕier²⁴ʂuə²⁴:"uə⁴⁴lɛ⁰pʰier⁵²puə⁵²,ʂa²⁴uə⁴⁴pu⁴⁴ʂəŋ²¹³ʂa²⁴nei⁴⁴lɛ⁰ɣə⁵².''
鹅说："我嘞脖ᶻ长，杀我不胜杀恁嘞羊。"
ɣə⁵²ʂuə²⁴:"uə⁴⁴lɛ⁰puɐu²⁴tʂʰaŋ²¹³,ʂa²⁴uə⁴⁴pu⁴⁴ʂəŋ²¹³ʂa²⁴nei⁴⁴lɛ⁰iaŋ⁵².''
羊说："我四条白腿儿朝前走，
iaŋ⁵²ʂuə²⁴:"uə⁴⁴sɿ²¹tʰiau⁵²pɛ²⁴tʰuer²⁴tʂau⁵²tsʰiai⁵²tsou⁴⁴,
杀我不胜杀恁嘞狗。"
ʂa²⁴uə⁴⁴pu⁴⁴ʂəŋ²¹³ʂa²⁴nei⁴⁴lɛ⁰kou⁴⁴."
狗说："我给恁看家看嘞喉咙哑，
kou⁴⁴ʂuə²⁴:"uə⁴⁴kei²⁴nei⁴⁴kʰai²⁴tɕia²⁴kʰai²⁴lɛ⁰xou⁵²luəŋ⁰ia⁴⁴,
杀我不胜杀恁嘞马。"
ʂa²⁴uə⁴⁴pu⁴⁴ʂəŋ²¹³ʂa²⁴nei⁴⁴lɛ⁰ma⁴⁴."
马说："我给恁大家磨白面叫恁吃，
ma⁴⁴ʂuə²⁴:"uə⁴⁴kei²⁴nei⁴⁴ta²¹tɕia²⁴muə²¹pɛ⁵²miai²¹³tɕiau²¹nei⁴⁴tʂʰɿ²⁴,
杀我不胜杀恁嘞猪。"
ʂa²⁴uə⁴⁴pu⁴⁴ʂəŋ²¹³ʂa²⁴nei⁴⁴lɛ⁰tʂu²⁴."
猪说："我吃ᴰ恁二斗皮儿、二斗糠，拿刀见阎王。"
tʂu²⁴ʂuə²⁴:"uə⁴⁴tʂʰɿ⁰nei⁴⁴ər²¹tou⁴⁴pʰier⁵²,ər²¹tou⁴⁴kʰaŋ²⁴,na⁵²tau²⁴tɕiai²¹iaŋ⁵²uaŋ⁰."
意译：门吊子哗啦啦响，谁来了？二姑娘来了。做什么饭？杀鸡吧。鸡说："我的皮薄，杀我不如杀你家的鹅。"鹅说："我的脖子长，杀我不如杀你家的羊。"羊说："我四条白腿朝前走，杀我不如杀你家的狗。"狗说："我给你们看家看得喉咙都哑了，杀我不如杀你家的马。"马说："我给你们大家磨白面给你们吃，杀我不如杀你家的猪。"猪说："我吃了你家二斗皮、二斗糠，就要被宰了见阎王。"

（发音人：杨金英 2017.10.21 长垣）

0003 筛面糠

筛，筛，筛面糠。
ʂai²⁴,ʂai²⁴,ʂai²⁴miai²¹kʰaŋ²⁴.
琉璃珠儿，打冰糖。
liou⁵²li⁰tʂuer²⁴,ta⁴⁴piəŋ²⁴tʰaŋ⁵².

你卖胭脂儿，我卖粉儿，
ȵi⁴⁴mai²¹iai²⁴tʂər⁴⁴,uə⁴⁴mai²¹fer⁴⁴,
咱俩打个花棒槌。
tsai⁴⁴lia⁰ta⁴⁴kə⁰xua²⁴paŋ²¹tsʰuei⁰.

意译：筛，筛，筛面糠。琉璃珠儿，打冰糖。你卖胭脂，我卖粉儿。咱俩打个花棒槌。

（发音人：杨金英　2017.10.21 长垣）

0004 小白鸡儿

小白鸡儿，挠墙根儿，
siau⁴⁴pɛ⁵²tɕier²⁴,nau⁵²tsʰiaŋ⁵²ker²⁴,
一挠挠个[出来]个花落生儿。
i²⁴nau⁵²nau⁵²tsʰuɛ⁵²kə⁰xua²⁴luə⁵²ʂẽr²⁴.
拿[门外]儿，卖成钱儿
na⁵²mɛr²¹,mai²¹ʂəŋ⁰tsʰier⁵²,
娶ᴰ个媳妇儿引俩孩儿。
tsʰy⁴⁴kə⁰si⁵²fu⁰iei⁴⁴lia⁴⁴xɛr⁵².
一个叫金宝儿，一个叫玉莲儿
i⁵²kə⁰tɕiau²¹tɕiei²⁴pɔr⁴⁴,i⁵²kə⁰tɕiau²¹y²¹lier⁵².
金宝儿的爹会使车，
tɕiei²¹pɔr⁴⁴tə⁰tie⁵²xuei²¹ʂʅ⁴⁴tsʰə²⁴,
金宝儿的娘会做裳。
tɕiei²¹pɔr⁴⁴tə⁰ȵiaŋ⁵²xuei²¹tʂuə²¹ʂaŋ⁴⁴.
呼呼噜噜到会上，
xu²⁴xu²⁴lu²⁴lu²⁴tau²⁴xuei²¹ʂaŋ⁰,
买了个火烧夹麻糖，
mai⁴⁴lə⁰kə⁰xuə⁴⁴ʂau⁰tɕia²⁴ma⁵²tʰaŋ⁰,
看看比你搁家纺花强不强。
kʰai²¹kʰai²¹pi⁴⁴ȵi⁴⁴kə⁴⁴tɕia²⁴faŋ⁴⁴xua²⁴tɕʰiaŋ⁵²pu⁴⁴tɕʰiaŋ⁵².

意译：小白鸡儿，挠墙根儿，一挠挠个落花生。拿出门去卖成钱，取个媳妇儿生了俩孩儿。小孩儿一个叫金宝儿，一个叫玉莲儿。金宝儿的爹会驾车，金宝儿的娘会做衣服，呼呼噜噜到庙会上，买了个火烧夹麻糖，看看比你在家纺花强不强。

（发音人：李恒印　2017.7.14 长垣）

0005 小笆斗儿

小笆斗儿，扭豇豆儿，又不洒，又不流。
siau⁴⁴pa²⁴tour⁴⁴,kʰuai⁴⁴tɕiaŋ⁴⁴tour²¹³,iou²¹pu⁰sa⁴⁴,iou²¹pu²⁴liou⁵².

把豇豆种到地里头，
pa²¹tɕiaŋ²⁴tou⁰tʂuəŋ²¹tau⁰ti²¹li⁴⁴tou⁰,
过了仨月露点儿头儿。
kuə²¹liau⁰sa²⁴yə²⁴lou²¹tiɛr⁴⁴tʰour⁵².
是大队煎=小队留，
ʂʅ²¹ta²⁴tuei²¹³tsiai²⁴siau⁴⁴tuei²¹³liou⁵²,
大人小孩喜心头儿。
ta²¹zei⁵²siau⁴⁴xɛr⁵²ɕi⁴⁴siei²⁴tʰour⁵².
今年又是个大丰收，
tɕiei²⁴ȵiai⁵²iou²⁴ʂʅ²¹³kə⁰ta²¹fəŋ²⁴ʂou²⁴,
今年又是个大丰收。
tɕiei²⁴ȵiai⁵²iou²⁴ʂʅ²¹³kə⁰ta²¹fəŋ²⁴ʂou²⁴.

意译：小笸斗儿，扢豇豆儿，又不洒，又不流。把豇豆种到地里头，过了仨月露点儿头儿。是大队吃小队留，大人小孩喜心头儿，今年又是个大丰收。

（发音人：李恒印　2017.7.14 长垣）

0006 小老鼠儿
小老鼠儿，上灯盏，
siau⁴⁴lau⁴⁴ʂuer⁰,ʂaŋ²¹təŋ²⁴tʂai⁴⁴,
偷油吃，下不来。
tʰou²⁴iou⁵²tʂʰʅ²⁴,ɕia²¹pu⁰lai⁵².
叫小妮儿抱ᴰ猫去，
tɕiau²¹siau⁴⁴ȵier²⁴puə⁰mau⁵²tɕʰy⁰,
唧扭=，下来了。
tsi²⁴ȵiou⁰,ɕia²¹lai⁰lə⁰.

意译：小老鼠儿上灯台，偷油吃下不来，叫小姑娘抱个猫过来，唧扭=一声，下来了。

（发音人：李恒印　2017.7.14 长垣）

0007 前边走
前边走，大黄狗。后边跟，八路军。
tsʰiai⁵²piai²⁴tsou⁴⁴,ta²¹xuaŋ⁵²kou⁴⁴.xou²¹piai²⁴kei²⁴,pa²⁴lu²¹³tɕyei²⁴.
中间夹个老鳖孙。
tʂuəŋ²⁴tɕiai²⁴tɕia²⁴kə⁰lau⁴⁴piɛ²⁴suei²⁴.

意译：前边走，大黄狗。后边跟，八路军。中间夹个老鳖孙。

（发音人：于凤敏　2017.10.21 长垣）

0008 拉风箱
你嘞头像皮球，你嘞眼像鸡蛋，
ȵi⁴⁴lə⁰tʰou⁵²siaŋ²¹pʰi⁵²tɕʰiou⁵²,ȵi⁴⁴lə⁰iai⁴⁴siaŋ²¹tɕi²⁴tai²¹³.

你嘞鼻子拉风箱。
n̠i⁴⁴lɛ⁰pi⁵²tsʅ⁰laʅ²⁴fəŋ²⁴ɕiai⁵².
意译：你的头像皮球，你的眼像鸡蛋，你的鼻子拉风箱。

（发音人：于凤敏　2017.10.21　长垣）

二　故事

0021 牛郎和织女
故事的名字叫牛郎和织女。
ku²⁴sʅ²¹³lə⁰miəŋ²¹tsʅ²¹³tɕiau²¹³n̠iou⁵²xə⁵²tsʅ²⁴n̠y⁴⁴.
过去有个人儿，从小就死了爹娘，孤苦伶仃，
kuə²⁴tɕʰy²¹³iou⁴⁴kə²¹³zɚ⁵²,tsʰuaŋ⁵²siau⁴⁴tɕiou⁵¹⁴lə⁰tiɛ²⁴n̠iaŋ⁵²,ku²⁴kʰu⁴⁴liəŋ⁵²tiəŋ²⁴,
家里只有一头老牛，大家都叫这个人儿叫牛郎。
tɕia²⁴li⁰tsʅ²⁴iou⁴⁴·⁴⁴i⁴⁴tʰou⁴⁴lau⁴⁴n̠iou⁵²,ta²¹tɕia²⁴tou²⁴tɕiau²¹³tʂə²¹kə⁰zɚ⁵²tɕiau²¹³n̠iou⁵²laŋ⁵².
牛郎与老牛以种地为生，朝夕相处。
n̠iou⁵²laŋ⁵²·⁵²y⁵²lau⁴⁴n̠iou⁵²·⁴⁴i⁴⁴tʂuaŋ²⁴·²¹³ti⁵²uei⁵²ʂəŋ²⁴,tʂau²⁴si²⁴siaŋ²⁴tʂʰu⁵².
其实老牛就是天上嘞金牛星。
tɕʰi⁵²sʅ⁵²lau⁴⁴n̠iou⁵²tsiou⁵²sʅ²¹³tʰiai²⁴ʂaŋ²¹³lɛ⁰tɕiei²⁴n̠iou⁵²siəŋ²⁴.
老牛很欣赏牛郎嘞勤劳和善良，
lau⁴⁴n̠iou⁵²xei⁴⁴ɕiei⁴⁴ʂaŋ⁴⁴n̠iou⁵²laŋ⁵²lɛ⁰tɕʰiei⁵²lau⁵²xə⁵²ʂai²¹liaŋ⁵²,
一心想给他成个家。有一天，
i²⁴siei²⁴siaŋ⁴⁴kei²⁴tʰa⁰tʂʰəŋ⁵²kə⁰tɕia²⁴. iou⁴⁴·⁴⁴i⁴⁴tʰiai²⁴,
老牛知道天上的仙女儿要到村东头的河里去洗澡。
lau⁴⁴n̠iou⁵²tsʅ²¹tau⁴tʰiai²⁴ʂaŋ²¹³ti⁰siai²⁴n̠yɚ⁴⁴iau²⁴tau²¹³tsʰuei²⁴tuəŋ²⁴tʰou⁴tə⁰xə⁵²li⁰tɕʰy²¹si⁴⁴tsau⁴⁴.
就托梦给牛郎，叫他第二天早起，
tsiou²¹tʰuə²⁴məŋ²¹³kei²⁴n̠iou⁵²laŋ⁵²,tɕiau²¹tʰa⁴⁴ti²¹³ɚ²¹³tʰiai²⁴tsau⁴⁴tɕʰi⁰,
到村东边的河边，
tau²¹tsʰuei²⁴tuəŋ²⁴piai²⁴tə⁰xə²¹piai²⁴,
看到仙女，有仙女正洗澡的时候，
kʰai²⁴tau²¹³siai²⁴n̠y⁴⁴,iou⁴⁴siai²⁴n̠y⁴⁴tʂəŋ²¹si⁴⁴tsau⁴⁴tə⁰sʅ⁵²xou⁰,
把挂在树上的衣服拿走，头也不回地回到家，
pa²⁴kua²¹tsai²¹³sʅ⁵²ʂaŋ⁵²tə⁰i⁴⁴fu⁴⁴na⁵²tsou⁴⁴,tʰou⁴⁴ie⁰pu⁴⁴xuei⁵²tə⁰xuei⁵²tau⁵²tɕia⁰,
就可以得到一位美丽的仙女当妻子。第二天早起，
tsiou²¹kʰə⁵²·⁵²i⁵²tɛ²⁴tau²⁴·²⁴i²⁴uei²¹³mei⁴⁴li²¹³tə⁰siai²⁴n̠y⁴⁴taŋ²⁴tsʰi⁴⁴tsʅ⁰. ti²⁴ɚ²¹³tʰiai²⁴tsau⁵²tɕʰi⁴⁴,
牛郎半信半疑地走到村东头儿。
n̠iou⁵²laŋ⁵²pai²¹siei⁴⁴pai²¹·⁵²i²¹tə⁰tsou⁴⁴tau²¹tsʰuei²⁴tuəŋ²⁴tʰouɚ⁰.

在朦胧之中，看见河里有七个美女在洗澡。
tsai²¹məŋ⁵²luəŋ²¹tʂʅ²⁴tʂuaŋ²⁴,kʰai²⁴tɕiai²¹³xə⁰li⁰iou⁴⁴tsʰi⁵²kə⁰mei⁵²n̠y⁴⁴tsai²¹si⁵²tsau⁴⁴.
牛郎就把挂在树上的一件儿粉红衣裳拿走了，
n̠iou⁵²laŋ⁵²tsiou²⁴pa²¹³kua⁵²tsai²¹³sʅ⁵²ʂaŋ²¹³tə⁰i⁴⁴tɕiɛr⁴⁴fei²¹xuɛŋ⁵²·²⁴i⁵²ʂaŋ⁰na²⁴tsou⁴⁴lə⁰,
急匆匆地跑回家。被拿走衣裳的仙女儿就是织女。
tɕi⁵²tsʰuəŋ²⁴tsʰuəŋ⁰tə⁰pʰau⁴⁴xuei⁵²tɕia²⁴. pei²¹na⁵²tsou⁴⁴·²⁴i⁵²ʂaŋ⁰tə⁰siai²⁴n̠yer⁴⁴tsiou²⁴²¹³tʂʅ²⁴n̠y⁴⁴.
织女在半夜的时候，轻轻地敲开了牛郎的门儿，
tʂʅ²⁴n̠y⁴⁴tsai²¹pai²¹ɛ²¹³tə⁰sʅ⁵²xou⁰,tɕʰiəŋ²⁴tɕʰiəŋ⁰tə⁰tɕʰiau²⁴kʰai²⁴lə⁰n̠iou⁵²laŋ⁵²tə⁰mer⁵²,
他们就成了恩爱的夫妻。一转眼儿，三年过去了。
tʰa⁴⁴mei⁵²tsiou²¹tʂʰəŋ⁵²lə⁰ɣei²⁴ɣai²¹tə⁰fu²⁴tsʰi⁰. i⁴⁴tsuai⁵²iɛr⁴⁴,sai²⁴n̠iai⁵²kua²⁴tɕʰy²¹³lə⁰.
牛郎和织女生了一男一女两个小孩儿，很是美满幸福。
n̠iou⁵²laŋ⁵²xə⁵²tʂʅ²⁴n̠y⁴⁴ʂəŋ²⁴lə⁰·²⁴i⁴⁴nai¹⁴n̠y⁴⁴liaŋ⁴⁴kə⁰siau²⁴xɛr²¹³,xei⁴⁴²¹³mei⁴⁴mai⁴⁴ɕiəŋ²¹fu⁰.
织女下凡的事儿，叫玉皇大帝知道了。
tʂʅ²⁴n̠y⁴⁴ɕia⁵²fai⁵²tə⁰ʂər²¹³,tɕiau⁰y⁴⁴xuaŋ²⁴ta⁵²ti²¹³tʂʅ²⁴tau²¹³lə⁰.
有一天，电闪雷鸣，还刮着大风下着大雨，
iou⁴⁴·⁴⁴i⁴⁴tʰiai²⁴,tiai²¹ʂai⁴⁴luei⁵²miəŋ⁵²,xai²⁴kua²⁴tʂə⁰ta⁵²fəŋ⁰ɕia²¹tʂə⁰ta²¹y⁴⁴,
织女突然不见了。两个孩子哭着喊着找妈妈，
tʂʅ²⁴n̠y⁴⁴tʰu²⁴zai⁵²pu⁴⁴tɕiai²¹lə⁰. liaŋ⁴⁴kə⁰xai⁵²tsʅ⁰kʰu⁴⁴tʂuə⁰xai²⁴tʂuə⁰tʂau⁴⁴ma²⁴ma⁰,
急得牛郎不知如何是好。这时候，老牛开口说话了：
tɕi⁵²tə⁰n̠iou⁵²laŋ⁴⁴pu²⁴tʂʅ⁵²zu⁰xə⁵²²¹xau⁰. tʂə²¹⁵²xou²¹³,lau⁴⁴n̠iou⁵²kʰai²⁴kʰou⁰ʂuə²⁴xua²¹³lə⁰:
"别难过，你把我头上了两个角拿下来，
"pɛ⁴⁴nai²⁴kuə²¹³,n̠i⁴⁴pa²¹uə⁴⁴tʰou⁵²ʂaŋ²¹lə⁰liaŋ⁴⁴kə⁰tɕyə²⁴na⁴⁴ɕia²¹lai⁰,
变成两只箩筐，给两个孩子装上去，
piai²¹tʂʰəŋ⁵²liaŋ⁴⁴tʂʅ²⁴luə⁵²kʰuaŋ²⁴,kei²⁴liaŋ⁴⁴kə⁰xai⁵²tsʅ⁰tʂuaŋ²⁴ʂaŋ²¹tɕʰy⁰,
就可以到天空找织女了。"牛郎正在奇怪，
tsiou⁰kʰə⁵²·⁴⁴i⁴⁴tau²⁴tʰiai²⁴kʰuəŋ²⁴tʂau⁴⁴tʂʅ²⁴n̠y⁴⁴lə⁰."n̠iou⁵²laŋ⁵²tʂəŋ²⁴tsai⁰tɕʰi⁵²kuai²¹³,
这时候，老牛头上的两个角，掉在了地上，
tʂə⁰²¹xou⁰,lau⁴⁴n̠iou⁵²tʰou⁵²ʂaŋ²¹tə⁰liaŋ⁴⁴kə⁰tɕyə²⁴, tiau²⁴tsai²¹³lə⁰ti²⁴ʂaŋ²¹³,
果真变成了两个箩筐。牛郎拿起扁担挑上，
kuə⁴⁴tʂei⁰piai²¹tʂʰəŋ⁵²lə⁰liaŋ⁴⁴kə⁰luə⁵²kʰuaŋ⁵². n̠iou⁵²laŋ⁵²na⁵²tɕʰi⁴⁴piai²¹³tai²⁴tʰiau²⁴ʂaŋ⁰,
一阵清风吹过，
i⁵²tʂei²¹³tsʰiəŋ²⁴fəŋ²⁴tʂʰuei⁵²kuə⁰,
两只箩筐就像长了翅膀一样飞了起来，
liaŋ⁴⁴tʂʅ²⁴luə⁵²kʰuaŋ²⁴tsiou²⁴siaŋ²¹³tʂaŋ⁴⁴lə⁰tʂʰʅ⁵²paŋ⁰·⁴⁴iaŋ²¹³fei²⁴lə⁰tɕʰi⁴⁴lai⁰,
腾云驾雾地飞到了天空。
tʰəŋ⁵²yei²⁴tɕia²¹³u²¹³lə⁰fei²⁴tau²¹³lə⁰tʰiai²⁴kʰuəŋ²⁴.

飞呀飞呀，眼看就要追上织女了，
fei²⁴ia⁰fei²⁴ia⁰,iai⁴⁴kʰai²¹³tsiou²⁴iau²¹³tʂuei²⁴ʂaŋ²¹³tʂʅ²⁴n̠y⁴⁴lə⁰,
这事儿被王母娘娘看见了。
tʂə²⁴ʂər²¹³pei²¹uaŋ⁵²mu⁴⁴n̠iaŋ⁵²n̠iaŋ⁰kʰai²⁴tɕiai²¹³lə⁰.
王母娘娘就拔下了头上了一根金簪，
uaŋ⁵²mu⁴⁴n̠iaŋ⁵²n̠iaŋ⁰tsiou²¹pa⁵²ɕia²¹³lə⁰tʰou⁴⁴ʂaŋ²¹³lə⁰i⁴⁴kei²⁴tɕiei²⁴tsai²⁴,
在牛郎和织女中间一划，
tsai²¹n̠iou⁵²laŋ⁵²xə⁵²tʂʅ²⁴n̠y⁴⁴tʂuəŋ²⁴tɕiai²⁴i⁴⁴xua²¹³,
立刻就成了一道一个波涛汹涌的天河，
li²⁴kʰə²¹³tsiou²¹tʂʰəŋ⁵²lə⁰i⁴⁴tau²¹³i⁴⁴kə⁰puə²⁴tʰau²⁴ɕyəŋ²⁴yəŋ⁴⁴tə⁰tʰiai²⁴xə⁵²,
一眼看不到对岸，把牛郎和织女隔开了。
i²⁴iai⁴⁴kʰai²⁴pu⁰tau²¹³tuei²⁴ɣai²¹³,pa²¹n̠iou⁵²laŋ⁵²xə⁵²tʂʅ²⁴n̠y⁴⁴kɛ²⁴kʰai²⁴lə⁰.
喜鹊儿很是同情牛郎和织女，
ɕi⁴⁴tsʰuər⁰xei⁵²ʂʅ⁴⁴tʰuəŋ⁵²tsʰiəŋ⁵²n̠iou⁵²laŋ⁵²xə⁵²tʂʅ²⁴n̠y⁴⁴,
就在每年的农历七月七，成千上万的喜鹊儿，
tsiou²⁴tsai²¹³mei⁴⁴n̠iai⁵²tə⁰nuəŋ⁵²li²¹³tʂʰi²⁴yɛ²⁴tʂʰi²⁴,tʂʰəŋ⁵²tsʰiai²⁴ʂaŋ²⁴uai²¹³tə⁰ɕi⁴⁴tsʰuər⁰,
一个飞到天河上，一个挨住另一个的尾巴，
i⁴⁴kə⁰fei²⁴tau⁰tʰiai²⁴xə⁵²ʂaŋ²¹³,i⁴⁴kə⁰ɣai²⁴tʂʅ²⁴liəŋ²¹,⁴⁴i⁴⁴kə⁰tə⁰i⁴⁴pa⁰,
搭起了长长的鹊桥，
ta²⁴tɕʰi⁴⁴lə⁰tʂʰaŋ⁵²tʂʰaŋ⁵²tə⁰tsʰuə²⁴tɕʰiau⁵²,
牛郎和织女在鹊桥上相聚了。
n̠iou⁵²laŋ⁵²xə⁵²tʂʅ²⁴n̠y⁴⁴tsai²¹tsʰuə²⁴tɕʰiau⁵²ʂaŋ⁰siaŋ²⁴tsy²¹³lə⁰.

意译：故事的名字叫牛郎和织女。过去有个人，从小就死了爹娘，孤苦伶仃，家里只有一头老牛，大家都叫这个人牛郎。牛郎与老牛以种地为生，朝夕相处。其实老牛就是天上的金牛星。老牛很欣赏牛郎的勤劳和善良，一心想给他成个家。有一天，老牛知道天上的仙女要到村东头的河里去洗澡，就托梦给牛郎，叫他第二天早晨，到村东的河边，在仙女正洗澡的时候，把挂在树上的衣服拿走，头也不回地回家，就可以娶到美丽的仙女做妻子。第二天早晨，牛郎半信半疑地走到村东头。在朦胧之中，看见河里有七个美女在洗澡。牛郎就把挂在树上的一件粉红衣裳拿走了，急匆匆地跑回家。被拿走衣裳的仙女就是织女。织女在半夜的时候，轻轻地敲开了牛郎的家门，他们就成了恩爱的夫妻。一转眼，三年过去了。牛郎和织女生了一男一女两个小孩儿，很是美满幸福。织女下凡的事情，被玉皇大帝知道了。有一天，电闪雷鸣，还刮着大风下着大雨，织女突然不见了。两个孩子哭着喊着找妈妈，急得牛郎不知如何是好。这时候，老牛开口说话了："别难过，你把我头上的两个角拿下来，变成两只箩筐，把两个孩子装上去，就

可以到天空找织女了。"牛郎正在奇怪，这时候，老牛头上的两个角，掉在了地上，果真变成了两个箩筐。牛郎拿起扁担挑上，一阵清风吹过，两只箩筐就像长了翅膀一样飞了起来，腾云驾雾地飞到了天空。飞呀飞呀，眼看就要追上织女了，这事被王母娘娘看见了。王母娘娘就拔下了头上的一根金簪，在牛郎和织女中间一划，立刻就成了一道波涛汹涌的天河，一眼看不到对岸，把牛郎和织女隔开了。喜鹊很同情牛郎和织女，就在每年的农历七月初七，成千上万的喜鹊，飞到天河上，一个挨着另一个的尾巴，搭起了长长的鹊桥，牛郎和织女就在鹊桥上相聚了。

（发音人：李恒印　2017.7.14 长垣）

三　自选条目

0033 豫剧《朝阳沟·祖国的大建设一日千里》[①]

祖国的大建设一日千里，
tsu kuə ti ta tɕiai ʂə i ẓ tsʰiai li,
看不完说不尽胜利的消息，胜利的消息。
kʰai pu uai ʂuə pu tsiei ʂəŋ li ti siau si,ʂəŋ li ti siau si.
农村是青年人广阔的天地，
nuəŋ tsʰuei ʂɿ tsʰiəŋ ȵiai zei kuaŋ kʰuə ti tʰiai ti,
千条路我不走，选定山区，选定山区。
tsʰiai tʰiau lu uə pu tsou,suai tiəŋ ʂai tɕʰy,suai tiəŋ ʂai tɕʰy.
离城市到农村接受教育。
li tʂʰəŋ ʂɿ tau nuəŋ tsʰuei tsiɛ ʂou tɕiau y.
同学们走了一批又一批，毫不犹豫。
tʰuəŋ ɕyə mei tsou liau i pʰi iou i pʰi,xau pu iou y.
妈呀妈，你何时同意让我去呀，
ma ia ma,ȵi xə ʂɿ tʰuəŋ i zaŋ uə tɕʰy ia,
恨不能插上翅膀飞。
xei pu nəŋ tʂʰa ʂaŋ tʂʰɿ paŋ fei.
你呀你，我写信催你，不见你，
ȵi ia ȵi,uə siɛ siei tsʰuei ȵi,pu tɕiai ȵi,
难道说恁县里没有邮局。
nai tau ʂuə nei ɕiai li mei iou iou tɕy.
桃花谢，梨花开，杨柳吐絮，
tʰau xua siɛ,li xua kʰai,iaŋ liou tʰu sy,

[①] 发音人唱词与口语有所不同，这里记音与口语音系保持一致。

一转眼又半年，我又愁又急。

i tʂuai iai iou pai ɲiai,uə iou tʂʰou iou tɕi.

意译：祖国的大建设一日千里，看不完说不尽胜利的消息。农村是青年人的广阔天地，千条路我不走就选定了山区，离开城市到农村去接受教育。同学们毫不犹豫地走了一批又一批，妈妈你什么时候同意让我去，我恨不能插上翅膀飞去啊。我写信催你不见你回信，难道说你县里没有邮局，桃花谢梨花开杨柳飘絮，一转眼又半年我又愁又急。

（发音人：赵素芳　2017.7.21　长垣）

0034 四平调《小包公·相爷容禀》

相爷容禀。家住安徽庐州府，小包村上有我的门庭啊。

siaŋ iɛ zuəŋ piəŋ.tɕia tʂu ɣai xuei lu tʂou fu,siau pau tsʰuei ʂaŋ iou uə ti mei tʰiəŋ.

爹爹包忠人称员外，我的名字叫包拯。

tiɛ tiɛ pau tʂuaŋ zei tʂʰəŋ yai uai,uə ti miəŋ tsʅ tɕiau pau tʂʅəŋ.

自幼纳学，把书来念，十四岁进京来求名。

tsʅ iou na ɕyə,pa ʂu lai ɲiai,ʂʅ sʅ suei tsiei tɕiəŋ lai tɕʰiou miəŋ.

路遇贼子，将我来短，沿途乞讨，到了京城啊。

lu y tsei tsʅ,tsiaŋ uə lai tuai,iai tʰu tɕʰi tʰau,tau liau tɕiəŋ tʂʰəŋ a.

实指望赴科场身得中，哪料想我张家店内把病生。

ʂʅ tsʅ uaŋ fu kʰə tʂʰaŋ ʂei tə tʂuəŋ,na liau siaŋ uə tʂaŋ tɕia tiai nuei pa piəŋ ʂəŋ.

一月有余，我的病才好，最可叹那三场大考误干净。

i yɛ iou y,uə tə piəŋ tsʰai xau,tsuei kʰə tʰai na sai tʂʰaŋ ta kʰau u kai tsiəŋ.

店主人给我要饭账，无奈何我卖诗来到大街中。

tiai tʂu zei kei uə iau fai tʂaŋ,u nai xə uə mai ʂʅ lai tau ta tɕiɛ tʂuəŋ.

幸遇相爷把我来问，我句句说的是实情。

ɕiəŋ y siaŋ iɛ pa uə lai uei,uə tɕy tɕy ʂuə ti ʂʅ ʂʅ tsʰiəŋ.

对于相爷讲一遍啊.

tuei y siaŋ iɛ tɕiaŋ i piai a。

哈哈哈哈，老夫听了，喜心中。

xa xa xa xa,lau fu tʰiəŋ liau,ɕi siei tʂuəŋ.

意译：相爷容禀。家住安徽庐州府，小包村上有我的门庭啊。爹爹包忠人称员外，我的名字叫包拯。自幼入学，把书来念，十四岁进京来求名。路遇贼子，将我来短。沿途乞讨，到了京城啊。指望赴科场能中榜，哪料想我在张家店内生了病，一月有余，我的病才好。最可叹那三场大考全耽误了。店主人问我要饭账，无奈何我卖诗来到大街中，幸遇相爷把我来问，我句句说的是实情，对相爷讲一遍啊。哈哈哈哈，老夫听了，喜心中。

（发音人：王银芝　2017.7.21　长垣）

兰　考

一　歌谣

0001 小白兔儿，白又白

小白兔儿，白又白，
ɕiau⁴⁴pɛ⁵³tʰuər³¹²,pɛ⁵³iou³¹pɛ⁵³,
两只耳朵竖起来。
liaŋ⁴⁴tsʅ²⁴ər⁴⁴tuo⁰ʂu³¹²tɕʰi⁴⁴lai⁵³.
爱吃萝卜和青菜，
ai³¹tʂʰʅ²⁴luo⁵³pu⁰xɤ⁵³tɕʰiŋ²⁴tsʰai³¹²,
蹦蹦跳跳真可爱。
pəŋ³¹pəŋ⁰tʰiau³¹tʰiau⁰tʂən²⁴kʰɤ⁴⁴ai³¹².
意译：小白兔儿，白又白，两只耳朵竖起来。爱吃萝卜和青菜，蹦蹦跳跳真可爱。
（发音人：王莹　2016.08.21 兰考）

0002 小老鼠儿，上灯台

小老鼠儿，上灯台，
ɕiau⁴⁴lau⁴⁴ʂuər⁰,ʂaŋ³¹təŋ²⁴tʰai⁵³,
偷油吃，下不来。
tʰou²⁴iou⁵³tʂʰʅ²⁴,ɕia³¹pu²⁴lai⁵³.
哭着喊着叫妈妈，
kʰu²⁴tʂu⁰xan⁴⁴tʂu⁰tɕiau³¹ma²⁴ma⁰,
叽里咕噜滚下来。
tɕi²⁴li⁰kʰu⁴⁴lu⁰kuən⁴⁴ɕia³¹lai⁵³.
意译：小老鼠，上灯台，偷油吃，下不来。哭着喊着叫妈妈，叽里咕噜滚下来。
（发音人：王莹　2016.08.21 兰考）

0003 花吉═弹═儿

花吉═弹═儿，花吉═弹═儿，
xua²⁴tɕi²⁴tʰɐr⁵³,xua²⁴tɕi²⁴tʰɐr⁵³,
又好吃，又好玩儿。
iou³¹xau⁴⁴tʂʰʅ²⁴,iou³¹xau⁴⁴uɐr⁵³.

还能回家哄小孩儿。

xai·⁵³nəŋ⁵³xuei⁵³tɕia²⁴xuəŋ⁴⁴ɕiau⁴⁴xɐr⁵³.

意译：花吉=弹=儿，花吉=弹=儿，（一种甜零食）又好吃，又好玩。还能回家哄小孩儿。

（发音人：程道章　2016.08.21 兰考）

0004 梨糕甜

梨膏甜，麻花儿脆，

li⁵³kau²⁴tʰian⁵³,ma⁵³xuar²⁴tsʰuei³¹²,

山里红儿吃喽不瞌睡。

san²⁴li⁴⁴xuə̃r⁵³tʂʅ²⁴lou⁰ pu²⁴kʰɤ⁵³sei³¹².

意译：梨膏糖甜，麻花脆，山楂吃了不瞌睡。

（发音人：程道章　2016.08.21 兰考）

0005 爹又亲，娘又爱

爹又亲，娘又爱，

tiɛ²⁴iou³¹tɕʰiən²⁴,ȵiaŋ⁵³iou²⁴ɣai³¹²,

老婆子慌嘞拿烟袋。

lau²⁴pʰuo⁵³tsʅ⁰xuaŋ²⁴lɛ⁰na⁵³ian²⁴tai³¹².

小孩儿跟着叫伯伯。

ɕiau⁴⁴xɐr⁵³kən²⁴tsʅ⁰tɕiau³¹pai⁵³pai⁰.

意译：爹又亲，娘又爱，老婆子慌得拿烟袋。小孩儿跟着叫伯伯。

（发音人：程道章　2016.08.21 兰考）

0006 清早嘞馍

清早嘞馍，[一个]人[一个]；

tɕʰiən²⁴tau⁴⁴lɛ⁰muo⁵³,yo⁵³zən⁵³yo⁵³;

晌午汤，稀光光；

saŋ⁵³u²⁴tʰaŋ²⁴,ɕi²⁴kuaŋ⁴⁴kuaŋ²⁴;

后晌嘞汤，照月亮。

xɤ³¹ʂaŋ⁰ɛ⁰tʰaŋ²⁴,tsau³¹yɛ²⁴liaŋ³¹².

小孩儿喝喽光尿床，

ɕiau⁴⁴xɐr⁵³xɤ²⁴lou⁰kuaŋ²⁴ȵiau²⁴tsʰuaŋ⁵³,

扑=撒=扑=撒=三巴掌。

pʰu²⁴sa⁰pʰu²⁴sa⁰san²⁴pa²⁴tsaŋ⁰.

意译：早上的馒头，一个人一个；中午的汤，稀光光；下午的汤，照月亮。小孩儿喝了会尿床。啪啪啪打了小孩儿三巴掌。

（发音人：程道民　2016.08.16 兰考）

0007 天上下雨地下流

天上下雨地下流，

tʰian²⁴saŋ⁰ɕia³¹y⁴⁴ti³¹ɕiɛ⁰liou⁵³,

两口子打架儿不记仇。

liaŋ⁴⁴kʰou⁴⁴tsʅ⁰ta⁴⁴tɕiar³¹pu⁵³tɕi³¹tsʰou⁵³.

意译：天上下雨地下流，两口子打架儿不记仇。

（发音人：曹庆刚　2016.08.21　兰考）

0008 槐树槐

槐树槐，槐树槐，槐树底下搭戏台。

xuai⁵³sʅ³¹xuai⁵³,xuai⁵³sʅ³¹xuai⁵³,xuai⁵³sʅ³¹ti⁴⁴ɕiɛ⁰ta²⁴ɕi³¹tʰai⁵³.

去叫三姐来看戏，不知三姐来不来。

tɕʰy²⁴tɕiau³¹san²⁴tɕiɛ⁴⁴lai⁵³kʰan³¹ɕi³¹²,pu²⁴tsʅ²⁴san²⁴tɕiɛ⁴⁴lai⁵³pu⁰lai⁵³.

寻个女婿不成材，歪戴帽子趿拉鞋，

ɕiən⁵³kə⁰ny⁴⁴ɕy⁰pu²⁴tsʰən⁵³tsʰai⁵³,uai²⁴tai⁴⁴mau³¹tsʅ⁰tʰɛ²⁴la⁰ɕiai⁵³.

又吃酒来又打牌，闹得一家过不来。

iou³¹tsʰʅ²⁴tɕiou⁴⁴lai⁰iou³¹ta⁴⁴pʰai⁵³,nau²⁴tɛ⁰i²⁴tɕia⁴⁴kuo³¹pu²⁴lai⁵³.

意译：槐树槐，槐树槐，槐树底下搭戏台。去叫三姐来看戏，不知三姐来不来。寻个女婿不成才，歪戴帽子趿拉鞋。又吃酒来又打牌，闹得一家过不来。

（发音人：姬付军　2016.12.03　兰考）

0009 月婆婆

月婆婆，明光光，打开后门洗衣裳。

ye²⁴pʰuo⁵³pʰuo⁰,miən⁵³kuaŋ⁰kuaŋ²⁴,ta⁴⁴kʰai²⁴xou³¹men⁵³ɕi⁴⁴·i²⁴saŋ⁰.

洗得净，洗得光，打发哥哥上学堂。

ɕi⁴⁴tɛ⁰tɕiəŋ³¹²,ɕi⁴⁴tɛ⁰kuaŋ²⁴,ta⁴⁴fa⁰kə⁰kə⁰saŋ⁰ɕyo⁵³tʰaŋ⁵³.

读诗书，念文章，上京考个状元郎。

tu⁵³sʅ²⁴su²⁴,ȵian⁰uən⁵³tsaŋ³¹,saŋ³¹tɕiəŋ²⁴kʰau⁴⁴kə⁰tsuaŋ³¹yan⁰laŋ⁵³.

红旗插到咱门儿上，你看排场不排场？

xuəŋ⁵³tɕʰi⁵³tsʰa²⁴tau⁰tsan⁰mər⁵³saŋ⁴⁴,ȵi³¹kʰan²⁴pʰai⁵³tsʰaŋ⁰pu²⁴pʰai⁵³tsʰaŋ⁰.

意译：月婆婆，明光光，打开后门洗衣裳。洗得净，洗得光，打发哥哥上学堂。
　　　读诗书，念文章，上京考个状元郎。红旗插到咱门儿上，你看排场不排场。

（发音人：姬付军　2016.12.03　兰考）

二　故事

0021 牛郎和织女

我叫程道章，来自兰考县。

uo⁴⁴tɕiau³¹tsʰən⁵³tau³¹tsaŋ²⁴,lai⁵³tsʅ³¹lan⁵³kʰau⁴⁴ɕian³¹².

我现在给大家讲一讲牛郎和织女嘞故事。

uo⁴⁴ɕian³¹tsai³¹kei⁴⁴ta³¹tɕia²⁴tɕiaŋ⁴⁴i⁰tɕiaŋ⁴⁴ȵiou⁵³laŋ⁵³xɤ⁵³tsʅ²⁴ȵy⁴⁴lɛ⁰ku³¹sʅ²¹³.

很久很久以前，有个小伙子，父母双亡。
xən⁵³tɕiou⁴⁴xən⁵³tɕiou⁴⁴ i²⁴tɕʰian⁵³,iou⁴⁴kə⁰ɕiau⁴⁴xuo⁴⁴tsʅ⁰,fu³¹mu⁴⁴suaŋ²⁴uaŋ⁵³.

孤苦伶仃，跟老牛一块儿过日子儿。
ku²⁴kʰu⁴⁴liəŋ⁵³tiəŋ²⁴,kən²⁴lau⁴⁴ȵiou⁵³ i⁵³kʰuɐr³¹²kuo³¹zʅ³¹tsər⁰.

老牛嘞，是上天一个金牛星下凡，
lau⁴⁴ȵiou⁵³lɛ⁰,sʅ³¹saŋ³¹tʰian²⁴ i⁵³kə⁰tɕiən²⁴ȵiou⁵³ɕiəŋ²⁴ɕia³¹fan⁵³,

这牛郎他两个相依为命。
tsɛ³¹ȵiou⁵³laŋ⁵³tʰa⁴⁴liaŋ⁴⁴kə⁰ɕiaŋ²⁴ i²⁴uei⁵³miəŋ³¹².

老牛看牛郎怪勤勤，他就想法儿给他寻个媳妇儿。
lau⁴⁴ȵiou⁵³kan³¹ȵiou⁵³laŋ⁵³kuai³¹²tɕʰiən⁵³tɕʰiən⁰,tʰa⁴⁴tou⁰ɕiaŋ⁴⁴far²⁴kei⁴⁴tʰa⁴⁴ɕiən⁵³kə⁰ɕi⁵³fuɐr⁰.

他知道织女这几天要上村东那个湖里头去洗澡儿。
tʰa⁴⁴tsʅ⁵³tau³¹²tsʅ²⁴ȵy⁴⁴tsɛ³¹ɕi⁴⁴tʰian⁵³iau⁵³saŋ³¹tsʰuən²⁴tuəŋ²⁴na³¹kə⁰xu⁵³li⁴⁴tʰou⁰tɕʰy³¹²ɕi⁴⁴tsaur⁴⁴.

他托梦给牛郎，对他说：
tʰa⁴⁴tʰuo⁴⁴məŋ³¹²kei⁴⁴ȵiou⁵³laŋ⁵³,tuei³¹tʰa⁴⁴suo²⁴:

"有洗澡儿嘞，粉红衣裳嘞，你拿过来就成了。"
"iou⁴⁴ɕi⁴⁴tsaur⁴⁴lɛ⁰,fən⁴⁴xuəŋ⁵³ i²⁴saŋ⁰lɛ⁰,ȵi³¹na⁴⁴kuo⁰lai⁰tou⁰tsʰəŋ⁵³la⁰."

第二天，牛郎醒了，一醒是个梦，半信半疑。
ti²⁴ ər³¹tʰian²⁴,ȵiou⁵³laŋ⁵³ɕiəŋ⁴⁴la⁰,i²⁴ɕiəŋ⁴⁴sʅ³¹kə⁰məŋ³¹²,pan³¹ɕiən³¹pan³¹·⁵³ i⁵³.

跑东头儿去看看去吧，
pʰau⁴⁴tuəŋ²⁴tʰour⁴⁴tɕʰy³¹kʰan³¹kʰan⁰tɕʰy⁰pa⁰,

他这一看就是，仙女儿给那儿洗澡嘞。
tʰa⁴⁴tsɛ⁰ i⁵³kʰan³¹²tɕiou³¹⁰sʅ⁰,ɕian²⁴ȵyər⁴⁴kei⁴⁴nər⁰ɕi⁴⁴tsau⁴⁴lɛ⁰.

有一个粉红色嘞衣裳给那树上搭着嘞。
iou⁴⁴·⁵³ i⁵³kə⁰fən⁴⁴xuəŋ⁵³sɛ²⁴lɛ⁰ i²⁴saŋ⁴⁴kei⁴⁴nə⁰sʅ³¹saŋ⁰ta²⁴tsuo⁰lɛ⁰.

他跑到地儿，抱着衣服就往家跑。
tʰa⁴⁴pʰau⁴⁴tau⁴⁴tiər³¹²,pu³¹tsʅ⁰ i⁴⁴saŋ⁰tou⁰uaŋ⁴⁴tɕia²⁴pʰau⁴⁴.

到后晌，晚上，织女就跟过来了，
tau³¹xɤ³¹saŋ⁰,uan⁴⁴saŋ⁰,tsʅ²⁴ȵy⁴⁴tou⁰kən²⁴kuo⁰lai⁰la⁰,

他两个过上了幸福嘞生活儿。
tʰa⁴⁴liaŋ⁴⁴kə⁰kuo³¹aŋ⁴⁴liau⁴⁴ɕiəŋ²⁴fu²⁴lɛ⁰səŋ⁰xuor⁴⁴.

转眼，三年过了，生了一对儿可爱嘞儿女。
tsuan⁵³ ian⁴⁴,san⁴⁴ȵian⁴⁴kuo⁰la⁰,səŋ⁴⁴la⁰·⁵³ i⁵³tuər³¹²kʰɤ³¹ɣai³¹lɛ⁰ ər⁰ȵy⁴⁴.

牛郎干活儿，织女给家操家务，两个过日子儿很好。
ȵiou⁵³laŋ⁵³kan³¹xuor⁵³,tsʅ²⁴ȵy⁴⁴kei⁴⁴tɕia²⁴tsʰau⁴⁴tɕia²⁴u⁴⁰,liaŋ⁴⁴kə⁰kuo³¹zʅ²⁴tsər⁴⁴xən⁰xau⁴⁴.

王母娘娘知道嘞，说织女私自下凡，
uaŋ⁵³mu⁴⁴ȵiaŋ⁵³ȵiaŋ⁰tsʅ⁵³tau²⁴lɛ⁰,suɛ²⁴tsʅ²⁴ȵy⁴⁴sʅ²⁴tsʅ³¹ɕia³¹fan⁵³,

违反了天规，要捉拿归案。
uei⁴⁴fan⁰la⁰tʰian²⁴kuei²⁴,iau³¹tsuo⁵³na⁵³kuei²⁴ɣan³¹².
一天，王母娘娘派天兵天将来捉拿她。
i²⁴tʰian²⁴,uaŋ⁵³mu⁴⁴ȵiaŋ⁵³ȵiaŋ⁰pʰai³¹tʰian²⁴piəŋ²⁴tʰian²⁴tɕiaŋ³¹²lai⁵³tsuo²⁴na⁵³tʰa⁰.
一时间，狂风大作，雷电闪鸣，
i²⁴sʅ⁵³tɕian⁰,kʰuaŋ⁵³fəŋ²⁴ta³¹tsuo²⁴,luei⁵³tian³¹san⁴⁴miəŋ⁵³,
给织女押上天了。两个孩子嗷嗷叫哭嘞，
kei⁴⁴tsʅ²⁴ny⁴⁴ia²⁴saŋ³¹tʰian²⁴la⁰.liaŋ⁵³kə⁰xai⁵³tsʅ⁰ɣau⁵³ɣau⁰tɕiau³¹²kʰu²⁴lɛ⁰,
牛郎也急嘞团团转，无计可施。
ȵiou⁵³laŋ⁵³iɛ⁵³tɕi⁵³lɛ⁰tʰuan⁵³tʰuan⁵³tsuan⁵³,u⁵³tɕi³¹kʰɤ⁴⁴sʅ⁴⁴.
在这时，老牛说了：
tsai³¹²tsɛ³¹sʅ⁵³,lau⁴⁴ȵiou⁵³suɛ²⁴la⁰:
"不要慌，给我嘞牛角拿掉，都是两个筐。"
"pu⁵³iau⁵³xuaŋ²⁴,kei⁴⁴uo⁴⁴lɛ⁰ȵiou²⁴tɕyo²⁴na⁵³tiau³¹²,tou³¹sʅ⁰liaŋ⁴⁴kə⁰kʰuaŋ²⁴."
说时迟那时快，
suɛ²⁴sʅ⁰tsʰʅ⁵³na³¹sʅ⁵³kʰuai³¹²,
两个牛角儿突然掉了，变成两个筐。
liaŋ⁴⁴kə⁰ȵiou⁵³tɕyor²⁴tʰu⁴⁴zan⁴⁴tiau³¹la⁰,pian³¹tsʰəŋ⁵³liaŋ⁴⁴kə⁰kʰuaŋ²⁴.
牛郎抱着孩子一筐一个，挑着两个孩子上天空了。
ȵiou⁵³laŋ⁵³pu³¹tsʅ⁰xai⁵³tsʅ⁰i⁵³kʰuaŋ²⁴⁵³i⁵³kɤ⁰,tʰiau²⁴tsʅ⁰liaŋ⁴⁴kə⁰xai⁵³tsʅ⁰saŋ³¹tʰian²⁴kʰuəŋ²⁴la⁰.
追呀追，快追上了，王母娘娘看见了。
tsuei²⁴ia⁰tsuei²⁴,kʰuai³¹tsuei⁰saŋ³¹la⁰,uaŋ⁵³mu⁰ȵiaŋ⁵³ȵiaŋ⁰kʰan³¹tɕian³¹la⁰.
列头上拿掉一个金簪，
lɛ²⁴tʰou⁵³saŋ⁰na⁵³tiau³¹⁵³i⁰kə⁰tɕiən⁰tsan²⁴,
给他俩当中一画，画了一个天河。
kei³¹tʰa⁴⁴lia⁴⁴taŋ²⁴tsuəŋ²⁴⁵³i⁰xua³¹²,xua³¹la⁰i⁰kə⁰tʰian²⁴xɤ⁵³.
无边无沿儿嘞天河，
u⁵³pian²⁴u⁵³iɐr³¹lɛ⁰tʰian²⁴xɤ⁵³,
从此，他俩只能七月初七这一天见面儿。
tsʰuəŋ⁵³tsʰʅ⁴⁴,tʰa⁴⁴lia⁴⁴tsʅ²⁴nəŋ⁵³tɕʰi²⁴ye⁰tsʰuo²⁴tɕʰi⁵³tsɛ¹²⁴tʰian²⁴tɕian³¹miɐr³¹².
这喜鹊儿，成千上万嘞喜鹊儿，
tsɛ³¹ɕi⁴⁴tɕyor⁰,tsʰəŋ⁵³tɕʰian²⁴saŋ³¹uan³¹lɛ⁰ɕi⁴⁴tɕʰyor⁰,
同情牛郎织女。嘴叼着嘞尾巴，给他搭了一个鹊儿桥，
tʰuəŋ⁵³tɕʰiəŋ⁵³ȵiou⁵³laŋ⁵³tsʅ²⁴ny⁴⁴.tsuei⁴⁴tiau⁰tsʅ⁰lɛ⁰i⁰pa,kei⁴⁴tʰa⁴⁴ta²⁴liau⁰⁵³i⁰kə⁰tɕʰyor²⁴tɕʰiau⁵³,
叫他俩七月七这一天好相见。
tɕiau³¹tʰa⁴⁴lia⁴⁴tɕʰi²⁴ye⁰tɕʰi²⁴tsɛ³¹²⁴tʰian²⁴xau⁴⁴ɕiaŋ³¹tɕian³¹².

这是一个美丽嘞传说。
tsɛ³¹ sʅ³¹˙⁵³ i⁰ kə⁴⁴ mei⁴⁴ li³¹ lɛ⁰ tsʰuan⁵³ suo²⁴.

意译：我叫程道章，来自兰考县。我现在给大家讲一讲牛郎和织女的故事。很久很久以前，有个小伙子，父母双亡，孤苦伶仃，跟老牛一块儿过日子。老牛是天上的金牛星下凡，牛郎跟老牛相依为命。老牛看到牛郎很勤奋，就想办法要给他找个媳妇。他知道织女这几天要到村东那个湖里去洗澡儿。他托梦给牛郎，对他说："湖里有洗澡的（仙女），你把那件粉红色衣服拿过来，你们俩就能成亲了。"第二天，牛郎醒来，一看是一个梦，他半信半疑。牛郎就跑到村东头去看，结果真的有仙女在那里洗澡。有一件粉红色的衣服在树上挂着。牛郎跑到那里，抱着衣服就往家里跑。到了晚上，织女就跑到牛郎家，他们两个过上了幸福的生活。一转眼，三年过去了，他们生了一对可爱的儿女。牛郎干活儿，织女在家操持家务，两个人日子过得很幸福。王母娘娘知道了这事儿，说织女私自下凡违反了天规，要抓她回去。一天，王母娘娘派天兵天将来捉拿织女。一时间，狂风大作，电闪雷鸣，织女被押上了天。两个孩子哭得嗷嗷叫，牛郎也急得团团转，无计可施。这时，老牛开口了："不要慌，把我的牛角取下来，就是两个箩筐。"说时迟那时快，两个牛角突然掉了下来，变成了两个箩筐。牛郎抱着孩子一筐放一个，挑着两个孩子追上天空。追啊追，快追上时，王母娘娘看见了。从头上拿出来一个金簪，在两人中间画了一条天河。天河无边无际。从此，他们两个只能七月初七这天见面。成千上万的喜鹊，非常同情牛郎和织女。用嘴巴一个叼着另一个的尾巴，为他们俩搭了一座鹊桥。让他们俩在七月初七这一天相见。这是一个美丽的传说。

（发音人：程道章　2016.08.16　兰考）

三　自选条目

0031 谚语
杏花儿败，李子开花儿做买卖。
ɕiəŋ³¹ xuar²⁴ pai³¹², li⁴⁴ tsʅ⁰ kʰai²⁴ xuar²⁴ tsuo³¹ mai⁴⁴ mai⁰.
意译：杏花败，李子开花做买卖。

（发音人：王莹　2016.08.21　兰考）

0032 谚语
九尽花不开，果子摆满街。
tɕiou⁴⁴ tɕiən³¹ xua⁴⁴ pu⁵³ kʰai²⁴, kuo⁴⁴ tsʅ⁰ pai⁴⁴ man⁴⁴ tɕiɛ²⁴.
意译：九月过完花都不开了，果子摆满了大街。

（发音人：王莹　2016.08.21　兰考）

0033 谚语

家里土，地里虎，人勤地不懒。

tɕia²⁴li⁴⁴tʰu⁴⁴,ti³¹li⁴⁴xu⁴⁴,ʐən⁵³tɕʰiən⁵³ti³¹pu²⁴lan⁴⁴.

意译：家里土，地里虎，人勤地不懒。

（发音人：王莹　2016.08.21 兰考）

0034 顺口溜

天河南北，小孩儿不跟娘睡。

tʰian²⁴xɤ⁵³nan⁵³pei²⁴,ɕiau⁴⁴xɚ⁵³pu²⁴kən²⁴ȵiaŋ⁵³ʂuei³¹².

天河调角儿，小孩儿拉娘的被窝儿。

tʰian²⁴xɤ⁵³tiau³¹tɕyor²⁴,ɕiau⁴⁴xɚ⁵³lau²⁴ȵiaŋ⁵³tə⁰pei³¹uor²⁴.

意译：天河南北方向时候，小孩儿不跟娘睡。天河调角度的时候，小孩儿拉娘的被窝，要跟娘睡。

（发音人：王莹　2016.08.21 兰考）

0035 歇后语

扁嘴过门蒨儿——点头儿屁股撅。

pian⁴⁴tsuei⁴⁴kuo³¹men⁵³tɕʰiɚ⁰——tian⁴⁴tʰour⁵³pʰi³¹ku⁰tɕye²⁴.

意译：鸭子从门槛上过时——头点下去屁股撅起来。

（发音人：程道章　2016.08.21 兰考）

0036 歇后语

狗咬月明地儿——不分远近。

kou⁴⁴iau²⁴yɛ²⁴miəŋ⁰tiɚ³¹²——pu²⁴fən²⁴yan⁴⁴tɕiən³¹².

意译：狗想咬月亮——不知道远近。

（发音人：程道章　2017.02.07 兰考）

0037 歇后语

敲锣找孩子——丢人搭家伙。

tɕʰiau²⁴luo⁵³tsau⁴⁴xai⁵³tsɿ⁰——tiou²⁴ʐən⁵³ta⁴⁴tɕia²⁴xuo⁰.

意译：敲锣找孩子——丢人搭家伙。（丢了人还搭上了东西）

（发音人：程道章　2016.08.21 兰考）

0038 歇后语

布袋里装牛角儿——里外不直（不值）。

pu³¹tai⁵³li²⁴tsuaŋ²⁴you⁵³tsuor²⁴——li⁴⁴uai³¹pu²⁴tsɿ⁵³.

意译：布袋里装牛角——里外不直（不值）。

（发音人：程道章　2016.08.21 兰考）

0039 歇后语

犁地淹死个牛——墒（伤）透了。

li⁵³ti³¹ian²⁴sɿ⁴⁴kə⁰ȵiou⁵³——saŋ²⁴tʰou⁵³la⁰.

意译：犁地淹死个牛——墒（伤）透了（土壤含水量太多）。

（发音人：程道章　2016.08.21 兰考）

0040 歇后语
穿大衫儿屙屎——不喽˭兜。
tsʰuan²⁴ta³¹ser²⁴ɣɣ²⁴sɿ⁴⁴——pu⁰lou⁴⁴tou²⁴.
意译：穿大衫儿屙屎——不喽˭兜（很宽裕）。

（发音人：程道章 2016.08.21 兰考）

0041 歇后语
蝇子死到棺材里——松散活儿。
iəŋ⁵³tsɿ⁰sɿ⁴⁴tau³¹kuan²⁴tsʰai⁰li⁰——suəŋ²⁴san⁴⁴xuor⁵³.
意译：蝇子死到棺材里——松散活儿（很宽敞的棺材）。

（发音人：程道章 2016.08.21 兰考）

0042 歇后语
二斤果子——有八成儿。
ər³¹tɕiən²⁴kuo⁴⁴tsɿ⁰——iou⁴⁴pa²⁴tsʰɚr⁵³.
意译：二斤果子——有八成（事情有八成了）。

（发音人：程道章 2016.08.21 兰考）

0043 歇后语
煮熟的鸭子——嘴硬。
tsu⁴⁴su⁵³lɛ⁰ia²⁴tsɿ⁴⁴——tsuei⁴⁴iəŋ³¹².
意译：煮熟的鸭子——嘴硬。

（发音人：程道章 2016.08.21 兰考）

0044 歇后语
提果子上树——言之有理。
tʰi⁵³kuo⁴⁴tsɿ⁰saŋ²⁴sɿ³¹²——ian⁵³tsɿ²⁴iou⁵³li⁴⁴.
意译：提果子上树——言（沿）之有理。

（发音人：程道章 2016.08.21 兰考）

0045 歇后语
扁嘴掉到粪沟[里头]——越跩越腌臜。
pian⁴⁴tsuei⁴⁴tiau³¹tau³¹fən³¹kou²⁴liou⁴⁴——yɛ²⁴tsuai⁴⁴yɛ²⁴ɣa⁵³tsa⁰.
意译：鸭子掉到粪沟里——越动越脏。

（发音人：程道章 2016.08.21 兰考）

0046 歇后语
扁嘴过围笆——跩（拽）得斜纹儿（邪文儿）。
pian⁴⁴tsuei⁴⁴kuo³¹uei⁴⁴pa²⁴——tsuai⁴⁴tɛ²⁴ɕie⁵³uər⁵³.
意译：扁嘴过河时尾巴摆动——划开一些斜的波纹。（撰的是邪文）

（发音人：程道章 2016.08.21 兰考）

0047 歇后语
坐梢放屁——有木（目）的。
tsuo³¹sau²⁴faŋ²⁴pʰi³¹²—— iou⁴⁴mu²⁴ti⁴⁴.

意译：坐梢放屁——有木抵（有目的）。

（发音人：程道章　2016.08.21　兰考）

0048 谚语
吃了冬至饭，一天长一线。
tsʰʅ²⁴liau⁴⁴tuəŋ²⁴tsʅ²⁴fan³¹,i²⁴tʰian²⁴tsʰaŋ⁵³⁻⁵³i²⁴ɕian³¹².
意译：吃了冬至饭，一天长一线。

（发音人：曹庆刚　2016.08.14　兰考）

0049 谚语
清明前后，种瓜点豆儿。
tɕʰiəŋ²⁴miəŋ⁵³tɕʰian⁵³xou³¹²,tsuəŋ³¹kua²⁴tian⁴⁴tour³¹².
意译：清明前后，种瓜点豆。

（发音人：曹庆刚　2016.08.14　兰考）

0057 豫剧《焦裕禄》选段
北风怒吼，大雪纷飞。
pei fəŋ nu xou,ta ɕɛ fən fei.
灾害实在欺负人，风沙夺去千顷粮，
tsai xai ʂʅ tsai tɕʰi fu zən,fəŋ ʂa tuo tɕʰy tɕʰian tɕʰiəŋ liaŋ,
洪水逼他们离家门。
xuəŋ ʂuei pi ta mən li tɕia mən.
他们都是好社员，阶级的情义根连根。
tʰa mən tou ʂʅ xau ʂɤ yan,tɕie tɕi ti tɕʰiəŋ i kən lian kən.
党把群众交给咱，只因违纪悔在心。
taŋ pa tɕʰyən tsuəŋ tɕiau kei tsan,tsʅ iən uei tɕi xuei tsai ɕiən.
为兰考斗争史，夜夜难入心泪痕。
uei lan kʰau tou tʂəŋ ʂʅ,iɛ iɛ nan zu ɕiən luei xən.
人民英勇上前线，前仆后继不顾身。
zən miən iəŋ yəŋ ʂaŋ tɕʰian ɕian,tɕʰian pʰu xou tɕi pu ku ʂən.
兰考退让有灾害，要克服困难战胜灾。
lan kʰau tʰuei zaŋ iou tsai xai,iau kʰɛ fu kʰuən nan tʂan ʂəŋ tsai.
县委高举大红旗，群众定会跟上来。
ɕian uei kau tɕy ta xuəŋ tɕʰi,tɕʰyən tsuəŋ tiəŋ xuei kan ʂaŋ lai.
咱应该立即除三害，乘风破浪把路开。
tsan iəŋ kai li tɕi tʂʰu san xai,tʂʰəŋ fəŋ pʰuo laŋ pa lu kʰai.
咱要叫洪水乖乖归河道，
tsan iau tɕiau xuəŋ ʂuei kuai kuai kuei xɤ tau,
咱要叫沙丘成林一排排。
tsan iau tɕiau ʂa tɕʰiou tʂʰəŋ liən i pʰai pʰai.

咱要叫盐碱滩上翻绿浪，
tsan iau tɕiau ian tɕian tʰan ʂaŋ fan ly laŋ,
咱要叫稻香百里扑满怀。
tsan iau tɕiau tau ɕiaŋ pai li pʰu man xuai.
咱要叫灾区变富人欢笑，
tsan iau tɕiau tsai tɕʰy pian fu ʐən xuan ɕiau,
大自然从今听人来安排。
ta ʐɿ ʐan tsʰuəŋ tɕiən tʰiəŋ ʐən lai ɣan pʰai. （音系中无舌尖后 tʂ tʂʰ ʂ ʐ，视频中发音为舌尖后）

意译：北风怒吼，大雪纷飞。灾害实在欺负人，风沙夺去千顷粮，洪水逼他们离家门。他们都是好社员，阶级的情义根连根。党把群众交给咱，只因违纪悔在心。为兰考斗争史，夜夜难入心泪痕。人民英勇上前线，前仆后继不顾身。兰考退让有灾害，要克服困难战胜灾。县委高举大红旗，群众定会跟上来。咱应该立即除三害，乘风破浪把路开。咱要叫洪水乖乖归河道，咱要叫沙丘成林一排排。咱要叫盐碱滩上翻绿浪，咱要叫稻香百里扑满怀。咱要叫灾区变富人欢笑，大自然从今听人来安排。

（发音人：雷国建等 2016.08.20 兰考）

0059 河南豫剧《大雪茫茫过膝深》
大雪茫茫过膝深。
ta ɕyɛ maŋ maŋ kuo ɕi ʂən.
大雪哎，茫茫过膝深。
ta ɕyɛ ɛ, maŋ maŋ kuo ɕi ʂən.
寒风刺骨，少行人。
xan fəŋ tsʰɿ ku, ʂau ɕiəŋ ʐən.
他虽冰雪送温暖，
tʰa suei piəŋ ɕyɛ suəŋ uən nuan,
行行脚印儿留心寒。
xaŋ xaŋ tɕyo iər liou ɕiən xan.
足迹走遍多少村，
tsu tɕi tsou pian tuo ʂau tsʰuən,
过了多少受灾的家门。
kuo liau tuo ʂau ʂou tsai ti tɕia mən.
强忍着肝痛，访遍苦。
tɕʰiaŋ ʐən tsuo kan tʰuəŋ, faŋ pʰian kʰu.
昼夜奔波历艰辛。
tʂou iɛ pən puo li tɕian ɕian.

一把柴火没有烤，
i pa tsʰai xuo mei iou kʰau,
一杯白水没沾唇。
i pei pai ʂuei mei tʂan tsʰuən.
留下满腔这激情，
liou ɕia man tɕʰiaŋ tʂɛ tɕi tɕʰiəŋ,
送来一个贫农的心啊。
suəŋ lai i kɤ pʰiən nuəŋ tə ɕiən a. (音系中无舌尖后 tʂ tʂʰ ʂ ʐ，视频中发音为舌尖后)
意译：大雪茫茫过膝深。大雪哎，茫茫过膝深。寒风刺骨，少行人。
他虽冰雪送温暖，行行脚印留心寒。足迹走遍多少村，过了多少受灾的家门。
强忍着肝痛，访遍苦。昼夜奔波历艰辛。一把柴火没有烤，一杯白水没沾唇。
留下这满腔激情，送来一个贫农的心啊。

（发音人：雷国建等　2016.08.20 兰考）

洛　阳

一　歌谣

0001 小老鼠上灯台
小老鼠，上灯台，
ɕiau⁴⁴lau⁵³ʂu⁰,ʂaŋ³¹təŋ³⁴tʰai⁵³,
偷油吃，下不来。
tʰou³⁴iou³⁴tʂʰʅ³⁴,ɕia³¹pu⁰lai⁵³.
叫娃子，抱猫来，
tɕiau³¹ua⁵³tsʅ⁰,pau³¹mau³⁴lai⁰,
刺溜一声儿滚下来。
tsʰʅ³⁴liou³⁴·³⁴ʂɯ³⁴kuən⁴⁴ɕia³¹lai⁰.
意译：小老鼠，上灯台，偷油吃，下不来。叫娃娃，抱猫来，刺溜一声儿滚下来。
（发音人：梁一帆　2017.09.02 洛阳）

0002 天皇皇地皇皇
天皇皇，地皇皇，
tʰiã³⁴xuaŋ³⁴xuaŋ³⁴,ti³¹xuaŋ³⁴xuaŋ³⁴,
俺家有个夜哭郎。
ã⁴⁴tɕia³⁴iou⁴⁴kə³¹iɛ³¹kʰu³⁴laŋ⁵³.
行人君子念三遍儿，
ɕiəŋ⁵³zən⁰tɕyən³⁴tsʅ⁴⁴ȵiã³¹sã⁵³piɐu³¹.
一觉儿睡到大天亮。
i⁵³tɕiɯ³¹sei³¹tau³⁴ta³¹tʰiã³⁴liɑŋ⁰.
意译：天皇皇，地皇皇，我家有个夜哭郎。行人君子念三遍，一觉睡到天明。
（发音人：梁一帆　2017.09.02 洛阳）

0003 月奶奶白光光
月奶奶，白光光，
yɛ³¹nai⁴⁴nai⁰,pai⁵³kuaŋ³⁴kuaŋ³⁴,
爹织布，娘纺花儿。
tiɛ³⁴tsʅ³⁴pu³¹,ȵiaŋ⁵³faŋ⁴⁴xuɐu³⁴.

手不溜，怨袄袖。
ʂou⁴⁴pu⁵³liou³¹,yã³¹au⁴⁴ɕiou³¹.
意译：月奶奶，明晃晃。爹织布，娘纺花。手不利索，埋怨袄袖。

（发音人：梁一帆 2017.09.02 洛阳）

0004 花喜鹊尾巴长
花喜鹊，尾巴儿长，
xua³⁴ɕi⁴⁴tɕʰyɛ³¹⁻⁵³,iˑpɯˑtʂʰaŋ⁵³,
娶啊媳妇儿忘啊娘。
tɕʰy⁴⁴a⁰ɕi⁵³fɯˑuaŋ³¹aˑȵiaŋ⁵³.
意译：花喜鹊，尾巴长，娶了媳妇忘了娘。

（发音人：梁一帆 2017.09.02 洛阳）

0005 找啊找啊找朋友
找啊找啊找朋友，
tsau⁴⁴a⁰tsau⁴⁴a⁰tsau⁴⁴pʰəŋ⁵³iou⁰,
找到一个好朋友。
tsau⁴⁴tau³¹⁻⁵³iˑkə³¹xau⁴⁴pʰəŋ⁵³·iou⁰.
敬个礼，握握手，
tɕiəŋ³⁴kə³¹li⁴⁴,uə³⁴uə³¹ʂou⁴⁴,
你是我啊好朋友，再见！
ȵi⁴⁴ʂʅ³¹uə⁴⁴a⁰xau⁴⁴pʰəŋ⁵³iou⁰,tsai³⁴tɕiã³¹!
意译：找啊找啊找朋友，找到一个好朋友。敬个礼，握握手，你是我的好朋友，
再见！

（发音人：梁一帆 2017.09.02 洛阳）

0006 小汽车滴答滴
小汽车，嘀嗒嘀，
ɕiau⁴⁴tɕʰi³¹tʂʰə³⁴,ti³⁴ta⁰ti³⁴,
马兰开花二十一。
ma⁴⁴lã⁵³kʰai³⁴xua³⁴ɯˑʂʅ⁵³⁻³⁴iˑ.
二五六，二五七，
ɯˑu⁴⁴liou³¹,ɯˑu⁴⁴tɕʰi³⁴,
二八二九三十一。
ɯ³¹pa⁴⁴ɯˑtɕiou⁴⁴sã³⁴ʂʅ⁵³⁻³⁴iˑ.
三五六，三五七，
sã³⁴u⁴⁴liou³¹,sã³⁴u⁴⁴tɕʰi³⁴,
三八三九四十一。
sã³⁴pa³⁴sã³⁴tɕiou⁴⁴sʅ³¹ʂʅ⁵³⁻³⁴iˑ.
意译：小汽车，嘀嗒嘀，马兰开花二十一。二五六，二五七，二八二九三十一；

三五六，三五七，三八三九四十一。

（发音人：梁一帆　2017.09.02 洛阳）

0007 一二三四五
一二三四五，
i³⁴ɯ³¹sã³⁴sʅ³¹u⁴⁴,
上山打老虎。
ʂaŋ³¹ʂã³⁴ta⁴⁴lau⁵³xu⁰.
老虎打不住，
lau⁵³xu⁰ta⁴⁴pu⁵³tʂu³¹,
打住小松鼠。
ta⁴⁴tʂu³¹ɕiau⁴⁴soŋ³⁴ʂu⁴⁴.
松鼠有几只？
soŋ³⁴ʂu⁴⁴iou⁴⁴tɕi⁴⁴tʂʅ³⁴?
我来数一数。
uə⁴⁴lai⁵³ʂu⁴⁴˙³⁴i⁰ʂu⁴⁴.
数来又数去，
ʂu⁴⁴lai⁵³iou³¹ʂu⁴⁴tɕʰy³¹,
一二三四五。
i³⁴ɯ³¹sã³⁴sʅ³¹u⁴⁴.
意译：一二三四五，上山打老虎。老虎打不着，打着小松鼠。松鼠有几只？我来数一数。数来又数去，一二三四五。

（发音人：梁一帆　2017.09.02 洛阳）

0008 板凳儿板凳儿摞摞
板凳儿板凳儿摞摞，
pã⁴⁴tʰɯ⁰pã⁴⁴tʰɯ⁰luə³¹luə⁰,
里头坐[一个]大哥。
li⁴⁴tʰou⁰tsuə³¹yə⁰ta³¹kə⁰.
大哥出来买菜，
ta³¹kə⁰tʂʰu³⁴lai⁰mai⁴⁴tsʰai³¹,
里头坐[一个]奶奶。
li⁴⁴tʰou⁰tsuə³¹yə⁰nai⁵³nai⁰.
奶奶出来烧香，
nai⁵³nai⁰tʂʰu³⁴lai⁰ʂau³⁴ɕiaŋ³⁴,
里头坐[一个]大姑娘。
li⁴⁴tʰou⁰tsuə³¹yə⁰ta³¹ku³⁴ȵiaŋ⁰.
大姑娘出来磕头，
ta³¹ku³⁴ȵiaŋ⁰tʂʰu³⁴lai⁰kʰə³⁴tʰou⁵³,

里头坐[一个]麻利猴。
li⁴⁴tʰou⁰tsuə³¹yə⁰ma⁵³li⁰xou⁵³.
麻利猴，不出来，
ma⁵³li⁰xou⁵³,pu⁴⁴tʂʰu³⁴lai⁰,
掂住尾巴儿甩出来。
tiã³⁴tʂu⁰;⁵³pɯi⁰sai⁴⁴tʂʰu⁰lai⁰.
甩到屋，都来哭，
sai⁴⁴tau³¹u³⁴,tou⁴⁴lai⁵³kʰu³⁴,
甩到院，都来看。
sai⁴⁴tau³⁴yã³¹,tou⁴⁴lai⁵³kʰã³¹.
甩到黑茅子，
sai⁴⁴tau³¹xɯ³⁴mau⁵³tsʅ⁰,
哎哟甭提啊，那脏着哩。
ei³⁴yə⁰piəŋ³¹tʰi⁵³a⁰,na³¹tsaŋ³⁴tʂə⁰li⁰.

意译：板凳板凳摞摞，里头坐个大哥。大哥出来买菜，里头坐个奶奶。奶奶出来烧香，里头坐个大姑娘。大姑娘出来磕头，里头坐个麻利猴。麻利猴，不出来，掂住尾巴甩出来。甩到屋，都来哭，甩到院，都来看。甩到黑茅厕，哎哟别提了，那脏着呢。

（发音人：郭松珍 2017.08.30 洛阳）

0009 张粮粮面蛋蛋

张粮粮，面蛋蛋，
tʂaŋ³⁴liaŋ⁵³liaŋ⁰,miã³⁴tã³¹tã⁰,
大舅来唠吃啥饭？
ta³⁴tɕiou³¹lai⁵³lau⁰tʂʰʅ³⁴ʂa³⁴fã³¹?
杀[一个]鸡儿，擀肉面，
sa³⁴yə³¹tɕiɯ³⁴,kã⁴⁴ʐou³⁴miã³¹,
呼噜呼噜两大碗。
xu³⁴lu⁰xu³⁴lu⁰liaŋ⁴⁴ta³¹uã⁴⁴.

意译：张粮粮，面蛋蛋，大舅来了吃什么饭？杀只鸡，擀肉面，呼噜呼噜两大碗。

（发音人：郭松珍 2017.08.30 洛阳）

0010 拐弯儿抹角儿

拐弯儿抹角儿，
kuai⁴⁴uɐɯ³⁴muə³¹tɕiɐɯ³⁴,
下坡儿上坷台儿，
ɕia³¹pʰɐɯ³⁴ʂaŋ³¹kʰɯ³⁴tʰɐɯ⁰,
过门蒨儿，
kuə³¹mən⁵³tɕʰiɐɯ³¹,

哎呀，我哩妈儿呀，
ei³⁴ia³¹,uə⁴⁴li⁰mɯa³⁴ia⁰,
弄啥哩？
noŋ³⁴ʂa³¹li⁰?
咦！木﹦俺就是那洛阳老城坷漏儿人儿，
i³⁴!mu³⁴ã⁴⁴tsou³⁴sʅ³¹na³¹luə³⁴iaŋ⁰lau⁴⁴tʂʰəŋ⁵³kʰɯ³¹lɯ³¹ʐʯ⁵³,
去舀浆吃浆面条儿哩！
tɕʰy³¹iau⁴⁴tsiaŋ³⁴tʂʰʅ³⁴tsiaŋ³⁴miã³¹tʰiɐɯ⁵³li⁰!

意译：拐弯儿抹角儿，下坡儿上台阶儿，过门槛儿，哎呀，我的妈呀，干什么呢？
　　　咦！我就是那老城街里头人，去舀浆吃浆面条儿呢！

（发音人：郭松珍　2017.08.30 洛阳）

0011 洛阳人爱说洛阳话儿

洛阳人爱说洛阳话儿，
luə³⁴iaŋ⁰ʐən⁵³yai³¹ʂuə³⁴luə³⁴iaŋ⁰xuɐɯ³¹,
洛阳人好吃那浆面条儿。
luə³⁴iaŋ⁰ʐən⁵³xau³¹tʂʰʅ³⁴na³¹tsiaŋ³⁴miã³¹tʰiɐɯ⁵³.
浆面条儿，大绿豆儿，
tsiaŋ³⁴miã³¹tʰiɐɯ⁵³,ta³¹lu³⁴tɯ³¹,
油焌秦椒烹蒜瓣儿，
iou⁵³tsʰy⁴⁴tsʰiən⁵³tsʰiau⁰pʰəŋ³⁴suã³⁴pɐɯ³¹,
呼噜呼噜你怼两碗儿，
xu³⁴lu³⁴xu³⁴lu⁰ɲi⁴⁴tuei⁵³liaŋ⁵³uɐɯ⁴⁴,
让你开心又快乐，
ʐaŋ³¹ɲi⁴⁴kʰai³⁴siən³⁴iou³⁴kʰuai³¹luə³⁴,
忘掉一切烦心事儿。
uaŋ³⁴tiau³¹i³⁴tsʰiɛ³⁴fã³¹siən³⁴sɯ³¹.

意译：洛阳人爱说洛阳话儿，洛阳人好吃那浆面条儿。浆面条儿，大绿豆儿，油炒辣椒烹蒜瓣儿，呼噜呼噜你吃两碗儿，让你开心又快乐，忘掉一切烦心事儿。

（发音人：郭松珍　2017.08.30 洛阳）

二　故事

0021 牛郎和织女

大家好！我是洛阳哩梁智敏，
ta³¹tɕia³⁴xau⁴⁴! uə⁴⁴sʅ³¹luə³⁴iaŋ⁰li⁰liaŋ⁵³tʂʅ³¹miən⁴⁴,

今儿个给大家讲[一个]牛郎跟织女儿哩故事。
tɕiɯ³⁴kə⁰ku³⁴ta³¹tɕia³⁴tɕiaŋ⁴⁴yə³¹niou⁵³laŋ⁵³kən³¹tʂʅ⁵³n̠yɯ⁰li⁰ku³¹sʅ⁰.

先赛⁼有[一个]小伙子，爹妈儿都去世啊，
siã³⁴sai³¹iou⁴⁴yə³¹siau³⁴xuə³¹tsʅ⁰,tie³⁴mɐɯ⁴⁴tou³¹tɕʰy³⁴sʅ³¹a⁰,

家[里头]就剩他独孤[一人]儿跟[一个]老牛，
tɕia³⁴liou⁰tsou³⁴ʂəŋ³¹tʰa⁴⁴ti³¹ku³⁴iɐɯ⁵³kən³⁴yə³¹lau⁴⁴n̠iou⁵³,

这村[里头]人哩就给他起[一个]名儿叫牛郎。
tʂə³¹tsʰɯ³⁴liou⁰zən⁵³li⁰tou⁴⁴ku³⁴ta⁴⁴tɕʰi⁴⁴yə³¹miɯ⁵³tɕiau³¹n̠iou³¹laŋ⁵³.

牛郎跟这金牛星相依为命，
n̠iou⁵³laŋ⁵³kən³⁴tʂə³¹tɕiən³⁴niou⁵³siəŋ³⁴siaŋ³¹·³⁴i³⁴uei³⁴miəŋ³¹,

金牛星就是牛郎家哩老牛，
tɕiən³⁴n̠iou⁵³siəŋ³⁴tsiou³⁴sʅ³¹n̠iou⁵³laŋ⁵³tɕia³⁴li⁰lau⁴⁴n̠iou⁵³,

老牛觉着些儿这牛郎勤劳善良，
lau⁴⁴n̠iou⁵³tɕyɛ³¹tʂə⁰ɕiɯ³¹tʂə³¹n̠iou⁵³laŋ⁵³tɕʰiən⁵³lau⁵³ʂã³¹liaŋ⁰,

想给牛郎寻[一个]媳妇儿。
siaŋ⁴⁴ku³⁴n̠iou⁵³laŋ⁵³siən⁵³yə³¹si⁵³fɯ⁰.

有[一日]儿哎，这个金牛星感觉着天上哩仙女会来，
iou⁴⁴iɯ³⁴ai⁰,tʂə³¹kə⁰tɕiən³⁴n̠iou⁵³siəŋ³⁴kã⁴⁴tɕyɛ³⁴tʂə⁰tʰiã³⁴ʂaŋ¹·⁵³siã³⁴n̠yɯ⁴⁴xuei³¹lai⁵³,

村[里头]这东头儿山底下有[一个]湖，
tsʰɯ³⁴liou⁰tʂə⁰toŋ³⁴tʰɯ⁵³sã³⁴·⁴⁴ti³¹ɕia³¹iou⁴⁴yə³¹xu⁵³,

想来这，要来这湖[里头]洗澡。
siaŋ⁴⁴lai⁵³tʂə³¹,iau³¹lai⁵³tʂə³¹xu⁵³liou⁰si⁵³tsau⁴⁴.

这个，他就给牛郎托[一个]梦，
tʂə³¹kə⁰,tʰa⁴⁴tou⁴⁴ku³⁴n̠iou⁵³laŋ⁵³thuə³⁴yə³⁴məŋ³¹,

跟牛郎说："你第二[清早]你早点儿去，去到那湖边儿，
kən³⁴n̠iou⁵³laŋ⁵³ʂuə³¹:"n̠i³¹ti³⁴ɯ³¹tsʰiaŋ³¹n̠i³¹tsau³¹tiɐɯ⁰tɕʰy³¹,tɕʰy³¹tau³¹na³¹xu⁰piɐɯ³¹,

看要是有那仙女儿们改⁼那儿洗澡唠，
kʰã³¹iau³⁴sʅ³¹iou⁴⁴na⁵³siã³⁴n̠yɯ⁴⁴mən³¹kai³¹nɐɯ³¹si⁵³tsau⁴⁴lau⁰,

你看树上要是挂着衣裳，你拿住衣裳，你请⁼跑啊家[里头]啊，
n̠i⁴⁴kʰã³¹ʂu³¹ʂaŋ⁴⁴iau³⁴sʅ³¹kua⁴¹tʂə⁰·³⁴i³⁴ʂaŋ³¹,n̠i⁴⁴na³¹tʂu³¹·³⁴i³⁴ʂaŋ³¹,n̠i⁴⁴tsʰiəŋ³¹pʰau⁴⁴a³¹tɕia⁰liou⁰a⁰,

跑家[里头]以后，那就能娶[一个]仙女媳妇儿。"
pʰau³¹tɕia³⁴liou⁰·⁴⁴i³¹xou³¹,na³¹tou⁴⁴nəŋ⁵³tsʰy⁴⁴yə³¹siã³⁴n̠yɯ⁴⁴si⁵³fɯ⁰."

这个[第二]个，牛郎反能是半信半疑吧，
tʂə³¹kə⁰tiɯ³¹kə³⁴,n̠iou⁵³laŋ⁵³fã⁴⁴nəŋ⁵³sʅ³¹pã³⁴siən³¹pã³¹·⁵³i⁰pa⁰,

就是跑到这，这个山底下那湖边儿，
tou⁴⁴sʅ³¹pʰau³¹tau³¹tʂə³¹,tʂə³¹kə⁰sã³⁴·⁴⁴ti³¹ɕia³¹na³¹xu⁵³piɐɯ³⁴,

一看，里头真是有[几个]仙女儿改 那儿洗澡。
i⁵³kʰã³¹,li⁴⁴tʰou⁵³tʂən³⁴sʅ³¹iou⁴⁴tɕyə⁴⁴siã³⁴n̠yɯ⁴⁴kai⁴⁴nɐɯ³¹si⁵³tsau⁴⁴.
再一抬头看树上，挂一件儿粉红色那衣裳，
tsai³¹·³⁴i³⁴tʰai⁵³tʰou⁵³kʰã³⁴ʂu³¹ʂaŋ⁰,kua³¹·⁵³i³⁴tɕiɐɯ³¹fən⁴⁴xoŋ⁵³sai⁴⁴na³¹·³⁴ʂaŋ⁰,
这牛郎二话儿不说，悄没声儿哎跑到那树[底下]，
tʂə³¹n̠iou⁵³laŋ⁵³·³⁴ɯ³¹xuɐɯ³¹pu⁴⁴ʂuə³⁴,tsʰiau³⁴muə⁵³ʂɯ³⁴ai⁰pʰau⁴⁴tau³¹na³¹ʂu³¹tia⁴⁴,
拿住衣裳，头也不回哎就往家跑，
na⁵³tʂu³¹·³⁴i³⁴ʂaŋ⁰,tʰou⁵³iɛ⁴⁴pu⁴⁴xuei⁵³ai⁰tou⁴⁴uaŋ⁴⁴tɕia³⁴pʰau⁴⁴,
跑啊家净坐那儿等着些儿，这个，想找[一个]仙女媳妇儿哎。
pʰau⁴⁴a⁰tɕia³⁴tsʰiəŋ³¹tsuə³¹nɐɯ³¹təŋ²⁴tʂə³¹siɐɯ³¹,tʂə³¹kə⁰,siaŋ⁴⁴tsau⁰yə³¹siã³⁴n̠y⁴⁴si⁰fuai⁰.
到[后晌]黑那时候儿，这个，来[一个]仙女儿，
tau³¹xaŋ³¹xɯ³⁴na³¹sʅ³⁴xɯ³¹,tʂə³¹kə⁰,lai⁰yə³¹siã³⁴n̠yɯ⁴⁴,
其实这仙女儿就是织女儿，
tɕʰi³⁴sʅ⁰tʂə³¹siã³⁴n̠yɯ⁴⁴tou⁰sʅ³¹tʂʅ⁵³n̠yɯ⁰,
他拿走这衣裳正是[人家]织女儿啊衣裳。
tʰa⁴⁴na⁵³tsou⁴⁴tʂə³¹·³⁴i³⁴ʂaŋ⁰tʂəŋ³⁴sʅ³¹za⁴⁴tʂʅ⁵³n̠yɯ⁰a⁰i⁰·³⁴ʂaŋ⁰.
到他家以后，反能俩人就是成亲啊吧。
tau³¹tʰa⁴⁴tɕia³⁴·⁴⁴i³⁴xou⁰,fã⁴⁴nəŋ⁵³lia⁴⁴zən⁰tou⁴⁴sʅ³¹tʂʰəŋ⁵³tsʰiən³⁴a⁰pa⁰.
这个三年以后哩，他俩添[一个]闺女，添[一个]娃子，
tʂə³¹kə⁰sã³⁴n̠iã⁵³·³⁴·⁴⁴i³⁴xou³¹li⁰,tʰa⁴⁴lia⁴⁴tʰiã³⁴yə⁰kuei³⁴n̠y³¹,tʰiã³⁴yə³¹ua⁵³tsʅ⁰,
日子过哎通美着，跟喝蜜哎似是。
zʅ³⁴tsʅ⁰kuə³¹ai⁰tʰoŋ³⁴mei⁴⁴tʂə⁰,kən³⁴xə³⁴mi⁴⁴ai⁰sʅ³¹sʅ³¹.
谁[知道][人家]天上这，这个玉皇大帝，
sei⁵³tʂə⁵³za⁴⁴tʰiã³⁴ʂaŋ⁰tʂə³¹,tʂə³¹kə⁰y³¹xuaŋ⁵³ta³⁴ti⁰,
[人家]觉着些儿没那恁长时候儿啊，也不见织女儿去哪儿啊，
za⁰tɕyɛ⁰tʂə⁰siɐɯ³¹mu⁰na⁰nən⁰tʂʰaŋ⁵³xɯ³¹a⁰,iɛ⁰pu⁰tɕiã³¹tʂʅ⁵³n̠yɯ⁰tɕʰy³¹nɐɯ⁴⁴a⁰,
一打探，半=年=织女儿下凡到这凡间哎，
i⁴⁴ta⁴⁴tʰã⁰,pã³¹n̠iã⁰tʂʅ⁵³n̠yɯ⁰ɕia³¹fã⁵³tau³¹tʂə⁰fã⁵³tɕiã³⁴ai⁰,
跟[人家]成亲啊。玉皇大帝是老生气啊呀，
kən³⁴za⁴⁴tʂʰəŋ⁵³tsʰiən³⁴a⁰.y³¹xuaŋ⁵³ta³⁴ti⁰sʅ³¹lau⁰səŋ³⁴tɕʰi³¹a⁰ia⁰,
打忽雷，下雨，这，打闪，这个，一道闪电一过去啊，
ta⁴⁴xu³⁴luei⁰,ɕia³¹y⁴⁴,tʂə³¹,ta⁴⁴ʂã⁴⁴,tʂə⁰kə⁰,i⁵³tau³¹ʂã⁴⁴tiã³¹·³⁴i³⁴kuə³⁴tɕʰy³¹a⁰,
这织女儿可不见啊。这织女儿一不见，
tʂə³¹tʂʅ⁵³n̠yɯ⁰kʰə⁴⁴pu⁵³tɕiã³¹a⁰.tʂə³¹tʂʅ⁵³n̠yɯ⁰·³⁴i³⁴pu⁵³tɕiã³¹,
这织女儿跟牛郎家这[一个]闺女、[一个]娃子，
tʂə³¹tʂʅ⁵³n̠yɯ⁰kən³⁴n̠iou⁵³laŋ³⁴tɕia⁰tʂə³¹yə³¹kuei³⁴n̠y³¹,yə³¹ua⁵³tsʅ⁰,

改=那儿哭着寻妈儿哎呀，这牛郎哩，
kai⁴⁴nɐɯ³¹kʰu³⁴tʂə⁰siən⁵³mɐɯ⁴⁴ai⁴⁴ia⁰,tʂə³¹ȵiou⁵³laŋ⁵³li⁰,
一看这也没一点儿门儿啊呀，这咋弄哎？
i⁵³kʰã³¹tʂə⁰iɛ⁴⁴mu³¹⁻³⁴tiɐu⁴⁴mu⁵³⁻⁴⁴a⁰ia⁰,tʂə⁰tsa⁴⁴noŋ³¹ai⁰?
哎！就改=这时候儿啊，这金牛星啊，
ai³⁴!tsou³¹kai⁴⁴tʂə³¹sʅ⁵³xɯ³¹a⁰,tʂə³¹tɕiən³⁴ȵiou⁵³siəŋ³⁴a⁰,
这，突然张嘴跟他说话儿啊，说："牛郎，你甭着急啊，
tʂə³¹,tʰu³⁴zã⁴⁴tʂaŋ³⁴tsuei⁴⁴kən³⁴tʰa⁴⁴ʂuə⁵³xuɐɯ³¹a⁰,ʂuə³⁴:"ȵiou⁵³laŋ⁵³,ȵi⁴⁴piəŋ³¹tʂə³⁴tɕi⁵³a⁰,
我这头上这俩圪抵儿，这个，能变成俩箩头，
uə⁴⁴tʂə³¹tʰou⁵³ʂaŋ³¹tʂə³¹lia⁴⁴kɯ³⁴tiɯ⁰,tʂə³¹kə⁰,nəŋ⁵³piã³¹tʂʰəŋ⁰lia⁴⁴luə⁵³tʰou³¹,
你给这孩子哩一头儿搁[一个]，
ȵi⁴⁴ku⁰tʂə³¹xai⁵³tsʅ⁰li¹⁰⁻³⁴tʰɯ⁵³kə⁰yə³¹,
你挑着担子就请去撵这个织女儿啊，保险能撵上。"
ȵi⁴⁴tʰiau³¹tʂə⁰tã³¹tsʅ⁰tou⁴⁴tsʰiəŋ³¹tɕy⁰ȵiã⁰tʂə³¹kə⁰tsʅ⁵³ȵyɯ⁰a⁰,pau⁰ɕiã⁴⁴nəŋ⁵³ȵiã⁴⁴ʂaŋ⁰."
这牛郎想着："没那是真哩假哩？"
tʂə³¹ȵiou⁵³laŋ⁵³siaŋ⁴⁴tʂə⁰:"mu³⁴na³¹sʅ³¹tʂən³⁴li⁰tɕia⁴⁴li⁰?"
哎，还没想完，这牛这俩圪抵儿扑嗒可掉[地下]啊，
ei³⁴,xã⁵³mu³¹siaŋ⁴⁴uã⁵³,tʂə³¹ȵiou⁵³tʂə³¹lia⁴⁴kɯ³⁴tiɯ⁰pʰu³⁴tʰa³⁴kʰə⁴⁴tiau³¹tia⁴⁴a⁰,
这掉[地下]以后，这个，变成啊俩箩头。
tʂə³¹tiau³¹tia⁴⁴⁻⁵³i⁴⁴xou⁰,tʂə³¹kə⁰,piã⁴⁴tʂʰəŋ⁵³a⁰lia⁴⁴luə⁵³tʰou³¹.
这牛郎给这俩孩子往箩头里一搁，
tʂə³¹ȵiou⁵³laŋ⁵³ku³⁴tʂə³¹lia⁴⁴xai⁵³tsʅ⁰uaŋ⁴⁴luə⁵³tʰou⁰li¹⁰⁻³⁴kə³⁴,
那担子将扛到这肩膀上，来一阵儿清风啊，
na³¹tã⁴⁴tsʅ⁰tsiaŋ³⁴kʰaŋ³⁴tau³¹tʂə³¹tɕiã³⁴paŋ⁴⁴ʂaŋ⁰,lai⁵³⁻⁵³i⁴⁴tʂɯ³¹tsʰiəŋ³⁴fəŋ³⁴a⁰,
那就跟驾云啊似是，呜，可走啊呀，
na³¹tou⁴⁴kən³⁴tɕia³⁴yən⁰a⁰sʅ³¹sʅ⁰,u⁴⁴,kʰə⁴⁴tsou⁴⁴a⁰ia⁰,
可去撵这个织女儿去啊。眼看就快撵上啊呀，
kʰə⁴⁴tɕy³¹ȵiã⁴⁴tʂə³¹kə⁰tsʅ⁵³ȵyɯ⁰tɕy⁴⁴a⁰.iã⁴⁴kʰã⁴⁴tou⁴⁴kʰuai³¹ȵiã⁴⁴ʂaŋ³¹a⁰ia⁰,
这时候儿叫[人家]王母娘娘看见啊，
tʂə³¹sʅ⁵³xɯ⁰tɕiau³¹zã⁴⁴uaŋ⁴⁴mu⁴⁴ȵiaŋ⁵³ȵiaŋ⁰kʰã⁴⁴tɕiã³¹a⁰,
[人家]王母娘娘从那低脑上，给那簪子一下儿拔下来，
zã⁴⁴uaŋ⁵³mu⁴⁴ȵiaŋ⁵³ȵiaŋ⁰tsʰoŋ⁵³na³¹ti³⁴nau⁴⁴ʂaŋ⁰,ku⁴⁴na³¹tsã³⁴tsʅ⁰⁻⁵³i⁴⁴ɕiɐu³¹pa⁵³ɕia³¹lai⁰,
改=他俩中间刺溜可划条天河。
kai⁴⁴tʰa⁴⁴lia⁴⁴tʂoŋ³⁴tɕiã⁴⁴tsʰʅ³⁴liou³⁴kʰə⁴⁴xua³¹tʰiau⁵³tʰiã³⁴xə⁵³.
这天河宽哩看不见边儿，波涛汹涌哎，
tʂə³¹tʰiã³⁴xə⁵³kʰuã⁴⁴li⁰kʰã⁴⁴pu⁰tɕiã⁴⁴piɐu³⁴,puə³⁴tʰau³⁴ɕyoŋ³⁴yoŋ⁴⁴ai⁰,

那你咋着是也过不去。那就是，
na³¹ n̠i⁴⁴ tsa⁴⁴ tʂə⁰ sʅ³¹ iɛ⁴⁴ kuə pu⁵³ tɕʰy³¹ na³¹ tsou³⁴ sʅ³¹,
凡能跟镇=这儿说这就是：河那边儿[一个]，河这边儿[一个]。
fã⁵³ nəŋ⁵³ kən³⁴ tʂən³¹ tʂɯ³⁴ ʂuə³⁴ tʂə³¹ tsou³¹ sʅ³¹:xɤ⁵³ na³¹ piɐu³⁴ yə³¹, xɤ⁵³ tʂə³¹ piɐu³⁴ yə³¹.
这到，现在这到每年的农历吧，阴历七月初七儿，
tʂə³⁴ tau³¹, ɕiã³⁴ tsai³¹ tʂə³¹ tau³¹ mei⁵³ n̠iã³¹ ti noŋ⁵³ li³¹ pa³¹, iən³⁴ li³¹ tsʰi³⁴ yɛ³¹ tʂʰu³⁴ tsʰiɯ³⁴,
这喜鹊，成千上万只啊都跑到这天河上，
tʂə³¹ ɕi⁴⁴ tsʰyɛ³¹, tʂʰəŋ⁵³ tsʰiã³⁴ ʂaŋ³¹ uã³¹ tʂʅ³⁴ a tou⁴⁴ pʰau⁴⁴ tau³¹ tʂə³¹ tʰiã³⁴ xɤ⁵³ ʂaŋ³¹,
[一个]喜鹊叨住[一个]喜鹊那尾巴儿，给他俩搭[一个]天桥，
yə³¹ ɕi tsʰyɛ³¹ tau³¹ tʂu⁰ yə³¹ ɕi tsʰyɛ³¹ na³¹·⁵³ i³¹ pɐɯ, ku tʰa⁴⁴ lia⁴⁴ ta³⁴ yə³¹ tʰiã³⁴ tɕʰiau⁵³,
叫他俩改=桥上相会。
tɕiau³¹ tʰa⁴⁴ lia⁴⁴ kai⁴⁴ tɕʰiau⁵³ ʂaŋ³¹ siaŋ³⁴ xuei³¹.
这牛郎跟织女儿这故事哈就讲到这儿啊，
tʂə³¹ n̠iou⁵³ laŋ⁵³ kən³⁴ tʂʅ⁵³ n̠yɯ⁰ tʂə³¹ ku³¹ sʅ³¹ xa tou⁴⁴ tɕiaŋ⁴⁴ tau³⁴ tʂɯ³¹ ⁰ a,
讲完啊，谢谢大家！
tɕiaŋ⁴⁴ uã⁵³ a, siɛ³¹ siɛ³¹ ta³¹ tɕia³⁴!

意译：大家好，我是洛阳的梁智敏，今天给大家讲个牛郎和织女的故事。从前有一个小伙子，父母都去世了，家里就剩他一个人和一头老牛，这村里的人就给他起了一个名字叫牛郎。牛郎和金牛星相依为命，金牛星就是牛郎家的老牛，老牛觉得牛郎勤劳善良，想给牛郎找个媳妇儿。有一天，金牛星觉得天上的仙女会来，村东头山底下有个湖，仙女们要来这湖里洗澡。这样，他就给牛郎托了一个梦，和牛郎说："你第二天清早早点儿去，去那湖边儿，看到如果有仙女在那儿洗澡的话，你看树上如果挂着衣裳，你拿住衣裳，你只管跑回家里，跑回家以后，那就能娶个仙女媳妇儿。"这第二天，牛郎反正是半信半疑吧，就跑到这山底下那湖边儿，一看，里头真的有几个仙女儿在那儿洗澡。再一抬头看见树上，挂着一件粉红色的衣裳，牛郎二话不说，悄悄地跑到那树底下，拿起衣裳，头也不回就往家跑，跑到家只管坐在那儿等着，想找一个仙女做媳妇儿。到傍晚时，来了一个仙女，其实这个仙女就是织女，他拿走的这件衣裳正是人家织女的衣裳。织女到他家以后，反正俩人就成亲了。三年以后，他俩添了一个女儿，添了一个儿子，日子过得很美好，跟喝蜜似的。谁知道那天上的玉皇大帝，他觉得那么长时间了，也不知织女去哪儿了，一打听，原来织女下凡到凡间了，和人家成亲了。玉皇大帝是真生气啊，打雷，下雨，打闪，一道闪电一过去啊，织女可不见了。织女一不见了，织女和牛郎家的一个女儿、一个儿子，在那儿哭着找妈妈呀，牛郎呢，一看这情况，没有一点办法啊，这怎么办呢？哎！就在这时，金牛星啊，突然张嘴和他说话了，说："牛郎，你不要着急，我头上这两个牛角，能变成俩箩筐，你把这孩子一头放一个，你挑着担子

去撑织女，肯定能撑上。"牛郎想："不知这是真的还是假的？"哎，还没等他想完，这牛的两个牛角扑嗒就掉在地上了，掉在地上以后，变成了俩箩筐。牛郎把俩孩子往箩筐里一放，那担子刚扛到他的肩膀上，来了一阵儿清风，那就跟驾云似的，呜，就飞走了，就去撑织女去了。眼看就快撑上了，这时候儿叫人家王母娘娘看见了，人家王母娘娘从头上把那簪子一下拔下来，在他俩中间刺溜就划了条天河。这条天河宽得看不到边儿，波涛汹涌啊，那情景你怎么也过不去。那种情况就是，反正像现在说的这种情况就是，河那边儿一个人，河这边儿一个人。现在到了每年的农历，阴历七月初七，这喜鹊，成千上万只呀都飞到那天河上，一只喜鹊衔着另一只喜鹊的尾巴，给他俩搭个天桥，叫他俩在桥上相会。这牛郎和织女的故事就讲到这里，讲完了，谢谢大家！

（发音人：梁智敏　2017.09.05 洛阳）

0023 武则天贬牡丹

大家好！我叫梁一帆。

ta³¹tɕia³⁴xau⁴⁴!uə⁴⁴tɕiau³¹liaŋ³¹i⁵³fa³⁴.

今儿个给大家讲[一个]武则天贬牡丹的故事。

tɕiɹ³⁴kə⁰kɯ⁰ta⁴⁴tɕia⁴⁴tɕiaŋ⁴⁴yə⁰u⁴⁴tsə⁵³tʰiã³⁴piã⁴⁴mu⁴⁴tã⁰tə⁰ku³¹sɿ⁰.

有一年冬天，武则天兴致大发，

iou⁴⁴·³⁴i³¹ɲiã³⁴toŋ³⁴tʰiã⁰,u⁴⁴tsə⁵³tʰiã³¹ɕiŋ⁵³tʂɿ³¹ta³¹fa³⁴,

带着宫女们到后花园儿赏雪哎，

tai³¹tʂə⁰koŋ³¹ny³⁴mən⁰tau³¹xou³⁴xua³⁴yɐu⁵³ʂaŋ⁴⁴ɕyɛ³⁴·ai⁰.

那时候儿雪刚停，然后那亭子呀、小桥呀、假山水呀，

na³¹ʂɿ³¹xɯ⁵³ɕyɛ³⁴kaŋ³⁴tʰiəŋ⁵³,zã⁴⁴xou³¹na³¹tʰiəŋ⁵³tsɿ⁰ia⁴⁴ɕiau⁴⁴tɕʰiau⁰ia⁰tɕia⁴⁴ʂã³⁴ʂuei⁴⁴·ia⁰,

上头全飘是雪花儿，然后俩小鸟飞过，

ʂaŋ⁴⁴tʰou³¹tɕʰyã⁵³pʰiau⁵³ʂɿ³¹ɕyɛ³⁴xuɐɹ⁴⁴,zã⁴⁴xou³¹lia⁴⁴ɕiau³¹ɲiau⁴⁴fei³⁴kuə³¹,

那树上一弹腾，那雪花儿都飘啊到处都是，

na³¹ʂu³¹ʂaŋ⁰·³⁴i³¹tʰã⁵³tʰəŋ⁰,na³¹ɕyɛ³⁴xuɐɹ⁰tou³¹pʰiau⁰·a³¹tau³¹tʂʰu³¹tou⁴⁴ʂɿ³¹,

跟蝴蝶儿[一个]样儿。然后，武则天说："嗯，真是瑞雪兆丰年呀！"

kən³¹xu⁵³tiɛɹ⁵³yə⁰iɐɹ⁰·zã⁴⁴xou³¹u⁴⁴tsə⁵³tʰiã³⁴ʂuə³⁴:"ən³¹,tʂən³⁴ʂɿ³¹zuei⁵³ɕyɛ³⁴tʂau³¹fəŋ³¹ɲiã⁵³·ia¹!"

兴致大发，让宫女们给她拿啊可多酒，

ɕiəŋ³¹tʂɿ³¹ta³¹fa³⁴,zaŋ³¹koŋ³⁴ny⁴⁴mən⁰kei³⁴tʰa⁴⁴na⁵³·a⁰kʰə³⁴tuə³⁴tɕiou⁴⁴,

然后她们，她们喝啊。喝啊一会儿啊，

zã⁴⁴xou³¹tʰa⁴⁴mən⁰,tʰa⁴⁴mən⁰xə³⁴·a³¹·xə³⁴·a⁵³i⁵³xuɐɹ³¹·a⁰,

然后武则天说："转转吧，光改=亭子里坐着也老没意思。"

zã⁴⁴xou³¹u⁴⁴tsə⁵³tʰiã³⁴ʂuə³⁴:"tʂuã³¹tʂuã⁰pa⁰,kuaŋ³⁴kai⁴⁴tʰiəŋ⁵³tsɿ⁰li³¹tsuə⁰·iɛ⁴⁴lau³⁴mu³¹·i³¹sɿ⁰."

然后转啊，看那雪里头有[一个]红色哎东西，

zã⁴⁴xou³¹tʂuã³¹·a⁰,kʰã³⁴na³¹ɕyɛ³⁴li³¹tʰou³⁴you⁰yə⁰xoŋ⁵³sai³⁴·ai⁰toŋ³⁴·ɕi⁰,

这是，想着这是啥？过去看看，一看，是红梅。
tṣə³⁴ ʂɿ³¹,iaŋ⁴⁴ tṣə⁰ tṣə³¹ ʂɿ³¹ ʂa³¹?kuə⁰ tɕʰy³¹ kʰã³¹ kʰã³¹,i⁰ kʰã³¹,ʂɿ³¹ xoŋ⁵³ mei⁵³.
然后[一个]宫女说，嗯，有[一个]宫女说：
zã⁴⁴ xou³¹ yə⁰ koŋ³⁴ ȵy⁴⁴ ʂuə³⁴,ən⁰,iou⁰ yə⁰ koŋ³⁴ ȵy⁴⁴ ʂuə³⁴:
"呀，咱这院儿哩，镇，镇 大块儿地处儿，
"ia³¹,tsã⁴⁴ tṣə³¹ yɐɯ³¹ li⁰,tṣən³¹,tṣən³¹ ta³¹ kʰuɐɯ⁵³ ti³¹ tʂʰuɯ⁰,
就点儿红梅，看着太单调啊！"
tɕiou³¹ tiɐɯ⁴⁴ xoŋ⁵³ mei⁵³,kʰã³¹ tṣə⁰ tʰai⁴⁴ tã³⁴ tiau³¹ a⁰!"
然后另[一个]宫女说："真是！要是咱这院儿里像这冬天
zã⁴⁴ xou³¹ liəŋ³¹ yə⁰ koŋ³⁴ ȵy⁴⁴ ʂuə³⁴:"tṣən³¹ ʂɿ³¹!iau⁴⁴ ʂɿ³¹ tsã⁴⁴ tṣə³¹ yɐɯ³¹ li⁰ ɕiaŋ³⁴ tṣə³¹ toŋ³⁴ tʰiã⁰,
下雪这冬天，要是能百花儿齐放，那该多好呀！"
ɕia³¹ ɕye³⁴ tṣə³¹ toŋ³⁴ tʰiã⁰,iau³⁴ ʂɿ³¹ nəŋ⁵³ pai³¹ xuɐɯ⁰ tɕʰi⁵³ faŋ³¹,na³¹ kai⁴⁴ tuə⁵³ xau⁴⁴ ia⁰!"
然后武则天喝点儿酒，武则天说（也喝晕啊），
zã⁴⁴ xou³¹ u⁴⁴ tsə⁵³ tʰiã³⁴ xə³⁴ tiɐɯ⁴⁴ tɕiou⁰,u⁴⁴ tsə⁵³ tʰiã³⁴ ʂuə³⁴(iɛ⁴⁴ xə³⁴ yən³⁴ a⁰),
武则天说："那我就下道圣旨，让这些花儿们都开唠。
u⁴⁴ tsə⁵³ tʰiã³⁴ ʂuə³⁴:"na³¹ uə⁴⁴ tou⁴⁴ ɕia³⁴ tau⁰ ʂəŋ³¹ tʂɿ⁴⁴,zaŋ³¹ tṣə³¹ ɕiɛ³⁴ xuɐɯ⁴⁴ mən⁰ tou⁴⁴ kʰai³⁴ lau⁰.
今儿个晚上开，明儿个咱再来看！"
tɕiɯ³⁴ kə⁰ uã⁴⁴ ʂaŋ⁰ kʰai³⁴,miɯ⁵³ kə⁰ tsã⁴⁴ tsai³¹ lai⁵³ kʰã³¹!"
宫女们一听，呀，这武则天喝啊不少呀，
koŋ³⁴ ȵy⁴⁴ mən i³⁴ tʰiəŋ³⁴,ia³¹,tṣə³¹ u⁴⁴ tsə⁵³ tʰiã³⁴ xə³⁴ a⁰ pu⁴⁴ ʂau⁴⁴ ia⁰,
喝多啊，得赶紧给她弄回去。跟武则天说：
xə³⁴ tuə³⁴ a⁰,tai⁴⁴ kã⁵³ tɕiən⁴⁴ kei³⁴ tʰa⁴⁴ noŋ³¹ xuei³⁴ tɕʰy⁰.kən³⁴ u⁴⁴ tsə⁵³ tʰiã³⁴ ʂuə³⁴:
"要不是咱先回去吧，今儿个都太晚啊，回去睡，
"iau⁴⁴ pu³¹ ʂɿ³¹ tsã⁴⁴ ɕiã³⁴ xuei³¹ tɕʰy³¹ pa⁰,tɕiɯ³⁴ kə⁰ tou³⁴ tʰai⁴⁴ uã⁴⁴ a⁰,xuei³¹ tɕʰy³⁴ sei³¹,
等明儿个白天啊咱再出来赏雪啊。"
təŋ⁴⁴ miɯ⁵³ kə⁰ pai³¹ tʰiã⁰ a⁰ tsã⁴⁴ tsai³¹ tʂʰu⁵³ lai⁵³ ʂaŋ³¹ ɕyɛ³⁴ a⁰."
好哄歹哄，然后给她哄到那寝殿[里头]睡啊。
xau⁵³ xoŋ⁵³ tai⁵³ xoŋ⁴⁴,zã⁴⁴ xou³¹ ku⁴⁴ tʰa⁴⁴ xoŋ³¹ tau³¹ na³¹ tɕʰiən³¹ tiã³¹ liou⁰ sei³¹ a⁰.
然后武则天躺到床上啊，咋想咋是一件儿事儿，
zã⁴⁴ xou³¹ u⁴⁴ tsə⁵³ tʰiã³⁴ tʰaŋ⁴⁴ tau⁰ tʂʰuaŋ⁵³ ʂaŋ³¹ a⁰,tsa⁴⁴ ɕiaŋ⁴⁴ tsa³¹·³⁴ tɕiɐɯ³⁴ ʂɯ³¹,
这事儿还没办完哎，
tṣə³⁴ sɯ³¹ xã⁵³ mu³¹ pã³¹ uã⁵³ ai⁰,
她就叫宫女给她拿那文房四宝，写啊首诗，
tʰa⁴⁴ tɕiou³⁴ tɕiau³¹ koŋ³¹ ȵy⁴⁴ kei³⁴ tʰa⁴⁴ na³¹ na⁵³ uən³¹ faŋ⁵³ sɿ³¹ pau⁴⁴,ɕiɛ⁴⁴ a⁰ ʂou⁴⁴ ʂɿ³⁴,
那诗意思就是让那百花儿今儿晚上赶紧开放，
na³¹ ʂɿ³⁴ i³¹ sɿ⁰ tou⁵³ ʂɿ³¹ zaŋ⁰ na³¹ pai³⁴ xuɐɯ⁰ tɕiɯ³⁴ uã³¹ ʂaŋ⁰ kã⁵³ tɕiən⁴⁴ kʰai³⁴ faŋ³¹,

明儿个早上她要去看,
miɯ⁵³kə⁰tsau⁴⁴ʂaŋ⁰tʰa⁴⁴iau³¹tɕy³⁴kʰã³¹,
然后让宫女给它改⁼那御花园儿烧啊。
zã⁴⁴xou³¹zaŋ³¹koŋ³⁴n̠y⁴⁴kei³⁴tʰa⁴⁴kai³¹na³¹y³¹xua³⁴yɐɯ⁵³ʂau³⁴a⁰.
烧了以后哎, 那花仙子们收住这信啊,
ʂau³⁴liau⁰⋅⁴⁴i³¹xou³¹ai⁰,na³¹xua³⁴ɕiã³⁴tsɪ⁰mən⁰ʂou³⁴tsu⁰tʂə³⁴ɕiən³¹a⁰,
呀, 花仙子们一看老是害怕呀, 赶紧召开[一个]紧急会议,
ia⁰,xua³⁴ɕiã³⁴tsɪ⁰mən⁰i⁰⋅⁵³kʰã³¹lau⁴⁴ʂɪ³¹xai³¹pʰa³¹ia⁰,kã⁵³tɕiən⁴⁴tʂau³⁴kʰai³⁴yə³¹tɕiən⁴⁴tɕi⁵³xuei³¹i³¹,
然后各种仙子们都去啊, 改⁼讨论哎。
zã⁴⁴xou³¹kə³¹tʂoŋ⁴⁴ɕiã³⁴tsɪ⁰mən⁰tou⁴⁴tɕy³¹a⁰,kai⁴⁴tʰau⁵³luən³¹ai⁰.
[人家]喇叭花儿仙子说:
zã⁴⁴la⁴⁴pa³¹xuɐɯ³⁴ɕiã³⁴tsɪ⁰ʂuə³⁴:
"呀, 你看, 这武则天都下圣旨啊呀,
"ia³¹,n̠i⁴⁴kʰã³¹,tʂə³¹u⁴⁴tsə⁵³tʰiã³⁴tou⁰ɕia³¹ʂəŋ³¹tsɪ⁰a³¹ia⁰,
让咱开花儿啊, 她那人还恁恶,
zaŋ³¹tsã⁴⁴kʰai³⁴xuɐɯ³⁴a⁰,tʰa⁴⁴na³¹zən⁵³xã⁵³nən³¹ə³⁴,
你说人都不敢得罪她,
n̠i⁴⁴ʂuə³⁴zən⁵³tou⁴⁴pu⁴⁴kã⁵³tə³¹tsuei³¹tʰa⁴⁴,
甭说咱这花儿花儿草草啊。
piəŋ³¹ʂuə³⁴tsã⁴⁴tʂə³¹xuɐɯ³⁴xuɐɯ³⁴tsʰau⁵³tsʰau⁴⁴a⁰.
咱要是不开, 她要给咱连根铲除咋弄哎?
tsã⁴⁴iau³⁴ʂɪ³¹pu⁴⁴kʰai³¹,tʰa⁴⁴iau³¹kei³⁴tsã⁴⁴liã⁵³kən³¹tʂʰã⁴⁴tʂʰu⁵³tsa⁴⁴noŋ³¹ai⁰?
[人家]玉帝还给咱下指令, 让咱改⁼这儿,
zã⁴⁴y³⁴ti³¹xã⁵³kei³¹tsã⁴⁴ɕia³¹tsɪ⁴⁴liəŋ³¹,zaŋ³¹tsã⁴⁴kai⁴⁴tʂɐɯ³¹,
全国上下春天都开花儿,
tɕʰyã⁵³kuə³⁴ʂaŋ³¹ɕia³¹tʂʰuən³⁴tʰiã³⁴tou⁴⁴kʰai³⁴xuɐɯ³⁴,
让游人们欣赏啊。"另一个仙子, 另一个仙子说:
zaŋ³¹iou⁵³zən⁵³mən⁰ɕiən³⁴ʂaŋ⁴⁴a⁰."liəŋ⁵³⋅⁵³i⁰kə³¹ɕiã³⁴tsɪ⁰,liəŋ⁵³⋅⁵³i⁰kə³¹ɕiã³⁴tsɪ⁰ʂuə³⁴:
"呀, 就是呀, 那要是, 咱要是不开,
"ia³¹,tɕiou³⁴ʂɪ³¹ia⁰,na³¹iau³⁴ʂɪ³¹,tsã⁴⁴iau³⁴ʂɪ³¹pu⁴⁴kʰai³⁴,
真是她给咱根儿都薅唠,
tʂən³⁴ʂɪ³¹tʰa⁴⁴kei³⁴tsã⁴⁴kɯ³⁴tou⁴⁴xau³⁴lau⁰,
那明年那玉帝庆⁼责罚咱们啊。"
na³¹miəŋ⁵³n̠iã⁵³na³¹y³¹ti³¹tɕʰiəŋ³¹tsə⁵³fa⁵³tsã⁴⁴mən⁰a⁰."
然后可多那个仙子们都附和着。
zã⁴⁴xou³¹kʰə³¹tuə³⁴na³¹kə³¹ɕiã³⁴tsɪ⁰mən⁰tou⁴⁴fu⁴⁴xə³¹tʂə⁰.

哎，这时候儿哎，牡丹仙子站出来说：
ai³⁴,tʂə³¹sʅ⁵³xɯ⁵³ai⁰,mu⁴⁴tã⁰ɕiã³⁴tsʅ³¹tʂʰu⁰lai⁰ʂuə³⁴:
"我是绝对不会开花儿哎。她这种人，
"uə⁴⁴sʅ³¹tɕyɛ⁵³tuei³¹pu⁰xuei³¹kai⁰xuɐɯ³⁴ai⁰.tʰa⁴⁴tʂə³¹tʂoŋ⁴⁴ʐən⁵³,
今儿个下道圣旨让你开花儿，咱开，
tɕiɯ³⁴kə⁰ɕia³⁴tau³¹ʂəŋ³¹tsʅ⁴⁴ʐaŋ³¹ɲi⁴⁴kʰai³⁴xuɐɯ³⁴,tsã⁴⁴kʰai³⁴,
那明年哎？那她会给咱下啥圣旨？
na³¹miəŋ⁵³ɲiã⁰ai?na³¹tʰa⁴⁴xuei³¹kei³⁴tsã⁴⁴ɕia³⁴ʂa³¹ʂəŋ³¹tsʅ⁴⁴?
那有一回就有第二回，咱就不能妥协。"
na³¹iou⁴⁴·³⁴i⁵³xuei⁵³tou⁴⁴iou⁴⁴ti³⁴ɯ⁵³xuei⁵³,tsã⁴⁴tou⁴⁴pu⁴⁴nəŋ⁵³tʰuə⁴⁴ɕiɛ⁵³."
然后那些仙子们附和着：
ʐã⁴⁴xou³¹na³¹ɕiɛ⁵³ɕiã³⁴tsʅ⁰mən⁰fu⁴⁴xə³¹tʂə⁰:
"呀，那也是呀，那到底咋弄啊？"
"ia³¹,na³¹iɛ⁴⁴sʅ³¹ia⁰,na³¹tau³¹ti⁴⁴tsa⁴⁴noŋ³¹a⁰?"
然后她们，仙子们又想想武则天这人太恶啊，
ʐã⁵³xou³¹tʰa⁴⁴mən⁰,ɕiã³⁴tsʅ⁰mən⁰iou⁴⁴ɕiaŋ⁴⁴ɕiaŋ⁰u⁴⁴tsə⁵³tʰiã³⁴tʂə³¹ʐən⁵³tʰai³⁴ə³⁴a⁰,
还真是害怕得罪她，她们就说：
xã⁵³tʂən³⁴sʅ³¹xai³⁴pʰa³¹tə⁵³tsuei³¹tʰa⁴⁴,tʰa⁴⁴mən⁰tɕiou⁰ʂuə³⁴:
"那咱就还是开花儿，就开这一回算啊。"
"na³¹ʐã⁴⁴tɕiou³¹xã⁵³sʅ³¹kʰai³⁴xuɐɯ³⁴,tɕiou³¹kʰai³⁴tʂə³¹·³⁴i⁰xuei⁰suã³¹a⁰."
然后那牡丹就不愿意，牡丹站那儿在那儿糙=气哎，
ʐã⁴⁴xou³¹na³¹mu⁴⁴tã⁰tou⁴⁴pu⁰yã⁴¹i⁰,mu⁴⁴tã³⁴tsã⁰nɐɯ⁴⁴kai⁰nɐɯ³¹tsʰau³⁴tɕʰi³¹ai⁰,
然后可多那仙女儿们都哄着她说：
ʐã⁴⁴xou³¹kʰə⁴⁴tuə³⁴na³¹ɕiã⁴⁴nyɯ⁰mən⁰tou⁴⁴xoŋ⁴⁴tʂə⁰tʰa⁴⁴ʂuə³⁴:
"呀，咱回去吧，回去吧！回去，然后商量商量，
"ia³¹,tsã⁴⁴xuei⁵³tɕʰy⁰pa⁰,xuei⁵³tɕʰy⁰pa⁰,xuei⁵³tɕʰy⁰,ʐã⁴⁴xou³¹ʂaŋ³⁴liaŋ⁰ʂaŋ³⁴liaŋ⁰,
早点准备准备开花儿，甭跟她置气啊。"
tsau⁵³tiã⁴⁴tʂuən⁴⁴pei³¹tʂuən⁴⁴pei³¹kʰai³⁴xuɐɯ³⁴,piəŋ⁰kən³⁴tʰa⁴⁴tʂʅ³⁴tɕʰi³¹a⁰."
这才给牡丹仙子哄回去。那时候儿都四更啊，
tʂə³¹tsʰai⁵³kei³⁴mu⁴⁴tã⁰ɕiã³⁴tsʅ⁰xoŋ⁴⁴xuei⁰tɕʰy⁰.na³¹sʅ⁵³xɯ⁴⁴tou⁴⁴sʅ³¹tɕiəŋ³⁴a⁰,
她们都散会啊，回去准备开花儿哎。
tʰa⁴⁴mən⁰tou⁴⁴sã³⁴xuei³¹a⁰,xuei⁵³tɕʰy⁰tʂuən⁴⁴pei³¹kʰai³⁴xuɐɯ³⁴ai⁰.
第二天清早哎，那武则天洗啊洗涮啊涮，
ti³⁴ɯ³¹tʰiã³⁴tɕʰiəŋ³⁴tsau⁴⁴ai⁰,na³¹u⁴⁴tsə⁰tʰiã³⁴ɕi⁴⁴a⁰ɕi⁰ʂuã³¹a⁰ʂuã³¹,
坐到镜子前头改=那儿化妆哎，
tsuə³¹tau⁰tɕiəŋ³¹tsʅ⁰tɕʰiã⁴⁴tʰou⁰kai⁴⁴nɐɯ⁰xua³¹tʂuaŋ³⁴ai⁰,

哎，这时候儿[一个]宫女跑过来啊，宫女说："哎呀！"
ai³⁴,tʂə³¹ɕɿ⁵³xɯ⁵³yə³¹koŋ³⁴n̠y⁴⁴pʰau⁴⁴kuə³¹lai⁰a⁰,koŋ³¹n̠y⁴⁴ʂuə³⁴:"ai⁴⁴ia³¹！"
看着武则天改那个收拾打扮，说：
kã³¹tʂə⁰u⁴⁴tsə⁵³tʰiã³⁴kai⁴⁴na³¹kə⁰ʂou³⁴ʂɿ¹ta⁰pã, ʂuə³⁴:
"禀告，咱这后花园儿啊，花全开啊。"
"piəŋ⁴⁴kau³¹,tsã⁴⁴tʂə³¹xou³¹xua³⁴yɐʯ⁵³a⁰,xua³⁴tɕʰyã⁵³kʰai³⁴a⁰."
然后武则天一听："呀，这真是"
zã⁴⁴xou³¹u⁴⁴tsə⁵³tʰiã³⁴i³⁴tʰiəŋ³⁴,"ia³¹,tʂə³¹tʂən³⁴ʂɿ³¹"
想起来昨天晚上写哎一首诗，
ɕiaŋ⁴⁴tɕʰi⁰lai⁰tsuə⁵³tʰiã³⁴uã⁴⁴ʂaŋ⁰ɕiɛ⁴⁴i⁰³⁴ʂou⁴⁴ʂɿ³⁴,
想着真是，那日趁着酒意，也喝晕啊，
ɕiaŋ⁴⁴tʂə⁴⁴tʂən³⁴ʂɿ³¹,na³¹zɿ³⁴tʂʰən³¹tʂə⁰tɕiou⁴⁴i³¹,iɛ⁴⁴xə³⁴yən³⁴a⁰,
真是下道圣旨，她们还真开啊。
tʂən³⁴ʂɿ³¹ɕia³⁴tau³⁴ʂəŋ³¹tʂɿ⁴⁴,tʰa⁰mən⁰xã⁵³tʂən³⁴kʰai³⁴a⁰.
然后赶紧去看，
zã⁴⁴xou³¹kã⁵³tɕiən⁴⁴tɕʰy³⁴kʰã³¹,
带着那天跟着那宫女们一块儿去看。
tai³¹tʂə⁰na³¹tʰiã³⁴kən³⁴tʂə⁰na³¹koŋ³¹n̠y⁴⁴mən⁰i⁵³kʰuɐɯ³¹tɕʰy³⁴kʰã³¹.
她一看，呀，这开哎，这朵朵开哎都恁娇艳，
tʰa⁴⁴i⁵³kʰã³¹,ia³¹,tʂə³¹kʰai³⁴ai⁰,tʂə³¹tuə⁵³tuə⁰kʰai³⁴ai⁰tou⁴⁴nən³¹tɕiau³⁴iã³¹,
然后就让宫女去给大臣们都叫来啊。
zã⁴⁴xou³¹tɕiou³⁴zaŋ⁰koŋ³¹n̠y⁴⁴tɕʰy³¹kei³⁴ta³¹tʂʰən⁵³mən⁰tou⁴⁴tɕiau⁰lai⁰a⁰.
然后大臣们都来了以后，武则天就给他们说：
zã⁴⁴xou³¹ta³¹tʂʰən⁵³mən⁰tou⁰lai⁵³liau¹⁰i⁴⁴xou³¹,u⁴⁴tsə⁵³tʰiã³⁴tou⁴⁴kei³⁴tʰa⁴⁴mən⁰ʂuə³⁴:
"你看，这昨天我都给她们下道圣旨，
"n̠i⁴⁴kʰã³¹,tʂə³¹tsuə⁴⁴tʰiã³⁴uə⁴⁴tou⁰kei³⁴tʰa⁴⁴mən⁰ɕia³⁴tau³¹ʂəŋ³¹tʂɿ³¹,
然后今儿个她们全都开啊，虽然，虽然这是冬天。
zã⁴⁴xou³¹tɕiɯ³¹kə⁰tʰa⁴⁴mən⁰tɕʰyã³¹tou⁴⁴kʰai³⁴a⁰,suei⁵³zã⁴⁴,suei⁵³zã⁴⁴tʂə³⁴ʂɿ³¹toŋ³⁴tʰiã⁰,
你看我有多厉害，多厉害！"大臣们也是恭维着：
n̠i⁴⁴kʰã³¹uə⁴⁴iou⁴⁴tuə⁵³li³¹xai⁰,tuə⁵³li³¹xai⁰!"ta³¹tʂʰən⁵³mən⁰iɛ⁴⁴ʂɿ³¹koŋ³⁴uei⁴⁴tʂə⁰:
嗯，真是，武则天你真厉害！
ən³¹,tʂən³⁴ʂɿ³¹,u⁴⁴tsə⁵³tʰiã³⁴n̠i⁴⁴tʂən³⁴li³¹xai⁰!
然后下来哎，她四处转着转着，
zã⁴⁴xou³¹ɕia³¹lai³¹ai⁰,tʰa⁴⁴sɿ³⁴tʂʰu⁵³tʂuã³⁴tʂə⁰tʂuã³¹tʂə⁰,
哎，发现[一个]牡丹，甭说花儿啊，连叶儿都[没有]。
ai³⁴,fa³⁴ɕiã³¹yə³¹mu³¹tã⁰,piəŋ³¹ʂuə³⁴xuɐɯ³⁴a⁰,liã³¹iɐɯ³⁴tou⁰miau³⁴.

她就可糙˳气，她说：

tʰa⁴⁴tɕiou³¹kʰə⁴⁴tsʰau³⁴tɕʰi³¹,tʰa⁴⁴ʂuə³⁴:

"大胆牡丹，你真是，我给下圣旨，

"ta³¹tã⁴⁴mu⁴⁴tã⁰,n̠i⁴⁴tʂən³⁴ʂʅ³¹,uə⁴⁴kei⁴⁴ɕia³⁴ʂəŋ³¹tʂʅ⁴⁴,

你为啥不开花儿？别哎都开啊"

n̠i⁴⁴uei³⁴ʂa³¹pu⁴⁴kʰai³⁴xuɐu³⁴?piɛ⁵³ai³¹tou⁴⁴kʰai³⁴a⁰"

然后,本来她心里也不美，

zã⁴⁴xou³¹,pən⁴⁴lai⁵³tʰa⁴⁴ɕiən³⁴li⁴⁴iɛ⁴⁴pu⁴⁴mei⁴⁴,

你说说镇˳多宫女、大臣哎，

n̠i⁴⁴ʂuə³⁴ʂuə⁰tʂən³¹tuə³⁴koŋ³⁴n̠y⁴⁴ta³¹tʂʰən⁵³ai⁰,

下道圣旨都没遵，那心里肯定糙˳气，

ɕia³⁴tau³¹ʂəŋ³¹tʂʅ⁴⁴tou⁴⁴mu³¹tsuən³⁴,na³¹ɕiən⁴⁴li³¹kʰən³⁴tiəŋ³¹tsʰau³⁴tɕʰi³¹,

就吩咐下属说：

tɕiou³¹fən³⁴fu³¹ɕia³¹ʂu⁴⁴ʂuə³⁴:

"[你家]们几个给这花儿全部给我烧完。"

"n̠ia⁴⁴mən⁰tɕi³¹kə⁰kei³⁴tʂə³¹xuɐu³⁴tɕʰyã⁵³pu⁴⁴ku³⁴uə⁴⁴ʂau³⁴uã⁵³."

然后武后一扭脸就回寝殿啊。

zã⁴⁴xou³¹u⁴⁴xou³¹⁻³⁴n̠iou⁵³liã⁴⁴tou⁴⁴xuei³¹tɕʰiən⁴⁴tiã³¹a⁰.

然后那下人们赶紧一把火扔到那牡丹丛里头，

zã⁴⁴xou³¹na³¹ɕia³¹zən⁵³mən⁰kã⁵³tɕiən⁴⁴⁻³⁴i⁴⁴pa⁴⁴xuə⁴⁴zəŋ³¹tau³¹na³¹mu⁴⁴tã³¹tsʰoŋ⁵³li⁴⁴tʰou⁰,

给那儿烧啊噼噼啪啪直响，

kei³⁴nɐu³¹ʂau³⁴a⁰pʰi³⁴pʰi³¹pʰa³⁴pʰa³¹tʂʅ³⁴ɕiaŋ⁴⁴,

一下儿烧到晌午，一下儿烧到晌午烧完啊。

i⁵³ɕiɐu³¹ʂau³⁴tau³¹ʂaŋ⁵³u⁰,i⁵³ɕiɐu³¹ʂau³⁴tau³¹ʂaŋ⁵³u⁰ʂau³⁴uã⁵³a⁰.

那下属赶紧去那武则天那儿报，给她报告说：

na³¹ɕia³¹ʂu⁴⁴kã⁵³tɕiən⁴⁴tɕʰy³¹na³¹u⁴⁴tsə⁵³tʰiã⁴⁴nɐu⁴⁴pau³¹,kei³⁴tʰa⁴⁴pau³¹kau³¹ʂuə³⁴:

"牡丹花儿全部烧完啊，你看下来有啥指示？"

"mu⁴⁴tã³¹xuɐu³⁴tɕʰyã⁵³pu⁴⁴ʂau³⁴uã⁵³a⁰,n̠i⁴⁴kʰã³¹ɕia³¹lai⁵³iou⁴⁴ʂa³¹tʂʅ⁴⁴ʂʅ³¹."

然后武则天想啊想，

zã⁴⁴xou³¹u⁴⁴tsə⁵³tʰiã³¹ɕiaŋ⁴⁴a⁰ɕiaŋ⁴⁴,

这光给它们烧啊还不解恨呀，

tʂə³¹kuaŋ³⁴kei³⁴tʰa⁴⁴mən⁰ʂau³⁴a⁰xã⁵³pu⁴⁴tɕiɛ⁴⁴xən³¹ia⁰,

以后不想让，以后不想让它们改御花园出现啊，

i⁴⁴xou³¹pu⁴⁴ɕiaŋ⁴⁴zaŋ³¹,i⁴⁴xou³¹pu⁴⁴ɕiaŋ⁴⁴zaŋ³¹tʰa⁴⁴mən⁰kai⁴⁴y³¹xua³⁴yɐu⁴⁴tʂʰu³⁴ɕiã³¹a⁰,

就跟那下属说："[你家]们都给那根儿刨刨，

tou⁴⁴kən³⁴na³¹ɕia³¹ʂu⁴⁴ʂuə³⁴:"n̠ia⁴⁴mən⁰tou⁴⁴kei³⁴na³¹kɯ⁴⁴pʰau⁵³pʰau⁰,

全部刨出来，给我送到邙山上，
tɕʰyã⁵³pu³¹pʰau⁵³tʂʰu⁰lai⁰,ku³⁴uə⁰soŋ³¹tau⁴⁴maŋ⁵³ʂã⁰ʂaŋ⁰,
直接扔到洛阳邙山。"
tʂʅ⁵³tɕiɛ³⁴zəŋ³⁴tau³¹luə³⁴iaŋ⁰maŋ⁵³ʂã⁰."
然后那下属们拿啊锄头啥啊都去啊，
zã⁴⁴xou³¹na³¹ɕia³¹ʂu⁴⁴mən⁰na⁵³aʰ³tʂʰu⁵³tʰou⁰ʂa³¹aʰ⁰tou⁴⁴tɕʰy³¹aʰ⁰,
然后快马加鞭，赶路赶啊一夜黑地儿，
zã⁴⁴xou³¹kʰuai³¹ma³¹tɕia³¹piã³⁴,kã⁴⁴lu³¹kã⁴⁴aʰ⁰·⁵³iɛ³¹xuɯ⁵³tiɯ³¹,
到那邙山给它直接都扔到邙山上。
tau³⁴na³¹maŋ⁵³ʂã⁰kei³⁴tʰa⁴⁴tʂʅ⁵³tɕiɛ³⁴tou⁴⁴zəŋ⁰tau³¹maŋ⁵³ʂã⁰ʂaŋ⁰.
谁[知道]，扔到邙山上，那真是入新土就扎根儿啊，
sei⁵³tʂɿ⁵³,zəŋ³⁴tau³¹maŋ⁵³ʂã⁰ʂaŋ⁰,na³¹tʂən³⁴ʂʅ³¹zu³¹ɕiən³⁴tʰu⁴⁴tou⁴⁴tsa³⁴kuɚ³⁴aʰ⁰,
等来年春天啊，再加上一场春雨过后，
təŋ⁴⁴lai⁵³ȵiã⁵³tʂʰuən³⁴tʰiã³⁴aʰ⁰,tsai³¹tɕia³⁴ʂaŋ⁰i³⁴tʂʰaŋ⁴⁴tʂʰuən³⁴y⁴⁴kuə³⁴xou³¹,
满山遍野全是牡丹花儿。那邙山上啊，那游民从那儿过，
mã⁴⁴ʂã³⁴piã³¹iɛ⁴⁴tɕʰyã⁵³ʂʅ³¹mu⁴⁴tã⁰xɐɯ³⁴.na³¹maŋ⁵³ʂã⁰ʂaŋ⁰aʰ⁰,na³¹iou³⁴miən⁵³tsʰoŋ⁵³nɐɯ³⁴kuə⁰,
一看，呀，这花儿开哎真漂亮，可得劲，
i⁵³kʰã³¹,ia⁰,tʂə³¹xɐɯ³⁴kʰai³⁴ai⁰tʂən³⁴pʰiau³¹liaŋ⁰,kʰə⁴⁴tai⁵³tɕiən³¹,
然后就移到家啊。下来哎，慢慢儿传开啊，
zã⁴⁴xou³¹tou⁴⁴·⁵³i³¹tau³¹tɕia³⁴aʰ⁰,ɕia³¹lai⁰ai⁰,mã⁴⁴mɐɯ⁴⁴tʂʰuã⁵³kʰai³⁴aʰ⁰,
那城市哎人，城[里头]那人也去那儿开始移牡丹，
na³¹tʂʰəŋ⁵³ʂʅ³¹ai⁰zən⁵³,tʂʰəŋ⁵³liou³⁴na³¹zən⁵³iɛ³⁴tɕʰy³⁴nɐɯ³¹kʰai³⁴ʂʅ⁴⁴·⁵³i³¹mu⁴⁴tã⁰,
下来哎，整个牡丹就改洛阳落地生根儿啊。
ɕia³¹lai⁵³ai⁰,tʂəŋ⁴⁴kə⁰mu⁴⁴tã⁰tou⁴⁴kai⁰luə³⁴iaŋ⁰luə³⁴ti³¹ʂəŋ³⁴kuɚ³⁴aʰ⁰.
[人家]牡丹仙子一看："哎呀，这儿真好呀，
za⁴⁴mu⁴⁴tã⁰ɕiã³¹tsʅ⁰i³¹kʰã³¹:"ai⁴⁴ia⁰,tʂɐɯ³¹tʂən³⁴xau³¹ia⁰,
这洛阳这地处儿人也不错，也喜欢我，
tʂə³¹luə³⁴iaŋ⁰tʂə³¹ti³¹tʂʰuɯ⁰zən⁵³iɛ³⁴pu³¹tsʰuə³⁴,iɛ⁴⁴ɕi³¹xuã⁰uə⁴⁴,
每年我都要给花儿开哎漂漂亮亮！"
mei³¹ȵiã⁵³uə³⁴tou³¹iau³¹kei³⁴xuɐɯ⁵³kʰai³⁴ai⁰pʰiau³¹pʰiau⁰liaŋ³¹liaŋ⁰!"
好，这就是我给大家讲啊武则天贬牡丹啊故事。
xau⁴⁴,tʂə³¹tɕiou⁵³ʂʅ³¹uə³⁴kei³⁴ta³¹tɕia³⁴tɕiaŋ³¹aʰ⁰u³¹tsə⁵³tʰiã³¹piã⁴⁴mu⁴⁴tã⁰aʰ⁰ku³¹ʂʅ⁰.
谢谢！
ɕiɛ³¹ɕiɛ³¹!

意译：大家好！我叫梁一帆。今天给大家讲个武则天贬牡丹的故事。有一年冬天，武则天兴致大发，带着宫女到后花园儿赏雪，那时候雪刚停，那亭子、小桥、假山水呀，上头全飘满雪花儿，两只小鸟飞过，在那树上一扑腾，那

雪花儿飘得到处都是，像蝴蝶一样。武则天说："真是瑞雪兆丰年呀！"武则天兴致大发，让宫女们给她拿了很多酒，然后她们喝了。喝了一会儿，武则天说："转转吧，光在亭子里坐着也没意思。"然后转着转着，看见雪里头有一个红色的东西，这是啥？过去看看，一看，是红梅。有一个宫女说："呀，咱这院子这么大一块儿地方，就点儿红梅，看着太单调了！"另一个宫女说："就是！要是咱这院儿里到了冬天，下雪的冬天，要是能百花儿齐放，那该多好呀！"武则天喝了点儿酒，也喝晕了，武则天说："那我就下道圣旨，让这些花儿都开了。今天晚上开，明儿个咱再来看！"宫女们一听，呀，这武则天喝得不少呀，喝多了，得赶紧给她弄回去。于是跟武则天说："要不咱先回去吧，今儿个太晚了，回去睡，等明天白天咱再出来赏雪吧。"好哄歹哄，然后把她哄到那寝殿里头睡了。武则天躺到床上后，怎么想怎么是件事儿，这事儿还没办完呢，就叫宫女给她拿那文房四宝，写了首诗，诗的意思是让那百花今天晚上赶紧开放，明天早上她要去看，然后让宫女把诗在御花园烧了。烧了以后，花仙子们收到这信，呀，花仙子们一看特别害怕呀，赶紧召开一个紧急会议，然后仙子们都去了，在一起讨论。喇叭花儿仙子说："呀，你看，这武则天都下圣旨了，让咱开花儿呀，她那人还那么凶恶，你说人都不敢得罪她，别说咱这花花草草了。咱要是不开，她要把咱连根铲除怎么办呢？可玉帝给咱下指令，让咱在这儿，到春天开花儿，让游人们欣赏啊。"另一个仙子说："呀，就是啊，咱要是不开，她真的把咱根儿都拔了，到明年那玉帝就净责罚咱们了。"然后很多仙子都附和着。这时候，牡丹仙子站出来说："我是绝对不会开花儿的。她这种人，今儿个下道圣旨让你开花儿，咱开，那明年呢？那她会给咱下啥圣旨？有一回就有第二回，咱就不能妥协。"那些仙子们附和着："呀，那也是呀，那到底怎么办啊？"然后仙子们又想想武则天这人太凶恶了，还真害怕得罪她，她们就说："那咱还是开花儿吧，就开这一回算了。"牡丹不愿意，牡丹站在那儿生气呢。然后很多仙女都哄着她说："呀，咱回去吧，回去吧！回去，然后商量商量，早点准备准备开花儿，别跟她赌气了。"这才把牡丹仙子哄回去。那时候已经四更了，她们就散会了，回去准备开花儿了。第二天清早，武则天洗了洗、涮了涮，坐到镜子前头在那儿化妆呢，哎，这时候一个宫女跑过来了，宫女说："哎呀！"看着武则天在那儿收拾打扮，说："禀告陛下，咱这后花园儿，花全开了。"武则天一听："呀，这真是！"呀，这才想起来昨天晚上写的一首诗，想着真是，那天趁着酒意，也喝晕了，真是下道圣旨，她们还真开了。然后赶紧去看，带着那天的宫女们一块儿去看。她一看，呀，朵朵都开得那么娇艳，就让宫女把大臣们都叫来了。大臣们来了以后，武则天就对他们说："你看，昨天我给她们下道圣旨，今天她们就全开了，虽然这是冬天。你看我多厉害，多厉害！"大臣们也恭维着:"嗯,真是,武则天你真厉害!"然后,她四处转着转着,哎,发现一棵牡丹,别说花儿了,连叶儿都没有。她很生气,说:"大胆牡丹,你真是,我下了圣旨,你为啥不开花儿?别的都开了!"本来她心里也不得劲,你说面对那么多宫女、大臣,下道圣旨牡丹都没遵守,那心里肯定生气,武则天就吩咐下属说:"你们几个把这花儿全部给我烧掉。"然后武则天一扭脸回寝殿了。这些属下赶紧一把火扔到那牡丹丛里头,把那儿烧得噼噼啪啪直响,一直烧到晌午才烧完了。下属赶紧去给武则天报告说:"牡丹花儿全部烧完了,你看下来有什么指示?"武则天想了想,这只把它们烧了还不解恨呀,以后不想让它们在御花园出现了,就跟下说:"你们把那根儿刨刨,全部刨出来,给我送到邙山上,直接扔到洛阳邙山。"下属们拿了锄头什么的就去了,然后快马加鞭,赶路赶了一晚上,把牡丹直接扔到邙山上。谁知道,扔到邙山上,那真是入新土就扎根儿啊,等来年春天,一场春雨过后,满山遍野全是牡丹花儿。那邙山上啊,那游民从那儿经过,一看,呀,这花儿开得真漂亮,可得劲,然后就移到家里了。接下来呢,慢慢儿传开了,城里人也开始去那儿移牡丹,随后牡丹就在洛阳落地生根了。牡丹仙子一看:"哎呀,这儿真好呀,洛阳这地方人也不错,也喜欢我,每年我都要把花儿开得漂漂亮亮的!"好,这就是我给大家讲的武则天贬牡丹的故事。谢谢!

(发音人:梁一帆 2017.09.02 洛阳)

三 自选条目

0032 方言诗朗诵《假如》

假如生活它毛捣了你,

tɕia⁴⁴ zu³⁴ sən³⁴ xuə⁰ tʰa⁴⁴ mau⁴⁴ tau⁵³ lə⁰ ɲi⁴⁴,

薆吭气儿,薆吆喝,

pau⁴⁴ kʰən³⁴ tɕʰiu³¹⁰, pau⁴⁴ iau³⁴ xə⁰,

薆争竞,白挟˥喝。

pau⁴⁴ tsən³⁴ tɕiən³¹, pai⁵³ ɕiɛ˥ xuə⁰.

你就搁那瞭天野地里趴住,

ɲi⁴⁴ tɕiou³¹ kə³⁴ na³¹ liau³¹ tʰiã³⁴ iɛ⁵³ ti³¹ li⁰ pʰa³⁴ tʂu⁰,

薆起来,

pau⁴⁴ tɕʰi⁵³ lai⁰,

跟那毛毛虫样儿哩,

kən³⁴ na³¹ mau⁵³ mau⁰ tʂʰoŋ⁵³ iəɯ³¹ li⁰,

一直往前骨˥茸骨˥茸,

i³⁴ tʂʅ⁵³ uaŋ⁴⁴ tsʰiã⁵³ ku˥ zoŋ⁰ ku˥ zoŋ⁰,

一直骨茸茸。
i³⁴tʂʅ⁵³ku⁵³zoŋ⁰.
总有一天，
tsoŋ⁵³:iou⁴⁴·³⁴i⁴ tʰiã³⁴,
你会变成
ȵi⁴⁴xuei³¹piã³¹tʂʰəŋ⁵³
美丽的扑棱蛾儿。
mei⁴⁴li³¹ti⁰pʰu³⁴ləŋ⁰ɐɯ⁵³.

意译：假如生活它欺骗了你，别吭气儿，别吆喝，别争竞，别嚷嚷。你就在那瞭天野地里趴着，别起来，跟那毛毛虫一样，一直往前蠕动、蠕动，一直蠕动。总有一天，你会变成美丽的扑棱蛾儿。

（发音人：毕青凤　2017.09.03 洛阳）

0033 顺口溜

我戴着草帽儿挽着边儿，
uə⁴⁴tai³¹tʂə⁰tsʰau⁴⁴mɐɯ³¹piã⁴⁴tʂə⁰piɐɯ³⁴,
上身儿穿件儿绿布衫，
ʂaŋ³¹ʂɯ³⁴tʂʰuã³⁴tɕiɐɯ³¹lu³⁴pu⁰sɐɯ³⁴,
脚上穿着呱哒板儿，
tɕyə³⁴ʂaŋ⁰tʂʰuã³⁴tʂə⁰kua³⁴ta⁰pɐɯ⁴⁴,
大步流星走到[门外]。
ta³⁴pu³¹liou⁵³siəŋ³⁴tsou⁴⁴tau⁵³mɐɯ⁵³.
上坡儿下坡儿，
ʂaŋ³¹pʰɐɯ³⁴ɕie³¹pʰɐɯ³⁴,
拐[一个]弯儿抹[一个]角儿，
kuai⁴⁴yə³¹uɐɯ³⁴muə⁰yə³¹tɕiɐɯ³⁴,
前面招见俺大大儿，
tsʰiã⁵³miã³¹tʂau³⁴tɕiã³¹ɣã⁴⁴ta⁵³tɐɯ³⁴.
俺大大儿手里掂饭盒儿，
ɣã⁴⁴ta⁵³tɐɯ³⁴ʂou⁴⁴li⁰tiã³⁴fã³¹xɐɯ⁵³,
我问大大儿你去哪儿？
uə⁴⁴vən³¹ta⁵³tɐɯ³⁴ȵi⁴⁴tɕʰy³¹nɐɯ⁵³?
他说："给你奶送碗浆面条儿！"
tʰa⁴⁴ʂuə³⁴: "ku³⁴ȵi⁵³nai⁴⁴soŋ³¹uã⁴⁴tsiaŋ³⁴miã³¹tʰiɐɯ⁵³!"
我奶就是他亲妈儿。
uə⁵³nai⁴⁴tou⁴⁴sʅ³¹tʰa⁴⁴tsʰiən³⁴mɐɯ³⁴.

意译：顺口溜：我戴着草帽儿挽着边儿，上身穿件儿绿布衫，脚上穿着呱嗒板儿，大步流星走到门外边。上坡儿下坡儿，拐个弯儿抹个角儿，前面碰见我叔叔，我叔叔手里提饭盒儿，我问叔叔你去哪儿？他说："给你奶送碗浆面条儿！"我奶就是他亲妈。

（发音人：毕青凤　2017.09.03　洛阳）

0034 谚语

一九二九不出手，
i³⁴tɕiou⁴⁴ɯ³¹tɕiou⁴⁴pu⁴⁴tʂʰu³⁴ʂou⁴⁴,
三九四九冰上走，
sã³⁴tɕiou⁴⁴sʅ³¹tɕiou⁴⁴piəŋ³⁴ʂaŋ⁰tsou⁴⁴,
五九六九沿河看柳。
u⁴⁴tɕiou⁴⁴liou³¹tɕiou⁴⁴iã⁵³xə⁵³kʰã³¹liou⁴⁴.

意译：一九、二九手不愿意伸出来，三九、四九可以在冰上行走，五九、六九可以沿着河边看柳色。

（发音人：毕青凤　2017.09.03　洛阳）

0035 谚语

吃了冬至饭，
tʂʰʅ³⁴liau⁰toŋ³⁴tsʅ³⁴fã³¹,
一天长一线。
i³⁴tʰiã³⁴tʂʰaŋ⁵³·⁵³i³¹siã³¹.

意译：吃过了冬至饭，天就一天一天的变长了。

（发音人：毕青凤　2017.09.03　洛阳）

0036 谚语

八月十五云遮月，
pa³⁴yɛ⁰ʂʅ⁵³u⁴⁴yən⁵³tʂə³⁴yɛ³⁴,
正月十六儿雪打灯。
tʂəŋ³⁴yɛ⁰ʂʅ⁵³luɯ³⁴syɛ³⁴ta⁴⁴təŋ³⁴.

意译：八月十五中秋节这天，如果天空被云遮蔽，来年正月十六这天就会阴天或下雪。

（发音人：毕青凤　2017.09.03　洛阳）

0037 谜语

小时候四条腿儿，
siau⁴⁴sʅ⁵³xɯ⁰sʅ³¹tʰiau⁵³tʰuɯ⁴⁴,
长大后两条腿儿，
tʂaŋ⁴⁴ta³⁴xou³¹liaŋ⁴⁴tʰiau⁵³tʰuɯ⁴⁴,
到老啦三条腿儿。
tau³¹lau⁴⁴la⁰sã³⁴tʰiau⁵³tʰuɯ⁴⁴.

意译：小时候四条腿，长大后两条腿，到老了三条腿儿。（谜底：人）

（发音人：毕青凤　2017.09.03　洛阳）

0038 谜语

红公鸡,

xoŋ⁵³koŋ³⁴tɕi⁰,

绿尾巴,

lu³⁴⁻⁵³i⁵³pa⁰,

一头扎到地底下。

i³⁴tʰou⁵³tsa³⁴tau³¹ti³¹ti⁴⁴ɕia³¹.

意译：红公鸡，绿尾巴，一头扎到地底下。（谜底：红萝卜）

（发音人：毕青凤　2017.09.03 洛阳）

0039 谜语

弟儿俩一门高儿,

tiɯ³¹lia⁴⁴⁻³⁴i³¹mən⁵³kɤɯ³⁴,

隔着毛山不说话儿。

kai³⁴tʂə⁰mau⁵³sã³⁴pu⁴⁴ʂuə³⁴xuɤɯ³¹.

意译：兄弟俩一样高，隔着一座毛山不说话。（谜底：耳朵）

（发音人：毕青凤　2017.09.03 洛阳）

0040 竹板儿一打哗啦啦

竹板儿一打哗啦啦,

tʂu³⁴pɤɯ⁴⁴⁻³⁴i⁴⁴ta⁴⁴xua³⁴la³⁴la³⁴,

开心果把洛阳夸。

kʰai³⁴siən³⁴kuə⁴⁴pa⁴⁴luə³⁴iaŋ⁰kʰua³⁴.

洛阳牡丹甲天下,

luə³⁴iaŋ⁰mu⁴⁴tã⁰tɕia⁴⁴tʰiã³⁴ɕia³¹,

雍容华贵是国花。

yoŋ³⁴zoŋ⁵³xua³⁴kuei³¹ʂɿ³¹kuə³⁴xua³⁴.

百花丛中最鲜妍,

pai³⁴xua³⁴tsʰoŋ³⁴tʂoŋ³⁴tsuei³¹siã³⁴iã⁵³,

国内外游客赏牡丹。

kuə³⁴nei³⁴uai³¹iou³⁴kʰə³⁴ʂaŋ⁴⁴mu⁴⁴tã⁰.

洛阳满城牡丹花,

luə³⁴iaŋ⁰mã⁴⁴tʂʰəŋ⁵³mu⁴⁴tã⁰xua³⁴,

外国游客把它夸:

uai³¹kuə³⁴iou³⁴kʰə³⁴pa⁴⁴tʰa⁴⁴kʰua³⁴:

"Very good! wonderful!

"洛阳牡丹好好好!"

"luə³⁴iaŋ⁰mu⁴⁴tã⁰xau⁴⁴xau⁴⁴xau⁴⁴!"

拍照片又录像，
pʰai³⁴tʂau³¹pʰiã³⁴iou³¹lu³⁴siaŋ³¹,
带到外国去欣赏。
tai³¹tau⁰uai³¹kuə³⁴tɕʰy³¹ɕiən³⁴ʂaŋ⁴⁴.
洛阳美，洛阳好，
luə³⁴iaŋ⁰mei⁴⁴,luə³⁴iaŋ⁰xau⁴⁴,
龙门石窟是瑰宝，
loŋ⁵³mən⁵³ʂʅ⁵³kʰu³⁴ʂʅ³¹kuei³⁴pau⁴⁴,
文化遗产天下传，
vən⁵³xua³¹⁵³i⁵³tsʰã⁴⁴tʰiã³⁴ɕia³¹tʂʰuã⁵³,
白马钟声传四方，
pai⁵³ma⁴⁴tʂoŋ³⁴ʂəŋ³⁴tʂʰuã⁵³sʅ³¹faŋ³⁴,
小浪底水库闪银光，
siau⁴⁴laŋ³¹⁴⁴ti⁴⁴ʂuei⁴⁴kʰu³⁴ʂã⁴⁴iən⁵³kuaŋ³⁴,
俺洛阳人民喜洋洋！
ã⁴⁴luə³⁴iaŋ⁰zən⁵³miən⁵³ɕi⁴⁴iaŋ⁵³iaŋ³⁴!
感谢咱们习主席，
kã⁴⁴siɛ³¹tsã⁴⁴mən⁰si⁵³tʂu⁴⁴si⁵³,
反对浪费放第一，
fã⁴⁴tuei³¹laŋ³⁴fei³¹faŋ³⁴ti³¹·³⁴,
刹住腐败吃喝风，
sa³⁴tʂu³¹fu⁴⁴pai³¹tʂʰʅ³⁴xə³⁴fəŋ³⁴,
全国人民都赞成。
tsʰyã⁵³kuə³⁴zən⁵³miən⁵³tou⁴⁴tsã³¹tʂʰəŋ⁵³.
树新风，除贪官，
ʂu³¹siən³⁴fəŋ³⁴,tʂʰu⁵³tʰã³⁴kuã³⁴,
全国人民都喜欢。
tsʰyã⁵³kuə³⁴zən⁵³miən⁵³tou⁴⁴ɕi⁴⁴xuã⁰.
感谢国家政策好，
kã⁴⁴siɛ³¹kuə³⁴tɕiã³⁴tʂəŋ³¹tsʰə³¹xau⁴⁴,
老年生活有依靠，
lau⁴⁴n̠iã⁵³səŋ³⁴xuə⁰iou⁴⁴·⁴⁴kʰau³¹,
吃得好来穿得暖，
tʂʰʅ³⁴ti⁰xau⁵³lai⁰tʂʰuã³⁴ti⁰nuã⁴⁴,
老年朋友笑开颜。
lau⁴⁴n̠iã⁵³pʰəŋ⁵³iou⁰siau³¹kʰai³⁴iã⁵³,

老有所养老来乐，
lau⁵³iou⁴⁴ʂuə⁴⁴iaŋ⁴⁴lau⁴⁴lai⁵³luə³⁴,
幸福生活比蜜甜！
ɕiəŋ³¹fu³⁴səŋ³⁴xuə⁰pi⁴⁴mi³⁴tʰiã⁵³!
感谢咱们社区好，
kã⁴⁴siɛ³¹tsã⁴⁴mən⁰ʂə³¹tɕʰy³⁴xau⁴⁴,
精神面貌大提高，
tsiəŋ³⁴ʂən⁰miã³⁴mau³⁴ta³¹ti⁵³kau³⁴,
街坊邻里团结好，
tɕiɛ³⁴faŋ⁵³liən⁵³li⁴⁴tʰua⁵³tɕiɛ³⁴xau⁴⁴,
尊老爱幼风格高，
tsuən³⁴lau⁴⁴ai³⁴iou³¹fəŋ³⁴kə³⁴kau³⁴,
和谐社会人称赞，
xə⁵³ɕiɛ⁵³ʂə³⁴xuei³¹zən³⁴tʂʰəŋ³⁴tsã³¹,
俺洛阳古城赛花园！
yã⁴⁴luə³⁴iaŋ⁰ku⁴⁴tʂʰəŋ⁵³sai³¹xua³⁴yã⁵³!
开心果，老来乐，
kʰai³⁴siən³⁴kuə⁴⁴,lau⁴⁴lai⁵³luə³⁴,
学会电脑上微博，
ɕyɛ⁵³xuei³¹tiã³¹nau⁴⁴ʂaŋ³¹uei³⁴puə³⁴,
人民网，传照片，
zən⁵³miən⁵³uaŋ⁵³,tʂʰuã⁵³tʂau³¹pʰiã³⁴,
幸福蜜儿赛神仙。
ɕiəŋ³¹fu³⁴mi³⁴ɯ⁰sai³¹ʂən⁵³siã⁰.
电脑带给俺快乐，
tiã³¹nau⁴⁴tai³¹kei⁴⁴yã⁴⁴kʰuai³¹luə³⁴,
结识那朋友八百多。
tɕiɛ³⁴ʂʅ⁵³na³¹pʰəŋ⁵³iou⁰pa³⁴pai³⁴tuə³⁴.
好好活，潇洒过，
xau⁵³xau⁴⁴xuə⁵³,siau³⁴sa⁴⁴kuə³¹,
一年还有两万多。
i³⁴ȵiã⁵³xa⁵³iou⁴⁴liaŋ⁴⁴uã³¹tuə³⁴.
不要攀，不要比，
pu⁵³iau³¹pʰã³⁴,pu⁵³iau³¹pi⁴⁴,
不要自己气自己。
pu⁵³iau³¹tsʅ³¹tɕi⁰tɕʰi³⁴tsʅ³¹tɕi⁰.

少吃盐多吃醋,
ʂau⁴⁴tʂʰʅ³⁴ iã⁵³ tuə³⁴ tʂʰʅ³⁴ tsʰu³¹,
少打麻将多散步,
ʂau⁵³ ta⁴⁴ ma⁵³ tsiaŋ³¹ tuə³⁴ sã³⁴ pu³¹,
按时睡按时起,
ɣã³¹ sʅ⁵³ sei³¹ ã⁵³ sʅ⁵³ tɕʰi⁴⁴,
唱歌跳舞健身体。
tʂʰaŋ³¹ kə³⁴ tʰiau³¹ u⁴⁴ tɕiã³¹ ʂən³⁴ tʰi⁰.
《河南卫视》见辰冬,
xə⁵³ nã⁵³ uei³⁴ sʅ³¹ tɕiã³⁴ tʂʰən⁵³ toŋ³⁴,
《幸福出发》见李咏,
ɕiəŋ³¹ fu³⁴ tsʰu⁴⁴ fa³⁴ tɕiã³¹ li⁵³ yoŋ⁴⁴,
开开心心每一天,
kʰai³⁴ kʰai³⁴ siən³⁴ siən³⁴ mei⁴⁴·i³⁴ tʰiã³⁴,
健康快乐到永远,
tɕiã³¹ kʰaŋ³⁴ kʰuai³¹ luə³⁴ tau³¹ yoŋ⁵³ ɣã⁴⁴,
健康快乐到永远!
tɕiã³¹ kʰaŋ³⁴ kʰuai³¹ luə³⁴ tau³¹ yoŋ⁵³ ɣã⁴⁴!

意译:竹板儿一打哗啦啦,开心果把洛阳夸。洛阳牡丹甲天下,雍容华贵是国花。百花丛中最鲜妍,国内外游客赏牡丹。洛阳满城牡丹花,外国游客把它夸:"Very good! wonderful! 洛阳牡丹好好好!"拍照片又录像,带到外国去欣赏。洛阳美,洛阳好,龙门石窟是瑰宝,文化遗产天下传,白马钟声传四方,小浪底水库闪银光,洛阳人民喜洋洋!感谢咱们习主席,反对浪费放第一,刹住腐败吃喝风,全国人民都赞成。树新风,除贪官,全国人民都喜欢。感谢国家政策好,老年生活有依靠,身体好来穿得暖,老年朋友笑开颜。老有所养老来乐,幸福生活比蜜甜!感谢咱们社区好,精神面貌大提高,街坊邻居团结好,尊老爱幼风格高,和谐社会人称赞,俺洛阳古城赛花园!开心果,老来乐,学会电脑上微博,人民网,传照片,幸福蜜儿赛神仙。电脑带给俺快乐,结识那朋友八百多。好好活,潇洒过,一年还有两万多。不要攀,不要比,不要自己气自己。少吃盐多吃醋,少打麻将多散步,按时睡按时起,唱歌跳舞健身体。《河南卫视》见辰冬,《幸福出发》见李咏,开开心心每一天,健康快乐到永远,健康快乐到永远!

(发音人:郭松珍 2017.08.30 洛阳)

0041 有那么一个星期天
有那么[一个]星期天儿,
iou⁴⁴ na³¹ mə⁰ yə³¹ siəŋ³⁴ tɕʰi³⁴ tʰiɐu³⁴,

俺家的门跟儿一拐弯儿，
ɣã⁴⁴tɕia³⁴tə⁰mən⁵³kɯ⁰·³⁴i⁰kuai⁴⁴uɐɯ³⁴，
来[一个]那老太太改˘路边儿，
lai⁵³yə³¹na³¹lau⁴⁴tʰai³¹tʰai⁰kai⁴⁴lu³¹piɐɯ³⁴，
拄着那一根儿长拐棍儿，
tʂu⁴⁴tʂə⁰na³¹·³⁴i⁰kɯ³⁴tʂhaŋ⁵³kuai⁴⁴kuɯ³¹，
扛着那东西一大篮儿，
kʰuai⁴⁴tʂə⁰na³¹toŋ³⁴si⁰·³⁴i⁰ta³¹lɐɯ⁵³，
走一步挪一点儿，
tsou⁴⁴·⁵³i⁰pu³¹nuə⁵³·³⁴i⁰tiɐɯ⁴⁴，
走啊半天没多远儿，
tsou⁴⁴a⁰pã³¹tʰiã³⁴mu³¹tuə⁵³yɐɯ⁴⁴，
原来呀她是串门儿哎，
ɣã⁵³lai⁵³ia⁰tʰa⁴⁴sɿ³¹tʂhuã³¹mɯ⁵³·ai⁰，
忘记住在哪个院儿。
uaŋ³⁴tɕi³¹tʂu³⁴tsai³¹na⁴⁴kə⁰yɐɯ³¹．
我急忙跑到她跟儿前儿，
uə⁴⁴tɕi⁵³maŋ⁵³pʰau⁴⁴tau³¹tʰa⁴⁴kɯ³⁴tsʰiɐɯ⁵³，
左手搀着她胳膊弯儿，
tsuə⁵³ʂou⁴⁴tsʰã³⁴tʂə⁰tʰa⁴⁴kɯ³⁴puə⁰uɐɯ⁴⁴，
右手又扛住她那大竹篮儿，
iou³¹ʂou⁴⁴iou³¹kʰuai⁴⁴tʂu³¹tʰa⁴⁴na³¹ta³¹tʂu³⁴lɐɯ⁵³，
串胡同，查门牌儿，
tʂhuã³¹xu⁵³toŋ³¹，tsʰa⁵³mən⁵³pʰɐɯ⁵³，
上坷台儿，过台阶儿，
ʂaŋ³¹kɯ³⁴tʰɐɯ³¹，kuə³¹tʰai⁵³tɕiɐɯ³⁴，
一送我给她送到她家里边儿。
i⁵³soŋ³¹uə⁴⁴ku³⁴tʰa⁴⁴soŋ³¹tau³¹tʰa⁴⁴tɕia³⁴li⁰piɐɯ³⁴．
那老奶奶呀喜哩眯缝着眼，
na³¹lau⁵³nai⁴⁴nai⁰ia⁰·⁰ɕi⁴⁴li⁰mi⁰fəŋ³¹tʂə⁰iã⁴⁴，
那叔叔跟阿姨都围一圈儿，
na³¹ʂu⁴⁴ʂu⁰kən³⁴a³⁴·⁵³i⁰tou⁴⁴uei⁵³·³⁴i⁰tɕʰyɐɯ³⁴，
问我这，问俺那，
uən³¹uə⁴⁴tʂə³¹，uən³¹ɣã⁴⁴na³¹，
问得俺呀红了脸儿。
uən³¹tə⁰ɣã⁴⁴·ia⁰xoŋ⁵³liau⁰liɐɯ⁴⁴．

我急急忙忙说声："再见！"
uə⁴⁴tɕi⁵³tɕi⁵³maŋ⁵³maŋ⁵³suə³⁴ʂən³⁴: "tsai³⁴tɕiã³¹!"
"俺还要去过队日，上公园儿！"
"ɣã⁴⁴xã⁵³iau³⁴tɕʰy³¹kuə³⁴tuei³¹ʐ̩³⁴,ʂaŋ³¹koŋ³⁴yɐɯ⁵³！"
意译：有那么一个星期天儿，我家的门前儿一拐弯儿，来了个老太太在路边儿，拄着那一根儿长拐棍儿，挎着那东西一大篮儿，走一步挪一点儿，走了半天没多远儿，原来她是串门儿的，忘记住在哪个院儿。我急忙跑到她跟前儿，左手搀着她胳膊弯儿，右手又挎住她那大竹篮儿，串胡同，查门牌儿，上坷台儿，过台阶儿，一送我给她送到她家里边儿。那老奶奶呀喜得眯缝着眼，那叔叔跟阿姨都围一圈儿，问我这，问我那，问得我呀红了脸儿。我急急忙忙说了声："再见！""我还要去过队日，上公园儿！"

（发音人：郭松珍　2017.08.30 洛阳）

0042 歇后语

拄着拐棍下煤窑——步步倒霉。

tʂu⁴⁴tʂə⁰kuai⁴⁴kuɯ³¹ɕia³¹mei·⁵³iau·⁵³——pu³¹pu·³¹tau⁴⁴mei·⁵³.

意译：拄着拐棍下煤窑——步步倒霉。

（发音人：梁智敏　2017.09.05 洛阳）

0043 歇后语

骑毛驴儿拄拐棍儿——得劲一会儿是一会儿。

tɕʰi⁵³mau⁵³ly⁵³tʂu⁴⁴kuai⁴⁴kuɯ·³¹——tai·³⁴tɕiən·³¹·⁵³i·xuɯ·³¹ʂ̩·³¹·⁵³i·xuɯ·³¹.

意译：骑毛驴儿拄拐棍儿——得劲一会儿是一会儿。

（发音人：梁智敏　2017.09.05 洛阳）

0044 歇后语

老和尚帽子——平不塌。

lau⁴⁴xə⁵³ʂaŋ⁰mau·³¹tsɿ⁰——pʰiən·⁵³pu⁴⁴tʰa·³⁴.

意译：老和尚帽子——平不塌（形容某种状况或水平很一般）。

（发音人：梁智敏　2017.09.05 洛阳）

0045 歇后语

老鼠拉木锨——大头儿改⁼后儿头哎。

lau⁵³ʂu⁰la³⁴mu³⁴ɕiã⁰——ta·³¹tʰɯ·⁵³kai·⁴⁴xɯ·³¹tʰou⁰ai⁰.

意译：老鼠拉木锨——大头儿在后头呢。

（发音人：梁智敏　2017.09.05 洛阳）

洛 宁

一　歌谣

0001 摘豆角

摘豆角儿，上南坡儿，南坡儿有棵好豆角儿。

tsai⁴⁴tou⁴¹tɕyɐʳ³⁴,ʂaŋ³⁴na⁵²pʰuɣʳ⁴⁴,na⁵²puɣʳ⁵²iou³⁴kʰə³⁴xau³⁴tou⁴¹tɕyɐʳ³⁴.

摘一篮儿，煮一锅，案板剁=，藏一碗，

tsai⁴⁴,i⁴⁴lɐʳ⁵²,tʂu³⁴,i³⁴kuə⁴⁴,a⁴¹pa³⁴tuə⁵²,tsʰaŋ⁵²,i³⁴ua³⁴,

鸡一蹬，狗一舔，媳妇儿吓哎大黄脸。

tɕi⁴⁴,i⁴⁴təŋ⁴⁴,kou³⁴,i⁵²tʰia³⁴,ɕi⁵²fuʳ⁰ɕie⁴¹ai³⁴te³⁴xuaŋ⁵²lia³⁴.

意译：摘豆角，上南坡儿，南坡儿有棵好豆角。摘一篮，煮一锅，案板底下，藏一碗，鸡一蹬，狗一舔，媳妇吓成大黄脸。

（发音人：牛晓琳　2018.08.09 洛宁）

0002 拍手歌

你拍一，我拍一，一个小孩儿坐飞机。

n̩i³⁴pʰai⁴⁴i⁴⁴,uə³⁴pʰai⁴⁴i⁴⁴,i⁵²kə⁰ɕiau³⁴xɐʳ³⁴tsuə⁴⁴fei⁴⁴tɕi⁴⁴.

你拍二，我拍二，两个小孩儿丢手绢。

n̩i³⁴pʰai⁴⁴ər⁴¹,uə³⁴pʰai⁴⁴ər⁴¹,liaŋ⁵²kə⁰ɕiau³⁴xɐʳ⁵²tiou⁴⁴ʂou³⁴tɕyɐʳ⁴¹.

你拍三，我拍三，三个小孩儿来搬砖。

n̩i³⁴pʰai⁴⁴sa⁴⁴,uə³⁴pʰai⁴⁴sa⁴⁴,sa⁵²kə⁰ɕiau³⁴xɐʳ⁵²lai⁵²pa⁴⁴tʂua⁴⁴.

你拍四，我拍四，四个小孩儿写大字。

n̩i³⁴pʰai⁴⁴sʅ⁴¹,uə³⁴pʰai⁴⁴sʅ⁴¹,sʅ⁴¹kə⁰ɕiau³⁴xɐʳ⁵²ɕie³⁴te³⁴tsʅ⁴¹.

你拍五，我拍五，五个小孩儿敲锣鼓。

n̩i³⁴pʰai⁴⁴u³⁴,uə³⁴pʰai⁴⁴u³⁴,u⁵²kə⁰ɕiau³⁴xɐʳ³⁴tɕʰiau⁴⁴luə⁵²ku³⁴.

你拍六，我拍六，六个小孩儿吃石榴。

n̩i³⁴pʰai⁴⁴liou⁴¹,uə³⁴pʰai⁴⁴liou⁴¹,liou⁴¹kə⁰ɕiau³⁴xɐʳ⁵²tʂʰʅ⁴⁴ʂʅ⁵²liou⁰.

你拍七，我拍七，七个小孩儿穿新衣。

n̩i³⁴pʰai⁴⁴tɕʰi⁴⁴,uə³⁴pʰai⁴⁴tɕʰi⁴⁴,tɕʰi⁵²kə⁰ɕiau³⁴xɐʳ⁵²tʂʰua⁴⁴ɕiei⁴⁴,i⁴⁴.

你拍八，我拍八，八个小孩儿吃西瓜。

n̩i³⁴pʰai⁴⁴pɛ⁴⁴,uə³⁴pʰai⁴⁴pɛ⁴⁴,pɛ⁵²kə⁰ɕiau³⁴xɐʳ⁵²tʂʰʅ⁴⁴ɕi⁴⁴kuɛ⁰.

你拍九，我拍九，九个小孩儿齐步走。

n̠i³⁴ pʰai⁴⁴ tɕiou³⁴,uə³⁴ pʰai⁴⁴ tɕiou³⁴,tɕiou⁴⁴ kə⁰ ɕiau³⁴ xɐr⁵² tɕʰi⁵² pu⁴¹ tsou³⁴.

你拍十，我拍十，十个小孩儿在学习。

n̠i³⁴ pʰai⁴⁴ ʂʅ⁵²,uə³⁴ pʰai⁴⁴ ʂʅ⁵²,ʂʅ⁵² kə⁰ ɕiau³⁴ xɐr⁵² tsai⁴¹ ɕyɛ⁵² ɕi⁵².

意译：你拍一，我拍一，一个小孩儿坐飞机。你拍二，我拍二，两个小孩儿丢手绢。你拍三，我拍三，三个小孩儿来搬砖。你拍四，我拍四，四个小孩儿写大字。你拍五，我拍五，五个小孩儿敲锣鼓。你拍六，我拍六，六个小孩儿吃石榴。你拍七，我拍七，七个小孩儿穿新衣。你拍八，我拍八，八个小孩儿吃西瓜。你拍九，我拍九，九个小孩儿齐步走。你拍十，我拍十，十个小孩儿在学习。

（发音人：牛晓琳　2018.08.09 洛宁）

0003 打老虎

一二三四五，上山打老虎，

i⁵² ər⁴¹ sa⁴¹ ʂʅ⁴¹ u³⁴,ʂaŋ⁴¹ sa⁴⁴ tɐ³⁴ lau⁴⁴ xu⁰.

老虎找不着，找到小松鼠。

lau⁵² xu⁰ tʂau³⁴ pu⁴⁴ tʂuə⁵²,tʂau⁴⁴ tau⁴¹ ɕiau⁵² suəŋ⁵² ʂu³⁴.

松鼠有几个，让我数一数。

suəŋ⁵² ʂu³⁴ iou³⁴ tɕi³⁴ kə⁰,zaŋ⁴¹ uə³⁴ ʂu⁴⁴ i³⁴ ʂu⁰³⁴.

数来又数去，一二三四五。

ʂu³⁴ lai⁵² iou⁴¹ ʂu³⁴ tɕʰy⁴¹,i⁵² ər⁴¹ sa⁴⁴ ʂʅ⁴¹ u³⁴.

意译：一二三四五，上山打老虎，老虎找不着，找到小松鼠。松鼠有几个，让我数一数。数来又数去，一二三四五。

（发音人：牛晓琳　2018.08.09 洛宁）

0004 小老鼠

小老鼠，上灯台，偷油吃，下不来。

ɕiau³⁴ lau⁵² ʂu⁰,ʂaŋ⁴¹ təŋ⁴⁴ tʰai⁵²,tʰou⁴⁴ iou⁵² tʂʰʅ⁴⁴,ɕiɛ⁴¹ pu⁴⁴ lai⁵².

叽叽叽，叫奶奶，奶奶不肯来，

tɕi⁴⁴ tɕi⁴⁴ tɕi⁴⁴,tɕiau⁴¹ nai⁵² nai,nai⁵² nai pu⁴⁴ kʰei³⁴ lai⁵²,

叽里咕噜滚下来。

tɕi⁴⁴ li⁰ ku⁴⁴ lu⁴⁴ kuei³⁴ ɕiɛ⁴¹ lai⁰.

意译：小老鼠，上灯台，偷油吃，下不来。叽叽叽，叫奶奶，奶奶不肯来，叽里咕噜滚下来。

（发音人：牛晓琳　2018.08.09 洛宁）

0005 天皇皇

天皇皇，地皇皇，我家有个夜哭郎。

tʰia⁴⁴ xuaŋ⁵² xuaŋ⁵²,ti³¹ xuaŋ⁵² xuaŋ⁵²,uə³⁵ tɕiɛ⁴⁴ iou³⁵ kə⁰ iɛ³¹ kʰu⁴⁴ laŋ⁵².

行路君子念三遍，一觉睡到大天亮。
ɕiəŋ⁵²lou³¹tɕyei⁴⁴tsʮ⁰ȵia³¹sa⁴⁴piɐʳ³¹,i³⁵tɕiau³¹sei³⁵tau³¹tɐ³¹tʰia⁴⁴liaŋ³¹.
意译：天皇皇，地皇皇，我家有个夜哭郎。行路君子念三遍，一觉睡到大天亮。

（发音人：赵松林 2018.08.09 洛宁）

0006 麻尾雀

麻尾雀，尾巴长，娶了媳妇儿忘了娘。
mɐ⁵²iɛ³⁵tɕʰiau³¹,i³⁵pɐ⁰tʂaŋ⁵²,tɕʰy³⁵liau⁰ɕi⁵²fur⁰uaŋ³¹liau⁰ȵiaŋ⁵².
老娘蹬到后沟里，老婆背到热炕上。
lau³⁵ȵiaŋ⁵²təŋ⁰tau⁴⁴xou³¹kou⁴⁴li⁰,lau⁵²pʰuə⁵²pei⁰tau³¹zə⁰kʰaŋ³¹ʂaŋ⁰.
意译：花喜鹊，尾巴长，娶了媳妇忘了娘。老娘蹬到后沟里，老婆背到热炕上。

（发音人：赵松林 2018.08.09 洛宁）

0007 月亮爷

月亮爷，明晃晃，开开后门儿洗衣裳。
yə⁴⁴liaŋ⁰iɛ⁵²,mieŋ⁵²xuaŋ⁴⁴xuaŋ⁴⁴,kʰai⁵²kʰai³⁵xou⁴⁴mɐʳ⁰ɕi⁵²i⁰ʂaŋ⁰.
洗嘞白，捶嘞光，打发哥哥上学堂。
ɕi³⁵lai⁰pai⁵²,tʂʰuei⁵²lai⁰kuaŋ⁴⁴,tɐ³⁵fɐ⁴⁴kə⁴⁴kə⁰ʂaŋ³¹ɕyə⁵²tʰaŋ⁵².
公鸡叫，苦读书，长大当个状元郎。
kuəŋ⁴⁴tɕi⁴⁴tɕiau³¹,kʰu³⁵tu⁵²ʂu⁴⁴,tʂaŋ⁵²tɐ⁴⁴taŋ⁴⁴kə⁰tʂuaŋ³¹yua⁰laŋ⁵².
红旗插到咱门儿上，你看排场不排场。
xuəŋ⁵²tɕʰi⁵²tʂʰɐ⁴⁴tau³⁵tsa³⁵mɐʳ⁵²ʂaŋ⁰,ȵi⁰ka³¹pʰai⁵²tʂaŋ⁰pu⁴⁴pʰai⁵²tʂaŋ⁰.
意译：月亮爷，明晃晃，开开后门儿洗衣裳。洗得白，捶得光，打发哥哥上学堂。
公鸡叫，苦读书，长大当个状元郎。红旗插到咱门儿上，你看光荣不光荣。

（发音人：赵松林 2018.08.09 洛宁）

0008 老天爷下雨地上流

老天爷下雨地上流，
lau³⁵tʰia⁴⁴iɛ⁰ɕiɛ³¹·³⁵y³¹ti³¹ʂaŋ⁴⁴liou⁵²,
小两口打架不记仇。
ɕiau³⁵liaŋ⁵²kʰou³⁵tɐ⁵²tɕiɐ³¹pu⁴⁴tɕi³¹tʂʰou⁵².
白天吃是一锅饭，
pai⁵²tʰia⁴⁴tʂʰʮ⁴⁴sʮ³¹·⁴⁴i⁰kuə⁴⁴fa³¹,
晚上枕是[一个]枕头。
ua³⁵ʂaŋ⁰tsei³⁵sʮ³¹iɛ³¹tsei³⁵tʰou⁰.
意译：老天爷下雨地上流，小两口打架不记仇。白天吃的一锅饭，晚上枕的一个
　　　枕头。

（发音人：赵松林 2018.08.09 洛宁）

0009 官官儿娘

官官儿，娘娘儿，红鼻子，白鼻梁儿。
kuɐʳ⁴⁴kuɐʳ⁴⁴,ȵiaŋ³⁵ȵiɐ̃ʳ⁵²,xuəŋ⁵²pi⁵²tsʮ⁰,pai⁵²pi³⁵liɐʳ⁵².

开开门儿，你看看，你哩娃子送饭嘞。

kʰai⁴⁴kʰai⁰mər⁵²,n̠i³⁵kʰa³¹kʰa⁰,n̠i³⁵li⁰uə⁵²tsɿ⁰suəŋ³⁵fa³¹lai⁰.

啥饭？面条饭。呼噜呼噜喝两碗。

ʂɤ³⁵fa³¹?mia³¹tʰiau⁵²fa³¹.xu⁴⁴lu⁴⁴xu⁴⁴lu⁴⁴xɤ⁴⁴liaŋ⁵²ua⁰.

啥馍？肉包馍。圪哩圪瘩吃五[六个]。

ʂɤ³¹muə⁵²?zou³¹pau⁴⁴muə⁵².kɤ⁴⁴li⁰kɤ⁰tɤ⁰tʂʅ⁴⁴u³⁵luə⁵².

意译：官官，娘娘，红鼻子，白鼻梁。开开门，你看看，你的娃娃送饭了。什么饭？面条饭。呼噜呼噜喝两碗。什么馍？肉包馍。圪哩圪瘩吃了五六个。

（发音人：赵松林　2018.08.09 洛宁）

0010 板凳歌

板凳板凳摞摞，里头坐个大哥。

pan³⁵təŋ³¹pan³⁵təŋ³¹luə³¹luə³¹,li³⁵tʰou⁰tsuə³¹kə⁰tɤ³¹kə⁰.

大哥出来买菜，里头坐个奶奶。

tɤ³¹kə⁴⁴tʂʰu⁴⁴lai⁰mai³⁵tsʰai³¹,li³⁵tʰou⁰tsuə³¹kə⁰nai⁵²nai⁰.

奶奶出来烧香，里头坐个姑娘。

nai⁵²nai⁰tʂʰu⁴⁴lai⁰ʂau⁴⁴ɕiaŋ⁴⁴,li³⁵tʰou⁰tsuə³¹kə⁰ku⁴⁴n̠iaŋ⁰.

姑娘出来挽花儿，里头坐个鸡娃儿。

ku⁴⁴n̠iaŋ⁰tʂʰu⁴⁴lai⁰va³⁵xuar⁴⁴,li³⁵tʰou⁰tsuə³¹kə⁰tɕi⁴⁴uar⁰.

鸡娃儿出来叨食儿，里头坐个皮人儿。

tɕi⁴⁴uar⁰tʂʰu⁴⁴lai⁰tau⁴⁴ʂər⁵²,li³⁵tʰou⁰tsuə³¹kə⁰pʰi³⁵zər⁵².

皮人儿出来打鼓，里头坐个老虎。

pʰi³⁵zər⁵²tʂʰu⁴⁴lai⁰tɤ⁵²ku³⁵,li³⁵tʰou⁰tsuə³¹kə⁰lau⁵²xu⁰.

老虎出来射箭，一箭射到南院。

lau⁵²xu⁰tʂʰu⁴⁴lai⁰ʂə³⁵tɕia³¹,i⁵²tɕia³⁵ʂə³⁵tau³¹na⁵²yua³¹.

南院有个井，井里有个桶，

na⁵²yua³¹iou³⁵kə⁰tɕiəŋ³⁵,tɕiəŋ³⁵li⁰iou³⁵kə⁰tʰuəŋ³⁵,

桶里有个罐儿，呼啪两半儿。

tʰuəŋ³⁵li⁰iou³⁵kə⁰kuɐr³¹,pʰiəŋ⁴⁴pʰɤ³¹liaŋ³⁵pɐr³¹.

意译：板凳板凳摞摞，里头坐个大哥。大哥出来买菜，里头坐个奶奶。奶奶出来烧香，里头坐个姑娘。姑娘出来挽花，里头坐个鸡娃。鸡娃儿出来叨食，里头坐个皮人。皮人儿出来打鼓，里头坐个老虎。老虎出来射箭，一箭射到南院。南院有个井，井里有个桶，桶里有个罐儿，呼啪两半儿。

（发音人：赵松林　2018.08.09 洛宁）

二 故事

0021 牛郎和织女

先个有一个小伙子，父母双亡。家里只有一头老牛，
ɕia⁵²kə⁰iou³⁵·⁴⁴kə⁰ɕiau⁵²xuə³¹tsʅ,fu³¹mu⁴⁴ʂuaŋ⁴⁴uaŋ⁴⁴.tɕiɛ⁴⁴li³¹tsʅ⁵⁴iou³⁵·⁴⁴tʰou⁴⁴lau³⁵ȵiou⁵²,
和老牛相依为命，孤苦伶仃，人们都叫他牛郎。
xə⁵²lau³⁵ȵiou⁵²ɕiaŋ³¹·⁴⁴uei⁴⁴miəŋ³¹,ku⁴⁴kʰu³⁵liəŋ⁵²tiəŋ⁴⁴,zei⁵²mei⁴⁴tou⁴⁴tɕiau³¹tʰɐ⁴⁴ȵiou⁵²laŋ⁰.
牛郎靠老牛耕地为生，相依为命。
ȵiou⁵²laŋ⁴⁴kʰau³¹lau³⁵ȵiou⁵²kəŋ⁴⁴ti⁴⁴uei³¹səŋ⁴⁴,ɕiaŋ³¹·⁴⁴i⁴⁴uei³⁵miəŋ³¹.
老牛其实是天上嘞金牛星下凡，
lau³⁵ȵiou⁵²tɕʰi⁵²ʂʅ³¹sʅ⁴⁴tʰia⁴⁴ʂaŋ⁰lai⁴⁴tɕiei⁴⁴ȵiou⁵²ɕiəŋ⁴⁴ɕiɛ³¹fa⁵²,
老牛非常喜欢牛郎嘞勤劳善良，
lau³⁵ȵiou⁵²fei⁴⁴tʂʰaŋ²·³⁵ɕi⁴⁴xua⁴⁴ȵiou⁵²laŋ⁴⁴lai⁴⁴tɕʰiei⁵²lau⁵²ʂa³¹liaŋ⁵²,
所以说想帮着牛郎说[一个]媳妇儿，成[一个]家。
ʂuə⁵²·³⁵i⁴⁴ʂuə³⁵ɕiaŋ⁴⁴paŋ⁴⁴tʂə⁰ȵiou⁵²laŋ⁴⁴ʂuə⁰iɛ³¹ɕi⁴⁴fur⁴⁴,tʂʰəŋ⁵²iɛ³¹tɕiɛ⁴⁴.
一天，金牛星得知，
i⁴⁴tʰia⁴⁴,tɕiei⁴⁴ȵiou⁵²ɕiəŋ⁴⁴tei⁴⁴tsʅ⁴⁴,
天上嘞七仙女儿要到村东头儿
tʰia⁴⁴ʂaŋ⁰lai⁴⁴tɕʰi⁴⁴ɕia⁵²ȵyər³⁵iau⁴⁴tau³¹tsʰuei⁴⁴tuəŋ⁴⁴tʰour⁵²
山根儿个那坡池坑[里头]洗澡、戏水，
sa⁴⁴kər⁴⁴kə⁰nɛ³¹pʰuə⁴⁴tʂʰʅ⁵²kʰəŋ⁴⁴liou⁴⁴ɕi⁴⁴tsau³⁵ɕi³¹sei³⁵,
就托梦给牛郎，叫牛郎第二天去那坡池坑，
tɕiou³¹tʰuə⁴⁴məŋ³¹kei³¹ȵiou⁵²laŋ⁰,tɕiau⁴⁴ȵiou⁵²laŋ⁴⁴ti³⁵ər³¹tʰia⁴⁴tɕʰy³¹nɛ⁴⁴pʰuə⁴⁴tʂʰʅ⁵²kʰəŋ⁴⁴,
看织女洗澡跟仙女儿们洗澡。
kʰa³¹tsʅ⁴⁴ȵy⁰ɕi⁵²tsau³⁵kei⁴⁴ɕia⁵²ȵyər³⁵mei⁰ɕi⁵²tsau³⁵.
到那儿偷捡了仙女儿们脱那衣裳，拿一件儿，
tau³⁵nar³¹tʰou⁴⁴tɕia⁴⁴lə⁰ɕia⁴⁴ȵyər³⁵mei⁴⁴tʰuə⁴⁴nɛ³¹·⁴⁴i⁰ʂaŋ⁴⁴,nɛ⁵²·⁵²i⁴⁴tɕier³¹,
头也不回地飞快地回到家中，第二天，
tʰou⁵²·⁴⁴iɛ³⁵pu⁴⁴xuei⁴¹ti⁰fei⁴⁴kʰuai⁴¹ti⁰xuei⁴⁴tau³⁵tɕiɛ⁴⁴tʂuəŋ⁴⁴,ti³⁵ər³¹tʰia⁴⁴,
他就会得到一位儿非常漂亮的仙女儿做媳妇儿。
tʰɐ⁴⁴tou⁴⁴xuei³¹tei⁴⁴tau³¹·⁴⁴i⁴⁴uər³¹fei⁴⁴tʂʰaŋ⁴⁴pʰiau³¹liaŋ⁰ti⁰ɕia⁵²ȵyər³⁵tsuə⁴⁴ɕi⁵²fur⁰.
第二天，天刚晃晃亮，
ti³⁵ər³¹tʰia⁴⁴,tʰia⁴⁴kaŋ⁴⁴xuaŋ³⁵xuaŋ⁰liaŋ³¹,
牛郎就跑到了村东头那山根儿个那坡池坑边儿，
ȵiou⁵²laŋ⁰tɕiou³¹pʰau³⁵tau³¹lə⁰tsʰuei⁴⁴tuəŋ⁴⁴tʰou⁵²nɛ³¹·⁴⁴sa⁴⁴kər⁴⁴kə⁰nɛ³¹pʰuə⁴⁴tʂʰʅ⁵²kʰəŋ⁴⁴piɛr⁴⁴,

一看，果然有几个仙女儿在坡池坑[里头]洗澡、戏水。
i⁵²kʰa³¹,kuɐ³⁵ʐa⁵²iou³⁵tɕi⁰kə⁰ɕia⁵²n̠yər³⁵tsai³¹pʰuə⁵²tʂʅ⁰kʰən⁴⁴liou⁰ɕi⁵²tsau³¹ɕi⁰sei³⁵.

他瞅着树上最漂亮嘞一件衣裳拿上，
tʰɐ⁴⁴tsʰou³⁵tʂə⁰ṣu³¹ṣaŋ⁰tsuei⁵²pʰiau³¹liaŋ⁰lai⁰ i⁵²tɕia³¹⁻⁴⁴saŋ⁰nɐ⁵²ṣaŋ⁰，

头也不回嘞就往家里跑。
tʰou⁵²iɛ³⁵pu⁴⁴xuei⁵²lai⁰tou⁴⁴uaŋ³⁵tɕiɐ⁰li⁰pʰau³⁵.

其实他拿到这件衣裳是谁嘞？
tɕʰi⁵²ṣʅ⁵²tʰɐ⁴⁴nɐ⁵²tau⁰tʂə³¹tɕia³¹⁻⁴⁴saŋ⁰ṣʅ⁵²sei⁵²lai⁰？

是七仙女儿？其实是织女嘞。
ṣʅ³¹tɕʰi⁴⁴ɕia⁵²n̠yər³⁵?tɕʰi⁵²ṣʅ⁵²ṣʅ³¹tʂʅ⁵²n̠y⁰lai⁰.

当天晚上，织女就轻轻敲开了牛郎的门儿，
taŋ⁴⁴tʰia⁴⁴va³⁵ṣaŋ⁰,tʂʅ⁵²n̠y⁰tɕiou³¹tɕʰiəŋ⁴⁴tɕʰiəŋ⁴⁴tɕʰiau⁴⁴kʰai⁴⁴lə⁰n̠iou⁵²laŋ⁰ti⁰mər⁵²，

两个人做了恩爱夫妻。
liaŋ⁵²kə⁰ʐei⁵²tsuə³¹liau⁰ɣei⁴⁴ɣai³¹fu⁴⁴tɕʰi⁰.

一晃三年，他们生了一男一女两个娃子。
i⁴⁴xuaŋ³⁵sa⁴⁴n̠ia⁵²,tʰɐ⁴⁴mei⁰sən⁴⁴lə⁰ i⁰⁻⁴⁴na⁰ i⁰n̠y³⁵liaŋ⁵²kə⁰uɐ⁵²tsʅ⁰.

织女下凡的事情被天上嘞玉皇大帝知道啊。
tʂʅ⁵²n̠y⁰ɕiɐ⁵²³¹fa⁵²⁰ti⁵²³¹tɕʰiəŋ⁰pei³¹tʰia⁴⁴ṣaŋ⁰lai⁰y³¹xuaŋ⁵²tɐ³⁵ti³¹tʂʅ⁴⁴tau³¹ɐ⁰.

有一天，天上又打忽雷又打闪，
iou³⁵⁻⁴⁴i⁴⁴tʰia⁴⁴,tʰia⁴⁴ṣaŋ⁰iou⁰tɐ³⁵xu⁴⁴luei⁵²iou³¹tɐ⁵²ṣa³⁵，

刮着风还下着大雨。这时候织女儿不见啊，
kuɐ⁴⁴tʂə⁰fəŋ⁴⁴xa⁵²ɕiɐ³¹tʂə⁰tɐ³¹y³⁵.tʂə³¹sʅ⁵²xou³¹tʂʅ⁵²n̠yər⁰pu⁵²tɕia³¹ɐ⁰，

两个娃子哭着要妈，牛郎非常着急。
liaŋ⁵²kə⁰uɐ⁵²tsʅ⁰kʰu⁴⁴tʂə⁰iau⁰mɐ⁴⁴,n̠iou⁵²laŋ⁰fei⁴⁴tʂʰaŋ⁵²tʂuə⁵²tɕi⁵².

这时候老牛突然讲话啦，
tʂə³¹sʅ⁵²xou³¹lau⁵²n̠iou⁰tʰu⁴⁴ʐa⁵²tɕiaŋ³⁵xuɐ³¹lɐ⁰，

说："牛郎，你把我这两只忾抵=割下来，
ṣuə⁴⁴："n̠iou⁵²laŋ⁰,ni³⁵pɐ⁰uə⁰tʂə⁰liaŋ⁵²tʂʅ⁴⁴kɤ⁴⁴ti⁰kə⁴⁴ɕiɐ³¹lai⁰，

变成两只箩筐，给娃子装到箩筐[里头]，
pia³¹tʂʰəŋ⁵²liaŋ³⁵⁻⁴⁴luə⁵²kʰuaŋ⁴⁴,kei⁰uɐ⁵²tsʅ⁰tʂuaŋ⁴⁴tau⁰luə⁵²kʰuaŋ⁴⁴liou⁰，

去撵七仙女儿——撵织女。"
tɕʰy³¹n̠ia⁴⁴tɕʰi⁴⁴ɕia⁵²n̠yər³⁵——n̠ia³⁵tʂʅ⁵²n̠y⁰."

话音刚落，老牛嘞两只忾抵=突然掉到地上，
xuɐ³¹iei⁴⁴kaŋ⁴⁴luə⁴⁴,lau³⁵n̠iou⁵²lai⁰liaŋ³⁵tʂʅ⁴⁴kɤ⁵²ti⁰tʰu⁴⁴ʐa⁵²tiau³¹tau⁰ti³¹ṣaŋ⁰，

变成了两只箩筐。
pia³¹tʂʰəŋ⁵²liau⁰liaŋ³⁵⁻⁴⁴luə⁵²kʰuaŋ⁴⁴.

牛郎拿起扁担，给孩子们装到筐里头，
ȵiou⁵²laŋ⁰nɛ⁵²tɕʰi³⁵piaᴀta³¹,kei³¹xai³¹tsʅmei⁵²tsuaŋ⁴⁴tauᴀkʰuaŋ⁴⁴li³⁵tʰou⁰,
挑起箩筐就走。
tʰiau⁴⁴tɕʰi¹luə⁵²kʰuaŋ⁴⁴touᴀtsou³⁵.
这时过来一阵儿清风，好比腾云驾雾，
tʂə³¹sʅ⁵²kuəᴀlai⁰i⁰tʂər³¹tɕʰiəŋ⁴⁴fəŋ,xauᴀpi³⁵tʰəŋ⁵²yeiᴀtɕiɛ³⁵u³¹,
牛郎直奔天宫而去。
ȵiou⁵²laŋ⁰tsʅ⁵²peiᴀ³¹tʰiaᴀkuəŋ⁴⁴ər³⁵tɕʰy³¹.
眼看就追上织女啊，被王母娘娘看见，
ia³⁵kʰa³¹touᴀtsuei⁴⁴ʂaŋᴀtsʅ⁵²ȵyɛ⁰,peiᴀuaŋ⁵²mu³⁵ȵiaŋ⁵²ȵiaŋ⁰kʰa³¹tɕia³¹,
王母娘娘取了头上嘞金钗，
uaŋ⁵²mu³⁵ȵiaŋ⁵²ȵiaŋ⁰tɕʰy³⁵liauᴀtʰou⁵²ʂaŋ⁰laiᴀtɕieiᴀᴀtsʰai⁴⁴,
照=住牛郎和织女中间一划，划出来一条天河，
tsauᴀtsu⁰ȵiou⁵²laŋ⁰xə³¹tsʅ⁵²ȵytsuəŋᴀtɕiaᴀ⁴⁴·⁵²xuɛ³¹,xuɛᴀtsʰu⁵²laiᴀi⁰⁴⁴tʰiauᴀtʰiaᴀxə⁵²,
看不到边儿嘞天河，可宽可宽。
kʰa³¹pu⁵²tauᴀpiɐr⁴⁴laiᴀ⁰tʰiaᴀ⁴⁴xə⁵²,kʰəᴀ⁴⁴kʰuaᴀ⁴⁴kʰəᴀ⁴⁴kʰuaᴀ⁴⁴.
牛郎嘞遭遇叫喜鹊儿看见，
ȵiou⁵²laŋ⁰laiᴀ⁰tsauᴀ⁴⁴·³¹tɕiauᴀ³¹ɕi³⁵tɕʰyʴr³¹kʰa³⁵tɕia³¹,
喜鹊儿非常同情牛郎嘞遭遇。
ɕi³⁵tɕʰyʴr³¹feiᴀ⁴⁴tʂʰaŋ⁵²tʰuəŋ⁵²tɕʰiəŋ⁵²ȵiou⁵²laŋ⁰laiᴀ⁰tsauᴀ⁴⁴·³¹.
所以说七月七这一天，
ʂuə⁵²·³⁵iᴀ⁴⁴ʂuəᴀ⁴⁴tɕʰiᴀ⁴⁴yəᴀ⁴⁴tɕʰiᴀ⁴⁴tʂəᴀ³¹·⁴⁴tʰia⁴⁴,
那不知道从哪儿飞来啊成千上万只喜鹊儿，
nɛ³¹puᴀ⁴⁴tsʅᴀ⁴⁴tauᴀ³¹tsʰuəŋᴀ³¹narᴀ³⁵feiᴀ⁴⁴laiᴀ⁵²·⁰·tsʰəŋᴀ³¹tɕʰiaᴀ⁴⁴ʂaŋᴀ³⁵uaᴀ³¹·⁴⁴ɕi³⁵tɕʰyʴr³¹,
都飞到天河上，这一只噙着那一只尾巴，
touᴀ⁵²feiᴀ⁴⁴tauᴀ³¹tʰiaᴀ⁴⁴xə⁵²ʂaŋᴀ,tʂəᴀ³¹·⁴⁴tsʅᴀtɕʰieiᴀ⁵²tʂəᴀ⁰nɛᴀ³¹·⁴⁴tsʅᴀ⁴⁴·³⁵pɐ⁰,
架起啊一只天桥，供牛郎跟织女会面。
tɕiɐᴀ³¹tɕʰiᴀ³⁵·⁰·⁴⁴iᴀ⁴⁴tsʅᴀ⁴⁴tʰiaᴀ⁴⁴tɕʰiau⁵²,kuəŋᴀ³¹ȵiou⁵²laŋ⁰keiᴀ⁴⁴tsʅᴀ⁵²ȵy⁰xuei⁵²·³⁵miaᴀ³¹.
就到这儿吧。
tɕiouᴀ³⁵tauᴀ³¹tsʌrᴀ³¹pɐ⁰.

意译：从前有个小伙子，父母双亡，家里只有一头老牛，和老牛相依为命，孤苦伶仃，人们都叫他牛郎。牛郎靠老牛耕地为生，牛郎和老牛相依为命。老牛其实是天上下凡的金牛星，老牛非常喜欢牛郎的勤劳善良，所以想帮牛郎找个媳妇，成个家。一天，金牛星得知，天上的七仙女要到村东头，山根下的湖里洗澡、戏水，就托梦给牛郎，叫牛郎第二天去那湖边，看织女和仙女们洗澡。到那儿偷偷地去捡仙女们脱的衣裳，拿上一件，头也不回地飞快地回到家中，第二天，他就会得到一位非常漂亮的仙女儿

做媳妇。第二天，天刚蒙蒙亮，牛郎就跑到了村东头山脚下的湖边儿，一看，果然有几个仙女儿在湖里洗澡、戏水。他看着树上最漂亮的一件衣裳，拿上，头也不回地就往家里跑。他拿到这件衣裳是谁的？是七仙女的？其实是织女的。当天晚上，织女就轻轻敲开了牛郎的门，两个人做了恩爱夫妻。一晃三年，他们生了一男一女两个娃娃。织女下凡的事被天上的玉皇大帝知道了。有一天，天上又打雷又打闪，刮着风，还下着大雨。这时候，织女不见了，两个娃娃哭着要妈妈，牛郎非常着急。这时候，老牛突然讲话了，老牛说："牛郎，你把我这两只牛角割下来，变成两只箩筐，把娃娃装到箩筐里头，去撵七仙女，撵织女。"话音刚落，老牛的两只角突然掉到地上，变成了两只箩筐。牛郎拿起扁担，把孩子们装到筐子里，挑起箩筐就走。这时刮来一阵清风，好比腾云驾雾，牛郎直奔天宫而去。眼看就要追上织女了，被王母娘娘发现了，王母娘娘取了头上的金钗，朝着牛郎和织女中间一划，划出来一条天河，看不到边儿的天河，很宽很宽。牛郎的遭遇叫喜鹊看见了，喜鹊非常同情牛郎的遭遇，所以七月七这天，不知道从哪儿飞来成千上万只喜鹊，都飞到天河上，这一只衔着那一只的尾巴，架起了一座天桥，让牛郎和织女会面。就讲到这儿吧。

（发音人：雷石虎　2018.08.10 洛宁）

0023 革命烈士李翔梧的故事

大家好，我叫赵松林。
tɐ³¹tɕiɛ⁰xau³⁵,uə³⁵tɕiau³¹tʂau³¹suəŋ⁴⁴liei⁵².
现在我讲一讲洛宁县革命烈士李翔梧同志的故事。
ɕia³⁵tsai³¹uə³⁵tɕiaŋ³⁵i⁰tɕiaŋ³⁵luə⁴⁴ɳiəŋ⁵²ɕia³⁵kai³⁵miəŋ⁵²liɛ⁴⁴sɿ³¹li³⁵ɕiaŋ⁵²u³⁵tʰuəŋ⁵²tsɿ³¹tə⁰ku³¹sɿ⁵².
李翔梧同志出生在洛宁县底张乡，
li³⁵ɕiaŋ⁵²u³⁵tʰuəŋ⁵²tsɿ³¹tʂʰu⁴⁴səŋ⁴⁴tsai³¹luə⁵²ɳiəŋ⁵²ɕia³¹ti⁵²tʂaŋ⁵⁵ɕiaŋ⁴⁴,
中高村人。
tʂuəŋ⁴⁴kau⁴⁴tsʰuei⁴⁴zəi⁵².
他自幼好学上进，他脑子很灵活，喜爱读书、写诗词。
tʰɐ⁴⁴tsɿ³⁵iou³¹xau³¹ɕyə⁵²ʂaŋ⁵²tɕiei³¹.tʰɐ⁴⁴nau³⁵tsɿ³¹xei³⁵liəŋ⁵²xuə⁰,ɕi³⁵ai³¹tu⁵²ʂu⁴⁴ɕiɛ³⁵sɿ⁴⁴tsʰɿ⁵²,
在他嘞努力下，
tsai³¹tʰɐ⁴⁴lai⁰nu³⁵li⁴⁴ɕiɛ³¹,
他考上了河南省国立第一师范学校。
tʰɐ⁴⁴kʰau³⁵ʂaŋ⁵²lə⁰xə⁵²na⁵²səŋ³⁵kuə⁴⁴li⁴⁴ti³¹i⁴⁴sɿ⁴⁴fa³¹ɕyə⁵²ɕiau³¹.
他这个人，爱打抱不平，
tʰɐ⁴⁴tʂə³¹kə⁰zəi⁵²,ɣai³¹tɐ³⁵pau³¹pu⁴⁴pʰiəŋ⁵²,
讲公道，主持正义。
tɕiaŋ³⁵kuəŋ⁴⁴tau³¹,tʂu³⁵tʂʰɿ³¹tʂəŋ³⁵i³¹.

在一次开封师范学校闹学潮时，
tsai³¹i⁵²tsʰʅ³¹kʰai⁴⁴fəŋ⁴⁴sʅ⁴⁴fa³¹ɕyə³¹ɕiau³¹nau³¹ɕyə⁵²tsʰau⁵²sʅ⁵²，
因为他们这个校长贪污公款，
iei⁴⁴uei³¹tʰɐ⁴⁴mei⁰tʂə⁴⁴kə⁰ɕiau⁴⁴tʂaŋ³⁵tʰa⁴⁴u⁴⁴kuəŋ⁵²kʰua³⁵，
贪污学生嘞粮饷，
tʰa⁴⁴u⁴⁴ɕyə⁵²səŋ⁰lai⁰liaŋ⁵²ʂaŋ³⁵，
而被李翔梧同志发觉后，
ər³⁵pei³¹¹li³⁵ɕiaŋ³⁵u³⁵tʰuəŋ⁵²tsʅ³¹fɐ⁴⁴tɕyə⁵²xəu³¹，
就写了打油诗，贴在校园的墙上，
tɕiou³¹ɕiɛ³¹lə⁰tɐ⁴⁴iou³¹sʅ⁴⁴，tʰiɛ⁴⁴tsai³¹ɕiau³¹ya⁵²ti⁰tɕʰiaŋ⁵²ʂaŋ⁰，
这一时他贴上不要紧，
tʂə³¹i⁴⁴sʅ⁵²tʰɐ⁴⁴tʰiɛ⁴⁴ʂaŋ⁰pu⁰iau³¹tɕiei³⁵，
整个轰动了全校师生，闹学潮，
tʂəŋ³⁵kə⁰xuəŋ⁴⁴tuəŋ³¹lə⁰tɕʰya⁵²ɕiau³¹sʅ⁴⁴səŋ⁴⁴，nau³¹ɕyə⁵²tsʰau⁵²，
最后迫使他校长退出了公款，
tsuei³⁵xou³¹pʰai⁴⁴sʅ³¹tʰɐ⁴⁴ɕiau³¹tʂaŋ³⁵tʰei⁰tʂʰu⁴⁴liau⁰kuəŋ⁵²kʰua³⁵，
给全体师生做了个交代。
kei³¹tɕʰya⁵²tʰi³⁵sʅ⁴⁴səŋ⁴⁴tsuə⁴⁴lə⁰kə⁰tɕiau⁴⁴tai³¹，
他这一举动是一个革命的号角，
tʰɐ⁴⁴tʂə³¹i⁴⁴tɕy³⁵tuəŋ³¹sʅ³¹i⁴⁴kə⁰kai⁴⁴miəŋ³¹ti⁰xau³¹tɕiau³⁵，
反贪污，反对他们官僚作风。
fa³⁵tʰa⁴⁴u⁴⁴，fa³⁵tei³¹tʰɐ⁴⁴mei⁰kua⁴⁴liau⁵²tsuə⁴⁴fəŋ⁴⁴，
这样被我们共产党的地下党人，
tʂə³⁵iaŋ³¹pei³¹uə³⁵mei⁰kuəŋ³¹tsʰa³⁵taŋ³⁵tə⁰ti³⁵ɕiɛ³¹taŋ³⁵ʐei⁵²，
逐步培养他进步学生，
tʂu³⁵pu³¹pʰei⁵²iaŋ³⁵tʰɐ⁴⁴tɕiei³⁵pu³¹ɕyə⁵²səŋ⁰，
把他培养为一个优秀的共产党员。
pɐ³⁵tʰɐ⁴⁴pʰei⁵²iaŋ³⁵uei³¹⁴⁴kə⁰iou⁴⁴ɕiou³¹tə⁰kuəŋ³¹tsʰa³⁵taŋ³⁵ya⁵²．
他在1925年入党后，
tʰɐ⁴⁴tsai³¹⁴⁴tɕiou³⁵ər³¹u³⁵ȵia⁵²ʐu⁴⁴taŋ³⁵xou³¹，
我们党把他送到苏联进行留学，
uə³⁵mei⁰taŋ³⁵pɐ³⁵tʰɐ⁴⁴suəŋ³⁵tau³¹su⁴⁴lia³⁵tɕiei³¹ɕiəŋ⁵²liou⁵²ɕyə⁵²，
进行共产主义远大理想教育，
tɕiei³¹ɕiəŋ⁵²kuəŋ³¹tsʰa³⁵tʂu³⁵⁴¹ya³⁵tɐ³¹li⁴⁴ɕiaŋ³⁵tɕiau³⁵y³¹，
为革命事业培养领导人，
uei⁴⁴kai⁴⁴miəŋ³¹sʅ³¹iɛ⁰pʰei⁵²iaŋ³⁵liəŋ⁵²tau³⁵ʐei⁵²．
当时他嘞成绩很好，
taŋ⁴⁴sʅ⁵²tʰɐ⁴⁴lai⁰tʂʰəŋ⁵²tɕi³¹xei⁵²xau³⁵，

他嘞成绩在蒋经国前几名。
tʰɐ⁴⁴lai⁰tʂəŋ⁵²tɕi³¹tsai³¹tɕiaŋ³⁵tɕieŋ⁴⁴kuə⁴⁴tɕʰia⁵²tɕi³⁵mieŋ⁵²,
当国内革命斗争非常艰苦的时候,
taŋ⁴⁴kuə⁴⁴nei³¹kə³⁵mieŋ³¹tou³¹tsəŋ⁴⁴fei³¹tʂhaŋ⁵²tɕia⁴⁴kʰu³⁵tɤ⁰sʅ⁵²xou³¹,
我们共产党中央把他又从苏联调回国内,
uə³⁵mei³¹kuəŋ³¹tsʰa⁵²taŋ³⁵tʂuəŋ⁴⁴iaŋ⁴⁴pɛ³¹tʰɐ⁴⁴iou³¹tsʰuəŋ⁵²su⁴⁴lia³¹tiau³¹xuei⁵²kuə⁴⁴nei³¹,
调到江西,进行领导人民的革命斗争。
tiau³⁵tau³¹tɕiaŋ⁴⁴ɕi³¹,tɕiei³¹ɕieŋ⁵²lieŋ⁵²tau³⁵ʐei⁵²miei⁵²ti⁰kai⁴⁴mieŋ³¹tou³¹tsəŋ⁴⁴,
当时他在部队是红十三军政治部主任,
taŋ⁴⁴sʅ⁵²tʰɐ⁴⁴tsai³¹pu³¹tei³¹sʅ³¹xuəŋ³⁵sʅ⁵²sa⁴⁴tɕyei⁴⁴tʂəŋ³¹tʂʅ³⁵pu³¹tʂu³⁵ʐei³¹,
后又被中共中央任命为敌战部部长。
xou³¹iou³¹pei³¹tʂuəŋ⁴⁴kuəŋ³¹tʂuəŋ³¹iaŋ⁴⁴ʐei³¹mieŋ³¹uei³¹ti⁵²tʂa³⁵pu³¹pu³¹tʂaŋ³⁵.
在革命斗争艰苦的时候,
tsai³¹kai⁴⁴mieŋ³¹tou³¹tsəŋ⁴⁴tɕia⁴⁴kʰu³⁵tɤ⁰sʅ⁵²xou³¹,
大部队进行突围、撤离,
ta³¹pu³⁵tei³¹tɕiei³¹ɕieŋ⁵²tʰu⁴⁴uei⁵²,tʂhɤ³⁵li³¹,
他身为一个敌战部部长,
tʰɐ⁴⁴ʂei⁴⁴uei³¹i³¹kə³¹ti⁵²tʂa³⁵pu³¹pu³¹tʂaŋ³⁵,
就带领小股部队,掩护大部队撤离,
tɕiou³⁵tai³¹lieŋ³⁵ɕiau⁵²ku³⁵pu³⁵tei³¹,ia³⁵xu³¹tɐ³¹pu³⁵tei³¹tʂhɤ³⁵li³¹,
在敌人嘞重重包围下,
tsai³¹ti⁵²ʐei³¹lai⁰tʂʰuəŋ⁵²tʂʰuəŋ⁵²pau⁴⁴uei⁵²ɕiɛ³¹,
他人员伤亡很大,
tʰɐ⁴⁴ʐei⁵²ya⁵²ʂaŋ⁴⁴uaŋ⁵²xei³⁵tɐ³¹,
同志们牺牲很多。在他没有退路的时候,
tʰuəŋ⁵²tsʅ³¹mei⁰ɕi⁴⁴səŋ³⁵xei³¹tuə³¹.tsai³¹tʰɐ⁴⁴mei³¹iou³⁵tʰei³¹lou³¹tɤ³¹sʅ⁵²xou³¹,
他为了坚决不让敌人逮捕,
tʰɐ⁴⁴uei³¹liau⁰tɕia⁴⁴tɕyɤ⁴⁴pu³¹ʐaŋ³¹ti⁵²ʐei³¹tai⁵²pʰu³⁵,
不屈服于敌人的屠刀、子弹之下。
pu⁴⁴tɕʰy⁴⁴fu⁴⁴y³¹ti⁵²ʐei³¹tɤ⁰tʰu⁴⁴tau⁴⁴tsʅ³⁵ta³¹tsʅ⁴⁴ɕiɛ³¹.
这样,他高呼,让咱们这个战士集体撤退。
tʂɤ³⁵iaŋ³¹,tʰɐ⁴⁴kau⁴⁴xu⁴⁴,ʐaŋ³¹tsa⁴⁴mei³¹tʂə³¹kə⁰tʂa³⁵sʅ³¹tɕi⁵²tʰi³⁵tʂʰɤ³⁵tʰei³¹.
警卫员儿要叫他走,
tɕieŋ³⁵uei³¹yɤr³¹iau³⁵tɕiau³¹tʰɐ⁴⁴tsou³⁵,
他把警卫员推走:"这是命令!"
tʰɐ⁴⁴pɛ³¹tɕieŋ³⁵uei³¹yɤr³¹tʰei³¹tsou³⁵:"tʂɤ³⁵sʅ³¹mieŋ³⁵lieŋ³¹!"

结果他只身一人,
tɕiɛ⁴⁴kuə³⁵tʰɐ³⁵tʂʅ⁴⁴ʂei⁴⁴i⁴⁴ʐei⁵²,
敌人把他包围住，他掏枪自尽。
ti⁵²ʐei⁵¹pɐ³¹tʰɐ⁴⁴pau⁴⁴uei⁵²tʂu³¹,tʰɐ⁴⁴tʰau⁴⁴tɕʰiaŋ⁴⁴tsʅ³⁵tɕiei³¹.
他这一个革命举动，革命主义精神，
tʰɐ⁴⁴tʂə³¹⁻⁵²i³¹kə³¹kai⁴⁴miəŋ³¹tɕy³⁵tuəŋ³¹,kai⁴⁴miəŋ³¹tʂu³⁵⁻³¹tɕiəŋ⁴⁴ʂei⁰,
忘我嘞高尚思想，值得人们敬仰。
uaŋ³¹uə³⁵lai⁰kau⁴⁴ʂaŋ³¹sʅ⁵²ɕiaŋ³⁵,tʂʅ⁵²tei ʐei⁵²mei⁰tɕiəŋ³¹iaŋ³⁵.
他这个精神，
tʰɐ⁴⁴tʂə³¹kə⁰tɕiəŋ⁴⁴ʂei⁰,
是我们革命后代应该永远学习嘞。
sʅ³¹uə³⁵mei⁰kai⁴⁴miəŋ³¹xou³⁵tai³¹iəŋ³¹kai⁴⁴yəŋ⁵²ya³⁵ɕyə⁵²ɕi⁵²lai⁰.
为此，在他牺牲五十周年之际，
uei³¹tsʰʅ³⁵,tsai³¹tʰɐ⁴⁴ɕi³⁵səŋ⁴⁴u³⁵tʂou⁴⁴ȵia⁵²tsʅ⁴⁴tɕi³¹,
河南省委为了纪念这位革命烈士，
xə⁵²na⁵²səŋ³⁵uei⁴⁴uei³¹liau⁰tɕi³⁵ȵia³⁵tʂə³⁵uei³¹kə⁴⁴miəŋ³¹liɛ⁴⁴sʅ³¹,
组建了一个纪念李翔梧活动嘞委员会，
tsu³⁵tɕia³¹lə⁰⁻⁵²i³¹kə³¹tɕi³⁵ȵia³⁵li³⁵ɕiaŋ⁵²u³⁵xuə⁵²tuəŋ³¹lai⁰uei³⁵ya⁵²xuei³¹,
当时由河南省委书记嵇文甫同志担任组长，
taŋ⁴⁴sʅ⁵²iou³⁵xə⁵²na⁵²səŋ⁵²uei⁴⁴ʂu³⁵tɕi³⁵tɕi⁴⁴vei³⁵pʰu³⁵tʰuəŋ⁵²tsʅ³¹ta³⁵ʐei³¹tsu⁵²tʂaŋ³⁵,
进行资料征集。
tɕiei³¹ɕiəŋ⁵²tsʅ⁴⁴liau³¹tʂəŋ⁴⁴tɕi³⁵.
这样，在我们洛宁县烈士陵园儿建立了一个纪念亭，
tʂə³⁵iaŋ³¹,tsai³¹uə³⁵mei⁰luə³⁵ȵiəŋ⁵²ɕia³¹liɛ⁴⁴sʅ³⁵liəŋ⁵²yɐr⁵²tɕia³¹⁻⁴⁴liau⁰⁻⁵²i³¹kə³¹tɕi³⁵ȵia³¹tʰiəŋ⁴⁴,
纪念亭的碑文儿上面是当时时任
tɕi³⁵ȵia³¹tʰiəŋ⁴⁴tə³¹pei⁴⁴vər⁵²ʂaŋ³¹mia⁵²sʅ³¹taŋ⁴⁴sʅ⁵²sʅ⁵²ʐei³¹
国家主席杨尚昆同志题写，鎏金大字儿十二个：
kuə⁴⁴tɕiɛ⁴⁴tʂu³⁵ɕi³⁵iaŋ³¹ʂaŋ³¹kʰuei³⁵tʰuəŋ⁴⁴tsʅ³¹tʰi³¹ɕiɛ³⁵,liou⁴⁴tɕiei⁴⁴tɐ⁴⁴tsər³¹ʂʅ³⁵ər³⁵kə³¹:
李翔梧、刘志敏烈士纪念碑。
li³⁵ɕiaŋ⁵²u³⁵,liou³⁵tsʅ³¹miei³⁵liɛ⁴⁴sʅ³⁵tɕi³⁵ȵia³¹pei⁴⁴.
当时送花圈的有：聂荣臻、宋任穷、程子华、
taŋ⁴⁴sʅ⁵²suəŋ³¹xuɐ⁴⁴tɕʰya⁴⁴⁻⁰ti³¹iou:ȵiɛ⁴⁴ʐuəŋ³¹tʂei⁴⁴,suəŋ³⁵ʐei³¹tɕʰyəŋ⁵²,tʂʰəŋ⁵²tsʅ³⁵xuɐ⁴⁴,
黄火青、王幼平、曹靖华等。
xuaŋ⁵²xuə³⁵tɕʰiəŋ⁴⁴,uaŋ⁵²iou³¹pʰiəŋ⁵²,tsʰau⁵²tɕiəŋ⁴⁴xuɐ⁴⁴təŋ³⁵.
在这次组建会议上由他嘞亲密战友
tsai³¹tʂə³⁵tsʰʅ³¹tsu³⁵tɕia³¹xuei³⁵⁻³¹i³¹ʂaŋ³⁵tʰɐ⁴⁴lai⁰tɕʰiei⁴⁴mi⁴⁴tʂa³¹iou³⁵

袁血卒同志进行了他嘞革命事迹介绍,
ya⁵²ɕyə³⁵tsu⁵²tʰuaŋ⁵²tsʅ³¹tɕiei³¹ɕiəŋ⁵²liau⁰tʰɐ⁴⁴lai⁰kai⁴⁴miəŋ³¹tɕi⁴⁴tɕiɛ³¹ʂau⁵²,
另外他们纷纷都题词。
liəŋ³⁵uai³¹tʰɐ⁴⁴mei⁰fei⁴⁴fei⁴⁴tou⁵²tʰi⁵²tsʰʅ⁵².
纪念活动结束的当天,
tɕi³⁵ȵia³¹xuə⁵²tuəŋ⁵²tɕiɛ⁴⁴ʂu⁴⁴tə⁰taŋ⁴⁴tʰia⁴⁴,
由河南省政府任命李翔梧烈士嘞家乡,
iou³⁵xə⁵²na⁵²səŋ³⁵tʂəŋ³¹fu³⁵ʐei³⁵miəŋ³¹li⁰ɕiəŋ⁰u⁵²liɛ⁴⁴sʅ⁵²lai⁰tɕiɛ⁰ɕiaŋ⁴⁴,
底张乡中高村儿小学改名为翔梧小学,
ti³⁵tʂaŋ⁴⁴ɕiaŋ⁴⁴tʂuəŋ⁴⁴kau⁴⁴tsʰuər⁴⁴ɕiau³⁵ɕyə⁵²kai³⁵miəŋ⁵²uei³¹ɕiaŋ⁵²u³⁵ɕiau³⁵ɕyə⁵²,
把洛宁高中也曾改为翔梧中学。
pɐ³⁵luə⁴⁴ȵiəŋ⁵²kau⁴⁴tʂuəŋ⁴⁴iɛ³⁵tsʰən⁵²kai³⁵uei³¹ɕiaŋ⁰u³⁵tʂuəŋ⁴⁴ɕyə⁵².
在咱们洛宁县城进行改造拓宽同时,
tsai³¹tsa⁴⁴mei⁰luə⁴⁴ȵiəŋ⁵²ɕia³¹tʂʰən⁵²tɕiei³¹ɕiəŋ⁵²kai³⁵tsau⁴⁴tʰuə⁴⁴kʰua⁴⁴tʰuəŋ⁵²sʅ⁵²,
洛宁县政府为了纪念人民英雄,
luə⁴⁴ȵiəŋ⁵²ɕia³¹tʂəŋ³¹fu³⁵uei³¹liau⁰tɕi³⁵ȵia³¹ʐei⁵²miei⁵²iəŋ⁴⁴ɕyəŋ⁰,
革命烈士李翔梧同志,
kai⁴⁴miəŋ³¹liɛ⁴⁴sʅ³¹li³⁵ɕiaŋ⁵²u³⁵tʰuəŋ⁵²tsʅ³¹,
将在烈士陵园儿西南这条宽广嘞大路上,
tɕiaŋ³¹tsai³¹liɛ⁴⁴sʅ³¹liəŋ⁵²yɐr⁰ɕi⁴⁴na⁰tʂə³⁵tʰiau⁰kʰua⁴⁴kuaŋ³⁵lai⁰tɐ³⁵lou³¹ʂaŋ⁰,
改名为翔梧路,以示纪念。
kai³⁵miəŋ⁵²uei³¹ɕiaŋ⁵²u³⁵lou³¹,i³⁵sʅ³¹tɕi³⁵ȵia³¹.
我们应该是不忘初心,永记烈士,
uə³⁵mei⁰iəŋ³¹kai⁴⁴sʅ³¹pu⁴⁴uaŋ⁴⁴tsʰu⁴⁴ɕiei⁴⁴,yəŋ³¹tɕi³¹liɛ⁴⁴sʅ³¹,
高举红旗,跟着共产党,
kau⁵²tɕy³⁵xuəŋ³¹tɕʰi⁵²,kei⁴⁴tʂə³¹kuəŋ³¹tsʰa⁵²taŋ³⁵.
勇敢来进行建设社会主义这个活动。
yəŋ⁵²ka³⁵lai⁵²tɕiei³¹ɕiəŋ⁵²tɕia³¹ʂə⁴⁴ʂə³⁵xuei³¹tʂu³⁵i³¹tʂə³¹kə⁰xuə⁵²tuəŋ³¹.
所以说我们纪念他,
ʂuə³⁵·⁰i³⁵ʂuə⁴⁴uə³⁵mei⁰tɕi³⁵ȵia³¹tʰɐ⁴⁴,
就是为了跟党走,举红旗,
tɕiou³⁵sʅ³¹uei³¹liau⁰kei⁴⁴taŋ⁵²tsou³⁵,tɕy³⁵xuəŋ⁵²tɕʰi⁵²,
不忘初心,砥砺前行。
pu⁴⁴uaŋ³¹tsʰu⁴⁴ɕiei⁴⁴,ti³⁵li³¹tɕʰia⁵²ɕiəŋ⁵².

意译： 大家好，我叫赵松林。现在我讲一讲洛宁县革命烈士李翔梧同志的故事。李翔梧同志出生在洛宁县底张乡，是中高村人。他自幼好学上进，脑子很灵活，喜爱读书、写诗词，在他的努力下，他考上了河南省国立第一师范学校。他这个人，爱打抱不平，讲公道，主持正义。在一次开封师范学校闹学潮时，因为他们的校长贪污公款，贪污学生的粮饷，被李翔梧同志发觉后，就写了打油诗，贴在校园的墙上，一时间，他贴上不要紧，全校师生整个轰动了，闹学潮，最后迫使他们的校长退出了公款，给全体师生做了个交代。他这一举动是革命的号角，反贪污，反对官僚作风蔚然成风。就这样他被我们共产党的地下党人逐步培养为进步学生，把他培养为一个优秀的共产党员。他在1925年入党后，我们党把他送到苏联留学，进行共产主义远大理想教育，为革命事业培养领导人，当时他的成绩很好，他的成绩在蒋经国前几名。当国内革命斗争非常艰苦的时候，我们共产党中央又把他从苏联调回国内，调到江西，领导人民的革命斗争。当时他所在的部队是红十三军，他任政治部主任，后又被中共中央任命为敌战部部长。在革命斗争艰苦的时候，大部队进行突围、撤离，他身为一个敌战部部长，就带领小股部队，掩护大部队撤离，在敌人的重重包围下，人员伤亡很大，同志们牺牲很多。他在没有退路的时候，坚决不让敌人逮捕，不屈服于敌人的屠刀、子弹之下，这样，他高呼："让咱们的战士集体撤退。"警卫员叫他走，他把警卫员推走："这是命令！"结果他只身一人，敌人把他包围住，他掏枪自尽。他的这种革命举动，革命主义精神，忘我的高尚思想，值得人们敬仰。他这种精神，是我们革命后代应该永远学习的。为此，在他牺牲五十周年之际，河南省委为了纪念这位革命烈士，组建了一个纪念李翔梧活动的委员会，当时由河南省委书记嵇文甫同志担任组长，进行资料征集，这样，在我们洛宁县烈士陵园儿建立了一个纪念亭，纪念亭的碑文由时任国家主席的杨尚昆同志题写，鎏金大字儿十二个：李翔梧、刘志敏烈士纪念碑。当时送花圈的有：聂荣臻、宋任穷、程子华、黄火青、王幼平、曹靖华等，在这次组建会议上由他的亲密战友袁血卒同志对他的革命事迹进行了介绍，另外，他们纷纷题词。纪念活动结束的当天，河南省政府把李翔梧烈士家乡的底张乡中高村小学改名为翔梧小学。洛宁高中也曾改为翔梧中学。在咱们洛宁县城进行改造拓宽之时，洛宁县政府为了纪念人民英雄——革命烈士李翔梧同志，将把烈士陵园西南这条宽广的大路，改名为翔梧路，以示纪念。我们应该不忘初心，永记烈士，高举红旗，跟着共产党，勇敢地进行社会主义建设这个活动。所以说我们纪念他，就是为了跟党走，举红旗，不忘初心，砥砺前行。

（发音人：赵松林　2018.08.09 洛宁）

三 自选条目

0031 谜语
四四方方一座城，鸡儿不叫，大天明。
sɿ³⁵sɿ³¹faŋ⁴⁴faŋ⁴⁴⁵²i⁰tsuə³¹tʂʰəŋ⁵²,tɕiər⁰pu⁵²tɕiau³¹,tɐ³¹tʰia⁴⁴miəŋ⁵².
意译：四四方方一座城，鸡不叫，大天明。（谜底：窗户）

（发音人：赵松林　2018.08.09 洛宁）

0032 谜语
五个兄弟，住在一起，名字不同，高矮不齐。
u⁵²kə⁰ɕyəŋ⁵²ti⁰,tʂu⁴¹tsai⁰⁵²i⁰tɕʰi³⁴,miəŋ⁵²tsɿ⁰pu⁴⁴tʰuəŋ⁵²,kau⁴⁴ai³⁴pu⁴⁴tɕʰi⁵².
意译：五个兄弟，住在一起，名字不同，高矮不齐。（谜底：手指）

（发音人：赵丽峰　2018.11.03 洛宁）

0033 谜语
弟兄七八个，围着柱子坐，
ti⁴¹ɕyəŋ⁰tɕʰi⁴⁴pɐ⁵²kə⁰,uei⁵²tʂə⁰tʂu⁴¹tsɿ⁰tsuə⁴¹,
只要一分开，衣服就扯破。
tsɿ³⁴iau⁴¹i⁴⁴fei⁴⁴kʰai⁴⁴,i⁴⁴fu⁰tɕiou⁴¹tʂʰə³⁴pʰuə⁴¹.
意译：弟兄七八个，围着柱子坐，只要一分开，衣服就扯破。（谜底：大蒜）

（发音人：赵丽峰　2018.11.03 洛宁）

0034 谜语
年纪不算大，胡子一大把，
ȵia⁵²tɕi⁴¹pu⁴⁴sua⁴⁴tɐ⁴¹,xu⁴⁴tsɿ⁰⁵²i⁴¹tɐ⁴¹pɐ³⁴,
不管见到谁，就爱叫妈妈。
pu⁵²kua⁴⁴tɕia³¹tau⁴⁴suei⁵²,tɕiou⁴⁴ai⁴¹tɕiau⁴¹mɐ⁴⁴mɐ⁰.
意译：年纪不算大，胡子一大把，不管见到谁，就爱叫妈妈。（谜底：山羊）

（发音人：赵丽峰　2018.11.03 洛宁）

0035 谜语
白门楼儿，红围墙，
pai⁵²mei⁵²lour⁵²,xuəŋ⁵²uei⁵²tɕʰiaŋ⁵²,
里面住个红姑娘，酸甜苦辣她都尝。
li³⁴mia⁰tʂu⁴¹kə⁰xuəŋ⁵²ku⁴⁴ȵiaŋ⁵²,sua⁴⁴tʰia⁵²kʰu³⁴lɐ⁴⁴tʰɐ⁴⁴tou⁵²tʂaŋ⁵².
意译：白门楼，红围墙，里面住个红姑娘，酸甜苦辣她都尝。（谜底：舌头）

（发音人：赵丽峰　2018.11.03 洛宁）

0036 谜语
千条线，万条线，掉到水里看不见。
tɕʰia⁴⁴tʰiau⁵²ɕia⁴¹,va⁴¹tʰiau⁵²ɕia⁴¹,tiau⁵²tau⁵²sei³⁴li⁴¹kʰa⁴¹pu⁵²tɕia⁴¹.

意译：千条线，万条线，掉到水里看不见。（谜底：雨）

（发音人：赵丽峰　2018.11.03 洛宁）

0037 谜语

你哭它也哭，你笑它也笑，

ȵi³⁴kʰu⁴⁴tʰɐ⁴⁴iɛ³⁴kʰu⁴⁴,ȵi³⁴ɕiau⁴¹tʰɐ⁴⁴iɛ³⁴ɕiau⁴¹,

脸上脏不脏，问它就知道。

lia³⁴ʂaŋ⁰tsaŋ⁴⁴pu⁰tsaŋ⁴⁴,vei⁴¹tʰɐ⁴⁴tɕiou⁰tʂʅ⁴⁴tau⁴¹.

意译：你哭它也哭，你笑它也笑，脸上脏不脏，问它就知道。（谜底：镜子）

（发音人：赵丽峰　2018.11.03 洛宁）

0038 谜语

一个小姑娘，生在水中央，

i⁴⁴kə⁰ɕiau³⁴ku⁴⁴ȵiaŋ⁴⁴,səŋ⁴⁴tsai⁴¹sei³⁴tʂuaŋ⁴⁴iaŋ⁴⁴,

身穿粉红衫儿，坐在绿船上。

ʂei⁴⁴tʂʰua⁴⁴fei⁴¹xuəŋ⁵²sɚ⁴⁴,tsuə⁰tsai⁰ly⁴⁴tʂʰua⁵²ʂaŋ⁰.

意译：一个小姑娘，生在水中央，身穿粉红衫，坐在绿船上。（谜底：荷花）

（发音人：赵丽峰　2018.11.03 洛宁）

0039 谜语

头戴红帽子，身披五彩衣，

tʰou⁵²tai⁴¹xuəŋ⁵²mau⁴⁴tsʅ⁰,ʂei⁴⁴pʰi⁴⁴u⁵²tsʰai⁴¹i⁴⁴,

从来不唱戏，喜欢吊嗓子。

tsʰuəŋ⁵²lai⁵²pu⁴⁴tʂʰaŋ³⁴ɕi⁴¹,ɕi⁴⁴xua⁴⁴tiau⁴¹saŋ³⁴tsʅ⁰.

意译：头戴红帽子，身披五彩衣，从来不唱戏，喜欢吊嗓子。（谜底：公鸡）

（发音人：赵丽峰　2018.11.03 洛宁）

0040 谜语

有个小东西，成天笑嘻嘻，

iou³⁴kə⁰ɕiau³⁴tuəŋ⁴⁴ɕi⁰,tʂʰəŋ⁵²tʰia⁴⁴ɕiau⁴¹ɕi⁴⁴ɕi⁴⁴,

晚上不瞌睡，推倒又爬起。

va³⁴ʂaŋ⁰pu⁴⁴kʰə⁵²sei⁴¹,tʰuei⁵²tau⁰iou⁴¹pʰɐ⁵²tɕʰi³⁴.

意译：有个小东西，成天笑嘻嘻，晚上不瞌睡，推倒又爬起。（谜底：不倒翁）

（发音人：赵丽峰　2018.11.03 洛宁）

0041 谜语

六月天里穿皮袄，不长痱子不长疱，

liou⁴¹yɛ⁴⁴tʰia⁴⁴li⁰tʂʰua⁴⁴pʰi⁵²au³⁴,pu⁴⁴tsaŋ⁴⁴fei⁰tsʅ⁰pu⁴⁴tsaŋ³⁴pau⁴⁴,

坐在门口儿吐舌头，不忘站岗和放哨。

tsuə⁴¹tsai⁰mei⁰kʰour⁰tʰu⁴⁴ʂə⁰tʰou⁰,pu⁴⁴uaŋ⁴¹tsa⁰kaŋ⁴⁴xə³⁴faŋ³⁴sau⁴¹.

意译：六月天里穿皮袄，不长痱子不长疱，坐在门口儿吐舌头，不忘站岗和放哨。

（谜底：狗）

（发音人：赵丽峰　2018.11.03 洛宁）

0042 歇后语

箅子上抓窝窝——十拿九稳。

pi³¹tsɿ⁰ʂaŋ⁰tʂuɐ⁴⁴uə⁴⁴uə⁰——ʂɿ⁵²nɐ⁵²tɕiou⁵²uei³⁵.

意译：箅子上抓窝窝——十拿九稳。

（发音人：雷石虎 2018.08.09 洛宁）

0043 歇后语

长虫吸扁担——硬撑。

tʂʰaŋ⁵²tʂʰuəŋ⁰ɕi⁴⁴pia³⁵ta⁰——ɣəŋ³¹tsʰəŋ⁴⁴.

意译：长虫吸扁担——硬撑。

（发音人：雷石虎 2018.08.09 洛宁）

0044 歇后语

吃竹子屙帽篮儿——现编。

tʂʰɿ⁴⁴tʂu⁴⁴tsɿ⁰ɣə⁴⁴mau³¹lɐr⁵²——ɕya³¹pia⁴⁴.

意译：吃竹子屙帽篮——现编。

（发音人：雷石虎 2018.08.09 洛宁）

0045 歇后语

瞎子牵驴——不敢松手。

ɕiɐ⁴⁴tsɿ⁰tɕʰia⁴⁴ly⁵²——pu⁴⁴ka³⁵suəŋ⁵²ʂou³⁵.

意译：瞎子牵驴——不敢松手。

（发音人：雷石虎 2018.08.09 洛宁）

0046 谚语

八月十五云遮月，正月十五雪打灯。

pɐ⁴⁴yə⁴⁴ʂɿ⁵²u³⁵yei⁵²tʂɐ⁴⁴yə⁴⁴,tʂəŋ⁴⁴yə⁴⁴ʂɿ⁵²u³⁵ɕyɐ⁴⁴tɐ⁵²təŋ⁴⁴.

意译：八月十五云遮月，正月十五雪打灯。

（发音人：雷石虎 2018.08.09 洛宁）

0047 谚语

天黄有雨，人黄有病。

tʰia⁴⁴xuaŋ⁵²iou⁵²y³⁵,ʐei⁵²xuəŋ⁵²iou³⁵piəŋ³¹.

意译：天黄有雨，人黄有病。

（发音人：雷石虎 2018.08.09 洛宁）

0048 谚语

有钱儿难买老来瘦。

iou³⁵tɕʰiɐr⁵²na⁵²mai³⁵lau⁵²lai³⁵ʂou⁵²³¹.

意译：有钱儿难买老来瘦。

（发音人：雷石虎 2018.08.09 洛宁）

0049 谚语

远亲不如近邻，近邻不如对门儿。

ya³⁵tɕʰiei⁴⁴pu⁴⁴ʐu⁴⁴tɕiei³¹liei⁵²,tɕiei³¹liei⁵²pu⁴⁴ʐu⁴⁴tei³¹mər⁵².

意译：远亲不如近邻，近邻不如对门儿。

（发音人：雷石虎　2018.08.09 洛宁）

0050 谚语

吃不穷穿不穷，打算不到一世穷。

tʂʰɿ⁴⁴pu⁴⁴tɕʰyəŋ⁵²tʂʰua⁴⁴pu⁴⁴tɕʰyəŋ⁵²,tɤ³⁵sua⁰pu⁵²tau³¹⁵²i³¹ʂɿ³¹tɕʰyəŋ⁵².

意译：吃不穷穿不穷，打算不到一世穷。

（发音人：雷石虎　2018.08.09 洛宁）

三门峡

一　歌谣

0001 红公鸡

红公鸡，尾巴长，

xuəŋ^{21}kuəŋ^{53}tɕi^{53},i^{44}pa^{0}tʂʰɑŋ^{31},

娶了媳妇不要娘。

tɕʰy^{44}liɔ^{0}ɕi^{31}fu^{0}pu^{21}iɔ^{23}ȵiɑŋ^{31}.

把娘背到后沟里，

pa^{44}ȵiɑŋ^{31}peɪ^{53}tɔ^{0}xou^{21}kou^{53}li^{0},

媳妇背到热炕上。

ɕi^{31}fu^{0}peɪ^{53}tɔ^{0}ʐʅə^{53}kʰɑŋ^{23}ʂɑŋ^{0}.

炸油馍，烧米汤，

tsa^{31}iou^{31}muə^{0},ʂɔ^{53}mi^{44}tʰɑŋ^{0},

我去后沟瞧咱娘，

ŋuə^{44}kʰɯ^{44}xou^{21}kou^{53}tɕʰiɔ^{31}tsa^{23}ȵiɑŋ^{31},

咱娘变个黄鼠狼，

tsa^{23}ȵiɑŋ^{31}piæ̃^{21}kə^{0}xuɑŋ^{24}ʂʮ^{44}lɑŋ^{0},

哧喽哧喽上南墙。

tsʰʅ^{44}lou^{0}tsʰʅ^{44}lou^{0}ʂɑŋ^{21}næ̃^{24}tɕʰiɑŋ^{31}.

意译：红公鸡，尾巴长，娶了媳妇不要娘。把娘背到后沟里，媳妇背到热炕上。炸油馍，烧米汤，我去后沟瞧咱娘，咱娘变个黄鼠狼，哧喽哧喽上南墙。

（发音人：王丑娃　2019.07.10 三门峡）

0002 小老鼠

小老鼠，上灯台，

ɕiɔ^{44}lɔ^{42}ʂʮ^{0},ʂɑŋ^{21}təŋ^{53}tʰɛ^{31},

叽咀叽咀叫大伯，

tɕi^{44}ȵiou^{0}tɕi^{44}ȵiou^{0}tɕiɔ^{21}ta^{23}pɛ^{0},

大伯给它两破鞋。

ta^{23}pɛ^{0}kɯ^{44}tʰa^{0}liɑŋ^{44}pʰuə^{42}xɛ^{0}.

意译：小老鼠，上灯台，叽扭叽扭叫大伯，大伯给它两破鞋。

（发音人：王丑娃　2019.07.10 三门峡）

0003 天皇皇，地皇皇

天皇皇，地皇皇，

tʰiæ̃⁵³ xuaŋ³¹ xuaŋ⁰,ti²³ xuaŋ³¹ xuaŋ⁰,

我家有个小哭郎。

uə⁴⁴ tɕia⁵³ iou⁴⁴ kɛ⁰ ɕiɔ⁴⁴ kʰu⁵³ laŋ⁰.

过路君子看三遍，

kuə²³ lou⁰ tɕyei⁵³ tsʅ⁰ kʰæ̃²³ sæ̃⁵³ piæ̃⁰,

一觉睡到大天亮。

i²¹ tɕiɔ²³ sei⁵³ tɔ⁰ ta²¹ tʰiæ̃⁵³ liaŋ⁰.

意译：天皇皇，地皇皇，我家有个小哭郎。过路君子看三遍，一觉睡到大天亮。

（发音人：王丑娃　2019.07.10 三门峡）

0004 富汉富汉

富汉富汉，老天爷给金砖。

fu²¹ xæ̃³¹ fu²¹ xæ̃³¹,lɔ⁴⁴ tʰiæ̃⁵³ iɛ⁰ kuu⁴⁴ tɕiei²¹ tʂuæ̃⁵³.

意译：富汉富汉，老天爷给金砖。

（发音人：王丑娃　2019.07.10 三门峡）

0005 一根红线

一根红线，扯到南院。

i⁵³ kei⁵³ xuəŋ³¹ ɕiæ̃²¹²,tʂʰʅ⁴⁴ tɔ⁰ næ³¹ yæ̃²¹².

忽雷一响，挽成一蛋。

xu⁵³ lei⁰·⁵³ i⁴⁴ ɕiaŋ⁰,uæ̃³¹ tʂʰəŋ³¹·³¹ i⁰ tæ̃²¹².

意译：一根红线，扯到南院。忽雷一响，挽成一蛋。

（发音人：王丑娃　2019.07.10 三门峡）

二　故事

0021 牛郎和织女

我叫曹润梅儿，住三门峡市湖滨区。

uə⁴⁴ tɕiɔ²¹ tsʰɔ³¹ zuei²³ mər³¹,tʂu²¹² sæ̃⁵³ mei⁰ ɕia³¹ sʅ²¹² xu²¹ piei⁵³ tɕʰy⁵³.

今天给大家讲个牛郎和织女哩故事。

tɕiei²¹ tʰiæ̃⁵³ kuu⁴⁴ ta²¹ tɕia⁵³ tɕiaŋ⁴⁴ kɛ⁰ ȵiou²⁴ laŋ⁰ xə⁰ tʂʅ⁵³ ȵy⁰ li⁰ kuu²¹ sʅ⁰.

古时候，有个小伙儿，呃，父母去世哩早。

kuu⁴⁴ sʅ³¹ xou⁰,iou⁴⁴ kɛ⁰ ɕiɔ⁴⁴ xuər⁰,ə,fu²¹ mu⁴⁴ tɕʰi²¹ ʂʅ⁰ li⁰ tsɔ⁴⁴.

呃，小伙儿孤单，只有一个人，名叫牛郎。

ə,ɕiɔ⁴⁴ xuər⁰ kuu²¹ tæ̃⁵³,tsʅ⁴² iou⁴⁴·⁵³ i⁰ kuə⁰ zei⁰,miəŋ³¹ tɕiɔ⁴⁴ ȵiou²⁴ laŋ³¹.

牛郎和老牛相依为命。
ɳiou²⁴laŋ³¹xuə²¹lɔ⁴⁴ɳiou²¹ɕiaŋ²¹˙⁴⁴i⁰uei³¹miəŋ²¹².
老牛就是天上嘞金牛星。
lɔ⁴⁴ŋou³¹tɕiou²¹ʂʅ²¹tʰiæ̃⁵³ʂaŋ⁰lɛ⁰tɕiei⁵³ɳiou³¹ɕiaŋ⁵³.
金牛星看牛郎诚恳、勤劳，想给他成个家。
tɕiei⁵³ɳiou³¹ɕiaŋ⁵³kʰæ²¹²ɳiou²⁴laŋ³¹ʈʂʰəŋ³¹kʰei⁰,tɕʰiei²⁴lɔ³¹,ɕiaŋ⁴⁴kuɯ⁴⁴tʰa⁰tʂʰəŋ³¹kɤ⁰tɕia⁵³.
有一天，金牛星知道天上仙、仙女儿要下河洗澡，
iou⁴⁴˙²¹i⁰tʰiæ̃⁵³,tɕiei⁵³ɳiou³¹ɕiaŋ⁵³ʈʂʅ⁵³tɔ⁰tʰiæ̃⁵³ʂaŋ⁰ɕiæ̃⁵³,ɕiæ̃⁵³ɳyər⁴⁴iɔ²³ɕia²¹xuə³¹ɕi⁴²tsɔ⁴⁴,
就托梦给牛郎说：
tɕiou²¹tʰuə⁵³məŋ²¹²kuei⁴⁴ɳiou²⁴laŋ³¹ʂuə⁵³:
"你明早[起来]去东头脚下那个河里头，
"ɳi⁴⁴miəŋ³¹tsɔ⁴⁴tɕʰiɛ⁴⁴tɕʰi⁰tuəŋ⁵³tʰou⁰tɕyə⁵³ɕia⁰nə²¹kɤ⁰xuə³¹li⁴⁴tʰou⁰,
有几个妇女、有几个仙女在洗澡。
iou⁴⁴tɕi⁰kuɛ⁰fu²⁴ɳy⁴⁴,iou⁴⁴tɕi⁰kuɛ⁰ɕiæ̃⁵³ɳy⁰tsɛ²¹ɕi⁴²tsɔ⁴⁴.
趁她几洗澡，你□她树上挂那个衣服拿回。"
tʂʰei²¹tʰa⁴⁴tɕi⁰ɕi⁴²tsɔ⁴⁴,ɳi⁴⁴nɛ⁰tʰa⁴⁴ʂʅ⁴⁴ʂaŋ⁴⁴kua⁰nə²¹kɤ⁰i⁰.⁵³fu⁰na²⁴xuei³¹."
到第二天，牛郎就给那个脚下那个小湖边去。
tɔ²¹ti²¹ər²¹tʰiæ̃⁵³,ɳiou²⁴laŋ³¹tɕiou²¹kuei⁴⁴na²¹kə⁰tɕyə⁵³ɕia⁰nə²¹kɤ⁰ɕiɔ²⁴xu³¹piæ⁵³tɕʰi²¹².
走着琢磨着，走着忽然看见，
tsou⁴⁴tʂuə⁰tʂuə⁴⁴muə⁰tʂuə⁰,tsou⁴⁴tʂuə⁴⁴xu⁵³zæ̃³¹kʰæ²¹tɕiæ̃⁰,
前头就是有河里头，就是有几个仙女儿在洗澡。
tɕʰiæ̃³¹tʰou⁰tɕiou²¹ʂʅ²¹iou⁴⁴xuə³¹li⁰tʰou⁰,tɕiou²¹ʂʅ²¹iou⁴⁴tɕi⁴⁴kuɛ⁰ɕiæ̃⁵³ɳyər⁴⁴tsɛ²¹ɕi⁴²tsɔ⁴⁴.
牛郎就悄悄到湖边，
ɳiou²⁴laŋ³¹tɕiou²¹tɕʰiɔ⁵³tɕʰiɔ⁰tɔ²¹xu³¹piæ⁵³,
树上挂那个彩红、粉红色衣裳拿回啊。
ʂʅ²¹ʂaŋ⁰kua²¹nə²¹kɤ⁰tsʰɛ⁴⁴xuəŋ⁰,fei⁴⁴xuəŋ⁰sɛ⁵³˙⁵³i⁰ʂaŋ⁰na²⁴xuei³¹a⁰,
拿回那个衣裳就是织女儿那个衣裳，
na²⁴xuei⁰nə²¹kɤ⁰.⁵³i⁰ʂaŋ²¹tɕiou²¹tʂʅ²¹ɳyər⁴⁴nə²¹kɤ⁰.⁵³i⁰ʂaŋ⁰,
织女儿黑的敲牛郎门儿，
tʂʅ⁵³ɳyər⁴⁴xu⁵³ti⁰tɕʰiɔ⁵³ɳiou²⁴laŋ³¹mər³¹,
牛郎□门儿开开后，两个就成唠恩爱夫妻。
ɳiou²⁴laŋ³¹nɛ²¹mər³¹kʰɛ⁵³kʰɛ⁰xou²¹²,liaŋ⁴⁴kuɛ⁰tɕiou²¹ʈʂʰəŋ³¹lɔ⁰ŋei⁵³ŋɛ²¹²fu⁵³tɕʰi⁰.
过唠三年，牛郎和织女生唠一男一女两个娃。
kuə²¹lɔ⁰sæ̃⁴⁴ɳiæ̃³¹,ɳiou²⁴laŋ³¹xuə²¹tʂʅ⁵³ɳy⁴⁴səŋ⁵³lɔ⁰.⁵³næ̃³¹˙¹i⁰ɳy⁴⁴liaŋ⁴⁴kuɛ⁰va³¹.
织女儿下凡叫玉皇大帝知道啊。
tʂʅ⁵³ɳyər⁴⁴ɕia²¹fæ̃³¹tɕiɔ²¹˙²³y⁰xuaŋ³¹ta²¹ti²¹²tʂʅ⁵³tɔ⁰a⁰.

有一天，刮着风，响着雷，下着大雨。
iou⁴⁴⁵³ i⁵³ tʰiæ̃⁵³,kua⁵³ tʂuə⁰ fəŋ⁵³,ɕiaŋ⁴⁴ tʂuə⁰ lei³¹,ɕia²¹ tʂuə⁰ ta²¹ y⁴⁴.
突然间，织女儿不见啦。两个娃哭喊闹和要妈妈，
tʰu²¹ zæ̃⁴⁴ tɕiæ̃⁵³,tʂʅ⁵³ n̠yər⁴⁴ pu⁵³ tɕiæ²¹ la⁰.liaŋ⁴⁴ kuɛ⁰ va⁴⁴ kʰu⁵³ xæ̃⁴⁴ nɔ⁰ xuɤ²¹ iɔ²¹ ma⁵³ ma⁰,
牛郎觉着很为难。突然，老牛给牛郎说：
n̠iou²⁴ laŋ³¹ tɕyə⁵³ tʂuə⁰ xei⁴⁴ uei²⁴ næ̃³¹.tʰu⁵³ zæ̃⁴⁴,lɔ⁴⁴ ŋou³¹ kuɿ⁴⁴ n̠iou²⁴ laŋ³¹ ʂuə⁵³:
"你□我这个角取下，就变成两个筐，
"n̠i⁴⁴ nɛ²¹ uə⁴⁴ tʂə²¹ kɛ⁰ tɕyə⁵³ tɕʰy⁴⁴ ɕia⁰,tɕiou²¹ piæ̃²¹ tʂʰəŋ³¹ liaŋ⁴⁴ kuɛ⁰ kʰuaŋ⁵³,
□娃放到筐里头，去找织女。"
nɛ²¹ va³¹ faŋ²¹ tɔ⁰ kʰuaŋ⁵³ li⁴⁴ tʰou⁰,tɕi²¹ tsɔ⁴⁴ tʂʅ⁵³ n̠y⁴⁴."
说着，突然间，两个角就掉到缺=地啊。
ʂuə⁵³ tʂuə⁰,tʰu⁵³ zæ̃⁴⁴ tɕiæ̃⁵³,liaŋ⁴⁴ kuɛ⁰ tɕyə⁵³ tɕiou²¹ tiɔ²¹ tɔ⁰ tɕʰyə⁵³ ti²¹ a⁰.
牛郎就变成个筐，
n̠iou²⁴ laŋ³¹ tɕiou²¹ piæ̃²¹ tʂʰəŋ⁰ kɛ⁰ kʰuaŋ⁵³,
牛郎就□一男一女两个娃，放到筐□。
n̠iou²⁴ laŋ³¹ tɕiou²¹ nɛ²¹·²³ i³¹·⁵³ næ̃³¹ i⁴⁴ n̠y³¹ liaŋ⁴⁴ kuɛ⁰ va³¹,faŋ²¹ tɔ⁰ kʰuaŋ⁵³ xuə⁰.
用扁担担着。忽然，筐就长唠翅膀，
yəŋ²¹ piæ̃⁴⁴ tæ̃⁰ tæ̃⁵³ tʂuə⁰.xu²¹ zæ̃⁵³,kʰuaŋ⁵³ tɕiou²¹ tʂaŋ⁴⁴ lɔ⁰ tʂʰʅ²¹ paŋ⁴⁴,
忽然就上唠天上，飞着飞着，看着离织女儿没多远，
xu²¹ zæ̃⁵³ tɕiou²¹ ʂaŋ²¹ lɔ⁰ tʰiæ̃⁵³ ʂaŋ⁵³,fei⁵³ tʂuə⁰ fei⁵³ tʂuə⁰,kʰæ²¹ tʂuə⁰ li²¹ tʂʅ⁵³ n̠yər⁴⁴ mu³¹ tuə⁰ yæ̃⁴⁴,
叫王母娘娘看见啦，
tɕiɔ²¹ vaŋ³¹ mu⁰ n̠iaŋ³¹ n̠iaŋ⁰ kʰæ̃²³ tɕiæ̃²¹ la⁰,
王母娘娘到头上取个簪，划唠一下，
vaŋ³¹ mu⁰ n̠iaŋ³¹ n̠iaŋ⁰ tɔ²¹ tʰou³¹ ʂaŋ⁰ tɕʰy⁴⁴ kɛ⁰ tsæ̃⁴⁴,xua²¹ lɔ⁰ i⁵³ xa²¹²,
就成又宽又大条河，这条河叫银河。
tɕiou²¹ tʂʰəŋ²¹ iou⁰ kʰuæ̃⁵³ iou⁰ ta²¹ tʰiɤ⁴⁴ xuə⁰,tʂei²¹ tʰiɤ⁴⁴ xuə³¹ tɕiɔ²¹ iei²⁴ xuə³¹.
从此以后，到农历七月七，喜鹊就觉着，
tsʰuəŋ²¹ tsʰʅ⁴⁴·⁴⁴ i⁴⁴ xou²¹²,tɔ²¹ nuəŋ⁵³ li⁰ tɕʰi⁵³ yə⁰ tɕʰi⁵³,ɕi⁰ tɕʰyə⁰ tɕiou⁰ tɕyə⁵³ tʂuə⁰,
往，这个织女儿□牛郎两个恩恩爱爱，
vaŋ⁴⁴,tʂə²¹ kɛ⁰ tʂʅ⁵³ n̠yər⁴⁴ tsɛ²¹ n̠iou²⁴ laŋ³¹ liaŋ⁴⁴ kuɛ⁰ ŋei⁰ ŋei⁰ ŋɛ²¹ ŋɛ⁰,
从农历七月七，从远处飞，飞将上千万喜鹊，
tsʰuəŋ²¹ nuəŋ⁵³ li⁰ tɕʰi⁵³ yə⁰ tɕʰi⁵³,tsʰuəŋ²¹ yæ̃⁴⁴ tʂʰʅ⁰ fei⁵³,fei⁵³ tɕiaŋ²¹ ʂaŋ²¹ tɕʰiæ⁵³ væ⁴⁴ ɕi⁰ tɕʰyə⁰,
嘴衔着，这个嘴衔着那个喜鹊哩尾巴，
tsuei⁴⁴ tɕʰiæ̃³¹ tʂuə⁰,tʂei²¹ kuɛ⁰ tsuei⁴⁴ tɕʰiæ̃³¹ tʂuə⁰ nɛ²¹ kuɛ⁰ ɕi⁴⁴ tɕʰyə⁰ li⁰ vei⁴⁴ pa⁰,
就连成一条长长哩喜鹊桥，
tɕiou²¹ liæ̃³¹ tʂʰəŋ⁰ i⁰·⁵³ tʰiɤ⁴⁴ tʂʰaŋ⁰ tʂʰaŋ⁰ li⁰ ɕi⁴⁴ tɕʰyə⁰ tɕʰiɔ³¹,

从此以后，喜鹊桥叫他两个团圆。
tsʰuəŋ³¹tsʰɿ⁴⁴⁻⁵³i⁴⁴xou²¹²,ɕi⁴⁴tɕʰyə⁰tɕʰiɔ³¹tɕiɔ²¹tʰa⁴⁴liaŋ⁴⁴kuɛ⁰tʰuæ̃²⁴yæ³¹.
从此以后，就叫他两个团圆。
tsʰuəŋ³¹tsʰɿ⁴⁴⁻⁵³i⁴⁴xou²¹²,tɕiou²¹tɕiɔ²¹tʰa⁴⁴liaŋ⁴⁴kuɛ⁰tʰuæ̃²⁴yæ³¹.
这个故事就讲到这儿，下一次再说。
tʂɛ²¹kɛ⁰ku²³sɿ⁴²tɕiou²¹tɕiaŋ⁴⁴tɔ⁰tʂər²¹²,ɕia²¹⁻⁵³tsʰɿ²¹tsɛ²¹ʂuə⁵³.

意译：我叫曹润梅，住三门峡市湖滨区。今天给大家讲个牛郎和织女的故事。古时候，有个小伙儿，父母去世早。小伙儿孤单，只有一个人，名叫牛郎。牛郎和老牛相依为命。老牛就是天上的金牛星。金牛星看牛郎诚恳、勤劳，想给他成个家。有一天，金牛星知道天上仙女儿要下河洗澡，就托梦给牛郎说："你明早起来去东头脚下那个河里头，有几个仙女在洗澡。趁她几个洗澡，你把树上挂那个衣服拿回家。"到第二天，牛郎就向脚下那个小湖边去，走着琢磨着，忽然看见，前头河里就是有几个仙女儿在洗澡。牛郎就悄悄到湖边，把树上挂那个粉红色衣裳拿回家了。拿回去那个衣裳就是织女儿那个衣裳，织女儿晚上敲牛郎门儿，牛郎把门儿开开后，两个人就成了恩爱夫妻。过了三年，牛郎和织女生了一男一女两个娃。织女儿下凡叫玉皇大帝知道了，有一天，刮着风，响着雷，下着大雨。突然间，织女儿不见啦。两个娃哭喊闹着要妈妈，牛郎觉着很为难，突然，老牛给牛郎说："你把我这个角取下，就变成两个筐，把娃放到筐里头，去找织女。"说着，突然间，两个角就掉到地上了。牛角就变成个筐，牛郎就把一男一女两个娃，放到筐里，用扁担担着。忽然，筐就长了翅膀，忽然就上到天上，飞着飞着，看着离织女儿没多远，叫王母娘娘看见啦。王母娘娘到头上取个簪，划了一下，就成又宽又大一条河，这条河叫银河。从此以后，到农历七月七，喜鹊就觉着，这个织女儿和牛郎两个恩恩爱爱，从农历七月七，从远处飞，飞来上千万只喜鹊，这个嘴衔着那个喜鹊的尾巴，就连成一条长长的喜鹊桥，从此以后，喜鹊桥叫他们两个团圆。这个故事就讲到这儿，下一次再说。

（发音人：曹润梅 2019.07.12 三门峡）

三　自选条目

0031 谚语

谷雨前后，点瓜种豆。
ku⁵³y⁴⁴tɕʰiæ̃³¹xou²¹²,tiæ̃⁴⁴kua⁵³tʂuaŋ²¹tou²¹².
意译：谷雨前后，点瓜种豆。

（发音人：王丑娃 2019.07.10 三门峡）

0032 谚语

头伏萝卜二伏芥，三伏种白菜。

thou³¹fu⁰luə³¹pu⁰ər²³fu⁰kɛ²¹²,sæ⁵³fu⁰tʂuəŋ²¹pɛ³¹tsʰɛ⁰.

意译：头伏萝卜二伏芥，三伏种白菜。

（发音人：王丑娃　2019.07.10 三门峡）

0033 谚语

早起鸦雀叫，客人门前到。

tsɔ⁴⁴tɕʰi⁴⁴ia⁴⁴tɕiɔ⁰tɕiɔ²¹²,kʰɛ⁵³ʐeɪ⁰meɪ²⁴tɕʰiæ̃³¹tɔ²¹².

意译：早起鸦雀叫，客人门前到。

（发音人：王丑娃　2019.07.10 三门峡）

0034 谚语

吃到冬至饭，每天长一线。

tʂʰʅ⁵³tɔ⁰tuəŋ⁵³tsʅ⁰fæ̃²¹²,meɪ⁴⁴tʰiæ̃⁵³tʂʰaŋ²⁴·⁵³i⁰ɕiæ̃²¹².

意译：吃到冬至饭，每天长一线。

（发音人：王丑娃　2019.07.10 三门峡）

0035 谚语

人勤地不懒，地壮能高产。

ʐeɪ²⁴tɕʰieɪ³¹ti²³pu⁰læ̃⁴⁴,ti²³tʂuaŋ²¹²nəŋ³¹kɔ⁵³tʂʰæ̃⁴⁴.

意译：人勤地不懒，地壮能高产。

0036 谚语

立了秋，挂锄钩。

li⁵³liɔ⁰tɕʰiou⁵³,kua²¹tʂʰu̩³¹kou⁵³.

意译：立了秋，挂锄钩。

（发音人：王丑娃　2019.07.10 三门峡）

0037 谚语

云往南，水成潭；云往东，坡池坑；

yeɪ²¹uaŋ⁴⁴næ̃³¹,seɪ⁴⁴tʂʰəŋ²⁴tʰæ̃³¹;yeɪ²¹uaŋ⁴⁴tuəŋ⁵³,pʰuə²¹tʂʰʅ²¹kʰəŋ⁵³;

云往西，坡池溢；云往北，满天飞。

yeɪ²¹uaŋ⁴⁴ɕi⁵³,pʰuə²¹tʂʰʅ²¹·³¹i⁵³; yəɪ²¹uaŋ⁴⁴peɪ⁵³,mæ̃⁴⁴tʰiæ̃⁵³feɪ⁵³.

意译：云往南，水成潭；云往东，坡池坑；云往西，坡池溢；云往北，满天飞。

（发音人：王丑娃　2019.07.10 三门峡）

0038 谚语

祭灶祭灶圆圆，过年丢了七天。

tɕi²¹tsɔ⁰tɕi²¹tsɔ⁰yæ̃³¹yæ̃⁰,kuə²¹ȵiæ̃²¹tiou⁵³liɔ⁰tɕʰi²¹tʰiæ̃⁵³.

意译：祭灶祭灶圆圆，过年只剩七天。

（发音人：王丑娃　2019.07.10 三门峡）

0039 谚语

锄头有水，叉头有火。

tʂʰʅ²⁴tʰou⁵³iou⁴²seɪ⁴⁴,tʂa²⁴tʰou⁵³iou⁴²xuə⁴⁴.

意译：锄头有水，叉头有火。

（发音人：王丑娃　2019.07.10 三门峡）

0040 谚语

热在中伏，冷在三九。

ʐʅə⁵³tsɛ²¹tʂʰuəŋ⁵³fu⁰,ləŋ⁴⁴tsɛ²¹sæ̃⁵³tɕiou⁴⁴.

意译：热在中伏，冷在三九。

（发音人：王丑娃　2019.07.10 三门峡）

0041 谚语

长不过五月，短不过十月。

tʂʰaŋ²⁴pu⁵³kuə²¹u⁴⁴yə⁵³,tuæ̃⁴⁴pu⁵³kuə²¹ʂʅ²⁴yə⁵³.

意译：长不过五月，短不过十月。

（发音人：王丑娃　2019.07.10 三门峡）

0042 谚语

扫帚响，粪堆长。

so²³tʂʰʅ³¹ɕiaŋ⁴⁴,fən²¹tueɪ⁴⁴tʂaŋ⁴⁴.

意译：扫帚响，粪堆长。

（发音人：王丑娃　2019.07.10 三门峡）

0043 谚语

天上下雨地下流，小两口吵架不记仇。

tʰiæ̃²¹ʂaŋ⁴⁴ɕia²¹y⁴⁴ti²¹ɕia⁰liou³¹,ɕio⁴⁴liaŋ⁴²kʰou⁴⁴tsʰa⁴⁴tɕia²¹pu⁵³tɕi²⁴tʂʰou³¹.

意译：天上下雨地下流，小两口吵架不记仇。

（发音人：王丑娃　2019.07.10 三门峡）

0044 谚语

越尖越干，十一腊月挑单衫。

yə²¹tɕiæ̃⁵³yə²¹kæ̃⁵³,ʂʅ²⁴i⁵³la²³yə²¹²tʰiɔ⁴⁴tæ̃²¹sæ̃⁵³.

意译：越尖越干，十一腊月挑单衫。

（发音人：王丑娃　2019.07.10 三门峡）

0045 谚语

一九二九，闭门厮守。

i⁵³tɕiou²¹ər²¹tɕiou⁴²,peɪ²³meɪ⁰si⁴²ʂou⁰.

三九四九，冻破石头。

sæ̃⁵³tɕiou⁴⁴si²¹tɕiou⁴²,tuəŋ²³pʰuə²¹²ʂʅ²¹tʰou⁰.

五九六九，阳坡散柳。

u²⁴tɕiou⁴²liou²¹tɕiou⁴²,iaŋ²⁴pʰuə⁵³tsʰæ̃²⁴liou⁰.

七九八九，河边看柳。

tɕʰi⁵³tɕiou²¹pa⁵³tɕiou²¹,xuə³¹piər⁰kʰæ²¹liou⁴⁴.

九九八十一，牵着黄牛套着犁。

tɕiou⁴²tɕiou⁴⁴pa⁵³sʅ²¹˗⁵³tɕʰiæ⁵³tʂuə⁰xuan²⁴ȵiou³¹tʰɔ²¹tʂuə⁰li³¹.

（发音人：王丑娃　2019.07.10 三门峡）

0047 陕州锣鼓书《东方红，太阳升》

全国人民齐称颂，代代传唱！

tɕʰyæ kuɛ zɛɪ mieɪ tɕʰi tʂʰəŋ suəŋ, tɛ tɛ tʂʰuæ tʂʰaŋ!

东方红，太阳升，中国出了个毛泽东。

tuəŋ faŋ xuəŋ,tʰɛ iaŋ ʂəŋ, tʂuəŋ kuɛ tsʰʮ liɔ kɛ mɔ tsɛ tuəŋ.

他为人民谋幸福,呼儿嗨哟。他是人民大救星。

tʰa uei zɛɪ mieɪ mou ɕiəŋ fu,xu ər xɛ iɔ. tʰa sʅ zɛɪ mieɪ ta tɕiou ɕiəŋ.

东方红哎，那个太阳升，中国出了个那个毛泽东。

tuəŋ faŋ xuəŋ ɛ,na kə tʰɛ iaŋ ʂəŋ,tʂuəŋ kuɛ tʂʰʮ liɔ kɛ na kə mɔ tsɛ tuəŋ.

他为人民那个谋幸福。他是人民那个大救星。

tʰa uei zɛɪ mieɪ na kə mou ɕiəŋ fu. tʰa sʅ zɛɪ mieɪ na kə ta tɕiou ɕiəŋ.

毛主席，爱人民，他是我们带路人。

mɔ tʂu ɕi,ŋɛ zɛɪ mieɪ,tʰa sʅ uə mei tɛ lu zɛɪ.

为了建设新中国，领导我们向前进。

uei lə tɕiæ ʂɛ ɕieɪ tʂuəŋ kuɛ,liəŋ tɔ uə mei ɕiaŋ tɕʰiæ tɕieɪ.

毛主席，爱人民，他是我们带路人。

mɔ tʂu ɕi,ŋɛ zɛɪ mieɪ,tʰa sʅ uə mei tɛ lu zɛɪ.

为了建设新中国，领导我们向前进。

uei lə tɕiæ ʂɛ ɕieɪ tʂuəŋ kuɛ,liəŋ tɔ uə mei ɕiaŋ tɕʰiæ tɕieɪ.

共产党，像太阳，照到哪里哪里亮。

kuəŋ tʂʰæ taŋ,ɕiaŋ tʰɛ iaŋ,tʂɔ tɔ na li na li liaŋ.

哪里有了共产党呀，哪里人民得解放。

na li iou liɔ kuəŋ tʂʰæ taŋ ia,na li zɛɪ mieɪ tɛ tɕiɛ faŋ.

东方红，太阳升，中国出了个毛泽东。

tuəŋ faŋ xuəŋ ,tʰɛ iaŋ ʂəŋ,tʂuəŋ kuɛ tsʰu liɔ kɛ mɔ tsɛ tuəŋ.

他为人民谋幸福呀，他是人民大救星。

tʰa uei zɛɪ mieɪ mou ɕiəŋ fu ia,tʰa sʅ zɛɪ mieɪ ta tɕiou ɕiəŋ.

毛主席，爱人民，他是我们带路人。

mɔ tʂu ɕi,ŋɛ zɛɪ mei,tʰa sʅ uə mei tɛ lu zɛɪ.

为了建设新中国呀，领导我们向前进。

uei liɔ tɕiæ ʂə ɕieɪ tsuəŋ kuɛ ia,liəŋ tɔ uə mei ɕiaŋ tɕʰiæ tɕieɪ.

共产党，像太阳，照到哪里哪里亮。
kuəŋ tsʰæ taŋ,ɕiaŋ tʰɛ iaŋ,zɔ tɔ na li na li liaŋ.
哪里呀有了共产党呀，哪里人民得解放。
na li ia iou liɔ kuəŋ tsʰæ taŋ ia,na li zɛɪ mei tɛ tɕie faŋ.
这只有跟着共产党呀，幸福生活万年长。
tʂɿ tsɿ iou kei tʂuə kuəŋ tsʰæ taŋ ia,ɕiəŋ fu səŋ xuə uæ ȵiæ tsʰaŋ.
意译：全国人民齐称颂，代代传唱！

> 东方红，太阳升，中国出了个毛泽东。他为人民谋幸福，呼儿嗨哟。他是人民大救星。东方红哎，那个太阳升，中国出了个那个毛泽东。他为人民那个谋幸福。他是人民那个大救星。毛主席，爱人民，他是我们带路人。为了建设新中国，领导我们向前进。毛主席，爱人民，他是我们带路人。为了建设新中国，领导我们向前进。共产党，像太阳，中国出了个毛泽东。他为人民谋幸福呀，他是人民大救星。毛主席，爱人民，他是我们带路人。为了建设新中国呀，领导我们向前进。共产党，像太阳，照到哪里哪里亮。哪里呀有了共产党呀，哪里人民得解放。这只有跟着共产党呀，幸福生活万年长。

（发音人：秦仙绸 曲健康 吕大平 师洪源 师亚仙 2019.07.10 三门峡）

0048 陕州锣鼓书《南洼人家》

我说伙计们，啊，时间也不早了，
uə⁴⁴ ʂuə⁵³ xuə⁴⁴ tɕi⁰ mei⁰,a³,ʂɿ²¹ tɕiæ⁵³ iɛ⁴⁴ pu²¹ tsɔ⁴⁴ lə⁰,
人也不少了，先赶紧闹活地吧！
zɛɪ³¹ iɛ⁴⁴ pu²¹ ʂɔ⁴⁴ la⁰,ɕiæ⁵³ kæ⁴² tɕiei⁴⁴ nɔ²³ xuə⁰ tə⁰ pa⁰!
对，该闹活了！嗨，闹活吧啊！（以上为道白）
tuei²¹²,kai⁵³ nɔ²³ xuə⁰ la⁰!xei⁵³,nɔ²³ xuə⁰ pa⁰ a⁰!
走一岭，又一洼，南洼住了个好人家。
tsou i liəŋ,iou i ua,næ ua tʂu lə kə xɔ zɛɪ tɕia.
老汉出来是个双挂拐，老婆出来是个就地儿爬。
lɔ xæ tʂʰu lɛ ʂɿ kə ʂuaŋ tʂu kuɛ,lɔ pʰuə tʂʰu lɛ ʂɿ kə tɕiou tiər pʰa.
就地儿爬，就地儿爬。
tɕiou tər pʰa,tɕiou tiər pʰa.
他喂了一条犬是个三条腿，这本属狸猫它没有尾巴。
tʰa vei liɔ i tʰiɔ tɕʰyæ ʂɿ kə sæ tʰiɔ tuei,tʂə pei ʂu li mɔ tʰa mei iou uei pa.
他喂了一群那个好大驴哟，咯嘣咯嘣像个蚂蚱。
tʰa uei liɔ i tɕʰyæ na kə xɔ tɔ ly iɔ,kə pəŋ kə pəŋ ɕiaŋ kə ma tsa.
他喂了一群好大牛，蛄蛹蛄蛹像个蛤蟆。
tʰa vei liɔ i tɕʰyæ xɔ ta niou,ku yəŋ ku yəŋ ɕiaŋ kə xə ma.

那个老汉吆上毛驴去犁地。
na kə lɔ xæ iɔ ʂaŋ mɔ ly tɕʰy li ti.
雕溜溜在空中，舞咧咧咧咧想抓它。
tiɔ liou liou tsɛ kʰuaŋ tʂuəŋ,u liɛ liɛ liɛ liɛ ɕiaŋ tʂua tʰa.
见它没有肉不吃它。见它没有肉不吃它。
tɕiæ̃ tʰa mei iou zou pu tʂʰʅ tʰa.tɕiæ̃ tʰa mei iou zou pu tʂʰʅ tʰa.
那个老汉他有三间好房子。三间房子就有两间塌。
na kə lɔ xæ tʰa iou sæ̃ tɕiæ̃ xɔ faŋ tsʅ.sæ̃ tɕiæ̃ faŋ tsʅ tɕiou iou liaŋ tɕiæ̃ tʰa.
唯只有一间没有塌。
vei tsʅ iou i tɕiæ̃ mei iou tʰa.
四外地，圆匝哩，顶了八十根大柯杈。
sʅ vɛ ti,yæ̃ tsa li,tiəŋ liɔ pa sʅ kəŋ ta kʰɯ tsʰa.
啊？就八十根大柯杈。
a?tɕiou pa sʅ kəŋ ta kʰɯ tsʰa.
哦，要不是柯杈顶得紧，咔嚓嘭，三间房子都塌了。
ɔ,iɔ pu sʅ kʰə tsʰa tiəŋ ti tɕiei,kʰə tsʰa pʰəŋ,sæ̃ tɕiæ̃ faŋ tsʅ tou tʰa la.
立马塌得不住啦。立马塌得不住啦。
li ma tʰa ti pu tʂʅ la.li ma tʰa ti pu tʂʅ la.
那个老汉一辈子生了一个娃，送到南学去读书吧。
na kə lɔ xæ i pei tsʅ səŋ liɔ i kə va,suəŋ tɔ næ̃ ɕyə tɕʰy tu ʂʅ pa.
读了十年又十天，出来还是一个半拉子憨。
tu lə sʅ n̻iæ̃ iou sʅ tʰiæ̃,tʂʰʅ lɛ xɛ sʅ i kə pæ̃ la tsʅ xæ̃.
老汉见娃不咋着，托人给娃说老婆。
lɔ xæ̃ tɕiæ̃ va pu tsa tsuə,tʰuə zei kei va ʂuə lɔ pʰuə.
说了七七四十九诶，
ʂuə lə tɕʰi tɕʰi sʅ ʂʅ tɕiou ɛ,
他终于终于说了一个精低精低、精低精低精低精低，
tʰa tʂuəŋ y tʂuəŋ y ʂuə lə i kə tɕiəŋ ti tɕiəŋ ti,tɕiəŋ ti tɕiəŋ ti tɕiəŋ ti tɕiəŋ ti,
就[这么]低？啊！矬老婆，
tɕiou tsei ti? a!tsʰuə lɔ pʰuə,
说她矬她就矬，身高没有那二寸多。
suə tʰa tsʰuə tʰa tɕiou tsʰuə,sei kɔ mei iou na ər tsʰuei tuə.
三寸袄拖起走，两寸裙子闪住了脚。
sæ̃ tsʰuei ɔ tʰuə tɕʰi tsou,liaŋ tsʰuei tɕʰyei tsʅ ʂæ̃ tʂu lə tɕyə.
寸半手巾没有用完，她咔嚓一绺做裹脚。
tsʰuei pæ̃ ʂou tɕiei muə yŋ uæ̃,tʰa kʰa tsʰa i liou tsuə kuə tɕyə.

对对对对，三寸袄，拖地走，两寸裙子闪住了脚。
tueɪ tueɪ tueɪ tueɪ,sæ̃ tsʰueɪ ɔ,tʰuə ti tsou,liaŋ tsʰueɪ tɕʰyeɪ tsɿ ʂæ̃ tʂu lə tɕyə.
寸半手巾没有用完，她咔嚓一绺做裹脚。
tsʰueɪ pæ̃ ʂou tɕieɪ muə yəŋ uæ̃,tʰa kʰa tsʰa i liou tsuə kuə tɕyə.
小大姐走娘家，娘家住了半个月，
ɕiɔ ta tɕiɛ tsou ȵiaŋ tɕia,ȵiaŋ tɕia tʂʅ lə pæ̃ kə yuə,
娘家住了半月整，一心注定会婆婆。
ȵiaŋ tɕia tʂʅ liɔ pæ̃ yə tsəŋ,i ɕieɪ tʂʅ tiəŋ xueɪ pʰuə pʰuə.
她婆家离她娘家有三里地。
tʰa pʰuə tɕia li tʰa ȵiaŋ tɕia iou sæ̃ li di.
那个小大姐儿，蹭蹭蹭蹦，蹦蹦蹦蹭，
na kə ɕiɔ ta tɕieɹ,tsʰəŋ tsʰəŋ tsʰəŋ pəŋ,pəŋ pəŋ pəŋ tsʰəŋ,
蹭蹦，蹦蹭，蹭蹦，蹭蹦，蹭蹦。
tsʰəŋ pəŋ,pəŋ tsʰəŋ,pəŋ tsʰəŋ,tsʰəŋ pəŋ,pəŋ tsʰəŋ,tsʰəŋ pəŋ.
一走走了六个月，一走走了六个月。
i tsou tsou liɔ liou kə yə,i tsou tsou liɔ liou kə yə.
小大姐行走来得快，一心注定会婆婆。
ɕiɔ ta tɕieɪ ɕiəŋ tsou lɛ ti kʰueɪ,i ɕieɪ tʂʅ tiəŋ xueɪ pʰuə pʰuə,
小大姐来到婆家里，站在门槛拜婆婆。
ɕiɔ ta tɕieɪ lɛ tɔ pʰuə tɕia li,tʂæ̃ tsɛ meɪ kʰæ̃ pɛ pʰuə pʰuə.
婆婆一见心头恼，一掌打哩寻不着。
pʰuə pʰuə i tɕiæ̃ ɕieɪ tʰou nɔ,i tʂaŋ ta li ɕieɪ pu tʂuə.
婆婆把媳妇打没了，全家人都慌了脚。
pʰuə pʰuə pa ɕi fu ta mə la,tɕʰyæ̃ tɕia zeɪ tou xuaŋ lə tɕyə.
公公急哩用扫帚扫，婆婆急哩用罗子罗。
kuəŋ kuəŋ tɕi li yəŋ sɔ tʂou sɔ,pʰuə pʰuə tɕi li yəŋ luə tsɿ luə.
她小姑爬到地上用嘴吹，女婿急哩墙缝摸。
tʰa ɕiɔ ku pʰa tɔ ti ʂaŋ yəŋ zueɪ tsʰueɪ,ȵy ɕy tɕi lɛ tɕʰiaŋ fəŋ muə.
摸摸摸摸，摸了几天摸不着，摸不着。
muə muə muə muə,muə la tɕi tʰiæ̃ muə pu tʂuə,muə pu tʂuə.
娘家不依告下状，打官司打了三年多。
ȵiaŋ tɕia pu i kɔ ɕia tʂuaŋ,ta kuæ̃ sɿ ta liɔ sæ̃ ȵiæ̃ tuə.
娘家不依告下状，官司打了两年多。
ȵiaŋ tɕia pu i kɔ ɕia tʂuaŋ,kuæ̃ sɿ ta liɔ liaŋ ȵiæ̃ tuə.
官司打了三年整，才把媳妇来寻着。
kuæ̃ sɿ ta liɔ sæ̃ ȵiæ̃ tʂəŋ,tsʰɛ pa ɕi fu lai ɕieɪ tʂuə.

要知道媳妇在哪里？她就在麦糠瓢里过生活。
iɔ tsʅ tɔ ɕi fu tse na li? tʰa tɕiou tse me kʰaŋ pʰiɔ li kuə səŋ xuə.

意译：我说伙计们，啊，时间也不早了，人也不少了，先赶紧闹活起来吧！

对，该闹活了！嗨，闹活吧啊！

走一岭，又一洼，南洼住了个好人家。老汉出来是个双拄拐，老婆出来是个就地儿爬。他喂了一条犬是个三条腿，这本属狸猫它没有尾巴。他喂了一群那个好大驴哟，咯嘣咯嘣像个蚂蚱。他喂了一群好大牛，蛄蛄蛹蛹像个蛤蟆。那个老汉吆上毛驴去犁地。雕溜溜在空中，舞咧咧咧想抓它。见它没有肉不吃它。那个老汉他有三间好房子。三间房子就有两间塌。唯只有一间没有塌。四外地，圆匝哩，顶了八十根大柯杈（树杈子）。要不是柯杈顶得紧。咔嚓嘭，三间房子都塌了。立马塌得不住啦。那个老汉一辈子生了一个娃，送到南学去读书吧。读了十年又十天，出来还是一个半拉子憨。老汉见娃不怎么着，托人给娃说老婆。说了七七四十九，他终于说了一个非常非常低的一个矬老婆。说她矬就是矬，身高没有那二寸多。三寸袄拖起走，两寸裙子闪住了脚。寸半手巾没有用完，她咔嚓一绺做裹脚。对对对，三寸袄，拖地走，两寸裙子闪住了脚。寸半手巾没有用完，她咔嚓一绺做裹脚。小大姐走娘家，娘家住了半个月，一心注定会婆婆，她婆家离她娘家有三里地。那个小大姐儿，蹭蹭蹦蹦，一走走了六个月。小大姐行走来得快，一心注定会婆婆，小大姐来到婆家里，站在门槛拜婆婆。婆婆一见心头恼，一掌打得寻不着。婆婆把媳妇打没了，全家人都慌了脚。公公急得用扫帚扫，婆婆急得用箩子箩。她小姑爬到地上用嘴吹，女婿急得墙缝里摸，摸了几天摸不着。娘家不依告下状。打官司打了三年多，娘家不依告下状，官司打了两年多，官司打了三年整，才把媳妇来寻着。要知道媳妇在哪里，她就在麦糠瓢里过生活。

（发音人：秦仙绸　曲健康　吕大平　师洪源　师亚仙　2019.07.10 三门峡）

灵 宝

一 歌谣

0002 下雨夹雪

下雨夹雪，冻死老鳖。
xa²⁴ y⁴⁴tɕia²¹ɕyɤ⁵³,tuŋ²⁴ sʅ⁴⁴lɔ⁴⁴pie⁵³.
老鳖告状，告住和尚。
lɔ⁴⁴pie⁵³kɔ²⁴tʂʰuaŋ²⁴,kɔ²⁴tʂu⁰xuɤ²¹³ʂaŋ⁰.
和尚念经，念住先生。
xuɤ²¹³ʂaŋ⁰ȵian²⁴tɕiŋ⁵³,ȵian²⁴tʂu⁰ɕian⁵³səŋ⁰,
先生打卦，打住蛤蟆。
ɕian⁵³səŋ⁰ta⁴⁴kua²¹³,ta⁴⁴tʂu⁰xɤ²¹³ma⁰.
蛤蟆㳟水，㳟住老鬼。
xɤ²¹³ma⁰fu²⁴ʂei⁴⁴,fu²⁴tʂu⁰lɔ⁵³kuei⁴⁴.
老鬼捋拳，捋住张元。
lɔ⁵³kuei⁴⁴lie⁵³tɕʰyan²¹³,lie⁵³tʂu⁰tʂaŋ⁵³yan²¹³.
张元判地，判住张义。
tʂaŋ⁵³yan²¹³pʰan²⁴tʰi²⁴,pʰan²⁴tʂu⁰tʂaŋ⁵³·²⁴i⁵³·²⁴.
张义拧花，拧住他妈。
tʂaŋ⁵³·²⁴i⁵³·²⁴ȵiŋ²¹xua⁵³,ȵiŋ²¹³tʂu⁰tʰa⁴⁴ma⁵³.
他妈烙馍，烙住他口。
tʰa⁴⁴ma⁵³luɤ⁵³muɤ²¹³,luɤ⁵³tʂu⁰tʰa⁴⁴ŋuɤ²¹³.
他口淋醋，淋住他舅。
tʰa⁴⁴ŋuɤ²¹³lẽ²¹tsʰou²⁴,lẽ²¹³tʂu⁰tʰa⁴⁴tɕʰiou²⁴.
他舅打席，打住他姨。
tʰa⁴⁴tɕʰiou²⁴ta⁴⁴ɕi²¹³,ta⁴⁴tʂu⁰tʰa⁴⁴·²¹³i⁴⁴·²¹³.
他姨跳井，咕哩咕咚，
tʰa⁴⁴·²¹³i⁴⁴·²¹³tʰiɔ²⁴tɕiŋ⁴⁴,ku⁴⁴li⁰ku⁵³tuŋ⁴⁴,
一个蒸馍泡两桶。
i⁵³kə⁰tʂəŋ⁵³muɤ⁰pʰɔ²⁴liaŋ⁵³tʰuŋ⁴⁴.

意译：下雨夹雪，冻死老鳖。老鳖告状，告住和尚。和尚念经，念住先生。先生算卦，算到蛤蟆。蛤蟆游水，遇到老鬼。老鬼抡拳，抡住张元。张元判地，判住张义。张义拧花，拧住他妈。他妈烙饼，烙住他嬷。他嬷做醋，淋到他舅。他舅打席，打住他姨。他姨跳井，咕哩咕咚，一个馒头泡两桶。

（发音人：李育草 2019.07.30 灵宝）

0004 一根草，满山搅

一根草，满山搅。
i²¹kẽ⁵³tsʰuŋ⁵³,man²¹san⁵³tɕiɔ⁴⁴.
开黄花，我爱它。
kʰɛ⁵³xuaŋ²¹xua⁵³,ŋɤ²⁴ŋɛ²⁴tʰa⁵³.
卵下黑籽我怕[人家]。
lian²¹xa⁵³xɤ⁵³tsər⁴⁴ŋɤ⁴⁴pʰa⁵³ɲia²⁴.
意译：一根草，长满山。开黄花，招人爱。结出黑籽令人怕，来年除草难死啦。

（发音人：李育草 2019.07.30 灵宝）

0005 黄河水

黄河水，向东流，
xuaŋ²⁴xɤ²¹³sei²¹³,ɕiaŋ²⁴tuŋ⁵³liou²¹³,
从东开来个火车头。
tsʰuŋ²¹³tuŋ⁵³kʰɛ⁵³lɛ²¹³kɤ⁰xuɤ⁴⁴tʂɤ⁵³tʰou²¹³.
火车头，冒黑烟，
xuɤ⁴⁴tʂɤ⁵³tʰou²¹³,mɔ²⁴xɯ⁵³ian⁵³,
两边儿栽的是电线杆。
liaŋ⁴⁴piər⁵³tsɛ⁵³ti⁰ʂɿ⁴⁴tian²⁴ɕian²⁴kan⁵³.
电线杆，琉璃瓶，
tian²⁴ɕian²⁴kan⁵³,liou²⁴li²¹³pʰiŋ²¹³,
中间拉的是铁丝绳。
tʂuŋ²¹tɕian⁵³la⁵³ti⁰ʂɿ⁴⁴tʰiɛ⁴⁴sɿ⁵³ʂəŋ²¹³.
铁丝绳，到处拉，
tʰiɛ⁴⁴sɿ⁵³ʂəŋ²¹³,tɔ²⁴tʂʰu²⁴la⁵³,
北京、南京打电话。
pei⁴⁴tɕiŋ⁵³,nan²¹tɕiŋ⁵³ta⁴⁴tian²⁴xua²⁴.
南京打，北京听，
nan²¹tɕiŋ⁵³ta⁴⁴,pei⁴⁴tɕiŋ⁵³tʰiŋ⁵³.
到处都是毛泽东的兵。
tɔ²⁴tʂʰu²⁴tou⁵³ʂɿ⁵³mɔ²¹tsɤ⁵³tuŋ⁵³ti⁰piŋ⁵³.

意译：黄河水，向东流，从东开来个火车头。火车头，冒黑烟，两边栽的是电线
　　　杆。电线杆，琉璃瓶，中间拉的是铁丝绳。铁丝绳，到处拉，北京、南京
　　　打电话。南京打，北京听，到处都是毛泽东的兵。

（发音人：乔亚婷　2019.07.30 灵宝）

0006 筛麦糠

筛，筛，筛麦糠，
sɛ⁵³,sɛ⁵³,sɛ⁵³ miɛ²⁴ kʰaŋ⁵³,
琉璃咯嘣打冰糖。
liou²¹ li⁵³ kɤ²¹³ pəŋ⁵³ ta⁴⁴ piŋ⁵³ tʰaŋ²¹³.
你买胭脂我买粉，
n̠i⁴⁴ mɛ⁴⁴ ian⁵³ tsʅ⁰ ŋɤ⁴⁴ mɛ⁴⁴ fẽ⁴⁴,
咱俩打个骨碌碌碌滚。
tɕʰia²¹³ lia⁰ ta⁴⁴ kɤ⁰ ku⁵³ lu⁰ lu⁰ lu⁰ kuẽ⁴⁴.

意译：筛，筛，筛麦糠，琉璃咯嘣打冰糖。你买胭脂我买粉，咱俩打个骨碌碌碌滚。

（发音人：乔亚婷　2019.07.30 灵宝）

0007 猫娃鞋，亲圪蛋

猫娃鞋，亲圪蛋，
mɔ⁵³ ua²¹³ xɚ²¹³,tɕʰiẽ⁵³ kɤ⁴⁴ tan²⁴,
[一个]人想，女婿儿来。
io²⁴ zẽ²¹³ ɕiaŋ²¹³,n̠y⁴⁴ ɕiɚ⁵³ lɛ²¹³.
妈，妈，我家呀，
ma⁵³,ma⁵³,ŋɤ⁴⁴ tɕia⁵³ ia⁵³,
再不能给你烧火携娃啦。
tsɛ²⁴ pu²⁴ nəŋ²¹³ kei⁴⁴ n̠i⁴⁴ sɔ⁵³ xuɤ⁴⁴ ɕiɛ²¹ ua⁵³ la⁰.
我给我女婿儿说话呀。
ŋɤ⁴⁴ kei⁴⁴ ŋɤ⁴⁴ n̠y⁴⁴ ɕiɚ⁵³ ʂuo⁵³ xua²⁴ ia⁰.

意译：猫娃鞋，亲圪蛋，一个人想，女婿儿来。妈、妈，搁家呀，再不能给你烧
　　　火抱娃啦，我给我女婿儿说话呀。

（发音人：乔亚婷　2019.07.30 灵宝）

0008 我娃亲，我娃乖

哦，哦，我娃亲，我娃乖，
ɤ⁵³,ɤ⁵³,ŋɤ⁴⁴ va²¹³ tɕʰiẽ⁵³,ŋɤ⁵³ va²¹³ kuɛ⁵³,
我娃长大做买卖。
ŋɤ⁵³ va²¹³ tʂaŋ⁴⁴ ta²⁴ tsou²⁴ mɛ⁴⁴ mɛ²⁴.
开盐店，出当铺，
kʰɛ⁵³ ian²¹ tian²⁴,tʂʰu⁵³ taŋ²⁴ pʰu⁰,

里头还雇个小相公。
li⁴⁴tʰou⁰xɛ²¹³ku²⁴kə⁰ɕiɔ⁴⁴ɕiaŋ²⁴kuŋ⁵³.
我娃做生意三年整，
ŋɤ⁵³va⁰tsou²⁴səŋ⁵³·⁰i⁵³san⁵³n̠ian²¹³tsəŋ⁴⁴,
没人心疼娃热冷。
mu⁵³zẽ²¹³ɕiẽ⁵³tʰəŋ²¹³va²¹³zɤ⁵³ləŋ⁴⁴.
咬咬牙，狠狠心，
iɔ⁴⁴·⁰iɔ⁰ia²¹³,xẽ⁴⁴xẽ⁰ɕiẽ⁵³,
娶个媳妇儿待娃亲。
tɕʰy⁴⁴kə⁰ɕi²¹³fur⁰tɛ²⁴va²¹³tɕʰiẽ⁵³.

意译：啊，啊，我儿亲，我儿乖，我儿子长大了做生意。开盐店，开当铺，还雇佣有账房先生。我儿做生意整整三年，身边无人照顾他。咬咬牙，狠狠心，给儿子娶个媳妇照顾他。

（发音人：乔亚婷　2019.07.30 灵宝）

二　故事

0021 牛郎和织女

我讲的故事是牛郎跟织女。
uɤ⁴⁴tɕiaŋ⁴⁴·⁰ti⁰ku²⁴sɿ²⁴sɿ⁵³n̠iou²¹³laŋ⁰kei⁵³tʂʅ⁵³n̠y⁰.
从前，有一个小伙子，他妈大死哩早，
tsʰuŋ²¹tɕʰian²¹³,iou⁴⁴·⁵³ɔ⁰ɕiɔ⁵³xuɤ⁴⁴tsʅ⁰,tʰa²⁴ma²⁴ta⁵³sʅ⁴⁴li⁰tsɔ⁴⁴,
他一个人很孤单，家里有一头老牛，
tʰa⁴⁴i²⁴kɛ⁰zẽ²¹³xẽ⁴⁴ku²¹tan⁵³,tɕia⁵³li⁰iou⁴⁴·²⁴tʰou²¹³lɔ⁴⁴ŋou²¹³,
所以人都叫他牛郎。
suɤ⁴⁴·⁰i⁰zẽ²¹³tou⁴⁴tɕiɔ²⁴tʰa⁴⁴n̠iou²¹³laŋ⁰.
牛郎就是靠老牛种地为生，他两个相依为命。
ŋou²¹³laŋ⁰tɕʰiou²⁴sʅ⁴⁴kʰɔ⁰lɔ⁴⁴ŋou²¹³tsuŋ²⁴tʰi²⁴uei²¹səŋ⁵³,tʰa⁴⁴liaŋ⁴⁴·⁰ɕiaŋ²⁴·⁵³i⁰vei²¹miŋ²⁴.
老牛其实就是天上金牛星，
lɔ⁴⁴ŋou²¹³tɕʰi⁵³sʅ²¹³tɕʰiou²⁴sʅ²⁴tʰian⁴⁴ʂaŋ²⁴tɕiẽ⁵³ŋou²¹ɕiŋ⁵³,
它就喜欢牛郎哩勤劳善良，就想给他成个家。
tʰa²⁴tɕʰiou²⁴ɕi⁰xuan⁰ŋou²¹³laŋ⁰li⁰tɕʰiẽ²¹lɔ⁰san⁴⁴liaŋ²¹³,tɕʰiou²⁴ɕiaŋ⁴⁴kei⁵³tʰa⁴⁴tʂʰəŋ²¹³kə⁰tɕia⁵³.
有一天，这个金牛星啊，他就得知天上的七仙女嘛，
iou⁴⁴·⁵³tʰian⁵³,tʂɤ²⁴·⁰tɕiẽ⁰ŋou²¹ɕiŋ⁵³a⁰,tʰa⁴⁴tɕʰiou²⁴tɤ²¹tsʅ⁵³tʰian⁵³ʂaŋ⁰li⁰tɕʰi²¹ɕian⁵³n̠yər⁴⁴ma⁰,
要下凡上河里洗澡，他就托梦给老牛，
iɔ²⁴xa²⁴fan²¹³ʂaŋ⁵³xuɤ²¹li⁰ɕi⁰tsɔ⁴⁴,tʰa⁴⁴tɕʰiou⁰tʰuɤ⁵³məŋ²⁴kei⁰lɔ⁴⁴ŋou²¹³,

说叫他第二天，上河边儿去嘛，趁着七仙女儿洗澡，
ʂuɤ⁵³tɕiɔ²⁴tʰa⁴⁴ti²⁴ɚ²⁴tʰian⁵³,ʂaŋ²⁴xuɤ²¹piɚ⁵³tɕʰy²⁴ma⁰,tʂʰẽ²⁴tʂuɤ²¹tɕʰi²¹ɕian⁵³ȵyɚ⁴⁴ɕi⁵³tsɔ⁴⁴,

不扯乎，赶紧到树上取一件粉红色衣裳
pu⁵³tsʰɛ⁴⁴xuɤ⁰,kan⁵³tɕiẽ⁴⁴tɔ⁵³ʂʅ²⁴ʂaŋ²⁴tɕʰy⁴⁴·⁴⁴tɕʰian²⁴fẽ⁴⁴xuŋ²¹³sɤ⁵³ȵi⁵³ʂaŋ⁰,

头不回扭地往回跑。跑到屋嘛，就能得到一个美丽的媳妇儿。
tʰou²¹pu⁵³xuei²¹ȵiou⁴⁴ti⁰vaŋ⁴⁴xuei²¹pʰɔ⁴⁴.pʰɔ⁴⁴tɔ⁰u⁵³ma⁰,tɕʰiou²⁴nəŋ²¹³tɤ⁵³tɔ²⁴·⁴⁴ə⁰mei⁴⁴li⁴⁴ti⁰ɕi²¹³fuɤ⁰.

唉，今天早上，牛郎就听了它的话，
ɛ⁰,tɕiẽ⁵³tʰian⁰tsɔ⁴⁴ʂaŋ²⁴,ŋou²¹laŋ²⁴tɕʰiou²⁴tʰiŋ⁵³lə⁰tʰa⁴⁴li⁰xua²⁴,

赶紧，糊里糊涂就跑到河边儿嘛。贴着七仙女不注意，
kan⁵³tɕiẽ⁴⁴,xu²¹³li⁰xu²⁴tʰu⁰tɕʰiou²⁴pʰɔ⁵³tɔ⁰xuɤ²⁴piɚ⁵³ma⁰.tʰie⁵³tʂuɤ²¹tɕʰi²¹ɕian⁵³ȵy⁰pu⁵³tʂʰu²⁴·i²⁴,

赶紧偷了一件粉红色衣裳。头也没扭跑到屋。
kan⁵³tɕiẽ⁴⁴tʰou⁵³lə⁰·⁵³tɕʰian²⁴fẽ⁴⁴xuŋ²¹³sɤ⁵³ȵi⁵³ʂaŋ⁰.tʰou²¹³ie⁴⁴mu⁵³ȵiou⁴⁴pʰɔ⁴⁴tɔ⁰u⁵³.

其实呀，他偷这粉红衣裳，这个仙女就是织女。
tɕʰi⁴⁴sʅ²¹³ia⁴⁴,tʰa⁴⁴tʰou⁵³tʂɤ⁵³tɕʰian²⁴fẽ⁴⁴xuŋ²¹³ȵi⁵³ʂaŋ⁰,tʂɤ⁵³kə⁰ɕian⁵³ȵy⁴⁴tɕʰiou²⁴sʅ²⁴tʂʅ⁵³ȵy⁰.

当天黑喽，这个织女就悄悄把门敲开，
taŋ²¹tʰian⁵³xɤ⁵³lou⁰,tʂɤ²⁴kɛ⁰tʂʅ⁵³ȵy⁰tɕʰiou²⁴tɕʰiɔ⁵³tɕʰiɔ⁰pa²⁴mẽ²¹³tɕʰiɔ²¹kʰɛ⁵³,

他俩就成了夫妻了。就过三年嘛，
tʰa⁵³lia⁴⁴tɕʰiou²⁴tʂʰəŋ²¹³lə⁰fu²¹tɕʰi⁵³lə⁰.tɕʰiou²⁴kuɤ²⁴san⁵³ȵian²¹³ma⁰,

他两又生一对娃子女子，日子过哩很好很酣气。
tʰa⁵³lia⁴⁴·iou²⁴səŋ⁵³·⁵³tuei²⁴ua²¹³tsʅ⁰ȵy⁴⁴tsʅ⁰.ɚ²¹tsʅ⁰kuɤ²⁴li⁰xẽ⁵³xɔ⁴⁴xẽ⁴⁴xɛ²¹tɕʰi⁰.

可是呢，这个织女吧，她这个，呃，私自下凡的事嘛，
kʰuɤ⁴⁴sʅ²⁴nə⁰,tʂɤ²⁴kɛ⁰tʂʅ⁵³ȵy⁰pa⁰,tʰa⁰tʂɤ⁰kɛ⁰,ɛ⁰²¹³,sʅ⁵³tsʰʅ²⁴xa²⁴fan²¹³ti⁰səɚ²⁴ma⁰,

就被玉皇大帝给知道了。他呀，突然有一天，
tɕʰiou²⁴pei⁰y⁵³xuaŋ²⁴ta²⁴ti⁰kei⁵³tʂʅ⁵³tɔ⁵³lə⁰.tʰa⁴⁴ia⁰,tʰu⁰zan²⁴·iou²¹·tʰian⁵³,

刮大风下大雨，电闪雷鸣。唉哟，一下这个织女突然没了。
kua⁵³ta²⁴fəŋ⁵³xa²⁴ta⁴⁴y²⁴,tian⁴⁴ʂan⁴⁴lei²¹miŋ⁵³.ɛ⁵³yɤ⁰,·⁵³xa²⁴tʂɤ⁴⁴kɛ⁰tʂʅ⁵³ȵy⁰tʰu⁵³zan⁴⁴·²¹mu⁵³lə⁰.

哦，两娃急哩乱叫唤。唉呀，这个牛郎啊，
uɤ⁰,liaŋ⁴⁴va²⁴tɕi²¹³li⁰luan²⁴tɕiɔ²⁴xuan⁰.ɛ⁵³ia⁰,tʂɤ²⁴kɛ⁰ȵiou²¹³laŋ⁰na⁰,

也就急没门措起。唉，趁这时候呢，
ia⁴⁴tou⁰tɕi²¹³mu²¹mẽ⁵³tsʰuɤ²¹³tɕʰi⁰.ɛ⁵³,tʂʰẽ²⁴tʂɤ²⁴sʅ²¹xou⁴⁴nə⁰,

老牛就会说话儿了。它就说："别着急，
lɔ⁴⁴ŋou²¹³tɕʰiou²⁴xuei²⁴ʂuɤ⁵³xuɐɚ²⁴lə⁰.tʰa⁴⁴tɕʰiou²⁴ʂuɤ⁵³:"pɛ²¹tʂʰuɤ²¹tɕi²¹³,

你把我这两个角折下来，就可变成两个箩筐，
ȵi⁴⁴pa²⁴ŋuɤ²⁴tʂɤ²⁴liaŋ⁴⁴kə⁰tɕyɤ⁵³tʂɤ⁵³ɕia²⁴lɛ²¹³,tɕʰiou²⁴kʰɤ⁴⁴pian²⁴tʂʰəŋ²¹³liaŋ⁴⁴kɛ⁰luɤ²¹kʰuaŋ⁵³,

你把两个娃儿装到箩筐里头，用个扁担叫它挑起来，
ȵi⁴⁴pa²⁴liaŋ⁴⁴·ə⁰vɐɚ²¹³tʂuaŋ⁴⁴·ɔ⁰luɤ²¹kʰuaŋ⁵³·i⁰tʰou²¹³,iuŋ²⁴·ə⁰pian⁴⁴tan²⁴tɕiɔ²⁴tʰa⁴⁴tʰiɔ⁵³tɕʰi⁴⁴lɛ²¹³,

啊，飞上天去追织女了。"
a⁰,fei⁵³ṣaŋ⁰tʰian⁵³tɕy²⁴tṣuei⁵³tṣɿ⁰n̺y⁰lə⁰."
唉，牛郎就根据它这样说就这样做。
ɛ⁰,n̺iou²¹³laŋ⁰tɕiou²⁴kẽ⁵³tɕy²⁴tʰa⁴⁴tṣɤ⁰iaŋ⁰ṣuɤ⁵³tɕʰiou⁰tṣɿ²⁴iaŋ⁰tsuɤ²⁴.
然后追呀追呀，唉呀快追上织女了，
zan⁴⁴xou²⁴tṣuei⁵³ia⁰tṣuei⁵³ia⁰,ɛ⁵³ia⁰kʰuɛ²⁴tṣuei⁵³ṣaŋ²⁴tṣɿ⁵³n̺y⁰lə⁰,
唉呀，又被王母娘娘发现了。
ɛ⁵³ia⁰,iou²⁴pei²⁴uaŋ²¹mu⁴⁴n̺iaŋ²¹³n̺iaŋ⁰fa⁵³ɕian²⁴lə⁰.
王母娘娘就从口口上折下一根银簪子，
uaŋ²¹mu⁴⁴n̺iaŋ²¹³n̺iaŋ⁰tɕʰiou²⁴tsʰuŋ²¹³tiaŋ²¹³liaŋ⁰ṣaŋ⁰tṣɿ⁵³ɕia²⁴⁻²¹i⁵³kẽ⁵³n̺iẽ²¹tsan⁵³tṣɿ⁰,
把他俩中间划一条河，隔开了。
pa²⁴tʰa⁵³lia⁴⁴tṣuŋ²¹tɕian⁰xua²⁴⁻⁵³i⁰tʰiɔ²¹xuɤ²¹³,kɤ²¹kʰɛ⁵³lə⁰,
这河又深又宽，两个人都不能见。
tṣɤ²⁴xuɤ²¹³iou²⁴ṣẽ⁵³iou⁰kʰuan⁵³,liaŋ⁴⁴kə⁰zẽ²¹³tou⁴⁴pu⁵³nəŋ²¹³tɕian²⁴.
这个喜鹊呢，非常同情这个牛郎织女，
tṣɤ²⁴kə⁰ɕi⁴⁴tɕʰyɤ⁰nə⁰,fei⁵³tṣʰaŋ²¹³tʰuŋ²¹tɕʰiŋ²¹³n̺iou⁰laŋ⁰tṣɿ⁵³n̺y⁰,
所以说呀，每一年的农历七月初七嘛，
suɤ⁴⁴⁻⁰i⁰ṣuɤ⁵³ia⁰,mei⁴⁴⁻⁵³i⁰n̺ian²¹³ti⁰nuŋ²¹li²¹tɕʰi⁵³yɤ⁰tṣʰou²¹tɕʰi⁵³ma⁰,
就把这个成千上万只喜鹊嘛，集中飞到天河上，
tɕʰiou²⁴pa²⁴tṣɤ⁰kə⁰tṣʰəŋ²¹tɕʰian⁰ṣaŋ²⁴van⁰tṣɿ⁰ɕi⁰tɕʰyɤ⁰ma⁰,tɕi²¹tṣuŋ⁵³fei⁵³tɔ⁰tʰian⁵³xuɤ²¹³ṣaŋ⁰,
这只头接着那只尾，唉，搭下一座长长的喜鹊桥，
tṣɤ²⁴tṣɿ⁵³tʰou²¹³tɕie⁵³tṣuɤ⁰na⁰tṣɿ⁰vei⁵³,ɛ⁰,ta⁰ɕia⁰i⁰tsʰuɤ²⁴tṣʰaŋ²¹tṣʰaŋ²¹³ti⁰ɕi⁴⁴tɕʰyɤ⁰tɕʰiɔ²¹³,
主要是叫谁呀，牛郎□织女叫他两个团聚哩。
tṣu⁴⁴iɔ⁵³ṣɿ²⁴tɕiɔ⁰ṣei⁰ia⁰,n̺iou²¹³laŋ⁰tɛ⁰tṣɿ⁵³n̺y⁰tɕiɔ⁰tʰa⁵³liaŋ⁴⁴kə⁰tʰuan²¹tɕy²⁴li⁰.
故事就说完了。
ku²⁴ṣɿ²⁴tɕʰiou⁰ṣuɤ⁵³uan²¹³lə⁰.

意译：我讲的故事是牛郎和织女。从前，有一个小伙子，他妈妈死得早，他一个人很孤单，家里有一头老牛，所以人们都叫他牛郎。牛郎就是靠老牛种地为生，他两个相依为命。老牛其实就是天上的金牛星，它就喜欢牛郎的勤劳善良，想给他成个家，有一天，这个金牛星啊，它得知天上的七仙女，要下凡到河里洗澡，它就托梦给牛郎，说叫他第二天上河边儿去趁着七仙女儿洗澡，不要出声，赶快到树上拿一件粉红色衣裳，头也不回地跑回家。跑到屋，就能得到一个美丽的仙女做妻子。这天早上，牛郎就听了它的话，赶紧跑到河边。趁着七仙女不注意，快速偷了一件粉红色衣裳，头也不回跑回家。其实，他偷这件粉红色衣裳，这个仙女就是织女。当天晚上，这个织女就悄悄把门敲开，他俩就成了夫妻了。过了三年，他俩就生了一对儿女，日子过得很幸福。可是，织女私自下凡的事，被玉皇大帝知道了。

有一天,刮起了大风下起了大雨,电闪雷鸣。织女突然没了。两个孩子急得大哭。牛郎呢,急得手足无措。这时候,老牛说话了。它说:"别着急,你把我这两个角折下来,就可变成两个箩筐,你把两个孩子装到箩筐里头,用个扁担把它挑起来就可以飞上天去追织女了。"牛郎就根据它说的做。然后追呀追呀,快追上织女了又被王母娘娘发现了。王母娘娘就从头上拨下一根银簪子,在他俩中间划一条河,把他们隔开了。这河又深又宽,两个人不能相见。喜鹊呢,非常同情这个牛郎织女,所以说呀每年的农历七月初七,成千上万只喜鹊,飞到天河上,这只衔着那只的尾巴,搭下一座长长的鹊桥,就是让牛郎和织女两个团聚。故事就说完了。

(发音人:程引珠 2019.07.30 灵宝)

三 自选条目

0033 眉户剧《屠夫状元·银灯结彩花成双》

银灯结彩花呀花成双,
ɲiẽ təŋ tɕie tsʰɛ xua ia xua tʂʰəŋ ʂuaŋ,
玉蟾移步过呀过东墙。
y tʂʰan i pu kuɤ ia kuɤ tuŋ tɕʰiaŋ.
夜阑人杳更漏响,
iɛ lan zẽ ɲiɔ kəŋ lu ɕiaŋ,
万籁悄悄静,
uan nuɛ tɕʰiɔ tɕʰiɔ tɕiŋ,
白鸟入梦乡,白鸟入梦乡。
pɛ ɲiɔ zʅ məŋ ɕiaŋ, pɛ ɲiɔ zʅ məŋ ɕiaŋ.
母亲灯下倚呀倚寒窗,
mu tɕʰiẽ təŋ ɕia i ia i xan tʂʰuaŋ,
针针线线多呀多慈祥。
tʂẽ tʂẽ ɕian ɕian tuɤ ia tuɤ tsʰʅ ɕiaŋ.
她把那万端愁绪千般痛,
tʰa pa na uan tuan tʂʰou ɕy tɕʰian pan tʰuŋ,
融作千缕爱为兄补衣裳,
zuŋ tsuɤ tɕʰian ly ŋɛ uei ɕyŋ pu i ʂaŋ,
为兄补衣裳。
uei ɕyŋ pu i ʂaŋ.
胡兄忠厚堪敬仰,
xu ɕyŋ tʂuŋ xou kʰan tɕiŋ iaŋ,

救我母女得同堂。
tɕiou uɤ mu ny tei tʰuŋ tʰaŋ.
女孩儿常深他日想,
ny xɜr tʂʰaŋ ʂən tʰa ər ɕiaŋ,
以德报德本应当。
i tɛ pɔ tɛ pẽ iŋ taŋ.
胡兄自幼无依傍,
xu ɕyŋ tsʅ iou u i paŋ,
孤草凄凄傲冰霜。
kʰu tsʰɔ tɕʰi tɕʰi ɔ piŋ ʂuaŋ.
说什么手艺卑贱低人下,
ʂuɤ ʂẽ mɤ ʂou i pi tɕian ti zẽ ɕia,
我看他比那纨绔子弟强。
ŋɤ kʰan tʰa pi na uan kʰu tsʅ ti tɕʰiaŋ.
明月当空挂天上,
miŋ yɛ taŋ kʰuŋ kua tʰian ʂaŋ,
怎不见胡兄转回乡。
tsẽ pu tɕian xu ɕyŋ tʂuan xuei ɕiaŋ.

意译: 银灯结彩花成双,玉蟾移步过东墙。夜阑人杳更漏响,万籁静悄悄,白鸟入梦乡,白鸟入梦乡。母亲灯下倚寒窗,针针线线多慈祥。她把那万端愁绪千般痛,融作千缕爱为兄补衣裳。胡兄忠厚堪敬仰,救我母女得同堂。女孩儿常怀他日想,以德报德本应当。胡兄自幼无依傍,孤草凄凄傲冰霜。说什么手艺卑贱低人下,我看他比那纨绔子弟强。明月当空挂天上,怎不见胡兄转回乡。

(发音人:张建苗　2019.07.30 灵宝)

商　丘[①]

一　歌谣

0001 山羊羔儿

山羊羔儿，藏猫儿哩。

ʂã²²³iʌ̃⁵²kaɔr²²³,tsʰʌ̃⁵²mur⁴⁴lE⁰.

恁不来，俺走哩。

nən⁴⁴pu²²³læ⁵²,ã⁵²tsou⁴⁴lE⁰.

意译：山羊羔，藏猫猫。你不来，我走了。

（发音人：黄付荣　2017.08.11 商丘）

0002 婶子大娘

婶子大娘一大群，

ʂən²²³nE⁰ta⁴¹n̠iʌ̃⁰˙⁵²i⁴¹ta⁴tɕʰyən⁵²,

不跟亲娘一个人。

pu²²³ken²²³tɕʰiən²²³n̠iʌ̃²²³i⁵²kə⁰zən⁵².

意译：婶子大娘一大群，不跟亲娘一个人。

（发音人：黄付荣　2017.08.11 商丘）

0003 宝宝睡着了

宝宝睡着啦，

paɔ⁵²paɔ⁰ʂei⁴¹tʂuə⁰la⁰,

两眼圪＝挤一坨儿啦。

liʌ̃⁵²iã⁴⁴kə⁵²tɕi⁰i²²³tʰuər⁵²la⁰.

意译：宝宝睡着啦，两眼挤一块啦。

（发音人：黄付荣　2017.08.11 商丘）

0004 颠倒歌

东西路，南北走，出门儿碰见人咬狗。

tuəŋ²²si⁴¹lu⁴¹,nã⁵²pei⁴tsou⁴⁴,tʂʰu²²mər⁴pʰəŋ⁴¹tɕiã⁰n̠ə⁵²iaɔ⁴¹kou⁴⁴.

[①] 商丘方言口头文化发音人有个别地方分尖团，但不成系统。这里按实际发音记录。

拾起来狗扔砖头，还怕砖头咬住手。
ʂɻ⁵²tɕʰi²²³læ⁰kou⁴⁴ləŋ²³³tʂuã²²tʰou⁰,xæ⁵²pʰa⁴¹tʂuã²²tʰou⁰iɑɔ⁴⁴tʂu⁴¹ʂou⁴⁴.

意译：东西路，南北走，出门儿碰见人咬狗。拾起来狗扔砖头，还怕砖头咬住手。

（发音人：黄付荣　2017.08.11 商丘）

0005 小蚂嘎儿

小蚂嘎儿，尾巴长，娶了媳妇儿不要娘。
ɕiɑɔ⁴⁴ma²²³kar⁵²,i²²³pa tʂʰʌ̃⁵²,tɕʰy²²³lou si⁵²fur⁰pu⁵²iɑɔ⁴¹n̩iʌ̃⁵².

把娘拌到高山上，把她送给老和尚。
pa⁴¹n̩iʌ̃⁵²pã²²³tɑɔ⁰kɑɔ²²³sã²²³sʌ̃⁰,pa⁴¹tʰa⁴⁴suəŋ⁴¹kei⁰lɑɔ⁴⁴xuə⁵²sʌ̃⁰.

意译：小喜鹊，尾巴长，娶了媳妇儿不要娘。把娘丢到高山上，把她送给老和尚。

（发音人：黄付荣　2017.08.11 商丘）

0006 热热冷冷

热热冷冷，小狗儿等等。
zʮə²²zʮə⁰ləŋ⁵²ləŋ⁰,ɕiɑɔ⁵²kour⁰təŋ²²təŋ⁰.

冷冷热热，小狗儿歇歇。
ləŋ⁵²ləŋ⁰zʮə²²zʮə⁰,ɕiɑɔ⁵²kour⁰ɕiE²²ɕiE⁰.

意译：热热冷冷，小狗儿等等。冷冷热热，小狗儿歇歇。

（发音人：黄付荣　2017.08.11 商丘）

0007 开过场子打过铁

开过场子打过铁，不如糨子糊秫秸。
kʰæ²²kuə⁰tʂʰʌ̃²²³nE ta²²³kuə⁰tʰiE²²³,pu⁰zu⁵²tɕiʌ̃⁴¹nE⁰xu⁵²fu²²tɕiE²²³.

意译：开过场子打过铁，不如糨子糊秫秸。

（发音人：黄付荣　2017.08.11 商丘）

0008 板凳歌

板凳板凳摞摞，里边坐着大哥。
pã²²³təŋ⁰pã²²³təŋ⁰luə⁴¹luə⁰,li²²³piã⁰tsuə⁴¹tE ta⁴¹kə⁰.

大哥出来买菜，里边坐着奶奶。
ta⁴¹kə⁰tʂʰu²²læ⁰mæ²²³tsʰæ⁰,li⁴⁴piã⁰tsuə⁴¹tE nã²²³nã⁰.

奶奶出来烧香，里边坐着花娘。
nã²²³nã⁰tʂʰu²²læ⁰ʂɑɔ²²³ɕiʌ̃²²³,li²²³piã⁰tsuə⁴¹tE xua²²³n̩iʌ̃²²³.

花娘出来磕头，里边坐着孙猴儿。
xua²²³n̩iʌ̃²²³tʂʰu²²læ⁰kʰə²²³tʰou⁵²,li²²³piã⁰tsuə⁴¹tE suən²²³xour⁵².

孙猴出来蹦蹦，里边坐着豆虫。
suən²²³xou⁵²tʂʰu²²læ⁰pəŋ⁴¹pəŋ⁰,li²²³piã⁰tsuə⁴¹tE tou⁴¹tʂʰuəŋ⁰.

豆虫出来爬爬，里边坐着蛤蟆。
tou⁴¹tʂʰuəŋ⁰tʂʰu²²læ⁰pʰa⁵²pʰa⁰,li²²³piã⁰tsuə⁴¹tE xə⁵²ma⁰.

蛤蟆出来一瞪眼，七个碟子八个碗。
xə⁵²ma⁰tʂʰu²²læ⁰·⁵²i⁴⁴təŋ⁴¹iã⁴⁴,tɕʰi⁵²kə⁰tiᴇ⁵²tɛ⁰pa⁵²kə⁰uã⁴⁴.

意译：板凳板凳摞摞，里边坐着大哥。大哥出来买菜，里边坐着奶奶。奶奶出来烧香，里边坐着花娘。花娘出来磕头，里边坐着孙猴儿。孙猴出来蹦蹦，里边坐着豆虫。豆虫出来爬爬，里边坐着蛤蟆。蛤蟆出来一瞪眼，七个碟子八个碗。

（发音人：黄付荣　2017.08.11 商丘）

0009 筛罗罗

筛罗罗，打汤汤，蒸白馍，看姥娘。
ʂæ²²³luə⁵²luə⁰,ta⁴⁴tʰã̃²²tʰã̃⁰,tʂəŋ²²³pᴇ⁵²muə⁵²,kʰã⁴¹laɔ²²³n̠iã̃²²³.

姥娘没在家，待她妗子喜嘞呱呱呱
laɔ²²³n̠iã̃⁰mei⁵²tæ⁴⁴tɕia²²³,tæ⁴¹tʰa⁵²tɕiɛn⁴¹nᴇ⁰ɕi²²³lᴇ⁰kua²²³kua²²kua²²³.

钻到床底下，叫老鼠咬个秃尾巴。
tsuã̃²²taɔ⁰tʂʰuã̃⁵²ti²²³ɕia⁰,tɕiaɔ⁴¹laɔ²²³fu⁵²iaɔ²²³kə⁰tʰu²²·²²³pa⁰.

意译：筛罗罗，打汤汤，蒸白馍，看姥娘。姥娘没在家，待她妗子喜得呱呱呱。钻到床底下，被老鼠咬个秃尾巴。

（发音人：黄付荣　2017.08.11 商丘）

0010 筛一罗

筛一罗，打一担，
ʂæ²²³·²²³i⁵²luə⁵²,ta⁴⁴·²²i⁵²tã⁴¹,

俺孙儿不吃家常饭。
ã⁴⁴suə̃r²²³pu²²tʂʰɿ²²³tɕia²²³tʂʰã̃⁵²fã⁴¹.

要吃河里边儿哩大鸭蛋。
iaɔ⁴¹tʂʰɿ²²³xə⁵²li⁰piar⁰lᴇ⁵²ta⁴¹ia²²tã⁰.

意译：筛一罗，打一担，俺孙儿不吃家常饭。要吃河里边儿的大鸭蛋。

（发音人：黄付荣　2017.08.11 商丘）

0011 罗罗筛

筛罗罗，罗罗筛，
ʂæ²²³luə⁵²luə⁰,luə⁵²luə⁰ʂæ²²³,

俺孙儿不睡眼睁开。
ã⁴⁴suər²²³pu⁵²sei⁴¹iã⁴⁴tʂəŋ²²³kʰæ²²³.

意译：筛罗罗，罗罗筛，俺孙儿不睡眼睁开。

（发音人：黄付荣　2017.08.11 商丘）

0012 哄睡歌

俺小儿睡，俺小儿乖，俺小不睡眼睁开。
ã⁵²siaɔr⁴⁴sei⁴¹,ã⁵²siaɔr⁴⁴kuæ²²³,ã⁵²siaɔr⁴⁴pu⁵²sei⁴¹iã⁴⁴tʂəŋ²²³kʰæ²²³.

意译：俺小儿睡，俺小儿乖，俺小不睡眼睁开。

（发音人：黄付荣　2017.08.11 商丘）

0013 哄睡歌

哦，哦，睡觉吧，老猫猴子来到啦。
ou⁴¹,ou⁴¹,sei³⁴tɕiɑɔ⁴¹pa⁰,lɑɔ⁴⁴mɑɔ²²³xou⁵²tɛ¹læ⁵²tɑɔ¹lɑ⁰.
走着啪啪响，要吃小孩儿嘞光脊梁。
tsou²²³tɛ⁰pʰa²²³pʰa²²³ɕiʌ̃⁴⁴,iɑɔ⁴¹tʂʅ²²³ɕiɑɔ⁴⁴xar⁵²lɛ⁰kuʌ̃²²³tɕi²²n̠iʌ̃⁰.
红毛绿胡子，要吃小孩子。
xuəŋ⁵²mɑɔ⁵²ly²²³xu⁵²tɛ⁰,iɑɔ⁴¹tʂʅ²²³ɕiɑɔ⁴⁴xæ⁵²tɛ⁰.
先吃头，后吃腔，呜哇呜哇都吃净。
ɕiã²²³tʂʅ²²³tʰou⁵²,xou⁴¹tʂʅ²²³tiəŋ⁴¹,u²²uɑ⁰u²²uɑ⁰tou²²tʂʅ²²³tɕiəŋ⁴¹.

意译：哦，哦，睡觉吧，老猫猴子来到啦。走着啪啪响，要吃小孩儿的光脊梁。红毛绿胡子，要吃小孩子。先吃头，后吃腔，呜哇呜哇都吃净。

（发音人：黄付荣 2017.08.11 商丘）

0014 请闺女

请闺女，带女婿，小外甥也得跟恁去。
tɕʰiəŋ⁴⁴kuei²²n̠y⁴⁴,tæ⁴¹n̠y²²³ɕy⁰,ɕiɑɔ⁴⁴uæ⁴¹səŋ⁰iɛ⁴⁴tɛ⁰kən²²nən⁴⁴tɕy⁴¹.

意译：请闺女，带女婿，小外甥也得跟你们去。

（发音人：黄付荣 2017.08.11 商丘）

二 故事

0021 牛郎和织女

俺家住商丘市梁园区建设办事处，我叫黄付荣。
ã⁴⁴tɕia²²³tʂu²²sʅ⁴¹tɕʰiou⁵²sʅ¹liʌ̃⁵²yã⁵²tɕʰy²²³tɕiã³⁴ʂʅ⁴¹pã⁴¹sʅ¹tʂʰu⁵²,uə⁴⁴tɕiɑɔ⁴¹xuʌ̃⁵²fu⁴¹zuəŋ⁵².
我今天给大家讲一段儿故事，就是牛郎和织女的故事。
uə⁴⁴tɕiən²²³tʰiã⁴⁴kei¹tɑ⁴¹tɕia⁴¹tɕiʌ̃⁴⁴.⁵²i⁴¹tuar⁴¹ku⁰sʅ⁴¹,tɕiou⁴¹sʅ¹n̠iou⁵²lʌ̃⁴⁴xə⁵²tʂʅ²²³n̠y⁴⁴lɛ⁰ku⁴¹sʅ⁰.
在很久很久以前，有个小孩儿，家里可穷，
tsæ⁴¹xən⁵²tɕiou⁴⁴xən⁴⁴tɕiou⁴⁴i¹tɕʰiã⁵²,iou⁴⁴kə⁰ɕiɑɔ⁴⁴xar⁵²,tɕia²²³li⁰kʰə²²³tɕʰyəŋ⁵²,
俩老嘞死嘞早，他家就有一头老牛，
lia⁴⁴lɑɔ⁴⁴lɛ⁰sʅ⁴⁴lɛ⁰tsɑɔ⁴⁴,tʰa⁴⁴tɕia²²³tɕiou⁴¹iou⁴⁴i¹tʰou⁵²lɑɔ⁴⁴n̠iou⁵²,
就和一头老牛相依为命。
tɕiou⁴¹xə⁵²·²²tʰou⁵²lɑɔ⁴⁴n̠iou⁵²ɕiʌ̃⁴¹·²²³i¹uei⁵²miəŋ⁴¹.
整天牵着这个牛吧，就是放牛啊，耕地呀，
tʂəŋ⁴⁴tʰiã²²³tɕʰiã²²³tʂuə⁰tʂʅ⁴¹kə⁰n̠iou⁵²pa,tɕiou⁴¹sʅ⁰fʌ̃⁴¹n̠iou⁵²a⁰,kəŋ²²³ti⁴¹ia⁰,
就是庄里边人，所以都叫他牛郎。
tɕiou⁴¹sʅ⁰tsuʌ̃²²³li⁴⁴piã⁰zən⁵²,suə⁵²⁰i⁰tou⁴⁴tɕiɑɔ⁴¹tʰa⁴⁴n̠iou⁵²lʌ̃⁵².
这个牛郎呢，家里穷嘞很，
tʂʅ⁴¹kə⁰n̠iou⁵²lʌ̃⁵²nɛ⁰,tɕia²²li⁰tɕʰyəŋ⁵²lɛ⁰xən⁴⁴,

这个老牛就想法让这个牛郎能寻个媳妇儿。

tʂʅə⁴¹kə⁰lɑɔ⁴⁴ȵiou⁵²tɕiou⁴¹ɕiã⁴⁴faɻ²²³ʐʌ̃⁴¹tʂʅə⁴¹kə⁰ȵiou⁵²lʌ̃⁵²nəŋ⁵²ɕiən⁵²kə⁰si⁵²fuɻ⁰.

这个老牛呢，就是天上下来这个金牛星。

tʂʅə⁴¹kə⁰lɑɔ⁴⁴ȵiou⁵²nᴇ⁰,tɕiou⁴¹ʂʅ⁰tʰiã²²³ʂʌ̃⁴¹ɕia⁴¹læ⁰tʂʅə⁴¹kə⁰tɕʰiən²²³ȵiou⁵²siəŋ²²³.

这个老牛这天就是给牛郎托梦，

tʂʅə⁴¹kə⁰lɑɔ⁴⁴ȵiou⁵²tʂʅə⁴¹tʰiã⁰tɕiou⁴¹ʂʅ⁰kei⁴⁴ȵiou⁵²lʌ̃⁵²tʰuə²²³məŋ⁴¹,

想叫他寻个媳妇儿。

ɕiã⁴⁴tɕiɑɔ⁴¹tʰa⁴⁴ɕiən⁵²kə⁰si⁵²fuɻ⁰.

牛郎就想啦，我穷得跟啥样，谁寻我？

ȵiou⁵²lʌ̃⁵²tɕiou⁴¹ɕiã⁴⁴la⁴⁴,uə⁴⁴tɕʰyəŋ⁵²tᴇ⁰kən²²³ʂa⁴¹ĩ⁰,ʂei⁵²ɕiən⁵²uə⁴⁴?

老牛就说啦，说你到明天清早一起来，

lɑɔ⁴⁴ȵiou⁵²tɕiou⁴¹fuə²²³la⁰,fuə⁴⁴ȵi⁴⁴tɑɔ⁴¹miən⁵²tʰiã²²³tɕʰiən²²³tɑɔ⁰·²²tɕʰi⁴⁴læ⁰,

到山后，庄东头儿，就是山后边儿有个湖，

tɑɔ⁴¹ʂã²²³xou⁴¹,tʂuʌ̃²²³tuəŋ²²³tʰouɻ⁵²,tɕiou⁴¹ʂʅ⁰ʂã²²³xou⁴¹piaɻ²²³iou⁴⁴kə⁰xu⁵²,

里面有几个女嘞在洗澡，

li⁴⁴piã⁰iou⁴⁴tɕi⁴⁴kə⁰ȵy⁴⁴lᴇ⁰tsæ⁴¹ɕi⁴¹tsɑɔ⁴⁴,

你到那看看，你相中哪一个，就把她嘞衣服给她挟走，

ȵi⁴⁴tɑɔ⁴¹na⁴¹kʰã⁴¹kʰã⁴¹,ȵi⁴⁴ɕiã²²³tʂuəŋ²²³na²²³·⁵²kə⁰,ȵi⁴⁴tɕiou⁴¹pa⁴⁴tʰa⁴⁴tə⁰·²²fu⁰kei⁴⁴tʰa⁴⁴ɕiᴇ⁵²tsou⁴⁴,

她就是你嘞媳妇儿。牛郎到第二天半信半疑嘞就去啦。

tʰa⁴⁴tɕiou⁴¹ʂʅ⁰ȵi⁴¹lᴇ⁰si⁵²fuɻ⁰.ȵiou⁵²lʌ̃⁵²tɑɔ⁴¹ti³⁴ɚ⁴¹tʰiã²²³pã³⁴ɕiən⁴¹pã⁴¹·⁵²i⁰lᴇ⁰tɕiou⁴¹tɕʰy⁴¹la⁰.

到那儿一看，真是有几个女嘞在洗澡，一个比一个长嘞俊。

tɑɔ³⁴naɻ⁴¹·⁵²i⁴⁴kʰã⁴¹,tʂən²²³ʂʅ⁰iou⁵²tɕi⁴⁴kə⁰ȵy⁴⁴lᴇ⁰tsæ⁴¹si⁵²tsɑɔ⁴⁴,i⁴⁴kə⁰pi⁴⁴·⁵²i⁴⁴kə⁰tʂʌ̃²²³lᴇ⁰tsuən⁴¹.

哪一个能做我嘞媳妇儿啊，

na²²³·⁵²i⁴⁴kə⁰nəŋ⁴⁴tsuə⁴¹uə⁴⁴lᴇ⁰si⁵²fuɻ⁰a⁰,

就想着想着呢，看到树顶上有一个粉红色嘞衣服，

tɕiou⁴¹ɕiã²²³tᴇ⁰ɕiã²²³tᴇ⁰nᴇ⁰,kʰã⁴¹tɑɔ⁴¹fu⁴⁴tiəŋ⁵²ʂã⁴¹iou⁴⁴i⁴⁴kə⁰fən⁴⁴xuəŋ⁵²sᴇ⁴¹tᴇ⁰·²²i⁰fu⁰,

他就把这个衣服挟起来就跑，跑回了家。

tʰa⁴⁴tɕiou⁴¹pa⁴⁴tʂʅə⁴¹kə⁰·²²fu⁰ɕiᴇ⁵²tɕʰi⁴⁴læ⁰tou⁴⁴pʰɑɔ⁴⁴,pʰɑɔ⁴⁴xuei⁵²lə⁰tɕia²²³.

这天夜里呢，有个女嘞就是敲门去啦，

tʂʅə³¹tʰiã²²³iᴇ⁴¹li⁰nᴇ⁰,iou²²³kə⁰ȵy⁴⁴lᴇ⁰tɕiou⁴¹ʂʅ⁰tɕʰiɑɔ²²³mən⁵²tɕʰy⁴¹la⁰,

他开开门一看，这个女嘞咋长恁俊呀，

tʰa⁴⁴kʰæ²²³kʰæ²²³mən⁵²·⁵²i⁴¹kʰã⁴¹,tʂʅə⁴¹kə⁰ȵy⁴⁴lᴇ⁰tsa⁴⁴tʂʌ̃⁴⁴nən⁴¹tsuən⁴¹ia⁰,

是不是我要找嘞媳妇儿啊？他就把她叫到屋里边儿，

ʂʅ⁴¹pu⁵²ʂʅ⁴¹uə⁴¹iɑɔ⁴¹tʂɑɔ⁴⁴lᴇ⁰si⁵²fuɻ⁰a⁰?tʰa⁴⁴tɕiou⁴¹pa⁴¹tʰa⁴⁴tɕiɑɔ⁴¹tɑɔ⁰u²²³li¹²²³piaɻ⁰,

就从那以后，俩人就过起了幸福的生活。

tɕiou⁴¹tsʰuəŋ²²³na⁴¹·⁴⁴i⁴⁴xou⁴¹,lia⁴¹ʐən⁵²tɕiou⁴¹kuə⁴⁴tɕʰi⁴⁴lə⁰ɕiəŋ⁴¹fu⁰tə⁰ʂəŋ²²³xuə⁵².

后来又生了个，生了个儿子，然后又生了一个闺女，

xou⁴¹læ⁵²iou⁴¹ʂəŋ²¹lə⁰kə⁰,ʂəŋ²²lə⁰kə⁰ər⁰tsʅ⁰.zã⁵²xou⁰iou⁰ʂəŋ²²lə⁰i⁰kə⁰kuei²²³n̩y⁴⁴,

一家四口过得非常幸福。

i²²³tɕia²²³sʅ⁴¹kʰou⁴⁴kuə⁰tɛ⁰fɛ⁰tʂʰʌ̃⁵²ɕiəŋ⁴¹fu⁰.

就转眼就三年都过去啦，

tɕiou⁴¹tʂuã⁵²iã⁴⁴tɕiou⁴¹sã²²³n̩iã⁵²tou²²³kuə⁴¹tɕʰy⁰la⁰,

到后来就这个天上玉皇大帝知道啦，

tɑɔ⁴¹xou⁴¹læ⁰tɕiou⁴¹tʂʅə⁴¹kə⁰tʰiã²²ʂʌ̃⁰y⁴¹xuʌ̃⁵²ta³⁴ti⁴¹tʂʅ²²³tɑɔ⁰la⁰,

他就是，想着就是，想法儿就是叫他闺女，

tʰa⁴⁴tɕiou⁴¹sʅ⁰,ɕiʌ̃⁴⁴tɛ⁰tɕiou⁴¹sʅ⁰,ɕiʌ̃⁴⁴far²²³tɕiou⁴¹sʅ⁰tɕiɑɔ⁴¹tʰa⁴⁴kuei²²³n̩y⁴⁴,

就是回到这个天宫。

tɕiou⁴¹sʅ⁰xuei⁵²tɑɔ⁴¹tʂʅə⁴¹kə⁰tʰiã²²³kuəŋ²²³.

到这一天，就是天上电闪雷鸣，

tɑɔ⁴¹tʂʅə⁴¹·²²³i⁰tʰiã⁴¹,tɕiou⁴¹sʅ⁰tʰiã²²ʂʌ̃⁰tiã⁴¹sã⁴⁴lei⁵²miəŋ⁵²,

刮大风下大雨，把这个织女嘞，就刮到天上去啦。

kua²²³ta⁴¹fəŋ²²³ɕia³⁴ta⁴¹y⁰,pa⁴⁴tʂʅə⁴¹kə⁰tsʅ²²³n̩y⁴¹lɛ⁰,tɕiou⁰kua⁰tɑɔ⁰tʰiã²²³ʂʌ̃⁰tɕʰy⁴¹la⁰.

这个牛郎嘞，就坐到地下哭。

tʂʅə⁴¹kə⁰n̩iou⁵²lʌ̃⁵²lɛ⁰,tɕiou⁴¹tsuə⁴¹tɑɔ⁰ti⁴¹ɕia⁰kʰu²²³.

这个老牛就想啦，它说你别哭啦，

tʂʅə⁴¹kə⁰lɑɔ⁴⁴n̩iou⁵²tɕiou⁴¹ɕiʌ̃⁴⁴la⁰,tʰa⁴⁴ʂuə⁰n̩i⁴⁴piɛ⁵²kʰu²²⁰la⁰,

它说你还有两个孩子嘞，他都跟着哭着要妈妈，

tʰa⁴⁴ʂuə²²³n̩i⁴⁴xæ⁵²iou⁴⁴liʌ̃⁴⁴kə⁰xæ⁵²tsʅ⁰lɛ⁰,tʰa⁴⁴tou⁴⁴kən⁴⁴tɛ⁰kʰu²²tɛ⁰iɑɔ⁴¹ma²²³ma⁰,

你想法子你去找你那媳妇儿吧。

n̩i⁴⁴ɕiʌ̃⁴⁴fa²²³tɛ⁰n̩i⁴¹tɕʰy⁴¹tʂɑɔ⁴⁴n̩i⁴⁴na⁴¹si⁵²fur⁰pa⁰.

这个牛郎就想啦，我咋去啊？这个，这个时候儿嘞，

tʂʅə⁴¹kə⁰n̩iou⁵²lʌ̃⁵²tɕiou⁴¹ɕiʌ̃⁴⁴la⁰,uə⁴⁴tsa⁴⁴tɕʰy⁴¹a⁰?tʂʅə⁴¹kə⁰,tʂʅə⁴¹kə⁰sʅ⁵²xour⁰lɛ⁰,

这老牛两个牛角就掉下来啦，变成两个小筐儿，

tʂʅə⁴¹lɑɔ⁴⁴n̩iou⁰liʌ̃⁴⁴kə⁰n̩iou⁰tɕyə⁰tɕiou⁴¹tiɑɔ⁰ɕia⁰læ⁰la⁰,piã⁴¹tʂʰəŋ⁵²liʌ̃⁴⁴kə⁰ɕiɑɔ⁴⁴kʰuãr²²³,

这个时候，牛郎非常高兴，拿起了一个扁担，

tʂʅə⁴¹kə⁰sʅ⁵²xour⁰,n̩iou⁰lʌ̃⁵²fei⁰tʂʰʌ̃⁵²kɑɔ⁰ɕiəŋ⁴¹,na⁵²tɕʰi⁴⁴lə⁰i⁰·⁵²kə⁰piã²²³tã⁰,

就把两个孩子嘞，就抱到了筐里边儿。

tɕiou⁴¹pa⁴⁴liʌ̃⁴⁴kə⁰xæ⁵²tsʅ⁰lɛ⁰,tɕiou⁰pɑɔ⁰tɑɔ⁰lə⁰kʰuʌ̃²²³li²²³piar⁰.

就是挑起来都跑，

tɕiou⁴¹sʅ⁰tʰiɑɔ²²³tɕʰi²²³lə⁰tou⁰pʰɑɔ⁴⁴,

这个牛郎就想啦，这两个孩子来=筐里坐着，

tʂʅə⁴¹kə⁰n̩iou⁵²lʌ̃⁵²tɕiou⁴¹ɕiʌ̃²²³la⁰,tʂʅə⁴¹liʌ̃²²³kə⁰xæ⁵²tɛ⁰læ⁵²kʰuʌ̃²²³li⁴⁴tsuɤ⁴¹tɛ⁰,

咋恁轻呢？就跟飞样似，长了翅膀了是咋？
tsa⁴⁴nən⁴¹tɕʰiəŋ²²³nə⁰,tɕiou⁴¹kən²²³fei²²³iã⁵¹ʂʅ,tʂɤ²²³lə⁰tʂʰʅ⁴¹pɤ⁴⁴lə⁰ʂʅ⁴¹tsa⁴⁴?
就飞吧。就飞到天空，
tɕiou⁴¹fei²²³pa⁰.tɕiou⁴¹fei²²³tɑɔ⁴⁴tʰiã²²³kʰuəŋ²²³,
这都眼看要撵上织女啦，
tʂʅə⁴¹tou⁰iɑ³⁴kʰã⁵²iɑɔ⁴¹ɲiã²²³ʂɤ⁵²tsʅ²²ɲy⁴⁴la⁰,
就是被天上嘞这个王母娘娘知道啦，拔下头上嘞簪子，
tɕiou⁴¹ʂʅpei³¹tʰiã²²ʂɤ⁰lE⁰tʂʅə³¹kə⁰uɤ⁵²muɲiã⁵²ɲiã⁵²tsʅ⁵²tɑɔ⁰la⁰,pa⁵²ɕia⁴¹tʰou⁰ʂɤ⁵²lE⁰tsã²²tsʅ⁰,
就是把他这个中间画了一条杠儿，
tɕiou⁴¹ʂʅpa⁴¹tʰa⁴⁴tʂʅə⁴¹kə⁰tʂuəŋ²²³tɕiã²²³xua⁴¹lə⁰i²²³tʰiɑɔ⁵²kɤr⁴¹,
这条杠儿，就变成了又宽又长嘞大河。
tʂʅə⁴¹tʰiɑɔ⁵²kɤr⁴¹tɕiou⁴¹piã⁴¹tʂʰəŋ⁵²lə⁰iou⁴¹kʰuã²²³iou⁴¹tʂʰɤ⁵²lE⁰ta⁴¹xə⁵².
牛郎搁河这边儿哭，织女在河那边儿哭，
ɲiou⁵²lɤ⁵²kə²²³xə⁵²tʂʅə⁴¹piar⁴¹kʰu²²³,tʂʅ²²³ɲy⁴⁴tsæ⁴¹xə⁵²na⁴¹piar²²³kʰu²²³,
这时候感动天上嘞喜鹊，
tʂʅə⁴¹ʂʅ⁵²xou⁰kã⁴⁴tuəŋ⁴¹tʰiã²²³ʂɤ⁰lE⁰ɕi⁴⁴tɕʰyE⁴¹,
喜鹊知道啦，叫来可多可多嘞喜鹊，
ɕi⁴⁴tɕʰyE⁴¹tʂʅ²²³tɑɔ⁰la⁰,tɕiɑɔ⁴¹læ⁵²kʰɤ⁴⁴tuɤ²²³kʰɤ⁴⁴tuɤ²²³lE⁰ɕi⁴⁴tɕʰyE⁴¹,
它牵着它嘞尾巴，它拽着它嘞脚，
tʰa⁴⁴tɕʰiã²²³tʂuə⁰tʰa⁴⁴lE⁰i²²³pa⁰,tʰa⁴⁴tʂuæ²²³tʂuo⁰tʰa⁴⁴lE⁰tɕyə²²³,
就是变成了一个，又宽又长嘞一个桥，
tɕiou⁴¹ʂʅpiã⁴¹tʂʰəŋ⁵²lə⁰i⁵²kə⁰,iou⁴¹kʰuan²²³iou⁴¹tʂʰɤ⁵²lE⁰i⁵²kə⁰tɕʰiɑɔ⁵²,
所以嘞就叫鹊桥。他们两个就在上面儿就是见了面儿。
suə⁴⁴i²²lE⁰,tɕiou⁴¹tɕiɑɔ⁴¹tɕʰyE⁴¹tɕʰiɑɔ⁵².tʰa⁴⁴mən⁰liɤ²²³kə⁰tɕiou⁴¹tsæ⁴¹ʂɤ⁴¹miar⁴¹tɕiã⁴¹lə⁰miar⁴¹.
这正好嘞，是这一月嘞七月七，
tʂʅə⁴¹tʂəŋ⁴¹xɑɔ⁴⁴lE⁰,ʂʅtʂʅə⁴¹i⁴¹⁻²²yə²²³lE⁰tɕʰi²²³yə⁰tɕʰi²²³,
从那之后嘞，就是每年嘞七月七，
tsʰuəŋ⁵²na⁴¹tʂʅ²²xou⁴¹lE⁰,tɕiou⁴¹ʂʅmei⁵²ɲiã⁴¹lE⁰tɕʰi²²³yə⁰tɕʰi²²³,
牛郎和织女嘞都在天上见面儿，
ɲiou⁵²lɤ⁵²xə⁵²tʂʅ²²³ɲy⁴⁴lE⁰tou²²³tsæ⁴¹tʰiã²²ʂɤ⁰tɕiã³⁴miar⁴¹,
抱头痛哭，地下就下了一场大雨，
pɑɔ⁴¹tʰou⁵²tʰuəŋ⁴¹kʰu²²³,ti⁴¹ɕia⁴¹tɕiou⁴¹ɕia⁴¹lə⁰i²²³tʂʰɤ⁴⁴ta⁴¹y⁴⁴,
这就是牛郎和织女见面儿。这一段故事讲完啦。
tʂʅə⁴¹tɕiou⁴¹ʂʅɲiou⁴¹lɤ⁵²xə⁵²tʂʅ²²³ɲy⁴⁴tɕiã⁴⁴miar⁴¹.tʂʅə⁴¹i⁵²tuã⁴¹ku⁴¹tɕiɤ⁴⁴uã⁰la⁰.

意译： 俺家住商丘市梁园区建设办事处，我叫黄付荣，我今天给大家讲一段故事，就是牛郎和织女的故事。在很久很久以前，有个小孩儿，家里很穷，父母死得早，他家就有一头老牛，就和一头老牛相依为命。整天放牛耕地，所

以庄里面的人都叫他牛郎。牛郎家里很穷,老牛就想办法让牛郎能娶个媳妇。老牛是天上下来这个金牛星。这个老牛这天就给牛郎托梦,想叫他娶个媳妇儿。牛郎就想我那么穷,谁会嫁给我呢?老牛就说,你明天早上起来,到山后庄东头,山后边有个湖,里面有几个女的在洗澡,你到那儿看看,你相中哪一个,就把她的衣服给拿走,她就是你的媳妇。牛郎到第二天半信半疑地就去了。到那儿一看,真是有几个女的在洗澡,一个比一个长得漂亮。哪一个能做我的媳妇儿啊?正想着呢,牛郎就看到树顶上有一件粉红色的衣服,他把这个衣服拿起来就跑,跑回了家。这天夜里呢,有个女的敲门去了,他打开门一看,这个女的怎么长得这么漂亮呀,是不是我要找的媳妇儿啊?他就把她叫到屋里边儿,就从那以后呢,俩人就过起了幸福的生活。后来又生了个儿子,然后又生了一个闺女,一家四口过得非常幸福。转眼三年过去了,后来天上玉皇大帝知道了,他就是想着叫他闺女,就是回到这个天宫。到这一天,天上电闪雷鸣,刮大风下大雨,就把织女刮到天上去了。牛郎就坐在地下哭,这个老牛就说话了,它说:"你别哭了你还有两个孩子呢,他们都跟着哭着要妈妈,你想法子去找你那媳妇吧。"这个牛郎就想了,我咋去啊?这个时候儿呢,老牛的两个牛角就掉下来了,变成两个小筐儿。这个时候,牛郎非常高兴,拿起了一个扁担,就把两个孩子抱到了筐里边儿,挑起来都跑。这个牛郎就想了,这两个孩子在筐里坐着,怎么这么轻呢?就像飞一样,是长了翅膀了还是怎么?就飞吧。飞到天空,眼看就要追上织女了,却被天上的王母娘娘知道了,她拔下头上的簪子,在他们中间画了一条杠,这条杠,就变成了又宽又长的大河。牛郎在河这边哭,织女在河那边哭,这时候感动了天上的喜鹊。喜鹊知道了,就叫来许许多多的喜鹊,一只衔着另一只的尾巴,就变成了一座又宽又长的桥,所以呢就叫鹊桥。他们两个就在上面见了面。正好正是这个月的七月七,从那之后,每年的七月七,牛郎和织女都在天上见面,抱头痛哭。地下就会下一场大雨,这就是牛郎和织女见面。这一段故事讲完了。

(发音人:黄付荣　2017.08.11 商丘)

三　自选条目

0031 谜语

站着好像马歇蹄,走着好像飞红旗。

tʂã⁴¹tɛ⁰xɑɔ²²³ɕiʌ̃⁰ ma⁴⁴ɕiɛ²²³tʰi⁵²,tsou⁰tɛ⁰xɑɔ²²³ɕiʌ̃⁰ fei²²³ xuəŋ⁵² tɕʰi⁵².

睡下跟人家都一样,就是头齐脚不齐。

ʂei⁴¹ɕia⁰kən⁰ zən²²³tɕia⁰tou²²³˙⁵²i⁰iʌ̃⁴¹,tɕiou²²³ʂ̩⁰tʰou⁵² tɕʰi⁵² tɕyə²²³ pu²²³ tɕʰi⁵².

意译:站着好像马歇蹄,走着好像飞红旗。睡下跟人家都一样,就是头齐脚不齐。

(谜底:瘸腿)

(发音人:黄付荣　2017.08.11 商丘)

0032 歇后语

程咬金儿嘞斧子——一面儿砍。

tʂʰəŋ⁵²iɑu⁴⁴tɕiər²²³lɛ⁰fu²²³tɛ⁰——i⁵²miər⁴¹kʰã⁴⁴.

意译：程咬金儿的斧子——一面儿砍。

（发音人：黄付荣　2017.08.11 商丘）

0033 歇后语

裁缝掉喽剪子——就剩下尺（吃）啦。

tsʰæ⁵²fəŋ⁰tiɑu⁴¹lou⁰tɕiã²²³nɛ⁰——tɕiou³⁴ʂəŋ⁴¹ɕia⁰tʂʰɿ²²³la⁰.

意译：裁缝掉了剪子——就剩下尺（吃）了。

（发音人：黄付荣　2017.08.11 商丘）

0034 歇后语

虱子媷蛋——该虮（几）是虮（几）。

ʂɿ²²tɛ⁰fã³⁴tã⁴¹——kæ²²tɕi⁴⁴ʂɿ⁴¹tɕi⁴⁴.

意译：虱子下蛋——该虮（几）是虮（几）。

（发音人：黄付荣　2017.08.11 商丘）

0035 谚语

大二小三儿，月明地出来一竿儿。

ta³⁴l̩⁴¹ɕiɑu⁴⁴sar²²³,yə²²miəŋ⁰ti⁴¹tʂʰu²²læ⁰i⁰·²²kar²²³.

意译：大二小三儿，月明地出来一竿儿。

（发音人：黄付荣　2017.08.11 商丘）

0036 谚语

三星对门儿，门口儿蹲人儿。

sã²²³ɕiəŋ²²³tuei⁴¹mər⁵²,mən⁵²kʰour⁴⁴tuən²²³zər⁵².

意译：三星对门儿，门口儿蹲人儿。

（发音人：黄付荣　2017.08.11 商丘）

0037 俗语

杉木围子挑灯笼——不穰杆子。

ʂa²²³mu²²³uei⁵²tɛ⁰tʰiɑu⁴⁴təŋ²²lou⁰——pu²²zʅ̃⁵²kã²²³nɛ⁰.

意译：杉木围子挑灯笼——不穰杆子。

（发音人：黄付荣　2017.08.11 商丘）

0038 俗语

杉木围子砍不成树。

ʂa²²³mu²²³uei⁵²tɛ⁰kʰã²²pu²²tʂʰəŋ⁵²fu⁴¹.

意译：杉木围子砍不成树。

（发音人：黄付荣　2017.08.11 商丘）

0039 顺口溜
母狗母狗敢龇牙,劈头给你三粪叉。
mu⁵²kou⁴⁴mu⁵²kou⁴⁴kã⁴⁴tsʅ²²³ia⁵²,pʰi²²³tʰou⁵²kei⁴⁴ȵi⁰sã²²³fən⁴¹tʂʰa²²³.
意译:母狗母狗敢龇牙,劈头给你三粪叉。

（发音人:黄付荣　2017.08.11 商丘）

0040 歇后语
磨扇压住狗耳朵——叫唤嘞没人腔。
muə³⁴sã⁴¹ia²²³tʂu⁴⁴kou⁴⁴ər⁰taɔ⁰——tɕiaɔ⁴¹xuã⁵²lɛ⁰mei⁵²zən⁵²tɕʰi²²³.
意译:磨扇压住狗耳朵——叫唤得没人腔。

（发音人:黄付荣　2017.08.11 商丘）

0041 顺口溜
玩把戏嘞吹鼓手,剃头嘞跟着后边儿扭。
uã⁵²pa⁴⁴ɕi⁰lɛ⁰tʂʰuei²²³ku⁴⁴ʂou²²³,tʰi⁴¹tʰou⁵²lɛ⁰kən²²³tɛ⁰xou⁴¹piar²²³ȵiou⁴⁴.
意译:玩把戏的吹鼓手,剃头的跟着后边儿扭。

（发音人:黄付荣　2017.08.11 商丘）

0042 俗语
快工没好活儿,慢工出巧匠。
kʰuæ⁴¹kuaŋ²²³mɛ⁵²xaɔ⁴⁴xuər⁵²,mã⁴¹kuaŋ²²³tʂʰu²²³tɕʰiaɔ⁴⁴tsiã⁴¹.
意译:快工没好活儿,慢工出巧匠。

（发音人:黄付荣　2017.08.11 商丘）

0043 歇后语
捞个秫秸打兔子呢——你拗嘞啥腔（枪）啊。
laɔ²²kə⁰fu²²tɕiɛ²²³ta⁴⁴tʰu⁴¹tɛ⁰lɛ⁰——ȵi⁴⁴aɔ²²lɛ⁰ʂa⁴¹tɕʰiã²²a⁰.
意译:捞个秫秸打兔子——你拗的什么腔（枪）。

（发音人:黄付荣　2017.08.11 商丘）

0045 谜语
出门儿碰见张大张,鼻子长到脊梁上。
tʂʰu²²mər⁰pʰəŋ⁴¹tɕiã⁰tʂã²²³ta⁴¹tʂã²²³,pi⁵²tɛ⁰tʂã²²³taɔ⁰tɕi⁴¹ȵiã⁰ʂã⁰.
意译:出门碰见张大张,鼻子长到脊梁上。（谜底:锅盖）

（发音人:黄付荣　2017.08.11 商丘）

0046 谜语
前庄后庄不一家,一个大腿俩脚丫儿。
tɕʰiã⁵²tʂuã²²³xou⁴¹tʂuã²²³pu²²·⁰i⁰tɕia²²³,i²²³kə⁰ta⁴¹tʰuei⁴⁴liã⁴⁴tɕyə²²³iar²²³.
意译:前庄后庄不一家,一个大腿俩脚丫儿。（谜底:黄豆芽）

（发音人:黄付荣　2017.08.11 商丘）

0047 谜语
麻屋子,红帐子,里面坐着个白胖子。
ma⁵²u²²tɛ⁰,xuaŋ⁵²tʂã⁴¹nɛ⁰,li²²³miã⁰tsuə⁴¹tɛ⁰kə⁰pɛ⁵²pʰã⁴¹nɛ⁰.

意译：麻屋子，红帐子，里面坐着个白胖子。（谜底：花生）

（发音人：黄付荣　2017.08.11 商丘）

0048 俗语

杉木棱⁼子穿不成材。

sa²²mu⁰lən²²nE⁰tʂʰuã²²pu⁰tʂʰən⁵²tsʰæ⁵².

意译：杉木棱⁼子穿不成材。

（发音人：黄付荣　2017.08.11 商丘）

0049 顺口溜

东西路，南北拐儿，是人都有偏心眼儿。

tuəŋ²²ɕi⁴¹lu⁴¹,nã⁵²pei⁰kuar⁴⁴,ʂʅ⁴¹zən⁵²tou²²³iou⁰pʰiã²²ɕiən⁰iar⁴⁴.

意译：东西路，南北拐儿，是人都有偏心眼儿。

（发音人：黄付荣　2017.08.11 商丘）

0050 顺口溜

你这个小孩儿真是怪，头上长个马蜂菜。

n̠i⁴⁴tʂʅə⁴¹kə⁰ɕiɑɔ²²³xar⁵²tʂən²²³ʂʅ⁴¹kuæ⁴¹,tʰou⁵²ʂã⁰tʂã²²³kə⁰ma²²³fəŋ⁰tsʰæ⁴¹.

我说给你砍喽吧，你说长着怪凉快。

uə⁴⁴fuə²²³kei⁴¹n̠i⁴⁴kʰã²²³lou⁰pa⁰,n̠i⁴⁴fuə⁴⁴tʂã²²³tE⁰kuæ⁴¹li⁵²kʰuæ⁴¹.

你这个小孩儿真是口，头上长个小巴豆儿。

n̠i⁴⁴tʂʅə⁴¹kə⁰ɕiɑɔ²²³xar⁵²tʂən²²³ʂʅ⁴¹kʰou⁴⁴,tʰou⁵²ʂã⁰tʂã²²³kə⁰ɕiɑɔ⁴⁴pa²²tour⁴⁴.

我说给你□喽吧，你说留着摘豌豆儿。

uə⁴⁴fuə²²³kei⁴¹n̠i⁴⁴kuæ²²³lou⁰pa⁰,n̠i⁴⁴fuə²²³liou⁵²tE⁰tsæ²²³uã²²tour⁰.

意译：你这个小孩儿真是怪，头上长个马蜂菜。我说给你砍了吧，你说长着怪凉快。你这个小孩儿真是脾气倔，头上长个小巴豆儿。我说给你弄掉吧，你说留着摘豌豆儿。

（发音人：黄付荣　2017.08.11 商丘）

0051 绕口令

一个大花碗，砍⁼了个大花活蛤蟆。

i⁵²kə⁰ta⁴¹xua²²³uã⁴⁴,kʰã⁴⁴lə⁰kə⁰ta⁴¹xua²²³xuə⁵²xə⁵²ma⁰.

意译：一个大花碗，扣了个大花活蛤蟆。

（发音人：黄付荣　2017.08.11 商丘）

0052 绕口令

出西门，走七步，碰见个鸡皮补皮布。

tʂʰu²²³si²²³mən⁰,tsou⁴⁴tɕʰi⁵²pu⁴¹,pʰən⁰tɕiã⁴⁴kə⁰tɕi²²³pʰi⁵²pu⁴⁴pʰi⁵²pu⁴¹.

不是皮布补鸡皮，就是鸡皮补皮布。

pu⁵²ʂʅ⁰pʰi⁵²pu⁴¹pu⁰tɕi²²³pʰi⁵²,tɕiou⁴¹ʂʅ⁰tɕi²²³pʰi⁵²pu⁴⁴pʰi⁵²pu⁴¹.

意译：出西门，走七步，碰见个鸡皮补皮布。不是皮布补鸡皮，就是鸡皮补皮布。

（发音人：黄付荣　2017.08.11 商丘）

0053 绕口令
家后一个棚，棚上挂个瓶。
tɕia²² xou⁰ i⁵² kə⁰ pʰəŋ⁵², pʰəŋ⁵² ʂʌ̃ kua⁴¹ kə⁰ pʰiəŋ⁵².
刮个西北风，
kua²² kə⁰ si²² pei⁰ fəŋ²²³,
不是棚碰瓶，就是瓶碰棚。
pu⁵² ʂɿ⁰ pʰəŋ⁵² pʰəŋ⁵² pʰiəŋ⁵², tɕiou⁴¹ ʂɿ⁰ pʰiəŋ⁵² pʰəŋ⁴¹ pʰəŋ⁵².
意译：家后一个棚，棚上挂个瓶。刮个西北风，不是棚碰瓶，就是瓶碰棚。

（发音人：黄付荣 2017.08.11 商丘）

0054 绕口令
板凳宽，扁担长，扁担要绑板凳上。
pã²²³ təŋ⁰ kʰuã²²³, piã²²³ tã⁰ tʂʰʌ̃⁵², piã²²³ tã⁰ iɑɔ⁴¹ pʌ̃⁴⁴ pã²²³ təŋ⁰ ʂʌ̃⁰.
板凳不让扁担绑，扁担非得绑到板凳上。
pã²²³ təŋ⁰ pu⁵² ʐʌ̃⁴¹ piã²²³ tã⁰ pʌ̃⁴⁴, piã²²³ tã⁰ fei²² tᴇ pʌ̃²²³ tɑɔ⁰ pã²²³ təŋ⁰ ʂʌ̃⁰.
意译：板凳宽，扁担长，扁担要绑板凳上。板凳不让扁担绑，扁担非得绑到板凳上。

（发音人：黄付荣 2017.08.11 商丘）

0055 顺口溜
喝酒不喝晕，喝它弄龟孙？
xə²²³ tɕiou⁴⁴ pu²² xə²²³ yən²²³, xə²²³ tʰa⁴¹ nəŋ⁰ kuei²²³ suan²³³?
意译：喝酒不喝晕，喝它那龟孙？

（发音人：黄付荣 2017.08.11 商丘）

0056 绕口令
吃葡萄不吐葡萄皮儿，
tʂʰɿ²² pʰu²²³ tʰɑɔ⁰ pu²² tʰu⁴⁴ pʰu²²³ tʰɑɔ⁰ pʰiər⁵²,
不吃葡萄倒吐葡萄皮儿。
pu²² tʂʰɿ²²³ pʰu²²³ tʰɑɔ⁰ tɑɔ⁴¹ tʰu⁴⁴ pʰu²²³ tʰɑɔ⁰ pʰiər⁵².
意译：吃葡萄不吐葡萄皮儿，不吃葡萄倒吐葡萄皮儿。

（发音人：黄付荣 2017.08.11 商丘）

0044 河南坠子《苏三起解》
大明朝的江山洪武接，北京城坐下了正德有道的皇爷。
ta miəŋ tʂɑɔ tə tɕiã ʂã xuəŋ fu tɕʰyᴇ, pei tɕiəŋ tʂʰəŋ tsuə ɕia liɑɔ tʂəŋ tə iou tɑɔ tə xuã iᴇ.
表不尽正德皇爷明君有道，出了一件稀罕事儿细对恁学。
piɑɔ pu tɕiən tʂəŋ tə xuã iᴇ miəŋ tɕyən iou tɑɔ, tʂʰu liɑɔ i tɕiã ɕi xã ʂər ɕi tuei nən ɕyᴇ.
山西省道有一个洪洞县，
ʂã ɕi ʂəŋ tɑɔ iou i kə xuəŋ tʰuəŋ ɕiã,
洪洞县出了一位贪赃卖法的那位县太爷。
xuəŋ tʰuəŋ ɕiã tʂʰu liɑɔ i uei tʰã tsʌ̃ mæ fa tə na uei ɕiã tʰæ iᴇ.

苦打成招将苏三起解，人命债就在她的头上贴。
kʰu ta tsʰəŋ tsɑo tɕiɑ̃ su sã tɕʰi tɕiE,zən miəŋ tsæ tɕiou tsæ tʰa tə tʰou ʂɑ̃ tʰiE.
苏三女快金莲就把南监离，惊动了犯罪的女子一大些。
su sã ny kʰuæ tɕiən liã tɕiou pa nã tɕiɑ̃ li,tɕiəŋ tuəŋ liɑo fɑ̃ tsuei tə ny tsɿ i ta ɕiE.
这个说，你慢走，我给你二百钱你做个盘缠，
tʂɿə kə ʂuə,ɳi mã tsou,uə kei ɳi ər pæ tɕʰiã ɳi tsuə kə pʰã tʂʰã,
那个讲，我给你二百钱你包包茶叶。
na kə tɕiɑ̃,uə kei ɳi ər pæ tɕʰiã ɳi pɑo pɑo tʂʰa iE.
苏三女扭回头多多拜谢，尊拜过众位妹妹和姐姐。
su sã ny ɳiou xuei tʰou tuə tuə pæ ɕiE,tsuən pæ kuə tʂuəŋ uei mei mei xə tsiE tsiE.
快金莲她只把南监离，出离了南监门她走奔大街。
kʰuæ tɕiən liã tʰa tsɿ pa nã tɕiɑ̃ li,tʂʰu li liɑo nã tɕiɑ̃ mən tʰa tsou pən ta tɕiE.
扭苏三刚刚来到大街以上，惊动了一街两巷胡说乱嘁。
ɳiou su sã kɑ̃ kɑ̃ læ tɑo ta tɕiE i ʂɑ̃,tɕiəŋ tuəŋ liɑo i tɕiE liɑ̃ ɕiɑ̃ xu ʂuə luɑ̃ tɕyE.
这个说，犯罪的小女子长嘞真真好，
tʂɿə kə ʂuə,fɑ̃ tsuei tə ɕiɑo ɳy tsɿ tʂɑ̃ lE tʂən tʂən xɑo,
那个讲，怪不得小人物这叫她来长绝。
na kə tɕiɑ̃,kuæ pu tE ɕiɑo zən u tʂɿə tɕiɑo tʰa læ tʂɑ̃ tɕyE.
有哩说，别看她人俊好，心眼儿可不好，
iou li ʂuə,piE kʰɑ̃ tʰa zən tɕyən xɑo,ɕiən iar kʰə pu xɑo,
毒药酒害死了沈洪员外爷。
tu yə tɕiou xæ sɿ liɑo ʂən xuəŋ yɑ̃ uæ iE.
苏三女她闻听长叹曰，埋怨声不睁眼的龙天老爷。
su sã ny tʰa uən tʰiəŋ tʂʰɑ̃ tʰã yE,mã yɑ̃ ʂəŋ pu tʂəŋ iɑ̃ tə luəŋ tʰiɑ̃ lɑo iE.
非是奴恨天来我把地来灭，这都怨二哥嫂做事太绝。
fei ʂɿ nuən xən tʰiɑ̃ læ uə pa ti læ miE,tʂɿə tou yɑ̃ ər kə sɑo tsuə ʂɿ tʰæ tɕyE.
她不该图人银钱三百两，只把我卖进了烟花院这柳巷之街。
tʰa pu kæ tʰu zən iən tɕʰiɑ̃ sã pæ liɑ̃,tsɿ pa uə mæ tɕiən liɑo iɑ̃ xua yɑ̃ tʂɿə liou ɕiɑ̃ tsɿ tɕiE.
我七岁入娼门学弹学唱，年龄小不开窍我实在难学。
uə tɕʰi suei zu tʂʰɑ̃ mən ɕyə tʰã ɕyə tʂʰɑ̃,ɳiã liəŋ ɕiɑo pu kʰæ tɕʰiɑo uə ʂɿ tsæ nã ɕyE.
动恼了老鸨儿的心肠太狠，皮鞭子□得我浑身流血。
tuəŋ nɑo liɑo lɑo pɑo ər tə ɕiən tʂʰɑ̃ tʰæ xən,pʰi piã tsɿ ʐou tə uə xuən ʂən liou ɕyE.
我才把各样的鲜曲儿都学会，改个名玉堂春奴把客来接。
uə tsʰæ pa kə iɑ̃ tə ɕiã tɕʰyər tou ɕyə xuei,kæ kə miəŋ y tʰɑ̃ tʂʰuən nuə pa kʰə læ tɕiE.
一开怀我先接下王三公子，俺二人见了面未从分别。
i kʰæ xuæ uə ɕiã tɕiE ɕia uɑ̃ sã kuəŋ tsɿ,ã ər zən tɕiã liɑo miã uei tsʰuəŋ fən piE.

在北楼俺二人发了宏誓愿，到现在小奴家我记真切。
tsæ pei lou ã ər zʅ fa liaɔ xuəŋ ʂʅ yã,taɔ ɕiã tsæ ɕiaɔ nuəŋ tɕia uə tɕi tʂən tɕʰiE.
我言讲，再接客除非是他王三公子，除了他以外，
uə iã tɕiɛ̃,tsæ tɕiE kʰə tʂʰu fei ʂʅ uɑ̃ sã kuəŋ tsʅ,tʂʰu liaɔ tʰa i uæ,
公子王侯，朝郎驸马，一个一个宁死我不接。
kuəŋ tsʅ uɑ̃ xou,tʂʰaɔ lɑ̃ fu ma,i kə i kə ȵiəŋ sʅ uə pu tɕiE.
他言讲，再娶妻，除非是我苏三女，
tʰa iã tɕiɑ̃,tsæ tɕy tɕʰi,tʂʰu fei ʂʅ uə su sã ȵy,
除我以外，这一生他再也不娶妾。
tʂʰu uə i uæ,tʂɿ i ʂəŋ tʰa tsæ iE pu tɕʰy tɕʰiE.
各样的衣服他都与我置到，金打的首饰明漆漆。
kə iɑ̃ tə i fu tʰa tou y uə tʂʅ taɔ,tɕiən ta tə ʂou ʂʅ miəŋ tɕʰiE tɕʰiE.
在北楼他住了八个多月，只花唡囊中空虚没有一切。
tsæ pei lou tʰa tʂu liaɔ pa kə tuə yE,tʂʅ xua lE nɑ̃ tʂuəŋ kʰuəŋ ɕy mei iou i tɕʰiE.
老鸨儿一见他的银钱花泄，定一计把公子诓到了大街。
laɔ paɔ ər i tɕiã tʰa tə iən tɕʰiã xua ɕiE,tiəŋ i tɕi pa kuəŋ tsʅ kʰuɑ̃ taɔ liaɔ ta tɕiE.
二次她又到我的北楼上，力逼着小奴家我再把那客来接。
ər tsʰʅ tʰa iou taɔ uə tə pei lou ʂɑ̃,li pi tʂuə ɕiaɔ nuəŋ tɕia uə tsæ pa na kʰə læ tɕiE.
那一天，打山西来了一个贩马的客，姓沈名洪员外爷。
na i tʰiã,ta ʂã ɕi læ liaɔ i uei fã ma tə kʰə,ɕiəŋ ʂən miəŋ xuəŋ yã uæ iE.
有玉兰和玉红他都不爱，力逼着小奴家我把他来接。
iou y lã xə y xuəŋ tʰa tou pu æ,li pi tʂuə ɕiaɔ nuəŋ tɕia uə pa tʰa læ tɕiE.
叫我携酒，我不携，他叫我接客，我不把客接。
tɕiaɔ uə ɕiE tɕiou,uə pu ɕiE,tʰa tɕiaɔ uə tɕiE kʰə,uə pu pa kʰə tɕiE.
动恼了老鸨儿，她哩心肠狠，皮鞭子□得我浑身流血。
tuəŋ naɔ liaɔ laɔ paɔ ər,tʰa li ɕiən tʂʰɑ̃ xən,pʰi piã tsʅ zou tə uə xuən ʂən liou ɕyE.
她图了银钱三千两，只把我卖出了烟花院柳巷之街。
tʰa tʰu liaɔ iən tɕʰiã sã tɕʰiã liɑ̃,tʂʅ pa uə mæ tʂʰu liaɔ iã xua yã liou ɕiɑ̃ tʂʅ tɕiE.
我只说跟他去做妻应妾，
uə tʂʅ ʂuə kən tʰa tɕʰy tsuə tɕʰi iəŋ tɕʰiE,
没料想他家下有个大婆皮氏姐姐。
mei liaɔ ɕiɑ̃ tʰa tɕia ɕia iou kə ta pʰuə pʰi ʂʅ tɕiE tɕiE.
这皮氏勾结奸夫黄武举，黄武举常常他到俺家来，
tʂə pʰi ʂʅ kou tɕiE tɕiã fu xuɑ̃ u tɕy,xuɑ̃ u tɕy tʂʰɑ̃ tʂʰɑ̃ tʰa taɔ ã tɕia læ,
常常他到俺家去，爱中了小奴家的人物长绝。
tʂʰɑ̃ tʂʰɑ̃ tʰa taɔ ã tɕia tɕʰy,æ tʂuəŋ liaɔ ɕiaɔ nuəŋ tɕia tə zən u tʂɑ̃ tɕyE.

他只叫大婆皮氏把我劝，叫我跟着他一溜歪斜。
tʰa tʂɿ tɕiɑɔ ta pʰuə pʰi ʂɿ pa uə tɕʰyã,tɕiɑɔ uə kən tʂuə tʰa i liou uæ ɕiE.
小奴家说了一声不应允，有奸夫和淫妇他做事是太绝。
ɕiɑɔ nuən tɕia ʂuə lə i ʂəŋ pu iən yən,iou tɕiã fu xə iən fu tʰa tsuə ʂɿ ʂɿ tʰæ tɕyE.
大街上买了八副断肠散，毒药酒害死了沈洪员外老爷。
ta tɕiE ʂã mæ liɑɔ pa fu tuã tʂʰã sã,tu yə tɕiou xæ sɿ liɑɔ ʂən xuəŋ yã uæ lɑɔ iE.
大婆她反把我来告，碰见了贪赃卖法的县太爷。
ta pʰuə tʰa fã pa uə læ kɑɔ,pʰəŋ tɕiã liɑɔ tʰã tsã mæ fa tə ɕiã tʰæ iE.
碰见了贪赃卖法的王知县，三百两银子把他的心买斜。
pʰəŋ tɕiã liɑɔ tʰã tsã mæ fa tə uã tʂɿ ɕiã,sã pæ liã iən tsɿ pa tʰa tə ɕiən mæ ɕiE.
苦打并成招命我起解，人命债就在我的头上贴。
kʰu ta piəŋ tʂʰəŋ tʂɑɔ miəŋ uə tɕʰi tɕiE,zən miəŋ tʂæ tɕiou tsæ uə tə tʰou ʂã tʰiE.
五黄六月命我起解，只累得苏三女我一遛的歪斜。
u xuã liou yE miəŋ uə tɕʰi tɕiE,tʂɿ luE tə su sã n̠y uə i liou tə uæ ɕiE.
在北楼，我走着俱都是驹车大辆，
tsæ pei lou,uə tsou tʂuə tɕy tou ʂɿ tɕy tʂʰə ta liã,
现如今，手拄着半棵青青的秫秸。
ɕiã zu tɕiən,ʂou tʂu tʂuə pã kʰuə tɕʰiəŋ tɕʰiən tə ʂu tɕiE.
在北楼，我穿的俱都是绫罗缎绢，
tsæ pei lou,uə tʂʰuã tə tɕy tou ʂɿ liəŋ luə tuã tɕyã.
现如今，红褂子溻湿了这多多的半截。
ɕiã zu tɕiən,xuəŋ kua tsɿ tʰa ʂɿ liɑɔ tʂə tuə tuə tə pã tɕiE.
在北楼，穿绣鞋满插花，我还嫌不俊，
tsæ pei lou,tʂʰuã ɕiou ɕiE mã tʂʰa xua,uə xuã ɕiã pu tɕyən,
现如今，鞋带子断了我找麻绳来接。
ɕiã zu tɕiən,ɕiE tæ tsɿ tuã liɑɔ uə tsɑɔ ma ʂəŋ læ tɕiE.
在北楼，我喝茶俱都是龙井雀舌大片的茶叶，
tsæ pei lou,uə xə tʂʰa tɕy tou ʂɿ luəŋ tɕiəŋ tɕʰyE ʂɿə ta pʰiã tə tʂʰa iE,
现如今，想半碗凉水我上哪里去接。
ɕiã zu tɕiən,ɕiã pã uã liã ʂuei uə ʂã na li tɕʰy tɕiE.
在北楼，一切一切都随愿于我，
tsæ pei lou,i tɕʰiE i tɕʰiE tou suei yã y uə,
现如今披枷戴锁来起解。
ɕiã zu tɕiən pʰei tɕia tæ suə læ tɕʰi tɕiE.
有苏三往那一坐将嘴一撇，叫一声张老伯伯，咱歇上一歇。
iou su sã uã na i tsuə tɕiã tsuei i pʰiE,tɕiɑɔ i ʂəŋ tʂã lɑɔ pæ pæ,tsã ɕiə ʂã i ɕiE.

（白）苏三往那一坐，将嘴一撇。
su sã uɑ̃ na i tsuə,tɕiɑ̃ tsuei i pʰiE.
一声说道，张老伯伯，你看天气炎热，我这寸步难行，
i ʂəŋ ʂuə tɑɔ,tʂɑ̃ lɑɔ pæ pæ,n̯i kʰɑ̃ tʰiɑ̃ tɕʰi iɑ̃ ʐə,uə tʂʅə tsʰuən pu nɑ̃ ɕiəŋ,
不免咱在这个地方歇上一歇，你看意下如何啊？
pu miɑ̃ tsɑ̃ tsæ tʂʅə kə ti fɑ̃ ɕiE ʂɑ̃ i ɕiE,n̯i kʰɑ̃ i ɕia ʐu xə a?
张公道一声说道，苏三，你往前面观看，
tʂɑ̃ kuəŋ tɑɔ i ʂəŋ ʂuə tɑɔ,su sɑ̃,n̯i uɑ̃ tɕʰiɑ̃ miɑ̃ kuɑ̃ kʰɑ̃,
黑暗暗雾昭昭，也不过就二里之遥，
xei ɑ̃ ɑ̃ u tʂɑɔ tʂɑɔ,iE pu kuə tɕiou ər li tʂʅ iɑɔ,
那就是太原府，咱到太原府里安歇，哪些不好啊？
na tɕiou ʂʅ tʰæ yɑ̃ fu,tsɑ̃ tɑɔ tʰæ yɑ̃ fu li ɑ̃ ɕiE,na ɕiE pu xɑɔ a?
苏三一声说道，张老伯伯，你看我的十指崴破，寸步难行啊。
su sɑ̃ i ʂəŋ ʂuə tɑɔ,tʂɑ̃ lɑɔ pæ pæ,n̯i kʰɑ̃ uə tə ʂʅ tʂʅ uæ pʰuə,tsʰuən pu nɑ̃ ɕiəŋ a.
哎，张公道一声说道，你看这如何是好？
æ,tʂɑ̃ kuəŋ tɑɔ i ʂəŋ ʂuə tɑɔ,n̯i kʰɑ̃ tʂʅə ʐu xə ʂʅ xɑɔ?
哎，罢了。苏三，不免老汉我把你背上一背，你看如何啊？
æ,pa liɑɔ. su sɑ̃,pu miɑ̃ lɑɔ xɑ̃ uə pa n̯i pei ʂɑ̃ i pei,n̯i kʰɑ̃ ʐu xə a?
苏三一声说道，张老伯伯，那我就谢你了。
su sɑ̃ i ʂəŋ ʂuə tɑɔ,tʂɑ̃ lɑɔ pæ pæ,na uə tɕiou ɕiE n̯i liɑɔ.
（唱）张公道弯腰把身随，背起来苏三女娥眉。
tʂɑ̃ kuəŋ tɑɔ uɑ̃ iɑɔ pa ʂən suei,pei tɕʰi læ su sɑ̃ n̯y ə mei.
强打起精神迈老腿，眼看看日落空尘天要黑。
tɕʰiɑ̃ ta tɕʰi tɕiəŋ ʂən mæ lɑɔ tʰuei,iɑ̃ kʰɑ̃ kʰɑ̃ ʐʅ luə kʰuəŋ tʂʰən tʰiɑ̃ iɑɔ xei.
张公道弯腰把身随，背起来苏三女娥眉。
tʂɑ̃ kuəŋ tɑɔ uɑ̃ iɑɔ pa ʂən suei,pei tɕʰi læ su sɑ̃ n̯y ə mei.
强打精神迈老腿，眼看看日落空尘天要黑。
tɕʰiɑ̃ ta tɕiəŋ ʂən mæ lɑɔ tʰuei,iɑ̃ kʰɑ̃ kʰɑ̃ ʐʅ luə kʰuəŋ tʂʰən tʰiɑ̃ iɑɔ xei.
车踩吊桥如擂鼓，马踩吊桥起烟灰。
tʂʰə tsʰæ tiɑɔ tɕʰiɑɔ ʐu luei ku,ma tsʰæ tiɑɔ tɕʰiɑɔ tɕʰi iɑ̃ xuei.
心急南关城走进，他背起苏三进城内。
ɕiən tɕi nɑ̃ kuɑ̃ tʂʰəŋ tsou tɕiən,tʰa pei tɕʰi su sɑ̃ tɕiən tʂʰəŋ nei.
背苏三正南往前走，大街上抬来了八抬轿绿围。
pei su sɑ̃ tʂəŋ nɑ̃ uɑ̃ tɕʰiɑ̃ tsou,ta tɕiE ʂɑ̃ tʰæ læ liɑɔ pa tʰæ tɕiɑɔ lu uei.
几对板儿，几对棍，几对铁锁，几对锤。
tɕi tuei par,tɕi tuei kuən,tɕi tuei tʰiE suə,tɕi tuei tʂʰuE.

几对喇叭，几对号，对对筚篥和捂嘴。
tɕi tuei la pa,tɕi tuei xɑɔ,tuei tuei piɛ liɛ xə u tsuei.
上打着一把红罗伞，下罩着八抬轿绿围。
ʂã ta tʂuə i pa xuəŋ luə sã,ɕia tsɑɔ tʂuə pa tʰæ tɕiɑɔ lu uei.
只往这轿里送二目，端坐着王三公子是八魁。
tʂɿ uã tʂʅə tɕiɑɔ li suəŋ ər mu,tuã tsuə tʂuə uã sã kuəŋ tsɿ ʂʅ pa kʰuei.
王三公子去上任，他寻找苏三女娥眉。
uã sã kuəŋ tsɿ tɕʰy ʂã zən,tʰa syən tʂɑɔ su sã ny ə mei.
在这轿里往外看，大街上过来一个女娥眉。
tsæ tʂʅə tɕiɑɔ li uã uæ kʰã,ta tɕiɛ ʂã kuə læ i kə ny ə mei.
三分像人活像鬼，那不是苏三那是谁？
sã fən ɕiã zən xuə ɕiã kuei,na pu ʂʅ su sã na ʂʅ ʂuei?
眼看二人要见面，七堂会审接下回。
iã kʰã ər zən iɑɔ tɕiã miã,tɕʰi tʰã xuei ʂən tɕiɛ ɕia xuei.

意译：大明朝的江山洪武接，北京城坐下了正德有道的皇爷。表不尽正德皇爷明君有道，出了一件稀罕事儿细对恁学。山西省道有一个洪洞县，洪洞县出了一位贪赃卖法的那位县太爷。苦打成招将苏三起解，人命债就在她的头上贴。苏三女快金莲就把南监离，惊动了犯罪的女子一大些。这个说："你慢走，我给你二百钱你做个盘缠。"那个讲："我给你二百钱你包包茶叶。"苏三女扭回头多多拜谢，尊拜过众位妹妹和姐姐。快金莲她只把南监离，出离了南监门她走奔大街。扭苏三刚刚来到大街上，惊动了一街两巷胡说乱嚼（骂人）。这个说："犯罪的小女子长嘞真真好。"那个讲："怪不得小人物这叫她来长绝。"有哩说："别看她人俊好，心眼儿可不好，毒药酒害死了沈洪员外爷。"苏三女她闻听长叹曰，埋怨声不睁眼的龙天老爷。非是奴恨天来我把地来灭，这都怨二哥嫂做事太绝。他不该图人银钱三百两，只把我卖进了烟花院这柳巷之街。我七岁入娼门学弹学唱，年龄小不开窍我实在难学。动恼了老鸨儿的心肠太狠，皮鞭子抽得我浑身流血。我才把各样的鲜曲儿都学会，改个名玉堂春奴把客来接。一开怀我先接下王三公子，俺二人见了面未从分别。在北楼俺二人发了宏誓愿，到现在小奴家我记真切。我言讲："再接客除非是他王三公子，除了他以外，公子王侯，朝郎驸马，一个一个宁死我不接。"他言讲："再娶妻，除非是我苏三女，除我以外，这一生他再也不娶妾。"各样的衣服他都与我置到，金打的首饰明漆漆。在北楼他住了八个多月，只花得囊中空虚没有一切。老鸨儿一见他的银钱花泄，定一计把公子诓到了大街。二次她又到我的北楼上，力逼着小奴家我再把那客来接。那一天，打山西来了一个贩马的客，姓沈名洪员外爷。有玉兰和玉红他都不爱，力逼着小奴家我把他来接。叫我携酒，我不携，他叫我接客，我不把客接。动恼了老鸨儿，她的心肠狠，皮鞭子抽得我浑身流血。她图了银钱三千两，只把我卖出了烟花院柳巷之街。我只说跟他去做妻应妾，没料想他家下有个大婆皮氏姐姐。这皮氏勾结奸夫黄武举，黄武举常常他到俺家来。常常他到俺家去，爱中了小奴家的人物长绝。他只叫大婆皮氏把我劝，叫我跟着他一溜歪斜。小奴家说了一声不应允，有奸夫和淫妇他做事是太绝。大街上买了八副断肠散，毒药酒害死了沈洪员外老爷。大婆她反把我来告，碰见了贪赃卖法的县太爷。碰见了贪赃卖法的王知县，三百两银子把他的心买斜。苦打并成招命我起解，人命债就在我的头上贴。五黄六月命我起解，只累得苏三女我一溜的歪斜。在北楼，我走着俱都是驹车大辆，现如今，手挂着半棵青青的秋秸。在北楼，我穿的俱都是绫罗缎绢，现如今，红裙子溻湿了这多多的半截。在北楼，穿绣鞋满插花，我还嫌不俊，现如今，鞋带子断了我用麻绳来接。在北楼，我喝茶俱都是龙井雀舌大片的茶叶，现如今，想半碗凉水我上哪里去接。在北楼，一切一切都随愿于我，现如今披枷戴锁来起解。有苏三往那一坐将嘴一撇，叫一声张老伯伯，咱歇上一歇。

（白）苏三往那一坐，将嘴一撇。一声说道："张老伯伯，你看天气炎热，我这寸步难行，不免咱在这个地方歇上一歇，你看意下如何啊？"张公道一声说道："苏三，你往前面观看，黑暗暗雾昭昭，也不过就二里之遥，那就是太原府，咱到太原府里安歇，哪些不好啊？"苏三一声说道："张老伯伯，你看我的十指崴破，寸步难行啊。""哎……"，张公道一声说道，"你看这如何是好？""哎，罢了。苏三，不免老汉我把你背上一背，你看如何？"苏三一声说道："张老伯伯，那我就谢你了。"

（唱）张公道弯腰把身随，背起来苏三女娥眉。强打起精神迈老腿，眼看看日落空尘天要黑。张公道弯腰把身随，背起来苏三女娥眉。强打精神迈老腿，眼看看日落空尘天要黑。车踩吊桥如擂鼓，马踩吊桥起烟灰。心急南关城走进，他背起苏三进城内。背苏三正南往前走，大街上抬来了八抬轿绿围。几对板儿，几对棍，几对铁锁，几对锤，几对喇叭，几对号，对对筜箪和捂嘴。上打着一把红罗伞，下罩着八抬轿绿围。只往这轿里送二目，端坐着王三公子是八魁。王三公子去上任，他寻找苏三女娥眉。在这轿里往外看，大街上过来一个女娥眉。三分像人活像鬼，那不是苏三那是谁？眼看二人要见面，七堂会审接下回。

（发音人：吴桂莲　2017.07.06 商丘）

永 城

一 歌谣

0001 小麻喳

小麻喳，尾巴长，娶了媳妇忘喽娘。
siɔ³³ ma²¹ tʂa⁵³ ,i³³⁴ pa⁰ tʂʰ⁵³ ,tʂʰy³³⁴ lou⁰ siˑfu uã⁴¹ lou⁰ n̩iã⁵³.
烙蛋饼，卷红糖，媳妇媳妇你先尝，
luə⁴¹ tã⁴¹ piəŋ³³⁴ ,tɕyã³³ xuəŋ⁵³ tʰã⁰ ,si⁵³ fuˑsi⁰ fu⁰ n̩i⁰ siã²¹ tʂʰã⁵³,
我上家后找咱娘。
uə³³ ʂã⁴¹ tɕia²³ xou⁴¹ tʂɔ³³ tsã³³ n̩iã⁵³.
咱娘变个金壳郎，扔扔到北京，
tsã³³ n̩iã⁵³ piã⁴¹ kə⁰ tɕiɛ²¹ kʰə⁰ lã²¹³ ,zəŋ²¹³ zəŋ²¹³ tɔ⁴¹ pɛ²³ tɕiəŋ²¹³,
北京有个好年成，
pɛ²³ tɕiəŋ²¹³ iou³³⁴ kə⁰ xɔ³³ n̩iã⁵³ tʂʰəŋ⁰,
一个麦穗儿打五升，蒸的馒头香腾腾。
i²¹ kə⁰ mɛ²³ suər⁴¹ ta³³ u³³ ʂəŋ²¹³ ,tʂəŋ²¹ tiˑmã⁵³ tʰou⁰ ɕiã²¹ tʰəŋ⁰ tʰəŋ²¹³.

意译：小喜鹊，尾巴长，娶了媳妇忘了娘。烙蛋饼，卷红糖，媳妇媳妇你先尝。我上家后找咱娘。咱娘变个金壳郎，扔扔到北京，北京有个好年成，一个麦穗儿打五升，蒸的馒头香腾腾。

（发音人：陶秋芬　2017.07.23 永城）

0002 小槐树

小槐树，槐一槐，张家门口搭戏台，
siɔ³³ xuæ⁵³ ʂu⁴¹ ,xuæ⁵³·²¹ i⁴¹ xuæ⁵³ ,tʂã²³ tɕia²¹ mẽ⁵³ kʰou⁰ ta²³ ɕi²¹ tʰæ⁴¹.
人家的槐姐都来了，咱的槐姐咋没来？
zẽ⁵³ tɕia⁰ tə⁰ xuæ⁵³ tsiɛ³³ tou⁰ læ⁵³ lə⁰ ,tsã²³ tə⁰ xuæ⁵³ tsiɛ³³ tsa³³ mɛ²¹ læ⁵³?
套上车，接槐姐，槐姐从南面儿哭着来，
tʰɔ⁴¹ ʂã⁰ tʂʂ²¹³ ,tsiɛ²¹ xuæ⁵³ tsiɛ⁰ ,xuæ⁵³ tsiɛ³³⁴ tsʰuəŋ⁰ nã⁵³ miar⁰ kʰu²¹ tsɿ⁰ læ⁵³,
我问槐姐哭什么，知心嘞抹牌俺不恼，
uə³³ uẽ⁵³ xuæ⁵³ tsiɛ³³ kʰu²¹ ʂẽ⁵³ mə⁰ ,tʂɿ²³ siɛ²¹³ lɛ⁰ ma⁰ pʰæ⁵³ ã³³ pu²¹ nɔ³³⁴,

俺上南京带大宝，一带带到晌午西。
a³³ ʂã⁴¹ nã⁵³ tɕiəŋ²¹³ tæ⁴¹ ta⁰ pɔ³³⁴,i²³ tæ⁴¹ tæ⁴¹ tɔ⁰ ʂã³³⁴ u⁰ si²¹³.

意译：小槐树，槐一槐，张家门口搭戏台，人家的槐姐都来了，咱的槐姐咋没来？套上车，接槐姐，槐姐从南面儿哭着来，我问槐姐哭什么，知心的抹牌我不恼，我上南京带大宝，一带带到晌午西。

（发音人：陶秋芬　2017.07.23 永城）

0003 板凳歌

小板凳，摞摞，里头坐个大哥，
siɔ³² pã³³⁴ tou⁰,luə⁴¹ luə⁰,li³³⁴ tou⁰ tsuə⁴¹ kə⁰ ta⁴¹ kə⁰,
大哥出来烧香，里头坐个姑娘，
ta⁴¹ kə³³ tʂʰu²¹ læ⁰ ʂɔ²³ ɕiɑ²¹³,li³³⁴ tou⁰ tsuə⁴¹ kə⁰ ku²¹ n̠iã⁰,
姑娘出来磕头，里头坐个孙猴儿，
ku²¹ n̠iã⁰ tʂʰu²¹ læ⁰ kʰə²¹ tʰou⁵³,li³³⁴ tou⁰ tsuə⁴¹ kə⁰ suẽ²¹ xour⁵³,
孙猴儿出来作揖，里头坐个公鸡，
suẽ²¹ xour⁵³ tʂʰu²¹ læ⁰ tsuə²³·²¹³ i⁰,li³³⁴ tou⁰ tsuə⁴¹ kə⁰ kuəŋ²³ tɕi²¹³,
公鸡出来打鸣，一觉到天明。
kuəŋ²³ tɕi²¹³ tʂu²¹ læ⁰ ta³³ miəŋ⁵³,i²³ tɕiɔ⁴¹ tɔ⁴¹ tʰiã²¹ miəŋ⁵³.

意译：小板凳，摞摞，里头坐个大哥，大哥出来烧香，里头坐个姑娘，姑娘出来磕头，里头坐个孙猴儿，孙猴儿出来作揖，里头坐个公鸡，公鸡出来打鸣，一觉到天明。

（发音人：陶秋芬　2017.07.23 永城）

0004 小烟袋

小烟袋，一拃长，突噜突噜到瓦房。
siɔ³³ iã²³ tæ⁴¹,i²³ tʂa tʂʰã⁵³,tʰu²¹ lou⁰ tʰu²¹ lou⁰ tɔ⁴¹ uã³³ fã⁵³.
瓦房有个卖烟嘞，突噜突噜到关里。
ua³³ fã⁵³ iou³³⁴ kə⁰ mæ⁴¹ iã²¹ lɛ⁰,tʰu²¹ lou⁰ tʰu²¹ lou⁰ tɔ⁴¹ kuã²¹ li⁰.
关里有个小大姐，
kuã²¹ li⁰ iou³³⁴ kə⁰ siɔ³³ ta⁴¹ tsiɛ⁰,
洗衣裳，妻子不打你光脊梁，
si³³ i²¹ ʂã⁰,tɕʰi²¹ tsɿ pu²¹ ta³³⁴ n̠i²¹ kuã²³ tsi n̠iã⁰,
光脊梁不白，妻子不打你大煤＝。
kuã²³ tsi n̠iã pu²¹ pɛ⁵³,tɕʰi²¹ tsɿ pu²¹ ta⁴¹ n̠i³³ ta⁴¹ mɛ⁵³.

意译：小烟袋，一拃长，突噜突噜到瓦房。瓦房有个卖烟的，突噜突噜到关里。关里有个小大姐，洗衣裳，妻子不打你的光脊梁，光脊梁不白，妻子不打你的大煤＝。

（发音人：陶秋芬　2017.07.23 永城）

二 故事

0021 牛郎和织女

我们讲一个古老哩故事吧。这个七月七，旧历哩七月七，
uə³³⁴mẽ⁰tɕiã³³˙²¹i⁰kə⁰ku⁰lɔ³³⁴li⁰ku⁴¹sʅ⁴¹pa⁰.tʂə⁴¹kə⁰tsʰi²¹yə⁰tsʰi²¹³,tɕiou⁴¹li⁴¹li⁰tsʰi²¹yə⁰tsʰi²¹³,
就是牛郎和织女上天哩一段儿。在这个很早以前吧，
tɕiou⁴¹sʅ⁴¹ɲiou⁵³lã⁵³xə⁰tʂʅ²³n̩y³³⁴ʂã⁴¹tʰiã²¹³li¹·²³tuar⁴¹.tsæ⁴¹tʂə⁴¹kə⁰xẽ³²tsɔ³³˙²¹tsʰiã⁵³pa⁰,
我们老家这个一到七月七呢，
uə³³⁴mẽ⁰lɔ³³tɕia²¹³tʂə⁴¹kə⁰˙²³i⁴¹tɔ⁴¹tsʰi²¹yə⁰tsʰi²¹³nə⁰,
他们都把家庭的院子扫哩比较干净。
tʰa³³⁴mẽ⁰tou²³pa³³tɕia²¹tʰiəŋ⁰li⁰yã⁴¹tsʅ⁰sɔ³³⁴li⁰pi⁰tɕiɔ⁴¹kã²¹tsiəŋ⁰.
也就是迎接七月七牛郎和织女这个节日。
iɛ³³tɕiou⁴¹sʅ⁰iəŋ⁵³tsiɛ²¹³tsʰi²¹yə⁰tsʰi²¹³ɲiou⁵³lã⁵³xə⁰tʂʅ²³n̩y³³⁴tʂə⁴¹kə⁰tsiɛ²³zʅ²¹³.
也是我们国家哩这个传统哩节日。
iɛ³³sʅ⁴¹uə³³⁴mẽ⁰kuə²³tɕia²¹³li⁰tʂə⁴¹kə⁰tʂʰuã⁵³tʰuəŋ³³⁴li⁰tsiɛ²³zʅ²¹³.
这个小伙子呢，就是很早以前家庭比较贫困，
tʂə⁴¹kə⁰siɔ³²xuə³³⁴tsʅ⁰nə⁰,tɕiou⁴¹sʅ⁴¹xẽ³²tsɔ³³˙²¹i⁴¹tsʰiã⁵³tɕia²¹tʰiəŋ⁰pi³³tɕiɔ⁴¹pʰiẽ⁵³kʰuẽ⁴¹,
父母早就病故，
fu⁴¹mu³³⁴tsɔ³³tɕiou⁴¹piəŋ⁴¹ku⁴¹,
家里唯恐就一种牛为了他耕地种田，犁耕耙拉儿。
tɕia²¹li⁰uɛ⁵³kʰuəŋ³³tɕiou⁴¹˙²³tʂuəŋ⁴¹ɲiou⁰uɛ⁴¹liɔ⁰tʰa³³⁴kəŋ²³ti⁴¹tʂuəŋ⁴¹tʰiã⁵³,li⁴¹kəŋ²¹³pa⁴¹lar²¹³.
所以人们呢，这个小伙子呢，他比较勤劳，致富，勇敢，
ʂuɔ³³⁴˙²izẽ⁵³mẽ⁵³nə⁰,tʂə⁴¹kə⁰siɔ³²xuə³³⁴tsʅ⁰nə⁰,tʰa³³⁴pi³³tɕiɔ⁴¹tɕʰiẽ⁵³lɔ⁰,tsʅ⁴¹fu⁴¹,yəŋ³²kã³³⁴,
农民就为了这个事儿呢，起名儿叫个牛郎吧。
nuəŋ⁵³miẽ⁵³tɕiou⁴¹uɛ⁴¹lə⁰tʂə⁴¹kə⁰ʂər⁴¹nə⁰,tɕʰi³³miər⁵³tɕiɔ⁴¹kə⁰ɲiou⁵³lã⁵³pa⁰.
这个牛郎呢，就是在工作中呢，跟老牛一块儿，
tʂə⁴¹kə⁰ɲiou⁵³lã⁵³nə⁰,tɕiou⁴¹sʅ⁴¹tsæ⁴¹kuəŋ²³tsuə³³tʂuəŋ²¹nə⁰,kẽ²³lɔ³³ɲiou⁵³˙²³i⁴¹kʰuɛr⁴¹,
过着美好幸福哩生活儿。
kuə⁴¹lə⁰mɛ³²xɔ³³ɕiəŋ⁴¹fu⁴¹li⁰ʂəŋ²³xuɤr⁴¹.
这个老牛为了支持牛郎哩这个新婚问题，
tʂə²¹kə⁰lɔ³³ɲiou⁵³uɛ⁴¹lə⁰tʂʅ²¹tsʰʅ⁴¹ɲiou⁵³lã⁵³li⁰tʂə⁴¹kə⁰siẽ⁴¹xuɛ²¹³uẽ⁴¹tʰi³³⁴,
它呢，就在为牛郎做了一场梦。
tʰa³³⁴nə⁰,tɕiou⁴¹tsæ⁴¹uɛ⁴¹ɲiou⁵³lã⁵³tsuə⁴¹lə⁰˙²³i⁴¹tʂʰã³³məŋ⁴¹.
牛郎在做梦期间呢，醒过来一看是一场梦。
ɲiou⁵³lã⁵³tsæ⁴¹tsuə⁴¹məŋ⁴¹tɕʰi²³tɕiã²¹³nə⁰,siəŋ³³⁴kuə⁰læ⁰˙²³i⁴¹kʰã⁵³sʅ⁴¹˙²³i⁴¹tʂʰã³³məŋ⁴¹.

就是说庄东头儿，在某一天哩早上，
tɕiou⁴¹ ʂʅ⁰ ʂuə²¹³ tʂuã²³ tuəŋ²¹ tʰour⁵³,tsæ³³ mou³³⁴·⁰ i⁰ tʰiã²¹ li⁰ tsɔ³³ ʂã⁴¹,
天上牛郎织女，就是织女下来洗澡。
tʰiã²¹ ʂã⁰ ȵiou⁵³ lã⁰ tʂʅ²³ ȵy³³⁴,tɕiou⁴¹ ʂʅ²³ ȵy³³⁴ ɕia⁴¹ læ⁰ si⁰ tsɔ³³⁴.
你拿一件儿衣服，就是可以把它，拿走衣服以后呢，回家。
ȵi³³ na²³ tɕiar¹ i⁴¹ fu⁰,tɕiou⁴¹ ʂʅ⁰ kʰə³³⁴·⁰ i⁰ pa³² tʰa³³⁴,na⁵³ tsou³³·²¹ fu⁰·²³ i⁰ xou⁴¹ nə⁰,xuE⁵³ tɕia²¹³.
你不要扭头儿看，她自会找你成为夫妻。
ȵi³³ pu⁰ iɔ⁴¹ ȵiou³³ tʰour⁵³ kʰã⁴¹,tʰa³³ tsʅ⁴¹ xuE⁴¹ tsɔ³³⁴ ȵi⁰ tʂʰəŋ⁵³ uE⁵³ fu²³ tsʰi²¹³.
结果牛郎就按照老牛说好哩这个宗旨，就去办啦。
tɕiɛ²³ kuə³³⁴ ȵiou⁵³ lã⁵³ tɕiou⁴¹ ã²¹ tʂɔ⁴¹ lɔ⁰ ȵiou⁵³ ʂuə²¹ xɔ³³⁴·⁰ li⁰ tʂə⁰ kə⁰ tsuəŋ²³ tsʅ³³,tɕiou⁴¹ tɕʰy⁴¹ pã⁴¹ la⁰.
到那儿一看，果真，在那个村东头儿山漫坡儿哩溪里边儿，
tɔ⁴¹ nar⁴¹·²³ i⁰ kʰã⁴¹,kuə³³ tʂẽ²¹³,tsæ⁴¹ na⁰ kə⁰ tsʰuẽ⁰ tuəŋ²¹ tʰour⁵³ ʂã²³ mã⁴¹ pʰuɣr³³⁴·⁰ li⁰·²¹ li⁰·³³⁴ piar⁰,
就有织女在那儿洗澡，
tɕiou⁴¹ iou³³⁴ tʂʅ⁰ ȵy³³⁴ tsæ⁴¹ nar⁴¹·³² si⁰·³³⁴,
他就随时拿了一件儿衣服回家啦。
tʰa³³ tɕiou⁴¹ suE⁵³ ʂʅ⁵³ na⁰ lə⁰·²³ i⁰ tɕiar⁴¹ i⁰ fu⁰ xuE⁵³ tɕia²¹³ la⁰.
回家以后呢，等这个织女洗罢澡以后一看，衣服没有啦。
xuE⁵³ tɕia²¹³·²³ i⁰ xou⁰ nə⁰,təŋ³³ tʂə⁰ kə⁰ tʂʅ²³ ȵy⁰ si³³ pa⁴¹ tsɔ³³⁴·²³ i⁰ xou⁴¹·²¹ kʰã⁴¹,i⁰ fu⁰ mE⁵³ iou³³⁴ la⁰.
就晚上，就找到了牛郎，他们成了夫妻。
tɕiou⁴¹ uã³³⁴ ʂã⁰,tɕiou⁴¹ tʂɔ³³ tɔ⁴¹ lə⁰ ȵiou⁵³ lã⁵³,tʰa³³⁴ mẽ⁰ tʂʰəŋ⁵³ lə⁰ fu⁰·²³ tsʰi²¹³.
他们成了夫妻以后过了二三年，
tʰa³³⁴ mẽ⁰ tʂʰəŋ⁵³ lə⁰ fu⁰·²³ tsʰi²¹³·²³ i⁰ xou⁴¹ kuə⁴¹ lə⁰ ər⁴¹ sã²¹ ȵiã⁵³,
生了一男一女，生活很美满，很幸福。
ʂəŋ²¹ lə⁰·²³ i⁰ nã⁵³·²³ i⁰ ȵy³³⁴,ʂəŋ²¹ xuɔ⁵³ xẽ³³ mE³² mã³³⁴,xẽ³³ ɕiəŋ⁴¹ fu⁰.
在这个时候儿天上哩玉皇大帝把此事知道啦。
tsæ⁴¹ tʂə²¹ kə⁰ ʂʅ⁵³ xour⁴¹ tʰiã²¹·⁰ li⁰ y⁴¹ xuã⁴¹ ta⁴¹·⁴¹ ti³³·³³ pa⁴¹ tsʰʅ²¹ ʂʅ⁰ tʂʅ⁰ tɔ⁰ la⁰.
知道以后，就是打雷、下雨、刮风。
tʂʅ²¹ tɔ⁰ i⁰ xou⁴¹,tɕiou⁴¹ ʂʅ⁰ ta⁰ lE⁰,ɕia⁰ y³³⁴,kua⁰ fəŋ²¹³.
把这个织女裹走啦，就是带到天上去啦。
pa³³ tʂə⁴¹ kə⁰ tʂʅ⁰ ȵy³³⁴ kuə³² tsou³³⁴ la⁰,tɕiou⁴¹ ʂʅ⁰ tæ⁰ tɔ⁰ tʰiã²¹ ʂã⁰ tɕʰy⁴¹ la⁰.
在这个时候儿牛郎就很着急啦，孩子还哭。
tsæ⁴¹ tʂə⁴¹ kə⁰ ʂʅ⁰ xour⁴¹ ȵiou⁵³ lã⁵³ tɕiou⁰ xẽ³³ tʂuə⁵³ tɕi⁵³ la⁰,xæ⁵³ tsʅ⁰ xæ⁵³ kʰu²¹³.
老牛终于开口发话啦，就对牛郎说，
lɔ³³ ȵiou⁵³ tʂuəŋ²¹·⁰ y⁰ kʰæ²³ kʰou³³⁴ fa²³ xua⁴¹ la⁰,tɕiou⁴¹ tuE⁰ ȵiou⁵³ lã⁰ ʂuə²¹³,
你把我哩牛角甩掉，
ȵi³³⁴ pa³² uə³³⁴·⁰ li⁰ ȵiou⁰ kə⁵³ ʂuæ²¹³ tiɔ⁴¹,

变为两个筐子担上挑子，去撵上织女。
piã⁴¹uᴇ⁰liã³³⁴kə⁰kʰuã²¹tsɿ⁰tã²¹ʂã⁰tʰiɔ²¹tsɿ⁰,tɕy⁴¹ȵiã³³⁴ʂã⁰tsɿ²³ȵy³³⁴.
在这时，牛郎就挑着担着筐子，
tsæ⁴¹tʂə⁴¹ʂɿ⁵³,ȵiou⁵³lã⁵³tɕiou⁴¹tʰiɔ²¹tʂuə⁰tã²¹tʂuə⁰kʰuã²¹tsɿ⁰,
就上天，越撵越近，越撵越近，
tɕiou⁴¹ʂã⁴¹tʰiã²¹³,yə²³ȵiã³³⁴yə²³tɕiẽ⁴¹,yə²³ȵiã³³⁴yə²³tɕiẽ⁴¹,
马上就要撵上哩时候儿，王母娘娘看到啦。
ma³³⁴ʂã⁰tɕiou⁴¹iɔ⁰ȵiã³³⁴ʂã⁰liʂɿ⁵³xour⁰,uã⁵³mu⁰ȵiã⁵³ȵiã⁰kʰã⁴¹tɔ⁴¹la⁰.
当时就拿着头上哩簪子划一道长河。
tã²¹ʂɿ⁵³tɕiou⁴¹na⁵³tʂə⁰tʰou⁵³ʂã⁰liʰ⁰tsã²¹tsɿ⁰xua²³i⁰tɔ⁴¹tʂʰã⁵³xə⁵³.
就是银河，很宽，把牛郎织女分离开来。
tɕiou⁴¹ʂɿ⁰iẽ⁵³xə⁵³,xẽ³³kʰuã²¹³,pa³³ȵiou⁵³lã⁵³tsɿ²³ȵy³³⁴fẽ²¹li⁰kʰæ²¹læ⁵³.
在这时候儿，这个喜鹊儿它们很同情牛郎和织女。
tsæ⁴¹tʂə⁴¹ʂɿ⁵³xour⁴¹,tʂə⁴¹kə⁰ɕi³³tsʰuɤr⁴¹tʰa³³⁴mẽ⁰xẽ³³tʰuəŋ⁵³tsʰiəŋ⁵³ȵiou⁵³lã⁵³xə⁵³tsɿ²³ȵy³³⁴.
就口咬口，口咬着尾巴。
tɕiou⁴¹kʰou³³iɔ³²kʰou³³⁴kʰou³³⁴tʂuə⁰i⁰.³³⁴pa⁰.
每年哩七月七日口咬着尾巴，
mᴇ³³ȵiã⁵³liʰ⁰tsʰi²¹yə⁰tsʰi²³zɿ²¹³kʰou³³⁴iɔ³³⁴tʂuə⁰uᴇ³³⁴pa⁰,
变成了一条大河大桥。使得牛郎和织女能够顺利地
piã⁴¹tʂʰəŋ⁵³lə⁰i⁰.²¹tʰiɔ⁵³ta⁴¹xə⁵³ta⁴¹tɕʰiɔ⁵³.ʂɿ³³⁴tiȵiou⁵³lã⁵³xə⁵³tsɿ²³ȵy³³⁴nəŋ⁵³kou⁴¹ʂuᴇ⁴¹li⁴¹ti⁰
成为家庭幸福哩生活，在这个鹊桥上。谢谢各位。
tʂʰəŋ⁵³uᴇ⁵³tɕia²¹tʰiəŋ⁰ɕiəŋ⁴¹fu⁰liʂəŋ²¹xuə⁵³,tsæ⁴¹tʂə²¹kə⁰tsʰuə⁴¹tɕʰiɔ⁵³ʂã⁰.siɛ⁴¹siɛ⁰kə⁴¹uᴇ⁴¹.

意译：我们讲一个古老的故事吧。农历的七月七，就是牛郎和织女的一段儿故事。在很早以前，我们老家一到七月七，都把家里的院子扫得比较干净。也就是（为了）迎接七月七牛郎和织女这个节日。（这）也是我们国家的传统节日。这个小伙子，很早以前家庭比较贫困，父母早就病故，家里只有一头老牛，这个小伙子勤劳、勇敢。大家因此给他起名儿叫牛郎。牛郎跟老牛一块儿，过着美好幸福的生活。老牛为了能让牛郎成个家，它就托梦给牛郎。牛郎醒过来一看是一场梦。老牛在梦里说："村东头儿，在某一天的早上，天上的织女会下来洗澡。你拿走她一件儿衣服，拿回家，不要回头，她自会找你成为夫妻。"结果牛郎就按照老牛说的就去办了。到那儿一看，果真，在那个村东头儿，山漫坡儿的溪里边儿，就有织女在那儿洗澡，他就随手拿了一件儿衣服回家了。回家以后，等织女洗完澡以后一看，衣服没有了。晚上（织女）就找到了牛郎，他们成了夫妻。他们成了夫妻以后过了二三年，生了一男一女，生活很美满、很幸福。在这个时候天上的玉皇大帝知道了此事。就打雷、下雨、刮风，把织女带到天上去了。在这个时候儿牛郎就很着急了，孩子还哭。老牛终于开口说话了。它对牛郎说：

"你把我的牛角拿掉，放在地上变成两个筐子担上挑子，去追织女。"然后牛郎就担着筐子，就上天，越追越近，越追越近，马上就要追上的时候，王母娘娘看到了。她当时就拿着头上的簪子划一道长河。就是银河，很宽，把牛郎织女分离开了。在这时候，喜鹊们很同情牛郎和织女。就一只衔着另一只的尾巴。在每年的七月七日一只衔着另一只的尾巴，变成了一条大桥。使得牛郎和织女能够顺利地在这个鹊桥上团聚。谢谢各位。

（发音人：李子相　2017.07.28 永城）

三　自选条目

0031 顺口溜
东关知道远近，西关知道厚薄。
tuəŋ²³kuã²³tʂʅ²¹tɔ⁰yã³³tɕiɛ⁴¹,si²³kuã²³tʂʅ²¹tɔ⁰xou⁴¹puə⁵³.
南关知道礼仪，北关知道深浅。
nã⁵³kuã²³tʂʅ²¹tɔ⁰li⁰i⁰,pE²³kuã²³tʂʅ²¹tɔ⁰tʂʰẽ²¹tsʰiã³³⁴.
意译：东关知道远近，西关知道厚薄。南关知道礼仪，北关知道深浅。

（发音人：杨之献　2017.07.28 永城）

0032 柳琴戏《王三善与苏三》
闻三郎百年约我热泪难禁，
uẽ sã lã pɛ ɲiã yə uə zə̣ luɛ nã tɕiɛ,
风尘中遇知己，寒草逢春，寒草逢春。
fəŋ tʂʰẽ tʂuaŋ y tʂʅ tɕi,xã tsʰɔ fəŋ tʂʰuẽ,xã tsʰɔ fəŋ tʂʰuẽ.
苏三幼年家遭难，七岁卖入烟花门，
su sã iou ɲiã tɕia tsɔ nã,tsʰi suɛ mæ zu̥ iã xua mẽ,
卖笑生涯人轻贱，何处是归，何处是归，托终身，托终身。
mæ siɔ ʂəŋ ia zẽ̩ tɕʰiəŋ tɕiã,xə tʂʰu ʂʅ kuɛ,xə tʂʰu ʂʅ kuɛ,tʰuə tsuaŋ ʂẽ,tʰuə tsuaŋ ʂẽ.
三郎若是真情意，莫贪眼前露水亲。
sã lã zuə ʂʅ tʂẽ tsʰiəŋ i,muə tʰã iã tɕʰiã lu ʂuɛ tsʰiẽ.
好男儿当立鹏程志，蟾宫折桂意气伸，意气伸。
xɔ nã ər tã li pʰəŋ tʂʰəŋ tʂʅ,tʂʰã kuaŋ tʂə kuɛ i tɕʰi ʂẽ,i tɕʰi ʂẽ.
到那时赎身迎娶得正果，咱才能白头到老恩爱深。
tɔ na ʂʅ ʂu ʂẽ iəŋ tɕʰy tə tʂəŋ kuə,tsã tsʰæ nəŋ pɛ tʰou tɔ lɔ ẽ æ ʂẽ.
意译：闻三郎百年约我热泪难禁，风尘中遇知己，寒草逢春。苏三年幼家遭难，七岁卖入烟花门，卖笑生涯人轻贱，何处是归，何处是归，托终身。三郎若是真情意，莫贪眼前露水亲。好男儿当立鹏程志，蟾宫折桂意气伸，到那时赎身迎娶得正果，咱才能白头到老恩爱深。

（发音人：陈淑云　2017.07.19 永城）

郸 城

一 歌谣

0001 小板凳
小板凳儿，一瓦=腰儿，娶个媳妇不当=高儿，
ɕiɔ⁴⁴pan⁴²tə̃r⁵¹,i²⁴ua⁴²iɔr²⁴,tɕʰy⁴⁴ɕi⁰fu⁴²pu²⁴taŋ⁰kʰɤr²⁴,
待=屋里怕老鼠，待=外边儿怕鸡叨。
tai⁵¹u⁴²li⁰pʰa⁴²lɔ⁰fu⁵¹,tai⁴²uai⁵¹pier²⁴pʰa⁵¹tɕi²⁴tɔ²⁴.
意译：小板凳，一弯腰，娶个媳妇不太高。在屋里怕老鼠，在外面怕被鸡咬。

（发音人：王景云 2019.07.25 郸城）

0002 小麻嘎
小麻嘎儿，尾巴长儿，娶了媳妇儿不要娘，把娘送到高山上。
ɕiɔ⁴⁴ma⁴²kar⁵¹,i⁴⁴pa²⁴tʂʰãr⁴²,tɕʰy⁴⁴lɤ⁰ɕi⁰⁴²fur⁰pu⁰⁵¹iɔ²⁴n̠iaŋ⁴²,pa⁴⁴n̠iaŋ⁴²suəŋ⁵¹tɔ⁰kɔ²⁴ʂan²⁴ʂaŋ⁰.
烙油馍卷砂糖，媳妇儿媳妇儿你先尝，
luɤ²⁴iou⁴²muɤ⁴²tɕyan⁴⁴ʂa²⁴tʰaŋ⁴²,ɕi⁰⁴²fur⁰ɕi⁰⁴²fur⁰n̠i⁴⁴ɕian²⁴tʂʰaŋ⁴²,
我上高山瞧咱娘，咱娘变个屎壳郎，
uɤ⁴⁴ʂaŋ⁵¹kɔ²⁴ʂan²⁴tɕʰiɔ⁴²tsan⁴²n̠iaŋ⁴²,tsan⁴²n̠iaŋ⁴²pian⁵¹kɤ⁰ʂʅ⁴⁴kʰɤ⁰laŋ²⁴,
推车儿打蛋儿，锢露锅卖线儿。
tʰuei²⁴tʂʰɤr²⁴ta⁴⁴tɛr²⁴,ku⁰lu⁰kuɤ²⁴mai⁵¹ɕiɛr⁵¹.
意译：小喜鹊，尾巴长，娶了媳妇不要娘。把娘送到高山上，烙油馍卷砂糖，媳妇儿媳妇儿你先尝，我上高山瞧咱娘，咱娘变成屎壳郎，推着车吆喝着，补锅卖线为生。

（发音人：王景云 2019.07.25 郸城）

0003 小鸡嘎嘎
小鸡小鸡嘎嘎，要吃黄瓜，黄瓜有籽儿，要吃鸡腿儿，
ɕiɔ⁴²tɕi⁰ɕiɔ⁰⁴²tɕi⁰ka²⁴ka⁵¹,iɔ⁵¹tʂʰʅ²⁴xuaŋ⁴²kua⁰,xuaŋ⁴²kua⁰iou²⁴tsər⁰,iɔ⁵¹tʂʰʅ²⁴tɕi⁰⁴²tʰuər⁴⁴,
鸡腿儿有毛儿，要吃仙桃儿，仙桃儿有核儿，要吃牛犊儿，
tɕi²⁴tʰuer⁴⁴iou⁴⁴mər⁰,iɔ⁵¹tʂʰʅ²⁴ɕian²⁴tʰɔr⁴²,ɕian⁴²tʰɔr⁰iou⁴⁴xur⁰,iɔ⁵¹tʂʰʅ²⁴ɣou⁴²tur⁴²,
牛犊儿撒欢儿，撒到天边儿。
ɣou⁴²tur⁴²sa²⁴xuer²⁴,sa⁵¹tɔ⁰tʰian²⁴pier²⁴.

意译：小鸡小鸡乱叫，要吃黄瓜，黄瓜有籽儿，要吃鸡腿，鸡腿有毛，要吃仙桃，仙桃有核，要吃牛犊，牛犊撒欢儿，跑到天边。

（发音人：王景云 2019.07.25 郸城）

0004 拉罗罗

拉罗罗，打面面，我问小孩儿吃啥饭，

lɔ²⁴luɤ⁴²luɤ⁰,ta⁴⁴mian⁵¹mian⁰,uɤ⁴⁴uen⁵¹ɕiɔ⁴⁴xɛr⁰tʂʰʅ²⁴ʂa⁴⁴fan⁰,

凉面条子打鸡蛋，呼噜呼噜吃三碗，

liaŋ⁴²mian⁵¹tʰiɔ⁴²tsʅ⁰ta⁴⁴tɕi⁴⁴tan⁰,xu²⁴lu⁰xu²⁴lu⁰tʂʰʅ²⁴san²⁴uan⁴⁴,

吃不够，怔那儿怄，怄到后晌黑儿，吃个小面叶儿。

tʂʰʅ²⁴pu²⁴kou⁵¹,tʰiəŋ⁴²nar⁰ɣou⁵¹,ɣou⁵¹tɔ⁴⁴xɤ⁵¹ʂaŋ⁰ɕier⁴⁴,tʂʰʅ²⁴kɤ⁰ɕiɔ⁴⁴mian⁵¹ier²⁴.

意译：用罗筛面，我问小孩儿吃什么饭，凉面条配着荷包蛋，呼噜呼噜吃三碗，吃不够，躺下生气，到了晚上，再吃点面片。

（发音人：王景云 2019.07.25 郸城）

0005 盘脚盘

盘，盘脚盘，盘十年，十年整，切辣饼，

pʰan⁴²,pʰan⁴²tɕyɤ²⁴pʰan⁴²,pʰan⁴²ʂʅ⁴²n̠ian⁴²,ʂʅ⁴²n̠ian⁴²tʂəŋ⁴⁴,tɕʰie²⁴la⁴²piəŋ⁴⁴,

辣饼辣，滴芝麻，芝麻贵，蜷了小脚儿这一对。

la²⁴piəŋ⁴⁴la⁴⁴,ti²⁴tʂʅ²⁴ma⁰,tʂʅ²⁴ma⁴⁴kuei⁵¹,tɕʰyan⁴²lɤ⁰ɕiɔ⁴⁴tɕyɤ²⁴tʂə⁵¹i⁰tuei⁵¹.

意译：盘脚盘（指盘腿而坐），盘十年，十年整，切辣饼，辣饼辣，放点芝麻，芝麻贵，蜷起一对小脚。（儿童游戏）

（发音人：王景云 2019.07.25 郸城）

0006 涩拉秧

涩拉秧，拉弦子，八月十五炸丸子，

sai⁴⁴la⁴²iaŋ²⁴,la⁴²ɕian⁴⁴tsʅ⁰,pa⁴⁴ɣɤ²⁴ʂʅ⁴⁴u⁴⁴tʂa⁴²uan⁴²tsʅ⁰,

大人仨，小孩儿俩，干部上去抓一把，

ta⁵¹zen⁴²sa²⁴,ɕiɔ⁴⁴xɛr⁴²lia⁴⁴,kan²⁴pu⁰ʂaŋ⁵¹tɕʰy⁰tʂua²⁴i²⁴pa⁴⁴,

干部干部别抓了，社会主义来到了。

kan²⁴pu⁰kan²⁴pu⁰pai⁴²tʂua²⁴lɤ⁰,ʂɤ⁵¹xuei⁴⁴tʂu⁵¹i⁴⁴lai⁵¹tɔ⁵¹lɤ⁰.

意译：菜秧都干涩了（秋天到了），拉弦子，八月十五炸丸子，大人仨，小孩儿俩，干部上去抓一把，干部干部别抓了，社会主义来到了。

（发音人：王景云 2019.07.25 郸城）

0007 月老娘

月老娘，黄哇哇，有个小孩儿要吃妈，买个烧饼哄哄他。

ye²⁴lɔ⁴⁴n̠iaŋ⁴⁴,xuaŋ⁴²ua⁴²ua⁴⁴,iou⁴⁴kɤ⁴²ɕiɔ⁴⁴xɛr⁴²iɔ⁵¹tʂʰʅ²⁴ma⁴⁴,mai⁴⁴kɤ⁰ʂɔ²⁴piəŋ⁴⁴xuŋ⁴⁴xuŋ⁰tʰa²⁴.

意译：月亮的颜色黄黄的，有个小孩儿要吃奶，买个烧饼哄哄他。

（发音人：王景云 2019.07.25 郸城）

0008 拐小磨

拐，拐小磨儿，客来了，坐哪呵儿？嘚儿喔儿，坐这呵儿。

kuai⁴⁴,kuai⁴⁴ɕiɔ²⁴mɔr⁵¹,tɕʰiɛ²⁴lai⁴²lɤ⁰,tsuɤ⁵¹nar⁴⁴xɤ⁰?tər²⁴uɤr²⁴,tsuɤ⁵¹tʂɤ⁵¹xɤr⁰.

意译：正推磨，客人来了，坐哪儿呢？得了，坐这里吧。

（发音人：王景云 2019.07.25 郸城）

0009 拉一罗

拉一罗，扯一锯，姥娘门口[跟前]搭台戏。

lɔ²⁴i²⁴luɤ⁴²,tʂʰɤ⁴⁴i²⁴tɕy⁵¹,lɔ⁴⁴n̠ian⁴²men⁴²kʰou⁴⁴kan²⁴ta²⁴tʰai²⁴ɕi⁵¹,

请闺女，带女婿，小鳖孩儿也要去。

tsʰiəŋ⁴⁴kuen²¹n̠y⁰,tai⁵¹n̠y⁴⁴ɕy⁵¹,siɔ⁴⁴piɛ²⁴xɛr⁴²iɛ⁴⁴iɔ²⁴tɕʰy⁵¹.

意译：拉开阵势，姥姥家门口要搭台唱戏。请闺女，带着女婿，小孩子也要去。

（发音人：王景云 2019.07.25 郸城）

0010 卖菜歌

卖菜，卖菜，卖的啥菜？卖的韭菜，

mai⁵¹tsʰai⁵¹,mai⁵¹tsʰai⁵¹,mai⁵¹ti⁰ʂa²⁴tsʰai⁵¹?mai⁵¹ti⁰tɕiou⁴⁴tsʰai⁵¹,

韭菜老，买辣椒，辣椒辣，买黄瓜，

tɕiou⁴⁴tsʰai⁵¹lɔ⁴⁴,mai⁴⁴la⁴²tɕiɔ²⁴,la²⁴tɕiɔ²⁴la²⁴,mai⁴⁴xuaŋ⁴²kua⁰,

黄瓜一头儿苦，买点儿马铃薯，

xuaŋ⁴²kua⁰i⁰·²⁴tʰour⁴²kʰu⁴⁴,mai⁴⁴tiɛr⁰ma⁴⁴liəŋ⁴²ʂu⁴⁴,

昨天买的没吃完，请你买点儿葱和蒜，

tsuɤ⁴²tʰian²⁴mai⁴⁴ti⁰mei⁴²tʂʅ²⁴uan⁴²,tɕʰiəŋ⁴⁴n̠i⁰mai⁴⁴tiɛr⁴⁴tsʰuaŋ²⁴xɤ⁴²suan⁵¹,

葱和蒜不爱吃，请你买点儿西红柿，

tsʰuaŋ²⁴xɤ⁴²suan⁵¹pu⁵¹ɣai⁵¹tʂʅ²⁴,tsʰiəŋ⁴⁴n̠i⁴⁴mai⁴⁴tiɛr⁴⁴ɕi²⁴xuəŋ⁴²ʂʅ⁵¹,

西红柿人人爱，又做汤又做菜，

ɕi²⁴xuəŋ⁴²ʂʅ⁵¹zen⁴²zen⁴²ɣai⁵¹,iou⁵¹tsuɤ⁵¹tʰaŋ²⁴iou⁵¹tsuɤ²⁴tsʰai⁵¹,

今天吃了明天还来买。

tɕien²⁴tʰian²⁴tʂʅ²⁴lɤ⁰miəŋ⁴²tʰian²⁴xai⁴²lai⁴²mai⁴⁴.

意译：卖菜，卖菜，卖的什么菜？卖的韭菜；韭菜老，买辣椒；辣椒辣，买黄瓜；黄瓜有点苦，买点儿马铃薯；昨天买的没吃完，请你买点儿葱和蒜；葱和蒜不爱吃，请你买点儿西红柿；西红柿人人爱，又做汤又做菜，今天吃了明天还来买。

（发音人：王景云 2019.07.25 郸城）

二 故事

0021 牛郎和织女

今儿给大家讲个故事，名字叫牛郎织女。

tɕiər²⁴kei⁴⁴ta⁵¹tɕia²⁴tɕiaŋ⁴⁴kɤ⁰ku⁵¹ʂʅ⁵¹,miəŋ⁴²tsʅ⁵¹tɕiɔ⁵¹n̠iou⁴²laŋ⁴²tʂʅ²⁴n̠y⁴⁴.

在很早很早以前呀，有一个小孩儿，
tsai⁵¹xen⁴²tsɔ⁴⁴xen⁴²tsɔ⁴⁴·²⁴i⁵¹tɕʰian⁵¹ia⁰,iou⁴⁴·²¹kɤ⁰ɕiɔ⁴⁴xer⁴²,
自小死了父母，只和老牛相依为命，
tsʅ⁵¹ɕiɔ⁴⁴sʅ⁴⁴lɤ⁵¹fu⁴⁴mu⁴⁴,tsʅ⁵¹xɤ⁴²lɔ⁴⁴ȵiou⁵¹ɕiaŋ⁵¹·²⁴i⁵¹uei²⁴mi əŋ⁵¹,
人们都叫他叫牛郎。牛郎是一个勤劳的孩子，
zən⁴²mən⁰tou²⁴tɕiɔ⁵¹tʰa⁴⁴tɕiɔ⁵¹ȵiou⁴²laŋ⁰.ȵiou⁴²laŋ⁵¹·²⁴i⁵¹kɤ⁰tɕʰien⁵¹lɔ⁴²ti⁰xai⁴²tsʅ⁰,
每天都赶着牛下地干活。把自家的活儿干完了，
mei⁴⁴tʰian²⁴tou²⁴kan⁵¹tsuɤ⁰ȵiou⁴²ɕia²⁴ti⁵¹kan⁵¹xuɤ⁴².pa²⁴tsʅ⁵¹tɕia²⁴ti⁰xuɤr⁴²kan⁵¹uan⁴²lɤ⁰,
还帮助邻居、亲戚、朋友去干活儿。
xai⁴²paŋ²⁴tʂu⁰lien⁴⁴tɕy²⁴,tɕʰien⁵¹tɕʰi²⁴,pʰəŋ⁴²iou⁰tɕʰy⁵¹kan⁵¹xuɤr⁴².
谁家里有事儿，他都忙前忙后，忙里忙外，
ʂei⁴²tɕia²⁴li⁰iou⁴⁴ʂər⁵¹,tʰa²⁴tou⁰maŋ⁵¹tɕʰian⁴²maŋ⁴²xou⁵¹,maŋ⁴⁴li⁴⁴maŋ⁴⁴uai⁵¹,
大家都非常喜欢他。
tʰa⁵¹tɕia²⁴tou²⁴fei²¹tʂʰaŋ⁴²ɕi⁴⁴xuan²⁴tʰa⁴⁴.
不知不觉，就这样，牛郎长成了大小伙子。
pu²⁴tsʅ²⁴pu²⁴tɕyɛ²⁴,tɕiou⁵¹tʂɤ²⁴iaŋ⁵¹,ȵiou⁴²laŋ⁴²tʂaŋ⁴⁴tʂʰəŋ⁵¹lɤ⁰ta⁵¹ɕiɔ⁴⁴xuɤ⁴⁴tsʅ⁰.
有一天牛郎从外边儿回来，
iou⁴⁴·²¹i⁵¹tʰian²⁴,ȵiou⁴²laŋ⁴²tsʰuŋ⁴²uai⁵¹pier²⁴xuei⁴²lai⁰,
刚走到家门口，就听到有人叫他："牛郎？"
kaŋ²¹tsou⁴⁴tɔ⁰tɕia²⁴mən⁰kʰou⁴⁴,tɕiou⁵¹tʰiəŋ²⁴tɔ⁰iou⁴⁴zən⁴²tɕiɔ⁵¹tʰa²⁴:"ȵiou⁴²laŋ⁴²?"
他看了一圈，也没有发现有人叫他。
tʰa²⁴kʰan⁵¹lɤ⁰i⁵¹tɕʰyɛr²⁴,iɛ⁴⁴mei⁰iou⁴⁴fa²⁴ɕian⁵¹·⁴⁴zən⁴²tɕiɔ⁵¹tʰa²⁴.
"这是谁叫我哩来？"
"tʂɤ⁴²ʂʅ⁵¹ʂei⁴²tɕiɔ⁵¹uɤ⁴⁴li⁰lai⁰?"
这个时候听见又有人叫他一声："牛郎？"
tʂɤ⁵¹kɤ⁰ʂʅ⁴²xou⁰tʰiəŋ⁴²tɕian⁵¹iou⁵¹iou⁴⁴zən⁴²tɕiɔ⁵¹tʰa²⁴·²⁴i⁵¹ʂəŋ²⁴:"ȵiou⁴²laŋ⁴²?"
他仔细哩一看，哎呀，是老牛会说话了。
tʰa²⁴tsʅ⁴⁴ɕi⁵¹·⁰·²⁴li⁰i⁵¹kʰan⁵¹,ɣai⁴⁴ia⁰,ʂʅ⁵¹lɔ⁴⁴ȵiou⁴²xuei⁵¹ʂuɤ²⁴xua⁴⁴lɤ⁰.
他走到老牛跟前，对老牛说：
tʰa²⁴tsou⁴⁴tɔ⁰lɔ⁴⁴ȵiou⁴²kən²⁴tɕʰian⁵¹,tuei⁵¹lɔ⁴⁴ȵiou⁴²ʂuɤ²⁴:
"老牛，你有什么，有啥安排啊？"
"lɔ⁴⁴ȵiou⁴²,ȵi⁴⁴iou⁴⁴ʂən⁴²mɤ⁰,iou⁴⁴ʂa⁵¹ɣan²⁴pʰai⁴²·ia⁰?"
老牛说："牛郎啊，你记住我哩话，
lɔ⁴⁴ȵiou⁴²ʂuɤ²⁴:"ȵiou⁴²laŋ⁴²a⁰,ȵi⁴⁴tɕi⁵¹tʂu⁰uɤ⁴⁴·¹⁰xua⁵¹,
明儿清早起来呀，你早起来一会儿，
mi ɤ̃r⁴²tɕʰiəŋ²⁴tsɔ⁴⁴tɕʰi⁴⁴lai⁴²·ia⁰,ȵi⁴⁴tsɔ⁴⁴tɕʰi⁴⁴lai⁴⁴·⁰·²⁴i⁵¹xuər⁵¹,

到咱庄儿东头儿，那个小河里边，
tɔ⁵¹tsan⁴²tʂuãr²⁴tuŋ²⁴tʰour⁴²,na²¹kɤ⁰ɕiɔ⁵¹xɤ⁴²li⁴⁴pian⁰,
那个小河里边啊，有一群女孩儿在那里洗澡，
na⁵¹kɤ⁰ɕiɔ⁴⁴xɤ⁴²li⁴⁴pian⁰ia⁰,iou⁴⁴i²¹tɕʰyen⁰n̻y⁴⁴xɛr⁴²tsai⁰na²¹li⁰ɕi²⁴tsɔ⁴⁴,
你把那一件儿粉红色的衣服抱回来，
n̻i⁴⁴pa²¹na²⁴·²¹i⁵¹tɕiɛr⁰fen⁴⁴xuŋ⁴²sɤ²⁴tɤ⁰·²¹i⁰fu⁰pɔ⁵¹xuei⁴²lai⁰,
那衣裳啊就是你未来媳妇的衣服。啊，你要记住我的话。"
na⁵¹·²¹ʂaŋ⁰a⁰tou⁵¹ʂɿ⁴⁴n̻i⁴⁴uei⁵¹lai⁴²ɕi⁰fu⁰ti⁰·²¹i⁰fu⁰.a⁰,n̻i⁴⁴iɔ⁵¹tɕi⁵¹tʂu⁰uɤ⁴⁴ti⁰xua⁵¹."
牛郎非常高兴，记着按照老牛的话，
n̻iou⁴²laŋ⁴²fei²¹tʂʰaŋ⁴²kɔ²⁴ɕiəŋ⁵¹,tɕi⁵¹tʂuɤ⁰ɣan²⁴tʂɔ⁵¹lɔ⁴⁴n̻iou⁴²ti⁰xua⁵¹,
第二天早晨，早早地来到小河，
ti²⁴ər⁵¹tʰian²⁴tsɔ⁴⁴tʂʰen⁴²,tsɔ⁰tsɔ⁰li⁰lai⁴²tɔ⁰ɕiɔ⁴⁴xɤ⁴²,
看见一群女孩儿正在那里嬉闹、洗澡。
kʰan⁵¹tɕian⁵¹i⁴⁴tɕʰyen⁴²n̻y⁴⁴xɛr⁴²tʂəŋ⁵¹tsai⁰na²¹li⁰ɕi²⁴nɔ⁵¹,ɕi⁴⁴tsɔ⁴⁴.
他就找到那一件儿粉红色的衣服，抱回了家。
tʰa⁴⁴tɕiou⁵¹tʂɔ⁴⁴tɔ⁰na²¹·²⁴i⁵¹tɕiɛr⁰fen⁴⁴xuŋ⁴²sɤ⁴⁴ti⁰·²¹i⁰fu⁰,pɔ⁵¹xuei⁰lɤ⁰tɕia²⁴.
后来，织女，啊，后来呀，那个女，粉红色的衣服，
xou⁵¹lai⁴²,tʂɿ²⁴n̻y⁴⁴,ya²⁴,xou⁵¹lai⁴²ia⁰,na²¹kɤ⁰n̻y⁰²⁴,fen⁴⁴xuŋ⁴²sɤ⁴⁴ti⁰·²¹i⁰fu⁰,
那个女孩儿就来到牛郎的家里，和牛郎结为夫妻。
na²¹kɤ⁰n̻y⁴⁴xɛr⁴²tɕiou⁵¹lai⁴²tɔ⁰n̻iou⁴²laŋ⁴²tɤ⁰tɕia²⁴li⁰,xɤ⁴²n̻iou⁴²laŋ⁴²tɕiɛ⁴²uei⁰fu²⁴tɕʰi²⁴.
这个女孩子啊，是从上天下凡的织女。
tʂɤ⁵¹kɤ⁰n̻y⁴⁴xai⁴²tsɿ⁰a⁰,ʂɿ⁵¹tsʰuŋ⁴²ʂaŋ⁵¹tʰian²⁴ɕia⁵¹fan⁴²tɤ⁰tʂɿ²⁴n̻y⁴⁴.
从那以后，织女就和牛郎结为夫妻，
tsʰuŋ⁴²na⁰·⁴⁴i⁰xou⁵¹,tʂɿ²⁴n̻y⁴⁴tɕiou⁵¹xɤ⁴⁴n̻iou⁴²laŋ⁴²tɕiɛ⁴²uei⁰fu²⁴tɕʰi²⁴,
生活非常美满。
ʂəŋ²¹xuɤ⁴²fei²¹tʂʰaŋ⁴²mei⁴²man⁴⁴.
过了一年，他们生下了一对儿可爱的，一双儿可爱的儿女，
kuɤ⁴⁴lɤ⁰i⁴⁴n̻ian⁴²,tʰa⁴²men⁰ʂəŋ⁰tɕia⁰lɤ⁰·²⁴i⁰tuər⁵¹kʰɤ⁴⁴ɣai⁴²tɤ⁰,i⁵¹ʂuaŋ²⁴kʰɤ⁴⁴ɣai⁵¹tɤ⁰ər⁴²n̻y²⁴,
哎，一双儿女非常可爱。
ɣai⁰·²¹i⁵¹ʂuaŋ⁴²ər⁴²n̻y⁴⁴fei²¹tʂʰaŋ⁴²kʰɤ⁴⁴ɣai⁵¹.
日子过得真快，过几，过了一段儿时间，
ʐɿ²¹tsɿ⁰kuɤ⁵¹ti⁰tʂen²⁴kʰuai⁵¹,kuɤ⁵¹tɕi⁴⁴,kuɤ⁵¹lɤ⁰·²¹i⁰tuər⁰ʂɿ⁴²tɕian⁰,
这一天，老牛把牛郎叫到跟前，给他说：
tʂɤ⁵¹·²¹i⁵¹tʰian²⁴,lɔ⁴²n̻iou⁰pa²¹n̻iou⁴²laŋ⁴²tɕiɔ⁵¹tɔ⁰ken²⁴tɕʰian⁴²,kei⁴⁴tʰa²¹ʂuɤ²⁴:
"牛郎啊，我恐怕不行了。你记住，我死了以后啊，
"n̻iou⁴²laŋ⁴²ya²⁴,uɤ⁴⁴kʰuŋ⁴⁴pʰa⁵¹pu⁰ɕiəŋ⁴²lɤ⁰.n̻i⁴⁴tɕi⁵¹tʂu⁰,uɤ⁴⁴sɿ⁴⁴lɤ⁰·⁴⁴xou⁵¹·⁰a⁰,

你把我的皮剥下来，角啊去下来，要放藏好，
ȵi⁴⁴pa⁴⁴uɤ⁴⁴tɤ⁰pʰi⁴²puɤ²⁴ɕia⁰lai⁰,tɕiɔ²¹a⁰tɕʰy⁵¹ɕia²⁴lai²⁴,iɔ⁵¹faŋ⁵¹tsʰaŋ⁴²xɔ⁴⁴,

以后啊家里要是有难哩时候，你把我的皮找出来，
i⁴⁴xou⁵¹a⁰,tɕia²¹li⁰iɔ⁵¹ʂʅ⁰iou⁴⁴nan⁵¹li⁰ʂʅ⁴²xou⁰,ȵi⁴⁴pa⁴⁴uɤ⁴⁴ti⁰pʰi⁴²tʂɔ⁴⁴tʂʰu²⁴lai⁴²,

只要披在身上，就没事儿啦。"
tʂʅ⁴²iɔ⁰pʰei²⁴tsai⁵¹ʂen²⁴ʂaŋ⁰,tɕiou⁵¹mei⁴²ʂɚ⁵¹la⁰."

牛郎记住了老牛的话，含着泪把老牛的皮剥下来，
ȵiou⁴²laŋ⁴²tɕi⁵¹tʂu⁰lɤ⁰lɔ⁴⁴ȵiou⁴²ti⁰xua⁵¹,xan⁴²tʂɤ⁰lei⁵¹pa⁰lɔ⁴⁴ȵiou⁴²tɤ⁰pʰi⁴²puɤ²⁴⁵¹lai⁰,

角去下来藏好，掩埋了老牛的尸体。
tɕiɔ²⁴tɕʰy⁵¹ɕia⁰lai⁴²tsʰaŋ⁴²xɔ⁴⁴,ian⁴⁴mai⁰lɤ⁰lɔ⁴⁴ȵiou⁴²tɤ⁰ʂʅ²⁴tʰi⁴⁴.

织女从天上下凡和牛郎结婚的事情，
tʂʅ²⁴ȵy⁴⁴tsʰuŋ⁴²tʰian²⁴ʂaŋ⁰ɕia⁰fan⁴⁴xɤ⁰ȵiou⁴²laŋ⁴²tɕiɛ²⁴xuen²⁴ti⁰ʂʅ⁵¹tɕʰiəŋ⁴²,

传到了天宫里，让王母娘娘知道了，
tʂʰuan⁴²tɔ⁰lɤ⁰tʰian²⁴kuŋ²¹li⁰,zaŋ⁵¹uaŋ⁴²mu⁰ȵiaŋ⁰ȵiaŋ⁰tʂʅ²⁴tɔ⁰lɤ⁰,

王母娘娘怎么能够容忍啊？
uaŋ⁴²mu⁰ȵiaŋ⁰ȵiaŋ⁰tsen⁴⁴mɤ⁰nəŋ⁴²kou⁵¹zuŋ⁴²zen⁴⁴na⁰?

所以她就找到人间，她决定要找到人间，
ʂuɤ⁴²i⁰tʰa²⁴tɕiou⁰tʂɔ⁴⁴tɔ⁰zen⁴²tɕian²⁴,tʰa²⁴tɕyɛ²⁴tiəŋ⁵¹iɔ⁰tʂɔ⁴⁴tɔ⁰zen⁴²tɕian²⁴,

嗯，严格地，嗯，惩罚织女。这一天，天突然刮起了大风，
ɤen⁰,ian⁴²kɤ⁰ti⁰,ɤen⁰,tʂʰəŋ⁴²fa⁴²tʂʅ²⁴ȵy⁴⁴.tʂɤ⁵¹·²¹tʰian²⁴,tʰian²⁴tʰu²⁴zan⁴⁴kua²⁴tɕʰi⁴⁴lɤ⁰ta⁵¹fəŋ²⁴,

下起了瓢泼大雨，电闪雷鸣，
ɕia⁵¹tɕʰi⁴⁴lɤ⁰pʰiɔ⁴²pʰuɤ²⁴ta⁵¹y⁴⁴,tian⁵¹ʂan⁴⁴lei⁴²miəŋ⁴²,

织女正在屋里织布，就看见外边儿过来一个人，
tʂʅ²⁴ȵy⁴⁴tsəŋ²⁴tsai⁵¹u²⁴li⁴⁴tʂʅ²⁴pu⁰,tɕiou²⁴kʰan⁵¹tɕian⁰uai⁵¹piɚ²⁴kuɤ²⁴lai⁰i⁰·²¹kɤ⁰zen⁴²,

她一眼就看出来那是王母娘娘。
tʰa²⁴·²⁴i⁰ian⁴⁴tou⁰kʰan⁵¹tʂʰu²⁴lai⁰na⁰ʂʅ⁰uaŋ⁴²mu⁰ȵiaŋ⁰ȵiaŋ⁰.

王母娘娘抓起来她就走。
uaŋ⁴²mu⁰ȵiaŋ⁰ȵiaŋ⁰tʂua²⁴tɕʰi⁵¹lai⁰tʰa²⁴tɕiou⁵¹tsou⁴⁴.

织女来不及去告诉去告诉牛郎，
tʂʅ²⁴ȵy⁴⁴lai⁰pu⁰tɕi⁰tɕʰy⁰kɔ²⁴su⁰tɕʰy⁵¹kɔ⁰ʂu⁰ȵiou⁰laŋ⁴²,

马上喊着，对她的孩子说："快去找你的爸爸！"
ma⁴⁴ʂaŋ⁵¹xan⁴⁴tʂɤ⁰,tuei⁵¹tʰa²¹ti⁰xai²⁴tsʅ⁰ʂuɤ²⁴:"kʰuai²⁴tɕʰy⁵¹tʂɔ⁴⁴ȵi⁴⁴ti⁰pa⁰pa⁰!"

王母娘娘就把织女带走了。
uaŋ⁴²mu⁰ȵiaŋ⁰ȵiaŋ⁰tɕiou²⁴pa⁴²tʂʅ²⁴ȵy⁴⁴tai⁵¹tsou⁴⁴lɤ⁰.

牛郎急急忙忙赶到家里，找不到织女，
ȵiou⁴²laŋ⁴²tɕi⁴²tɕi⁴²maŋ⁴²maŋ⁴²kan⁴⁴tɔ⁰tɕia²⁴li⁰,tʂɔ⁴⁴pu⁰tɔ⁰tʂʅ²⁴ȵy⁴⁴,

他想起了老牛的话，
tʰa²⁴ɕiaŋ²⁴tɕʰi²¹lɤ⁰lɔ⁴⁴ȵiou⁴²ti⁰xua⁵¹,
赶紧把老牛的皮找出来，披在身上，
kan⁴²tɕien⁴⁴pa²¹lɔ⁴⁴ȵiou⁴²tɤ⁰pʰi⁴²tʂo²⁴tɕʰu²⁴lai⁰,pʰei²⁴tsai⁵¹ʂen²¹ʂaŋ⁰,
两个牛角转眼间变成两个箩筐。
liaŋ⁴⁴kɤ⁰ȵiou⁴²tɕiɔ²⁴tʂuan⁴²ian⁴⁴tɕian²⁴pian⁵¹tʂʰəŋ²¹liaŋ⁴⁴kɤ⁰luɤ⁴²kʰuaŋ²⁴.
他把两个孩子装到箩筐里边，
tʰa²¹pa²¹liaŋ⁴⁴kɤ⁰xai⁴²tsɿ⁰tʂuaŋ²⁴tɔ⁰luɤ⁴²kʰuaŋ²⁴li⁴⁴pian⁰,
那两个，两个箩筐马上飞起来，
na²¹liaŋ⁴⁴kɤ⁰,liaŋ⁴⁴kɤ⁰luɤ⁴²kʰuaŋ²⁴ma⁴⁴ʂaŋ⁰fei²⁴tɕʰi⁴⁴lai⁰,
牛郎也感觉浑身轻松，飘起来了。
ȵiou⁴²laŋ⁴²iɛ⁴²kan⁴⁴tɕyɛ⁰xuen⁴²ʂen²⁴tɕʰiəŋ²⁴suŋ²⁴,pʰiɔ²¹tɕʰi⁴⁴lai⁰lɤ⁰.
他就急急忙忙去追赶织女。
tʰa²⁴tou⁰tɕi⁴²tɕi⁰maŋ⁴²maŋ⁰tɕʰy⁵¹tʂuei²⁴kan⁴⁴tʂɿ²⁴ny⁴⁴.
撵呀，撵呀，撵呀，眼看就要撵上了。
ȵian⁴⁴ia⁰,ȵian⁴⁴ia⁰,ȵian⁴⁴ia⁰,ian⁴⁴kʰan⁵¹tou⁰iɔ²¹ȵian⁴⁴ʂaŋ⁵¹lɤ⁰.
王母娘娘扭头一看，牛郎撵上来了，
uaŋ⁴²mu⁰ȵiaŋ⁴²ȵiaŋ⁰ȵiou⁴⁴tʰou⁴²i⁰kʰan⁵¹,ȵiou⁴²laŋ⁴²ȵian⁴⁴ʂaŋ⁵¹lai⁰lɤ⁰,
从头上拔下来簪子，在她的身后划了一条线，
tsʰuŋ⁴²tʰou⁴²ʂaŋ⁰pa⁴²ɕia⁵¹lai⁰tsan²⁴tsɿ⁰,tsai⁵¹tʰa²⁴li⁰ʂen²⁴xou⁵¹xua⁵¹lɤ⁰i⁰tʰiɔ⁴²ɕian⁵¹,
这条线瞬间变成了一条又宽又深的天河，
tʂei⁵¹tʰiɔ⁴²ɕian⁵¹ʂuen⁵¹tɕian²⁴pian⁵¹tʂʰəŋ⁴²lɤ⁰i⁰tʰiɔ⁴²iou⁵¹kʰuan²⁴iou⁵¹tʂʰen²⁴ti⁰tʰian²⁴xɤ⁴²,
把小夫妻俩隔绝开来。
pa²¹ɕiɔ⁴⁴fu²⁴tɕʰi⁴⁴lia⁴⁴kɤ²⁴tɕyɛ⁴²kʰai²⁴lai⁴².
后来，喜鹊很同情牛郎织女的命运，
xou⁵¹lai⁴²,ɕi⁴⁴tɕʰyɛ⁵¹xen⁴⁴tʰuŋ⁴²tɕʰiəŋ⁴⁴ȵiou⁴²laŋ⁴²tʂɿ⁵¹ny⁴⁴tɤ⁰miəŋ⁴²yen⁰,
它们，它们每年在七，在七月七日，
tʰa²⁴men⁰,tʰa²⁴men⁰mei⁴⁴ȵian⁴²tsai⁵¹tɕʰi²⁴,tsai⁵¹tɕʰi²¹yɤ⁴⁴tɕʰi²¹ʐɿ²⁴,
七月，七月初七这一天，
tɕʰi²¹yɛ²⁴,tɕʰi²¹yɛ²⁴tʂʰuə²¹tɕʰi²⁴tʂɿ⁵¹i²¹tʰian²⁴,
成千上万的喜鹊搭成鹊桥，
tʂʰəŋ⁴²tɕʰian²⁴ʂaŋ⁵¹uan⁵¹tɤ⁰ɕi⁴⁴tɕʰyɛ⁵¹ta²⁴tʂʰəŋ⁴²tɕʰyɛ⁵¹tɕʰiɔ⁴²,
嗯，把宽宽的天河两岸连起来。
yen⁰,pa²¹kʰuan²⁴kʰuan²⁴ti⁰tʰian²⁴xɤ⁴²liaŋ⁴⁴ɣan⁵¹lian⁴²tɕʰi²¹lai⁰.
小夫妻俩每年在鹊桥上相会一次。
ɕiɔ⁴⁴fu²⁴tɕʰi⁴⁴lia⁴⁴mei⁴⁴ȵian⁴²tsai⁵¹tɕʰyɛ⁵¹tɕʰiɔ⁴²ʂaŋ⁰ɕiaŋ²⁴xuei⁵¹i²⁴tsʰɿ⁵¹.

意译：今天我给大家讲一个故事，故事的名字叫牛郎织女。很早以前，有一个小孩，从小死了父母，和老牛相依为命，人们都叫他牛郎。牛郎是一个勤劳的孩子，每天都赶着牛下地干活。干完自家的活儿，还帮助邻居、亲戚、朋友去干活儿。谁家里有事儿，他都忙前忙后，忙里忙外。大家都非常喜欢他。牛郎不知不觉就长成大小伙子了。有一天牛郎从外边儿回来，刚走到家门口，就听到有人叫他，他仔细一看，原来是老牛会说话了。他走到老牛跟前，对老牛说："老牛，你有什么事啊？"老牛说："牛郎，你记住我的话，明天清早你早点儿起来到咱们村东头儿的小河边儿，河边儿有一群女孩儿在洗澡，你拿一件粉红色的衣服回来，那是你未来媳妇的衣服。你要记住我的话。"牛郎非常高兴，按照老牛的话，第二天早晨早早地来到小河边，看见一群女孩儿正在那里嬉闹、洗澡。他就找到那件粉红色的衣服，抱回了家。后来粉红色衣服的主人就来到牛郎的家里，和牛郎结为夫妻。这个女孩子是从上天下凡的织女。从那以后，织女就和牛郎结为夫妻，生活非常美满。过了一年，他们生下了一双儿女，非常可爱。日子过得真快，这一天，老牛把牛郎叫到跟前，对他说："牛郎啊，我恐怕不行了。你记住，我死了以后，你把我的皮剥下来，牛角取下来，收藏好，以后家里要是有难的时候，你把我的皮找出来，只要披在身上，就没事儿啦。"牛郎记住了老牛的话，含着泪把老牛的皮剥下来，角取下来藏好，掩埋了老牛的尸体。织女下凡和牛郎结婚的事情传到了天宫里，让王母娘娘知道了，王母娘娘怎么能够容忍啊？所以她决定要严格地惩罚织女。这一天，天突然刮起了大风，下起了瓢泼大雨，电闪雷鸣，织女正在屋里织布，就看见从外面进来一个人，她一眼就看出来那是王母娘娘。王母娘娘抓起来她就走。织女来不及去告诉牛郎，马上对孩子喊着："快去找你们的爸爸！"王母娘娘就把织女带走了。牛郎急急忙忙赶到家里，找不到织女，他想起了老牛的话，赶紧把老牛的皮找出来，披在身上，两个牛角转眼间变成两个箩筐。他把两个孩子装到箩筐里边，那两个箩筐马上飞起来，牛郎也感觉浑身轻松，飘起来了。他急急忙忙去追赶织女。撵呀撵呀，眼看就要撵上了。王母娘娘回头一看，牛郎撵上来了，从头上拔下簪子在她的身后划了一条线，这条线瞬间变成了一条又宽又深的天河，把小夫妻俩隔绝开来。后来，喜鹊很同情牛郎织女的命运，它们每年在七月初七这一天搭成鹊桥，把宽宽的天河两岸连起来。小夫妻俩每年在鹊桥上相会一次。

（发音人：王景云　2019.07.25 郸城）

0022 王子求仙记

今儿给大家讲个故事，名字叫王子求仙。
tɕiər²⁴ kei⁴⁴ ta⁵¹ tɕia²⁴ tɕiaŋ⁴⁴ kɤ⁵¹ ku⁵¹ sʅ⁵¹,miəŋ⁴² tsʅ⁰ tɕiɑu²⁴ uɑŋ⁴² tsʅ⁴⁴ tɕʰiou⁴² ɕian²⁴.

很早很早以前啊，有一个小伙子名字叫王子，
xen⁴² tsɔ⁴⁴ xen⁴² tsɔ⁴⁴ i⁴² tɕʰian²⁴ iɑ⁰,iou⁴² i⁴² kɤ⁰ ɕiɔ⁵¹ xuɤ²⁴ tsʅ⁰ miəŋ⁴² tsʅ⁰ tɕiɑu²⁴ uɑŋ⁴² tsʅ⁴⁴,

住在离郸城三十里地王家庄。
tʂu⁵¹tsai⁵¹li⁴²tan²⁴tʂʰəŋ⁴²san²⁴ʂɿ⁴²li⁴⁴ti⁰uaŋ⁴²tɕia²⁴tʂuaŋ²⁴.

这个王子啊，是一个勤劳的人，每天去打柴，
tʂɤ⁵¹kɤ⁰uaŋ⁴²tsɿ⁴⁴a⁰,ʂɿ⁵¹i⁰kɤ⁰tɕʰien⁵¹lɔ⁰tɤ⁰ʐen⁴²,mei⁴⁴tʰian²⁴tɕʰy⁵¹ta⁴⁴tʂʰai⁴²,

打罢柴挑着到郸城去卖，
ta⁴⁴pa⁰tʂʰai⁴²tʰiɔ²⁴tʂuɤ⁰tɔ⁵¹tan²⁴tʂʰəŋ⁴²tɕʰy²⁴mai⁵¹,

换回油盐酱醋养活一家人。
xuan⁵¹xuei⁴²iou²⁴ian⁴²tɕian²⁴tsʰu²⁴iaŋ⁴⁴xuɤ⁰i²⁴tɕia²⁴ʐen⁴².

这一天，他挑着柴，走到郸城天还不亮，
tʂɤ⁵¹i²⁴tʰian²⁴,tʰa⁴⁴tʰiɔ⁴²tʂuɤ⁰tʂʰai⁴²,tsou⁴⁴tɔ⁰tan²⁴tʂʰəŋ⁴²tʰian²⁴xai⁴²pu²⁴liaŋ⁵¹,

把柴担放下，就走到桥洞下面儿去休息。
pa⁵¹tʂʰai⁴²tan²⁴faŋ⁵¹ɕia²⁴,tɕiou⁴²tsou⁴⁴tɔ⁰tɕʰiɔ⁴²tuŋ⁵¹ɕia⁵¹mier⁰tɕʰy⁵¹ɕiou⁴²ɕi²⁴.

这个时候他看见桥洞里边儿，
tʂɤ⁵¹kɤ⁰ʂɿ⁴²xou⁰tʰa⁴⁴kʰan⁵¹tɕian⁰tɕʰiɔ⁴²tuŋ⁵¹li⁴⁴piɛr²⁴,

有两个白胡子老头儿在那里下棋。
iou⁴⁴liaŋ²⁴kɤ⁰pai⁴²xu⁴²tsɿ⁰lɔ²⁴tʰou⁴⁴tsai⁵¹na²¹li⁴²ɕia⁵¹tɕʰi⁴².

他不自觉地就凑上前去看，
tʰa⁴⁴pu²⁴tsɿ⁵¹tɕyɤ²⁴li⁰tou⁴⁴tsʰou⁴⁴ʂaŋ⁵¹tɕʰian⁴²tɕʰy⁵¹kʰan⁵¹,

也不知道看了多长时间，
iɛ⁴⁴pu²⁴tʂɿ²⁴tɔ⁰kʰan⁵¹lɤ⁰tuɤ⁴²tʂʰaŋ⁴²ʂɿ⁴²tɕian²⁴,

只是看见到桥洞外边儿哩槐树啊，
tʂɿ⁴⁴ʂɿ⁰kʰan⁵¹tɕian⁰tɔ⁵¹tɕʰiɔ⁴²tuŋ⁵¹uai⁵¹piɛr²⁴li⁰xuai⁴²ʂu⁵¹a⁰,

叶子青了又黄，黄了又青，
iɛ²⁴tsɿ⁰tɕʰiəŋ²⁴lɤ⁰iou⁵¹xuaŋ⁴²,xuaŋ⁴²lɤ⁰iou⁵¹tɕʰiəŋ²⁴,

这个时候白胡子老头说了："哎呀，有点儿饿了。"
tʂɤ⁵¹kɤ⁰ʂɿ⁴²xou⁰pai⁴²xu⁴²tsɿ⁰lɔ⁴²tʰou⁴⁴ʂuɤ²⁴lɤ⁰:"ai²⁴ia⁰,iou⁴²tiɛr⁴²ɤ⁵¹lɤ⁰."

只见他一伸手，飞过来一只槐树郎，
tʂɿ²⁴tɕian⁵¹tʰa⁴⁴i²⁴tʂʰen⁴²ʂou⁴⁴,fei⁴⁴kuɤ⁵¹lai⁴²i²⁴tʂɿ²⁴xuai⁴²ʂu⁵¹laŋ²⁴,

这，这屎壳郎，他就揪掉爪子，去掉膀子，
tʂɤ⁵¹,tʂɤ⁵¹ʂɿ⁵¹kʰɤ⁴²laŋ²⁴,tʰa⁴²tɕiou⁴²tɕiou⁵¹tiɔ⁰tʂua⁴⁴tsɿ⁴⁴,tɕʰy⁵¹tiɔ⁵¹paŋ⁴⁴tsɿ⁴⁴,

往嘴里一填，□□□就吃了。
uaŋ⁴⁴tsuei⁴⁴li⁰i²⁴tʰian⁴²,ku⁴²tsʰua⁴⁴ku⁴²tsʰua⁴⁴tɕiou⁵¹tʂʰɿ²⁴lɤ⁰.

王子看见他吃了，也感，也觉得肚里饿了，
uaŋ⁴²tsɿ⁴⁴kʰan⁵¹tɕian⁵¹tʰa⁴⁴tʂʰɿ²⁴lɤ⁰,iɛ⁴⁴kan⁵¹,iɛ⁴⁴tɕyɛ⁵¹tɤ⁰tu⁵¹li⁰ɤ⁵¹lɤ⁰,

弯腰拾起来那屎壳郎爪子和膀子，填到嘴里吃了。
uan²⁴iɔ²⁴ʂɿ⁴²tɕʰi⁴⁴lai⁴⁴na⁵¹ʂɿ⁴⁴kʰɤ⁴²laŋ⁴⁴tʂua⁴⁴tsɿ⁰xɤ⁴²paŋ⁴⁴tsɿ⁰,tʰian⁴²tɔ⁵¹tsuei⁴⁴li⁰tʂʰɿ²⁴lɤ⁰.

这个时候他感到身上有劲儿了，有精神了。
tʂɤ⁵¹kɤ⁰ʂʅ⁴²xouʰa⁴⁴kan⁴⁴tɔ⁵¹ʂenʂaŋiouʰtɕiərʰlɤ⁰,iouʰtɕiaŋ²⁴ʂenʰlɤ⁰.
这个时候哩，两个白胡子老头说："哎呀，不下了吧？不早了。"
tʂɤ⁵¹kɤ⁰ʂʅ⁴²xou²⁴li⁰,liaŋ⁴⁴kɤ⁰pai⁴²xu⁰tsʅ⁰lɔ⁵¹tʰouʂɤ⁰:"ei²⁴ia⁰,puʰɕia⁵¹lɤ⁰pa?pu²⁴tsɔ⁴⁴lɤ⁰."
说完，眨眼间，两个老头儿不见了。
ʂɤ²⁴uan⁴²,tʂa²⁴ianʰtɕian²⁴,liaŋ⁴⁴kɤ⁰lɔ⁵¹tʰoupu²⁴tɕianʰlɤ⁰.
王子这个时候才感到，哎呀，出来的时间太长了。
uaŋ⁴²tsʅ⁴⁴tʂɤ⁵¹kɤ⁰ʂʅ⁴²xouʰtsʰai⁴²kan⁴⁴tɔ⁰,ai²⁴ia⁰,tʂʰulai⁴²tɤ⁵¹ʂʅ⁴²tɕianʰtʰai⁵¹tʂʰaŋ⁴²lɤ⁰.
嗯，他马上从桥洞里边儿走出了来，
en⁰,tʰa⁴⁴ma²⁴ʂaŋ⁵¹tsʰun⁴²tɕʰiɔ⁵¹tuŋ⁵¹liʰpiɛrʰtsou⁴⁴tʂʰulai⁵¹,
走到桥上面去，一看，哎呀，郸城变了，
tsou⁴⁴tɔ⁵¹tɕʰiɔ⁴²ʂaŋ⁵¹miɛrʰtɕʰy⁵¹,i²⁴kʰan⁵¹,ai²⁴ia⁰,tanʰtʂʰəŋ⁴²pian⁵¹lɤ⁰,
不是原来那个样子了，街道也宽了，人也多了，热闹起来了。
pu²⁴ʂʅ⁴²yanlai⁴²naʰkɤ⁰iaŋʰtsʅʰlɤ⁰,tɕiɛ⁴⁴tɔʰiɛʰkʰuan²⁴lɤ⁰,zenʰiɛ⁴⁴tuɤ²⁴lɤ⁰,zɤ⁵¹nɔ⁰tɕʰi⁴⁴lai⁴²lɤ⁰.
再找他的挑担子，柴火担子已经找不到了。
tsai⁵¹tʂɔ⁴⁴tʰa⁴⁴tiʰtʰiɔ²⁴tanʰtsʅ⁰,tʂʰaiʰxuɤʰtanʰtsʅ⁴⁴·⁴⁴iʰtɕiəŋ⁰tʂɔʰpu²⁴tɔ⁵¹lɤ⁰.
他就急急忙忙往家赶，走到庄儿头[跟前]，
tʰa⁴⁴tɕiouʰtɕi⁴²tɕiʰmaŋʰmaŋʰuaŋʰtɕia²⁴kan⁴⁴,tsou⁴⁴tɔ⁵¹tʂuãrʰtʰouʰkan²⁴,
问："这是个啥庄啊？"不是原来那个样子啦。
uen⁵¹:"tʂɤ⁵¹ʂʅ⁵¹kɤ⁰ʂa⁵¹tʂuaŋ²⁴a⁰?"pu²⁴ʂʅ⁴²yanlai⁴²na²⁴kɤ⁰iaŋ⁵¹tsʅ⁰lɤ⁰.
"这是个啥庄啊？"
"tʂɤ⁵¹ʂʅ⁵¹kɤ⁰ʂa⁵¹tʂuaŋ²⁴a⁰?"
人家告诉他，人家对他说："这是个王家庄。"
zen⁴²tɕia⁰kɔ⁵¹ʂuʰtʰa⁴⁴,zen⁴²tɕia⁰tueiʰtʰa⁴⁴ʂɤ²⁴:"tʂɤ⁵¹ʂʅ²⁴kɤ⁰uaŋ⁴²tɕia²⁴tʂuaŋ²⁴."
"王家庄啊，我就是王家庄哩呀。"
"uaŋ⁴²tɕia²⁴tʂuaŋ²⁴ya²⁴,uɤ⁴⁴tɕiouʰʂʅ²⁴uaŋ⁴²tɕia²⁴tʂuaŋ²⁴liʰia⁰."
人家说："你叫什么名字啊？你叫个啥名字啊？"
zen⁴²tɕia²⁴ʂɤ⁰:"ɲi²⁴tɕiɔ⁵¹ʂʅ²⁴mɤʰmiəŋ⁴²tsʅʰa⁰?ɲi⁴⁴tɕiɔʰkɤ⁰ʂaʰmiəŋ⁴²tsʅ⁰a⁰?"
"我叫个王子。"
"uɤ⁴⁴tɕiɔʰkɤ⁰uaŋ⁰tsʅ⁴⁴."
一听说他叫王子，一群人上来了，
i²⁴tʰiəŋ²⁴ʂɤ⁰tʰa⁴⁴tɕiɔ⁵¹uaŋʰtsʅ⁴⁴,i²⁴tɕʰyen⁴²zen⁴²ʂaŋʰlaiʰlɤ⁰,
拿着棍就要打他。他说："恁为啥要恁为啥要打我啊？"
na⁴²tʂuɤ⁰kuen⁵¹tou²⁴iɔ⁵¹taʰtʰa²⁴.tʰa⁴⁴ʂɤ⁰:"nen⁴²uei⁵¹ʂa⁵¹iɔʰnen⁴²uei⁵¹ʂa⁴⁴iɔʰta⁴⁴uɤ⁴⁴ia⁰?"
"王子是俺祖先，几百年前就失踪了，
"uaŋʰtsʅ⁴⁴ʂʅ⁵¹yanʰtsu⁴⁴ɕian²⁴,tɕi⁴⁴paiʰɲian⁴²tɕʰianʰtouʰʂʅ²⁴tsuŋ²⁴lɤ,

一直没有回来，你说你是王子，你不骂俺吗？"
i²⁴ tʂŋ⁴² mei⁴² iou⁰ xuei⁴² lai⁴², ni⁴⁴ ʂuɤ⁴⁴ ni⁴⁴ ʂŋ⁴⁴ uaŋ⁴² tsŋ⁴², ni⁴⁴ pu²⁴ ma⁴⁴ ɣan⁴⁴ ma⁰?"
一群人拿着棍子要打他，他爬起来就跑，
i²⁴ tɕʰyen⁴² zən⁴² na⁴² tʂɤ⁴⁴ kuən⁵¹ tsŋ⁰ io⁵¹ ta²⁴ tʰa⁴⁴, tʰa⁴⁴ pʰa⁴⁴ tɕʰi⁴⁴ lai⁴² tou⁵¹ pʰɔ⁴⁴,
跑着跑着，栽了一骨碌子，起了一个丘陵，
pʰɔ⁴⁴ tʂuɤ⁰ pʰɔ⁴⁴ tʂuɤ⁰, tsai²⁴ lɤ⁰ i²⁴ ku⁴⁴ lu⁰ tsŋ⁰, tɕʰi⁴⁴ lɤ⁰ i⁵¹ kɤ⁰ tɕʰiou²⁴ liəŋ⁴⁴,
后边儿人赶不上他了，王子从此再没有回来。
xou⁵¹ piɚ²⁴ zən⁴² kan⁴⁴ pu²⁴ ʂaŋ²⁴ tʰa⁴⁴ lɤ⁰, uaŋ⁵¹ tsŋ⁴⁴ tsʰuŋ⁴² tsŋ⁵¹ tsai⁴⁴ mei⁴² iou⁰ xuei⁴² lai⁴².
这个故事后来在郸城流传开来，
tʂɤ⁵¹ kɤ⁰ ku²⁴ ʂŋ⁵¹ xou⁵¹ lai⁴² tsai⁵¹ tan²⁴ tʂʰəŋ⁴² liou⁴² tʂʰuan⁴² kʰai⁴⁴ lai⁴²,
有人作诗道："王子去求仙，郸城入九天，
iou⁴⁴ zən⁴² tsuɤ²⁴ ʂŋ²⁴ tɔ⁰: "uaŋ⁴² tsŋ⁴⁴ tɕʰy⁵¹ tɕʰiou⁴² ɕian²⁴, tan²⁴ tʂʰəŋ⁴² zu²⁴ tɕiou⁴⁴ tʰian²⁴,
天上方七日，地上几百年。"
tʰian²⁴ ʂaŋ⁵¹ faŋ⁴² tɕʰi²⁴ zŋ²⁴, ti²⁴ ʂaŋ⁵¹ tɕi⁴² pai⁴² nian⁴²."

意译：今天给大家讲个故事，名字叫王子求仙。很早以前，有一个小伙子名字叫王子，住在离郸城县城三十里地的王家庄。王子是一个勤劳的人，每天去打柴，挑着到郸城去卖，换回油盐酱醋养活一家人。这一天，他挑着柴，走到郸城天还不亮，就把柴担放下，走到桥洞下面去休息。这时他看见桥洞里边有两个白胡子老头正在下棋。他不自觉地就凑上前去看，也不知道看了多长时间，只看到桥洞外边的槐树叶子青了又黄，黄了又青。这个时候白胡子老头说："哎呀，有点儿饿了。"只见他一伸手，飞过来一只槐树郎，也就是屎壳郎，他就揪掉爪子，去掉膀子，往嘴里一填，咔嚓咔嚓就吃了。王子看见他吃了，也感觉到肚里饿了，就弯腰拾起来那屎壳郎爪子和膀子，填到嘴里吃了。这个时候他感到身上有劲儿了，有精神了。这个时候，两个白胡子老头说："哎呀，不下了吧，不早了。"说完，眨眼间两个老头儿不见了。王子这个时候才感到出来的时间太长了。他马上从桥洞里边儿走了出来，走到桥上面去一看，哎呀，郸城变了。不是原来那个样子了。街道也宽了，人也多了，热闹起来了，再找他的小担子，他的柴火担子已经找不到了。他就急急忙忙往家赶，走到庄头，问："这是个啥庄啊？"不是原来那个样子啦。人家告诉他："这是个王家庄。""王家庄啊，我就是王家庄的呀。"人家说："你叫什么名字啊？""我叫王子。"一听说他叫王子，一群人上来了，拿着棍就要打他。他说："你们为啥要打我啊？""王子是俺祖先，几百年前就失踪了，一直没有回来。你说你是王子，你不是骂俺吗？"一群人拿着棍子就要打他，他爬起来就跑，跑着跑着，栽了一个跟头，突然起了一个丘陵，后面的人赶不上他了。王子从此再没有回来。这个故事后来在郸城流传开来，有人作诗道："王子去求仙，郸城入九天，天上方七日，地上几百年。"

（发音人：王景云　2019.07.22 郸城）

三　自选条目

0031 谚语
正月的雷遍地贼，二月雷土骨堆，三月雷麦骨堆。
tʂəŋ²⁴ yɛ²⁴lɤ⁰lei⁴²pian²⁴ti⁵¹tsei⁴²,ər⁵¹yɛ²⁴lei⁴²tʰu⁴⁴ku⁰tuei²⁴,san²⁴yɛ²⁴lei⁴²mai²⁴ku⁰tuei⁴⁴.
意译：正月打雷遍地贼（喻收成不好），二月打雷起土坟堆（喻大灾年），三月打
　　　 雷麦子丰收。

（发音人：王景云　2019.07.25 郸城）

0032 谚语
四月十二湿了老鸹毛儿，麦打水里捞。
sʐ⁵¹yɛ⁵¹sʐ⁴²ər⁵¹lɤ²⁴lɔ⁴⁴kua⁰mɔr⁰,mai⁴²ta⁵¹ʂuei⁴⁴li⁰lɔ⁴².
意译：四月十二喜鹊羽毛湿（下雨），麦子要从水里捞（大涝）。

（发音人：王景云　2019.07.25 郸城）

0033 谚语
立了秋，挂锄钩，交了七月，七月节，夜寒白儿里热。
li²⁴lɤ⁰tɕʰiou²⁴,kua⁵¹tʂʰuɤ⁴²kou²⁴,tɕiɔ⁵¹lɤ⁰tɕʰi⁴²yɛ²⁴,tɕʰi²⁴yɛ²⁴tɕiɛ²⁴,iɛ⁵¹xan⁴²pɛr⁰li⁰ʐɤ²⁴.
意译：立了秋，挂锄头（耕种完成），过了七月十五，晚上冷白天热。

（发音人：王景云　2019.07.25 郸城）

0034 谚语
六月六，晒龙衣，龙衣晒不干，连阴带下四十天。
ly²⁴yɛ²⁴ly²⁴,ʂai⁵¹luŋ⁴²i²⁴,luŋ⁴²i²⁴ʂai⁰pu⁴⁴kan²⁴,lian⁴²ien²⁴tai⁵¹ɕia⁵¹sʐ⁵¹⁴²tʰian²⁴.
意译：六月六，晒衣服，衣服晒不干，阴雨四十天。

（发音人：王景云　2019.07.25 郸城）

0035 谚语
冬走十里不明，夏走十里不黑。
tuŋ²⁴tsou⁴⁴sʐ⁴²li⁴⁴pu²⁴miəŋ⁴²,ɕia⁵¹tsou⁴⁴sʐ⁴²li⁴⁴pu²⁴ɕiɛ²⁴.
意译：冬天（早上）走十里路天还不亮，夏天（傍晚）走十里路天也不黑。

（发音人：王景云　2019.07.25 郸城）

0036 谚语
八月十五月不明，正月十五雪打灯。
pa²⁴yɛ²⁴sʐ⁴²u⁴⁴yɛ²⁴pu²⁴miəŋ⁴²,tʂəŋ²⁴yɛ²⁴sʐ⁴²u⁴⁴ɕyɛ²⁴ta⁴⁴təŋ²⁴.
意译：如果八月十五月亮不出现，（来年）正月十五一定下雪。

（发音人：王景云　2019.07.25 郸城）

0037 谚语
头伏萝卜，末伏芥，中伏里边儿种白菜。
tʰou⁴²fu⁴²luɤ⁰pu⁰mɤ⁵¹fu⁰tɕiɛ⁵¹,tʂuŋ²⁴fu⁰li⁴²piɛr⁰tʂuŋ⁵¹pai⁴²tsʰai⁰.

意译：头伏种萝卜，末伏种芥菜，中伏可以种白菜。

（发音人：王景云　2019.07.25 郸城）

0038 谚语

蝉老一时，麦黄一晌。

tʂʰan⁴²lɔ⁴⁴˖²⁴i⁴²sʅ⁴²,mai⁵¹xuaŋ⁴²˖²⁴i⁴⁴ʂaŋ⁴⁴.

意译：蝉很快就老了，麦子很快就黄了。

（发音人：王景云　2019.07.25 郸城）

0039 谚语

种地不上粪，等于瞎胡混。

tʂuŋ²⁴ti⁵¹pu²⁴ʂaŋ⁵¹fen⁵¹,təŋ⁴⁴y⁰ɕia²⁴xu⁴²xuen⁵¹.

意译：种地如果不施肥，等于白种地。

（发音人：王景云　2019.07.25 郸城）

0040 谚语

椿头子抹帽儿，老头子扒套儿，

tʂʰuen²⁴tʰou⁴²tsʅ⁰ma²⁴mɔr⁵¹,lɔ⁴⁴tʰou⁴²tsʅ⁰pa²⁴tʰɔr⁵¹,

要得暖，椿头子大似碗。

iɔ⁵¹te²⁴nuan⁴⁴,tʂʰuen²⁴tʰou⁴²tsʅ⁰ta⁵¹ʂʅ⁰uan⁴⁴.

意译：香椿头冒出来，老年人就可以脱棉衣了，想要（感觉）暖和，香椿头得长到像碗一样大。

（发音人：王景云　2019.07.25 郸城）

0041 谚语

瓦儿瓦儿云，热死人。

uar⁴⁴uar⁰yen⁴²,zɛ²⁴sʅ⁴⁴zen⁴².

意译：瓦片云，热死人。

（发音人：王景云　2019.07.25 郸城）

0042 谚语

一九二九不出手，三九四九冰上走。

i²⁴tɕiou⁴⁴ər⁵¹tɕiou⁴⁴pu²⁴tʂʰu²⁴ʂou⁴⁴,san⁴²tɕiou⁴⁴sʅ⁵¹tɕiou⁴⁴piəŋ²⁴ʂaŋ⁵¹tsou⁴⁴.

五九六九大甩手，七九八九抬头看柳。

u⁴⁴tɕiou⁴⁴liou⁵¹tɕiou⁴⁴ta⁵¹ʂai⁴⁴ʂou⁴⁴,tɕʰi²⁴tɕiou⁴⁴pa²⁴tɕiou⁴⁴tʰai⁴²tʰou⁴²kʰan⁵¹liou⁴⁴.

九九八十一，老狗卧荫里。

tɕiou⁴²tɕiou⁴⁴pa²⁴sʅ⁴²i⁰,lɔ⁴²kou⁴⁴uɤ⁵¹ien²⁴li⁰.

意译：一九二九（天气）冷得伸不出手，三九四九（天气）可以在冰上走。五九六九大甩手，七九八九柳树就发芽了。九九八十一，老狗卧在树荫里。

（发音人：王景云　2019.07.25 郸城）

0043 谚语

过了三月三，南瓜葫芦土里钻。

kuɤ⁵¹lɤ⁰san²⁴yɛ⁰san²⁴,nan⁴²kua⁰xu⁴²lu⁰tʰu⁴⁴li⁰tsuan²⁴.

意译：过了三月三，就要种南瓜葫芦了。

（发音人：王景云　2019.07.25 郸城）

0044 谚语

清明晒干柳，窝头子掰给狗。

tɕʰiəŋ²⁴miəŋ⁴²ʂai⁵¹kan²⁴liou⁴⁴,uɤ²⁴tʰou⁴²tsɿ⁰liɔ⁵¹kei²⁴kou⁴⁴.

意译：清明（天气）晒干柳叶，窝头喂给狗吃（喻大丰收）。

（发音人：王景云　2019.07.25 郸城）

0045 谚语

在家千日好，出门一时难。

tsai⁵¹tɕia²⁴tɕʰian²⁴zɿ⁰xɔ⁴⁴,tʂʰu²⁴men⁴²i²⁴ʂɿ⁴²nan⁴².

意译：在家千日好，出门一时难。

（发音人：王景云　2019.07.25 郸城）

0046 谚语

儿不嫌母丑，狗不嫌家贫。

ər⁴²pu²⁴ɕian⁴²mu⁴⁴tʂʰou⁴⁴,kou⁴⁴pu²⁴ɕian⁴²tɕia²⁴pʰien⁴².

意译：儿不嫌母丑，狗不嫌家贫。

（发音人：王景云　2019.07.25 郸城）

0047 谚语

一朝被蛇咬，十年怕井绳。

i²⁴tʂɔ²⁴pei⁵¹ʂɛ⁴²iɔ⁴²,ʂɿ⁴²ȵian⁴²pʰa⁴²tɕieŋ⁴⁴ʂəŋ⁴².

意译：一朝被蛇咬，十年怕井绳。

（发音人：王景云　2019.07.25 郸城）

0048 谚语

人在人檐下，不能不低头。

zen⁴²tsai⁵¹zen⁴²ian⁴²ɕia⁵¹,pu²⁴nəŋ⁴²pu²⁴ti²⁴tʰou⁴².

意译：人在屋檐下，不能不低头。

（发音人：王景云　2019.07.25 郸城）

0049 谚语

哑巴进庙门，多磕头少说话。

ia⁴⁴pa⁰tɕien²⁴miɔ⁵¹men⁴²,tuɤ²⁴kʰɤ²⁴tʰou⁴²ʂɔ⁴⁴ʂuɤ²⁴xua⁵¹.

意译：哑巴进庙门，多磕头少说话。

（发音人：王景云　2019.07.25 郸城）

0050 谚语

好话说三遍，鸡狗不耐烦。

xɔ⁴⁴xua⁵¹ʂuɤ²⁴san²⁴pian⁵¹,tɕi²⁴kou⁴⁴pu²⁴nai⁵¹fan⁴².

意译：好话说三遍，（连）鸡狗（都）不耐烦了。

（发音人：王景云　2019.07.25 郸城）

漯 河

一 歌谣

0001 筛罗罗
筛罗罗，打面面；小孩儿来了做啥饭？
sai²⁴luɤ⁵³luɤ⁰,ta⁴⁴mian³¹mian⁰,siaɔ⁴⁴xɐr⁵³lai⁵³laɔ²⁴sa³¹fan³¹.
烙油馍，擀蒜面，突噜突噜两大碗；
luɤ²⁴iou⁵³muɤ⁰,kan⁴⁴suan³¹mian⁴⁴,tʰu²⁴lu⁰tʰu²⁴lu⁰lian̪⁴⁴ta³¹uan⁴⁴.
不吃不吃再饶一碗。
pu²⁴tsʰʅ²⁴pu²⁴tsʰʅ²⁴tsai³¹zaɔ⁵³·²⁴i²⁴uan⁴⁴.
意译：筛罗罗，打面面，小孩儿来了做啥饭？烙油馍，擀蒜面；突噜突噜两大碗，
　　　不吃不吃再饶一碗。

（发音人：郭秀芬 2018.07.31 漯河）

0002 盘姐姐
盘，盘，盘姐姐，石榴骨朵儿对莲叶；
pʰan⁵³,pʰan⁵³,pʰan⁵³tsiɛ⁵³tsiɛ⁰,ʂʅ⁵³liou⁵³ku²⁴tuər⁴⁴tuei³¹lian⁵³iɛ⁰,
莲叶北莲叶南，河里飘个大花船；
lian⁵³iɛ⁰pei⁵³lian⁵³iɛ⁰nan⁵³,xɤ⁵³li⁰pʰiaɔ²⁴kɤ⁰ta³¹xua²⁴tsʰuan⁵³,
秋叶儿，槐叶儿，谁哩小脚眯叶儿。
tsiou²⁴iɐr²²⁴,xuai⁵³iɐr²²⁴,sei⁵³li⁰siaɔ⁴⁴tɕyər²²⁴mi⁵³iɐr²²⁴.
意译：盘，盘，盘姐姐，石榴骨朵儿对莲叶；莲叶北莲叶南，河里飘个大花船；
　　　秋叶儿，槐叶儿，谁哩小脚眯叶儿。

（发音人：郭秀芬 2018.07.31 漯河）

0003 腊八儿
腊八儿，祭灶，年下来到；
la²⁴pɐr²²⁴,tɕi²⁴tsaɔ³¹,n̪ian⁵³ɕiɛ⁰lai⁵³taɔ³¹,
闺女要花儿，小子要炮；
kuei²⁴n̪y⁴⁴iaɔ³¹xuɐr²²⁴,siaɔ⁴⁴tsʅ⁰iaɔ³¹pʰaɔ³¹.
老婆儿要衣裳，老头儿打饥荒。
laɔ⁴⁴pʰuər⁵³iaɔ³¹·²⁴i saŋ,laɔ⁴⁴tʰour⁵³ta⁴⁴tɕi²⁴xuaŋ⁰.

意译：腊八儿，祭灶，新年来到；闺女要花，小子要炮；老婆儿要衣裳，老头打饥荒。

（发音人：郭秀芬　2018.07.31 漯河）

0004 好吃嘴

好吃嘴，打烂嘴，推住小车儿卖棒槌；

xɑɔ³¹tsʰʅ²⁴tsuei⁴⁴,ta⁴⁴lan³¹tsuei⁴⁴,tʰuei²⁴tsu⁰siɑɔ⁴⁴tsʰɚ²²⁴mai³¹paŋ³¹tsʰuei⁰,

棒槌卖完了，推住小车儿正南了。

paŋ³¹tsʰuei⁰mai³¹uan⁵³lɛ⁰,tʰuei²⁴tsu⁰siɑɔ⁴⁴tsʰɚ²²⁴tsəŋ³¹nan⁵³lɛ⁰.

意译：好吃嘴，打烂嘴，推住小车儿卖棒槌；棒槌卖完了，推住小车儿正南了。

（发音人：郭秀芬　2018.07.31 漯河）

0005 吃黄瓜

哽儿哽儿嘎嘎，要吃黄瓜。

kɚ²⁴kɚ²²⁴ka²²⁴ka⁰,iɑɔ³¹tsʰʅ²²⁴xuaŋ⁵³kua⁰.

黄瓜流水儿，要吃鸡腿儿。

xuaŋ⁵³kua⁰liou⁵³suɚ⁰,iɑɔ³¹tsʰʅ²²⁴tɕi²²⁴tʰuɚ⁰.

鸡腿儿有毛儿，要吃樱桃儿。

tɕi²⁴tʰuɚ⁰iou⁴⁴mor⁰,iɑɔ³¹tsʰi²²⁴iəŋ²⁴tʰor⁵³.

樱桃有核，要吃牛犊。

iəŋ²⁴tʰor⁵³iou⁴⁴xu⁵³,iɑɔ³¹tsʰʅ²²⁴ou⁵³tu⁵³.

牛犊撒欢儿，撒到天边儿。

ou⁵³tu⁵³sa²⁴xuɚ²²⁴,sa²⁴tɑɔ³¹tʰian²⁴piɚ²²⁴.

意译：哽儿哽儿嘎嘎，要吃黄瓜。黄瓜流水儿，要吃鸡腿儿。鸡腿儿有毛儿，要吃樱桃儿。樱桃有核，要吃牛犊。牛犊撒欢儿，撒到天边儿。

（发音人：郭秀芬　2018.07.31 漯河）

0006 小老鼠，爬灯台

小老鼠，爬灯台。

ɕiɑɔ⁴³lɑɔ⁴⁴su⁰,pʰa⁵³təŋ²⁴tʰai⁵³.

偷油喝，下不来。

tʰou²⁴iou⁵³xɤ²²⁴,ɕia³¹pu⁰lai⁵³.

叫小妮儿，抱猫来。

ɕiɑɔ³¹siɑɔ⁴⁴n̠iɚ²²⁴,pu³¹mɑɔ⁴⁴lai⁰.

叽溜一声跑下来。

tɕi²⁴liou⁰i⁰səŋ²²⁴pʰɑɔ⁴⁴ɕia³¹lai⁰.

意译：小老鼠，爬灯台。偷油喝，下不来。叫小妞儿，抱猫来。叽溜一声跑下来。

（发音人：郭秀芬　2018.07.31 漯河）

007 热热冷冷

热热冷冷，狗娃儿等等。

zɹ²⁴zɹ⁰ləŋ⁵³ləŋ⁰,kou⁴⁴uɚ²⁴təŋ⁵³təŋ⁰.

冷冷热热，狗娃儿歇歇。
ləŋ⁵³ləŋ⁰zɿə²⁴zɿə⁰,kou⁴⁴uɐr⁵³ɕiɜ²⁴ɕiɜ⁰.
意译：热热冷冷，狗娃儿等等。冷冷热热，狗娃儿歇歇。

(发音人：郭秀芬 2018.07.31 漯河)

008 一伸垂，二伸叉
一伸锤，二伸叉。
i²⁴tsʰən²⁴tsʰuei⁵³,ər³¹tsʰən²⁴tsʰa²²⁴.
三伸铃，四老八。
san²⁴tsʰən²²⁴lieŋ⁵³,sɿ³¹lɑɔ⁴⁴pa²²⁴.
五老大，六砍菜。
u⁴³lɑɔ⁴⁴ta³¹,liou³¹kʰan⁴⁴tsʰai³¹.
七枪毙，八打你。
tɕʰi²⁴tɕʰiaŋ²²⁴pi³¹,pa²⁴ta⁴⁴n̩i⁰.
九伸手，十打你个老黄狗。
tɕiou⁴⁴tsʰən²⁴sou⁴⁴,sɿ⁵³ta⁴³n̩i⁴⁴kɤ³¹lɑɔ⁴⁴xuaŋ⁵³kou⁴⁴.
意译：一伸锤，二伸叉。三伸铃，四老八。五老大，六砍菜。七枪毙，八打你。
     九伸手，十打老黄狗。

(发音人：郭秀芬 2018.07.31 漯河)

009 灯笼会
灯笼会，灯笼会，灯笼烘（灭）了回家睡。
təŋ²⁴lou⁰xuei³¹,təŋ²⁴lou⁰xuei³¹,təŋ²⁴lou⁰mie⁵³liaɔ⁰xuei⁵³tɕia²²⁴sei³¹.
意译：灯笼会，灯笼会，灯笼灭了回家睡。

(发音人：郭秀芬 2018.07.31 漯河)

0010 天明了
咯咯咯，天明了，一朵花，开成了。
kɤr²⁴kɤr⁰kɤr²²⁴,tʰian²⁴mieŋ⁵³lɛ⁰,i²⁴tuər⁴⁴xuɐr²²⁴kʰai²⁴tsʰən⁵³lɛ⁰.
爹一朵儿，娘一朵儿。
tie²²⁴i²⁴tuər⁰,niaŋ³·²⁴i²⁴tuər⁰.
剩下儿一朵儿拜鹦哥儿。
səŋ³¹xiɐr³¹·²⁴i²⁴tuər⁴⁴pai³¹iɐŋ³¹kɤr⁰.
拜哩鹦哥儿会扫地。
pai³¹li⁰·⁰iɐŋ²⁴kɤr⁰xuei³¹sɑɔ⁴⁴ti³¹.
一扫扫到南场里。
i³¹sɑɔ⁴⁴sɑɔ⁴⁴tɑɔ³¹nan⁵³tsʰaŋ⁵³li⁰.
南场有个卖糖哩，
nan⁵³tsʰaŋ⁵³iou⁴⁴kɤ⁰mai³¹tʰaŋ⁵³li⁰,

啥糖，麻糖，掐给我点儿尝尝。
sa⁵³tʰaŋ⁵³,ma⁵³tʰaŋ⁵³,tɕʰia²⁴kei⁰uɤ⁰tiɐr⁰tsʰaŋ⁵³tsʰaŋ⁰.
卖糖哩，你走吧，
mai³¹tʰaŋ⁵³li⁰,ȵi⁴⁴tsou⁴⁴pa⁰,
俺娘出来没好话。
an⁴⁴ȵiaŋ⁵³tsʰu²⁴lai⁰mɤ⁵³xaɔ⁴⁴xua³¹.
卖糖哩，你别走，
mai³¹tʰaŋ⁵³li⁰,ȵi⁴⁴pɛ⁵³tsou⁴⁴,
俺娘出来给你偷豌豆。
an⁴⁴ȵiaŋ⁵³tsʰu²⁴lai⁰kei⁴³ȵi⁴⁴tʰou²⁴uan²²⁴tou⁰.
狗圈儿闲，猫蛋花，
kou⁴⁴tɕyɐr⁰ɕian⁵³,maɔ²⁴tan³¹xua²²⁴,
一脚踢你个仰白叉。
i²⁴tɕyɤ²²⁴tʰi²⁴ȵi⁴⁴kɤ⁰iaŋ⁵³pɛ²⁴tsʰa²²⁴.
意译：咯咯咯，天明了，一朵花，开成了。爹一朵儿，娘一朵儿。剩下儿一朵儿拜莺歌儿。拜得莺歌儿会扫地。一扫扫到南场里。南场有个卖糖的，啥糖，麻糖，掐给我点儿尝尝。卖糖哩，你走吧，俺娘出来没好话。卖糖的，你别走，俺娘出来给你偷豌豆。狗圈儿闲，猫蛋花，一脚踢你个仰白八叉。

（发音人：郭秀芬　2018.07.31 漯河）

0011 输猴猴

输猴猴，输猴猴，输给三家老头头。
zu²⁴xou⁵³xou⁰,zu²⁴xou⁵³xou⁰,zu²⁴kei⁰san²⁴tɕiɐr⁰laɔ⁴⁴tʰou⁵³tʰou⁰.
老头儿没搁家，输给恁小伙儿二百八。
laɔ⁴⁴tʰour⁵³muɤ⁰kɤ²⁴tɕia²²⁴,zu²⁴kɤ⁰nən⁴⁴ɕiaɔ⁴³xuɐr⁴⁴ɐr³¹pai⁴⁴pa²²⁴.
意译：输猴猴，输猴猴，输给三家老头头。老头儿没在家，输给小伙儿二百八。

（发音人：郭秀芬　2018.07.31 漯河）

0012 天上是啥

天上是啥，星星。
tʰian²⁴saŋ⁰sɿ³¹sa²²⁴,ɕiəŋ²²⁴ɕiəŋ⁰.
地下是啥，河。
ti³¹ɕia³¹sɿ³¹sa⁵³,xɤ⁵³.
河里是啥，马虾。
xɤ⁵³li⁰sɿ³¹sa⁵³,ma⁴⁴ɕia²²⁴.
一把抓〔几个〕，一把抓十〔三个〕。
i²⁴pa⁴⁴tsua²²⁴tɕi⁴⁴ə⁰,i²⁴pa⁴⁴tsua²⁴sɿ⁵³sa²²⁴.
爬恁老家。
pʰa⁵³nən⁰laɔ⁴⁴tɕia²²⁴.

意译：天上是啥，星星。地下是啥，河。一把抓几个，一把抓十三个。爬回恁老家。

（发音人：郭秀芬　2018.07.31 漯河）

二　故事

0021 牛郎和织女

大家好！我叫郭秀芬。

ta³¹tɕia²⁴xaɔ⁴⁴! uɤ⁴⁴tɕiaɔ⁴⁴kuɤ²⁴ɕiou³¹fər⁴⁴.

俺家是郾城北街哩，现在都是井岗山路。

an⁴⁴tɕia²²⁴sʅ³¹ian⁴⁴tsʰəŋ⁵³pei²⁴tɕiɛ²⁴li⁰,ɕian²⁴tsai³¹tou⁰sʅ³¹tsiəŋ⁴⁴kaŋ⁴⁴san²⁴lu³¹.

我给大家讲个牛郎的故事。

uɤ⁴⁴kei⁴⁴ta³¹tɕia²⁴tsiaŋ⁴⁴kɤ⁰ɲiou⁵³laŋ⁰ti⁰ku²⁴sʅ³¹.

从前，有个人，叫个牛郎，家里穷哩呀跟啥样，很穷，

tsʰuaŋ⁵³tsʰian⁵³,iou⁴⁴kɤ⁰zən⁵³,tɕio³¹kɤ⁰ɲiou⁵³laŋ⁰,ɕia²⁴li⁰tɕʰyəŋ⁰li⁰ia⁰kei⁴⁴sa³¹iaŋ⁰,xən⁵³tɕʰyəŋ⁰.

只有一头老牛跟他做伴儿。

tsʅ²⁴iou⁴⁴·²⁴i⁰tʰou⁵³laɔ⁴⁴ɲiou⁵³kei²⁴tʰa⁴⁴tsuɤ²⁴pər³¹,

这一天，老牛看着这牛郎哩还勤劳，还善良，

tsʅə⁰i⁰tʰian²²⁴,laɔ⁰ɲiou⁰kʰan⁰tsuɤ⁰tsʅə⁰ɲiou⁰laŋ⁰li⁰xai²⁴tɕʰin⁵³laɔ⁵³,xai³¹san³¹liaŋ⁵³,

还是，老牛给牛郎托个梦，还是，给牛郎说着，

xai⁵³sʅ⁰,laɔ⁴⁴ɲiou⁵³kei²⁴ɲiou⁵³laŋ⁰tʰuɤ²⁴kɤ⁰məŋ³¹,xai⁵³sʅ⁰,kei⁰ɲiou⁰laŋ⁰suɔ²⁴tsuɤ⁰,

哪一天，七仙女下凡呢，下凡，

na⁴⁴·²⁴i⁰tʰian²²⁴,tɕʰi⁰ɕian²⁴ɲyər⁴⁴ɕia³¹fan⁵³ɲi⁰,ɕia³¹fan⁵³,

有个池塘，在那池塘里洗澡哩，

iou⁴⁴kɤ⁰tsʰʅ⁵³tʰaŋ⁵³,kai³¹na⁰tsʰʅ⁵³tʰaŋ⁵³li⁰si⁴³tsaɔ⁴⁴li⁰,

有个粉红衣裳，她给那粉红衣裳搭到那树上了，

iou⁴⁴kɤ⁰fən⁰xuəŋ⁵³·²⁴i⁰saŋ⁰,tʰa⁴⁴kei²⁴na⁰fən⁴⁴xuəŋ⁵³·²⁴i⁰saŋ⁰ta⁰taɔ⁰na⁰su³¹saŋ⁰lɛ⁰,

有个粉红衣裳，有个粉红衣裳，

iou⁴⁴kɤ⁰fən⁰xuəŋ⁴⁴·²⁴i⁰saŋ⁰,iou⁴⁴kɤ⁰fən⁴⁴xuəŋ⁵³·²⁴i⁰saŋ⁰,

你给它拿走，叫牛郎给它拿走。

ɲi⁴⁴kei²⁴tʰa⁰na⁰tsou⁰,tɕiaɔ³¹ɲiou⁰laŋ⁰kei²⁴tʰa⁰na⁵³tsou⁴⁴,

这一天嘞，牛郎下去嘞一看，

tsʅə³¹·²⁴i⁰tʰian²⁴lɛ⁰,ɲiou⁵³laŋ⁰ɕia⁰tɕʰy⁰lɛ⁰i⁰kʰan³¹,

真是有个粉红衣裳，他给它拿走了。

tsən²⁴sʅ⁰iou⁴⁴kɤ⁰fən⁰xuəŋ⁵³·²⁴i⁰saŋ⁰,tʰa⁴⁴kei²⁴tʰa⁰na⁵³tsou⁴⁴lɛ⁰,

拿走了，那一下儿拿回家了。

na⁵³tsou⁴⁴lɛ⁰,na³¹·²⁴i⁰ɕiər³¹na⁵³xuei⁰tɕia²⁴lɛ⁰.

拿回家了，仙女儿上来了，找不着她嘞衣裳嘞。
na⁵³xuei⁰tɕia²⁴le⁰,ɕian⁵³n̠yər⁴⁴saŋ⁵³lai⁰le⁰,tsɔ⁰pu²⁴tsuɣ⁵³tʰa⁴⁴le⁰·i²⁴saŋ⁰lɛ⁰,
她一下跟着牛郎，一下撵到牛郎家家。
tʰa⁴⁴·i⁴³ɕiaŋ³¹kən²⁴tsuɣ⁰n̠iou⁴⁴laŋ⁰,i⁰ɕiaŋ³¹n̠ian⁴⁴tɔ⁰n̠iou⁴⁴laŋ⁵³tɕie⁰tɕia²²⁴,
牛郎嘞家，这给牛郎，下凡给牛郎结婚了。
n̠iou⁵³laŋ⁰le⁰tɕia²²⁴,tʂɤ³¹kei⁰n̠iou⁵³laŋ⁰,ɕia³¹fan⁵³kei⁰n̠iou⁵³laŋ⁰tɕie²⁴xuən²⁴lɛ⁰,
结婚，时隔它两三年哪，搁家，搁他家住那两三年，
tɕie²⁴xuən²²⁴,sɿ⁵³ke⁰tʰa⁴⁴liaŋ⁴⁴san²⁴n̠ian⁵³,kɤ²⁴tɕia²²⁴,kɤ²⁴tʰa⁴⁴tɕie⁰tsu³¹na⁴⁴liaŋ⁴⁴san²⁴n̠ian⁵³,
给他生个男孩儿，给他生个女孩儿。一下，好哩跟啥样。
kei²⁴tʰa⁴⁴səŋ²⁴kɤ⁰nan⁵³xɐr⁵³,kei²⁴tʰa⁴⁴səŋ²⁴kɤ⁰n̠y⁴⁴xɐr⁵³·i⁴³ɕiaŋ³¹,xɔ⁴⁴li⁰kei⁰sa³¹iaŋ⁰,
还是，这一天呢，叫天上哩玉皇大帝知道了。
xai⁵³sɿ⁰,tʂɤ³¹·i²⁴tʰian²²⁴nɛ⁰,tɕiɔ³¹tʰian²⁴saŋ⁰li⁰y³¹xuaŋ⁵³ta²⁴ti³¹tʂɿ⁵³tɔ⁰lɛ⁰.
玉皇大帝知道了，还是，
y³¹xuaŋ²⁴ta²⁴ti³¹tʂɿ⁵³tɔ⁰lɛ⁰,xai⁵³sɿ⁰,
给七仙女儿给她下凡给她弄走了。
kei⁰tɕʰi²⁴ɕian⁴⁴n̠yər⁴⁴kei⁰tʰa⁴⁴ɕia⁰fan⁵³kei⁰tʰa⁴⁴nuəŋ³¹tsou⁴⁴lɛ⁰.
给她弄走了，这她哩俩孩儿哭着要妈妈哩，
kei²⁴tʰa⁴⁴nuəŋ³¹tsou⁴⁴lɛ⁰,tʂɤ³¹tʰa⁴⁴li⁰lia⁴⁴xɐr⁵³kʰu²⁴tsuɣ⁰iɔ³¹ma⁴⁴ma⁰li⁰,
哭哩跟啥样，咦，牛郎也撵着找她哩，
kʰu²⁴li⁰kei⁰sa³¹iaŋ⁰,i²²⁴,n̠iou⁵³laŋ⁰ie⁰n̠ian⁴⁴tsuɣ⁰tsɔ⁴⁴tʰa⁰li⁰,
撵她哩。这，撵也撵不上。这，老牛哩给他弄个筐，
n̠ian⁴⁴tʰa⁰li⁰.tʂɤ³¹,n̠ian⁴⁴ie⁰n̠ian⁴⁴pu⁴³saŋ³¹,tʂɤ³¹,lɔ⁴⁴n̠iou⁵³li⁰kei²⁴tʰa⁴⁴nuəŋ³¹kɤ⁰kʰuaŋ²²⁴,
给它哩牛角一薅薅下来变个筐，
kei²⁴tʰa⁰li⁰ou⁵³tɕyr²²⁴·i²⁴xɔ²²⁴xɔ²⁴ɕia⁰lai⁰pian³¹kɤ⁰kʰuaŋ²²⁴,
叫牛郎挑住他那俩孩儿撵他妈去了。
tɕiɔ³¹n̠iou⁵³laŋ⁰tʰiɔ²⁴tsu⁰tʰa⁴⁴na⁴⁴lia⁴⁴xɐr⁵³n̠ian⁴⁴tʰa⁰ma²²⁴tɕʰy³¹lɛ⁰.
撵他妈去了，快撵上了，
n̠ian⁴⁴tʰa⁰ma²²⁴tɕʰy⁰lɛ⁰,kʰuai³¹n̠ian⁴⁴saŋ³¹lɛ⁰,
这个，还是，王母娘娘，给他弄个簪子，
tʂɤ³¹kɤ⁰,xai⁵³sɿ⁰,uaŋ³¹mu⁵³n̠iaŋ⁵³n̠iaŋ⁰,kei⁰tʰa⁴⁴nuəŋ³¹kɤ⁰tsan²⁴tsɿ⁰,
给头上那簪子一薅薅下来，划个河，
kei²⁴tʰou⁵³saŋ⁰na⁰tsan²⁴tsɿ⁰·i²⁴xɔ²²⁴xɔ²⁴ɕia⁰lai⁰,xua³¹kɤ⁰xɤ⁵³,
划个河，成个天河了。这，那个，牛郎也撵不上了。
xua³¹kɤ⁰xɤ⁵³,tsʰəŋ³¹kɤ⁰tʰian²⁴xɤ⁵³lɛ⁰.tʂɤ³¹,na³¹kɤ⁰,n̠iou⁵³laŋ⁰ie⁴⁴n̠ian⁴⁴pu⁴³saŋ³¹lɛ⁰.
撵不上了，一下，还是，这一下，
n̠ian⁴⁴pu⁴³saŋ⁰lɛ⁰·i⁴³ɕiaŋ³¹,xai⁵³sɿ⁰,tʂɤ³¹·i⁴³ɕiaŋ³¹,

这喜鹊儿都看着这牛郎嘞，
tsʅə³¹çi⁴⁴tɕʰyər³¹tou⁰kʰan³¹tsuɤ³¹tsʅə³¹ȵiou⁵³laŋ⁰lɛ⁰,
咦，怪可怜，可怜哩跟啥样，给他，给他搭个桥，
i⁰,kuai³¹kʰɤ⁴⁴lian⁵³,kʰɤ⁴⁴lian⁰li⁰kei²⁴sa⁰iaŋ⁰,kei²⁴tʰa⁰,kei²⁴tʰa⁰ta⁰kɤ⁰tɕʰiao⁵³,
给牛郎跟织女搭个那鹊桥，
kei²⁴ȵiou⁵³laŋ⁰kei²⁴tsʅ⁵³ȵy⁰ta²⁴kɤ⁰na⁰tɕʰyɛ³¹tɕʰiao⁵³,
叫那个牛郎和织女见面儿哩。这，挑住他哩俩孩儿，
tɕiao³¹na⁰kɤ⁰ȵiou⁵³laŋ⁰xɤ⁵³tsʅ⁵³ȵy⁰tɕian²⁴miər³¹li⁰.tsʅə³¹,tʰai²⁴tsu⁰tʰa⁴⁴li⁰lia⁴⁴xɤr⁵³,
牛郎挑住他那俩孩儿跟织女见面儿哩。
ȵiou⁵³laŋ⁰tʰiao²⁴tsu⁰tʰa⁴⁴na⁰lia⁴⁴xɤr⁵³kei²⁴tsʅ⁵³ȵyər⁰tɕian²⁴miər³¹li⁰.
还是，这，到每年嘞七月七唠，他都见一次面儿。
xai²⁴sʅ⁰,tsʅə³¹,tao³¹mei⁴⁴ȵian⁵³nɛ⁰tɕʰi²⁴yɛ⁰tɕʰi²²⁴lao⁰,tʰa⁴⁴tou⁰tɕian³¹i⁴³tsʰʅ³¹miər³¹.
这都是喜鹊儿给他搭哩桥。
tsʅə³¹tou⁵³sʅ³¹çi⁴⁴tɕʰyər⁰kei²⁴tʰa⁴⁴ta²⁴li⁰tɕʰiao⁵³.
一见面儿唠，那是，还是，电闪雷鸣哩，
i²⁴tɕian³¹miər³¹lao⁰,na³¹sʅ⁰,xai²⁴sʅ⁰,tian⁴⁴san⁴⁴luei⁵³miəŋ⁴⁴li⁰,
下那大雨，那都是，那都是，
çia³¹na³¹ta³¹y⁴⁴,na³¹tou⁰sʅ⁰,na³¹tou⁵³sʅ⁰,
牛郎跟织女见面儿时候儿那哭哩那眼泪呀。
ȵiou⁵³laŋ⁰kei²⁴tsʅ⁵³ȵy⁰tɕian²⁴miər³¹sʅ⁵³xour⁰na³¹kʰu²⁴li⁰na⁰ian⁴⁴luei³¹ia⁰.
眼泪都是，都是下雨了，都是雨，都变成雨了。见一次面儿。
ian⁴⁴luei³¹tou⁰sʅ⁵³,tou⁵³sʅ⁰çia³¹y⁴⁴lɛ⁰,tou⁵³sʅ⁰y⁴⁴,tou⁵³pian³¹tsʰəŋ⁵³y⁴⁴lɛ⁰.tɕian³¹i²⁴tsʰʅ²⁴miər³¹.
中，妥了，这故事给恁讲完了啊。
tsuəŋ²²⁴,tʰuɤ⁴⁴lɛ⁰,tsʅə³¹ku²⁴sʅ³¹kei⁰nən⁰tɕiaŋ⁴⁴ uan⁵³lɛ⁰ a⁰.

意译：大家好！我叫郭秀芬。我家是郾城北街的，现在都是井岗山路。我给大家讲个牛郎的故事。从前，有个人叫牛郎。家里穷得跟啥似的，只有一头老牛跟他做伴儿。这一天，老牛看着这牛郎很勤劳，还很善良，老牛给牛郎托个梦，给牛郎说着，哪一天，七仙女下凡，有个池塘，仙女在那池塘里洗澡，有个粉红衣裳，她给那粉红衣裳搭到那树上了，有个粉红衣裳，你给它拿走，叫牛郎给它拿走。这一天，牛郎下去一看，真的有个粉红衣裳，他给它拿走了。就拿回家了。拿回家之后，仙女儿洗完澡找不着她的衣裳了。她就跟着牛郎，一下子跟到牛郎家里。然后下凡给牛郎结婚了。时隔两三年，给他生个男孩儿，给他生个女孩儿。关系特别好。这一天，叫天上的玉皇大帝知道了，下凡把七仙女带走了。把她带走之后，她的两个孩子哭着找妈妈，孩子哭得特别厉害，牛郎也追着找她，但追也追不上。这时，老牛给他弄个筐，把它的牛角一薅薅下来变个筐，叫牛郎挑住两个孩子追妈妈去了。快追上了，王母娘娘把头上的簪子一薅薅下来，划个河。

划的河便成了天河，这样牛郎就追不上了。这喜鹊儿都看着这牛郎怪可怜，给牛郎跟织女搭个鹊桥，叫牛郎和织女见面儿。这样牛郎挑住他的两个孩子，跟织女见面儿。到每年的七月七，他俩都见一次面儿。这是喜鹊儿给他搭的桥。他俩一见面儿，电闪雷鸣的，下的大雨都是牛郎跟织女见面儿的时候儿哭的眼泪。眼泪都变成雨了。好了，这个故事给大家讲完了。

三 自选条目

0031 谚语
头伏萝卜末伏芥，中伏里头种白菜。
tʰou⁵³ fu⁰luɤ⁵³ pu⁰muɤ²⁴ fu⁰tɕiai³¹,tsuəŋ²⁴ fu⁰li⁴⁴ tʰou⁰tsuəŋ³¹ pɛ⁵³ tsʰai⁰.
意译：头伏萝卜末伏芥，中伏里头种白菜。

（发音人：郭秀芬　2018.07.31 漯河）

0032 谚语
吃了冬至饭，多做一根线。
tsʰʅ²⁴ liao⁴⁴ tuəŋ²⁴ tsʅ³¹ fan³¹,tuɤ²⁴ tsu³¹·²⁴ i⁰ kən²⁴ sian³¹.
意译：吃了冬至饭，多做一根线（一根针线活儿）。

（发音人：郭秀芬　2018.07.31 漯河）

0033 谚语
过了八月节，夜寒白儿哩热。
kuɤ³¹ liao⁴⁴ pa²⁴ ye⁰tɕie²²⁴,iɛ³¹ xan⁵³ pɚ⁰li⁰ʐə²²⁴.
意译：过了八月节，夜寒白天热。

（发音人：郭秀芬　2018.07.31 漯河）

0034 谚语
不见棺材不掉泪，
pu⁵³ tɕian³¹ kuan²⁴ tsʰai⁰ pu⁵³ tiao²⁴ luei³¹,
不到黄河心不死。
pu⁵³ tao³¹ xuaŋ⁵³ xɤ⁵³ ɕiən²⁴ pu⁵³ sʅ⁴⁴.
意译：不见棺材不掉泪，不到黄河心不死。

（发音人：郭秀芬　2018.07.31 漯河）

0035 谚语
云彩南，水涟涟。
yn⁵³ tsʰai⁰nan⁵³,suei⁴⁴ lian⁵³ lian⁰.
云彩北，干研墨。
yn⁵³ tsʰai⁰pei⁴⁴,kan²⁴ ian⁵³ mei²²⁴.
云彩东，刮大风。
yn⁵³ tsʰai⁰tuəŋ²²⁴,kua²²⁴ ta³¹ fəŋ²²⁴.

云彩西，披蓑衣。
yn⁵³tsʰai⁰sʅ²²⁴,pʰei²⁴çyɤ⁴⁴·⁵³i.

意译：云彩南，水涟涟。云彩北，干研墨。云彩东，刮大风。云彩西，披蓑衣。

（发音人：郭秀芬 2018.07.31 漯河）

0036 谚语

一九二九不出手，三九四九凌上走。

i²⁴tɕiou⁴⁴ər³¹tɕiou⁴⁴pu²⁴tsʰu²⁴sou⁴⁴,san²⁴tɕiou⁴⁴sʅ³¹tɕiou⁴⁴lyəŋ⁵³saŋ³¹tsou⁴⁴.

五九六九抬头看柳，七九河开，

u⁴³tɕiou³¹liou⁴⁴tɕiou⁴⁴tʰai⁵³tʰou⁵³kʰan³¹liou⁴⁴,tɕʰi²⁴tɕiou⁴⁴xɤ⁵³kʰai²²⁴,

八九燕来，九九杨落地，十九杏花开。

pa²⁴tɕiou⁴⁴ian³¹lai⁵³,tɕiou⁴³tɕiou⁴³iaŋ⁴⁴luɤ³¹ti³¹,sʅ⁵³tɕiou⁴⁴xəŋ³¹xuɐr⁰kʰai²²⁴.

意译：一九二九不出手，三九四九冰上走。五九六九抬头看柳，七九河开，八九燕来，九九杨落地，十九杏花开。

（发音人：郭秀芬 2018.07.31 漯河）

0037 谚语

春争日，夏争时。

tsʰuəŋ²⁴tsəŋ²²⁴zʅ²²⁴,çia³¹tsəŋ²²⁴sʅ⁵³.

五黄六月争回镂。

u⁴⁴xuaŋ⁵³ly²²⁴yɛ⁰tsəŋ²²⁴xuei⁵³lou⁰.

意译：春争日，夏争时。五黄六月争回镂。

（发音人：郭秀芬 2018.07.31 漯河）

0038 谚语

春风不动地儿不开，秋风不动籽儿不来。

tsʰuəŋ²⁴fəŋ²²⁴pu²⁴tuəŋ³¹tiər³¹pu²⁴kʰai²²⁴,tɕʰiou²⁴fəŋ²²⁴pu²⁴tuəŋ³¹tsər⁴⁴pu²⁴lai⁵³.

意译：春风不动地儿不开，秋风不动籽儿不来。

（发音人：郭秀芬 2018.07.31 漯河）

0039 河南曲剧《小苍娃儿》

小苍娃儿我离了登封小县，

siɔ tsʰaŋ uɐr uɤ li liɔ təŋ fəŋ siɔ ɕian,

小苍娃儿我离了登封小县，

siɔ tsʰaŋ uɐr uɤ li liɔ təŋ fəŋ siɔ ɕian,

一路上我受尽饥饿熬煎，

i lu saŋ uɤ sou tɕin liɔ tɕi ɤ ɔ tsian,

二解差好比那牛头马面，

ər tɕiai tsʰai xɔ pi na ȵiou tʰou ma mian,

我和他一说话就把那脸翻，

uɤ xɤ tʰa i sʮə xua tɕiou pa lian fan,

在途中我只把嫂嫂埋怨,
tsai tʰu tsuaŋ uɤ tʂɿ pa sao sao man yuan,
为弟我起解时你躲在了哪边?
uei ti uɤ tɕʰi tɕiai ʂɿ n̠i tuɤ tsai liao na pian?
小金哥儿和侄女儿难得相见,
siao tɕin kɤ xɤ tʂɿ n̠yər nan tɛ siaŋ tɕian,
叔侄儿们再不能一块儿去玩,
su tsər mən tsai pu nəŋ i kʰuɐr tɕʰy uan,
哎呀啊啊,再不能东岳届把戏看呐,
ai ia a a,tsai pu nəŋ tuəŋ yɛ miao pa ɕi kʰan na,
再不能摸螃蟹到黑龙潭呐,
tsai pu nəŋ muɤ pʰaŋ ɕia tao xɛ luəŋ tʰan na,
再不能摘酸枣把嵩山上啊,
tsai pu nəŋ tsai suan tsao pa syəŋ san saŋ a,
再不能少林寺里我看打拳啊,
tsai pu nəŋ sao lin ʂɿ li uɤ kʰan ta tɕʰyan a,
哎呀啊啊,问解差离洛阳还有多远哪?
ai ia a a,uən tɕiai tsʰai li luɤ iaŋ xai iou tuɤ yan na?
二十里,哎呀我的妈呀!
ər ʂɿ li,ai ia uɤ ti ma ia!
顷刻间我就要进鬼门关,
tɕʰyəŋ kʰɛ tɕian tɕiou iao tɕin kuei mən kuan,
我实在不愿再往前赶,
uɤ ʂɿ tsai pu yan tsai uaŋ tsʰian kan,
能耽误一日我能多活一天。
nəŋ taŋ u i ʐɿ uɤ nəŋ tuɤ xuɤ i tʰian.

意译:小苍娃我离了登封小县,一路上我受尽饥饿熬煎。二解差好比那牛头马面,他和我一说话就把那脸翻。在途中我只把嫂嫂埋怨,为弟我起解时你躲到哪边。小金哥和玉妮儿难得相见,叔侄们再不能一块儿去玩。哎呀啊啊,再不能东岳届把戏看,再不能摸螃蟹到黑龙潭,再不能少林寺里看打拳啊,哎呀啊啊,问解差离洛阳还有多远哪?二十里!哎呀我的妈呀!顷刻间我就进鬼门关,我实在不愿再往前赶,能耽误一天我能多活一天。

(发音人:马顺安 2018.08.06 漯河)

0041 豫剧《沁园春·雪》

北国风光,千里冰封,万里雪飘。
pei kuɤ fəŋ kuaŋ,tsʰian li piəŋ fəŋ,uan li ɕyɤ pʰiao.
万里雪飘。

uan li ɕyɤ pʰiaɔ.

望长城内外，惟余莽莽；

uaŋ tʂʰaŋ tʂʰəŋ nei uai,uei y maŋ maŋ.

大河上下，顿失滔滔。

ta xɤ ʂaŋ ɕia,tuən ʂɭ tʰaɔ tʰaɔ.

大河上下，顿失滔滔。

ta xɤ ʂaŋ ɕia,tuən ʂɭ tʰaɔ tʰaɔ.

山舞银蛇，原驰蜡象，欲与天公试比高。

ʂan u iən ʂɤ,yan tʂʰɭ la ɕiaŋ,y y tʰian kuəŋ ʂɭ pi kaɔ.

须晴日，看红装素裹，分外妖娆。

ɕy tɕʰiəŋ zɭ,kʰan xuəŋ tsuaŋ su kuɤ,fən uai iaɔ zaɔ.

江山如此多娇，如此多娇，引无数英雄竞折腰。

tɕiaŋ ʂan zu tsʰɭ tuɤ tɕiaɔ,zu tsʰɭ tuɤ tɕiaɔ,iən u ʂu iəŋ ɕyəŋ tɕiŋ tʂɤ iaɔ.

惜秦皇汉武，略输文采；唐宗宋祖，稍逊风骚。

ɕi tɕʰiən xuaŋ xan u,lyɛ ʂu uən tsʰai; tʰaŋ tsuaŋ suaŋ tsu,saɔ ɕyən fəŋ saɔ.

一代天骄，成吉思汗，只识弯弓射大雕。

i tai tʰian tɕiaɔ,tsʰəŋ tɕi si xan,tʂɭ ʂɭ uan kuəŋ ʂɤ ta tiaɔ.

俱往矣，数风流人物，还看今朝。

tɕy uaŋ i,ʂu fəŋ liou zən u,xai kʰan tɕiən tʂaɔ.

还看今朝，还看今朝，还看今朝。

xai kʰan tɕiən tʂaɔ,xai kʰan tɕiən tʂaɔ,xai kʰan tɕiən tʂaɔ.

意译：北国风光，千里冰封，万里雪飘。望长城内外，惟余莽莽；大河上下，顿失滔滔。山舞银蛇，原驰蜡象，欲与天公试比高。须晴日，看红装素裹，分外妖娆。江山如此多娇，引无数英雄竞折腰。惜秦皇汉武，略输文采；唐宗宋祖，稍逊风骚。一代天骄，成吉思汗，只识弯弓射大雕。俱往矣，数风流人物，还看今朝。

（发音人：魏园　2018.08.06 漯河）

许 昌

一 歌谣

000 光光头儿

光光头儿，打皮牛儿，打一百，不生虱。

kuaŋ²⁴kuaŋ²⁴tʰəur⁵³,ta⁴⁴pʰi⁵³ɲiəur⁵³,ta⁴⁴·⁴⁴pɛ²,puˀ²⁴ʂəŋ²⁴ʂɛ²⁴.

意译：光光头儿，打陀螺，打一百，不长虱子。

（发音人：杨明军 2018.07.19 许昌）

0002 跳皮筋

小汽车，嘀嘀嘀，马兰开花二十一，

ɕiau⁴⁴tɕʰi³¹tʂʰɿə⁴⁴,ti²⁴ti²⁴ti²⁴,ma⁴⁴lan⁵³kʰai²⁴xua²⁴ər³¹ʂɿ⁵³·i²⁴,

二五六，二五七，二八二九三十一，

ər³¹u⁴⁴liəu³¹,ər³²u⁴⁴tɕʰi²⁴,ər³¹pa²⁴ər³¹tɕiəu⁴⁴san²⁴ʂɿ⁵³·i²⁴,

三五六，三五七，三八三九四十一，

san²⁴u⁴⁴liəu³¹,san²⁴u⁴⁴tɕʰi²⁴,san²⁴pa²⁴san²⁴tɕiəu⁴⁴ʂɿ³¹ʂɿ⁵³·i²⁴,

四五六，四五七，四八四九五十一，

ʂɿ³¹u⁴⁴liəu³¹,ʂɿ³¹u⁴⁴tɕʰi²⁴,ʂɿ³¹pa²⁴ʂɿ³¹tɕiəu⁴⁴u⁴⁴ʂɿ⁵³·i²⁴,

五五六，五五七，五八五九六十一，

u⁴⁴u⁴⁴liəu³¹,u⁴⁴u⁴⁴tɕʰi²⁴,u⁴⁴pa²⁴u⁴⁴ɕiəu⁴⁴liəu³¹ʂɿ⁵³·i²⁴,

六五六，六五七，六八六九七十一，

liəu³¹u⁴⁴liəu³¹,liəu³¹u⁴⁴tɕʰi²⁴,liəu³¹pa²⁴liəu³¹tɕiəu⁴⁴tɕʰi²⁴ʂɿ⁵³·i²⁴,

七五六，七五七，七八七九八十一，

tɕʰi²⁴u⁴⁴liəu³¹,tɕʰi²⁴u⁴⁴tɕʰi²⁴,tɕʰi²⁴pa²⁴tɕʰi²⁴tɕiəu⁴⁴pa²⁴ʂɿ⁵³·i²⁴,

八五六，八五七，八八八九九十一。

pa²⁴u⁴⁴liəu³¹,pa²⁴u⁴⁴tɕʰi²⁴,pa²⁴pa²⁴pa²⁴tɕiəu⁴⁴tɕiəu⁴⁴ʂɿ⁵³·i²⁴.

意译：小汽车，嘀嘀嘀，马兰开花二十一，二五六，二五七，二八二九三十一，
三五六，三五七，三八三九四十一，四五六，四五七，四八四九五十一，
五五六，五五七，五八五九六十一，六五六，六五七，六八六九七十一，
七五六，七五七，七八七九八十一，八五六，八五七，八八八九九十一。

（发音人：杨明军 2018.07.19 许昌）

0003 砸顶锥儿

砸，砸，砸顶锥儿，叫你躲你不躲，烧住恁大哥，

tsa⁵³,tsa⁵³,tsa⁵³tiəŋ⁴⁴tʂuɚ⁵³,tɕiəu³¹ni⁴⁴tuɤ⁴⁴ni²⁴pu²⁴tuɤ⁴⁴,ʂau²⁴tʂu⁴⁴nən⁴⁴ta³¹kɤ⁴⁴,

恁大哥放羊，烧住恁娘，

nən⁴⁴ta³¹kɤ⁴⁴faŋ³¹iaŋ⁵³,ʂau²⁴tʂu⁴⁴nən⁴⁴niaŋ⁵³,

恁娘扎花儿，烧住天边儿，

nən⁴⁴niaŋ⁵³tʂa²⁴xuɐr²⁴,ʂau²⁴tʂu³¹tʰian²⁴piɐr²⁴,

天边有个云彩，咕噜咕噜回来，

tʰian²⁴piɐr²⁴iəu⁴⁴kɤ³¹yən²⁴tsʰai³¹,ku²⁴lu²⁴ku²⁴lu²⁴xuei⁵³lai³¹,

哥，哥，你吃啥，

kɤ⁴⁴kɤ⁴⁴,ni²⁴tʂʰʅ³¹ʂa³¹,

我吃山上大瓦＝炸＝，给老娘留哩啥，

uɤ⁴⁴tʂʰʅ²⁴ʂan⁴⁴ʂaŋ⁴⁴ta⁴⁴ua⁴⁴tʂa⁴⁴,kɛ²⁴lau⁴⁴niaŋ⁵³liəu⁵³li⁰ʂa³¹,

鸡蛋丝儿面疙瘩，咕儿咕儿咕儿，下来歇歇吧。

tɕi⁵³tan⁴⁴sər⁴⁴mian³¹kɛ³¹ta⁵³,kur⁵³kur²⁴kur⁵³,ɕia³¹lai⁵³ɕiɛ⁵³pa⁰.

意译：砸，砸，砸顶锥儿，叫你躲你不躲，烧住恁大哥，恁大哥放羊，烧住恁娘，恁娘扎花儿，烧住天边儿，天边有个云彩，咕噜咕噜回来，哥，哥，你吃啥，我吃山上大蚂蚱，给老娘留得啥，鸡蛋丝儿面疙瘩，咕儿咕儿咕儿，下来歇歇吧。

（发音人：张凤琴　2018.07.19 许昌）

0004 磕顶锥儿

磕，磕，磕顶锥儿，

kʰɤ²⁴,kʰɤ²⁴,kʰɤ²⁴tiəŋ⁴⁴tʂuɚ⁵³,

腰里别个花手巾儿，

iau²⁴li⁵³⁰piɛ³¹kɤ³¹xua²⁴ʂəu⁴⁴tɕiər⁵³,

谁拾了，我拾了，

ʂei⁵³ʂʅ⁵³la⁰,uɤ⁴⁴ʂʅ⁵³la⁰,

给我吧，掉井啦，

kei²⁴uɤ⁵³pa⁰,tiau³¹tɕiəŋ⁴⁴la⁰,

买个吧，买不来，咕嘚儿一个。

mai⁴⁴kɤ³¹pa⁰,mai⁴⁴pu²⁴lai⁵³,ku²⁴tər²⁴⁴i⁴⁴kɤ³¹.

意译：磕，磕，磕顶锥儿，腰里别个花手巾儿，谁拾了，我拾了，给我吧，掉井了，买个吧，买不来，咕嘚一个。

（发音人：张凤琴　2018.07.19 许昌）

0005 祭灶歌

腊八儿祭灶，年下来到，

la²⁴pər²⁴tɕi²⁴tsau³¹,nian⁵³ɕiɛ³¹lai⁵³tau³¹,

小闺女要花，小孩儿要炮，
ɕiau⁴⁴kuei²⁴n̠y³¹iau³¹xuɐr²⁴,ɕiau⁴⁴xɐr⁵³iau²⁴pʰau³¹,
老婆儿要衣裳，老头儿打饥荒。
lau⁴⁴pʰuor⁵³iau³¹⁻²⁴i⁰ʂaŋ³¹,lau⁴⁴tʰəur²⁴ta⁴⁴tɕi²⁴xuaŋ⁵³.
意译：腊八祭社，年下来到，小闺女要花，小孩儿要炮，老奶奶要衣裳，老爷爷打饥荒。

（发音人：张凤琴　2018.07.19　许昌）

二　故事

0021 牛郎和织女

大家好！我是河南省许昌市魏都区人，我叫孙淑华。
ta³¹tɕia²⁴xau⁴,uɤ⁴⁴ʂʅ⁵³ xɤ⁴⁴nan⁵³ʂəŋ⁵³ɕy⁴⁴tʂʰaŋ⁵³ʂʅ⁴⁴uei³¹tu²⁴tɕʰy²⁴zən⁵³,uɤ⁴⁴tɕiau²⁴suən³¹ʂu²⁴xua²⁴.
下面我给大家讲一个牛郎织女的故事。
ɕia³¹mian⁰uɤ⁴⁴kei³¹ta³¹tɕia²⁴tɕiaŋ²⁴i⁴kɤ³¹n̠iəu⁵³laŋ³¹tsʅ²⁴n̠y⁴⁴li⁰ku³¹ʂʅ³¹.
从前，有个小伙子，他的父母全都去世了，
tsʰuən⁵³tɕʰian⁵³,iəu⁴⁴kɤ³¹siau⁴⁴xuɤ⁴⁴tsʅ³¹,tʰa⁴⁴ti⁰fu²⁴mu⁴⁴tɕʰyan⁵²təu⁴⁴tɕʰy⁵³ʂʅ³¹lə⁰.
他家喂了一头老牛，
tʰa⁴⁴tɕia²⁴uei³¹lɤ⁰·²⁴i⁴tʰəu⁵³lau⁴⁴n̠iəu⁵³.
他就跟这个老牛耕地相依为命。
tʰa⁴⁴tɕiəu³¹kei²⁴tʂʅ³¹kɤ⁰lau⁴⁴n̠iəu⁵³kəŋ²⁴ti⁴ɕiaŋ³¹⁻²⁴i⁴uei⁵³miəŋ³¹.
这老牛非常可怜这个牛郎，大家都喊他牛郎。
tʂʅ³¹lau⁴⁴n̠iəu⁵³fei²⁴tʂʰaŋ⁵³kʰɤ⁴⁴lian⁴tʂʅ³¹kɤ⁰n̠iəu⁵³laŋ⁵³,ta³¹tɕia⁰təu⁴xan⁴⁴tʰa⁴⁴n̠iəu⁵³laŋ⁵³.
这老牛非常可怜，可怜这个牛郎。
tʂʅ³¹lau⁴⁴n̠iəu⁵³fei²⁴tʂʰaŋ⁵³kʰɤ⁴⁴lian⁴,kʰɤ⁴⁴lian⁴tʂʅ³¹kɤ⁰n̠iəu⁵³laŋ⁵³.
它总想给牛郎找个老婆儿。
tʰa⁴⁴tsuəŋ⁴⁴ɕiaŋ⁴⁴kei³¹n̠iəu⁴⁴laŋ⁵³tʂau⁴⁴kɤ⁰lau⁴⁴pʰuor⁵³.
其实这个老牛哩他就是天上哩金牛星。
tɕʰi⁵³ʂʅ⁵³tʂʅ³¹kɤ⁰lau⁴⁴n̠iəu⁵³li⁰tʰa⁴⁴tɕiəu³¹ʂʅ⁴tʰian²⁴ʂaŋ⁴⁴li⁰tɕiən²⁴n̠iəu⁵³ɕiaŋ²⁴.
这一天呐，这个老牛，金牛星知道，
tʂʅ³¹i⁴·⁰tʰian²⁴na⁰,tʂʅ³¹kɤ⁰lau⁴⁴n̠iəu⁵³,tɕiən²⁴n̠iəu⁵³ɕiəŋ⁴⁴tsʅ⁵³tau³¹,
天上嘞仙女要下来，下来洗澡嘞，
tʰian²⁴ʂaŋ⁴lɛ⁰ɕian²⁴n̠yɐr⁴⁴iau⁴ɕia³¹lai⁰,ɕia³¹lai⁰ɕi⁴⁴tsau⁴⁴liɛ⁰,
到他这个村东头儿下来洗澡嘞。
tau³¹tʰa⁴⁴tʂʅ³¹kɤ⁰tsʰuən²⁴tuəŋ²⁴tʰəur⁵³ɕia³¹lai⁰ɕi⁴⁴tsau⁴⁴liɛ⁰.
老牛就给这个牛郎托了一个梦。
lau⁴⁴n̠iəu⁵³tɕiəu³¹kei²⁴tʂʅ³¹kɤ⁰n̠iəu⁵³laŋ⁵³tʰuə²⁴lə⁰·⁵³i⁴kɤ³¹məŋ³¹.

让他第二天早上去他们那村东头那湖边，
tɕiau³¹tʰa⁴⁴tiʲər³¹tʰian²⁴tsau⁵⁵ʂaŋ⁰tɕʰy³¹tʰa⁴⁴mən⁰na³¹tsʰuən²⁴tuəŋ²⁴tʰəur⁰na³¹xu⁵³pian²⁴,
到树上捞一件儿衣裳，
tau²⁴ʂu³¹ʂaŋ⁰lau²⁴˙⁵³iʲtɕiɐr³¹˙²⁴ʂaŋ⁰,
这个衣裳哩主人将来以后就是他哩老婆儿。
tʂʅə³¹kɤ⁰˙²⁴ʂaŋ⁰liʲtʂu⁴⁴ʐən⁵³tɕiaŋ²⁴lai¹˙⁵³⁴⁴xəu³¹tɕiəu⁵³ʂʅtʰa⁴⁴liʲlau⁴⁴pʰuoɤ⁵³.
这牛郎嘞也有点儿半信半不信，
tʂʅə³¹ɳiəu⁵³laŋ⁵³lɛ⁰iɛ⁴⁴iəu⁴⁴tiɐr⁰pan²⁴ɕiən³¹pan³¹puʲɕiən³¹,
牛郎第二天早上去了。
ɳiəu⁵³laŋ⁵³ti²⁴ər³¹tʰian²⁴tsau⁴⁴ʂaŋ⁰tɕʰy³¹la⁰.
他一看村东边嘞树上真是挂了几件衣服，
tʰa⁴⁴˙⁵³kʰan³¹tsʰuən²⁴tuəŋ²⁴pian²⁴lɛ⁰ʂu³¹ʂaŋ²⁴tʂən²⁴ʂʅ³¹kua³¹lə⁰tɕiʲtɕian³¹˙²⁴iʲfu⁰,
天上嘞七仙女在这儿洗澡嘞。
tʰian²⁴ʂaŋ⁰lɛ⁰tɕʰiʲ²⁴ɕian²⁴ɳyər⁴⁴tsai²⁴tʂɚr³¹ɕiʲ⁴⁴tsau⁴⁴lɛ⁰.
这牛郎就捞了一件儿粉红裙子，
tʂʅə³¹ɳiəu⁵³laŋ⁵³tɕiəu³¹lau²⁴lə⁰iʲ˙⁵³tɕiɐr⁴⁴fən³¹xuaŋ⁵³tɕʰyən⁵³tsʅ⁰,
头也不回嘞跑回家啦。
tʰəu⁵³iɛ³¹puʲ²⁴xuei⁵³lɛ⁰pʰau⁴⁴xuei⁵³tɕia²⁴la⁰.
牛郎心里想着也不知道是真哩假哩，
ɳiəu⁵³laŋ⁵³ɕiən²⁴liʲɕiaŋ⁴⁴tʂuə⁰˙⁴⁴iɛ⁴⁴puʲ²⁴tʂʅ⁵³tau³¹ʂʅ³¹tʂən²⁴liʲtɕia⁴⁴lɛ⁰,
仙女儿们会不会来嘞？
ɕian²⁴ɳyər⁴⁴mən⁰xuei³¹puʲ⁰xuei³¹lai⁵³lɛ⁰?
真哩到了晚上，这个仙女儿其实就是织女星，
tʂən²⁴liʲtau³¹lə⁰uan⁴⁴ʂaŋ⁰,tʂʅə³¹kɤʲɕian²⁴ɳyər⁴⁴tɕʰi⁵³ʂʅ⁵³tɕiəu³¹ʂʅtʂʅ²⁴ɳyʲɕiən²⁴,
敲他家哩门啦。从此以后他俩就成了夫妻。
tɕiau²⁴tʰa⁴⁴tɕia⁴⁴liʲmən⁵³la⁰,tsʰuən⁵³tsʰʅʲ⁴⁴˙⁴⁴xəu³¹tʰa⁴⁴lia⁴⁴tɕiəu³¹tʂʰəŋ⁵³lə⁰fu²⁴tɕʰi²⁴.
一过就是三年。织女生了一个男孩儿一个女孩儿。
iʲ⁵³kuɤ³¹tɕiəu³¹ʂʅsan²⁴ɳian⁵³,tʂʅ²⁴ɳyʲʂəŋ⁵³lə⁰iʲ⁰˙⁵³kɤʲnan⁴⁴xər⁵³˙⁵³iʲkɤʲɳyʲ⁴⁴xər⁵³.
他们嘞生活过得非常快乐，非常好。
tʰa⁴⁴mən⁰lɛʲʂəŋ²⁴xuɤ⁵³kuɤʲlɛ⁰fei²⁴tʂʰaŋ⁵³kʰuai³¹luɤ²⁴,fei²⁴tʂʰaŋ⁵³xau⁴⁴.
这件事被天上哩玉皇大帝知道啦，
tʂʅə³¹tɕian²⁴ʂər³¹pei³¹tʰian²⁴ʂaŋ⁰liʲy³¹xuaŋ⁵³ta²⁴ti³¹tʂʅ⁵³tau³¹la⁰,
他要把织女抓到天上。
tʰa⁴⁴iau³¹paʲ²⁴tʂʅ²⁴ɳyʲ⁴⁴tʂua²⁴tau³¹tʰian²⁴ʂaŋ⁰.
这一天，天上又是打雷又是下雨又是刮风哩，
tʂʅə³¹iʲ⁰tʰian²⁴,tʰian²⁴ʂaŋ⁰iəu³¹⁰ʂʅ⁴⁴ta⁴⁴luei³¹iəu³¹⁰ʂʅɕia⁵³y²⁴iəu³¹⁰ʂʅkua²⁴fəŋ²⁴liʲ⁰,

一阵风过去,织女就不见啦。
i⁵³tʂən³¹fəŋ²⁴kuɤ²⁴tɕʰy³¹,tʂʅ²⁴n̠y⁴⁴tɕiəu³¹pu⁵³tɕian³¹la⁰.
织女哩两个小孩儿哭着要他妈妈,牛郎没办法,
tʂʅ²⁴n̠y⁰li⁰liaŋ⁴⁴kɤ⁰ɕiau⁴⁴ʂɚ⁵³kʰu²⁴tʂuə⁰iau³¹tʰa⁴⁴ma²⁴ma⁰,n̠iəu⁵³laŋ⁰mei⁰pan³¹fɚ⁰,
这时候老牛说话儿了,
tʂɤ⁰³¹ʂʅ⁵³xəu³¹lau⁴⁴n̠iəu⁵³ʂuə²⁴xɚ³¹la⁰,
老牛说:"牛郎,你把我嘞牛角去掉,
lau⁴⁴n̠iəu⁵³ʂuə²⁴,n̠iəu⁵³laŋ²⁴,n̠i⁴⁴pa²⁴uɤ⁴⁴lɛ⁰n̠iəu⁵³tɕyə²⁴tɕʰy³¹tiau⁰,
牛角去了就变成两个筐。
n̠iəu⁵³tɕyə²⁴tɕʰy³¹ləu⁰tɕiəu²⁴pian³¹tʂʰəŋ⁰liaŋ⁴⁴kɤ⁰kʰuaŋ²⁴.
你挑着一个闺女一个孩儿情去天庭找织女啦。"
n̠i⁴⁴tʰiau²⁴tʂuɤ⁰·⁵³i⁰kɤ⁰kuei²⁴n̠y⁰i⁰kɤ⁰xɚ⁵³tɕʰiəŋ⁰tɕʰy³¹tʰian²⁴tʰiəŋ⁵³tʂau⁴⁴tʂʅ²⁴n̠y⁵⁵la⁰."
牛郎也不老相信。说着说着嘞,
n̠iəu⁵³laŋ⁰iɛ⁴⁴pu²⁴lau⁰ɕiaŋ⁰ɕin⁰,ʂuə⁰tʂə⁰ʂuə⁰tʂə⁰lɛ⁰,
老牛嘞牛角可掉啦,真嘞变成了两个筐。
lau⁴⁴n̠iəu⁰lɛ⁰n̠iəu⁵³tɕyə²⁴kʰɤ⁴⁴tiau⁰la⁰,tʂən²⁴lɛ⁰pian³¹tʂʰəŋ⁰lə⁰liaŋ⁴⁴kɤ⁰kʰuaŋ²⁴.
牛郎一看,叫他嘞闺女孩儿一面儿一个,
n̠iəu⁵³laŋ⁰i⁰·⁵³kʰan³¹,tɕiau³¹tʰa⁰lɛ⁰kuei²⁴n̠y⁰xɚ⁵³·²⁴miər²⁴·⁵³i³¹kɤ³¹.
他用个扁担挑着,准备上天找织女星去啦。
tʰa⁴⁴yəŋ³¹kɤ⁰pian⁴⁴tan³¹tʰiau²⁴tʂu⁰,tʂuən⁴⁴pei³¹ʂaŋ³¹tʰian²⁴tʂau²⁴tʂʅ²⁴n̠y⁴⁴ɕiəŋ²⁴tɕʰy³¹la⁰.
谁知道他挑上扁担,一阵风,飞呀,飞呀,飞到那天宫啦。
ʂei⁵³tʂʅ⁵³tau³¹tʰa⁴⁴tʰiau²⁴ʂaŋ³¹pian⁴⁴tan³¹,i⁰·⁵³tʂən²⁴fəŋ²⁴,fei²⁴ia⁰fei²⁴ia⁰,fei²⁴tau³¹na³¹tʰian²⁴kuəŋ²⁴la⁰.
都快撵上织女啦,王母娘娘看见啦。
təu⁴⁴kʰuai³¹n̠ian⁴⁴ʂaŋ³¹tʂʅ²⁴n̠y⁴⁴la⁰,uaŋ³¹mu⁴⁴n̠iaŋ⁵³n̠iaŋ⁰kʰan³¹tɕian⁵³la⁰.
她从头上拔下来金簪,搁到他俩中间一划,
tʰa⁴⁴tsʰuəŋ⁵³tʰəu³¹ʂaŋ³¹pa²⁴ɕia³¹lai⁰tɕiən²⁴tsan²⁴,kɤ⁰tau³¹tʰa⁴⁴lia⁴⁴tʂuəŋ²⁴·⁵³tɕian³¹i³¹xua³¹,
可变成了一道天河,一眼望不到边,
kʰɤ⁴⁴pian³¹tʂʰəŋ⁰lə⁰·⁵³tau³¹tʰian²⁴xɤ⁵³,i³¹·²⁴ian⁴⁴uaŋ³¹pu⁵³tau³¹pian²⁴,
牛郎跟织女儿也没法儿见面啦。
n̠iəu⁵³laŋ⁰kən⁰tʂʅ²⁴n̠yər⁴⁴iɛ⁴⁴mu⁴⁴fɚ²⁴tɕian²⁴miər²⁴la⁰.
天上嘞喜鹊儿知道了,它们就尾巴儿搭尾巴儿哩搭了个鹊桥,
tʰian²⁴ʂaŋ⁰lɛ⁴⁴ɕi⁴⁴tɕʰyor³¹tʂʅ⁵³tau⁰la⁰,tʰa⁴⁴mən⁰tɕiəu³¹·⁴⁴per⁵³ta²⁴·⁴⁴per⁰li⁰ta²⁴lə⁰kɤ⁰tɕʰyə³¹tɕʰiau⁵³,
等于每年哩七月七,牛郎织女就踩着鹊桥会面。
təŋ⁴⁴y⁰mei²⁴n̠ian⁵³li⁰tɕʰi²⁴yə⁰tɕʰi²⁴,n̠iəu⁵³laŋ⁰tʂʅ²⁴n̠y⁰tɕiəu³¹tsʰai⁴⁴tʂə⁰tɕʰyɛ³¹tɕʰiau⁵³xuei²⁴mian³¹.
天上七月七有会儿还下雨,
tʰian²⁴ʂaŋ⁰tɕʰi²⁴yə⁰tɕʰi²⁴iəu⁰xuər⁵³xai³¹ɕia³¹y³¹·⁴⁴,

这就是牛郎织女会面嘞时候儿。
tʂɻ³¹ təu⁴⁴ ʂɻ³¹ ȵiəu⁵³ laŋ⁵⁵ xɤ⁵³ tɕɻ⁵⁵ ny⁴⁴ xuei²⁴ mian³¹ lɛ⁰ ʂɻ⁵³ xəur³¹.

我哩故事讲完啦，谢谢大家。
uɤ⁴⁴ lɛ⁰ ku³¹ ʂɻ⁰ tɕiaŋ⁴⁴ uan⁵³ la⁰, ɕiɛ³¹ ɕiɛ⁰ ta³¹ tɕia²⁴.

意译：这是一个关于牛郎织女的中国传统神话故事。从前，有个小伙子，他的父母全都去世了，他家喂了一头老牛，他就与这个老牛耕地相依为命。这老牛非常可怜这个牛郎，大家都喊他牛郎。这老牛非常可怜这个牛郎。它总想给牛郎找个老婆。其实这个老牛呢他就是天上的金牛星。这一天呐，这个老牛，金牛星知道，天上的仙女要下来洗澡呢，到他这个村东头儿下来洗澡呢。老牛就给这个牛郎托了一个梦。让他第二天早上去他们那村东头那湖边，到树上拿一件儿衣裳，这个衣裳的主人将来以后就是他的老婆。这牛郎呢也有点儿半信半疑，牛郎第二天早上去了。他一看村东边的树上真是挂了几件衣服，天上的七仙女在这里洗澡。牛郎就拿了一件儿粉红裙子，头也不回跑回家了。牛郎心里想着也不知道是真的假的，仙女儿们会不会来呢？真的到了晚上，这个仙女儿其实是个织女星，敲他家的门了。从此以后他俩就成了夫妻。一过就是三年。织女生了一个男孩儿一个女孩儿。他们的生活过得非常快乐，非常好。这件事被天上的玉皇大帝知道了，他要把织女抓到天上。这一天哪，天上又是打雷又是下雨又是刮风的，一阵风过去，织女就不见了。织女的两个小孩儿哭着要他妈妈，牛郎没办法，这时候老牛说话儿了，老牛说，牛郎，你把我的牛角去掉，牛角去了就变成两个筐。你挑着一个闺女一个孩儿去天庭找织女吧。牛郎也不老相信。说着说着老牛的牛角真掉下来变成了两个筐。这牛郎一看，叫他的闺女孩儿一面儿一个，他用个扁担挑着，准备上天找织女星。谁知道他挑上扁担，一阵风，飞呀，飞呀，飞到那天宫了。马上快撵上织女了，王母娘娘看见了。她从头上拔下来金簪，搁到他俩中间一划，可变成了一道天河，一眼望不到边，牛郎跟织女儿也没办法儿见面了。天上的喜鹊儿知道了，它们就尾巴儿搭尾巴儿地搭了个鹊桥，等于每年的七月七，牛郎织女都踩着鹊桥会面。天上七月七有会儿还下雨，这就是牛郎织女会面的时候儿。

（发音人：孙淑华　2018.07.21　许昌）

三　自选条目

0031 歇后语

西瓜皮掉油锅里——又煎（奸）又滑。
ɕi²⁴ kuɤ⁴⁴ pʰi⁵³ tiau³¹ iəu⁵³ kuɤ²⁴ li⁰——iəu³¹ tɕian²⁴ iəu³¹ xua⁵³.

意译：西瓜皮掉油锅里——又煎（奸）又滑。

（发音人：张凤琴　2018.07.19 许昌）

0032 歇后语
被窝里儿打皮牛儿——转窝。
pei³¹uor²⁴li⁰ta⁴⁴pʰi⁵³niəur⁵³——tʂuan³¹uɤ²⁴.
意译：被窝里儿打皮牛儿——转窝。

（发音人：张凤琴　2018.07.19 许昌）

0033 歇后语
胡辣汤里熬菜——烩哩怪多哩。
xu⁵³la³¹tʰaŋ²⁴li⁰au²⁴tsʰai³¹——xuei⁵³li⁰kuai³¹tuɤ²⁴li⁰.
意译：胡辣汤里熬菜——会得挺多呢。

（发音人：张凤琴　2018.07.19 许昌）

0034 歇后语
猪八戒背媳妇——光想好事儿。
tʂu²⁴pa⁴⁴tɕie³¹pei²⁴ɕi⁵³fur³¹——kuaŋ²⁴ɕiaŋ⁴⁴xau⁴⁴ʂər³¹.
意译：猪八戒背媳妇——光想好事儿。

（发音人：张凤琴　2018.07.19 许昌）

0035 歇后语
一屁股蹲到尿盆儿里——拴嘴儿。
i⁴⁴pʰi³¹ku³¹tuən²⁴tau⁰ȵiau⁰pʰər⁵³li⁰——ʂuan⁵³tsuər⁰.
意译：一屁股蹲到尿盆儿里——拴嘴儿。

（发音人：张凤琴　2018.07.19 许昌）

0036 歇后语
背着手撒尿——不扶。
pei³¹tʂu⁰ʂəu⁴⁴sa²⁴ȵiau³¹——pu²⁴fu⁵³.
意译：背着手撒尿——不扶。

（发音人：张凤琴　2018.07.19 许昌）

0037 歇后语
狗啃麦苗儿——装羊。
kəu⁴⁴kʰən⁴⁴mɛ²⁴mior⁵³——tʂuaŋ²⁴iaŋ⁵³.
意译：狗啃麦苗儿——装羊。

（发音人：张凤琴　2018.07.19 许昌）

0038 歇后语
石榴树上结西瓜——青皮大赖种。
ʂʅ⁵³liəu²⁴ʂu³¹ʂaŋ³¹tɕie²⁴ɕi²⁴kua³¹——tɕʰin²⁴pʰi⁵³ta³¹lai²⁴tʂuaŋ⁴⁴.
意译：石榴树上结西瓜——青皮大赖种。

（发音人：张凤琴　2018.07.19 许昌）

0039 歇后语

大闺女坐轿——头一回。

ta³¹kuei²⁴n̩y³¹tsuɤ²⁴tɕiau³¹——tʰəu⁵³·²⁴i⁵³xuei⁵³.

意译：大闺女坐轿——头一回。

（发音人：张凤琴　2018.07.19 许昌）

0040 歇后语

屎壳郎拱到面缸里——愣充小白人儿。

ʂʅ⁴⁴kʰɤ³¹laŋ²⁴kuəŋ⁴⁴tau⁰mian³¹kaŋ²⁴li⁰——ləŋ³¹tʂʰuəŋ²⁴ɕiau⁴⁴pɛ⁵³zɚ⁵³.

意译：屎壳郎拱到面缸里——愣充小白人儿。

（发音人：张凤琴　2018.07.19 许昌）

0041 歇后语

手榴弹扔到粪坑里——激起民愤。

ʂou⁴⁴liəu⁵³tan³¹zəŋ²⁴tau⁴⁴fən³¹kʰəŋ²³li⁰——tɕi²⁴tɕʰi⁴⁴miən⁵³fən³¹.

意译：手榴弹扔到粪坑里——激起民愤。

（发音人：张凤琴　2018.07.19 许昌）

0042 歇后语

芝麻地里种黄豆儿——杂种。

tʂʅ²⁴mə⁰tʰi³¹li⁰tʂuəŋ³¹təur³¹——tsa⁵³tʂuəŋ⁴⁴.

意译：芝麻地里种黄豆儿——杂种。

（发音人：张凤琴　2018.07.19 许昌）

0043 歇后语

鼻子流嘴里——各吃各哩。

pi⁵³tsʅ³¹liəu⁵³tsuei⁴⁴li⁰——kɤ²⁴tʂʰʅ²⁴kɤ²⁴li⁰.

意译：鼻子流嘴里——各吃各哩。

（发音人：张凤琴　2018.07.19 许昌）

0044 歇后语

丈母虫趴到脚面儿上——越给⁼越骨⁼涌⁼。

tʂaŋ³¹mu⁰tʂʰuəŋ⁵³pʰa²⁴tau⁴⁴tɕyɤ²⁴miɐr²⁴ʂaŋ⁰——yɛ²⁴kei⁵³yɛ²⁴ku²⁴ʐuəŋ³¹.

意译：豆青虫趴到脚面儿上——越给⁼越骨⁼涌⁼。

（发音人：张凤琴　2018.07.19 许昌）

0045 越调《杀佞臣》（选段）

校军场上杀气腾，又只见弓上弦刀出鞘，

tɕiau tɕyən tʂʰaŋ ʂaŋ ʂa tɕʰi tʰəŋ,iəu tʂʅ tɕian kuaŋ ʂaŋ ɕian tau tʂʰu tɕʰiau,

人披甲马披鞍，刀光剑影气贯长虹，

zən pʰei tɕia ma pʰei an,tau kuaŋ tɕian iəŋ tɕʰi kuan tʂʰaŋ xuəŋ,

旌旗招展遮日月，兵山将海好威风。

tsiəŋ tɕʰi tsau tʂan tʂɤ ʐʅ yɛ,piəŋ ʂan tsiaŋ xai xau uei fəŋ.

柴郡主将台来站定，一杆帅旗飘在空，
tsʰai tɕyən tṣu tsiaŋ tʰai lai tṣan tiəŋ,i kan ṣuai tɕʰi pʰiau tsai kʰuəŋ,
宗保怀抱中军令，
tsuəŋ pau xuai pau tṣuəŋ tɕyən liəŋ,
那一旁捧印的女将是穆桂英，
na i pʰaŋ pʰəŋ iən ti n̻y tsiaŋ ṣʅ mu kuei iəŋ,
八姐九妹两边立，杨宗英持枪怒气冲。
pa tsiɛ tɕiəu mei liaŋ pian li,iaŋ tsuəŋ iəŋ tṣʰʅ tsʰʰiaŋ nu tɕʰi tṣʰuəŋ.
那边站着一个女花童，
na pian tṣan tṣuə i kə n̻y xua tʰuəŋ,
你看她，身披铠甲扣玲珑，
n̻i kʰan tʰa,ṣən pʰei kʰai tɕia kʰəu liəŋ luəŋ,
一根铁棍拿手中，怒目挺胸杀气腾，
i kən tʰiɛ kuən na ṣəu tṣuəŋ,nu mu tʰiəŋ ɕyəŋ ṣa tɕʰi tʰəŋ,
她本是俺杨府里，烧火的丫头杨排风，她也是一位女英雄。
tʰa pən ṣʅ an iaŋ fu li ,ṣau xuə ti ia tʰəu iaŋ pʰai fəŋ,tʰa iɛ ṣʅ i uei n̻y iəŋ ɕyəŋ.
孟良手举宣花斧，黑铁大汉焦克明，
məŋ liaŋ ṣəu tɕy ɕyan xua fu,xei tʰiɛ ta xan tsiau kʰai miəŋ,
他们弟兄投宋是忠心耿，南里杀北里战，
tʰan mən ti ɕyəŋ tʰəu suəŋ ṣʅ tṣuəŋ siən kəŋ,nan li ṣa pei li tṣan,
东征西讨舍死忘生，冲锋陷阵破敌兵，
tuəŋ tṣəŋ si tʰau ṣʅə ṣʅ uaŋ ṣəŋ,tsʰuəŋ fəŋ ɕian tṣən pʰuə ti piəŋ,
两军阵显威风，他二人阵阵立大功。
liaŋ tɕyən tṣən ɕian uei fəŋ,tʰa ər zən tṣən tṣən li ta kuəŋ.
抬头再看校场内，里三层外三层，
tʰai tʰəu tsai kʰan tɕiau tṣʰaŋ nei,li san tsʰəŋ uai san tsʰəŋ,
前前后后都是俺杨家兵。
tsʰian tsʰian xəu xəu təu ṣʅ an iaŋ tɕia piəŋ.
老身迈步军前站，身后边跟着一个老杨洪，
lau ṣən mai pu tɕyən tsʰian tṣan,ṣən xəu pian kən tṣuə i kə lau iaŋ xuəŋ,
手持钢刀气势汹，
ṣəu tṣʰʅ kaŋ tau tɕʰi ṣʅ ɕyəŋ,
别看他胡须苍白年纪迈，
piɛ kʰan tʰa xu ɕy tsʰaŋ pɛ n̻ian tɕi mai,
想当年，他也在那两军阵里逞过威风。
ɕiaŋ taŋ n̻ian,tʰa iɛ tsai na liaŋ tɕyən tṣən li tṣʰəŋ kuə uei fəŋ.

谁说俺杨家都死净，谁说俺杨家兵不精，
ʂei ʂuə an iaŋ tɕia təu sʅ tɕiəŋ,ʂei ʂuə an iaŋ tɕia piəŋ pu tɕiəŋ,

依我看杨家的人马还够泅，一个人能顶十个用。
i uə kʰan iaŋ tɕia ti zən ma xai kəu ɕyaŋ,i kə zən nəŋ tiəŋ ʂʅ kə yəŋ.

老身今年八十整，我的眼不花耳不聋，
lau ʂən tɕiən n̪ian pa ʂʅ tʂəŋ,uə ti yan pu xua ɭ pu luəŋ,

上阵能骑马，挂帅能领兵，
ʂaŋ tʂən nəŋ tɕʰi ma,kua ʂuai nəŋ liəŋ piəŋ,

先王爷封我是个长寿星，
sian uaŋ iɛ fəŋ uə ʂʅ kə tʂʰaŋ ʂəu siəŋ,

想当年，我也在那千军万马里显过奇能，
siaŋ taŋ n̪ian,uə iɛ tsai na tsʰian tɕyən uan ma li ɕian kuə tɕʰi nəŋ,

战败胡儿百万兵，谁人不知我太君名。
tʂan pai xu ɭə pɛ uan piəŋ,ʂei zən pu tsʅ uə tʰai tɕyən miəŋ.

如今我年迈雄心在，我带走孙儿保朝廷，
zu tɕiən uə n̪ian mai ɕyəŋ siən tsai,uə tai tsəu suən ər pau tʂʰau tʰiəŋ,

皆因为宋王错听谗臣本，反把忠良当奸佞，
tɕiɛ iən uei suəŋ uaŋ tsʰuə tʰiəŋ tʂʰan tʂʰən pən,fan pa tʂuəŋ liaŋ taŋ tɕian n̪iəŋ,

灭俺杨家不当紧，宋氏江山一旦倾，
miɛ an iaŋ tɕia pu taŋ tɕiəŋ,suəŋ ʂʅ tɕiaŋ ʂan i tan tɕʰyəŋ,

把大好山河白白送给老贼苏洪，
pa ta xau ʂan xə pɛ pɛ suəŋ kei lau tsei su xuəŋ,

因此上点动人和马，儿媳挂帅把兵兴，
iən tsʰʅ ʂaŋ tian tuəŋ zən xə ma,ɭ si kua ʂuai pa piəŋ ɕiəŋ,

一来搭救儿杨景，二来消灭狗奸佞。
i lai ta tɕiəu ɭ iaŋ tɕiəŋ,ɭ lai ɕiau miɛ kəu tɕian n̪iəŋ.

来来来，儿媳速速传将令，
lai lai lai,ɭ si su su tʂʰuan tɕiaŋ liəŋ,

捉苏洪保国家迎敌张龙。
tʂuə su xuəŋ pau kuə tɕia iəŋ ti tʂaŋ luəŋ.

意译：校军场上杀气腾，又只见弓上弦刀出鞘，人披甲马披鞍，刀光剑影气贯长虹，旌旗招展遮日月，兵山将海好威风。柴郡主将台来站定，一杆帅旗飘在空，宗保怀抱中军令，那一旁捧印的女将是穆桂英，八姐九妹两旁立，杨宗英持枪怒气冲。那边站着一个女花童，你看她，身披铠甲扣玲珑，一根铁棍拿手中，怒目挺胸杀气腾，她本是俺杨府里，烧火的丫头杨排风，她也是一位女英雄，孟良手举宣花斧，黑铁大汉焦克明，他们弟兄投宋是忠心耿，南里杀北里战，东征西讨舍死忘生，冲锋陷阵破敌兵，两军阵显威风，他二人阵阵立大功。抬头再看校场内，里三层外三层，前前后后都是俺杨家兵。老身迈步军前站，身后边跟着一个老杨洪，手持钢刀气势汹，别看他胡须苍白年纪迈，想当年，他也在那两军阵里逞过威风。谁说俺杨家都死净，谁说俺杨家兵不精，依我看杨家的人马还够汹，一个人能顶十个用。老身今年八十整，我的眼不花耳不聋，上阵能骑马，挂帅能领兵，先王爷封我是个长寿星，想当年，我也在那千军万马里显过奇能，战败胡儿百万兵，谁人不知我太君名。如今我年迈雄心在，我带走孙儿保朝廷，皆因为宋王错听谗臣本，反把忠良当奸佞，灭俺杨家不当紧，宋氏江山一旦倾，大好河山白白送给老贼苏洪，因此上点动人和马，儿媳挂帅把兵兴，一来搭救儿杨景，二来消灭狗奸佞。来来来，儿媳速速传将令，捉苏洪保国家迎敌张龙。（这是越调的经典唱段，传唱广泛）

（发音人：李恋花 2018.07.20 许昌）

周　口

一　歌谣

0001 腊八祭灶
腊八祭灶，年下来到。
la²⁴pa²⁴tɕi²⁴tʂɔ⁴¹,ȵian⁵³ɕia⁰lɛ⁵³tɔ⁴¹.
小闺女儿要花，小男孩儿要炮。
ɕiɔ⁴⁴kuən²⁴ȵyər⁵³iɔ⁴¹xua²⁴,ɕiɔ⁴⁴nan⁵³xɜr²⁴iɔ⁵³pʰɔ⁴¹.
意译：腊八祭灶，年夜来到。小闺女儿要花，小男孩儿要炮。

（发音人：崔喜爱　2018.07.31 周口）

0002 红芋汤
红芋汤，红芋馍。离了红芋不能活。
xuŋ⁵³y⁴⁴tʰaŋ²⁴,xuŋ⁵³y⁴⁴muo⁵³.li⁴¹liɔ⁵³xuŋ⁵³y⁴⁴pu²⁴nəŋ⁵³xuo⁵³.
意译：红芋汤，红芋馍。离了红芋不能活。

（发音人：崔喜爱　2018.07.31 周口）

0003 小蚂嘎
小蚂嘎儿，尾巴长。娶了媳妇不要娘。
ɕiɔ⁴⁴ma²⁴kaʳ⁵³,i⁴⁴pɔ⁰tʂaŋ⁵³.tɕʰy⁴⁴liɔ⁰ɕi⁵³fu⁰pu⁵³⁴¹ȵiaŋ⁵³.
意译：小蚂嘎，尾巴长。娶了媳妇不要娘。

（发音人：崔喜爱　2018.07.31 周口）

0004 筛罗罗
筛罗罗，打汤汤。谁来啦？二姑娘。
sai²⁴luo⁵³luo⁰,ta⁴⁴tʰaŋ²⁴tʰaŋ⁰,sei⁵³lai⁵³la⁰?ər⁴¹ku²⁴ȵiaŋ⁵³.
捎啥包？捎肉包，一口咬个小牙腰儿。
sɔ²⁴ʂa⁴¹pɔ⁵³?sɔ²⁴zou⁴¹pɔ²⁴,i⁴kʰou⁴⁴⁴⁴kə⁰ɕiɔ⁴⁴ia⁴¹iɔr²⁴.
意译：筛罗罗，打汤汤。谁来了？二姑娘。捎啥包，捎肉包，一口咬个小牙腰儿。

（发音人：崔喜爱　2018.07.31 周口）

0005 盘脚盘
盘，盘，盘脚盘。大哩花，小哩圆。
pʰan⁵³,pʰan⁵³,pʰan⁵³tɕyo²⁴pʰan⁵³.ta⁴¹li⁰xua²⁴,ɕiɔ⁴⁴li⁰yan⁵³.

意译：盘，盘，盘脚盘。大的花，小的圆。

（发音人：崔喜爱 2018.07.31 周口）

0006 九九歌

一九二九，伸不开手。
i²⁴tɕiou⁴⁴ ər⁴¹tɕiou⁴⁴,tsʰən²⁴pu⁰kʰai²⁴sou⁴⁴.

三九四九，路上走。
san²⁴tɕiou⁴⁴ sɿ⁴¹tɕiou⁴⁴,lu⁵³ʂaŋ⁰tsou⁴⁴.

五九六九，抬头看柳。
u⁴⁴tɕiou⁴⁴ liou⁴¹tɕiou⁴⁴,tʰai⁵³tʰou⁵³kʰan⁴¹liou⁴⁴.

七九八九，老狗卧荫地。
tɕʰi²⁴tɕiou⁴⁴ pa²⁴tɕiou⁴⁴,lɔ⁵³kou⁴⁴uo⁴¹in²⁴ti⁴¹.

意译：一九二九，伸不开手。三九四九，路上走。五九六九，抬头看柳。七九八九，老狗卧荫地。

（发音人：崔喜爱 2018.07.31 周口）

0008 颠倒歌

东西路，南北走，出门儿碰见人咬狗。
tuŋ²⁴ɕi⁰lu⁴¹,nan⁴¹pei⁰tsou⁴⁴,tsʰu²⁴mər⁵³pʰəŋ⁴¹tɕian²zən⁵³iɔ⁴⁴kou⁴⁴.

拾起来狗，砸砖头，还怕砖头咬住手。
sɿ⁵³tɕʰi⁰lai⁰kou⁴⁴,tsa⁵³tʂuan²⁴tʰou⁴⁴,xai⁵³pʰa³¹tsuan²⁴tʰou⁰iɔ⁴⁴tʂu⁵³sou⁴⁴.

意译：东西路，南北走，出门碰见人咬狗。拾起来狗，砸砖头，还怕砖头咬住手。

（发音人：史国强 2018.08.01 周口）

0009 小蚂嘎

小蚂嘎儿，尾巴长。娶了媳妇不要娘。
ɕiɔ⁴⁴ma⁴⁴kaʴ⁵³,i⁴⁴pɔ⁰tʂʰaŋ⁵³.tɕʰy⁴⁴liɔ⁰ɕi⁵³fu⁰pu⁵³iɔ⁴¹niaŋ⁵³.

把娘背到高山上，把娘送给老和尚。
pa⁴¹niaŋ⁵³pei²tɔ⁰kɔ²⁴ʂan²⁴ʂaŋ⁵³,pa²niaŋ⁵³suŋ⁵³tɕi⁰lɔ⁴⁴xuo⁵³ʂaŋ⁰.

意译：小蚂嘎儿，尾巴长。娶了媳妇不要娘。把娘背到高山上，把娘送给老和尚。

（发音人：史国强 2018.08.01 周口）

0014 哄睡歌

哦哦哦，睡觉吧。
ɤ⁴⁴ɤ⁰ɤ⁵³,sei²⁴tɕiɔ⁴¹pa⁰.

仨猫六个眼，四只白蹄子。
sa²⁴mɔ⁵³liou⁴¹kɤ⁰ian⁴⁴,sɿ⁴¹tsɿ⁰pai⁵³tʰi⁵³tsɿ⁰.

走路通通响，好吃小孩子。
tsou⁴⁴lu⁴¹tʰəŋ²⁴tʰəŋ⁰ɕiaŋ⁴⁴,xɔ⁴¹tsʰɿ²⁴ɕiɔ⁴⁴xai⁵³tsɿ⁰.

意译：哦哦哦，睡觉吧。仨猫六个眼，四只白蹄子。走路通通响，好吃小孩子。

（发音人：史国强　2018.08.01 周口）

0017 筛罗罗

筛罗罗，打汤汤。谁来啦？大姑娘。

sai²⁴luo⁵³luo⁰,ta⁴⁴tʰaŋ²⁴tʰaŋ⁰.sei⁵³lai⁵³la⁰?ta⁴¹ku²⁴ɲiaŋ⁵³.

捎嘞啥？狗尾巴。扑棱扑棱我害怕。

sɔ²⁴lei⁰sa⁴¹?kou⁴⁴i⁴⁴pa⁰.pʰu⁴⁴ləŋ⁰pʰu⁴⁴ləŋ⁰uə⁰xai⁵³pʰa⁴¹.

意译：筛罗罗，打汤汤。谁来了？大姑娘。捎嘞啥？狗尾巴。扑棱扑棱我害怕。

（发音人：李笼　2018.08.01 周口）

0018 板凳歌

板凳板凳摞摞，里边儿坐个大哥。

pan⁴⁴taŋ⁴⁴pan⁴⁴taŋ⁰luo⁴¹luo⁰,li⁴⁴piɚ⁴¹tʂuo⁴¹kɤ⁰ta⁴¹kɤ⁴⁴.

大哥出来买菜，里边儿坐个奶奶。

ta⁴¹kɤ⁴⁴tʂʰu²⁴lɛ⁰mɛ⁴⁴tsʰɛ⁴¹,li⁴⁴piɚ⁴¹tʂuo⁴¹kə⁰nɛ⁴⁴nɛ⁰.

奶奶出来烧香，里边儿坐个姑娘。

nɛ⁴⁴nɛ⁰tsʰu²⁴lɛ⁰sɔ²⁴ɕiaŋ²⁴,li⁴⁴piɚ⁴¹tʂuo⁴¹kə⁰ku²⁴ɲiaŋ⁵³.

姑娘出来磕头，里边儿坐个孙猴儿。

ku²⁴ɲiaŋ⁰tsʰu⁵³lɛ⁰kʰɤ²⁴tʰou⁵³,li⁴⁴piɚ⁴¹tʂuo⁴¹kə⁰suən²⁴xouɚ⁵³.

孙猴儿出来蹦蹦，里边儿坐个豆虫。

suən²⁴xouɚ⁵³tsʰu⁴⁴lɛ⁴⁴pəŋ⁴¹pəŋ⁰,li⁴⁴piɚ⁴¹tʂuo⁴¹kə⁰tou⁴¹tsʰuŋ⁰.

豆虫出来爬爬，里边儿坐个蛤蟆。

tou⁴¹tsʰuŋ⁰tsʰu²⁴lɛ⁰pʰa⁵³pʰa⁰,li⁴⁴piɚ⁴¹tʂuo⁴¹kə⁰xiɛ⁵³ma⁰.

蛤蟆出来一瞪眼，七个碟子八个碗。

xiɛ⁵³ma⁰tsʰu²⁴lɛ⁰i⁰⁵³təŋ⁴¹ian⁴⁴,tɕi⁵³kɤ⁰tiɛ⁵³tsʅ⁰pa⁵³kɤ⁰uan⁴⁴.

意译：板凳板凳摞摞，里边儿坐个大哥。大哥出来买菜，里边儿坐个奶奶。奶奶出来烧香，里边儿坐个姑娘。姑娘出来磕头，里边儿坐个孙猴儿。孙猴儿出来蹦蹦，里边儿坐个豆虫。豆虫出来爬爬，里边儿坐个蛤蟆。蛤蟆出来一瞪眼，七个碟子八个碗。

（发音人：李笼　2018.08.01 周口）

0019 小鸡嘎嘎

小鸡嘎嘎，要吃黄瓜。

ɕiɔ⁴⁴tɕi²⁴ka⁵³ka⁰,iɔ⁴¹tsʰʅ²⁴xuaŋ⁵³kua⁰.

黄瓜流水儿，要吃鸡腿儿。

xuaŋ⁵³kua⁰liou⁵³suɚ⁴⁴,iɔ⁴¹tsʰʅ²⁴tɕi⁴⁴tʰuɚ⁴⁴.

鸡腿儿有毛，要吃仙桃。

tɕi²⁴tʰuɚ⁴⁴iou⁴⁴mɔ⁵³,iɔ⁴¹tsʰʅ²⁴ɕian²⁴tʰɔ⁵³.

仙桃儿有核儿，要吃牛犊儿。
ɕian²⁴tʰɚ⁵³iou⁴⁴xur⁵³,iɔ⁴¹tsʰɿ²⁴ou⁵³tur⁵³.
牛犊撒欢儿，撒到天边儿。
ou⁵³tur⁵³sa²⁴xuɐr²⁴,sa²⁴tɔ⁰tʰian²⁴piɐr²⁴.
天边儿打雷，打的石锤。
tʰian²⁴piɐr²⁴ta⁴⁴luei⁵³,ta⁴⁴ti⁰sʅ⁵³tsʰuei⁵³.

意译：小鸡嘎嘎，要吃黄瓜。黄瓜流水儿，要吃鸡腿儿。鸡腿儿有毛，要吃仙桃。仙桃儿有核儿，要吃牛犊儿。牛犊撒欢儿，撒到天边儿。天边儿打雷，打的石锤。

（发音人：李笼　2018.08.01 周口）

二　故事

0021 牛郎和织女

讲一下儿牛郎织女的故事。很久以前，有个小伙子。
tɕiaŋ⁴⁴i⁰ɕiar⁴²ȵiou⁴⁴laŋ⁵³tsʅ²⁴ȵy⁴¹·²⁴li⁰ku⁴⁴sʅ⁰.xən⁴⁴tɕiou⁴²tɕʰian⁴¹,iou⁴⁴kɤ⁰ɕiɔ⁴⁴xuo⁴⁴tsʅ⁰.

家庭嘞非常贫穷，父母亲早就离世了。
tɕia²⁴tʰiŋ²⁴lei⁴⁴fei²⁴tsʰaŋ⁵³pʰin⁴⁴tɕʰiuŋ⁵³,xu⁵³mu⁴⁴tɕin⁴²tsɔ⁴⁴tɕiou⁴²li²⁴sʅ⁴¹lɤ⁰.

有一只老牛相依为伴，和老牛靠耕地为生。
iou⁴⁴·⁰i⁰tsʅ⁴²lɔ⁴⁴ȵiou⁵³ɕiaŋ⁴¹·²⁴i⁴²uei⁴²pan⁴¹,xɤ⁵³lɔ⁴⁴ȵiou⁴²kʰɔ⁴¹kəŋ²⁴ti⁴¹uei⁵³səŋ²⁴.

老牛是个天牛星。
lɔ⁴⁴ȵiou⁵³sʅ⁴¹kɤ⁰tʰian²⁴ȵiou⁵³ɕiŋ²⁴.

它看这个小伙子勤劳善良，想给他成个家。
tʰa²⁴kʰan⁴²tsɤ⁴¹kɤ⁰ɕiɔ⁴⁴xuo⁴⁴tsʅ⁰,ɕiaŋ⁴⁴kei⁴²tʰa⁴²tsʰəŋ⁵³kɤ⁰tɕia²⁴.

有一天，老牛得知，
iou⁴⁴·⁵³i⁰tʰian²⁴,lɔ⁴⁴ȵiou⁵³tɤ²⁴tsʅ²⁴,

东面山脚下七仙女儿下去洗澡。
tuŋ²⁴mian²⁴san⁴²tɕyo⁴⁴ɕia²⁴tɕʰi⁴²ɕian²⁴ȵyr⁴⁴ɕia⁴¹tɕʰy⁰ɕi⁴⁴tsɔ⁴⁴.

它托梦给这个小伙子说，
tʰa²⁴tʰuo²⁴məŋ⁴¹kei⁴⁴tsɤ⁴¹kɤ⁰ɕiɔ⁴⁴xuo⁴⁴tsʅ⁰suo²⁴,

明天早上你到东面塘下去，
miŋ⁵³tʰian²⁴tsɔ⁴⁴ʂaŋ⁰ni⁴⁴tɔ⁴¹tuŋ²⁴mian²⁴tʰaŋ⁵³ɕia⁴²tɕʰy⁴¹,

在树枝上挂一件儿衣裳，你拿起来就跑。
tsɛ²⁴su⁴¹tsʅ²⁴ʂaŋ⁰kua⁴¹·⁴²tɕiɐr⁴²·²⁴i⁰ʂaŋ⁰,ni⁴⁴na⁵³tɕʰi⁴²lɤ⁰tɕiou⁴²pʰɔ⁴⁴.

这个小孩儿天刚蒙蒙亮到了以后，
tsɤ⁴¹kɤ⁰ɕiɔ⁴⁴xɐr⁵³tʰian²⁴kaŋ²⁴məŋ⁵³məŋ⁵³liaŋ⁴²tɔ⁴¹lɤ⁰·⁵³i⁰xou⁴¹,

到树枝上拿一件红色儿哩衣裳就跑。
tɔ²⁴su⁴¹tʂʅ²⁴saŋ⁵³na⁰i²⁴tɕieɹ⁴¹xuŋ⁵³sɚ⁴¹li⁰⋅²⁴ʂaŋ⁵³tɕiou⁵³pʰɔ⁴⁴.
他拿起来哩这件儿衣裳，是牛郎织女哩衣裳。
tʰa⁴⁴na⁵³tɕʰi⁵³lɤ⁰li⁰tsɤ⁴¹⋅⁵³tɕieɹ⁴¹⋅²⁴i²⁴ʂaŋ⁵³,sʅ⁴¹ȵiou⁵³laŋ⁵³tʂʅ²⁴ȵy⁴⁴li⁰⋅²⁴i⁰ʂaŋ⁰.
牛郎织女晚上敲开了牛郎嘞门。
ȵiou⁵³laŋ⁵³tʂʅ²⁴ȵy⁴⁴uan⁴⁴ʂaŋ⁰tɕʰiɔ²⁴kʰɛ²⁴liɔ⁰ȵiou⁵³laŋ⁵³lei⁰mən⁵³.
两个人结为了夫妻。转眼间三年过去了。
liaŋ⁴⁴kɤ⁰zən⁵³tɕiɛ²⁴uei⁵³lɔ⁰xu²⁴tɕʰi²⁴.tsuan⁴⁴ian⁴⁴tɕian²⁴san²⁴ȵian⁵³kuo²⁴tɕʰy⁴¹lɤ⁰.
生了一男一女两个小孩儿。两个人非常可爱，非常高兴。
səŋ²⁴lɤ⁰⋅²⁴i⁰nan⁵³⋅²⁴i⁴⁴ȵy⁴⁴liaŋ⁴⁴kɤ⁰ɕiɔ²⁴xɚ⁰.liaŋ⁴⁴kɤ⁰zən⁵³fi²⁴tʂʰaŋ⁵³kʰɤ⁵³⋅⁴¹ɛ²⁴,fi²⁴tʂʰaŋ⁵³kɔ⁵³ɕiŋ⁰.
娶了个善良嘞妻子，生了一对儿儿女，特别哩高兴。
tɕʰy⁴⁴lɤ⁰kɤ⁴san⁴¹liaŋ⁵³lei⁰tɕʰi²⁴tsʅ⁰,səŋ²⁴lɤ⁰i⁰tuɚ⁰ɚ²⁴ȵy⁴⁴,tʰɤ⁵³piɛ⁵³li⁰kɔ⁵³ɕiŋ⁰.
时间不长，玉皇大帝得知以后，百般阻挠。
sʅ⁵³tɕian²⁴pu²⁴tsʰaŋ⁵³,y⁴¹xuaŋ⁵³ta²⁴ti⁴¹te²⁴tsʅ²⁴⋅⁵³i⁰xou⁵³,pɛ²⁴pan²⁴tsu⁴⁴nɔ⁵³.
玉皇大帝说这个仙人不能与凡人结婚。
y⁴¹xuaŋ⁵³ta²⁴ti⁴¹suo²⁴tsɤ⁴¹kɤ⁰ɕian²⁴zən²⁴pu²⁴nəŋ⁵³⋅⁴⁴y⁴¹zən⁵³tɕiɛ²⁴xuən²⁴.
百般阻挠，突然刮起了一阵大风。
pɛ²⁴pan²⁴tsu⁴⁴nɔ⁵³,tʰu²⁴zan⁵³kua²⁴tɕʰi⁴⁴lɤ⁰⋅⁵³i⁰tsən⁴¹ta⁴¹xuŋ²⁴.
牛郎织女不见了，织女不见了。
ȵiou⁵³laŋ⁵³tʂʅ²⁴ȵy⁴⁴pu⁵³tɕian⁴¹lɤ⁰,tsʅ²⁴ȵy⁴⁴pu⁵³tɕian⁴¹lɤ⁰.
两个小孩儿哭着要他妈妈，牛郎非常哩着急。
liaŋ⁴⁴kɤ⁰ɕiɔ²⁴xɚ⁵³kʰu²⁴tsuɔ⁰⋅⁴¹iɔ⁴¹tʰa⁴⁴ma⁴⁴ma⁰,ȵiou⁵³laŋ⁵³fei²⁴tsʰaŋ⁵³li⁰tsuo⁵³tɕi⁵³.
这个时候金牛星听到以后，说不要叫他着急。
tsɤ⁴¹kɤ⁰sʅ⁵³xou²⁴tɕin²⁴ȵiou²⁴ɕiŋ²⁴tʰiŋ⁵³tɔ²⁴i⁰xou⁵³,suo²⁴pu⁵³⋅⁴¹iɔ⁴¹tɕiɔ⁴¹tʰa²⁴tsɔ⁵³tɕi⁵³.
把它头上嘞两个牛角去下来。
pa⁴⁴tʰa²⁴tʰou⁵³ʂaŋ⁰lei⁰liaŋ⁴⁴kɤ⁰ȵiou⁵³tɕyo⁴⁴tɕʰy⁴¹ɕia⁰lɛ⁰.
这个牛郎嘞，半信半疑，半信半疑。
tsɤ⁴¹kɤ⁰ȵiou⁵³laŋ⁵³lei⁰,pan²⁴ɕin⁴¹pan⁴¹⋅⁵³i²⁴,pan²⁴ɕin⁴¹pan⁴¹⋅⁵³i²⁴.
说话之间，两个牛角落到了地。
suo²⁴xua⁴¹tʂʅ²⁴tɕian²⁴,liaŋ⁴⁴kɤ⁰ȵiou⁵³tɕyo⁴⁴luo²⁴tɔ⁵³lɤ⁰ti⁴¹.
变成了两个小竹篓儿。
pian⁴¹tʂʰən⁵³lɤ⁰liaŋ⁴⁴kɤ⁰ɕiɔ⁴⁴tsu²⁴lour⁴⁴.
牛郎把两个孩子装进竹篓儿，用扁担挑起来。
ȵiou⁵³laŋ⁵³pa⁴¹liaŋ⁴⁴kɤ⁰xɛ⁵³tsʅ⁰tsuaŋ²⁴tɕin⁴¹tsu⁵³lour⁴⁴,iuŋ⁴¹pian⁴⁴tan⁰tʰiɔ²⁴tɕʰi⁴⁴lɛ⁰.
突然刮起了一阵大风，
tʰu²⁴zan⁵³kua²⁴tɕʰi⁴⁴lɤ⁰⋅⁵³i⁰tsən⁴¹ta⁴¹xuŋ²⁴,

把两个小竹篓刮上了天空。
pa⁴⁴liaŋ⁴⁴kɤ⁰ɕiɔ⁴⁴tsu²⁴lour⁴⁴kua²⁴ʂaŋ⁴¹lɤ⁰tʰian²⁴kʰuŋ²⁴.
刮呀刮呀，眼看着就要撵上了织女。
kua²⁴ia⁰kua²⁴ia⁰,ian⁴⁴kʰan⁴¹tʂu⁰tɕiou⁰iɔ⁴¹ȵian⁴¹saŋ⁴¹lɤ⁰tsʅ²⁴ny⁴⁴.
王母娘娘见到以后，从头上薅了一个金簪。
uaŋ⁵³mu⁴⁴ȵiaŋ⁵³ȵiaŋ⁰tɕian²⁴tɔ⁴¹·⁵³i⁰xou⁰,tsʰuŋ⁵³tʰou⁰saŋ⁰xɔ²⁴lɤ⁴¹·⁵³kɤ⁰tsən²⁴tsan²⁴.
画了一道线，成为了一条大河。小麻雀儿可怜这一对儿夫妇，
xua⁴¹lɤ⁴¹·⁵³i⁴¹tɔ⁴¹ɕian⁴¹,tsʰəŋ⁰uei⁰lɤ⁴¹·⁰i⁴¹tʰiɔ⁵³ta⁴¹xɤ⁵³.ɕiɔ⁴⁴ma⁴⁴tɕyor⁴¹kʰɤ⁴⁴lian⁰tsɤ⁴¹·⁵³i⁴¹tuər⁰xu²⁴xu²⁴,
一个人衔一个人哩尾巴，建筑了一座桥。
i⁵³kɤ⁴¹zən⁵³ɕian⁵³·⁵³i⁴¹kɤ⁴¹zən⁵³li⁴¹·⁰i⁴⁴pa⁰,tɕian⁴¹tsu⁰lɤ⁴¹·⁵³tsuo⁴¹tɕʰiɔ⁵³.
七七，七月七日那天，让牛郎织女尽量地团聚。
tɕʰi²⁴tɕʰi²⁴,tɕʰi²⁴ye⁰tɕʰi²⁴zʅ⁴⁴na⁰tʰian²⁴,zaŋ⁴¹ȵiou⁵³laŋ⁵³tsʅ²⁴ny⁴⁴tɕin²⁴liaŋ⁴¹·⁰tʰuan⁵³tɕy⁴¹.
这就是牛郎织女哩故事。
tsɤ⁴¹tɕiou²⁴sʅ⁴¹ȵiou⁵³laŋ⁵³tsʅ²⁴ny⁴⁴li⁰ku²⁴sʅ⁴¹.

意译： 讲一下儿牛郎织女的故事。很久以前，有个小伙子。家庭呢非常贫穷，父母亲早就离世了。有一只老牛相依为伴，和老牛靠耕地为生。老牛是个天牛星。它看这个小伙子勤劳善良，想给他成个家。有一天，老牛得知。东面山脚下七仙女儿下去洗澡。它托梦给这个小伙子说。明天早上你到东面塘下去。在树枝上挂一件儿衣裳，你拿起来就跑。这个小孩儿天刚蒙蒙亮到了以后。到树枝上拿一件红色儿的衣裳就跑。他拿起来的这件儿衣裳，是牛郎织女的衣裳。牛郎织女晚上敲开了牛郎的门。两个人结为了夫妻。转眼间三年过去了。生了一男一女两个小孩儿。两个人非常可爱，非常高兴。娶了个善良的妻子，生了一对儿儿女，特别地高兴。时间不长，玉皇大帝得知以后，百般阻挠。玉皇大帝说这个仙人不能与凡人结婚。百般阻挠。突然刮起了一阵大风。牛郎织女不见了，织女不见了。两个小孩儿哭着要他妈妈，牛郎非常的着急。这个时候金牛星听到以后，说不要叫他着急。把它头上的两个牛角取下来。这个牛郎呢，半信半疑，半信半疑。说话之间，两个牛角落到了地。变成了两个小竹篓儿。牛郎把两个孩子装进竹篓儿，用扁担挑起来。突然刮起了一阵大风。把两个小竹篓刮上了天空。刮呀刮呀，眼看着就要撵上了织女。王母娘娘见到以后。从头上薅了一个金簪。画了一道线，成为了一条大河。小麻雀儿可怜这一对儿夫妇。一个人衔一个人的尾巴，建筑了一座桥。七七，七月七日那天。让牛郎织女尽量地团聚。这就是牛郎织女的故事。

（发音人：史国强　2018.08.10　周口）

三　自选条目

0033 太康道情《王宝钏》

常随官催动金车辇，寒窑里来了我王宝钏。
tṣʰaŋ suei kuan tsʰuei tuŋ tɕin tɕy nian,xan iɔ li lɛ liɔ uo uaŋ pɔ tṣʰuan.
翡翠珠冠头上戴，身穿日月龙凤衫。
fei tsuei tsu kuan tʰou ʂaŋ tɛ,ʂən tsʰuan ʐ̩ yɛ luŋ fəŋ ʂan.
腰系玉带坠八宝，凤头宫靴足上穿。
iɔ ɕi y tɛ tsuei pa pɔ,fəŋ tʰou kuŋ ɕiɛ tɕy ʂaŋ tṣʰuan.
多谢苍天遂心愿，不枉我寒窑受苦十八年。
tuo ɕiɛ tsʰaŋ tʰian suei ɕin yan,pu uaŋ uo xan iɔ ʂou kʰu ʂ̩ pa nian.
不枉我寒窑受苦十八年。
pu uaŋ uo xan iɔ ʂou kʰu ʂ̩ pa nian.
只说是枯木难吐艳，不料春来枝叶儿鲜。
tṣ̩ ʂuo ʂ̩ kʰu mu nan tʰu ian,pu liɔ tṣʰuən lɛ tṣ̩ iɛr ɕian.
来在殿角用目看，又只见薛郎夫，
lɛ tsɛ tian tɕyo iuŋ mu kʰan,iou tṣ̩ tɕian ɕyɛ laŋ fu,
他头戴王帽身穿蟒袍，腰系玉带足蹬朝靴，
tʰa tʰou tɛ uaŋ mɔ ʂən tsʰuan maŋ pʰɔ,iɔ ɕi y tɛ tɕy təŋ tṣʰɔ ɕyɛ,
端端正正正正端端，
tuan tuan tṣən tṣən tṣən tṣən tuan tuan,
正正端端端端正正驾坐金銮。
tṣən tṣən tuan tuan tuan tuan tṣən tṣən tɕia tsuo tɕin luan.
宝钏虽受苦中苦，如今也算甜上甜。
pɔ tṣʰuan suei ʂou kʰu tʂuŋ kʰu,ʐu tɕin iɛ suan tʰian ʂaŋ tʰian.
大摇大摆上金殿，参王驾来问王安。
ta iɔ ta pɛ ʂaŋ tɕin tian,tsʰan uaŋ tɕia lɛ uən uaŋ an.

意译： 常随官催动金车辇，寒窑里来了我王宝钏。翡翠珠冠头上戴，身穿日月龙凤衫。腰系玉带坠八宝，凤头宫靴足上穿。多谢苍天遂心愿，不枉我寒窑受苦十八年，不枉我寒窑受苦十八年。只说是枯木难吐艳，不料春来枝叶鲜。来在殿角用目看，又只见薛郎夫，他头戴王帽身穿蟒袍，腰系玉带足蹬朝靴，端端正正正正端端，正正端端端端正正驾坐金銮。宝钏虽受苦中苦，如今也算甜上甜。大摇大摆上金殿，参王驾来问王安。

（发音人：张玉梅　2018.08.10 周口）

0036 谚语

吃了冬至饭，一天长一线。

tsʰʅ²⁴liɔ⁰tuŋ²⁴tʂʅ⁴¹xuan⁴¹,i²⁴tʰian²⁴tʂaŋ⁵³⋅⁴⁴ɕian⁴¹.

意译：吃了冬至饭，一天长一线。

（发音人：史国强　2018.08.01 周口）

0037 谚语

云往南，水涟涟。云往北，晒干胚。

yən⁵³uaŋ⁴⁴nan⁵³,suei⁴⁴lian⁵³lian⁵³.yən⁵³uaŋ²⁴pei²⁴,sai⁴¹kan²⁴pʰei²⁴.

云往西，雨点儿滴。云往东，一场空。

yən⁵³uaŋ⁴⁴ɕi²⁴,y⁴⁴tiɚ⁴⁴ti²⁴.yən⁵³uaŋ²⁴tuŋ²⁴,i²⁴tsʰaŋ⁴⁴kʰuŋ²⁴.

意译：云往南，水涟涟。云往北，晒干胚。云往西，雨点儿滴。云往东，一场空。

（发音人：史国强　2018.08.01 周口）

0038 谚语

东风下，西风停。刮了南风下不成。

tuŋ²⁴xuŋ²⁴ɕia⁴¹,ɕi²⁴xuŋ²⁴tʰiŋ⁵³.kua²⁴lɔ⁰nan⁵³xuŋ²⁴ɕia⁴¹pu²⁴tʂʰəŋ⁵³.

意译：东风下，西风停。刮了南风下不成。

（发音人：史国强　2018.08.01 周口）

0039 谚语

三月怕三七，四月怕初一。

san²⁴yɛ⁰pʰa⁴¹san²⁴tɕʰi²⁴,sʅ⁴¹yɛ⁰pʰa⁴¹tsʰuo²⁴⋅²⁴i²⁴.

三七初一都不怕，就怕四月十二下。

san²⁴tɕʰi²⁴tsʰuo²⁴i²⁴tou²⁴pu⁵³pʰa⁴¹,tou⁴¹pʰa⁴¹sʅ⁴¹yɛ⁰sʅ⁵³ər⁴¹ɕia⁴¹.

老鸹湿了毛，麦打水里捞。

lɔ⁴⁴kua⁰sʅ²⁴lɔ⁰mɔ⁵³,mɛ²⁴ta⁴⁴suei⁴⁴li⁰lɔ⁵³.

意译：三月怕三七，四月怕初一。三七初一都不怕，就怕四月十二下。老鸹（乌鸦）湿了毛，麦打水里捞。

（发音人：史国强　2018.08.01 周口）

0040 谚语

蚯蚓路上爬，雨点儿乱如麻。

tɕʰiou²⁴in⁴⁴lu⁴¹saŋ⁰pʰa⁴²,y⁴⁴tiɚ⁴⁴luan⁴¹zu²⁴ma⁵³.

意译：蚯蚓路上爬，雨点儿乱如麻。

（发音人：史国强　2018.08.01 周口）

0041 谚语

一场秋风一场寒，十场秋风穿上棉。

i²⁴tsʰaŋ⁴⁴tɕʰiou²⁴xuŋ²⁴⋅²⁴tsʰaŋ⁴⁴xan⁵³,sʅ⁵³tsʰaŋ⁴⁴tɕʰiou²⁴xuŋ²⁴tsʰuan²⁴ʂaŋ⁰mian⁵³.

意译：一场秋风一场寒，十场秋风穿上棉。

（发音人：史国强　2018.08.01 周口）

0042 谚语

二月二，拍瓦子。蝎子蚰蜒掉爪子。

ər⁴¹yɛ²⁴ər⁴¹,pai²⁴ua²⁴tsʅ⁰.ɕiɛ²⁴tsʅ⁰iou⁵³ian⁰tiɔ⁴¹tsua⁴⁴tsʅ⁰.

意译：二月二，拍瓦子。蝎子蚰蜒掉爪子。

（发音人：李笼　2018.08.01 周口）

驻马店

一　歌谣

0001 筛罗罗

筛罗罗，打汤汤，谁来了？大姑娘。
sɛ²¹³luɤ⁵³luɤ⁰,ta⁴⁴tʰaŋ²³tʰaŋ,sei⁵³lɛ⁵³lə⁰ʔta³¹ku⁴⁴ȵiaŋ⁰.
捎哩啥？狗尾巴，不甩不甩你走吧！
sɔ²³li⁰sa³¹ʔkou⁴⁴i³ pa²³,pu²³s̩e⁰pu²³s̩e⁰ȵi²³tsou⁴⁴pa⁰!
筛罗罗，打汤汤，谁来了？大姑娘。
sɛ²¹³luɤ⁵³luɤ⁰,ta⁴⁴tʰaŋ²³tʰaŋ,sei⁵³lɛ⁵³lə⁰ʔta³¹ku⁴⁴ȵiaŋ⁰.
捎哩啥？肉包子，一口咬个牙腰子。
sɔ²³li⁰sa³¹,zou³¹pɔ²³tʂɿ⁰,i²³kʰou⁴⁴iɔ³ kə⁰ia³ iɔ²³tsɿ⁰.
筛罗罗，打汤汤，谁来了？大姑娘。
sɛ²¹³luɤ⁵³luɤ⁰,ta⁴⁴tʰaŋ²³tʰaŋ,sei⁵³lɛ⁵³lə⁰? ta³¹ku⁴⁴ȵiaŋ⁰.
捎哩啥？果子糖，宝宝吃了屙一床。
sɔ²³li⁰sa³¹ʔkuɤ²³tʂɿ⁰tʰaŋ⁵³,pɔ⁴⁴pɔ²³tʂʰɿ⁵³lə⁰ɤ²³,i²³tsʰuaŋ⁵³.

意译：筛筛罗罗，来做饭，谁来了？大姑姑。带了什么好吃的？狗尾巴草，不要不要，你走吧。筛筛罗罗，来做饭，谁来了？大姑姑。带的什么好吃的？肉包子，张嘴咬了一大口。筛筛罗罗，来做饭，谁来了？大姑姑。带的什么好吃的？点心和糖果，宝宝吃了屙一床。

（发音人：柴丽丽　2017.07.25 驻马店）

0002 板凳板凳歪歪

板凳板凳歪歪，菊花菊花开开。
pan⁴⁴taŋ⁰pan⁴⁴taŋ²³uɛ⁰uɛ⁰,tɕy²³xua²¹³tɕy²³xua²¹³kʰɛ²³kʰɛ⁰.
开几朵？开三朵。
kʰɛ²³tɕi⁴⁴tuɤ⁴⁴ʔkʰɛ²³san²³tuɤ⁴⁴.
爹一朵，娘一朵，留下一朵喂鹦哥。
tie²¹³·²³i³ tuɤ⁴⁴,ȵiaŋ⁵³·²³i³ tuɤ⁴⁴,liou⁵³ɕia³¹·²³i³ tuɤ⁴⁴uei³¹·²³iəŋ²³kə⁰.
鹦哥吃了会扫地，一扫扫到南场里。
iəŋ²³kə⁰tsʰɿ²³lə⁰xuei³¹sɔ⁴⁴·³¹,i²³sɔ⁴⁴sɔ⁴⁴tɔ⁰nan⁵³tsʰaŋ⁵³li⁰.

南场里有个卖糖哩，啥糖？白糖。
nan⁵³tsʰaŋ⁵³li⁰iou⁴⁴kə⁰mɛ³¹tʰaŋ⁵³li,sa³¹tʰaŋ⁵³?pɛ⁵³tʰaŋ⁵³.
给俺一点俺尝尝。
kei²³ɣan⁴⁴⁻²³i⁰tian⁴⁴ɣan⁴⁴tsʰaŋ⁵³tsʰaŋ⁰.
俺回家瓦麦，俺娘打俺一百；
ɣan⁴⁴xuei⁵³tɕia²¹³ua⁴⁴mɛ²¹³,ɣan⁴⁴ȵiaŋ⁵³ta⁴⁴ɣan⁴⁴˙⁴⁴pɛ²¹³;
俺回家瓦高粱，俺娘打俺一擀杖。
ɣan⁴⁴xuei⁵³tɕia²¹³ua⁴⁴kɔ²¹³liaŋ⁵³,ɣan⁴⁴ȵiaŋ⁵³ta⁴⁴ɣan⁴⁴˙²³kan⁴⁴taŋ⁰.
卖糖哩，你走吧，俺娘出来没好话。
mɛ³¹tʰaŋ⁵³li⁰,ȵi⁴⁴tsou⁴⁴pa⁰,ɣan⁴⁴ȵiaŋ⁵³tsʰu²³lɛ⁰mei²³xɔ⁴⁴xua³¹.
高底子鞋，满扎花，
kɔ²³ti⁴⁴tsɿ⁰ɕie⁵³,man⁴⁴tsa²³xua²¹³,
一脚踢你个仰八叉。
i⁴⁴tɕyɤ²¹³tʰi˙²³ȵi˙⁴⁴kə⁰iaŋ⁵³pa⁰tsʰa²¹³.

意译：凳子凳子歪歪，菊花菊花开开。开几朵？开三朵。爹一朵，娘一朵，留下一朵喂鹦哥。鹦哥吃了会扫地，一直扫到南边打麦场里。南场里有个卖糖的，什么糖？白糖。给我一点俺尝尝。我回家拿麦子来换，我妈打了我一百下；我回家拿高粱来换，我妈打了我一擀杖。卖糖的，你走吧，我妈出来你麻烦了，她穿着扎满花的高底鞋，一脚踢你个仰八叉。

（发音人：柴丽丽　2017.07.25 驻马店）

二　故事

0021 牛郎织女
说个冇话儿，这个冇话儿哩名儿来叫牛郎织女。
suɛ²³kə⁰mɔ²³xuɐɻ,tsɤ³¹kə⁰mɔ²³xuɐɻli⁰miɐɻ⁵³la⁰tɕiɔ⁰ȵiou⁵³laŋ⁵³tsɿ²³ȵy⁰.
说哩是呀，从前有一个小伙子，
suɛ²³li⁰sɿ³¹ia⁰,tsʰuoŋ⁵³tɕʰian⁵³iou⁴⁴˙⁵³kə⁰tɕiɔ⁴⁴xuɤ⁵³tsɿ⁰,
父母都没有了，家里只有一头老牛，
fu³¹mu⁴⁴tou²³mu⁴⁴ȵiou⁴⁴lə⁰,tɕia²³li⁰tsɿ⁵³iou⁴⁴˙²¹³tʰou⁵³lɔ⁴⁴ȵiou⁵³,
所以啊人家都叫他牛郎。这个牛啊可不是个凡牛，
suɤ⁴⁴˙⁴⁴i⁰a⁰zən⁵³tɕia⁰tou²³tɕiɔ³¹tʰa⁴⁴ȵiou⁵³laŋ⁰.tsɤ³¹kə⁰ȵiou⁵³˙⁰kʰɤ⁴⁴pu²³˙³¹kə⁰fan⁰ȵiou⁵³,
据说是天上金牛星下凡，
tɕy³¹ʂuɛ²¹³sɿ³¹tʰian²³ʂaŋ⁰tɕia²¹³ȵiou⁵³ɕiəŋ²³ɕia³¹fan⁵³,
因为这个牛郎忠厚老实，为人勤快，
iəŋ²¹³uei⁵³tsɤ³¹kə⁰ȵiou⁵³laŋ⁰tsuoŋ²³xou⁵³lɔ⁴⁴sɿ⁵³,uei⁵³zən⁵³tɕʰian⁵³kʰɛ³¹,

这个老牛就想着给牛郎成个家，找个老婆。
tsɤ³¹kə⁰lɔ⁴⁴ȵiou⁵³tou⁰ɕiaŋ⁵³tʂuɤ⁴kei⁴ȵiou⁵³laŋ⁰tsʰəŋ⁵³kə⁰tɕia²¹³,tsɔ⁴⁴kə⁰lɔ⁴⁴pʰuɤ⁵³.
这一天呐，牛郎偎着这个老牛正在凉快哩，
tsɤ³¹i³¹tʰian²¹³na⁰,ȵiou⁵³laŋ⁰uei²³tʂu⁰tsɤ³¹kə⁰lɔ⁴⁴ȵiou⁵³tʂəŋ³¹tsɛ²³liaŋ⁵³kʰuɛ³¹li⁰,
听见这个老牛说话啦，
tʰiəŋ²³tɕian³¹tʂɤ³¹kə⁰lɔ⁴⁴ȵiou⁵³suɛ²³xua³¹la⁰,
老牛说，牛郎啊，你明儿个儿五更鼓哩啊，
lɔ⁴⁴ȵiou⁵³suɛ²¹³,ȵiou⁵³laŋ⁰a³¹,ȵi⁵³miɛr⁴⁴kər⁰u⁴⁴kəŋ²¹³ku⁴⁴li⁰a⁰,
你到咱村东头儿，山脚[跟前]那湖[跟前]，
ȵi⁴⁴tɔ³¹tsan⁵³tsʰuən²¹³tuŋ²³tʰou⁴,san⁴⁴tɕyɤ⁴⁴kan⁰na⁰xu⁵³kan⁰,
有一群仙女儿口那洗澡，你叫一个粉红色儿哩衣裳，
iou⁴⁴,²¹³i⁰tɕʰyaŋ⁵³ɕian²¹³ȵyər⁴⁴kɛ⁴⁴na³¹ɕi⁴⁴tsɔ⁴⁴,ȵi⁴⁴tɕiɔ³¹,²³i⁰kɤ⁴⁴fən⁴⁴xuoŋ⁵³ʂɜr³¹li⁰i⁰,²³ʂaŋ⁰,
你拿着揣怀里跑过来，这个仙女啊就来给你当老婆。
ȵi⁴⁴na³¹tʂuɤ⁴tsʰuɛ⁵³xuɛ⁰li⁰pʰɔ³¹kuɤ⁴⁴lɛ⁰,tsɤ³¹kə⁰ɕian²¹³ȵy⁴⁴a⁰tou⁰lɛ⁵³kei⁴⁴ȵi⁴⁴taŋ²¹³lɔ⁴⁴pʰuɤ⁵³.
这个牛郎半信半疑哩，
tsɤ³¹kə⁰ȵiou⁵³laŋ⁵³pan²³ɕiən³¹pan³¹i⁵³li⁰,
第二清早五更鼓哩他就去了，
ti²³ər³¹tɕʰiəŋ²³tsɔ⁴⁴u⁴⁴kəŋ²¹³ku⁴⁴li⁰tʰa²¹³tou⁰tɕʰy³¹lɛ⁰,
到那一看，果然湖里呀有一群仙女口那洗澡嘞，
tɔ³¹na³¹,²¹³i⁰kʰan³¹,kuɤ⁴⁴zan⁵³xu⁴⁴li⁰ia⁰iou⁴⁴,²¹³i⁰tɕʰyaŋ⁵³ɕian²¹³ȵy⁴⁴kɛ⁴⁴na³¹ɕi⁴⁴tsɔ⁴⁴lei⁰,
这个仙女嘞衣裳啊都口这个湖边根这个树枝儿上挂着，
tsɤ³¹kə⁰ɕian²¹³ȵy⁴⁴lei⁰i⁰,²³ʂaŋ⁰,⁰a⁰tou⁰kɛ⁴tsɤ³¹kə⁰xu⁵³pian²¹³kan⁰tsɤ³¹kə⁰ʂu³¹tʂər²³ʂaŋ⁰kua³¹tʂu⁰,
他就拣这一件粉红色儿哩拿着揣到怀里，
tʰa²¹³tou⁰tɕian⁴⁴tsɤ³¹,²³i⁰tɕian³¹fən⁴⁴xuoŋ⁵³ʂɜr³¹li⁰na⁵³tʂu⁰tsʰuɛ⁴⁴tɔ³¹xuɛ⁵³li⁰,
跑回家啦。果然到那一晚上啊，
pʰɔ⁴⁴xuei⁵³tɕia²¹³lɛ⁰.kuɤ⁴⁴zan⁵³tɔ³¹na³¹,²¹³i⁰uan⁴⁴ʂaŋ³¹a⁰,
这个仙女儿就敲开了牛郎哩门，
tsɤ³¹kə⁰ɕian²¹³ȵyər⁴⁴tou⁰tɕʰiɔ³¹kʰɛ²¹³lɤ⁰ȵiou⁵³laŋ⁵³li⁰məŋ⁵³,
跟牛郎成亲了。这个仙女儿就叫织女。
kən²¹³ȵiou⁵³laŋ⁵³tʂʰəŋ⁵³tɕʰiən⁵³lɛ⁰.tsɤ³¹kə⁰ɕian²¹³ȵyr⁴⁴tou⁰tɕiɔ²³tsʅ²³ȵy⁴⁴.
俗话说，天上一天，地上就几年啦，
ɕy⁵³xua³¹suɛ²¹³,tʰian²³ʂaŋ⁴,²³i⁰tʰian²¹³,ti³¹ʂaŋ⁵³tou⁰tɕi⁴⁴ȵian⁵³la⁰,
眨眼间二三年过去了。
tsa⁴⁴ian⁴⁴tɕian²¹³ər³¹san²¹³ȵian⁵³kuɤ³¹tɕʰy³¹lɛ⁰.
牛郎织女啊他俩生了一个小儿一个妮儿，
ȵiou⁵³laŋ⁵³tsʅ²³ȵy⁴⁴,⁰a⁰tʰa⁴⁴lia⁴⁴səŋ²¹³lə⁰,²³i⁰kə⁰ɕiɔr⁴⁴,²³i⁰kə⁰ȵiər²¹³,

一家四口啦，别提天天有多高兴了。
i²³tɕia²¹³sʅ³¹kʰou⁴⁴la⁰¹,pie⁵³tʰi⁵³tʰian²¹³tʰian²³iou⁴⁴tuɤ²¹³ko²³ɕiən³¹lə⁰.

这个事儿被玉皇大帝知道了，知道这个织女私自下凡，
tsɤ³¹kə⁰ʂɚ³¹pei⁰y³¹xuaŋ⁵³ta⁴⁴ti⁴⁴tsʅ²³to³¹lie⁵³,tsʅ²³to³¹tsɤ³¹kə⁰tsʅ²³n̠y⁴⁴sʅ³¹tsʅ³¹ɕia³¹fan⁵³,

就派天兵天将来抓织女。
tou³¹pʰɛ³¹tʰian²³piəŋ²¹³tʰian²³tɕiaŋ⁴⁴le⁵³tsua²¹³tsʅ²³n̠y⁰.

这一天呐是风雷交加，刮着大风打着雷，
tsɤ³¹·²³i⁴⁴tʰian²¹³na⁰sʅ³¹fəŋ²¹³lei⁵³tɕio⁵³tɕia⁴⁴,kua²³tʂɤ⁰ta⁴⁴fəŋ²¹³ta⁴⁴tʂɤ⁰lei⁵³,

织女突然不见了，
tsʅ²³n̠y⁴⁴tʰu²¹³zan⁵³pu³¹tɕian³¹lɛ⁰,

这个牛郎跟两个孩子啊急嘞找不着。
tsɤ³¹kə⁰n̠iou⁵³laŋ⁵³kən²¹³liaŋ⁴⁴kə⁰xɛ⁵³tsʅ⁰a⁰tɕi⁵³lɛ⁰tsɔ⁴⁴pu³¹tʂuɤ⁵³.

这会儿老牛说话啦，
tsɤ³¹xuər³¹lɔ⁴⁴n̠iou⁵³suɤ²³xua³¹la⁰,

老牛说，牛郎啊，我这两个角啊变两个箩筐，
lɔ⁴⁴n̠iou⁵³suɛ²³,n̠iou⁵³laŋ⁵³a⁰,uɤ⁴⁴tsɤ²³liaŋ⁴⁴kə⁰tɕyɤ⁴⁴a⁰pian³¹liaŋ⁴⁴kə⁰luɤ⁵³kʰuaŋ²¹³,

你把孩子放里头，你担着去撵织女去吧。
n̠i⁴⁴pa³¹xɛ⁵³tsʅ⁰faŋ³¹li⁴⁴tou⁰,n̠i⁴⁴tan⁵³tʂu⁰tɕʰy³¹n̠ian⁴⁴tsʅ²³n̠y⁴⁴tɕy³¹pa⁰.

果然这两个角往地下一掉变成个箩筐，
kuɤ⁴⁴zan⁵³tsɤ³¹liaŋ⁴⁴kə⁰tɕyɤ⁴⁴uaŋ²³ti³¹ɕia⁰·²¹³tio³¹pian⁵³tʂʰəŋ⁵³kə⁰luɤ⁵³kʰuaŋ²¹³,

这个牛郎就叫两个孩子放到箩筐里，
tsɤ³¹kə⁰n̠iou⁵³laŋ⁵³tou⁴⁴tɕio³¹liaŋ⁴⁴kə⁰xɛ⁵³tsʅ³¹faŋ³¹to³¹luɤ⁵³kʰuaŋ²¹³li⁰,

担着这两个箩筐，一阵子轻风，
tan²³tʂu⁰tsɤ³¹liaŋ⁴⁴kə⁰luɤ⁵³kʰuaŋ²¹³,i²³tsəŋ³¹tsʅ⁰tɕʰiəŋ²³fəŋ²¹³,

腾云驾雾哩就上天啦，
tʰəŋ⁵³yən⁵³tɕia³¹u⁴⁴li⁰tou³¹ʂaŋ⁰tʰian²¹³lɛ⁰,

这个眼看着就撵上织女了，
tsɤ³¹kə⁰ian⁰kʰan³¹tʂuɤ⁰tou³¹n̠ian⁴⁴ʂaŋ³¹tsʅ²³n̠y⁴⁴lɛ⁰,

王母娘娘一看，从头上拔下来个金簪，
uaŋ⁴⁴mu⁵³n̠iaŋ⁵³n̠iaŋ⁰·²³i³¹kʰan³¹,tsʰuoŋ⁵³tʰou⁵²ʂaŋ⁰pa⁵³ɕia⁰lɛ⁰kə⁰tɕiən²³tsan²¹³,

在这个牛郎和织女中间一划，
tsɛ³¹tsɤ³¹kə⁰n̠iou⁵³laŋ⁰xɤ⁰tsʅ²³n̠y⁴⁴tsuaŋ²³tɕian³¹·²³xua³¹,

划了一道天河。这个天河啊，可宽可宽哩。
xua³¹lə⁰·⁰i³¹tɔ³¹tʰian²¹³xɤ⁵³.tsɤ³¹kə⁰tʰian²¹³xɤ⁵³a⁰,kʰɤ⁴⁴kʰuan²¹³kʰɤ⁴⁴kʰuan²¹³li⁰.

波浪滔天哩，叫牛郎织女都截两边儿了。
pʰuɤ²³laŋ³¹tʰɔ²³tʰian²¹³li⁰,tɕio³¹n̠iou⁵³laŋ⁰tsʅ²³n̠y⁴⁴tou³¹tɕie⁵³liaŋ⁴⁴piɚ²¹³lɛ⁰.

这个牛郎□这边儿是哭着喊着找织女,
tsɤ³¹ kə⁰ ȵiou⁵³ laŋ⁰ sʅ³¹ kɛ⁰ tsɤ²¹³ piɜr²¹³ sʅ⁰ kʰu²³ tʂu⁴⁴ xan⁴⁴ tʂu⁰ tsɔ⁴⁴ tsʅ²³ ȵ.y⁴⁴,
这个织女儿□那边儿哭着喊着找牛郎,
tsɤ³¹ kə⁰ tsʅ²³ ȵ.yr⁴⁴ kɛ⁰ na³¹ piɜr²¹³ kʰu⁵³ tʂu⁴⁴ xan⁴⁴ tʂu⁰ tsɔ⁴⁴ ȵiou⁵³ laŋ⁰.
这个织女啊是也不吃也不喝也不织布,
tsɤ³¹ kə⁰ tsʅ²³ ȵ.y⁴⁴ a⁰ sʅ³¹ iɛ⁴⁴ pu⁰ tsʰʅ²¹³ iɛ⁴⁴ pu³¹ xɤ²¹³ iɛ⁴⁴ pu³¹ tsʅ²³ pu⁰,
整天是哭。这王母娘娘拗不过她,
tsəŋ⁴⁴ tʰian²¹³ sʅ³¹ kʰu²¹³.tsɤ⁵³ uaŋ⁴⁴ mu⁴⁴ ȵiaŋ⁵³ ȵiaŋ⁰ ȵiou⁰ pu³¹ kuɤ³¹ tʰa²¹³,
就许她每年嘞七月七日恁两可以相会,
tou³¹ ɕy⁴⁴ tʰa⁴⁴ mei⁰ ȵian⁵³ lɛ⁴ tɕʰi⁰ ye⁴ tɕʰi²³ ʐʅ²¹³ nən⁵³ liaŋ⁰ kʰɤ⁴⁴˙⁴⁴ i²³ ɕiaŋ²³ xuei³¹,
相会一天。
ɕiaŋ²³ xuei³¹˙²³ tʰian²¹³.
但是这结着天河,水那么宽,咋办呢?
tan²³ sʅ³¹ tsɤ⁴⁴ tɕie⁵³ tʂu⁰ tʰian⁴⁴ xɤ⁵³,suei⁴⁴ na⁴⁴ mɤ⁰ kʰuan²¹³,tsa⁴⁴ pan³¹ nɛ⁰?
这好心嘞喜鹊,每年七月七日啊
tsɤ³¹ xɔ⁴⁴ ɕiən²¹³ lɛ⁰ ɕi⁰ tɕʰyɤ³¹,mei⁰ ȵian⁵³ tɕʰi⁰ ye⁴ tɕʰi²³ ʐʅ²¹³ a⁰,
都成千上万只喜鹊,
tou³¹ tsʰəŋ⁵³ tɕian²¹³ saŋ⁰ uaŋ³¹ tsʅ⁰ ɕi⁰ tɕʰyɤ³¹,
你咬着它嘞尾巴,它咬着它嘞尾巴,
ȵi⁴⁴ iɔ⁴⁴ tʂu⁰ tʰa²³ lɛ⁴ uei⁴⁴ pa⁰,tʰa²¹³ iɔ⁰ tʂu⁰ tʰa²³ lei⁴ uei⁴⁴ pa⁰,
在这个天河上啊搭一个鹊桥。
tsɛ³¹ tʂɤ³¹ kə⁰ tʰian²¹³ xɤ⁵³ saŋ⁰ a⁰ ta²¹³˙² kə⁰ tɕʰyɤ³ tɕʰiɔ⁵³.
牛郎织女他两个他四口儿就在这个鹊桥上相会。
ȵiou⁵³ laŋ⁰ tsʅ²³ ȵ.y⁰ tʰa²³ liaŋ⁴⁴ kə⁰ tʰa²³ sʅ³¹ kʰour⁰ tou⁰ tsɛ⁰ tʂɤ⁰ kə⁰ tɕʰyɤ³ tɕʰiɔ⁵³ ʂaŋ⁰ ɕiaŋ²³ xuei³¹.
现在还流传着啊你要是偷偷儿哩,
ɕian³¹ tsɛ⁰ xɤ⁵³ liou⁰ tʂʰuan⁵³ tʂuɤ⁰ a⁰,ȵi⁴⁴˙³¹ sʅ³¹ tʰou²³ tʰour²¹³ li⁰,
躲到这个葡萄架底下,你偷听吧,
tuɤ⁴⁴ tɔ³¹ tsɤ⁰ kə⁰ pʰu⁰ tʰɔ⁰ tɕia⁰ ti⁰ ɕia⁰,ȵi⁴⁴ tʰou⁰ tʰiəŋ²¹³ pa⁰,
他四口儿说话声音你都能听到。这个冇话儿说完啦。
tʰa²³ sʅ³¹ kʰour⁴⁴ sue²³ xua³¹ səŋ⁰ iən²¹³ ȵi⁴⁴ tou⁰ nəŋ⁵³ tʰiəŋ²³ tɔ³¹.tsɤ³¹ kə⁰ mɔ⁰ xuɐr⁰ sue⁰ uan⁰ la⁰.

意译：说个故事,这个故事的名字叫牛郎织女。说的是从前有一个小伙子,父母都没有了,家里只有一头老牛,所以大家都叫他牛郎。这个牛不是个一般的牛,据说是天上金牛星下凡,因为这个牛郎忠厚老实,为人勤快,这个老牛就想给牛郎成个家,找个老婆。这一天牛郎正偎在这个老牛身边凉快呢,听见这个老牛说话了,老牛说,牛郎啊,你明天五更鼓哩啊,你到咱村东头,三角根那湖根,有一群仙女儿在那儿洗澡,你叫一个粉红色的衣裳，你拿着揣怀里跑过来，这个仙女就来给你当老婆。牛郎半信半疑，第二天清早五更鼓哩他就去了，到那儿一看，果然湖里有一群仙女在那儿洗澡呢，这个仙女的衣裳都在这个湖边根这个树枝上挂着，他就拣着一件粉红色的衣服拿着揣到怀里，跑回家啦。果然到那一晚上，这个仙女儿就敲开了牛郎的门，跟牛郎成亲了。这个仙女儿就叫织女。俗话说，天上一天，地上几年，眨眼间二三年过去了。牛郎织女他们两个生了一男一女，一家四口每天都很高兴。这个事儿被玉皇大帝知道了，知道织女私自下凡，就派天兵天将来抓织女。这一天风雷交加，刮着大风打着雷，织女突然不见了，牛郎和两个孩子非常着急，找不着织女。这个时候儿老牛说话了，老牛说，牛郎，我这两个角可以变成两个箩筐，你把孩子放里面，担着去追织女。果然这两个角掉到地上变成两个箩筐，牛郎把两个孩子放到箩筐里，担着这两个箩筐，一阵子轻风，腾云驾雾就上天了。眼看着就追上织女了，王母娘娘从头上拔下金簪，在牛郎和织女中间一划，划了一道天河。这个天河特别宽。波浪滔天，把牛郎织女都隔开了。牛郎在河这边儿哭着喊着找织女，织女在河那边哭着喊着找牛郎，织女是不吃不喝也不织布，每天都哭。王母娘娘拗不过她，就允许她们两个每年的七月初七可以相会一天。但隔着天河，河很宽，怎么办呢？好心的喜鹊，每年七月七日，你咬着它的尾巴，它咬着它的尾巴，在这个天河上搭一个鹊桥。牛郎织女他们两个，四口人就在这个鹊桥上相会。现在还流传着你要是偷偷地躲到葡萄架下，可以听到他们一家四口说话的声音。这个故事就讲完了。

（发音人：高会武　2017.07.25 驻马店）

0022 水牛寺

说个冇话儿，这个冇话儿哩名啊叫水牛寺。
suɛ²³kə⁰mɔ²³xuɐɹ,tsɤ³¹kə⁰mɔ²³xuɐɹ'li¹miɐɹ⁵³la¹tɕiɔ³¹suei⁴⁴ɣou⁵³sʅ³¹.

说的是啊从老街到沙河店，修了一条土公路。
suɛ²³tə⁰sʅ³¹a⁰tsʰuoŋ³¹lɔ⁴⁴tɕie²¹³tɔ³¹sa²³xɤ⁵³tian²³,ɕiou²³lə⁰i²¹³tʰiɔ⁵³tʰu⁴⁴kuoŋ²³lu³¹.

这个土公路从刘阁过，晴天呐是漫天黄土，
tsɤ³¹kə⁰tʰu⁴⁴kuoŋ²³lu³¹tsʰuoŋ⁵³liou⁵³kɤ²¹³kuɤ³¹,tɕʰiaŋ⁵³tʰian⁴⁴na¹sʅ³¹man³¹tʰian²¹³xuaŋ⁵³tʰu⁴⁴,

到下雨啊路上是多深的泥渣。
tɔ³¹ɕia³¹y⁴⁴a¹lu¹saŋ³¹sʅ¹tuɤ⁵³tsʰən²¹³li¹ɲi⁵³tsa⁰.

刘阁街西门外头有半里地，这个路当间儿里有一个大泥潭，
liou⁵³kɤ²¹³tɕie²¹³ɕi¹mən⁴⁴uɛ³¹tou⁰iou⁴⁴pan⁴⁴li⁴⁴ti³¹,tsɤ³¹kə⁰lu³¹taŋ⁴⁴tɕiɐɹ³¹;⁰li⁰iou⁴⁴·⁴⁴kə³¹ta³¹ɲi⁵³tʰan⁵³,

再旱哩天这个泥潭里淤泥啊都可深，
tsɛ³¹xan³¹li⁰tʰian²¹³tsɤ³¹kə⁰ɲi⁵³tʰan¹li¹y²³ɲi¹·⁵³a¹tou²¹³kʰɤ²³tsʰən²¹³,

所以给这个出门车往返走非常非常不方便。
suɤ⁴⁴·³¹i¹kei²¹³tsɤ³¹kə⁰tsʰu²³mən⁵³tsʰɛ²¹³uaŋ⁴⁴fan⁴⁴tsou⁴⁴fei²³tsʰaŋ⁵³fei²³tsʰaŋ⁵³pu⁴⁴faŋ²³pian⁰.

本来是双驾辕车，还得叫后头哩牛卸了，
pən⁴⁴le⁰sɿ³¹suaŋ²¹³tɕia³¹yan³¹tsʰɛ²¹³,xɤ⁵³tɤ²¹³tɕiɔ³¹xou³¹tou³¹li⁰you⁵³ɕie³¹liɔ⁰,
两个牛拉梢儿，两个牛驾辕儿，
liaŋ⁴⁴kə⁰you⁵³la²³sɔr²¹³,liaŋ⁴⁴kə⁰you⁵³tɕia³¹yɤr⁵³,
四个牛才只能叫车拉过去。
sɿ³¹kə⁰you⁵³tsʰɛ⁵³neŋ⁵³tɕiɔ³¹tsʰɤ²¹³la²¹³kuɤ⁰tɕʰy⁰.
这一天从西厢又来了十二辆出门车，
tsɤ³¹i⁴⁴tʰian²¹³tsʰuoŋ⁵³ɕi²³ɕiaŋ²¹³iou³¹le⁵³lə⁰sɿ⁵³ər³¹liaŋ³¹tsʰu²³mən⁵³tsʰɛ²¹³,
走到这个泥窑子[跟前]想着歇歇再过这个泥窑子。
tsou³¹tɔ³¹tsɤ³¹kə⁰ȵi³¹iɔ³¹tsɿ³¹kan⁰,ɕian⁴⁴tsə⁰ɕie³¹ɕie⁰tsɛ³¹kuɤ³¹tsɤ³¹kə⁰ȵi³¹iɔ⁵³tsɿ⁵³.
霎时间，天降大雾，漫天大雾，
sa⁴⁴sɿ⁵³tɕian⁰,tʰian²¹³tɕiaŋ³¹ta³¹u³¹,man³¹tʰian³¹ta²³u³¹,
对面儿就看不清人。
tei³¹miɜr³¹tou²³kʰan⁰pu⁴⁴tɕʰiəŋ²¹³zən⁵³.
这个出门儿车夫怕下了啊，赶紧叫后头哩牛卸了，
tsɤ³¹kə⁰tsʰu²³mən³¹tsʰɤ²³fu⁰pʰa³¹ɕia³¹liɔ⁰a⁰,kan⁴⁴tɕiən³¹tɕiɔ³¹xou³¹tou³¹li⁰you⁵³ɕie³¹liɔ⁰,
拉着梢儿，还是四个牛驾一辆车，
la²³tsuɤ⁰ʂɔr²¹³,xɛ⁵³sɿ³¹sɿ³¹kə⁰you⁵³tɕia³¹⁴⁴liaŋ³¹tsʰɛ²¹³,
两个鞭把儿□一边儿吆喝着，顺顺当当地过去了。
liaŋ⁴⁴kə⁰pian²³pɐr⁴⁴kɛ⁴⁴i⁴⁴piɜr²¹³iɔ²³xuɤ⁰tsuɤ⁰,suən⁴¹suən⁰taŋ³¹taŋ⁰li⁰kuɤ³¹tɕʰy⁰le⁰.
这两个鞭把儿都感到很奇怪，
tsɤ³¹liaŋ⁴⁴kə⁰pian²³pɐr⁴⁴tou²¹³kan⁰tɔ⁰xən⁴⁴tɕʰi⁵³kuɛ³¹,
说这，原来吆喝着稀稀乎乎地都过不去，
suɛ²³tsɤ³¹,yan⁵³lɛ⁰iɔ²³xuɤ⁰tsuɤ⁰ɕi³¹ɕi³¹xu³¹xu⁰li⁰tou³¹kuɤ³¹pu⁴⁴tɕʰy³¹,
这咋就轻轻松松地就过去了？
tsɤ³¹tsa⁴⁴tou³¹tɕʰiəŋ²³tɕʰiəŋ⁰suoŋ²³suoŋ⁰li⁰tou⁰kuɤ³¹tɕʰy⁰le⁰?
两个车把儿往前一看，浓雾里头有一头大白牛，
liaŋ⁴⁴kə⁰tsʰɛ²³pɐr⁴⁴uaŋ⁴⁴tɕʰian⁵³⁴⁴kʰan⁰,nuoŋ³¹u³¹li⁰tou⁰iou⁴⁴²³tʰou⁵³ta³¹pɛ⁵³you⁵³,
有丈把子恁高，两丈多恁长，正在替他拉车哩!
iou⁴⁴tsaŋ³¹pa³¹tsɿ⁰nən³¹kɔ²¹³,liaŋ⁴⁴tsaŋ⁵³tuɤ²¹³nən³¹tsʰaŋ⁵³,tsəŋ³¹kə⁰tʰi³¹tʰa⁴⁴la²³tsʰɛ²¹³li⁰!
这两个鞭把儿就悄悄地给那十来个鞭把儿说说，
tsɤ³¹liaŋ⁴⁴kə⁰pian²³pɐr⁴⁴tou³¹tɕʰiɔ²³tɕʰiɔ⁰li⁰kei²¹³na³¹sɿ⁵³lɛ⁰kə⁰pian²³pɐr⁴⁴suɛ²³suɛ⁰,
我们现在都看见了，也不敢吭气儿啊，
uɤ⁴⁴mən⁰ɕian²³tsɛ³¹tou⁵³kʰan²³tɕian³¹lɛ⁴⁴,ie⁴⁴pu²³kan⁴⁴kʰəŋ³¹tɕʰiɜr³¹a⁰,
这时候也不用拉梢哩牛了，
tsɤ³¹sɿ⁵³xou³¹ie⁴⁴pu³¹yoŋ⁵³la²³sɔ²¹³li⁰you⁵³lɛ⁰,

双驾辕车都顺顺当当地叫泥窑子过去了。
suaŋ²³tɕia³¹yan⁵³tsʰɛ²¹³tou²¹³suən³¹suən³¹taŋ³¹taŋ⁰li⁰tɕiɔ⁵³ȵi⁵³ȵiɔ⁵³tsʅ⁰kuɤ³¹tɕʰy⁰le⁰.
叫这十二辆车过去以后哩，
tɕiɔ³¹tsɤ³¹sʅ⁵³ər³¹lian³¹tsʰɛ²¹³kuɤ³¹tɕʰy⁰⋅⁴⁴xou³¹li⁰,
霎时间云开雾散，还是晴天毒日头。
sa⁴⁴sʅ⁵³tɕian⁰yən⁵³kʰɛ²¹³u³¹san³¹,xɛ⁵³sʅ³¹tɕʰiəŋ⁵³tʰian²¹³tu⁵³zʅ⁵³tʰou⁰.
这十二个鞭把儿啊都跪到黄土路上，
tsɤ³¹sʅ⁵³ər³¹kə⁰pian⁴⁴pɐr⁴⁴a²³tou⁴⁴kuei³¹tɔ⁵³xuaŋ⁵³tʰu⁴⁴lu³¹saŋ⁰,
摇空又磕头又作揖哩，暗暗地祷告着：以后，
iɔ⁵³kʰoŋ³¹iou²³kʰɤ⁴⁴tʰou³¹iou²³tsuɤ²³⋅²¹³li⁰,yan⁴⁴yan⁴⁴li⁰tɔ⁴⁴kɔ⁰tsuɤ⁰:i⁴⁴xou³¹,
神牛啊神牛啊以后你还保佑着俺，
sən⁵³ȵiou⁵³a⁰sən⁵³ȵiou⁵³a⁰⋅⁴⁴i⁴⁴xou³¹ȵi⁴⁴xɛ⁵³pɔ⁴⁴iou³¹tsuɤ⁰yan⁴⁴,
走这儿过着顺当。
tsou⁴⁴tsɐr³¹kuɤ³¹tsuɤ⁰suən³¹taŋ⁰.
打那以后，车夫只要走那儿一过，就起雾，
ta⁴⁴na³¹⋅⁴⁴i⁴⁴xou³¹,tsʰɛ²³fu⁰tsʅ⁵³tsʅ⁴⁴iɔ⁵³tsou⁴⁴na³¹⋅⁴⁴kuɤ³¹,tou³¹tɕʰi⁴⁴u³¹,
起雾，前头就有一个老神牛替他拉车。
tɕʰi⁴⁴⋅⁴⁴u³¹,tɕʰian⁵³tou⁵³tou³¹iou⁴⁴⋅⁴⁴i⁴⁴kə³¹⋅⁴⁴lɔ⁵³sən⁵³ȵiou⁵³tʰi³¹tʰa⁴⁴la²³tsʰɛ²¹³.
时间长了，西面儿车夫就兑住钱呐，
sʅ⁵³tɕian⁰tsʰaŋ⁵³lɛ⁰,ɕi²³mər⁵³tsʰɛ²³fu²¹³tou³¹tei³¹tsu²³tɕʰian⁵³na⁰,
找到刘阁当地的知名人物，
tsɔ⁴⁴tɔ³¹liou⁵³kɤ²¹³taŋ²³ti³¹⋅li⁰tsʅ²³miəŋ⁵³zən⁵³u⁰,
刘阁哩人出力，他们出钱，
liou⁵³kɤ²¹³li⁰zən⁵³tsʰu⁴⁴li²¹³,tʰa⁴⁴mən⁰tsʰu²³tɕʰian⁵³,
就在这个公路南面儿有半里地修了一座庙，叫水牛庙。
tou³¹tsɛ⁰tsɤ³¹kə⁰kuoŋ³¹lu³¹nan⁵³miər⁰iou⁴⁴pan³¹⋅⁴⁴ti³¹ɕiou²³⋅lɛ⁰⋅⁴⁴tsuɤ³¹miɔ³¹,tɕiɔ³¹suei⁴⁴ȵiou⁵³miɔ³¹.
这个水牛庙修好以后啊，香火可旺盛，
tsɤ³¹kə⁰suei⁴⁴ɣou⁵³miɔ³¹ɕiou²³xɔ⁴⁴⋅⁴⁴i⁴⁴xou³¹a⁰,ɕiaŋ²³xuɤ⁴⁴kʰɤ²¹³uaŋ²³sən³¹,
不但是出门儿车夫走那儿烧香磕头，
pu⁴⁴tan²¹³sʅ³¹tsʰu²³mər⁵³tsʰɛ²¹³fu²¹³tsou⁴⁴nɐr³¹sɔ²³ɕiaŋ²¹³kʰɤ²³tʰou⁵³,
就连本地的庄稼汉，
tou³¹lian⁴⁴pən⁴⁴ti³¹⋅li⁰tsuaŋ²³tɕia⁰xan³¹,
每到种庄稼哩时候也去烧个香磕个头。
mei⁴⁴tɔ³¹tsuoŋ³¹tsuaŋ²³tɕia⁰li⁰sʅ⁵³xou⁰ie³¹tɕʰy³¹sɔ²³kə⁰ɕiaŋ²¹³kʰɤ²³kə⁰tʰou⁵³.
那说也真奇怪，只要去烧了香磕了头，
na³¹suɛ²¹³ie⁴⁴tɕʰi⁵³kuɛ³¹,tsʅ⁴⁴iɔ³¹sɔ²³lə⁰ɕiaŋ²¹³kʰɤ²³lə⁰tʰou,

本来两个牛拉犁子都拉不动,
pən⁴⁴lɛ⁰liaŋ⁴⁴kə⁰ɣou⁵³la²³li⁵³tsɿ⁰tou²¹³la²³pu⁴⁴toŋ³¹,
一个牛拉着犁子就哞哞叫哩走。
i⁴⁴kə⁰ɣou⁵³la²³tsuʴ⁰li⁵³tsɿ⁰tou²³tsʰɿ⁰tɕiɔ³¹li⁰tsou⁴⁴.
所以说这个水牛寺哩香火呀始终非常旺盛,
suʴ⁴⁴i⁰suɛ²¹³tsʅ³¹kə⁰suei⁴⁴ɲiou⁵³sɿ³¹li⁰ɕian²³xuʴ⁴⁴ia⁰sɿ⁴⁴tsuoŋ²¹³fei²³tsʰaŋ⁵³uaŋ²³səŋ³¹,
到现在水牛寺哩遗址还有哩。有话说完了。
tɔ³¹ɕian²³tsɛ⁴⁴suei⁵³ɲiou⁵³sɿ³¹li⁰i⁵³tsɿ⁴⁴xɛ⁵³iou⁴⁴li⁰.mɔ²³xua⁰suɛ²¹³uan⁵³lɛ⁰.

意译：说个故事，故事的名称叫水牛寺。从老街乡到沙河店镇，修了一条大路。这个大路从刘阁经过，晴天是漫天黄土，雨天是满地泥泞。刘阁街西约半里地，路中间有个大泥潭，无论多么旱的天里面都有很深的淤泥，因此人车往返非常不便。本来两辆牛车，还得让后车的两头牛帮忙在前面拉梢儿，两头牛驾辕，四头牛才能把车拉过去。这一天从西边又来了十二辆车，走到这个泥潭附近，想着歇歇再过去。突然，天降大雾，漫天大雾，对面就看不清人。车夫们怕下雨了，赶快把后面的牛卸掉，在前面拉着，还是四头牛拉一辆车，两个赶车的在一边吆喝，非常顺利地过去了。这两个车夫感到奇怪，原来大声吆喝着都几乎过不去，今天怎么如此轻松？两个车夫一看，浓雾里面有一头大白牛，有丈把儿高，两丈来长，正在替他们拉车呢！这两个车夫就把此事告诉了其他车夫，我们现在都看见了，也不敢出声，这时也不用其他牛帮忙了，车都顺利地过了泥潭。等这十二辆车过去后，突然云开雾散，还是艳阳高照。这十二个车夫都跪到路上，看着天空又磕头又作揖，口中祷告着：神牛啊神牛以后你还多保佑我们，让我们顺利通过。从那以后，只要车夫们从那儿经过，天就起雾，前面便有一头老牛替他们拉车。时间长了，西边来的车夫就凑了钱，找到刘阁村当地的名人，刘阁村出劳力，他们出钱，就在大路南半里地的地方修了座庙，庙名叫水牛庙。水牛庙修好后香火兴旺，不但车夫们经过时烧香磕头，就连当地种庄稼的，每到农忙季节也去烧香磕头。说也奇怪，只要烧了香磕了头，本来两头牛都拉不动的犁铧，一头牛就拉动了。因此水牛寺的香火一直兴旺，到现在还有这个寺庙的遗址呢。故事讲完了。

（发音人：高会武　2017.07.25 驻马店）

三　自选条目

0031 豫剧《泪洒相思地·千悔万错儿招认》

千悔万错，儿招认，儿招认，
tɕian xuei uan tsʰuʴ,ər tsɔ zən,ər tsɔ zən,

悔不该将真情隐瞒父亲。
xuei pu kɛ tɕiaŋ tsən tɕʰiəŋ iən man fu tɕʰiən.
张郎他也是宦门之后，
tsaŋ laŋ tʰa iɛ sʅ xuan mən tsʅ xou,
绝非是那纨绔子弟轻薄人。
tɕyɛ fei sʅ na uan kʰu tsʅ ti tɕʰiəŋ puɤ zən.
纵然是一失足成千古恨，
tsuəŋ zan sʅ i sʅ tsu tsʰəŋ tɕʰian ku xən,
却为的呀白头偕老共终身。
tɕʰyɛ uei tə ia pɛ tʰou ɕiɛ lɔ kuəŋ tsuəŋ sən.
千般错万般错，爹爹你忍一忍呐，
tɕʰian pan tsʰuɤ uan pan tsʰuɤ,tiɛ tiɛ n̪i zən i zən na,
啊，望爹爹你怜念咱是骨肉亲。
a,uaŋ tiɛ tiɛ n̪i liən n̪ian tsan sʅ ku zou tɕʰiən.
生母早逝去，爹爹你苦受尽，
səŋ mu tsɔ sʅ tɕʰy,tiɛ tiɛ n̪i kʰu sou tɕiən,
千辛万苦你恩养我一十八春。
tɕʰian ɕiən uan kʰu n̪i ən iaŋ uɤ i sʅ pa tsʰuən.
生我养我十八载，孩儿未报高堂恩。
səŋ uɤ iaŋ uɤ sʅ pa tsɛ,xɛ ər uei pɔ kɔ tʰaŋ ən.
倘若孩儿把命断，爹爹年迈靠何人？
tʰaŋ zuɤ xɛ ər pa miəŋ tuan,tiɛ tiɛ n̪ian mɛ kʰɔ xɤ zən?
哪个与你把安问，
na kə y n̪i pa an uən,
百年后，谁与你披麻戴孝送进坟！
pɛ n̪ian xou,sei y n̪i pʰei ma tɛ ɕio suəŋ tɕiən fən!

意译：千悔万错，孩儿招认，后悔不该向父亲隐瞒真情。张郎他也是名门之后，绝非纨绔子弟轻薄之人。纵然是一失足成千古恨，也是为了白头偕老相伴终身。纵有千万错，爹爹你忍一忍，啊，望爹爹你多念咱们骨肉亲情。生母去世早，爹爹苦受尽，千辛万苦你抚养我十八年，生我养我十八年，孩儿未报父母恩。倘若孩儿把命尽，爹爹年迈靠何人。谁给你早上来问安，百年之后，谁给你披麻戴孝送进坟！

（发音人：靳阿慧　2017.07.26 驻马店）

长 葛

一 歌谣

0001 月奶奶，黄巴巴

月奶奶，黄巴巴，八月十五来俺家；
yɛ²⁴ nai⁴⁴ nai⁰,xuaŋ⁵² pa²⁴ pa⁰,pa²⁴ yɛ⁵² ʂʅ⁵² u⁴⁴ lai⁵² ɣan⁴⁴ tɕia²⁴.
俺家有个大西瓜，
ɣan⁴⁴ tɕia²⁴ iou⁴⁴ kɤ⁰ ta³¹ si²⁴ kua⁰,
足你吃，足你拿。
tsy²⁴ n̩i⁴⁴ tʂʅ²²⁴,tsy²⁴ n̩i²⁴ na⁵²,
拿到河北沿儿给恁大，
na⁵² tau³¹ xɤ⁵² pei²⁴ ieɻ⁵² kei²⁴ nən⁴⁴ ta⁵².
恁大给你五分儿钱。
nən⁴⁴ ta⁵² kei²⁴ n̩i⁴⁴ u⁴⁴ fəɻ²⁴ tsʰian⁵²,
买个猴，翻跟头；买个柿子一吸喽。
mai⁴⁴ kɤ⁰ xou⁵²,fan²⁴ kən³¹ tʰou⁰,mai⁴⁴ kɤ⁰ ʂʅ³¹ tsʅ⁰ i²⁴ ɕi²⁴ lou⁰.

意译：月奶奶，黄巴巴，八月十五来俺家；俺家有个大西瓜，足你吃，足你拿。拿到河北沿儿给你大，你爸给你五分儿钱，买个猴，翻跟头，买个柿子一吸喽。

（发音人：武松岭　2018.07.20 长葛）

0002 家皇皇，路皇皇

家皇皇，路皇皇，
tɕia²⁴ xuaŋ²⁴ xuaŋ⁰,lu³¹ xuaŋ²⁴ xuaŋ⁰.
俺家有个夜哭郎。
ɣan⁴⁴ tɕia²⁴ iou⁴⁴ kɤ⁰ iɛ³¹ kʰu⁴⁴ laŋ⁵²,
君子路边喊三遍，
tɕyn²⁴ tsʅ⁰ lu³¹ pian²⁴ xan⁴⁴ san⁵² pian³¹,
一觉睡到大天亮。
i⁵² tɕiau³¹ sei³¹ tau⁰ ta³¹ tʰian²⁴ liaŋ³¹.

意译：家晃晃，路晃晃，我家有个夜哭郎。君子路边喊三遍，一觉睡到大天亮。

（发音人：武松岭　2018.07.20 长葛）

0003 数九歌

头九二九不出手，
tʰou⁵²tɕiou⁴⁴l̩³¹tɕiou⁴⁴pu²⁴tʂʰu²⁴ʂou⁴⁴,
三九四九凌上走。
san⁵²tɕiou⁴⁴sɿ³¹tɕiou⁴⁴liəŋ⁵²ʂaŋ⁵²tsou⁴⁴.
五九六九大甩手，
u⁵²tɕiou⁴⁴liou³¹tɕiou⁴⁴ta³¹sai⁵²ʂou⁴⁴,
七九八九抬头看柳，
tsʰi⁵²tɕiou⁴⁴pa⁵²tɕiou⁴⁴tʰai⁵²tʰou⁵²kʰan³¹liou⁴⁴,
九九杨落地，十九杏花开。
tɕiou⁵²tɕiou⁴⁴iaŋ⁵²luɤ²⁴ti³¹,ʂɿ⁵²tɕiou⁴⁴xəŋ³¹xua²⁴kʰai²⁴.

意译：头九二九不出手，三九四九凌上走。五九六九大甩手，七九八九抬头看柳，
　　　九九杨落地，十九杏花开。

（发音人：武松岭　2018.07.20 长葛）

0004 砸丁丁

砸，砸，砸丁丁，
tsa⁵², tsa⁵², tsa⁵²tiəŋ²⁴tiəŋ⁰,
人家嘞芝麻都熟了，
zən⁵²tɕia⁵¹le⁰tsɿ⁵¹ma⁰tou²⁴ʂu⁵²la⁰,
俺嘞芝麻没开花。
ɣan⁴⁴nɛ⁰tsɿ²⁴ma⁰mei²⁴kʰai²⁴xua²⁴.
葱花儿，胡椒，小脚儿一撩。
tsʰuəŋ²⁴xuɐr²⁴,xu⁵²tsiau,siau⁴⁴tɕyɐr²⁴⁵²i⁵²liau³¹,

意译：砸，砸，砸丁丁，人家的芝麻都熟了，我的芝麻没开花。葱花，胡椒，小脚
　　　一撩。

（发音人：武松岭　2018.07.20 长葛）

0005 小老鼠，爬灯台

小老鼠，爬灯台，
siau⁴⁴lau⁵²ʂu⁰,pʰa⁵²təŋ²⁴tʰai⁵²,
偷油吃，下不来。
tʰou²⁴iou⁵²tʂʰɿ⁵¹,ɕia³¹pu²⁴lai⁵².
抱猫去，叽扭跑了。
pau³¹mau⁵²tɕʰy³¹,tsi²²ɳiou²⁴pʰau⁴⁴la⁰.

意译：小老鼠，爬灯台；偷油吃，下不来。抱猫去，叽扭跑了。

（发音人：武松岭　2018.07.20 长葛）

0006 出萝卜

出，出，出萝卜，出[出来]半截儿重埋住。

tʂʰu²⁴,tʂʰu²⁴,tʂʰu²⁴luo⁵²pu⁰,tʂʰu²⁴tʂʰuai⁵²pan³¹tɕiɚ⁰tʂʰuəŋ⁵²mai⁵²tʂu⁰.

意译：出，出，出萝卜，出来半截儿再埋住。

（发音人：武松岭 2018.07.20 长葛）

二 故事

0021 牛郎和织女

古时候儿，有一个小伙子，父母都去世啦。

ku⁴⁴ʂʅ³¹xouɹ⁰,iou⁴⁴·⁵²kɤ⁰siau⁴⁴xuɤ⁵²tsʅ⁰,fu³¹mu²⁴tou⁰tɕʰy²⁴ʂʅ³¹la⁰.

只剩下他家一头老牛，所以大家叫他牛郎。

tsʅ⁴⁴ʂəŋ⁴⁴ɕia⁰tʰa⁴⁴tɕia²⁴·²⁴iː⁴⁴tʰou²⁴lau²⁴ȵiou⁵²,suɤ⁴⁴·⁰iː²⁴ta⁴⁴tɕia²⁴tɕiau³¹tʰa⁰ȵiou⁵²laŋ⁵².

牛郎他们两个以耕地为生，孤苦伶仃。

ȵiou⁵²laŋ⁵²tʰa⁴⁴mən⁰liaŋ⁴⁴kɤ⁰iː²⁴kəŋ²⁴ti⁰uei⁵²səŋ²⁴,ku²⁴kʰu⁴⁴liəŋ⁵²tiəŋ²⁴.

实际，老牛是天上的金牛座儿，

ʂʅ⁵²tsi³¹,lau²⁴ȵiou⁵²ʂʅ³¹tʰian²⁴ʂaŋ⁰tɤ⁰tɕiən²⁴ȵiou⁰tsuɚ³¹,

非常相中他，非常相中牛郎勤劳朴实，

fei²⁴tʂʰaŋ⁵²iaŋ²⁴tʂuəŋ⁰tʰa⁴⁴,fei²⁴tʂʰaŋ⁵²iaŋ²⁴tʂuəŋ²⁴ȵiou⁵²laŋ⁰tɕʰiən⁵²lau²⁴pʰu⁴⁴ʂʅ⁵²,

所以说嘞想给他成个家。牛郎，金牛座儿得知，

ʂuɤ⁴⁴·⁰iː²⁴ʂue⁰lɛ⁰siaŋ⁴⁴kei²⁴tʰa⁴⁴ʂəŋ⁵²kɤ⁰tɕia⁰.ȵiou⁵²laŋ⁰,tɕiən²⁴ȵiou⁰tsuɚ³¹tɛ²⁴tʂʅ²⁴,

天上的仙女要到山下的湖边儿洗澡。

tʰian²⁴ʂaŋ⁰tɤ⁰sian⁰ȵy⁴⁴iau⁰tau³¹san²⁴ɕia⁰tɤ⁰xu⁵²piɚ²⁴si⁵²tsau⁰.

他给牛郎托了一个梦，让他第二天早上去湖边，

tʰa⁴⁴kei²⁴ȵiou⁵²laŋ⁰tʰuɤ⁰la⁰iː⁰·⁵²kɤ³¹məŋ³¹,zaŋ³¹tʰa⁰tiː³¹·⁰tʰian⁰tsau⁴⁴ʂaŋ⁰tɕʰy³¹xu⁵²pian²⁴,

不要吭声掂走她织女的衣服。不要回头，一直回到家。

pu⁵²iau³¹kʰəŋ²⁴ʂəŋ⁰tian⁰tsou⁰tʰa⁰tsʅ⁵²ȵy⁰tɤ⁰iː⁰·²⁴fu⁰.pu⁵²iau⁰xuei⁵²tʰou⁰,iː⁰tsʅ⁵²xueiː⁰tau⁰tɕia²⁴.

第二天一大早，牛郎就去了山边儿跟嘞一个湖边，

ti²⁴·³¹tʰian²⁴·⁵²iː³¹ta⁴⁴tsau⁴⁴,ȵiou⁵²laŋ⁰tɕiou⁰tɕʰy³¹la⁰san²⁴piɚ⁰kɛ⁰lɛ⁰iː⁰kɤ⁰xu⁵²pian²⁴,

朦朦胧胧看见，确实有七个七仙女在那儿洗澡。

məŋ⁴⁴məŋ⁰luəŋ⁴⁴luəŋ⁰kʰan³¹tɕian⁰,tɕʰyɛ²⁴ʂʅ⁵²iou⁴⁴tsʰi⁵²kɤ⁰tsʰi²⁴sian⁰ȵy⁴⁴tsai³¹nɚ⁰si⁵²tsau⁴⁴,

他就从树上取走了织女儿的一件衣服，

tʰa⁴⁴tsiou³¹tsʰuəŋ²⁴ʂu³¹ʂaŋ⁰tsʰy⁵²tsou⁴⁴la⁰tsʅ⁵²ȵyɚ⁰tiː⁰iː⁵²tɕian³¹·²⁴fu⁰,

没有回头一直回到家。织女得知她嘞衣服丢了之后，

mei²⁴iou⁴⁴xuei⁰tʰou⁵²·⁰iː³¹tsʅ⁵²xuei⁵²tau⁰tɕia²⁴.tsʅ⁵²ȵy⁰tɛ²⁴tsʅ²⁴tʰa⁴⁴lɛ⁰iː⁰fu⁰tiou⁰la⁰tsʅ⁴⁴xou³¹,

到了晚上，悄悄地就去找牛郎。

tau³¹la⁰uan⁴⁴ʂaŋ⁰,tɕʰiau²⁴tɕʰiau⁰tiː⁰tsiou³¹tɕʰy³¹tsau⁴⁴ȵiou⁵²laŋ⁰.

所以说，他们两个就成了亲。
ʂuɤ⁴⁴ʔi⁰ʂuɛ²⁴,tʰa⁴⁴mən⁰liaŋ⁴⁴kɤ⁰tɕiou³¹tʂʰəŋ⁵²la⁰tɕʰiən²⁴.
三年之后，他们两个生了一个男孩儿，一个女孩儿，
san²⁴nian⁵²tʂʅ⁴⁴xou³¹,tʰa⁴⁴mən⁰liaŋ⁴⁴kɤ⁰səŋ²⁴la⁰i⁵²kɤ⁰nan⁵²xɚ⁵²,i⁵²kɤ⁰ny⁴⁴xɚ⁵²,
家庭过得很愉快。
tɕia²⁴tʰiəŋ²⁴kuɤ³¹tɤ⁰xən⁴⁴y²⁴kʰuai³¹.
但是，玉皇大帝知道她下凡到了山下，
tan²⁴ʂʅ³¹,y³¹xuaŋ⁵²ta²⁴ti³¹tʂʅ⁵²tau⁰tʰa⁴⁴ɕia³¹fan⁵²tau³¹la⁰san²⁴ɕia³¹,
所以，那时候儿电闪雷鸣，
ʂuɤ⁴⁴ʔi⁰,no³¹ʂʅ⁰xour⁰tian³¹ʂan⁴⁴luei⁵²miəŋ⁵²,
当时，刮起了大风，下起了大雨。织女就不见了。
taŋ²⁴ʂʅ⁵²,kua²⁴tɕʰi⁴⁴la⁰ta³¹fəŋ²⁴,ɕia³¹tɕʰi⁴⁴la⁰ta³¹y⁴.tʂʅ⁵²ny⁰tɕiou³¹pu⁵²tɕian³¹na⁰.
两个孩子哭着要找妈妈。
liaŋ⁴⁴kɤ⁰xai⁵²tsʅ⁰kʰu²⁴tʂuɤ⁰iau³¹tsau⁴⁴ma²⁴ma⁰.
这一下子可难为坏了牛郎，没办法儿。
tʂɛ³¹⁵²ʔi³¹ɕia³¹tsʅ⁰kʰɤ⁴⁴nan⁵²uei⁰xuai³¹la⁰ȵiou⁵²laŋ⁰,mei²⁴pan³¹fɚ²⁴.
但是，这个时候儿，金牛座儿说话了：
tan²⁴ʂʅ³¹,tsɛ⁴⁴kɤ⁰ʂʅ⁵²xour⁰,tɕiən²⁴ȵiou⁵²tsuɚ⁰ʂuɛ⁴⁴xua³¹la⁰:
你不要害怕，有我的两个牛角尖。
ȵi⁴⁴pu⁵²iau³¹xai²⁴pʰa³¹,iou⁴⁴uɤ⁴⁴tɤ⁰liaŋ⁴⁴kɤ⁰ȵiou⁵²tɕiau³¹tsian²⁴.
我把我的两个牛角尖去掉变成两个篓子，
uɤ⁴⁴pa³¹uɤ⁴⁴tɤ⁰liaŋ⁴⁴kɤ⁰ȵiou⁵²tɕiau²⁴tsian²⁴tɕʰy³¹tiau⁰pian⁵²tʂʰəŋ⁰liaŋ⁴⁴kɤ⁰lou⁴⁴tsʅ⁰,
你把两个孩子放到篓子里，
ȵi⁴⁴pa³¹liaŋ⁴⁴kɤ⁰xai⁵²tsʅ⁰faŋ³¹tau⁰lou⁴⁴tsʅ⁰li³¹,
弄个扁担儿让他挑到山上，见他嘞母亲。
nəŋ³¹kɤ⁰pian⁴⁴tɚ⁰ʐaŋ³¹tʰa⁴⁴tʰiau²⁴tau⁰san⁴⁴ʂaŋ⁰,tɕian²⁴tʰa⁴⁴lɛ⁰mu⁴⁴tsʰiən⁰.
所以说，在牛郎相信不信嘞情况下，
ʂuɤ⁴⁴ʔi⁰ʂuɛ²⁴,tsai³¹ȵiou⁵²laŋ⁰siən⁴⁴pu⁵²siən⁴⁴nɛ⁰tsʰiəŋ⁵²kʰuaŋ⁰ɕia³¹,
两个牛角尖儿确实变成了两个篓子。
liaŋ⁴⁴kɤ⁰ȵiou⁵²tɕiau⁵²tsiɚ²⁴tɕʰyɛ⁵²ʂʅ⁵²pian⁵²tʂʰəŋ⁵²la⁰liaŋ⁴⁴kɤ⁰lou⁴⁴tsʅ⁰.
他就挑着篓子，带着孩子，去找他的妈妈。
tʰa⁴⁴tɕiou⁰tʰiau²⁴tʂu⁰lou⁴⁴tsʅ⁰,tai³¹tʂu⁰xai⁵²tsʅ⁰,tɕʰy³¹tsau⁴⁴tʰa⁴⁴tɤ⁰ma²⁴ma⁰.
在这个时候儿，王母娘娘摘掉她头上一个金簪子，
tsai²⁴tʂɛ³¹kɤ⁰ʂʅ⁵²xour⁰,uaŋ⁵²mu⁰ȵiaŋ⁵²ȵiaŋ⁰tsai⁰tiau⁰tʰa⁰tʰou⁵²ʂaŋ⁰ʔi⁵²kɤ⁰tɕiən²⁴tsan²⁴tsʅ⁰,
划了一条河，很宽很宽一条河，
xua³¹la⁰ʔi²⁴tʰiau⁵²xɤ⁵²,xən⁴⁴kʰuan²⁴xən⁴⁴kʰuan²⁴ʔi²⁴tʰiau⁵²xɤ⁵²,

一眼望不到边儿，一望无际。
i²⁴ian⁴⁴uaŋ³¹pu⁰tau⁰piɛr²⁴,i²⁴uaŋ⁴⁴u⁴⁴tsi²⁴.
这永远隔绝住他找到织女的心愿。
tʂɛ³yən⁵²yan⁴⁴kɤ²⁴tsyɛ⁵²tʂu⁰tʰa⁴⁴tsau⁴⁴tau⁰tʂɿ⁵²n̠y⁴⁴ti⁰siən²⁴yan³¹.
所以说，喜鹊为了让他们两个嘞爱情，
ʂur⁴⁴i⁰ʂuɛ²⁴,çi⁴⁴tɕʰyɛ⁰uei⁵²la⁰zaŋ³¹tʰa⁴⁴mən⁰liaŋ⁵²kɤ⁰lɛ⁰yai³¹tsʰiəŋ⁵²,
在这个时候儿见面儿，
tsai³¹tʂɛ³¹kɤ⁰sɿ⁵²xour⁰tɕian²⁴miɛr³¹,
每年嘞七月初七，成千上万嘞喜鹊，
mei⁴⁴n̠ian⁰nɛ⁰tsʰi²⁴yɛ⁰tʂʰu⁰tsʰi²⁴,tʂʰən⁰tsʰian²⁴ʂaŋ²⁴uan³¹nɛ⁰çi⁴⁴tɕʰyɛ⁰,
尾巴衔着尾巴搭成一个桥桥。
uei⁴⁴pa⁰çian⁰tʂu⁰uei⁴⁴pa⁰ta²⁴tʂʰən⁵²⁵²i⁰kɤ⁰tɕʰiau⁵²tɕʰiau⁰.
排成一个整队，搭成一个桥，
pʰai⁵²tʂʰən⁵²⁵²i⁰kɤ⁰tʂən⁴⁴tuei³¹,ta²⁴tʂʰən⁵²⁵²i⁰kɤ⁰tɕʰiau⁵²,
让他们两个在这个时候儿团聚。
zaŋ²⁴tʰa⁴⁴mən⁰liaŋ⁴⁴kɤ⁰tsai²⁴tʂɛ³¹kɤ⁰sɿ⁵²xour³¹tʰuan⁵²tsy³¹.

意译： 古时候，有一个小伙子，父母都去世了。只剩下他和家里的一头老牛，所以大家叫他牛郎。牛郎他们两个以耕地为生，孤苦伶仃。实际上老牛是天上的金牛星，非常欣赏牛郎，非常欣赏他勤劳朴实的品质，所以想给他成个家。金牛星得知天上的仙女要到山下的湖边儿洗澡。他给牛郎托了一个梦，让他第二天早上去湖边，不要吭声拿走织女的衣服。不要回头，一直回到家。第二天一大早，牛郎就去了山边儿的一个湖边，朦朦胧胧地看见，确实有七个仙女在那儿洗澡。他就从树上取了织女的一件衣服，没有回头一直回到家。织女得知她的衣服丢了之后，到了晚上，悄悄地就去找牛郎。所以他们两个就成了亲。三年之后，他们两个生了一个男孩儿，一个女孩儿，生活过得很愉快。但是，玉皇大帝知道她下凡到了山下，所以，那时候儿电闪雷鸣，当时，刮起了大风，下起了大雨。织女就不见了。两个孩子哭着要找妈妈。这一下子可难为坏了牛郎，他没办法儿。但是，这个时候儿，金牛星说话了：你不要害怕，有我的两个牛角尖。我把我的两个牛角尖去掉变成两个筐子，你把两个孩子放到筐子里，拿个扁担挑到山上，见他的母亲。在牛郎半信半疑的情况下，两个牛角尖儿确实变成了两个筐子。他就挑着筐子，带着孩子，去找他的妈妈。在这个时候儿，王母娘娘摘掉她头上一个金簪子，划了一条河，很宽很宽一条河，一眼望不到边儿，一望无际。这永远隔绝住了他找到织女的心愿。喜鹊为了他们两个的爱情，让他们能够见面儿，每年的七月初七，成千上万的喜鹊，尾巴衔着尾巴搭成一个鹊桥。排成一个整队，搭成一个桥，让他们两个在这个时候儿团聚。

（发音人：武松岭 2018.07.20 长葛）

三　自选条目

0033《秦香莲》选段
说什么一步走错祸临身，
ʂuɛ ʂən muɤ i pu tsou tsʰuɤ xuɤ liən ʂən,
分明是你得了新人忘旧恩，
fən miəŋ sɿ ni tɛ liau sian zən uaŋ tɕiou yən,
劝夫君从头你想一想，
tɕʰyən fu tɕyən tsʰuəŋ tʰou ni siaŋ i siaŋ,
咱本是十年结发，
tsan pen sɿ ʂɿ nian tɕiɛ fa,
咱本是十年结发情谊深。
tsan pən sɿ ʂɿ nian tɕiɛ fa tsʰiəŋ i ʂən.
想当年你在原郡求学问，
siaŋ taŋ nian ni tsai yan tɕyən tɕʰiou ɕyɛ uən,
寒窗下苦读诗书你从不出门。
xan tʂʰuaŋ ɕia kʰu tu ʂɿ ʂu ni tsʰuəŋ pu tʂʰu mən.
为妻我替你堂前把孝尽，
uei tɕʰi uɤ tʰi ni tʰaŋ tsʰian pa ɕiau tɕiən,
到夜晚陪你读书到月西沉，
tau iɛ uan pʰei ni tu ʂu tau yɛ si tʂʰən,
哎呀啊，啊哈啊。
ai ia a, a xa a.
大比年送你赶考把京进，
ta pi nian suəŋ ni kan kʰau pa tɕiəŋ tɕiən,
临行时千言万语我嘱咐君。
liən ɕiəŋ ʂɿ tsʰian ian uan y uɤ tʂu fu tɕyən.
嘱咐你太阳不落早住店，
tʂu fu ni tʰai iaŋ pu luɤ tsau tʂu tian,
日出三竿你再动身，
zɿ tʂʰu san kan ni tsai tuəŋ ʂən,
哎哎，哎嗨哎。
ai ai, ai xai ai.
嘱咐你更换衣裳要谨慎，
tʂu fu ni kəŋ xuan i ʂaŋ iau tɕiən ʂən,

当心风刮受雨淋，

taŋ siən fəŋ kua ʂou y liən,

嘱咐你路途之上忌生冷，

tʂu fu n̠i lu tʰu tʂʅ ʂaŋ tɕi ʂəŋ ləŋ,

生瓜梨枣莫进唇。

ʂəŋ kua li tsau muɤ tɕiən tʂʰuən.

嘱咐你中与不中早回转，

tʂu fu n̠i tʂuəŋ y pu tʂuəŋ tsau xuei tʂuan,

需知道爹娘年迈儿女连心。

sy tʂʅ tau tiɛ n̠iaŋ n̠ian mai ər n̠y lian siən.

你也说，患难夫妻不容易，

n̠i iɛ ʂuɤ, xuan nan fu tɕʰi pu ʐuəŋ i,

还让我在家多操心。

xai ʐaŋ uɤ tsai tɕia tuɤ tsʰau siən.

谁知你一去三载无音信，

ʂei tʂʅ n̠i i tɕʰy san tsai u iən siən,

湖广大旱饿死双亲，

xu kuaŋ ta xan ɤ sʅ ʂuaŋ tɕʰiən,

二爹娘死后难埋殡，

ər tiɛ n̠iaŋ sʅ xou nan mai piən,

我携儿带女将你寻，

uɤ ɕiɛ ər tai n̠y tsiaŋ n̠i syən,

为妻我寻你你不认，

uei tɕʰi uɤ syən n̠i n̠i pu ʐən,

儿和女呀，儿和女总是恁陈门一条根哪。

ər xɤ n̠y ia, ər xɤ n̠y tsuəŋ ʂʅ nən tʂʰən mən i tʰiau kən na.

意译：说什么一步走错祸临身，分明是你得了新人忘旧恩。劝夫君从头想一想，咱本是十年结发，咱本是十年结发情谊深。想当年你在原郡求学问，寒窗下苦读诗书你从不出门。为妻我替你堂前把孝尽，到夜晚陪你读书到月西沉，哎呀啊，啊哈啊。大比年送你赶考把京进，临行时千言万语我嘱咐君。嘱咐你太阳不落早住店，日出三竿你再动身，哎哎，哎嗨哎。嘱咐你更换衣服需谨慎，当心风刮受雨淋，嘱咐你路途之上忌生冷，生瓜梨枣莫进唇。嘱咐你中与不中早回转，需知道爹娘年迈儿女连心。你也说，患难夫妻不容易，还让我在家多操心。谁知你一去三载无音信，湖广大旱饿死双亲，二爹娘死后难埋殡，我携儿带女将你寻，为妻我寻你你不认，儿和女呀，儿和女总是你陈门一条根哪。

（发音人：陈宝花　2018.07.17 长葛）

0035 豫剧《七品芝麻官》选段

锣鼓喧天，齐把道喊。

luo ku ɕyan tʰian, tɕʰi pa tau xan.

青呀嘛青纱轿哇，青纱轿坐着我这七品官。

tsʰiəŋ ia ma tsʰiəŋ sa tɕiau ua, tsʰiəŋ sa tɕiau tsuɤ tʂuɤ uɤ tʂɤ tsʰi pʰiən kuan.

想啊当初在原郡，我把书念，

siaŋ a taŋ tʂʰu tsai yuan tɕyən, uɤ pa şu ȵian,

凉桌子那热板凳啊，铁砚磨穿。

liaŋ tʂuo tsʅ na zɤ pan təŋ a, tʰiɛ ian muɤ tʂʰuan.

盼到了北京城开了科选，

pʰan tau liau pei tɕiəŋ tʂʰəŋ kʰai liau kʰuɤ syan,

我辛辛苦苦啊前去求官。

uɤ siən siən kʰu kʰu a tsʰian tɕʰy tɕʰiou kuan.

三篇文做得好，万岁称赞。

san pʰian uən tsuɤ ti xau, uan suei tsʰəŋ tsan.

恩命我这河南信阳，五品州诶官。

yən miəŋ uɤ tʂɤ xɤ nan siən iaŋ, u pʰiən tʂou ɛ kuan.

到吏部去领凭，去把那个严嵩见。

tau li pu tɕʰy liəŋ pʰiəŋ, tɕʰy pa na kɤ ian ɕyəŋ tɕian.

老贼要三千两磨墨的钱。

lau tsei iau san tsʰian liaŋ muɤ mei ti tsʰian.

我说道啊，三千？三钱，嘿嘿嘿嘿，我也没有。

uɤ şyɛ tau a, san tsʰian? san tsʰian, xei xei xei xei, uɤ iɛ mei iou.

那个老贼恼羞成怒啊，

na kɤ lau tsei nau ɕiou tsʰəŋ nu a,

把我降到保定府清苑县，

pa uɤ tɕiaŋ tau pau tiəŋ fu tsʰiəŋ yuan ɕian,

五品州变成了七品县官。

u pʰiən tʂou pian tʂʰəŋ liau tsʰi pʰiən ɕian kuan.

上任来刚刚才呀三那天，

şaŋ zən lai kaŋ kaŋ tsʰai ia san na tʰian,

百姓们那纷那纷告状到衙前。

pɛ siəŋ mən na fən na fən kau tʂuaŋ tau ia tsʰian.

高官们犯法啊不敢办，

kao kuan mən fan fa a pɤ kan pan,

怎当那个百姓的父母官。

tsən taŋ na kɤ pɛ siəŋ ti fu mu kuan.

我情愿南监里草长满,
u tsʰiəŋ yuan nan tɕian li tsʰau tʂaŋ man,
不叫我嘞好百姓啊受屈冤。
pu tɕiau uɤ lɛ xau pɛ siəŋ a ʂou tɕʰy yuan.
衙皂们开路去察看,
ia tsau mən kʰai lu tɕʰy tsʰa kʰan,
冤枉啊!
yuan uaŋ a!
忽听得轿前喊屈冤。
xu tʰiəŋ tɛ tɕiau tsʰian xan tɕʰy yuan.
落轿!
luo tɕiau!

意译：锣鼓喧天齐把道喊，青纱轿里坐着我这个七品官。想当年在原郡我把书念，凉桌子热板凳铁砚磨穿。盼到了北京城开科选，我辛辛苦苦前去求官。三篇文章做得好，万岁称赞，恩命我任河南信阳五品州官。到吏部去领凭，我只把严嵩见。老贼要三千两磨墨钱。我说道啊莫说三千，三钱我也没有。这个老贼恼羞成怒，把我降到保定府清苑县。五品州降到七品县官，上任来刚刚才三天。百姓们纷纷告状到衙前，高官们犯法要不惩办，怎当百姓的父母官。我宁愿南监草长满，不叫我的好百姓受屈冤。衙皂们开道去察看。冤枉啊！忽听得轿前喊屈冤。落轿！

（发音人：路长喜　2018.07.17 长葛）

泌 阳

一 歌谣

0001 山老鸹，胖墩墩

山老鸹儿，胖墩墩，我上姥儿家住一春。
ʂan²⁴lɔ⁵³kuɜr⁰,paŋ³¹tən²²tən⁰,uo⁴⁴ʂaŋ³¹lɔɻ⁴⁴tɕiɛ⁰tsu⁰i⁰tʂʰuən²⁴
姥娘看见怪喜欢，妗子看见瞅一眼。
lɔ⁴⁴ȵiaŋ⁵³kʰan³¹tɕian⁰kuɛ³¹ɕi⁴⁴xuan⁰,tɕin³¹tsɿ⁰kʰan³¹tɕian⁰tʂʰou⁴⁴·⁴⁴yan⁴⁴
妗子妗子你别瞅，豌豆开花儿俺都走
tɕin³¹tsɿ⁰tɕin³¹tsɿ⁰ȵi⁴⁴pɛ⁵³tʂʰou⁰,uan²⁴tou⁰kʰɛ²⁴xuɜr²⁴an⁴⁴tou⁰tsou⁴⁴
豌豆白，俺再来，一把儿住到砍花柴。
uan²⁴tou⁰pɛ⁵³,an⁴⁴tsɛ³¹lɛ⁵³,i²⁴pɔɻ⁴⁴tsu⁰tɔ⁰kʰan⁴⁴xua²⁴tʂʰɛ⁵³
打哪儿走？打山里走，山里有石头。
ta⁴⁴nɜr⁴⁴tsou⁴⁴? ta⁴⁴ʂan²⁴li⁰tsou⁴⁴,ʂan⁴⁴li⁰iou⁴⁴ʂɿ⁵³tʰou⁰
打河里走，河里有泥鳅。
ta⁴⁴xɤ⁵³li⁰tsou⁴⁴,xɤ⁵³li⁰iou⁴⁴ȵi⁵³tsʰiou⁰
大哩搭不住，小哩横出溜。
ta³¹li⁰kʰiɛ⁵³pu⁰tʂu³¹,siɔ⁴⁴li⁰xuŋ³¹tʂʰu²²liou⁰
出溜到南场里，碰见个卖糖哩。
tʂʰu²²liou⁰tɔ³¹nan⁵³tʂʰaŋ⁵³li⁰,pʰən³¹tɕian⁰kə⁰mɛ³¹tʰaŋ⁵³li⁰
卖糖哩，啥糖？
mɛ³¹tʰaŋ⁵³li⁰,ʂa³¹tʰaŋ⁵³?
打糖，打给姥爷尝尝。
ta⁴⁴tʰaŋ⁵³,ta⁴⁴kei⁴⁴lɔ⁴⁴iɛ⁰tʂʰaŋ⁵³tʂʰaŋ⁰
粘住姥爷嘞牙，给姥爷舀碗茶。
tʂan²²tʂu⁰lɔ⁴⁴iɛ⁰lɛ⁰ia⁵³,kei²⁴lɔ⁴⁴iɛ⁰iɔ⁴⁴uan⁴⁴tʂʰa⁵³
粘住姥爷嘞嘴，给姥爷舀碗水。
tʂan²²tʂu⁰lɔ⁴⁴iɛ⁰lɛ⁰tsei⁴⁴,kei²⁴lɔ⁴⁴iɛ⁰iɔ⁴⁴uan⁴⁴ʂuei⁴⁴
卖糖哩，你走吧！
mɛ³¹tʰaŋ⁵³li⁰,ȵi⁴⁴tsou⁴⁴pa⁰!

俺娘出来没好话，

an⁴⁴ȵiaŋ⁵³tʂʰu²²lɛ⁰mu⁴⁴xɔ⁴⁴xua³¹,

高跟儿鞋，牡丹花儿，一脚踢个仰八叉。

kɔ²⁴kər²⁴ɕiɛ⁵³,mu⁴⁴tan⁴⁴xuɜr²⁴,i²⁴tɕyo⁵³tʰi²⁴kə⁰iaŋ⁴⁴pɛ²⁴tʂʰa²⁴

意译：山老鸹儿，胖乎乎，我去姥姥家住一春。姥姥看见怪喜欢，妗子看见瞅一眼。妗子妗子你别瞅，豌豆开花儿我都走。豌豆白，我再来，一直住到秋后。打哪儿走？打山里走，山里有石头。打河里走，河里有泥鳅。大的搭不住，小的横出溜。出溜到南场里，碰见个卖糖的。卖糖的，啥糖？打糖，打给姥爷尝尝。粘住姥爷的牙，给姥爷舀碗茶。粘住姥爷的嘴，给姥爷舀碗水。卖糖的，你走吧！妈妈出来没好话。高跟鞋，牡丹花，一脚踢个仰八叉。

（发音人：袁海建　2018.07.11　泌阳）

0002 种瓜点瓜，不知道瓜子落哪家

种瓜，点瓜，

tʂuŋ³¹kua²⁴,tian⁴⁴kua²⁴,

不知道瓜子儿落哪家？

pu²⁴tʂʅ⁵³tɔ⁰kua²⁴tsər⁴⁴luo²⁴na⁰tɕia²⁴?

猪吃啦，狼嗑啦，

tʂu²⁴tʂʰʅ²²la⁰,laŋ⁵³kʰɤ³¹la⁰,

剩个瓜子儿又活了。

ʂəŋ³¹kə⁰kua²⁴tsər⁴⁴iou⁰xuo⁵³la⁰.

意译：种瓜啊，点种瓜子啊，却不知道瓜落到哪里了。猪吃了一个，狼嗑了一个，剩下一个瓜子成活了。

（发音人：袁海建　2018.07.11　泌阳）

0003 筛罗罗

筛罗罗，打面面。

ʂɛ²²luo⁵³luo⁰,ta⁴⁴mian³¹mian⁰.

问问小孩儿吃啥饭。

uən³¹uən³¹siɔ⁴⁴xɜr⁵³tʂʰʅ²⁴ʂa³¹fan³¹.

杀小鸡儿，炕油馍。

ʂa²⁴siɔ⁴⁴tɕiər²⁴,kʰaŋ³¹iou⁵³muo⁰.

不吃不吃吃几个。

pu²⁴tʂʰʅ²⁴pu²⁴tʂʰʅ⁰tʂʰʅ²⁴tɕi⁴⁴kə⁰.

意译：筛罗罗，打面面。问问小孩儿吃啥饭。杀小鸡儿，炕油馍。不吃不吃吃几个。

（发音人：禹建民　2018.07.11　泌阳）

二 故事

0021 牛郎和织女

好啊，今天咱们说说牛郎织女嘞故事。
xɔ⁴⁴ya⁰, tɕin²⁴tʰian²⁴tsan⁵³mən⁰ʂuo²⁴suo⁰ɲiu⁵³laŋ⁰tʂʅ⁵³ɳyº leº ku³¹ ʂʅ⁰.

这个牛郎啊，在一早年，是个农家嘞孩子。
tʂɤ³¹kə⁰ɲiou⁵³laŋ⁰ ya⁰,tsɛ³¹⁻²⁴ i⁰tsɔ²⁴ɲian⁰,ʂʅ³¹kə⁰nuŋ⁵³tɕia⁰lɛ⁰xɛ⁵³tsʅ⁰.

他家中父母都不在了，毛他一个人。
tʰa⁴⁴tɕia²⁴tʂuŋ²⁴fu³¹mu⁴⁴tou⁰pu⁵³tsɛ³¹lə⁰,mɔ⁴⁴tʰa⁴⁴⁻⁵³kɤ³¹zən⁵³.

这个这个人是个好人，感动住天上。
tʂɤ³¹kə⁰tʂɤ³¹kə⁰zən⁵³ʂʅ³¹kə⁰xɔ⁴⁴zən⁵³,kan⁴⁴tuŋ³¹tʂu⁰tʰian²²saŋ⁰.

这个他喂了一只牛，这个牛嘞，
tʂɤ³¹kə⁰tʰa⁴⁴uei³¹lə⁰ i⁰⁻²⁴tʂʅ²⁴ɲiou⁵³,tʂɤ³¹kə⁰ɲiou⁵³lɛ⁰,

是天上金牛星一转。他对人特别好，特别善良。
ʂʅ³¹tʰian⁰saŋ⁰tɕin²⁴ɲiou⁵³siŋ²⁴⁻²⁴ i⁰tʂuan⁰,tʰa⁴⁴tei³¹zən⁵³tʰɛ²²piɛ⁵³xɔ⁴⁴,tʰɛ²²piɛ⁵³ʂan³¹liaŋ⁰.

时间长了，这个金牛星一看，
ʂʅ⁵³tɕian⁰tʂʰaŋ⁵³lə⁰,tʂɤ³¹kə⁰tɕin²⁴ɲiou⁵³siŋ²⁴⁻⁴⁴kʰan³¹,

牛郎是个好人，特好了，对。
ɲiou⁵³laŋ⁰ʂʅ³¹kə⁰xɔ⁴⁴zən⁰,tʰɛ²⁴xɔ⁴⁴lə⁰,tei³¹.

哎，也想叫他寻个小，寻个老婆。
ɣɛ⁰,iɛ⁴⁴siaŋ⁴⁴tɕiɔ³¹tʰa⁰sin⁵³kə⁰siɔ⁴⁴,sin⁵³kə⁰lɔ⁴⁴pʰuo⁰.

额，这个牛就跟他说话，他说，明天啊，你一早，
ɣɤ⁰,tʂɤ³¹kə⁰ɲiou⁵³tsiou³¹kɤ²⁴tʰa⁴⁴ʂuo²⁴xua³¹,tʰa⁴⁴ʂuo²⁴,miŋ⁵³tʰian²⁴na⁰,ɲi⁴⁴⁻²⁴ i⁰tsɔ⁴⁴,

太阳似出来似不出来时间，
tʰɛ³¹iaŋ⁰ʂʅ³¹tʂʰu²²lɛ⁰ʂʅ³¹pu⁰tʂʰu²²lɛ⁰ʂʅ⁵³tɕian⁰,

你去个，咱们村子那个东北角儿，
ɲi⁴⁴tɕʰy³¹kə⁰,tsan⁵³mən⁰tsʰuən²⁴tsʅ⁰na⁴⁴kə⁰tuŋ²⁴pei²⁴tɕyɔɻ⁴⁴,

这个青石山下一个清水潭，
tʂɤ³¹kə⁰tsʰiŋ²²⁻⁵³ʂʅ²⁴ɕia³¹⁻⁵³ i⁰kə⁰tsʰiŋ²²ʂuei⁴⁴tʰan⁵³,

你到那里有仙女儿口儿洗澡。
ɲi⁴⁴tɔ³¹na⁰li⁰iou⁵³sian²²ɲyəɻ⁴⁴kɤ⁰nəɻ³¹si⁴⁴tsɔ⁴⁴.

你到那里你把衣服, [只要]给她拿走一件儿，
ɲi⁴⁴tɔ³¹na⁰li⁴⁴ɲi⁴⁴pa⁴⁴ i⁰fu⁰,tsɔ³¹kei⁰tʰa⁰na⁵³tsou⁴⁴⁻²⁴tɕiɚ³¹,

她就能给你成亲。
tʰa⁴⁴tsiou³¹nəŋ⁵³kən²⁴ɲi⁴⁴tʂʰəŋ⁵³tsʰin²⁴.

好，那牛郎就记住了。第二天啊，一大早儿，
xɔ⁴⁴,na⁴⁴ȵiou⁵³laŋ⁰tou⁰tɕi³¹tʂu⁰lə⁰.ti³¹l̩³¹tʰian²⁴na⁰,i⁴⁴ta³¹tsɔɻ⁴⁴,
他都操着心嘞，都坐那儿等住。
tʰa⁴⁴tou⁰tsʰɔ²⁴tʂuo⁰sin²²lɛ⁰, tou⁰tsuo³¹nɚ⁴⁴təŋ⁴⁴tʂu⁰.
咦，到这个太阳似出来似不出来时间，
i⁰,tɔ³¹tʂɤ³¹kə⁰tʰɛ³¹iaŋ⁰sʅ³¹tʂʰu²²lɛ⁰sʅ³¹pu⁰tʂʰu²²lɛ⁰sʅ⁵³tɕian⁰,
他到那个清水潭，附近一听，
tʰa⁴⁴tɔ³¹na³¹kə⁰tsʰiŋ²²ʂuei⁴⁴tʰan⁵³,fu⁴⁴tɕin³¹·²⁴tʰiŋ²⁴,
好像姑娘们口那儿有说话声，还不是一个。
xɔ⁴⁴siaŋ³¹ku²⁴ȵiaŋ⁰mən⁰kɤ⁴⁴nɚ⁰iou⁴⁴ʂuo²⁴xua³¹ʂəŋ²⁴,xɛ⁵³pu⁰sʅ³¹·⁵³kɤ³¹.
他到那儿，这个树边挂嘞有衣服，他去，他拿拿拿了一件儿走了。
tʰa⁴⁴tɔ³¹nɚ⁰,tʂɤ³¹kə⁰ʂu⁰pian⁰kua⁰lɛ⁰i⁰·²⁴fu⁰,tʰa⁴⁴tɕʰy³¹,tʰa⁴⁴na⁵³na⁵³na⁰lə⁰i⁰·⁴⁴tɕiɚ³¹tsou⁴⁴lə⁰.
一走，这个仙女儿们洗了澡儿，这个掐指一算，
i²⁴tsou⁴⁴, tʂɤ³¹kə⁰sian²⁴ȵyɚ⁴⁴mən⁰si⁰liɔ⁰tsɔɻ⁴⁴,tʂɤ³¹kə⁰tɕʰia²⁴tʂʅ²⁴·⁴⁴i³¹suan³¹,
谁叫衣服这个拿走了，就知道是这个牛郎。
ʂei⁵³tɕiɔ³¹i²⁴fu⁰tʂɤ³¹kə⁰na⁵³tsou⁴⁴lə⁰,tou³¹tʂʅ⁵³tɔ⁰sʅ³¹tʂɤ³¹kə⁰ȵiou⁵³laŋ⁰.
她去找，找到他家，他们两个就成亲了。
tʰa⁴⁴tɕʰy³¹tʂɔ⁴⁴,tʂɔ⁴⁴tɔ⁰tʰa⁴⁴tɕia²⁴,tʰa⁴⁴mən⁰liaŋ³¹kə⁰tou⁰tʂʰəŋ⁵³tsʰin²⁴lə⁰.
他两个成亲了，搁合嘞相处特别好。
tʰa⁴⁴liaŋ⁴⁴kə⁰tʂʰəŋ⁵³tsʰin²²lə⁰,kɤ²⁴xɔ⁰lɛ⁰siaŋ²⁴ʂʰu³¹tʰɛ²²piɛ⁵³xɔ⁴⁴.
三年多嘞时间吧，生了一男一女。
san²⁴ȵian⁵³tuo²⁴lɛ⁰sʅ⁵³tɕian⁰pa⁰,ʂəŋ²⁴liɔ⁰i⁰·²⁴nan⁵³·²⁴ȵy⁴⁴.
他两个日子过嘞正好嘞时间，这个玉王老爷知道了，
tʰa⁴⁴liaŋ³¹kə⁰ʐʅ⁵³tsʅ⁰kuo⁰lɛ⁰tʂəŋ³¹·⁴⁴lɛ⁰sʅ⁵³tɕian⁰,tʂɤ³¹kə⁰y³¹uaŋ⁵³⁴lɔ⁴⁴iɛ⁰tʂʅ⁵³tɔ⁰lə⁰,
玉皇爷掐指一算，这个七仙女儿敢下，
y³¹xuaŋ⁵³iɛ⁵³tɕʰia²⁴tʂʅ²⁴·⁴⁴i³¹suan³¹,tʂɤ³¹kə⁰tsʰi³¹sian²⁴ȵyɚ⁴⁴kan⁴⁴ɕia³¹,
临凡配凡间，这还了得？差五雷拿上天。
lin⁵³fan⁴⁴pʰei³¹fan⁵³tɕian⁰,tʂɤ³¹xɛ⁵³liɔ³¹tɛ⁰?tʂʰɛ²⁴u⁴⁴lei⁵³na⁵³ʂaŋ³¹tʰian²⁴.
好，这一天，差五雷，差了雷公闪将，
xɔ⁴⁴,tʂɤ³¹i⁴⁴tʰian²⁴,tʂʰɛ²⁴u⁴⁴lei⁵³,tʂʰɛ²⁴liɔ⁰lei⁵³kuŋ²⁴ʂan⁴⁴tsiaŋ³¹,
东南角儿，乌压压一片黑云。
tuŋ²⁴nan⁵³tɕyoɻ⁴⁴,u²⁴ia²⁴ia²⁴·⁵³i³¹pʰian³¹xei²⁴yn⁵³.
嗤喇一个条子闪，咔嚓一个响雷。
tsʰʅ²⁴la²⁴·⁴⁴i³¹kə⁰tʰiɔ⁵³tsʅ⁰ʂan⁴⁴,kɤ²⁴tsʰa²⁴·⁴⁴i³¹kə⁰ɕiaŋ⁴⁴lei⁵³.
这时间，随着闪光，把，把这个织女就拿上天了。
tʂɤ³¹sʅ⁵³tɕian⁰,sei⁰tʂuo⁰ʂan⁴⁴kuaŋ²⁴,pa⁰,pa⁴⁴tʂɤ³¹kə⁰tʂʅ²⁴ȵy⁰tou⁰na⁵³ʂaŋ⁰tʰian²⁴lə⁰.

一上天，撇了牛郎这个单身汉，这个难过了呀！
i⁴⁴ʂaŋ³¹tʰian²⁴,pʰiɛ⁴⁴lə⁰ȵiou⁵³laŋ⁰tʂɤ³¹kə⁰tan²⁴ʂən²⁴xan³¹,tʂɤ³¹kə⁰nan⁵³kuo³¹lə⁰ia⁰!
这个，一个小孩儿，一个小妮儿，他，他养活着很难过。
tʂɤ³¹kə⁰,i⁵³kə⁰sio⁴⁴xɚ⁵³,i⁵³kə⁰sio⁴⁴ȵiəɻ²⁴,tʰa⁴⁴,tʰa⁴⁴iaŋ⁴⁴xuo⁵³tʂuo⁰xən⁴⁴nan⁵³kuo⁰.
这个牛，老牛又给他说话了。
tʂɤ³¹kə⁰ȵiou⁵³,lɔ⁴⁴ȵiou⁴⁴iou³¹kə²⁴tʰa⁴⁴ʂuo²⁴xua³¹lə⁰.
他说，我也不会上天，
tʰa⁴⁴ʂuo²⁴,uo⁴⁴iɛ⁴⁴pu⁰xuei³¹ʂaŋ³¹tʰian²⁴,
我是个凡人，她上天我能会撵上她？
uo⁴⁴ʂɻ³¹kə⁰fan⁵³zən⁵³,tʰa⁴⁴ʂaŋ³¹tʰian²⁴uo⁰nəŋ⁵³xuei³¹ȵian⁴⁴ʂaŋ⁰tʰa⁰?
老牛说，你把我这个牛角摘掉，
lɔ⁴⁴ɣou⁵³ʂuo²⁴,ȵi⁴⁴pa³¹uo⁴⁴tʂɤ³¹kə⁰ɣou⁵³tɕyo²⁴tʂɛ²⁴tiɔ³¹,
变两个篮子，一个里边放一个。
pian³¹liaŋ⁴⁴kə⁰lan⁵³tsɻ⁰,i⁵³kə⁰li⁴⁴pian⁰faŋ³¹⁵³i⁰kə⁰.
你自会生风，自会上天，去找你的贤妻。
ȵi⁴⁴tsɻ³¹xuei³¹ʂəŋ²⁴fəŋ²⁴,tsɻ³¹xuei³¹ʂaŋ³¹tʰian²⁴,tɕʰy³¹tʂɔ⁴⁴ȵi⁴⁴lɛ⁰ɕian⁵³tsʰi²⁴.
好，他把这个老牛的角摘掉了，
xɔ⁴⁴,tʰa⁴⁴pa⁰tʂɤ³¹kə⁰lɔ⁴⁴ȵiou⁵³lɛ⁰tɕyo²⁴tʂɛ²⁴tiɔ³¹lə⁰,
变了两个篮子。一男一女儿往里边一放，
pian³¹lə⁰liaŋ⁴⁴kə⁰lan⁵³tsɻ⁰.i²⁴nan⁵³·²⁴i⁰ȵyɻ⁴⁴uaŋ⁴⁴li⁴⁴pian²⁴·⁴⁴faŋ³¹,
他手一搭这个篮子，约莫着，
tʰa⁴⁴ʂou⁴⁴·²⁴i⁰ta⁴⁴tʂɤ³¹kə⁰lan⁵³tsɻ⁰,yo⁰muo²⁴tʂuo⁰,
脚下生风，哒哒哒，他都上天了，飞了会。
tɕyo²⁴ɕia³¹ʂən²⁴fəŋ²⁴,tʰa²⁴tʰa²⁴tʰa²⁴,tʰa⁴⁴tou⁰ʂaŋ³¹tʰian²⁴lə⁰,fi²⁴lə⁰xuei⁰.
眼看要撵上嘞时间，
ian⁴⁴kʰan³¹iɔ³¹ȵian⁴⁴ʂaŋ⁰lɛ⁰ʂɻ⁵³tɕian⁰,
又坏了，惊动了王母娘娘看见
iou³¹xuɛ³¹lə⁰,tɕiŋ²⁴tuŋ⁰lə⁰uaŋ⁵³mu⁴⁴ȵiaŋ⁵³ȵiaŋ⁰kʰan³¹tɕian⁰.
你这个凡间，唉，这个凡间孩子你还敢上天，
ȵi⁴⁴tʂɤ³¹kə⁰fan⁵³tɕian⁰,ɣɛ⁰,tʂɤ³¹kə⁰fan⁵³tɕian⁰xɛ⁵³tsɻ⁰ȵi⁴⁴xɛ⁵³kan⁴⁴ʂaŋ³¹tʰian²⁴,
这还了得，拔金簪划了一道河，
tʂɤ³¹xɛ⁵³liɔ⁴⁴tɛ⁰,pa⁵³tɕin²⁴tsan²⁴xua³¹lə⁰·⁵³tɔ³¹xɤ⁵³,
它隔住，他两个会不成了。
tʰa⁴⁴kɛ²²tʂu⁰,tʰa⁴⁴liaŋ⁴⁴kə⁰xuei⁰pu⁰tʂʰəŋ⁵³lə⁰.
一会不成，他两个，在那个，
i⁴⁴xuei⁰pu⁰tʂʰəŋ⁵³,tʰa⁴⁴liaŋ⁴⁴kə⁰,tsɛ⁰na³¹kə⁰,

一个在河东岸，一个在河西坡。
i⁴⁴kə⁰tsɛ³¹xɤ⁵³tuŋ²⁴an³¹,i⁴⁴kə⁰tsɛ³¹xɤ⁵³si²⁴pʰuo²⁴.
惊动这个百鸟儿们啊，都聚到，这个七月七日，
tɕiŋ²⁴tuŋ³¹tʂɤ³¹kə⁰pɛ²⁴ȵiɔŋ⁴⁴mən⁰na⁰,tou²⁴tsy³¹tɔ⁰,tʂɤ³¹kə⁰tsʰi²⁴yo⁰tsʰi²⁴ʐɿ²⁴,
它咬着它的尾巴，它咬着它的尾巴，
tʰa⁴⁴iɔ⁴⁴tʂuo⁰tʰa⁴⁴tɤ⁰i⁴⁴pa⁰,tʰa⁴⁴iɔ⁴⁴tʂuo⁰tʰa⁴⁴tɤ⁰i⁴⁴pa⁰,
搭了个天河拱，好像罗圈样的拱。
ta²⁴lə⁰kə⁰tʰian²⁴xɤ⁵³kuŋ⁴⁴,xɔ⁴⁴siaŋ³¹luo⁵³tɕʰyan²⁴siaŋ³¹tɤ⁰kuŋ⁴⁴.
他两个趴着这个天，这个鸟儿，这个罗圈样嘞个桥，
tʰa⁴⁴liaŋ⁴⁴kə⁰tsʰɿ⁴⁴tʂuo⁰tʂɤ³¹kə⁰tʰian²⁴,tʂɤ³¹kə⁰ȵiɔŋ⁴⁴,tʂɤ³¹kə⁰luo⁵³tɕʰyan²⁴siaŋ³¹lɛ⁰kə⁰tɕʰiɔ⁵³,
上边他两个才能会，七月七日会上一面。
ʂaŋ³¹pian⁰tʰa⁴⁴liaŋ⁴⁴kə⁰tsʰɛ⁵³nəŋ⁵³xuei³¹,tsʰi²⁴yo⁰tsʰi²⁴ʐɿ⁰xuei³¹ʂaŋ⁰⁵³mian³¹.
这个牛郎织女呀，故事儿暂时讲到这里吧！
tʂɤ³¹kə⁰ȵiou⁵³laŋ⁰tʂɿ⁵³ny⁴⁴ia⁰,ku⁴⁴ʂɚ⁰tsan³¹ʂɿ⁵³tɕiaŋ⁴⁴tɔ⁰tʂɤ³¹li⁴⁴pa⁰.

意译：今天咱们说一下牛郎织女的故事。牛郎是个农家孩子。他家中父母也都不在了，他一个人。这个人是个好人。感动了天上。他喂了一头牛，这个牛是天上金牛星转世。他对人特别好，特别善良。时间长了，金牛星一看，牛郎是个好人。也想让他娶个老婆。这个牛就和他说话，他说，明天你一早，太阳似出未出的时候，你去咱们村子东北角儿，青石山下的清水潭，那里有仙女洗澡。到那里把衣服，给她拿走一件儿，她就能和你成亲。牛郎就记住了。第二天一早，他就坐那儿等着。到太阳似出未出的时候，他到那清水潭，附近一听，好像姑娘们那儿有说话声，还不是一个。这个树边挂的有衣服，他拿了一件儿走了。这个仙女儿们洗了澡儿，掐指一算，谁把衣服拿走了，就知道是牛郎。她去找，找到他家，他们两个就成亲了。他两个成亲后，相处得特别好。三年多的时间生了一男一女。他两个日子过得正好时，玉王老爷知道了，玉皇爷掐指一算，七仙女儿敢临凡配凡间，这还了得？差五雷拿上天。这一天，差了雷公闪将，东南角儿，乌压压一片黑云。一个闪电，咔嚓一个响雷。随着闪光，把这个织女就拿上天了。一上天，撇了牛郎单身汉，就难过了呀！这个，一个男孩儿，一个女孩儿，他养活着很难过。老牛又和他说话了。他说，我也不会上天，我是个凡人，他上天我能会撵上他喽？老牛说，你把我这个牛角摘掉，变两个篮子，一个里边放一个。你自会生风，自会上天，去找你的贤妻。他把老牛的角摘掉了，变了两个篮子。一男一女儿往里边一放，他手一搭这个篮子，约莫着，脚下生风，哒哒哒，他都上天了，飞了会儿。眼看要撵上的时候，又坏了，惊动了王母娘娘看见，你这个凡间，凡间孩子你还敢上天，这还了得，拔金簪划了一道河，它隔住，他两个会不成了。一会不成，他两个，在那个，一个在河东岸，一个在河西坡。惊动这个百鸟儿们啊，在这个七

月七日这天，它咬着它的尾巴，它咬着它的尾巴，搭了个天河拱，好像罗圈样的拱。他两个踩着这个天，这个鸟儿，这个罗圈样的桥，上边他两个才能会，七月七日会上一面。这个牛郎织女呀，故事暂时讲到这里吧！

（发音人：张振甫　2018.07.13 泌阳）

三　自选条目

0032 坠子书《智取威虎山·小分队出发到林海雪原》

小分队出发到林海雪原，
siɔ fən tei tʂʰu fa tɔ lin xɛ syo yan,
要消灭匪徒们与民除冤。
iɔ siɔ miɛ fei tʰu mən y min tʂʰu yan.
奶头儿山去了徐大马棒，
nɛ tʰouɻ ʂan tɕʰy liɔ sy ta ma paŋ,
第二次准备住智取威虎山。
ti l̩ tsʰɿ tʂuən pei tʂu tʂɿ tʂʰy uei xu ʂan.
派下了侦察英雄这个杨子荣，
pʰɛ ɕia liɔ tʂən tʂʰa iŋ ɕiuŋ tʂɤ kə iaŋ tsɿ zuŋ,
化装成胡彪司马官。
xua tʂuaŋ tʂʰəŋ xu piɔ sɿ ma kuan.
前去到威虎厅里那个把敌见，
tsʰian tɕʰy tɔ uei xu tʰiŋ li na kə pa ti tɕian,
献出了先遣嘞图，特务嘞名单。
sian tʂʰu liɔ sian tsʰian lɛ tʰu,tɛ u lɛ miŋ tan.
座山雕一见心中欢喜，封子荣九大金刚上校副官。
tsuo ʂan tiɔ i tɕian sin tʂuŋ xuan ɕi,fəŋ tsɿ zuŋ tɕiou ta tɕin kaŋ ʂaŋ ɕiɔ fu kuan.
年三十儿下午四点半，
ȵian san ʂər ɕia u sɿ tian pan,
杨子荣准备着，暗查智取威虎山。
iaŋ tsɿ zuŋ tʂuən pei tʂuo,an tʂʰa tʂɿ tʂʰy uei xu ʂan.
子荣站到高山上，才叫他那个举目抬头，
tsɿ zuŋ tʂan tɔ kɔ ʂan ʂaŋ,tsʰɛ tɕiɔ tʰa na kə tɕy mu tʰɛ tʰou,
那个四下观，观天空旖旎，好像罗底。
na kə sɿ ɕia kuan,kuan tʰian kʰuŋ i ȵi,xɔ siaŋ luo ti.
云连山，山连地，地又连天。
yn lian ʂan,ʂan lian ti,ti iou lian tʰian.

小分队出发走错了路,啊!
siɔ fən tei tʂʰu fa tsou tsʰuo liɔ lu,ua.
这一个,剿山计划都算完。
tʂɤ i kɤ,tʂʰɔ ʂan tɕi xua tou suan uan.
杨子荣越思越想越着急,
iaŋ tsɿ ʐuŋ yo si yo siaŋ yo tʂɔ tɕi,
才叫他走来走去心不安。
tsʰɛ tɕiɔ tʰa tsou lɛ tsou tɕʰy sin pu ɣan.

意译:小分队出发到林海雪原,要消灭匪徒们与民除冤。奶头儿山去了徐大马棒,第二次准备着智取威虎山。派下了侦察英雄这个杨子荣,化装成胡彪司马官。前去到威虎厅里那个把敌见,献出了先遣的图,特务的名单。座山雕一见心中欢喜,封子荣九大金刚上校副官。年三十儿下午四点半,杨子荣准备着,暗查智取威虎山。子荣站到高山上,才叫他那个举目抬头,那个四下观。观天空旖旎,好像罗底。云连山,山连地,地又连天。小分队出发走错了路,啊!这一个,剿山计划都算完。杨子荣越思越想越着急,才瞧他走来走去心不安。

(发音人:张振甫 2018.07.13 沁阳)

南　阳

一　　歌谣

0001 牤牛歌

牤牛儿牤牛儿犁地哩，犁到南头儿看戏哩，

maŋ²⁴əur⁴²maŋ²⁴əur⁴²li⁴²ti³¹li⁰,li⁴²tɑo²¹nan²¹tʰəur²¹kʰan²⁴ɕi³¹li⁰,

啥戏？梆子戏，你妈打你我替你。

ʂa²⁴ɕi³¹?paŋ²¹tsʅ²⁴ɕi³¹,n̞i⁵⁵ma²¹ta²¹n̞i²¹uə²¹tʰi³¹n̞i⁰.

意译：公牛儿公牛儿犁地呢，犁到南头儿看戏去，啥戏？梆子戏。你妈打你我
　　　替你。

（发音人：黄泳　2018.08.10 南阳）

0002 天皇皇

天皇皇，地皇皇，我家有个夜哭郎。

tʰian²⁴xuaŋ⁴²xuaŋ⁴²,ti³¹xuaŋ⁴²xuaŋ⁴²,uə²¹tɕia²⁴iəu⁵⁵kə⁰iɛ³¹kʰu²⁴laŋ⁴².

过往君子念三遍，一觉睡到大天光。

kuə³¹uaŋ⁵⁵tɕyən²⁴tsʅ⁰n̞ian³¹san²¹pian⁴²,i²¹tɕiɑo³¹ʂuei³¹tɑo²¹ta³¹tʰian²⁴kuaŋ²⁴.

意译：天皇皇，地皇皇，我家有个夜哭郎。过往君子念三遍，一觉睡到大天光。

（发音人：黄泳　2018.08.10 南阳）

0003 盘脚盘

盘，盘，盘脚盘儿，熬三年儿，

pʰan⁴²,pʰan⁴²,pʰan²¹tɕyə²⁴pʰɐr⁰,ɑo²¹san²⁴n̞iɐr⁴²,

三年儿高，磨大刀。大刀快，切腊菜。

san²⁴n̞iɐr⁴²kɑo²⁴,muə²¹ta²¹tɑo²¹.ta²¹tɑo²¹kʰuɛ²¹,tɕʰiɛ²⁴la²¹tsʰɛ³¹.

腊⁼菜咸，着把盐。盐圪挤，放个屁，

la⁴²tsʰɛ³¹ɕian⁴²,tʂaŋ²¹pa²¹ian⁴². ian²¹kə⁴²tɕi²¹,faŋ³¹kə⁰pʰi³¹,

崩着你的喉咙系⁼。

pəŋ²⁴tʂu⁰n̞i⁵⁵tə⁰xu⁴²luəŋ⁰ɕi³¹.

意译：盘，盘，盘脚盘儿，熬三年儿，三年儿高，磨大刀。大刀快，切腊菜。腊
　　　菜咸，放把盐。盐圪挤，放个屁，崩着你的喉咙。

（发音人：黄泳　2018.08.10 南阳）

0004 十月一

十来一儿，杀小鸡儿。

ʂʅ⁴²lɛ⁰iər²⁴,ʂa²⁴ɕiaɔ⁵⁵tɕiər²⁴.

鸡儿说，我哩皮儿薄，杀我不胜杀头鹅。

tɕiər²⁴ʂuə²⁴,uə⁵⁵li⁰pʰiər⁴²puə⁴²,ʂa²⁴uə⁵⁵pu⁴²ʂəŋ³¹ʂa²⁴tʰəu⁴²ə⁴².

鹅说，我哩脖子二尺长，杀我不胜杀只羊。

ə⁴²ʂuə²⁴,uə⁵⁵li⁰puə⁴²tsʅ⁰ər³¹tʂʰʅ²⁴tʂaŋ⁴²,ʂa²⁴uə⁵⁵pu⁴²ʂəŋ³¹ʂa²⁴tsʅ²⁴iaŋ⁴².

羊说，四只蹄子向前走，杀我不胜杀个狗。

iaŋ⁴²ʂuə²⁴,sʅ³¹tʂʅ⁰tʰi⁴²tsʅ⁰ɕiaŋ³¹tɕʰian⁴²tsəu⁵⁵,ʂa²⁴uə⁵⁵pu⁴²ʂəŋ³¹ʂa²⁴kə⁰kəu⁵⁵.

狗说，看门儿看哩喉咙哑，杀我不胜杀匹马。

kəu⁵⁵ʂuə²⁴,kʰan²⁴mər⁰kʰan²⁴li⁰xəu⁴²luəŋ²⁴ia⁵⁵,ʂa²⁴uə⁵⁵pu⁴²ʂəŋ³¹ʂa²⁴pʰi⁴²ma⁵⁵.

马说，备上鞍子你就骑，杀我不胜杀头驴。

ma⁵⁵ʂuə²⁴,pei³¹ʂaŋ²⁴an²⁴tsʅ⁰ni⁵⁵tɕiəu²⁴tɕʰi⁴²,ʂa²⁴uə⁵⁵pu⁴²ʂəŋ³¹ʂa²⁴tʰəu⁴²ly⁴².

驴说，一天磨那三斗谷，杀我不胜杀头猪。

ly⁴²ʂuə²⁴,i²⁴tʰian²⁴muə⁴²na³¹san²⁴təu⁵⁵ku²⁴,ʂa²⁴uə⁵⁵pu⁴²ʂəŋ³¹ʂa²⁴tʰəu⁴²tsu²⁴.

猪说，一天吃那三升糠，拿着小刀儿见阎王。

tsu²⁴ʂuə²⁴,i²⁴tʰian²⁴tʂʰʅ²⁴na³¹san²⁴ʂəŋ²⁴kʰaŋ²⁴,na⁴²tsu⁰ɕiaɔ⁵⁵taɔ²⁴tɕian²⁴ian⁴²uaŋ⁰.

意译：十月一儿，杀小鸡儿。鸡儿说，我的皮儿薄，杀我不如杀头鹅。鹅说，我的脖子二尺长，杀我不如杀只羊。羊说，四只蹄子向前走，杀我不如杀个狗。狗说，看门儿看得喉咙哑，杀我不如杀匹马。马说，备上鞍子你就骑，杀我不如杀头驴。驴说，一天磨那三斗谷，杀我不如杀头猪。猪说，一天吃那三升糠，拿着小刀儿见阎王。

（发音人：黄泳　2018.08.10 南阳）

0005 风来了

风来啦，雨来啦，老鳖背着鼓来啦。

fəŋ²⁴lɛ⁴²la⁰,y⁵⁵lɛ⁴²la⁰,laɔ⁵⁵piɛ²⁴pei⁴²tsu⁰ku⁵⁵lɛ⁴²la⁰.

意译：风来了，雨来了，老鳖背着鼓来了。

（发音人：黄泳　2018.08.10 南阳）

0006 肚子疼

肚子疼，上王营，王营有个好医生。

tu³¹tsʅ⁰tʰəŋ⁴²,ʂaŋ³¹uaŋ²⁴iəŋ²⁴,uaŋ²⁴iəŋ⁴²iəu⁵⁵kə⁰xaɔ⁵⁵i²⁴ʂəŋ⁰.

又是掐，又是拧，看你鳖娃儿疼不疼。

iəu³¹ʂʅ⁰tɕʰia²⁴,iəu³¹ʂʅ⁰ȵiəŋ⁴²,kʰan³¹ni⁵⁵piɛ²⁴uər⁰tʰəŋ⁴²pu⁰tʰəŋ⁴².

意译：肚子疼，上王营，王营有个好医生。又是掐，又是拧，看你鳖娃儿疼不疼。

（发音人：黄泳　2018.08.10 南阳）

0007 麻衣鹊

麻衣鹊儿，尾巴长，娶了媳妇儿忘了娘。

ma⁴²·i²⁴tɕʰyər³¹,i⁵⁵pa⁰tʂaŋ⁴²,tɕʰy⁵⁵lə⁰ɕi⁴²fur⁰uaŋ³¹lə⁰ȵiaŋ⁴².

意译：麻衣鹊儿，尾巴长，娶了媳妇儿忘了娘。

（发音人：黄泳　2018.08.10 南阳）

0008 这儿苦
这儿苦，这儿甜，这儿杀猪，这儿过年。
tʂɚr³¹kʰu⁵⁵,tʂɚr³¹tʰian⁴²,tʂɚr³¹ʂa²⁴tʂu²⁴,tʂɚr³¹kuə³¹n̠ian⁴².
这儿嘞小虫掏不完。
tʂɚr³¹lɛ⁰ɕiɑo⁵⁵tʂʰuəŋ⁰tʰɑo²⁴pu²⁴uan⁴².
意译：这儿苦，这儿甜，这儿杀猪，这儿过年。这儿的小虫掏不完。

（发音人：黄泳　2018.08.10 南阳）

0009 桃保人
桃保人，杏伤人，梅子树下躺僵人。
tʰɑo⁴²pɑo⁵⁵zən⁴²,xəŋ³¹ʂaŋ²⁴zən⁴²,mei⁴²tsɿ⁰ʂu³¹ɕia⁰tʰaŋ²⁴tɕiaŋ²⁴zən⁴².
意译：桃保人，杏伤人，梅子树下躺死人。

（发音人：黄泳　2018.08.10 南阳）

0010 琉璃
琉璃卜噔儿，只玩一会儿，
liəu⁴²li⁰pu⁴²tər⁰,tsɿ⁵⁵uan⁴²·i⁴²xuɚr³¹,
仨钱买俩，一会儿就打。
sa²⁴tɕʰian⁴²me⁵⁵lia⁵⁵,i·⁴²xuɚr³¹tɕiəu³¹ta⁵⁵.
意译：琉璃卜噔儿，只玩一会儿，仨钱儿买俩，一会儿就打（碎）。

（发音人：黄泳　2018.08.10 南阳）

0011 筛罗罗
筛罗儿罗儿，打面面，
ʂɛ²⁴luər⁴²luər⁰,ta⁵⁵mian³¹mian⁰,
问问小妮儿吃啥饭。
uən³¹uən⁰ɕiɑo⁵⁵n̠iɚr²⁴tʂʰɿ²⁴ʂa³¹fan³¹.
烙油旋，打鸡蛋，
luə³¹iəu⁴²ɕyan⁰,ta⁵⁵tɕi⁴²tan⁰,
不吃不吃两大碗。
pu²⁴tʂʰɿ²⁴pu²⁴tʂʰɿ²⁴liaŋ⁵⁵ta³¹uan⁵⁵.
意译：筛罗罗，打面面，问问小妮儿吃啥饭。烙油旋，打鸡蛋，不吃不吃两大碗。

（发音人：黄泳　2018.08.10 南阳）

0012 唐河有个塔
唐河有个塔，离天一丈八。
tʰaŋ⁴²xə⁰iəu⁵⁵kə⁰tʰa²⁴,li³¹tʰian²⁴·⁵⁵tʂaŋ³¹pa²⁴.
南阳有个王府山儿，扒扒抠抠挨着天儿。
nan⁴²iaŋ⁰iəu⁵⁵kə⁰uaŋ⁴²fu⁵⁵ʂɚr²⁴,pa²⁴pa⁰tʂʰa²⁴tʂʰa²⁴ɛ²⁴tʂə⁰tʰiɚr²⁴.

社旗有个春秋楼，一半儿还在天里头。
ʂʅə³¹tɕʰi⁴²iəu⁵⁵kə⁰tʂʰuən²⁴tɕʰiəu²⁴ləu⁰,i⁴²pɐr³¹xɛ⁴²tsɛ³¹tʰian²⁴li³¹tʰəu⁰.

意译：唐河有个塔，离天一丈八。南阳有个王府山儿，扒扒抠抠挨着天儿。社旗有个春秋楼，一半儿还在天里头。

（发音人：黄泳　2018.08.10 南阳）

二　故事

0021 牛郎和织女

大家好，我是河南省南阳市人，
ta³¹tɕia²⁴xaɔ⁵⁵,uə⁵⁵ʂʅ³¹xə⁴²nan⁴²ʂəŋ⁵⁵nan⁴²iaŋ⁰ʂʅ³¹zən⁴²,

宛城区人，名叫黄泳。
uan⁵⁵tʂʰəŋ⁴²tɕʰy⁴²zən⁴²,miəŋ⁴²tɕiaɔ³¹xuaŋ⁴²yəŋ⁵⁵.

今天给大家讲一个故事。故事的名字叫《牛郎和织女》。
tɕiən²⁴tʰian²⁴kei⁵⁵ta³¹tɕia³¹tɕiaŋ³¹i⁰kə⁰ku⁵⁵ʂʅ⁰.ku⁵⁵ʂʅ⁰tə⁰miəŋ³¹tsʅ³¹tɕiaɔ³¹ȵiəu⁴²laŋ⁰xə²⁴tʂʅ⁴²ȵy⁰.

古时候儿，一个村子里边儿住着一个非常贫穷的小伙子。
ku⁵⁵ʂʅ³¹xəur³¹,i⁰kə⁰tsʰuən³¹tsʅ⁰li⁰piɐr²⁴tʂu³¹tʂə⁰·⁴²kə⁰fei²⁴tʂʰaŋ⁴²pʰiən³¹tɕʰyəŋ⁴²tə⁰ɕiaɔ⁵⁵xuə³¹tsʅ⁰.

这个小伙子人非常的憨厚老实。
tʂʅə³¹kə⁰ɕiaɔ³¹xuə³¹tsʅ⁰zən⁴²fei²⁴tʂʰaŋ⁴²tə⁰xan²⁴xəu³¹laɔ⁵⁵ʂʅ⁰.

他整天跟一只老牛生活在一起。
tʰa⁵⁵tʂəŋ⁵⁵tʰian²⁴kən²⁴i²⁴tʂʅ²⁴laɔ⁵⁵ȵiəu⁴²ʂəŋ²⁴xuə⁴²tsai³¹·²⁴i²⁴tɕʰi⁵⁵.

因此，村子里的人们都叫他牛郎。
iən²⁴tsʰʅ³¹tsʰuən²⁴tsʅ⁰li⁰tə⁰zən⁴²mən⁰təu⁵⁵tɕiaɔ³¹tʰa⁵⁵ȵiəu⁴²laŋ⁰.

牛郎跟老牛孤苦伶仃哩生活在一起，
ȵiəu⁴²laŋ⁰kən²⁴laɔ⁵⁵ȵiəu⁴²ku²⁴kʰu⁵⁵liəŋ²⁴tiəŋ⁰li⁰ʂəŋ²⁴xuə²⁴tsai³¹·²⁴i²⁴tɕʰi⁵⁵,

时间长了，老牛觉得我要得给牛郎成个家呀，
ʂʅ⁴²tɕian⁰tʂʰaŋ⁰lə⁰,laɔ⁵⁵ȵiəu⁴²tɕyə²⁴tə⁰uə²⁴iaɔ²⁴tɤ³¹kuɤ²⁴ȵiəu⁴²laŋ⁰tʂʰəŋ⁴²kə⁰tɕia²⁴ia⁰,

要得给他找个媳妇儿啊。
iaɔ³¹tɛ²⁴kuɤ⁴²tʰa⁴²tʂaɔ⁵⁵kə⁰si⁴²fur⁰a⁰.

老牛想，我又不会说话，咋办呢？
laɔ⁵⁵ȵiəu⁴²ɕiaŋ⁵⁵uə⁵⁵iəu³¹pu⁴²xuei³¹ʂuə²⁴xuar³¹,tsa⁵⁵pan³¹nə⁰?

它说我给他托个梦吧。
tʰa⁵⁵ʂuə²⁴uə⁵⁵ku³¹tʰa⁴²tʰuə²⁴kə⁰məŋ³¹pa⁰.

这一天晚上呢老牛就给牛郎托了个梦。
tʂʅə³¹·²⁴i²⁴tʰian²⁴uan⁵⁵ʂaŋ³¹nə⁰laɔ⁵⁵ȵiəu⁴²tɕiəu³¹kei²⁴ȵiəu⁴²laŋ⁰tʰuə²⁴lə⁰kə⁰məŋ³¹.

牛郎睡觉的时候，
ȵiəu⁴²laŋ⁰ʂei²⁴tɕiaɔ³¹tə⁰ʂʅ⁴²xəur³¹,

梦见村东头儿一个湖里边儿有好多好多哩仙女，
məŋ³¹tɕian⁰tsʰuən⁰tuəŋ⁰tʰəur²⁴i⁰kə⁰xu⁴²li⁰piɐr⁰iəu⁵⁵xaɔ²⁴tuə⁰xaɔ⁵⁵tuə⁰li⁰ɕian²⁴n̠y⁵⁵,
老牛就给他说，这其中有一个就是你哩媳妇儿。
laɔ⁵⁵n̠iəu⁴²tɕiəu³¹kuɯ²⁴tʰa⁵⁵ʂuə²⁴,tʂʅ³¹tɕʰi⁵⁵tʂuəŋ⁰iəu⁵⁵i⁴²kə⁰təu³¹ʂʅ⁵⁵n̠i⁰li⁰si⁴²fur⁰.
你给她哩衣服抱上就走，头也不回哩回家。
n̠i⁵⁵kɯ²⁴tʰa⁵⁵li¹·⁰⁴²i⁰fu⁰paŋ⁴²ʂaŋ⁰təu²⁴tsəu⁵⁵,tʰəu²⁴iɛ⁵⁵pu⁴²xuei⁴²li⁰xuei²⁴tɕia²⁴.
这个仙女儿就会跟你一块儿，
tʂʅ³¹kə⁰ɕian²⁴n̠yər⁰tɕiəu³¹xuei⁵⁵kən⁰n̠i⁵⁵i⁰kʰuɐr³¹,
到你们家里边儿成为你哩媳妇儿。
tɑɔ³¹n̠i⁵⁵mən⁰tɕia²⁴li⁰piɐr⁰tʂʰəŋ⁴²uei⁴²n̠i⁵⁵li⁰si⁴²fur⁰.
第二天早上牛郎醒了以后，
ti²⁴ər³¹tʰian²⁴tsaɔ⁵⁵ʂaŋ³¹n̠iəu⁴²laŋ⁰ɕiəŋ⁵⁵lə⁰i⁰⁵⁵xəu³¹,
他呀，非常哩惊奇，心里想这个事儿到底是真哩还是假哩呀？
tʰə⁵⁵fei²⁴tʂʰaŋ⁴²li⁰tɕiəŋ²⁴tɕʰi⁴²,ɕian⁵⁵li⁰ɕiaŋ⁵⁵tʂʅ³¹kə⁰ʂər²⁴tɑɔ⁰ti⁵⁵ʂʅ³¹tʂən²⁴li⁰xai⁴²ʂʅ³¹tɕia⁵⁵li⁰ia⁰?
(他) 想不管它是真哩假哩，我就试试吧。
ɕiaŋ⁵⁵pu⁴²kuan²⁴tʰa⁵⁵ʂʅ³¹tʂən²⁴li⁰tɕia⁵⁵li⁰,uə²⁴təu²⁴ʂʅ³¹ʂʅ⁰pa⁰.
牛郎就到了村东边儿那个湖里边儿等着。果真呐，
n̠iəu⁴²laŋ⁰tɕiəu²⁴tɑɔ³¹lə⁰tsʰuən⁰tuəŋ⁰piɐr⁰na³¹kə⁰xu⁴²li⁰piɐr⁰təŋ⁵⁵tʂə⁰.kuə⁵⁵tʂən²⁴na⁰,
有七个非常美丽的仙女儿来到东边的湖里边儿洗澡。
iəu⁵⁵tɕʰi⁰kə⁰fei²⁴tʂʰaŋ⁵⁵mei⁰li⁰ti⁰ɕian²⁴n̠yər⁰lai⁴²tɑɔ⁰tuəŋ²⁴piɐr⁰tə⁰xu⁴²li⁰piɐr⁰ɕi⁴²tsaɔ⁵⁵.
他看到其中有一个非常漂亮哩衣服，是粉色的衣裳，
tʰə⁵⁵kʰan²⁴tɑɔ³¹tɕʰi⁴²tʂuəŋ⁰iəu⁵⁵·⁴²kə⁰fei²⁴tʂʰaŋ⁵⁵pʰiaɔ³¹liaŋ⁰li¹·⁰⁴²i⁰fu⁰,ʂʅ⁴²fən⁵⁵sə²⁴tə⁰i⁰²⁴ʂaŋ⁰,
他就把这个粉红色的衣裳抱着就回家，头也不回。
tʰa⁵⁵tɕiəu³¹pa⁵⁵tʂʅ³¹kə⁰fən⁵⁵xuəŋ⁴²sə²⁴tə⁰i⁰²⁴ʂaŋ⁰paɔ³¹tʂə⁰tɕiəu³¹xuei⁴²tɕia²⁴,tʰəu⁴²·⁵⁵iɛ⁰pu²⁴xuei⁴².
他等呀等呀，一直等到晚上。
tʰa⁵⁵təŋ⁵⁵ia⁰təŋ⁵⁵ia⁰,i²⁴tʂʅ⁴²təŋ⁵⁵tɑɔ²⁴uan⁵⁵ʂaŋ⁰.
果真有一个非常漂亮哩小姑娘，小仙女儿啊，
kuə⁵⁵tʂən²⁴iəu⁵⁵·⁴²kə⁰fei²⁴tʂʰaŋ⁵⁵pʰiaɔ³¹liaŋ⁰li⁰ɕiaɔ⁵⁵ku²⁴niaŋ⁴²,ɕiaɔ⁵⁵ɕian²⁴n̠yər⁵⁵·⁰a⁰,
就到他们家来啦。这就是织女。
tɕiəu²⁴tɑɔ³¹tʰa⁵⁵mən⁰tɕia²⁴lai⁴²la⁰.tʂʅ³¹tɕiəu³¹ʂʅ³¹tʂʅ⁴²n̠y⁰.
后来，牛郎就跟织女他们成亲啦，
xəu³¹lai⁴²,n̠iəu⁴²laŋ⁰tɕiəu³¹kən⁰tʂʅ⁴²n̠y⁰tʰa⁵⁵mən⁰tʂʰəŋ⁴²tɕʰiən²⁴la⁰,
生活在一起，一直幸福地生活了三年。
ʂəŋ²⁴xuə⁰tsai³¹·²⁴i⁵⁵·²⁴tʂʅ⁴²ɕiəŋ⁵⁵fu⁰ti⁰ʂəŋ²⁴xuə⁴²lə⁰san²⁴n̠ian⁴².
而且织女为牛郎生了一儿一女，
ər²⁴tɕʰiɛ²⁴tʂʅ⁴²n̠y⁰uei³¹n̠iəu⁴²laŋ⁰ʂəŋ²⁴lə⁰i⁰²⁴ər⁴²·²⁴i⁰n̠y⁵⁵,

这个一儿一女也非常非常哩漂亮。
tʂʅə³¹kə⁰i²⁴ər⁴²i²⁴ȵy⁵⁵iɛ³¹fei²⁴tʂʰaŋ⁴²fei²⁴tʂʰaŋ⁴²li⁰pʰiao³¹liaŋ⁰.
实际上这个织女嘞，是玉皇大帝哩一个女儿。
ʂʅ⁴²tɕi²⁴ʂaŋ⁴²tʂʅə³¹kə⁰tʂʅ⁴²ȵy⁰lɛ⁰,ʂʅ³¹y³¹xuaŋ⁴²ta²⁴ti³¹li⁰i⁰,²⁴kə⁰ȵy⁵⁵ər⁰.
玉皇大帝听说织女偷偷地跑到人间，
y³¹xuaŋ⁴²ta²⁴ti³¹tʰiəŋ²⁴ʂuə²⁴tʂʅ⁴²ȵy⁰tʰəu²⁴tʰəu²⁴tə⁰pʰao⁵⁵tao³¹zən²⁴tɕian²⁴,
非常非常哩生气。他就说，我一定要把织女给抓过来。
fei²⁴tʂʰaŋ⁴²fei²⁴tʂʰaŋ⁴²li⁰ʂən²⁴tɕʰi³¹.tʰə⁵⁵tɕiəu³¹ʂuə²⁴uə⁵⁵i⁴²tieŋ³¹iao³¹pa⁵⁵tʂʅ⁴²ȵy⁰kei²⁴tʂua²⁴kuə⁰lai⁴².
然后，这个玉皇大帝就派了天兵天将来抓织女。
zaŋ⁴²xəu³¹tʂʅə³¹kə⁰y³¹xuaŋ⁴²ta²⁴ti³¹tɕiəu²⁴pʰai⁰lə⁰tʰian²⁴pieŋ²⁴tʰian²⁴tɕiaŋ³¹lai⁴²tʂua²⁴tʂʅ⁴²ȵy⁰.
这一天呢，天上又打雷又扯闪嘞，
tʂʅə³¹i²⁴tʰian²⁴nə⁰,tʰian²⁴ʂaŋ²⁴iəu²⁴ta²⁴lei⁴²iəu³¹tʂʰə⁵⁵ʂan⁵⁵lɛ⁰,
一下子把那个织女给抓走啦。
i⁴²ɕiar³¹tsʅ⁰pa²⁴na²⁴kə⁰tʂʅ⁴²ȵy⁰kei²⁴tʂua²⁴tsəu⁵⁵la⁰.
牛郎啊，非常非常嘞伤心，
ȵiəu⁴²laŋ⁰a⁰,fei²⁴tʂʰaŋ⁴²fei²⁴tʂʰaŋ⁴²lɛ⁰ʂaŋ²⁴ɕiən²⁴.
他们的一双儿女呀也在哭着喊着叫妈妈。
tʰa⁵⁵mən⁰tə⁰,²⁴i⁰ʂuaŋ²⁴ər⁰ȵy⁵⁵iɛ⁵⁵tsai³¹kʰu²⁴tʂə⁰xan⁵⁵tʂə⁰tɕiao³¹ma²⁴ma⁰.
这时候儿老牛看了也很伤心，
tʂʅə³¹ʂʅ⁴²xəur³¹lao⁵⁵ȵiəu⁴²kʰan³¹lə⁰iɛ⁴²xən⁵⁵ʂaŋ²⁴ɕiən²⁴,
实际上老牛也是一个神仙，
ʂʅ⁴²tɕi²⁴ʂaŋ⁰lao⁵⁵ȵiəu⁴²iɛ⁵⁵ʂʅ⁰,⁴²i⁰kə⁰ʂən⁴²ɕian⁰,
它心里想，我这时候儿非得帮帮牛郎啦。
tʰa⁵⁵ɕiən⁰li⁰ɕiaŋ⁵⁵,uə⁵⁵tʂʅə³¹ʂʅ⁴²xəur³¹fei²⁴tə⁰paŋ²⁴paŋ⁰ȵiəu⁴²laŋ⁰la⁰.
它说我咋帮嘞？它就开口说话啦。
tʰə⁵⁵ʂuə²⁴uə⁵⁵tsa²⁴paŋ²⁴lɛ⁰?tʰə⁵⁵tɕiəu³¹kʰai²⁴kʰəu⁵⁵ʂuə²⁴xua³¹la⁰.
它说："牛郎，牛郎。"哎，这个牛郎说是谁在说话呀？
tʰə⁵⁵ʂuə²⁴:"ȵiəu⁴²laŋ⁰ȵiəu⁴²laŋ⁰."ei⁰,tʂʅə³¹kə⁰ȵiəu⁴²laŋ⁰ʂuə²⁴ʂʅ⁰ʂei⁴²tsai³¹ʂuə²⁴xua³¹ia⁰?
哦，一听是老牛在说。
ə²⁴,i²⁴tʰieŋ²⁴ʂʅ³¹lao⁵⁵ȵiəu⁴²tsai³¹ʂuə²⁴.
这个老牛说："牛郎，你要想去追上织女，
tʂʅə³¹kə⁰lao⁵⁵ȵiəu⁴²ʂuə²⁴:"ȵiəu⁴²laŋ⁰,ȵi⁵⁵iao³¹ɕiaŋ⁰tɕʰy³¹tʂuei²⁴ʂaŋ³¹tʂʅ⁴²ȵy⁰,
只有把我头上的老角给它掰下来。
tʂʅ²⁴iəu⁵⁵pa²⁴uə⁵⁵tʰəu⁴²ʂaŋ³¹tə⁰lao⁵⁵tɕyə²⁴kɯ²⁴tʰə⁵⁵pai²⁴ɕia³¹lai⁰.
让它变成两个筐儿，挑着你嘞儿子跟你哩闺女，
zaŋ³¹tʰa⁵⁵pian³¹tʂʰəŋ⁰liaŋ⁵⁵kə⁰kʰuẽr²⁴,tʰiao²⁴tʂu⁰ȵi⁵⁵lɛ⁰ər⁴²tsʅ⁰kən²⁴ȵi⁵⁵li⁰kuei²⁴ȵy⁰,

去追这个织女。"牛郎就说:"那,好吧。"
tɕʰy³¹tʂuei²⁴tʂʅə³¹kə⁰tʂʅ⁴²n̠y⁰."n̠iəu⁴²laŋ⁰tɕiəu³¹suə²⁴:"na³¹,xaɔ⁵⁵pa⁰."

说完这个话,老牛哩牛角突然自己脱落到地上,
ʂuə²⁴uan⁴²tʂʅə³¹kə⁰xua³¹,laɔ⁵⁵n̠iəu⁴²li⁰n̠iəu⁴²tɕyə²⁴tʰu²⁴zan⁴²tsʅ⁴²tɕi⁰tʰuə²⁴luə²⁴taɔ⁰ti³¹ʂaŋ⁰,

变成了两个筐儿。牛郎就找了根扁担,
pian³¹tʂʰəŋ⁴²lə⁰liaŋ⁵⁵kə⁰kʰuɐr²⁴.n̠iəu⁴²laŋ⁰tɕiəu⁰tʂaɔ⁵⁵lə⁰kən⁰pian⁵⁵tan⁰,

把他的闺女跟他哩儿子给他装到那筐里边儿,
pa³¹tʰa⁵⁵tə⁰kuei²⁴n̠y⁰kən⁰kʰa⁵⁵li⁰ər⁴²tsʅ⁰kɯ²⁴kʰa⁵⁵tʂuan²⁴taɔ⁰na⁰kʰuaŋ²⁴li⁰piɐr²⁴,

挑起来筐儿。忽然呢,牛郎飞了起来,
tʰiaɔ²⁴tɕʰi⁵⁵lai⁰kʰuɐr²⁴.xu²⁴zan⁴²nə⁰,n̠iəu⁴²laŋ⁰fei²⁴lə⁰tɕʰi⁵⁵lai⁰,

他飞着就去追织女。追呀,追呀,追呀,眼看追上啦,
tʰa⁵⁵fei²⁴tʂə⁰tɕiəu³¹tɕʰy³¹tʂuei²⁴tʂʅ⁴²n̠y⁰.tʂuei²⁴ia⁰tʂuei²⁴ia⁰tʂuei²⁴ia⁰ian⁵⁵kʰan³¹tʂuei²⁴ʂaŋ³¹la⁰,

这时候儿王母娘娘发现啦。王母娘娘非常地生气。
tʂʅə³¹ʂʅ⁴²xəur⁰uaŋ⁴²mu⁰n̠iaŋ⁰n̠iaŋ⁰fa⁴²ɕian³¹la⁰.uaŋ⁴²mu⁰n̠iaŋ⁰n̠iaŋ⁰fei⁰tʂʰaŋ⁴²li⁰ʂən⁰²⁴tɕʰi³¹.

王母娘娘就从头上拔下来她哩簪子,
uaŋ⁴²mu⁰n̠iaŋ⁰n̠iaŋ⁰tɕiəu³¹tsʰuəŋ⁴²tʰəu⁴²ʂaŋ⁰pa⁴²ɕia⁰lə⁰tʰa⁵⁵li⁰tsan²⁴tsʅ⁰,

在牛郎跟织女之间,"唰"地划了一下儿。
tsai³¹n̠iəu⁴²laŋ⁰kən⁰tʂʅ⁴²n̠y⁰tʂʅ⁰tɕian²⁴,ʂua⁰tə⁰xua³¹lə⁰i⁰ɕiɐr³¹.

这一下儿变成了一条大河,把牛郎跟织女给隔开了。
tʂʅə⁴²·³¹i⁰ɕiɐr³¹pian³¹tʂʰəŋ⁴²lə⁰i⁰·²⁴tʰiaɔ⁴²ta⁴²xə⁴²,pa⁰n̠iəu⁴²laŋ⁰kən²⁴tʂʅ⁴²n̠y⁰kei³¹kə²⁴kʰai²⁴lə⁰.

这条河嘞,就是咱们现在所说嘞天河。
tʂʅə³¹tʰiaɔ⁴²xə⁴²lɛ⁰,tɕiəu³¹ʂʅ⁰tsan⁴²mən⁰ɕian²⁴tsai³¹ʂuə⁵⁵ʂuə²⁴lɛ⁰tʰian²⁴xə⁴².

从此,牛郎跟织女只有隔河相望。
tsʰuəŋ²⁴tsʰʅ⁵⁵,n̠iəu⁴²laŋ⁰kən⁰tʂʅ⁴²n̠y⁰tʂʅ²⁴iəu⁵⁵kə²⁴xə⁴²ɕiaŋ²⁴uaŋ³¹.

两个儿女也哭着叫着要妈妈。
liaŋ⁵⁵kə⁰ər⁰n̠y⁰iɛ⁵⁵kʰu²⁴tʂə⁰tɕiaɔ³¹tʂə⁰iaɔ³¹ma⁰ma⁰.

这时候儿天边儿飞来一只喜鹊儿,
tʂʅə³¹ʂʅ⁴²xəur⁰tʰian²⁴piɐr²⁴fei²⁴lai⁰i⁴²tʂʅ²⁴ɕi⁰tɕʰyɐr³¹,

它非常哩同情牛郎跟织女。
tʰa⁵⁵fei²⁴tʂʰaŋ⁴²li⁰tʰuəŋ⁴²tɕʰiəŋ⁰n̠iəu⁴²laŋ⁰kən⁰tʂʅ⁴²n̠y⁰.

心里想,我怎么样才能帮帮他嘞?
ɕiən²⁴li⁰ɕiaŋ⁵⁵,uə⁵⁵tsən⁵⁵mə⁰iaŋ³¹tsʰai⁴²nəŋ⁴²paŋ²⁴paŋ⁰tʰa⁵⁵lɛ⁰?

它就给它哩其他哩喜鹊哩朋友说,
tʰa⁵tɕiəu³¹kɯ²⁴tʰa⁵⁵li⁰tɕʰi⁴²tʰa⁵⁵li⁰ɕi⁵⁵tɕʰyɐr³¹li⁰pʰəŋ⁴²iəu⁰ʂuə²⁴,

咱们一块儿想办法来帮帮他们吧。
tsan⁵⁵mən⁰i⁰·⁴²kʰuɐr³¹ɕiaŋ⁵⁵pan³¹fa⁴²lai⁰paŋ²⁴paŋ⁰tʰa⁵⁵mən⁰pa⁰.

所以每年到阴历七月七哩时候儿，
ʂuo⁵⁵·i⁰mei⁵⁵nian⁴²tao³¹iən²⁴li³¹tɕʰi²⁴yə⁴²tɕʰi²⁴li⁰ʂʅ⁴²xəur³¹，
喜鹊儿们都飞到了天河边儿，
ɕi⁵⁵tɕʰyər³¹mən⁰təu⁵⁵fei²⁴tao³¹lə⁰tʰian²⁴xə⁴²piɐr²⁴，
用他们的翅膀搭了一座鹊桥，
yəŋ³¹tʰa⁵⁵mən⁰tə⁰tʂʰʅ⁴²paŋ²⁴tɕa⁴²lə·i⁰⁴²tsuə³¹tɕʰyɛ³¹tɕʰiao⁴²，
让牛郎和织女相会。
zaŋ³¹niəu⁴²laŋ⁰xə³¹tʂʅ⁴²ny⁰ɕiaŋ²⁴xuei³¹.
这就是咱们传说中哩牛郎和织女哩故事。
tʂʐ̩⁴²tɕiəu²⁴ʂʅ³¹tsan⁵⁵mən⁰tʂʰuan⁴²ʂuə²⁴tʂuəŋ²⁴li³¹niəu⁴²laŋ⁰xə²⁴tʂʅ⁴²ny⁰li⁰ku²⁴ʂʅ³¹.
故事讲完了，谢谢大家。
ku²⁴ʂʅ³¹tɕiaŋ⁵⁵uan⁴²lə⁰,ɕiɛ⁴²ɕiɛ⁰ta³¹tɕia²⁴.

意译：大家好，我是河南省南阳市宛城区人，名叫黄泳。今天给大家讲一个故事。故事的名字叫《牛郎和织女》。古时候儿，村子里边儿住着一个非常贫穷的小伙子。这个小伙子人非常的憨厚老实。他整天跟一只老牛生活在一起。因此，村子里的人们都叫他牛郎。牛郎跟老牛孤苦伶仃地生活在一起，时间长了，老牛想给牛郎成个家，要帮他找个媳妇儿。老牛想，我又不会说话，咋办呢？它说我给他托个梦吧。这一天晚上老牛就给牛郎托了个梦。牛郎睡觉的时候梦见村东头儿一个湖里边儿有好多好多的仙女，老牛就对他说，这其中有一个就是你的媳妇儿。你把她的衣服抱上就走，头也不回地回家。这个仙女儿就会跟你一块儿到你的家里边儿成为你的媳妇儿。第二天早上牛郎醒了以后，他非常地惊奇，心里想这个事儿到底是真的还是假的呀？他想不管它是真的假的，我就试试吧。牛郎就到了村东边的湖里边等着。果真有七个美丽的仙女儿来东边的湖里洗澡。他看到其中有一个非常漂亮的衣服，是粉色的衣裳，他就把这个粉红色的衣裳抱着就回家，头也不回。他等呀等呀，一直等到晚上。果真有一个非常漂亮的小仙女儿来到他们家。这就是织女。后来，牛郎就跟织女成亲了，生活在一起，一直幸福地生活了三年。而且织女为牛郎生了一儿一女，这个一儿一女也非常漂亮。实际上织女是玉皇大帝的女儿。玉皇大帝听说织女偷偷地跑到人间非常非常生气。他就说，我一定要把织女给抓过来。然后玉皇大帝就派了天兵天将来抓织女。这一天，天上又打雷又打闪，一下子把织女给抓走了。牛郎非常非常伤心，他们的一双儿女也在哭着喊着叫妈妈。这时候儿老牛看了也很伤心，实际上老牛也是个神仙，它心里想，我这时候儿非得帮帮牛郎了。它说我咋帮呢？它就开口说话了。它说："牛郎，牛郎。"诶，牛郎说是谁在说话呀？哦，一听是老牛在说话。这个老牛说："牛郎，你要想去追上织女，只有把我头上的角掰下来。让它变成两个筐，挑着你的儿子和你的闺女，去追织女。"牛郎就说："那，好吧。"说完这个话，老牛的牛角突然自己脱落到地上，变成了两个筐儿。牛郎就找了根扁担，把他的闺女跟他的儿子就装到了筐里边儿，挑起来筐儿。忽然，牛郎飞了起来，他飞着就去追织女。追呀，追呀，追呀，眼看就要追上了，这时候王母娘娘发现了。王母娘娘非常生气。王母娘娘就从头上拔下来她的簪子，在牛郎跟织女之间，"唰"地划了一下儿。这一下儿变成了一条大河，把牛郎跟织女给隔开了。这条河呢，就是咱们现在所说的天河。从此，牛郎跟织女只有隔河相望。两个儿女也哭着叫着要妈妈。这时候儿天边儿飞来一只喜鹊，它非常同情牛郎和织女。心里想，我怎么样才能帮帮他呢？它就给它的其他的喜鹊朋友说，咱们一块儿想办法来帮帮他们吧。所以每年到阴历七月七的时候儿，喜鹊们都飞到了天河边儿，用他们的翅膀搭了一座鹊桥，让牛郎和织女相会。这就是咱们传说中的牛郎和织女的故事。故事讲完了，谢谢大家。

（发音人：黄泳　2018.08.09　南阳）

三　自选条目

0031 大调曲子《古城会》

汉关公在许昌，思兄长不能见。因此上，

xan kuan kuəŋ tsai ɕy tʂʰaŋ,sɿ ɕyəŋ tʂaŋ pu nəŋ tɕian. iən tsʰɿ ʂaŋ,

三辞曹操，保定皇嫂，五关斩将，千里寻兄，

san tsʰɿ tsʰau tsʰau,pau tiəŋ xuaŋ sau,u kuan tʂan tsiaŋ,tsʰian li syən ɕyəŋ,

一马来在古城下，人困马又乏。

i ma lai tsai ku tʂʰəŋ ɕia,zən kʰuən ma iəu fa.

张公翼德站城头，远远观见曹兵大至，

tʂaŋ kuəŋ i tai tʂan tʂʰəŋ tʰəu,yan yan kuan tɕian tsʰau piəŋ ta tʂɿ,

虎目圆睁咬碎钢牙。用手一指把负义人骂。

xu mu yan tʂəŋ iau suei kaŋ ia. yəŋ ʂəu i tʂɿ pa fu i zən ma.

你不必来哄咱。红脸汉你若是有义气，

ȵi pu pi lai xuəŋ tsan. xuəŋ tɕian xan ȵi zuə ʂɿ iəu i tɕʰi,

俺情愿城头助你，战鼓三通，匹马单刀，

an tsʰiəŋ yan tʂʰəŋ tʰəu tsu ȵi,tʂan ku san tʰuəŋ,pʰi ma tan tau,

你把那蔡阳拿，方算你的心不假。

ȵi pa na tsʰai iaŋ na,faŋ suan ȵi ti siən pu tɕia.

城头上战鼓不住咚咚打。

tʂʰəŋ tʰəu ʂaŋ tʂan ku pu tsu tuəŋ tuəŋ ta.

关云长手执青龙偃月宝刀，

kuan yən tʂʰaŋ ʂəu tʂɿ tsʰiəŋ luəŋ ian yə pau tau,

催开赤兔胭脂马，蔡阳人头落马下。
tsʰei kʰai tʂʅ tʰu ian tʂʅ ma,tsʰai iaŋ zən tʰəu luə ma ɕia.
翼德忙吩咐，
i tai maŋ fən fu,
众三军快快开开城门，闪放吊桥，
tʂuəŋ san tɕyən kʰuai kʰuai kʰai kʰai tʂʰəŋ mən,ʂan faŋ tiau tɕʰiau,
排列队伍，迎接二爷。我只得双膝扎跪在马下。
pʰai liɛ tei u,iəŋ tsiɛ ər iɛ. uə tsʅ tai ʂuaŋ tsʰi tʂa kuei tsai ma ɕia.
云长一见泪如麻，他弟兄手挽手儿到帐下，
yən tʂʰaŋ i tɕian lei zu ma,tʰa ti ɕyəŋ ʂou uan ʂou ər tau tʂaŋ ɕia,
叙不尽的离别话。
sy pu tsiən ti li piɛ xua.

意译：汉关公在许昌，思兄长不能见。因此上，三辞曹操、保定皇嫂、五关斩将、千里寻兄，一马来在古城下，人困马又乏。张公翼德站城头，远远观见曹兵大至，虎目圆睁咬碎钢牙。用手一指把负义人骂。你不必来哄咱。红脸汉你若是有义气，俺情愿城头助你，战鼓三通、匹马单刀，你把那蔡阳拿，方算你的心不假。城头上战鼓不住咚咚打。关云长手执青龙偃月宝刀，催开赤兔胭脂马，蔡阳人头落马下。翼德忙吩咐，众三军快快开开城门，闪放吊桥，排列队伍，迎接二爷。我只得双膝扎跪在马下。云长一见泪如麻，他弟兄手挽手儿到帐下，叙不尽的离别话。

（发音人：牛天锋　2018.08.07 南阳）

0032 大调曲子《贾似道游湖》

三春已过，万象清和。
san tsʰuən i kuə,uan ɕiaŋ tsʰiəŋ xuə.
西湖十里好烟波，渔翁在湖心把船挪。
si xu ʂʅ li xaɔ ian pʰuə,y uəŋ tsai xu siən pa tʂʰuan nuə.
葡萄美酒，自斟自酌。风摆荷叶，乍离乍合。
pʰu tʰaɔ mei tsiəu,tsʅ tʂən tsʅ tʂuə. fəŋ pai xə iɛ,tʂa li tʂa xə.
鸳鸯戏水，来往如梭。
yan iaŋ ɕi ʂuei,lai uaŋ zu suə.
见一位渔翁船头上坐，头戴斗笠身未披蓑。
tɕian i uei y uəŋ tʂʰuan tʰəu ʂaŋ tsuə,tʰəu tai təu li ʂən uei pʰi suə.
盘儿内放定煎鲜鱼儿几个，手执壶，自斟一杯琼浆喝。
pʰan ər nei faŋ tiəŋ tsian ɕyan y ər tɕi kə,ʂou tʂʅ xu,tsʅ tʂən i pei tɕʰyəŋ tsiaŋ xə.
三杯酒入腹信口作歌，他唱道："世人不识余心乐"，
san pei tsiəu zu fu siən kʰəu tsuə kə,tʰa tʂʰaŋ taɔ:"ʂʅ zən pu ʂʅ y siən luə",

又唱到,"将谓偷闲少年学。"

iəu tṣʰaŋ tao,"tɕiaŋ uei tʰəu ɕian ṣao ȵian ɕyə."

见一彩船载碧波,来来往往快如梭。

tɕian i tsʰai tṣʰuan tsai pi pʰuə,lai lai uaŋ uaŋ kʰuai zu suə.

船头书写七个字(太平年):当朝一品贾相阁(年太平)。

tṣʰuan tʰəu ṣu siɛ tsʰi kə tsʅ (tʰai pʰiəŋ ȵian): taŋ tṣʰao i pʰiən tɕia siaŋ kə (ȵian tʰai pʰiəŋ).

摇橹荡桨把船挪,两边儿俱是女娇娥。

iao lu taŋ tsiaŋ pa tṣʰuan nuə,liaŋ piɚ tɕy ṣʅ ny tɕiao ə.

一齐围随贾似道(太平年),香汗淋淋湿透纱罗(年太平)。

i tsʰi uei suei tɕia sʅ tao (tʰai pʰiəŋ ȵian),ɕiaŋ xan liən liən ṣʅ tʰəu ṣa luə (ȵian tʰai pʰiəŋ).

真名地,胜景多。一文儒,出书阁,逍遥散步小桥过。

tṣən miəŋ ti,ṣəŋ tɕiəŋ tuə. i uən zu,tṣʰu ṣu kə,siao iao san pu siao tɕʰiao kuə.

裴顺卿江岸细观明白:

pʰei ṣuən tɕʰiəŋ tɕiaŋ an si kuan miəŋ puə:

打量彩船那位娇娥,十指尖尖手,手扳着舵。

ta liaŋ tsʰai tṣʰuan na uei tɕiao ə,ṣʅ tsʅ tsian tsian ṣəu, ṣəu pan tṣuə tuə.

芙蓉粉面,唇红齿白,蛾眉细弯,斜闪秋波,

fu zuŋ fən mian,tṣʰuən xuəŋ tṣʰʅ puə,ə mei si uan,siɛ ṣan tsʰiəu puə.

口吐丁香说,热,热难过。

kʰəu tʰu tiəŋ ɕiaŋ ṣuə,ẓə,ẓə nan kuə.

李慧娘在船头慢闪秋波,打量那位湖岸文学,

li xuei ȵiaŋ tsai tṣʰuan tʰəu man ṣan tsʰiəu puə,ta liaŋ na uei xu an uən ɕyə.

才貌多风流,俊雅大方落落,

tsʰai mao tuə fəŋ liəu,tɕyən ia ta faŋ luə luə.

貌比张君瑞,亚赛郑元和,楚宋玉潘安也就比不过。

mao pi tṣaŋ tɕyən zuei,ia sai tṣəŋ yan xuə,tṣʰu suəŋ y pʰan an iɛ tsiəu pi pu kuə.

论风采恰一似李太白,俺二人怎能够结为丝罗?

luən fəŋ tsʰai tɕʰia i sʅ li tʰai puə,an ər zən nəŋ kəu tɕiɛ uei sʅ luə?

哎呀我的天,配此人方称奴的心头乐。

ai ia uə ti tʰian,pʰei tsʰʅ zən faŋ tṣʰən nu ti siən tʰəu luə.

他二人好似牛女在银河,东西两岸相隔着。

tʰa ər zən xao sʅ ȵiəu ny tsai iən xə,tuəŋ si liaŋ an siaŋ kai tṣuə.

只说是写诗传情成连理,又谁知船不随心快如梭。

tṣʅ ṣuə sʅ siɛ sʅ tṣʰuan tɕʰiəŋ tṣʰəŋ lian li,iəu ṣuei tṣʅ tṣʰuan pu suei siən kʰuai zu suə.

面面相觑成画饼,两意儿殷殷无可如何。

mian mian siaŋ tɕʰy tṣʰəŋ xua piəŋ,liaŋ i ər iən iən u kʰə zu xə.

四目儿呆呆直发怔，李慧娘不觉失口把话说。
sʅ mu ər tai tai tʂʅ fa tʂəŋ,li xuei ȵiaŋ pu tɕyə sʅ kʰəu pa xua ʂuə.
好一个"美哉少年"失了口，一言招来杀身祸。
xɑɔ i kə mei tsai ʂɑɔ ȵian sʅ liɑɔ kʰəu,i ian tʂɑɔ lai ʂa ʂən xuə.
要得慧娘身有伴，除非是红梅阁前阴阳配合。
iɑɔ tai xuei ȵiaŋ ʂən iəu pan,tʂʰu fei ʂʅ xuəŋ mei kə tsʰian iən iaŋ pʰei xə.

意译：三春已过，万象清和。西湖十里好烟波，渔翁在湖心把船挪。葡萄美酒，自斟自酌。风摆荷叶，乍离乍合。鸳鸯戏水，来往如梭。见一位渔翁船头上坐，头戴斗笠身未披蓑。盘儿内放定煎鲜鱼儿几个，手执壶，自斟一杯琼浆喝。三杯酒入腹信口作歌，他唱道："世人不识余心乐。"又唱到，"将谓偷闲少年学。"见一彩船载碧波，来来往往快如梭。船头书写七个字（太平年）：当朝一品贾相阁（年太平）。摇橹荡桨把船挪，两边儿俱是女娇娥。一齐围随贾似道，（太平年）香汗淋淋湿透纱罗（年太平）。真名地，胜景多。一文儒，出书阁，逍遥散步小桥过。裴顺卿江岸细观明白：打量彩船那位娇娥，十指尖尖手，手扳着舵。芙蓉粉面，唇红齿白，蛾眉细弯，斜闪秋波，口吐丁香说热，热难过。李慧娘在船头慢闪秋波，打量湖岸文学，才貌多风流，俊雅大方落落，貌比张君瑞，亚赛郑元和，楚宋玉潘安也就比不过。论风采恰一似李太白，俺二人怎能够结为丝罗？哎呀我的天，配此人方称奴的心头乐。他二人好似牛女在银河，东西两岸相隔着。只说是写诗传情成连理，又谁知船不随心快如梭。面面相觑成画饼，两意儿殷殷无可如何。四目儿呆呆直发怔，李慧娘不觉失口把话说。好一个"美哉少年"失了口，一言招来杀身祸。要得慧娘身有伴，除非是红梅阁前阴阳配合。

（发音人：牛天锋　2018.08.07 南阳）

鲁 山

一 歌谣

0001 板凳倒

板凳倒，狗娃儿咬。
pan²⁴tʰəŋ⁰tao⁴⁴,kou⁴⁴uɐr⁵³iao⁴⁴.
咬嘞谁？张大嫂。
iao⁴⁴lei⁰ʂei⁵³ʔtʂaŋ²⁴ta³¹sao⁴⁴.
你抠嘞啥？ 抠嘞枣。
ȵi⁴⁴kʰuai⁴⁴lei⁰ʂa³¹ʔkʰuai⁴⁴lei⁰tsao⁴⁴.
你咋不吃嘞？没牙咬。
ȵi⁴⁴tsʰai⁵³pu²⁴tʂʰʅ²⁴lei⁰ʔmei²⁴ia⁵³iao⁴⁴.
我给你嚼嚼吧。那太好。
uə⁴⁴kɤ²⁴ȵi⁴⁴tsyə⁵³tsyə pa⁰.na³¹tʰai³¹xao⁴⁴.
你胳夹嘞啥？我胳夹嘞大红袄。
ȵi⁴⁴kɤ²⁴tɕia⁴⁴lei⁰ʂa³¹ʔuə⁴⁴kɤ²⁴tɕia⁴⁴lei³¹ta²⁴xuəŋ⁵³ɣao⁴⁴.
你咋不穿嘞？怕虱咬。
ȵi⁴⁴tsʰai⁵³pu²⁴tʂʰuan²⁴lei⁰ʔpʰa³¹ʂai²⁴iao⁴⁴.
我给你逮逮吧。那太好。
uə⁴⁴kɤ²⁴ȵi⁴⁴tai⁴⁴tai pa⁰.na³¹tʰai³¹xao⁴⁴.
你牵嘞啥？牵嘞小毛驴儿。
ȵi⁴⁴tɕʰian²⁴lei⁰ʂa³¹ʔtɕʰian²⁴lei⁰siao⁴⁴mao⁵³lyɐr⁵³.
你咋不骑嘞？怕它跑。
ȵi⁴⁴tsʰai⁵³pu²⁴tɕʰi²⁴lei⁰ʔpʰa³¹tʰa⁴⁴pʰao⁴⁴.
我给你拢着吧。那才好。
uə⁴⁴kɤ²⁴ȵi⁴⁴luəŋ⁴⁴tʂuə pa⁰.na³¹tsʰai⁵³xao⁴⁴.

意译：板凳倒，狗娃儿咬。咬的谁？张大嫂。你抠的什么？抠的枣。你怎么不吃呢？没牙咬。我给你嚼嚼吧。那太好了。你胳膊下夹的什么？我胳膊下夹的大红袄。你怎么不穿呢？怕虱子咬。我给你逮逮吧。那太好了。

你牵的什么？牵的小毛驴儿。你怎么不骑呢？怕它跑。我给你拢着吧。那才好。

（发音人：谢小利　2018.08.14 鲁山）

0002 落花生儿

落花生，饱登儿登儿，俺上婆家住一春儿。
lao⁴⁴kua²⁴ʂər²⁴,pao⁴⁴tər²⁴tər²⁴,ɣan⁴⁴ʂaŋ³¹pʰuə⁵³tɕiɛ⁰tʂu³¹⁻²⁴tʂʰuɐr²⁴.

婆看见，怪喜欢，妗子看见瞪两眼。
pʰuə⁵³kʰan³¹tɕian⁰,kuai³¹ɕi³⁴xuan⁰,tɕiən³¹tsʅ⁰kʰan³¹tɕian⁰təŋ³¹liaŋ⁴⁴ian⁴⁴.

妗子妗子你别瞪，豌豆开花儿俺就走。
tɕiən³¹tsʅ⁰tɕiən³¹tsʅ⁰ni⁴⁴piɛ⁵³təŋ³¹,uan⁰tou⁰kʰai²⁴xuɐr²⁴ɣan⁴⁴tsiou³¹tsou⁴⁴.

一走走到南场里，碰见一个卖糖嘞。
i²⁴tsou⁴⁴tsou⁴⁴tao³¹nan⁵³tʂʰaŋ⁵³li⁰,pʰəŋ³¹tɕian⁰i²⁴kə⁰mai³¹tʰaŋ⁵³lei⁰.

啥糖？粘糖。
ʂa³¹tʰaŋ⁵³?tʂan²⁴tʰaŋ⁵³.

粘住老爷嘞牙，喝口茶。
tʂan²⁴tʂu³¹lao⁴⁴iɛ⁰lei⁰ia⁵³,xə²⁴kʰou⁴⁴tʂʰa⁵³.

粘住老爷嘞嘴，喝口水。
tʂan²⁴tʂu³¹lao⁴⁴iɛ⁰lei⁰tsei²⁴,xə²⁴kʰou⁴⁴ʂei⁴⁴.

卖糖嘞，恁走吧，俺娘出来没好话。
mai³¹tʰaŋ⁵³lei⁰,nən⁴⁴tsou⁴⁴pa⁰,ɣan⁴⁴niaŋ⁵³tʂʰu²⁴lai⁵³mu⁵³xao⁴⁴xua³¹.

高跟儿鞋，牡丹花，一脚给蹬个仰百叉。
kao²⁴kər²⁴ɕiai⁵³,mao⁵³tai²⁴xua²⁴,i²⁴tɕyə⁴⁴kei²⁴təŋ⁰kə⁰iaŋ⁵³pai²⁴tʂʰa²⁴.

意译：落花生儿，饱登儿登儿，俺上婆家住一春儿。婆看见，挺喜欢，妗子看见瞪两眼。妗子妗子你别瞪，豌豆开花儿俺就走。一走走到南场里，碰见一个卖糖的。什么糖？粘糖。粘住老爷的牙，喝口茶；粘住老爷的嘴，喝口水。卖糖的，你走吧，俺娘出来没好话。高跟儿鞋，（鞋上带着）毛茸茸的花，一脚把你蹬个仰八叉。

（发音人：谢小利　2018.08.14 鲁山）

0003 小老鼠

小老鼠，上灯台。
siao⁴⁴lao⁵³ʂu⁰,ʂaŋ³¹təŋ²⁴tʰai⁵³.

偷油喝，下不来。
tʰou²⁴iou⁵³xə²⁴,ɕia³¹pu²⁴lai⁵³.

找小妮儿，逮猫去。
tʂao⁴⁴siao⁴⁴niər²⁴,tai⁵³mao⁵³tɕʰy³¹.

[刺溜]，跑了。
tsʰiou²⁴,pʰao⁴⁴lə⁰.

意译：小老鼠，上灯台。偷油喝，下不来。找小妮儿，逮猫去。[刺溜]，跑了。

（发音人：谢小利　2018.08.14 鲁山）

二　故事

0021 牛郎和织女

我给你讲[一个]牛郎跟织女儿嘞故事。

uə^{44}kɤ^{24}n̠i^{44}tɕiaŋ^{44}yə^{31}ɲiou^{53}laŋ^{0}kən^{44}tʂʅ^{53}ɲyər^{0}lei^{0}ku^{34}sʅ^{31}.

以前啊，有个小伙儿，长嘞可俊俏，可排场。

i^{24}tsʰian^{53}ya^{0},iou^{44}kə^{31}siao^{44}xuər^{31},tʂaŋ^{44}lei^{0}kʰə^{44}tsyən^{31}tsʰiao^{0},kʰə^{44}pʰai^{53}tʂʰaŋ^{0}.

家里就是爹娘早都没有了，去世了，

tɕia^{44}li^{0}tsiou^{31}sʅ^{0}tiɛ^{24}ɲiaŋ^{53}tsao^{44}tou^{0}mu^{24}ɲiou^{24}lə^{0},tɕʰy^{34}sʅ^{31}lə^{0},

自己过嘞孤苦伶仃嘞。

tsʅ^{31}tɕi^{0}kuə^{31}lei^{0}ku^{24}kʰu^{44}liəŋ^{53}tiəŋ^{24}lei^{0}.

哎，家里喂一头牛，这没门儿了，大家都叫他牛郎。

γai^{24},tɕia^{24}li^{0}uei^{31}i^{24}tʰou^{53}γou^{53},tʂə^{31}mu^{24}mər^{53}lə^{0},ta^{31}tɕia^{0}tou^{44}tɕiao^{31}tʰa^{24}ɲiou^{53}laŋ^{0}.

[这个]牛嘞，半年是天上嘞[一个]金牛星，

tʂuə^{0}γou^{53}lei^{0},pan^{44}ɲian^{53}sʅ^{31}tʰian^{24}ʂaŋ^{53}lei^{0}yə^{31}tɕiən^{24}ɲiou^{53}siəŋ^{24},

金牛星嘞，看着这牛郎嘞，在凡间啊，

tɕiən^{24}ɲiou^{53}siəŋ^{24}lei^{0},kʰan^{31}tʂuə^{0}tʂə^{31}ɲiou^{53}laŋ^{0}lei^{0},tsai^{31}fan^{44}tɕian^{24}γa^{0},

也怪勤劳，也怪善良，想着得给他说个媳妇儿。

iɛ^{44}kuai^{31}tɕʰiən^{53}lao^{53},iɛ^{44}kuai^{31}ʂan^{31}liaŋ^{53},siaŋ^{44}tʂuə^{0}tai^{31}kɤ^{24}tʰa^{44}ʂuə^{0}kə^{0}si^{53}fər^{0},

说媳妇儿上哪儿说嘞，

ʂuə^{24}si^{53}fər^{0}ʂaŋ^{31}nɐr^{44}ʂuə^{24}lei^{0},

这金牛星知道，天上这七仙女儿啊，

tʂə^{31}tɕiən^{24}ɲiou^{53}siəŋ^{24}tsʅ^{31}tao^{31},tʰian^{24}ʂaŋ^{31}tʂə^{31}tsʰi^{24}sian^{24}ɲyər^{44}γa^{0},

估计哪日儿都要下凡，上凡间去洗澡嘞。

ku^{24}tɕi^{31}na^{44}iər^{24}tou^{44}iao^{31}ɕia^{31}fan^{53},ʂaŋ^{31}fan^{44}tɕian^{24}tɕʰy^{31}ɕi^{44}tsao^{44}lei^{0}.

哎，这金牛星嘞，就给这牛郎托个梦，

γai^{24},tʂə^{31}tɕiən^{24}ɲiou^{53}siəŋ^{24}lei^{0},tsiou^{31}kɤ^{24}tʂə^{31}ɲiou^{53}laŋ^{0}tʰuə^{24}kə^{0}məŋ^{31},

那意思是你到哪日儿哪日儿喽，上这个是，咱那儿哪儿坑边儿起，

na$^{34:31}$i^{31}sʅ^{0}sʅ^{44}n̠i^{31}tao^{31}na^{44}iər^{24}na^{44}iər^{24}lou^{0},ʂaŋ^{31}tʂə^{24}kə^{0}sʅ^{31},tsan^{53}nɐr^{31}nɐr^{44}kʰəŋ^{31}piɐr^{24}tɕʰi^{0},

这天上嘞仙女儿下凡嘞，你到那儿甭吭气儿，

tʂə^{31}tʰian^{44}ʂaŋ^{31}lei^{0}sian^{24}ɲyər^{44}ɕia^{31}fan^{53}lei^{0},n̠i^{44}tao^{31}nɐr^{0}piəŋ^{31}kʰəŋ^{24}tɕʰiər^{31},

拿她一身儿，拿她件儿衣裳，起来清=走了。

na^{53}tʰa^{44}i^{24}ʂər^{24},na^{53}tʰa^{44}tɕiɐr^{31}i^{24}ʂaŋ^{0},tɕʰi^{53}lai^{0}tsʰiəŋ^{24}tsou^{44}lə^{0}.

这金牛，这牛郎嘞，半信半疑嘞，

tʂʅ³¹tɕiən²⁴ȵiou⁵³,tʂə³¹ȵiou⁵³laŋ⁰lei⁰,pan³⁴siən³¹pan³¹i⁵³lei⁰,

想着这真嘞假嘞嘞。

siaŋ⁴⁴tʂuə⁰tʂə³¹tʂən²⁴lei⁰tɕia⁴⁴lei⁰lei⁰.

哎，这谁[知道]第儿里了，这牛郎，中不中唠我去试试。

ɣai²⁴,tʂə³¹ʂei⁵³tʂə⁵³tiər³¹li⁰lə⁰,tʂə³¹ȵiou⁵³laŋ³¹,tʂuəŋ²⁴pu²⁴tʂuəŋ²⁴lao⁰uə⁴⁴tɕʰy³¹ʂʅ³¹ʂʅ⁰.

哎，这果然不错，就是到那儿以后，到坑那儿以后嘞，

ɣai²⁴,tʂə³¹kuə⁴⁴zan⁰pu⁵³tsʰuə³¹,tsiou³¹ʂʅ⁰tao³⁴nɐr³¹·²⁴xou³¹,tao³¹kʰəŋ²⁴nɐr³¹·⁴⁴xou³¹lei⁰,

[几个]仙女儿口坑里洗澡嘞。

tɕie⁴⁴sian²⁴ȵyər⁴⁴kai⁴⁴kʰəŋ²⁴li⁰si⁴⁴tsao⁴⁴lei⁰.

洗澡嘞，这牛郎到那儿不吭气儿，

si⁴⁴tsao⁴⁴lei⁰,tʂə³¹ȵiou⁵³laŋ³¹tao³¹nɐr³¹pu²⁴kʰəŋ²⁴tɕʰiər³¹,

拿住一件儿衣裳，起来就上家跑。

na⁵³tʂu³¹·²⁴i³¹tɕiər³¹·²⁴ʂaŋ⁰,tɕʰi⁵³lai⁵³tsʰiou³¹ʂaŋ³¹tɕia²⁴pʰao⁴⁴.

这跑到家了，这是谁嘞，这拿这衣裳是谁嘞？

tʂə³¹pʰao⁴⁴tao³¹tɕia²⁴lə⁰,tʂə³⁴ʂʅ³¹ʂei⁵³lei⁰,tʂə⁵³na⁵³tʂə³¹·²⁴ʂaŋ⁰ʂʅ³¹ʂei⁵³lei⁰?

是天上嘞仙女儿，叫织女儿，拿住她嘞衣裳了。

ʂʅ³¹tʰian²⁴ʂaŋ³¹lei⁰sian²⁴ȵyə⁴⁴,tɕiao³¹tʂʅ⁵³ȵyər⁰,na⁵³tʂu⁰tʰa⁴⁴lei⁰i⁰·²⁴ʂaŋ⁰lə⁰.

这织女儿找不着衣裳，这咋回天宫嘞，我得去找去。

tʂə³¹tʂʅ⁵³ȵyər⁰tʂao⁴⁴pu²⁴tʂuə⁵³·²⁴ʂaŋ⁰,tʂə³¹tsa⁴⁴xuei⁵³tʰian²⁴kuəŋ²⁴lei⁰,uə⁴⁴tai²⁴tɕʰy³¹tʂao⁴⁴tɕʰy³¹.

这没门了，这仙女儿，

tʂə³¹mu²⁴mər⁵³lə⁰,tʂə³¹sian²⁴ȵyə⁰,

这织女儿下来找，一找找到牛郎家。

tʂə³¹tʂʅ⁵³ȵyər⁰ɕia³¹lai⁵³tʂao⁴⁴,i²⁴tʂao⁴⁴tʂao⁴⁴tao⁰ȵiou⁵³laŋ³¹tɕiɛ⁰.

到那儿一瞅，这牛郎长嘞也怪俊俏，也怪排场。

tao³⁴nɐr³¹·²⁴tʂʰou⁰,tʂə³¹ȵiou⁵³laŋ³¹tʂaŋ³¹lei⁰iɛ⁴⁴kuai³¹tsyən³¹tsʰiao⁰,iɛ⁴⁴kuai³¹pʰai⁵³tʂʰaŋ⁰.

呀，干脆我也不上，不上天堂了，

ia⁴⁴,kan²⁴tsʰuei³¹uə⁴⁴iɛ⁴⁴pu⁵³ʂaŋ⁰,pu²⁴ʂaŋ³¹tʰian²⁴tʰaŋ⁵³lə⁰,

就口凡间，给你结为夫妻妥了，

tsiou³¹kai⁴⁴fan⁵³tɕian²⁴,kɤ²⁴ȵi⁴⁴tɕie²⁴uei³¹fu²⁴tsʰi²⁴tʰuə⁴⁴lə⁰,

咱俩有福同享，有难同当妥了。

tsan⁵³lia⁴⁴iou⁴⁴fu²⁴tʰuəŋ⁵³ɕiaŋ⁴⁴,iou⁴⁴nan³¹tʰuəŋ⁵³taŋ²⁴tʰuə⁴⁴lə⁰.

哎，俩人结为夫妻结婚了。

ɣai²⁴,lia⁴⁴zən⁵³tɕie²⁴uei³¹fu²⁴tsʰi²⁴tɕie²⁴xuən²⁴lə⁰.

结婚了，眨眼间也很快，眨眼间三年过去了，

tɕiɛ²⁴xuən²⁴lə⁰,tʂa⁴⁴ian⁴⁴tɕian⁴⁴iɛ⁴⁴xən⁴⁴kʰuai³¹,tʂa⁴⁴ian⁴⁴tɕian²⁴san²⁴nian⁵³kuə³⁴tɕʰy³¹lə⁰,

哎，生一对儿双胞胎，生个男孩儿，生个女孩儿。
ɣai²⁴,ʂən²⁴·²⁴ i⁰ tuər³¹ ʂuaŋ²⁴ pɑɔ²⁴ tʰai⁰,ʂən⁰ kə⁰ nan⁵³ xɚr⁰,ʂən⁰ kə⁰ n̠y⁴⁴ xɚr⁵³.
这生了这以后，这织女儿，她是天上嘞仙女儿啊，
tʂə³¹ ʂən⁰ liɑɔ⁰ tʂə³¹ i⁰ xou³¹,tʂə³¹ tʂɿ⁵³ n̠yər⁰,tʰa⁴⁴ ʂɿ³¹ tʰian²⁴ ʂaŋ⁰ lei⁰ sian²⁴ n̠yər⁰ ɣə⁰,
哎，咋会叫这玉皇大帝发现了。
ɣai²⁴,tsa⁴⁴ xuei³¹ tɕiɑɔ³¹ tʂə³¹ y³¹ xuaŋ⁵³ ta³⁴ ti⁰ fa²⁴ ɕian³¹ lə⁰.
玉皇大帝："这会中，你这天上嘞仙女儿，
y³¹ xuaŋ⁵³ ta³⁴ ti³¹:"tʂə³¹ xuei³¹ tʂuəŋ²⁴,n̠i⁰ tʂə³¹ tʰian²⁴ ʂaŋ³¹ lei⁰ sian²⁴ n̠yər⁰,
你敢跑到人间，你胡作非为吧，糊涂麻缠生子嘞。"
n̠i⁴⁴ kan⁴⁴ pʰɑɔ⁴⁴ tɑɔ³¹ zən⁵³ tɕian²⁴,n̠i⁴⁴ xu⁰ tsuə⁴⁴ fei⁰ uei³¹ pa⁰,xu⁵³ tu⁰ ma⁵³ tʂʰan⁵³ ʂən²⁴ tsɿ⁴⁴ lei⁰."
玉皇大帝在急恼情况下嘞，
y³¹ xuaŋ⁵³ ta³⁴ ti⁵³ tsai⁵³ tɕi⁵³ nɑɔ⁴⁴ tsʰiəŋ⁵³ kʰuaŋ³¹ ɕia³¹ lei⁰,
忽然刮一阵儿狂风，雷鸣电闪嘞，
xu²⁴ zan⁴⁴ kua²⁴·²⁴ i⁰ tʂər³¹ kʰuaŋ³¹ fəŋ⁰,lei⁵³ miəŋ⁵³ tian³¹ ʂan⁴⁴ lei⁰,
狂风大作，瓢泼大雨下哩不停。
kʰuaŋ⁵³ fəŋ³¹ ta³¹ tsuə²⁴,pʰiɑɔ⁵³ pʰuə⁴⁴ ta³¹ y⁴⁴ ɕia⁰ li⁰ pu²⁴ tʰiəŋ⁵³.
哎，叮里咣当，给这织女儿刮跑了。
ɣai²⁴,tiəŋ²⁴ li⁰ kuaŋ⁴⁴ taŋ⁰,kɤ²⁴ tʂə³¹ tʂɿ⁵³ n̠yər⁰ kua²⁴ pʰɑɔ⁰ lə⁰.
刮跑以后，[这么]小这俩孩子，想着没有妈会中，
kua²⁴ pʰɑɔ⁴⁴·⁴⁴ i⁰ xou³¹,tʂən³¹ siɑɔ⁴⁴ tʂə³¹ lia⁴⁴ xai⁵³ tsɿ⁰,siaŋ⁴⁴ tʂuə⁰ mu²⁴ n̠iou⁴⁴ ma²⁴ xuei³¹ tʂuəŋ²⁴,
这没娘啊，不中啊，整天哭着要妈。
tʂə³¹ mu²⁴ n̠iou⁴⁴ n̠iaŋ⁵³ ə⁰,pu²⁴ tʂuəŋ²⁴ ə⁰,tʂən⁴⁴ tʰian²⁴ kʰu²⁴ tʂuə⁰ iɑɔ³¹ ma²⁴.
这牛郎上哪儿给他再找个妈哎。
tʂə³¹ n̠iou⁵³ laŋ⁰ ʂaŋ³¹ nɚr⁴⁴ kɤ²⁴ tʰa⁴⁴ tsai³¹ tʂɑɔ⁴⁴ kə⁰ ma²⁴ ɣai⁰.
哎！这时候，他家喂那个牛，金牛星又搭腔了。
ɣai⁰！tʂə³¹ ʂɿ⁵³ xou⁰,tʰa⁴⁴ tɕia⁰ uei⁰ na⁰ kə⁰ you⁰,tɕiən⁰ n̠iou⁵³ siəŋ²⁴ iou³¹ ta²⁴ tɕʰiaŋ²⁴ lə⁰.
它说："甭着急，我给你想门儿。"
tʰa⁴⁴ ʂuə⁰:"piəŋ³¹ tʂuə⁵³ tɕi⁵³,uə⁴⁴ kɤ⁴⁴ n̠i⁰ siaŋ⁴⁴ mər⁵³."
这没门儿了，这牛郎，这金牛星说：
tʂə³¹ mu²⁴ mər⁵³ lə⁰,tʂə³¹ n̠iou⁵³ laŋ⁰,tʂə³¹ tɕiən²⁴ n̠iou⁵³ siəŋ²⁴ ʂuə²⁴:
"我给我嘞俩角，往地下一扔，
"uə⁴⁴ kɤ⁴⁴ uə⁴⁴ lei⁰ lia⁰ tɕyə²⁴,uaŋ³¹ ti³¹ ɕia⁰ i⁰ zən²⁴,
叫它变成俩筐子，你给这俩孩子，[一个]筐子里装[一个]，
tɕiɑɔ³¹ tʰa⁴⁴ pian³¹ tʂʰən⁰ lia⁴⁴ kʰuaŋ²⁴ tsɿ⁰,n̠i⁴⁴ kɤ²⁴ tʂə³¹ lia⁴⁴ xai⁵³ tsɿ⁰,yə³¹ kʰuaŋ²⁴ tsɿ⁴⁴ li⁰ tʂuaŋ²⁴ yə³¹,
你挑着清=去撑她去。"
n̠i⁴⁴ tʰiɑɔ²⁴ tsʰuə⁰ tsʰiəŋ²⁴ tɕʰy³¹ n̠ian⁴⁴ tʰa⁴⁴ tɕʰy³¹."

这说话不及，金牛星忽然将俩角扔到地下，
tʂə³¹ʂuə²⁴xua²⁴pu²⁴tɕi²⁴,tɕiən²⁴ȵiou⁵³siəŋ⁰xu²⁴ʐaŋ⁴⁴tɕian²⁴lia⁴⁴tɕyə⁰ʐəŋ²⁴tao²⁴ti³¹ɕie⁰,
哎，变成俩筐子。
ɣai²⁴,pian³¹tʂʰəŋ⁵³lia⁴⁴kʰuaŋ²⁴tsŋ⁰.
这牛郎看事儿不对，装住俩孩子，[一个]筐子里装[一个]，
tʂə³¹ȵiou⁵³laŋ⁰kʰan³⁴ʂər³¹pu²⁴tei³¹,tʂuaŋ²⁴tʂu⁰lia⁴⁴xai⁵³tsŋ⁰,yə³¹kʰuaŋ²⁴tsŋ⁰li⁰tʂuaŋ²⁴yə³¹,
挑着扁担就去撵织女儿。
tʰiao²⁴tʂuə⁰pian²⁴tan²⁴tsiou⁰tɕʰy³¹ȵian⁴⁴tsŋ⁵³ȵyər⁰.
这快到撵上嘞时候，咦，又被王母娘娘发现了。
tʂə³¹kʰuai³⁴tao³¹ȵian⁴⁴ʂaŋ³¹lei⁵³ʂŋ⁰xou²⁴,i²⁴,iou³⁴pei⁰uaŋ⁵³mu⁴⁴ȵiaŋ⁵³ȵiaŋ⁰fa²⁴ɕian³¹lə⁰.
咦，这织女儿，她是天上嘞人，
i²⁴,tʂə³¹tsŋ⁵³ȵyər⁰,tʰa⁴⁴ʂŋ³¹tʰian²⁴ʂaŋ⁰lei⁰ʐən⁵³,
这后头有个这凡人□这儿撵她嘞，
tʂə³¹xɤ³¹tʰou⁰iou⁰kə⁰tʂə³¹fan⁵³ʐən⁰kai⁴⁴tʂər³¹ȵian⁴⁴tʰa⁴⁴lei⁰,
这咋着一回事儿嘞？
tʂə³¹tsa⁴⁴tʂuə⁰i²⁴xuei⁵³ʂŋ³¹lei⁰?
哎，这王母娘娘一看呀，看事儿不对，
ɣai²⁴,tʂə³¹uaŋ⁵³mu⁴⁴ȵiaŋ⁵³ȵiaŋ⁰i²⁴kʰan³¹ia⁰,kʰan³⁴ʂər³¹pu²⁴tei³¹,
拔出头上金钗，"嚓"，在他快撵上嘞同时，
pa⁵³tʂʰu²⁴tʰou⁵³ʂaŋ⁰tɕien²⁴tʂʰai²⁴,"tsʰa⁴⁴",tsai³¹tʰa⁴⁴kʰuai³¹ȵian⁴⁴ʂaŋ⁰lei⁰tʰuəŋ⁵³ʂŋ⁵³,
在俩人正当间"刺溜"划一道子。
tsai³¹lia⁴⁴ʐən⁵³tʂəŋ³¹taŋ²⁴tɕian⁵³tʂʰu²⁴liou²⁴xua³¹i²⁴tao³¹tsŋ⁰.
哎，谁[知道]，你不知道她属于这仙界嘞，
ɣai²⁴,ʂei⁵³tʂə⁵³,ȵi³¹pu²⁴tsŋ²⁴tao³¹tʰa⁴⁴ʂu⁴⁴y⁰tʂə⁰sian²⁴tɕie³¹lei⁰,
一时儿，一划，王母娘娘一划这一道，干啥嘞？
i²⁴ʂər³¹,i²⁴xua²⁴,uaŋ³¹mu⁴⁴ȵiaŋ⁵³ȵiaŋ⁰i²⁴xua²⁴tʂə³¹·⁵³tao³¹,kan³⁴ʂa³¹lei⁰?
划出一条河。
xua³¹tʂʰu⁴⁴·²⁴i²⁴tʰiao⁵³xə⁵³.
这河呀，划多宽儿嘞，立到那儿一眼望不到边儿。
tʂə³¹xə⁵³·³¹ia⁰,xua³¹tuə²⁴kʰuɐr²⁴lei⁰,li³¹tao⁵³nər³¹i²⁴ian⁰uaŋ³¹pu²⁴tao³¹piɐr²⁴.
这牛郎跟织女儿，这一弄，这牛郎也撵不上她了，
tʂə³¹ȵiou⁰laŋ⁰kən²⁴tsŋ⁵³ȵyər⁰,tʂə³¹·²⁴nuəŋ⁰,tʂə³¹ȵiou⁰laŋ⁰iɛ⁴⁴ȵian⁴⁴pu²⁴ʂaŋ⁰tʰa⁴⁴lə⁰,
织女儿也瞅不见了，所以说这咋弄嘞，
tsŋ⁵³ȵyər⁰iɛ⁴⁴tʂʰou⁴⁴pu⁵³tɕian⁰lə⁰,suə⁴⁴i⁰ʂuə²⁴tʂə⁰tsa⁴⁴nuəŋ³¹lei⁰,
这这，挑着俩孩子嘞，撵他找他妈嘞，
tʂə³¹tʂə³¹,tʰiao²⁴tʂuə⁰lia⁴⁴xai⁵³tsŋ⁰lei⁰,ȵian⁴⁴tʰa²⁴tʂao⁴⁴tʰa⁴⁴ma²⁴lei⁰,

这[这么]大个河，这波涛汹涌嘞，
tʂə³¹tʂən³¹ta³¹kə⁰xə⁵³,tʂə³¹pʰuə²⁴tʰaɔ²⁴ɕyəŋ²⁴yəŋ⁴⁴lei⁰,
[这么]大，[这么]大嘞水，这咋过去嘞。
tʂən³⁴ta³¹,tʂən³⁴ta³¹lei⁰ʂei⁴⁴,tʂə³¹tsa⁴⁴kuə³¹tɕʰy⁰lei⁰.
哎，这没门儿了，这，这喜鹊呀，是好心人。
ɣai²⁴,tʂə³¹mu²⁴mər⁵³lə⁰,tʂə³¹,tʂə³¹ɕi⁴⁴tsʰyə³¹ia⁴⁴,ʂʅ³¹xaɔ⁴⁴siən²⁴ʐən⁵³.
这喜鹊啊，呀，这叫俩人隔开，这也不中啊，这还有孩子。
tʂə³¹ɕi⁴⁴tsʰyə³¹yə⁰,ia⁴⁴,tʂə³¹tɕiaɔ⁵³lia⁴⁴ʐən⁵³kai²⁴kʰai³¹,tʂə³¹iɛ⁵³pu²⁴tʂuŋ⁴⁴ŋə⁰,tʂə³¹xan⁵³iou⁴⁴xai⁵³tsʅ⁰.
这喜鹊啊，每逢嘞，年年嘞七月七，
tʂə³¹ɕi⁴⁴tsʰyə³¹yə⁰,mei⁴⁴fəŋ⁵³lei⁰,nian⁵³nian⁵³lei⁰tsʰi³¹yə⁰tsʰi²⁴,
这喜鹊啊，成群结队嘞喜鹊，
tʂə³¹ɕi⁴⁴tsʰyə³¹yə⁰,tʂʰəŋ⁵³tɕʰyən⁵³tɕiɛ²⁴tei⁴⁴lei⁰ɕi⁴⁴tsʰyə³¹,
就跑到这，[这个]河边儿[跟前儿]，
tsiou³¹pʰaɔ⁴⁴taɔ³¹tʂə³¹,tʂuə³¹xə⁵³piər⁴⁴kər⁰,
哎，它叼住它嘞尾巴，它叼住它嘞尾巴，
ɣai²⁴,tʰa⁴⁴taɔ²⁴tʂu⁰tʰa⁴⁴lei⁰uei⁴⁴pa⁰,tʰa⁴⁴taɔ²⁴tʂu⁰tʰa⁴⁴lei⁰uei⁴⁴pa⁰,
哎，一搭给搭个，你不管这河有多宽儿，
ɣai²⁴,i²⁴ta²⁴kɤ²⁴ta³¹kə⁰,ni⁴⁴pu²⁴kuan⁴⁴tʂə³¹xə⁵³iou⁴⁴tuə²⁴kʰuɐr²⁴,
喜鹊太多了，来架[这个]桥，架个桥。
ɕi⁴⁴tsʰyə³¹tʰai²⁴tuə²⁴lə⁰,lai⁵³tɕia³¹tʂuə³¹tɕʰiaɔ⁵³,tɕia³¹kə⁰tɕʰiaɔ⁵³.
每逢这七月七，哎，这叫牛郎跟织女儿俩人见面儿了。
mei⁴⁴fəŋ⁵³tʂə³¹tsʰi³¹yə⁰tsʰi²⁴,ɣai²⁴,tʂə³¹tɕiaɔ³¹niou⁵³laŋ⁵³kən²⁴tʂʅ⁵³nyər⁰lia⁵³ʐən⁵³tɕian³⁴miər³¹lə⁰.
这就是我将将儿，
tʂə³¹tsiou³¹ʂʅ⁰uə⁴⁴tɕiaŋ²⁴tɕiɐr⁰,
我镇=这儿给你说这牛郎跟织女儿嘞故事。
uə⁴⁴tʂən³¹tʂər⁰kɤ²⁴ni⁴⁴ʂuə²⁴tʂə³¹niou⁵³laŋ⁵³kən²⁴tʂʅ⁵³nyər⁰lei⁰ku³⁴ʂʅ³¹.

意译：我给你讲个牛郎跟织女儿的故事。以前有个小伙子，长得很英俊，很好看。家里爹娘早就没有了，去世了，自己过得孤苦伶仃的。家里喂了一头牛，没办法，大家都叫他牛郎。这牛呢，原来是天上的金牛星。金牛星呢，看牛郎，在凡间啊，挺勤劳，也挺善良，想着得给他说个媳妇儿。说媳妇上哪儿说呢？这金牛星知道，天上的七仙女，估计哪天就要下凡，上凡间去洗澡呢。哎，这金牛星呢，就给牛郎托了个梦，意思是你到哪天哪天，上这个，到咱那儿哪个坑边，天上的仙女下凡呢，你到那儿别出声，拿她件衣裳起来就走。这牛郎呢，半信半疑的，想着真的假的啊。哎，这谁知道，第二天，这牛郎，行不行我去试试。哎，这果然不错，到那儿以后，到坑那儿以后呢，几个仙女儿在坑里洗澡呢。洗澡呢，牛郎到那儿不出声，拿住一件衣裳，起来就往家跑。这跑到家了，这是谁的？这拿的衣裳是谁的？

是天上的仙女，叫织女，拿住她的衣裳了。这织女找不到衣裳，怎么回天宫呢？我得去找去。这没办法，这仙女儿，这织女就下来找，一找找到牛郎家。到那儿一看，这牛郎长得也挺英俊，挺好看。呀，干脆我也不上，不上天堂了，就在凡间，和你结为夫妻好了，咱俩有福同享，有难同当好了。哎，俩人结为夫妻结婚了。结婚了，眨眼间也很快，眨眼间三年过去了，他们生了一对儿双胞胎，生个男孩儿，生个女孩儿。生了这以后，这织女，她是天上的仙女啊，不知怎么被玉皇大帝发现了。玉皇大帝："这怎么行，你这天上的仙女，你敢跑到人间，胡作非为吧，还糊里糊涂地生了孩子。"玉皇大帝在急恼情况下，忽然刮一阵狂风，雷鸣电闪，狂风大作，瓢泼大雨下个不停。叮里咣当，把织女给刮跑了。刮跑以后，这么小的两个孩子，想着没有妈怎么行，没有娘，不行啊，整天哭着要妈妈。牛郎去哪儿给他们再找个妈啊！这时候，他家喂的那头牛，金牛星开口了。他说："不用着急，我给你想办法。"这没办法了，这金牛星说："我把我的两个角，往地上一扔，叫它变成两个筐子，把你的两个孩子，一个筐里装一个，你挑着去追织女吧。"说话不及，金牛星忽然把两个角扔到地上，变成了两个筐子。牛郎看事不妙，装上两个孩子，一个筐里装一个，挑起扁担就去追织女。快到追上的时候，又被王母娘娘发现了。这织女，她是天上的人，后面有一个凡人在追她，这是怎么回事呢？这王母娘娘一看，看事儿不对，拔出头上金钗，"嚓"，在他快追上的同时，在俩人中间"刺溜"划了一道子。谁知道，你不知道她属于仙界的，一时儿，一划，王母娘娘划这一道子，干啥呢？划出一条河。这河，划多宽呢？站到那儿一眼望不到边。这牛郎跟织女，这一弄，牛郎追不上她了，织女也看不见了。这怎么办呢？这，挑着两个孩子，追他找她妈呢，这么大的河，波涛汹涌的，这么大，这么大的水，这怎么过去呢？这下没办法了。这喜鹊啊，是好心人，这喜鹊啊，呀，这叫两个人隔开，这也不行啊，这还有孩子。这喜鹊啊，每逢呢，年年的七月七，这喜鹊啊，成群结队的喜鹊，就跑到这儿，这个河边儿，哎，它叼着它的尾巴，它叼着它的尾巴，哎，你不管这河有多宽，喜鹊太多了，来架这个桥，架个桥。每逢这七月七，哎，这叫牛郎跟织女俩人见面儿了。这就是我刚刚，我现在给你说这牛郎跟织女儿的故事。

（发音人：刘栓 2018.08.15 鲁山）

0022 姑嫂石儿

大家好！我现在给大家讲一个姑嫂石儿嘞故事。
ta^{31} tɕia^0 xau^{44}!uə^{44} sian^{34} tsai^{31} kɤ^{24} ta^{31} tɕia^0 tɕiaŋ$^{44.24}$ i^{31} kə^0 ku^{44} sao^{24} ʂər^{53} lei^0 ku^{34} ʂʅ^{31}.

古时候啊，在大山根儿起住着一户人家。
ku^{44} ʂʅ^{53} xou^0 ua^0, tsai^{31} ta^{31} ʂan^{24} kər^{24} tɕʰi^0 tʂu^{31} tʂə$^{0.24}$ i^{31} xu^{31} zən^{53} tɕie^0.

有一个儿子,一个女儿,还有这两公婆,四口儿人。
iou⁴⁴·²⁴ i⁰ kə⁰ ɭ̩⁵³ tsʅ⁰·²⁴,i⁰ kə⁰ n̠y⁴⁴ ər⁰,xai⁵³ iou⁴⁴ tʂɔ⁰ liaŋ⁴⁴ kuəŋ²⁴ pʰuə⁵³,sʅ³¹ kʰour⁴⁴ zən⁵³.

这个老婆儿嘞,[这个]婆子嘞,恶鸟不论理嘞。
tʂə³¹ kə⁰ lao⁴⁴ pʰuər⁵³ lei⁰,tʂuə⁰ pʰuə⁰ tsʅ⁰ lei⁰,ɤ²⁴ ȵiao⁴⁴ pu⁰ lyən³¹ li⁴⁴ lei⁰.

媳妇儿嘞娘家有点儿穷,她看不起[这个]媳妇儿。
si⁵³ fər⁰ lei⁰ ȵiaŋ⁵³ tɕiɛ⁰ iou⁴⁴ tiər⁰ tɕʰyəŋ⁵³,tʰa⁰ kʰan³¹ pu⁰ tɕʰi⁴⁴ tʂuə³¹ si⁵³ fər⁰.

她为了,所以说嘞,光找这媳妇儿嘞碴儿。
tʰa⁴⁴ uei³¹ liao⁰,ʂuə⁴⁴·⁰ i⁰ ʂuə²⁴ lei⁰,kuaŋ²⁴ tʂɔ⁴⁴ tʂə³¹ si⁵³ fər⁰ lei⁰ tʂʰər⁵³.

看着儿子嘞,
kʰan³¹ tʂuə⁰ ɭ̩⁵³ tsʅ⁰ lei⁰,

反正跟这两公婆关系也可好,她有点气不忿儿。
fan²⁴ tʂəŋ⁰ kən²⁴ tʂə³¹¹ liaŋ⁴⁴ kuəŋ⁰ pʰuə⁵³ kuan²⁴ ɕiɛ⁴⁴ kʰə⁰ xao⁴⁴,tʰa⁴⁴ iou⁴⁴ tiər⁰ tɕʰi³¹ pu⁵³ fər³¹.

她给这孩子找个差事,
tʰa⁴⁴ kɤ²⁴ tʂə³¹ xai⁵³ tsʅ⁰ tʂao⁴⁴ kə³¹ tʂʰai²⁴ ʂʅ⁰,

叫她孩子出去做生意去了。
tɕiao³¹ tʰa⁴⁴ xai⁵³ tsʅ⁰ tʂʰu⁴⁴ tɕʰy⁰ tsou³¹ ʂəŋ²⁴·⁰ i⁰ tɕʰy³¹ lə⁰.

她孩子一走,她口到家开始折磨这媳妇儿,
tʰa⁴⁴ xai⁵³ tsʅ⁰·²⁴ i⁰ tsou⁴⁴,tʰa⁴⁴ kai⁴⁴ tao³¹ tɕia²⁴ kʰai²⁴·²⁴ tʂʅ²⁴ muə⁰ tʂə³¹ si⁵³ fər⁰,

天天叫这个媳妇儿挑水。
tʰian²⁴ tʰian⁰ tɕiao³¹ tʂə³¹ kə⁰ si⁵³ fər⁰ tʰiao²⁴ sei⁴⁴.

做饭、洗衣裳,都是这儿媳妇儿嘞事儿。
tsou³¹ fan³¹,si⁴⁴·²⁴ i⁰ ʂaŋ⁰,tou⁴⁴ ʂʅ³¹ tʂə³¹·⁵³ si⁵³ fər⁰ lei⁰ ʂər³¹.

这时间长了,这小姑子有点儿看不忿儿。
tʂə³¹·⁵³ ʂʅ⁰ tɕian⁰ tʂʰaŋ⁵³ lə⁰,tʂə³¹ siao⁴⁴ ku²⁴ tsʅ⁰ iou⁴⁴ tiər⁰ kʰan³¹ pu⁵³ fər³¹.

回来了以后,
xuei⁵³ lai⁵³ liao⁴⁴·²⁴ i⁰ xou³¹,

她这小姑子老是跑到那半路儿里替她嫂子担担水。
tʰa⁴⁴ tʂə³¹ siao⁴⁴ ku²⁴ tsʅ⁰ lao⁴⁴ ʂʅ³¹ pʰao³¹ tao³¹ nə⁰ pan²⁴ lur³¹ li⁰ tʰi³¹ tʰa⁴⁴ sao⁴⁴ tsʅ⁰ tan²⁴ tan²⁴ sei⁴⁴.

那时间长了,叫[这个]恶婆子发现了。
nə³¹ ʂʅ⁰ tɕian⁰ tʂʰaŋ⁵³ lə⁰,tɕiao³¹ tʂuə⁰ ɤ²⁴ pʰuə⁰ tsʅ⁰ fa²⁴ ɕian⁰ lə⁰.

[这个]恶婆子又做个那号尖桶底儿,
tʂuə³¹ ɤ²⁴ pʰuə⁰ tsʅ⁰ iou⁰ tsou⁰ kə⁰ nə³¹ xao³¹ tsian²⁴ tʰuəŋ⁴⁴ tiər⁴⁴,

桶底儿是尖嘞,她担着水她也歇不成。
tʰuəŋ⁴⁴ tiər⁴⁴ ʂʅ³¹ tsian⁰ lei⁰,tʰa⁴⁴ tan²⁴ tʂuə⁰ sei⁴⁴ tʰa⁴⁴ iɛ⁰ ɕiɛ²⁴ pu⁰ tʂʰəŋ⁵³.

回来这被这小姑子又发现了。
xuei⁵³ lai⁵³ tʂə³¹ pei³¹ tʂə³¹ siao⁴⁴ ku²⁴ tsʅ⁰ iou³¹ fa²⁴ ɕian³¹ lə⁰.

小姑子为了心疼她嫂子，
siaɔ⁴⁴ku²⁴tsʅ⁰uei³¹liaɔ⁰siən²⁴tʰəŋ⁵³tʰa⁴⁴saɔ⁴⁴tsʅ⁰,
为了叫她嫂子歇歇，给那路上挖嘞坑。
uei³¹liaɔ⁰tɕiaɔ³¹tʰa⁴⁴saɔ⁴⁴tsʅ⁰ɕiɛ²⁴ɕiɛ³,kɤ²⁴nə³¹lu³¹ʂaŋ⁰ua²⁴lei⁰kʰəŋ²⁴.
她嫂子老是走到半路儿里都是，
tʰa⁴⁴saɔ⁴⁴tsʅ⁰laɔ⁴⁴sʅ³¹tsou⁴⁴taɔ⁰pan⁴⁴lur³¹li⁰tou⁴⁴sʅ³¹,
那不是桶底儿不是尖嘞，
nə³¹pu⁵³sʅ³¹tʰuəŋ⁴⁴tiər⁴⁴pu⁵³sʅ³¹tsian²⁴lei⁰,
上那坑[里头]一搁，上那坑儿[里头]一搁，
ʂaŋ³¹nə³¹kʰəŋ²⁴liou⁰i⁰,²⁴kə²⁴,ʂaŋ³¹nə³¹kʰər²⁴liou⁰i⁰,²⁴kə²⁴,
这不会坎=，这桶也不会倒。
tʂə³¹pu⁵³xuei³¹kʰan⁴⁴,tʂə³¹tʰuəŋ⁴⁴iɛ⁴⁴pu⁵³xuei³¹taɔ⁴⁴.
其中这一天嘞，
tɕʰi²⁴tʂuəŋ²⁴tʂə³¹·i⁰tʰian²⁴lei⁰,
这有[一个]白胡子老头儿，牵[一个]马，
tʂə³¹iou⁴⁴yə³¹pai⁵³xu⁵³tsʅ⁰laɔ⁴⁴tʰour⁰,tɕʰian²⁴yə³¹ma⁴⁴,
说一瞅她搁那儿歇嘞，说意思是，
ʂuə²⁴·i²⁴tʂʰou⁴⁴tʰa⁴⁴kə⁰nɐr⁰ɕiɛ²⁴lei⁰,ʂuə²⁴·i³¹sʅ⁰sʅ³¹,
这白胡子老头儿，给[这个]，给她儿媳妇儿说嘞，
tʂə³¹pai⁵³xu⁵³tsʅ⁰laɔ⁴⁴tʰour⁵³,kɤ²⁴tʂuə³¹,kɤ²⁴tʰa⁴⁴l̩⁵³si⁵³fər⁰ʂuə²⁴lei⁰,
说意思他嘞马渴了，
ʂuə²⁴·i³¹sʅ⁰tʰa⁴⁴lei⁰ma⁴⁴kʰə²⁴lə⁰,
给他马喝点儿水中不中。
kɤ²⁴tʰa⁴⁴ma²⁴xə⁰tiɐr⁴⁴ʂei⁰tʂuəŋ²⁴pu⁰tʂuəŋ²⁴.
她儿媳妇儿说："喝吧。"一喝给这一桶水喝完了。
tʰa⁴⁴l̩⁵³si⁵³fər⁰ʂuə²⁴:"xə²⁴pa⁰."i⁰xə²⁴kɤ⁰tʂə³¹·i²⁴tʰuəŋ⁴⁴ʂei⁴⁴xə²⁴uan⁵³lə⁰.
喝完了，回来了，这儿媳妇又去挑一桶。
xə²⁴uan⁵³lə⁰,xuei⁵³lai⁵³lə⁰,tʂə³¹l̩⁵³si⁵³fər⁰iou⁰tɕʰy³¹tʰiaɔ²⁴·i²⁴tʰuəŋ⁴⁴.
又挑一桶，这马又喝完了。
iou³¹tʰiaɔ²⁴·i²⁴tʰuəŋ⁴⁴,tʂə³¹ma⁴⁴iou³¹xə²⁴uan⁵³lə⁰.
这儿媳妇又去挑一桶，这马又给它喝完了。
tʂə³¹l̩⁵³si⁵³fər⁰iou⁰tɕʰy³¹tʰiaɔ²⁴·i²⁴tʰuəŋ⁴⁴,tʂə³¹ma⁴⁴iou³¹kɤ²⁴tʰa⁴⁴xə²⁴uan⁵³lə⁰.
这一喝完，回来了，这白胡子老头儿，
tʂə³¹·i²⁴xə²⁴uan²⁴,xuei⁵³lai⁵³lə⁰,tʂə³¹pai⁵³xu⁵³tsʅ⁰laɔ⁴⁴tʰour⁵³,
给这儿媳妇说了，才给她说了，
kɤ²⁴tʂə³¹l̩⁵³si⁵³fər⁰ʂuə²⁴lə⁰,tsʰai²⁴kɤ²⁴tʰa⁴⁴ʂuə²⁴lə⁰,

说意思是他是谁谁谁，
ʂuə²⁴⁻³¹i⁰ sɿ³¹sɿ³¹tʰa⁴⁴ʂɿ³¹ʂei⁵³ʂei⁵³ʂei⁵³,
说喝你[这么]些水，你也[这么]好，
ʂuə²⁴xə²⁴n̠i⁴⁴tʂən³¹ɕiɛ²⁴ʂei⁴⁴,n̠i⁴⁴iɛ⁴⁴tʂən³¹xax⁴⁴,
你也，你也没有怨言，
n̠i⁴⁴iɛ⁴⁴,n̠i⁴⁴iɛ⁴⁴mu²⁴n̠iou²⁴yan³¹ian⁵³,
你是为啥你这桶是这号样儿嘞。
n̠i⁴⁴ʂɿ³¹uei³⁴ʂa³¹n̠i⁴⁴tʂə³¹tʰuəŋ⁴⁴ʂɿ³¹tʂə³¹xao³¹iɚ³¹lei⁰.
回来，这儿媳妇前前后后给这事儿，
xuei⁵³lai⁵³,tʂə³¹l̩⁵³si⁰fər⁰tsʰian⁵³tsʰian⁵³xou³¹xou³¹kɤ²⁴tʂə³¹ʂər³¹,
她婆子咋刁难她，她小姑子救她，
tʰa⁴⁴pʰuə⁵³tsɿ⁰tsa³¹tiao²⁴nan⁵³tʰa⁴⁴,tʰa⁴⁴siao⁴⁴ku²⁴tsɿ⁰tɕiou³¹tʰa⁴⁴,
她婆子又是咋一开始是平底儿桶，
tʰa⁴⁴pʰuə⁵³tsɿ⁰iou³¹sɿ⁴⁴⁻²⁴tsa³¹i³¹kʰai²⁴²⁴sɿ³¹pʰiəŋ⁵³tiər⁴⁴tʰuəŋ⁴⁴,
她小姑子救她了，
tʰa⁴⁴siao⁴⁴ku²⁴tsɿ⁰tɕiou³¹tʰa⁴⁴lə⁰,
她再给她弄个这尖底儿桶，尖底儿桶。
tʰa⁴⁴tsai³¹kɤ²⁴tʰa⁴⁴nuəŋ⁰kə³¹tʂə⁰tsian²⁴tiər⁴⁴tʰuəŋ⁴⁴,tsian²⁴tiər⁴⁴tʰuəŋ⁴⁴.
这一说，[这个]白胡子老头儿也受感动了，
tʂə³¹⁻²⁴i²⁴ʂuə²⁴,tʂuə³¹pai⁵³xu⁰tsɿ⁰lao⁴⁴tʰour⁰iɛ⁵³⁻⁴⁴ʂou³¹kan⁴⁴tuəŋ³¹lə⁰,
或说意思是，那吧，我给你[一个]马鞭子，
xuai⁵³ʂuə²⁴⁻³¹i⁰sɿ³¹ʂɿ³¹,na³¹pa⁰,uə⁴⁴kɤ²⁴n̠i³¹yə⁴⁴ma⁴⁴pian²⁴tsɿ⁰,
你回家给[这个]鞭子放到那缸里边儿，
n̠i⁴⁴xuei⁵³tɕia²⁴kɤ²⁴tʂuə³¹pian²⁴tsɿ³¹faŋ³¹tao³¹na³¹kaŋ²⁴li¹⁴piɐr⁰,
没水了你都轻轻嘞提一下儿，
mu⁵³ʂei⁴⁴lə⁰n̠i⁴⁴tou²⁴tɕʰiəŋ²⁴tɕʰiəŋ²⁴lei⁰tʰi⁵³⁻²⁴i¹ɕiər³¹,
可不敢持=劲提，可不敢给这鞭子拿[出来]，
kʰə⁰pu²⁴kan⁴⁴tʂʰɿ⁵³tɕiən³¹tʰi⁵³,kʰə⁰pu²⁴kan⁴⁴kɤ²⁴tʂə³¹pian²⁴tsɿ⁰na⁵³tʂʰuai⁵³,
说一拿[出来]，那这水你都止不住。
ʂuə²⁴⁻²⁴i²⁴na⁵³tsʰuai⁵³,na³¹tʂə³¹ʂei⁴⁴n̠i¹tou⁴⁴tsɿ⁴⁴pu⁵³tʂu³¹.
他给它要害关系给这儿媳妇儿说了么，
tʰa⁴⁴kɤ²⁴tʰa⁴⁴iao³¹xai³¹kuan²⁴ɕi¹kɤ²⁴tʂə³¹l̩⁵³⁻⁵³fər⁰ʂuə²⁴lə⁰mə⁰,
她儿媳妇儿知道，可听话，回家了。
tʰa⁴⁴l̩⁵³⁻⁵³fər⁰tʂɿ⁵³tao³¹,kʰə⁴⁴tʰiəŋ²⁴xua³¹,xuei⁵³tɕia²⁴lə⁰.
回家了老是一没水了她提提鞭子，没水了提提鞭子。
xuei⁵³tɕia²⁴lə⁰lao⁵³ʂɿ³¹⁻²⁴i¹mu⁵³ʂei⁴⁴lə⁰tʰa⁴⁴tʰi⁵³⁻²⁴tʰi¹pian²⁴tsɿ⁰,mu⁵³ʂei⁴⁴lə⁰tʰi⁵³⁻²⁴tʰi¹pian²⁴tsɿ⁰.

这时间长了,
tʂə³¹⁻⁵³ʂʅ⁰tɕian⁰tʂʰaŋ⁵³lə⁰,
这老婆子,这恶婆子说这咋回事,
tʂə³¹laɔ⁴⁴pʰuə⁵³tsʅ⁰,tʂə³¹ɣə²⁴pʰuə⁵³tsʅ⁰ʂuə²⁴tʂə³¹tsa⁴⁴xuei⁵³ʂʅ³¹,
这一直也不出去挑水了,天天这水从哪儿来嘞。
tʂə³¹⁻²⁴i⁵³tʂʅ⁵³iɛ⁴⁴pu²⁴tʂʰu²⁴tɕʰy³¹tʰiaɔ²⁴ʂei⁴⁴lə⁰,tʰian²⁴tʰian²⁴tʂə³¹ʂei⁴⁴tʂʰuən⁵³nɐr⁴⁴lai⁵³lei⁰.
她这号样儿,她不是也没法儿上灶伙去,
tʰa⁴⁴tʂə³¹xaɔ³¹iɐr³¹,tʰa⁴⁴pu⁵³ʂʅ³¹iɛ⁴⁴mu⁵³fɐr²⁴ʂaŋ³¹tsaɔ³¹xuə⁰tɕʰy³¹,
没法儿上灶伙去看。
mu⁵³fɐr²⁴ʂaŋ³¹tsaɔ³¹xuə⁰tɕʰy³¹kʰan³¹.
回来她出个智谋,她叫她儿媳妇回家了,
xuei⁵³lai⁵³tʰa⁴⁴tʂʰu²⁴kə³¹tʂʅ⁰mu⁰,tʰa⁴⁴tɕiaɔ³¹tʰa⁴⁴ɭ⁵³si⁰fɐr⁰xuei⁵³tɕia²⁴lə⁰,
说意思是你回家吧,[这么]些天数儿了,
ʂuə²⁴⁻³¹i⁵³sʅ⁵³ɲi⁴⁴xuei⁵³tɕia⁰pa⁰,tʂən⁰ɕiɛ⁰tʰian²⁴ʂur³¹lə⁰,
你也没招过恁娘,也没招过恁老头儿,你回去吧。
ɲi⁴⁴iɛ⁴⁴mu⁵³tʂaɔ²⁴kuə⁰nən⁴⁴ɲiaŋ⁵³,iɛ⁴⁴mu⁵³tʂaɔ²⁴kuə⁰nən⁴⁴laɔ⁴⁴tʰour⁵³,ɲi⁴⁴xuei⁵³tɕʰy³¹pa⁰.
她儿媳妇儿不也可老实,
tʰa⁴⁴ɭ⁵³⁻⁵³fɐr⁰pu²⁴iɛ⁴⁴kʰə⁴⁴laɔ⁴⁴ʂʅ⁰,
这一说叫回娘家,
tʂə³¹⁻²⁴i⁵³ʂuə²⁴tɕiaɔ³¹xuei⁵³ɲiaŋ⁵³tɕiɛ⁰,
那肯定心里也可高兴,说回去就回去。
na³¹kʰən⁴⁴tiəŋ³¹siən²⁴li⁰iɛ⁴⁴kʰə⁴⁴kaɔ⁵³ɕiəŋ³¹,ʂuə²⁴xuei⁵³tɕʰy³¹tsiou³¹xuei⁵³tɕʰy³¹.
回来了,她走了。
xuei⁵³lai⁵³lə⁰,tʰa⁴⁴tsou⁴⁴lə⁰.
她走了以后,[这个]恶婆子上那灶伙去了。
tʰa⁴⁴tsou⁴⁴liaɔ⁴⁴⁻²⁴i⁰xou³¹,tʂuə⁰ɣə⁰pʰuɐr⁵³tsʅ⁰ʂaŋ³¹nə⁰tsaɔ²⁴xuə⁰tɕʰy³¹lə⁰.
到那儿一看,这缸里搁[一个]这鞭子,
taɔ³¹nɐr³¹⁻²⁴i⁰kʰan³¹,tʂə³¹kaŋ²⁴li⁰kɤ²⁴ɣə⁰tʂə³¹pian²⁴tsʅ⁰,
这鞭子也泡嘞白囊囊嘞。
tʂə³¹pian²⁴tsʅ⁰iɛ⁴⁴pʰaɔ³¹lei⁰pai⁵³naŋ⁵³naŋ⁵³lei⁰.
咦,瞅着,反正她瞅见她也可咯硬,
i⁴⁴,tʂʰou⁴⁴tʂə⁰,fan³⁴tʂəŋ⁰tʰa⁴⁴tʂʰou⁴⁴tɕian³¹tʰa⁴⁴iɛ⁴⁴kʰə⁴⁴kɤ⁵³⁻⁰i⁰,
她给那鞭子拿出来了。
tʰa⁴⁴kɤ²⁴nə³¹pian²⁴tsʅ⁰na⁵³tʂʰu²⁴lai⁰lə⁰.
这一拿不当紧,这发大水了。
tʂə³¹⁻²⁴i⁰na⁵³pu²⁴taŋ²⁴tɕiən⁴⁴,tʂə³¹fa²⁴ta³¹ʂei⁰lə⁰.

这一发大水，这回来，这人不都乱说，
tʂə³¹˙²⁴i²⁴fa²⁴ta³¹ʂei⁰,tʂə³¹xuei⁵³lai⁵³,tʂə³¹ʐən⁵³pu⁴⁴tou⁴⁴lyan³¹ʂuə²⁴,
她儿媳妇儿口她娘家听说了，
tʰa⁴⁴ɭ⁵³si⁴⁴fər⁰kai⁴⁴tʰa⁴⁴ȵiaŋ⁵³tɕiɛ⁰tʰiəŋ²⁴ʂuə²⁴lə⁰,
这赶紧回来了，赶紧回来了。
tʂə³¹kan⁵³tɕiən⁰xuei⁵³lai⁵³lə⁰,kan⁵³tɕiən⁰xuei⁵³lai⁵³lə⁰.
一瞅她小姑子，反正是也不见这老头儿，
i²⁴tʂʰou⁴⁴tʰa⁴⁴siao⁴⁴ku²⁴tsʅ⁰,fan³⁴tʂəŋ⁰ʂʅ³¹iɛ⁴⁴pu⁵³tɕian³¹tʂə³¹lao⁴⁴tʰour⁵³,
也不见她婆子了，也不见她老公公了，光她小姑子。
iɛ⁴⁴pu⁵³tɕian³¹tʰa⁴⁴pʰuə⁵³tsʅ⁰lə⁰,iɛ⁴⁴pu⁵³tɕian³¹tʰa⁴⁴lao⁴⁴kuaŋ²⁴kuaŋ⁰lə⁰,kuaŋ²⁴tʰa⁴⁴siao⁴⁴ku²⁴tsʅ⁰.
回来了以后，她到那儿去，她都是，拉住她小姑子。
xuei⁵³lai⁵³liao⁴⁴˙²⁴xou³¹,tʰa⁴⁴tao³¹nɐr³¹tɕʰy⁵³,tʰa⁴⁴tou²⁴ʂʅ³¹,lao²⁴tʂu⁰tʰa⁴⁴siao⁴⁴ku²⁴tsʅ⁰.
她知道是啥原因么，
tʰa⁴⁴tsʅ⁵³tao³¹ʂʅ³¹ʂa³¹yan⁵³iən²⁴mə⁰,
她知道那白胡子老头儿给她[这个]东西。
tʰa⁴⁴tsʅ⁵³tao³¹nɤ³¹pai⁵³xu⁵³tsʅ⁰lao⁴⁴tʰour⁵³kɤ²⁴tʰa⁴⁴tʂuə³¹tuəŋ²⁴si⁰.
回来了以后，她拉住她小姑子站到那中间，
xuei⁵³lai⁵³liao⁴⁴˙²⁴xou³¹,tʰa⁴⁴lao²⁴tʂu⁰tʰa⁴⁴siao⁴⁴ku²⁴tsʅ⁰tʂan³¹tao³¹nə³¹tʂuəŋ²⁴tɕian²⁴,
意思是闸住那水么。
i³¹sʅ⁷³¹ʂʅ³¹tʂa⁴⁴tʂu³¹nə³¹ʂei⁴⁴mə⁰.
一来站到那中间闸住那水，
i²⁴lai⁵³tʂan³¹tao³¹nə³¹tʂuəŋ²⁴tɕian²⁴tʂa⁴⁴tʂu³¹nə³¹ʂei⁴⁴,
二来喊着那神仙爷爷，
ɭ³¹lai⁵³xan⁴⁴tʂuə⁰nə³¹ʂən⁵³sian⁰iɛ⁵³iɛ⁰,
说意思是，你甭叫那个了，又是咋着，也很求嘞。
ʂuə²⁴˙³¹i⁰sʅ³¹ʂʅ⁰,ni⁴⁴piəŋ³¹tɕiao³¹nə³¹kɤ⁰lə⁰,iou³¹ʂʅ³¹tsa⁴⁴tʂuə⁰,iɛ⁴⁴xən⁴⁴tɕʰiou⁴⁴lei⁰.
这一弄，这回来了以后，她俩口那儿时间长了，
tʂə³¹˙²⁴nəŋ⁰,tʂə³¹xuei⁵³lai⁵³liao⁴⁴˙²⁴xou³¹,tʰa⁴⁴lia⁴⁴kai⁴⁴nɐr³¹ʂʅ³¹tɕian³¹tʂʰaŋ⁵³lə⁰,
也变成[一个]那是，她姑嫂俩弄成[一个]石头了。
iɛ⁴⁴pian³¹tʂʰəŋ⁵³yə⁰nə³¹ʂʅ³¹,tʰa⁴⁴ku⁵³sao⁴⁴lia⁴⁴nəŋ³¹tʂʰəŋ⁵³yə³¹ʂʅ⁵³tʰou⁰lə⁰.
给她婆子冲到，冲到这底下，
kɤ²⁴tʰa⁴⁴pʰuə⁵³tsʅ⁰tʂʰuəŋ²⁴tao³¹,tʂʰuəŋ²⁴tao³¹tʂə³¹ti⁴⁴ɕiɛ⁰,
也变成石头了，变成石头了，
iɛ⁴⁴pian³¹tʂʰəŋ⁰ʂʅ⁵³tʰou⁰lə⁰,pian³¹tʂʰəŋ⁰ʂʅ⁵³tʰou⁰lə⁰,
回来了她这都是叫婆婆街。
xuei⁵³lai⁵³liao⁴⁴tʰa⁴⁴tʂə³¹tou⁴⁴ʂʅ³¹tɕiao³¹pʰuə⁵³pʰuə⁵³tɕiai²⁴.

她老公公也冲到那厢了，
tʰa⁴⁴laɔ⁴⁴kuəŋ²⁴kuəŋ⁰iɛ⁴⁴tʂʰuəŋ²⁴taɔ³¹nə³¹tsʰiaŋ⁰lə⁰,
是叫那是，啥名呀，这我也想不起来，
ʂʅ³¹tɕiaɔ³¹nə³¹ʂʅ³¹,ʂa⁴miər⁰ia⁰,tʂə⁴uɛ⁴⁴ie⁴⁴siaŋ⁴⁴pu⁰tɕʰi⁴⁴lai⁵³,
也不知道是啥华山石是啥东西，
iɛ⁴⁴pu²⁴tʂʅ⁵³taɔ²⁴ʂʅ³¹ʂa³¹xua³¹ʂan⁴⁴ʂʅ³¹ʂa³¹tuəŋ²⁴si⁰,
这会儿我也想不起来了。
tʂə³¹xuər⁰uɔ⁴⁴iɛ⁴⁴siaŋ⁴⁴pu⁰tɕʰi⁴⁴lai⁵³lə⁰.
回来了以后，她姑子，她小姑子跟她，这弄成[一个]石头。
xuei⁵³lai⁵³liaɔ⁴⁴i²⁴xou³¹,tʰa⁴⁴ku²⁴tsʅ⁰,tʰa⁴⁴siaɔ⁴⁴ku⁰tsʅ⁰kən⁰tʰa⁴⁴,tʂə³¹nəŋ³¹tʂʰəŋ⁰yɛ³¹ʂʅ⁵³tʰou⁰.
意思是，反正也救好些人么，
i³¹sʅ⁰ʂʅ³¹,fan³⁴tʂəŋ⁰,iɛ⁴⁴tsiou²⁴xaɔ³¹ɕiɛ⁵³zən⁵³mə⁰,
那村民们也都知道她俩站到那中间，
na³¹tsʰuən²⁴miən⁵³mən⁰iɛ⁴⁴tou²⁴tʂʅ⁰taɔ³¹tʰa⁴⁴lia⁴⁴tʂan³¹taɔ⁰nə⁰tʂuəŋ²⁴tɕian²⁴,
才给这水才弄那，才不叫发大水了。
tsʰai⁵³kɤ²⁴tʂə³¹ʂei⁴⁴tsʰai⁵³nuəŋ³⁴na³¹,tsʰai⁵³pu⁵³tɕiaɔ⁰fa²⁴ta³¹ʂei⁰lə⁰.
不过她俩也变成这石头了，
pu⁵³kuɔ³¹tʰa⁴⁴lia⁴⁴iɛ⁴⁴pian³¹tʂʰəŋ⁰tʂə³¹ʂʅ⁵³tʰou⁰lə⁰,
回来，村民们为了还是纪念她俩，
xuei⁵³lai⁵³,tsʰuən²⁴miən⁵³mən⁰uei³¹liaɔ⁰xan⁵³ʂʅ³¹tɕi³⁴n̪ian³¹tʰa⁴⁴lia⁴⁴,
给她俩说，意思说，这是[一个]姑嫂石儿。
kɤ²⁴tʰa⁴⁴lia⁴⁴ʂuɔ²⁴,i³¹sʅ⁰ʂuɔ²⁴,tʂə³¹ʂʅ⁰yɛ³¹ku²⁴saɔ⁴⁴ʂər⁵³.
就这，故事讲完了，谢谢大家！
tsou³⁴tʂə³¹,ku³⁴ʂʅ³¹tɕiaŋ⁴⁴uan⁵³lə⁰,siɛ³¹siɛ⁰ta³¹tɕia⁰!

意译：大家好！我现在给大家讲一个姑嫂石儿的故事。古时候啊，在大山脚下住着一户人家。有一个儿子，一个女儿，还有两公婆，四口人。这个婆子呢，蛮横不讲理。媳妇的娘家有点儿穷，她看不起这个媳妇儿，所以说呢，总是找这个媳妇儿的碴儿。看着儿子，反正跟两公婆关系也可好，她有点气不忿儿。她给儿子找一个差事，叫她儿子出去做生意去了。她儿子一走，她在家开始折磨这媳妇儿，天天叫这媳妇儿挑水。做饭、洗衣裳都是这儿媳妇儿的事。时间长了，这小姑子有点看不忿儿。后来，她小姑子总是跑到半路替她嫂子担水。时间长了，叫这个恶婆子发现了。这恶婆子又做了那种尖桶底儿。桶底儿是尖的，她担着水也歇不成。回来被这小姑子又发现了，小姑子心疼她嫂子，为了叫她嫂子歇歇，在路上挖了坑。她嫂子走到半路，那不是桶底儿是尖的，往那坑儿里一搁，这样不会洒，桶也不会倒。其中这一天呢，有一个白胡子老头儿，牵一匹马，一瞅她在那儿歇呢，这白胡子老头儿给这儿媳妇儿说，他的马渴了，给他的马喝点儿水儿行不行。她儿媳妇儿说:"喝吧。"一喝给这一桶水喝完了。喝完了,她儿媳妇又去挑一桶。又挑一桶,这马又喝完了。这儿媳妇又去挑一桶,这马又给喝完了。这一喝完,这白胡子老头儿给这儿媳妇说了,说意思是他是谁谁谁,说喝你这么多水,你也这么好,你也没有怨言,你是为啥你这桶是这样子的呢?这儿媳妇前前后后把这事儿,她婆子怎么刁难她,她小姑子救她,她婆子又是怎么一开始是平底桶,她小姑子救她了,她再给她弄一个这尖底桶。这一说,这白胡子老头儿也受感动了,给她说的意思是:这样吧,我给你一个马鞭子,你回家把这鞭子放到那缸里,没水了你就轻轻地提一下,可不敢使劲提,可不敢把这鞭子拿出来。一拿出来,这水你都止不住。他把要害关系给这儿媳妇说了,她儿媳妇知道了,很听话,回家了。回家了总是一没水了提提鞭子,没水了提提鞭子。时间长了,这老婆子,这恶婆子心说,这怎么回事,这一直也不出去挑水了,那天天这水从哪儿来的呢?她那样子,也没法儿上厨房去看,后来她想出一个办法,叫她儿媳妇回家了。说意思是,你回家吧,这么些天了,你也没照顾过你娘,也没照顾过你爹,你回去吧。她儿媳妇很老实,这一听说叫回娘家,那肯定心里也可高兴,说,回去就回去。后来她走了。她走了以后,这恶婆子上那厨房去了。到那儿一看,这缸里放了一个鞭子,这鞭子泡得白囊囊的。瞅着,反正她瞅见心里不舒服,就把那鞭子拿出来了。这一拿不当紧,发大水了。这一发大水,人们都到处说。她儿媳妇在她娘家听说了,赶紧回来了,也不见她婆子,也不见她老公公了,只看见她小姑子。后来她拉住她小姑子,她知道是啥原因嘛,她知道那白胡子老头儿给她这东西,后来她拉住她小姑子站到那中间,意思是想闸住那水嘛。一来站到那中间闸住那水,二来喊着那神仙爷爷,说意思是你不用叫那个了,又是怎么样,使劲地请求。这一弄,后来,她俩在那儿时间长了,也变成一个,她姑嫂俩变成一个石头了。把她婆子冲到这底下,也变成石头了,后来她这就叫婆婆街。她老公公也冲到那边了,叫那是,啥名呀我也想不起来了,也不知道是叫什么华山石还是什么东西,这会儿我也想不起来了。后来,她小姑子跟她变成一个石头,反正也救了好些人嘛,那村民们也都知道她俩站到那中间,才不叫发大水了,不过她俩也变成这石头了,后来村民们为了纪念她俩,给她俩说,意思是这是一个姑嫂石。就这,故事讲完了,谢谢大家!

(发音人:谢令利 2018.08.14 鲁山)

三 自选条目

0031 谜语

弯弯一座桥,挂在半天腰。
uan²⁴ uan²⁴ i²⁴ tsuə³¹ tɕʰiaɔ⁵³, kua³¹ tsɛ⁰ pan³¹ tʰian²⁴ iaɔ²⁴.

七色排得巧,一会儿不见了。
tsʰi²⁴sɛ²⁴pʰɛ⁵³tə⁰tɕʰiɑ⁰,i²⁴xuər²⁴pu⁵³tɕian³¹lə⁰.

意译:弯弯一座桥,挂在半天腰。七色排得巧,一会儿不见了。(谜底:彩虹)

(发音人:张朋　2018.11.02 鲁山)

0032 谜语
头上两根毛儿,身穿彩花袍。
tʰou⁵³ʂaŋ⁰liaŋ⁴⁴kən²⁴maor⁵³,ʂən²⁴tsʰuan²⁴tsʰɛ⁴⁴xua²⁴pʰɑ⁵³.

飞舞花丛中,快乐又逍遥。
fi²⁴u⁴⁴xua⁴⁴tʂʰuəŋ⁵³tsuəŋ²⁴,kʰuɛ³¹lə³¹iou³¹siɑ³¹ciɑ⁵³.

意译:头上两根毛儿,身穿彩花袍。飞舞花丛中,快乐又逍遥。(谜底:蝴蝶)

(发音人:张朋　2018.11.02 鲁山)

0033 谜语
空中一队兵,哼哼不住声。
kʰuəŋ²⁴tʂuəŋ²⁴·²⁴i³¹tei²⁴piəŋ²⁴,xəŋ²⁴xəŋ²⁴pu⁵³tsu³¹ʂəŋ²⁴.

棍棒都不怕,就怕烟火熏。
kuən³⁴paŋ³¹tou⁴⁴pu⁵³pʰɑ³¹,tsiou³¹pʰɑ³¹ian²⁴xuə²⁴ɕyən²⁴.

意译:空中一队兵,哼哼不住声。棍棒都不怕,就怕烟火熏。(谜底:蚊子)

(发音人:张朋　2018.11.02 鲁山)

0034 谜语
能看不能吃,能翻不能撕。
nəŋ⁵³kʰan³¹pu²⁴nəŋ⁵³tʂʰʅ²⁴,nəŋ⁵³fan²⁴pu²⁴nəŋ⁵³sʅ²⁴.

你要喜欢它,就会长知识。
n̥i⁴⁴iɑ³¹ɕi³⁴xuan⁰tʰa⁴⁴,tsiou³¹xuei³¹tʂaŋ⁴⁴tʂʅ²⁴sʅ⁰.

意译:能看不能吃,能翻不能撕。你要喜欢它,就会长知识。(谜底:书籍)

(发音人:张朋　2018.11.02 鲁山)

0035 谜语
一家儿兄弟多,上下两排坐。
i²⁴tɕiər²⁴ɕyəŋ²⁴ti⁰tuə²⁴,ʂaŋ³⁴ɕia²⁴liaŋ⁴⁴pʰɛ⁵³tsuə³¹.

谁要进门儿来,谁都不放过。
ʂei⁵³iɑ³¹tsiən²⁴mər⁵³lai⁵³,ʂei²⁴tou²⁴pu⁵³faŋ⁵³kuə³¹.

意译:一家儿兄弟多,上下两排坐。谁要进门儿来,谁都不放过。(谜底:牙齿)

(发音人:张朋　2018.11.02 鲁山)

0036 歇后语
卖豆腐搭台子——生意不大,架子不小。
mai³⁴tou³¹fu²⁴ta²⁴tʰɛ⁵³tsʅ⁰——ʂəŋ²⁴·⁰pu⁵³ta²⁴,tɕia³¹tsʅ⁰pu²⁴siɑ⁴⁴.

意译:卖豆腐搭台子——生意不大,架子不小。

(发音人:张朋　2018.11.02 鲁山)

0037 谜语

兄弟两个一般长，我们吃饭他们忙。

ɕyəŋ²⁴ti⁰liaŋ⁴⁴kə⁰·²⁴pan²⁴tʂʰaŋ⁵³,uə⁴⁴mən⁰tʂʰɻ²⁴fan³¹tʰa⁴⁴mən⁰maŋ⁵³.

酸甜苦辣好滋味儿，他们都要先尝尝。

suan²⁴tʰian⁵³kʰu⁴⁴la²⁴xao⁴⁴tsɿ²⁴uər³¹,tʰa⁴⁴mən tou⁴⁴iao³¹sian²⁴tʂʰaŋ⁵³tʂʰaŋ⁰. （谜底：筷子）

意译：兄弟两个一般长，我们吃饭他们忙。酸甜苦辣好滋味儿，他们都要先尝尝。

（发音人：张朋　2018.11.02 鲁山）

0038 歇后语

炊事员行军——替人背黑锅。

tʂʰuei²⁴sɿ³¹yan⁵³ɕiəŋ⁵³tɕyən²⁴——tʰi³¹zən⁵³pei²⁴xɤ²⁴kuə²⁴.

意译：炊事员行军——替人背黑锅。

（发音人：张朋　2018.11.02 鲁山）

0039 歇后语

下巴颏儿靠梯子——上脸。

ɕia³¹pa⁰kʰər²⁴kʰao³¹tʰi²⁴tsɿ⁰——ʂaŋ³¹lian⁴⁴.

意译：下巴颏儿靠梯子——上脸。

（发音人：张朋　2018.11.02 鲁山）

0040 歇后语

有大哥，有二哥——你算老几。

iou⁴⁴ta³¹kə⁴⁴,iou⁴⁴ɭ³¹kə⁴⁴,——ɲi⁴⁴suan³¹lao⁴⁴tɕi⁴⁴.

意译：有大哥，有二哥——你算老几。

（发音人：张朋　2018.11.02 鲁山）

邓 州

一 歌谣

0001 月亮头
月亮头，赶牲口，一赶赶到马善口。
yə⁴³liaŋ⁰tʰou⁰,kan⁵³ʂən³³kʰou⁰,i³¹kan⁵³kan⁵³tɔ³¹ma⁵³ʂan³¹kʰou⁰.
买个鸡儿，搴豌豆；买个猴，翻跟头。
mɛ⁵³kə⁰tɕiu³³,tɕʰian³³uan⁵⁵tou⁰;mɛ⁵³kə⁰xou²⁰,fan³³ken³³tʰou⁰.
翻到嫂子的屋里头，看看嫂子的花枕头。
fan³³tɔ³¹sɔ⁵³tsʅ³¹ti⁰u³³li⁵³tʰou⁰,kʰan³¹kʰan⁵³sɔ⁵³tsʅ³¹ti⁰xua³³tʂen⁵³tʰou⁰.
意译：月亮光下赶牲口，一赶赶到马山口。买个鸡，吃豌豆；买个猴，翻跟头。
    翻到嫂子的屋里头，看看嫂子的花枕头。

（发音人：闫林　2019.08.09 邓州）

0002 黄瓜绿
黄瓜绿，绿绿黄，这枝蹦到那枝上，
xuaŋ⁴²kua⁰lou³³,lou³³lou⁰xuaŋ⁴²,tʂə³¹tʂʅ³³pəŋ³¹tɔ³¹na³¹tʂʅ³³ʂaŋ³¹,
不想爹不想娘，光想和花女儿打着狂。
pu³¹siaŋ⁵³tiɛ³³pu³¹siaŋ⁰ȵiaŋ⁴²,kuaŋ³³siaŋ⁵³xə⁴²xua³³n̻yu⁵³ta⁵³tʂə⁰kʰuaŋ⁴².
意译：黄瓜绿，绿绿黄，这枝蹦到那枝上，不想爹不想娘，光想和小姑娘玩闹。

（发音人：闫林　2019.08.09 邓州）

0003 恩爱歌
茶壶里，攥筷子，过年生太子，太子是个宝，咱俩也怪好。
tʂʰa⁴²xu⁰li⁰,ʐuə³¹kʰuɛ³¹tsʅ⁰,kuə⁰ȵian⁴²ʂəŋ³³tʰɛ³¹tsʅ⁰,tʰɛ³¹tsʅ³¹kə⁰pɔ⁵⁵,tsan⁴²lia⁵³iɛ⁵³kuɛ³¹xɔ⁵⁵.
意译：茶壶里插筷子，过来年就生个儿子，儿子是个宝，咱俩也挺好。

（发音人：闫林　2019.08.09 邓州）

0004 求亲歌
石榴开花儿红似火，为了说你忙了我，
ʂʅ⁴²liou⁰kʰɛ³³xuɯ³³xuŋ⁴²sʅ³¹xuə⁵³,uei³¹lə⁰ʂuə³³ȵi⁵³maŋ⁴²liuə⁰⁵⁵,
忙你忙我都没啥，可别忙坏娃儿他外婆。
maŋ⁴²ȵi⁵³maŋ⁴²uə³¹tou³³mu⁴²ʂa³¹,kʰə⁵³piɛ⁴²maŋ⁴²xuɛ⁰uɯ³¹tʰa⁵³uɛ³¹pʰə⁰.

意译：石榴开花儿红似火，为了娶你忙坏我，忙你忙我都没啥，可别忙坏孩子的外婆。

（发音人：闫林　2019.08.09 邓州）

0005 比高歌

南阳有个王府山儿，扒扒差差亙ˉ着天儿；

nan⁴²iaŋ⁰iou⁵³kə⁰uaŋ⁴²fu³¹ʂɯ³³,pa³³pa³³tʂʰa³³tʂʰa³³ken³¹tʂuə⁰tʰiɯ³³;

社旗有个春秋楼，半截儿还在天里头；

ʂɛ³¹tɕʰi⁴²iou⁵³kə⁰tʂʰuen³³tɕʰiou³³lou⁴²,pan³¹tɕiu⁴²xan⁴²tsɛ³¹tʰian⁵³li⁵³tʰou⁰;

邓县有个塔，离天一丈八。

təŋ¹³xian³¹iou⁵³kə⁰tʰa³³,li⁴²tʰian³³·³¹tʂaŋ³¹pa³³.

意译：南阳有个王府山，差不多能够着天；社旗有个春秋楼，半截儿还在天里头；邓县有个塔，离天一丈八。

（发音人：闫林　2019.08.09 邓州）

0006 大月亮

大月亮，小月亮，开开后门儿洗衣裳，

ta³¹yə⁴³liaŋ⁰,siɔ⁵³yə⁴³liaŋ⁰,kʰɛ³³kʰɛ³³xou³³mu⁴²ɕi⁵³·³³ʂaŋ⁰,

洗哩白，浆哩光，打发哥哥上学堂。

ɕi⁵³li³¹pɛ⁵³,tsiaŋ³¹li⁰kuaŋ³³,ta⁵³fa⁵³kə⁵³kə⁰ʂaŋ³¹ɕyə⁴²tʰaŋ⁴².

学堂门，挂笔杆儿，笔杆儿轻，打莲灯，

ɕyə⁴²tʰaŋ⁴²men⁴²,kua³¹pei³³kɯ⁵⁵,pei³³kɯ⁴²tɕʰiəŋ³³,ta⁵³lian³³təŋ³³,

莲花开花儿鼓噔噔。

lian⁴²xua³³kʰɛ³³xuɯ³³ku⁵³təŋ⁴³təŋ⁰.

意译：大月亮，小月亮，开开后门洗衣裳，洗得白，浆得光，打发哥哥上学堂。学堂门，挂笔杆，笔杆轻，打莲灯，莲花开花非常漂亮。

（发音人：闫林　2019.08.09 邓州）

0007 订婚歌

三间瓦房挑大脊，车子手表缝纫机，

san³³tɕian³³ua⁴²faŋ⁴²tʰiɔ⁵³ta³¹tɕi⁵⁵,tʂʰə³³tsɿ⁰sou¹³piɔ⁵³fəŋ⁴²zen³¹tɕi³³,

八百块，八件儿衣，少个卡子不登记。

pa³³pɛ³³kʰuɛ⁵³,pa³³tɕiɯ³¹·³³,ʂɔ⁵³kə⁰tɕʰia⁵³tsɿ³³pu³³təŋ³³tɕi³¹.

意译：三间瓦房屋脊很高，车子手表缝纫机，八百块钱（彩礼），八件衣服，（哪怕）少个发卡（都）不登记。

（发音人：闫林　2019.08.09 邓州）

0008 憨大憨

从南来个憨大憨，尾巴撅上天，

tsʰuŋ¹³nan⁴²lɛ⁵³kə⁰xan³³ta³¹xan⁴²,iɛ⁵³pa³³tɕye³³ʂaŋ³¹tʰian³³,

麦秸吃俩垛，井水喝个干。
mɛ³³tɕie⁰tʂʰʅ³³lia⁵³tuə³¹,tsiəŋ¹³şei⁵³xə⁰kə⁰kan³³.
意译：从南边来个傻大个，尾巴撅上天，能吃两个麦秸垛，能喝干井里的水。

（发音人：闫林　2019.08.09 邓州）

0009 十字路上叮当当

哇呜哇呜响一响，十字路上叮当当，你吃稠哩我喝汤。
ua³¹u⁰ua³¹u⁰ɕiaŋ⁵³i⁰ɕiaŋ⁵³,ʂʅ⁴²tsʅ³¹lou⁵³şaŋ³¹tiəŋ³³taŋ⁰taŋ³³,ni³³tʂʰʅ³³tʂou⁴²li⁰uə⁵³xə⁰tʰaŋ³³.
意译：嘀嘀嗒嗒唢呐响，十字路上叮当当（来了当官的），你吃稠的我喝汤。

（发音人：闫林　2019.08.09 邓州）

0010 筛罗罗

筛罗罗，打转转，今天到外婆家吃啥饭？
şai³¹luə⁴²luə⁰,ta⁵⁵tʂuan³¹tʂuan⁰,tɕien³³tian³³tɔ⁵³uei³¹pʰə⁴²tɕia⁰tʂʰʅ³³şa³¹fan³¹,
烙油馍，打鸡蛋，不吃不吃两三碗。
luə³¹iou⁴²muə⁰,ta⁵⁵tɕi⁴³tan⁰,pu³¹tʂʰʅ³³pu³¹tʂʰʅ³³liaŋ⁵³san⁴³uan⁰.
意译：用筛子和箩筛面，今天到外婆家吃什么饭？烙油馍，打荷包蛋，（嘴上说着）不吃不吃（还吃了）两三碗。

（发音人：汤清莲　2019.08.09 邓州）

二　故事

0021 牛郎织女

下面我给大家讲一个，
ɕia³¹mian⁰uə⁰⁵⁵kei⁵³ta³¹tɕia³³tɕiaŋ⁵⁵·⁴²kə⁰,
关于牛郎和织女美丽的传说。
kuan³³y⁴²n̠iou⁴²laŋ⁴²xə⁴²tʂʅ⁴²n̠yu⁴²mei⁵⁵li³¹ti⁰tʂʰuan⁴²şuə³³.
古时候，有一个小伙子，父母都去世了。
ku⁵⁵ʂʅ⁴²xou³¹,iou³¹i¹³kə⁰siɔ⁵³xuə⁴²tsʅ⁰,fu³¹mu⁰tou³³tɕʰy³¹ʂʅ³¹lə⁰.
家里就有一头老牛，他和老牛相依为命。
tɕia³³li⁰tsiou³¹iou⁵⁵·³³tʰou⁴²lɔ⁵⁵n̠iou⁴²,tʰa⁵⁵xə⁴²lɔ⁵⁵n̠iou⁴²siaŋ³²·⁰i⁰uei⁴²miəŋ³¹.
人们都叫他牛郎。牛郎和老牛以耕地为生。
zen⁴²men⁰tou³³tɕiɔ³¹tʰa⁵⁵n̠iou⁴²laŋ³¹.n̠iou⁴²laŋ³¹xə⁴²lɔ⁵³n̠iou⁴²·⁵³kəŋ³³ti³¹uei⁴²şəŋ³³.
他对老牛也很好，老牛为了感激这个牛郎，
tʰa⁵⁵tei⁰lɔ⁵⁵n̠iou⁴²iə⁵³xen⁵³xɔ⁵⁵,lɔ⁵⁵n̠iou⁴²uei⁴²lə⁴²kan⁵³tɕi⁰tʂə⁰kə⁰n̠iou⁴²laŋ³¹,
就是很想给他说个，成家。
tsiou³¹ʂʅ¹³xen⁵³siaŋ⁵³kei⁵³tʰa⁰şuə³³kə⁰,tʂʰəŋ⁴²kə⁰tɕia³³.
这有一天，这个老牛得知天上的仙女儿要下下凡，
tʂə³¹iou⁵³i¹³tʰian³³,tʂə³¹kə⁰lɔ³³n̠iou⁴²tɛ⁴²tʂʅ³³tʰian³³şaŋ⁵³ti⁰sian³³n̠yu¹³·⁰iɔ¹³ɕia¹³ɕia³¹fan⁴²,

跑到这个，到他的家里这个旁边的池塘洗澡。
pʰɔ⁵⁵tɔ³¹tʂə³¹kə⁰,tɔ³¹tʰa⁵⁵ti³¹tɕia³³li³¹tʂə³¹kə⁰pʰaŋ⁴²pian³³ti³¹tʂʰʅ³¹tʰaŋ⁴²si⁵³tsɔ⁵⁵.
这老牛就给牛郎托梦，说："这个明天啊，早上，
tʂə³¹lɔ⁵³ȵiou⁴²tsiou³¹kei⁵³ȵiou⁴²laŋ³¹tʰuɔ³³məŋ⁵³,suɔ³³:"tʂə³¹kə⁰miəŋ⁴²tʰian³³a⁰,tsɔ⁵⁵ʂaŋ³¹,
天上的仙女儿要下下来了，
tʰian³³ʂaŋ³¹ti³¹sian³³ȵyɯ⁵⁵iɔ¹³ɕia³¹ɕia³¹lɛ⁴²lə⁰,
她们在咱们村口要洗澡，
tʰa⁵⁵men⁰tsɛ³¹tsan⁴²men⁰tsʰuen³³kʰou³¹iɔ³¹si⁵³tsɔ⁵⁵,
你去把她的这个这个这个她们的衣服拣一件儿拿回，
ȵi⁵⁵tɕʰy³¹pa¹³tʰa³¹ti⁰tʂə³¹kə⁰tʂə³¹kə⁰tʂə³¹kə⁰tʰa⁵⁵men⁰ti¹⁰·³³i⁴²fu³¹tɕian⁵⁵·³¹tɕiɤɯ³¹na⁴²xuei⁴²,
你们就可以作为夫妻了。"
ȵi⁵³men⁰tsiou³¹kʰə⁴⁵·⁰i³¹tsuɔ³¹uei¹³fu³³tɕʰi³¹lə⁰."
这个牛郎一听之后半信半疑，哪有这么多的好事儿？
tʂə³¹kə⁰ȵiou⁴²laŋ³¹·³³tʰiəŋ³³tʂʅ³¹xou³¹pan³¹sien³¹pan³¹·⁴²i,na⁵³iou⁵⁵tʂə³¹mə⁰tuɔ³³ti⁰xɔ⁵³ʂɯ³¹?
第二天早上起来，牛郎就跑到河边，
ti³¹ɯ³¹tʰian³³tsɔ⁵³ʂaŋ³¹tɕʰi⁵³lai⁰,ȵiou⁴²laŋ³¹tsiou³¹pʰɔ⁵³tɔ³¹xə⁴²pian³³,
果然看见这一群仙女儿在河里嬉闹，洗澡。
kuə⁵⁵zan⁵³kʰan³¹tɕian³¹tʂə³¹·³³i tɕʰyen⁴²sian³³ȵyɯ⁵³tsɛ³¹xə⁴²li⁵⁵ɕi⁰nɔ³¹,si⁵³tsɔ⁵⁵.
这时候啊，牛郎就看见这个，
tʂə³¹ʂʅ³¹xou⁰a⁰,ȵiou⁴²laŋ³¹tsiou³¹kʰan¹³tɕian³¹tʂə³¹kə⁰,
这是老牛教给这个这个这个牛牛郎的话，
tʂə³¹ʂʅ³¹lɔ³¹ȵiou⁵⁵tɕiɔ³³kei⁰tʂə³¹kə⁰tʂə³¹kə⁰tʂə³¹kə⁰ȵiou⁰ȵiou⁴²laŋ³¹ti⁰xua³¹,
说这个，其实老牛哩是天上哩这个金牛星下凡。
ʂuɔ³³tʂə³¹kə⁰,tɕʰi³¹ʂʅ³¹lɔ⁵³ȵiou⁰li⁰ʂʅ³¹tʰian³³ʂaŋ³¹li⁰tʂə³¹kə⁰tɕien³³ȵiou⁴²siəŋ³³ɕia³¹fan⁴².
这个牛郎一到到河边，就是说看见了一件儿红色的衣服，
tʂə³¹kə⁰ȵiou⁴²laŋ³¹·³³i tɔ³¹tɔ³¹xə⁴²pian³³,tsiou³¹ʂʅ¹³ʂuɛ³³kʰan¹³tɕian³¹lə¹⁰·⁰i³¹tɕiɤɯ¹³xuəŋ⁴²sɛ³³·⁰ti¹·³³fu⁴²,
这是老牛教给这个牛郎来，
tʂə³¹ʂʅ³¹lɔ⁵⁵ȵiou⁴²tɕiɔ³³kei⁰tʂə³¹kə⁰ȵiou⁴²laŋ³¹lɛ⁰,
看见之后牛郎就把这件儿衣服，
kʰan¹³tɕian³¹tʂʅ³¹xou³¹ȵiou⁴²laŋ³¹tsiou³¹pa¹³tʂə³¹tɕiɤɯ³¹·³³i fu⁰,
这个这个，这个抢起来挖开就跑，
tʂə³¹kə⁰tʂə³¹kə⁰,tʂə³¹kə⁰tsʰiaŋ⁵³tɕʰi⁵³lɛ⁰ua³³kʰɛ³³tou³¹pʰɔ⁵⁵,
跑到这个家，跑到家这个衣服哩，
pʰɔ⁵⁵tɔ³¹tʂə³¹kə⁰tɕia³³,pʰɔ⁵⁵tɔ³¹tɕia³³tʂə³¹kə⁰i³³fu⁰li⁰,
悄悄哩挂到这个墙上，说挂到墙上之后，
tsʰiɔ³³tsʰiɔ³³li⁰kua³¹tɔ³¹tʂə³¹kə⁰tsʰiaŋ³³ʂaŋ³¹,ʂuɔ³³kua³³tɔ³¹tsʰiaŋ⁴²ʂaŋ³¹tʂʅ³¹xou⁰,

这个牛郎又到地里干活儿去了。
tṣə³¹kə⁰ȵiou⁴²laŋ³¹iou¹³tɔ⁰ti³¹li⁰kan⁵⁵xuəɯ⁴²tɕʰy³¹lə⁰.
这这到晚上，看见这个，
tṣə³¹tṣə³¹tɔ³¹uan⁵³ṣaŋ³¹,kʰan³¹tɕian³¹tṣə³¹kə⁰,
这个听见呢，突然听见有一种敲门声，
tṣə³¹kə⁰tʰiəŋ³³tɕian³¹nə⁰,tʰu²⁴ʐan⁵⁵tʰiəŋ³³tɕian iou⁵⁵·³¹tṣuaŋ⁵⁵tɕʰiɔ³³men⁴²ṣəŋ³³,
哎，牛郎都很惊讶，这个就给门开开，一看果然是个，
ai³³,ȵiou⁴²laŋ³¹tou⁰xen⁵⁵tɕiəŋ³³·³¹,tṣə⁰kə⁰tou¹³kei³¹men⁴²kʰɛ³³kʰɛ⁰,i³¹kʰan³¹kuə⁵⁵ʐan⁵³ʂɿ⁰kə⁰,
这个是一个如花似玉的姑娘，那就是织女儿星。
tṣə³¹kə⁰ʂɿ³¹·³¹i³¹kə⁰ʐu³³xua³³sɿ³¹y³¹ti⁰ku³¹ȵiaŋ⁴²,na¹³tsiou³¹ʂɿ³¹tṣɿ³¹ȵyɯ⁴²siəŋ³³.
他俩一见，这个感到很顺眼儿，于是就结为了夫妻。
tʰa⁵⁵lia⁵³·³¹i³¹tɕian³¹,tṣə³¹kə⁰kan⁵³tɔ³¹xen⁵³ʂuen³¹iəɯ⁵⁵,y¹³ʂɿ³¹tsiou³¹tɕiɛ³³uei⁰lə⁰fu³³tsʰi³³.
这结为夫妻之后啊，
tṣə⁰tɕiɛ³³uei³¹fu³³tsʰi³³tṣɿ³¹xou³¹ia⁰,
这男耕女织，过着很美满幸福的生活。
tṣə³¹nan⁴²kəŋ³³ȵy³³tṣɿ³³,kuə³¹tṣə⁰xen⁵³mei⁴²man⁵⁵ɕiəŋ³¹fu⁴²ti⁰ṣəŋ³³xuə⁴².
这，他俩过有得二三年，添了一个，一男一女。
tṣə³¹,tʰa⁵⁵lia⁵⁵kuə³¹iou⁵⁵tɛ⁴²ɯ⁵³san³³ȵian⁴²,tʰian³³lə⁰·³¹i³¹kə⁰,i³¹nan⁴²·¹³¹i³¹ȵy⁵⁵.
这是也算个，咱们现在说也算个美满哩家庭。
tṣə³¹ʂɿ¹³iə⁵⁵suan³¹kə⁰,tsan⁴²men⁰ɕian¹³tsɛ³¹ʂuɛ⁵⁵iɛ⁵⁵suan³¹kə⁰mei⁴²man⁵³li⁰tɕia³³tʰiəŋ⁴².
这件儿事儿这个突然被这个这个天上的玉皇大帝知道了。
tṣə³¹tɕiəɯ³¹ʂɿ⁰tṣə³¹kə⁰tʰu³³ʐan⁵⁵pʰei¹³tṣə⁰kə⁰tṣə⁰kə⁰tʰian³³ʂaŋ³¹ti⁰y³¹xuaŋ⁴²·¹³ti³¹tṣɿ³²tɔ³¹lə⁰.
玉皇大帝非常气愤，这仙女儿下凡成何体统？
y³¹xuaŋ⁴²·¹³ti³¹fei³³tṣʰaŋ⁴²tɕʰi³¹fen³¹,tṣə³¹sian³¹ȵy⁵³ɕia³¹fan⁴²tṣʰəŋ⁴²xə⁴²tʰi⁵³tʰuəŋ⁵³?
于是就派那这天兵天将下来，把织女儿给他抢走了。
y¹³ʂɿ³¹tsiou³¹pʰɛ³³na⁰tʰian³³piəŋ³³tʰian³³tsiaŋ³¹ɕia³¹lɛ⁴²,pa³¹tṣɿ³²ȵyɯ³¹kei⁵³tʰa⁵⁵tsʰiaŋ⁵³tsou⁵³lə⁰.
这早上起来啊，这个牛郎也没见织女儿了，
tṣə³¹tsɔ⁵⁵ʂaŋ³¹tɕʰi³¹lɛ⁴²·⁰ia⁰,tṣə³¹kə⁰ȵiou³¹laŋ³¹iə⁵³mei⁴²tɕian³¹tṣɿ³¹ȵyɯ⁰lə⁰,
孩子也没见了妈和妈妈了。
xai⁴²tsɿ¹iə⁵⁵mei⁴²tɕian³¹lə⁰ma⁴²xə⁵³ma³¹ma⁰lə⁰.
这咋办哩？都大哭，到处找，找不见，找不着。
tṣə³¹tsa⁵⁵pan³¹li?tou³³ta³¹kʰu³³,tɔ³¹tṣʰu³¹tsɔ⁵⁵,tsɔ⁵⁵pu³¹tɕian³¹,tsɔ⁵⁵pu³¹tṣuə⁴².
这找不着之后，这个孩子们还在闹，要他妈，要他妈，
tṣə³¹tsɔ⁵⁵pu³¹tṣuə⁴²tṣɿ³¹xou³¹,tṣə³¹kə⁰xɛ⁴²tsɿ⁰men⁰xan⁴²tsɛ³¹nɔ³¹,iɔ¹³tʰa⁵⁵ma³³,iɔ¹³tʰa⁵⁵ma³³,
这件儿事儿被这个他的他们这个老牛看见听见了，
tṣə³¹tɕiəɯ¹³ʂɿ⁰pʰei³¹tṣə³¹kə⁰tʰa⁵⁵ti⁰tʰa⁵⁵men⁰tṣə⁰kə⁰lɔ⁵⁵ȵiou⁴²kʰan³¹tɕian³¹tʰiəŋ³³tɕian³¹lə⁰,

这老牛就跑到这这牛郎跟儿，

tʂə³¹lɔ⁵⁵ȵiou⁴²tsou³¹pʰɔ⁵⁵tɔ³¹tʂə³¹tʂə³¹ȵiou⁴²laŋ³¹kɯ³³,

突然张开口说话了，说："牛郎，你不要再找了，

tʰu³³zan⁵⁵tʂaŋ³³kʰai³³kʰou⁵³suɑ³³xuɑ⁰lə⁰,suɑ³³:"ȵiou⁴²laŋ³¹,ȵi⁵⁵pu³¹iɔ¹³tsɛ³¹tʂɔ⁵³lə⁰,

织女儿，你的老婆，是被这个天上的玉皇大帝，

tʂʅ³²ȵyɯ⁰,ȵi⁵⁵ti⁰lɔ⁵³pʰuə⁴²,ʂʅ³¹pʰei³¹tʂə⁰kə⁰tʰian³³ʂaŋ³¹ti⁰y³¹xuaŋ⁴²ta¹³ti³¹,

下旨派哩天兵天将捉去了。"

ɕia³¹tʂʅ⁵³pʰɛ³¹litʰian³³piəŋ³³tʰian³¹tsiaŋ³¹tsuɔ³³tɕʰy³¹lə⁰."

这时候牛郎就问老牛："那我该怎么办？"

tʂə³¹ʂʅ⁴²xou⁰ȵiou⁴²laŋ³¹tou¹³uen³¹lɔ⁵⁵ȵiou⁴²:"nɑ⁰uə⁵³kɛ³³tsen⁵³mə⁰pan³¹?"

老牛说："你不要着急，我会想办法的。"

lɔ⁵³ȵiou⁴²ʂuɔ³³:"ȵi⁵³pu³¹iɔ¹³tʂuə⁴²tɕi⁴²,uə⁵³xuei³¹siaŋ⁵⁵pan³¹fɑ³¹ti⁰."

于是，这个老牛就告诉牛郎，

y¹³ʂʅ³¹tʂə⁰kə⁰lɔ⁵³ȵiou⁴²tsiou⁰kɔ⁰su⁰ȵiou⁴²laŋ³¹,

说："你把我的这个两个角啊取下，它会变成箩筐，

ʂuɔ³³:"ȵi⁵³pa¹³uə⁰ti⁰tʂə³¹kə⁰liaŋ⁵⁵kə⁰tɕyɔ⁵⁵ɑ⁰tsʰy³¹ɕia³¹,tʰɑ³¹xuei³¹pian³¹tʂʰəŋ⁴²luɔ⁴²kʰuaŋ⁰,

你挑着孩子去追织女儿，找他妈。"

ȵi⁵³tʰiɔ³³tʂuɔ⁰xɛ⁰tsʅ⁰tɕʰy³¹tʂuei³³tʂʅ³¹ȵyɯ⁰,tʂɔ⁵³tʰɑ⁵⁵mɑ³³."

这说也蹊跷，突然间老牛的两只角掉下来，

tʂə³¹ʂuɔ³³iɛ⁵³tɕʰi³³tɕʰiɔ⁰,tʰu³³zan⁵⁵tɕian³¹lɔ⁵⁵ȵiou⁴²ti⁰liaŋ⁵³tʂʅ³¹tɕyɔ⁰tiɔ³¹ɕia³¹lə⁰,

变成了一对儿筐，于是，这个牛郎就一个筐里搁一个孩子，

pian³¹tʂʰəŋ⁴²lə⁰i³¹təu³¹kʰuaŋ³³,y¹³ʂʅ³¹,tʂə⁰kə⁰ȵiou⁴²laŋ³¹tsiou³¹i⁰kə⁰kʰuaŋ³³li⁰kə⁰³¹i⁰kə⁰xɛ⁴²tsʅ⁰,

找根扁担，挑上就跑，跑着跑着好像跟飞一样哩，

tʂɔ⁵⁵ken³³pian⁵⁵tan³¹,tʰiɔ³³ʂaŋ³¹tsiou⁰pʰɔ⁵⁵,pʰɔ⁵⁵tʂə⁰pʰɔ⁵⁵tʂə⁰xɔ⁰⁵⁵siaŋ³¹ken³³fei³³·³¹iaŋ³¹li⁰,

变成了一阵风，越飞越快，越走越快。

pian³¹tʂʰəŋ⁴²lə⁰i⁰tsen³³fəŋ³³,yə³¹fei³¹yə³¹kʰuɛ³¹,yə³¹tsou⁵⁵yə³¹kʰuai³¹.

眼看就追上了织女儿，就看见了织女儿的背影，

ian⁵⁵kʰan³¹tsiou⁰tsuei³³ʂaŋ⁰lə⁰tʂʅ³¹ȵyɯ⁰,tsiou⁰kʰan³¹tɕian³¹lə⁰tʂʅ³¹ȵyɯ⁰ti⁰pei³¹iəŋ⁵⁵,

这时候，这个突然被王母娘娘看见了。

tʂə³¹ʂʅ⁴²xou⁰,tʂə³¹kə⁰tʰu³³zan⁵⁵pʰei⁰uaŋ⁴²mu⁰ȵiaŋ⁴²ȵiaŋ⁰kʰan³¹tɕian³¹lə⁰.

王母娘娘也非常气愤，

uaŋ⁴²mu⁰ȵiaŋ⁴²ȵiaŋ⁰iə⁵³fei³¹tʂʰaŋ⁴²tɕʰi³¹fen³¹,

拿了这个，从头上那个，摘下她哩这个这个签儿，

nɑ⁴²lə⁰tʂə³¹kə⁰,tsʰuaŋ⁴²tʰou⁴²ʂaŋ³¹nɑ⁰kə⁰,tʂɛ³³ɕia³¹tʰɑ³¹li⁰tʂə³¹kə⁰tʂə³¹kə⁰tsʰiɯ³³,

过去叫这个，头上，头发辫儿上别那个金签子，

kuə³¹tɕʰy³¹tɕiɔ³¹⁰tʂə³¹kə⁰,tʰou³¹ʂaŋ³¹,tʰou⁴²fɑ¹³piɯ³¹ʂaŋ³¹piɛ⁴²nɑ³¹kə⁰tsien³³tsʰian³³tsʅ⁰,

从他们中间划了一下，
tsʰuəŋ⁴²tʰa⁵⁵men⁰tʂuəŋ³³tɕian³¹xua³¹lə⁰i⁰·³¹ɕia³¹，
划了，于是就变成了一条天河，
xua³¹lə⁰,y¹³sʐ³¹tsiou³¹pian³¹tʂʰəŋ⁴²lə⁰i⁰tʰiɔ⁴²tʰian³³xə⁴²，
大浪滚滚，波涛汹天，
ta³¹laŋ³¹kuen⁵³kuen⁵³,pʰuə³³tʰɔ³³ɕyəŋ⁰tʰian³³，
隔住了牛郎和织女儿的这个路。
kɛ³³tʂu³¹lə⁰ɲiou⁴²laŋ³¹xə⁰tʂʂ³¹ȵyɯ⁰ti⁰tʂə³¹kə⁰lou³¹.
他俩只能够遥远相望，不能相见。
tʰa⁵⁵lia⁵³tʂʂ³¹nəŋ⁴²kou³¹iɔ⁴²yan⁵³sian³¹uaŋ³¹,pu³¹nəŋ⁴²sian³¹tɕian³¹.
俩人，这厢在喊妈呀妈呀，那厢在喊牛郎啊牛郎。
lia⁵³zen⁴²,tʂə³¹sian³¹tsɛ⁰xan⁵³ma³³ia⁰ma³³ia⁰,na³¹sian³¹tsɛ⁰xan⁵³ɲiou⁴²laŋ³¹a⁰ɲiou⁴²laŋ³¹.
这个时候哩，被那个麻衣雀ᶻ听见了。
tʂə³¹kə⁰sʐ⁴²xou⁰li⁰,pʰei⁰na⁰kə⁰ma³¹i⁰tsʰiɔ³³tʰiəŋ³³tɕian³¹lə⁰.
麻衣雀ᶻ就咱们叫喜鹊，
ma⁴²·⁰tsʰiɔ³³tsiou⁰tsan⁴²men⁰tɕiɔ³¹ɕi⁵³tsʰyə³¹，
听见之后啊，感动了这麻衣雀ᶻ，
tʰiəŋ³³tɕian³¹tʂʂ³¹xou³¹ia⁰,kan⁵³tuəŋ³¹lə⁰tʂə³¹ma⁴²·⁵³i⁰tsʰiɔ³³，
麻衣雀ᶻ就是，叫来了成群结队，
ma⁴²·⁵³i⁰tsʰiɔ³³tsiou³¹sʐ³¹,tɕiɔ³¹lai⁰lə⁰tʂʰəŋ⁴²tɕʰyen⁴²tɕiɛ⁴²tei³¹，
这个叫来了，这，这飞来了这个好多好多啊，
tʂə³¹kə⁰tɕiɔ³¹lɛ⁴²lə⁰,tʂə³¹,tʂə³¹fei³³lɛ⁴²lə⁰tʂə³¹kə⁰xɔ⁵³tuə³³xɔ⁵³tuə³³ia⁰，
它们用这个嘴噙住这尾巴，这搭成了一座鹊桥。
tʰa⁵⁵men⁰yəŋ³¹tʂə³¹kə⁰tsei⁵⁵tsʰien⁴²tʂu³¹tʂə³¹iɛ⁵⁵pa³¹,tʂə³¹ta¹³tʂʰəŋ⁴²lə⁰i⁰tsuə³¹tsʰyə³¹tɕʰiɔ⁴².
搭成了鹊桥之后啊，
ta¹³tʂʰəŋ⁴²lə⁰tsʰyə³¹tɕʰiɔ⁴²tʂʂ³¹xou³¹a⁰，
这样牛郎和织女儿他们就能相见。
tʂə³¹iaŋ³¹ɲiou⁴²laŋ³¹xə⁰tʂʂ³¹ȵyɯ⁰tʰa⁵⁵men⁰tou³¹nəŋ⁴²sian¹³tɕian³¹.
这个邓县还有个啥哩传说哩？
tʂə³¹kə⁰təŋ³¹ɕian⁰xan⁴²iou⁵³kə⁰ʂa³¹li⁰tʂʰuan⁴²ʂuə³³li⁰?
这个他这个七月七咱这里好下雨，
tʂə³¹kə⁰tʰa⁵⁵tʂə³¹kə⁰tsʰi³³yə³¹tsʰi³³tsan⁴²tʂə³¹li⁰xɔ³¹ɕia³¹y⁵³，
传说就是牛郎和织女儿他们相见时流下的泪。
tʂʰuan⁴²ʂuə³³tsiou³¹sʐ³¹ɲiou⁴²laŋ³¹xə⁰tʂʂ³¹ȵyɯ⁰tʰa⁵⁵men⁰sian³¹tɕian³¹sʐ³¹liou⁴²ɕia³¹ti⁰lei³¹.
这个还有一个传说是啥哩？
tʂə³¹kə⁰xan³¹iou⁵³·³¹i⁰kə⁰tʂʰuan⁴²ʂuə³³sʐ³¹ʂa³¹li⁰?

当夜深人静的时候，咱们再到葡萄树下，

taŋ³³iɛ³¹tʂʰen³³ʐen⁴²tsiəŋ³¹ti⁰ʂʅ⁰xou⁰,tsan⁴²men⁰tsɛ³¹tɔ⁰pʰu⁴²tʰɔ⁰ʂu³¹ɕia⁰,

就能听见织女儿和牛郎他俩悄悄说话的声音。

tou¹³nəŋ⁴²tʰiəŋ³³tɕian³¹tʂʅ³¹n̠yu⁴²ɲiou⁴²laŋ³¹tʰa⁵⁵lia⁵³tsʰiɔ³³tsʰiɔ³³ʂuɑ³³xuɑ³¹tiʂəŋ³³ien³³.

意译：下面，我给大家讲一个关于牛郎和织女的美丽传说。古时候，有一个小伙子，父母都去世了，家里只有一头老牛，他和老牛相依为命，人们都叫他牛郎。牛郎和老牛以耕地为生，他对老牛也很好，老牛感激这个牛郎，就很想给他说个媳妇成个家。有一天，老牛得知天上的仙女儿要下凡，到牛郎家旁边的池塘洗澡。老牛就给牛郎托梦，说："明天早上天上的仙女要下来了，她们要在咱们村口洗澡，你去把她们的衣服捡一件拿回家，你和穿那件衣服的姑娘就可以结为夫妻了。"牛郎一听半信半疑，哪有这么多的好事？第二天早上起来，牛郎就跑到河边，果然看见一群仙女儿在河里嬉闹、洗澡。这时候牛郎就想起老牛说的话。其实老牛是天上的金牛星下凡。牛郎一到河边就看见了一件红色的衣服，就把这件衣服抱起来就跑。回到家把这件衣服悄悄挂到墙上，牛郎又到地里干活去了。到了晚上，突然听见有一阵敲门声，牛郎很惊讶，把门打开一看，果然是一个如花似玉的姑娘，那就是织女。他俩一见倾心，于是就结为夫妻，男耕女织，过着很美满幸福的生活。过了两三年，添了一个男孩儿一个女孩儿，也算个美满的家庭。这件事突然被天上的玉皇大帝知道了，玉皇大帝非常气愤，这仙女儿下凡成何体统？于是就派天兵天将下来把织女抢走了。牛郎早上起来，没见到织女，孩子也没见到妈妈，都大哭着到处找也找不着。这件事被老牛看见了，老牛跑到牛郎跟前说："牛郎，你不要再找了，你的老婆是织女，她被玉皇大帝派的天兵天将捉去了。"牛郎就问老牛："那我该怎么办？"老牛就告诉牛郎说："你把我的两个角取下，它会变成箩筐，你挑着孩子去追织女。"突然间老牛的两只角果真掉下来变成了两个箩筐。于是牛郎就一个筐里放一个孩子，找根扁担，挑上就跑。跑着跑着好像飞一样的变成了一阵风，越飞越快。眼看就追上了织女儿，这时候，他们突然被王母娘娘看见了，王母娘娘从头上摘下她的簪子，在他们中间划了一下，于是就变成一条天河，大浪滚滚，挡住了牛郎和织女的路。他俩只能够遥遥相望。这边俩孩子在喊妈，那边织女在喊牛郎。这时候喜鹊听见了，他们的事感动了喜鹊，喜鹊成群结队飞来了，它们一个一个地用嘴噙着另一个的尾巴，搭成了一座鹊桥。搭成鹊桥之后，牛郎和织女就能相见了。邓县还有个传说，七月七容易下雨，传说就是牛郎和织女相见时流下的泪。还有一个传说，当夜深人静的时候，人们到葡萄树下，就能听见织女和牛郎悄悄说话的声音。

（发音人：闫林　2019.08.10 邓州）

0022 庞振坤的故事（一）

下面我给大家讲一段儿小故事，这个庞振坤儿的故事。
ɕia³¹mian⁰uə⁵⁵kuɯ⁵³ta¹³tɕia³³tsiaŋ⁵³·³¹i⁰tuɯ⁰sio⁵³ku¹³·³¹,tʂə³¹kə⁰pʰaŋ⁴²tʂen³¹kʰuɯ³³ti⁰ku¹³sʅ³¹.

庞振坤儿是我们邓州一个落举秀才，
pʰaŋ⁴²tʂen³¹kʰuɯ³³sʅ³¹uə⁰men⁰təŋ⁰tʂou³³·³¹kə⁰luə⁰tɕy⁵³siou³¹tsʰɛ⁴²,

他机灵聪明，他的故事流传了很多，
tʰa⁵⁵tɕi³³liəŋ⁴²tsʰuŋ³³miəŋ⁴²,tʰa⁵⁵ti⁰ku¹³·³¹liou⁴²tʂʰuan⁰lə⁰xen⁵³tuə³³,

基本是家喻户晓，大家都知道。
tɕi³³pen⁵³sʅ³¹tɕia³³y³¹xu³¹ɕio³³,ta³¹tɕia⁰tou⁵³tʂʅ³²tɔ⁰.

有一次，庞振坤儿在放学的路上，
iou⁵³·³¹i⁰tsʰʅ³¹,pʰaŋ⁴²tʂen³¹kʰuɯ³³tsɛ³¹faŋ⁰ɕyə⁴²ti⁰lou³¹ʂaŋ⁰,

和他哩同学一起走走哩。
xə⁴²tʰa⁵⁵li⁰tʰuəŋ⁴²ɕyə⁴²·³²i⁰tɕʰi⁰tsou⁵³tsou⁵³li⁰.

哎，突然看见前面有一个少妇。
ɣɛ³³,tʰu⁰zan⁵³kʰan⁰tɕian³¹tɕʰian⁰mian⁰iou⁵³·³¹kə⁰ʂo⁵¹fu³³.

大家和庞振坤儿开玩笑说：
ta¹³tɕia³³xə⁴²pʰaŋ⁴²tʂen³¹kʰuɯ³³kʰɛ³³uan⁴²sio³¹ʂuə⁰:

说："庞振坤儿庞振坤儿呀，都说你机灵聪明，
ʂuə³³:"pʰaŋ⁴²tʂen³¹kʰuɯ³¹pʰaŋ⁴²tʂen³¹kʰuɯ³³ia⁰,tou⁰ʂuə⁰ni³¹tɕi⁰liəŋ⁴²tsʰuəŋ³³miəŋ⁴²,

今天今儿啊，你能够跟这个新媳妇亲上一口，
tɕien³³tʰian³³tɕiɯ¹³a⁰,ni⁵⁵nəŋ⁰kou⁰kɯ³¹tʂə⁰kə⁰si³¹fu⁰sien³³si³¹fu⁰tɕʰien³³ʂaŋ³¹·³¹kʰou⁵³,

又不招来人家的打骂，我们今天晌午请你吃饭。"
iou³¹pu¹³tʂo³³lɛ⁰zen⁰tɕia⁰ti⁰ta⁵³ma⁰,uə⁰men⁰tɕien⁰tʰian³³ʂaŋ⁰u⁰tsʰiəŋ⁵³ni³¹tʂʰʅ³³fan³¹."

哎，庞振坤儿一说哈哈大笑，
ɣɛ³³,pʰaŋ⁴²tʂen³¹kʰuɯ³³·³¹i⁰ʂuə⁰xa³³xa¹³ta⁰sio³¹,

"这能难住我庞振坤儿吗？"
"tʂə³¹nəŋ⁴²nan⁰tʂu³¹uə⁵⁵pʰaŋ⁴²tʂen³¹kʰuɯ⁰ma⁰?"

这庞振坤儿走着，低着头，想了一下，
tʂə³¹pʰaŋ⁴²tʂen³¹kʰuɯ³³tsou⁵³tʂə⁰,ti³³tʂə⁰tʰou⁴²,siaŋ⁵³lə⁰i⁰ɕia³¹,

说："好，你们就站着瞅着下。跟我一起儿走。"
ʂuə³³:"xo⁵³,ni³¹men⁰tsiou³¹tʂan⁰tʂə⁰tʂʰou⁰tʂə⁰ɕia⁰.ken³³uə⁵⁵·³²i⁰tɕʰiɯ⁰tsou⁵³."

这挖绷子，到那个撵上这个少妇，这个新媳妇了。
tsɿ³¹ua³³pəŋ³³tsʅ⁰,to³¹na³¹kə⁰nian⁵³ʂaŋ³¹tʂə⁰kə⁰ʂo³¹fu³³,tʂə³¹kə⁰sien³³si³¹fu⁰lə⁰.

撵上之后，庞振坤儿脸色一变，非常严肃地说：
nian⁵³ʂaŋ³¹tʂʅ⁵³xou³¹,pʰaŋ⁴²tʂen³¹kʰuɯ³³lian⁵³sɛ³¹·³¹pian⁰,fei³³tʂʰaŋ⁴²ian⁰sy³¹ti⁰ʂuə³³:

"你咋回娘家，你路过[人家]那菜地，
"ni⁵⁵tsa⁵³xuei⁰niaŋ⁴²tɕia⁰,ni⁵⁵lou⁰kuə⁴²nia⁰na⁰tsʰɛ¹³ti³¹,

给[人家]那蒜苗薅了一根，你偷偷吃了。"
kɯ⁵³ȵia⁴²na⁰suan³¹miɔ⁰xɔ⁰lə⁰i⁰ken³¹,ȵi⁵⁵tʰou³³tʰou⁰tʂʰʅ³³lə⁰."
这个新媳妇一想说："我回娘家哩，
tʂə³¹kə⁰sien³³si⁴²fu³¹siaŋ⁵³ʂuə³³:"uə⁵⁵xuei⁴²ȵiaŋ⁰tɕia⁰li⁰,
我咋能够偷你哩蒜苗吃哩？"
uə⁵⁵tsa⁵³nəŋ⁴²kou³¹tʰou³³ȵi⁵⁵li⁰suan³³miɔ⁰tʂʰʅ³³li⁰?"
庞振坤儿说："明明人家看见你偷吃了，
pʰaŋ⁴²tʂen³¹kʰuɯ³³ʂuə³³:"miəŋ⁴²miəŋ⁴²zen⁴²tɕia⁰kʰan¹³tɕian⁰ȵi⁵⁵tʰou³³tʂʰʅ³³lə⁰,
你还说没吃。"
ȵi⁵⁵xan⁴²ʂuə³³mu⁴²tʂʰʅ³³."
他俩就给那儿吵吵，"我没吃。"他说："你吃了。"
tʰa⁵⁵lia⁵³tou³¹kə³³nɯ³¹tʂʰɔ⁵³tʂʰɔ⁰,"uə⁵⁵mu⁴²tʂʰʅ³³."tʰa⁵⁵ʂuə³³:"ȵi⁵⁵tʂʰʅ³³lə⁰."
这个庞振坤儿，这个这个新媳妇他俩吵了以后，
tʂə³¹kə⁰pʰaŋ⁴²tʂen³¹kʰuɯ³³,tʂə³¹kə⁰tʂə³¹kə⁰sien³³si⁴²fu⁰tʰa⁵³lia⁵³tʂʰɔ⁵³lə⁰i⁰xou³¹,
庞振坤儿说："你没吃？你一吃，那嘴上的气儿就多大！"
pʰaŋ⁴²tʂen³¹kʰuɯ³³ʂuə³³:"ȵi⁵⁵mu⁴²tʂʰʅ³³?ȵi⁰i⁰tʂʰʅ³³,na⁰tsei⁵⁵·⁵³ʂaŋ³¹tə⁰tɕʰiɯ³¹tou³¹tuə⁴³ta³¹!"
那蒜苗不是有个味儿气儿？新媳妇说："我没吃。"
na³¹suan⁴²miɔ⁴²pu³¹ʂʅ³¹iou⁵³kə⁰uɯ³¹tɕʰiɯ⁰?sien³³si⁴²fu⁰ʂuə³³:"uə⁵⁵mu⁴²tʂʰʅ³³."
他说："你没吃，叫我闻闻，
tʰa⁵⁵ʂuə³³:"ȵi⁵⁵mu⁴²tʂʰʅ³³,tɕiɔ¹³uə⁵⁵uen⁴²uen⁴²,
如果真没吃就没那个气儿。"
zu⁴²kuə⁵³tʂen³³mu⁴²tʂʰʅ³³tsiou³¹mu⁴²na³¹kə⁰tɕʰiɯ³¹."
哎，这个新媳妇说："闻闻就闻闻。"
ɣɛ³³,tʂə³¹kə⁰sien³³si⁴²fu⁰ʂuə³³:"uen⁴²uen⁴²tsiou³¹uen⁴²uen⁴²."
庞振坤儿到她那个跟儿，抱住她那头，
pʰaŋ⁴²tʂen³¹kʰuɯ³³tɔ³¹tʰa⁵⁵na³¹kə⁰kɯ⁰,pɔ³¹tʂu⁰tʰa⁵⁵na⁰tʰou⁴²,
脸左面儿一闻，右面儿一闻，闻闻了，到嘴跟儿，
lian⁵³tsuə⁵³miɯ⁰i⁰uen⁴²,iou⁴²miɯ⁰i⁰uen⁴²,uen⁴²uen⁴²lə⁰,tɔ³¹tsei⁵³kɯ³³,
嘴对住她嘴闻一下儿，哎，跟她亲一下儿。
tsuei³¹tei³¹tʂu⁰tʰa⁵⁵tsei⁵³uen⁴²i⁰ɕiɯ⁰,ɣɛ³³,ken³¹tʰa⁵⁵tsʰien³³·³²ɕiɯ³¹.
庞振坤儿说："真是没吃，没有这个气儿。"
pʰaŋ⁴²tʂen³¹kʰuɯ³³ʂuə³³:"tʂen³¹ʂʅ⁰mu⁴²tʂʰʅ³³,mu⁰iou⁵³tʂə³¹kə⁰tɕʰiɯ³¹."
随即给他那学生说："看看你们冤枉不冤枉人家，
sei⁰tɕi⁰kei³¹tʰa⁰na⁵⁵ɕyə⁰ʂəŋ⁰ʂuə³³:"kʰan³³kʰan⁰ȵi⁵⁵men⁵⁵·³³yan⁰uaŋ³³pu⁰yan⁰uaŋ⁰zen⁴²tɕia⁰,
人家没有吃这个，偷这个蒜苗，
zen⁴²tɕia⁰mu⁰iou⁰tʂʰʅ³³tʂə³¹kə⁰,tʰou⁰tʂə³¹kə⁰suan¹³miɔ⁴²,

你们说[人家]偷了这个蒜苗，冤枉成啥了！"
ni̠⁵³men⁰ şuɛ⁰ ȵia³³tʰou³¹lə⁰tʂɔ³¹kə⁰suan³¹miɔ⁰,yan³³uaŋ³³tʂʰəŋ⁴²şa³¹lə⁰!"
假装把他那个同学这个屁股上踢了一奔，一跟头。
tɕia⁵³tʂuaŋ³³pa³³tʰa³¹na³¹kə⁰tʰuəŋ⁴²ɕyɛ³³tʂɔ³¹kə⁰pʰi³³ku⁰şaŋ³¹tʰi³³lə⁰i³¹pen³³,i³¹ken³³tʰou⁰.
哎，同学们说："那冤枉了，冤枉了。"
ɣɛ⁰,tʰuəŋ⁴²ɕyɛ⁰men⁰suə³³:"na³¹yan³³uaŋ³³lə⁰,yan³³uaŋ³³lə⁰."
这个小媳妇说："看看，我没吃就是没吃吧。"
tʂɔ³¹kə⁰siɔ⁵³si⁴²fu⁰şuə³³:"kʰan³¹kʰan³¹,uə⁵⁵mu⁰tʂʰʅ³³tsiou⁵³ʂʅ³¹mu⁴²tʂʰʅ³³pa⁰."
笑呵呵哩走了。
siɔ³¹xə³³xə³³li⁰tsou⁵³lə⁰.

意译：下面我给大家讲一段庞振坤的故事。庞振坤是我们邓州一个落举秀才，他机灵聪明。他的故事家喻户晓，大家都知道。有一次，庞振坤在放学的路上和同学一起走着。突然看见前面有一个少妇。大家对庞振坤开玩笑说："庞振坤，都说你机灵聪明，今天你能够亲这个新媳妇一口，又不招来人家的打骂，我们今天中午请你吃饭。"庞振坤哈哈大笑："这能难住我吗？"庞振坤低着头，想了一下说："好，你们就站着瞅着。"赶快追上这个新媳妇。追上之后，庞振坤脸色一变，非常严肃地说："你回娘家路过人家的菜地，把人家的蒜苗拔了一根偷偷吃了？"这个新媳妇说："我回娘家怎么会去偷蒜苗吃呢？"庞振坤："明明人家看见你偷吃了，你还说没吃。"二人吵了起来，一个说"我没吃"，一个说"你吃了"。庞振坤说："你说没吃？如果你吃了，嘴里的气味会很大！"因为蒜苗不是有气味嘛。新媳妇说："我没吃。"他说："如果你没吃就让我闻闻，如果真没吃就没那个味儿。"这个新媳妇说："闻闻就闻闻。"庞振坤到她跟前，抱住她的头，左边一闻，右边一闻，又嘴对住她的嘴闻一下，借机跟她亲了一下。庞振坤说："真是没吃，没有气味。"随即（故意）跟他的同学们说："看看你们冤枉不冤枉人家，人家没有偷吃蒜苗，你们非说人家偷了蒜苗，看把人家冤枉成什么了！"假装在他的同学屁股上踢了一跟头。同学们也附和说："冤枉了，冤枉了。"小媳妇说："看看，我说没吃就是没吃吧。"笑呵呵地走了。

（发音人：闫林　2019.08.09 邓州）

三　自选条目

0031 顺口溜

吃罢饭，没事儿干，拉着弟弟到处儿转。
tʂʰʅ³³pa³¹fan³¹,mu⁴²şɯ³³kan³¹,la³³tʂuə⁰ti³¹ti⁰tɔ¹³tʂʰɯu³³tʂuan³¹.
意译：吃过饭，没事干，带着弟弟到处晃悠。

（发音人：闫林　2019.08.09 邓州）

0032 顺口溜

刷子疙瘩立臼杵儿,快给老爷开开门儿。

ʂua³³tsʅ⁰kɯ³³ta⁰li³¹tɕiou³¹tʂʰuɯ⁴²,kʰuɛ³¹kɯ⁵³lɔ⁵³iɛ⁴²kʰɛ³³kʰɛ⁰mɯ⁴².

意译:刷子和臼锤儿(厨房用具),快给老爷开开门。

(发音人:闫林 2019.08.09 邓州)

0033 顺口溜

花喜鹊,尾巴长,接个老婆忘了娘。

xua³³ɕi⁵³tsʰyɛ³¹iɛ⁵³pa⁰tʂʰaŋ⁴²,tsiɛ³³kə⁰lɔ⁵³pʰuə⁴²uaŋ³¹liɔ⁰ɲian⁴².

意译:花喜鹊,尾巴长,娶个老婆忘了娘。

(发音人:闫林 2019.08.09 邓州)

0034 顺口溜

肚子疼,叫王成,王成拿个小刀子,割了你哩屎包子。

tʰu³¹tsʅ⁰tʰəŋ⁴²,tɕiɔ³¹uaŋ⁴²tʂʰəŋ⁴²,uaŋ⁴²tʂʰəŋ⁴²na⁰kə⁴²ɕiɔ⁴²tɔ⁵³tsʅ⁰,kə³³liɔ⁵³ɲi⁰li⁵³ʂʅ³³pɔ⁰tsʅ⁰.

意译:肚子疼,叫王成,王成拿个小刀子,割掉你的屎包子。

(发音人:闫林 2019.08.09 邓州)

0035 顺口溜

风来了,雨来了,王八背个鼓来了。

fəŋ³³lɛ⁴²lə⁰,y⁵³lɛ⁴²lə⁰,uaŋ⁴²pa³³pei³³kə³¹ku⁵³lɛ⁴²lə⁰.

意译:风来了,雨来了,王八背个鼓来了。

(发音人:闫林 2019.08.09 邓州)

0036 谚语

掏钱难买五月旱,六月连阴吃饱饭。

tʰɔ³³tɕʰian⁴²nan⁴²mɛ⁵³u⁵³yɛ³³xan³¹,liou³¹yɛ⁵³lian⁴²ien³¹tʂʰʅ³³pɔ⁵³fan³¹.

意译:掏钱难买五月旱,六月连阴吃饱饭。

(发音人:闫林 2019.08.09 邓州)

0037 谚语

八月十五雨声声,正月十五雪打灯。

pa³³yə⁰ʂʅ⁴²u⁵³y⁵³səŋ⁴³səŋ⁰,tʂəŋ³³yə⁰ʂʅ⁴²u⁵³syɛ⁵³ta⁵³təŋ³³.

意译:八月十五如果下雨,正月十五将会下雪。

(发音人:闫林 2019.08.09 邓州)

0038 谚语

哼哈一口气,冷热不一般。

xəŋ³³xa³³i³¹kʰou⁵³tɕʰi³¹,ləŋ⁵³zə³³pu³¹i³¹pan³³.

意译:呼气和吸气,冷热不一样。

(发音人:闫林 2019.08.09 邓州)

0039 谚语

雨不大淋湿衣裳,话不多恼人心伤。

y⁵³pu¹³ta³¹lyen⁴²ʂʅ³³i³³ʂaŋ⁰,xua³¹pu¹³tuo³³nɔ⁵³zen⁴²sien³³ʂaŋ³³.
意译：雨不大淋湿衣裳，话不多让人伤心。

（发音人：闫林 2019.08.09 邓州）

0040 顺口溜

日头落，狼下坡，放牛娃儿等着我，别让麦茬儿扎住我。
zʅ³¹tʰou⁴²luo³¹,laŋ⁴²ɕia¹³pʰuo³³,faŋ⁴²you¹³uɯ⁴²təŋ³¹tʂo⁵⁵uo⁵⁵,pie³¹zaŋ³³me⁴²tʂʰu³³tʂa⁰uo⁵⁵.
意译：太阳落，狼会出来，放牛的孩子等着我，别让麦茬儿扎住我。

（发音人：闫林 2019.08.09 邓州）

0041 顺口溜

公鸡头，母鸡头，不在这头在那头。
kuəŋ³³tɕi⁰tʰou⁴²,mu⁵³tɕi⁰tʰou⁴²,pu¹³tsɛ³¹tʂə³³tʰou⁴²tsɛ³¹na³¹tʰou⁴².
意译：公鸡头，母鸡头，（如果）不在这里面（就）在那里面。

（发音人：闫林 2019.08.09 邓州）

0042 顺口溜

这儿苦，这儿甜，这儿杀猪，这儿过年，
tʂɯ³¹kʰu⁵³,tʂɯ³¹tʰian⁴²,tʂɯ³¹ʂa³³tʂu³³,tʂɯ³¹kuə³¹ȵian⁴²,
这儿哩小虫掏不完。
tʂɯ³¹li⁰ɕiɔ⁵³tʂʰuaŋ⁴²tʰɔ³³pu³¹uan⁴².
意译：有的地方苦，有的地方甜，有的地方杀猪，有的地方过年，有的地方麻雀抓不完。

（发音人：闫林 2019.08.09 邓州）

0043 谚语

路远知马力，日久见人心。
lou³¹yan⁵³tʂʅ³³ma⁵³li³¹,zʅ³¹tɕiou⁵³tɕian³¹zen⁴²sien³³.
意译：路远知马力，日久见人心。

（发音人：闫林 2019.08.09 邓州）

0044 歇后语

剃头哩拿个铡——大干家儿。
tʰi³¹tʰou⁴²li⁰na⁴²kə⁰tʂa⁴²——ta¹³kan³¹tɕiɯ⁰.
意译：剃头的拿个铡刀——干大事的人。

（发音人：闫林 2019.08.09 邓州）

0045 顺口溜

浪八圈儿哼一腔，震动三道岗。
laŋ³¹pa³³tɕʰyɯ³³xəŋ³³i³⁰tɕʰiaŋ³³,tʂen¹³tuəŋ³¹san⁵³tɔ³¹kaŋ⁵⁵.
男的不下地，女的不烧汤。
nan⁴²ti⁰pu³¹ɕia¹³ti³¹,ȵy⁵³tə⁰pu³¹ʂɔ³³tʰaŋ³³.
意译：到处晃悠的二流子吆喝一声，震动三道岗。男的不下地干活，女的不做饭。

（发音人：闫林 2019.08.09 邓州）

0046 顺口溜

小河流过我门前，我请小河玩一玩。

ɕiɔ⁵³xə⁴²liou⁴²kuə³¹uə⁵⁵men⁴²tɕʰian⁴²,uə⁵⁵tɕʰiəŋ⁵³ɕiɔ⁵³xə⁴²uan⁴²·0 i⁰uan⁴².

小河摇头不答应，急急忙忙奔向前。

ɕiɔ⁵³xə⁴²iɔ⁴²tʰou⁴²pu³¹ta⁵³iəŋ⁰,tɕi⁴²tɕi⁰maŋ⁴²maŋ⁰pen³³ɕiaŋ³¹tsʰian⁴².

意译：小河流过我门前，我请小河玩一玩。小河摇头不答应，急急忙忙奔向前。

（发音人：闫林 2019.08.09 邓州）

0047 罗卷戏《南阳关·在陈府我尊了千岁之令》

在陈府我尊了千岁之令，

tsai tʂʰen fu uə tsuen liɔ tɕʰian suei tʂɿ liəŋ,

到大街请媒婆走上一程，

tɔ ta tɕie tɕʰiəŋ mei pʰuə tsou ʂaŋ i tʂʰəŋ,

往前走来在了这媒婆的门外，

uaŋ tsʰian tsou lai tsai liɔ tʂə mei pʰuə ti men uai,

我自把那官媒婆叫了一声。

uə tsɿ pa na kuan mei pʰuə tɕiɔ liɔ i ʂəŋ.

意译：在陈府我领了千岁之令，到大街走上一段路去请媒婆，往前走来到了媒婆的门外，我自把那媒婆叫了一声。

（发音人：刘志强 2019.08.10 邓州）

西　峡

一　歌谣

0001 这儿甜

这儿甜，这儿咸，这儿杀猪，这儿过年，这儿有小虫掏不完。

tʂɯ³¹tʰian⁴²,tʂɯ³¹ɕian⁴²,tʂɯ³¹ʂa²⁴tʂu²⁴,tʂɯ³¹kuə²⁴n̠ian⁴²,tʂɯ³¹iəu⁵⁵ɕiaɔ⁵⁵tʂʰuəŋ⁰tʰaɔ²⁴pu⁰van⁴².

意译：这儿甜，这儿咸，这儿杀猪，这儿过年，这儿有小虫掏不完。

（发音人：张闪　2019.08.14 西峡）

0002 麻野雀儿

麻野雀儿，尾巴儿长，娶个媳妇儿忘了娘。

ma²⁴ie⁵⁵tsʰyɯ³¹,i⁵⁵puɨ²⁴tsʰaŋ⁴²,tsʰy⁵⁵kə⁰si⁴²fuɯ⁰uəŋ³¹liaɔ²⁴n̠ian⁴².

意译：麻野雀儿，尾巴儿长，娶个媳妇儿忘了娘。

（发音人：王春兰　2019.08.19 西峡）

0003 筛罗罗

筛罗罗，打面面，外婆来了吃啥饭，

ʂɛ²⁴luə⁴²luə⁰,ta⁵⁵mian³¹mian⁰,uei⁴²pʰuə⁴²lɛ⁴²lə⁰tʂʅ²⁴ʂa³¹fan³¹,

打鸡蛋，烙油旋，不吃不吃两大碗。

ta⁵⁵tɕi⁴²tan³¹,luə⁴²iəu⁴²suan³¹,pu²⁴tʂʰ²⁴tʂʰ²⁴liaŋ⁵⁵ta³¹uan⁵⁵.

意译：筛罗罗，打面面，外婆来了吃啥饭，打鸡蛋，烙油旋，不吃不吃两大碗。

（发音人：张闪　2019.08.14 西峡）

0004 兽虫爬爬

兽虫爬爬，爬个南瓜，

ʂəu³¹tʂʰuəŋ⁰pʰa⁴²pʰa⁰,pʰa⁴²kə⁰nan⁴²kua⁰,

南瓜不结籽儿，结个好白女儿，

nan⁴²kua⁰pu²⁴tɕie²⁴tsɯ⁵⁵,tɕie²⁴kə⁰xaɔ⁵⁵pɛ³⁴n̠yɯ⁵⁵,

好白女儿嗑瓜子儿，一天嗑一斗，十天嗑一担，

xaɔ⁵⁵pɛ²⁴n̠yɯ⁵⁵kʰuə³¹kua²⁴tsɯ⁵⁵,i²⁴tʰian²⁴kʰuə³¹,²⁴təu⁵⁵,ʂʅ⁴²tʰian²⁴kʰuə³¹i⁴²tan³¹,

她妈还嫌她嗑得慢，

tʰa⁵⁵ma²⁴xan⁴²ɕian⁴²tʰa³¹kʰuə³¹li³¹man³¹,

又是掐，又是拧，拧哩娃子肚子疼。
iəu³¹ sʅ⁰ tɕʰia²⁴,iəu³¹ sʅ⁰ niəŋ⁴²,niəŋ⁴² li⁰ ua⁴² tsʅ⁰ təu³¹ tsʅ⁰ tʰəŋ⁴².

意译：兽虫爬爬，爬个南瓜，南瓜不结籽儿，结个好白女儿，好白女儿嗑瓜子儿，一天嗑一斗，十天嗑一担，她妈还嫌她嗑得慢，又是掐，又是拧，拧得娃子肚子疼。

（发音人：王春兰　2019.08.19 西峡）

0005 肚子疼

肚子疼，上王营儿，王营儿有个好医生。
tu³¹ tsʅ⁰ tʰəŋ⁴²,ʂaŋ³¹ uaŋ²⁴ iõ⁴²,uaŋ²⁴ iõ⁴² iəu⁴² kə⁰ xau⁵⁵·²⁴ i⁰ ʂəŋ⁰.

意译：肚子疼，上王营儿，王营儿有个好医生。

（发音人：张闪　2019.08.14 西峡）

0006 白天游四方

白天游四方，黑了点灯补裤裆。
pɛ⁴² tʰian³¹ iou⁴² sʅ³¹ faŋ⁰,xuı²⁴ liao⁰ tian⁵⁵ təŋ²⁴ pu⁵⁵ kʰu³¹ taŋ⁰.

意译：白天游四方，黑了点灯补裤裆。

（发音人：张闪　2019.08.14 西峡）

0007 风来了

风来了，雨来了，老鳖背着鼓来了。
fəŋ²⁴ lɛ³¹ la⁰,y⁵⁵ lɛ⁴² la⁰,lao⁵⁵ pie²⁴ pei²⁴ tʂo⁰ ku⁵⁵ lɛ⁴² la⁰.

意译：风来了，雨来了，老鳖背着鼓来了。

（发音人：张闪　2019.08.14 西峡）

0008 龙生龙

龙生龙，凤生凤，老鼠生来会打洞。
luəŋ⁴² ʂəŋ²⁴ luəŋ⁴²,fəŋ³¹ ʂəŋ²⁴ fəŋ³¹,lao⁴² su⁰ ʂəŋ²⁴ lɛ⁰ xuei²⁴ ta⁵⁵ tuəŋ³¹.

意译：龙生龙，凤生凤，老鼠生来会打洞。

（发音人：张闪　2019.08.14 西峡）

0009 小老鼠儿

小老鼠儿，上灯台；偷油吃，下不来；
ɕiao⁵⁵ lau⁴² ʂuɯ⁰,ʂaŋ³¹ təŋ²⁴ tʰɛ⁴²,tʰəu iəu⁴² tʂʅ²⁴,ɕia³¹ pu⁰ lɛ⁴²,
喊小妮儿，抱猫来，叽里咕噜滚下来。
xan⁵⁵ ɕiao⁵⁵ niuɯ²⁴,pao³¹ mao²⁴ lɛ⁴²,tɕi⁰ li⁰ ku²⁴ lu²⁴ kuəŋ⁵⁵ ɕia³¹ lɛ⁰.

意译：小老鼠儿，上灯台；偷油吃，下不来；喊小妮儿，抱猫来，叽里咕噜滚下来。

（发音人：张闪　2019.08.14 西峡）

0010 春节歌

二十三儿枣陀=螺=儿，
auɯ³¹ sʅ⁴² suɯ²⁴ tsao³¹ tʰuə⁴² luɯ³¹,

二十四扫房子，
auɯ³¹ʂʅ⁴²sʅ³¹sao⁵⁵faŋ⁴²tsʅ⁰,
二十五拐豆腐，
auɯ³¹ʂʅ⁴²u⁵⁵kuɛ⁵⁵təu³¹fu⁰,
二十六炖羊肉，
auɯ³¹ʂʅ⁴²liəu³¹tuən³¹iaŋ⁴²zəu³¹,
二十七杀灶鸡，
auɯ³¹ʂʅ⁴²tɕʰi²⁴ʂa²⁴tsao³¹tɕi²⁴,
二十八把面发，
auɯ³¹ʂʅ⁴²pa²⁴pa²⁴mian³¹fa²⁴,
二十九蒸馍篓═，
auɯ³¹ʂʅ⁴²tɕiəu⁵⁵tʂəŋ²⁴muə³¹ləu⁵⁵,
三十儿捏鼻儿，
san²⁴ʂu⁴²n̠ie²⁴piɯ⁴².
一鸡二犬三猫四兔五马六羊七人八谷九果十菜。
i²⁴tɕi²⁴auɯ²⁴tɕʰyan⁵⁵san²⁴mao⁵⁵sʅ⁵⁵tʰəu²⁴vu⁵⁵ma⁵⁵ləu²⁴iaŋ⁵⁵tsʰi⁵⁵zən⁴²pa²⁴ku²⁴tɕiəu⁵⁵kua⁵⁵ʂʅ⁴²tsʰɛ³¹.
意译：二十三儿枣山馍，二十四扫房子，二十五磨豆腐，二十六炖羊肉，二十七杀社鸡，二十八把面发，二十九蒸馒头，三十儿捏鼻儿，一鸡二犬三猫四兔五马六羊七人八谷九果十菜。

（发音人：王春兰 2019.08.19 西峡）

0011 天皇皇

天皇皇，地皇皇，我家有个夜哭郎，
tʰian²⁴xuaŋ³¹xuaŋ⁴²,ti³¹xuaŋ²⁴xuaŋ⁴²,uə⁵⁵tɕia³¹iəu⁵⁵kə⁰ie⁵⁵kʰu²⁴laŋ⁴²,
行路君子念三遍儿，一觉睡到大天光。
ɕiəŋ⁴²ləu³¹tɕyən²⁴tsʅ⁰n̠ian³¹san³¹piɯ⁴²,i⁵⁵tɕiao³¹ʂei³¹tao⁰ta³¹tʰian²⁴kuaŋ²⁴.
意译：天皇皇，地皇皇，我家有个夜哭郎，行路君子念三遍儿，一下睡到大天光。

（发音人：王春兰 2019.08.19 西峡）

0012 盘脚盘

盘脚盘，盘三年，三年展═，
pʰan⁴²tɕyə²⁴pʰan⁵⁵,pʰan⁴²san²⁴n̠ian⁴²,san²⁴n̠ian⁴²tʂan⁵⁵,
展═蚰蜒，蚰蜒发，发芝麻，
tʂan⁵⁵iəu⁴²ian³¹,iəu⁵⁵ian³¹fa²⁴,fa²⁴tʂʅ²⁴ma³¹,
芝麻地里得打瓜，
tʂʅ²⁴ma³¹ti³¹li⁰tɛ²⁴ta⁵⁵kua³¹,
有钱哩，吃一个，没钱哩，盘过去。
iəu⁵⁵tsʰiɯ⁴²lɛ⁰,tʂʰi²⁴⁻³¹kə⁰,mə⁵⁵tɕʰiɯ⁴²li⁰,pan³¹luə³¹tɕʰy⁰.
意译：盘脚盘，盘三年，三年展═，展═蚰蜒，蚰蜒发，发芝麻，芝麻地里得打瓜，有钱的，吃一个，没钱的，盘过去。

（发音人：王春兰　2019.08.19 西峡）

二　故事

0021 牛郎和织女

大家好，我是西峡城关，我叫周海静。

ta³¹tɕia²⁴xaɔ⁵⁵,uə⁵⁵ʂʅ³¹si²⁴ɕia⁴²tʂʰəŋ⁴²kuan,uə⁵⁵tɕiaɔ³¹tʂəu²⁴xɛ⁵⁵tsiəŋ³¹.

今天给大家讲一个牛郎和织女的故事。

tɕiən²⁴tʰian²⁴kei³¹ta³¹tɕia²⁴tɕiaŋ⁵⁵·³¹i³¹kə⁰ȵiəu⁴²laŋ⁴²xə⁰tʂʅ⁴²ny³¹tə⁰ku²⁴ʂʅ³¹.

在古时候，有一个小伙子，

tsɛ³¹ku⁵⁵ʂʅ⁴²xəu³¹,iəu⁵⁵·³¹i³¹kə⁰siaɔ⁵⁵xuə⁵⁵tsʅ⁰,

父母都去世了，孤苦伶仃的，

fu³¹mu⁵⁵təu⁰tɕʰy²⁴ʂʅ³¹la⁰,ku⁵⁵kʰu³¹liəŋ⁴²tiəŋ²⁴tə⁰,

家里只有一头老牛，人们都叫他牛郎。

tɕia²⁴li⁰tʂʅ²⁴iəu³¹·²⁴tʰəu⁴²laɔ⁵⁵ȵiəu⁴²,zən⁴²mən⁰təu²⁴tɕiaɔ³¹tʰa²⁴ȵiəu⁴²laŋ⁰.

牛郎依靠老牛耕田为生，与老牛相依为命。

ȵiəu⁴²laŋ⁰kʰaɔ³¹laɔ⁵⁵ȵiəu⁴²kəŋ²⁴tʰian⁴²uei²⁴ʂəŋ²⁴,y³¹laɔ⁵⁵ȵiəu³¹siaŋ²⁴·²⁴uei³¹miəŋ³¹.

其实老牛是天上的一个金牛星，

tɕʰi⁵⁵·⁴²ʂʅ⁴²laɔ⁵⁵ȵiəu³¹·³¹tʰian²⁴ʂan³¹li⁰i⁰·²⁴kə⁰tɕiən²⁴ȵiəu⁴²siəŋ²⁴,

它很喜欢牛郎的善良和朴实，想给他成一个家。

tʰa⁵⁵xən⁵⁵ɕi⁵⁵xuan³¹ȵiəu²⁴laŋ⁴²ti⁰ʂan²⁴liaŋ⁰xə⁰pʰu⁵⁵·³¹ʂʅ,siaŋ⁵⁵kei²⁴tʰa⁵⁵tʂʰəŋ⁴²·⁴²kə³¹tɕia²⁴.

有一天，金牛星得知

iəu⁵⁵·⁰i³¹tʰian²⁴,tɕiən²⁴ȵiəu⁴²siəŋ²⁴tɛ³¹tʂʅ²⁴

天上的仙女们要到村东头儿山脚下的湖里洗澡，

tʰian²⁴ʂaŋ³¹tə⁰sian²⁴ȵy³¹mən⁰iaɔ³¹taɔ³¹tsʰuən²⁴tuəŋ²⁴tʰo⁰ʂan²⁴tɕiaɔ³¹ɕia³¹li⁰xu²⁴li⁰si⁵⁵tsaɔ⁵⁵.

他便托梦给牛郎，

tʰa⁵⁵pian³¹tʰuə²⁴məŋ³¹kei²⁴ȵiəu⁴²laŋ⁰,

让他第二天早上到湖边趁仙女们洗澡的时候，

zaŋ³¹tʰa⁵⁵ti²⁴aɯ³¹tʰian²⁴tsaɔ⁴²ʂaŋ²⁴taɔ³¹xu⁴²pian²⁴tʂʰən³¹sian²⁴ȵy³¹mən⁰si⁵⁵tsaɔ⁵⁵li⁰·³¹ʂʅ²⁴xəu⁰,

拿走仙女们挂在树上的衣裳，头也不回地往家跑，

na⁴²tsəu²⁴sian²⁴ȵy³¹mən²⁴kua³¹tsɛ⁰ʂu³¹ʂaŋ⁰ti⁰i⁰·²⁴ʂaŋ⁰,tʰəu⁴²ie⁰pu⁰xuei⁴²ti⁰uaŋ⁰tɕia²⁴pʰaɔ⁵⁵,

这样他就能得到一个美丽的仙女做妻子。

tʂə²⁴iaŋ³¹tʰa⁵⁵tɕiəu³¹nəŋ⁰tɛ²⁴taɔ³¹·⁴²kə⁰mei³¹li³¹ti⁰sian²⁴ȵy³¹tsuə³¹tsi²⁴tsʅ⁰.

这天早上，牛郎半信半疑的来到山脚下，

tʂə³¹tʰian²⁴tsaɔ⁴²ʂan²⁴,ȵiəu⁴²laŋ⁰pan³¹siən²⁴pan³¹i²⁴ti⁰lɛ⁴²taɔ³¹ʂan²⁴tɕiaɔ²⁴ɕia³¹,

朦胧之中，果然看见有七个仙女在湖里戏水。
məŋ⁴²luaŋ³¹tʂʅ²⁴tʂuəŋ²⁴,kuə⁵⁵ʐan⁴⁵kʰan³¹tɕian⁰iəu⁵⁵tsʰi⁴²kə⁰sian²⁴n̠y⁰tse³¹xu⁴²li⁰ɕi²⁴ʂei⁵⁵.
他便立即拿起挂在树上的粉红衣裳，跑回家了。
tʰa⁵⁵pian³¹li²⁴tɕi⁰na⁴²tɕʰi³¹kua³¹tse²⁴ʂu⁴²ʂaŋ³¹tə⁰fən⁵⁵xuəŋ³¹⁻²⁴i⁰ʂaŋ⁰,pʰɑo⁵⁵xuei⁴²tɕia²⁴lə⁰.
被拿走衣服的这个仙女，其实就是织女儿。
pei³¹na²⁴tsəu⁰i³¹fu³¹tə⁰tʂə³¹kə⁰sian²⁴n̠y³¹,tɕi³¹ʂʅ⁰tsiəu³¹ʂʅ³¹tʂʅ⁴²n̠yɯ⁰.
到了傍晚，织女儿轻轻地敲开牛郎的家门，
tao³¹lə⁰paŋ³¹uan⁵⁵,tʂʅ³¹n̠yɯ⁰tɕʰiəŋ⁵⁵tɕʰiəŋ³¹ti⁰tɕʰiao²⁴kʰɛ⁰n̠iu⁴²laŋ³¹ti⁰tɕia²⁴mən⁴²,
他们便做起了恩爱夫妻。
tʰa⁵⁵mən³¹pian³¹tsuə²⁴tɕʰi³¹lə⁰ən²⁴ɛ³¹fu²⁴tsʰi²⁴.
一晃三年过去了，
i⁴²xuaŋ³¹san²⁴n̠ian⁴²kuə³¹tɕʰy³¹la⁰,
牛郎和织女儿生了一个娃和一个女儿两个孩子，
n̠iəu⁴²laŋ³¹xə⁰tʂʰʅ⁴²n̠yɯ⁰ʂəŋ²⁴lə⁰i⁴²kə⁰ua²⁴xə⁴²i⁴²kə⁰n̠yɯ⁵⁵liaŋ⁵⁵kə⁰xɛ⁴²tsʅ⁰,
一家人过得很开心。
i²⁴tɕia²⁴ʐən⁴²kuə³¹li⁰xən⁵⁵kʰɛ²⁴siən²⁴.
但是织女儿私自下凡被玉皇大帝知道啦。
tan²⁴ʂʅ⁰tʂʅ⁴²n̠yɯ³¹sʅ²⁴tsʅ³¹ɕia²⁴fan³¹pei⁰y³¹xuaŋ⁴²ta²⁴ti³¹tʂʅ⁴²tao³¹la⁰,
这一天，天上雷鸣闪电，刮起了大风还下起了大雨儿，
tʂə³¹i⁰tʰian²⁴,tʰian²⁴ʂaŋ⁰lei⁴²miəŋ³¹ʂan⁵⁵tian³¹,kua²⁴tɕʰi³¹la⁰ta⁴²fəŋ³¹xan³¹ɕia³¹tɕʰi⁰la⁰ta³¹yɯ⁵⁵,
织女儿突然不见啦。
tʂʅ⁴²n̠yɯ⁰tʰəu²⁴ʐan⁵⁵pu⁴²tɕian³¹la⁰.
俩娃儿哭着喊妈妈，牛郎也不知道该如何是好了，
lia⁵⁵uɯ⁰kʰu⁵⁵tʂə⁰xan⁵⁵ma²⁴ma⁰,n̠y³¹laŋ⁰ie⁵⁵pu²⁴tʂʅ²⁴tao³¹kɛ⁴²ʐu⁴²xə³¹ʂʅ⁰xao⁵⁵la⁰.
这时老牛开口了："别难过，你取下我的角，
tʂə²⁴ʂʅ⁰lao⁵⁵n̠iu⁴²kʰɛ²⁴kʰəu⁵⁵la⁰:"pie⁴²nan³¹kuə⁰,n̠i³¹tsʰy⁵⁵ɕia⁰uə³¹li⁰tɕiao²⁴,
让它变成箩筐，带着两个孩子到天宫去找织女儿。"
ʐaŋ³¹tʰa³¹pian³¹tʂʰəŋ⁰luə²⁴kʰuaŋ³¹,tɛ³¹tʂə⁰liaŋ⁵⁵kə⁰xɛ⁴²tsʅ⁰tao³¹tʰian²⁴kuaŋ²⁴tɕʰy³¹tʂao⁵⁵tʂʅ⁴²n̠yɯ⁰."
牛郎很奇怪，老牛的两只角真的掉下来了，
n̠iu⁴²laŋ⁰xən⁵⁵tɕʰi³¹kuɛ³¹,lao⁵⁵n̠iu⁴²ti⁰liaŋ⁵⁵tʂʅ³¹tɕiao²⁴ʂən²⁴tə⁰tiao³¹ɕia²⁴lɛ³¹la⁰,
变成两只箩筐，
pian³¹tʂʰəŋ⁰liaŋ⁵⁵tʂʅ²⁴luə⁴²kʰuaŋ²⁴,
他把两个孩子放进筐里，用扁担挑起来，
tʰa⁵⁵pa³¹liaŋ⁵⁵kə⁰xɛ⁴²tsʅ⁰faŋ³¹tsiən⁰kʰuaŋ²⁴li⁰,yəŋ³¹pian⁵⁵tan³¹tʰiao²⁴tɕʰi⁰lɛ⁰.
这时一阵清风，箩筐像长了翅膀一样，
tʂə³¹ʂʅ⁴²i⁴²tʂən³¹tsʰiəŋ²⁴fəŋ²⁴,luə⁴²kʰuaŋ³¹siaŋ³¹tʂaŋ⁵⁵lə⁰tʂʰʅ³¹paŋ⁰i⁴²iaŋ⁰,

向天宫飞去。飞呀飞呀，眼看就要追上织女了，
ɕiaŋ³¹ tʰian²⁴ kuaŋ²⁴ fei²⁴ tɕʰy³¹.fei²⁴ia⁰fei²⁴ia⁰,ian⁵⁵kʰan²⁴tsiəu³¹iaɔ⁰tṣuei²⁴ṣaŋ⁰tʂɻ⁴²n̩y⁰la⁰,
这时被王母娘娘看见了，
tʂə³¹ṣɻ⁴²pei⁰uaŋ²⁴mu³¹n̩iaŋ⁴²n̩iaŋ⁰kʰan³¹tɕian³¹la⁰,
王母娘娘拔下头上的一根金钗，
uaŋ⁴²mu³¹n̩iaŋ⁴²n̩iaŋ⁰pa⁴²ɕia⁰tʰəu⁴²ṣaŋ⁰ti⁰i²⁴kən²⁴tɕiən²⁴tʂʰɛ²⁴,
在牛郎和织女中间一划，顿时波涛滚滚的，
tsɛ³¹n̩iu⁴²laŋ⁰xə³¹tʂɻ⁴²n̩ytʂuəŋ⁰tɕian²⁴i⁴²xua³¹,tuən²⁴ṣɻ⁴²pʰuə⁰tʰaɔ⁰kuən⁴²kuən⁵⁵ti⁰,
天河宽哩都看不到边儿，把小两口给分开了。
tʰian²⁴xə⁴²kʰuan²⁴li⁰təu⁰kʰan²⁴pu⁰taɔ⁰piəu²⁴,pa³¹siaɔ⁵⁵liaŋ⁴²kʰəu⁰kei⁰fən²⁴kʰɛ²⁴la⁰.
喜鹊很同情牛郎和织女儿，
ɕi⁵⁵tsʰuə⁰xən⁵⁵tʰuəŋ⁴²tsʰiəŋ⁰n̩iu⁴²laŋ⁰xə³¹tʂɻ⁴²n̩yuɚ⁰,
在每年哩七月初七这一天，
tsɛ³¹mei⁵⁵n̩ian⁴²li⁰tsʰi²⁴yə³¹tʂʰəu²⁴tsʰi²⁴tʂʰə³¹i⁰tʰian²⁴,
成千上万只喜鹊来到天河上，
tʂʰəŋ⁴²tsʰian²⁴ṣaŋ²⁴uan³¹tʂɻ²⁴ɕi⁵⁵tsʰuə³¹lɛ⁴²taɔ⁰tʰian²⁴xə⁴²ṣaŋ⁰,
为他们搭起一条长长的鹊桥，
uei³¹tʰa⁵⁵mən⁰ta²⁴tɕʰi²⁴i²⁴tʰiaɔ⁴²tʂʰaŋ²⁴tʂʰaŋ⁰ti⁰tsʰuə²⁴tɕʰiaɔ⁴²,
让牛郎和织女在这里团聚。
zaŋ²⁴n̩iu⁴²laŋ⁰xə³¹tʂɻ⁴²n̩yuɚ⁰tsɛ³¹tʂə³¹li⁰tʰuan⁴²tɕy³¹,
谢谢大家，今天牛郎和织女的故事就说到这里。
sie³¹sie³¹ta³¹tɕia²⁴,tɕiən²⁴tʰian²⁴n̩iəu⁴²laŋ⁰xə³¹tʂɻ⁴²n̩yti⁰ku⁵⁵ṣɻ³¹tsiəu³¹ṣuə²⁴taɔ⁰tʂə³¹li⁰.

意译：这是中国传统神话故事牛郎织女。在古时候，有一个小伙子，父母都去世了，孤苦伶仃的，家里只有一头老牛，人们都叫他牛郎。牛郎依靠老牛耕田为生，与老牛相依为命。其实老牛是天上的金牛星，它很喜欢牛郎的善良和朴实，想给他成一个家。有一天，金牛星得知天上的仙女们要到村东头儿山脚下的湖里洗澡，他便托梦给牛郎，让他第二天早上到湖边趁仙女们洗澡的时候，拿走仙女们挂在树上的衣裳，头也不回地往家跑，这样他就能得到一个美丽的仙女做妻子。这天早上，牛郎半信半疑地来到山脚下，朦胧之中，果然看见有七个仙女在湖里戏水。他便立即拿起挂在树上的粉红衣裳，跑回家了。被拿走衣服的这个仙女，其实就是织女。到了傍晚，织女儿轻轻地敲开牛郎的家门，他们便做起了恩爱夫妻。一晃三年过去了，牛郎和织女儿生了一个娃和一个女儿两个孩子，一家人过得很开心。但是织女儿私自下凡被玉皇大帝知道啦。这一天，天上雷鸣电闪，刮起了大风还下起了大雨儿，织女突然不见啦。俩娃儿哭着喊妈妈，牛郎不知道该如何是好了，这时老牛开口了："别难过，你取下我的角，让它变成箩筐，带着两个孩子到天宫去找织女儿。"牛郎很奇怪，老牛的两只角真的掉下来了，变成两只

筐筐，他把两个孩子放进筐里，用扁担挑起来，这时一阵清风，筐筐像长了翅膀一样，向天宫飞去。飞呀飞呀，眼看就要追上织女了，这时被王母娘娘看见了，王母娘娘拔下头上的一根金钗，在牛郎和织女中间一划，顿时波涛滚滚的，天河宽得都看不到边儿，把小两口给分开了。喜鹊很同情牛郎和织女儿，在每年的七月初七这一天，成千上万只喜鹊来到天河上，为他们搭起一条长长的鹊桥，让牛郎和织女在这里团聚。谢谢大家，今天牛郎和织女的故事就说到这里。

（发音人：周海静　2019.08.27 西峡）

三　自选条目

0031　大调曲《后悔药》

日头出东往西落，世上的人儿样子多，
ʐʅ tʰəu tʂʰu tuaŋ uaŋ si luə,ʂʅ ʂaŋ ti ʐən ɚ iaŋ tsʅ tuə,
尘世上是人，都有着九不同。
tʂʰən sʅ ʂaŋ sʅ ʐən,təu iəu tʂə tɕiəu pu tʰuaŋ.
有的高来有的矬，
iəu ti kɑɔ lɛ iəu ti tsʰuə,
有的胖，有的瘦，
iəu ti pʰaŋ,iəu ti ʂəu,
那有的瞎么=圪=咱，有的还瘸，
na iəu ti ɕia mə kə tsan ,iəu ti xan tɕʰyə,
有的奸，有的忠，
iəu ti tɕian,iəu ti tʂuaŋ,
有的刚强，有的懦弱，
iəu ti kaŋ tɕʰiaŋ,iəu ti nuə ʐuə,
有的心好多善良，有的心害太可恶，
iəu ti siən xɑɔ tuə ʂan liaŋ,iəu ti siən xɛ tʰɛ kʰə ə,
有的对老人多孝敬，
iəu ti tei lɑɔ ʐən tuə ɕiɑɔ tɕiəŋ,
也有的对待老人太刻薄，
ie iəu ti tei tɛ lɑɔ ʐən tʰɛ kʰə puə,
孝敬的往后辈辈儿还孝敬，
ɕiɑɔ tɕiəŋ ti uaŋ xəu pei pɯ xan ɕiɑɔ tɕiəŋ,
刻薄的往后辈辈儿保险还刻薄，
kʰə puə ti uaŋ xəu pei pɯ pɑɔ ɕian xan kʰə puə,

阎王爷眼前不分老少，
ian uaŋ ie ian tsʰian pu fən laɔ ʂaɔ,
同志们锵=不住谁个先死，谁个得活。
tʰuəŋ tʂʅ mən tsʰian pu tʂu ʂei kə sian sʅ,ʂei kə tɛ xuə.
有一家姓何，这一家五口人过日月，
iəu i tɕia siəŋ xə,tʂə i tɕia u kʰəu zən kuə zʅ ye,
就这老两口儿小两口儿，
tsiəu tʂə laɔ liaŋ kʰo siaɔ liaŋ kʰo,
还有个小孙娃儿才一生多，
xan iəu kə siaɔ suən uɯ tsʰɛ i ʂəŋ tuə,
老两口每日里多么勤快，
laɔ liaŋ kʰo mei zʅ li tuə muə tsʰian kʰuɛ,
小两口儿是个油嘴毛儿，光想吃好哩他不想做活儿。
siaɔ liaŋ kʰo ʂʅ kə iəu tsuei mo,kuaŋ siaŋ tʂʰʅ xao li tʰa pu siaŋ tsəu xuɯ.
先不说小两口儿有的多懒，
ɕian pu ʂuə siaɔ liaŋ kʰo iəu tɛ tuə lan,
单把这老两口儿咱们说上一说。
tan pa tʂə laɔ liaŋ kʰo tsan mən ʂuə ʂaŋ i ʂuə.
这个老头儿清早晨起来，他去到这南山坡，
tʂə kə laɔ tʰo tsʰiəŋ tsaɔ tʂʰən tɕʰi lɛ,tʰa tɕʰy taɔ tʂə nan ʂan pʰuə,
他去到南山上把草来割。
tʰa tɕʰy taɔ nan ʂan ʂaŋ pa tsʰaɔ lɛ kə.

意译：太阳从东边出到西边落，世上的人儿样子多。尘世上是人，都有着九不同。有的高来有的矬，有的胖，有的瘦，有的是盲人，有的是瘸子，有的奸，有的忠，有的刚强，有的懦弱，有的心好多善良，有的心坏太可恶，有的对老人多孝敬，也有的对待老人太刻薄，孝敬的往后辈辈儿还孝敬，刻薄的往后辈辈儿保险还刻薄，阎王爷眼前不分老少，同志们说不准谁个先死，谁个得活。有一家姓何，这一家五口人一起生活，就这老两口儿小两口儿，还有个小孙子儿才一岁多，老两口每天里很勤快，小两口儿是个油嘴毛儿，光想吃好哩他不想做活儿。先不说小两口儿有的多懒，单把这老两口儿咱们说上一说。这个老头儿清早晨起来，他去到这南山坡，他去到这南山上把草来割。

（发音人：曹刚林 2019.08.27 西峡）

0032 三弦书《颠倒颠》
唱的是日头出西落在东，红萝卜发芽儿长了一棵葱。
tsʰaŋ ti ʂʅ zʅ tʰəu tʂʰu si luə tsɛ tuəŋ,xuəŋ luə pu fa iɚ tʂaŋ lə i kʰə tsʰuəŋ.
滚水锅里鱼打浪，高山顶上把船撑，
kuən ʂei kuə li y ta laŋ,kao ʂan tiəŋ ʂaŋ pa tʂʰuan tsʰəŋ,

东洋大海失了火，烧了龙王的水晶宫，
tuaŋ iaŋ ta xɛ ʂʅ liao xuə,ʂao liao luaŋ uaŋ ti ʂei tɕiaŋ kuaŋ,
老母猪树梢儿起=垒个窝，花喜鹊树根儿起=拱个坑，
lao mu tʂu ʂu ʂo tɕʰi luei kə uə,xua ɕi tsʰuə ʂu kɯ tɕʰi kuaŋ kə kʰəŋ,
沟里石头滚上山，山里头麻雀又叼死个鹰，
kəu li ʂʅ tʰəu kuən ʂaŋ ʂan,ʂan li tʰəu ma tsʰuə iəu tao ʂʅ kə iəŋ,
井里蛤蟆吸长虫，老鼠拉猫儿钻窟窿，
tsiəŋ li xə ma ɕi tʂʰaŋ tʂʰuəŋ,lao ʂu la mo tsuan kʰu luəŋ,
老太太一见心害怕，只吓得胡子撅拱几撅拱，
lao tʰɛ tʰɛ i tɕian siəŋ xɛ pʰa,tʂʅ ɕia ti xu tsʅ tɕye kuəŋ tɕi tɕye kuəŋ,
四个拐子抬顶轿，两个瞎子打灯笼，
sʅ kə kuɛe tsʅ tʰɛ tiəŋ tɕiao,liaŋ kə ɕia tsʅ ta təŋ luəŋ,
八个哑巴唱台戏，看戏的，看戏的净都是些聋子精，
pa kə ia pa tʂʰaŋ tʰɛ ɕi,kʰan ɕi ti,kʰan ɕi ti tsiəŋ təu ʂʅ sie luəŋ tsʅ tsiəŋ,
庙里头和尚过月子，老道士得着个产后风，
miao li tʰəu xuə ʂaŋ kuə yə tsʅ,lao tao sʅ tɛ tʂu kə tʂʰan xəu fəŋ,
月婆娃儿床上害痨病，八十岁，八十岁老头儿得着齐=缝=，
yə pʰuə uɯ tʂʰuaŋ ʂaŋ xɛ lao piəŋ,pa sʅ sei,pa sʅ sei lao tʰo tɛ tʂu tsʰi fəŋ,
呀，众人一听笑哈哈，唱曲儿的你算真能胡剌拉，撅胡拉，倒胡拉，
ia,tsuəŋ zən i tʰiəŋ siao xa xa,tʂʰaŋ tɕʰyɯ li ni suan tʂən nəŋ xu tsʰʅ la,tɕye xu la,tao xu la,
八月十五种棉花，锅台上头下个种儿，锅座儿窑儿里发了芽，
pa yə ʂʅ u tʂuəŋ mian xua,kuə tʰɛ ʂaŋ tʰəu ɕia kə tʂuõ,kuə tsuɯ io li fa liao ia,
爬了两根葫芦秧，结了两个梅豆夹，抱到怀里是茄子，
pʰa lə liaŋ kən xu ləu iəŋ,tɕie lə liaŋ kə mei təu tɕia,pao tao xuɛe li ʂʅ tɕʰie tsʅ,
下到锅里是豆角芽，张三吃罢李四饱，
ɕia tao kuə li ʂʅ təu tɕyə ia,tʂaŋ san tʂʰʅ pa li sʅ pao,.
那王五儿，气的直喊妈。
na uaŋ uɯ,tɕʰi ti tsʅ xan ma.

意译：唱的是日头出西落在东，红萝卜发芽儿长了一棵葱。滚水锅里鱼打浪，高山顶上把船撑，东洋大海失了火，烧了龙王的水晶宫，老母猪树梢儿上垒个窝，花喜鹊树根儿上拱个坑，沟里石头滚上山，山里头麻雀又叼死个鹰，井里蛤蟆吸长虫，老鼠拉猫儿钻窟窿，老太太一见心害怕，只吓得胡子翘起又翘起，四个拐子抬顶轿，两个瞎子打灯笼，八个哑巴唱台戏，看戏的，看戏的净都是些聋子精，庙里头和尚过月子，老道士得着个产后风，产妇床上害痨病，八十岁，八十岁老头儿得着齐=缝=，呀，众人一听笑哈哈，唱曲儿的你算真能胡刺拉，撅胡拉，倒胡拉，八月十五种棉花，锅台上头下

个种子，锅灶里发了芽，爬了两根葫芦秧，结了两个梅豆夹，抱到怀里是茄子，下到锅里是豆角芽，张三吃罢李四饱，那王五儿，气得直喊妈。

（发音人：曹刚林　2019.08.27 西峡）

0036　谚语

要想富，多栽树。

iao³¹ɕiaŋ⁵⁵fu³¹,tuə²⁴tsɛ²⁴ʂu³¹.

意译：要想富，多栽树。

（发音人：张闪　2019.08.14 西峡）

0037　谚语

人勤地不懒，麦收胎里富。

zən⁴²tɕhiən⁴²ti³¹pu²⁴lan⁵⁵,mɛ³¹ʂəu²⁴thɛ²⁴li⁵⁵fu³¹.

意译：人勤地不懒，麦收胎里富。

（发音人：张闪　2019.08.14 西峡）

0038　谚语

立了秋，万事休。

li⁴²lə⁰tshiəu²⁴,uan²⁴ʂʅ³¹siəu²⁴.

意译：立了秋，万事休。

（发音人：张闪　2019.08.14 西峡）

0039　谚语

清明前后，种瓜种豆。

tshiəŋ²⁴miəŋ⁴²tshian⁴²xəu³¹,tʂuəŋ³¹kua²⁴tʂuəŋ²⁴təu³¹.

意译：清明前后，种瓜种豆。

（发音人：张闪　2019.08.14 西峡）

0040　谚语

庄稼要好，水肥要饱。

tʂuaŋ²⁴tɕia⁰iao³¹xao⁵⁵,ʂuei⁵⁵fei⁴²iao³¹pao⁵⁵.

意译：庄稼要好，水肥要饱。

（发音人：张闪　2019.08.14 西峡）

0041　谚语

过了三月三，南瓜葫芦地里钻。

kuə³¹lə⁰san²⁴ye⁰san²⁴,nan⁴²kua²⁴xu⁵³lu⁰ti³¹li⁰tsuan²⁴.

意译：过了三月三，南瓜葫芦地里钻。

（发音人：张闪　2019.08.14 西峡）

0042　谚语

有山靠山，没山独担。

iəu⁵⁵ʂan²⁴khao³¹ʂan²⁴,mei⁵⁵ʂan²⁴tu⁴²tan²⁴.

意译：有山靠山，没山独担。

（发音人：张闪　2019.08.14 西峡）

0043　谚语

不笑补，不笑破，就笑日子不会过。

pu⁵⁵ ɕiao³¹ pu⁵⁵,pu⁵⁵ ɕiao³¹ pʰuə³¹,tɕiəu⁵⁵ ɕiao³¹ ʐʅ⁰ tsʅ⁰ pu⁵⁵ xuei²⁴ kuə³¹.

意译：不笑补，不笑破，就笑日子不会过。

（发音人：张闪　2019.08.14 西峡）

0044　谚语

人不可貌相，海水不可斗量。

ʐən⁴² pu⁰ kʰə⁵⁵ mao²⁴ ɕiaŋ³¹,xɛ⁵⁵ ʂuei⁵⁵ pu⁰ kʰə⁵⁵ təu⁵⁵ liaŋ⁴².

意译：人不可貌相，海水不可斗量。

（发音人：张闪　2019.08.14 西峡）

0045 谚语

从小看大，三岁知老。

tsʰuaŋ⁵⁵ siao⁵⁵ kʰan³¹ ta³¹,san⁴² suei³¹ tsʅ²⁴ lao⁵⁵.

意译：从小看大，三岁知老。

（发音人：张闪　2019.08.14 西峡）

0046 俗语

好记性不如烂笔头儿。

xao⁵⁵ tɕi³¹ ɕiəŋ³¹ pu²⁴ ʐu⁴² lan³¹ pei²⁴ tʰəu⁴².

意译：好记性不如烂笔头儿。

（发音人：张闪　2019.08.14 西峡）

0047 俗语

儿不嫌母丑，狗不嫌家贫。

aɯ⁴² pu³¹ ɕian⁵⁵ mu⁵⁵ tʂʰəu⁵⁵,kəu⁵⁵ pu³¹ ɕian⁴² tɕia²⁴ pʰiən⁴².

意译：儿不嫌母丑，狗不嫌家贫。

（发音人：张闪　2019.08.14 西峡）

0048 俗语

吃回亏，买回能。

tʂʰʅ²⁴ xuei⁴² kʰuei²⁴,mɛ⁵⁵ xuei⁴² nəŋ⁴².

意译：吃回亏，买回能。

（发音人：张闪　2019.08.14 西峡）

0049 俗语

人怕出名儿猪怕壮。

ʐən⁴² pʰa³¹ tʂʰu²⁴ miõ⁴²,tʂu⁵⁵ pʰa²⁴ tʂuaŋ³¹.

意译：人怕出名儿猪怕壮。

（发音人：张闪　2019.08.14 西峡）

0050 俗语
人闲是非多。
zən⁴² ɕian⁴² ʂʅ³¹ fei²⁴ tuə²⁴.
意译：人闲是非多。

（发音人：张闪　2019.08.14 西峡）

0051 俗语
只顾眼前，日后作难。
tʂʅ⁵⁵ ku³¹ ian⁵⁵ tsʰian⁴², ʐʅ²⁴ xəu³¹ tsuə²⁴ nan⁴².
意译：只顾眼前，日后作难。

（发音人：张闪　2019.08.14 西峡）

0052 俗语
不听老人言，吃亏在眼前。
pu³¹ tʰiəŋ²⁴ lao⁵⁵ zən⁴² ian⁴², tʂʰʅ²⁴ kʰuei⁴² tsɛ³¹ ian⁵⁵ tsʰan⁴².
意译：不听老人言，吃亏在眼前。

（发音人：张闪　2019.08.14 西峡）

0053 歇后语
猪八戒照镜子——里外不是人。
tʂu²⁴ pa⁴² tɕie³¹ tʂao⁵⁵ tɕiəŋ³¹ tsʅ⁰——li⁵⁵ uɛ³¹ pu⁴² ʂʅ⁰ zən⁴².
意译：猪八戒照镜子——里外不是人。

（发音人：张闪　2019.08.14 西峡）

0054 歇后语
肉包子打狗——有去无回。
zəu³¹ pao⁵⁵ tsʅ⁰ ta⁵⁵ kəu⁵⁵——iəu⁵⁵ tɕʰy³¹ u⁴² xuei⁴².
意译：肉包子打狗——有去无回。

（发音人：张闪　2019.08.14 西峡）

0055 歇后语
芝麻开花儿——节节高。
tʂʅ²⁴ ma⁰ kʰɛ²⁴ xuɚ²⁴——tsie²⁴ tsie²⁴ kao²⁴.
意译：芝麻开花——节节高。

（发音人：张闪　2019.08.14 西峡）

0056 歇后语
小葱拌豆腐——一清二白。
siao⁵⁵ tsʰuəŋ²⁴ pan²⁴ təu³¹ fu⁰——i²⁴ tsʰiəŋ²⁴ au³¹ pɛ⁴².
意译：小葱拌豆腐——一清二白。

（发音人：张闪　2019.08.14 西峡）

0057 歇后语
七月立秋——早晚都收。
tsʰi²⁴ ye³¹ li³¹ tsʰiəu²⁴——tsao⁵⁵ uan⁵⁵ təu²⁴ ʂəu²⁴.

意译：七月立秋——早晚都收。

（发音人：张闪　2019.08.14 西峡）

0058 歇后语
泥菩萨过江——自身难保。
ȵi⁴² pʰu³¹ sa⁵⁵ kuə³¹ tɕiaŋ²⁴——tsʅ³¹ ʂən²⁴ nan⁴² pao⁵⁵.
意译：泥菩萨过河——自身难保。

（发音人：张闪　2019.08.14 西峡）

0059 歇后语
哑巴吃黄连——有苦难言。
ia³¹ pa²⁴ tʂʰʅ²⁴ xuaŋ²⁴ lian⁴²——iəu⁵⁵ kʰu⁵⁵ nan⁴² ian⁴².
意译：哑巴吃黄连——有苦难言。

（发音人：张闪　2019.08.14 西峡）

0060 歇后语
芝麻秆儿喂驴——理儿到了。
tʂʅ²⁴ ma⁵⁵ kɯ⁵⁵ uei⁴² ly⁴²——liɯ⁵⁵ tao³¹ lə⁰.
意译：芝麻秆儿喂驴——理到了。

（发音人：张闪　2019.08.14 西峡）

0061 歇后语
和尚打伞——无法（发）无天。
xə⁴² ʂaŋ³¹ ta⁵⁵ san⁵⁵——u⁵⁵ fa³¹ u⁵⁵ tʰian²⁴.
意译：和尚打伞——无法（发）无天。

（发音人：张闪　2019.08.14 西峡）

0062 俗语
三十年河东，三十年河西儿。
san²⁴ ʂʅ⁴² ȵian⁴² xə⁴² tuaŋ²⁴, san²⁴ ʂʅ⁴² ȵian⁴² xə⁴² ɕiɯ²⁴.
意译：三十年河东，三十年河西。

（发音人：张闪　2019.08.14 西峡）

0063 歇后语
外地儿的和尚——好念经。
uɛɛ²⁴ tiɯ³¹ tə⁰ xə⁴² ʂaŋ³¹——xao⁵⁵ ȵian³¹ tɕiəŋ²⁴.
意译：外地的和尚——好念经。

（发音人：张闪　2019.08.14 西峡）

0064 歇后语
大水冲了龙王庙——自家人不认识自家人。
ta³¹ ʂuei⁵⁵ tʂʰuaŋ²⁴ lə⁰ luaŋ⁴² uaŋ⁴² miao³¹——tsʅ³¹ tɕia²⁴ zən⁴² pu⁰ zən⁵⁵ ʂʅ³¹ tsʅ³¹ tɕia²⁴ zən⁴².
意译：大水冲了龙王庙——自家人不认识自家人。

（发音人：张闪　2019.08.14 西峡）

信 阳

一 歌谣

0001 八月桂花遍地开
八月桂花儿遍地开，
pa¹³ yɛ³¹² kuei⁵¹ far³¹² pian⁵¹ ti⁵¹ kʰai³¹²,
八月桂花儿遍地开，
pa¹³ yɛ³¹² kuei⁵¹ far³¹² pian⁵¹ ti⁵¹ kʰai³¹²,
鲜红地旗帜竖呀竖起来呀。
ɕian³¹² fɤŋ⁴⁴ ti⁰ tɕʰi⁴⁴ tsʅ³¹² ɕy⁵¹ ia⁰ ɕy⁵¹ tɕʰi³⁵ lai⁰ ia⁰.
张灯又结彩呀啊，
tsaŋ³¹ tən³¹² iou⁵¹ tɕiɛ³¹² tsʰai³⁵ ia⁰ a⁰,
张灯又结彩呀啊，
tsaŋ³¹² tən³¹² iou⁵¹ tɕiɛ³¹ tsʰai³⁵ ia⁰ a⁰,
光辉灿烂闪出新世界。
kuaŋ³¹² fei³¹² tsʰan⁵¹ lan⁵¹ san³⁵ tɕʰy³¹² ɕin³¹² sʅ⁵¹ tɕiɛ³¹².
一杆红旗飘在空中，
i⁴⁴ kan³¹² fɤŋ⁴⁴ tɕʰi⁴⁴ pʰiɔu³¹² tsai⁵¹ kʰoŋ³¹² tsoŋ³¹²,
百战百胜红军最威风啊。
pai³⁵ tsan⁵¹ pai³⁵ sən⁵¹ fɤŋ⁴⁴ tɕyən³¹² tsʰei⁵¹ vei³¹ fɤŋ³¹² a⁰.
建立工农新政权，
tɕian⁵¹ li³¹² koŋ³¹² lɤŋ⁴⁴ ɕin³¹² tsən⁵¹ tɕʰyan⁴⁴,
带领群众闹革命，
tai⁵¹ lin³⁵ tɕʰyən⁴⁴ tsoŋ⁵¹ lɔu⁵¹ kɛ³¹² min⁵¹,
光辉灿烂闪出新世界。
kuaŋ³¹² fei³¹² tsʰan⁵¹ lan⁵¹ san³⁵ tɕʰy³¹² ɕin³¹² sʅ⁵¹ tɕiɛ³¹².
一杆红旗飘在空中，
i⁴⁴ kan³¹² fɤŋ⁴⁴ tɕʰi⁴⁴ pʰiɔu³¹² tsai⁵¹ kʰoŋ³¹² tsoŋ³¹²,
红军队伍要呀要扩充呀。
fɤŋ⁴⁴ tɕyən³¹² tei³¹ vu³⁵ iɔu⁵¹ ia⁰ iɔu⁵¹ kʰuo⁵¹ tsʰoŋ³¹² ia⁰.

亲爱的工友们啦啊，
tɕʰin³¹²ŋai⁵¹li⁰koŋ³¹²iou³⁵mən⁰la⁰a⁰，
亲爱的农友们啦啊，
tɕʰin³¹²ŋai⁵¹li⁰lɤŋ³¹²iou³⁵mən⁰la⁰a⁰，
拿起刀枪都来当红军啦。
la⁴⁴tɕʰi³⁵tɔu³¹²tɕʰiaŋ³¹²tou³¹²lai⁴⁴taŋ³¹²fɤŋ⁴⁴tɕyən³¹²la⁰.
八月桂花遍地开，
pa¹³yɛ³¹²kuei⁵¹faɻ³¹²pian⁵¹ti⁵¹kʰai³¹²，
鲜红地旗帜竖啊竖起来呀。
ɕian³¹²fɤŋ⁴⁴ti⁰tɕʰi⁴⁴tsʅ³¹²ɕy⁵¹ia⁰ɕy⁵¹tɕʰi³⁵lai⁰ia⁰.
张灯又结彩呀啊，
tsaŋ³¹²tən³¹²iou⁵¹tɕiɛ³¹²tsʰai³⁵ia⁰a⁰，
张灯又结彩呀啊，
tsaŋ³¹²tən³¹²iou⁵¹tɕiɛ³¹²tsʰai³⁵ia⁰a⁰，
光辉灿烂闪出新世界。
kuaŋ³¹²fei³¹²tsʰan⁵¹lan⁵¹san³⁵tɕʰy³¹²ɕin⁵¹sʅ⁵¹tɕiɛ³¹².
光辉灿烂闪出闪出新世界。
kuaŋ³¹²fei³¹²tsʰan⁵¹lan⁵¹san³⁵tɕʰy³¹²san³⁵tɕʰy³¹²ɕin³¹²sʅ⁵¹tɕiɛ³¹².

意译：八月桂花儿遍地开，鲜红的旗帜竖啊竖起来。张灯又结彩啊，张灯又结彩啊，光辉灿烂闪出新世界。一杆红旗飘在空中，百战百胜红军最威风啊，建立工农新政权，带领群众闹革命，光辉灿烂闪出新世界。一杆红旗飘在空中，红军队伍要扩充呀。亲爱的工友们啊，亲爱的农友们啊，拿起刀枪都来当红军。八月桂花遍地开，鲜红的旗帜竖啊竖起来。张灯又结彩啊，张灯又结彩啊，光辉灿烂闪出新世界，光辉灿烂闪出新世界。

(发音人：项臻　2017.11.21 信阳)

二　故事

0021 牛郎和织女
牛郎和织女
ȵiou⁴⁴laŋ⁴⁴xɤ⁴⁴tsʅ¹¹ȵy²⁴
古时候啊有一个小伙子，家里很穷，父母都去世啦，
ku²⁴sʅ⁴⁴xou⁰a⁰iou¹¹i⁰kɤ⁵³ɕiau²⁴xuo⁰tsʅ⁰,tɕia¹¹li⁰xən²⁴tɕʰyɤŋ⁴⁴,fu⁵³mu²⁴tou⁰tɕʰy²²⁴sʅ⁵³la⁰,
孤苦伶仃的就是他一个人。
ku¹¹kʰu²⁴lin⁴⁴tin¹¹³tɤ⁰tɕiou²²⁴sʅ⁵³tʰa²⁴i⁴⁴kɤ⁰zən⁴⁴.

他家里就有养啦一头老牛，
tʰa²⁴tɕia¹¹li⁰tɕiou⁵³iou²⁴iaŋ²⁴la¹·⁴⁴tʰou⁴⁴lou²⁴ȵiou⁵⁵,
所以呢，大家都叫他牛郎。
suo²⁴·⁴⁴i⁰lən⁰,ta⁵³tɕia¹¹³tou⁴⁴tɕiɔu⁵³tʰa²⁴ȵiou⁴⁴laŋ⁴⁴.
牛郎呢，他就是靠耕地为生，
ȵoiu⁴⁴laŋ⁴⁴lən⁰,tʰa²⁴tɕoiu²²⁴sʅ⁵³kʰɔu⁵³kən¹³ti⁵³vei⁴⁴sən¹¹³,
与老牛啊相依为伴。
y⁴⁴lou²⁴ȵiou⁴⁴a⁰ɕiaŋ¹³·¹¹³i¹¹vei⁴⁴pan⁵³.
这个老牛呢，它看这个牛郎啊，
tsɤ⁵³kɤ⁰lou²⁴ȵiou⁵⁵lən⁰,tʰa²⁴kʰan⁵³tsɤ⁵³kɤ⁰ȵiou⁴⁴laŋ⁴⁴a⁰,
嗯，很勤劳很善良，
ən⁰,xən²⁴tɕʰin⁴⁴lou⁴⁴xən²⁴san⁵³liaŋ⁴⁴,
所以呢，他就想帮他成个家儿。
suo²⁴·⁴⁴i⁰lən⁰,tʰa²⁴tou⁵³ɕiaŋ²⁴paŋ¹¹tʰa²⁴tsʰən⁴⁴kɤ⁰tɕiar¹¹³,
这有一天啦，这个老牛啊，
tsɤ⁵³iou²⁴·⁴⁴i¹¹tʰian¹¹³la⁰,tsɤ⁵³kɤ⁰lou²⁴ȵiou⁴⁴a⁰,
它知道啦一个消息就是说，
tʰa²⁴tsʅ⁴⁴tɔu⁰la¹·⁴⁴i⁰·⁴⁴kɤ⁰ɕiɔu¹³ɕi¹¹³tou⁵³sʅ⁵³suo¹¹³,
天上的那个，呃，仙女要到他们村头哩，
tʰian¹³saŋ⁵³li⁰la⁵³kɤ⁰,ɤ⁰,ɕian¹¹ȵy²⁴iou²²⁴tou⁵³tʰa²⁴mən⁰tsʰən¹¹tʰou⁰li⁰,
一个湖里面洗澡。
i¹¹kɤ⁰xu⁴⁴li²⁴mian⁰ɕi²⁴tsou²⁴.
它想帮牛郎呢成个家儿呢，
tʰa²⁴ɕiaŋ paŋ¹¹³ȵiou⁴⁴laŋ⁴⁴lən⁰tsʰən⁵³kɤ⁰tɕiar¹¹³lən⁰,
它就托梦夜里托梦给牛郎，
tʰa²⁴tou⁵³tʰuo¹³mɤŋ⁵³iɛ⁵³li⁰tʰuo⁰mɤŋ⁵³kei²⁴ȵiou⁴⁴laŋ⁴⁴,
它就说啊你到第二天早晨，
tʰa²⁴tou⁵³suo¹¹³a⁰n²⁴tou⁵³ti²²⁴ər⁵³tʰian¹¹³tsɔu²⁴tsʰən⁴⁴,
要天不亮，赶紧到那个湖边去，
iou⁵³tʰian¹¹³pu⁵³liaŋ⁵³,kan⁵³tɕin⁵³tou⁵³la⁵³kɤ⁰xu⁴⁴pian¹¹³tɕʰy⁵³,
看见树上挂哩有衣服，
kʰan²²⁴tɕian⁵³su⁵³saŋ⁰kua⁵³li⁰iou²⁴·¹¹i⁵³fu⁴⁴,
你就取一件走，头也不回往回跑。
n²⁴tou⁵³tɕʰy¹·⁴⁴tɕian⁵³tsou²⁴,tʰou⁰iɛ²⁴pu⁵³fei⁴⁴vaŋ²⁴fei⁴⁴pʰɔu²⁴.
那然后呢，你就可以得到一位美丽哩仙女，做妻子。
la⁵³zan⁴⁴xou⁰lən⁰,n²⁴tou⁵³kʰɤ²⁴·⁴⁴i⁴⁴tɛ⁵³·⁴⁴tɔu i⁵³vei⁵³mei²⁴li⁵³·⁴⁴li⁰ɕian²⁴ȵy²⁴,tsuo⁵³tɕʰi¹¹·tsʅ⁰.

这个牛郎呢梦醒了以后呢，半信半疑。
tsɛ⁵³kɤ⁰ȵiou⁴⁴laŋ⁴⁴lən⁰mɤŋ⁵³ɕin²⁴liou⁰˙⁴⁴xou⁵³lən⁰,pan²²⁴ɕin⁵³pan⁵³˙⁴⁴i².

一清早啊，他就抱着试试看哩这个心情，
i⁴⁴tɕʰin¹¹tsɔu²⁴a⁰,tʰa²⁴tou⁵³pɔu⁵³tsɤ⁰sʅ⁵³sʅ⁵³kʰan⁵³li⁰tsɛ⁵³kɤ⁰ɕin¹¹tɕʰin⁴⁴,

就到那个山脚下那个湖边去啦。
tou⁵³tɔu⁵³la⁵³kɤ⁰san¹¹tɕiɔu²⁴ɕia⁰la⁵³kɤ⁰xu⁴⁴pian¹¹³tɕʰy⁵³la⁰.

一去呢，果然看见有七个仙女，
i⁴⁴tɕʰy⁵³lən⁰,kuo²⁴zan⁴⁴kʰan²²⁴tɕian⁵³iou²⁴tɕʰi⁴⁴kɤ⁰ɕian¹¹ȵy²⁴,

在那个水中戏水，
tsai⁵³la⁵³kɤ⁰suei⁵³tsoŋ¹¹³ɕi⁵³suei²⁴,

他看到那个树上挂哩有很多衣服，
tʰa²⁴kʰan⁵³tou⁵³la⁵³kɤ⁰su⁵³saŋ⁴⁴kua⁴⁴li⁰iou²⁴xən²⁴tuo¹¹³˙¹¹i⁰fu⁰,

他择喽一件粉红色哩，拿啦就往家里跑。
tʰa²⁴tsɛ⁴⁴lou⁰˙⁴⁴tɕian⁵³fən²⁴xoŋ²⁴sɤ¹¹li⁰,la⁴⁴la⁰tou²⁴vaŋ²⁴tɕia¹¹li⁰pʰou²⁴.

这个被抢走衣服哩这个仙女呢她就是织女。
tsɛ⁵³kɤ⁰pei⁵³tɕʰiaŋ²⁴tsou²⁴˙¹¹i⁴⁴fu⁴⁴li⁰tsɛ⁵³kɤ⁰ɕian¹¹ȵy²⁴lən⁰tʰa²⁴tou²²⁴sʅ⁵³tsʅ¹¹ȵy²⁴.

夜里啦，那个织女呢，就找到牛郎的家门口儿啦。
iɛ⁵³li⁰la⁰,la⁵³kɤ⁰tsʅ¹¹ȵy²⁴lən⁰,tɕiou⁵³tsɔu²⁴tou⁰ȵiou⁴⁴laŋ⁴⁴ti⁰tɕia¹¹³mɤŋ⁴⁴kʰour²⁴la⁰.

轻轻敲他的门，
tɕʰin¹¹tɕʰin⁰tɕʰiou¹¹³taʰ²⁴ti⁰mən⁴⁴,

敲他的门以后呢，他俩就成为夫妻啦。
tɕʰiou¹¹³tʰa²⁴ti⁰mən⁴⁴i⁴⁴xou⁵³lən⁰,tʰa²⁴lia²⁴tou⁵³tsʰən⁴⁴vei¹¹fu¹¹tɕʰi¹¹³la⁰.

一转眼呢三年过去啦，
i¹¹³tsuan²⁴ian²⁴lən⁰san¹¹ȵian⁴⁴kuo⁵³tɕʰy⁰la⁰,

他两个也非常恩爱，生下啦一男一女两个孩子，
tʰa²⁴lian²⁴kɤ⁰iɛ⁵³fei¹¹tsʰaŋ⁴⁴ən¹³ai⁵³,sən¹¹³ɕia⁵³la¹¹i⁴⁴lan⁴⁴i⁰ȵy⁵³lian⁴⁴˙⁴⁴kɤ⁰xai⁴⁴tsʅ⁵³,

过哩非常哩幸福，男耕女织，非常非常哩幸福。
kuo⁵³li⁰fei¹¹tsʰaŋ⁴⁴li⁰ɕin⁵³fu⁴⁴,lan⁴⁴kən¹¹³ȵy⁵³tsʅ¹¹³,fei¹¹tsʰaŋ⁴⁴fei⁴⁴tsʰaŋ⁴⁴li⁰ɕin⁵³fu⁴⁴.

好，这件事儿呢，被天上哩那个玉皇大帝知道啦，
xou²⁴,tsɛ²²⁴tɕian⁵³sər⁵³lən⁰,pei⁵³tʰian⁵³saŋ⁰li⁰la⁵³kɤ⁰y⁵³xuaŋ⁴⁴ta²²⁴ti⁵³tsʅ⁴⁴tou⁰la⁰,

有一天啦，天上呢，电闪雷鸣，刮大风下大雨，
iou²⁴˙⁴⁴i¹¹³tʰian¹¹³la⁰,tʰian⁵³saŋ⁰lən⁰,tian⁵³san²⁴lei⁴⁴min⁴⁴,kua¹¹³ta⁵³fɤŋ¹¹³ɕia⁵³ta⁵³y²⁴,

织女突然就不见啦。
tsʅ¹¹ȵy²⁴tʰu¹¹zan⁴⁴tou⁵³pu⁴⁴tɕian⁵³la⁰.

两个孩子哭着闹着要找妈妈，
lian²⁴kɤ⁰xai⁴⁴tsʅ⁰kʰu¹¹tsɤ⁰lou⁵³tsɤ⁰iɔu⁵³tsɔu²⁴ma¹¹ma⁰,

牛郎急得啊就不知道怎么办才好。
ȵiou⁴⁴laŋ⁴⁴tɕi¹¹tɛ⁰a⁰tou⁵³pu⁴⁴tsŋ¹tɔu¹tsən²⁴mɤ⁰pan⁵³tsʰai⁴⁴xɔu²⁴.
这时候呢，那个老牛突然开口说话啦，
tsɛ⁵³sŋ⁴⁴xou¹lən⁰,la⁵³kɤ⁰lɔu²⁴ȵiou⁴⁴tʰu¹¹zan⁴⁴kʰai¹¹kʰou²⁴suo¹³xua⁵³la⁰,
它说啦你别难过，你把我头上的角拿下去，
tʰa²⁴suo¹¹la⁰n²⁴piɛ⁴⁴lan⁴⁴kuo⁵³,n²⁴pa²⁴vo⁰tʰou⁴⁴saŋ⁰tɤ⁰tɕiɔu²⁴la⁴⁴ɕia¹tɕʰy⁰,
然后变成两只箩筐，
zan⁴⁴xou⁵³pian⁵³tsʰən⁴⁴liaŋ²⁴tsŋ¹luo⁴⁴kʰuaŋ¹¹³,
你挑着两个孩子，赶紧去追吧，
n²⁴tʰiɔu¹¹tsɤ⁰liaŋ²⁴kɤ⁰xai²⁴tsŋ⁰,kan²⁴tɕin²⁴tɕʰy⁵³tsuei¹¹pa⁰,
就可以追到天宫去找织女啦。
tou⁵³kʰɤ²⁴i⁴⁴tsuei¹³tɔu⁵³tʰian¹³koŋ¹¹³tɕʰy⁵³tsɔu²⁴tsŋ¹¹ȵy²⁴la⁰.
这个牛郎他正奇怪，
tsɛ⁵³kɤ⁰ȵiou⁴laŋ⁴⁴tʰa²⁴tsən⁵³tɕʰi⁴⁴kuai⁵³,
谁知道，呃，这时候牛角呢就掉下来啦，
sei⁴⁴tsŋ¹tɔu⁰,ɤ⁰,tsɛ⁵³sŋ⁴⁴xou¹ȵiou⁴⁴tɕyo¹¹³lən⁰tou⁵³tiɔu⁵³ɕia¹lai⁴⁴la⁰,
真的变成两个箩筐啦，
tsən¹¹tɛ⁰pian⁵³tsʰən⁴⁴liaŋ²⁴kɤ⁰luo⁴⁴kʰuaŋ¹¹³la⁰,
这时候牛郎呢就把两个孩子放到箩筐里面，
tsɛ⁵³sŋ⁴⁴xou⁰ȵiou⁴⁴laŋ⁴lən⁰tou⁵³pa²⁴liaŋ²⁴kɤ⁰xai⁵³tsŋ¹faŋ²²⁴tɔu⁵³luo⁴⁴kʰuaŋ¹¹³li²⁴mian⁰,
用扁担挑起来，
zɤŋ⁵³pian²⁴tan⁰tʰiɔu¹¹³tɕʰi²⁴lai⁰,
挑起来，这时候一阵那个清风啊就吹起来啦，
tʰiɔu¹¹³tɕʰi²⁴lai⁰,tsɛ⁵³sŋ⁴⁴xou¹i¹tsən⁵³la⁵³kɤ⁰tɕʰin¹¹fɤŋ¹¹³a⁰tou⁵³tsʰuei¹¹tɕʰi²⁴lai⁰la⁰,
箩筐像长啦翅膀一样，突然就飞起来啦。
luo⁴⁴kʰuaŋ¹¹³ɕian⁵³tsaŋ²⁴la⁰tsʰŋ⁵³paŋ⁵³i¹iaŋ⁵³,tʰu¹¹zan⁴⁴tou⁵³fei¹¹tɕʰi²⁴lai⁰la⁰.
腾云驾雾哩，飞呀飞呀，眼看就追上织女啦，
tʰɤŋ⁴⁴yən¹¹tɕia²²⁴vu¹¹li⁰,fei¹¹ia⁰fei¹¹ia⁰,ian²⁴kʰan⁵³tou⁵³tsuei¹³saŋ⁵³tsŋ¹¹ȵy²⁴la⁰,
这时候呢，可能就是被天上哩王母娘娘发现啦，
tsɛ⁵³sŋ⁴⁴xou¹lən⁰,kʰɤ²⁴lən⁴⁴tou²²⁴sŋ⁵³pei⁵³tʰian¹¹saŋ⁰li⁰vaŋ⁴⁴mu²⁴ȵiaŋ⁴⁴ȵiaŋ¹fa¹³ɕian⁵³la⁰,
她拔下啦头上哩那一颗金钗，
tʰa²⁴pa⁴⁴ɕia⁵³la⁰tʰou⁴⁴saŋ⁰li⁰la⁵³·⁴⁴kʰɤ¹¹³tɕin¹³tsʰai¹¹³,
在那个牛郎和织女哩中间，划啦一下子，
tsai⁵³la⁵³kɤ⁰ȵiou⁴⁴laŋ⁴⁴xɤ⁴⁴tsŋ¹¹ȵy²⁴li⁰tsɤŋ¹³tɕian¹¹³,xua⁵³la⁰i⁴⁴ɕia⁵³tsŋ⁰,
立刻就变成喽一条汹涌澎湃哩那个大河。
li¹³kʰɤ¹¹³tou⁵³pian⁵³tsʰən⁴⁴lou⁰i¹¹tʰiɔu⁴⁴ɕyŋ¹¹yŋ²⁴pʰɤŋ⁴⁴pʰai⁵³li¹la⁵³kɤ⁰ta⁵³xɤ⁴⁴.

这时候呢，小两口儿隔开啦，望也望不到边。
tsɛ⁵³ʂʅ⁴⁴xou⁰lən⁰,ɕiau²⁴liaŋ²⁴kʰour⁵³ kɛ⁴⁴ kʰai¹¹³la⁰,vaŋ²⁴iɛ²⁴vaŋ⁴⁴pu⁵³tou⁵³pian¹¹³.
在这急得牛郎就没办法儿啦。
tsai⁵³tsɛ⁵³tɕi⁴⁴tɤ⁴⁴ȵiou⁴⁴laŋ⁴⁴tou⁴⁴mei¹¹pan⁵³far²⁴la⁰.
喜鹊呢就非常哩同情牛郎和织女。
ɕi²⁴tɕʰyɛ⁵³lən⁰tou⁵³fei¹¹tsaŋ⁴⁴li⁰tʰoŋ⁴⁴tɕʰin⁴⁴ ȵiou⁴⁴laŋ⁴⁴xɤ⁴⁴tsʅ¹¹ȵy²⁴.
每年哩农历七月初七，成千上万哩喜鹊，
mei²⁴ȵian⁴⁴li⁰lɤŋ⁴⁴li¹tɕʰi¹³ yɛ¹¹³tʂʰu¹³ tɕʰi¹¹³,tʂʰən⁴⁴tɕʰian⁴⁴ʂaŋ²²⁴van⁵³li⁰ɕi²⁴tɕʰyɛ⁵³,
都跑到这个天河边上飞到天河边上，
tou⁴⁴pʰɔu²⁴tou⁰tsɛ⁵³kɤ⁰tʰian¹¹xɤ⁴⁴pian¹¹ʂaŋ⁰fei¹³tou⁵³ tʰian¹¹xɤ⁴⁴pian¹¹ʂaŋ⁰,
一只衔着另一只哩尾巴，
i¹³tsʅ¹¹³ɕian⁴⁴tsɤ⁰lin⁵³⁻¹³ i¹³tsʅ¹¹³li⁰vei²⁴pa⁰,
搭起一座那个长长哩鹊桥，
ta¹¹tɕʰi²⁴⁻⁴⁴i¹⁴tsuo⁵³la⁵³kɤ⁰tsʰaŋ⁴⁴tsʰaŋ⁴⁴li⁰tɕʰyɛ⁵³tɕʰiou⁴⁴,
让牛郎和织女相见，让他们全家团聚。
zaŋ⁵³ ȵiou⁴⁴laŋ⁴⁴xɤ⁴⁴tsʅ¹¹ȵy²⁴ɕiaŋ¹³tɕian⁵³,zaŋ⁵³tʰa¹¹mən⁰tɕʰyan⁴⁴tɕia¹¹³tʰuan⁴⁴tɕy⁵³.

意译：古时候有一个小伙子，家里很穷，父母都去世了，孤苦伶仃的一个人。他家里养了一头老牛，所以大家都叫他牛郎。牛郎靠耕地为生，与老牛相依为伴。这个老牛，它看牛郎很勤劳很善良，所以就想帮他成个家儿。有一天，这个老牛知道了一个消息。说天上的仙女要到他们村头的一个湖里面洗澡。它想帮牛郎成家，它就夜里托梦给牛郎，让他第二天早晨，要天不亮，赶紧到湖边去，看见树上挂的有衣服，就取一件走，头也不回往回跑，就可以得到一位美丽的仙女做妻子。牛郎梦醒以后，半信半疑。一清早，他就抱着试试看的心情，到山脚下湖边去了。果然看到七个仙女，在水中戏水。他看到那个树上挂的有很多衣服。他择了一件粉红色的拿了就往家里跑。这个被抢走衣服的仙女就是织女。夜里那个织女就找到牛郎的家门口，轻轻敲他的门，他俩就成为夫妻。一转眼三年过去了。他两个非常恩爱，生下了一男一女两个孩子，过得非常幸福，男耕女织，非常非常幸福。这件事儿被天上的玉皇大帝知道了。有一天，天上电闪雷鸣，刮大风下大雨，织女突然就不见了，两个孩子哭着闹着要找妈妈，牛郎急得不知道怎么办才好。这时候那个老牛突然开口说话了，它说你别难过，你把我头上的角拿下去，然后变成两只箩筐，你挑着两个孩子，赶紧去追吧，就可以追到天宫去找织女了。牛郎正奇怪，这时候牛角就掉下来了，真的变成两个箩筐。这时候牛郎就把两个孩子放到箩筐里，用扁担挑起来，一阵清风就吹起来了，箩筐像长了翅膀一样，突然就飞起来了，腾云驾雾，飞呀飞呀，眼看就追上织女了。这时候被天上的王母娘娘发现了，她拔下了头上那一颗金钗，在那个牛郎和织女的中间，划了一下子，立刻就变成了一条汹涌澎湃的大河。这时候，小两口隔开了，望也望不到边。急得牛郎都没办法。喜鹊非常同情牛郎和织女，每年农历七月初七，成千上万的喜鹊，飞到天河边上，一只衔着另一只的尾巴，搭起一座长长的鹊桥，让牛郎和织女相见，让他们全家团聚。

（发音人：严建华　2017.08.06 信阳）

0022 信阳的历史

大家好，我今天想给大家简要哩说一说这个信阳。
ta⁵¹ tɕia³¹² xou³⁵,vo³⁵ tɕin³¹ tʰian³¹² ɕiaŋ³¹ kei⁵³ ta⁵¹ tɕia³¹² tɕian³¹ ɕiou³⁵ li⁰ ɕyɛ³¹²⁰ i⁰ ɕyɛ⁵¹ tsɛ⁵¹ kɤ⁰ ɕin⁵¹ iaŋ⁴⁴.
信阳可以说是物产丰富、物华天宝、人杰地灵。
ɕin⁵¹ iaŋ⁴⁴ kʰɤ³⁵⁻³⁵ i⁰ ɕyɛ³¹² sʅ⁵¹ vu⁵¹ tsʰan³⁵ fɤŋ³¹ fu⁵¹,vu⁵¹ fa⁴⁴ tʰian³¹ pɔu³⁵,zən⁴⁴ tɕiɛ⁴⁴ ti⁵¹ lin⁴⁴.
首先呢，它在地理位置上它可以说是：
sou³⁵ ɕian³¹² lən⁰,tʰa³⁵ tsai⁵¹ ti²²⁴ li⁵¹ vei²²⁴ tsʅ⁵¹ saŋ⁵¹ tʰa³⁵ kʰɤ³⁵⁻³⁵ ɕyɛ³¹² sʅ⁵¹:
北国哩江南，江南哩北国。携豫风楚韵之美。
pɛ³¹ kuo³¹² li⁰ tɕiaŋ³¹ lan⁴⁴,tɕiaŋ³¹ lan⁵¹ li⁰ pɛ³¹ kuo³¹². ɕiɛ⁴⁴ y⁵¹ foŋ³¹² tsʰou³⁵ yən⁰ tsʅ⁵¹ mei³⁵.
嗯，它呢在河南省哩最南边，
n⁰,tʰa³⁵ lən⁰ tsai⁵¹ xɤ⁴⁴ lan⁴⁴ sən³⁵ li⁰ tsei⁵¹ lan⁴⁴ pian³¹²,
然后呢，在东边和安徽接壤，
zan⁴⁴ xou⁵¹ lən⁰,tsai⁵¹ toŋ³¹ pian³¹² xɤ⁴⁴ ŋan³¹ fei³¹² tɕiɛ³¹ zaŋ³⁵,
在南边又和湖北接壤，可以说是三省通衢，
tsai⁵¹ lan⁴⁴ pian³¹² iou⁵¹ xɤ⁴⁴ fu⁴⁴ pɛ³¹ tɕiɛ³¹² zaŋ³⁵,kʰɤ³⁵⁻³⁵ i⁰ ɕyɛ³¹² sʅ⁵¹ san³¹ sən³⁵ tʰoŋ³¹ tɕʰy⁴⁴,
地理位置啊，区位优势都比较明显。
ti⁵¹ li³⁵ vei²²⁴ tsʅ⁵¹ a⁰,tɕʰy³¹ vei⁵¹ iou⁵¹ sʅ⁵¹ tou³¹² pi³⁵ tɕiɔu⁵¹ min⁴⁴ ɕian³⁵.
京广线啦、京九线啊，都从这里经过。
tɕin³¹ kuaŋ³⁵ ɕian⁵¹ la⁰,tɕin³¹ tɕiou³⁵ ɕian⁵¹ a⁰,tou³¹² tsʰoŋ⁴⁴ tsɛ⁵¹ li⁰ tɕin³¹ kuo⁵¹.
然后呢，物产也比较丰富，
zan⁴⁴ xou⁵¹ lən⁰,vu⁵¹ tsʰan³⁵ iɛ³⁵ pi³⁵ tɕiɔu⁵¹ fɤŋ³¹ fu⁵¹,
主要哩特产啦，你像茶叶呀，这都是比较著名哩。
tɕy³⁵ iɔu⁵¹ li⁰ tʰɛ³¹ tsʰan³⁵ la⁰,n³⁵ ɕiaŋ⁵¹ tsʰa³⁵ iɛ³¹² ia³⁵,tsɛ⁵¹ tou³¹ sʅ⁵¹ pi³⁵ tɕiɔu³⁵ tɕy⁵¹ min³⁵ li⁰.
然后就是板栗啊等等其他农副产品。
zan⁴⁴ xou⁵¹ tou²²⁴ sʅ⁵¹ pan³⁵ li³¹² a⁰ tən³¹ tən³¹ tɕʰi⁴⁴ tʰa³⁵ lɤŋ⁴⁴ fu⁵¹ tsʰan³⁵ pʰin³⁵.
然后呢，我还想给大家说一下，
zan⁴⁴ xou⁵¹ lən⁰,vo³⁵ xai⁴⁴ ɕiaŋ³⁵ kei⁵³ ta⁵³ tɕia³¹² ɕyɛ³¹ i⁰ ɕia⁵¹,
信阳哩人文历史。信阳呢，可以说是历史比较悠久。
ɕin⁵¹ iaŋ⁴⁴ li⁰ zən⁴⁴ vən⁴⁴ li⁵¹ sʅ⁵¹. ɕin⁵¹ iaŋ⁴⁴ lən⁰,kʰo³⁵⁻³⁵ i⁰ ɕyɛ³¹² sʅ⁵¹ li⁵¹ sʅ³⁵ pi³⁵ tɕiɔu³⁵ iou³¹ tɕiou³⁵.
在西周哩时候啊，就有一系列哩诸侯国在这里建国。
tai⁵¹ ɕi³¹ tsou³¹² li⁰ sʅ⁴⁴ xou⁵¹ a⁰,tou⁵¹ iou³⁵⁻⁴⁴ i⁵¹ ɕi³¹² liɛ³¹ li⁰ tɕy³¹ xou⁴⁴ kuo³¹² tai tsɛ⁵¹ li⁰ tɕian⁵¹ kuo³¹².

比如息国呀、姜国呀、黄国呀、蓼国呀，
pi³⁵y⁴⁴ɕi³¹kuo³¹²ia⁰,tɕiaŋ³¹kuo³¹²ia⁰,faŋ⁴⁴kuo³¹²ia⁰,liɔu⁵¹kuo³¹²ia⁰,
都是在信阳这个地区上。
tou³¹sɿ⁵¹tsai⁵¹ɕin⁵¹iaŋ⁴⁴tsɛ⁵¹kɤ⁰ti⁰tɕʰy³¹²saŋ⁰.
嗯，在春秋战国哩时候，
n⁰,tai⁵¹tsʰuən³¹tɕʰiou³¹²tsan⁵¹kuo³¹²li⁰sɿ⁴⁴xou⁰,
春申君黄歇，最早哩封地就是在这儿。
tɕʰyən³¹sən³¹tɕyən³¹²faŋ⁴⁴ɕiɛ³¹²,tsei⁵¹tsɔu³⁵li⁰fɤŋ³¹ti⁵¹tou²²⁴sɿ⁵¹tsai⁵¹tsɛr⁵¹.
所以信阳呢也被叫作这个申城。
suo³⁵i³⁵ɕin⁵¹iaŋ⁴⁴lən⁰iɛ³⁵pei⁵¹tɕiɔu²²⁴tsuo⁵¹tsɛ⁵¹kɤ⁰sən³¹tsʰən⁴⁴.
尤其在今天哩潢川这个地方啦，
iou⁴⁴tɕʰi⁵¹tsai⁵¹tɕin³¹tʰian³¹²li⁰faŋ⁴⁴tɕʰyan³¹²tsɛ⁵¹kɤ⁰ti⁰faŋ⁰la⁰,
它是海内外黄姓哩发源地。所以说，每年啦，
tʰa³⁵sɿ⁵¹xai³⁵lei⁵¹vai⁵¹faŋ⁴⁴ɕin⁵¹li⁰fa⁰yan⁰ti⁵¹. suo³⁵i³⁵ɕyɛ³¹²,mei³⁵nian⁴⁴la⁰,
海内外都有大量哩黄姓人到这里来，认祖归宗。
xai³⁵lei⁵¹vai⁵¹tou³¹iou³⁵ta²²⁴liaŋ⁵¹li⁰faŋ⁴⁴ɕin⁵¹zən⁴⁴tɔu⁵¹tsɛ⁵¹li⁰lai⁴⁴,zən⁵¹tsu³⁵kuei³¹tsoŋ³¹².
然后呢，
zan⁴⁴xou⁵¹lən⁰,
它这个时间继续再往下发展哩时候到三国时期，
tʰa³⁵tsɛ⁵¹kɤ⁰sɿ⁴⁴tɕian⁰tɕi²²⁴ɕy⁵¹tsai⁰vaŋ²²⁴ɕia⁵¹fa⁰tsan³⁵li⁰sɿ⁴⁴xou⁰tɔu⁵¹san³¹kuo³¹²sɿ⁴⁴tɕʰi⁰,
它叫这个义阳。然后呢，再到啦这个宋代哩时候，
tʰa³⁵tɕiɔu⁵¹tsɛ⁵¹kɤ⁰i⁵¹iaŋ⁴⁴. zan⁴⁴xou⁵¹lən⁰,tsai⁵¹tɔu⁵¹la⁰tsɛ⁵¹kɤ⁰soŋ²²⁴tai⁵¹li⁰sɿ⁴⁴xou⁰,
它哩位置相对来说就比较重要。
tʰa³⁵li⁰vei²²⁴tsɿ⁵¹ɕiaŋ³¹tei⁵¹lai⁴⁴ɕyɛ³¹²tou⁵¹pi³⁵tɕiɔu⁵¹tsoŋ²²⁴iou⁵¹.
而且呢，出现哩名人也都比较多。
er⁴⁴tɕʰiɛ³⁵lən⁰,tɕʰy³¹ɕian⁵¹li⁰min⁵¹zən⁵¹iɛ³⁵tou³¹²pi³⁵tɕiɔu⁵¹tuo³¹².
在宋代哩时候，一开始宋初哩时候，
tsai⁵¹soŋ²²⁴tai⁵¹li⁰xou⁵¹,i⁵¹kʰai³¹sɿ³⁵soŋ⁵¹tɕʰy³¹²li⁰sɿ⁴⁴xou⁵¹,
叫作这个义阳。
tɕiɔu⁵¹tsuo⁵¹tsɛ⁵¹kɤ⁰i⁵¹iaŋ⁴⁴.
然后等到宋太宗赵光义，即位之后哩，
zan⁴⁴xou⁵¹tən³⁵tɔu⁵¹soŋ⁵¹tʰai⁵¹tsoŋ³¹²tsɔu⁵¹kuaŋ³¹i⁵¹,tɕi²²⁴vei⁵¹tsɿ³¹xou⁵¹li⁰,
它为啦避赵光义名字哩号，
tʰa³⁵vei⁵¹la⁰pi⁵¹tsɔu⁰kuaŋ³¹i⁵¹min⁵¹tsɿ⁰li⁰xɔu⁵¹,
之后，为啦避这个讳，它哩名字就改成叫信阳。
tsɿ³¹xou⁵¹,vei⁵¹la⁰pi⁵¹tsɛ⁵¹kɤ⁰fei⁵¹,tʰa³⁵li⁰min⁴⁴tsɿ⁰tɕiou⁵¹kai³⁵tsʰən⁴⁴tɕiɔu⁵¹ɕin⁵¹iaŋ⁴⁴.

从此之后呢，一直到今天呐，基本上这个信阳，
tsʰoŋ⁴⁴tsʅ³⁵tsʅ³¹xou⁵¹lən⁰,i⁵¹tsʅ⁴⁴tou⁵³tɕin³¹tʰian⁵¹la⁰,tɕi⁵¹pən³⁵saŋ⁵¹tsɛ⁵¹kɤ⁰ɕin⁵¹iaŋ⁴⁴,
除喽这个它哩个所辖区域，
tɕʰy⁴⁴lou⁰tsɛ⁵¹kɤ⁰tʰa³⁵li⁰kɤ⁰suo³⁵ɕia⁴⁴tɕʰy³¹y⁵¹,
大小有所变化，基本上名称都是叫作这个做信阳。
ta⁵¹ɕiou³⁵iou³⁵suo³⁵pian⁵¹fa³¹,tɕi³¹pən³⁵saŋ⁵¹min⁴⁴tsʰən³¹²tou³¹sʅ⁵¹tɕiou⁵¹tsuo⁰tsɛ⁵¹kɤ⁰ɕin⁵¹iaŋ⁴⁴.
然后呢，再给大家说一说这个，
zan³⁵xou⁵¹lən⁰,tsai⁵¹kei³⁵ta⁵¹tɕia³¹²ɕyɛ³¹²i⁰ɕyɛ³¹²tsɛ⁵¹kɤ⁰,
信阳非常显著哩一个特点，
ɕin⁵¹iaŋ⁴⁴fei³¹tsʰaŋ⁴⁴ɕian³⁵tɕy⁵¹li⁰i³¹kɤ⁰tʰɛ⁵¹tian³⁵,
就是信阳哩红色资源红色旅游资源是非常丰富哩！
tou²²⁴sʅ⁵¹ɕin⁵¹iaŋ⁵¹li⁰fɤŋ⁴⁴sɛ⁵¹tsʅ³¹yan⁴⁴fɤŋ⁵⁴sɛ⁵¹ly³¹iou⁵¹tsʅ³¹yan⁵¹sʅ⁵¹fei³¹tsʰaŋ⁴⁴fɤŋ³¹fu⁵¹li⁰!
因为啊在革命战争年代，
in³¹vei⁴⁴a⁰tsai⁵¹kɤ³⁵·min³⁵tsan⁴⁴tsən³¹²ȵian⁴⁴tai⁵¹,
信阳可以说是为新中国哩诞生作出啦杰出哩贡献。
ɕin⁵¹iaŋ⁴⁴kʰo³¹i⁰ɕyɛ³¹²sʅ⁵¹vei⁵¹ɕin³¹tsoŋ³¹kuo³¹²li⁰tan⁵¹sən³¹²tsuo⁵¹tɕʰy⁴⁴la⁰tɕiɛ⁴⁴tɕʰy³¹²li⁰koŋ²²⁴ɕian⁵¹.
前赴后继总共将近有百十来万信阳儿女，
tɕʰian⁴⁴fu²²⁴xou²²⁴tɕi⁵¹tsoŋ³⁵koŋ⁵¹tɕiaŋ³¹tɕin⁵¹iou³⁵pɛ⁵¹sʅ⁰lai⁴⁴van⁵¹ɕin⁵¹iaŋ⁴⁴er⁴⁴ȵy³⁵,
参加啦革命斗争。
tsʰan³¹tɕia³¹²la⁰kɤ⁴⁴min⁵¹tou⁵¹tsən³¹².
有将近三十万左右哩优秀信阳儿女，
iou³⁵tɕiaŋ³¹tɕin⁵¹san³¹sʅ⁴⁴van⁵¹tsuo³⁵iou⁵¹li⁰iou³¹ɕiou⁵¹ɕin⁵¹iaŋ⁴⁴er⁴⁴ȵy³⁵,
为新中国哩诞生呐，
vei⁵¹ɕin³¹tsoŋ³¹kuɛ³¹²li⁰tan⁵¹sən³¹²la⁰,
做出啦杰出哩贡献和巨大哩牺牲。
tsuo⁵¹tɕʰy³¹²la⁰tɕiɛ⁴⁴tɕʰy³¹²li⁰koŋ²²⁴ɕian⁵⁴xɤ⁰tɕy²²⁴ta⁵¹li⁰ɕi³¹sən³¹².
那么我们今天所熟知哩这个红四方面军，
la⁵¹mɤ⁰vo³¹mən⁰tɕin³¹tʰian³¹²suo³⁵sou⁵¹tsʅ³¹²li⁰tsɛ⁴⁴kɤ⁰fɤŋ⁴⁴sʅ⁵¹faŋ³¹mian⁵¹tɕyən³¹²,
就是在我们这信阳走出来哩、发源哩。
tou²²⁴sʅ⁵¹tsai⁵¹vo³¹mən⁰ɕin⁵¹iaŋ⁴⁴tsou⁵¹tɕʰy³¹lai⁵¹li⁰,fa³¹yan⁴⁴li⁰.
另外呢，信阳还有到今天啊，
lin²²⁴vai⁵¹lən⁰,ɕin⁵¹iaŋ⁴⁴xai⁴⁴iou³⁵tou⁵¹tɕin³¹tʰian³¹²a⁰,
还有很多这个红色哩旅游文化旅游哩资源，
xai⁴⁴iou³⁵xən³⁵tuo³¹²tsɛ⁵¹kɤ⁰fɤŋ⁴⁴sɛ⁵¹li⁰ly³⁵iou⁴⁴vən⁴⁴fa⁵¹ly³⁵iou⁴⁴li⁰tsʅ³¹yan⁴⁴,
你比如说那个罗山哩何家冲，
n³⁵pi³⁵y⁴⁴ɕyɛ³¹²la⁵¹kɤ⁰luo⁴⁴san³¹²li⁰xo⁴⁴tɕia³¹tsʰoŋ³¹²,

新县哩有鄂豫皖苏区哩个首府，
ɕin³¹ɕian⁵¹li⁰iou³⁵ɤ³¹y⁵¹van³⁵sou³¹tɕʰy³¹²li⁰kɤ⁰sou³⁵fu³⁵，
还有商城也有大量哩红色旅游哩资源。
xai⁴⁴iou³⁵saŋ²⁴tsʰən⁴⁴iɛ²²⁴iou⁰ta²²⁴liaŋ⁵¹li⁰fɤŋ⁴⁴sɛ⁵¹ly³⁵iou⁴⁴li⁰tsɿ³¹yan⁴⁴.
我们是耳熟能详熟知哩这个《八月桂花遍地开》这个歌儿，
vo³⁵mən⁰sɿ⁵¹er⁰sou³⁵lən⁴⁴ɕiaŋ⁴⁴sou⁰tsɿ³¹²li⁰tsɛ⁵¹kɤ⁰pa³¹²kuei⁵¹fa³¹²pian²²⁴ti⁵¹kai⁰tsɛ⁵¹kɤ⁰kɤr³¹²，
就是这个金寨暴动哩时候所产生哩这个歌儿。
tou²²⁴sɿ⁵¹tsɛ⁵¹kɤ⁰tɕin³¹tsai⁵¹pou⁵¹toŋ⁰li⁰sɿ⁴⁴xou⁰suo³⁵tsʰan³⁵sən³¹²li⁰tsɛ⁵¹kɤ⁰kɤr³¹².
然后呢，还出现啦许多哩老一辈无产阶级革命家，
zan⁴⁴xou⁵¹lən⁰,xai⁴⁴tɕʰy³¹ɕian⁵¹la⁰ɕy⁴⁴tuo³¹²li⁰lɔu⁵¹pei⁵¹vu³⁵tsʰan³⁵tɕiɛ³¹tɕi³¹²kɤ³¹min⁵¹tɕia³¹²，
比如这个许世友啊、李德生呐等等，
pi³⁵y⁴⁴tsɛ⁵¹kɤ⁰ɕy³⁵sɿ⁵¹iou³⁵a⁰,li³⁵tɤ⁵¹sən³¹²la⁰tən³⁵tən³⁵，
都是从我们这里走出来哩。
tou³¹sɿ⁵¹tsʰoŋ⁴⁴vo³⁵mən⁰tsɛ⁵¹li⁰tsou³⁵tɕʰy³¹²lai⁴⁴li⁰.
最后呢，
tsei²²⁴xou⁵¹lən⁰,
再想给大家介绍一下信阳哩所出来哩历史哩名人。
tsai⁵¹ɕiaŋ³⁵kei³⁵ta⁵¹tɕia³¹²tɕiɛ⁵¹sou⁴⁴i⁴⁴ɕia⁵¹ɕin⁵¹iaŋ⁴⁴li⁰suo³⁵tɕʰy⁴⁴lai⁰li⁰li⁵¹sɿ³⁵li⁰min⁴⁴zən⁴⁴.
首先呢，就是这个楚国哩宰相孙叔敖。
sou³⁵ɕian³¹²lən⁰,tou²²⁴sɿ⁵¹tsɛ⁵¹kɤ⁰tsʰou³⁵kuo³¹²li⁰tsai³⁵ɕiaŋ³¹²sən⁰ɕy³¹ŋou⁴⁴.
然后又是有这个春申君黄歇。
zan⁴⁴xou⁵¹iou²²⁴sɿ⁵¹iou³⁵tsɛ⁵¹kɤ⁰tɕʰyən³¹sən³¹²tɕyən³¹²faŋ⁴⁴ɕiɛ³¹².
三国时期呢，不仅有文臣也有武将。
san³¹kuo⁴⁴sɿ⁴⁴tɕʰi³¹²lən⁰,pu³¹tɕin³⁵iou³⁵vən⁴⁴tsʰən⁴⁴iɛ³⁵iou³⁵vu³⁵tɕiaŋ⁵¹.
武将哩代表是魏延。
vu³⁵tɕiaŋ⁵¹li⁰tai⁵¹piɔu³⁵sɿ⁵¹vei⁵¹ian⁴⁴.
那么文臣哩代表就是这个费祎。
la⁵¹mɤ⁰vən⁴⁴tsʰən⁴⁴li⁰tai⁵¹piɔu⁰tou²²⁴sɿ⁵¹tsɛ⁵¹kɤ⁰fei⁵¹i⁴⁴.
到宋代啊，司马光，就是我们今天信阳光山人。
tɔu⁵¹soŋ²²⁴tai⁵¹a⁰,sɿ³¹ma³⁵kuaŋ³¹²,tou²²⁴sɿ⁵¹vo³⁵mən⁰tɕin³¹tʰian³¹²ɕin⁵¹iaŋ⁴⁴kuaŋ³¹san³¹²zən⁴⁴.
然后，再继续往下发展哩时候，
zan⁴⁴xou⁵¹,tsai⁵¹tɕi²²⁴ɕy⁵¹vaŋ²²⁴ɕia⁰fa³¹tsan³⁵li⁰sɿ⁴⁴xou⁰,
到明代信阳可以说是出现啦个大文豪，
tɔu⁵¹min⁴⁴tai⁵¹ɕin⁵¹iaŋ⁴⁴kʰɤ³⁵i⁵¹ɕyɛ³¹²sɿ⁵¹tɕʰy³¹ɕian⁵¹la⁰kɤ⁰ta⁵¹vən⁴⁴xɔu⁴⁴，
这个前七子之一何景明。
tsɛ⁵¹kɤ⁰tɕʰian⁴⁴tɕʰi³¹tsɿ³⁵sɿ³¹i³¹²xɤ⁴⁴tɕin³⁵min⁴⁴.

虽然说，他那个在整个中国文坛不是特别显著，
sei³¹zan⁴⁴ɕyɛ³¹²,tʰa³⁵la⁰kɤ⁰tai⁵¹zən⁴⁴kɤ⁰tsoŋ³¹kuo³¹²vən⁴⁴tʰan⁴⁴pu³¹sŋ⁵¹tʰɛ⁰piɛ⁴⁴ɕian³⁵tɕy⁵¹,
但是他在明代文坛可以说是独树一帜。
tan²²⁴sŋ⁵¹tʰa³⁵tai⁴⁴min⁴⁴tai⁵¹vən⁴⁴kʰɤ³⁵i⁰ɕyɛ³¹²sŋ⁵¹tou⁴⁴ɕy⁵¹i⁰tsŋ⁵¹.
尤其是这个明代哩前七子，
iou⁴⁴tɕʰi⁴⁴sŋ⁵¹tsɛ⁵¹kɤ⁰min⁴⁴tai⁵¹li⁰tɕʰian⁴⁴tɕʰi³¹tsŋ³⁵,
他们在提倡文必盛唐诗必秦汉，
tʰa³⁵mən⁰tsai⁵¹tʰi⁴⁴tsʰaŋ⁵¹vən⁴⁴pi⁵¹sən⁰tʰaŋ⁴⁴sŋ³¹pi⁵¹tɕʰin⁴⁴xan⁵¹,
诗必盛唐文必秦汉哩这个时期，
sŋ³¹pi⁵¹sən⁵¹tʰaŋ⁴⁴vən⁴⁴pi⁵¹tɕʰin⁴⁴xan⁵¹li⁰tsɛ⁵¹kɤ⁰sŋ⁴⁴tɕʰi³¹²,
对扭转这个文风起啦巨大哩作用。
tei⁵¹ȵiou³⁵tɕyan³⁵tsɛ⁵¹kɤ⁰vən⁴⁴fɤŋ³¹²tɕʰi³⁵la⁰tɕy²²⁴ta⁵¹li⁰tsuo³¹zoŋ⁵¹.
那么再继续往下发展哩时候，信阳所出哩一类名人啦，
la⁵¹mɤ⁰tsai⁵¹tɕi²²⁴ɕy⁰vaŋ²²⁴ɕia⁵¹fa⁵¹tsan⁵¹li⁰sŋ³⁵xou⁰,ɕin⁵¹iaŋ⁴⁴suo⁵¹tɕʰy³¹²li⁰i⁰³¹lei⁵¹min⁴⁴zən⁴⁴la⁰,
主要就是这老一辈无产阶级革命家。
tɕy³⁵iɔu⁵¹tou²²⁴sŋ⁵¹tsɛ⁵¹lɔu³¹⁰pei⁰vu³⁵tsʰan³⁵tɕiɛ³¹tɕi³¹²kɤ³¹min⁵¹tɕia³¹².
在河南省里面，
tsai⁵¹xɤ⁴⁴lan⁴⁴sən³⁵li³⁵mian⁰,
出现过这个将军以上哩有一百来个。
tɕʰy³¹ɕian⁵¹kuo⁰tsɛ⁵¹kɤ⁰tɕiaŋ³¹tɕyən⁰i⁰saŋ⁵¹li⁰iou³⁵·³¹pɛ³¹²lai⁴⁴kɤ⁰.
而信阳啊，建国以后就出哩有六十四个。
er⁴⁴ɕin⁵¹iaŋ⁴⁴·⁰a⁰,tɕian⁵¹kuo³¹²·³⁵i⁰xou⁵¹tɕiou⁵¹tɕʰy³¹²li⁰iou³⁵liou⁵¹sŋ⁴⁴sŋ⁵¹kɤ⁰.
这相对来说，占哩比重比例是非常大哩。
tsɛ⁵¹ɕiaŋ³¹tei⁵¹lai⁴⁴ɕyɛ³¹²,tsan⁵¹li⁰pi⁰³⁵tsoŋ⁵¹pi¹³⁵li⁵¹sŋ⁵¹fei³¹tsʰaŋ⁴⁴ta⁵¹li⁰.
嗯，我刚才主要从信阳哩个人文历史啊，
n⁰,vo³⁵kaŋ³¹tsʰai⁴⁴tɕy³⁵iɔu⁵¹tsʰoŋ⁴⁴ɕin⁵¹iaŋ⁴⁴li⁰kɤ⁰zən⁴⁴vən⁴⁴li⁵¹sŋ³⁵a⁰,
地理位置啊，给大家简要哩做喽下介绍，
ti⁵¹li³⁵vei²²⁴tsŋ⁵¹a⁰,kei³⁵ta⁵¹tɕia³¹²tɕian⁵¹iɔu⁵¹li⁰tsuo³¹²lou⁰ɕia⁰tɕiɛ⁰sɔu⁴⁴.
我希望能够引起大家对信阳哩个兴趣儿。
vo³⁵ɕi¹vaŋ⁵¹lən³¹kou⁰in³⁵tɕʰi³⁵ta⁵¹tɕia⁵¹tei⁵¹ɕin⁵¹iaŋ⁴⁴li⁰kɤ⁰ɕin²²⁴tɕʰyər⁵¹.
也希望大家能够踊跃哩到信阳来旅游，
iɛ³⁵ɕi⁰vaŋ⁵¹ta⁵¹tɕia⁵¹lən³¹kou⁴⁴zoŋ³⁵yɛ⁵¹li⁰tɔu⁵¹ɕin⁵¹iaŋ⁴⁴lai⁴⁴ly³⁵iou⁴⁴,
支持我们信阳哩发展。谢谢大家！
tsŋ³¹tsʰŋ⁴⁴vo³⁵mən⁰ɕin⁵¹iaŋ⁴⁴li⁰fa³¹tsan⁵¹.ɕiɛ⁵¹ɕiɛ⁰ta⁵¹tɕia³¹².

意译：大家好！我今天想给大家简要地说一说信阳。信阳可以说是物产丰富、物华天宝、人杰地灵。首先，在地理位置上可以说是：北国的江南，江南的北国，携豫风楚韵之美。它在河南省的最南边。在东边和安徽接壤，在南

边又和湖北接壤，可以说是三省通衢。地理位置、区位优势都比较明显。京广线、京九线都从这里经过。物产也比较丰富，主要的特产，像茶叶，这都是比较著名的。然后就是板栗等其他农副产品。然后我还想给大家说一下，信阳的人文历史。信阳可以说是历史比较悠久。在西周的时候，就有一系列的诸侯国在这里建国。比如息国啊、姜国啊、黄国啊、蓼国啊，都是在信阳这个地区上。在春秋战国的时候，春申君黄歇，最早的封地就是在这儿。所以信阳也被叫作申城。尤其在今天潢川这个地方，它是海内外黄姓的发源地，所以每年海内外都有大量的黄姓人到这里来认祖归宗。往下发展到三国时期，它叫义阳。再到宋代的时候，它的位置相对来说就比较重要。而且出现的名人也比较多。在宋初的时候，叫义阳。等到宋太宗赵光义即位之后，为了避讳，它的名字改叫信阳。从此之后一直到今天，信阳除了它的所辖区域，大小有所变化，基本上名称都是叫作信阳。然后再给大家说一说，信阳非常显著的一个特点就是信阳的红色旅游资源是比较丰富的！因为在革命战争年代，信阳可以说是为新中国的诞生作出了杰出贡献。前赴后继总共将近有百十来万信阳儿女，参加了革命斗争。有将近三十万左右的优秀信阳儿女，为新中国的诞生，做出了杰出的贡献和巨大的牺牲。我们今天所熟知的红四方面军，就是在我们信阳走出来的、发源的。另外，信阳到今天，还有很多红色旅游文化资源。比如说罗山的何家冲，新县有鄂豫皖苏区的首府，商城也有大量红色旅游资源。我们耳熟能详熟知的《八月桂花遍地开》这个歌，就是金寨暴动的时候产生的歌。还出现了许多老一辈无产阶级革命家，比如许世友、李德生。都是从我们这里走出来的。最后再想给大家介绍一下信阳出来的历史名人。首先就是楚国的宰相孙叔敖。然后又有春申君黄歇。三国时期不仅有文臣也有武将。武将的代表是魏延，文臣的代表就是费祎。到宋代司马光，就是我们今天信阳光山人。再继续往下发展，到明代信阳可以说是出现了个大文豪，前七子之一何景明。虽然说，他在整个中国文坛不是特别显著，但是他在明代文坛可以说是独树一帜。尤其是明代的前七子，他们在提倡"诗必盛唐、文必秦汉"的这个时期，对扭转文风起了巨大的作用。再继续往下发展，信阳所出的一类名人，主要就是老一辈无产阶级革命家。在河南省里面，出现过将军以上的有一百来个。而信阳建国以后就出的有六十四个。这相对来说，占的比重比例是非常大的。我刚才主要从信阳的人文历史、地理位置，给大家简要地做了下介绍，我希望能够引起大家对信阳的兴趣儿。也希望大家能够踊跃到信阳来旅游，支持我们信阳的发展。谢谢大家！

（发音人：项臻　2017.07.08 信阳）

三 自选条目

0031 谚语

七月杨桃八月楂，九月栗子笑哈哈！

tɕhi¹³ yɛ¹¹³ iaŋ⁴⁴ thou⁴⁴ pa¹³ yɛ¹¹³ tsa⁵³,tɕiou²⁴ yɛ¹¹³ li¹¹ tsʅ⁰ ɕiou⁵³ xa⁰ xa⁰!

意译：七月杨桃八月楂，九月栗子笑哈哈！

（发音人：王荣德 2017.07.08 信阳）

0032 歇后语

癞头包子趴在脚背上——不咬人，刺⁼咧⁼人。

lai⁵³ thou⁰ pou¹¹ tsʅ⁰ pha¹¹³ tsai tɕyo⁴⁴ pei⁵³ saŋ⁰——pu¹¹ iou²⁴ zən⁴⁴,tsh¹⁵³ lɛ⁰ zən⁴⁴.

意译：癞蛤蟆趴在脚背上——不咬人，刺⁼咧⁼让人觉得心里不舒服、难受人。

（发音人：王荣德 2017.07.08 信阳）

0033 歇后语

茅缸里架小磨儿——拐⁼屎。

mou⁴⁴ kaŋ¹¹³ li⁰ tɕia⁵³ ɕiou²⁴ mor⁵³——kuai⁵³ sʅ²⁴.

意译：厕所里架小磨儿——拐⁼特别坏之意死。

（发音人：王荣德 2017.07.08 信阳）

0034 歇后语

老公公背儿媳妇儿过河——出力不落好儿。

lou²⁴ koŋ¹¹ koŋ⁰ pei²⁴ er⁴⁴ ɕi⁴⁴ fur⁵³ kuo⁵³ xɤ⁴⁴——tɕhy¹³ li¹¹³ pu⁵³ luo⁵³ xour²⁴.

意译：老公公背儿媳妇儿过河——出力不落好儿。

（发音人：王荣德 2017.07.08 信阳）

0035 歇后语

天上掉下来个驴蹄子——不是凡脚儿。

tian¹¹ saŋ⁰ tiou⁵³ ɕia⁵³ lai⁰ kɤ⁴⁴ ly⁰ thi⁴⁴ zʅ⁰——pu⁴⁴ sʅ⁵³ fan⁴⁴ tɕyor¹¹³.

意译：天上掉下来个驴蹄子——不是凡角儿。

（发音人：严建华 2017.07.08 信阳）

0036 歇后语

茶壶掉喽把儿——净落个嘴儿。

tsha⁴⁴ xu¹¹³ tiou⁵³ lou⁰ par⁵³——tɕin⁵³ luo⁵³ kɤ⁰ zər²⁴.

意译：茶壶掉了把儿——净落个嘴儿。

（发音人：严建华 2017.07.08 信阳）

0037 谚语

五月里是端阳，割麦栽秧两头儿忙。

vu²⁴ yɛ¹¹³ li⁰ sʅ⁵³ tan¹¹ iaŋ⁴⁴,kɤ¹³ mɛ¹¹³ tsai¹³ iaŋ¹¹³ liaŋ²⁴ thour maŋ⁴⁴.

意译：五月里是端阳，割麦栽秧两头忙。

（发音人：陈宝玉　2017.07.08 信阳）

0038 谚语

八月里是中秋，逮不住黄鳝逮泥鳅。

pa^{13}yɛ^{113}li^{0}sɿ^{53}tsʅŋ^{13}tɕhiou^{113},tai^{24}pu^{0}tɕy^{53}faŋ^{44}san^{113}tai^{24}ni^{44}tɕiou^{0}.

意译：八月里是中秋，逮不住黄鳝逮泥鳅。

（发音人：陈宝玉　2017.07.08 信阳）

0039 谚语

吃啦冬至饭，一天长一线。

tsh^{11}la^{0}tʅŋ^{13}tsɿ^{53}fan^{53},i^{13}thian^{113}tshaŋ^{44}i^{44}ɕian^{53}.

意译：吃了冬至饭，一天长一线。

（发音人：陈宝玉　2017.07.08 信阳）

0040 谚语

麦子扬花用火烧，稻子扬花用水浇。

mɛ^{11}tsɿ^{0}ian^{44}fa^{113}zʅŋ^{24}fo^{113}sou^{53},tou^{0}tsɿ^{44}ian^{113}fa^{53}zʅŋ^{24}sei^{113}tɕiou.

意译：麦子扬花用火烧，稻子扬花用水浇。

（发音人：陈宝玉　2017.07.08 信阳）

0041 谚语

打春三天黑，又收稻子又收麦。

ta^{24}tɕhyən^{113}san^{13}thian^{113}xɛ^{113},iou^{53}sou^{113}tou^{53}tsɿ^{0}iou^{13}sou^{13}mɛ^{113}.

意译：打春三天黑，又收稻子又收麦。

（发音人：陈宝玉　2017.07.08 信阳）

0042 谚语

立秋的萝卜，处暑的菜。

li^{13}tɕhiou^{113}li^{0}luo^{44}po^{0},tɕhy^{53}ɕy^{24}li^{0}tshai^{53}.

意译：立秋的萝卜，处暑的菜。

（发音人：陈宝玉　2017.07.08 信阳）

0043 谚语

麦盖三床被，头枕馍馍睡。

mɛ^{13}kai^{53}san^{11}tshaŋ^{44}pei^{53},thou^{44}tsən^{24}mʅ^{44}mʅ^{0}sei^{53}.

意译：麦盖三床被，头枕馍馍睡。

（发音人：陈宝玉　2017.07.08 信阳）

0046 谚语

喝酒不吃菜，各有各哩爱！

xɤ^{31}tɕiou^{35}pu^{44}tsh^{31}tshai^{51},ko^{44}iou^{35}kɤ^{44}li^{0}ŋai^{51}！

意译：喝酒不吃菜，各有各的爱！

（发音人：周海军　2017.07.08 信阳）

0047 歇后语

喝凉水拿筷子——招呼劲儿！

xɤ³¹²liaŋ⁴⁴sei³⁵la⁴⁴kʰuai⁵¹tsʅ⁰——tsɔu⁴⁴fu⁰tɕiər⁵¹！

意译：喝凉水拿筷子——招呼劲儿_{做事热闹能圆场}！

（发音人：周海军　2017.07.08 信阳）

固 始

一 歌谣

0001 正月歌

正啦月里来正月正，
tsen²¹la⁰yɛ²¹³li⁰lɛ⁰tsen¹³yɛ⁰tsen²¹³,
老娘管奴家管呀嘛管得紧。
lau²⁴liaŋ⁵⁵kuan²⁴leŋ⁵⁵tɕia⁰kuan²⁴ia⁰ma⁰kuan²⁴ti⁰tɕin²⁴.
管奴家不说话耶管奴家不瞧人，
kuan²⁴leŋ⁵⁵tɕia⁰pu⁵¹suɤ¹³xua⁵¹iɛ⁰kuan⁵⁵leŋ⁵⁵tɕia⁰pu⁵¹tɕʰiau⁵⁵zen⁵⁵,
只管自呀奴的人啦管不住奴的心，
tsʅ⁵¹kuan²⁴tsʅ⁵¹ia⁰leŋ⁵⁵ti⁰zen⁵⁵la⁰kuan²⁴pu⁵⁵tsu⁵¹leŋ⁵⁵ti⁰ɕin²¹³,
只管自啊奴的人啦管不住奴的心。
tsʅ⁵¹kuan²⁴tsʅ⁵¹ia⁰leŋ⁵⁵ti⁰zen⁵⁵la⁰kuan²⁴pu⁵⁵tsu⁵¹leŋ⁵⁵ti⁰ɕin²¹³.
正啦月里来正月正，
tsen²¹la⁰yɛ²¹³li⁰lɛ⁰tsen¹³yɛ⁰tsen²¹³,
老娘管奴家管呀嘛管得紧。
lau²⁴liaŋ⁵⁵kuan²⁴leŋ⁵⁵tɕia⁰kuan²⁴ia⁰ma⁰kuan²⁴ti⁰tɕin²⁴.
管奴家不说话耶管奴家不瞧人。
kuan²⁴leŋ⁵⁵tɕia⁰pu⁵¹suɤ¹³xua⁵¹iɛ⁰kuan⁵⁵leŋ⁵⁵tɕia⁰pu⁵¹tɕʰiau⁵⁵zen⁵⁵.
正啦月里来正月正，
tsen²¹la⁰yɛ²¹³li⁰lɛ⁰tsen¹³yɛ⁰tsen²¹³,
老娘管奴家管呀嘛管得紧。
lau²⁴liaŋ⁵⁵kuan²⁴leŋ⁵⁵tɕia⁰kuan²⁴ia⁰ma⁰kuan²⁴ti⁰tɕin²⁴.
管奴家不说话耶管奴家不瞧人，
kuan²⁴leŋ⁵⁵tɕia⁰pu⁵¹suɤ¹³xua⁵¹iɛ⁰kuan⁵⁵leŋ⁵⁵tɕia⁰pu⁵¹tɕʰiau⁵⁵zen⁵⁵,
只管自啊奴的人啦管不住奴的心，
tsʅ⁵¹kuan²⁴tsʅ⁵¹ia⁰leŋ⁵⁵ti⁰zen⁵⁵la⁰kuan²⁴pu⁵⁵tsu⁵¹leŋ⁵⁵ti⁰ɕin²¹³,
只管自啊奴的人啦管不住奴的心。
tsʅ⁵¹kuan²⁴tsʅ⁵¹ia⁰leŋ⁵⁵ti⁰zen⁵⁵la⁰kuan²⁴pu⁵⁵tsu⁵¹leŋ⁵⁵ti⁰ɕin²¹³.

意译：正月里来正月正，老娘管奴家管得紧，管奴家不说话管奴家不瞧人，只管住啊奴的人管不住奴的心，只管住啊奴的人管不住奴的心。正月里来正月正，老娘管奴家管得紧，管奴家不说话管奴家不瞧人。正月里来正月正，老娘管奴家管得紧，管奴家不说话管奴家不瞧人，只管住啊奴的人管不住奴的心，只管住啊奴的人管不住奴的心。

（发音人：吴曾明　2018.07.31 固始）

二　故事

0021 牛郎和织女

我说个牛郎织女的故事，也就是这个民间传说。

uɤ²⁴ɕyɛ²¹kɤ⁰liou²¹laŋ⁵⁵tsɿ²¹ly²⁴ti⁰ku⁵¹sɿ⁰,iɛ²⁴tɕiou²²⁴sɿ⁵¹tɕiɛ⁵¹kɤ⁰min⁵⁵tɕian²¹³tsʰuan⁵⁵suɤ²¹³.

这个古时候啊有个小伙子，呃，

tɕiɛ⁵¹kɤ⁰ku⁵⁵sɿ⁵⁵xou²⁴a⁰iou²⁴kɤ⁰ɕiau²⁴xuɤ²⁴tsɿ⁰,ɤ⁰,

从小父母就去世啦，孤苦伶仃、无依无靠。

tsʰuŋ⁵⁵xiau²⁴fu⁵¹mu⁵¹tɕiou⁵¹tɕʰy²²⁴sɿ⁵¹la⁰,ku²¹kʰu²⁴liŋ¹³tiŋ²¹³,u⁵⁵·²¹³i⁵⁵kʰau⁵¹.

呃，家里什么都没有，就有一头老牛陪伴他。

ɤ⁰,tɕia²¹li⁰sen⁵⁵mɤ⁰tou²¹mei⁵⁵iou⁰,tou⁵¹iou²⁴·²¹tʰou⁵⁵lau²⁴liou⁵⁵pʰei⁵¹pan⁵¹tʰa⁵⁵.

所以人们呢，给他起啦外号叫牛郎。

suɤ²⁴·²⁴i⁵¹zen⁵¹men⁵¹len⁰,kei²⁴tʰa²¹tɕʰi⁵¹la⁰uai²²⁴xau⁵¹tɕiau⁵¹liou⁵⁵laŋ⁵⁵.

这个牛郎呢就以耕地为生。

tɕiɛ⁵¹kɤ⁰liou⁵⁵laŋ⁵⁵len⁰tsou⁵¹·²⁴i²⁴ken¹³·⁵¹ti⁵¹uei⁵⁵sen²¹³.

呃，其实这个老牛呢，就是天上的那个金牛星。

ɤ⁰,tɕʰi²¹sɿ⁵¹tɕiɛ⁵¹kɤ⁰lau⁵⁵liou⁵⁵len⁰,tɕiou²²⁴sɿ⁵¹tʰian¹³saŋ⁵¹ti⁰la⁵¹kɤ⁰tɕin²¹liou⁵⁵ɕin²¹³.

金牛星呢非常喜欢这个牛郎勤劳善良，

tɕin²¹liou⁵⁵ɕin²¹³len⁰fei²¹tsʰaŋ⁵⁵ɕi²⁴xuan⁵¹tɕiɛ⁵¹kɤ⁰liou⁵⁵laŋ⁵⁵tɕʰin⁵⁵lau²⁴san⁵¹lian⁵⁵,

想帮他成个家。

ɕiaŋ²⁴paŋ²¹tʰa⁵⁵tsʰen⁵⁵kɤ⁰tɕia²¹³.

这个第二天，这个老牛啊得知天上的仙女啊，

tɕiɛ⁵¹kɤ⁰ti⁵⁵·²²⁴ɛ⁵¹tʰian²¹³,tɕiɛ⁵¹kɤ⁰lau²⁴liou⁵⁵a⁰tɛ⁵⁵tsɿ⁵¹tʰian¹³saŋ⁵¹ti⁰ɕian²¹ly²⁴a⁰,

要到村东头山脚下湖水来洗澡。

iau²²⁴tau⁵¹tsʰuen²¹³teŋ⁰tʰou⁵⁵san²¹³tɕyɤ²¹ɕia⁰xu⁵⁵sei²⁴lɛ⁵⁵ɕi²⁴tsau²⁴.

这时候它觉得是个机会，

tɕiɛ⁵¹sɿ⁵⁵xou⁰tʰa⁵⁵tɕyɤ²¹tɛ⁵¹sɿ⁵¹kɤ⁰tɕi¹³xuei²¹³,

它就托梦给这个牛郎，

tʰa⁵⁵tɕiou⁵¹tʰuɤ⁵⁵meŋ⁵¹kei²⁴tɕiɛ⁵¹kɤ⁰liou⁵⁵laŋ⁵⁵,

唉，就说叫他第二天到那个湖上去看看，
ɛ⁰,tɕiou⁵¹suɤ²¹³tɕiau⁵¹tʰa⁵⁵ti²²⁴ɛ⁵¹tʰian²¹³tau⁰laɤ⁵¹kɤ⁰xu⁵⁵saŋ⁰tɕʰy⁵¹kʰan⁵¹kʰan⁰,
趁着这个仙女们洗澡的时候啊，
tsʰen⁵¹tsɤ⁰tɕiɛ⁵¹kɤ⁰ɕian²¹ly²⁴men⁰ɕi⁰tsau²⁴ti⁰sɿ⁵⁵xou⁰a⁰,
呃，把她们的衣服啊抱起来，拿这个衣服啊就往家跑。
ɤ⁰,pa²⁴tʰa⁵⁵men⁰ti⁰i²¹fu⁰a⁰pau⁵¹tɕʰi²⁴lɛ⁰,la⁵⁵tɕiɛ⁵¹kɤ⁰i²¹fu⁵⁵a⁰tou⁵¹uaŋ⁵¹tɕia²¹³pʰua²⁴.
呃，这时候，就可以，只要能往家跑，
ɤ⁰,tɕiɛ⁵¹sɿ⁵⁵xou⁰,tɕiou⁵¹kʰɤ²⁴i²⁴,tsɿ⁵¹iau⁰len⁵⁵uaŋ⁵¹tɕia²¹³pʰau²⁴,
这个就可以有一个仙女啊，
tɕiɛ⁵¹kɤ⁰tou⁵¹kʰɤ²⁴i²⁴iou²⁴i²¹kɤ⁰ɕian²¹ly²⁴a⁰,
谁要去追，就可以成为他的妻子。
sei⁵⁵iau⁵¹tɕʰy⁵¹tsuei²¹³,tɕiou⁵¹kʰɤ²⁴i²⁴tsʰen⁰uei⁵⁵tʰa²⁴ti⁰tɕʰi²¹tsɿ⁰.
这个牛郎半信半疑。呃，
tɕiɛ⁵¹kɤ⁰liou⁵⁵laŋ⁵⁵pan²²⁴ɕin⁵¹pan⁵¹·⁵⁵i⁰.ɛ²⁴,
他第二天到那个山脚下，朦胧里一看，
tʰa²⁴ti·²²⁴ɛ⁵¹tʰian²¹³tau⁰laɤ⁵¹san⁰tɕyɤ²¹³ɕia⁰,men²¹len⁵⁵li⁰·⁵⁵i⁰kʰan⁵¹,
湖边啦果然有七个美女在湖里那个戏水。
xu⁰pian²¹³la⁰kuɤ⁵⁵zan⁰iou²⁴tɕʰi⁵¹kɤ⁰mei²¹ly⁰tsɛ⁵⁵xu⁰li⁰la⁵⁵kɤ⁰ɕi⁵¹sei²⁴.
这个牛郎啊，
tsiɛ⁵¹kɤ⁰liou⁵⁵laŋ⁵⁵a⁰,
把那个树上挂哩那个衣服啊，粉红色的一件衣裳，
pa²⁴la⁵¹kɤ⁰su⁵¹saŋ⁰kua⁰li⁰la⁰kɤ⁰i²¹fu⁵⁵a⁰,fen²⁴xuŋ⁰sɛ²¹³ti⁰·⁵⁵i⁰tɕian⁵¹·²¹saŋ⁰,
拿起来就往后跑要往回家跑。
la⁵⁵tɕʰiɛ²⁴lɛ⁰tou⁵¹uaŋ²⁴xou⁵¹pʰau²⁴iau⁵¹uaŋ²⁴xuei⁵⁵tɕia²¹³pʰau²⁴.
跑了以后，耶，果然这个不错，
pʰau²⁴liau⁰·²⁴i⁰xou⁵¹,iɛ⁰,kuɤ²⁴zan⁵⁵tɕiɛ⁵¹kɤ⁰pu⁵⁵tsʰɤ⁵¹,
这个被拿的这个衣裳这个美女呢，
tɕiɛ⁵¹kɤ⁰pei⁰la⁵⁵ti⁰tɕiɛ⁵¹kɤ⁰i⁰·²¹saŋ⁰tɕiɛ⁵¹kɤ⁰mei²⁴ly²⁴len⁰,
仙女呢，她叫织女，
xian²¹ly²⁴len⁰,tʰa²⁴tɕiau⁵¹tsɿ²¹ly²⁴,
衣服被拿走啦以后，她知道是牛郎拿的。
i²¹fu⁰pei⁵¹la⁵⁵tsou²⁴la⁰·²⁴i⁰xou⁵¹,tʰa²⁴tsɿ²¹tau⁰sɿ⁵¹liou⁰laŋ⁵⁵la⁵⁵ti⁰.
到晚上啊，她就轻轻地来到牛郎家里，
tau⁵¹uan²⁴saŋ⁰a⁰,tʰa²⁴tou⁵¹tɕʰin²¹tɕʰin⁰ti⁰lɛ⁵⁵tau⁰liou⁵⁵laŋ⁵⁵tɕia²¹³li⁰,
把他门敲开啦，这时候她进屋啦，
pa²⁴tʰa⁵⁵men⁵⁵tɕʰiau¹³kʰɛ²¹³la⁰,tɕiɛ⁵¹sɿ⁵⁵xou⁰tʰa²⁴tɕin⁵¹u²¹³la⁰,

呃，他两个就拜堂啦成亲啦。
ɣ⁵¹,tʰa⁵⁵lian²⁴kɣ⁰tɕiou⁵¹pɛ⁵¹tʰaŋ⁵⁵la⁰tsʰen⁵⁵tɕʰin²¹³la⁰.
这个时间过得一晃三年过去啦，
tɕie⁵¹kɣ⁰sʅ⁵⁵tɕian²¹³kuɣ⁵¹ti⁰ɿ⁵⁵xuaŋ⁵¹san²¹lian⁵⁵kuɣ⁵¹tɕʰy⁰la⁰,
牛郎和织女过得非常开心，
liou⁵⁵laŋ²¹xɣ⁵⁵tsʅ²¹ly²⁴kuɣ⁵¹ti⁰fei²¹tsʰaŋ⁵⁵kʰɛ¹³ɕin²¹³,
并且还生啦一个一男一女，
pin⁵¹tɕʰiɛ²⁴xɛ⁵¹sen²¹la⁰i²¹kɣ⁰i²¹lan⁵⁵i²¹ly²⁴,
日子过得呀非常好，小两口也非常恩爱。
zʅ⁵⁵tsʅ⁰kuɣ⁵¹ti⁰ia⁰fei²¹tsʰaŋ⁵⁵xau²⁴,ɕiau²⁴lian²⁴kʰou²⁴iɛ²⁴fei²¹tsʰaŋ⁵⁵yen¹³ɣɛ⁵¹.
可是这呢，织女是私自下凡，
kʰɣ²⁴sʅ⁵¹tɕiɛ⁵¹len⁰,tsʅ²¹ly²⁴sʅ⁵¹sʅ¹³tsʅ⁵¹ɕia⁵¹fan⁵⁵,
最后被那个王母娘娘这个玉皇大帝知道啦。
tsei⁵¹xou⁰pei⁵¹la⁰kɣ⁰uaŋ⁵⁵mu⁵¹lian⁰lian⁰tɕiɛ⁵¹kɣ⁰y⁵¹xuaŋ⁵⁵ta²²⁴ti⁵¹tsʅ²¹tau⁰la⁰.
知道了以后那可能就不会放过她，
tsʅ²¹tau⁰liau⁰i²¹xou⁵¹la⁰kʰɣ²⁴leŋ⁵⁵tou⁵¹pu⁵⁵xuei⁵¹faŋ⁵¹kuɣ⁰tʰa⁵⁵,
这时候，这一天啦，天突然刮风，
tɕiɛ⁵¹sʅ⁵⁵xou⁰,tɕiɛ⁵¹i¹³tʰian²¹³la⁰,tʰian²¹³tʰu²¹zan⁵⁵kua¹³feŋ²¹³,
雷是雷，闪是闪，下大雨。
lei⁵⁵sʅ⁵¹lei⁵⁵,san²⁴sʅ⁵¹san²⁴,ɕia⁵¹ta⁵¹y²⁴.
这时候，织女突然不见啦。
tɕiɛ⁵¹sʅ⁵⁵xou⁰,tsʅ²¹ly²⁴tʰu²¹zan⁵⁵pu⁵⁵tɕian⁵¹la⁰.
哎呦，这两个孩子呀哭着要他妈妈，
ɛ⁵¹iou⁰,tɕiɛ⁵¹lian²⁴kɣ⁰xɛ⁵⁵tsʅ⁰ia⁰kʰu²¹tsɣ⁵¹iau⁵¹tʰa⁵⁵ma²¹ma⁰,
哎，牛郎这时候也不知如何是好。
ɛ⁰,liou⁵⁵laŋ⁵⁵tɕiɛ⁵¹sʅ⁵⁵xou⁰iɛ²⁴pu¹³tsʅ²¹³zu⁵⁵xɣ⁵⁵sʅ⁵¹xau²⁴.
正在这时，他家里那头老牛呀开口啦。
tsen²²⁴tsɛ⁵¹tɕiɛ⁵¹sʅ⁵¹,tʰa²⁴tɕia²¹li⁰la⁰tʰou⁵⁵lau⁵⁵liou⁵⁵ia⁰kʰɛ²⁴kʰou²⁴la⁰.
对牛郎说，别难过，呃，你把我的两个角弄下来，
tei⁵¹liou⁵⁵laŋ⁵⁵suɣ²¹³,pie⁵¹lan⁵⁵kuɣ⁵¹,ɣ⁰,n²⁴pa²⁴uɣ⁵¹ti⁰lian²⁴kɣ⁰kɣ⁵⁵leŋ⁵¹ɕia⁵¹lɛ⁰,
给它变成箩筐，呃，
kei⁵⁵tʰa⁵⁵pian⁵¹tsʰen⁵⁵luɣ⁵⁵kʰuaŋ²¹³,ɣ⁰,
然后呢，就可以飞上天宫去找织女。
zan⁵⁵xou⁵¹len⁰,tou⁵¹kʰɣ²⁴i⁰fei¹³saŋ¹³tʰian¹³kuŋ²¹³tɕʰy⁵¹tsau²⁴tsʅ²¹ly²⁴.
这个牛郎呢，半信半疑。
tɕiɛ⁵¹kɣ⁰liou⁵⁵laŋ⁵⁵len⁰,pan²²⁴ɕin⁵¹pan⁵¹i⁵⁵.

第二天啦，果然地上这个老牛的角呀，
ti^{224}ɛ^{51}tʰian^{213}la^0,kuɤ^{24}zan^{55}ti^{0}saŋ^{24}tɕiɛ^{51}kɤ^{0}lau^{24}liou^{55}ti^{0}kɤ^{55}ia^0,
果然掉到地上啦变成啦箩筐，
kuɤ^{24}zan^{55}tiau^{51}tau^{0}ti^{51}saŋ^{0}la^{0}pian^{51}tsʰen^{55}la^{0}luɤ^{55}kʰuaŋ^{213},
这个牛郎就手把他的两个孩子装到这个箩筐里，
tɕiɛ^{51}kɤ^{0}liou^{55}laŋ^{24}tɕiou^{21}sou^{24}paŋ^{21}tʰa^{0}ti^{51}lian^{24}kɤ^{0}xɛ^{55}tsʅ^{0}tsuan^{21}tau^{0}tɕiɛ^{51}kɤ^{0}luɤ^{55}kʰuaŋ^{213}li^0,
拿起扁担挑起来，呀，这时候忽然来啦一股清风，
la^{55}tɕʰi^{24}pian^{24}tan^{0}tʰiau^{213}tɕʰi^{213}lɛ^0,ia^0,tɕiɛ^{51}sʅ^{55}xou^{21}zan^{55}lɛ^{55}la^{0}i^{13}ku^{213}tɕʰin^{13}feŋ^{213},
把那个箩筐好像长啦翅膀一样，
pa^{24}la^{51}kɤ^{0}luɤ^{55}kʰuaŋ^{213}xau^{24}ɕian^{51}tsaŋ^{24}la^{0}tsʰʅ^{51}paŋ^{24}i^{55}iaŋ^{51},
飞呀，一下飞到天空上去啦。
fei^{21}ia^0,i^{55}ɕia^{51}fei^{13}tau^{51}tʰian^{13}kʰuŋ^{213}saŋ^{0}tɕʰy^{51}la^0.
飞上去了以后，就去找织女，
fei^{21}saŋ^{0}tɕʰy^{51}liau^{0}i^{55}xou^{51},tou^{51}tɕʰy^{51}tsau^{24}tsʅ^{21}ly^{24},
可是这，但是追上织女了以后呢，可是这呢，
kʰɤ^{55}sʅ^{51}tɕiɛ^{51},tan^{224}sʅ^{51}tsuei^{13}saŋ^{0}tsʅ^{21}ly^{24}liau^{0}i^{55}xou^{51}len^0,kʰɤ^{55}sʅ^{51}tɕiɛ^{51}len^0,
这个织女呢，最后被王母娘娘知道啦。
tɕiɛ^{51}kɤ^{0}tsʅ^{21}ly^{24}len^0,tsei^{224}xou^{51}pei^{51}uaŋ^{55}mu^{24}liaŋ^{55}liaŋ^{0}tsʅ^{21}tau^{0}la^0.
哎，王母娘娘知道了以后呢，
ɛ^0,uaŋ^{55}mu^{24}liaŋ^{55}liaŋ^{55}tsʅ^{21}tau^{0}liau$^{0.24}$i^{55}xou^{51}len^0,
不让他两两再相聚。
pu^{55}zaŋ^{51}tʰa^{24}liaŋ^{24}liaŋ^{24}tsɛ^{51}ɕiaŋ^{13}tɕy^{51}.
最后，王母娘娘从头上拔下来一根簪子，
tsei^{224}xou^{51},uaŋ^{55}mu^{24}liaŋ^{55}liaŋ^{0}tsʰuŋ^{55}tʰou^{55}saŋ^{0}pa^{55}ɕia^{0}lɛ^{13}i^{213}ken^{213}tsan^{21}tsʅ^0,
唉，在牛郎和织女中间划啦一道天河。
ɛ^0,tsɛ^{51}liou^{55}laŋ^{24}xɤ^{55}tsʅ^{21}ly^{24}tsuŋ^{13}tɕian^{213}xua^{51}la$^{0.55}$i^{0}tau^{51}tʰian^{21}xɤ^{55}.
那个天河是奔腾汹涌啊，啊，两个要分开啦。
la^{51}kɤ^{0}tʰian^{21}xɤ^{55}sʅ^{21}pen^{21}tʰeŋ^{55}ɕyŋ^{21}uŋ^{24}a^0,a^0,liaŋ^{24}kɤ^{0}iau^{51}fen^{13}kʰɛ^{213}la^0.
哎哟，分开以后怎么办呢，
ɛ^{51}iou^0,fen^{13}kʰɛ$^{213.55}$i^{0}xou^{51}tsen^{24}mɤ^{0}pan^{51}len^0,
非常这个喜鹊非常同情牛郎和织女的遭遇。
fei^{21}tsʰaŋ^{55}tɕiɛ^{51}kɤ^{0}ɕi^{24}tɕʰyɤ^{51}fei^{21}tsʰaŋ^{55}tʰuŋ^{0}tɕʰin^{55}liou^{55}laŋ^{0}xɤ^{21}tsʅ^{21}ly^{24}ti^{0}tsau^{13}y^{51}.
结果呀，每年的这个七月初七，
tɕiɛ^{55}kuɤ^{24}ia^0,mei^{24}lian^{55}ti^{0}tɕiɛ^{51}kɤ^{0}tɕʰi^{13}yɛ^{213}tsʰuɤ^{13}tɕʰi^{213},
这个成千上万只喜鹊呀，
tɕiɛ^{51}kɤ^{0}tsʰen^{55}tɕʰian^{213}saŋ^{51}uan^{51}tsʅ^{213}ɕi^{24}tɕʰyɤ^{213}ia^0,

哎，它衔着它的尾巴它衔着它尾巴连接起来，
ε⁰,tʰa²⁴ɕian⁵⁵tsɤ⁰tʰa²⁴ti⁰uei²⁴pa⁰tʰa²⁴ɕian⁵⁵tsɤ⁰tʰa²⁴uei²⁴pa⁰lian⁵⁵tɕie²¹³tɕʰi²⁴lɛ⁰,
结果连成了一条这个天上的一个鹊桥。
tɕie²¹kuɤ²⁴lian⁵⁵tsʰen⁵⁵liau⁰·²¹tʰiau²⁴tɕie⁰kɤ⁰tʰian¹³saŋ⁵¹ti⁰·⁵⁵kɤ⁰tɕʰyɤ²¹tɕʰiau⁵⁵.
呃，借着这个鹊桥，
ε⁰,tɕie⁵¹tsɤ⁰tɕie⁵¹kɤ⁰tɕʰyɤ⁵¹tɕʰiau⁵⁵,
牛郎和织女他两个终于要相见啦。
liou⁵⁵laŋ⁵⁵xɤ⁵⁵tsʅ²¹ly²⁴tʰa²⁴liaŋ²⁴kɤ⁰tsuŋ²¹y⁵⁵iau⁵¹ɕiaŋ¹³tɕian⁵¹la⁰.
呃，这就是牛郎和织女一段的小故事。
ε⁰,tɕie⁵¹tɕiou²²⁴sʅ⁵¹ liou⁵⁵laŋ⁵⁵xɤ⁵⁵tsʅ²¹ly²⁴·⁵⁵i⁰tuan⁵¹ti⁰ɕiau²⁴ku⁵¹sʅ⁰.

意译：我说个牛郎织女的故事。是个民间传说。古时候有个小伙子，从小父母就去世了，孤苦伶仃、无依无靠。家里什么都没有，就有一头老牛陪伴他。人们给他起个外号叫牛郎。牛郎以耕地为生。这个老牛就是天上的金牛星。金牛星非常喜欢牛郎勤劳善良，想帮他成个家。老牛得知天上的仙女要到村东头山脚下湖里来洗澡，这时候它觉得是个机会。它就托梦给牛郎，叫他第二天到那个湖上去看看，乘着仙女们洗澡的时候，把她们的衣服抱起来就往家跑，只要能往家跑，就有一个仙女，可以成为他的妻子。牛郎半信半疑。他第二天到那个山脚下，朦胧里一看，湖边果然有七个美女在湖里戏水。牛郎把那个树上挂的衣服，一件粉红色的衣裳，拿起来就往家跑。这个被拿走衣裳的仙女叫织女。衣服被拿走了以后，她知道是牛郎拿的。到晚上，她就轻轻地来到牛郎家里，把他门敲开了。这时候她进屋了，他两个就拜堂成亲了。时间一晃三年过去了，牛郎和织女过得非常开心，还生了一男一女两个孩子，日子过得非常好，小两口也非常恩爱。可是，织女私自下凡的事，最后被王母娘娘、玉皇大帝知道了，知道了以后就不会放过她。这一天，天突然刮风，雷是雷，闪是闪，下大雨。这时候，织女突然不见了，两个孩子哭着要妈妈。牛郎这时候也不知如何是好。正在这时，他家里那头老牛开口了，对牛郎说，别难过，你把我的两个角弄下来，给它变成箩筐，然后就可以飞上天宫去找织女。牛郎半信半疑。果然这个老牛的角掉到地上变成了箩筐。牛郎把他的两个孩子装到这个箩筐里，拿起扁担挑起来，这时候忽然来了一股清风，箩筐好像长了翅膀一样，飞呀飞，一下飞到天空上去了，就去找织女。王母娘娘知道了以后，不让他俩再相聚。王母娘娘从头上拔下来一根簪子，在牛郎和织女中间划了一道天河，天河奔腾汹涌，两个要分开了。分开以后怎么办呢？喜鹊非常同情牛郎和织女的遭遇，每年的七月初七，成千上万只喜鹊，它衔着它的尾巴连接起来，结果连成了一条天上的鹊桥。借着这个鹊桥，牛郎和织女终于要相见了。这就是牛郎和织女的一段小故事。

（发音人：熊建军　2018.08.03 固始）

0023 其他故事——开漳圣王陈元光的故事

好，我给大家讲一个开漳圣王陈元光的故事。
xau²⁴,uɤ²⁴kei²⁴taʔ⁵¹tɕia⁵⁵tɕiaŋ²⁴·²¹i⁵⁵kɤ⁰kʰɛ⁵¹tsaŋ²¹³sen⁵¹uaŋ⁵⁵tsʰen⁵⁵yan⁵⁵kuaŋ²¹³tiʔ⁰ku⁵¹sɿ⁰.

在唐朝时期，唐高宗时期，
tsɛ⁵¹tʰaŋ⁵⁵tsʰau⁵⁵sɿ⁵⁵tɕʰi²¹³,tʰaŋ⁵⁵kau¹³tsuŋ²¹³sɿ⁵⁵tɕʰi²¹³,

东南啦福建一带，这个蛮獠造反。
teŋ²¹lan⁵⁵laʔ⁰fu⁵⁵tɕian⁵¹iʔ⁵⁵tɛ⁵¹,tɕie⁵¹kɤ⁰man⁵⁵liau⁵⁵tsau⁵¹fan²⁴.

当时的皇帝唐高宗啊，这个下旨给陈政，
taŋ²¹sɿ⁵⁵tiʔ⁰xuaŋ²¹³tiʔ⁵⁵tʰaŋ⁵⁵kau¹³tsuŋ²¹³a⁵¹,tɕie⁵¹kɤ⁰ɕia⁵¹tsɿ²⁴kei²⁴tsʰen⁵⁵tsen⁵¹,

让他封他为岭南行军总管。
zaŋ⁵¹tʰa⁵⁵feŋ²¹tʰa⁵⁵uei²¹³lin²⁴lan⁵⁵ɕin⁵⁵tɕyen²¹³tsuŋ²⁴kuan²⁴.

这个陈政就是陈元光的父亲。
tɕie⁵¹kɤ⁰tsʰen⁵⁵tsen⁵¹tɕiou²²⁴sɿ⁵¹tsʰen⁵⁵yan⁵⁵kuaŋ²¹³tiʔ⁰fu⁵¹tɕʰin⁰.

陈政临危受命，
tsʰen⁵⁵tsen⁵¹lin⁵⁵uei²¹³sou²²⁴min⁵¹,

率领三千六百名府兵啦和一百二十三名战将，
sue⁵¹lin²⁴san¹³tɕʰian²¹³liou⁵⁵pɛ²¹³min⁵⁵fu²⁴pin⁵⁵laʔ⁰xɤ·¹³iʔ⁵⁵pɛ²¹³ɛ⁵¹sɿ⁵⁵san²¹³min⁵⁵tsan²²⁴tɕiaŋ⁵¹,

从河南光州固始县出发，
tsʰuŋ⁵⁵xɤ⁵⁵lan⁵⁵kuaŋ¹³tsou²¹³ku⁵¹sɿ²¹³ɕian⁵¹tsʰu¹³fa²¹³,

南下进行这个福建平乱。
lan⁵⁵ɕia⁵¹tɕin⁵¹ɕin⁵⁵tɕie⁵¹kɤ⁰fu⁵⁵tɕian⁵¹pʰin⁵⁵luan⁵¹.

这个陈元光父亲是英勇善战，
tɕie⁵¹kɤ⁰tsʰen⁵⁵yan⁵⁵kuaŋ²¹³fu⁵¹tɕʰin⁰sɿ⁵¹in²¹zuŋ²⁴san²²⁴tsan⁵¹,

他是一个大将风度。
tʰa²⁴sɿ⁵¹·⁵⁵iʔ⁰kɤ⁰ta²²⁴tɕiaŋ⁵¹feŋ¹³tu⁵¹.

所以说陈军呢，个个都是猛龙下山啦，
suɤ²⁴·²⁴iʔ²¹³ɕyɛ⁵⁵tsʰen⁵⁵tɕyen²¹³len⁰,kɤ⁵¹kɤ⁵⁵tou¹³sɿ⁵¹meŋ⁰luŋ⁵⁵ɕia⁵¹san²¹³laʔ⁰,

英勇骁战。经过他们的不懈拼搏努力，
in²¹zuŋ²⁴ɕiau¹³tsan⁵¹.tɕin¹³kuɤ²⁴tʰa⁵⁵men⁰tiʔ⁰pu⁵⁵ɕiɛ⁵¹pʰin¹³po⁵⁵lu²⁴li⁵⁵,

终于取得了平乱的胜利。
tsuŋ²¹y⁵⁵tɕʰy²⁴tɛ⁵⁵liau⁰pʰin⁵⁵luan⁵¹tiʔ⁰sen⁵¹liʔ⁰.

进入福建第八年，陈元光的父亲啦，
tɕin⁵¹zu⁵⁵fu⁵⁵tɕian⁵¹tiʔ⁵¹pa⁵⁵lian⁵⁵,tsʰen⁵⁵yan⁵⁵kuaŋ²¹³tiʔ⁰fu⁵¹tɕʰin⁰laʔ⁰,

由于这个积劳成疾，
iou⁵⁵y⁵⁵tɕie⁵¹kɤ⁰tɕi⁵⁵lau⁵⁵tsʰen⁵⁵tɕi⁵⁵,

得病啦，去世啦，当时陈元光二十一岁。
tɛ⁵⁵pin⁵¹laʔ⁰,tɕʰy²²⁴sɿ⁵¹laʔ⁰,taŋ²¹sɿ⁵⁵tsʰen⁵⁵yan⁵⁵kuaŋ²¹³ɛ⁵¹sɿ⁵⁵·⁵⁵iʔ⁵⁵suei⁵¹.

他陈元光那就继承啦子承父业，
tʰa²⁴tsʰen⁵⁵yan⁵⁵kuaŋ²¹³la⁵¹tsou⁰tɕi⁵¹tsʰen⁵⁵la⁰tsʅ²⁴tsʰen⁵⁵fu⁵¹iɛ²¹³,
这个掌管军印掌管帅印，
tɕiɛ⁵¹kɤ⁰tsaŋ²⁴kuan²⁴tɕyen¹³in⁵¹tsaŋ²⁴kuan²⁴suɛ²²⁴in⁵¹,
继续带领这个陈家军在这个东南啦，
tɕi²²⁴ɕy⁵¹tɛ⁵¹lin²⁴tɕiɛ⁵¹kɤ⁰tsʰen⁵⁵tɕia¹³tɕyen²¹³tsɛ⁵¹tɕiɛ⁵¹kɤ⁰tuŋ²¹lan⁵⁵la⁰,
南蛮之地开发。陈元光在进入十四年的时候，
lan⁵⁵man⁵⁵tsʅ¹³ti⁵¹kʰɛ¹³fa²¹³. tsʰen⁵⁵yan⁵⁵kuaŋ²¹³tsɛ⁵¹tɕin⁵¹zu⁵⁵sʅ⁵⁵sʅ⁵¹lian⁵⁵ti⁰sʅ⁵⁵xou⁰,
他上书皇帝上书朝廷，这个建议设置这个州郡，
tʰa²⁴saŋ⁵¹su²¹³xuaŋ⁵⁵ti⁵¹saŋ⁵¹su⁵¹tsʰau¹³tʰin,tɕiɛ⁵¹kɤ⁰tɕian²²⁴.i⁵¹sɛ⁵¹tsʅ⁵⁵tɕiɛ⁵¹kɤ⁰tsou¹³tɕyen²¹³,
当时武则天批准设置这个漳州，
taŋ²¹sʅ⁵⁵u²⁴tsɛ⁵⁵tʰian²¹³pʰi²¹tsuen²⁴sɛ⁵¹tsʅ⁵⁵tɕiɛ⁵¹kɤ⁰tsaŋ¹³tsou²¹³,
最早的郡治就位于今天的云霄县，
tsei⁵¹tsau²⁴ti⁰tɕyen²²⁴tsʅ⁵¹tɕiou⁵¹uei⁵¹y⁵⁵tɕin¹³tʰian²¹³ti⁰yen¹³ɕiau²¹³ɕian⁵¹,
陈元光咧当时咧被任命为漳州史上的首位刺史。
tsʰen⁵⁵yan⁵⁵kuaŋ²¹³liɛ⁰taŋ²¹sʅ⁵⁵liɛ⁰pei²²⁴zen²⁴min⁵⁵uei⁵⁵tsaŋ¹³tsou²¹³sʅ²⁴saŋ⁵¹ti⁰sou²⁴uei⁵¹tsʰʅ⁵¹sʅ²⁴.
战乱平息了以后呀，
tsan²²⁴luan⁵¹pʰin⁵⁵ɕi⁵⁵liau⁰.²⁴i⁰xou⁵¹ia⁰,
这个要想方设法要生存下去呀。
tɕiɛ⁵¹kɤ⁰iau⁵¹ɕiaŋ²⁴faŋ²¹³sɛ⁵⁵fa⁵⁵iau⁵¹sen²¹tsʰuen⁵⁵ɕia⁵¹tɕʰy⁰ia⁰.
这时候陈元光咧，
tɕiɛ⁵¹sʅ⁵⁵xou⁰tsʰen⁵⁵yan⁵⁵kuaŋ²¹³liɛ⁰,
就要想法第一步就要发展农业生产，
tsou²²⁴iau⁵¹ɕiaŋ²⁴fa²¹³ti⁵¹.⁵⁵pu⁰tou⁵⁵iau⁵¹fa²¹tsan²⁴leŋ²¹³iɛ⁵⁵sen²¹tsʰan²⁴,
是不是啊，带领陈家军在漳州东南这一带，
sʅ⁵¹pu⁰sʅ⁵¹a⁰,tɛ⁵¹lin²⁴tsʰen⁵⁵tɕia²¹³tɕyen²¹³tsɛ⁵¹tsaŋ¹³tsou²¹³teŋ²¹lan⁵⁵tsɛ⁵¹.⁵⁵i⁵¹tɛ⁵¹,
搞个农业生产建设，
kau²⁴kɤ⁰leŋ²¹³iɛ²¹³sen²¹tsʰan²⁴tɕian⁵¹sɛ²⁴,
所以说火田村就是他第一个发展起来的村落。
suɤ²⁴.²⁴i⁵¹suɤ²¹³xuɤ²⁴tʰian⁵⁵tsʰuen²¹³tɕiou²²⁴sʅ⁵¹tʰa²⁴ti¹.⁵⁵kɤ⁵¹fa²¹tsan²⁴tɕʰi²⁴lɛ⁵⁵ti⁰tsʰuen¹³luɤ²¹³.
这个村落到现在你看已经上千年啦，
tɕiɛ⁵¹kɤ⁰tsʰuen¹³luɤ²¹³tau⁵¹ɕian²²⁴tsɛ⁵¹n²⁴kʰan⁵¹.²⁴i⁵⁵tɕin⁵⁵saŋ⁵¹tɕʰian²¹lian⁵⁵la⁰,
这个村落始终没有改名。
tsiɛ⁵¹kɤ⁰tsʰuen¹³luɤ²¹³sʅ²⁴tsuŋ²¹³mei⁵⁵iou²⁴kɛ²⁴min⁵⁵.
在火田村到现在还存在一段，
tsɛ⁵¹xuɤ²⁴tʰian⁵⁵tsʰuen²¹³tau⁵¹ɕian²²⁴tsɛ⁵¹xɛ⁵⁵tsʰuen⁵⁵tsɛ⁵¹.⁵⁵i⁵¹tuan⁵¹,

长约三十米的堤坝,
tsʰaŋ⁵⁵ yɤ⁵⁵ san²¹ sʅ⁵⁵ mi²⁴ ti⁰ tʰi⁵⁵ pa⁵¹,
和这个, 堤坝当时的老百姓称之为军坡,
xɤ⁵⁵ tɕie⁵¹ kɤ⁰, tʰi⁵⁵ pa²¹ taŋ²¹ sʅ⁵⁵ ti²⁴ lau²⁴ pɛ¹³ xin⁵¹ tsʰen¹³ tsʅ²¹³ uei⁵⁵ tɕyen¹³ pʰɤ²¹³,
已有一千三百多年的历史啦。
i²⁴ iou²⁴ i¹³ tɕʰian²¹³ san¹³ pɛ²¹³ tuɤ²¹ lian⁵⁵ ti⁰ li⁵¹ sʅ²⁴ la⁰.
这个陈元光咧, 率领将士咧大兴水利工程,
tɕie⁵¹ kɤ⁰ tsʰen⁵⁵ yan⁵⁵ kuaŋ²¹³ lie⁰, sue⁵¹ lin⁵⁵ tɕiaŋ²²⁴ sʅ⁵¹ lie⁰ ta⁵¹ ɕin²¹³ sei²⁴ li⁵¹ kuŋ²¹ tsʰen⁵⁵,
给当地的这个农业生产带来啦极大的好处,
kei²⁴ taŋ¹³ ti⁵¹ ti⁰ tɕie⁵¹ kɤ⁰ leŋ⁵⁵ ie²¹³ sen²¹ tsʰan²⁴ tɛ⁵⁵ le⁵⁵ la⁰ tɕi⁵¹ ta⁵¹ ti⁰ xau²⁴ tsʰu²⁴,
是福建最早的水利工程之一。
si⁵¹ fu⁵⁵ tɕian⁵¹ tsei⁵¹ tsau²⁴ ti⁰ sei²⁴ li⁵¹ kuŋ²¹ tsʰen⁵⁵ tsʅ¹³·²¹³.
你像他这个军坡啊, 引水修渠啊,
n²⁴ ɕiaŋ⁵¹ tʰa²⁴ tɕie⁵¹ kɤ⁰ tɕyen¹³ pʰɤ²¹³ a⁰, in²⁴ sei²⁴ ɕiou²¹ tɕʰy⁵⁵ a⁰,
这个是福建最早兴修的水利工程之一。
tɕie⁵¹ kɤ⁰ sʅ⁵¹ fu⁵⁵ tɕian⁵¹ tsei⁵¹ tsau²⁴ ɕin²¹ ɕiou²⁴ ti⁰ sei²⁴ li⁵¹ kuŋ²¹ tsʰen⁵⁵ tsʅ¹³·²¹³.
这个陈元光不但取得了农业的胜利,
tɕie⁵¹ kɤ⁰ tsʰen⁵⁵ yan⁵⁵ kuaŋ²¹³ pu⁵¹ tan⁵¹ tɕʰy²⁴ tɛ⁵⁵ liau⁰ leŋ⁵⁵ ie²¹³ ti⁰ sen²²⁴ li⁵¹,
在那里维持生活啊经济啊发展啦。
tsɛ⁵¹ la⁵¹ li⁰ uei²¹ tsʰʅ²¹ sen²¹ xuɤ⁵⁵ a⁰ tɕin⁵⁵ tɕi⁵¹ fa⁵⁵ tsan²⁴ la⁰.
发展起来了以后啊, 他还要想办法,
fa⁵⁵ tsan²⁴ tɕʰi²⁴ le⁵⁵ liau⁰ i²⁴ xou⁵¹ a⁰, tʰa²⁴ xɛ⁵⁵ iau⁵¹ ɕiaŋ⁵¹ pan⁵¹ fa²⁴,
创办乡村教育, 推行这个科举制度,
tsʰuan¹³ pan⁵¹ ɕiaŋ²⁴ tsʰuen²¹³ tɕiau²²⁴ y⁵¹, tʰuei²¹ ɕin⁵⁵ tɕie⁵¹ kɤ⁰ kʰɤ²¹ tɕy²⁴ tsʅ²²⁴ tu⁵¹,
使漳州的, 从此这个重学风气盛行,
sʅ²⁴ tsaŋ¹³ tsou²¹³ ti⁰, tsʰuŋ⁵⁵ tsʰʅ²⁴ tɕie⁵¹ kɤ⁰ tsuŋ⁵¹ ɕyɤ⁵⁵ feŋ¹³ tɕʰi⁵¹ sen⁵⁵ ɕin⁵⁵,
开启啦这个文风鼎盛的时代。
kʰɛ²¹ tɕʰi²⁴ la⁰ tɕie⁵¹ kɤ⁰ uen⁵⁵ feŋ²¹³ tin²⁴ sen⁵¹ ti⁰ sʅ⁵⁵ tɛ⁵¹.
你看现在在漳州市, 还有一所叫松洲的书院,
n²⁴ kʰan⁵¹ ɕian²²⁴ tsɛ⁵¹ tsɛ⁵¹ tsaŋ¹³ tsou²¹³ sʅ⁵¹, xɛ⁵⁵ iou²⁴·⁵⁵ suɤ²⁴ tɕiau⁵¹ suŋ¹³ tsou²¹³ ti⁰ su¹³ yan⁵¹,
这就是陈元光创办的。
tsɛ⁵¹ tɕiou²²⁴ sʅ⁵¹ tsʰen⁵⁵ yan⁵⁵ kuaŋ²¹³ tsʰuan¹³ pan⁵¹ ti⁰.
这是中国第一家以书院命名的一所学校,
tsɛ²²⁴ sʅ⁵¹ tsuŋ¹³ kuɤ²¹³ ti⁵¹·²¹³ tɕia¹³ i⁵¹ su¹³ yan²¹³ min⁵¹ min⁵⁵ ti⁰·⁵⁵ suɤ²⁴ ɕyɤ⁵⁵ ɕiau⁵¹,
也是福建省最早的书院之一。
ie²⁴ sʅ⁵¹ fu⁵⁵ tɕian⁵¹ sen²⁴ tsei⁵¹ tsau²⁴ ti⁰ su¹³ yan⁵¹ tsʅ¹³·²¹³

经过四十年的开发建设啊，
tɕin¹³kuɤ⁵¹sɿ⁵¹sɿ⁵⁵lian⁵⁵ti⁰kʰɛ¹³fa²¹³tɕian⁵¹sɛ²⁴a⁰,
福建漳州啊从不毛之地，
fu⁵⁵tɕian⁵¹tsaŋ¹³tsou²¹³a⁰tsʰuŋ⁵⁵pu²¹mau⁵⁵tsɿ¹³ti⁵¹,
变成啦现在的民风淳朴，
pian⁵¹tsʰen⁵⁵la⁰ɕian²²⁴tsɛ⁵¹ti⁰min⁵⁵feŋ²¹³tsʰuen⁵⁵pʰu²¹³,
百业兴旺的乐土，是不是。
pɛ¹³iɛ²¹³ɕin²²⁴uaŋ⁵¹ti⁰lɤ⁵⁵tʰu²⁴,sɿ⁵¹pu⁵¹sɿ⁵¹.
可惜的是好景不长，在唐中宗这个时期啊，
kʰɤ²⁴ɕi⁵⁵ti⁰sɿ⁵¹xau²⁴tɕin²⁴pu²¹tsʰaŋ⁵⁵,tsɛ⁵¹tʰaŋ⁵⁵tsuŋ¹³tsuŋ²¹³tɕiɛ⁵¹kɤ⁰sɿ⁵⁵tɕʰi²¹³a⁰,
漳州一带的这个败寇，这个残寇又东山再起，
tsaŋ¹³tsou²¹³i⁵⁵tɛ⁵¹ti⁰tsɛ⁵¹kɤ⁰pɛ²²⁴kʰou⁵¹,tɕiɛ⁵¹kɤ⁰tsʰan⁵⁵kʰou⁵¹iou⁵¹teŋ¹³san²¹³tsɛ⁵¹tɕʰi²⁴,
发起啦政变。这个陈元光又受命啦，
fa⁵⁵tɕʰi²⁴la⁰tsen²²⁴pian⁵¹.tsɛ⁵¹kɤ⁰tsʰen⁵⁵yan⁵⁵kuaŋ²¹³iou⁵¹sou²²⁴min⁵¹la⁰,
这个去围剿他们。可惜啊，在半路上被陷入啦包围，
tɕiɛ⁵¹kɤ⁰tɕʰi⁵¹uei⁵⁵tɕiau²⁴tʰa⁵⁵men⁰.kʰɤ⁵⁵ɕi⁵⁵a⁰,tsɛ⁵¹pan²²⁴lu⁵¹saŋ⁰pei⁵¹ɕian⁵¹zu⁵⁵la⁰pau²¹uei⁵⁵,
因寡不敌众陈元光负啦重伤，
in²¹³kua²⁴pu²¹ti⁵⁵tsuŋ⁵¹tsʰen⁵⁵yan⁵⁵kuaŋ²¹³fu⁵¹la⁰tsuŋ⁵¹saŋ²¹³,
战死在沙场。当时死的时候牺牲的时候只有五十四岁。
tsan⁵¹sɿ²⁴tsɛ⁵¹sa²¹tsʰaŋ²⁴.taŋ²¹sɿ²⁴sɿ⁵¹ti⁵⁰xou⁵¹ɕi⁵⁵sen²¹ti⁵⁰sɿ⁵⁵xou⁵⁵tsɿ²¹iou⁵¹u²⁴sɿ²⁴sɿ⁵⁵sei⁵¹.
所以说光州固始人啦陈元光把他的一生，
suɤ⁵¹i⁵¹suɤ²⁴·²⁴kuaŋ¹³tsou²¹³ku¹³sɿ²¹³zen⁵⁵la⁵⁵tsʰen⁵⁵yan⁵⁵kuaŋ²¹³pa²⁴tʰa²⁴ti¹·⁰i¹³sen²¹³,
奉献给了漳州的开发和建设。
feŋ²²⁴ɕian⁵¹kei⁵⁵liau⁵¹tsaŋ¹³tsou²¹³ti⁰kʰɛ¹³fa²¹³xɤ⁵⁵tɕian⁵¹sɛ²⁴.
是闽台地区，重要的民间这个信仰之一。
sɿ⁵¹min²⁴tʰɛ⁵⁵·⁵¹ti⁵¹tɕʰy²¹³,tsuŋ²²⁴iau⁵¹ti⁰min⁵⁵tɕian²¹³tɕiɛ⁵¹kɤ⁰ɕin⁵¹iaŋ²⁴tsɿ¹³·²¹³i²¹³.
被封为被漳州人民啦，封为啊开漳圣王。
pei⁵¹feŋ²¹uei⁵⁵pei⁵¹tsaŋ¹³tsou²¹³zen⁵⁵min⁵⁵la⁰,feŋ²¹uei⁵⁵a⁰kʰɛ¹³tsaŋ²¹³sen⁵¹uaŋ⁵⁵.

意译：我给大家讲一个开漳圣王陈元光的故事。在唐朝唐高宗时期，东南福建一带，蛮獠造反。当时的皇帝唐高宗，下旨给陈政，封他为岭南行军总管。陈政就是陈元光的父亲。陈政临危受命，率领三千六百名府兵和一百二十三名战将，从河南光州固始县出发，南下到福建平乱。陈元光父亲英勇善战，有大将风度。陈军个个都是猛龙下山，英勇骁战。经过他们的不懈拼搏努力，终于取得了平乱的胜利。进入福建第八年，陈元光的父亲，由于积劳成疾，得病去世了，当时陈元光二十一岁。陈元光子承父业，掌管军印掌管帅印，继续带领陈家军在东南、南蛮之地开发。陈元光在进入福建第十四年的时候，他上书皇帝上书朝廷，建议设置州郡。当时武则天批准

设置漳州，最早的郡治就位于今天的云霄县，陈元光被任命为漳州史上的首位刺史。战乱平息以后，要想方设法生存下去。这时陈元光的想法，第一步就要发展农业生产，带领陈家军在漳州东南这一带搞农业生产建设。火田村就是他第一个发展起来的村落，这个村落到现在已经上千年了，始终没有改名。在火田村到现在还存在一段，长约三十米的堤坝，这个堤坝当时的老百姓称为军坡。已有一千三百多年的历史了。陈元光率领将士大兴水利工程，给当地的农业生产带来了极大的好处。像修建军坡啊，引水修渠啊，这是福建最早兴修的水利工程之一。陈元光取得了农业的胜利，在那里维持生活。发展起来以后，他还想办法创办乡村教育，推行科举制度，使漳州的重学风气盛行，开启了文风鼎盛的时代。现在在漳州市还有一所叫松洲的书院，这就是陈元光创办的，这是中国第一家以书院命名的一所学校，也是福建省最早的书院之一。经过四十年的开发建设，福建漳州从不毛之地，变成了民风淳朴、百业兴旺的乐土。可惜的是好景不长，在唐中宗时期，漳州一带的败寇、残寇又东山再起，发起了政变。陈元光又受命去围剿他们。可惜在半路上陷入了包围，因寡不敌众陈元光负了重伤，战死在沙场。当时牺牲的时候只有五十四岁。所以说光州固始人陈元光把他的一生，奉献给了漳州的开发和建设，是闽台地区重要的民间信仰之一，被漳州人民封为"开漳圣王"。

（发音人：熊建军　2018.08.04　固始）

三　自选条目

0031 歇后语

歪嘴吹火——斜气。

uɛ²¹ tsuei²⁴ tsʰuei²¹ xuɤ²⁴——ɕiɛ⁵⁵ tɕʰi⁰.

意译：歪嘴吹火——邪气。

（发音人：程泽云　2018.07.31　固始）

0032 歇后语

白姑=眼子捡大粪——瞅屎。

pɛ⁵⁵ ku⁰ian²⁴ tsʅ⁰ tɕian²⁴ ta²²⁴ fen⁵¹——tsʰou²⁴ sʅ²⁴.

意译：白姑=眼子_{有斜视、翻白眼等眼疾的人}捡大粪——丑死。

（发音人：程泽云　2018.07.31　固始）

0033 歇后语

潲水缸冒泡——撮的。

sau⁵¹ sei²⁴ kaŋ²¹³ mau²²⁴ pʰau⁵¹——tsuɤ²¹ ti⁰.

意译：潲水缸_{装泔水的缸}冒泡——撮_{自作自受义}的。

（发音人：程泽云　2018.07.31　固始）

0034 歇后语

俏七兄弟——俏八。

tɕʰiau⁵¹ tɕʰi⁵⁵ ɕyŋ²¹ ti⁰ ——tɕʰiau⁵¹ pa⁰.

意译：俏七兄弟——俏巴_{形容人、事等非常优秀、出色}。

（发音人：吴曾明　2018.07.31 固始）

0035 歇后语

十五个吊桶打水——七上八下。

sʅ⁵⁵ u²⁴ kɤ⁰ tiau⁵¹ tʰeŋ²⁴ ta²⁴ sei²⁴ ——tɕʰi⁵⁵ saŋ⁵¹ pa⁵⁵ ɕia⁵¹.

意译：十五个吊桶打水——七上八下。

（发音人：吴曾明　2018.07.31 固始）

0036 歇后语

坐飞机吹喇叭——响得高。

tsuɤ⁵¹ fei¹³ tɕi²¹³ tsʰuei²¹ la²⁴ pa⁰ ——ɕiaŋ²⁴ ti⁰ kau²⁴.

意译：坐飞机吹喇叭——想得高。

（发音人：吴曾明　2018.07.31 固始）

0037 歇后语

两个哑巴一头睡——没说的。

liaŋ²⁴ kɤ⁰ ia²⁴ pa⁰ ʅ²¹ tʰou⁵⁵ suei⁵¹ ——mei⁵⁵ ɕyɛ²¹ ti⁰.

意译：两个哑巴一头睡——没说的。

（发音人：吴曾明　2018.07.31 固始）

0038 歇后语

老公鸡砍⁼到鸡罩里——不听鸣也听声。

lau²⁴ kuŋ¹³ tɕi²¹³ kʰan²⁴ tau⁰ tɕi¹³ tsau⁵¹ li⁰ ——pu²¹ tʰin²¹ min⁵⁵ iɛ²⁴ tʰin¹³ sen²¹³.

意译：老公鸡砍⁼到鸡罩_{罩鸡、鸭等牲畜的竹器}里——不听鸣也听声。

（发音人：吴曾明　2018.07.31 固始）

0039 歇后语

云彩眼里伸手——不是凡人。

yen⁵⁵ tsʰɛ²⁴ ian²⁴ li⁰ tsʰen²¹ sou²⁴ ——pu⁵⁵ sʅ⁵¹ fan⁵⁵ zen⁵⁵.

意译：云彩眼里_{云彩的空隙中}伸手——不是凡人。

（发音人：吴曾明　2018.07.31 固始）

0040 歇后语

盖窝里放屁——独吞。

kɛ⁵¹ uɤ²¹³ li⁰ faŋ²²⁴ pʰi⁵¹ ——tu⁵⁵ tʰen²¹³.

意译：被窝里放屁——独吞。

（发音人：吴曾明　2018.07.31 固始）

0041 歇后语

啃着甜秫秫上楼梯——步步高，节节甜。

kʰen²⁴ tsɤ⁰ tʰian⁵⁵ su⁰ su⁰ saŋ⁵¹ lou⁵⁵ tʰi²¹³ ——pu²²⁴ pu⁵¹ kau²¹³, tɕiɛ⁵⁵ tɕiɛ⁵⁵ tʰian⁵⁵.

意译：啃着甜高粱上楼梯——步步高，节节甜。

（发音人：吴曾明　2018.07.31 固始）

0042 歇后语

栀子花揣怀里——心闻。

tsʅ²¹tsʅ⁰xua²¹³tsʰuɛ²⁴xuɛ⁵⁵li⁰——ɕin²¹uen⁵⁵.

意译：栀子花揣怀里——新闻。

（发音人：吴曾明　2018.07.31 固始）

0043 歇后语

王八吃秤砣——铁啦心啦。

uaŋ⁵⁵paʰtsʅ²¹³tsʰen⁵¹tʰuɤ⁵⁵——tʰiɛ²¹la⁰ɕin²¹la⁰.

意译：王八鳖吃秤砣——铁了心了。

（发音人：熊建军　2018.07.31 固始）

0044 歇后语

老公公背媳妇——累死不讨好。

lau²⁴kuŋ²¹kuŋ⁰pei²⁴ɕi⁵⁵fu⁰——lei⁵¹sʅ²⁴pu⁵¹tʰau²⁴xau²⁴.

意译：老公公背媳妇——累死不讨好。

（发音人：熊建军　2018.07.31 固始）

0045 歇后语

瞎子打他儿——擂一下是一下。

ɕia²¹tsʅ⁰ta²⁴tʰa²⁴ɣɛ⁵⁵——lei⁵¹i⁵⁵ɕia⁵¹sʅ⁵⁵i⁰ɕia⁰.

意译：瞎子打他儿——擂打一下是一下。

（发音人：熊建军　2018.07.31 固始）

0046 歇后语

大姑娘坐轿——头一回。

ta⁵¹ku²¹liaŋ⁵⁵tsuɤ²²⁴tɕiau⁵¹——tʰou⁵⁵i²¹xuei⁵⁵.

意译：大姑娘坐轿——头一回。

（发音人：熊建军　2018.07.31 固始）

0047 歇后语

哑巴吃汤圆子——心底有数。

ia²⁴pa⁰tsʅ²¹³tʰaŋ²¹yan⁵⁵tsʅ⁰——ɕin²¹ti⁰iou²⁴su⁵¹.

意译：哑巴吃汤圆——心底有数。

（发音人：熊建军　2018.07.31 固始）

参考文献

安阳市地方志编委会：《安阳市志》，中州古籍出版社 2008 年版。
陈泓、李海洁：《黄河故道与新乡方言》，《韶关学院学报》（社会科学版）2006 年第 4 期。
陈卫恒：《林州方言"子"尾读音研究》，《语文研究》2003 年第 4 期。
郸城县地方志编纂委员会：《郸城县志》，中州古籍出版社 1992 年版。
邓州市地方史志编纂委员会：《邓州市志》，中州古籍出版社 1996 年版。
段亚广：《中原官话音韵研究》，中国社会科学出版社 2012 年版。
范县地方史志编纂委员会：《范县志》，中州古籍出版社 2008 年版。
贺巍：《济源方言记略》，《方言》1981 年第 1 期。
贺巍：《河南山东皖北苏北的官话（稿）》，《方言》1985 年第 3 期。
贺巍：《洛阳方言研究》，社会科学文献出版社 1990 年版。
贺巍：《中原官话分区（稿）》，《方言》2005 年第 2 期。
侯精一：《晋东南地区的子变韵母》，《中国语文》1985 年第 2 期。
济源市地方史志编纂委员会：《济源市志》，中州古籍出版社 2011 年版。
教育部语言文字信息管理司、中国语言资源保护中心：《中国语言资源调查手册·汉语方言》，商务印书馆 2015 年版。
浚县志编委会：《浚县志》，中州古籍出版社 1990 年版。
兰考县地方史志编纂委员会：《兰考县志》，中州古籍出版社 1999 年版。
李荣：《官话方言的分区》，《方言》1985 年第 1 期。
李荣：《汉语方言的分区》，《方言》1989 年第 4 期。
李宇明：《泌阳方言的儿化闪音》，《方言》1996 年第 4 期。
林州市志编纂委员会、李学勤：《林州市志》，中州古籍出版社 2004 年版。
刘冬冰：《开封方言记略》，《方言》1997 年第 4 期。
卢甲文：《郑州方言志》，语文出版社 1992 年版。
鲁山县地方史志编纂委员会：《鲁山县志》，中州古籍出版社 1994 年版。
洛宁县志编纂委员会：《洛宁县志》，中州古籍出版社 2005 年版。
洛阳市地方史志编纂委员会：《洛阳市志》，中州古籍出版社 1999 年版。
裴泽仁：《明代人口移徙与豫北方言——河南方言的形成》（一），《中州学刊》1988 年第 4 期。
濮阳市地方史志编纂委员会：《濮阳市志》，中州古籍出版社 2005 年版。

沁阳市地方史志编纂委员会：《沁阳市志》，中州古籍出版社 2016 年版。
孙志波：《〈音韵六书指南〉音系与温县方音，》《语言研究》2017 年第 5 期。
王森：《郑州荥阳（广武）方言的变韵》，《中国语文》1998 年第 4 期。
王福堂：《汉语方言语音的演变和层次》，语文出版社 1999 年版。
王青锋：《长垣方言志语音篇》，中州古籍出版社 2007 年版。
焦作市温县志编纂委员会：《温县志》，光明日报出版社 1991 年版。
辛永芬：《浚县方言语法研究》，中华书局 2006 年版。
辛永芬、庄会彬：《汉语方言 Z 变音的类型分布及历史流变》，《中国语文》2019 年第 5 期。
辛永芬：《中原官话学术史梳理与研究展望》，《河南大学学报》2022 年第 2 期。
新乡市地方史志编纂委员会：《新乡市志》，三联书店 1994 年版。
许仰民：《信阳方言的声韵调系统及其特点》，《信阳师范学院学报》1994 年第 4 期。
叶祖贵：《固始方言研究》，中国社会科学出版社 2009 年版。
叶祖贵：《信阳地区方言语音研究》，中国社会科学出版社 2014 年版。
曾广光、张启焕、许留森：《洛阳方言志》，河南人民出版社 1987 年版。
张启焕、陈天福、程仪：《河南方言研究》，河南大学出版社 1993 年版。
赵清治：《长葛方言的动词变韵》，《方言》1998 年第 1 期。
支建刚：《豫北晋语语音研究》，中西书局 2020 年版。
中国社会科学院语言研究所：《方言调查字表》，商务印书馆 1981 年版。
中国社会科学院语言研究所、澳大利亚人文科学院：《中国语言地图集》（第 1 版），香港朗文（远东）有限公司 1987 年版。
中国社会科学院语言研究所、中国社会科学院民族学与人类学研究所、香港城市大学语言资讯科学研究中心：《中国语言地图集》（第 2 版），商务印书馆 2012 年版。
周庆生：《郑州方言的声韵调》，《方言》1987 年第 3 期。

附录 方言调查和发音人信息表

调查点	调查人	协助调查者	调查设备	调查时间	方言发音人 姓名	性别	出生年月	文化程度	备注
安阳	王新宇	孙志波 郭向敏 沈恒娟 炕留一 苏林猛	samson c03u；话筒内置声卡；松下广播级摄录一体机 AG-HMC 153MC/罗技 C-930e	2018	华东林	男	1955.04	初中	方言老男
					王雨	男	1988.12	函授本科	方言青男
					王建洲	男	1956.11	初中	口头文化
林州	王新宇	辛永芬 段亚广 孙志波 郭向敏 沈恒娟 炕留一 苏林猛	samson c03u；话筒内置声卡；松下广播级摄录一体机 AG-HMC 153MC/罗技 C-930e	2016	张鸣声	男	1953.03	小学	方言老男
					秦波	男	1984.10	初中	方言青男
					杨双枝	女	1957.09	高中	口头文化
					赵长生	男	1950.05	初中	口头文化
					任保青	女	1972.02	初中	口头文化
					闫改芬	女	1970.07	高中	口头文化
					侯国勤	女	1950.05	高中	口头文化
					侯巧荣	女	1954.05	初中	口头文化
					张鸣声	男	1953.03	小学	口头文化
鹤壁	申少帅	辛永芬 段亚广 孙志波 李聪聪 王嘉宝 朱莉娜	samson c03u；话筒内置声卡；SONY HDR-CX900E/罗技 C-930e	2017	姚贵群	男	1953.03	初中	方言老男
					张德魁	男	1989.07	大专	方言青男
					姬有良	男	1971.12	初中	口头文化
					姚贵群	男	1953.03	初中	口头文化

续表

调查点	调查人	协助调查者	调查设备	调查时间	方言发音人				备注
					姓名	性别	出生年月	文化程度	
新乡	王新宇	辛永芬 孙志波 郭向敏 沈恒娟 炕留一 苏林猛	samson c03u；话筒内置声卡；松下广播级摄录一体机 AG-HMC 153MC/罗技 C-930e	2016	韩吉虎	男	1959.02	大专	方言老男
					张淑宝	男	1989.01	初中	方言青男
					朱命乐	男	1948.09	中专	口头文化
					贺占坤	男	1963.11	本科	口头文化
					贾林	男	1960.07	大专	口头文化
					潘小郑	男	1962.05	本科	口头文化
济源	王新宇	赵祎缺 郭向敏 沈恒娟 炕留一 苏林猛	samson c03u；话筒内置声卡；松下广播级摄录一体机 AG-HMC 153MC/罗技 C-930e	2017	王金平	男	1962.09	高中	方言老男
					刘程	男	1986.01	中专	方言青男
					姚兰	女	1954.08	高中	口头文化
					李小玲	女	1958.12	高中	口头文化
					李道繁	男	1942.12	大专	口头文化
					王慧芳	女	1998.07	本科	口头文化
沁阳	郭向敏	孙志波 王新宇 沈恒娟 炕留一 苏林猛	samson c03u；话筒内置声卡；松下广播级摄录一体机 AG-HMC 153MC/罗技 C-930e	2018	李治亚	男	1956.08	高中	方言老男
					李鹏	男	1992.01	大专肄业	方言青男
					孙国成	男	1954.02	中专	口头文化
					都屏君	男	1975.11	大专	口头文化
					牛二团	男	1980.11	初中	口头文化
					韩电厂	男	1977.10	初中	口头文化
					李治才	男	1945.02	高中	口头文化
					杨久茹	男	1952.01	大专	口头文化
					杨寿远	男	1950.06	大专	口头文化

附录　方言调查和发音人信息表

续表

调查点	调查人	协助调查者	调查设备	调查时间	方言发音人					备注
					姓名	性别	出生年月	文化程度	
温县	郭向敏	赵祎缺 王新宇 沈恒娟 炕留一 苏林猛	samson c03u；话筒内置声卡；松下广播级摄录一体机 AG-HMC 153MC/罗技 C-930e	2017	张庚申	男	1953.12	初中	方言老男
					张磊	男	1990.02	初中	方言青男
					张峰	男	1985.05	大专	口头文化
					原树武	男	1936.12	小学	口头文化
					原雪英	女	1957.12	高中	口头文化
					张庚申	男	1953.12	初中	口头文化
					王长江	男	1951.08	高中	口头文化
范县	沈恒娟	孙志波 郭向敏 王新宇 邱兴宇 吕红兰	samson c03u；话筒内置声卡；SONY FDR-AX60 高清数码摄像机/罗技 C-930e	2019	田东海	男	1954.12	高中	方言老男
					张新超	男	1986.06	初中	方言青男
					顾生荣	男	1965.04	大专	口头文化
					刘训江	男	1945.04	高中	口头文化
					常兆功	男	1990.12	中专	口头文化
					荆慧	女	1989.01	中专	口头文化
					晏聪聪	女	1996.08	中专	口头文化
					刘帆	女	1991.07	中专	口头文化

续表

调查点	调查人	协助调查者	调查设备	调查时间	方言发音人 姓名	性别	出生年月	文化程度	备注
郑州	鲁冰	王蕾 周胜蓝 王文婷 马怡妃	samson c03u；话筒内置声卡；SONY HDR-CX900E/罗技 C-930e	2019	赵彦群	男	1959.09	高中	方言老男
					关敬轩	男	1987.07	本科	方言青男
					连德林	男	1937.10	高中	口头文化
					郭爱生	男	1958.11	高中	口头文化
					连晓爽	女	2000.09	本科	口头文化
开封	段亚广	辛永芬 李聪聪 娄珂珂 李甜甜	samson c03u；话筒内置声卡；SONY HDR-CX900E/罗技 C-930e	2019	苏雨洪	男	1946.02	高中	方言老男
					王文胜	男	1976.05	函授大专	方言青男
					李中华	男	1951.07	大专	口头文化
					王冠生	男	1962.06	小学	口头文化
					席天才	男	1945.09	高中	口头文化
					叶欣	女	1947.04	中专	口头文化
					别青霞	女	1959.04	高中	口头文化
					张俊	女	1977.01	大专	口头文化
濮阳	沈恒娟	孙志波 郭向敏 王新宇 炕留一 苏林猛	samson c03u；话筒内置声卡；松下广播级摄录一体机 AG-HMC 153MC/罗技 C-930e	2018	王连聚	男	1950.03	初中	方言老男
					李兆阳	男	1986.05	中专	方言青男
					王连聚	男	1950.03	初中	口头文化
					张焕竹	女	1953.03	小学	口头文化

续表

调查点	调查人	协助调查者	调查设备	调查时间	方言发音人				
					姓名	性别	出生年月	文化程度	备注
浚县	辛永芬	申少帅 海爽 王蕾 李聪聪 王昕 辛平	samson c03u；话筒内置声卡；SONY HDR-CX900E/罗技 C-930e	2017	李全民	男	1959.02	高中	方言老男
					吴晓明	男	1990.10	高中	方言青男
					辛永忠	男	1969.12	大专	口头文化
					李志华	女	1973.03	高中	口头文化
					王贵珍	女	1962.06	初中	口头文化
					韩学荣	女	1963.05	初中	口头文化
					郭秀林	男	1936.01	高中	口头文化
长垣	孙志波	章策 李昕 陈辉 董一博 张秀岚 张雅倩 翟敏 毛英慧	samson c03u；话筒内置声卡；SONY HDR-CX900E/罗技 C-930e	2017	李恒印	男	1959.03	高中	方言老男
					赵世杰	男	1986.01	高中	方言青男
					李恒印	男	1959.03	高中	口头文化
					杨金英	女	1953.11	小学	口头文化
					于凤敏	女	1958.03	初中	口头文化
					王银芝	女	1963.04	高中	口头文化
					赵素芳	女	1946.02	初中	口头文化

续表

调查点	调查人	协助调查者	调查设备	调查时间	姓名	性别	出生年月	文化程度	备注
兰考	辛永芬	段亚广 庄会彬 申少帅 鲁冰 王昕 李甜甜 李聪聪 海爽	samson c03u；话筒内置声卡；SONY HDR-CX900E/罗技 C-930e	2016	姬付军	男	1951.05	小学	方言老男
					王振	男	1990.05	高中	方言青男
					王莹	女	1990.01	初中	口头文化
					程道章	男	1951.07	小学	口头文化
					曹庆刚	男	1974.03	小学	口头文化
					姬付军	男	1951.05	小学	口头文化
					程道民	男	1948.04	初中	口头文化
					刘虎	男	1961.12	初中	口头文化
					雷国建	男	1962.09	中专	口头文化
洛阳	尤晓娟	李会转 王静 魏鹏飞 王洪刚 褚红	samson c03u；话筒内置声卡；SONY HDR-CX900E/罗技 C-930e	2017	梁智敏	男	1960.07	高中	方言老男
					马骏	男	1989.12	大专	方言青男
					郭松珍	女	1952.05	初中	口头文化
					毕青凤	女	1962.07	大专	口头文化
					梁一帆	女	1986.12	本科	口头文化
					梁智敏	男	1960.07	高中	口头文化

附录　方言调查和发音人信息表

续表

调查点	调查人	协助调查者	调查设备	调查时间	方言发音人 姓名	性别	出生年月	文化程度	备注
洛宁	李会转	魏会平 尤晓娟 王洪刚 王静	samson c03u；话筒内置声卡；SONY HDR-CX900E/罗技 C-930e	2018	雷石虎	男	1956.12	初中	方言老男
					赵丽峰	男	1984.01	初中	方言青男
					牛晓琳	女	1990.04	中专	口头文化
					赵松林	男	1951.11	初中	口头文化
					雷石虎	男	1956.12	初中	口头文化
					赵丽峰	男	1984.01	初中	口头文化
三门峡	辛永芬	申少帅 孙伊彦 李薇薇 王玉佩	samson c03u；话筒内置声卡；SONY HDR-CX900E/罗技 C-930e	2019	曹润梅	男	1959.07	初中	方言老男
					曹彦琪	男	1984.02	初中	方言青男
					曹润梅	男	1959.07	初中	口头文化
					王丑娃	女	1952.02	小学	口头文化
					秦仙绸	女	1962.10	初中	口头文化
					曲健康	男	1953.03	高中	口头文化
					吕大平	女	1962.11	高中	口头文化
					师洪源	男	1975.01	本科	口头文化
					师亚仙	女	1956.09	函授大专	口头文化

续表

调查点	调查人	协助调查者	调查设备	调查时间	方言发音人					备注
						姓名	性别	出生年月	文化程度	
灵宝	段亚广	朱莉娜 范振洁 吕钰琪	samson c03u；话筒内置声卡；SONY HDR-CX900E/罗技 C-930e	2019	梁建州	男	1956.07	高中	方言老男
					陈乐	男	1984.09	高中	方言青男
					张建苗	女	1963.12	本科	口头文化
					樊瑞	女	1963.05	大专	口头文化
					李玉草	女	1929.10	初小	口头文化
					乔亚亭	女	1942.12	高中	口头文化
					程引珠	女	1956.06	中师	口头文化
商丘	庄会彬	辛永芬 张俊 王波 申少帅 鲁冰 李聪聪 李甜甜 王蕾	samson c03u；话筒内置声卡；SONY HDR-CX900E/罗技 C-930e	2017	黄孝杰	男	1958.02	自学大专	方言老男
					刘恩慧	男	1992.10	自学本科	方言青男
					黄付荣	女	1957.08	初中	口头文化
					吴桂莲	女	1949.11	初中	口头文化
永城	王昕	辛永芬 李甜甜 海爽 王蕾 高顺洁 庞可慧 张辉	samson c03u；话筒内置声卡；SONY HDR-CX900E/罗技 C-930e	2017	李子相	男	1956.01	高中	方言老男
					陶万棵	男	1990.03	初中	方言青男
					陶秋芬	女	1958.07	高中	口头文化
					李子相	男	1956.01	高中	口头文化
					杨之献	男	1955.06	函授大专	口头文化

续表

调查点	调查人	协助调查者	调查设备	调查时间	方言发音人 姓名	性别	出生年月	文化程度	备注
永城	王昕	辛永芬 李甜甜 海爽 王蕾 高顺洁 庞可慧 张辉	samson c03u；话筒内置声卡；SONY HDR-CX900E/罗技 C-930e	2017	陈淑云	女	1968.04	中专	口头文化
					李世友	男	1963.04	初中	口头文化
					聂守杰	男	1971.05	初中	口头文化
					苏玲侠	女	1961.04	高中	口头文化
郸城	王新宇	孙志波 郭向敏 沈恒娟 邱兴宇 吕红兰	samson c03u；话筒内置声卡；SONY FDR-AX60 高清数码摄像机/罗技 C-930e	2019	黄相林	男	1958.07	高中	方言老男
					王灿豪	男	1994.10	初中	方言青男
					王景云	男	1955.10	高中	口头文化
漯河	申少帅	辛永芬 吴亮 海爽 李薇薇 周胜蓝 孙伊彦	samson c03u；话筒内置声卡；SONY HDR-CX900E/罗技 C-930e	2018	陈建国	男	1957.02	初中	方言老男
					赵成武	男	1990.04	自学本科	方言青男
					郭秀芬	女	1954.07	初中	口头文化
					姜华	女	1978.12	初中	口头文化
					魏园	女	1981.11	初中	口头文化
					马顺安	男	1958.01	初中	口头文化

续表

调查点	调查人	协助调查者	调查设备	调查时间	方言发音人 姓名	性别	出生年月	文化程度	备注
许昌	鲁冰	马怡妃 王文婷 张俊 王蕾	samson c03u；话筒内置声卡；SONY HDR-CX900E/罗技 C-930e	2018	胡建民	男	1958.05	初中	方言老男
					侯帅	男	1992.11	中专	方言青男
					杨明军	男	1962.04	高中	口头文化
					李恋花	女	1958.02	初中	口头文化
					张凤琴	女	1963.06	高中	口头文化
					孙淑华	女	1958.02	高中	口头文化
周口	王昕	段亚广 朱莉娜 李聪聪 刘洋 高巅 高梓琦 周磊	samson c03u；话筒内置声卡；SONY HDR-CX900E/罗技 C-930e	2018	齐太坤	男	1955.04	高中	方言老男
					崔金哲	男	1992.06	初中	方言青男
					王永光	男	1997.06	小学	口头文化
					张玉梅	女	1966.10	小学	口头文化
					崔喜爱	女	1957.09	小学	口头文化
					史国强	男	1956.04	初中	口头文化
					李笼	女	1955.05	小学	口头文化
驻马店	段亚广	李聪聪 朱莉娜 王嘉宝 申少帅	samson c03u；话筒内置声卡；SONY HDR-CX900E/罗技 C-930e	2017	高会武	男	1945.08	高中	方言老男
					汪烁	男	1992.02	大专	方言青男
					贺学云	女	1956.01	小学	口头文化

续表

调查点	调查人	协助调查者	调查设备	调查时间	方言发音人					备注
					姓名	性别	出生年月	文化程度	
驻马店	段亚广	李聪聪朱莉娜王嘉宝申少帅	samson c03u；话筒内置声卡；SONY HDR-CX900E/罗技 C-930e	2017	李小响	女	1961.04	小学	口头文化
					靳阿慧	女	1988.04	中专	口头文化
					柴丽丽	女	1959.05	高中	口头文化
					高会武	男	1945.08	高中	口头文化
长葛	辛永芬	申少帅吴亮海爽李薇薇周胜蓝孙伊彦	samson c03u；话筒内置声卡；SONY HDR-CX900E/罗技 C-930e	2018	贾保顺	男	1954.02	初中	方言老男
					陈辉良	男	1990.04	初中	方言青男
					武松岭	女	1957.06	高中	口头文化
					陈宝花	女	1966.02	初中	口头文化
					张会菊	女	1962.12	初中	口头文化
					张庭阳	男	1953.07	初中	口头文化
					路长喜	男	1931.01	小学	口头文化
泌阳	段亚广	李聪聪朱莉娜吕钰琪	samson c03u；话筒内置声卡；SONY HDR-CX900E/罗技 C-930e	2018	袁海建	男	1963.03	高中	方言老男
					焦成伟	男	1992.02	高中	方言青男
					张振甫	男	1955.10	小学	口头文化
					禹建民	女	1957.02	小学	口头文化
					袁海建	男	1963.03	高中	口头文化

续表

调查点	调查人	协助调查者	调查设备	调查时间	方言发音人				备注
					姓名	性别	出生年月	文化程度	
南阳	庄会彬	辛永芬 鲁冰 申少帅 郑津 王蕾 海爽 李甜甜 杨璟	samson c03u；话筒内置声卡；SONY HDR-CX900E/罗技 C-930e	2018	刘明甫	男	1960.08	大专	方言老男
					郭隆达	男	1982.07	大专	方言青男
					黄泳	女	1966.11	本科	口头文化
					牛天锋	男	1970.10	本科	口头文化
					金果	男	1974.10	本科	口头文化
					宋珂	女	1975.12	大专	口头文化
鲁山	王静	尤晓娟 李会转 王洪刚	samson c03u；话筒内置声卡；SONY HDR-CX900E/罗技 C-930e	2018	刘栓	男	1957.08	高中	方言老男
					张朋	男	1989.07	大专	方言青男
					刘栓	男	1957.08	高中	口头文化
					谢令利	女	1958.08	初中	口头文化
					谢小利	女	1962.10	高中	口头文化
					张朋	男	1989.07	大专	口头文化
					冯国	男	1964.06	初中	口头文化
邓州	郭向敏	孙志波 王新宇 沈恒娟 邱兴宇 吕红兰	samson c03u；话筒内置声卡；SONY FDR-AX60 高清数码摄像机/罗技 C-930e	2019	闫林	男	1957.08	高中	方言老男
					苏殿川	男	1988.07	初中	方言青男
					汤清莲	女	1958.11	高中	口头文化
					闫林	男	1957.08	高中	口头文化
					刘志强	男	1964.12	初中	口头文化

续表

调查点	调查人	协助调查者	调查设备	调查时间	姓名	性别	出生年月	文化程度	备注
西峡	鲁冰	周胜蓝 王蕾 马怡妃 王文婷	samson c03u；话筒内置声卡；SONY HDR-CX900E/罗技 C-930e	2019	李新珊	男	1958.10	中师	方言老男
					张洪超	男	1989.08	本科	方言青男
					张闪	女	1987.07	本科	口头文化
					王春兰	女	1957.03	初中	口头文化
					周海静	女	1968.12	大专	口头文化
					曹刚林	男	1946.11	中专	口头文化
					韩花立	男	1964.05	初中	口头文化
					黄芊	女	1988.11	本科	口头文化
					姚社平	女	1960.06	高中	口头文化
信阳	罗家坤	叶祖贵 尹百利 李川 李秀林 项臻 钱倩	samson c03u；话筒内置声卡；SONY HDR-CX900E/罗技 C-930e	2017	王荣德	男	1953.04	小学	方言老男
					周海军	男	1984.02	本科	方言青男
					项臻	男	1983.07	硕士	口头文化
					王荣德	男	1953.04	小学	口头文化
					周海军	男	1984.02	本科	口头文化
					陈宝玉	女	1953.10	初中	口头文化
					钟力群	女	1987.01	本科	口头文化
					严建华	女	1954.06	初中	口头文化
					秦臻	女	1982.11	本科	口头文化

续表

调查点	调查人	协助调查者	调查设备	调查时间	方言发音人					备注
					姓名	性别	出生年月	文化程度	
固始	叶祖贵	尹百利 李川 刘阳海 李秀林 钱倩	samson c03u；话筒内置声卡；SONY HDR-CX900E/罗技 C-930e	2018	熊建军	男	1956.12	高中	方言老男
					张孝兵	男	1982.04	大专	方言青男
					吴曾明	男	1955.04	大专	口头文化
					周成英	女	1956.06	小学	口头文化
					赵海英	女	1951.10	小学	口头文化
					熊建军	男	1956.12	高中	口头文化
					程泽云	女	1961.10	小学	口头文化
					张孝兵	男	1982.04	大专	口头文化
					李迎新	女	1976.11	大专	口头文化

后　　记

　　河南省语言资源保护工程于 2016 年启动，2019 年完成，历经四年。省教育厅高度重视河南语保工作，在广泛征求相关高校及专家的意见后，印发了《河南省教育厅办公室转发教育部办公厅关于推进中国语言资源保护工程建设的通知》（教办语用〔2016〕312 号），成立河南汉语方言调查项目管理小组，主管厅长亲自担任管理项目负责人，委托河南科技学院承担项目管理小组具体事务。由河南大学、河南科技学院、洛阳理工学院、信阳职业技术学院承担河南汉语方言调查的具体工作。四年来，河南省共完成专项调查课题 34 个，其中，国家规划课题 25 个，少数民族濒危汉语方言课题 1 个，国家立项、省自筹经费项目 8 个。调查点及其课题负责人如下（负责人名单按音序排列）：

　　邓　楠：武陟（回民汉语方言）
　　段亚广：开封、驻马店、泌阳、灵宝
　　郭向敏：温县、沁阳、邓州
　　李会转：洛宁
　　鲁　冰：许昌、郑州、西峡
　　罗家坤：信阳
　　申少帅：鹤壁、漯河
　　沈恒娟：濮阳、范县
　　孙志波：长垣
　　王　昕：永城、周口
　　王　静：鲁山
　　王新宇：林州、新乡、安阳、济源、郸城
　　辛永芬：兰考、浚县、长葛、三门峡
　　叶祖贵：固始
　　尤晓娟：洛阳
　　庄会彬：商丘、南阳

　　为保证项目的顺利开展，省教育厅选聘"中国语言资源保护工程"核心专家组专家、河南大学辛永芬教授为首席专家，组织全体项目组成员到国家语保中心参加培训，并于 2017 年 3 月承办了河南、河北、安徽三省调查团队的专题培训。首席专家辛永芬教授在完成好自己承担项目的基础上，与摄录团队技术骨干一起对每个调查点进行了专业指导，全程参与了所有项目点的课题中检、预验收、验收等工作。每一次中检、预验收、验收，省教育厅领导都亲临现场认真听取专家组意见，要求各课题组对于专家的意见和建议照单全收，认真整改，同时对整改情况进行过程督导。

为更好地保护河南汉语资源，在国家规定任务的基础上，河南省教育厅自筹经费86万元，增加了8个方言调查点。2020年还列支了33万元用于资源集的出版。这些措施既为专项调查任务的顺利完成提供了保障，也为语言资源集的编写出版提供了有力支持。

《中国语言资源集（分省）》编写工作是语保工程一期调查成果的系统性整理和加工，是语保工程标志性精品成果之一。教育部语信司2019年全面启动了分省资源集编写工作，并印发了《中国语言资源集（分省）实施方案》和《中国语言资源集（分省）编写出版规范》。"中国语言资源集•河南"（YB19ZYA024）于2019年9月获得立项，将"中国语言资源保护工程•河南汉语方言调查"项目中的33个点纳入整理编写的范围，暂不含武陟回民汉语方言点。根据教育部语信司相关文件精神和编写出版要求，我们拟订了《〈中国语言资源集•河南〉实施方案》，制定了语音卷、词汇卷、语法卷、口头文化卷等四卷的具体编写方案和统一格式示例，并先行整理出鹤壁、浚县、漯河三个方言点的材料，形成样稿，发给其他各点参照执行。

为了语言资源集编写和出版工作的顺利推进，我们建立了多方沟通渠道：一是与语保中心的沟通渠道；二是与教育厅的沟通渠道；三是与出版社的沟通渠道；四是与各课题组及编写人员的沟通渠道。两年多来，大家分工合作，积极献计献策，发现问题及时沟通，随时交流。这个过程中，每个参与的成员都做到了尽职、尽责、尽心、尽力，乐于相助，甘于奉献，充分体现了团结、互助、和谐、友爱的团队精神。

资源集编写工作中最有技术含量的是33个点的字音对照表、词汇对照表和语法对照表的转写整理。这项工作由河南语保工作的技术骨干申少帅负责。他根据三个对照表的编写规范和编写要求，结合本省实际，制作了《分省资源集xls转word的视频教程》转发给大家，视频教程中列出了详细的转写步骤，并以漯河方言为示例进行了转写示范，使得三个对照表的进展非常顺利。

资源集编写工作的难点在于语料的准确性、规范性和一致性。这项工作主要由首席专家辛永芬、课题组骨干成员段亚广和鲁冰统筹拟定，各课题组负责人分工完成。《中国语言资源集•河南》共分《语音卷》《词汇卷》《语法卷》《口头文化卷》四卷，于2020年11月完成初稿，并先后进行了三次校对。第一次是集中式校对，由辛永芬负责概况、语法卷和口头文化卷的校对工作，段亚广老师负责词汇卷的校对工作，鲁冰老师负责语音卷的校对工作。第二次是分散式校对，我们根据一校时发现的问题编写了各卷的凡例和具体校对要求，分发给各课题组编写人员进行分散式校对。2021年11月，我们又根据《中国语言资源集（分省）实施方案（2019年修订）》和《中国语言资源集（分省）编写出版方案（2019年修订)》，对已经完成的第二稿进行第三次校对修改。这个过程中，语保中心张世方教授、省教育厅有关领导始终关注着资源集的每一步进展情况。河北师范大学吴继章老师、陕西师范大学黑维强老师、辽宁师范大学原新梅老师在资源集的编写体例、编写规范和具体操作方面也给予了很多指导。

2022年3月我们把书稿交付给中国社会科学出版社，2022年4月收到出版社的一校稿。因疫情影响不能进行集体校对，我们把纸质校对稿复印了8份，分寄给相关课题负责人进行校对。此次校对，我们又按照《中国语言资源集（分省）编写出版规范（2021年修订）》对书稿进行结构上的调整，最后由辛永芬、段亚广、鲁冰完成全书统稿。资源集二校、三校分别于2022年9月和10月顺利完成。

如今，《中国语言资源集·河南》经过反复不断地打磨、校对、修改终于要付梓出版了。在资源集的编写过程中，参与河南语保工作的各位领导、专家、课题负责人、研究生付出了许多艰辛和努力。大家顾全大局，齐心协力，凝聚智慧，坦诚交流，不仅顺利完成了编写任务，也结下了真挚深厚的友谊。

《中国语言资源集·河南》（四卷）是为期四年的河南语保工作的重要总结和标志性成果之一，是集体劳动和集体智慧的结晶。

真诚感谢河南语保团队各位同仁的辛勤付出！感谢协助课题负责人进行田野调查、纸笔记录、录音录像、材料整理、资源集编写和校对修改的（音序排列）褚红、高巅、炕留一、李川、李秀林、刘心铭、刘洋、刘阳海、吕红兰、庞可慧、钱倩、邱兴宇、苏林猛、王洪刚、魏会平、魏鹏飞、吴亮、项臻、尹百利、张辉、张俊、赵延军、赵祎缺等专家老师。

真诚感谢多年来不怕辛苦，牺牲假期休息时间，跟随团队进行田野调查、录音录像、材料整理和书稿校对修改的各位研究生、本科生。他们是河南汉语方言保护工作的生力军、亲历者和见证人，在语保工作中得到了历练和成长。他们的名字是（音序排列）：

曹冬雨、柴畅、陈孟阳、陈贝贝、陈辉、董一博、范振洁、高顺洁、高梓琦、郭海娟、郭静邑、郭琪、海爽、胡予恒、李聪聪、李甜甜、李薇薇、李昕、刘依林、李天姿、李雨芳、娄珂珂、吕英杰、吕钰琪、马静、马怡妃、毛英慧、钱嘉欣、乔文芳、孙庆可、孙伊彦、石平华、王慧芳、王嘉宝、王蕾、王林、王梦宇、王文婷、王忆宁、王玉佩、辛平、徐洪达、杨璟、原梦琳、翟敏、章策、张茗、张乾、张清龙、张秀岚、张雅倩、张贻舒、郑津、周胜蓝、周轩冰、朱莉娜

真诚感谢在河南语保专业培训、中检、预验收和验收工作中为我们提供专业指导、纠偏纠错并提出宝贵修改意见的乔全生、伍巍、张生汉、赵日新、黑维强、庄初升、高晓虹、唐正大、张世方、黄晓东、桑宇红、陶寰、严修鸿、黄拾全、支建刚、王文胜、肖萍、张薇、王红娟、瞿建慧、白静茹、陈晓姣、王莉莎、董丽丽等各位专家！感谢他们多年来的悉心指教和辛苦付出！

真诚感谢河南省教育厅宋争辉、尹洪斌、李金川、何秀敏、吕冰、闫俊山、王亚洲、韩冰、柳建伟、李伟民、陈晨、唐磊、薛芳以及各市县语委办的同志，

项目的顺利完成，离不开他们多年来的大力支持和帮助。

  真诚感谢为河南语保提供第一手语料的 200 多位方言发音人！感谢为河南语保多方奔走的方言热心人士和各位亲朋好友。他们是河南方言的代言人，是乡音的保护者和传承人，有了他们的加入和辛苦付出，才有了今天呈现给大家的这套有分量的资源集。

  真诚感谢李宇明教授对河南语保工作的关心和支持，也非常感谢李老师在百忙之中抽时间为河南语言资源集作序。李老师是"中国语言资源有声数据库建设"和"中国语言资源保护工程"的发起人之一和参与者，是令人敬仰的语言学大家，是河南语言学界的骄傲，更是河南语言学人学习的榜样！李老师的序言立意高远，视野开阔，不仅使资源集大为增色，也为我们指明了继续前行的方向。

  真诚感谢中国社会科学出版社的编校老师，他们的博学和细心、严谨，确保了本资源集的高质量顺利出版。

  "语言是一种宝贵的、不可再生的社会文化资源"。有机会参与"中国语言资源保护工程"这一重大的语言文化工程，我们感到莫大的荣幸！《中国语言资源集·河南》只是河南语保工程的一个阶段性成果，以后的路还很长，我们将积极奉献、奋发有为、砥砺前行！

辛永芬 王新宇 段亚广
2022 年 10 月 10 日